PROCÈS-VERBAL
DES
ORDONNANCES
DE LOUIS XIV,
DU MOIS D'AVRIL 1667,
POUR LES MATIERES CIVILES;
ET DU MOIS D'AOUT 1670,
POUR LES MATIERES CRIMINELLES.

Auquel on a ajouté une instruction pour la procédure, tant en matiere civile que criminelle; laquelle peut être très-utile à messieurs les officiers de toutes les jurisdictions, & à ceux qui aspirent aux charges & dignités judicature.

PROCÈS-VERBAL
DES
CONFÉRENCES
TENUES
PAR ORDRE DU ROI,
POUR L'EXAMEN DES ARTICLES
DE L'ORONNANCE CIVILE
DU MOIS D'AVRIL 1667;
ET DE L'ORDONNANCE CRIMINELLE
DU MOIS D'AVRIL 1670.

NOUVELLE ÉDITION,

Revue & corrigée sur l'original, & augmentée d'une instruction sur la PROCÉDURE CIVILE & CRIMINELLE.

A PARIS,

Chez les Associés choisis par ordre de SA MAJESTÉ, pour l'impression de ses nouvelles Ordonnances.

M. DCC. LXXVI.

AVEC APPROBATION ET PRIVILEGE DU ROI.

AVERTISSEMENT

qui est à la tête de l'Édition de 1709.

Il n'est point d'ouvrage qui ait moins besoin de recommandation & d'éloges que celui-ci. Il y a quarante années qu'il est en manuscrit dans les bibliotheques; & quand il ne seroit pas aussi connu qu'il l'est par son propre mérite, les noms illustres des personnes qui y ont eu part, en donneroient une idée assez avantageuse.

La bonté qu'a eue M. Foucault, conseiller d'état, de confier l'original & précieux manuscrit, pour rendre cette édition correcte, & tout-à-fait utile au public, mérite toute sa reconnoissance. On peut dire que la perfection de cet ouvrage lui est due : jusqu'ici il n'avoit paru que dans un état informe. Pour se montrer avec tous les caracteres de vérité & d'exactitude qui lui sont naturels, il falloit le secours du manuscrit, sur lequel on s'est appliqué à rendre fidelle & conforme l'impression du livre que l'on donne au public. Ce manuscrit est plus ample que les copies qui ont paru jusqu'à présent.

Il contient l'histoire secrete de l'ordonnance civile de 1667, & de l'ordonnance criminelle de 1670. On y découvre, non-seulement les motifs généraux de ces ordonnances, mais on y trouve encore les raisons particulieres de chacun des articles.

La France ne se souvient qu'à peine d'avoir vu des assemblées aussi savantes & aussi augustes que celles dont les décisions font la matiere de cet ouvrage. Ceux qui ont aſſiſté à ces conférences étoient les plus vives lumieres du conſeil & du parlement: les uns choiſis par le roi pour trouver les moyens de réformer la Juſtice, & de bannir les détours ruineux de la chicane par de nouvelles ordonnances; les autres nommés pour examiner la diſpoſition des articles qu'elles devoient contenir: & tous pour travailler de concert au bonheur & à la tranquillité du royaume.

Entre MM. les commiſſaires du conſeil, M. Puſſort fut chargé de dreſſer le plan des articles de la réformation. Ce grand homme s'y appliqua avec beaucoup de ſoin & d'exactitude; ſon travail fut animé de cette vive pénétration & de cet attachement inviolable pour la juſtice, que chacun reconnoiſſoit être la plus excellente de ſes ſublimes qualités.

Dans les aſſemblées tenues pour l'examen des articles, M. le premier préſident de Lamoignon porta la parole au nom du parlement. Il étoit l'ame des conférences par la beauté de ſon diſcours, & par la force de ſes raiſonemens. On ſait que ce grand magiſtrat avoit une éloquence naturelle ſoutenue d'une majeſté douce & prévénante, qui le rendoit maître de tous ceux qui l'écoutoient. Perſonne n'a eu plus de capacité que lui dans les affaires, plus de droiture dans le cœur, ni plus de ſolidité dans l'eſprit; tous ſes mouvemens alloient à l'équité & au bien public: qualités que nous admirons encore aujourd'hui dans l'illuſtre héritier de ſon nom & de ſes vertus.

D'ailleurs l'élévation de ſon génie, éclairé par l'étude des loix, fortifié par une longue expérience, donnoit tant de poids à ſes opinions, qu'il les faiſoit aiſément ſuivre, par la force qu'elles empruntoient de ſon autorité.

M. l'avocat général Talon fut auſſi admiré dans ces conférences. Il y fit paroître avec éclat cette profonde érudition & cette ſolidité de jugement qui l'ont toujours fait regarder comme le premier avocat du royaume, par ſon propre mérite, comme il l'étoit déjà par ſa dignité.

On y vit briller à leur tour la plupart de ceux qui compoſoient ces fameuſes aſſemblées; & il n'en eſt preſqu'aucun qui n'ait contribué par ſes réflexions ou par ſes ſoins, à la réformation de la juſtice, & à la perfection de cet ouvrage.

On y traite les plus grands & les plus ſecrets myſteres de la juriſprudence, auſſi-bien que la procédure; & avec la même facilité qu'on y voit ces grands hommes s'élever à une ſavante diſcuſſion des points les plus ſubtils du droit, on les voit deſcendre dans un détail fort circonſtancié de la pratique la plus embarraſſée & la plus épineuſe.

On ne trouve dans les manuſcrits & dans les deux éditions de ce livre, que les articles du projet, avec les raiſonnemens, les objections & les réflexions qu'on a faites en examinant ces articles. On s'étoit contenté d'y faire mention de ce qui avoit été dit de part & d'autre dans les aſſemblées, ſans marquer ſi ces raiſonnemens avoient été ſuivis, & ſi l'on avoit fait les changemens qui étoient propoſés.

Mais on va plus loin dans cette nouvelle édition; car on y apprend ce qui a été fait en exécution de ces conférences. On a pris ſoin de marquer après chaque article les changemens qu'on y a faits; s'il a été ſupprimé ou conſervé; & quel rang on lui a donné dans l'ordonnance. On a auſſi marqué le réſultat des principales obſervations, & l'effet des objections les plus conſidérables. De plus, on a mis à la tête des articles un ſommaire qui en contient briévement le ſens & la diſpoſition. Et pour ne rien laiſſer à ſouhaiter, on a inſéré à la fin, l'article de l'ordonnance qui répond à celui qui a été examiné, afin que l'on puiſſe voir en même tems la différence de l'article projetté & de celui qui a été arrêté, ſans avoir recours à l'ordonnance même. En un mot, on a rempli toutes les lacunes qui rendoient imparfaits les manuſcrits auparavant recherchés, & qui n'avoient pas été réparées dans les éditions précédentes ; de ſorte que celle-ci eſt la bonne édition à laquelle il faut s'attacher.

Pour rendre cet ouvrage complet, on y a joint une inſtruction ſur les matieres civiles & criminelles, qui ont rapport à l'une & à l'autre ordonnance. L'utilité de cette addition eſt telle, qu'en même tems que l'on apprend la diſpoſition de la loi par la lecture du texte, on ſe trouve en état d'en faire l'application. En un mot, ces deux nouveaux traités renferment toutes les regles les plus uſitées, & les plus ſûres maximes de la procédure.

Nota. On a eu pour objet dans cette nouvelle édition de corriger & de perfectionner les deux Précis qui ſont à la tête de ces deux Ordonnances, & où il y avoit un grand nombre de fautes & d'omiſſions, en quoi principalement cette édition doit l'emporter ſur les précédentes ; outre qu'on y a corrigé pluſieurs fautes qui s'étoient gliſſées dans le texte du Procès-Verbal. On a cru au ſurplus devoir réimprimer ce texte page pour page, conformément aux anciennes éditions, afin de ne rien déranger aux citations qui ont été faites de ce Procès-Verbal, dans pluſieurs ouvrages de juriſprudence.

TABLE

TABLE DES TITRES CONTENUS AU PROJET de l'Ordonnance Civile de l'année 1667.

TABLE

DES TITRES CONTENUS AU PROJET (1) de l'Ordonnance Criminelle de l'année 1670.

(1) *Nota.* Les titres de ce projet, à la réserve du titre 19, sont les mêmes que ceux de l'Ordonnance de 1670.

APPROBATION.

J'AI lu par l'ordre de Monſeigneur le Chancelier, *le Procès-Verbal des Ordonnances de Louis XIV du mois d'Avril* 1667, *& du mois d'Août* 1670, & je n'ai rien trouvé qui puiſſe empêcher la réimpreſſion de cet excellent ouvrage, qui ſert à faire connoître dans quelles vues ces Ordonnances ont été rédigées. A Paris ce 17 Août 1772. LALAURE.

PRIVILEGE DU ROI.

LOUIS, par la grace de Dieu, Roi de France & de Navarre, A nos amés & féaux Conſeillers, les Gens tenant nos Cours de Parlement, Maîtres des Requêtes ordinaires de notre Hôtel, Grand-Conſeil, Prévôt de Paris, Baillifs, Sénéchaux, leurs Lieutenans Civils, & autres nos Juſticiers qu'il appartiendra : SALUT. Notre amé le Sieur CELLOT, Imprimeur, Nous a fait expoſer qu'il deſireroit faire imprimer & donner au Public : *Procès-Verbal des Ordonnances de 1667 & 1670*, s'il Nous plaiſoit lui accorder nos Lettres de privilege pour ce néceſſaires. A CES CAUSES, voulant favorablement traiter l'Expoſant, Nous lui avons permis & permettons par ces préſentes, de faire imprimer ledit Ouvrage autant de fois que bon lui ſemblera, & de le vendre, faire vendre & débiter par tout notre Royaume, pendant le tems de ſix années conſécutives, à compter du jour de la date des préſentes. Faiſons défenſes à tous Imprimeurs, Libraires & autres perſonnes, de quelque qualité & condition qu'elles ſoient, d'en introduire d'impreſſion étrangere dans aucun lieu de notre obéiſſance. Comme auſſi d'imprimer, ou faire imprimer, vendre, faire vendre, débiter, ni contrefaire ledit Ouvrage, ni d'en faire aucuns extraits ſous quelque prétexte que ce puiſſe être, ſans la permiſſion expreſſe & par écrit dudit Expoſant, ou de ceux qui auront droit de lui, à peine de confiſcation des exemplaires contrefaits, de trois mille livres d'amende contre chacun des contrevenans, dont un tiers à Nous, un tiers à l'Hôtel-Dieu de Paris, & l'autre tiers audit Expoſant, ou à celui qui aura droit de lui, & de tous dépens, dommages & intérêts : A la charge que ces Préſentes ſeront enregiſtrées tout au long ſur le regiſtre de la Communauté des Imprimeurs & Libraires de Paris, dans trois mois de la date d'icelles ; que l'impreſſion dudit Ouvrage ſera faite dans notre Royaume, & non ailleurs, en beau papier & beaux caracteres, conformément aux Réglements de la Librairie, & notamment à celui du 10 Avril 1725, à peine de déchéance du préſent Privilege ; qu'avant de l'expoſer en vente, le Manuſcrit qui aura ſervi de copie à l'impreſſion dudit Ouvrage, ſera remis dans le même état où l'approbation y aura été donnée, ès mains de notre très-cher & féal Chevalier, Chancelier, Garde des Seaux de France, le ſieur DE MAUPEOU : qu'il en ſera enſuite remis deux Exemplaires dans notre Bibliotheque publique, un dans celle de notre Château du Louvre, un dans celle dudit Sieur DE MAUPEOU ; le tout à peine de nullité des Préſentes, du contenu deſquelles vous mandons & enjoignons de faire jouir ledit Expoſant ou ſes ayans-cauſe, pleinement & paiſiblement, ſans ſouffrir qu'il leur ſoit fait aucun trouble ou empêchement. Voulons que la copie des Préſentes, qui ſera imprimée tout au long au commencement ou à la fin dudit Ouvrage, ſoit tenue pour duement ſignifiée, & qu'aux copies collationnées par l'un de nos amés & féaux Conſeillers-Secrétaires, foi ſoit ajoutée comme à l'original. Commandons au premier notre Huiſſier ou Sergent ſur ce requis, de faire pour l'exécution d'icelles, tous actes requis & néceſſaires, ſans demander autre permiſſion, & non-obſtant clameur de haro, charte-Normande, & Lettres à ce contraires : Car tel eſt notre plaiſir. DONNÉ à Fontainebleau le vingtieme jour du mois d'Octobre, l'an de grace mil ſept cent ſoixante-treize, & de notre regne le cinquante-neuvieme. Par le Roi en ſon Conſeil.

LE BEGUE.

Regiſtré ſur le Regiſtre XIX de la Chambre Royale & Syndicale des Libraires & Imprimeurs de Paris ; N°. 1426, fol. 162, conformément au Réglement de 1723. A Paris, ce 4 Novembre 1773.

C. A. JOMBERT pere, Syndic.

PRÉCIS

de l'Ordonnance de 1667.

Le droit françois se divise en droit écrit & non écrit.

Droit non écrit. L'usage du palais qui s'observe sans écrit, & de quelque part qu'il vienne,

qui se prouve par plusieurs arrêts conformes rendus sur le droit & non sur le fait, & pour la plupart publiés en forme de réglement.

Droit écrit. 9. Especes.

1. Partie du droit canon qui s'observe pour la religion; & civil ès provices de droit écrit, dans lesquelles les coutumes ne sont que des exceptions du droit romain, & ne reçoivent interprétation.

2. Coutumes qui

1. Sont les anciens usages de chaque province ou bailliage, rédigés en l'assemblée des états du pays, dont ils font le droit municipal.

2. Sont chez nous un droit écrit, s'observant comme elles sont écrites.

3. Ont lieu du jour qu'elles ont été résolues à l'assemblée des états, & non de celui qu'elles ont été apportées au greffe des cours, car on ne les y apporte que pour y avoir recours, & non pour les homologuer.

3. Statuts particuliers d'une communauté ou université, autorisés par lettres-patentes homologuées en la cour.

4. Les ordonnances ou les loix du prince sur plusieurs matieres, qui ont succédé aux capitulaires, elles sont de droit public, reglent les droits du roi, des officiers, les formalités de justice.

Elles different des coutumes.

1. Les coutumes sont loix consenties par les particuliers; l'ordonnance est imposée par le roi.

2. Les coutumes sont particulieres pour une province; les ordonnances générales, & de la même étendue que le royaume, en tant qu'elles sont publiées dans toutes les jurisdictions royales d'icelui.

3. Prévalent aux coutumes, même sans clause dérogatoire; sur-tout quand l'ordonnance est favorable, confirmative, ou interprétative du droit commun.

Se divisent en solemnelles faites sur les remontrances des états généraux du royaume; comme celles d'Orléans, Moulins, Blois; & non solemnelles, faites du propre mouvement du roi, comme celles de 1667, 1669, 1670. Elles ont autant d'autorité les unes que les autres.

5. Les édits & lettres de chancellerie que le roi signe, & fait sceller de son propre mouvement pour servir de loix à ses sujets.

6. Les déclarations sont lettres par lesquelles le roi déclare sa volonté, sur l'exécution & pour l'interprétation d'une ordonnance.

7. Les lettres-patentes du roi qui, lorsqu'elles sont d'octroi, grace ou privilege, doivent être

scellées du grand sceau,
signées d'un secretaire d'état,
registrées en parlement.

8. La pragmatique.

9. Le concordat ou convention faite entre le Saint-Siege & la France, pour fixer les différens qui peuvent être entre le sacerdoce & l'Empire.

Vérification & publication.

1. Doit être faite, toute affaire cessante, même visite de procès criminels, & affaires des compagnies. *Ordonnance de* 1667, *tit.* 1, *art.* 2.

2. Les remontrances sur les ordonnances doivent être faites dans

1. Huitaine pour les cours du lieu du séjour du roi, *tit.* 1, *art.* 5.
2. Six semaines pour les autres, *ibid.*

3. Envoi doit être fait des ordonnances publiées par le procureur général, à ses substituts, *art.* 5.

Obfervation.	1. Du jour de la publication, *art.* 4. 2. Dans toutes les cours & même les officialités, *art.* 1. 3. Sans interpréter, mais permis de fe retirer au confeil, pour les faire interpréter, fans en furfeoir l'éxécution, *tit.* 1, *art.* 7.
Peines à caufe des ordonnances non obfervées.	1. Nullité des arrêts rendus contre l'ordonnance, *art* 8. 2. Juges refponfables des dommages-intérêts, *ibid.*

CHAPITRE PREMIER.

De ce qui eft néceffaire pour la validité d'un exploit.

1. L'affignation.

UNE affignation devant un juge (s'il eft eccléfiaftique, l'ajournement fe nomme citation).

2. Les délais.

1. On n'y comprend point les jours de l'affignation, ni de l'échéance : ordonnance de 1667, *tit.* 3, *art.* 6 & 7.

Ils font

2. Aux maîtrifes particulieres des eaux & forêts, connétablies, élections, greniers à fel, traites foraines, confervations des privileges des foires, & aux juftices des maifons des villes de	24 heures, ou 3 jours au plus, quand le défendeur eft fur le lieu. Huitaine hors du lieu dans les dix lieues, au-delà defquelles il eft augmenté d'un jour pour les dix lieues, *tit.* 14, *art.* 14.

Devant un juge, prévôt ou châtelain. De	trois jours ou huitaine, quand il eft fur le lieu, *tit.* 3, *art.* 1. huitaine ou quinzaine hors du lieu, & dans le reffort, *tit.* 3, *art.* 2.
Devant un bailli, fénéchal ou préfidial. De	huitaine ou quinzaine fur le lieu, ou dans les dix lieues, *tit.* 3, *art.* 3. quinzaine ou trois femaines, fi au-delà des dix lieues, *ibid.*
Aux requêtes de l'hôtel & du palais, fieges De	huitaine fur le lieu. quinzaine dans les dix lieues; un mois dans les cinquante lieues dans le reffort du par-

Ordonnance de

1539, *art.* 16, 22. Ordonnance de Rouſſillon, *art.* 21.	des conſervations des privileges des Univerſités.	lement, deux mois hors le reſſort, *tit.* 3, *art.* 4.
	Dans les cours ſouveraines. De	Idem *ac tit.* 11, *art.* 1.
	Au grand conſeil. De	un jour par dix lieues au-delà des 50, *tit.* 11, *art.* 1.

3.
L'exploit doit contenir.

La cauſe, les moyens, les concluſions,
cela s'appelle *exploit libellé*, ce qui doit
être à peine
1. de nullité.
2. De 20 livres d'amende contre le ſergent. } *Tit.* 2, *art.* 1.

4.
L'exploit doit être fait à

perſonne ou domicile, | avec mention du nom de celui à qui on l'a laiſſé, à pareille peine que deſſus, *tit.* 2, *art.* 3.

Il y a cinq exceptions de cette regle.

1. Pour droits de bénéfice ou d'office, l'exploit ſe donne au principal manoir du bénéfice, ou lieu de la fonction de l'office, *tit.* 2, *art.* 3.

2. A un étranger hors du royaume, à l'hôtel du procureur général, *tit.* 2, *art.* 7.

3. A un banni, condamné aux galeres à tems, abſent pour faillite & long voyage | au dernier domicile, *tit.* 2, *art.* 8.

4. A un homme ſans domicile connu, par un ſeul cri public, & eſt paraphé par le juge, *tit.* 2, *art.* 9.

5. A un homme demeurant en maiſon forte, à ſon fermier, ou officier de juſtice, *tit.* 2, *art.* 15.

Mais ſi le ſergent ne trouve perſonne au domicile du défendeur, il

attache l'exploit à la porte,
en avertit le plus proche voiſin,
le lui fait ſigner, & à ſon refus en fait mention;
à défaut de voiſin, fait parapher par le juge,
qui date le jour du paraphe ſans frais. } *Tit.* 2, *art.* 4.

5.
Le nom du procureur, à peine de

20 livres d'amende contre le ſergent, *tit.* 2, *art.* 5.
De nullité, a l'exception de ceux où le miniſtere des procureurs n'eſt pas néceſſaire, comme ceux que nous avons marqués les premiers, en parlant des délais, *tit.* 2, *art.* 16.

des

6 Copie des pieces justificatives de la demande.

autrement les copies que le demandeur donnera ensuite, n'entreront en taxe, *titre* 2, *art.* 6.

Du committimus non suranné, s'il se donne aux requêtes de l'hôtel, ou du palais, *tit.* 2, *art.* 11.

De la commission ou arrêt, s'il se donne en cour souveraine : car on n'y sauroit assigner sans cela, hormis

Les ducs & pairs pour raison de leurs pairies.
L'hôtel-dieu de Paris, l'hôpital-général de Paris.
Le grand bureau des pauvres de Paris, qui tous ont droit de plaider en premiere instance à la grand'chambre du parlement de Paris.

Au lieu que dévant les juges inférieurs, il ne faut ni commission ni ordre pour assigner.

Tit. 2, *art.* 12.

7. De la nature & de la consistance de l'héritage, si c'est une action réelle, *tit.* 9, *art.* 3.

8. Le contrôle. Dans les trois jours de la signification, à peine de nullité d'iceux, & des procédures faites en conséquence.

Cent livres d'amende contre celui qui s'en servira.

hormis ceux qui concernent la procédure & l'instruction des procès, comme un avenir, une sommation de procureurs à procureurs.

Edit du mois d'août 1669, qui a abrogé l'*art.* 2 du *tit.* 2 de cette ordonnance, touchant les records.

Ce contrôle a succédé à l'usage des records par trois raisons.

1. Le scandale que causoient ces records entrant chez les marchands, pour leur signifier des protêts de lettres de change.

2. Ils se servoient de records les uns aux autres, & se confioient leurs signatures, sans être présens.

Le contrôle de chaque exploit s'enregistre.

1. Sur le registre du greffier, qui doit avoir prêté serment devant le juge, & l'avoir fait parapher par le juge & le fermier.

2. Suivant l'ordre des jours, sans laisser aucun blanc.

3. A la premiere réquisition des parties, ou gens de leur part.

4. En faire mention sur l'original de l'exploit.

Sur quoi faut voir les déclarations de 1671, 21 mars & 23 février 1677.

Le sergent est obligé d'avertir les parties de les faire contrôler, à peine de nullité des exploits.
dommages-intérêts des parties.

6

CHAPITRE II.

Ce que doit faire le défendeur étant assigné.

Il doit faire trois choses.

1. SE présenter (ceci est commun aux intimés & anticipés) quand c'est en cour souveraine ou autre siege où il y a greffe des présentations, après l'expiration du délai de l'assignation. C'est-à-dire,

1. Ès cours souveraines, dans la quinzaine, *tit.* 4, *art.* 1.

2. Ès autres sieges, dans la huitaine.

Et dans les uns & les autres, en matieres sommaires, dans les trois jours, *tit.* 4, *art.* 1.

2. Fournir de défenses & en faire signifier les pieces justificatives; lesdites défenses signées de son procureur, *tit.* 5, *art.* 1.

3. Employer les fins de non-recevoir, nullités de l'exploit & autres exceptions péremptoires, s'il y en a, pour y être préalablement fait droit, *tit.* 5, *art.* 5.

CHAPITRE III.

De ce que peut faire le défendeur étant assigné.

Outre ce qui vient d'être expliqué, qui est de nécessité, il y a quatre choses qu'il peut faire.

1. DÉCLINER la jurisdiction où il est assigné, sous prétexte d'incompétence ou de récusation, pour cause de parenté ou autrement, *tit.* 6, *art.* 1.

2. Demander (si un homme est assigné en qualité d'héritier, ou une veuve comme commune) délai de trois mois pour faire inventaire, ou délai pour délibérer, qui est de 40 jours, *tit.* 7, *art.* 1, 2, 3.

Les jours se comptent.

Les trois mois.

1. Du jour de l'ouverture de la succession, *tit.* 7, *art.* 2.

Les 40 jours.

2. Du jour qu'il a été parachevé, si c'est avant les trois mois, *tit.* 7, *art.* 1.

Se refusent.

Si les trois mois & les quarante jours étoient expirés

au jour de l'échéance de l'assignation, *tit.* 7, *art.* 2.

S'accordent encore après les trois mois pour l'inventaire.

Si l'inventaire n'a pu être fait dans les trois mois pour des contestations, ou à cause que le défendeur n'a pas su la mort de son auteur, le juge en connoissance de cause lui donne un délai pour faire l'inventaire, *tit.* 7, *art.* 4.

Tit. 8, *art.* 7.

3. Il doit requérir (s'il est assigné & a un garant) un délai pour faire appeller son garant, soit en garantie simple, soit en garantie formelle, entre lesquelles il y a trois différences.

Trois différences entre garantie formelle, & garantie simple.

1. La garantie formelle, est celle qu'a un acquéreur ou autre possesseur, évincé ou troublé dans la jouissance d'un droit réel, contre celui qui le lui a vendu ou autrement transporté, & le garant formel est le seul véritablement dit, *tit.* 8, *art.* 1.

La garantie simple a lieu dans toutes sortes d'autres matieres & actions personnelles, *tit.* 8, *art.* 1.

Cujas appelle cela : *Totam litem in se recipere & exequi suo nomine, suâque impensâ.*

Liti adsistere, ou *litiganti adesse.*

2. Dans la garantie formelle, les garans peuvent prendre le fait & cause des garantis, qui sont mis hors de cause, s'ils le demandent, & peuvent néanmoins y assister pour la conservation de leurs droits, *tit.* 8, *art.* 9 & 10.

Dans la garantie simple, les garans ne peuvent que se joindre & intervenir avec les garantis; néanmoins l'assigné en garantie peut, ou les autres de son chef, évoquer l'instance, *tit.* 8, *art.* 12.

3. Dans la formelle, la sentence n'est exécutoire contre le garanti, que pour le principal (l'éviction) & non pour les dommages, intérêts & dépens, dont la taxe & l'éviction se poursuivent contre le garant, sauf recours contre le garanti.

Dans la simple, elle s'exécute pour le principal & dépens contre l'un & l'autre, *tit.* 8, *art.* 11.

Nota.

Les garans ne doivent les dépens que du jour de la sommation ou dénonciation à eux faite avec assignation, excepté l'exploit de demande originaire, *tit.* 8, *art.* 14.

L'instruction de la demande en garantie du défendeur originaire contre son garant, se fait :

1. Dans la jurisdiction où la demande originaire a été formée.

Excepté

1. Si le défendeur en garantie a un privilege devant le juge, duquel il peut faire renvoyer toute l'affaire, *tit.* 8, *art.* 8.

2. Si par l'évidence de fait, ou par écrit, il paroît que la demande en garantie n'ait été formée que pour traduire le garant hors sa jurisdiction, *tit.* 8, *art.* 8.

2. L'exploit de sommation doit être libellé, contenir les moyens de la garantie, copie des pieces justificatives d'icelle, de l'exploit & des pieces du demandeur originaire.

3. Le garanti doit donner au demandeur originaire copie de l'assignation donnée à sa requête au garant, afin que le demandeur originaire ne prenne des défauts, jusqu'à ce que le délai de l'assignation donnée au garant, soit expiré, *tit.* 8, *art.* 4 & 5.

4. Ce délai

1. Est de huitaine du jour de la siginification de l'exploit du demandeur originaire, & d'un jour pour dix lieues, selon la distance du domicile du garant; & d'autant de jours pour retirer l'exploit, *tit.* 8, *art.* 2.

2. Ne court que du jour que les délais donnés à la veuve ou à l'héritier, pour délibérer, sont expirés, *tit.* 8, *art.* 3.

3. Le même est accordé au premier garant pour appeller un second, & ainsi des autres. Et s'il y a plusieurs garans, le délai se regle par la demeure du plus éloigné, *tit.* 8, *art.* 15.

5. Le demandeur en garantie, défendeur originaire, doit mettre la demande en garantie en état de juger en même tems que la demande originaire; sinon le demandeur originaire peut faire juger sa demande trois jours après avoir déclaré au défendeur originaire que l'instance principale est en état: & le jugement doit prononcer sur la disjonction des deux instances principale & de garantie, si elles sont jointes, *tit.* 8, *art.* 13.

6. Et requérir (si l'action du demandeur concerne la propriété ou la possession de quelque héritage, ou qu'il s'agisse de cens & rentes, & autres droits réels sur des terres) qu'il déclare la nature de l'héritage, si c'est un pré, un bois, & sa situation, ses nouveaux tenans & aboutissans, *tit.* 9, *art.* 3.

Quand il s'agit du corps entier d'une terre ou métairie, alors il suffit de dire le nom & la situation, *tit.* 9, *art.* 4.

Ces désignations.

1. Doivent être faites dans l'exploit à peine de nullité, à moins que le défendeur ne fît soumission de donner plus ample instruction, l'exploit alors ne sera pas nul; mais les frais de la premiere instance n'entreront en taxe.

Et le défendeur peut se servir de cette exception, au lieu de demander la situation des choses.

2. Ont succédé aux vues & montrées : qui étoient une exception, par laquelle le défendeur pouvoit dire que le demandeur devoit lui montrer au doigt & à l'œil, les héritages qu'il prétendoit, ou sur lesquels il prétendoit droit, afin qu'étant certain de la chose, le défendeur pût contester ou consentir. Le juge ordonnoit qu'il se transporteroit sur les lieux, & que cela se feroit en sa présence, *tit.* 9, *art.* 5.

CHAPITRE IV.

De ce que peut faire le demandeur, faute par le défendeur de comparoir ou de défendre.

Après l'assignation donnée, ou le défendeur ne compare point & ne constitue point de procureur, ou il compare & constitue procureur, mais sans fournir de défenses de sa part.

1. Si le défendeur ne compare & ne constitue procureur.

1. Le demandeur prend son défaut au greffe, *tit.* 3, *art.* 5, *tit.* 5, *art.* 3, *& tit.* 11, *art.* 3.

2. Le donne à juger huitaine après, si le défendeur est assigné à huitaine ou à quinzaine; après la moitié du délai, s'il est assigné à plus longs jours, *tit.* 3, *art.* 5.

3. Le juge, pour le profit du défaut, adjuge les conclusions du demandeur, si elles sont bien justifiées, sans pouvoir donner autre délai, ni ordonner qu'il sera réassigné, *tit.* 11, *art.* 5.

4. Mais si le défendeur, entre le tems que le défaut a été pris au greffe & celui du jugement du défaut, constitue procureur, fournit de défenses & en communique les pieces justificatives, le demandeur ne peut faire juger son défaut; mais il peut demander les dépens du défaut qu'il a été prendre au greffe, *tit.* 11, *art.* 6.

2. Si le défendeur

1. Dans les cours souveraines, le demandeur prend son

compare & constitue procureur sans fournir de défenses, on distingue.

défaut au greffe, le fait signifier au procureur du défendeur; & le donne à juger, *tit.* 11, *art.* 4.

2. Dans les Jurisdictions inférieures,

1. Le demandeur prend son défaut à l'audience, *tit.* 5, *art.* 3.

2. Le profit en est jugé sur le champ, ou sur les pieces vues sur le bureau, s'il y a plus de trois chefs de demande; mais sans épices, *tit.* 5, *art.* 4.

Et cette différence vient de ce que les audiences sont plus faciles aux jurisdictions inférieures, qu'aux cours souveraines.

CHAPITRE V.

De ce que doivent faire le demandeur & le défendeur, après que celui-ci a fourni de défenses.

IL y a cinq choses à faire. Il faut:

1. Trois jours après les défenses fournies, faire signifier un acte au procureur pour plaider à l'audience où la cause doit être jugée, *tit.* 11, *art.* 8; *tit.* 14, *art.* 1.

Aux requêtes du palais, on fait signifier avec les défenses, l'avenir pour l'une des deux chambres; sinon le demandeur choisit, &, par l'avenir, signifie celle qu'il veut.

Et la cause est jugée

1. Par défaut, si l'un d'eux ne compare point; *tit.* 14, *art.* 4: c'est-à-dire,

1. Si le demandeur ne se présente à l'audience, le défendeur prend son défaut, qu'on nomme *congé*; & pour le profit, déchargé de la demande.

2. Si le défendeur ne se présente point, le demandeur prend son défaut; & pour le profit les conclusions adjugées, si elles sont bien justifiées, *tit.* 5, *art.* 3.

2. Contradictoirement.

1. Si l'une & l'autre des parties se présentent & plaident la cause.

2. Si l'on ne veut pas plaider, & que

les juges aient ordonné de plaider, malgré les remontrances, celui qui veut plaider prend défaut ou congé, en la présence de l'autre, *tit.* 14, *art.* 4.

Ou elle est remise.

Si des deux parties comparantes l'une fait des remontrances pour ne pas plaider, & que les juges y aient égard, *tit.* 14, *art.* 6.

2. Comparoir dans la même audience, s'il y a un défaut prononcé contre eux pour le faire rabattre; & en ce cas, il demeurera, comme s'il n'avoit point été rendu, *tit.* 14, *art.* 5.

Autrement, l'ordonnance ne laisse que la voie d'appel; mais dans les justices inférieures, l'on reçoit opposant à la premiere sentence, dans la huitaine de la signification: aux requêtes du palais, à deux & trois. En quelques jurisdictions, l'on convertit l'appel en opposition: cela dépend de l'usage de chaque siege.

3. En cas que l'affaire, n'ayant pu être jugée à l'audience, ait été appointée, ou en droit à écrire & produire dans la huitaine, ou à mettre dans trois jours, si-tôt après l'appointement signifié, produire & mettre sa production au greffe, faire signifier à la partie un acte par lequel on lui déclare que l'on a produit, *tit.* 11, *art.* 12 & 13; & *tit.* 14, *art.* 7.

Et du jour de la signification de cet acte, les délais de produire & contredire de la part de l'autre partie commencent à courir, *tit.* 14, *art.* 7.

4. Après avoir produit ou renoncé à produire, prendre communication par les mains du rapporteur, de la production de la partie, sans déplacer, pour la contredire dans le délai ci-dessus, *tit.* 14, *art.* 9 & 10. Cependant le rapporteur prête souvent les productions sous le *récépissé* du procureur; celui qui a produit le premier a la préférence.

5. Faire signifier à la partie adverse copie des contredits, salvations & autres écritures: hormis de l'inventaire de la premiere production, que l'on nomme principale, qui ne doit pas être signifié, *tit.* 14, *art.* 12.

CHAPITRE VI.

Des différentes procédures que peuvent faire le demandeur & le défendeur pendant l'instance, avant son jugement définitif.

APRÈS avoir vu les différentes procédures du demandeur & du défendeur, nécessaires pour instruire l'instance, voyons celles qu'ils peuvent faire durant le cours d'icelle, & avant son jugement définitif.

1. Répliques peuvent être fournies,

1. *Répliques.*

1. Par le demandeur, aux défenses du défendeur. } *tit.* 14,
2. Dans trois jours après la signification. } *art.* 2.
3. Le défendeur ne peut plus donner de dupliques, ni aucune partie des tripliques, qui
   1. Doivent être rejettées par le juge. } *tit.* 14,
   2. Ne peuvent entrer en taxe. } *art.* 3.

Mais on leur substitue des dires, quand les répliques méritent réponses.

2. Interrogatoires sur faits & articles pertinens se peuvent faire,

2. *Interrogatoire.*

1. En tout état de cause, *tit.* 10, *art.* 1.
2. Devant
   1. Le juge du différend, si la partie qui doit être interrogée est sur le lieu, *ibid.*
   2. Un juge commis par celui du différend en cas d'absence, *ibid.*
3. La procédure en est telle :
   1. Le juge devant lequel l'interrogatoire doit être subi, rend son ordonnance signée de lui, *tit.* 3, *art.* 2.
   2. En vertu d'icelle, on donne assignation à personne au domicile ordinaire, & non à { domicile élu, ni celui du procureur qui occupe pour lui. } *tit.* 10, *art.* 3.
   3. En donnant l'assignation, l'huissier donne copie de l'ordonnance du juge, & des faits & articles, *ibid.*
   4. Après l'assignation; ou celui qu'on veut faire interroger compare devant le juge ou non.

Dans le premier cas.

1. Il doit comparoir en personne, & non par procureur, hormis les communautés qui nomment un syndic, pour répondre suivant les réponses marquées dans sa procuration, *tit.* 10, *art.* 7 & 9.

A,

2. Étant en présence du juge, prête serment de dire vérité, *tit.* 10, *art.* 7.

3. Le juge peut interroger non-seulement sur les faits signifiés, mais encore sur d'autres, *ibid.*

4. Doit répondre cathégoriquement par oui & non, sans termes injurieux contre sa partie, ni calomnieux, *tit.* 10, *art.* 8.

Dans le second cas.

1. Le juge donne défaut, & pour le profit les faits tenus pour avérés, *tit.* 10, *art.* 4.

2. Le défaillant peut néanmoins, avant le jugement de l'instance, subir l'interrogatoire; car les faits tenus pour avérés, sont la peine de la contumace, qui peut être purgée jusqu'au jugement définitif, sans pouvoir être privé de cette faculté: mais il n'est reçu à répondre qu'à la charge de payer les frais du premier procès-verbal, & de son interrogatoire, sans répétition, même d'en donner copie à la partie; au lieu que réguliérement celui qui requiert l'interrogatoire, en doit payer les frais sans répétition, même en cas qu'il obtienne une condamnation de dépens; car l'interrogatoire qu'il fait subir à sa partie est un titre qu'il s'acquiert, prétendant en tirer des inductions à son avantage: donc il le doit lever à ses dépens, *tit.* 10, *art.* 5.

3. Compulsoire: c'est-à-dire, faire tirer des copies ou extraits collationnés avec ceux contre qui l'on s'en veut servir. Il se fait:

3. *Compulsoire.*

1. En vertu d'une permission du juge, ou de lettres de compulsoire obtenues en chancellerie du palais, qui ne permettent de compulser que les pieces nommées & non autres, pour ne pas connoître mal-à-propos le secret des familles, *tit.* 12, *art.* 4.

2. On donne assignation à la partie en son domicile ou en celui de son procureur, pour comparoir à certain jour & heure chez une personne publique & de libre accès, tel qu'est un greffier ou notaire, soit qu'ils aient ou non en leur possession le titre qu'on veut compulser, *tit.* 12, *art.* 1.

3. Sur cette assignation, ou les deux parties comparoissent, ou non.

Au premier cas:

On procede au compulsoire dans le procès-verbal, auquel chacune des parties forme tels dires qu'elle trouve à propos: & si l'on s'oppose au compulsoire, il faut faire juger l'opposition par le juge, où le procès est pendant.

Au second cas:

1. Si c'est celui qui a fait assigner qui ne com-

paroît, il doit payer à l'autre 20 livres de dommages-intérêts, les frais du voyage, *tit.* 12, *art.* 3.

2. Si c'est l'assigné, une heure après celle marquée par l'exploit, le sergent porteur du compulsoire donne défaut contre lui ; & pour le profit, on procede à l'extrait ou collation des pieces, & on met l'acte de collation au bas des copies des pieces compulsées, *tit.* 12, *art.* 2.

4. *Reconnoissance, ou vérification d'écritures ou pieces sous signature privée.*

Elle n'est permise qu'en écritures privées, car les authentiques font par elles-mêmes foi en justice : cependant les écritures authentiques venant des pays qui ne sont pas de la domination du roi, sont sujettes à certification par personnes domiciliées dans le royaume.

1. La reconnoissance se fait :

1. Devant le juge du domicile de celui à qui on veut faire reconnoître une signature ou écriture privée, soit que le procès soit ou non pendant devant lui, *tit.* 12, *art.* 5. *Edit du mois de décembre* 1684, & ce juge doit parapher la piece ; & en sa présence on la communique à la partie, n'étant pas juste de lui faire quitter son domicile pour reconnoître une piece.

Secùs, s'il la dénie & qu'il faille une vérification ; car elle se fait devant le juge du procès principal.

1. Celui du domicile pouvant être suspect. } *tit.* 12,
2. La présence de la partie n'y étant nécessaire. } *art.* 5.

Néanmoins, quelquefois l'on commet la vérification au juge des lieux où les pieces de comparaison sont plus aisées à trouver, *ibid.*

Nota. Mais ce droit est changé par l'*édit* de 1684, qui déroge à l'article ; & à présent, le greffier de l'audience paraphe les promesses dont on demande la reconnoissance pour assurer la date de l'hypotheque du créancier en fraude, duquel on pourroit supposer une promesse ancienne.

2. L'assignation doit être donnée à personne ou domicile, sans permission ni ordonnance.

3. Elle doit être donnée en l'hôtel du rapporteur, si l'affaire est appointée ; en l'audience, si elle ne l'est pas, *tit.* 12, *art.* 5.

4. Sur cette assignation : ou le défendeur ne compare pas, ou il compare.

Au premier cas, le juge donne défaut pour le profit duquel

1. La piece est tenue pour reconnue, si on prétend qu'elle soit écrite de sa main, *tit.* 12, *art.* 7.

2. Si elle est écrite d'une autre, permis de la vérifier par témoins (& ces témoins ne sont qu'accessoires à ce qui est déjà prouvé par l'écriture) & comparaison d'écritures, ou actes authentiques : c'est-à-dire, passés devant notaires, ou étant dans des dépôts publics, & autres non-suspects, *ibid.*

Au second cas :

1. Le demandeur communique les pieces qu'il veut faire reconnoître, *tit.* 12, *art.* 6.

2. Si le défendeur lui dénie qu'elles soient de sa main, ou ne veuille les reconnoître étant de la main d'un autre, le juge en ordonne la vérification, *ibid.*

2. Vérification se fait :

1. Toujours devant le juge où le procès principal est pendant, & c'est un incident inséparable.

2. Par des experts, écrivains, greffiers, notaires ou autres personnes non-suspectes, *tit.* 12, *art.* 8.

3. Sur pieces de comparaison, dont les parties conviennent. Cette convention n'est nécessaire que pour pieces de comparaison privées : car pour les authentiques, il n'y a pas de difficulté, *tit.* 12, *art.* 8.

4. Pour convenir d'experts & de pieces, les parties sont assignées au premier jour, *ibid.*

5. L'une des parties ne comparant, & ne voulant nommer expert ni donner pieces de comparaison, la vérification se fait par les experts que l'autre partie a nommés, & un autre que le juge nomme au lieu du refusant ou défaillant, *tit.* 12, *art.* 9.

6. La peine est, en cas que par la vérification la piece se trouve écrite de la main du défendeur, de 100 livres d'amende dans les cours, 50 livres dans les autres jurisdictions. (Édit de 1684, *art.* 11.)

5. Enquêtes où il faut examiner.

5. *Enquêtes.*

Il faut examiner trois choses.

1. Les matieres où la preuve est défendue, & où elle est permise.

2. Les formalités nécessaires pour leur confection.

3. Celles que la partie qui a fait faire l'enquête doit observer pour s'en servir dans l'instance. *d ij*

1. Cas où la preuve par témoins est défendue.

1. Quand il s'agit de l'interprétation de quelques articles de coutume, ou de quelque usage, pour laquelle on faisoit autrefois des enquêtes par turbes : car à présent l'on ordonne le rapport d'actes de notoriété.

2. Quand il s'agit d'une affaire future, pour laquelle on faisoit autrefois entendre des témoins âgés ou moribonds, crainte que la preuve dépérît : ce qui s'appelloit *enquêtes d'examen à futur*, *tit.* 13, *art.* 1.

3. Quand il s'agit d'un contrat, convention ou paction, excédant la somme ou la valeur de 100 livres, quand bien même cette somme seroit demandée pour différentes causes, & en différens tems ; dès que ces sommes excedent 100 liv. on doit passer des actes devant notaire, ou sous seing-privé, *tit.* 20, *art.* 2.

L'enquête peut néanmoins être admise en plusieurs faits procédans des contrats, quasi-contrats, délits, quasi-délits, excédans 100 livres.

4. Quand il y a un acte par écrit contraire à la preuve qu'on veut faire : par exemple, une quittance, & que l'on veut, nonobstant cela, faire preuve que la somme est encore due, ou bien, n'ayant eu quittance, faire preuve d'une somme due inscrite sur le registre d'un marchand, *tit.* 20, *art.* 2.

1. Car premiérement, le débiteur doit s'imputer de n'avoir jamais fait écrire son paiement.

2. La conséquence seroit grande, pour la facilité d'avoir de faux témoins.

Néanmoins un arrêt de la cour des aides de 1682 l'a permise, ne s'agissant pas, dit-il, d'une convention, mais d'une déduction.

Et par une faveur réciproque, le débiteur peut prouver sa libération.

Voyez, touchant ces registres, la déclaration du roi du 9 avril 1736.

5. Quand il s'agit de prouver l'âge, le mariage, le décès de personnes ; car l'ordonnance veut qu'il y ait des registres en bonne forme des baptêmes, des mariages & des morts, *tit.* 20, *art.* 8.

Signés

1. Ceux des baptêmes : des	Pere, Parrein & marreine.	*tit.* 20, *art.* 9 & 10.
2. Ceux des mariages : des	Contractans. Quatre témoins en présence desquels ils doivent être célébrés.	
3. Ceux des morts, de	Deux des plus proches parens ou amis.	

6. Quand il faut prouver qu'une personne a

reçu les ordres, ou fait profession religieuse.	tit. 20, art. 15.

Pour lesquels il doit y avoir des registres en bonne forme; qu'il est permis à toutes personnes de compulser; ce que les dépositaires sont obligés de souffrir, à peine de

saisie du temporel, privation des privileges royaux.	tit. 20, art. 18.

2. Cas où elle peut être admise.

1. Quand il s'agit d'un quasi-contrat, Pierre en l'absence de Paul a cultivé son héritage: il lui demande ses dépenses. Paul les dénie: on admet Pierre à les vérifier.

2. D'un délit: [Pierre enleve tout le bled du champ de Paul, qui forme sa demande pour la restitution. Pierre dénie le fait, ou soutient n'en avoir enlevé qu'une certaine quantité: Paul peut faire preuve du fait, & de la quantité plus considérable par lui prétendue.

Quasi-délit [si un charretier blesse quelqu'un en passant, ou que l'on jette d'une fenêtre quelque chose qui blesse un passant, ou en gâte les habits & meubles, la preuve en est reçue, à quelque somme que les dommages & intérêts puissent monter.

3. Quand il s'agit de possession, ou de trouble qui est fait.

Possessio est res facti. Par exemple, on permet de prouver par témoins que les actes authentiques ont été vus, lus & relus, & suivis de possession. Voyez l'*art.* 53 de l'ordonnance de Moulins.

4. Quand il y a commencement de preuve par écrit, *tit.* 20, *art.* 3.

5. Lors même qu'il n'y a pas de commencement de preuve par écrit, mais que les droits pour sommes, qui jointes ensemble, excedent 100 livres, procedent de différentes personnes, *tit.* 20, *art.* 5.

6. Lorsque les parties plaident devant les consuls, qui admettent la preuve par témoins au-dessus de 100 liv. *art.* 2.

7. Dans le cas d'un dépôt nécessaire, ou fait ès mains de l'hôte d'une hôtellerie, *art.* 4.

D'accidens imprévus esquels	les parties ne sauroient avoir fait des actes. *art.* 3.

8. Les baptêmes, mariages & morts, peuvent être jus-

tifiés, tant par titres que par témoins, en cas de perte de registres, ou qu'il n'y en ait jamais eu, *art.* 14.

Formalités des enquêtes à peine de nullité.

1. Les faits dont les parties doivent faire enquête respectivement, doivent être exprimés dans le jugement qui ordonne l'enquête, *tit.* 22, *art.* 1.

Autrefois il n'y avoit point de procès sans enquête; delà l'origine des chambres des enquêtes, qui ne connoissoient que de ces matieres.

2. L'enquête doit être commencée

1. Dans la huitaine du jour de la confection de ce jugement, si elle se fait dans le lieu où il a été rendu, ou dans les dix lieues, *tit.* 22, *art.* 2.

2. S'il y a plus de distance, le délai est augmenté d'un jour par dix lieues, *ibid.*

3. Ce délai ne peut être prorogé, si ce n'est en connoissance de cause, *ibid.*

mais

1. Le juge, quoique récusé ou pris à partie, peut accorder huitaine pour la confection d'icelle, *ibid.*

2. Si dans cette huitaine elle n'est achevée, le défendeur peut poursuivre l'audience sur un simple acte, *tit.* 22, *art.* 4.

3. Assigner

1. Les témoins à personne ou domicile pour déposer, *tit.* 22, *art.* 7.

2. La partie au domicile de son procureur pour les voir jurer : car cette sorte d'assignation fait partie de la procédure de l'instance, *tit.* 22, *art.* 5.

4. Dans cette assignation, l'heure pour comparoir doit être marquée; & les témoins peuvent y être contraints par 10 livres d'amende, emprisonnement en cas de désobéissance affectée. } *tit.* 22, *art.* 6 & 8.

Lequel néanmoins ne peut être ordonné par les simples commissaires-enquêteurs. } *tit.* 22, *art.* 8.

5. Les ordonnances s'exécutent, nonobstant opposition ou appellation, *tit.* 22, *art.* 8.

6. Le juge récusé, ou pris à partie, doit :

1. Surseoir à la confection de l'enquête jusqu'au jugement de la récusation ou prise à partie, si l'enquête se fait dans le lieu de sa résidence, *tit.* 22, *art.* 10.

2. Passer outre, si elle se fait hors du lieu, *tit.* 22, *art.* 9.

7. Les témoins doivent prêter le serment, soit que la partie assignée pour le voir prêter comparoisse, ou non, *ibid.*

8. Le juge leur demande :

1. Leur nom, surnom, âge, qualité, demeure, *tit.* 22, *art.* 14.

2. S'ils sont serviteurs ou domestiques, parens ou alliés des parties ? *tit.* 14, *art.* 11.

Et ceux qui le sont jusqu'au quatrieme degré canonique inclusivement, ne peuvent pas déposer, ni en leur faveur, ni contre eux, *tit.* 22, *art.* 14.

En matiere civile, le conseil, le procureur & l'agent ne peuvent être ouïs, comme témoins, ni pour ni contre.

Un même témoin ne peut pas être ouï deux fois pour une même partie.

9. Les témoins doivent être entendus séparément, en présence du juge & du greffier, sur toutes les circonstances du fait. *tit.* 22, *art.* 15.

10. Il faut lire au témoin sa déposition, l'interpeller de déclarer si elle contient vérité, & s'il y persiste,

1. La lui fait signer.
2. S'il ne le peut, ou ne le veut, le déclarer.

tit. 22, *art.* 16.

S'il y ajoute ou change :

1. L'écriture par renvoi à la marge.
2. Le lui fait signer.

tit. 22, *art.* 18.

11. Le juge signera chaque déposition & chaque renvoi ; il approuvera, & fera approuver les ratures & entre-lignes : il doit demander aux témoins s'ils veulent salaire, & en ce cas le leur taxer, *tit.* 22, *art.* 18.

12. L'enquête ne doit contenir la déposition de plus de dix témoins, à la différence des informations, où le nombre des témoins n'est pas limité, *tit.* 22, *art.* 21.

13. Ce que la partie qui a fait faire l'enquête doit observer pour s'en servir dans l'instance.

1. En lever l'expédition, qui

1. Ne doit être délivrée à la partie adverse, à moins qu'elle n'ait fourni ses reproches, ou renoncé à en fournir, *tit.* 22, *art.* 29.

2. Est payée au greffier ou autre qui l'a rédigée, suivant le nombre des rôles de la grosse, à moins que l'enquête n'ait été faite hors le lieu de sa demeure : alors il a le choix de la grosse, ou de ses journées, qui se taxent aux deux tiers de celles du commissaire, *tit.* 22, *art.* 23.

2. Donner copie du procès-verbal d'enquête, *tit.* 22, *art.* 27.

3. Le procès-verbal ne doit contenir que

1. Les dates des assignations & échéances.
2. Mention du serment des témoins, de leurs noms, âges, qualités & demeure.

tit. 22, *art.* 22.

4. C'est du jour de cette signification que se compte la huitaine pour fournir des reproches, *tit.* 22, *art.* 27.

qui

1. Doivent être circonstanciés & prouvés par écrit, *tit.* 23, art. 1.

2. Si c'est un procureur qui les fournit, signés de la partie ou de lui, en vertu d'un pouvoir spécial, *tit.* 13, *art.* 6.

3. Se jugent en voyant le procès, *tit.* 23, *art.* 4.

Et

1. S'ils sont prouvés, les dépositions des témoins reprochés ne sont lues, *tit.* 23, *art.* 5.

2. S'ils ne le sont, & qu'en jugeant le procès, les juges les trouvent admissibles, ils appointent à informer sur le fait des reproches, *tit.* 23, *art.* 4.

À moins que la preuve soit suffisante, sans ces dépositions.

5. Celui qui a fait signifier le procès-verbal, peut fournir de réponses aux reproches ; & si après cette signification, la partie adverse renonce à fournir de reproches,

Elle

1. Peut demander copie de l'enquête entiere, s'il n'y a enquête de sa part, *tit.* 22, *art.* 29.

2.

2. Doit, s'il y en a, faire ſignifier ſon enquête, avant d'avoir copie de celle de la partie adverſe, *tit.* 22, *art.* 33.

6. A faute de cette ſignification du procès-verbal, la partie peut ſommer celui qui la fait faire, de la lui ſignifier dans trois jours, ſinon il le pourra lever, *tit.* 22, *art.* 28.

Dans huitaine, ès cours, bailliages, ſénéchauſſées.
Dans trois jours aux autres ſieges.
Et dans pareil tems l'enquête; le tout ſauf à répéter les frais. } *tit.* 22, *art.* 23.

7. Après la ſignification de l'enquête & du procès-verbal à une partie, elle ne peut plus faire entendre de témoins, *tit.* 22, *art.* 34.

8. De produire l'enquête, ſi la conteſtation eſt appointée, ſinon, la porter à l'audience, *tit.* 22, *art.* 35.

9. Si l'enquête eſt déclarée nulle par omiſſion faite par le juge de quelqu'une des formalités, elle ſe refait.
1. Aux dépens du juge.
2. Les témoins ouïs dans la premiere, y peuvent être ouïs encore. } *tit.* 22, *art.* 36.

6 Deſcentes. Deux conſidérations.

6.

Deſcentes de juges & viſites d'experts.

Deſcentes de juges & viſites d'experts, ſur leſquelles deux conſidérations.

1. Leur nomination, ſur quoi,

1. Leur nomination ne doit être faite que quand il s'agit de la ſituation, ſurface, diſpoſition du lieu contentieux qu'il faut que le juge examine par ſoi-même, & qu'il entende les dires & conteſtations des parties, & leur en donne acte, ſi ce n'eſt qu'ils ſoient écrits, *tit.* 21, *art.* 1.

2. Le rapporteur ne peut être nommé pour faire ces deſcentes, *tit.* 21, *art.* 2.

Mais
1. Dans les cours & aux enquêtes, le préſident nomme un conſeiller préſent à l'audience & au rapport, *ibid.*
2. Ès autres ſieges, l'ordre du tableau eſt gardé, à commencer par le lieutenant général, s'il eſt préſent à l'audience ou au rapport, *tit.* 21, *art.* 3.

3. Cette dénomination doit être faite par le même jugement qui ordonne la deſcente, *tit.* 21, *art.* 4, lequel, avec la requête contenant la réquiſition, eſt mis ès mains du commiſſaire, qui donne ſon jour, afin que la partie ſe

trouve sur les lieux, sur la signification qui est faite.

De | la requête. jugement. ordonnance. } *tit.* 21, *art.* 6.

4. Le commissaire doit partir dans le mois à compter du jour de la requisition ; autrement on en subroge un autre, *tit.* 21, *art.* 6.

5. Dans la huitaine de la signification de son départ, & trois jours avant icelui, la partie peut le récuser, sinon il passe outre, nonobstant opposition, appel, récusation, &c. *tit.* 21, *art.* 7.

2. La taxe de leurs vacations,

1. Elles sont consignées par celui qui demande la descente; & outre ces vacations, ils ne peuvent rien recevoir, à peine de | concussion, amende de 300 livres. } *tit.* 21, *art.* 5 & 15.

2. Sont payées lorsqu'il y a plusieurs commissaires, selon trois cas différens.

1. Par les intéressés également, quand ils partent pour différentes commissions, *tit.* 21, *art.* 16.

2. Quand leur voyage est augmenté à l'occasion d'une nouvelle commission dans le même lieu, les journées d'augmentation sont payées par ceux qui en sont la cause; & si elles ne commencent qu'après la premiere finie, ils ne paient que le séjour & les premieres journées pour aller & revenir ; c'est pour cela que les commissaires doivent faire mention de tout le tems qu'ils ont employé, à peine de | concussion, 100 livres d'amende. } *tit.* 21, *art.* 17.

3. Quand les commissaires sont à une journée de distance du lieu de la seconde commission, ils prennent la taxe de tout le jour dans le lieu de leur seconde commission, avec un jour pour aller, & autant pour le retour, *tit.* 21, *art.* 20.

Visites d'experts : sur quoi.

1. Lorsqu'il s'agit d'une question de fait, qui dépend de quelque art.

2. Les experts ne doivent nécessairement être artisans ; des bourgeois peuvent l'être, même en contestation d'entre un bourgeois & un artisan ; le tiers-expert doit être bourgeois, *tit.* 21, *art.* 11.

3. Les jugemens qui les ordonnent, doivent faire mention :

1. Des faits sur quoi, & du juge devant qui le rapport se doit faire, *tit.* 21, *art.* 8.

2. Du délai dans lequel les parties doivent comparoir, pour nommer un expert, *ibid.*

4. En cas d'absence de l'une des parties, ou refus des deux, le juge nomme d'office un expert pour le défaillant ou refusant, *tit.* 21, *art.* 9.

5. Les experts nommés doivent prêter serment, à moins qu'ils ne soient jurés : ils peuvent être récusés; & s'ils le sont valablement, le commissaire en nomme d'autres, leur marque le jour & heure pour comparoir devant lui, & on leur met en main le jugement qui ordonne la visite, après quoi, *tit.* 21, *art.* 10,

6. Ils doivent procéder à la visite, & faire, & rédiger, & signer leur rapport sur le lieu.

7. La visite achevée, ils donnent leur rapport : sur quoi trois choses à considérer :

1. Il faut excepter, si le rapport se fait à Paris, où il y a des greffiers des bâtimens, clercs de l'écritoire, créés en 1574, confirmés en 1668 par arrêt du conseil.

Pour rédiger procès-verbaux de visites & estimations, en garder les minutes, & délivrer des grosses.

2. Si les experts sont d'avis différens, ils le donnent séparément, & le juge nomme un tiers, *tit.* 21, *art.* 13.

3. Le rapport fait & délivré, la partie la plus diligente en peut donner copie à la partie adverse; trois jours après cette signification,

1. Produire, si l'affaire est appointée,

2. Poursuivre l'audience sur un simple acte.

} *tit.* 21, *art.* 23.

7. Complainte & réintégrande.

7. *Complainte & réintégrande.*

Ce sont deux actions que peuvent exercer les possesseurs d'un héritage, d'un droit réel, ou d'une universalité de meubles, quand ils sont troublés dans leur possession, ou dépouillés d'icelle. Au premier cas, c'est la complainte : au second, c'est la réintégrande, *tit.* 18, *art.* 1 & 2.

1. Différences de l'une & de l'autre.

1. La complainte est appellée en droit : *Interdictum uti possidetis*, ou *retinendæ possessionis.*

La réintégrande : *Interdictum undè vi*, ou *recuperandæ possessionis.*

2. La complainte doit être formée dans l'an du trouble; & si le défendeur dénie le trouble, ou se prétend en possession de droit, le juge appointe les parties à informer, *tit.* 18, *art.* 1 & 3.

La réintégrande peut être poursuivie:

1. Par action civile, ou 2. Par voie extraordinaire. } *tit.* 18, *art.* 2.

Mais quand celui qui a été dépouillé de sa possession a commencé par l'une des deux manieres, il ne peut plus agir de l'autre, si ce n'est que 1. Il ait commencé par la voie extraordinaire. 2. Que les juges, en jugeant le procès extraordinaire, lui aient réservé l'action civile. } *tit.* 18, *art.* 2.

2. Quatre choses communes à l'une & à l'autre.

1. Ces deux actions, qui sont des actions possessoires, ne peuvent être accumulées & jointes avec la contestation sur la propriété, qu'on appelle *pétitoire*, mais elles doivent être terminées, & la condamnation exécutée. Pour les fruits, dépens, dommages, intérêts, avant d'agir pour la propriété, *tit.* 18, art. 4.

2. Dans l'une & dans l'autre, en cas de retardement par celui qui a gagné le possessoire, de faire liquider les restitutions de fruits, dépens, dommages, intérêts, l'autre peut poursuivre le pétitoire en donnant caution, *ibid. art.* 4.

3. Dans l'une & dans l'autre, les juges condamnent à l'amende les parties qui succombent, *tit.* 18, *art.* 6.

4. Les jugemens s'exécutent par provision, & nonobstant l'appel, en donnant caution, *tit.* 18, *art.* 7.

Nota. Complainte en matiere profane, differe de la bénéficiale.

1. En ce qu'il n'est besoin de rapporter titre; au lieu que dans la derniere il en faut un, au moins coloré, *tit.* 15, *art.* 2 & 6.

2. N'est de saisine en bénéficiale, car il n'y en a point en fait de bénéfice; le seigneur n'y met pas en possession, on l'y met par vertu d'un titre.

8.

Sequestre, commissaires & gardiens.

Ce titre 19 a deux parties: dans la premiere, nous parlerons des sequestres: dans la seconde, des commissaires & gardiens.

I. Les sequestres.

1. Sont convenus par les parties, ou nommés par le juge, sur la demande de l'une d'elles, avant la contestation en cause, pour garder une chose contentieuse, ou en percevoir les fruits; à la charge d'en rendre compte, & de les restituer en fin de cause.

2. Sont différens des dépositaires.

1. Les sequestres ne sont établis, que lorsqu'il y a procès; les dépositaites au contraire.

2. Le sequestre possede véritablement la chose sequestrée; le dépositaire ne possede point.

3. On y considere trois choses: 1. leur nomination : 2. leur établissement: 3. leur fonction.

1. Leur nomination se fait:

1. Ou sur la demande d'une partie, formée par requête portée à l'audience, ou d'office par le juge, *tit.* 19, *art.* 1 & 2.

2. A lieu quand il ne paroît pas assez certainement laquelle des deux parties a le droit, ou la possession la plus apparente.

3. La sentence qui ordonne le sequestre, nomme le commissaire, en présence duquel est marqué le tems dans lequel les parties doivent comparoir & procéder; & ce délai ne peut être prorogé que de huitaine au plus, & avec connoissance de cause, *tit.* 19, *art.* 3.

4. Faute par les parties de comparoir devant le commissaire, & d'en nommer, le juge en nomme d'office, *tit.* 19, *art.* 4.

Mais qui ne peut être de ses parens ou alliés, jusqu'au deuxieme degré inclusivement, *tit.* 19, *art.* 5.

5. Les sentences de nominations s'exécutent nonobstant l'appel, *tit.* 19, *art.* 19.

6. En conséquence de la sentence de nomination, on assigne le sequestre devant le juge, pour prêter le serment & accepter la commission, à laquelle il peut être contraint par amende & saisie de ses biens: car dans le cas de nomination par le juge, c'est une espece de charge publique, comme la tutele, *tit.* 19, *art.* 6.

2. Leur établissement:

1. Se fait en vertu de l'ordonnance du juge, par un sergent assisté de deux témoins, qui dresse son procès-verbal des choses sequestrées, & le fait signer au sequestre

& à ses deux témoins, *titre* 19, *article* 7.

2. Les peines contre ceux qui empêchent, par violence, l'établissement du sequestre, ou le troublent dans son administration, sont qu'ils

1. Sont poursuivis extraordinairement à la requête de la partie publique.
2. Sont condamnés à 300 liv. d'amende.
3. Sont privés des fruits enlevés.
4. L'autre partie est mise en possession.

} *tit.* 19, *art.* 16.

3. Leur fonction consiste:

1. A faire procéder au plutôt au bail judiciaire des héritages, quand il n'y en a point de conventionnels, ou qu'il est fait à vil prix, *tit.* 19, *art.* 10.

Duquel bail judiciaire, qui ne pourra être pris par les parties, il doit faire taxer les frais par le juge sur le champ, *tit.* 19, *art.* 11.

2. A faire procéder par autorité de justice, & parties appellées, aux réparations & impenses nécessaires des choses sequestrées, *tit.* 19, *art.* 12.

A l'égard de la décharge du sequestre, il l'a aussi-tôt que la contestation est terminée, ou trois ans après son établissement, au cas qu'elle ne soit pas vuidée, *tit.* 19, *art.* 21.

Si ce n'est qu'il fût continué par le juge en connoissance de cause, *ibid.*

Dans l'un & l'autre cas, le sequestre n'est véritablement déchargé qu'en rendant compte, *ibid.*

2. Commissaires & gardiens.

On considere leur établissement & leurs fonctions:

1.

Leur établissement:

1. Il se fait par le sergent saisissant, qui déclare si l'exécution est faite devant ou après midi, & spécifie en détail ce qu'il laisse à la charge du commissaire ou gardien, *tit.* 19, *art.* 15.

2. Ne peut le sergent établir commissaires ou gardiens:

1. Aucun de ses parens ou alliés.
2. Le saisi, sa femme & ses enfans.

} *tit.* 19, *art.* 13.

3. Les freres, les oncles, ni les neveux du saisi, s'ils n'ont volontairement accepté la commission, *tit.* 16, *art.* 14.
4. Les domestiques du saisi.

2.

Leurs fonctions:

1. Ils n'y peuvent être troublés par violence, à peine de

1. Cent livres d'amende.
2. Restitution du double des choses saisies.
3. Se voir poursuivis extraordinairement.
} *tit.* 19, *art.* 17.

2. De faire procéder au bail judiciaire, qui ne peut être adjugé au saisi.

A l'égard de la décharge, elle est de droit, deux mois après le jugement des oppositions, ou un an après leur établissement, en rendant compte, *tit.* 19, *art.* 22.

CHAPITRE VII.

Des complaintes en matiere bénéficiale.

Ordonnance de 1667, *tit.* 15.

CES complaintes ont beaucoup de rapport avec celles en matiere profane; on parlera dans ce titre: 1. des procédures des complaintes: 2. de leur jugement: 3. de la régale.

I. Procédures des complaintes.

1. L'action s'intente par le possesseur d'un bénéfice, troublé par une autre prise de possession, ou par opposition à la sienne.

Ce qui peut être fait par un mineur, sans être autorisé de tuteur ni de curateur, *tit.* 15, *art.* 14.

2. L'exploit se donne:

1. A la personne ou au domicile du défendeur, quand il est en possession, *tit.* 15, *art.* 3.

2. Au lieu du bénéfice, quand il n'est pas en possession, *ibid.*

Nota. Les bénéfices se considerent:

1.

Par leurs fonctions, & sont, ou | simples | avec prééminence & dignité, ou sans dignité.
| à charge d'ames.

2.

Par les personnes à qui ils sont affectés, & sont, ou | Séculiers, | & tous les bénéfices sont présumés tels, s'il n'est justifié du contraire.
| Réguliers, | qui cessent de l'être, quand ils ont été trois fois pendant

quarante ans conférés comme séculiers.

3.

Par la maniere dont on les confere.

Consistoriaux, | *id est*, dont on paie l'annate, & dont les provisions ne s'expédient que résolues au consistoire du pape.

Non consistoriaux, qui sont

Electifs.

Collatifs, qui sont,

1. A la libre disposition du collateur ordinaire.

2. En patronage ecclésiastique ou laïque.

3. L'exploit doit exprimer le genre de vacance, si c'est :

Par permutation.
Par mort naturelle ou civile.
Par résignation ou autrement, pure & simple, & qui doit être admise par le pape.

} *tit.* 15, *art.* 2.

Nota. Les provisions de Rome sont, *in formâ gratiosâ*, ou *in formâ dignum*, & ces dernieres ne servent sans *visa* de l'ordinaire.

S'il garde trois ans ses provisions sans prendre possession, c'est une désertion, & le bénéfice vaque, non de droit, mais par contumace, & après monitions.

4. Le demandeur doit donner copie signée de lui & du sergent : 1. de ses titres : 2. de ses capacités, *tit.* 15, *art.* 2.

Les titres sont, par exemple, les signatures de Rome, notifiées & certifiées par deux banquiers ; ils certifient sur l'original des signatures, qu'elles ont été expédiées par le correspondant.

Les capacités sont : | 1. L'âge, à savoir :

7 ans pour les chapelles.
10 ans pour les prébendes collégiales.
14 ans pour les cathédrales.
20 ans pour les dignités sans charge d'ames.
23 ans pour les abbayes & prieurés conventuels.
25 ans commencés pour les cures & dignités à charge d'ames.
27 ans pour les archevêchés & évêchés.

2. L'ordre qui doit avoir été conféré,

par le propre évêque, ou sur son dimissoire.

La

La prêtrise ne doit pas avoir été conférée *per saltum*, & elle n'est pas nécessaire; lors des provisions d'un bénéfice à charge d'ames, il suffit de se faire prêtre dans l'an, si le titre de la fondation n'y est contraire.

3. Ses degrés :

qui ne sont pas nécessaires pour les bénéfices vacans aux mois libres, qui sont tous les mois, hormis janvier, avril, juillet & octobre.

Excepté certains bénéfices, où les degrés sont nécessaires, comme les cures des villes murées; & pour les archevêchés & évêchés, il faut être docteur, ou au moins licentié en théologie, ou en droit: & par l'article 31 de l'édit de 1606, pour les dignités aux cathédrales, & premieres dignités des collégiales, il faut être gradué en droit ou en théologie.

Nota.

Les gradués sont de deux sortes, simples & nommés.

Les gradués simples, sont ceux qui n'ont que leur simple titre de degrés & attestation d'études, en vertu duquel ils peuvent être pourvus des bénéfices, avenant vacances d'iceux aux mois d'avril & d'octobre, qui leur sont affectés.

Les gradués nommés, sont ceux qui sont présentés par leurs universités aux collateurs & patrons pour les bénéfices qui vaqueront dans leurs mois, qui sont janvier & juillet.

Il est nécessaire que les gradués, ou tout au moins les gradués nommés, fassent exprimer en leurs provisions leurs qualités, afin qu'on connoisse leur degré & leur capacité; & sont les gradués appellés de ce nom (*à gradu quo decorantur*): car selon les regles de chancellerie en cour de Rome, & selon les concordats, *gradus nihil aliud est quàm honos quidam dignioris scientiæ, seu eminentioris doctrinæ magisterii, baccalaureatûs, vel licentiatûs; quæ quidem omnia*, gradus, *nuncupantur*, *& hinc graduati nominatio verò nihil aliud est, quàm gratiosa omnimodùm concessio facultatis petendi & acceptandi beneficium; præfinito tempore vacans, ab universitate Galliæ celebri, regnicolæ suæ disciplinæ alumno, legitimè facta.*

5. La complainte se porte devant les seuls juges royaux, *tit.* 15, *art.* 4, où les défendeurs doivent par leurs défenses expliquer le genre de leur provision, donner copie de leurs titres & capacités; &, trois jours après les défenses, le plus diligent poursuit l'audience sur un simple avenir, pour être décidée, s'il se peut, à l'audience, sur la pleine maintenue,

la recréance ou le sequestre, *tit.* 15, *art.* 6 & 7.

Il arrive souvent dans le cours de la procédure sur une complainte, ou des interventions, ou des dévoluts, ou des résignations, ou des décès des contendans.

1. Interventions. Se forment par une requête contenant les moyens de l'intervention, & copie des titres & capacités signifiées à tous les contendans, *tit.* 15, *art.* 12.

2. Dévolut. Est la provision obtenue du pape, ou de l'ordinaire, fondée :

1. Sur le défaut ou nullité de titres.

1. Il faut pour cela que le possesseur n'ait pas même un titre coloré :

C'est celui qui a l'apparence d'un titre légitime, quoiqu'il puisse être argué de défaut : or il est couvert par la paisible possession triennale.

2. Par nullité du titre, on entend *v. g.* de défaut de pouvoir dans le collateur, ou l'omission par l'impétrant, d'exprimer en sa supplique en cour de Rome, tous les bénéfices dont il est pourvu, ou si la provision de l'ordinaire n'est signée de deux témoins.

2. Inhabilité & incapacité du possesseur.

1. Les unes annullent les provisions dans le principe :

1. Si le possesseur n'est tonsuré
2. S'il est étranger, non naturalisé.
3. Batard, non légitimé ni dispensé.
4. Marié.
5. *In reatu.*

2. Les autres incapacités interviennent dans la suite :

v. g. Les crimes que l'on commet, dont quelques-uns font vaquer le bénéfice de plein droit, comme la simonie.

D'autres après le jugement qui déclare le bénéfice vacant, comme la désertion d'un bénéfice sujet à résidence.

Pour quelque cause que le dévolutaire soit pourvu, toute audience lui est déniée, jusqu'à ce qu'il ait donné caution de 500 livres, sinon déchu *ipso jure*, *tit* 15, *art.* 13.

3. Résignation. Le résignataire se fait subroger par une simple requête verbale, sans appeller partie, ni obtenir lettres de subrogation aux droits du résignant; sinon la procédure se poursuit contre le résignant, *tit.* 15, *art.* 15 & 16.

4. Décès d'un contendant. Celui qui reste donne sa requête, & demande l'état & la main-levée des fruits qui lui sont accordés, en prouvant la litispendance & le décès par un extrait mortuaire, sans quoi il arriveroit qu'y ayant des fruits sequestrés, ils seroient enlevés en supposant le décès d'un homme en vie, & a l'insu des contendans, *tit.* 15, *art.* 11.

1. Les sentences de recréance, sequestre ou pleine maintenue, doivent être rendues par cinq juges, au moins qu'ils y soient nommés, *tit.* 15, *art.* 77.

Aux requêtes de l'hôtel & du palais, ils peuvent être moins, *ibid.*

2. Les sentences de recréance sont exécutoires à la caution juratoire de celui qui les obtient, nonobstant oppositions ou appellations, & avant qu'on puisse procéder sur la maintenue, *tit.* 15, *art.* 9.

3. Les condamnations de restitution de fruits, dépens, dommages & intérêts, s'exécutent en entier contre le résignataire, sauf son recours contre le résignant pour la garantie de fruits, dommages & intérêts, & dépens de son tems, *tit.* 15, *art.* 10.

4. Les appels de sentences de recréance, sequestre ou pleine maintenue, se portent dans les cours *omisso medio*.

Régale. 1. C'est un droit qui appartient au roi à cause de sa couronne, de jouir des fruits des archevêchés & évêchés vacans dans son royaume, & de conférer les bénéfices simples vacans qui en dépendent, durant que les archevêchés & évêchés sont vacans, jusqu'à ce que les pourvus lui aient prêté le serment de fidélité, & icelui fait signifier au procureur du roi du diocese.

Son universalité. On n'a pas toujours cru que la régale s'étendît dans tous les archevêchés & évêchés du royaume.

Premiérement, Henri IV, *article* 27 *de l'édit de* 1606, déclare qu'il n'entend pas qu'il soit étendu aux églises exemptes.

2. Le 24 avril 1606, nonobstant cette déclaration, arrêt intervint au parlement sur les conclusions de M. Servin, avocat général, qui déclare la régale avoir lieu au Bellay,

comme dans tous les autres archevêchés & évêchés du royaume : le roi en conséquence conféra les bénéfices dépendans des trois provinces, Dauphiné, Provence & Languedoc, qui avoient été jusques-là exempts.

3. La Sainte-Chapelle de Paris, à qui appartenoit la régale temporelle, fit saisir les revenus des évêchés vacans dans ces provinces, par une concession de 1452, qui fut d'abord à tems, puis pour la vie des rois; enfin par l'édit de 1641, la régale temporelle lui a été ôtée, & la manse abbatiale de saint Nicaise de Reims, accordée à la Sainte-Chapelle, pour une espece d'indemnité.

En conséquence, le clergé se plaignit, & par lettres-patentes du 26 novembre 1609, le roi évoqua au conseil tous les procès pendans au parlement, sous prétexte de provisions accordées en régale, au préjudice de l'édit de 1606.

En 1615, 1624 & 1636, il y eut divers contrats entre Louis XIII & le clergé, par lesquels sa majesté promit de ne rien innover aux droits de l'église, nonobstant lesquels y ayant encore eu des provisions en régale, & des saisies de la Sainte-Chapelle, le clergé renouvella ses plaintes, & sur sa requête intervint arrêt le 16 septembre, par lequel le roi ordonne auparavant faire droit, que les évêques des trois provinces enverront au greffe du conseil, les titres sur lesquels ils fondent leur immunité.

5. Enfin en 1673, le 10 février, le roi a fait une déclaration vérifiée au parlement le 18 avril ensuivant, par laquelle il déclare que la régale lui appartient universellement dans tous les archevêchés & évêchés de son royaume.

2. L'ouverture de la régale arrive :

1. Par la mort de l'évêque.
2. Sa promotion au cardinalat.
3. La démission de son évêché.
4. La translation de son évêché à un autre.

Pendant la régale, le roi ne profite des fruits, il les remet aux nommés aux évêchés : ils sont reçus par un économe qui leur en rend compte.

3. La clôture de la régale se fait par des lettres-patentes de main-levée que le roi fait expédier au nouvel évêque, & qui s'enregistrent en la chambre des comptes de Paris; il faut outre cela qu'elles aient été signifiées avec le serment de fidélité aux procureurs généraux, à la requête de qui les fruits sont saisis immédiatement après l'ouverture : car s'il n'y a pas eu saisie du temporel, la signification n'est pas nécessaire.

Le serment de fidélité, est un acte que le nouvel évêque fait à la messe du roi à l'évangile, revêtu de l'étole, tenant la main droite sur l'évangile, la gauche *ad pectus*, promet au roi de lui être fidele, & maintenir en fidélité les sujets de son diocese.

4. La grand'chambre de Paris est la seule compétente pour connoître des régales, *tit.* 15, *art.* 19.

5. La procédure que l'on tient est sommaire :

1. Le pourvu forme sa demande valablement à l'audience, la cour ordonne que les prétendans seront assignés; *tit.* 15, *art.* 20.

& s'il y a contestation sur le possessoire entre des contendans en un autre siege, elle demeure évoquée de droit à la grand'chambre, aussi-tôt que la demande en régale est signifiée, *tit.* 15, *art.* 23.

2. Après l'expiration des délais, la cause se juge à l'audience sur un avenir, *tit.* 15, *art.* 21.

3. A faute par les assignés de constituer procureur ou de se trouver à l'audience, la cour donne défaut ou congé, dont le profit est jugé sur le champ, *tit.* 15, *art.* 22.

4. Si le bénéfice se trouve avoir vaqué en régale, il est adjugé au régaliste, *tit.* 15, *art.* 24.

Sinon, en cas que la cour déclare qu'il n'a vaqué en régale, elle prononce la pleine maintenue ou la recréance au profit de l'un des contendans; & si elle appointe sur la régale, elle adjuge au régaliste l'état, c'est-à-dire, la recréance; car l'état est le mot pour la régale, *ibid.*

6. Prendre possession en personne, & non par procureur; car celle par procureur (*est ficta possessio*) qui n'empêche la régale, & la recréance se fait du bénéfice; c'est la maxime en matiere de régale, différente de celle en bénéficiale, où la possession feinte & par procureur est égale & équipollente à la réelle & actuelle.

Sa durée. 1. Originairement le droit de régale étoit perpétuel; ensorte que la regle *de pacificis*, n'étoit pas une fin de non-recevoir.

2. En 1498, le roi Louis XII la restreignit à trente ans; ensorte que les trente ans passés depuis l'ouverture, il ne pouvoit plus conférer en régale.

3. Henri IV, par l'édit de 1606, *art.* 27, l'a restreinte à trois ans, pour que les titres des bénéfices ne fussent plus si long-tems dans l'incertitude.

Quid, si un homme s'est fait pourvoir en régale dans les trois ans, mais n'a fait signifier ses provisions au pourvu à l'ordinaire qu'après les trois ans, est-il déchu de sa régale? Non.

Raison de douter. La signification interrompt la prescription, & comment peut-il avoir autrement connoissance de la régale?

Raison de décider. La négligence du régaliste ne peut préjudicier au droit du roi, qui peut seul par sa négligence, pendant trois ans, perdre sa régale. Jugé le 4 juin 1704.

CHAPITRE VIII.

Des procédures en cour souveraine.

Les procédures en cour souveraine, sont de deux sortes: principales & incidentes.

1. Les principales, qui sont, ou appellations, ou affaires en premiere instance.

1. Les appellations des sentences rendues à l'audience, même sur délibéré, quoique le juge ait pris ses épices, se nomment *appellations verbales;* celles des sentences rendues sur production des parties, ou de lune d'elles qui ait produit, en exécution d'un appointement en droit, se nomment *procès par écrit.*

2. Dans l'une & l'autre appellation, l'appellant prend un relief d'appel en la petite chancellerie, qu'il fait signifier à l'intimé, pour procéder sur l'appel dans les délais prescrits, suivant la distance des lieux.

3. Dans l'une & dans l'autre, à moins qu'elle ne soit interjettée sur le barreau en plaidant, il faut consigner l'amende & en signifier la quittance.

Elle est de 12 livres aux cours. | depuis augmentée à 15 livres.
6 livres aux présidiaux.

Edit pour les amendes des appellations du mois d'août 1669.

3. N'est retirée par l'intimé quand il gagne, mais il la couche en dépens, & elle est rendue à l'appellant quand il a gagné.

4. Reçue par le receveur sans frais.

5. Ne se multiplie par le nombre des appella-

tions interjettées par la même partie. Mais si les deux parties sont respectivement appellantes, chacune doit en consigner son amende.

Hors les délais qui sont communs aux deux especes d'appellations, les procédures sont différentes.

Procédures des appellations.

1. Dans les appellations verbales, ou l'intimé comparoît, ou il ne comparoît pas ; ou l'appellant & l'intimé comparoissent.

1. S'il ne compare point, l'appellant prend son défaut au greffe, dans la moitié du délai : v. g. douze jours après l'échéance de l'assignation, si elle est à huitaine ; huitaine après le défaut, il le peut faire juger, & pour le profit, faire infirmer la sentence, *tit.* 11, *art.* 3, 4 & 5.

2. S'il comparoît, l'audience se poursuit sur un simple avenir ; & si l'appellant ne se trouve pas à l'audience, l'intimé obtient congé ; & pour le profit, l'appellant est déchu de son appel, *tit.* 11, *art.* 6.

3. Si l'un & l'autre comparoissent, la cause se plaide par avocats, & l'avocat général donne ses conclusions : si le roi, l'église, le public, ou les mineurs y sont intéressés, & les juges décident sur le champ ou appointent au conseil à la pluralité des voix à fournir causes d'appel & réponses, produire, contredire de huitaine en huitaine avant de juger, ils doivent opiner s'ils jugeront ou appointeront, *tit.* 11, *art.* 9.

Il y a des appellations verbales où, sans plaidoierie, on prend au greffe un appointement au conseil, comme en

1. Appel de taxe de dépens.*
2. Reddition de compte.
3. Liquidation de dommages & intérêts.

} *tit.* 11, *art.* 10.

* Ne s'observe au parlement de Paris : mais l'appel est renvoyé à la chambre des procureurs-tiers, dont l'avis est reçu par forme d'appointement.

Procédures des appels.

2. Dans les appels des sentences rendues sur production des parties, ou de l'une d'elles par forclusion :

1. Après que le jugement est rendu par le premier juge, & que trois jours après il a remis les

productions au greffe, chacune des parties retire la sienne, *tit.* 11 *art.* 16.

2. Les appels se nomment *procès par écrit*, & dans les parlemens ne se portent qu'aux enquêtes, au greffe desquels les parties sont obligées de mettre leurs productions dans la huitaine, après l'échéance du délai de l'assignation. L'usage est que les procureurs se les communiquent; & si l'une manque à produire, l'autre peut faire juger sur la production dans le même tems. L'intimé doit y mettre aussi la sentence en forme ou par extrait, sinon l'appellant la peut lever aux dépens de l'intimé, *tit.* 11, *art.* 17 & 18.

3. Huitaine après cette remise au greffe, le plus diligent des deux procureurs offre à l'autre l'appointement de conclusions, & le somme de le passer au greffe, *tit.* 11, *art.* 19.

C'est un arrêt qui regle les parties à fournir griefs & réponses de huitaine en huitaine, & faire productions nouvelles, & à faute de le faire après la signification

1. Par l'appellant, l'intimé obtient congé; & pour le profit, l'appellant déchu de son appel.
2. Par l'intimé, la partie fait juger son défaut; & pour le profit, l'intimé demeure déchu du profit de la sentence. } *ibid.*

4. Quand l'arrêt de conclusion est passé: qu'un mois après, suivant l'usage du parlement, le procès a été distribué, l'appellant est tenu de fournir & signifier des griefs, huitaine après un acte que l'intimé lui signifie, portant sommation d'en fournir; & dans la huitaine de la signification des griefs, l'intimé doit fournir de réponses.

3. Les affaires principales en premiere instance, sont les affaires de ceux qui, par des attributions particulieres, ont droit de plaider dans les cours en premiere instance, comme au parlement de Paris:

1. Les pairs, pour raison de leurs pairies.
2. L'hôtel-dieu de Paris.
3. L'hôpital général de Paris. } *tit.* 2, *art.* 12.

4.

4. Le grand bureau des pauvres de Paris. } *tit.* 2, *art.* 12.

La procédure en a été expliquée ci-dessus.

4. Les affaires incidentes, qui sont : 1. appellations : 2. demandes, qui sont ou incidentes proprement dites, ou demandes en lettres de restitution, rescision ou des interventions.

L'instruction de ces affaires incidentes se fait ainsi.

1. L'appellant ou demandeur donne sa requête, contenant son appel & demande, & les moyens, ce qui est employé pour écritures & productions, avec les pieces qu'il y joint, dont il donne copie à l'intimé ou défendeur, *tit.* 11, *art.* 23.

2. La chambre où la contestation est pendante, regle les incidens, *id est*, ordonne que l'intimé ou défendeur répondra, écrira & produira dans trois jours, & joint au procès principal, *tit.* 11, *art.* 24.

Le réglement à produire dans trois jours, n'a lieu que pour les premiers incidens; car les seconds & autres sont joints au procès, pour, en jugeant, y avoir tel égard que de raison.

Nota.

Par arrêt du parlement du 9 août 1669, ouï le procureur général, il a été ordonné que les chambres régleront tous les incidens sur requêtes, mises à cet effet ès mains du rapporteur : défenses aux procureurs de poursuivre le réglement à l'audience, ou autrement : aux greffiers de leur délivrer aucun appointement.

3. En exécution de ce réglement, l'intimé ou défendeur donne à l'appellant ou demandeur, copie de la requête servant de réponses & des pieces y jointes: car il n'est pas permis de donner des contredits dans les incidens, à moins qu'ils ne soient considérables, *tit.* 11, *art.* 24 & 25.

1. Pour l'intervention, le tiers qui prétend avoir intérêt dans une contestation pendante dans une cour souveraine, y donne sa requête, dans laquelle il explique ses moyens; il emploie cette requête, & les pieces qu'il y joint, pour moyens d'intervention, la signifie aux procureurs des parties principales, & se pourvoit à l'audience pour se faire recevoir partie intervenante, *tit.* 11, *art.* 28.

2. Dans ces différentes appellations & demandes, soit principales, soit incidentes, il intervient différens réglemens.

1. Dans les appellations.

1. Des sentences rendues sur production des parties, de l'une d'elles, ou de leurs auteurs : c'est un appointement de conclusion, comme au procès par écrit : si celui contre qui l'on veut se servir d'une sentence rendue sur procès par écrit n'y a pas été partie, ce n'est qu'un appel verbal.

2. Verbales, c'est un appointement au conseil.

Il y a un cas où l'on appointe au conseil, bien que sur une demande, c'est dans les requêtes civiles.

2. Dans les demandes, il faut distinguer entre les principales & les incidentes, pour les réglemens & les productions.

1. Dans les principales, on donne un appointement en droit à écrire, produire & contredire de huitaine en huitaine; dans les incidentes à écrire dans trois jours, on répond & on ne contredit point.

Quelquefois ès demandes principales, mais de peu d'importance, on appointe à mettre dans trois jours; c'est-à-dire, à mettre pieces & requêtes pardevant un tel conseiller, dans trois jours, pour leur être fait droit.

2. Dans les principales, les défenses précedent l'appointement; dans les incidentes, elles le suivent.

3. Dans les principales, la production suit l'appointement; dans les incidentes, elle le précede.

CHAPITRE IX.

Du devoir des juges.

APRÈS avoir examiné ce que doivent & peuvent faire les parties qui plaident pour parvenir à un jugement, il faut voir présentement quel est le devoir des juges, &

1. Ce qu'ils doivent faire dans le commencement des instances.
2. Dans le cas de récusation & de prise à partie.
3. Dans les matieres sommaires.
4. Ce que doivent faire les juges & consuls des marchands.

5. De quelle maniere ils doivent procéder aux jugemens, & les prononcer ?

1. Devoir des juges dans le commencement des instances.

1. Quand ils connoissent qu'une affaire n'est pas de leur compétence, ils doivent la renvoyer devant les juges qui doivent en connoître, sans pouvoir la retenir, à peine
de nullité des jugemens.
de prise à partie. } *tit.* 6, *art.* 1.

2. Ils ne peuvent appointer, réserver ni joindre les renvois, déclinatoires & incompétences que les parties proposent, sous prétexte de litispendance, connexité ou autrement; mais ils doivent juger ces matieres à l'audience, étant questions préalables, *tit.* 6, *art.* 3.

3. En cas qu'il y ait appel des jugemens de déni de renvoi ou d'incompétence, les juges n'en doivent pas connoître, mais ces affaires se vuident par l'avis des gens du roi; ils ne doivent pas non plus connoître des folles intimations & désertions d'appel, qui doivent se vuider par l'avis d'un ancien avocat, pour régler les uns & les autres, *tit.* 6, *art.* 4.

Voici quelle est la procédure.

1. Pour celles qui se reglent par l'avis des gens du roi.
   1. Les avocats se trouvent au parquet.
   2. On rédige sur le champ la prononciation.
   3. Les gens du roi paraphent l'appointement.
   4. Il se reçoit à l'audience, s'il n'y a raison de l'empêcher.
2. Pour celles qui se reglent par l'avis des avocats:
   Si celui d'une des parties refuse de signer, & que l'avocat de l'autre & le tiers signent, l'appointement est reçu, comme si les trois avoient signé, *tit.* 6, *art.* 7.

4. Ils ne peuvent évoquer les instances pendantes en d'autres jurisdictions, quand même elles ressortiroient devant eux; & en cas que les juges souverains le fassent en connoissance de cause, ils doivent juger à l'audience définitivement, & sans appointer, *tit.* 6, *art.* 2.

2. Devoir des juges dans le cas de récusation & de prise à partie.

Art. 151 de l'ordonnance de Blois.

Avant que de voir ce que doivent faire les juges récusés, il faut examiner premiérement les cas où on les peut récuser, qui sont huit.

1. Si le juge ou sa femme sont parens des parties, en matiere civile, jusqu'au quatrieme degré canonique inclusivement, & en criminelle, au cinquieme, il y a lieu à la récusation en quelque degré que ce soit, si le juge est de la

famille & porte le nom & les armes de l'accusé, ou de l'accusateur, *tit.* 24, *art.* 1, 2, 3, 4.

2. S'il y a preuve par écrit que le juge ait procès sur pareille question, ce qui se voit en rapportant l'exploit ou autre procédure, *tit.* 24, *art.* 5.

3. S'il a connu du différent, comme juge ou arbitre; ou s'il a ouvert son avis hors la visite du procès, *tit.* 24, *art.* 6.

4. S'il a sollicité ou recommandé l'affaire, n'étant permis aux juges de le faire que pour eux, leur pere, mere, freres, sœurs, oncles, tantes, neveux, nieces ou mineurs, dont ils sont tuteurs ou curateurs; & alors la sollicitation se doit faire dans les maisons des juges, & non à la porte de la chambre ou de l'auditoire, *tit.* 24, *art.* 6, 13 & 14.

En ce cas, le juge en est cru à sa déclaration, sans qu'il soit permis d'en apporter preuve par témoins, ni obtenir délai pour cela, *tit.* 24, *art.* 6.

5. Si le juge a un procès dans une chambre où l'une des parties soit juge, *art.* 7.

6. S'il a menacé les parties, ou qu'il y ait inimitié capitale entr'eux, *art.* 8.

7. Si le juge ou ses parens ont reçu un bénéfice d'une partie par collation volontaire, *art.* 9.

8. S'il est syndic, protecteur d'ordre, tuteur, curateur, héritier, donataire, maître ou domestique des parties, *art.* 10.

Quand il s'agit des droits & revenus de la terre d'un seigneur, le juge du seigneur en peut connoître, *art.* 11.

Par le droit romain, il suffisoit de dire qu'on tenoit le juge pour suspect, sans déduire les causes de sa suspicion.

Nota.

1. La récusation est une espece de déclinatoire pour éviter la jurisdiction d'un juge qui nous est suspect, & l'empêcher de connoître de la cause dans laquelle nous sommes parties.

2. Son origine est dans la loi *Apertissimi*, cod. *de judiciis.*

3. Tous juges sont récusables parmi nous; au lieu que par le droit romain, on ne pouvoit récuser que les juges délégués, & non les juges ordinaires, à qui, quand ils étoient suspects, on donnoit pour adjoint l'évêque d'un lieu; mais nous suivons la disposition du droit canon, qui permet de récuser les uns & les autres.

4. Les gens du roi sont récusables, quand il y a une partie civile à qui, par amitié, ils pourroient communiquer les pieces secretes; *secùs*, quand ils sont seul parties pour le roi.

3. Le tems & les formalités.

1. Les parties la doivent proposer aussi-tôt que les causes de récusation sont venues à leur connoissance ; & huitaine après la déclaration, signifier que l'on entend récuser, si ce n'est en cas d'absence ; néanmoins en affirmant que les causes sont nouvellement venues à la connoissance, elles le peuvent en tout état de cause : *secùs jure romano*, où il le falloit proposer *antè litis contestationem*, tit. 24, art. 19, 20, 21.

2. Les récusations des commissaires se doivent faire trois jours avant leur départ. *art.* 22.

3. La récusation se forme par une requête signée de la partie, ou de son procureur spécial,

si ce n'est en cas d'absence de la partie, que le procureur le peut sans procuration spéciale, en demandant délai pour la faire venir, *tit.* 24, *art.* 23.

4. Cette requête est communiquée au juge récusé pour déclarer si les causes de récusation sont véritables ou non, *art.* 24.

Nota.

On ne met pas ès mains du juge la requête de récusation, on la présente à un autre conseiller : 1. *Ob reverentiam.* 2. De peur qu'il ne retînt la requête, & affectât de juger toujours ; au lieu que l'autre conseiller n'a pas intérêt de la supprimer. Par le droit romain : *Libellus judici recusando porrigebatur. d. l. Apertissimi.*

Les jugemens de récusation.

Par le droit canon au C. *Cum speciali* 6 *de appellat.* Voici la procédure :

1. On expliquoit par requête au juge suspect, les moyens de récusation.

2. On convenoit d'arbitres avec la partie adverse, ou avec le juge, pour juger la récusation dans un tems. 3. On convenoit du même, ou chacun prenoit le sien, & ils pouvoient prendre un sur-arbitre. 4. On jugeoit la récusation.

1. Doivent être rendus par cinq juges, s'il y en a six dans le siege ; ou par trois juges, avocats ou praticiens, s'il y a moins de six juges, *tit.* 24, *art.* 25.

2. S'exécutent nonobstant l'appel, & même quand ce sont des présidiaux, dans le cas de l'édit, en dernier ressort, *art.* 26 & 28.

3. En cas d'appel de ce jugement de récusation, & qu'il y ait un appel d'un jugement rendu sur le fond du procès, à l'occasion duquel la récusation a été proposée, l'appel du jugement de récusation est joint à l'autre appel, *art.* 27.

4. Les peines des récusations impertinentes.

1. Amende de
   - 200 liv. dans les cours.
   - 100 liv. aux requêtes de l'hôtel du Palais.
   - 50 liv. aux présidiaux, bailliages & sénéchaussées.
   - 35 liv. aux châtellenies, prévôtés royales & justices des seigneurs, ressortissant immédiatement dans les cours.
   - 25 liv. aux autres justic. des seign.

   art. 29.

2. Réparations que l'on adjuge selon les circonstances; *art.* 30.

5. Devoir des juges récusés.

1. Quand ils savent des causes de récusation, de les déclarer, sans attendre qu'elles soient proposées.

   Ne peuvent pourtant s'abstenir que la chambre ne l'ait ordonné sur cette déclaration, *tit.* 24, *art.* 17 & 18.

2. Après la récusation jugée, le juge, même quand il seroit président, ne peut assister au jugement, ni rester en la chambre ou à l'audience, *tit.* 24, *art.* 15 & 16.

Des juges pris à partie.

C'est de s'abstenir de la connoissance du différent, si ce n'est:

1 Qu'ils aient été follement intimés.
2. Que les parties consentent qu'ils demeurent juges.
tit. 25, *art.* 5.

Cas de prise à partie.

Les cas où les juges peuvent être pris à partie.

Par le droit romain, *L.* 15, §. 1, *ff. de judiciis : Judex tunc litem suam facere intelligitur, cùm dolo malo in fraudem legis sententiam dixerit.*

Par les anciennes ordonnances de 1540 & 1586:

1. Dol, fraude, concussion. | qui s'observent encore.
2. Erreur de fait, ou de droit. | qui ne s'observe plus.

Par l'ordonnance de 1667:

1. Quand ils jugent contre la disposition des ordonnances, édits & déclarations du roi, *tit.* 1, *art.* 8.
2. S'ils retiennent les procès qui ne sont de leur compétence, *tit.* 6, *art.* 1.
3. S'ils évoquent des contestations des juges inférieurs, sans juger définitivement à l'audience, *tit.* 6, *art.* 2.
4. S'ils ne jugent à l'audience les incompé-

tences, renvois ou déclinatoires, *tit.* 6, *art.* 3.

5. Si connoissant qu'une demande originaire n'a été formée devant eux que pour traduire sur la demande en garantie, un garant hors sa jurisdiction, ils ne renvoient pas l'affaire en ce cas, *tit.* 8, *art.* 8.

6. Quand ils ne décident pas incessamment les affaires en état; & quand ils ne sont pas souverains, après deux sommations à eux faites au domicile ou au greffe de la jurisdiction, de huitaine en huitaine, ou de trois jours en trois jours, *tit.* 25, *art.* 1, 2, 3 & 4.

En ces termes:

A la requête de .... soit sommé, prié & requis .... de rapporter, ou juger le procès qui est en état, sinon proteste d'en appeller, comme de déni de justice, & de le rendre responsable de ses dommages-intérêts.

Pour intimer un juge, il faut obtenir une commission expresse ou relief d'appel, où l'on expose, dol, fraude, & fait de juge; autrement les meilleurs juges seroient intimés sans raison.

7. Quand ils empêchent l'exécution d'un arrêt, ou autre jugement qu'on veut mettre à exécution dans leur ressort, *tit.* 27, *art.* 6.

6. Devoir des juges dans les matieres sommaires.

Avant d'examiner ce devoir, il faut savoir quelles matieres sommaires sont réputées telles.

	1. Par la qualité des personnes, comme récompenses & appointemens d'officiers.		*tit.* 17, *art.* 3.
	2. Vacations de médecins.	jusqu'à 1000 livres.	
	3. Parties de chirurgiens & apothicaires.		
	4. Salaires de procureurs, huissiers, &c.	jusqu'à 1000 livres.	
	5. Gages des serviteurs.		
	6. Journées des artisans.		
Par la chose, comme	1. Les affaires de police, à quelque somme qu'elles se montent.		
	2. Les choses qui se consument par l'usage, pour provision de maisons, grain, vin, &c.		

Les fonds de ces choses font les grands procès.	3. Les revenus des biens. 4. Les prises de bestiaux en délit. 5. Oppositions & saisies à l'occasion de toutes ces choses, jusqu'à 1000 liv. 6. Les procédures des appositions de scellés, les confections & clôtures d'inventaire, saisies, ventes de meubles, privilege & préférence, pourvu qu'il n'y ait que trois opposans.	*tit.* 17, *art.* 3 & 4.

Scellé. C'est l'apposition du cachet du juge sur les effets d'un défunt pour sûreté des héritiers, ou des créanciers.

1. Cette apposition ne se fait qu'à la requête d'un héritier ou d'un créancier, en vertu d'une ordonnance du juge.

2. La permission ne s'en donne, quand il y a un tems de 12 ou 15 jours après la mort; les choses peuvent avoir changé de nature; on permet seulement d'informer du divertissement des effets, selon la demande.

3. Quand le corps du défunt est encore dans la maison, on peut sceller sans permission du juge du défunt.

4. Car on ne scelle les effets d'un homme vivant qu'en deux cas.

1. Quand le débiteur s'est absenté.
2. Chez un accusé de crime capital, pour trouver pieces de conviction.

7. Élargissement de personnes. 8. Établissement de charges de sequestres, commissaires ou gardiens. 9. Réintégrande. 10. Demandes d'alimens.	*tit.* 17, *art.* 5.

Par la somme, savoir :

Les causes personnelles où il ne s'agit que de	400 livres ès cours & aux requêtes. 200 l. ès autres sieges.	*tit.* 17, *art.* 1.

Mais les affaires qui excedent 200 livres jusqu'à 400 liv. ne laissent pas d'être portées dans les cours, comme procès par écrit, si elles ont été appointées devant les premiers juges, *ibid. art.* 2.

7. Devoir des juges ès matieres sommaires, qui est à peine de nullité, *tit.* 17, *art.* 6.

1. Entendre les parties qui peuvent plaider par leur bouche, sans le ministere d'avocats & procureurs, hormis : Aux cours. Requêtes de l'hôtel & du palais. Présidiaux.	*tit.* 17, *art.* 6.

2. De les juger sans aucune formalité ni procédure, *ibid.*

3.

3. En cas de preuve par témoins, d'entendre les témoins & les reproches faits contre eux à l'audience, excepté seulement, *tit.* 17, *art.* 8, 9.

Dans les cours.

Aux requêtes de l'hôtel & du palais Dans les préfidiaux.	là ils fe peuvent entendre au greffe, *tit.* 17, *art.* 8.

4. De juger fur le champ fans appointer, *tit.* 17, *art.* 10.

Peuvent néanmoins, en cas de difficulté, ordonner un délibéré, *ibid.*

Exécution des jugemens en matieres fommaires.

Quant à l'exécution des jugemens qui fe rendent dans les matieres fommaires:

L'ordonnance diftingue quatre cas.

1. Des jugemens qui s'exécutent par provifion, quand ils n'excedent

40 liv. ès juftices des feigneurs reffortiffans immédiatement dans les cours.

25 liv. dans les autres.

60 livres dans les bailliages, fénéchauffées, préfidiaux.

100 livres ès fieges des maîtrifes des eaux & forêts, connétablies, amirautés.

300 livres aux requêtes de l'hôtel du palais.

Soit qu'il y ait contrat, promeffe ou obligation, foit qu'il n'y en ait pas. } *tit.* 17, *art.* 13.

2. Des jugemens de provifion n'excédant 1000 livres, qui s'exécutent en donnant caution, fans qu'il y ait contrat, promeffe, ni obligation, *art.* 14.

3. Des jugemens de provifion excédant 1000 livres, qui s'exécutent de la même maniere en donnant caution, quand il y a contrat, promeffe ou obligation, *art.* 15.

4. Des jugemens de police, foit définitifs, foit de provifion, qui s'exécutent par provifion, en donnant caution, à quelque fomme qu'ils montent, *art.* 12.

Dans tous ces cas, il eft défendu aux juges fouverains de donner des défenfes, *art.* 16.

8. Devoir des juges-confuls.

Leur procédure eft très-fommaire. *Voyez* l'édit de 1563, & la déclaration du mois d'avril de 1565.

1. Entendant les parties par elles-mêmes, fans miniftere des procureurs; ainfi ce n'eft pas une nullité de ne pas déclarer le nom du procureur dans l'exploit.

Si ce n'eft qu'étant malade, abfent ou empêché, ils chargent un parent ou un ami de leurs défenses, avec un mémoire signé; & en cas qu'il soit absolument nécessaire d'entendre la partie absente ou malade, ils donnent aux absens un délai, ou l'un d'eux va prendre l'interrogatoire chez le malade. *tit.* 16, *art.* 1, 2 & 4.

2. En cas que l'une des parties ne comparoisse, ils ordonnent qu'elle sera réassignée ; ce qui se fait par un huissier de la jurisdiction, pour éviter que l'exploit ne soit soufflé; ils pratiquent cela depuis un arrêt de réglement, qui a comme abrogé l'article V de ce titre.

3. En cas que les parties étant contraires en faits, les juges-consuls admettent la preuve par témoins, ils ordonnent que dans certain délai, les parties les feront comparoître, & ils les entendent sommairement à l'audience, après les reproches proposés verbalement, ou sommation de le faire; & s'ils ne comparoissent, la partie qui a manqué de les faire trouver, demeure forclose, *tit.* 16, *art.* 7.

Hormis : Dans les affaires de grande conséquence, en cas de légitime empêchement de les faire trouver.

Les consuls peuvent donner un nouveau délai pour amener les témoins dont ils admettent la preuve même au-dessus de 100 livres, qui en ce cas sont entendus en la chambre du conseil, & signent leur déposition; autrefois elles ne se rédigeoient pas par écrit, & on ne pouvoit voir sur quoi ils avoient jugé, quand on appelloit de leurs sentences. *tit.* 16, *art.* 8 & 9.

4. Quand l'affaire est de discussion, ensorte qu'elle ne puisse pas être aisément vuidée à l'audience, ils n'appointent pas, mais ils chargent un ancien consul, ou marchand non suspect, de voir les pieces, & faire son rapport sur lequel ils rendent leur jugement qu'ils prononcent à l'audience suivante, *tit.* 16, *art.* 3.

A l'égard de ce jugement.

1. Ils y font mention des déclinatoires, si on en propose, *tit.* 16, *art.* 10.

2. Ils ne prennent pour le rendre aucun droit de visite, ni vacation, *art.* 11.

9. Comment les juges doivent procéder aux jugemens & les prononcer.

1. Le juge doit procéder au jugement de l'instance ou du procès, quand il est en état, encore que les parties ou les procureurs fussent décédés, *tit.* 26, *art.* 1.

Ce qui a lieu pour le décès des parties, en matiere civile seulement: car en criminelle, l'action est éteinte par la mort de l'accusé.

Mais quand l'affaire n'eſt pas en état, & que l'une des parties décede, qu'une fille ou veuve ſe marie, que le procureur décede, ou ne peut plus occuper, le jugement eſt nul; pour éviter cela, le procureur qui ſait le décès de ſa partie, le doit ſignifier à l'autre, & juſqu'à ce, la procédure eſt valable; à moins que l'autre n'en eût une connoiſſance perſonnelle, *tit.* 26, *art.* 2.

La partie à qui le décès eſt ſignifié, aſſigne les héritiers du défunt en repriſe, ou la partie en conſtitution de nouveau procureur, ſi c'eſt le procureur qui ſoit mort ou interdit, ou qui ſe ſoit défait de ſa charge, *tit.* 26, *art.* 3.

Mais ſi elle ſoutient que la partie n'eſt pas décédée, elle peut continuer ſa procédure, qui eſt déclarée nulle quand le décès ſe trouve véritable, *art* 4.

2. Le juge qui rend ſon jugement ſur un procès par écrit, & qui condamne à des arrérages ou intérêts, les doit liquider par le même jugement, *art.* 6.

3. Quand le juge eſt préſident, il doit voir à l'iſſue de l'audience, ou dans le jour, les diſpoſitifs des jugemens qu'il a rendus, parapher chacun d'eux, & ſigner le plumitif; & quand il a préſidé aux jugemens des procès par écrit, il doit écrire au bas de la minute la taxe des épices & vacations, *tit.* 26, *art.* 5, *édit de* 1673, *art.* 4.

4. Le rapporteur doit écrire de ſa main le jour du jugement au bas du *dictum* qu'il met au greffe; & les jugemens ne peuvent avoir autre date que celle du jour où ils ont été rendus, *tit.* 26, *art.* 8.

à peine contre le rapporteur,
des dépens, dommages-intérêts des parties. } *ibid.*

Après que le jugement eſt ſigné, il eſt permis aux parties d'en prendre communication au greffe, quoique les épices & vacations des juges ne ſoient encore payées, & enjoint aux greffiers de la leur laiſſer prendre, à peine de
60 livres d'amende dans les cours.
30 livres dans les autres ſieges. } *Édit de mars* 1673, *art.* 6.

CHAPITRE X.

De l'exécution des jugemens.

APRÈS avoir vu ce que les parties & les juges doivent faire pour parvenir à un jugement, il faut présentement examiner comment il s'exécute.

1. Les jugemens ne peuvent être exécutés, qu'ils n'aient été signifiés au procureur, avant de l'être à la partie, *tit.* 27, *art.* 2.

2. Les arrêts s'exécutent par tout le royaume avec un *pareatis* du grand sceau, ou avec permission du juge des lieux, sans que l'exécution en puisse être empêchée, sous de grandes peines, *art.* 6.

3. Les arrêts ou jugemens passés en force de chose jugée, portant condamnation de délaisser la possession d'un héritage, s'exécutent nonobstant l'opposition d'un tiers, *art* 11.

Et quand les tiers succombent à des oppositions à quelque arrêt que ce soit, ils sont condamnés à l'amende de
- 150 livres dans les cours.
- 75 livres ès autres jurisdictions.

} *art.* 10.

A l'égard du tems que l'ordonnance donne aux condamnés à délaisser un héritage, il est de quinzaine, & ils doivent exécuter le jugement, à peine de 200 livres d'amende, si ce n'est que l'héritage soit éloigné de plus de 10 lieues, alors ils ont au-delà du délai de quinzaine, un jour par 10 lieues; après ce tems expiré, ils doivent être condamnés.
1. Par corps au délaissement.
2. En tous les dépens, dommages-intérêts.

} *art.* 1, 3 & 4.

4. Si le jugement est provisoire, les biens du condamné peuvent être saisis réellement en conséquence; mais ils ne peuvent être vendus; & si le jugement ne condamne à délaisser qu'en rendant certaines sommes ou des améliorations, il ne peut être exécuté qu'après le remboursement ou l'expiration du délai donné par le juge pour le faire, *tit.* 27, *art.* 8, 9.

5. On appelle *jugemens qui passent en force de chose jugée :*

1. Ceux rendus par les présidiaux en dernier ressort, *art.* 5.

2. Ceux auxquels les parties ont acquiescé expressément, ou en demandant terme, *art.* 5.

3. Ceux dont l'appel est déclaré péri, à cause de la discontinuation de procédure pendant trois ans, *ibid.*

4. Ceux dont les condamnés n'ont pas interjetté appel, *ibid.*

Dans les trois ans & six mois après la sommation faite au condamné d'en appeller, ou dans les dix ans sans sommation, *art.* 12 & 13.

Par l'ancien droit on avoit trente ans.

Cette regle n'a lieu :

1. Contre les absens hors du royaume, par ordre du roi, art. 14.

2. Contre les mineurs, *art.* 16.

Ce délai est plus long.

1. Pour l'église, hôpitaux, communautés, qui ont six ans pour appeller en cas de sommation, & vingt ans quand il n'y a point eu de sommation, *art.* 12, 13.

2. Pour le successeur d'un bénéficier, qui a un an pour appeller, outre le restant des six ans qu'a l'église en cas de sommation, qu'il lui faut pourtant réitérer, *art.* 13.

3. Pour les héritiers, légataires, donataires du condamné, qui ont un an, outre le restant des trois années, *art.* 15.

CHAPITRE XI.

De la décharge des contraintes par corps.

I. Cas & personnes où les arrêts en matiere civile, ne s'exécutent par corps.

CONTRE les filles & femmes auxquelles il est défendu de s'obliger par corps. On peut néanmoins condamner par corps, *tit.* 34, *art.* 8.

1. Les marchandes publiques, *ibid.*

2. Les femmes en cas de stellionat, procédant de leur fait, *ibid.*

3. Pour des dommages-intérêts, adjugés pour excès par elles commis.

Stellionat.

1. Chez les Romains, ſtellionat étoit tout crime qui n'avoit point de nom particulier.

2. En France, il ne ſe commet qu'en trois cas.

1. Quand on vend un bien qui n'appartient pas au vendeur.

2. Quand on vend ſon bien à différentes perſonnes.

3. Quand on déclare franc & quitte un immeuble hypothéqué par le vendeur.

3. Contre les ſeptuagénaires; c'eſt-à-dire, ceux qui ont 70 ans accomplis; & le privilege de cet âge eſt tel, que ſi celui qui eſt empriſonné pour cauſe ordinaire, atteint l'âge de 70 ans accomplis, il eſt élargi ſans même être obligé de donner caution, *tit.* 34, *art.* 9.

Exceptés

1. Les cas du ſtellionat, recélé & dépens en matiere criminelle, *ibid.*

2. Quand les condamnations ſont par corps, *ibid.* v. g.

D'avoir reçu l'argent d'un receveur des conſignations qu'on condamne par corps à payer.

L'ordonnance reſtreint le privilege des ſeptuagénaires aux dettes purement civiles, ainſi les deniers royaux ne s'y comprennent pas.

2. Cas où la contrainte par corps a lieu en matiere civile.

1. Pour des obligations paſſées par corps avant 1667, les condamnations intervenues avant ce tems-là, qui au bout des quatre mois s'exécutoient, peuvent encore préſentement s'exécuter par corps; car les loix n'ont pas d'effet rétroactif, que le légiſlateur ne le leur donne expreſſément, *L.* 7 *cod legibus*, *art.* 1, 4, 6.

2. Pour les baux des héritages de la campagne, où les procureurs peuvent ſtipuler la contrainte par corps, *tit.* 34, *art.* 7.

3. Pour dépens excédans 200 livres, on peut condamner par corps, *tit.* 34, *art.* 2; pour obtenir cette condamnation, il faut:

1. Faire un commandement avec proteſtation, qu'à faute de payer par le condamné la ſomme contenue en l'exécutoire, il y ſera contraint par corps après les quatre mois, *tit.* 34, *art.* 10.

2. Ce tems expiré, lever un arrêt qui ordonne que dans quinzaaine le condamné ſatisfera, ſinon contraint par corps, *art.* 11.

3. Ce tems expiré, exécuter le jugement, s'il n'y a appel, ou opposition. } *tit.* 34, *art.* 11.

4. En cas de restitution de fruits, ou de dommages-intérêts au-dessus de 200 livres, *tit.* 34, *art.* 2.

5. Pour reliquat de compte liquidé après le jugement définitif & quatre mois, *art.* 3.

6. Pour deniers royaux, *art.* 5.

7. Lorsqu'il se rencontre privilege des Foires. Ports, *art.* 5. Étapes. Marchés. Villes d'arrêt.

8. Les huit autres cas sont dans l'article 4. Le voici.

1. Stellionat. 2. Réintégrande. 3. Consignation par ordre de justice. 4. Consignation ès mains des personnes publiques. 5. Représentation des biens par sequestres, commissaires, gardiens. 6. Lettres de change, avec remise de place en place entre toutes personnes. 7. Dettes de marchand pour fait de marchandise dont il se méle. Dépôt nécessaire. Ce qui enveloppe les petits receveurs des rentes à l'hôtel de ville de Paris.

Nota.

Dans tous les cas où la contrainte par corps peut avoir lieu, elle n'empêche pas les saisies arrêts des meubles & immeubles du condamné; *tit.* 34, *art.* 13.

CHAPITRE XII.

De la suite des jugemens.

Nous examinerons comme suite de jugemens : 1. les réceptions de cautions : 2. les redditions de comptes : 3. les liquidations de fruits : 4. la taxe des dépens : 5. les liquidations des dommages-intérêts. 6. les saisies.

Avant d'examiner la procédure qu'on tient dans les réceptions de cautions, il faut savoir :

1. Réception de caution.

1. Qu'on ne parle ici que des cautions judiciaires & non contractuelles.

2. Qu'il y en a de deux especes.

1. Juratoire que le droit définit : *Promissio securitatis cum juramento.* §. 2. *Inst. de satisd.*

2. Suffisante ou l'assurance qui se donne *adhibitis fidejussoribus*, & c'est *cautio idonea.*

3. Qu'il y avoit dans le droit différentes especes de cautions judiciaires, mais la plupart ne sont point en usage parmi nous.

4. Qu'il y en avoit une par laquelle le défendeur à une action réelle, donnoit des fidéjusseurs pour la sûreté du jugé, *id est judicatum solvi.* Parmi nous celle-là n'a pas lieu : dans le même cas nous condamnons, pour sa contumace, l'injuste possesseur par corps, à délaisser la possession ; mais nous avons gardé l'usage de cette caution nommée *judicatum solvi* pour les étrangers, demandeurs, à qui toute audience est déniée, jusqu'à ce qu'ils aient donné suffisante caution de payer le jugé.

5. A l'occasion de ces cautionnemens judiciaires, il faut remarquer trois choses.

1. Que la caution qui n'a que des meubles peut être rejettée, parce qu'ils n'ont suite par hypotheque.

Louet, lettre *C. n.* 9.

De même les princes & puissances, à cause de la difficulté de la discussion.

Novel. 4.

2. Que les cautions judiciaires *n'ont le bénéfice* de discussion qu'ont les fidéjusseurs contractuels.

3. Qu'outre la caution, il y a souvent un certificateur pour l'assurer suffisante & solvable; il a été jugé plusieurs fois que le certificateur jouit du bénéfice de discussion.

I.
Procédure de la réception de caution.

1. Tout jugement qui ordonne de bailler caution, doit exprimer le juge devant qui elle doit être reçue, *tit.* 28, *art.* 1.

2. Celui qui doit donner caution, la présente par un acte qu'il fait signifier à la partie adverse, *art.* 2.

3. Celui à qui elle est signifiée, ne conteste pas la solvabilité de la caution, ou il la conteste.

Premier cas. La caution fait sa soumission au greffe, *art.* 2.

Second cas.

1. Celui qui la veut faire recevoir, signifie copie de la déclaration des biens & facultés de la caution, & en communique les pieces justificatives sur le récépissé des procureurs, *art.* 3.

2. Ensuite sur la premiere assignation, on procede à la réception ou au rejet de la caution, devant le juge nommé pour la recevoir, dont les ordonnances s'exécutent

cutent nonobstant opposition ou appel, *ibid.*

3. Après la réception de caution, on en signifie l'acte, & elle fait sa soumission au greffe, *art.* 4.

2. Redditions de comptes à laquelle sont obligés, incontinent après la gestion, tous administrateurs de biens d'autrui, comme tuteurs, curateurs, commissaires, sequestres, gardiens, agens.

On examine dans les comptes :
Les juges devant qui ils doivent être rendus.

1. Si les parties sont majeures.

1. Ce peut être des arbitres, quoique le rendant ait été commis par justice, *tit.* 29, *art.* 22.
2. Ou bien le compte se rend à l'amiable.

2. Si les parties sont mineures, ou ne veulent compter à l'amiable, ou devant des arbitres.

1. Le juge qui l'a commis, est celui devant qui il est poursuivi, *art.* 2.
2. Le juge du domicile, s'il n'est commis par justice, sans que le compte puisse être évoqué, *ibid.*

3. La procédure se fait ainsi.

1. Après l'assignation donnée par l'oyant au rendant : ou il ne comparoît pas, ou il comparoît par procureur.

1. S'il ne comparoît pas, le juge donne défaut, & pour le profit condamné à rendre compte, *art.* 3.
2. S'il comparoît, on distingue : ou il ne vient pas à l'audience sur l'avenir qu'on lui signifie, ou il y vient.

Premier cas. Il est condamné à rendre compte, *art.* 3.
Second cas. La cause se plaide, & le juge, suivant les circonstances, appointe à mettre, *art.* 4.

2. Le jugement qui intervient, ou sur la plaidoierie contradictoire à l'audience, ou sur l'appointement à mettre, nomme le juge qui doit recevoir la présentation ou affirmation de compte, *art.* 5.

3. La différence est, que quand c'est sur l'appointement à mettre, le rapporteur ne peut être commis ; quand l'on compte par bref état, le rapporteur peut être commis au jugement ; mais le bref état doit toujours être affirmé devant un autre, *ibid.*

Le jugement s'exécute nonobſtant oppoſition ou appel, même lettres d'état, s'il n'y a une dérogation formelle à l'ordonnance, ſur l'expreſſion de l'inſtance de compte de l'impétrant, *art.* 19.

4. Le compte doit être préſenté & affirmé dans le délai preſcrit par la ſentence qui condamne à rendre compte, ſinon le rendant y peut être contraint.

1. Par ſaiſie ou vente de ſes biens.
2. Par corps; ce qu'on ordonne enſuite, en cas de contumace. } *tit.* 29, *art.* 8.

4. Le compte même & ſon examen.

Le compte :

1. Doit être écrit en grand papier, & la page contenir 22 lignes, & la ligne quinze ſyllabes, *art.* 17.

2. Sur la préface ou narré qui ſe met au commencement du compte, pour expliquer quelques circonſtances du fait, néceſſaires à l'intelligence du compte, ne doit pas excéder ſix rôles, & l'on n'y doit tranſcrire que la commiſſion du rendant, ou l'acte de tutele & l'extrait du jugement qui condamne à rendre compte, *art.* 6.

3. Dans la dépenſe, le rendant ne peut employer les frais du jugement qui le condamne, mais ſeulement :

1. Son voyage.
2. Les aſſignations pour voir préſenter & affirmer le compte.
3. La vacation du procureur qui a mis les pieces par ordre.
4. Celle du commiſſaire qui a reçu la préſentation & l'affirmation.
5. Celles des procureurs qui ont aſſiſté.
6. Les groſſes & la copie.

} *art.* 18.

4. Le dernier article du compte doit contenir le total du calcul de la recette, de la dépenſe & de la repriſe ; & ſi la recette excede la dépenſe, l'oyant peut prendre un exécutoire de l'excédant, ſans préjudice des débats, *art.* 7.

L'examen :

Ou celui à qui on préſente le compte eſt abſent, ou il eſt préſent.

1. S'il eſt abſent, & qu'aucun procureur ne ſe préſente à l'aſſignation, le rendant fait l'affirmation de ſon compte, puis il leve ſon défaut au greffe, le donne à juger, & pour le profit, les articles juſtifiés lui ſont alloués; s'il eſt débiteur par le calcul, il demeure dépoſitaire du reliquat, *tit.* 29, *art.* 23.

1. Sans donner caution, ſi c'eſt un tuteur, *ibid.*

2. En donnant caution, ſi c'eſt une autre adminiſtration, *ibid.*

2. S'il eſt préſent, le compte eſt ſignifié au procureur de l'oyant; ou s'ils ſont pluſieurs qui aient des intérêts différens, à leurs procureurs, *art.* 11, 12.

Puis le rendant leur donne en communication les pieces juſtificatives du compte qu'ils doivent rendre dans quinzaine, à peine,

de Priſon. / 60 livres d'amende. / Séjour. / Depens, dommages-intérets. } *tit.* 29, *art.* 9.

S'il y a des créanciers intervenans, le plus ancien de leurs procureurs a une ſeule communication du compte & des pieces, *art.* 12.

Sur ce délai de quinzaine, deux conſidérations.

1. Le juge peut, en connoiſſance de cauſe, donner un autre délai de quinzaine, *art.* 10.

2. Ce délai étant expiré, l'on prend au greffe l'appointement à fournir par les oyans, leurs conſentemens ou débats dans huitaine, les ſoutenemens par le rendant après huitaine, produire dans une autre huitaine, & contredire dans la huitaine ſuivante, *art.* 13.

Les débats & ſoutenemens ne ſe mettent pas par apoſtille aux marges du compte, comme autrefois; ſi ce n'eſt au châtelet, où les commiſſaires ont conſervé cet uſage, *art.* 15.

5. Le jugement qui intervient ſur le compte.

Doit contenir le calcul de la recette & de la dépenſe, & former le reliquat, juſqu'au paiement duquel, & la remiſe des pieces juſtificatives du compte à l'oyant, le rendant eſt réputé comptable, *tit.* 29, *art.* 20.

Et quand le rendant condamné a été tuteur ou curateur, il peut être contraint par corps pour le reliquat après les quatre mois, en vertu d'un jugement qu'il faut obtenir, ſi le premier ne l'ordonne pas, *tit.* 34, *art.* 3.

6. Liquidation des fruits qui regardent, ou la qualité, ou le prix.

Il ne s'agit ici que de la liquidation des fruits naturels, à la reſtitution deſquels une des parties plaidante eſt condamnée.

S'il y a condamnation de fruits, ceux de la derniere année ſeront délivrés en eſpece; & pour ceux des années précédentes, la liquidation en ſera faite, eu égard aux quatre ſaiſons & prix commun de chaque année, *tit.* 30, *art.* 1.

1. Quant à la qualité.

1. On ſe ſert, pour la fixer, des baux, des regiſtres, & on déduit les frais de ſemences,

labours, récolte & de régie, *tit.* 30, *art.* 1.

2. Si cette déclaration faite par le débiteur eſt conteſtée, les parties font reſpectivement preuves par titres & par témoins pour la qualité; il ſe fait un rapport d'experts pour les labours, ſemences & frais de récolte, *art.* 3.

2. Quant au prix ou valeur des fruits.

1. La ſeule preuve, s'il y a conteſtation, ſe tire des extraits des eſtimations qui ſe délivrent moyennant cinq ſols par les greffiers des juges des lieux qui tiennent des regiſtres, ou pluſieurs marchands choiſis entre ceux qui font trafic des gros fruits dans le lieu, font, après ſerment, le rapport de l'eſtimation commune des fruits vendus dans le marché pendant chaque ſemaine, *tit.* 30, *art.* 6, 7, 8, 9.

2. Si, par l'événement de l'enquête, la quantité des fruits ſe trouve conforme à la déclaration de celui qui doit les reſtituer, ou que par l'extrait des regiſtres des eſtimations, la valeur ſe trouve être la même, celui qui la conteſte doit être condamné aux dépens, qui ſont liquidés par le même jugement, *art.* 4.

3. Si au contraire la quantité ou la valeur excede, le défendeur à la liquidation y doit ſuccomber, *art.* 5.

7. Les dépens.

On examine dans les dépens:

1. Les cas où ils ſont adjugés.

1. Entre toutes inſtances, même dans les incidens, quand ils ſont jugés définitivement, & par les arbitres mêmes, s'il n'y a permiſſion expreſſe par le compromis de les remettre, modérer ou liquider, *tit.* 31, *art.* 1 & 2.

2. Il y a cette différence entre les juges des cours, baillis, ſénéchaux, préſidiaux & juges non-ſubalternes des ſeigneurs, d'avec ceux des autres ſieges & juges ſubalternes royaux, ou autres, que ceux-ci doivent liquider les dépens en les jugeant, *tit.* 31, *art.* 33.

2. La procédure pour parvenir à la taxe:

1. Le demandeur en taxe donne copie au défendeur du jugement qui adjuge les dépens, & de la déclaration des pieces juſtificatives, de laquelle le défendeur prend communication par les mains du procureur du défendeur, ſans les

déplacer; s'il eſt abſent, il y a un jour par dix lieues, par rapport à la diſtance de ſon domicile du lieu de la taxe, *tit.* 31, *art.* 5.

2. Huitaine après la communication, le défendeur fait ſes offres, &

1. Si elles ſont acceptées, il eſt délivré exécutoire, *tit.* 31, *art.* 5.

2. Si elles ne le ſont, & que par la taxe les dépens n'excedent pas les offres, les frais de la taxe ſont portés par le demandeur, *art.* 6.

3. Les droits qui entrent en taxe.

1. Tous les articles concernant une ſeule piece ne ſont qu'un article, *art.* 7.

2. Un ſeul droit de conſeil pour toutes les demandes principales & incidentes, & un autre pour celles de la partie adverſe, *art.* 8.

Les conſultations d'avocats n'entrent en taxe, *art.* 9.

3. Les écritures faites par avocats plaidans, inſcrits ſur le tableau, *art.* 10.

Nul préambule d'inventaire, quand il y a des avertiſſemens, *art.* 11.

4. Le dixieme des droits des avocats pour la réviſion des procureurs, *art.* 12.

5. Les voyages & ſéjours véritablement faits & affirmés au greffe des affirmations, créé par l'édit de 1669, où l'on expédie cet acte d'affirmation, & ſignifiés auſſi-tôt, *art.* 14.

6. Les droits & frais, ſuivant le tableau, *art.* 13.

8. La taxe.

Se fait
1. Quand il n'y a aucunes offres du défendeur, *art.* 15.
2. Ou quand elles n'ont été acceptées, *ibid.*

Dont voici la procédure.

Se fait par — Les juges, les commiſſaires, les procureurs-tiers, les procureurs nommés par mois.

1. Le taxateur cote, de ſa main, le jour que la déclaration & les pieces lui ſont remiſes, *art.* 16.

2. Le Demandeur ſignifie un acte au défendeur, portant le jour que la déclaration & les pieces ont été remiſes au tiers, avec ſommation d'en prendre communication, *art.* 17.

3. Il ſignifie un acte trois jours après le premier acte, encore avec ſommation de ſe trouver chez le tiers, à certain jour & heure pour arrêter, *art.* 18.

4. Si le procureur du défendeur y compare, le tiers arrête en ſa préſence, *art.* 19.

5. Sinon le tiers arrête, & met deſſus la déclaration les

arrêtés conformément à son mémoire, qui demeure attaché à la déclaration, *art.* 20.

6. Le tiers est obligé de faire cet arrêté huitaine après en avoir été chargé, s'il y a 200 articles ou moins; & quinzaine après, s'il y en a davantage, *art.* 21.

7. Le procureur du défendeur n'a assistance que quand il a écrit de sa main les diminutions sur la déclaration, *art.* 22.

8. S'il y a plusieurs procureurs de défendeurs en taxe, ils n'ont assistance que pour les articles qui les concernent, *art.* 23.

9. Le demandeur en taxe fait signifier un troisieme acte au défendeur, que les dépens ont été arrêtés, avec sommation de les signer, sinon que le calcul en sera signé par le commissaire par défaut, *art.* 24.

10. Si le défendeur ne les signe, le commissaire signe le calcul, pour lequel ils n'ont aucun droit, mais les clercs, *art.* 26.

11. Le tiers, sur chaque piece entrée en taxe, met *taxé*, avec son paraphe, *art.* 25.

12. Dans l'exécutoire qui se délivre, suivant le calcul, on emploie :

Les frais pour le lever.
Ceux du premier commandement.
Et ceux de la sommation. } *art.* 27.

9. L'appel de la taxe.

1. Le procureur qui appelle doit croiser dans les trois jours, sur la déclaration, les articles dont il appelle, *art.* 28.

2. L'exécutoire se délivre du surplus, *art.* 29.

3. L'appel sous deux croix se porte à l'audience; celui sous plus de deux croix est appointé au conseil, & l'appointement se prend au greffe, *art.* 30.

4. L'appellant est condamné en autant d'amendes qu'il y a de croix ou de chefs dont il est appel, *art.* 31.

Mais à présent toutes les appellations d'exécutoires de dépens décernés par le parlement de Paris, se renvoient à la chambre des procureurs tiers-referendaires, comme versés dans ces sortes de taxes. *Voyez ci-dessus.*

10. La taxe & la liquidation des dommages-intérêts.

1. Les dommages-intérêts sont la récompense que celui qui a causé quelque perte, est condamné de payer à celui qui l'a soufferte, & ils s'adjugent en toutes matieres.

1. En matieres réelles contre le condamné, pour trouble ou spoliation.

Et en pétitoire, quand il n'y a appel de la sentence définitive, ou qu'elle est passée en force de chose jugée contre le condamné à délaisser dans quinzaine; quand il n'obéit.

2. En matieres personnelles.

1. Quand il s'agit de contrat, *ob inexecutionem.*

2. De délit, pour excès, blessures.

3. De quasi-délit, & faute commise par un maître dans l'exercice de son art. *Imperitia culpæ numeratur.*

L'impéritie d'un notaire, ou d'un procureur, ou d'un sergent, qui font des actes nuls, pour lesquels les parties perdent leurs procès, les rend-elle responsables des dommages-intérêts envers leurs parties?

Il faut distinguer:

Si la nullité procede du droit.	Non.
Si de l'ordonnance.	Oui.

2. Ils sont liquidés:

1. Par le même jugement qui y condamne, quand ils ne sont pas de grande conséquence, & que la liquidation ne dépend pas d'un long examen.

2. Si cela n'est pas ainsi, celui qui les a obtenus en fait un état ou déclaration qu'il signifie au procureur qui a occupé dans l'instance principale, & qui est obligé de continuer; on signifie en même tems à la partie condamnée, copie du jugement, & on lui communique les pieces justificatives de l'état des dommages-intérêts; huitaine après la communication, il doit faire ses offres; s'il n'en fait point, ou si elles sont contestées, & que par l'événement les dommages-intérêts n'excedent la somme offerte, le demandeur est condamné aux dépens, *tit.* 32, *art.* 4, 1, 2, 3.

Dans l'état que l'on donne, y peut-on employer les gains que l'on a été empêché de faire?

Les gains ordinaires, par exemple, le travail d'un ouvrier qu'on aura emprisonné? Oui.

Les extraordinaires, v. g. ceux qu'un marchand auroit pu faire en transportant des marchandises, lequel transport il n'aura pu faire à cause de l'emprisonnement? Non.

Car cela est trop éloigné & incertain:

Comme la liquidation des dommages & intérêts est un nouveau procès, sujet quelquefois à plus de discussion que le premier, le parlement de Paris les liquide à une certaine somme, ou condamne aux dépens pour dommages-intérêts.

11. *Les saisies, exécutions, ventes des meubles & choses mobiliaires.*

DANS ce titre, il est traité des matieres suivant l'ordre des différentes choses qui y ont rapport.

1. Ce qui précede la saisie.

1. Une obligation ou une condamnation pour chose certaine & liquide, *tit.* 33, *art.* 2.

2. Il faut appeller deux voisins pour y être présens, Signer l'exploit. *art.* 4.

3. Une ordonnance du juge du lieu, pour l'ouverture des portes en cas d'absence, ou du refus d'en faire ouverture, le procès-verbal de laquelle ouverture est signé par deux personnes que le juge nomme, *art.* 5.

2. On ne peut saisir.

1. Une vache, trois brebis, deux chevres. Si ce n'est pour la vente d'iceux. argent prêté pour les acheter. *art.* 14.

2. Le lit & l'habit dont le saisi est vêtu, *ibid.*

3. Les meubles; 1. Destinés au service divin, appartenans aux personnes constituées aux ordres sacrés. 2. Les autres servans à leur usa. 3. Leurs livres jusqu'à 150 liv. *art.* 15.

4. Les bêtes de labour ni les instrumens servans à la culture, même pour deniers royaux, hormis pour 1. Le prix de la vente. 2. Prêt d'argent pour les acheter. 3. Fermages des terres dans lesquelles ils sont. *art.* 16.

3. Formalités des saisies sont outre celles ordinaires aux ajournemens.

1. L'élection de domicile du saisissant. 1. Dans la ville où la saisie se fait. 2. Dans la ville ou village plus proche, si c'est à la campagne. *tit.* 33, *art.* 1.

2. Le détail des choses saisies, *art.* 6.

3. La signature des deux voisins, ou à leur défaut, 1. La déclaration du sergent. 2. Paraphe du plus prochain juge. *art.* 4.

4. Copie laissée sur le champ au saisi, de l'exploit, ou procès-verbal signé des mêmes personnes qui auront signé l'original, *art.* 7.

5.

5. Du nom & domicile du gardien (*art.* 8), lequel

1. Ne peut se servir des choses saisies, ni les louer, à peine de

1. Privation des frais de garde & nourriture.
2. Dommages-intérêts. — *art.* 9.

2. Tient compte au saisi & saisissant du produit des bestiaux saisis, *tit.* 33, *art.* 10.

4. La vente se fait.

1. Après signification au saisi de la vente.
2. Huit jours francs au moins après la saisie.
3. Au jour & heure du marché. — *art.* 11 & 12.
4. Après trois expositions à trois différens jours de marché, si ce sont joyaux, ou vaisselle d'argent de plus de 300 livres, *art.* 13.

Mais le saisissant & le saisi convenant de la vente, ils peuvent être vendus à la premiere exposition, *ibid.*

5. Au plus offrant & dernier enchérisseur, *art.* 17.

1. Qui paie comptant le prix, *ibid.*
2. Du domicile duquel est fait mention au procès-verbal, *art.* 18.
3. De qui le sergent ne doit rien recevoir, *ibid.*

Toutes les formalités de la saisie & vente s'observent.

A peine de
- dommages-intérêts des parties.
- Interdiction du sergent,
- 100 livres d'amende, moitié envers le roi, moitié envers le saisi. — *art.* 19.

5. Après la vente.

1. Les deniers sont délivrés par le sergent.

1. Au saisissant, jusqu'à concurrence de son dû.
2. Au saisi, le surplus.
3. A qui par justice est ordonné, en cas d'opposition. — *art.* 20.

2. Les salaires du sergent sont taxés de la main du juge.

Le tout à peine d'interdiction, 100 livres d'amende. — *art.* 21.

CHAPITRE XIII.

Des requêtes-civiles.

POUR entendre ce chapitre, il faut voir :

1. Le cas de la requête-civile.
2. Le tems de l'obtenir.
3. Les formalités pour l'obtenir.
4. Les ouvertures.
5. La suite de la requête-civile.

1. Cas de la requête-civile.

1. Les requêtes-civiles s'obtiennent contre les arrêts où les demandeurs ont été parties, ou duement appellés : car

1. Ceux où le demandeur n'a été partie, ou duement appellé, *tit.* 35, *art.* 1.
2. Ceux sur simple requête, *art.* 2.
3. Les sentences présidiales au premier chef, *art.* 4.
4. Les arrêts faute de comparoir ou de plaider, *art.* 3.

La simple requête d'opposition suffit contre eux, & elle doit être donnée dans la huitaine de la signification, à l'égard des arrêts obtenus sur un exploit, *art.* 3.

2. Tems de l'obtenir, à peine de nullité.

1. Pour les majeurs, dans six mois de la signification à personne ou domicile, *art.* 5, 11.

2. Pour les mineurs, du jour de la signification faite depuis leur majorité, *art.* 5.

3. Pour les Ecclésiastiques, Hôpitaux, communautés, Absens pour cause publique : un an, *art.* 7.

4. Pour les successeurs aux bénéfices non-résignés, un an du jour de la signification à eux faite, *art.* 9.

5. Pour les héritiers & ayans-cause, six mois du jour de la signification à eux faite, s'ils sont majeurs, ou six mois depuis leur majorité, quand leur auteur est décédé dans les six mois de la signification à lui faite, *art.* 8.

6. Du jour de la découverte de la fausseté & des pieces retenues par la partie, s'il y a preuve écrite du jour, & que la requête-civile soit fondée sur cette ouverture, *art.* 12.

L'on peut être relevé du laps de tems par arrêt du conseil.

3. Formalités pour l'obtenir,

Avoir une consultation signée

de deux anciens avocats, & de celui qui leur a fait le rapport. *art.* 13.

4. Les ouvertures sont.

Pour les majeurs.

1. Dol personnel.

2. Si la procédure prescrite par l'ordonnance n'a pas été observée, *art.* 14.

3. S'il a été prononcé sur choses non-demandées ou non-contestées.

4. S'il a été adjugé plus qu'il n'a été démandé.

5. S'il y a contrariété d'arrêts.

1. Entre les mêmes parties.
2. Sur les mêmes moyens.
3. Dans les mêmes jurisdict.

ibid. tit. 35, *art.* 34.

Nota.

Jugé le... août 1690, en la quatrieme, par l'arrêt de Grignan, qu'à cause de leur contrariété, les arrêts d'Aix, Grenoble & grand-conseil, où l'affaire avoit été traduite & renvoyée, étoient censés d'une même cour, à cause du renvoi.

6. S'il n'y a eu communication de gens du roi en choses concernantes.

Le roi.
L'église.
Le public.
La police.

La communication n'est pas de nécessité absolue dans les affaires des mineurs, *art.* 34.

7. Si l'on a jugé sur pieces fausses, ou offres & consentement désavoués valablement, *ibid.*

Pour les mineurs, l'église, les communautés, outre les précédens, deux.

1. S'ils n'ont pas été défendus.
2. S'ils ne l'ont pas été valablement. *art.* 35.

Pour le roi.

Si ses gens n'ont pas été mandés à la chambre, lors du jugement concernant les droits de la couronne ou domaine, *ibid.*

5. Suite de la requête-civile, qui néanmoins n'empêche pas l'exécution des arrêts.

1. Avant que de présenter la requête à fin d'entérinement, le demandeur consigne :

Trois cens liv. d'amende envers le roi, & 150 liv. envers le défendeur, quand c'est contre les arrêts contradictoires.

La moitié, quand c'est contre des arrêts par défaut. *art.* 16.

2. Quand le demandeur est condamné par l'arrêt à délaisser la possession d'un bénéfice, ou autre immeuble, il doit rapporter la preuve de l'exécution, *art.* 19.

3. Il signifie la requête-civile, & la consignation avec assignation, *art.* 17.

4. Il communique au parquet des gens du roi, où il nomme les avocats, sur l'avis desquels la requête-civile a été obtenue, *art.* 27 & 28.

5. S'il survient de nouveaux moyens, ils sont expliqués par une requête d'ampliation, *art.* 29.

6. La cause est portée à l'audience sur un simple acte, ou mise au rôle dans les mêmes cours où les arrêts définitifs ont été rendus, ou dans lesquels le demandeur a été partie, & à la grand'chambre d'icelles, quoique les arrêts soient rendus aux enquêtes, *art.* 17, 20 & 21; si ce n'est:

1. Que la requête-civile y eût été renvoyée par arrêt du conseil, *tit.* 35, *art.* 23.

2. Dans le cas d'arrêts ou interlocutoires, ou dans lesquels le demandeur n'a été partie, & contre lesquels on prend incidemment lettres de requête-civile: alors elles se portent à la cour où l'arrêt est produit, ou communiqué, *art.* 25 & 26.

7. Les requêtes-civiles ne sont appointées que
1. En plaidant.
2. Ou du consentement des parties. } *art.* 27.

8. On n'entre point dans les moyens du fond, même en cas d'appointement, *art.* 40.

9. Si le demandeur est débouté, il est condamné aux amendes ci-dessus, *art.* 39.

10. Si les lettres sont entérinées, les parties sont remises en même état qu'avant l'arrêt; & elles procedent en la même chambre, où le président leur nomme un autre rapporteur que celui de l'arrêt, *art.* 22, 38.

11. S'il perd sur le rescisoire, il ne peut se pourvoir de nouveau par requête-civile, ni
1. Contre le premier arrêt, contre lequel la requête-civile avoit été entérinée, puisque l'arrêt d'entérin l'avoit anéanti, ni
2. Contre l'arrêt qui lui a encore fait perdre sa cause au fond. } *art.* 41.

12. L'on ne peut obtenir de requête civile contre l'arrêt qui a débouté de la requête-civile que l'on avoit obtenue; de sorte qu'elle ne se réitere point, *art.* 41.

PRÉCIS
DES PRINCIPAUX TITRES
de l'Ordonnance criminelle de 1670.

TITRE PREMIER.

De la compétence des juges.

On examine dans ce titre trois choses : la premiere, ce qui regle la compétence. La seconde, ce que doivent faire les juges en général. La troisieme, ce que doivent faire les juges incompétens.

I. La compétence se regle par le lieu du délit. Art. 1.

Il y a plusieurs exceptions.

Par le fait de l'accusateur, qui ne peut demander son renvoi, après avoir porté sa plainte devant un autre juge. Art. 2.

Par le fait de l'accusé, qui étant traduit devant un autre juge, ne demande point son renvoi avant la lecture de la déposition d'un témoin. Art. 3.

Par la négligence des juges royaux inférieurs du lieu du délit, d'informer dans trois jours ; & des juges des seigneurs, dans vingt-quatre heures. Art. 7, 8 & 9.

Par la qualité du juge, s'il est prévôt royal, & l'accusé gentilhomme. Art. 10.

Ou juge inférieur royal, ou juge de seigneur, & que le cas soit royal ou prévôtal. Art. 11 & 12.

Par le privilege de l'accusé, s'il est

Ecclésiastique, Gentilhomme, Secretaire du roi,	Est jugé en la grand'chambre du parlement, où le procès est pendant. Art. 21.
Officier de la chambre des comptes de Paris,	Est poursuivi & jugé en la grand'chambre du parlement de Paris. Art. 22.

Ce que doivent faire les juges en général.

II. Étant juges des lieux, ils doivent informer & décréter contre les criminels pris en flagrant délit; même les interroger, & avertir les baillis & sénéchaux. Art. 16.

Étant baillis & sénéchaux hors la prévôté de Paris, informer contre les officiers de la chambre des comptes de Paris; même décréter & les juger, s'ils procedent volontairement devant eux. Art. 22.

Étant lieutenans criminels, envoyer querir les procès & les accusés de cas royaux ou prévôtaux; faire juger leur compétence sur le vu des charges; & après l'interrogatoire subi par l'accusé dans la chambre du conseil, de quoi, aussi-bien que des motifs, on doit faire mention dans le jugement de compétence qu'il faut aussi-tôt prononcer à l'accusé, & lui déclarer au commencement de l'interrogatoire, qu'il sera jugé en dernier ressort. Art. 16, 17 & 18.

Si ce n'est au châtelet, où ils ne déclarent que lors du dernier interrogatoire sur la sellette, ou quand l'accusé a été repris de justice, & est vagabond. Art. 19.

Étant prévôt des maréchaux, ne juger aucun cas à la charge de l'appel. Art. 14.

Ce que doivent faire les juges incompétens.

III. Étant juges incompétens, renvoyer les procès & les accusés dans trois jours après la réquisition, aux frais de la partie-civile, du roi, ou du seigneur de la jurisdiction qui en doit connoître, desquels frais est délivré exécutoire. Ledit renvoi à peine de nullité des procédures faites depuis la réquisition; d'interdiction, & des dommages & intérêts. Art. 4 & 6.

TITRE II.

Des procédures particulieres aux prévôts des maréchaux de France, vice-baillis, vice-sénéchaux, & lieutenans-criminels de robe-courte, qui ont même jurisdiction.

On considere dans ces officiers, 1. leur jurisdiction : 2. leur devoir avant d'arrêter les accusés : 3. en les arrêtant : 4. après les avoir arrêtés : 5. lors du jugement, & 6. après le jugement.

I. Ils connoissent des cas prévôtaux seulement, & non d'autres, à peine d'interdiction, dépens, dommages & intérêts, & de trois cens livres d'amende. Art. 1.

II. Ils peuvent recevoir des plaintes, & même informer hors leur ressort, dans le cas seulement de rebellion à leurs décrets. Art. 2.

Ils ne doivent point donner de commiſſion à leurs archers pour informer, à peine de nullité & d'interdiction. Art. 5.

Les archers peuvent écrouer les priſonniers arrêtés en vertu des décrets des prévôts. Art. 6.

Ils doivent laiſſer aux priſonniers copie du procès-verbal de capture & de l'écrou, à peine d'interdiction, dépens, dommages & intérêts, & de trois cens livres d'amende. Art. 7.

III. En arrêtent, faire inventaire de ce qu'ils trouvent ſur les accuſés, leſquelles choſes ils remettront au greffe du lieu de la capture dans trois jours, à peine d'interdiction contre le prévôt pour deux ans, des dépens, dommages & intérêts, & cinq cens livres d'amende, moitié au roi, moitié à la partie. Art. 9.

Sans rien retenir deſdites hardes, ni s'en rendre adjudicataires, à peine de privation de leurs offices, cinq cens livres d'amende, & du quadruple. Art. 11.

Conduire les priſonniers dans les priſons du lieu ſans en faire chartre privée, à peine de privation de leurs charges. Art. 10.

IV. Après avoir arrêté, interroger l'accuſé dans les vingt-quatre heures, en préſence de l'aſſeſſeur, à peine de deux cens livres d'amende envers le roi; ou ſans aſſeſſeurs au moment de la capture. Art. 12.

Lui déclarer lors du premier interrogatoire, qu'il jugera prévôtalement, à peine de nullité, dépens, dommages & intérêts. Art. 13.

L'envoyer dans les vingt-quatre heures au juge du lieu du délit, s'il n'eſt pas de ſa compétence. Art. 14.

Faire juger la compétence, l'accuſé préalablement ouï, de quoi ſera fait mention, & du motif de la compétence, à peine de nullité & d'interdiction, cinq cens livres d'amende envers le roi, & dommages & intérêts des parties. Art. 19.

Par les juges { 1. Du lieu du délit, s'il s'eſt venu mettre dans les priſons. Art. 8.
2. Du lieu de la capture, s'il eſt pris hors le reſſort du lieu du délit. Art. 15. }

V. Faire ſigner la minute du jugement de compétence par les ſept juges qui y ont aſſiſté, à peine contre le préſident d'interdiction, & contre le prévôt de 500 livres d'amende envers le roi, & dommages & intérêts. Art. 18.

Faire prononcer ſur le champ, & ſignifier le jugement de compétence à l'accuſé, à peine de nullité, dépens, dommages & intérêts contre le prévôt & le greffier du ſiege où la compétence aura été jugée. Art. 20.

Faire juger les récuſations, ſi aucunes ſont propoſées contre lui. Art. 16.

S'il eſt déclaré incompétent, faire transférer dans les deux jours le priſonnier en priſon du lieu du délit, à peine d'interdiction pour trois ans, 500 liv. d'amende envers le roi, dépens, dommages & intérêts. Art. 21.

S'il eſt déclaré compétent, inſtruire le procès avec ſon aſſeſſeur, ou un conseiller du siege, même pour crimes non prévôtaux. Si après le procès commencé il survient de nouvelles charges, elles seront jugées prévôtalement. Art. 22, 23.

Faire assister, lors du jugement, sept juges, officiers ou gradués qui signeront la minute, à peine de nullité, & de cinq cens livres d'amende contre chacun des refusans, même contre le greffier qui ne les aura pas interpellés. Art. 24.

Faire dresser deux minutes des jugemens prévôtaux; l'une qui reste au greffe du siege où le procès est jugé; & l'autre au greffe de la maréchaussée, à peine d'interdiction pour trois ans contre le prévôt, & cinq cens livres d'amende. Art. 25.

VI. Après le jugement, assister à la torture avec le conseiller-rapporteur, & un autre conseiller. Art. 26.

Taxer en présence du rapporteur les dépens adjugés par le jugement prévôtal. Art. 27.

TITRE III.

Des plaintes, dénonciations & accusations.

Ce titre parle premiérement de ceux qui rendent des plaintes: secondement, de ceux qui peuvent les recevoir: troisiémement, de la forme des plaintes: quatriémement, de leur date; cinquiémement, des peines de ceux qui les rendent par calomnie.

I. Ceux qui rendent les plaintes directement sont les offensés, qui ne sont réputés parties civiles, s'ils ne le déclarent, & dont ils peuvent se désister dans les vingt quatre heures. Art. 5.

Les procureurs du roi, ou des seigneurs, s'il n'y a partie civile. Art. 8.

Indirectement. Les dénonciateurs qui s'inscrivent sur le registre du procureur du roi. Art. 6.

II. Ceux qui peuvent recevoir les plaintes sont les juges, qui ne les peuvent adresser à huissiers, sergens, archers & notaires, à peine de nullité, & interdiction du juge. Art. 2.

Le plus ancien praticien en l'absence du juge. Art. 1.

Les commissaires du châtelet, à la charge de les remettre au greffe de ce siege dans les vingt quatre heures, où il sera fait mention si c'est devant ou après-midi, à peine de cent livres d'amende, moitié au roi, moitié à la partie qui s'en plaindra. Art. 3.

Forme de plaintes.

III. Elles seront écrites par le greffier en présence du juge. Art. 2.

Signées, 1. par le plaignant, ou son procureur spécial: 2. par le juge, ou commissaire du châtelet qui les reçoit. Art. 4.

IV.

IV. Datées du jour qu'elles ont été répondues par le juge. Art. 1.

Peines pour raison des plaintes calomnieuses.

V. Dépens, dommages & intérêts contre les plaignans qui se seront désistés; contre les parties civiles; contre les accusateurs & dénonciateurs qui se trouveront mal fondés, & à plus grande peine s'il y écheoit : ce qui aura aussi lieu à l'égard de ceux qui ne se seront rendus parties, ou qui s'étant rendus parties, se seront désistés, si leurs plaintes sont jugées calomnieuses. Art. 5 & 7.

TITRE VI.

Des informations.

On peut diviser ce titre en deux parties, dont la premiere regarde les témoins qui déposent dans les informations : & la seconde, ceux qui les rédigent.

Les témoins sont admis, soit qu'ils soient puberes, soit qu'ils soient impuberes; sauf aux juges, en ce dernier cas, d'avoir tel égard que de raison à leur déposition. Art. 2.

Sont administrés par les procureurs du roi, ou les parties civiles. Art. 1.

Peuvent être contraints à déposer par amende, même par emprisonnement, s'ils sont laïques. Art. 3.

Montreront leur exploit, si ce n'est qu'ils soient entendus d'office & sans assignation, en cas de flagrant délit. Art. 4.

Prêtent serment de dire vérité. Art. 5.

Sont enquis de leur nom, sur-nom, âge, qualité, demeure, & s'ils sont serviteurs, domestiques, parens ou alliés des parties, & en quel degré. Art. 5.

Sont entendus secrétement & séparément. Signent les renvois, s'il y en a, signent pareillement le corps de la déposition, & déclarent s'ils y persistent. Art. 11.

Ne reçoivent rien des parties civiles, ni des procureurs du roi, s'il n'est ordonné par le juge, qui leur taxe salaire quand ils le requierent. Art. 13.

De ceux qui rédigent l'information.

Ils doivent être greffiers, ou commis du greffe. Art. 9.

Ne peuvent être clercs des juges qui font les informations, si lesdits juges ne sont commissaires du roi; ou en cas de légitime empêchement de greffiers ou commis, auxquels cas, s'ils sont commis par les officiers des cours, ils doivent remettre les minutes aux greffes des cours trois jours après la procédure achevée, ou dans plus long délai, selon la distance des lieux. Art. 6, 7, 17.

Rédigent la déposition, tant à charge qu'à décharge, en présence du juge. Art. 9 & 10.

Ne doivent faire aucun interligne ; faire approuver les ratures, & signer les renvois par le témoin & par le juge. Art. 12.

Signent la déposition, & font coter & signer chaque page par le juge. Art. 9.

Ne peuvent communiquer les pieces secretes, ni se dessaisir des minutes qu'entre les mains des procureurs du roi, qui les remettent trois jours après, à peine contre le greffier d'interdiction & cent livres d'amende : ou bien les mettront entre les mains des rapporteurs, qui les rendront dans vingt-quatre heures. Art. 15 & 16.

Doivent avoir un registre relié, chiffré & paraphé de toutes les procédures criminelles par ordre de dates, dont ils doivent envoyer un extrait, s'ils sont greffiers de justices royales inférieures, aux présidiaux, tous les six mois ; & s'ils sont greffiers de présidiaux, au procureur général du parlement de leur ressort, tous les ans. Art. 18 & 19.

TITRE VII.

Des monitoires.

Ce titre explique premiérement ce qui regarde le monitoire : secondement, la forme du monitoire : troisiémement, ce qui suit l'obtention.

I. Ce qui précede le monitoire est,

La permission du juge

1. Royal.
2. Ecclésiastique.
3. Des seigneurs.

L'obtention de l'official obligé de l'accorder, à peine de saisie de son temporel. Art. 2.

Moyennant 30 sols pour lui, & 10 sols pour son greffier. Art. 7.

II. Forme du monitoire.

Il contient les seuls faits compris au jugement de permission. Art. 3.

Les personnes n'y peuvent être nommées ni désignées, à peine de cent livres contre la partie. Art. 4.

III. Ce qui suit l'obtention.

La publication qui se fait par le curé, moyennant dix sols, & qu'il est tenu de faire, à peine de saisie du temporel, même de distribution aux pauvres. Art. 6 & 7.

Ou par un prêtre nommé d'office, en cas de refus du curé. Art. 5.

S'il n'y a opposition ; ce qui se fait en élisant domicile au lieu de la jurisdiction du juge qui a permis. Pour procéder, on assigne sans commission dans trois jours. Art. 8.

Sur laquelle le jugement qui intervient s'exécute nonobstant opposition ou appellation, même comme d'abus. Art. 9.

Les révélations qui sont reçues par les curés, vicaires, ou prêtres nommés d'office à leur refus, doivent être envoyées par eux cachetées au greffe de la jurisdiction où le procès est pendant. Art. 10.

Communiqués aux seuls procureurs du roi, ou promoteurs. Art. 11.

TITRE VIII.

De la reconnoissance des écritures & signatures en matiere criminelle (1).

Il est ici parlé, premiérement, de la forme en laquelle se fait la reconnoissance d'écritures. Secondement, de la maniere en laquelle on procede à leur vérification.

I. La reconnoissance se fait en cette forme. Le juge se fait prêter serment à l'accusé. L'écriture ou signature lui est représentée. L'accusé est interpellé de la reconnoître. Art 1.

S'il la reconnoît, elle fait foi contre lui. Art. 2.

S'il ne la reconnoît point, elle est vérifiée par pieces de comparaison. Art. 4.

Elle est paraphée par le juge & par lui. Art. 1.

II. La vérification se fait sur des pieces de comparaison, authentiques ou reconnues, fournies par les procureurs du roi, ou les parties civiles. Art. 6.

Présentées à l'accusé pour en convenir ou les contester sur le champ.

En cas qu'il en convienne, paraphées par lui & le juge qui en ordonne la réception. Art. 7.

S'il les conteste, le juge dresse procès-verbal pour y pourvoir après la communication faite aux procureurs du roi & aux parties civiles. Art. 8.

Par experts nommés d'office par le juge. Art. 9.

Les experts examinent chacun séparément leurs pieces. Art. 11.

Seront ouïs, récolés, les pieces à vérifier & celles de comparaison à eux lors représentées, ensuite confrontées séparément ; lors de laquelle comparaison les mêmes pieces leur seront représentées, & aux accusés. Art. 12 & 13.

(1) Voyez, touchant cette reconnoissance, l'ordonnance du faux, du mois de juillet 1737, *tit.* 3.

TITRE IX.

Du crime de faux, tant principal qu'incident (1).

L'ORDONNANCE rapporte ici les différentes procédures qu'il faut faire pour inſtruire le faux principal, & le faux incident.

Crime de faux de deux eſpeces.

I. Faux principal, qui s'inſtruit.

Comme les autres crimes, par plainte au juge du lieu du délit. Art. 1.

L'inſtruction ſe continue après la permiſſion d'informer, tant par titres que par témoins, & par comparaiſon d'écritures, en repréſentant la piece au juge qui en dreſſe ſon procès-verbal, la préſente à l'accuſé pour la parapher en ſa préſence ; & depuis la met au greffe. Art. 2.

Dans le crime, les experts qui procedent à la vérification des écritures prétendues fauſſes, & les témoins appellés pour en dépoſer, le font chacun de la maniere expliquée au titre des reconnoiſſances d'écritures. Art. 3 & 4.

II. Faux incident, qui s'inſtruit.

Le demandeur donne ſa requête ſignée de lui ou du procureur ſpécial, pour faire déclarer à celui qui produit la piece, s'il veut s'en ſervir, & qu'en ce cas il s'inſcrit en faux. A cette requête il attache l'acte de conſignation qu'il doit avoir faite de cent livres, ou ſoixante livres, ou vingt livres, ſelon la juriſdiction. Art. 5 & 6.

Le juge ordonne que l'inſcription en faux ſera faite au greffe ; & donne un délai au défendeur, ſuivant la diſtance des lieux, pour déclarer s'il s'en veut ſervir. Art. 7.

S'il déclare ne vouloir s'en ſervir, eſt rejettée ; s'il déclare vouloir s'en ſervir, eſt l'inſcription formée dans les 24 heures. Art. 8 & 9.

La communication de la piece priſe par le demandeur, il mettra au greffe dans trois jours ſes moyens de faux, dont il ne donnera aucune copie ni communication au défendeur. Art. 10 & 11.

Le juge les prendra, &, ou il les joindra au procès, ou les déclarera en tout ou en partie pertinens & admiſſibles ; & en ce cas la preuve s'en fera par témoins, & par comparaiſon d'écritures. Art. 12, 13, 14 & 15.

La peine du demandeur en faux qui ſuccombe, eſt de trois cens livres, y compris les cent livres conſignées d'abord, cent vingt dans les ſieges reſſortiſſans, & ſoixante dans les autres, applicables deux tiers au roi, & l'autre tiers à la partie. Art. 17.

(1) Voyez touchant le crime de faux, tant principal qu'incident, l'ordonnance du mois de juillet 1737, *tit.* 1 & 2.

TITRE X.

Des décrets, de leurs exécutions, & des élargissemens.

Il est parlé dans ce titre des cas dans lesquels les juges peuvent décréter sans information ; des décrets en général ; des différentes especes de décrets en particulier ; & enfin des élargissemens des personnes arrêtées en exécution de ces décrets.

Cas où les juges peuvent décréter, même de prise de corps, sans information.

Sur les procès-verbaux des présidens & conseillers des cours, sur ceux des autres juges, après la répétition de leurs assistans. Art. 5.

Sur les procès-verbaux des huissiers en cas de rebellion à justice, & dans d'autres cas, après qu'eux & leurs records ont été répétés. Art. 6.

Sur ceux des verdiers, gardes & sergens des bois. *Ibid.*

Sur une enquête, une piece authentique ou reconnue ; sur l'interrogatoire de l'accusé, & autres présomptions.

Sur la seule notoriété du duel ; sur la plainte du procureur du roi contre des vagabonds ; sur celles des maîtres contre des domestiques. Art. 8.

Décrets en général.

Ils doivent être donnés sur les conclusions des procureurs du roi ; lesquels doivent envoyer aux procureurs généraux de leur ressort, aux mois de janvier & de juillet de chaque année, un état signé des lieutenans criminels & par eux, des écrous & recommandations faites pendant les six mois précédens. Art. 1 & 20.

Ils peuvent être donnés sur des désignations, & exécutés sur l'indication de l'accusateur. Art. 18.

Ils s'exécutent avec le secours des gouverneurs & des prévôts des maréchaux, à peine de radiation de leurs gages, en cas de refus. Art 15.

Ils s'exécutent tous, nonobstant oppositions ou appellations, même comme de juge incompétent ou récusé sans permission ni *pareatis ;* à la charge néanmoins par l'impétrant d'élire domicile au lieu de l'exécution. Art. 12 & 13.

Quatre especes de décrets.

Le juge assigné pour être ouï, n'encourt point d'interdiction ; mais étant décrété d'ajournement personnel, ou de prise de corps, il emporte interdiction contre lui. Art. 10 & 11.

La prise de corps ne se décerne point contre des personnes domiciliées, si ce n'est pour crime punissable de peine afflictive ou infamante. Art. 19.

Les accusés doivent être conduits aux prisons, sans pouvoir être détenus en maison particuliere, si ce n'est dans leur conduite, ou en cas de péril d'enlevement, dont sera fait mention dans le procès-verbal de capture & de conduite, à peine d'interdiction contre les prévôts, huissiers ou sergens, mille livres d'amende envers le roi, & dommages & intérêts des parties. Art. 16.

Défenses à tous juges, même des officialités, d'ordonner qu'une partie sera amenée sans scandale. Art. 17.

Elargissement des personnes arrêtées en exécution de décrets.

Il sera fait après l'interrogatoire, quand originairement il n'y aura pas eu un décret de prise de corps, s'il ne survient de nouvelles charges. Art. 21.

Cet élargissement se doit faire sur le vu de l'interrogatoire des charges, des conclusions, & de la sommation à partie civile de répondre. Art. 22.

Il ne se peut faire que par le jugement du juge, quoique les procureurs du roi, des seigneurs, ou les parties civiles y consentent. Art. 23.

Les accusés ne peuvent non plus être élargis après la condamnation à peine afflictive, quand les procureurs du roi en appellent, encore que les parties civilent y consentent. Art. 24.

TITRE XIII.

Des prisons, greffiers des geoles, geoliers & guichetiers.

L'ORDONNANCE parle ici: 1. de l'état des prisons: 2. du devoir de ceux qui en ont la garde: 3. des alimens de ceux qui y sont renfermés: 4. de leur élargissement: 5. du devoir des juges.

Etat des prisons.

I. Elles doivent être sûres & saines. Art. 1.

Devoir de ceux qui en ont la garde.

II. Ils ne peuvent être huissiers, ou autres officiers de justice, à peine de cinq cens livres d'amende, & de peine corporelle. Art. 3.

Les concierges & les geoliers doivent savoir lire, écrire, & exercer en personne & non par aucun commis. Art. 2.

Il est enjoint aux geoliers de donner des gages raisonnables aux guichetiers. Art. 4.

Ils doivent avoir un regiſtre paraphé, & coté par le juge en tous les feuillets ſéparés en deux colonnes, l'une pour les écrous qui ne ſe peuvent réitérer, & les recommandations qui doivent être ſignifiées à la perſonne du priſonnier ; l'autre pour les décharges & élargiſſemens, ſans pouvoir écrire les écrous & décharges ſur feuilles volantes. Art. 6, 9, 12 & 13.

Ils auront un autre regiſtre en forme d'inventaire des hardes des priſonniers. Art. 7.

Ils ne laiſſeront aucun blanc. Art. 8.

Ils recevront dix ſols dans les juriſdictions royales, & cinq ſols dans celles des ſeigneurs, pour les extraits qu'ils en délivreront. Art. 10.

Ils porteront copie des écrous & recommandations pour crimes aux procureurs du roi dans les vingt-quatre heures. Art. 15.

Ils ne doivent rien prendre pour la bien venue. Art. 14.

Ils ne doivent permettre aucune communication aux priſonniers pour crime avant l'interrogatoire ; ni à ceux renfermés dans les cachots, qu'ils retireront inceſſamment après qu'il aura été ordonné, ſans rien recevoir, quoiqu'offert. Ils ne ſouffriront auſſi aucune communication des hommes avec les femmes. Art. 16, 17, 18 & 20.

Ils ne laiſſeront vaguer les priſonniers, ſous peine des galeres ; ni ne leur mettront les fers aux pieds ſans ordonnance du juge, à peine de punition exemplaire. Art. 19.

Ils viſiteront les cachots une fois le jour, & donneront avis aux procureurs du roi de ceux qui ſont malades. Art. 21.

Ils ne prendront aucun droit de conſignation. Art. 33.

Ils ſont punis, faute d'exécuter l'ordonnance de 1670, ſavoir, les greffiers, d'interdiction & de trois cens livres d'amende, moitié au roi, moitié aux néceſſités des priſonniers ; les geoliers & guichetiers, de deſtitution, trois cens livres d'amende, & de punition corporelle. Art. 36.

Alimens des priſonniers.

III. La taxe en eſt faite par le juge, & il en eſt fait un tarif poſé dans le lieu le plus apparent de la priſon. Art. 11.

Les geoliers & guichetiers ne recevront aucunes avances des priſonniers pour leurs gîtes & geolages. Art. 22.

Les alimens ſont fournis par les créanciers ſolidairement, ſauf leur recours entre eux, & dont ſera délivré exécutoire. Art. 23.

Faute de fournir les alimens, après deux ſommations faites aux créanciers à jours différens, & trois jours après la derniere, pourra l'élargiſſement être ordonné. Art. 24.

Les priſonniers pour crime ſeront nourris de pain & d'eau pure, & le geolier leur fournira de la paille. Celui qui fournit le pain, en eſt rembourſé ſur le fonds des amendes, ou du domaine, ou ſur celui des ſeigneurs hauts-juſticiers, chacun à leur égard. Art. 25 & 26.

Ils ne peuvent être nourris de viande aux jours défendus, que par ordonnance de médecin. Art. 27.

Leurs nourritures peuvent être apportées de dehors, & visitées, sans que les prisonniers soient tenus d'en prendre des geoliers. Art. 28.

Elargissement des prisonniers.

IV. En consignant par les condamnés en des peines pécuniaires les sommes adjugées pour amendes, aumônes & intérêts civils seulement. Art. 29.

Leur élargissement ne peut être empêché faute de paiement d'épices, ni des nourritures, gîtes, geolages. Art. 29 & 30.

Les prisonniers pour dettes, en consignant les causes de l'emprisonnement, ou sur le consentement des parties, qui est signifié aux geoliers, sans qu'il soit besoin de jugement. Art. 31 & 32.

Devoir des officiers de justice touchant les prisons.

V. Les procureurs du roi & ceux des seigneurs visiteront une fois la semaine les prisons. Art. 35.

Les juges paraphent & cotent les feuillets des registres. Art. 7.

Les juges taxent les droits des greffiers, geoliers & guichetiers, pour les extraits & le prix des vivres, & ce que les créanciers doivent payer pour la nourriture de leur débiteur ; faute de laquelle ils élargissent les prisonniers après deux sommations. Art. 11 & 23.

Ils font visiter les malades, les font transférer dans des chambres. Art. 21.

Ils informent des exactions faites par les greffiers, geoliers & guichetiers, & de leurs contraventions aux réglemens. Art. 37.

Les juges royaux sont présens aux baux à ferme des prisons seigneuriales, & en taxent la redevance annuelle. Art. 39.

TITRE XIV.

Des interrogatoires des accusés.

On examine ici, premiérement, celui qui interroge : secondement, la forme de l'interrogatoire : troisiémement, ce qui suit l'interrogatoire.

I. Celui qui interroge est le juge en personne, qui doit le faire. Art. 2.

Il peut interroger le prisonnier sur les mémoires du procureur du roi des parties civiles, ou sur les faits de l'information, & autres. Art. 3.

Il doit interroger dans les vingt-quatre heures de l'emprisonnement. Art. 1.

Dans

Dans le lieu où ſe rend la juſtice, ſi ce n'eſt qu'en flagrant délit. Art. 4 & 5.

Sans rien recevoir des accuſés pour y vaquer. Art. 16.

Les commiſſaires du châtelet peuvent interroger pour la premiere fois les accuſés en flagrant délit : les domeſtiques accuſés par leurs maîtres, & ceux contre leſquels il y a ajournement perſonnel ſeulement. Art. 14.

Forme de l'interrogatoire.

II. Il ſe fait en ſecret, ſans autre aſſiſtance que du juge & du greffier. Art. 6.

L'accuſé prête ſerment, & il en eſt fait mention, à peine de nullité. Art. 7.

Les accuſés répondent par leur bouche, ſans aſſiſtance de conſeil : ſi ce n'eſt après l'interrogatoire pour péculat, concuſſion, banqueroute frauduleuſe, vol de commis ou aſſociés, crimes où il s'agit de l'état des perſonnes. Art. 8.

Si l'accuſé n'entend pas la langue françoiſe, l'interprete ordinaire, ou un nommé d'office par le juge, explique les interrogatoires faits à l'accuſé par le juge. Art. 11.

Les hardes, pieces & écritures ſervant à la preuve ſont repréſentées, celles-ci paraphées par le juge & l'accuſé. Art. 10.

Il ne doit être fait aucune rature ni interligne dans la minute. Art. 12.

L'interrogatoire eſt lu à l'accuſé, ſigné par lui & par le juge, & par eux coté & paraphé en toutes ſes pages. Art. 13.

L'interrogatoire ſe fait ſur la ſellette, quand en premiere inſtance les concluſions des procureurs du roi, & dans les cours les ſentences ou les concluſions du procureur général portent condamnation de peine afflictive. Art. 21.

Ce qui ſuit l'interrogatoire.

III. Les accuſés peuvent avoir permiſſion de conférer, ſi le crime n'eſt pas capital. Art. 9.

L'interrogatoire peut être réitéré, s'il eſt néceſſaire, & il ſe met en un cahier ſéparé. Art. 15.

La communication des interrogatoires ſe fait aux procureurs du roi, & à la partie civile. Art. 17, 18.

L'accuſé ſouvent prend droit par les charges, & les procureurs du roi & les parties par l'interrogatoire ; auquel cas la partie civile donne ſes demandes, & l'accuſé ſes réponſes. Art. 19 & 20.

L'interrogatoire prêté ſur la ſellette envoyé avec le procès, en cas d'appel, à peine de cent livres contre le greffier. Art. 22.

TITRE XV.

Des récolemens & confrontations des témoins.

L'ORDONNANCE parle en premier lieu de la forme du récolement; & en second lieu, de celle de la confrontation.

Récolement.

I. Il est précédé d'une assignation aux témoins qui sont contraints par amende, & même par corps, en cas de contumace. Art. 1 & 2.

Il ne se fait qu'après un jugement qui l'ordonne, s'il y a nécessité urgente. Art. 3.

Chaque témoin ouï separément est interpellé de déclarer s'il veut ajouter ou diminuer à sa déposition. Le récolement est paraphé & signé dans toutes ses pages par le juge & par le témoin. Art. 5.

Le récolement n'est point réitéré. Art. 6.

Il est mis dans un cahier séparé des autres procédures. Art. 7.

La répétition du témoin ne vaut pour confrontation, si le jugement de défaut de contumace ne l'ordonne. Art 3.

Confrontation.

II. Elle est écrite dans un cahier séparé, signé & paraphé dans toutes ses pages par le juge, les témoins & l'accusé. Art. 13.

L'accusé mandé, & étant en présence des témoins, ils sont interpellés de déclarer s'ils le connoissent. Art. 14.

Les premiers articles de la déposition des témoins sont lus à l'accusé, qui est interpellé de fournir de reproches, & averti qu'il n'y sera plus reçu; pourra néanmoins en tout état de cause proposer des reproches, s'ils sont justifiés par écrit. Art. 15, 16, 19 & 20.

Les témoins sont enquis de la vérité des reproches; & après la lecture de la déposition, enquis si elle contient vérité, & si c'est de l'accusé qu'ils ont entendu parler dans leurs dépositions & récolemens. Art. 17 & 18.

L'accusé peut requérir le juge d'interpeller le témoin de reconnoître les contrariétés qui sont dans la déposition. Art. 22.

En cas de changement par le témoin en circonstances essentielles, il est retenu comme faux témoin. Art. 11.

TITRE XVI.

Des lettres d'abolition, rémiſſion, pardon, pour eſter à droit, rappel de ban ou de galeres, commutation de peines, réhabilitation, & réviſion de procès.

Il y a dans ce titre quelques déciſions communes à toutes les lettres. Il y en a de particulieres pour les différentes eſpeces de lettres.

Des lettres en général.

I. Elles doivent être préſentées dans trois mois de l'obtention. Art. 16.

Elles n'empêchent l'exécution des décrets, ni le jugement & l'exécution de la contumace. Art. 17.

Le procès & les lettres ſont inceſſamment mis au greffe du juge à qui elles ſont adreſſées. Art. 18.

Elles ſont ſignifiées à la partie civile, & copie baillée pour fournir ſes moyens d'oppoſition, & procéder à l'entérinement. Art. 19.

Elles ſont communiquées avec le procès au proc. général. Art. 20 & 25.

Pour leur attache, lecture, publication ou préſentation, les impétrans ne paient aucuns droits. Art. 23.

L'impétrant eſt interrogé dans la priſon par le rapporteur ſur les faits réſultans des charges. Art. 24.

Avant le jugement les impétrans ſubiſſent l'interrogatoire ſur la ſellette, qui eſt redigé par écrit. Art. 26.

Lettres d'abolition.

II. Elles ſont expédiées en la grande chancellerie. Art. 5.

Elles ſont entérinées, ſi elles ſont conformes aux charges. Art. 1.

Elles ne ſe donnent pour duels, aſſaſſinats prémédités, à ceux qui ſe louent pour tuer & excéder, quoiqu'il n'y ait que le ſeul attentat; pour rapt de violence, excès de magiſtrats, ou officiers de juſtice. Art. 4.

L'impétrant doit être en priſon, & l'écrou attaché aux lettres lors de la repréſentation, qui ſe fait tête nue & à genoux, avec l'affirmation qu'il les a obtenues & veut s'en ſervir. Art. 15 & 21.

Lettres de rémiſſion & pardon.

III. Les gentilshommes impétrans doivent les préſenter tête nue, avec affirmation qu'ils les ont obtenues, & veulent s'en ſervir: lors de laquelle préſentation ſont en priſon, & y reſtent pendant l'inſtruction. Art. 15 & 21.

Nonobſtant les lettres, on peut informer par addition, & faire récoler & confronter les témoins. Art. 22.

Si elles ſont obtenues pour d'autres cas que les rémiſſibles, c'eſt-à-dire, celles de rémiſſion pour d'autres que pour l'homicide involontaire, ou néceſſaire ſeulement, & celles de pardon dans ceux où il écheoit peine de mort, ou ſi elles ne ſont conformes aux charges, les impétrans en ſont déboutés. Art. 2, 3, 27.

Lettres de rappel de ban ou de galeres, commutation, réhabilitation.

IV. Elles s'expédient en la grande chancellerie. Art. 5.

Le jugement de condamnation doit être attaché ſous le contre-ſcel. Art. 6.

Elles ſont entérinées ſans examiner ſi elles ſont conformes aux charges. Art. 7.

Lettres pour eſter à droit.

V. Elles s'expédient en la grande chancellerie. Art. 5.

Les gentilshommes doivent exprimer leurs qualités; en ce cas elles ſont adreſſées aux cours. Art. 11 & 12.

Les impétrans de lettres d'abolition doivent être actuellement priſonniers, & l'écrou attaché aux lettres. Art. 15.

Lettres de réviſion.

VI. Pour les obtenir, le condamné expoſe le fait par requête rapportée & renvoyée, s'il eſt jugé à propos, aux maîtres des requêtes. Si les lettres ſont trouvées juſtes, il ſera ordonné qu'elles ſeront expédiées & ſignées d'un ſecretaire d'état, l'avis des maîtres des requêtes attaché ſous le contre-ſcel. Art. 8 & 9.

Les parties peuvent produire de nouvelles pieces par requête communiquée à partie; ſur leſquelles, & les concluſions du procureur général, eſt procédé au jugement des lettres. Art. 10.

Les impétrans qui ſuccombent, ſont condamnés en trois cens livres d'amende envers le roi, & cent cinquante envers la partie. Art. 28.

TITRE XVII.

Des défauts & contumaces.

Ce titre a trois parties. La premiere eſt l'inſtruction de la contumace. La ſeconde, l'exécution de la contumace. La troiſieme, la repréſentation des condamnés par contumace.

Inſtruction de la contumace.

I. Elle ſe fait par la perquiſition au domicile ou réſidence où le procès-verbal a été dreſſé; de laquelle & du décret, ſera laiſſé copie; & s'il n'a domicile ni résidence, la copie du décret sera affichée à la porte de l'auditoire. Art. 1, 2 & 3.

Par saisie & annotation de biens, à la régie desquels ne seront établis commissaires qui soient parens ni domestiques du receveur du domaine ou des seigneurs. Art. 1, 4, 5 & 6.

Par assignation à quinzaine au domicile des domiciliés : aux autres elle est attachée à la porte de l'auditoire. Art. 7.

Par cri public à la place ou résidence, & à la porte de la jurisdiction; avec assignation à huitaine, non compris les jours de l'assignation & de l'échéance, pour toute assignation & proclamation. Art. 8, 9 & 11.

Par une seule proclamation à la porte de l'auditoire, y affichée, à l'encontre de celui qui ayant pour prison la suite du conseil, du grand-conseil, le lieu de la jurisdiction, ou les grands chemins, ne se représente pas. Art. 10.

La procédure est communiquée aux procureurs du roi ou des seigneurs, pour prendre les conclusions préparatoires. Art. 12.

Si la procédure est valablement faite, les juges ordonneront que les témoins seront récolés, & que leur récolement vaudra confrontation. Art. 13.

Après le récolement, le procès sera derechef communiqué aux procureurs du roi ou des seigneurs, qui donnent leurs conclusions définitives. Art. 14.

Le même jugement de contumace qui la déclare bien instruite, en adjuge le profit, & contient la condamnation de l'accusé, avec défenses de mettre la clause, *si pris & appréhendé peut être.* Art. 15.

Si l'accusé s'évade des prisons depuis son interrogatoire, il ne sera ajourné ni proclamé à cri public; son procès lui est parachevé, les témoins répétés, & le récolement vaudra confrontation; & aussi le procès lui est fait pour bris de prison par contumace. Art. 24 & 25.

Exécution de contumace.

II. Elle se fait par effigie attachée dans la place publique, en cas de condamnation de mort naturelle : par un tableau attaché au même lieu, dans le cas de condamnation aux galeres, amende honorable, bannissement, flétrissure & fouet : par une signification au domicile, ou à la résidence dans les autres condamnations. Art. 16.

Le procès-verbal de l'exécution se met au pied du jugement, signé du greffier seul. Art. 17.

Représentation des condamnés.

III. Si elle se fait dans un an, main-levée est faite des meubles & immeubles, le prix des meubles rendu, les frais déduits, & l'amende consignée. Art. 26.

Si les condamnés ne se représentent dans les cinq ans, les receveurs du domaine où les seigneurs jouissent des revenus sans s'en mettre en possession, sans par le roi & les seigneurs faire don des confiscations pendant les cinq années. Art. 30 & 31.

Les condamnations pécuniaires, après ce tems, seront réputées contradictoires & ordonnées par arrêt. Art. 28.

Les condamnés qui décederont après les cinq années sans s'être représentés, sont réputés morts du jour de l'exécution de la sentence de contumace. Art. 29.

Les receveurs du domaine & les seigneurs doivent se pourvoir en justice avant de se mettre en possession, & feront un procès-verbal des effets mobiliers, & de l'état des immeubles, à peine contre les donataires & les seigneurs, de déchéance de leur droit, & contre les receveurs du domaine, de dix mille livres d'amende. Art. 32.

Si les condamnés se représentent après les cinq ans, les contumaces sont mises au néant, les frais payés par l'accusé, qui sera interrogé, les témoins à lui confrontés, leurs dépositions rejettées, s'ils sont morts avant le récolement; si depuis, la déposition subsiste: auquel cas, & celui de la condamnation du témoin aux galeres, ou sa longue absence, sera faite la confrontation littérale. Art. 18, 19, 20, 21, 22 & 23.

TITRE XIX.

Des jugemens & procès-verbaux de question & torture.

Il est parlé dans ce titre : 1. des différentes especes de question: 2. des jugemens qui l'ordonnent: 3. de l'exécution desdits jugemens.

Trois especes de question.

La premiere, s'il y a preuve considérable contre l'accusé d'un crime qui mérite peine de mort & qui soit constant, les juges peuvent ordonner la question, au cas que la preuve ne soit pas suffisante. Art. 1.

La seconde, la réserve des preuves, après laquelle l'accusé qui n'avoue rien peut être condamné à toutes sortes de peines, hors celle de la mort. Art. 2.

La troisieme, celle qui s'ordonne par le jugement de mort, pour avoir révélation des complices. Art. 3.

Jugemens qui ordonnent la question.

Ils sont dressés & signés sur le champ, & prononcés à l'accusé dans la chambre de la question. Art. 6.

Ils ne peuvent ordonner que l'accusé y sera présenté seulement, si ce n'est dans les cours. Art. 5.

Exécution des jugemens de question.

Elle ne se fait qu'après la confirmation par arrêt des cours. Art. 7.

Qu'après l'interrogatoire préalablement prêté après serment, & signé du condamné. Art. 8.

Elle se donne en présence des commissaires, qui chargent leur procès-verbal de ce que dit le condamné. Ils peuvent modérer & relâcher une partie des rigueurs, si l'accusé confesse; & le faire remettre à la question, s'il varie. Art. 9 & 10.

Le condamné étant ôté de la question, n'y pourra être remis ni appliqué deux fois pour le même fait. Art. 10 & 12.

Après la question, le condamné est derechef interrogé. Art. 11.

La question étant donnée en vertu d'un jugement de mort émané d'un prévôt des maréchaux, les complices révélés & arrêtés pourront être confrontés au condamné par le prévôt, encore que le prévôt n'ait été déclaré compétent; sauf à faire juger dans la suite sa compétence. Art. 4.

TITRE XXV.

Des sentences, jugemens & arrêts.

On considere dans les jugemens: en premier lieu, leur forme: en second lieu, leur exécution.

Forme des jugemens.

Ils peuvent être rendus sans information, sur les interrogatoires & autres preuves. Art. 5.

Il n'y sera procédé de relevée, si les procureurs du roi ou des seigneurs ont pris des conclusions à mort, ou qu'il écheoit peine de mort ou civile, galeres ou bannissement à tems. Art. 9.

Ils se rendent préférablement à tous autres jugemens, & nonobstant appellation, même comme de juge incompétent & récusé, sans que les procédures faites avec les accusés depuis leurs appellations, puissent leur être opposées. Art. 1, 2, & 3.

Aux jugemens à la charge de l'appel, assistent au moins trois juges officiers ou gradués; & dans ceux en dernier ressort, au moins sept juges. Art. 10 & 11.

Les jugemens passent à l'avis le plus doux, si le plus sévere ne surpasse d'une voix dans les jugemens à la charge de l'appel, & de deux voix en ceux de dernier ressort. Art. 12.

Tous les jugemens seront signés par tous les juges qui les auront rendus, à peine d'interdiction, des dommages & intérêts des parties, & de cinq cens livres d'amende, si ce n'est dans les cours. Art. 14.

Les peines ordonnées par les jugemens sont, la mort naturelle; la question avec réserve de preuve, les galeres perpétuelles, le bannissement à perpétuité, la question sans réserve de preuve, les galeres à tems, le fouet, les amendes-honorables, le bannissement à tems. Art. 13.

Exécution des jugemens.

Les jugemens portans condamnation à peine pécuniaire n'excédant pas 40 livres envers la partie, & 20 livres envers les seigneurs dans les justices seigneuriales, 50 livres & 25 livres dans les justices royales inférieures, & 100 livres & 50 livres dans les bailliages, sénéchaussées, présidiaux & pairies, seront exécutés par provision, sans que les amendes ainsi payées portent note d'infamie, si elles ne sont confirmées par arrêts, qui ne pourront faire défenses ou surséance d'exécuter cette sentence. Art. 6, 7 & 8.

Elle se fait en tous lieux sans *pareatis* ni permission. Art. 15.

Les frais de l'exécution sont payés par la partie civile sur l'exécutoire des juges; ou à défaut de partie civile, par le domaine ou les seigneurs. Art. 16, 17 & 18.

Les jugemens s'exécutent le même jour de la prononciation, si ce n'est qu'une femme paroisse ou déclare être enceinte; auquel cas elle est visitée. Art. 21 & 23.

Au cas de refus par les condamnés à l'amende-honorable d'obéir après trois injonctions, ils seront condamnés à plus grande peine. Art. 22.

Les jugemens de mort sont exécutés après le sacrement de pénitence offert aux condamnés, qui sont assistés d'un ecclésiastique au lieu du supplice. Art. 24.

TITRE XXVI.

Des appellations.

Il est parlé ici, premiérement, de la jurisdiction où elles se portent; en second lieu, du jugement des appellations.

Jurisdiction, où se portent les appellations.

Dans les accusations de crimes méritans peines afflictives, elles se portent dans les cours seules; & pour les autres crimes dans les bailliages & sénéchaussées, au choix des accusés. Art. 1.

Les appellations de permission d'informer, décrets, & aussi d'instructions, se portent à l'audience des cours, sans qu'elles retardent l'instruction & le jugement, & sans que les cours donnent des défenses de continuer l'instruction, que sur le vu des charges & sur les conclusions du procureur général, si ce n'est qu'il y ait un ajournement personnel seulement, &

& sans que les cours puissent évoquer les procès principaux, que pour les juger sur le champ à l'audience. Art. 2, 3, 4 & 5.

Soit qu'il y ait appel, ou non, des sentences de condamnation aux galeres, bannissement & amende-honorable; l'accusé, ou les accusés, s'ils sont plusieurs, avec le procès, sont envoyés ensemble aux cours, dont sera délivré exécutoire à ceux qui les auront amenés. Art. 6, 7, 8, 9, 10 & 14.

Les appellations se jugent quelquefois aux enquêtes, si la sentence n'ordonne peine afflictive, & qu'il n'y ait appel par les procureurs du roi ou des seigneurs. Art. 12 & 13.

Du jugement des appellations.

Pour y procéder, les greffiers des geoles, ou les geoliers, mettent les procès au greffe. Le greffier avertit le président, qui les distribue. Art. 9.

Le procureur général le distribue à ses substituts, ou il est donné à l'avocat général, si l'affaire est portée à l'audience. Art. 10.

Les accusés sont tenus de se rendre en état lors du jugement du procès aux cours de parlement, s'ils ont été élargis depuis la sentence. Art. 13.

L'accusé est préalablement ouï sur la sellette, ou derriere le bureau. Art. 15.

Après le jugement, les condamnés sont renvoyés sur les lieux pour être exécutés, s'il n'y a considération particuliere qui l'empêche. Art. 16.

TITRE XXVII.

Des procédures à l'effet de purger la mémoire d'un défunt.

DEUX cas auxquels on peut purger la mémoire d'un défunt. Le premier, s'il est décédé avant les cinq ans accomplis du jour de l'exécution de la sentence de contumace. Art. 1.

Ceux qui en peuvent faire les poursuites sont, la veuve, les enfans, les parens du condamné. *Ibid.*

Les juges pardevant lesquels on doit se pourvoir, si la contumace a été jugée par arrêt ou jugement en dernier ressort, sont ceux qui les ont rendus. *Ibid.*

Le second cas où l'on peut demander à purger la mémoire d'un défunt, est lorsque le condamné à mort par contumace est décédé après les cinq ans sans s'être représenté; auquel cas il faut des lettres de la grande chancellerie. Art. 2.

Le procureur du roi & les parties civiles, s'il y en a, seront assignés en vertu de lettres, dont leur sera baillé copie, & les frais de justice, avec l'amende ordonnée, seront en même tems consignés. Art. 3 & 4.

Le procès sera jugé sur les charges & informations, procédures & pieces sur lesquelles la condamnation est intervenue. Art. 5.

Sur les pieces nouvelles que les parties adverses voudront ajouter, attachées à une requête. Art. 6.

L'on y répondra par autre requête signifiée dans les délais ordonnés en matiere civile, s'ils ne sont prorogés par le juge. Art. 7.

TITRE XXVIII.

Des faits justificatifs.

Ils seront proposés seulement, & prouvés après la visite du procès-criminel. Défenses à tous juges, même aux cours souveraines, d'en recevoir la preuve auparavant. Art. 1.

Il sera fait preuve seulement par l'accusé des faits justificatifs par lui articulés dans les interrogatoires & confrontations, & choisis par le juge. Art. 2.

Les faits seront insérés dans le jugement qui en ordonnera la preuve. Art. 3.

Le jugement ordonnant la preuve des faits, sera prononcé dans les vingt-quatre heures au plus tard, & l'accusé interpellé de nommer ses témoins sur le champ, autrement déchu. Art. 4.

L'accusé, après les avoir nommés, ne sera reçu à en nommer d'autres, & ne sera élargi pendant la preuve. Art. 5.

Les témoins seront assignés à la requête des procureurs du roi, ou des procureurs des seigneurs, & ouïs d'office par le juge. Art. 6.

Les frais de la preuve seront consignés par l'accusé, s'il le peut, ou avancés par la partie civile, ou par le roi, ou les engagistes du domaine, ou par les seigneurs hauts-justiciers, chacun à son égard. Art. 7.

Pourront respectivement les parties donner leurs requêtes, y joindre telles pieces qu'elles aviseront sur le fait de l'enquête; & sera baillé copie des requêtes & pieces, sans prendre aucun réglement, & sans autre plus ample instruction. Art. 9.

Fin du précis.

PROCÈS-

PROCÈS-VERBAL
DES
CONFÉRENCES
TENUES PAR ORDRE DU ROI,
ENTRE MESSIEURS
LES COMMISSAIRES DU CONSEIL,
ET MESSIEURS LES DÉPUTÉS
DU PARLEMENT DE PARIS,
POUR L'EXAMEN DES ARTICLES DE L'ORDONNANCE CIVILE

Du mois d'avril 1667.

LE ROI ayant fait examiner dans ſon conſeil & en ſa préſence, pluſieurs articles concernant la réformation de l'ordre judiciaire, pour en compoſer une ordonnance, qui fût également obſervée dans toute l'étendue de ſon royaume; ſa majeſté a encore voulu les faire voir aux principaux officiers du parlement, pour en prendre leurs avis, avant que de leur donner le caractere de ſon autorité.

Le 24 janvier 1667 le roi en écrivit au parlement, & en particulier à M. le premier préſident & à M. le procureur-général; avec ordre à M. le premier préſident, & à meſſieurs les autres préſidens du parlement, à quatre conſeillers de la grand'chambre, & aux cinq anciens préſidens de chambres des enquêtes, avec les doyens des mêmes chambres; à l'ancien préſident des requêtes du palais, & au doyen de la premiere chambre; & à meſſieurs les avocats & procureurs-généraux, de s'aſſembler inceſſamment chez M. le chancelier, pour conférer avec lui & meſſieurs les commiſſaires du conſeil, par l'avis deſquels ces articles avoient été dreſſés.

En exécution de ces ordres, M. le premier-préſident invita les députés du parlement de ſe trouver en ſa maiſon, pour conférer entre eux ſur le ſujet des articles, & concerter les propoſitions qu'ils avoient à faire, en la conférence que M. le chancelier leur avoit fait indiquer au lendemain.

La premiere difficulté a été ſur la conteſtation du rang, entre meſſieurs de la grand'chambre & meſſieurs les préſidens des enquêtes; mais après pluſieurs propoſitions, il fut enfin convenu que, s'il plaiſoit au roi d'ajouter deux conſeillers aux quatre qui avoient déjà été nommés, meſſieurs les préſidens des enquêtes prendroient leurs places à la conférence, après les quatre plus anciens, & précéderoient les deux autres.

Le roi approuva cet expédient; & ſur les ordres qu'il en envoya au parlement, cela fut auſſi-tôt exécuté par la députation de meſſieurs Godart & le Boult. Et M. le chancelier fut prié de remettre la conférence au mercredi 26 du même mois.

NOMS DE MESSIEURS LES COMMISSAIRES DU CONSEIL,
&
DE MESSIEURS LES DÉPUTÉS DU PARLEMENT.

Mrs. LES COMMISSAIRES DU CONSEIL.

Monſieur le Chancelier Séguier.

Meſſieurs les Conſeillers d'Etat.

M. de Morangis.
M. d'Eſtampes.
M. Boucherat.
M. Poncet.
M. Puſſort.

Meſſieurs les Maîtres des Requêtes.

M. Voiſin.
M. Hotman.
M. le Pelletier de la Houſſaye.

Mrs. LES DÉPUTÉS DU PARLEMENT.

M. de la Moignon, Premier Préſident.

Meſſieurs les Préſid. à Mortier.

M. De Longueil.
M. De Novion.
M. De Meſmes.
M. Le Coigneux.
M. De Bailleul.
M. Mollé.
M. De Neſmond.

Meſſieurs les Conſeillers de la Grand'Chambre.

M. Ménardeau, Doyen.
M. Catinat.
M. Sainctot.
M. Paluau.
M. Godart.
M. Le Boult.

Meſſieurs les Préſidens des Enquêtes.

M. Potier de Blanc-Ménil.
M. Le Féron.
M. De Fourcy.
M. Le Maître de Belle-Jambe.
M. De Maupeou.

Meſſieurs les Doyens des Enquêt.

M. De Creil.
M. Le Clerc de Courcelle.
M. Colombet.
M. Bourlon.
M. De Lataignan.

Meſſieurs des Requêtes du Palais.

M. De Bauquemare, ancien Préſident de la ſeconde Chambre des Requêtes du Palais.
M. Charlet, Doyen de la premiere Chambre des Requêtes.

Meſſieurs les Gens du Roi.

M. Talon, premier Avocat Gén.
M. De Harlai, Procureur Gén.
M. Bignon, ſecond Avocat Gén.

Greffier de l'Aſſemblée.

M. Joſeph Foucault, Greffier de la Chambre de Juſtice.

PREMIERE CONFÉRENCE.

Du mercredi 26 janvier 1667.

En l'hôtel SEGUIER, *après-midi.*

MESSIEURS les commissaires du roi avertis par un huissier du conseil, se sont rendus à la conférence entre deux & trois heures, ainsi que messieurs du parlement.

M. le chancelier a reçu M. le premier-président à l'entrée de la chambre qui est au bout de la gallerie, où la séance étoit préparée.

La disposition en étoit ainsi.

Le long d'une grande table en forme de bureau, & du côté de la cheminée, il y avoit neuf chaises à bras, pour M. le chancelier & messieurs les commissaires du roi.

Et de l'autre côté vis-à-vis, il y avoit vingt-six autres chaises pareilles, rangées sur une même ligne, pour messieurs les députés du parlement; avec trois autres sieges derriere ceux de M. le premier-président, & de messieurs les deux anciens présidens, ainsi disposés pour messieurs les gens du roi.

Messieurs du parlement ayant observé que le premier des trois sieges préparés pour messieurs les gens du roi, n'étoit pas placé immédiatement derriere le siege de M. le premier-président, mais qu'il étoit plus avancé, il a été trouvé à propos de le retirer.

Messieurs les députés du parlement ayant d'ailleurs représenté que leurs places étant de suite sur une même ligne, les plus éloignés auroient de la peine à entendre ce qui seroit dit, il a été avisé de doubler les rangs; ce qui a été fait. Mais aussi messieurs les gens du roi se trouvant déplacés par ce changement, ont remontré à M. le chancelier, qu'ils n'entendoient point entrer en contestation avec messieurs les députés, & qu'ils alloient se retirer de la conférence, où aussi-bien ils se croyoient inutiles.

M. le chancelier les a invités de demurer, & a fait mettre trois sieges pour eux, au bout d'en bas de la table: celui d'en haut demeurant vuide, sans même que la chaise du roi y ait été mise.

M. le chancelier m'ayant ordonné de la part du roi de tenir la plume dans cette conférence, & d'en rédiger le procès-verbal, il y avoit aussi un siege pour moi derriere sa chaise *. Chacun ayant pris place:

* M. Foucault.

M. le chancelier faisant l'ouverture de la conférence, a dit que l'ordonnance, qui étoit le sujet de l'assemblée, méritoit d'autant plus de respect, que c'étoit l'ouvrage d'un grand roi qui en avoit formé le dessein, par un zele tout extraordinaire pour la réformation de la justice. Qu'encore qu'il l'eût fait examiner en sa présence, il avoit voulu néanmoins prendre les bons avis des principaux officiers de son parlement, avant que d'y mettre la derniere main: étant également persuadé de leur prudence & de leurs bonnes intentions. Que cette confiance les devoit obliger de contribuer de toute leur affection, à l'exécution d'un si grand dessein, en ne proposant que des difficultés qui méritassent d'être relevées, pour en faire le rapport au roi.

M. le premier président a répondu, que l'application du roi en toutes les choses qui concernoient le bien de son état, & l'avantage de ses sujets, donnoit de l'admiration à tout le monde: que l'honneur que sa majesté faisoit à la compagnie, de vouloir prendre ses avis sur une matiere si importante, l'obligeoit d'y répondre avec soumission, & de faire entendre avec respect les difficultés qui lui paroîtroient les plus essentielles, & qui mériteroient davantage que l'on y fît considération. Que le parlement ayant l'honneur d'être dépositaire des loix du royaume, étoit obligé d'apporter tout le soin & toute l'exactitude possible, pour examiner celles qui pourroient être proposées de nouveau, afin qu'en les rapportant toutes également aux regles de la justice, & au bien des peuples & de l'état, on en pût assurer davantage l'exécution.

TITRE PREMIER.

DE L'OBSERVATION DES ORDONNANCES.

Ce titre, qui est le premier de l'ordonnance, ayant été proposé & examiné le dernier, il n'en sera fait mention qu'à la fin du présent procès-verbal, pour ne point changer l'ordre dans lequel l'examen en a été fait par messieurs les commissaires.

TITRE II.

DES AJOURNEMENS.

ARTICLE I.

Ajournemens contiendront les moyens & conclusions de la demande.

Les ajournemens & citations en toutes matieres, & en toutes jurisdictions, même ecclésiastiques, seront libellés, & contiendront sommairement les conclusions & les moyens de la demande; à peine de nullité des exploits, & de vingt livres d'amende contre les huissiers, sergens ou appariteurs qui les auront faits, applicable, moitié aux réparations de l'auditoire des juges, devant lesquels les assignations seront données, & l'autre moitié aux pauvres du même lieu; sans qu'elle puisse être remise ou modérée, pour quelque cause que ce soit.

Lecture ayant été faite de cet Article.

Forme des exploits.

M. le premier président a dit, qu'il prescrivoit la forme des exploits. Qu'à cet effet il desiroit deux choses : l'une, que les conclusions de la demande y fussent sommairement exprimées; & l'autre, que les moyens y fussent employés. Ajoutant qu'il semble que le mot de *sommairement*, convient mieux aux moyens qu'aux conclusions; parce qu'il importe d'expliquer les fins d'un exploit dans toute leur étendue; mais que les moyens peuvent être sommaires: les inventaires & les écritures les pouvant suppléer.

Que d'ailleurs l'article statue des peines, en cas de contravention: l'une contre l'huissier, qui est *l'amende de vingt livres;* & l'autre contre la partie, qui est *la nullité de l'exploit.* Qu'en ce cas il est nécessaire de limiter le tems dans lequel on puisse arguer l'exploit de nullité; autrement les parties en pourroient souffrir; & ce seroit pour elles une grande vexation, qu'après plusieurs procédures & jugemens, tant en premiere instance, qu'en cause d'appel, la validité d'un exploit pût être révoquée en doute, & les parties réduites à l'incertitude continuelle de l'état d'un procès.

Peine en cas de contravention: amende, nullité.

Que dans l'usage de toutes les jurisdictions, les nullités d'un exploit se doivent coter dès l'entrée de la cause, comme un préalable, sinon demeurer couvertes par les défenses & les réglemens de la contestation.

Nullités des exploits cotés à l'entrée de la cause.

Qu'il y avoit même quelque différence à faire entre les exploits. Qu'il s'en fait pardevant les auditeurs du châtelet, pour des sommes légeres, comme salaires d'artisans & de domestiques; qu'il sembloit que ces sortes d'exploits ne devoient pas être sujets à des formalités si rigoureuses, en des affaires qui n'en valoient ni la peine ni les frais.

M. le Chancelier a dit, que l'exploit étoit le fondement de l'action, & qu'on n'en pouvoit trop assurer les formes; & a invité M. Pussort, qui avoit travaillé aux articles, d'en expliquer les raisons, comme en étant particuliérement instruit.

Exploit, fondement de l'action.

M. Pussort a dit, que la fin que l'on s'est principalement proposée, en dressant les articles pour la réformation de la justice, est l'abréviation des procès & la diminution des frais: que c'est l'esprit universel de tous les articles, qu'on pouvoit reconnoître dans le premier article qu'on examinoit.

Fin de la réformation, est l'abbréviation des procès, & la diminution des frais.

Mais qu'en y discutant cette obligation d'employer dans un exploit de demande, aussi-bien les moyens que les conclusions, il falloit en même tems considérer, qu'on retranchoit par ce moyen, les réajournemens, les déboutés de défenses, & autres procédures inutiles, qui causoient de grands frais, dont on soulageoit les parties: que les précautions portées par l'exploit n'en feroient pas beaucoup.

Que la disposition de l'article n'est qu'une répétition des anciennes ordonnances; que le mot de *sommairement*, se trouvoit dans celle de 1539, & dans quelques autres. Qu'il seroit bien difficile de faire des distinctions entre les exploits, & d'entrer dans le détail des sommes pour lesquelles l'action pourroit être intentée, parce que ce seroit une distinction qui ne feroit qu'embarrasser.

Qu'au surplus, à l'égard de la nullité des exploits, qui est la peine de la contravention contre la partie, on n'avoit pas jugé nécessaire de prescrire le tems dans lequel cette nullité pourroit être objectée; parce qu'il y avoit été pourvu dans un autre titre, qui est celui *des congés & défauts en matiere civile*, dans lequel les exceptions qui se doivent proposer dès l'entrée de la cause, ont été réglées.

M. le président de Maisons a dit, qu'il faut considérer qu'en la jurisdiction des juges & consuls, les causes se jugent *de plano*, & que par conséquent, toutes ces formalités n'y semblent pas bien nécessaires.

M. le président de Novion a dit, qu'en retranchant les formalités superflues, il étoit bon de n'y pas omettre les nécessaires, pour assurer la procédure.

Nullité des exploits se couvre par les défenses.

M. le premier président a encore répété, que la nullité des exploits se couvroit par les défenses; que c'étoit l'usage de toutes les compagnies, & qu'il étoit bon d'en faire mention dans l'article, afin de ne pas induire les juges à erreur, & qu'enfin il falloit assurer la validité des exploits.

M. le chancelier a dit, que cet usage étant observé universellement, il n'y auroit pas d'inconvénient d'en faire mention dans l'article, & qu'on le proposeroit au roi.

☞ *M. le premier président a fait deux observations principales sur cet article: la premiere, touchant le mot* sommairement, *& la seconde,* sur la nullité des exploits.

Suivant la premiere observation, l'on a réformé l'article, & l'on y a mis ces mots: contiendront les conclusions, & sommairement les moyens de la demande.

Sur la seconde observation, l'on n'a fait aucune mention de la nullité des exploits, *dans cet article; mais M. Pussort a ajouté dans l'article 2 du titre 4 des congés & défauts,* la nullité des exploits, *aux autres exceptions péremptoires, pour être proposées par les défenses, afin qu'il y soit fait droit préalablement.*

D'ailleurs, quoique l'on n'ait rien proposé contre les termes suivans, qui sont dans ce premier article: en toutes jurisdictions, même ecclésiastiques, *on n'a pas laissé, dans la suite, de retrancher ces deux derniers mots:* même ecclésiastiques; *à cause de l'observation faite par M. le premier président, dans la sixieme conférence sur l'article 1 du titre 15, où il est parlé des* jurisdictions *&* *des* tribunaux ecclésiastiques.

L'article qu'on vient d'examiner, est aussi le premier de ce titre dans l'ordonnance. Voici de quelle maniere il a été rédigé.

ARTICLE I. Les ajournemens & citations en toutes matieres, & en toutes jurisdictions, seront libellés, contiendront les conclusions, & sommairement les moyens de la demande: à peine de nullité des exploits, & de vingt livres d'amende contre les huissiers, sergens ou appariteurs, applicable moitié aux réparations de l'auditoire, & l'autre moitié aux pauvres du lieu; sans qu'elle puisse être remise ou modérée pour quelque cause que ce soit.

ARTICLE

ARTICLE II.

Ajournemens feront faits à perfonne ou domicile.

Huiffiers feront affiftés de deux témoins; & ce qu'ils déclareront.

Tous exploits d'ajournement feront faits à perfonne, ou domicile; & les huiffiers-fergens, même ceux de nos cours de parlement, grand-confeil, chambre des comptes, cours des aides, requêtes de notre hôtel & du palais, & autres jurifdictions, feront tenus de faire mention, tant dans l'original que dans la copie, des perfonnes à qui ils les auront laiffés. Comme auffi feront tenus de fe faire affifter de deux témoins, non parens, ni alliés, ni domeftiques des demandeurs, lefquels figneront fur le lieu, avec les huiffiers ou fergens, l'original & la copie des exploits, fans qu'ils puiffent fe fervir de records qui ne fachent figner; & déclareront la jurifdiction où ils font immatriculés, leur domicile & celui de leurs records, avec leurs nom, furnom & vacation; le domicile & la qualité des parties: le tout à peine de nullité des exploits, & de pareille amende de vingt livres, applicable comme deffus.

Lecture ayant été faite de cet Article.

M. le premier préfident a dit, qu'en faifant l'ordonnance dont il s'agit pour réformer les anciennes, l'on n'y fauroit apporter trop de circonfpection; & qu'il y avoit beaucoup de réflexions à faire fur cet article.

Affiftance de deux records.

Que les précautions qu'on y veut apporter, cauferont de grands frais; en ajoutant aux fergens deux records néceffaires, ce feroient de nouveaux huiffiers qui tripleroient les frais, qui feront exceffifs lorfqu'il faudra faire des voyages, & que cela arrivera toujours. Cependant il importe de prendre garde, que voulant affurer par tant de précautions, l'on ne ferme les avenues de la juftice aux pauvres gens, & que cela ne dégénere pour eux en déni de juftice.

Diftinction à faire entre les exploits.

M. le préfident de Novion a dit, que fi l'on ne fait quelque diftinction, l'exploit de demande pour les gages d'une fervante, coûtera autant que l'exploit pour l'affaire de la plus grande conféquence; & que pour prévenir ces inconvéniens, les exploits au-deffous de vingt ou trente livres, pourroient être déchargés de l'obligation de prendre des records.

M. le préfident de Mefme a dit, que les affaires *fommaires* ne demandoient pas tant de formalités.

M. le président le Coigneux a dit, que l'on adjugeroit des dépens à ceux qui seroient bien fondés en leurs demandes, & qu'ils trouveroient par-là leur indemnité.

M. le premier président a réparti, que cependant il falloit avancer les frais, & qu'une pauvre partie ne feroit pas toujours en état de le pouvoir faire, principalement quand il s'agiroit de donner des assignations à la campagne, & aux lieux éloignés.

M. Pussort a dit, que l'article n'obligeoit pas les huissiers de mener avec eux des records; mais qu'il leur en laissoit la liberté, selon la qualité des parties ou la disposition des lieux. Que les anciennes ordonnances enjoignent aux sergens de se faire assister de records, & cependant l'on n'en avoit pas remarqué de grands abus.

Records: leur domicile, nom & vacation.

Que l'article dont il s'agissoit, les obligeoit de marquer leur domicile, leur nom & vacation; que toutes ces précautions étoient contre les témoins bannaux. Que si d'un côté les parties étoient obligées de faire un peu plus de frais, cele se trouvoit avantageusement compensé par le retranchement des réassignations, & de toutes les autres formalités inutiles; & encore par la grande abbréviation des procès, qui est un des plus grands biens de la justice.

M. le premier président a ajouté, qu'encore que les charges d'huissiers ou sergens fussent exercées par des personnes de vile condition, & suspectes de corruption, néanmoins l'on ne s'apperçoit pas qu'il y eût dans leurs fonctions de fort grands désordres. Qu'à la vérité il étoit bon de pourvoir à tout, & de les obliger, pour constater davantage leurs exploits, de coter la maison & la paroisse de la partie; que c'est un remede innocent & sans frais, & qui peut empêcher les suppositions des personnes.

M. le président de Novion a dit, que la désignation de domicile faisoit le même effet.

Election de domicile par un exploit de retrait lignager.

M. le premier président a réparti, que le mot de *domicile* ne faisoit rien à cet égard, s'il n'étoit particuliérement désigné; & pour le faire voir, il a cité l'espece du procès d'entre le marquis de Coaquin & le procureur-général de Rennes, pour raison du retrait lignager de la terre de Sintignac en Bretagne, & a dit que le retrayant ayant fait élection de domicile par son exploit, généralement en la ville de Rennes, l'on avoit prétendu que cette élection de domicile étoit trop vague, & faisoit une nullité dans l'exploit: ce qui avoit été cause d'un grand procès.

M. le président de Maisons a dit, que cette circonspection étoit bonne pour les exploits de retrait lignager; mais que c'étoit une matiere particuliere.

Privilege des huissiers du parlement.

M. le premier président a représenté à M. le chancelier, qu'il y avoit encore une autre observation à faire sur cet article, en ce qu'il y avoit une clause qui obligeoit les huissiers, même ceux du parlement, de se faire assister de records; que cela étoit contre le privilege des huissiers du parlement. Que l'on avoit à desirer de deux choses l'une: ou que les huissiers du parlement fussent exceptés de cette regle, ou que ceux du conseil y fussent compris; & que la loi sembloit plus forte lorsqu'elle étoit uniforme.

M. le chancelier a réparti, que c'étoit une chose à décider dans le réglement du conseil: qu'il en falloit parler au roi; mais qu'il lui sembloit qu'il y avoit quelque différence à faire.

☞ *Les observations faites sur cet article ont été sans effet, & la disposition en a été conservée dans son entier. Mais on y a fait d'autres changemens considérables: la premiere partie de l'article compose le commencement du troisieme, dans l'ordonnance; & la seconde partie fait l'article II qui a été arrêté de cette maniere:*

ARTICLE II. Tous sergens & huissiers, même de nos cours de parlement, grand-conseil, chambre des comptes, cour des aydes, requêtes de notre hôtel, & du palais, seront tenus en tous exploits d'ajournemens de se faire assister de deux témoins ou records, qui signeront avec eux l'original & la copie des exploits, sans qu'ils puissent se servir de records qui ne sachent écrire, ni qui soient parens, alliés ou domestiques de la partie. Déclareront aussi les huissiers & sergens par leurs exploits les jurisdictions où ils sont immatriculés, leur domicile, & celui de leurs records, avec leur nom, surnom & vacation, le domicile & la qualité de la partie: le tout à peine de nullité, & de vingt livres d'amende, applicable comme dessus.

ARTICLE III.

Exploits pour les droits des bénéfices, offices, commissions, où seront faits.

POURRONT néanmoins les exploits concernant les droits d'un bénéfice, être faits au principal manoir d'icelui; comme aussi ceux concernant les droits & fonctions des offices ou commissions, ès lieux où s'en fait l'exercice.

Lecture faite de l'Article III. Il a été trouvé bon.

☞ *L'article III de l'ordonnance est composé de celui-ci, & de la premiere partie de l'article précédent. Ils ont été joints de cette maniere:*

ARTICLE III. Tous exploits d'ajournement seront faits à personne ou domicile, & sera fait mention en l'original & en la copie, des personnes auxquelles ils auront été laissés: à peine de nullité, & de pareille amende de vingt livres. Pourront néanmoins les exploits concernant les droits d'un bénéfice, être faits au principal manoir du bénéfice, comme aussi ceux concernant les droits & fonctions des offices ou commissions, ès lieux où s'en fait l'exercice.

ARTICLE IV.

Exploits faits à ceux qui sont absens de leur maison.

Si les huissiers ou sergens ne trouvent personne au domicile, ils seront tenus, à peine de nullité, & de vingt livres d'amende applicable comme dessus, d'attacher leur exploit à la porte, & d'en avertir le plus proche voisin, même de le lui faire signer; ou, au cas qu'il ne sache, ne puisse ou ne veuille signer, ils en feront mention expresse. Comme aussi au défaut de proche voisin, seront tenus, incontinent après que les exploits auront été faits, de les faire parapher par les juges des lieux, auxquels enjoignons de le faire gratuitement, & sans frais, à la premiere requisition qui en sera faite.

Lecture faite de cet Article.

Exploits paraphés par le juge, ou par le greffier.

M. le premier président a dit, qu'il faut sur-tout empêcher que le juge ne prenne de l'argent pour son paraphe, mais qu'il arrivera souvent que le juge ne se rencontrera point à propos. Qu'il y avoit même des lieux, où les juges ne faisoient pas de résidence actuelle. Que l'on pouvoit ajouter à l'article, *qu'en cas de leur absence, le greffier pourroit parapher l'exploit.*

M. le président de Novion a dit, que si les juges prenoient de l'argent, ce seroit en pure perte pour ceux qui l'auroient donné; parce que cela n'entreroit point en taxe. Que la loi ne pouvoit pas remédier aux désordres secrets, & que c'étoit bien tout ce qu'elle pouvoit faire, que de les défendre.

M. Pussort a dit, que si tous les exploits devoient être paraphés, il auroit été besoin de prévoir les inconvéniens qui ont été allégués, pour les prévenir & y remédier; mais cela dépend de tant de circonstances, qu'il arrivera rarement que l'on en puisse abuser; parce qu'il faudra, pour avoir recours à cette précaution de paraphe, que la partie soit absente, qu'il n'y ait personne à qui parler dans sa maison, & qu'il n'y ait point de proche voisin pour le charger de l'exploit. De sorte que la rencontre de tous ces cas sera si rare, que l'usage de ce paraphe ne sera point fort fréquent.

Ou par le procureur fiscal.

M. le premier président a ajouté, que la peine de nullité insérée dans l'article, lui paroissoit d'une grande considération; que l'on y tombera souvent, & qu'il seroit plus sûr de s'adresser au greffier ou au procureur fiscal, en cas d'absence du plus proche juge royal.

Messieurs les présidens ont dit, que le cas arriveroit rarement, & que l'article pouvoit passer.

☞ *Au lieu de faire parapher l'exploit par le* greffier, *ou par le* procureur fiscal, *comme il avoit été proposé par monsieur le premier-président, on a trouvé plus à propos d'ordonner qu'il* sera paraphé par le plus ancien praticien, en l'absence du juge. *Ce qui a été inséré dans cet article, qui est aussi le IV dans l'ordonnance.*

ARTICLE IV. Si les huissiers ou sergens ne trouvent personne au domicile, ils seront tenus, à peine de nullité, & de vingt livres d'amende, d'attacher leurs exploits à la porte, & d'en avertir le proche voisin, par lequel ils feront signer l'exploit; & s'il ne le veut, ou ne peut signer, ils en feront mention: & en cas qu'il n'y eût aucun proche voisin, feront parapher leur exploit, & dater le jour du paraphe par le juge du lieu, & en son absence ou refus, par le plus ancien praticien, auxquels nous enjoignons de le faire sans frais.

ARICLE V.

Huissiers mettront le solvit *au bas de leurs exploits.*

Tous huissiers & sergens mettront au bas de l'original de leurs exploits, les sommes qu'ils auront reçues pour leurs salaires, à peine de vingt livres d'amende, applicable comme dessus.

Lecture faite de l'Article V. Il a été trouvé bon.

☞ *Les changemens qu'on a faits en cet article, ne sont pas considérables. Il est aussi le V dans l'ordonnance, en cette maniere:*

ARTICLE V. Tous huissiers & sergens seront tenus de mettre au bas de l'original des exploits, les sommes qu'ils auront reçues pour leurs salaires, à peine de vingt livres d'amende, comme dessus.

ARTICLE VI.

Demandeur donnera copie des pieces justificatives.

Si la demande est fondée sur des pieces & des titres, le demandeur sera tenu d'en donner copie dans la même feuille, ou cahier de l'exploit, ou au moins des extraits, si les pieces sont trop longues pour être transcrites entiérement: sinon les copies qu'il en fournira dans le cours de l'instance, seront données & y sera répondu à ses dépens, sans aucune répétition.

Lecture faite de l'Article VI.

M. le premier président a dit, qu'il auroit été d'avis de délibérer sur cet article conjointement avec un autre, qui porte: *que la communication des pieces sera faite par les mains de messieurs les rapporteurs;* parce que ces articles ont de la connexité ensemble, & que les raisons en sont communes. *Communication des pieces.*

Que néanmoins il ne laissera pas de dire, à l'égard de cette communication de pieces par copie en donnant l'exploit, qu'il pouvoit en cela y avoir trop, ou trop peu. Trop, en ce que les copies des pieces se donnant toutes entieres, comme en beaucoup de rencontres il y auroit nécessité de le faire, les volumes des copies qu'il faudroit quelquefois donner, causeroient de grandes dépenses: trop peu, en ce que ne donnant des copies que par extrait, ce seroit faire une partie, juge en sa propre cause, en lui laissant par l'article, le choix des pieces dont elle voudroit donner la communication: contre cette maxime, que *les pieces doivent être communes dans un procès*. Que le demandeur prenant avantage d'une clause, le défendeur en trouveroit une autre dans le même acte pour son absolution.

Par copies.

Par extrait.

Pieces doivent être communes.

Que d'ailleurs les copies collationnées sont toujours suspectes d'altération, ou de déguisement. Qu'il s'est trouvé des parties assez artificieuses, pour couvrir d'encre, les mots qui faisoient contre elles. Qu'enfin *ce qui vient d'une main ennemie, est toujours suspect;* & que peut-être l'ancienne forme des communications auroit été plus sûre, & à moins de frais.

En plaidant, le droit accroît.

M. le président de Maisons a ajouté, qu'*en plaidant le droit accroît;* & qu'il faudroit souvent de nouvelles communications de pieces.

M. le président de Blancmesnil a dit, qu'une des vues principales de la réformation, est d'abréger; & que par un article de l'ordonnance de Roussillon, qui est très-sage, il est dit, que *l'on fournira des copies lorsque les parties le requerront*. Mais qu'autrement l'on en donnera beaucoup d'inutiles; & qu'il est extraordinaire d'obliger un homme à payer des écritures qui seront contre lui.

Raisons pour les copies des pieces.

M. Pussort a dit, qu'il est vrai, que la réformation est principalement pour abréger les procès; qu'il s'en poursuivoit une infinité, qui se termineroient dès l'entrée de la cause, si les parties respectivement connoissoient leur droit. Que cela ne se peut faire que par la communication des pieces. Si les copies qu'ils donneront, ne sont pas fidelles, on les condamnera à en donner d'autres à leurs dépens; & lorsque les originaux seront produits, l'on pourra s'assurer de la vérité des copies. Que pour en demeurer à cette communication usitée dans le palais, il y a quantité de procédures qu'il faut faire, qui consument beaucoup de tems & d'argent, & que l'intention de l'article est de prévenir les longueurs & d'épargner la dépense.

M. le premier président a répliqué, que peu de procès se termineroient de cette maniere; qu'il faudroit en tout cas ajouter, *que les copies seront bien écrites & lisibles*, pour tenir les procureurs en crainte, dont il y a tous les jours des plaintes à leurs communautés sur ce sujet, & qui viennent quelquefois jusqu'aux chambres.

La loi doit être précise.

M. Pussort a dit, que l'on a toujours évité de mettre dans l'ordonnance, des termes vagues & généraux qui ne sont d'aucun usage; que ceux de *lisibles & bien écrites*, étant de cette qualité, l'on ne pouvoit rien déterminer là-dessus de certain. Ce qui sera lisible à l'un, ne le sera pas à l'autre: c'est pourquoi il a semblé meilleur de laisser la chose à la discipline des procureurs.

M. le président de Blancmesnil a dit, que dans certains procès les parties s'écartoient si fort de la contestation principale, que les dernieres conclusions se trouvoient souvent différentes des premieres. Qu'en ce cas, toutes les copies qui auroient été données avec l'exploit, demeureroient inutiles, & la dépense seroit à charge aux parties; qu'il sembloit plus régulier de s'en tenir à l'ancien usage, & à l'exécution de l'ordonnance de Roussillon.

M. le premier président a insisté à dire, que cet article pouvoit être mieux délibéré, en le joignant à celui, touchant la forme de la communication des procès.

☞ *Nonobstant les informations faites par monsieur le premier président, & par monsieur le président de Blancmesnil, l'article a passé, à quelques changemens près, qu'on a faits dans l'expression. Il est aussi le VI de ce titre dans l'ordonnance.*

ARTICLE VI. Les demandeurs seront tenus de faire donner dans la même feuille ou cahier de l'exploit, copies des pieces sur lesquelles la demande est fondée, ou des extraits, si elles sont trop longues; autrement les copies qu'ils donneront dans le cours de l'instance, n'entreront en taxe, & les réponses qui y seront faites, seront à leurs dépens, & sans répétition.

ARTICLE VII.

Ajournemens faits aux étrangers hors du royaume.

ABROGEONS l'usage d'assigner sur la frontiere les étrangers, qui sont hors du royaume, & voulons qu'à l'avenir ils soient ajournés ès hôtels des procureurs généraux de nos parlemens, où ressortiront les appellations des juges devant lesquels les assignations seront données.

Lecture faite de cet Article.

M. le premier président a dit, qu'au lieu de donner l'assignation aux domiciles des procureurs généraux des parlemens, il sembleroit plus à propos de s'adresser à leurs substituts les plus proches de la frontiere du pays, où l'on sauroit que la partie se seroit retirée. *Assignations aux hôtels des procureurs généraux.*

M. Pussort a dit, que l'on avoit estimé, qu'il y auroit plus de certitude à faire l'exploit à la personne du procureur général, qu'à celle de ses substituts : que son domicile seroit plus universellement connu; & l'ordonnance étant publiée, les absens sauront à qui s'adresser.

M. le président de Novion a dit, que lorsque le procureur général seroit seul partie, il seroit bon de faire assigner l'absent à cri public, & d'observer l'ancien usage. *Assignation des absens à cri public.*

M. Pussort a réparti, que le cri public pourroit augmenter les frais, &

ne feroit d'aucun ufage; que ce feroit même une occafion de faire des fauffetés; & que l'intention étoit de retrancher l'un, & de prévenir l'autre.

M. le préfident de Maifons a dit, qu'il y auroit de la mefféance que le procureur général fût agent & patient, tant en matiere civile que criminelle, en donnant un exploit à la requête du procureur général au procureur général même. Qu'il y avoit même quelques cas, auxquels on feroit obligé d'en ufer autrement : par exemple, lorfqu'il s'agiroit d'une demande intentée par le roi, contre un autre fouverain, pour raifon de preftation de foi & hommage: n'étant point poffible, en ce cas, de donner à l'ordonnance l'autorité de valider un pareil exploit.

M. Puffort a répondu, qu'il falloit faire différence entre les matieres criminelles & les civiles.

Procureurs généraux font parties en matiere criminelle.

A l'égard des premieres, les procureurs généraux étoient parties; mais parties fi défintéreffées, que leur office principal étoit de chercher la juftification, bien plus que la condamnation de l'accufé, & qu'en ce cas rien ne pouvoit être fufpect de leur part. D'ailleurs, on ne pouvoit pas préfumer qu'ils fupprimaffent ou fuppofaffent aucuns actes qui puffent fervir ou nuire à l'accufé.

Et quant aux actions civiles, l'exemple qu'on alléguoit de droits de fouverain à fouverain, ne pouvoit pas être tiré à conféquence: ces matieres ayant leurs regles & leur forme particuliere, qui ne pouvoient pas tomber dans le cas dont il s'agit.

☞ *Cet article eft auffi le VII de ce titre dans l'ordonnance. On en a confervé le fens, mais on a fait quelques changemens dans les termes.*

ARTICLE VII. Les étrangers, qui feront hors le royaume, feront ajournés ès hôtels de nos procureurs-généraux des parlemens, où reffortiront les appellations des juges devant lefquels ils feront affignés ; & ne feront plus données aucunes affignations.

ARTICLE VIII.

Ajournemens faits aux condamnés & aux abfens.

LES condamnés au banniffement, ou aux galeres à tems, & les abfens pour faillite, voyage de long cours, ou autrement, feront affignés à leur dernier domicile, fans qu'il foit befoin de procès-verbal de perquifition de leur perfonne.

Lecture faite de l'Article VIII.

Curateurs aux condamnés, & aux abfens.

M. le premier préfident a dit, que l'article eft bon; mais que l'on a laiffé dans l'incertitude, fi l'on créera des curateurs aux dénommés dans cet article. Que cela eft de l'ancien ufage, qu'il eftime néanmoins pouvoir être

être retranché, comme chose entiérement inutile. Qu'il y a nécessité d'en faire mention; d'autant plus, que dans les titres *des comptes*, il est porté, que l'on procédera à l'audition avec les curateurs. Que son sentiment seroit, que l'on ajoutât ces mots: *& sans qu'il soit besoin de leur créer de curateur.* Que de plus, les mots, *ou autrement*, sont aussi à retrancher. *Sont abrogés.*

M. le chancelier a dit, que cela paroissoit assez raisonnable, & qu'il en falloit paler au roi.

☞ *Les observations faites sur cet article par monsieur le premier président, ont été suivies : on y a inséré une clause portant abrogation de l'usage de créer des curateurs aux condamnés & aux absens : on a aussi retranché les deux mots qu'il trouvoit inutiles ; & l'article a été rédigé de cette maniere.*

ARTICLE VIII. Ceux qui seront condamnés au bannissement & aux galeres à tems, & les absens pour faillite, voyage de long cours, ou hors du royaume, seront assignés à leur dernier domicile, sans qu'il soit besoin de procès-verbal de perquisition, ni de leur créer curateur, dont nous abrogeons l'usage.

ARTICLE IX.

Ajournemens faits à ceux qui n'ont aucun domicile.

CEUX qui n'ont, ou n'ont eu aucun domicile connu, seront assignés par un seul cri public, au principal marché du lieu de l'établissement du siege où l'assignation sera donnée, sans aucune perquisition; & sera l'exploit paraphé par le juge des lieux, sans frais.

Lecture faite de l'Article IX.

M. le premier président a dit, qu'il étoit bon à cet égard d'ajouter la précaution du paraphe du juge, & que de plus l'on affichât une copie de l'exploit, au poteau du marché, & qu'une autre copie en fût laissée au substitut du procureur du roi. *Exploits paraphés par le juge.*

M. Pussort a dit, que ces grandes formalités ne serviroient le plus souvent qu'à augmenter les frais; qu'en tout cas, il faudroit que le paraphe se fît sans frais. *Sans frais.*

M. le chancelier a dit, que cette nouvelle précaution lui paroissoit bonne, & qu'il en falloit parler au roi.

☞ *La compagnie a approuvé l'expédient proposé par monsieur Pussort, touchant le paraphe des juges*, sans frais : *c'est pourquoi cette clause a été ajoutée à l'article sans aucun autre changement.*

ARTICLE IX. Ceux qui n'ont, ou n'ont eu aucun domicile connu, seront assignés par un seul cri public, au principal marché du lieu de l'établissement du siege où l'assignation sera donnée sans aucune perquisition ; & sera l'exploit paraphé par le juge des lieux, sans frais.

ARTICLE X.

Ajournemens pourront être faits pardevant les juges ordinaires, sans commission.

Tous ajournemens pourront être faits pardevant les juges ordinaires en premiere instance, ou par appel, si les juges ont droit de ressort, sans commission ni mandement des juges, encore que les ajournés demeurassent hors le ressort des juges pardevant lesquels ils seront assignés ; ou que les juges ne pussent connoître que de certains genres de causes.

Lecture faite de l'Article X.

M. le premier-président a dit, qu'il y avoit une réflexion à faire sur cet article, en ce qu'il est général pour tous les exploits : que cependant il y a des coutumes qui desirent précisément la permission du juge, pour faire assigner en retrait lignager, comme une formalité essentielle. Qu'il semble que pour conserver sa disposition en son entier, il faudroit déroger à ces coutumes, ou les excepter ; parce qu'il est de grande conséquence de ne pas laisser ce point-là incertain, puisque de-là dépend la décision des procès, qui sont si fréquens touchant le retrait lignager.

Permission du juge pour assigner en retrait lignager.

Retrait lignager, source de procès.

Il semble même que cette considération dépende d'une autre qui est plus générale & plus importante ; savoir, s'il ne seroit pas à propos de retrancher tant de sortes de formalités inutiles, que les coutumes ont établies dans le retrait ; car s'il est bon en soi, convenable à nos mœurs, & propre à la conservation des familles, pourquoi mettre dans le chemin de ceux qui veulent user de ce droit, tant de pieges, qui font tomber ceux qui vont le plus franchement ; ce qui cause une infinité de procès & de vexations aux sujets du roi ? Si au contraire le retrait lignager étoit injuste, il vaudroit mieux le retrancher entiérement, que le laisser plein de toutes ces difficultés, qui sont toujous avantageuses aux chicaneurs.

Que l'on retrancheroit bien des procès, si non-seulement on établissoit, dans l'article proposé, une regle commune pour les exploits en retrait lignager, aussi-bien que pour les autres, en dérogeant aux coutumes contraires ; mais encore si l'on retranchoit toutes les autres formalités, qui embarrassent en cette matiere les juges & les parties, & qui sont absolument contraires à cette simplicité, que les meilleures loix desirent dans leurs décisions.

Loix aiment la simplicité.

Qu'une disposition de cette qualité, qui devoit être générale pour tout le royaume, lui paroissoit digne du zele que le roi avoit pour la justice, & pour le soulagement de ses sujets.

M. Pussort a dit, que ces propositions sont bonnes à faire au roi.

M. le président de Blancmesnil a demandé, si l'intention étoit de rendre par l'article, les juges dont il fait mention, compétens pour connoître de tous genres de causes, & a demandé que la lecture lui en soit faite une seconde fois : ce qui ayant été fait,

M. le premier président a dit, que l'article n'attribuoit aucune compétence ni jurisdiction aux juges ; qu'il étoit même conforme à la pureté du droit romain, tel qu'il étoit avant Justinien : car alors il étoit permis à toutes personnes, de mener ceux qu'ils vouloient devant le juge, sans autre formalité : *rapit in jus.*

Ajournement ou citation, comment se faisoit chez les Romains.

Qu'ensuite l'empereur Justinien avoit desiré par ses dernieres constitutions, la permission du juge au bas de la requête de la partie, pour faire appeller en jugement : *adnotationem judicis ad libellum ;* & que le droit canon y avoit apporté encore plus de formalités, & avoit introduit les commissions, les rescripts, les lettres, & toutes les autres formalités qui ont tant augmenté & mêlé notre pratique, laquelle en ce point-là, comme en beaucoup d'autres, a plus suivi le droit canon, que l'ancienne jurisprudence des Romains.

☞ *Quoique les réflexions faites par monsieur le premier président, sur les exploits en retrait lignager, soient d'une grande conséquence, on n'a fait aucune mention de ces exploits dans l'article. On en a retranché cette derniere clause :* ou que les juges ne pussent connoître que de certains genres de causes. *Les autres changemens qu'on y a faits, ne touchent qu'à l'expression. Il est aussi le dixieme de l'ordonnance ; & voici de quelle maniere il a été rédigé.*

ARTICLE X. Les ajournemens pourront être faits pardevant tous juges en cause principale & d'appel, sans aucune commission ni mandement, encore que les ajournés eussent leur domicile hors le ressort des juges pardevant lesquels ils seront assignés.

ARTICLE XI.

Ajournemens faits en vertu de committimus.

CEUX qui ont droit de *committimus*, ne pourront faire ajourner pardevant nos Juges des requêtes de l'hôtel, ou du palais, qu'en vertu de lettres de *committimus*, bien & duement expédiées, non surannées ; desquelles sera laissé copie dans la même feuille ou cahier de l'exploit : & s'il y avoit des instances qui y fussent liées & retenues, les ajournemens pourront y être donnés en sommation, intervention, ou autrement, sans lettres, requête, ou commission particuliere.

Lecture faite de cet Article.

M. le premier président a dit, que cet article paroît bon; mais que pour sauver les frais, l'on pouvoit augmenter le tems des *committimus*, à trois années.

Committimus, combien ils durent. M. Pussort a dit, qu'il avoit été dressé un titre pour les *committimus*, dans lequel on avoit pourvu, autant qu'il avoit été possible, à toutes choses. Que cette proposition en faisoit partie; mais que cela n'avoit point encore été rapporté devant le roi.

M. le président de Novion a dit, qu'il n'étoit question que des surannations, & que la proposition qui avoit été faite, regardoit le bien public.

M. le chancelier a dit, que suivant cette proposition, tel pourroit avoir disposé de sa charge, & jouiroit encore long-tems du droit de *committimus*: ce qui seroit un abus.

M. le premier président a réparti, qu'en ce cas, la partie qui en apporteroit la preuve, l'en pourroit faire déchoir; & que le *committimus*, qui seroit expédié pour trois ans, pourroit porter la clause: *pourvu que la partie pendant ce tems exerçât l'office qui lui en donneroit le droit*, ou qu'il fût vétéran.

☞ *L'article ci-dessus est aussi l'onzieme de ce titre dans l'ordonnance; voici de quelle maniere il a été rédigé.*

ARTICLE XI. Ceux qui ont droit de *committimus*, ne pourront faire ajourner aux requêtes de notre hôtel & du palais, qu'en vertu de lettres de *committimus*, bien & duement expédiées, & non surannées, desquelles sera laissé copie dans la même feuille ou cahier de l'exploit. S'il y avoit néanmoins des instances qui y fussent liées ou retenues, les ajournemens pourront y être donnés en sommation ou autrement, sans lettres, requête, ou commission particuliere.

ARTICLE XII.

Ajournemens ne seront donnés aux cours & juges en dernier ressort, sans lettres, commission, ou arrêt.

NE seront donnés aucuns ajournemens pardevant nos cours & juges en dernier ressort, soit en premiere instance, par appel ou autrement, qu'en vertu de lettres de chancellerie, commission particuliere, ou arrêt. Pourront néanmoins les ducs & pairs, l'hôtel-dieu, l'hôpital-général, & autres personnes & communautés, qui ont droit de plaider en premiere instance en nos parlemens, y faire donner assignations en premiere instance, sans arrêt ni commission.

Après la lecture de l'Article XII.

M. le premier président a dit, que messieurs les ducs & pairs n'ont point leurs causes indéfiniment commises en premiere instance au parlement, mais seulement celles qui regardent leurs pairies. Que pour en faire la distinction, il faudroit ajouter à l'article ces mots : *pour leurs pairies ;* & comprendre pareillement au nombre des privilégiés, le grand bureau des pauvres de Paris, attendu qu'il est en cette possession, & qu'il mérite beaucoup de faveur : d'autant plus qu'ordinairement c'est le procureur général qui est en cause pour le grand bureau, comme prenant le fait des pauvres.

Quelles causes des ducs & pairs sont commises au parlement.

M. le chancelier a dit, que cela étoit vrai, & qu'il en faudroit parler au roi.

☞ *Les additions proposées par monsieur le premier président, ont été faites au présent article, à la fin duquel on a encore inséré ces mots :* soit en la grand'-chambre du parlement de Paris, ou autres cours de parlement. *Il est pareillement le XII dans l'ordonnance.*

ARTICLE XII. Ne seront donnés aucuns ajournemens pardevant nos cours & juges en dernier ressort, soit en premiere instance, par appel ou autrement, qu'en vertu de lettres de chancellerie, commission particuliere, ou arrêt. Pourront néanmoins les ducs & pairs, pour raison de leurs pairies, l'hôtel-dieu, le grand bureau des pauvres, l'hôpital-général de notre bonne ville de Paris, & autres personnes & communautés qui ont droit de plaider en premiere instance, soit en la grand'chambre de notre parlement de Paris, ou en nos autres cours de parlement, y faire donner les assignations, sans arrêt ni commission.

ARTICLE XIII.

Ajournemens donnés au conseil.

Ne pourra aussi être donné aucun ajournement en nos conseils, qu'en vertu d'arrêt ou commission de notre grand sceau.

Lecture faite de l'Article XIII.

M. le premier président a dit, que cet article parloit des *conseils du roi*, comme s'il y en avoit plusieurs : qu'il n'y en a qu'un seul, dont monsieur le chancelier est le chef ; & que si on lui donne plusieurs noms, comme de conseil de finances, des parties, des dépêches, il ne laisse pas d'être toujours le même, & d'avoir la même autorité, laquelle seroit diminuée, si on le distinguoit en plusieurs.

Conseils du roi, s'il y en a plusieurs.

M. le chancelier a dit, que cela étoit indifférent ; que l'on pouvoit ôter le plurier, & laisser au surplus l'article en l'état où il est.

☞ *Cette observation a été approuvée, & l'on a mis :* notre conseil *au singulier. De plus, on a confondu l'article suivant avec celui-ci. Voyez après l'article XIV.*

ARTICLE XIV.

Ajournemens aux requêtes de l'hôtel, en dernier ressort.

NE pourront aussi être donnés aucuns ajournemens aux requêtes de l'hôtel, pour y procéder en dernier ressort, qu'en vertu d'arrêt de notre conseil, commission, ou ordonnance des requêtes de notre hôtel.

Après la lecture de l'Article XIV.

M. le premier président a dit, que tous les termes de cet article blessent le parlement, qui ne reconnoît point de jurisdiction en dernier ressort, aux requêtes de l'hôtel. Que messieurs les maîtres des requêtes jugent souverainement en deux fonctions: l'une au conseil du roi, & l'autre en leur place au parlement; mais que tenant leurs plaids aux requêtes de l'hôtel, ils n'ont aucune jurisdiction souveraine: l'ordonnance de Blois étant au contraire, & nulle autre ne les établissant juges en dernier ressort.

Maîtres des requêtes, quand jugent en dernier ressort.

M. de Morangis a dit, qu'il est fait mention de la souveraineté des requêtes de l'hôtel, dans l'ordonnance de 1629, qui porte que *les maîtres des requêtes n'auront jurisdiction souveraine, si elle ne leur est donnée par sa majesté.* Ce qui conclut, qu'en certains cas, & par le moyen des renvois, & des attributions qui leur sont faites par le roi, ils ont droit de juger en dernier ressort.

Jurisdiction souveraine attribuée aux requêtes de l'hôtel.

M. le premier président a dit, que cette ordonnance fait voir, que la jurisdiction souveraine ne leur appartient point de droit, que même par cette ordonnance de 1629, ils en sont exclus; cependant l'article dont il s'agit, leur donne ce que jamais les ordonnances ne leur ont accordé: que cela confondroit l'ordre des jurisdictions; qu'ils ont incapacité de juger en dernier ressort; mais que l'on veut les en rendre capables, même les constituer juges de leur compétence, en leur accordant la faculté d'expédier les commissions au souverain. Qu'en ôtant l'article, on ne prétendra pas leur ôter les appellations des procédures du conseil, & la connoissance des dépens qui sont adjugés par les arrêts du même conseil.

M. le président de Novion a dit, qu'il seroit bien dur à la compagnie, de donner un titre contre elle-même.

☞ *Nonobstant les raisons proposées contre cet article, la disposition en a été conservée. Il a été inséré dans l'article précédent, & ces deux articles composent le XIII de ce titre de l'ordonnance. Il est ainsi rédigé.*

ARTICLE XIII. Ne pourront aussi être donnés aucuns ajournemens en notre conseil, ni aux requêtes de notre hôtel, pour juger en dernier ressort, qu'en vertu d'arrêt de notre conseil, ou commission de notre grand sceau.

ARTICLE XV.

Huissiers & Sergens doivent savoir écrire.

ENJOIGNONS à tous huissiers & sergens, qui ne savent ni écrire ni signer, de se défaire de leurs offices dans trois mois, du jour de la publication des présentes; sinon, & ce tems passé, les avons déclarés vacans & impétrables: leur défendons d'en faire dès à présent aucune fonction, à peine de faux, de vingt livres d'amende envers la partie, & de tous dépens, dommages & intérêts; & aux seigneurs hauts-justiciers, & tous autres qui ont droit d'établir des sergens dans l'étendue de leur seigneurie & justice, d'en pourvoir aucuns, qui ne sachent écrire & signer, à peine de déchéance, & de privation de leurs droits, pour cette fois seulement, & d'y être par nous pourvu.

Lecture faite de l'Article XV. Il a été approuvé.

☞ *Cet article est le XIV de ce titre dans l'ordonnance. Voici de quelle maniere il a été rédigé.*

ARTICLE XIV. Enjoignons à tous sergens, qui ne savent écrire ni signer, de se défaire de leurs offices dans trois mois, sinon le tems passé, les avons déclaré vacans & impétrables. Leur défendons dès à présent d'en faire aucune fonction, à peine de faux, vingt livres d'amende envers la partie, & tous dépens, dommages & intérêts: & aux seigneurs haut-justiciers, & tous autres qui ont droit d'établir des sergens dans l'étendue de leurs justices, d'en pourvoir aucuns qui ne sachent écrire & signer, à peine de déchéance & privation de leurs droits pour cette fois seulement, & d'y être par nous pourvu.

ARTICLE XVI.

Exploits faits à ceux qui ont châteaux & maisons fortes.

CEUX qui demeureront ès châteaux & maisons fortes, seront tenus d'élire domicile en la plus prochaine ville; sinon les exploits qui leur seront faits au domicile, ou aux personnes de leurs fermiers, juges, procureurs d'office, ou greffiers, vaudront comme à leur propre personne & domicile.

Lecture faite de l'Article XVI.

M. le premier président a dit, que l'article paroît bon, en y ajoutant que *les domiciles* mentionnés en icelui, *seront registrés au greffe de la jurisdiction royale plus prochaine.*

☞ *Sur l'observation faite par monsieur le premier président, on a inséré dans cet article, les mots suivans :* & d'en faire enregistrer l'acte au greffe de la jurisdiction royale du lieu. *Au surplus l'article a passé, & il est le XV dans l'ordonnance.*

ARTICLE XV. Ceux qui demeureront ès châteaux & maisons fortes, seront tenus d'élire leur domicile en la plus prochaine ville, & d'en faire enregistrer l'acte au greffe de la jurisdiction royale du lieu; sinon les exploits qui leur seront faits aux domiciles, ou aux personnes de leurs fermiers, juges, procureurs d'office & greffiers, vaudront comme faits à leur propre personne.

ARTICLE XVII.

Exploits contiendront le nom du procureur du demandeur.

En tous sieges & en toutes matieres, où le ministere des Procureurs est nécessaire, les exploits d'ajournement contiendront le nom du Procureur du demandeur, à peine de nullité des exploits, & de tout ce qui pourroit être fait en exécution d'iceux, & de vingt livres d'amende contre le sergent, applicable comme dessus.

Lecture faite de l'Article XVII.

Domicile & paroisse du procureur du demandeur.

M. le premier président a dit, que l'article lui sembloit bon : qu'il diminueroit les présentations, & que cela accéléreroit l'instruction des affaires. Qu'il falloit seulement y ajouter le domicile & la paroisse du procureur.

M. Pussort a dit, que souvent cela seroit impossible, parce qu'un provincial éloigné, à qui l'on indique un procureur, n'en peut apprendre le domicile ni la paroisse. Que les procureurs sont connus dans les lieux de leurs fonctions, & qu'il n'arrivera pas d'inconvénient de cette omission.

☞ *L'augmentation proposée par monsieur le premier président, touchant* le domicile & la paroisse du procureur du demandeur, *n'a pas été approuvée ; mais on a ajouté dans cet article,* les exploits d'intimations ou d'anticipations. *Il est le XVI dans l'ordonnance.*

ARTICLE XVI. En tous sieges, & en toutes matieres où le ministere des procureurs est nécessaire, les exploits d'ajournemens, d'intimations ou anticipations, contiendront le nom du procureur du demandeur : à peine de nullité des exploits, & de tout ce qui pourroit être fait en exécution, & de vingt livres d'amende contre le sergent.

Monsieur le chancelier a renvoyé la conférence au jeudi 3 février 1667.

SECONDE

SECONDE CONFÉRENCE

Du jeudi troisieme février 1667, après-midi, en l'hôtel Séguier.

Monsieur le chancelier, & messieurs les commissaires du Roi.

Monsieur le premier président, & messieurs les députés du parlement présens.

MONSIEUR le chancelier a dit, qu'il avoit rendu compte au roi de ce qui s'étoit passé en la derniere assemblée, dont sa majesté avoit témoigné être satisfaite; & qu'elle lui avoit fait l'honneur de lui commander de dire à la compagnie, qu'elle desiroit qu'on avançât autant que faire se pourroit, que l'on s'assemblât fréquemment, & que l'on ne s'arrêtât qu'aux articles qui pourroient faire quelque difficulté considérable.

M. le premier président a dit, que l'intention de part & d'autre étoit d'accélerer; mais qu'il sembloit que les articles ayant relation les uns aux autres, la lecture entiere de chaque titre donneroit beaucoup d'éclaircissement pour en mieux régler les difficultés: que ce seroit néanmoins comme il plairoit à monsieur le chancelier.

TITRE III.

Des délais ſur les aſſignations & ajournemens.

ARTICLE I.

Délais des aſſignations données aux prévôtés & châtellenies, aux domiciliés dans les lieux.

Les termes & les délais des aſſignations qui ſeront données aux prévôtés & châtellenies royales, à des perſonnes domiciliées en la ville & fauxbourgs du lieu où eſt établi le ſiege de la prévôté & châtellenie, ne pourront être moindres de trois jours, ni plus longs de huitaine.

Lecture faite de cet Article, il a été trouvé bon.

☞ *Le préſent article eſt auſſi le premier de ce titre dans l'ordonnance : voici de quelle maniere il a été rédigé.*

ARTICLE I. Les termes & délais des aſſignations qui ſeront données aux prévôtés & châtellenies royales, à des perſonnes domiciliées au lieu où eſt établi le ſiege de la prévôté & châtellenie, ſeront au moins de trois jours, & ne pourront être plus longs de huitaine.

ARTICLE II.

Délai pour les domiciliés hors du lieu.

Si le défendeur eſt demeurant hors du lieu, le délai de l'aſſignation ne pourra être moindre de huitaine, & plus long de quinzaine.

Après la lecture de l'Article II.

M. le premier préſident a dit, que l'article ſeroit bon, pourvu que le défendeur fût juſticiable du même reſſort ; mais s'il ſe trouvoit domicilié dans un autre ſitué dans un pays plus éloigné, que l'article n'y conviendroit pas, comme au fait particulier du fcel du châtelet de Paris, qui eft attributif de jurifdiction de tous les endroits du royaume; auquel cas il faudroit garder les délais fuivant la diftance des lieux. Et qu'afin d'ôter toute équivoque, il fembleroit à propos d'ajouter à l'article, après les mots *hors le lieu*, ces autres: *& néanmoins dans l'étendue du reffort.*

Scel du châtelet attributif de jurifdiction.

M. Puffort a dit, que dans l'article fuivant, les délais font réglés d'un jour pour dix lieues: & qu'ainfi il y a été pourvu.

M. le premier préfident a réparti, que l'article feroit trouvé plus clair, fi les mots qu'il propofoit, y étoient ajoutés.

☞ *La claufe propofée par M. le premier préfident a été inférée dans cet article, qui eft auffi le II dans l'ordonnance.*

ARTICLE II. Si le défendeur eft demeurant hors du lieu, & néanmoins en l'étendue du reffort, le délai de l'affignation fera au moins de huitaine, & ne pourra être plus long de quinzaine.

ARTICLE III.

Délais des affignations données aux préfidiaux, bailliages, & fénéchauffées.

Aux fieges préfidiaux, bailliages & fénéchauffées royales, les délais des affignations données à ceux qui font domiciliés dans la ville ou fauxbourgs du lieu où le fiege eft établi, ou au dehors, dans la diftance de dix lieues, ne pourront auffi être moindres de huitaine, & plus longs de quinzaine; & pour ceux qui font domiciliés hors la diftance de dix lieues, le délai de l'affignation fera au moins de quinzaine, & au plus de trois femaines.

Lecture faite de cet Article, il a été trouvé bon.

☞ *Ce même article eft auffi le III de l'ordonnance. On y a fait quelques changemens peu confidérables.*

ARTICLE III. Aux fieges préfidiaux, bailliages & fénéchauffées royales, le délai des affignations données à ceux qui font domiciliés où le fiege eft établi, ou dans la diftance de dix lieues, ne pourra auffi être moindre de huitaine, & plus long de quinzaine; & pour ceux qui font hors la diftance des dix lieues, le délai de l'affignation fera au moins de quinzaine, & au plus de trois femaines.

ARTICLE IV.

Délais des assignations données aux requêtes de l'hôtel & du palais, & aux sieges des conservations.

POUR les requêtes de l'hôtel, requêtes du palais, & sieges des conservations des privileges des universités, les délais des assignations seront de huitaine, à l'égard de ceux qui demeurent en la ville où est le siege de la jurisdiction; de quinzaine pour ceux qui sont domiciliés dehors dans l'étendue de dix lieues; d'un mois pour ceux qui ont leur domicile hors les dix lieues, & dans la distance de cinquante lieues; & de six semaines au-delà de cinquante lieues: le tout dans le ressort du même parlement; & de deux mois, pour ceux qui sont demeurans dans le ressort d'un autre parlement.

Lecture faite de l'Article IV.

M. le premier président a dit, que les délais portés par cet article ne sont pas proportionnés. Que tel lieu, quoique hors du ressort, est plus proche que tel autre qui est dans le même ressort; & que même entre ceux qui sont hors du ressort, les distances sont fort différentes. Que l'on doit faire distinction d'une assignation qui sera donnée à *Magny*, qui est du ressort du parlement de Normandie, & d'une autre donnée à *Antibes*: que cependant le délai de l'une & de l'autre est égal.

Détail ne convient pas à la loi.

M. Pussort a dit, que l'on a cru ne pouvoir distinguer, ni faire toutes ces différences; & qu'un détail si particularisé ne convenoit pas à la loi, n'ayant d'ailleurs suivi en cela que les anciennes ordonnances.

M. le président de Novion a été du même sentiment que M. Pussort, ajoutant que l'article est conforme aux ordonnances.

☞ *Les changemens qui ont été faits dans le présent article, ne regardent que les termes, & il est le IV dans l'ordonnance.*

ARTICLE IV. Aux requêtes de notre hôtel, requêtes du palais, & aux sieges des conservations des privileges des universités, les délais des assignations seront de huitaine pour ceux qui demeurent en la ville où est le siege de la jurisdiction; de quinzaine pour ceux qui sont dans l'étendue de dix lieues; d'un mois pour ceux qui sont dans la distance de cinquante lieues; & de six semaines au-delà des cinquante lieues; le tout dans le ressort du même parlement: & de deux mois pour ceux qui sont demeurans hors le ressort.

☞ *Après cet article, l'on en a inséré un dans l'ordonnance, qui regle le tems dans lequel les défauts pourront être levés & jugés, en ces termes.*

ARTICLE V. Si dans la huitaine après l'échéance de l'assignation, le défendeur ne constitue procureur, & ne baille ses défenses, le demandeur pourra lever son défaut au greffe ; mais il ne pourra le faire juger, sinon après un autre délai, qui sera de huitaine pour ceux qui seront ajournés à huitaine, ou quinzaine ; & à l'égard des autres qui seront assignés à plus longs jours, le délai pour faire juger le défaut, outre celui de l'assignation, & de huitaine pour défendre, sera encore de la moitié du tems porté par le délai de l'assignation : lesquels délais seront pareillement observés en toutes nos cours, à l'égard du demandeur & intimé.

ARTICLE V.

Dans les délais ne seront compris les jours de la signification, & & de l'échéance.

DANS les délais des assignations & des procédures, ne seront compris les jours des significations des exploits, des actes des procédures ; ni les jours auxquels écherront les assignations & les délais des actes.

Après la lecture de l'Article V, il a été trouvé bon.

☞ *On a retranché quelques mots dans cet article. Il est le VI de l'ordonnance.*

ARTICLE VI. Dans les délais des assignations & des procédures, ne seront compris les jours des significations des exploits & actes, ni les jours auxquels écherront les assignations.

ARTICLE VI.

Tous les jours seront utiles pour les délais.

TOUS les autres jours seront continus & utiles pour les délais des assignations & procédures, même les dimanches, fêtes solemnelles, & les autres jours de vacations, & autres auxquels il ne se fait aucune expédition de justice.

Lecture faite de l'Article VI, il a été trouvé bon.

☞ *Cet article est le VII de ce titre dans l'ordonnance, où il a été inséré sans aucun changement.*

APRÈS ce titre III, l'on en a ajouté un quatrieme dans l'ordonnance touchant les présentations. *Il est composé seulement de deux articles, le premier desquels prescrit* dans quel tems il faut se présenter ; *& le second porte*, *que* les demandeurs, appellans & anticipans ne feront aucune présentation: *Par ce même article*, les délais pour la clôture des cahiers, & autres, *sont abrogés : voici ces deux articles.*

ARTICLE I. En nos cours de parlement, grand-conseil, cours des aides, & autres nos cours, où il y a des greffes des présentations, les défendeurs, intimés & anticipés, seront tenus de se présenter, & coter le nom de leur procureur sur le cahier des présentations dans la quinzaine; & en tous les autres sieges, où il y a pareillement des greffes des présentations, dans la huitaine; & aux matieres sommaires, tant en nos cours, qu'ès autres sieges, dans trois jours: le tout après l'échéance de l'assignation: & seront les présentations faites tous les jours sans distinction.

ARTICLE II. Les demandeurs, & ceux qui ont relevé leur appel, ou qui ont fait anticiper, ne feront à l'avenir aucune présentation, dont nous abrogeons l'usage à leur égard: ensemble des délais pour la clôture des cahiers, & tous autres délais & procédures.

TITRE IV.

Des congés & défauts en matiere civile.

Ce titre est le V de l'ordonnance.

ARTICLE I.

Défaut faute de bailler des défenses dans le tems.

Abrogation des déboutés de défenses & réajournemens.

AUX requêtes de l'hôtel, requêtes du palais, cour des monnoies, sieges des grands-maîtres des eaux & forêts, sieges présidiaux, bailliages, sénéchaussées, sieges des conservations des privileges des universités, prévôtés, & châtellenies royales, le défendeur même ès causes de garantie, sommations & toutes autres demandes incidentes, sera tenu dans la huitaine, du jour de l'assignation, sans commandement, forclusion, & autres procédures préalables, mettre procureur, & faire signifier ses défenses signées de celui qui aura charge d'occuper, avec copie des pieces justificatives d'icelles; & à faute de ce faire, sera donné défaut emportant profit, sans autre acte ni sommation au préalable. Abrogeant en toutes causes, même en celle de sommation en garantie, l'usage des déboutés de défenses & réajournemens, que nous défendons à tous procureurs, greffiers, huissiers & sergens, d'obtenir, expédier, ni signifier; à peine de nullité, & de vingt livres d'amende contre chacun d'eux, en leurs propres & privés noms, applicable comme dessus.

Lecture faite de l'Article I.

M. le premier président a dit, qu'il seroit bon de faire lecture de tous les articles de ce titre.

Qu'à l'égard du premier, il avoit à dire qu'on avoit confondu ce qui concernoit les premiers juges, & ceux qui jugent en dernier ressort. Si l'on en avoit fait la distinction, cela auroit donné un grand éclaircissement à l'ouvrage: & cette distinction se pouvoit faire facilement.

Distinction des procédures en premiere instance, & en cause d'appel.

Quant à la substance de l'article, on y observoit que les délais étoient égaux entre le demandeur & le défendeur; cependant qu'il y avoit de grandes différences à faire. Que le demandeur étoit le maître de son action, & l'intentoit quand bon lui sembloit, & prenoit tout autant de tems qu'il lui en étoit nécessaire pour la consulter & la bien diriger. Qu'il n'en étoit pas de même du défendeur, qui étoit obligé de répondre à l'assignation qui lui étoit donnée.

Délais pour le défendeur doivent être plus longs.

Que c'étoit par cette considération que dans l'instruction de la procédure, tous les délais de la présentation étoient pour le défendeur dans l'usage présent. Et sur cela, il a expliqué en détail ce qui se pratique présentement au parlement pour les présentations. La clôture du cahier, le livre rouge, les déboutés de défenses, les réassignations & tous les autres délais qui s'observent avant que de juger définitivement un défaut: ajoutant que les longueurs étoient assurément contraires à la justice, & qu'il étoit très-bon de les abolir; même de régler ce qui regardoit les présentations qui causent de grandes longueurs auxquelles l'on n'avoit point touché par aucun des articles de cette nouvelle ordonnance. Mais qu'en même tems il falloit prendre garde que l'abréviation que l'on vouloit faire, ne donnât lieu à beaucoup de surprises; & puisque l'on ne vouloit donner que les délais nécessaires, il falloit que ce fût avec proportion & justice, c'est-à-dire, en donner toujours plus au défendeur qu'au demandeur: autrement ce seroit exposer les fortunes des familles à des surprises favorisées par la précipitation, & mettre un défendeur en état de perdre sa cause par un simple défaut, contre lequel il n'y avoit point de restitution.

Anciens délais pour obtenir un défaut.

Longueurs contraires à la justice.

M. Pussort a dit, qu'il avoit plu à M. le premier président de proposer deux difficultés: l'une regardoit le mêlange & la confusion de la procédure, qui se devoit faire pardevant les premiers juges, avec celle des cours qui jugent en dernier ressort; & l'autre, l'égalité des délais qui sont donnés au demandeur & au défendeur.

Qu'à l'égard de la premiere, il pouvoit dire que l'on avoit séparé les

Distinction

des matieres, & les jurisdictions.

matieres, & autant qu'il avoit été possible, les jurisdictions; mais que, quelque distinction que l'on y eût voulu faire, il y avoit des matieres générales qui s'étendoient par-tout, & dont il n'avoit pas été possible de faire l'application à différentes jurisdictions.

Pour ce qui étoit de l'égalité des délais, que les formes des instructions qui s'observent à présent étoient si longues, qu'il étoit impossible que dans cette habitude où l'on se trouvoit, l'abréviation que l'on se propose ne parût extraordinaire. Que dans la pratique, le retranchement de tous ces délais seroit trouvé fort juste.

Que cela convenoit entiérement à l'esprit du roi, dont l'intention étoit d'abréger les procès, qui ruinoient ses sujets par leurs longueurs.

A l'égard des présentations, la difficulté qui en fut proposée à la derniere conférence, parut, à lui qui parle, si considérable, qu'il l'avoit fait entendre à messieurs les commissaires députés par le roi pour dresser & examiner les articles. Que l'on étoit convenu dans l'assemblée, qu'il y avoit quelque chose à desirer à celui dont il s'agit, & qu'il falloit un greffe des présentations pour le défendeur, & non pas pour le demandeur.

Défendeur seul se doit présenter.

Que cet article n'avoit pas été proposé au roi; mais qu'il y avoit apparence que sa majesté l'approuveroit, parce qu'il serviroit beaucoup pour retrancher le grand nombre des procédures: & il a fait lecture de l'article qu'il avoit dressé à cet effet, aux termes qui suivent.

Article pour les présentations.

Es sieges où il y a des greffes de présentations, le défendeur sera tenu dans la huitaine après l'échéance de l'assignation, de se présenter, & de coter le nom de son procureur sur le cahier des présentations: & de la part du demandeur, il ne sera fait à l'avenir aucunes présentations, desquelles nous abrogeons l'usage pour ce regard; ensemble des délais pour la clôture des cahiers, & tous les autres délais & procédures, desquelles on s'est ci-devant servi, tant pour le demandeur que pour le défendeur, sur le fait des présentations.

M. le président de Novion a dit, que l'intention du roi étoit d'empêcher les surprises; & qu'il en arriveroit beaucoup, si l'on ne pourvoyoit à donner des délais.

M. Pussort a réparti, que l'exemple de la jurisdiction consulaire faisoit assez voir que, lorsqu'on n'espéroit aucuns délais, l'on comparoissoit aux premieres assignations; & qu'un des plus grands biens de la justice, étoit qu'elle fût brieve.

Justice doit être brieve.

M. le premier président a ajouté, qu'il pouvoit dire que l'on avoit parlé de cette question dans toutes les assemblées, & que l'on avoit toujours jugé à propos de régler les délais, & d'en donner de plus longs au défendeur qu'au demandeur; qu'autrement il arriveroit de fort grands inconvéniens: & a proposé un homme originaire d'Auvergne, qui seroit assigné à la quinzaine au châtelet de Paris, & seroit obligé de chercher en son pays les instructions nécessaires pour sa défense. Qu'il lui étoit impossible de satisfaire à l'assignation dans la briéveté du délai, & demeureroit exposé à une condamnation par défaut. Mais qu'en doublant les délais, l'on pourroit prévenir ces inconvéniens.

M.

M. l'avocat général Talon a représenté, que l'intention du roi étoit d'ôter la multiplicité des procédures; mais non pas de supprimer les délais nécessaires. Qu'il faut appliquer la loi aux cas les plus difficiles & les plus extraordinaires, pour la rendre parfaite. Il a posé l'exemple d'un différent pour un combat de fiefs. Qu'il suppose une partie assignée, contrainte d'aller chercher dans la chambre des comptes les titres justificatifs de sa prétention; qu'il est impossible d'en faire la recherche qu'avec du tems: cependant on levera un défaut. Qu'il est impossible de faire une loi uniforme, sans doubler les délais. Que le roi ne veut retrancher que ce qui fait vexation à ses sujets, dont la multiplicité des procédures est particuliérement la cause; & que si l'on n'y pourvoyoit autrement, il se rendroit par les premiers juges une infinité de jugemens par défaut qui, contre l'intention de la loi, causeroient aux parties des frais & des longueurs extraordinaires.

Application de la loi aux cas difficiles.

M. le premier président a dit, qu'il étoit nécessaire d'ajouter dans l'article, après les mots *du jour de l'assignation*, celui d'*échue*, pour ôter l'ambiguité; parce qu'il y a grande différence entre le jour de l'assignation, & celui de l'échéance.

Différence du jour de l'assignation, & de l'échéance.

De plus, M. le premier président a fait observer que par l'article dont il s'agit, le défendeur, en fournissant les défenses, est obligé de donner par copie signée de son procureur, les pieces justificatives: en quoi la condition du défendeur sera moins favorable que celle du demandeur; parce qu'il demeurera responsable de la vérité des pieces que son procureur aura signées, & que celles que le demandeur donnera de sa part, avec l'exploit de sa demande, n'étant point signées, seront sujettes à désaveu, & ne feront aucune foi en justice.

Que dans l'usage présent, le défendeur a assez de tems pour faire la recherche de ses pieces, & n'est obligé d'en donner communication qu'en les produisant, mais que ci-après il en faudra donner copie avec les défenses.

Que l'on ne statue pas à l'égard de celui qui n'en donnera qu'une partie, & que l'on ne dit pas si son avocat, lorsqu'il s'agira de plaider, ne sera pas reçu à les communiquer, en la maniere que les avocats se communiquent entr'eux, ou s'il faudra plaider sur les seules pieces, dont copies auront été données. Que cette communication de la part du défendeur, le contraindra beaucoup, ne sera pas d'un fort grand usage, & pourra produire bien des ambiguités; qu'il seroit donc à propos de la retrancher.

Communication entre les avocats.

De la part du défendeur.

D'ailleurs, l'article ordonne, que faute par le défendeur de fournir ses pieces avec ses défenses, il sera donné défaut contre lui emportant profit: c'est-à-dire, sa condamntion définitive, qui est la plus grande de toutes les peines. En quoi le demandeur est beaucoup plus favorablement traité. Sa contravention n'emporte contre lui autre peine, sinon que les copies qu'il fournira dans le cours de l'instance, seront données, & y sera répondu à ses dépens sans aucune répétition.

Sergent, officier de justice.

M. Pussort a dit, que le sergent est un officier de justice. Les pieces dont il donnera copie à la requête du demandeur, seront aussi authentiques que celles qui seront signées par le procureur du défendeur; & qu'à cet égard il n'y avoit point de différence. Que cette communication retranchera les procédures. Que s'il arrive quelque contestation lors de la plaidoierie, les avocats se régleront entr'eux, ou il y sera pourvu par les juges.

Peine contre le défendeur qui ne défend pas.

A l'égard de la peine ordonnée par l'article contre les défendeurs qui ne fourniront point de défenses, elle est de droit; & quand l'article n'y auroit point pourvu, sans doute l'on adjugeroit les conclusions du demandeur contre un défendeur qui n'auroit point fourni de défenses, ou qui n'en voudroit pas donner. Mais à l'égard du demandeur, toute la peine que l'on pouvoit statuer contre lui, étoit d'ordonner que les pieces qu'il voudroit produire, seroient délivrées & contredites à ses dépens.

M. le président de Maisons a dit, que ces communications donneront occasion à beaucoup de surprises. Que l'on ne communiquera que des pieces inutiles & de peu de conséquence; que ce sera la principale étude des chicaneurs.

Procès s'intentent de bonne foi.

M. Pussort a réparti, que la plupart des procès s'intentent de bonne foi dans le commencement, & que ce n'est que dans la suite que l'artifice & la malignité s'y mêlent.

M. le premier président a dit, que cela fera bien des procès au conseil, pour des contraventions que l'on prétendra avoir été commises à l'ordonnance; & qu'au lieu de l'abréviation que l'on cherche, il y aura bien des longueurs.

Communication par le demandeur.

M. l'avocat général Talon a repris toutes les raisons dites de part & d'autre, & a conclu que la communication des pieces par le demandeur, pouvoit être d'une fort grande utilité; mais qu'il n'en étoit pas de même de la part du défendeur. Qu'il estimoit que c'étoit aller trop loin, que de l'obliger à fournir les copies des pieces justificatives de ses défenses.

M. le premier président a dit, que dans l'article, les mots de *même en celles de sommations & garantie*, étoient des termes qui sembloient en restreindre la disposition, qui devoit être générale, & qu'il estimoit à propos de les retrancher.

☞ *Cet article contient deux parties : la premiere regle les délais de constituer procureur, & de donner des défenses ; la seconde abroge les déboutés de défenses, & les réajournemens.*

A l'égard de la premiere partie, le délai de huitaine qu'elle accordoit, a été trouvé trop court : c'est pourquoi, sur les observations faites par messieurs du parlement, on a mis indéfiniment dans l'article de l'ordonnance, que le défendeur sera tenu, dans les délais à lui accordés suivant la distance des lieux, après le jour de l'assignation échue, de nommer procureur, & faire signifier ses défenses.

Quant à la seconde partie, elle a été détachée de l'article, & elle compose le se-

cond article de ce titre dans l'ordonnance, moyennant quelques changemens qu'on y a faits. Voici ces deux articles.

ARTICLE I. En toutes les causes qui seront poursuivies aux requêtes de notre hôtel, requêtes du palais, cour des monnoies, sieges des grands-maîtres des eaux & forêts, sieges présidiaux, bailliages, sénéchaussées, sieges des conservateurs des privileges des universités, prévôtés & châtellenies royales, le défendeur sera tenu dans les délais à lui accordés, selon la distance des lieux (après le jour de l'assignation échue) de nommer procureur, & faire signifier ses défenses, signées de celui qui aura charge d'occuper, avec copie des pieces justificatives, si aucunes y a : autrement sera donné défaut, avec profit, sans autre acte ni sommation préalable.

ARTICLE II. Abrogeons en toutes causes l'usage des déboutés de défenses & réajournemens : défendons aux procureurs, greffiers, huissiers & sergens, de les obtenir, expédier, ni signifier, à peine de nullité, & de vingt livres d'amende en leur nom.

ARTICLE II.

Exceptions péremptoires seront proposées par les défenses.

LES fins de non-recevoir & autres exceptions péremptoires, si aucunes y a, seront proposées par les défenses.

Lecture faite de cet Article :

M. Pussort a dit, que suivant l'observation faite par la compagnie au dernier jour, il avoit compris dans l'article, *la nullité des exploits.*

M. le premier président a dit, que toutes les matieres comprises dans l'article, sont préliminaires, sur lesquelles il est bon de faire droit préalablement; mais qu'en même tems il étoit juste de donner quelque liberté aux juges, pour le bien de la justice. Que c'est pour cela, qu'en appointant les parties, l'on ajoutoit : *joint les fins de non-recevoir, pour y être préalablement fait droit, s'il y échoit.* Que le sentiment de messieurs les députés seroit que l'on insérât cette clause dans l'article.

M. Pussort a réparti, que l'intention de la réformation qui se fait, est d'empêcher que l'exécution de l'ordonnance ne devienne arbitraire, & d'ôter aux juges la liberté de juger différemment. Qu'il semble qu'il est du bien de la justice, de juger toutes les exceptions péremptoires préalablement & sans entrer dans le mérite du fond. Que les mots, *s'il y échoit,* rendront l'exécution de l'article arbitraire; & qu'il estimoit qu'il suffiroit d'y ajouter : *pour y être fait droit préalablement.*

Ordonnance ne doit pas être arbitraire.

☞ *Sur les observations faites de part & d'autre, cet article, qui est le cinquieme & dernier de ce titre dans l'ordonnance, a été rédigé de cette maniere :*

ARTICLE V. Dans les défenses seront employées les fins de non-recevoir, nullité des exploits, ou autres exceptions péremptoires, si aucune y a, pour y être préalablement fait droit.

ARTICLE III.

Défaut, faute de comparoir, se prendra au greffe.

Défaut, faute de défendre, se prendra à l'audience.

Si dans la huitaine le défendeur ne met point de procureur, le demandeur prendra son défaut au greffe; & si après avoir mis & déclaré son procureur, il est en demeure de bailler dans la huitaine, copie de ses défenses, & des pieces justificatives, si aucunes y a, le demandeur prendra le défaut en l'audience, sans autre acte ni sommation préalablement faite au procureur du défendeur de comparoir.

Après la lecture de cet Article :

M. le premier président a dit, que la disposition de l'article est trop avantageuse au demandeur. Qu'au moins il faudroit un acte signé du procureur, signifié à sa requête au défendeur, pour l'avertir qu'un tel jour, en telle chambre, matin ou soir, l'on poursuivra la plaidoierie de la cause; qu'autrement il se fera une infinité de surprises.

M. Pussort a répondu, que l'article avoit été beaucoup examiné, & trouvé bon en la forme qu'il est rédigé. Que le défendeur ne pourroit pas être surpris, après que le demandeur lui auroit déclaré le nom de son procureur; & qu'il dépendoit de lui de mettre un procureur, & de fournir ses défenses dans le tems porté par l'ordonnance.

☞ *Voyez l'article suivant.*

ARTICLE IV.

Défaut sera jugé sur le champ à l'audience.

Soit que le défaut ait été pris au greffe, faute de mettre procureur; ou à l'audience, faute d'avoir fourni des défenses & donné copie des pieces justificatives, le profit en sera jugé sur le champ à l'audience, & les conclusions adjugées au demandeur, avec dépens; pourvu que sa demande soit trouvée juste, & duement vérifiée, par la lecture qui sera faite de l'exploit & des pieces; sauf à permettre au demandeur de la vérifier par témoins, si elle n'étoit pas bien & suffisamment justifiée, & que l'affaire y fût disposée aux termes de l'ordonnance.

Lecture faite de l'Article IV : il a été trouvé bon.

☞ *Cet article a été joint au précédent, & ils composent tous deux l'article III de l'ordonnance.*

ARTICLE III. Si le défendeur, dans le délai ci-dessus à lui accordé, ne met procureur, le demandeur prendra son défaut au greffe ; & si après avoir mis procureur, il ne baille copie de ses défenses & pieces, si aucune il a, le demandeur prendra défaut en l'audience, sans autre acte ni sommation préalable ; & le profit du défaut, en l'un & en l'autre cas, sera jugé sur le champ, les conclusions adjugées au demandeur avec dépens, si la demande se trouve juste & bien vérifiée.

ARTICLE V.

S'il y a plus de trois chefs, le défaut pourra être jugé sur un vu de pieces.

Si toutefois l'exploit d'assignation contient plus de trois chefs de demande, le profit du défaut pourra être jugé sur les pieces vues & mises sur le bureau ; sans qu'en ce cas il soit permis aux juges de prendre aucunes épices.

Lecture faite de cet Article :

M. le premier président a dit, que la disposition de la derniere partie de l'article alloit obliger les juges à juger sans épices le profit d'un défaut qui contiendra plus de trois chefs sur un vu de pieces. Que cela regardoit particuliérement les premiers juges, & qu'il est bon de leur retrancher les droits qui sont excessifs ; mais qu'il étoit juste aussi de leur laisser les droits légitimes. Qu'il n'est question que de trente sols ; & que les ôtant, les affaires ne feront peut-être pas si-tôt expédiées.

M. Pussort a dit, que les épices se donnent à proportion du travail, & qu'il n'y en a point dans le cas dont il s'agit.

☞ *Cet article a passé à quelques changemens près, qu'on a faits dans l'expression. Il est le IV dans l'ordonnance.*

ARTICLE IV. Si toutefois l'exploit d'assignation contient plus de trois chefs de demandes, le profit du défaut pourra être jugé sur pieces vues, & mises sur le bureau, sans qu'en ce cas les juges puissent prendre aucunes épices.

TITRE V.

Ce titre eft le VI de l'ordonnance.

Des fins de non-procéder, & des appellations fur icelles.

ARTICLE I.

Défenfes aux Juges de retenir les caufes qui ne font pas de leur compétence.

DÉFENDONS à tous nos juges, même à nos cours de parlement, grand-confeil, chambre des comptes, cour des aydes, & autres nos cours; comme auffi aux juges eccléfiaftiques, de retenir aucune caufe, inftance ou procès, dont la connoiffance ne leur doit point appartenir; & leur enjoignons de les renvoyer inceffamment pardevant les juges qui en doivent connoître, ou ordonner que les parties fe pourvoiront. En cas de contravention, feront les juges pris à partie, en leur propre & privé nom, encore que le renvoi n'ait point été requis, ni le déclinatoire propofé.

ARTICLE II.

Défenfes d'évoquer, fi ce n'eft pour juger fur le champ.

DÉFENDONS auffi à tous juges, fous les mêmes peines, & de nullité de leurs jugemens, d'évoquer les caufes, inftances, & procès pendans ès juftices inférieures, ou autres jurifdictions, fous prétexte d'appellation, ou connexité de matiere; fi ce n'eft pour tirer les parties diffinitivement d'affaire, en l'audience & fur le champ, par un feul & même jugement.

Lecture faite de ces deux Articles:

Peines établies contre les juges.

M. le premier préfident a dit, que ces deux articles font de fort grande conféquence; qu'ils attaquent la magiftrature, en déclarant que les juges, même des parlemens & autres cours fouveraines, pourront être pris à partie, & condamnés en leur propre & privé nom, s'ils n'ordonnent le renvoi des causes qui ne seront point de leur compétence; encore que le renvoi n'ait point été requis, & qu'il n'y ait eu de déclinatoire proposé. Que cette même condamnation se trouve prononcée huit ou neuf fois dans les articles dont la communication a été donnée, & que les ordonnances qui sont en usage, ne contiennent point de semblables dispositions.

Raisons contre ces peines.

Les plus fortes sont, celle de Roussillon, article 30, qui défend de juger les affaires par commissaires; celle de Moulins, article 68 & 69, qui rétablit les commissaires pour les cinq chefs; mais que l'ordonnance de Blois a cru mieux faire, en chargeant l'honneur & la conscience des juges, des contraventions qui pourroient arriver.

Juges sont retenus par l'honneur & par la conscience.

Qu'en effet, l'honneur & la conscience sont les principales parties d'un juge; que ce sont les plus forts liens pour le retenir dans son devoir; que l'on doit présumer que tous ceux qui sont honorés de ce caractere, ne s'en détachent jamais, & que ces deux principes d'honneur & de conscience, ont plus de part dans toutes leurs actions, que la crainte du châtiment.

Si quelqu'un étoit assez malheureux pour avoir des sentimens contraires, il mériteroit d'être dégradé, & traité plus séverement que les autres sujets du roi; mais qu'en vérité la condition d'un juge seroit bien dure, si toutes les fois qu'il auroit jugé un procès, il devenoit partie, ou s'il étoit exposé à la chaleur & au ressentiment d'un mauvais plaideur. Que rien ne seroit plus capable d'avilir la magistrature, puisqu'elle n'est soutenue que par l'autorité que le roi lui donne, & par l'estime de ceux qui l'exercent: néanmoins cette autorité & cette estime ne peuvent pas s'accorder avec la peine que l'on veut prononcer contre eux.

Eloge des magistrats.

Ils ont l'avantage de faire parler sa majesté dans leurs arrêts; & cet avantage fait réfléchir sur eux le respect que l'on doit au souverain. Mais si dans cette nouvelle ordonnance, qui ne sera pas moins l'ouvrage de l'esprit du roi que de son autorité, la loi même avilit la fonction de ceux qui seront chargés de la faire exécuter, ils tomberont aussi-tôt dans le mépris. Ils seront en bute à l'emportement des parties, qui croiront avoir sujet de se plaindre de leurs jugemens; & dans cette déchéance de leur dignité, les bons & méchans juges étant également traités, il sera impossible que la justice n'en souffre de grands dommages.

Dignité des juges, n'est pas distincte de la justice.

La dignité des juges, principalement de ceux qui remplissent les tribunaux souverains, ne peut être distinguée de la justice même. Car comme l'église a considéré le caractere des évêques, jusqu'au point de mettre les causes qui regardent les personnes, avec celles qui regardent la religion dont ils sont les dépositaires; comme elle n'a fait aucune différence de ces deux sortes de causes, en les mettant dans un rang séparé, qu'on nomme les *causes majeures :* aussi dans l'ordre de l'état, & selon la disposition des loix reçues & observées en france, on a toujours cru que ceux qui administrent la justice souveraine du roi, & qui en sont, comme dit l'empereur, *les véritables sacrificateurs*, doivent avoir dans la fonction de leurs charges, toutes les prérogatives qui appartiennent à la justice; parce qu'elle ne peut subsister d'elle-même, ni être séparée de ceux qui l'exercent & qui la soutiennent. Autrement leur dignité ne seroit qu'un être de raison & une qualité vaine, sans fonction, sans action & sans force.

Compagnies souveraines ont droit de correction.

Qu'au reste, ces avantages que les magistrats ont toujours eus, ne vont en aucune façon à l'impunité. Au contraire, plus leur ministere est élevé, plus la punition de leurs fautes doit être sévere. Que le parlement, & à son exemple, les autres compagnies souveraines, ont toujours apporté beaucoup de soin à châtier les personnes de leurs corps, qui avoient manqué à leur devoir : mais que la loi qui étoit confiée à la religion des juges, ne devoit pas présumer du mal de ses propres ministres, en les traitant avec des termes si durs. Qu'enfin il seroit bien étrange, qu'elle prononçât aussi souvent des peines contre ceux qui la font observer, que contre ceux qui ne l'observent pas.

Malignité des plaideurs.

Qu'au lieu d'abréger les procès, ce qui est la fin principale de cette ordonnance, cet article les va multiplier, par la licence que se donneront les parties de supposer des contraventions. Que la malignité des plaideurs est si grande, qu'ils dresseront même des pieges aux juges, pour les faire tomber dans quelque contravention, afin de se préparer une ouverture pour se pourvoir contre leurs arrêts.

Qu'outre cela, le cas d'incompétence que l'on allegue, est extraordinaire, & moins susceptible qu'aucun autre, d'un remede aussi étrange que celui que l'on y veut apporter; parce qu'il est bien difficile que le juge le plus circonspect n'y soit pris dans quelque occasion.

Toutes les retentions qui se font à la chambre de l'édit, étant accordées par défaut, & sans connoissance de cause, les juges peuvent être en cela très-aisément circonvenus; & il seroit fort déraisonnable de les condamner à une peine, pour des surprises dont ils n'auroient pu se défendre.

Que cette condamnation même seroit, ou très-difficile, ou très-injuste dans l'exécution; parce qu'il arriveroit souvent que les juges n'étant pas tous de même avis, il faudroit distinguer les contrevenans d'avec ceux qui ne le seroient pas: ainsi ce discernement étant presque impossible à faire, & ne devant jamais être connu aux parties, tous ceux qui auroient assisté aux jugemens, se trouveroient également exposés à la vengeance des plaideurs qui auroient perdu leurs procès.

Eloge de cette ordonnance.

Qu'il faut enfin que cet ouvrage, digne de l'application d'un grand roi, ne dure pas moins que la gloire de son nom. Pour le rendre éternel, on en devoit bien observer toutes les propositions, & ne pas confondre les juges avec les parties. Il falloit au contraire intéresser ceux à qui l'exécution en doit être confiée, par leur honneur & par leur conscience, qui sont les seuls intérêts des bons juges, afin qu'ils y trouvent tout ensemble, & la conservation de leur dignité, & le soulagement des sujets du roi.

M. Pussort a dit, que l'intention n'a point été de déprimer la magistrature; que les juges font régner le prince par l'observation de ses loix, & qu'il qu'il eſt de l'intérêt du roi de ſoutenir la dignité & l'autorité des magiſtrats de ſon royaume; mais qu'il importe, pour en conſerver la pureté, de les aſtreindre à l'exécution perpétuelle des ordonnances. Qu'il n'y a rien de ſi fort dans les articles dont il s'agit, pour faire appréhender aux bons magiſtrats de perdre la créance de l'autorité que le roi leur a confiée, & l'eſtime que leur bonne conduite & leur intégrité peuvent leur avoir conciliée dans l'eſprit des peuples.

Raiſons pour les peines établies contre les juges.

Qu'il ſe trouve pluſieurs ſortes de peines contre les juges, dans les plus anciennes ordonnances, & dans celles qui ſont en uſage. Que la peine des dommages & intérêts des parties, eſt la plus triviale contre les contrevenans. Il y a des ſuſpenſions & privations de charges, même des peines corporelles, que les ordonnances appliquent en pluſieurs cas, entre autres à la prohibition qu'elles font aux officiers, même des compagnies ſupérieures, de révéler les délibérations des compagnies; de ne point ſolliciter pour les parties, & de s'abſtenir des jugemens des procès, dès qu'ils ſauront quelque cauſe de récuſation en leur perſonne, quoique non-alléguée par les parties.

Pluſieurs ſortes de peines contre les juges.

Et M. Puſſort a rapporté, pour plus grande preuve de ſa propoſition, les ordonnances, tant anciennes que modernes, qui font mention des peines ordonnées contre les juges, pour raiſon des contraventions aux ordonnances; & a dit, que celle de Charles VII, en 1446, article 12, après avoir preſcrit l'ordre des diſtributions, & enjoint aux conſeillers de faire eux-mêmes leurs extraits, tant des petits procès que des grands, ajoute: *ſur peine aux conſeillers d'être réputés parjures, & d'amende arbitraire.*

Ordonnances qui prononcent des peines contre les juges.

Le même, en 1453, article 107, enjoint aux préſidens de l'avertir des conſeillers qui tranſgreſſeront l'ordonnance, pour y donner proviſion, *par privation d'offices & autrement; tellement que ce ſoit exemple aux autres, de la garder ſans l'enfreindre.*

Le même, article 110, porte que, par les ordonnances faites par ſes prédéceſſeurs, *il y avoit de grandes peines corporelles & civiles* décernées contre les révélateurs des ſecrets de la cour, & qu'il veut *qu'ils ſoient punis étroitement*, ſuivant les anciennes ordonnances, *par privation de gages, offices ou autrement.*

Charles VIII, en 1493, article 8, ajoute: *ſur peine de privation d'offices, & d'être inhabiles à jamais de tenir offices royaux; & d'autres grandes peines pécuniaires & corporelles, ſelon l'exigence des cas;* ce qui eſt répété par Charles IX, en 1560.

Le même, en 1493, article premier. Si aucuns des conſeillers étoient coutumiers de ne pas entrer aux heures preſcrites par l'ordonnance, ſeront punis *par privation de leurs gages, & ſuſpenſion de leurs offices.*

Le même, article cinquieme. Les conſeillers ne ſe divertiront à lire leurs pieces ou procès, ou à faire autre choſe pendant qu'on rapporte, *ſur peine de perdition de leurs gages.*

Charles VIII, en 1493, ordonne la même choſe; comme auſſi l'ordonnance de Blois, article 136, en ces termes : seront tenus tous nos présidens, conseillers, avocats, procureurs généraux, & greffiers de nos cours de parlement, se trouver à l'ouverture qui s'en fait le lendemain de la saint Martin. Sera lu le tableau, & fait registre des absens, & leur nom baillé le même jour aux receveurs & payeurs des gages de nosdites cours; auxquels défendons de payer les gages desdits absens pour tout le mois de novembre, encore qu'ils se trouvassent incontinent après ledit jour en nosdites cours.

L'ordonnance de 1539, article 124, & celle de Blois, article 120, portent la même chose, & font défenses aux présidens & conseillers des cours souveraines, de solliciter pour autrui les procès pendans esdites cours, *sur peine de privation de l'entrée de ladite cour, & de leurs gages pour un an, & de plus grande peine*, s'ils y retournent.

Henri II, en 1549, article 9, & la même ordonnance de Blois, article 140, ordonnent encore la même chose: les conseillers des enquêtes, après avoir fait leur service à la tournelle, remettront leurs procès au greffe, *sur peine de privation de leurs gages, pour tous les jours qu'ils auront été en demeure de ce faire.*

L'ordonnance de Blois, article 114, même chose. Et celle d'Orléans, article 43, fait défenses à tous juges, tant souverains que subalternes, de prendre, ou permettre être pris des parties aucun présent, quelque petit qu'il soit, de vivres ou autre chose quelconque, *à peine de crime de concussion.*

La même ordonnance d'Orléans, article 44, fait défenses de prendre gages ou pensions des seigneurs ou dames de ce royaume, prendre bénéfice de leur archevêque ou évêque, des abbés, prieurs, ou chapitres, qui sont dans leur ressort, pour eux, leurs enfans, parens, ou domestiques, *à peine de privation de leurs états, nonobstant toutes dépenses qu'ils pourroient obtenir au contraire.*

Charles IX, en 1560, ajoute à la privation de leurs états, ces mots: *ou autre plus grande peine, s'il y échoit.*

Blois, article 154. Les fins de non-procéder & de non-recevoir, seront jugées sommairement par nos juges, & au cas de contravention, *pourront lesdits juges être intimés & pris à partie, en leur propre & privé nom.*

Roussillon, article 23. Défendons à nos parlemens, cours souveraines, & autres nos juges, de modérer les amendes du fol appel, requêtes civiles & propositions d'erreur, *à peine de les répéter sur eux.*

La même ordonnance, article 30, défend de juger aucun procès par commissaires, tant aux cours souveraines que présidiaux, *à peine de tous dépens, dommages & intérêts des parties.*

La même, article 32, défend aux présidens, maîtres des requêtes & conseillers, allant en commission, de se laisser défrayer par les parties, *à peine de répétition du quadruple.*

La même, article 33. Nulles épices seront taxées pour arrêt sur requête en matiere civile & criminelle, même pour élargissement de prisonniers, *à peine de nullité, dépens, dommages & intérêts des parties contre celui qui aura signé le dictum & fait la taxe.*

Moulins, article 36. Défend à tous juges, même des cours souveraines, *sur peine de répétition du quadruple*, de recevoir des prisonniers aucuns frais, taxes, ou salaire, pour la confection du procès criminel, ni même pour la preuve des faits justificatifs & de reproches.

La même, article 68. Toutes vacations de commissaires défendues, hors les cas portés par l'ordonnance, *à peine de nullité des jugemens;* réservant aux parties, contre les juges, *leurs dommages & intérêts, procédans de la contravention à ladite ordonnance, & se pourvoir pour ce regard pardevers nous en notre conseil.*

Blois, article 118. Tous juges, même de nos cours souveraines, qui sauront causes de suspicion, seront tenus de les déclarer, sans attendre qu'on les leur propose, *sur peine de privation de l'état, à celui de nos juges qui ne l'auroit pas déclaré, & d'être incapable de tenir jamais office de judicature.*

L'ordonnance de 1629, article 83. Nul ne pourra rapporter aucun procès, qu'il ne lui ait été distribué, *à peine de nullité des arrêts, & des dommages & intérêts des parties.*

La même, article 86. Défenses de juger par commissaires, qu'ès cas des ordonnances, *aux peines indictes par icelles, pour raisons desquelles les parties se pourvoiront pardevers nous, & en notre conseil.*

La même, article 89. Défenses de recevoir autres requêtes contre les arrêts, que civiles, *à peine de nullité des arrêts, & du recours des parties pour leurs dommages & intérêts contre celui des juges qui aura rapporté la requête.*

La même, article 118. Il ne sera pris aucune chose, en argent ou autrement, pour réception d'officiers, en quelque justice que ce soit, souveraine ou subalterne, *sur peine de concussion & privation des offices des contrevenans.*

Blois, article 109. Défenses aux procureurs généraux, *sur peine de privation de leur état*, de recevoir les noms des témoins, de la part de ceux qui auront été pourvus d'offices, & qui poursuivent leur réception.

Louis XI, en 1471. *Volumus & ordinamus, quod deinceps in nostrâ curiâ parlamenti, ponantur notabiles personæ bonæ probationis & legalitatis, honorem & conscientiam diligentes, idoneæ & sufficientes ad exercenda officia prælibata; & si qui fuerint corrupti vel culpabiles, aut rei criminis, defectuum vel abusuum, secundùm casuum exigentiam, puniantur; quòdque curia nostra cum diligentiâ nos adviset de illis, qui sic criminosi fuerint, inhabiles ad tenendum officia prædicta, ut per nos indè provideatur, sicut viderimus faciendum.*

Philippe le Bel, en 1344. *Post arrestorum prolationem, nullus, cujus opinionis fuerint domini, debet aliis revelare. Contrarium verò faciens, perjurii pœnam se noverit incurrisse.*

Charles VII, en 1446, article 3. Ajoutant à l'ordonnance, autrefois faite, qui est celle de Philippe IV, en 1302, *ordonnons que nul conseiller en notre cour, puisse prendre office ni pension d'autre quelconque que de nous*; y ajoutant: *& ordonnons peine, c'est à savoir de privation de son office royal*, ipso facto, *& sans autre déclaration, s'il n'a sur ce congé de nous & licence.*

Le même, article 4. A certaines ordonnances faites, afin de céler & non révéler les secrets de notre cour, ajoutons & ordonnons, que si aucun officier de notredite cour, soit président, soit conseiller, ou autre, a révélé en aucune maniere les secrets de notre cour, *il soit privé pour tout un an entier de l'émolument de ses gages: & si le cas le requiert, il sera privé de son office.*

Le même, article 5. Si le cas avenoit que les secrets fussent révélés par aucuns prélats ou autres qui ont la faculté de venir en notredite cour, voulons *qu'ils soient privés à toujours de communiquer, assister, & être aux conseils d'icelle, & contraints à payer amende, selon l'exigence des cas.*

L'ordonnance de 1539, article 142. Les juges qui seront trouvés avoir fait fautes notables en l'expédition des procès, *seront condamnés en grosses amendes envers nous* pour la premiere fois; pour la seconde, *suspendus de leur office pour un an;* & pour la troisieme, *privés d'iceux, & déclarés inhabiles de tenir offices royaux.*

La même, article 143. Et néanmoins seront condamnés *en tous les dépens, dommages & intérêts des parties.*

Il est vrai que ces articles ne parlent que des juges subalternes; mais aussi les fautes dont ils ordonnent la punition ne sont que d'impéritie, & non de malice, ainsi qu'il paroît par l'article 141 de la même ordonnance qui explique les motifs de ces deux articles.

L'ordonnance de Blois, article 143. Défendons à nosdits conseillers de se charger d'aucunes informations, si elles ne leur sont distribuées par les présidens, & aussi d'interroger les appellans, soit d'un décret de prise de corps, soit d'ajournement personnel, si par notredite cour n'est ordonné; *sur peine de nullité & de répétition des dépens, dommages & intérêts des parties, pour lesquels ils pourront être pris à partie, en leur propre & privé nom.*

Enfin, dans le code Théodosien, il y a une loi entiere *de officio civilium judicum*, qui fait défenses aux juges de familiariser avec les parties, *à peine de cinq livres d'or d'amende* contre les juges.

M. Pussort a encore ajouté, que la disposition de tous ces articles étoit bien plus forte & plus expresse que celle dont il s'agissoit: cependant l'on ne pouvoit pas dire qu'ils eussent été faits pour la dépression de la magistrature; mais que si ces anciennes ordonnances ont été abrogées par le non-usage, c'étoit l'intérêt propre des juges qui en avoit empêché l'exécution.

Ordonnance ne doit pas être comminatoire.

Que l'intention du roi étoit que ses ordonnances ne fussent pas comminatoires & sans effet, comme avoient été une grande partie des anciennes; que, comme c'étoit l'ouvrage de sa majesté, elle avoit eu la bonté d'y donner ses soins & une application particuliere, & plus grande qu'aucun des rois ses prédécesseurs n'avoit jamais fait; il s'étoit aussi expliqué d'y vouloir donner une protection singuliere & en empêcher les contraventions, en se réservant la connoissance de celles qui y pourroient être faites.

Qu'au surplus, il n'y avoit pas lieu d'appréhender que l'ouverture, portée par cet article, augmentât les procès, ni qu'elle les perpétuât. Qu'il falloit se persuader que ceux qui seroient assez téméraires pour en entreprendre de mauvais, & attaquer les juges, ne le feroient pas impunément : que monsieur le chancelier y saura bien pourvoir ; & qu'encore que les officiers, dans l'usage qui s'observe aujourd'hui, puissent en plusieurs cas être pris à partie, l'on ne voit pas qu'il en ait été abusé.

Prises à partie regardent les premiers juges.

M. le premier président a réparti, que les prises à partie ne regardoient que les premiers juges ; que les compagnies souveraines avoient toujours été hors de ces atteintes. Que tous les articles qui venoient d'être lus, & qui avoient été si curieusement recherchés, ont été effacés par le non-usage, & même que la plupart avoient été abrogés ou changés par les ordonnances suivantes. Qu'on n'a jamais douté que les juges ne pussent être punis, quand ils manquent à leur devoir. L'élévation de leur dignité ne les met pas au-dessus des châtimens : mais les peines qui sont prescrites par les ordonnances, regardent chaque juge en particulier, & non pas les cours souveraines entieres. Que c'étoit de la sorte qu'on devoit entendre presque tous les articles qui ont été allégués ; & le recueil en auroit pu être fort augmenté, si l'on y avoit mis tout ce qui se trouve dans les mercuriales du parlement ; parce que cette compagnie a toujours apporté beaucoup de soin à se purifier, & a établi des peines très-rigoureuses contre ceux qui la composent, lorsqu'ils manquent à leur devoir : mais qu'il paroîtroit fort extraordinaire qu'on prît à partie les juges des cours souveraines en général. Si quelques ordonnances avoient été jusque-là, c'étoit par des traits de menaces & de colere, que l'on avoit adoucis dans la suite, ou que le tems avoit détruits, en faisant voir qu'elles ne pouvoient être pratiquées.

Juge royal est toujours compétent.

M. le président de Novion a dit, que tous les juges sont intéressés en ces articles. Qu'il pourra se commettre une infinité de contraventions, qui ne seront point de leur fait. Que le juge royal est toujours en état de connoître de toutes choses, lorsque personne ne réclame au contraire ; que ce n'est pas un fait personnel ; que la justice est mieux rendue dans le parlement de Paris, qu'en lieu du royaume : & ce seroit affoiblir la loi, que de diminuer l'estime des juges.

M. Talon a repris toutes les raisons alléguées sur la matiere, ajoutant que le principal intérêt des juges, étoit d'acquérir quelque honneur, en servant le public ; mais qu'il n'y en avoit plus pour eux, si le roi n'étoit persuadé de leur justice & de leur probité.

Que ce que l'on vouloit régler dans cet article, étant une matiere de discipline dans les compagnies, cela regardoit le ministere du parquet, &

de monsieur le procureur général, lorsqu'ils sont avertis que les juges se relâchent de leur devoir. Les exemples en sont rares ; mais qu'ils en font de séveres punitions, lorsque les occasions s'en présentent.

Que les ordonnances n'ont jamais prononcé contre les corps, mais contre les particuliers, & pour leurs fautes personnelles.

Que l'on juge à l'audience de l'édit, une infinité de rétentions par défaut ; & que s'il falloit que les procureurs des parties lussent les pieces, il n'y auroit pas assez de tems ; & cependant l'on voudroit rendre les juges responsables des contraventions qui pourroient arriver.

Qu'il faudroit en effet que les limites fussent si bien posées, & les jurisdictions si bien réglées, qu'il n'y eût jamais matiere de conflict. Cependant qu'il est de sa connoissance particuliere que le conseil, dans une même affaire, a rendu vingt arrêts différens qui ont renvoyé au parlement cette même affaire : qu'ils ont été cassés par vingt autres, qui ont retenu le différent au conseil ; & que cette contrariété d'arrêts étoit une matiere à régler.

Il a été repliqué par M. Pussort, que les rétentions de la chambre de l'édit devoient être données avec connoissance de cause, & les procureurs obligés d'établir leurs demandes. Que ces entreprises de jurisdictions causent de très grands déréglemens dans la justice : que le conseil n'omettoit rien de ce que la justice & la prudence pouvoient desirer pour les faire cesser : que l'artifice des plaideurs étoit grand : qu'on étoit souvent obligé de rendre sur une même affaire divers arrêts ; mais que les juges peuvent mieux connoître que tous les autres, s'ils sont compétens.

M. le président de Mesme a dit, que désormais messieurs les présidens des chambres seroient obligés d'interroger les parties sur leur pays, pour prévenir l'inconvénient de l'incompétence.

M. le premier président a ajouté, que l'une de ces ordonnances, dont les termes paroissoient les plus forts, avoit été conçue dans la chaleur des tems : que c'étoit un coup précipité de la colere de Louis XI, mais qu'elle n'avoit eu aucun effet.

Que l'ordonnance de ne pas prendre des épices pour les arrêts sur requête, n'avoit point été observée ; mais que le parlement ayant depuis peu fait un réglement pour le même sujet, il étoit inviolablement gardé. Que la loi intérieure d'un bon juge est plus forte que toutes les autres, pour le retenir dans une honnête modération ; & qu'encore qu'il semble que les menaces & les peines ne regardent que les méchans, elles ne laissent pas dans les occasions de dégoûter & d'affoibir ceux qui se conduisent sur les meilleurs principes.

Juges bons & mauvais.

M. Pussort a dit, qu'il croyoit bien que le parlement de Paris n'auroit pas besoin de cette ordonnance pour se réformer ; mais qu'il y avoit d'autres compagnies auxquelles ces articles pourront être nécessaires. Qu'on examinoit cette question, sur la présupposition que tous les juges du royaume fussent dans la plus exacte observation des ordonnances, dans un désintéressement qui n'avoit point d'exemple dans tous les siecles, & dans une intégrité la plus parfaite : que cependant, sans vouloir rien diminuer de la gloire qui est due à la plus grande partie, de rendre mieux la justice & avec plus de pureté qu'en aucun lieu du monde, on ne pouvoit pas disconvenir qu'il n'y en eût quelques-uns moins parfaits, & qui se sont beaucoup relâchés de ce à quoi leur devoir les oblige : qu'autrement les soins que le roi prend pour réformer la justice, seroient très-superflus. Qu'il demeure d'accord que l'établissement des peines sera inutile pour les premiers ; mais qu'on ne peut pas douter aussi qu'elles ne puissent bien servir pour redresser les autres.

M. le président le Coigneux a dit, qu'il ne falloit pas douter que les autres parlemens ne réclamassent contre la dureté de cet article, & qu'il y avoit une chose de laquelle on ne pouvoit jamais se sauver, qui étoit qu'un juge qui n'auroit pas été d'un avis, ne laisseroit pas d'être puni pour la contravention des autres.

M. Pussort a réparti, qu'il étoit bon d'engager tous les officiers à résister à ceux qui voudroient commettre des contraventions. Que le premier président Bertrandi s'étoit signalé pour avoir fait revenir à son avis sa compagnie, qui s'engageoit à de manifestes contraventions contre l'ordonnance.

M. le président de Novion a ajouté, que les attributions qui se font au grand-conseil n'étant point vérifiées en la cour, l'on n'étoit point obligé d'y déférer, lorsqu'elles ne sont point connues ; & qu'il seroit rude d'être pris à partie, pour un fait que l'on auroit eu juste sujet d'ignorer.

M. Pussort a réparti, que c'étoit une grande question de savoir si ce qui est registré dans une compagnie, devoit être reçu dans l'autre ; mais que cela n'étoit pas du présent sujet.

M. le président de Maisons, pour faire voir le danger que couroient les juges les mieux intentionnés pour l'exécution de ces articles, a proposé l'exemple d'une sentence présidialement rendue, dont l'appel auroit été porté au parlement, au sujet de laquelle la partie qui en avoit voulu faire renvoyer l'appel, auroit mis en fait qu'il y avoit une question d'hérédité jugée par la sentence, laquelle cependant, par l'événement, se trouveroit avoir été présidialement rendue, & les juges d'être tombés dans la prohibition de la loi. Qu'en ce cas ce seroit un piege à la justice, & que cela ne pouvoit être l'intention du roi.

M. le premier président a dit, que lorsqu'il n'y avoit point d'incompétence alléguée, le parlement étoit en droit de connoître indistinctement de toutes matieres, & que l'attribution qui en auroit été faite à d'autres juges, étoit un démembrement de sa jurisdiction : & qu'ainsi en toute façon, la peine établie par les articles, n'avoit aucun rapport avec la matiere dont il étoit question. *Parlement est compétent en toutes matieres.*

TROISIEME CONFÉRENCE.

Du samedi cinquieme février 1667, après-midi, en l'hôtel Séguier.

SUITE DU TITRE V.

Des fins de non-procéder, & des appellations sur icelles.

Ce jour, la compagnie s'est assemblée chez monsieur le chancelier, sur les trois heures, pour continuer les conférences. Tous messieurs s'y sont trouvés, à l'exception de monsieur l'avocat général Bignon.

M. le premier président a demandé que lecture lui fût encore faite du second article de ce titre, qui avoit été lu au dernier jour ; ce qui ayant été fait, il a dit que l'article avoit deux parties : la premiere regardoit le fait de la prise à partie contre les juges : la seconde, la prohibition d'évoquer des premiers juges, si ce n'est pour juger sur le champ.

Qu'en ce qui concerne les juges, bien que cette question eût été agitée le dernier jour sur le premier article, il ne pouvoit se dispenser de dire que cette prononciation de peines, étant employée dans plusieurs articles, comme une clause ordinaire, elle passera en style ; & qu'en blessant l'estime & la considération que l'on doit avoir pour les magistrats, elle portera enfin un notable préjudice à la justice.

Qu'en ce qui regarde les défenses d'évoquer, si ce n'est pour juger sur le champ, il y a des cas auxquels il est impossible que l'article puisse être appliqué : & a proposé l'appel interjetté d'un appointement rendu par le premier juge avec sa requête, à fin d'évocation du principal, ajoutant M. le premier président qu'il voudroit bien savoir, en cas que l'appellant gagnât sa cause, & que l'appointement fût cassé, si les juges seroient nécessités de renvoyer les parties pardevant les premiers juges, sans toucher au principal, & si on leur feroit entendre qu'il y avoit obligation indispensable de juger l'affaire à l'audience. Qu'il n'étoit pas possible de prescrire de telles regles dans l'ordre judiciaire, & qu'il étoit de l'honneur de la justice & du bien des parties, de laisser aux juges quelque liberté.

M. le premier président a encore ajouté, que si l'article étoit exécuté à la rigueur, l'intimé, dont la condition doit être plus favorable, courroit toujours

jours risque d'être condamné, & l'appellant, au contraire, seroit dans une bien plus grande sûreté, en ce que prononçant sur l'appel qui auroit été interjetté d'un appointement, l'appellant concluroit toujours qu'en émendant, au lieu de confirmer l'appointement ordonné par le juge, les fins & conclusions qu'il auroit prises au fond lui fussent adjugées : & l'intimé, n'y ayant point d'évocation du principal, ne pourroit conclure qu'à la confirmation de la sentence qui porte l'appointement, & au renvoi pardevant le premier juge.

Que si cela se pouvoit dire en matiere civile, à plus forte raison en matiere criminelle. Que le parlement y avoit pourvu par un réglement qu'il avoit fait depuis peu, pour raison des causes qui demeuroient appointées. Et parce qu'ordinairement elles n'avoient point de fond, il étoit porté par ce réglement, qu'en jugeant l'appointement, le principal seroit pareillement évoqué, s'il pouvoit être jugé en même tems. Que l'exécution de ce réglement étoit d'une fort grande utilité, pour tirer promptement les parties d'affaire. L'on avoit même pourvu à modérer les frais, & l'on avoit réglé jusqu'aux épices. Que cependant, quelques bonnes intentions qu'eussent les juges, on les vouloit exposer à des prises à partie, qui aviliroient l'honneur de leur ministere.

Réglement du parlement pour les causes appointées.

M. Pussort a répondu, qu'à l'égard des juges, cela avoit été amplement discuté le dernier jour, & qu'il ne restoit plus que d'en parler au roi. Et qu'à l'égard du fond de l'article, qui fait défenses d'évoquer le principal, sinon pour être jugé sur le champ, ce n'étoit que le transcrit de l'ordonnance de Blois. Que sans cela l'on déserteroit les premiers juges : demeurant d'accord que dans Paris, messieurs des compagnies en usent fort bien : mais que l'ordonnance est générale, & doit être exécutée dans toute l'étendue du royaume, où il peut y avoir de l'abus.

Qu'en ce qui concerne le réglement fait par le parlement de Paris, pour la tournelle, la dépense en seroit grande. Il y avoit beaucoup d'autres droits que ceux du greffe : qu'il faudroit passer par les mains des clercs des rapporteurs ; que ce sont ces gens-là qui causent les plus grands déréglemens de la justice ; qu'ils exigent des parties de plus grands droits que ceux qui appartiennent à leurs maîtres : qu'enfin ces abus ont besoin d'une grande réformation. Qu'il connoît assez qu'il peut y avoir inconvénient de part & d'autre. L'expédient que l'on pourroit y apporter, seroit de multiplier les audiences des après-dînées, dans lesquelles l'on expédieroit quantité de ces petites causes : ce qui feroit un grand bien dans le public. Qu'au surplus, s'il étoit vrai que l'appellant pût gagner entiérement son procès, & que la condition de l'intimé ne fût pas égale, cela seroit d'une fâcheuse conséquence dans la justice : il faudroit donc perpétuellement évoquer le principal.

Pendant que M. Pussort répondoit aux difficultés qui avoient été objectées sur l'article,

M. le chancelier parlant bas, & comme en particulier, à M. le premier président, lui faisoit entendre, qu'au dernier jour il avoit étendu bien avant le pouvoir du parlement : lui donnant une plénitude de pouvoir sur toutes les affaires du royaume.

Parlement est compétent pour toutes sortes d'affaires.

Sur quoi M. le premier président élevant sa voix, en parlant pour être entendu de toute l'assemblée, a dit, que la compétence du parlement étoit générale pour toutes sortes d'affaires. Qu'on révoquoit fort peu en doute qu'il n'eût connu des matieres qui sont présentement portées au grand-conseil & à la cour des aides. Qu'il étoit au pouvoir du roi de donner la compétence aux juges ; mais que toutes les attributions particulieres qui avoient été faites aux autres compagnies, n'ôtoient pas au parlement cette compétence générale, qui venoit de son institution, dans les affaires où l'on n'alléguoit pas les exceptions ; si ce n'est que l'usage & les ordonnances vérifiées les fissent évidemment connoître. Qu'ainsi l'on ne faisoit point de difficulté de reconnoître celle de la cour des aides, pour les affaires qui lui étoient attribuées.

Que c'est pour cela même, que lorsqu'il se rencontroit quelques difficultés sur la compétence, les gens du roi de la cour des aides alloient au parquet du parlement, pour se régler. Ce n'étoit pas aussi ce qui étoit à desirer dans l'article, mais bien de ce qu'il portoit ; qu'encore que l'incompétence ne se trouvât point alléguée par les parties, les juges qui contreviendroient, seroient tenus de la peine de la contravention.

M. le premier président continuant de traiter les difficultés de l'article, a dit, que les juges renvoient, lorsque l'appointement dont est appel est trouvé bon : comme en matiere de partage, ou en cause de fief, nonobstant le consentement prêté par les parties à l'évocation. Mais si l'appellant est bien fondé en son appel, il faut juger nécessairement le principal ; & c'est en ce cas, que la condition de l'intimé est bien moins avantageuse que celle de l'appellant. Que le transcrit de l'ancienne ordonnance est bon en ce cas ; mais qu'en quelques autres cela est sujet à interprétation.

Loix muettes ont besoin d'interprétation.

Les loix muettes sont justes en elles-mêmes ; mais il faut quelquefois qu'elles soient interprétées par les juges. Cependant on prononce des peines contre eux, & on les expose à des prises à partie qui les renferment dans des bornes si étroites, que l'administration de la justice, qui a toujours été la plus noble fonction des hommes, seroit dorénavant la moins libre.

Qu'en ce qui touchoit le réglement de la tournelle, la modération des frais étoit fort grande : qu'il coûtoit beaucoup plus à payer un avocat, qu'à faire juger un procès, & que le réglement étoit fort bon. Et M. le premier président a invité M. le président le Coigneux d'expliquer, à la compagnie, les motifs de ce réglement, qu'il avoit demandé & proposé à la grand'chambre.

Réglement pour les causes non plaidées.

M. le président le Coigneux a dit, que la tournelle ayant observé les inconvéniens que souffroient les parties, par les ajoutés aux rôles, lesquels par ce moyen ne finissoient jamais, & donnoient occasion aux parties de faire plusieurs voyages inutiles, sur l'incertitude du tems auquel leurs causes se pourroient plaider; il fut arrêté dans la grand'chambre, celles de la tournelle & de l'édit assemblées, qu'il seroit fait deux rôles par chacune année, de six mois en six mois, & que les causes qui n'auroient pas été appellées ni plaidées, demeureroient appointées: avec cette condition, qu'en jugeant l'appel, on évoqueroit le principal, si on ne pouvoit y faire droit en même tems. Et où la matiere seroit grave, & mériteroit d'être approfondie, l'on en ordonneroit le renvoi pardevant les premiers juges. Et afin de pourvoir à tout, l'on avoit réglé les frais à des sommes modiques. Que l'on se trouvoit bien de ce réglement, & qu'il sembloit qu'on ne pouvoit rien faire de mieux.

M. Pussort a réparti, que les petites audiences des après-dînées satisferoient à tout.

M. Talon, invité par M. le chancelier de donner son avis, a dit, qu'encore que la défense d'évoquer les affaires pendantes aux justices inférieures soit générale par l'ordonnance, & fondée en beaucoup de raisons, elle avoit néanmoins toujours reçu certaines exceptions: & comme il y avoit des cas dans lesquels il étoit absolument nécessaire, ou plus avantageux pour le bien des parties d'évoquer, l'on avoit toujours laissé l'exécution de cet article à la connoissance des juges souverains. *Exception à la défense d'évoquer.*

Que lorsque le premier juge avoit appointé sur la maintenue d'un bénéfice, & adjugé la récréance, si sur l'appel les parties avoient été appointées au conseil, & qu'elles eussent respectivement produit tout ce qui pouvoit contribuer à leur défense, même consenti l'évocation, ce seroit une grande vexation de ne juger que la récréance, & de réserver encore un procès sur la maintenue. *I exemple.*

Que souvent une même demande est faite en deux différentes jurisdictions, jugée dans l'un des tribunaux, l'appel relevé au parlement; que si on poursuivoit l'évocation pour raison de la connexité, il y auroit de l'injustice de la refuser. *II exemple.*

Que c'étoit la même chose quand une partie ayant formé plusieurs demandes, les unes étoient jugées définitivement, les autres interloquées. Que l'on interjettoit appel de la sentence, & que cependant l'interlocutoire s'instruisoit. Que ce seroit rendre une affaire immortelle, si en cette espece il n'étoit pas permis d'évoquer. *III exemple.*

De même, lorsque dans une justice seigneuriale les juges étoient récusés, & que le seigneur avoit été sommé de commettre; les juges royaux auxquels l'appel ressortissoit, étoient indispensablement obligés d'évoquer. Qu'il y avoit beaucoup d'autres cas semblables; mais qu'il seroit trop long de les expliquer. *IV exemple.*

Qu'il est vrai, que quand il y avoit appel d'un appointement en droit, l'on ne devoit jamais évoquer, si l'on ne jugeoit à l'audience; & si l'affaire ne paroissoit pas suffisamment éclaircie aux juges d'appel, ils devoient, sans s'arrêter à la requête d'évocation du principal, confirmer l'appointement. Mais pour faire qu'en ce cas on ne pût jamais évoquer, il falloit ajouter quelque chose à l'article, & défendre à tous procureurs de prendre aucuns appointemens au conseil, sur les appellations des appointemens en droit, à peine de nullité, & de quatre cent livres d'amende: même ordonner, qu'en cas que ces sortes d'appellations, étant mises au rôle, ne vinssent à leur tour, ensorte qu'elles dussent, suivant l'ancien usage, demeurer appointées, les procureurs, au lieu de lever sur le rôle un appointement au conseil, fussent tenus de passer l'appointement portant confirmation de la sentence; & aussi que les appellations étant plaidées à l'audience, n'y pourroient être appointées, sous quelque prétexte que ce fût: & si elles n'y sont jugées définitivement, l'appointement en droit sera confirmé.

Plaintes des premiers juges au sujet des évocations.

M. le chancelier a dit, que l'on a fait observer au roi beaucoup d'abus & de contraventions, qui se faisoient à l'exécution de cet article d'ordonnance, dont l'observation étoit fort nécessaire. Que les plaintes des premiers juges étoient fort fréquentes. Messieurs des requêtes du palais avoient demandé sur cela des réglemens. Que le conseil étoit souvent importuné pour les cassations d'arrêts d'évocation qui étoient demandées par les parties, l'on étoit obligé d'y pourvoir. Ces entreprises des juges les uns sur les autres, apportoient beaucoup de trouble dans la justice. Qu'il étoit de mauvaise édification de voir des juges inférieurs se plaindre avec fondement des évocations faites par les compagnies supérieures, qui sont plus obligées à l'observation des ordonnances; & que le relâchement qui s'en est fait, mérite quelque réflexion particuliere dans ce présent renouvellement de la loi, qui fasse connoître que l'intention du roi est, qu'elle soit à l'avenir inviolablement observée.

M. le premier président a réparti, qu'il est fort à propos que l'ancienne ordonnance soit renouvellée, pour l'observer bien étroitement. Qu'il peut dire que le parlement n'y contrevient point, & qu'en voyant les feuilles de la grand'chambre, l'on reconnoîtra que les juges l'ont réguliérement gardée. Et à l'égard de la tournelle, que le réglement qui s'y est fait, pourvoit à tout, jusqu'au retranchement des frais.

☞ *Nonobstant les observations faites par monsieur le premier président, au sujet des peines établies contre les juges par ces deux articles, ils ont passé. Néanmoins on y a fait quelques légers changemens, qui ne regardent point ces peines. Voici ces deux articles, tels qu'ils ont été mis dans l'ordonnance.*

ARTICLE I. Défendons à tous nos juges, comme aussi aux juges ecclésiastiques, & des seigneurs, de retenir aucune cause, instance ou procès, dont la connoissance ne leur appartient; mais leur enjoignons de renvoyer les parties pardevant les juges qui doivent en connoitre, ou d'ordonner qu'elles se pourvoiront, à peine de nullité des jugemens: & en cas de contravention, pourront les juges être intimés, & pris à partie.

ARTICLE II. Défendons aussi à tous juges, sous les mêmes peines, & de nullité des jugemens qui interviendront, d'évoquer les causes, instances & procès pendans aux sieges inférieurs, ou autres jurifdictions, fous prétexte d'appel en connexité, fi ce n'eft pour juger définitivement en l'audience, & fur le champ, par un feul & même jugement.

ARTICLE III.

Les fins déclinatoires feront jugées fommairement.

ENJOIGNONS à tous juges, fur les mêmes peines, de juger fommairement à l'audience & fans délai, les renvois, incompétences & déclinatoires qui feront propofés & requis, fous prétexte de litifpendance, connexité ou autrement; & leur défendons d'appointer les parties, fur les fins de non-procéder, ni d'ordonner qu'il en fera délibéré fur le regiftre; ni même de les réferver, ou joindre, pour y être préalablement, ou autrement fait droit.

Lecture faite de l'Article III:

M. le premier préfident a dit, que les défenfes faites aux juges de contrevenir aux ordonnances, *fur les mêmes peines*, c'eft-à-dire, *de prife à partie*, & *de dommages & intérêts*, qui font encore employées dans cet article, feront prifes pour claufes de ftyle, & ne ferviront qu'à bleffer les juges, en les expofant à l'emportement des parties condamnées. *Contre les peines des juges.*

A l'égard du fond de l'article, il a dit que les arrêts qui fe rendent fur les délibérés du regiftre, font véritables arrêts d'audience: il n'y a point d'épices, & ils font employés fur la feuille qui eft vifée de celui qui a préfidé. *Arrêts fur délibérés du regiftre, font arrêts d'audience.*

M. le préfident de Novion expliquant la forme de délibérer fur le regiftre, a dit, qu'après que les avocats ont plaidé, fi par la longueur de la délibération, ou autre confidération, les juges trouvent à propos d'en délibérer fur le regiftre, celui qui préfide enjoint aux avocats de mettre leurs pieces fur le bureau, pour en être délibéré fur le regiftre. Le greffier les reçoit, & les préfente à la compagnie. Quelquefois un de meffieurs s'en charge; mais comme c'eft affaire d'audience, chacun eft rapporteur. L'on en délibere, fi le tems le permet, à l'iffue de l'audience, ou du moins le lendemain; les avocats fe trouvent à l'audience, & l'arrêt leur eft prononcé par celui qui a préfidé. Ainfi les délibérés ne font que pour plus grande précaution, & pour juger avec plus d'exactitude & de connoiffance de caufe. Mais aboliffant cet ufage, la juftice en recevroit beaucoup de préjudice par la précipitation; joint que tous les délibérés fe font fans frais. *Forme du délibéré fur le regiftre.*

M. le préfident le Coigneux a ajouté, que comme ce n'eft qu'une fimple délibération, qui fe fait fur le plaidoyé des avocats, elle ne peut être faite qu'entre les mêmes juges qui ont affifté à l'audience: tant il eft vrai qu'il n'y a point de nouveau rapport.

M. Puffort a dit . . . .

M. Talon a dit, que les partages d'avis font toujours remis à être délibérés sur le registre, & qu'il y a certains cas auxquels il seroit impossible de s'en abstenir. Que chacun sait le délibéré sur le registre en l'affaire de Luxembourg; & quoiqu'elle fût des plus importantes, l'arrêt fut prononcé à l'audience, en la forme qui vient d'être expliquée.

M. le chancelier a dit, que les délibérés sur le registre sont une suite des audiences, & qu'il en faut parler au roi.

☞ *Dans l'examen des articles, qui fut fait après ces conférences, l'on trouva à propos de rédiger l'article en la forme qui suit :*

ARTICLE III. Enjoignons à tous juges, sous les mêmes peines, de juger sommairement à l'audience les renvois, incompétence & déclinatoires, qui seront requis & proposés sous prétexte de litispendance, connexité, ou autrement, sans appointer les parties, lors même qu'il en sera délibéré sur le registre, ni réserver & joindre au principal, pour y être préalablement ou autrement fait droit.

ARTICLE IV.

Comment seront vuidées les appellations de déni de renvoi, & d'incompétence.

LES appellations de déni de renvoi, ou d'incompétence, seront incessamment vuidées par l'avis de nos avocats & procureurs généraux, ou par celui d'un ancien avocat, dont les parties conviendront; & en cas de contestation entre eux, ou de refus d'en convenir, voulons qu'après deux sommations signifiées, il soit prononcé, tant en présence qu'absence, par l'avis du bâtonnier ou syndics des avocats, lors en charge, ou en son absence ou empêchement, par celui qui l'aura été l'année précédente, sans aucun acte, délai, ni formalité.

Lecture faite de cet Article :

M. le premier président a dit, qu'il sembloit à propos de retrancher de l'article, *qu'en cas de contestation sur le fait des expédiens, elle seroit réglée par l'avis du bâtonnier.* L'on savoit assez au palais, que cette charge de *bâtonnier* ne se conféroit pas toujours à celui du corps des avocats qui avoit le plus d'expérience.

Qu'au surplus, les avocats n'avoient point pensé, en donnant leur avis sur cet article, d'en modérer les frais, qui vont au moins à dix-huit livres. Que cela est à charge aux parties, & qu'il seroit bon d'y pourvoir. Qu'au lieu du bâtonnier, les parties pouvoient demander qu'on leur nommât un ancien avocat à l'audience, comme il se pratique maintenant, & que jamais on n'y nomme que les plus habiles.

M. le président de Novion a proposé de régler leurs salaires.

M. le premier président a dit, qu'il y avoit encore à redire sur cet article, de renvoyer aux avocats la connoissance des appellations de déni de renvoi, d'incompétence & de rétention, pour les juger par expédient, parce qu'en cela il y avoit du droit public. Que celui du roi y pouvoit être intéressé, & qu'il n'appartenoit qu'à ses officiers de régler la compétence des juges; mais que telles contestations devoient être portées au parquet, pour en passer par l'avis de messieurs les gens du roi, qui en faisoient leur rapport, sur lequel le parlement rendoit arrêt contradictoire à l'audience.

Compétence; par qui doit être réglée.

Qu'il y a encore une considération à faire sur cet article, qui regarde les appellations des sentences de rétention, rendues par messieurs des requêtes du palais. Qu'elles devoient aussi être réglées par l'avis du parquet, & qu'il y avoit de l'indécence de les soumettre à l'avis des avocats.

Qu'il croyoit aussi à propos de comprendre dans l'article, les appellations des rétentions, les folles intimations, & assignations en désertion; mais qu'il ne savoit pas si ce tiers, auquel on renverroit les parties, auroit le pouvoir de modérer l'amende de vingt-cinq écus du fol appel, dans les petites causes.

☞ *Sur les observations de monsieur le premier président, l'on a fait des changemens considérables à cet article : l'on y a même ajouté l'article VI de ce titre : & de ces deux articles, on a composé le quatrieme de l'ordonnance.*

ARTICLE IV. Les appellations de déni de renvoi, & d'incompétence, seront incessamment vuidées par l'avis de nos avocats & procureurs généraux ; & les folles intimations & désertions d'appel, par l'avis d'un ancien avocat, dont les avocats ou les procureurs conviendront : & ceux qui succomberont, seront condamnés aux dépens, qui ne pourront être modérés, mais seront taxés par les procureurs des parties sur un simple mémoire, sans frais & sans nouvel voyage.

ARTICLE V.

Aux expédiens la présence du procureur ne sera pas nécessaire.

La présence du procureur ne sera point nécessaire, lorsque les avocats seront chargés des pieces, & qu'ils l'auront déclaré à l'audience.

Lecture faite de l'Article V:

M. le premier président a dit, qu'il seroit bien difficile que l'on pût se passer de la présence du procureur, suivant la disposition de l'article, étant le maître de la cause; sans la participation & aveu duquel l'avocat ne pouvoit pas recevoir des offres, prêter des consentemens, ni faire plusieurs autres déclarations qui requéroient un pouvoir spécial de la partie. Que véritablement l'intention avoit été de modérer les frais de l'expédient; mais que si l'on retranchoit aux procureurs le droit de leur présence, au-

Présence du procureur, où est nécessaire.

cune affaire ne se vuideroit par expédient. Que comme c'est une chose de pratique & d'usage, lui qui parle, avoit voulu s'en informer exactement aux plus versés en ces matieres, & personnes fort désintéressées, qui y avoient trouvé de l'inconvénient.

M. Pussort a dit, que ce qui fait la difficulté dans l'article, est qu'il semble être général. Qu'en ce cas, on demeure d'accord qu'il ne pourroit pas convenir à toutes sortes d'affaires, dans la plupart desquelles la présence du procureur étoit nécessaire; mais que l'article n'étoit conçu que pour les expédiens, & qu'on pourroit l'y restreindre.

☞ *Sur cette remarque, l'article a été borné aux seuls expédiens, de cette maniere.*

ARTICLE V. Dans les causes qui se vuideront par expédient, la présence du procureur ne sera point nécessaire, lorsque les avocats seront chargés des pieces.

ARTICLE VI.

Les appellans de déni, &c. qui succomberont, seront condamnés aux dépens.

LES appellans de déni de renvoi, ou comme de juge incompétent, qui succomberont en leurs appellations, seront condamnés aux dépens, qui ne pourront être modérés ni liquidés, mais seront taxés par les procureurs des parties, sommairement & sans frais, sur un simple mémoire, & sans nouvel voyage.

Lecture faite de cet Article:

Maxime pour les dépens des petits, & des grands procès.

M. le premier président a dit, que la maxime est fort bonne; qu'il faut être plus religieux de condamner aux dépens dans les petits procès, que dans les plus grandes affaires: n'étant pas juste qu'une partie se soit donnée la licence d'intenter légérement une demande pour vingt ou trente écus, de causer des frais qui excedent de beaucoup le principal, & qu'elle soit renvoyée absoute. Mais qu'il falloit prendre garde aux frais de la taxe, & que bien souvent il sembloit meilleur de les liquider par le même appointement, que d'en laisser la disposition aux juges.

Qui succombe au principal, doit les dépens.

M. Pussort a dit, que le motif de l'article étoit, que dans l'usage ordinaire, les dépens qui s'étoient faits sur une désertion d'appel, de quelque qualité qu'ils pussent être, étoient ordinairement modérés à quatre livres parisis. Que messieurs les commissaires qui avoient dressé l'article, avoient été d'avis que toute partie qui succomberoit au principal, seroit condamnée pareillement aux dépens indéfiniment. Que les articles n'avoient pas encore été présentés au roi; mais qu'en ce qui étoit du présent article en particulier,

lier, l'on avoit pourvu à retrancher les frais, en ordonnant qu'ils feroient taxés *fommairement & fans frais, fur un fimple mémoire, & fans nouvel voyage.*

M. Talon a ajouté, qu'il fembloit à propos que les dépens fuffent réglés par le même tiers qui auroit jugé l'expédient, fur un mémoire féparé, & incontinent après que l'appointement auroit été rendu.

☞ *Le préfent article a été inféré dans l'ordonnance à la fin de l'article IV. Voyez ci-devant.*

ARTICLE VII.

Les prononciations feront rédigées fur le champ.

LES prononciations feront rédigées & fignées au même inftant qu'elles auront été arrêtées, fauf à dreffer par après les qualités.

Lecture faite de cet Article:

M. le premier préfident a dit, que fouvent il arrivoit des incidens pour la réception des qualités; & que pour les retrancher, il feroit à propos de les porter toutes dreffées au tiers, lorfqu'il régleroit les parties, afin qu'il n'eût qu'à mettre fon avis enfuite, fans attendre à les dreffer par après. *Qualité des parties.*

M. Puffort a témoigné être de ce fentiment.

Sur quoi l'on a demandé, qui feroit chargé de dreffer les qualités?

Il a été répondu, que ce feroit le plus diligent; & en conféquence, l'article a été approuvé de part & d'autre.

☞ *Enfuite de ce qui a été obfervé fur les inconvéniens qui arrivoient touchant la réception des qualités des parties, cet article, qui eft le VI dans l'ordonnance, a été ainfi arrêté:*

ARTICLE VI. Les qualités feront fignifiées avant d'aller à l'expédient, & les prononciations rédigées & fignées, auffi-tôt qu'elles auront été arrêtées.

ARTICLE VIII.

Appointement fera figné des avocats.

Ce qu'il faut faire en cas de refus.

QUAND les qualités auront été dreffées, l'appointement fera figné par les avocats des parties, & par l'ancien qui aura été pris pour tiers, ou par le bâtonnier ou fyndic, au refus d'en avoir voulu nommer, ou pu convenir; & vaudra l'appointement, quoique l'un des avocats refusât de le signer, de même que s'il étoit signé de tous les trois, pourvu qu'il le soit de l'autre & du tiers, sans qu'il soit besoin de sommation, ni d'autre procédure; & en cas qu'il y en ait, elles n'entreront point en taxe.

Lecture faite de l'Article VIII :

M. le premier président a dit, qu'il est à craindre, qu'en voulant trop abréger les procédures, l'on ne tombe dans la précipitation. Qu'après l'appointement passé, le procureur peut encore avoir quelques mots à y ajouter, avant que la réception en soit faite à l'audience.

M. Pussort a réparti, que dressant les qualités avant le jugement, il n'y aura plus rien à y ajouter. Que toutes choses seront réglées avant que les avocats se séparent, & qu'il n'estime pas que les appointemens concernant les expédiens, doivent être portés à l'audience.

Appointemens du parquet, & réglés par avocats.

Qu'il avoit appris que l'on faisoit différence des appointemens qui passent par le parquet, d'avec ceux qui sont réglés par les avocats. Qu'à l'égard de ceux-ci, les avocats en sont juges, & qu'ainsi il n'est plus nécessaire d'autre jugement, sinon que de mettre l'arrêt au greffe. Mais qu'à l'égard du parquet, l'on y va communiquer & prendre avis; & que les appointemens qui sont dressés en conséquence, doivent être portés à l'audience, où messieurs les gens du roi font récit du fait & des motifs de l'expédient. En conséquence de quoi, on prononce ordinairement en conformité de leurs conclusions ou avis.

Jurisdiction invisible des avocats.

M. le premier président a dit, que comme les appointemens du parquet sont reçus à l'audience, ceux des avocats y doivent être portés pareillement: qu'autrement ils auroient une autorité plus considérable, que celle de messieurs les gens du roi. Que l'on s'est souvent plaint des abus qui se commettoient à cet égard, & que les avocats tâchoient d'introduire la réception de leurs appointemens, par la voie du greffe, sans la participation de l'audience, pour se faire par-là une jurisdiction invisible. Qu'il falloit remettre les choses dans l'ordre ; que le tout passât par l'audience, & qu'à cet effet, lorsque l'appointement n'auroit point été signé des trois avocats, celui qui en poursuivroit la réception, fût tenu de faire la sommation à l'autre procureur, pour lui déclarer qu'il en poursuivra la réception à l'audience.

M. Pussort a répliqué, que cette sommation ne paroissoit pas d'une grande nécessité, & qu'elle causeroit des frais aux parties.

M. l'avocat général Talon a dit, que la différenc qu'il y a à faire, est, que les appointemens d'instruction sont mis au greffe; mais à l'égard de ceux qui se prononcent définitivement, il est des regles de les faire recevoir à l'audience.

☞ *L'observation de messieurs les députés du parlement a paru raisonnable;*

parce qu'il n'étoit pas juste que les appointemens réglés par les avocats eussent plus de force que ceux qui passent par le parquet. Ainsi il a été ordonné, que les appointemens sur les appellations qui auront été vuidées, tant par l'avis d'un ancien avocat, que par celui des avocats & procureurs généraux, seront prononcés à l'audience. *Voyez le dernier article de ce titre dans l'ordonnance.*

A l'égard de cet article VIII, il a été inséré dans l'ordonnance, où il est le VII ; mais on l'a rédigé en moins de paroles, de cette maniere.

ARTICLE VII. En cas de refus de signer par l'avocat de l'une des parties, l'appointement sera reçu, pourvu qu'il soit signé de l'avocat de l'autre partie & du tiers, sans qu'il soit besoin de sommation, ni autre procédure.

ARTICLE IX.

Tous appointemens sur les appellations, seront reçus en l'audience.

LES appellations qui auront été vuidées par l'avis de nos avocats & procureurs généraux, seront récitées sommairement à l'audience, pour y être l'appointement reçu ; & en cas de contestation ou refus, la réception y sera demandée, & sur la premiere sommation, l'appointement reçu, s'il n'y a cause légitime pour l'empêcher.

Lecture faite de l'Article IX, il a été trouvé bon.

☞ *Cet article est le VIII dans l'ordonnance, où il a été mis, avec quelques changemens : le plus considérable desquels concerne les appointemens vuidés par un ancien avocat, comme on l'a observé sur l'article précédent.*

ARTICLE VIII. Les appointemens sur les appellations qui auront été vuidées par l'avis d'un ancien avocat, ou par celui de nos avocats & procureurs généraux, seront prononcés & reçus en l'audience sur la premiere sommation, s'il n'y a cause légitime pour l'empêcher.

TITRE VI.

Ce titre est le XIV de l'ordonnance.

Des contestations en cause, & procédures pour parvenir au jugement.

ARTICLE I.

Dans quel délai, & comment la cause sera poursuivie à l'audience.

TROIS jours après la signification des défenses & des pieces justificatives, s'il y en a, la cause sera poursuivie à l'audience sur un simple acte signé du procureur, sans qu'on puisse ci-après prendre aucun avenir, ni jugement portant que l'on viendra plaider au premier jour: & ce à peine de nullité & de vingt livres d'amende, applicable comme dessus, contre le procureur qui les auroit pris, & de pareille amende contre le greffier qui les expédiera.

Après la lecture de l'Article I:

M. le premier président a dit, que tous les articles de ce titre sont mêlés, & que cela jette dans l'embarras. Que les instructions qui se font en cause principale & en celle d'appel, se trouvent confusément traitées, & qu'il auroit été à propos d'y mettre de la distinction.

M. Pussort a dit, que l'intention du titre a été de régler particuliérement ce qui regardoit les premiers juges.

M. le premier président a réparti, que le retranchement qui est fait des deux avenirs, regarde autant le parlement que les premiers juges. Que ce qui est placé dans un lieu étranger, est difficile à trouver; & qu'au surplus l'article étoit bon.

M. Pussort a répondu, que ç'a été pour éviter les répétitions.

☞ *La disposition de cet article est semblable à celle de l'article VI du titre XI.*

Voici de quelle maniere le présent article a été rédigé, pour être inséré dans l'ordonnance: il y est aussi le premier de ce titre.

ARTICLE I. Trois jours après la ſignification des défenſes & des pieces juſtificatives, la cauſe ſera pourſuivie en l'audience ſur un ſimple acte ſigné du procureur, & ſignifié, ſans qu'on puiſſe prendre aucun avenir ni jugement pour plaider au premier jour, à peine de nullité & de vingt livres d'amende contre chacun des procureurs & greffiers, qui les auront pris & expédiés.

ARTICLE II.

Délai pour fournir des repliques.

DURANT le même délai de trois jours, le demandeur pourra, ſi bon lui ſemble, fournir des repliques & les faire ſignifier, ſans que le cours des procédures puiſſe être arrêté, ni le délai prorogé.

Lecture faite de l'Article IV, il a été trouvé bon.

☞ *Cet article eſt auſſi le II de l'ordonnance. Voici de quelle maniere il a été rédigé :*

ARTICLE II. Le demandeur, dans le même délai de trois jours, pourra, ſi bon lui ſemble, fournir de replique, ſans que la procédure en puiſſe être arrêtée, ni le délai prorogé.

ARTICLE III.

Abrogations des dupliques, tripliques, additions, &c.

ABROGEONS l'uſage des *dupliques, tripliques, additions premieres & ſecondes*, & autres écritures ſemblables : défendons à tous juges d'y avoir égard, & de les paſſer en taxe.

Lecture faite de l'Article III :

M. le premier préſident a dit, que quelquefois il ſurvient un bon moyen qui échappe, à moins qu'il ne ſoit permis de l'employer dans les repliques. Ce que l'on pourroit faire, ce ſeroit d'ordonner que les frais n'en entreroient point en taxe : qu'il eſt vrai qu'on pourra faire la même choſe par la voie des requêtes.

M. Puſſort a dit, que l'abus de toutes les repliques eſt grand dans beaucoup de ſieges, qu'il apprenoit qu'à Lyon il y en avoit de cinq ou ſix façons.

M. le premier préſident a ajouté, que dans l'Artois les procédures y étoient encore bien plus longues, & l'on y ſuivoit encore le ſtyle qui étoit en uſage avant l'ordonnance de 1539.

M. le préſident de Novion a dit, qu'il ne falloit pas faire défenſes d'y avoir égard, les juges étant obligés de recueillir de tous les endroits du procès, ce qui peut ſervir au droit de l'une & de l'autre des parties.

☞ *Nonobstant ces observations, l'article III a passé en l'état où il est.*

ARTICLE IV.

Défaut, faute de comparoir à l'audience, & le profit.

LES procureurs seront tenus de comparoir à l'audience, pour y plaider la cause, au jour qu'écherra l'assignation premiere & délai de venir plaider; & au cas qu'elle soit de la qualité de celles qui ont besoin du ministere des avocats, ils les y feront trouver: sinon le comparant obtiendra congé ou défaut; & pour le profit, si c'est le défendeur, il sera renvoyé sur le champ absous des conclusions contre lui prises, avec dépens; & si c'est le demandeur, ses conclusions lui seront adjugées, pourvu qu'elles soient trouvées justes & bien vérifiées comme dessus.

Lecture faite de l'Article IV:

M. le premier président a représenté, qu'il y a de grandes réflexions à faire sur cet article, en ce que le défendeur pourra perdre son bien sur la signification d'un simple acte. Que la restitution ne sera pas aisée, lorsque l'on observera cette ordonnance à la rigueur; mais que la précipitation sera grande, particuliérement à l'égard du défendeur, dont la condition sera toujours la plus mauvaise. Que l'augmentation des délais ne va qu'au tems, & non pas aux frais; qu'il semble juste de conserver au défendeur le double des délais.

Délais plus longs pour le défendeur.

M. Pussort a réparti, que l'article ne porte point de défenses aux juges de proroger les délais; mais que l'on s'est abstenu de leur en donner *taxativement* la faculté, afin que l'on n'en fît pas d'abus. Que néanmoins le juge le pourra faire, selon l'exigence du cas: qu'aussi-bien auroit-il été impossible de régler les délais avec tant de proportion, qu'il n'y eût point de trop ou de trop peu.

☞ *L'article IV a été inséré dans l'ordonnance, avec quelques changemens à l'égard des termes, en cette maniere:*

ARTICLE IV. Les procureurs seront tenus de comparoir an l'audience au jour qu'écherra l'assignation & le délai pour venir plaider: & si la cause est de la qualité de celles qui ont besoin du ministere des avocats, ils les y feront trouver, sinon sera donné défaut ou congé au comparant, qui sera jugé sur le champ; & pour le profit, le défendeur sera renvoyé absous; ou si c'est le demandeur, ses conclusions lui seront adjugées, si elles sont trouvées justes & bien vérifiées.

ARTICLE V.

Ne seront rabattus les défauts, si ce n'est en la même audience.

Ne seront à l'avenir données & expédiées aucunes sentences, qui ordonnent le rapport, ou le rabat des congés ou défauts, à peine de nullité, & de condamnation de vingt livres d'amende, applicable comme dessus, contre les procureurs & greffiers qui les auront obtenues & expédiées. Pourront néanmoins les congés & défauts être rabattus par le juge en la même audience, en laquelle ils auront été prononcés ; auquel cas le greffier n'en délivrera aucune expédition à l'une ou à l'autre des parties, sur les mêmes peines dessus indiquées.

Lecture faite de l'Article V:

M. le premier président a dit, qu'on ôte la liberté de se pourvoir par rapport au rabat des congés ou défauts; que cela causera bien du désordre dans la justice. Quantité d'affaires se jugeront par défaut : ce qui remplira les compagnies d'appellations, & fera une grande vexation aux parties. Que l'on pourroit laisser au défendeur la faculté de se pourvoir une fois seulement dans la huitaine, contre un défaut. *Rabat, ou rapport des défauts.*

M. Pussort a dit, que ces rapports & rabats donneroient lieu à une infinité de sentences, parce que l'on ne se défend jamais qu'à l'extrêmité. Les parties qui connoîtront la nécessité qu'il y aura de se défendre, ne voudront point être condamnées; parce que la qualité d'un appellant n'est pas favorable, & qu'en plusieurs cas le roi a voulu, par les articles qui sont proposés, que les jugemens fussent exécutés par provision, sans que les juges supérieurs puissent donner aucunes défenses ni surséance de les exécuter; & que si l'on donne quelque délai, il faut qu'il soit commun entre les parties. *Qualité d'appellant n'est pas favorable.*

M. l'avocat général Talon a dit, que les appellations multiplieront, si l'on ne permet une premiere fois le rapport des sentences données par défaut. Qu'il y a un nombre infini d'affaires, lesquelles étant plaidées contradictoirement devant les premiers juges, les parties acquiescent à la sentence, & par-là leurs différens sont terminés sans ressource. Que si par la négligence de leurs procureurs, ou par la surprise de leurs adversaires, il intervient une sentence par défaut, ils seront obligés d'en interjetter appel & de faire un voyage, & peut-être un long séjour à Paris, avant qu'ils puissent voir la fin de leur procès. *Utilité du rabat des sentences par défaut.*

Que quelque inconvénient qu'il arrive du rapport fréquent des sentences, il ne peut être comparé à la dépense, & aux autres incommodités que souffriront les sujets du roi, pour faire vuider les appellations des jugemens par défaut, que l'on pourroit éviter en permettant le rapport sous des conditions qui en préviennent les abus.

Que cette défense de se pourvoir contre les jugemens par défaut, autrement que par appel, étant un moyen de priver les premiers juges de la meilleure partie de leurs fonctions, il est à craindre, que de concert avec les procureurs, ils ne trouvent des expédiens pour en éluder l'exécution; & comme d'ailleurs toutes les plaintes du mauvais usage que l'on fait du rapport des sentences, ne regardent que les requêtes du palais, de l'hôtel, & le châtelet de Paris, seroit-il juste, pour réformer un abus qui s'est glissé dans deux ou trois jurisdictions, de faire préjudice à toutes les autres?

Défenses aux greffiers de rien faire sans le juge.

M. le premier président a dit, qu'il seroit bon que l'on ajoutât des défenses aux greffiers d'écrire aucune chose dans leurs registres, ni de rien faire sans le ministere du juge, même de retenir la minute des jugemens dans leurs maisons.

De laisser du blanc dans leurs registres.

M. le président de Blancmesnil a dit, qu'il les faudroit encore empêcher de laisser du blanc dans leurs registres, par le moyen de quoi ils peuvent donner des hypotheques comme bon leur semble.

Juges doivent viser tous les actes des greffiers.

M. le premier président a ajouté, qu'il observe une chose qu'il croit fort nécessaire, qui est de viser chaque arrêt & chaque acte, de quelque nature qu'il soit, qui se trouve sur le registre du greffier. Que si l'on obligeoit tous les juges d'en user ainsi, au lieu qu'ils se contentent seulement de viser le commencement & la fin du cahier, il y auroit beaucoup moins à redire aux expéditions des greffes, & les greffiers n'y pourroient rien ajouter.

Défenses d'écrire aucune sentence par défaut, qui n'ait été prononcée.

Qu'il seroit encore nécessaire d'ajouter des défenses aux greffiers d'écrire dans leurs registres, ni de retenir en liasse, ou minute, délivrer, collationner, ni parapher aucune sentence par défaut, qui n'ait été prononcée par les juges en leur siege, à peine de faux & d'amende arbitraire contre le greffier, & de pareilles peines contre les procureurs qui les auront fait signifier.

☞ *Les observations qui ont été faites sur cet article, sont de deux sortes; les unes regardent le rapport ou le rabat des congés & défauts; & les autres concernent le devoir des juges & des greffiers touchant les jugemens.*

Les premieres observations touchant le rabat des sentences données par défaut, n'ont eu aucun effet, & l'article a passé dans l'ordonnance.

A l'égard des réflexions faites par monsieur le premier président, & par monsieur le président de Blancmesnil, on y a pourvu dans la suite par deux articles qui ont été dressés exprès: l'un desquels défend aux greffiers de rien écrire qui n'ait été prononcé par le juge; & l'autre défend les productions en blanc. Ces deux articles ont été ajoutés à la fin du titre XI, Des délais & procédures ès cours de parlement, &c.

Voici l'article V de l'ordonnance qui répond à celui-ci;

ARTICLE V. Ne seront à l'avenir données & expédiées aucunes sentences qui ordonnent le rapport ou le rabat des défauts & congés, à peine de nullité, & de vingt livres d'amende d'amende contre chacun des procureurs & greffiers qui les auront obtenues & expédiées. Pourront néanmoins les défauts & congés être rabattus par les juges en la même audience, en laquelle ils auront été prononcés, auquel cas n'en sera délivré aucune expédition à l'une & à l'autre des parties, sous les mêmes peines.

ARTICLE VI.

Cause non-appellée, sera poursuivie à la premiere audience, & comment.

Si au jour de l'assignation pour plaider, la cause n'a point été appellée, & qu'elle n'ait pu être expédiée, l'assignation sera continuée, & la cause poursuivie en la prochaine audience, sur un simple acte signé de l'un des procureurs, signifié à l'autre, sans prendre aucun avenir, ni jugement : à peine de nullité & d'amende comme dessus.

Lecture faite de l'Article VI, il a été trouvé bon.

☞ *Les changemens qu'on a faits à cet article sont peu considérables, & ne regardent que l'expression. Voici l'article de l'ordonnance.*

ARTICLE VI. Si au jour de l'assignation la cause n'a point été appellée, ou n'a pu être expédiée, elle sera continuée & poursuivie en la prochaine audience sur un simple acte signifié au procureur, sans aucun avenir ni jugement, à peine de nullité & d'amende, comme dessus.

ARTICLE VII.

La cause plaidée, sera jugée à l'audience, ou appointée, & comment.

La cause étant plaidée, elle sera jugée à l'audience, si la matiere y est trouvée disposée; sinon les parties seront réglées à mettre dans trois jours, ou en droit, à écrire & produire dans huitaine, selon la nature & la qualité de l'affaire.

Lecture faite de l'Article VII, il a été trouvé bon.

☞ *Cet article a été inséré dans l'ordonnance, de cette maniere :*

ARTICLE VII. La cause étant plaidée, sera jugée en l'audience, si la matiere y est disposée; sinon les parties seront réglées à mettre dans trois jours, ou en droit, à écrire & produire dans huitaine, selon la qualité de l'affaire.

ARTICLE VIII.

Appointemens, de quelle maniere seront ordonnés.

Et néanmoins l'appointement à mettre, ou en droit, ne pourra être ordonné, s'il n'y a la moitié des juges qui soient d'avis de l'appointement; & seront tenus tous les juges, avant que d'ouvrir leurs opinions sur le fond, d'opiner préalablement & d'arrêter entre eux, si la cause sera jugée en l'audience, ou appointée.

Lecture faite de l'Aricle VIII:

Raisons contre l'article.

M. le premier président a dit, que l'article desire deux choses: l'une, qu'il soit opiné préalablement pour savoir si l'on jugera, ou si l'on appointera; & l'autre, qu'il n'y ait point d'appointement, s'il n'y a la moitié des juges qui en soient d'avis. Que cela est contraire à ce qui s'est pratiqué jusqu'ici : quatre voix suffisoient pour l'appointement. C'étoit l'usage conforme à l'ancienne ordonnance, qui desiroit le tiers des juges; le parlement ne pouvant juger à moins de dix, dans lequel nombre quatre excedent le tiers. Que cela avoit été quelquefois de grande utilité dans la justice. Qu'il s'étoit trouvé soixante juges dans la grand'chambre; que cela avoit donné du soupçon aux parties, que l'on n'eût apporté des opinions préparées, & qu'un appointement en avoit empêché l'effet.

Quant à l'autre partie de l'article, qui porte *que l'on opinera préalablement pour appointer, ou pour juger définitivement*, que ce n'est plus l'usage du parlement, & que l'on s'est bien trouvé de ce qui s'y est passé.

Raisons pour l'article.

M. Pussort a dit, que l'article a paru bon. Que l'audience est un grand bien pour la justice. Que l'on a cru, que pour former l'appointement, il étoit nécessaire d'un aussi grand nombre de juges, que pour le jugement du procès. Que l'usage d'opiner préalablement si on jugera, va à l'expédition, & prévient beaucoup d'inconvéniens; car lorsqu'une partie apprend que les avis n'ont pas été pour elle, elle met tout en usage pour parvenir à l'évocation du procès, ou bien l'on affectera d'obtenir pour rapporteur celui que l'on saura avoir été favorable.

Question touchant la maniere d'opiner.

M. le premier président a dit, que cela ne va qu'à s'en tenir au tiers des avis, pour appointer au conseil, ou à prendre quelque autre sorte de tempérament; mais qu'il y a une autre difficulté qu'il est bon d'éclaircir, qui est de savoir si un juge qui a été d'avis de l'appointement, parce qu'il n'étoit pas suffisamment instruit de l'affaire pour la juger au fond, y peut opiner sans un plus grand éclaircissement, lorsqu'il passe à la juger, qu'il estime qu'il ne le pouvoit, & qu'on le pratiquoit ainsi dans la grand'chambre.

M. Pussort a dit, que le contraire étoit en usage dans le grand-conseil; & qu'après avoir entendu les délibérations, on pouvoit juger avec plus de connoiſſance. Que l'on voyoit chaque jour des juges revenir à d'autres avis, après qu'ils avoient été perſuadés par la force des raiſons propoſées dans les opinions des autres juges.

Si un juge peut changer d'avis en opinant

M. Talon a dit, qu'un juge, lequel entendant les opinions, s'eſt inſtruit, pouvoit revenir, & qu'il y en avoit des exemples.

M. le préſident de Novion a dit, que pour une compagnie qui ſeroit dans l'obſervation de la loi pour cet uſage, il s'en trouveroit pluſieurs au contraire. Que l'on peut véritablement changer d'avis; mais c'eſt lorſque celui dont on s'eſt expliqué, n'a point encore été arrêté: car après il n'eſt point du tout libre de changer, & l'on s'en doit tenir à ſa premiere opinion.

M. le premier préſident a dit, que cela méritoit bien d'en faire une déciſion dans un article exprès.

☞ *L'on n'a réglé par aucun article la difficulté propoſée : ſavoir*, ſi un juge peut changer d'avis en opinant. *Au ſurplus, les raiſons avancées par monſieur le premier préſident contre la diſpoſition de cet article, n'ont été d'aucune conſidération, & il a paſſé en l'état où il eſt. Néanmoins cet article VIII & le ſuivant ont été transférés dans le titre XI de l'ordonnance, articles IX & XII. Voici de quelle maniere le préſent article a été rédigé :*

ARTICLE IX. TITRE XI. Aucune cauſe ne pourra être appointée au conſeil, en droit ou à mettre, ſi ce n'eſt en l'audience à la pluralité des voix, à peine de nullité ; & ſeront tenus les juges de délibérer préalablement, ſi la cauſe ſera appointée ou jugée, avant que d'ouvrir leurs opinions ſur le fond : ce qui ſera obſervé dans toutes nos cours, juriſdictions & juſtices, même celle des ſeigneurs.

ARTICLE IX.

Appointement en droit emportera réglement à contredire.

Tous appointemens en droit, à écrire & produire dans huitaine, emporteront le réglement à contredire, encore qu'il ne ſoit point exprimé dans l'appointement.

Lecture faite de l'Article IX:

M. le premier préſident a dit, que l'article étoit bon, & qu'il n'y avoit autre choſe qu'à augmenter un peu les délais & les réglemens de huitaine en huitaine.

M. Puſſort a repréſenté, que les délais pouvoient être trop longs, & qu'il paroiſſoit meilleur de mettre de trois jours en trois jours.

☞ *L'avis de monſieur le premier préſident a été ſuivi ; & l'on a retranché que l'appointement à écrire & produire, ſera de huitaine ; & que le réglement à contredire ſera pareillement de huitaine. Voici l'article de l'ordonnance :*

ARTICLE XII. TITRE XI. L'appointement en droit à écrire & produire, fera de huitaine, & emportera auffi réglement à contredire dans pareil délai, encore que cela ne foit exprimé dans l'appointement.

ARTICLE X.

Délai de produire & contredire, & comment les forclufions feront acquifes en toutes cours.

LE procureur qui aura produit le premier en vertu de l'appointement à mettre, ou de l'appointement en droit, fera fignifier un acte figné de lui, à l'autre procureur, que fa production eft au greffe; & du jour de la fignification de cet acte, commencera le délai de la forclufion de produire & de contredire, laquelle fera acquife de plein droit, du moment que le délai du réglement pour produire ou contredire, fera expiré; fans qu'à l'avenir, en aucune jurifdiction, de quelque qualité qu'elle foit, même en nos cours de parlement, grand-confeil, & cour des aides, il foit baillé aucune requête, ni pris à l'audience ou au greffe aucuns actes de commandement & forclufion de produire & contredire: l'ufage defquelles procédures nous abrogeons, & défendons de s'en fervir & de les paffer dans les déclarations de dépens, ou mémoires des frais & falaires des procureurs, & aux procureurs de les y employer à peine de rejet, & de vingt livres d'amende contr'eux, en leur privé nom, applicable comme deffus.

Lecture faite de l'Article X:

M. le premier préfident a dit, qu'il y avoit beaucoup d'obfervations à faire fur cet article.

Si l'on peut produire dans la huitaine. V. l'art. 9.

Premiérement, qu'il étoit néceffaire de favoir fi le procureur pouvoit produire le lendemain de l'appointement rendu. Que l'ufage étoit contraire, & qu'on ne produifoit qu'après la huitaine expirée. Que cela étoit fondé en raifons: l'une des principales étoit, afin que les parties euffent le tems de fe reconnoître, & que l'on ne fît pas donner un rapporteur par furprife, fous prétexte d'une production mife au greffe. Que lui qui parle s'en défend affez, s'étant prefcrit de ne donner jamais le rapporteur qu'on lui demande; mais qu'il ne donne pas non plus ceux qui lui paroiffent valablement exceptés.

Quel rapporteur il faut donner.

Que pour lui faire entendre par une partie les exceptions qu'elle peut avoir contre aucuns des juges, il lui en faut donner le tems; & c'eft une des confidérations pour lefquelles le délai peut avoir été accordé.

M. Puffort a réparti, que l'intention de l'article étoit que l'on pût produire dès le lendemain de l'appointement, que cela avanceroit, & que le choix d'un rapporteur dépendoit de la prudence du préſident.

M. le premier préſident a dit, qu'il faut donc ajouter dans l'article, que l'on pourra produire incontinent après l'appointement rendu. Qu'il étoit auſſi néceſſaire d'expliquer ſi les dimanches ſeront jours utiles, comme auſſi de défendre les productions en blanc.

Quand on pourra produire.

M. Talon a dit, qu'il ſeroit pareillement bon d'abolir les forcluſions, & de remplir les productions en blanc.

M. Puſſort a dit, qu'il en avoit été fait un article, mais qu'il n'avoit pas été encore propoſé devant le roi. Qu'il falloit encore marquer, que lorſque les réglemens auront été rendus par défaut, le délai ne courra que du jour de la ſignification qui en aura été faite, & qu'autrement il ſe pourroit faire des ſurpriſes.

M. le premier préſident a dit, qu'il falloit régler encore, s'il ne falloit point ſignifier un acte par lequel le plus diligent dénonceroit aux autres procureurs que le procès ſeroit en état, & que tous les délais ſeroient expirés; afin que chacun fût averti que le procès eſt en état d'être rapporté, & que l'on ne ſe pût plaindre de précipitation ni de ſurpriſe.

M. Puſſort a dit, que ce ſeroit une multiplication de procédures, que l'on vouloit éviter. Que la loi avertiſſoit ſuffiſamment; & l'on ſe formeroit ainſi une habitude de ne plus s'attendre à toutes ces formalités inutiles.

M. le premier préſident a de plus dit, que l'article eſt mêlé, & comprend toutes les juriſdictions, tant ſupérieures que ſubalternes. Qu'il défend de prendre des forcluſions à l'audience; cependant il ne s'y en prend point. Qu'il faut obſerver de ne rien employer d'inutile dans l'ordonnance, & qu'il ſuffiroit de dire qu'il ne ſe donnera plus de forcluſions, cette clauſe générale ſatisfaiſant à tout.

M. Puſſort a dit, que l'ordonnance eſt faite pour toutes les juriſdictions du royaume. Qu'il peut y en avoir dans leſquelles on donne des forcluſions à l'audience. Qu'il ſait qu'au grand-conſeil il s'en prend pour la réception des enquêtes, & que l'uſage en peut être ailleurs.

M. le préſident de Novion a dit, qu'il faut donc indiquer les lieux où cela eſt uſité, afin qu'il n'y ait rien d'indécent, ni qui ſemble mal entendu dans l'article.

M. Puſſort a dit, qu'il n'eſt pas à propos de marquer un uſage particulier dans l'article pour y déroger par une clauſe ſpéciale; & qu'il a été arrêté de déroger à tous les uſages contraires, par une clauſe générale.

☞ *Nonobſtant toutes les obſervations faites par monſieur le premier préſident, l'article a paſſé, ſans qu'on y ait fait aucun changement conſidérable. Il eſt le VIII de ce titre dans l'ordonnance, en ces termes :*

ARTICLE VIII. Le procureur qui aura produit, ſera ſignifier que ſa production eſt au greffe ; & du jour de la ſignification commenceront les délais, tant de produire que de contredire; lesquels étant expirés, l'autre partie demeurera forclose de plein droit; sans qu'à l'avenir en aucunes jurisdictions, même en nos cours de parlement, grand-conseil, cours des aides, & autres nos cours, il soit baillé aucunes requêtes, ni pris à l'audience ou au greffe, aucun acte de commandement ou forclusion de produire ou contredire: l'usage desquelles procédures nous abrogeons & défendons de s'en servir, ni de les employer dans les déclarations de dépens, ni dans les mémoires de frais & salaires des procureurs, à peine de vingt livres d'amende contre les procureurs en leur nom.

ARTICLE XI.

Communication de production, quand, & comment se pourra prendre.

AUCUN ne pourra prendre communication de la production de sa partie, qu'il n'ait produit de sa part, ou renoncé à produire, par un acte signé de son procureur, signifié au procureur de l'autre partie.

Lecture faite de l'Article XI:

M. Pussort a dit, que c'est dans cet article, que l'on pourroit insérer les défenses de recevoir les productions en blanc.

☞ *Ce n'est pas par cet article que l'on a fait ces défenses, mais par un article qui a été dressé exprès, pour être ajouté au titre XI, à la fin duquel il est. Ainsi le présent article a passé, avec quelques légers changemens dans la diction.*

ARTICLE IX. Aucun ne pourra prendre communication de la production de la partie adverse, s'il n'a produit ou renoncé de produire par un acte signé de son procureur, & signifié.

ARTICLE XII.

Les productions seront communiquées par les mains des rapporteurs.

LES productions ne seront plus communiquées & retirées sur les *récépissés* des procureurs; mais les procureurs en prendront communication par les mains des rapporteurs.

Lecture faite de l'Article XII:

Utilité de cet article.

M. le premier président a représenté, que cet article étoit d'une fort grande conséquence; qu'il alloit plus que tous les autres à l'abréviation des procès. Tous les plaideurs éprouvoient que c'étoit un fort grand mal d'être dans la dépendance des procureurs. Que leurs parties adverses empêchoient par la rétention des procès, qu'ils ne fussent jugés, s'ils n'en étoient d'accord. Qu'il faut y remédier, s'il est possible; mais qu'il croit que cet article est de difficile exécution.

Que trois choses y résistent : les juges, les avocats & la nature des affaires. *Trois obstacles à son exécution.*

A l'égard des affaires, le jugement dépendoit particuliérement du contredit, qui en est l'ame. Plus les procès sont grands, plus ils demandent de tems & d'application. Souvent il faudra passer, à diverses reprises, sur une même piece : les doutes & les difficultés ne viennent pas tout à coup, ni à la premiere inspection. Qu'afin qu'un procès soit bien examiné, il faut du tems, & ce tems ne se trouve pas dans ces communications tumultueuses, qui pourroient porter un grand préjudice aux affaires. *Affaires.*

Pour ce qui est des juges, il n'est pas possible qu'étant chargés de quantité de gros procès, ils puissent en même tems les donner en communication à plusieurs avocats. Il n'est pas facile de trouver des lieux commodes pour la multiplicité de leurs communications : il faudroit avoir quantité de clercs qui fussent toujours présens. Ce seront ces sortes de gens, dont les abus sont insupportables, qui trouveront leur avantage dans la transgression de la loi. Elle ne sera que pour eux ; leurs salaires multiplieront ; l'article ne sera point exécuté, & ils se feront payer encore plus cherement pour l'inobservation, de sorte que la condition des plaideurs en deviendra plus mauvaise. *Juges.*

A l'égard des avocats, il ne faut pas se promettre que les anciens, qui sont les plus occupés, se résolvent jamais d'aller prendre des communications sur les lieux. Outre l'incommodité qu'ils en recevroient, par les contre-tems que ces distractions apporteroient dans leurs affaires, il se feroient d'ailleurs un honneur de ne le pas faire. La facilité qu'ils trouvent chez eux, d'y prendre la communication des procès, fait qu'ils les voient avec beaucoup plus d'exactitude. Qu'un avocat qui a le tems d'étudier ses pieces, y fait souvent des découvertes imprévues, & très-avantageuses à ses parties. Qu'ainsi il semble que tout réclame contre le changement de cette communication. Qu'il reste de prendre parti entre l'incommode & l'impossible. Qu'il faudroit néanmoins trouver quelque ouverture pour astreindre les procureurs à rendre ponctuellement, & à tems prescrit, les procès qui leur auront été donnés en communication : & à cet effet leur faire faire, en donnant le procès, une soumission de s'obliger de le rendre dans certain tems ; & à faute de ce, à payer de grosses amendes & des séjours, sans qu'il fût dans la liberté des compagnies de les rabattre ni de les modérer. *Avocats.*

M. Pussort a dit, qu'il estime l'article dont il s'agit, l'un des plus important de la réformation. Que l'on tâche d'abréger les délais par le retranchement des procédures; mais qu'il s'agit ici d'épargner des années entieres, *Raisons pour l'article.*

pendant lesquelles les plaideurs se consument en frais, & la justice est exposée à l'illusion des chicaneurs & aux fuites d'un procureur, qui s'en fait un mérite, comme d'un notable service qu'il a rendu à sa partie; & les chambres de l'édit changent & se renouvellent, sans que l'on en puisse avoir raison.

Fuite des procureurs.

Que toutes les considérations qui sont proposées sur l'article, regardent singuliérement la plus grande commodité des juges & des avocats. Qu'il estime que toutes ces choses sont faites pour la justice, & qu'elles y doivent servir & s'y accommoder : & il n'y a point de concurrence ni de comparaison de l'un à l'autre. Que lui qui parle, est fort persuadé que ces gros procès, dont on fait mention, demeurent des années entieres entre les mains d'un rapporteur; qu'ils ne se jugent jamais tout à coup, & que ces grandes communications ne sont pas si fréquentes: qu'ainsi il ne faudra point tant de lieux, ni tant de clercs pour y assister. Les avocats sauront prendre leur tems. L'on a consulté les plus anciens & les mieux versés dans ces matieres, dont l'on a pris l'avis, & qui n'ont rien trouvé qui ne soit possible dans l'exécution de cet article.

Juges & avocats sont faits pour la justice.

Que la communication qui se donnera des pieces dès l'entrée de la cause, soulagera de beaucoup. La plupart des procès ne consistent qu'en fort peu de pieces, & il y en a toujours une principale qui en fait la décision, outre que les contredits & les salvations seront signifiés. Par principe d'honneur & de conscience, les avocats voudront bien faciliter l'exécution de cet article, qui produira un si grand soulagement aux plaideurs, & un si grand bien pour la justice.

Qu'il y a plusieurs classes d'avocats: celle des anciens employés aux consultations, & de ceux qui plaident beaucoup. Ceux de cet ordre font peu d'écritures, & ainsi l'article ne les regarde pas. Il y en a un autre de ceux qui entrent dans le palais, & qui ne s'appliquent qu'à leur instruction, lesquels l'article ne concerne que fort peu.

Différentes classes d'avocats.

Que ce sont ceux du milieu qui peuvent y être davantage intéressés; mais qu'ordinairement ils ne sont pas surchargés d'affaires, & ceux qui se seront acquis de l'estime & de la réputation, trouveront auprès des juges des facilités pour leur soulagement. Un prêt qui se fait sur la parole & sur la bonne foi de celui qui emprunte, oblige davantage que tous les contrats. Que même ils se pourront faire soulager par les procureurs qui tirent des extraits, dans les affaires qui sont de leur portée.

Que ce qui paroît nouveau & contre notre usage ordinaire, fait toujours de la peine; mais que la pratique contraire fera que l'on s'y habituera, & que l'on se détrompera de cette espece d'impossibilité que l'on a conçue. Le respect qui est dû à l'antiquité, fait que nous résistons à nous départir de cet usage; mais d'un autre côté, le désordre qu'il a causé dans la justice, & les avantages que nous promet ce nouvel établissement, doivent lever tout le scrupule qui nous pourroit rester, pour y appliquer ce beau passage de Tite-Live: *Quæ vetutissima creduntur, nova fuêre; inveterascet hoc quoque, & quod*

Prévention en faveur de l'antiquité.

quod hodie exemplis tuemur, inter exempla aliquando erit. Qu'il n'y voit rien que de très-favorable, & répete encore que ce sera le plus grand bien de la réformation.

Monsieur l'avocat général Talon a représenté, qu'il est vrai que la communication des procès faite aux procureurs, & la difficulté de les retirer de leurs mains, causoient de grands désordres dans la justice. Qu'il sera néanmoins difficile de passer d'une extrêmité à l'autre; mais qu'il se pourroit prendre des tempéramens qui seroient de ne plus communiquer les procès qu'aux procureurs des parties principales; qu'ils ne les pussent retirer qu'une fois, & qu'on ne leur donnât en communication que les sacs des parties adverses, sans qu'ils pussent retirer les leurs. *Tempérament pour les communications.*

Que l'exécution de ces conditions pourroit accommoder toutes choses & faciliter l'expédition, ou au moins, qu'il falloit laisser la liberté à la chambre où le procès est pendant, d'ordonner la communication en connoissance de cause, & selon le mérite des affaires: autrement les parties seroient obligées de chercher des voies indirectes pour l'obtenir, & souvent de l'acheter bien cher des clercs des rapporteurs, qui tireront, sans doute, un très-grand tribut de ce nouvel établissement qui sera favorable aux personnes puissantes, & nuisible aux misérables qui manqueront de crédit & d'argent.

☞ *Nonobstant les remarques faites par monsieur le premier président, & par monsieur l'avocat général, sur les difficultés qui se rencontreront dans l'exécution de cet article, il a passé sans aucun changement, & il est le X de l'ordonnance.*

Après l'examen de ces articles, monsieur Pussort fut averti que les greffiers délivroient souvent aux procureurs & aux huissiers les procès mis au greffe, avant qu'ils eussent été distribués: ce qui est d'une dangereuse conséquence & contraire à l'ordonnance de François I, donnée à Is sur Thille en 1535, ch. 12, art. 18. Pour remédier à cet abus, on dressa l'article suivant, qui fut inséré dans l'ordonnance.

ARTICLE XI. Ne pourront les greffiers délivrer aux huissiers les pocès mis au greffe, ni les bailler en communication aux procureurs ou autres, avant la distribution, à peine de cent livres d'amende applicable moitié à nous, & moitié à la partie qui en fera plainte.

QUATRIEME CONFÉRENCE.

Du mercredi neuvieme février 1667, après-midi.

Monsieur le chancelier,

& messieurs les commissaires du roi.

Monsieur le premier président,

& messieurs les députés du parlement présens,

à l'exception de monsieur le président de Bailleul.

SUITE DU TITRE VI.

Des contestations en cause, & procédures pour parvenir au jugement.

ARTICLE XIII.

Contredits & salvations seront signifiés, & copie baillée.

LES contredits ne seront plus offerts en baillant, mais seront signifiés, & copie d'iceux baillée purement & simplement; ensemble des salvations, si aucunes sont fournies : sinon les contredits & salvations seront rejettés du procès.

La compagnie s'étant assemblée à l'heure accoutumée, lecture a été faite de l'article ci-dessus : après quoi,

M. le premier président a dit, que l'article étoit bon : mais que ce mot, *en baillant*, qui est présentement un usage, faisoit de l'embarras.

Salvations. A l'égard des salvations, l'on n'est point tenu d'en donner copie, ni d'obtenir les forclusions d'en fournir, selon le vieux mot du palais, qui

Sauve qui dit : *sauve qui peut, & ne sauve qui ne veut.* Mais si l'on en donne des copies, l'on peut craindre que l'on ne donne encore des contredits à ces salvations, & que ce seroit aux juges à y donner ordre, & à empêcher ce progrès de chicane à l'infini. *peut, & ne sauve qui ne veut.*

☞ *Cet article n'a pas été changé, si ce n'est à l'égard des mots* purement & simplement, *qu'on a retranchés. Il est le XII dans l'ordonnance.*

ARTICLE XII. Les contredits ne seront plus offerts en baillant, mais seront signifiés, & baillé copie, comme aussi les salvations, si aucunes sont fournies : sinon les contredits & salvations seront rejettés du procès.

ARTICLE XIV.

Cause, quand sera tenue pour contestée.

LA cause sera tenue pour contestée par le premier réglement, appointement ou jugement, tel qu'il puisse être, après les défenses fournies, ou après le défaut jugé, tant à faute de comparoir, qu'à faute de défendre; & ce du jour de leurs dates, bien qu'ils n'aient pas encore été signifiés.

Lecture faite de l'Aricle XIV:

M. le premier président a dit, que l'article étoit bon, mais qu'il y avoit quelque chose à changer. Que l'on a suivi l'ancien style, qui veut que la cause soit tenue pour contestée, par le défaut jugé à faute de comparoir ou de défendre; mais que présentement la contestation en cause ne se peut plus appliquer au défaut, parce qu'il emporte profit; & il se trouveroit que la cause seroit tenue pour contestée, après qu'elle auroit été jugée. Ce qui implique une contradiction manifeste dans l'article; que c'étoit donc une chose à réformer. Qu'il faudra séparer l'article en deux parties, & ôter la derniere qui porte: *ou après le défaut jugé, tant à faute de comparoir, qu'à faute de défendre.* *Contestation en cause, ne se peut appliquer au défaut jugé.*

M. Pussort a dit, que c'étoit une chose à réformer.

M. le premier président a ajouté, que l'opposition qui se trouvoit en cet article, lui faisoit faire une réflexion considérable, qui étoit que ceux qui avoient travaillé à ces articles, bien qu'ils fussent pleins du sujet de leur travail, s'étoient néanmoins si attachés au style ancien, que pour l'avoir trop suivi, ils étoient tombés contre leur intention dans une contradiction évidente. Que tous les juges du royaume entrant sans aucune instruction dans la pratique de cette nouvelle ordonnance, & se trouvant, sans doute, moins informés de sa disposition que ceux qui l'ont dressée, auroient encore bien plus de peine qu'eux à se garantir de pareils inconvéniens. Cependant qu'il demande d'être éclairci, s'ils doivent pour cela encourir les peines extraordinaires, dont quantité d'articles sont remplis; *Réflexion contre les peines des juges.*

c'est-à-dire, s'ils seront obligés à mieux entendre & à observer plus exactement cette ordonnance, que ceux mêmes qui ont examiné ces matieres à fond, avant que de la dresser.

M. Pussort a dit, que ce qui avoit été dit par M. le premier président, le faisoit souvenir d'un mot qui avoit été omis dans l'article premier du titre V qui avoit été arrêté chez le roi, qui explique les cas auxquels les juges pourront être pris à partie; savoir, *lorsqu'il paroîtra par l'évidence du fait qu'ils auront retenu la connoissance des causes qui ne seront point de leur compétence.* Que cette clause est un adoucissement de l'article, qui peut satisfaire messieurs des compagnies supérieures, en restreignant la prise à partie à certains cas; comme, par exemple, si les élus avoient retenu la connoissance d'une matiere bénéficiale. Et qu'il avoit l'obligation de cette observation à M. Hotman.

Juges incompétens par l'évidence du fait.

M. le premier président a réparti, que cet adoucissement ne sera pas fort grand; parce que chacun prétendra qu'il y a de l'évidence dans le fait dont on se plaindra, & les juges demeureront toujours exposés à la chicane des plaideurs opiniâtres.

☞ *Ensuite de la premiere observation faite sur cet article par monsieur le premier président, il a été réformé de cette maniere, & il est le XIII de ce titre dans l'ordonnance.*

ARTICLE XIII. La cause sera tenue pour contestée par le premier réglement, appointement ou jugement qui interviendra après les défenses fournies, encore qu'il n'ait pas été signifié.

ARTICLE XV.

Délais des assignations aux jurisdictions inférieures, lorsque le défendeur sera présent ou domicilié au lieu du siege.

AUX sieges des maîtrises particulieres des eaux & forêts, connétablies, élections, greniers à sel, traites foraines, conservations des privileges des foires, & aux justices des hôtels & maisons de ville, & autres jurisdictions inférieures, le délai des assignations ne pourra être moindre de vingt-quatre heures, ni plus long de trois jours, lorsque le défendeur sera domicilié, ou se trouvera présent au lieu de l'établissement du siege; & sera de trois jours au moins, & de huitaine au plus, pour ceux qui sont demeurans ailleurs, dans la distance de dix lieues; & si le défendeur est demeurant en lieu plus éloigné, le délai sera augmenté à proportion d'un jour pour dix lieues.

Lecture faite de l'Article XV.

M. le premier préſident a dit, qu'il a ci-devant inſiſté à l'augmentation des délais; mais qu'il en propoſe ici l'abréviation, attendu qu'aux conſuls, en l'hôtel-de-ville, & aux affaires de police, les aſſignations du ſoir au matin pouvoient être trop longues, ſelon les cas; & qu'il ſembloit meilleur d'en uſer comme on faiſoit auparavant.

M. Puſſort a dit, qu'à l'égard des juges-conſuls, il y avoit été pourvu par un article particulier; & que pour les autres juges, en ajoutant: *ſi ce n'eſt qu'il y eût péril en la demeure*, l'article ſeroit correct.

☞ *Cette derniere clauſe a été inſérée dans l'article, qui eſt le XIV de l'ordonnance.*

ARTICLE XIV. Aux ſieges des maitriſes particulieres des eaux & forêts, connétablies, élections, greniers à ſel, traites foraines, conſervations des privileges des foires, & aux juſtices des hôtels & maiſons de ville, & autres juriſdictions inférieures, lorſque le défendeur ſera domicilié ou préſent au lieu de l'établiſſement du ſiege, le délai des aſſignations ne pourra être moindre de vingt-quatre heures, s'il n'y a péril en la demeure, ni plus long de trois jours, & de huitaine au plus pour ceux qui ſont demeurans ailleurs dans la diſtance de dix lieues; & ſi le défendeur eſt demeurant en lieu plus éloigné, le délai ſera augmenté à proportion d'un jour pour dix lieues.

ARTICLE XVI.

Quand les parties ſeront ouies, & jugées à l'audience.

VINGT-QUATRE heures après l'echéance de l'aſſignation, les parties ſeront ouies en l'audience, & jugées ſur le champ, ſans qu'elles ſoient obligées de ſe ſervir du miniſtere d'un procureur, ſi bon ne leur ſemble.

Lecture faite de l'Article XVI :

M. le premier préſident a dit, que la diſpoſition de cet article ne pouvoit regarder que les juſtices ſubalternes; que néanmoins l'on avoit confondu les juriſdictions. Que ſi la ſéparation en avoit pu être faite, l'ordre en auroit été meilleur.

M. Puſſort a répondu, que ce titre avoit été dreſſé pour les juriſdictions inférieures ſeulement, & qu'on ne s'eſt départi de ce deſſein, que lorſque par rencontre ou par la diſpoſition de la matiere, il y a eu néceſſité de parler des compagnies ſupérieures.

☞ *Cet article eſt le XV dans l'ordonnance, ſans aucun changement conſidérable, en cette maniere :*

ARTICLE XV. Vingt-quatre heures après l'échéance de l'aſſignation, les parties ſeront ouies en l'audience, & jugées ſur le champ, ſans qu'elles ſoient obligées de ſe ſervir du miniſtere des procureurs.

Ce titre est le VII de l'ordonnance.

TITRE VII.

Des délais pour délibérer.

ARTICLE I.

Cas auquel l'héritier assigné n'a aucun délai pour délibérer.

Si aucun est assigné comme héritier, soit en premiere action, ou en reprise d'instance, il ne pourra demander délai pour délibérer, lorsqu'il y aura plus de quarante jours que l'inventaire des biens du défunt aura été fait en sa présense, ou de son procureur, ou lui duement appellé.

Lecture faite de cet Article:

Délai aux veuves pour délibérer.

M. le premier président a dit, que ce titre est fort bien rédigé. Qu'il seroit à souhaiter que tous les autres fussent de même; mais qu'il croit qu'il est à propos de comprendre les veuves dans ce titre, aussi-bien que les héritiers, parce qu'elles ont le même droit de demander du tems pour délibérer sur l'acceptation de la communauté. Qu'ayant reconnu lui-même que les délais qu'on leur accorde sont différens en plusieurs jurisdictions, il a voulu s'en éclaircir exactement.

Usage des requêtes du palais, sur ce délai.

Du parlement, du châtelet.

M. de Bauquemare, président aux requêtes du palais, & qui est un des commissaires, a témoigné que l'usage qui s'y observe présentement, est de donner à la veuve quarante jours pour délibérer, & huitaine de conseil. Au parlement, on pratique la même chose: mais au châtelet l'on donne trois quinzaines. La premiere commence à courir du jour de l'appointement, qui porte, *qu'elle sera déclarée commune, si elle ne fait sa déclaration, sauf quinzaine.* Après cette premiere quinzaine expirée, on laisse courir la seconde, & puis la troisieme; ensuite de laquelle le juge prononce qu'il jugera, si la veuve ne donne sa déclaration. Ensorte qu'il faut plus de deux mois, avant que l'on puisse obliger la veuve de donner sa déclaration: car on ne prévient jamais, & ces choses ne se font d'ordinaire qu'à l'extrêmité.

M. Pussort a dit, qu'il y aura un titre particulier pour les veuves, dans lequel seront insérés les cas, & la forme des déclarations qu'elles auront à faire. Que d'ailleurs l'on n'avoit pas estimé qu'il fallût donner aucun délai aux veuves. Que les avocats anciens & consommés dans le palais, avoient témoigné n'avoir jamais entendu parler de cet usage. Qu'il n'y a ni loi, ni coutume, ni ordonnance particuliere qui en fasse mention. Qu'au contraire, la communauté étoit établie par la coutume de Paris.

Communauté, société légale.

Que c'étoit entre les conjoints une société légale confirmée par les contrats de mariage: & comme les associés participent au bénéfice de la société, il étoit aussi raisonnable que la femme, comme le mari, en portât les événemens.

Faculté de renoncer ne s'accordoit qu'aux femmes nobles.

Que la faculté de renoncer est un privilege qui ne s'accordoit originairement qu'aux femmes nobles, & qui encore étoient veuves de ceux qui mouroient au voyage d'outre-mer, & qui depuis a été accordé à toutes sortes de veuves, de quelque condition qu'elles puissent être.

Différence entre les héritiers & les veuves.

Qu'ainsi les délais qu'on accorde à un héritier, ne pouvoient pas être tirés à conséquence pour les veuves, dont la condition étoit fort différente. Que l'héritier n'ayant d'ordinaire aucune connoissance des forces & des charges de la succession dans laquelle il entre, il est juste de lui accorder un délai pour se reconnoître; mais à l'égard des veuves qui ont vécu avec leurs maris, & qui ont pu prendre connoissance de l'état de la communauté, elles n'ont pas besoin de beaucoup de tems pour délibérer.

C'étoit aussi pour cette considération que quelques coutumes, & entr'autres celle de Vitry, portent que *la veuve voulant renoncer à la communauté, sera tenue dès-lors du décès, d'en faire sa déclaration, & de mettre sa ceinture & ses clefs sur la fosse.*

Délai à la veuve pour faire inventaire.

Que toutes ces considérations faisoient croire qu'il y avoit de l'équivoque. Que l'on n'accordoit de délai à la veuve, que pour faire faire inventaire des meubles & des effets, & quelque autre brief délai pour en faire le calcul, & ensuite sa déclaration. En tout cas, les différens usages qui se sont pratiqués aux requêtes du palais & au parlement, faisoient voir qu'il n'y en avoit point de certain, & que cela se pratiquoit selon les différentes circonstances des affaires.

Condition différente de l'héritier & de la veuve.

Qu'au surplus la condition de l'héritier étoit en cela bien différente de celle de la veuve, parce qu'en acceptant par l'héritier la succession, il s'obligeoit en toutes les dettes, & hasardoit ainsi son propre bien; mais à l'égard de la veuve, elle ne court risque, tout au plus, que pour ses reprises; & il ne seroit pas raisonnable, qu'après qu'une femme seroit demeurée beaucoup de tems dans la maison de son mari, usant & disposant de toutes choses, à la faveur d'un inventaire fait comme elle auroit voulu, il lui fût encore accordé un délai de quarante jours, pour délibérer si elle accepteroit la communauté.

M. le premier président a réparti, que tous ces titres regardoient universellement la procédure; mais celui duquel il s'agissoit, étoit *des délais pour délibérer*, en général, sans distinction des héritiers ou des veuves, & qu'ainsi c'étoit le lieu où il en pouvoit être fait mention.

Délais pour délibérer, trop longs.

Qu'à la vérité les délais qu'on leur accorde sont trop longs, & qu'après tout ce qui venoit d'être remarqué, il y avoit lieu de les abréger dans ce titre, sans en faire le renvoi à un autre, qui ne paroît point encore, & ne paroîtra peut-être pas si-tôt. Que ce délai, par conséquent, ne peut servir qu'à confirmer l'abus de tous ceux qui sont accordés aux veuves. Ainsi il seroit bon d'y pourvoir dès-à-présent, & de régler leurs délais avec ceux des héritiers.

Communauté est une société léonine.

Qu'il peut y avoir entre-eux quelque rapport; car encore que la communauté entre le mari & la femme soit établie par la coutume, & par le contrat de mariage, il est néanmoins certain que c'est une société léonine, en laquelle le mari est absolument le maître, & se joue des effets de la communauté, sans demander le consentement de sa femme, qui de son côté ne peut disposer de rien.

Femmes ont la faculté de renoncer.

La coutume accorde aux femmes la faculté de renoncer à la communauté; mais elle leur est inutile, si elles n'ont du tems pour en examiner les charges & les forces. Pendant que la communauté dure, beaucoup de femmes n'en prennent pas grande connoissance. Elle dépend de la conduite de leurs maris, qui cachent souvent leurs mauvaises affaires à leurs femmes, de sorte qu'elles ont besoin de tems pour les découvrir.

Mais un héritier présomptif peut agir soi-même, & se déterminer sans autre conseil: les femmes au contraire en ont toujours besoin. L'acceptation de la communauté les engage dans la recherche de leurs reprises, elles n'ont pas le bénéfice d'inventaire, qui est un moyen de fort grande sûreté pour les héritiers. Ainsi l'article ne peut leur être commun avec les veuves, puisqu'il n'accorde précisément que quarante jours pour commencer à courir du jour de la confection de l'inventaire.

M. Pussort a dit, que l'on pourroit donner quelque délai à la veuve, & l'insérer dans l'article, après en avoir parlé au roi.

☞ *Quoique par les articles suivans de ce titre il paroisse que l'héritier doit avoir trois mois depuis l'ouverture de la succession pour faire l'inventaire, & quarante jours pour délibérer, néanmoins on a trouvé à propos de les régler par un article, qui est le premier de l'ordonnance. Par le même article il est dit, que si l'inventaire a été fait avant les trois mois expirés, le délai de quarante jours commencera du jour que l'inventaire aura été achevé.*

A l'égard des observations faites par M. le premier président, afin d'accorder aux veuves un tems pour délibérer, aussi-bien qu'aux héritiers, il en a été dressé un article exprès, qui a été renvoyé à la fin de ce titre. Cet article porte, que les veuves auront les mêmes délais pour faire inventaire, & pour délibérer, que les héritiers. Voici le premier article de l'Ordonnance:

ARTICLE I. L'héritier aura trois mois depuis l'ouverture de la succession pour faire l'inventaire, & quarante jours pour délibérer; & si l'inventaire a été fait avant les trois mois, le délai de quarante jours commencera du jour qu'il aura été parachevé.

Le premier article du projet est le II de l'ordonnance. Il a été mis en meilleur ordre, de cette maniere:

ARTICLE

ARTICLE II. Celui qui aura été assigné comme héritier en action nouvelle ou en reprise, n'aura aucun délai de délibérer, si avant l'échéance de l'assignation, il y a plus de quarante jours que l'inventaire ait été fait en sa présence, ou de son procureur, ou lui duement appellé.

ARTICLE II.

Autre cas auquel il n'a aucun délai pour délibérer.

ENCORE que l'inventaire n'ait été fait, ne lui sera néanmoins accordé aucun délai de délibérer, si depuis le décès du défunt, il a laissé passer trois mois sans faire inventaire, & encore quarante jours qu'il eût pu avoir pour délibérer.

Lecture faite de cet Article, il a été trouvé bon.

☞ *Dans la révision qui aura été faite de ces articles, l'on a mêlé l'article IV de ce titre avec le titre II, & l'on en a composé le III article de l'ordonnance.*

ARTICLE III. Si au jour de l'échéance de l'assignation les délais de trois mois pour faire inventaire, & quarante jours pour délibérer, n'étoient expirés, il aura le reste du délai, soit pour procéder à l'inventaire, soit pour faire sa déclaration : & s'ils étoient expirés, encore que l'inventaire n'ait point été fait, ne sera accordé aucun délai pour délibérer.

ARTICLE III.

Si l'inventaire n'a pu être fait dans les trois mois, délai lui sera accordé.

ET néanmoins s'il justifie que l'inventaire n'ait pu être fait dans les trois mois pour n'avoir pas eu la connoissance du décès, ou à cause des oppositions ou contestations survenues, ou autrement, il lui sera accordé un délai convenable pour faire ou achever l'inventaire, & quarante jours au-delà pour délibérer; lequel délai sera jugé sommairement à l'audience sur le champ, sans appointement à mettre ni produire.

Lecture faite de l'Article III, il a été trouvé bon.

☞ *Cet article est le IV de l'ordonnance, moyennant quelques changemens qu'on y a faits.*

ARTICLE IV. S'il justifie néanmoins que l'inventaire n'ait pu être fait dans les trois mois pour n'avoir eu connoissance du décès du défunt, ou à cause des oppositions & contestations survenues, ou autrement, il lui sera accordé un délai convenable pour faire l'inventaire, & quarante jours pour délibérer; lequel délai sera réglé en l'audience, & sans que la cause puisse être appointée.

ARTICLE IV.

Quel tems aura l'héritier assigné avant les trois mois & les quarante jours.

S'IL est assigné avant l'échéance des trois mois & des quarante jours destinés, tant pour la confection de l'inventaire, que pour délibérer, il aura le tems qui restera à expirer de ces deux délais, pour délibérer s'il veut être héritier ou non.

Lecture faite de cet Article, il a été trouvé bon.

☞ *Cet article fait partie du III de l'ordonnance. Voyez ci-devant.*
C'est à la fin de ce titre que l'on a ajouté un article, qui accorde aux veuves les mêmes délais pour faire inventaire & pour délibérer, que ceux qui ont été accordés aux héritiers par l'article I.

ARTICLE V. La veuve qui sera assignée en qualité de commune, aura les mêmes délais pour faire inventaire & délibérer, que ceux accordés ci-dessus à l'héritier, & sous les mêmes conditions.

TITRE VIII.

Ce titre est le IX de l'ordonnance.

De l'abrogation des vues & montrées, & que les exceptions dilatoires feront propofées par un même acte.

ARTICLE I.

Demandeurs en action réelle, ce qu'ils déclareront touchant l'héritage dans l'exploit.

CEUX qui feront demande de la propriété de quelques héritages, ou qui prétendront quelque rente fonciere, charge réelle ou hypotheques, feront tenus, outre les folemnités ordonnées dans le titre *des ajournemens*, de déclarer par leur premier exploit, à peine de nullité, le bourg, le village ou hameau, le terrroir & la contrée où l'héritage eft fitué; fa confiftance, fes tenans & aboutiffans, du côté du feptentrion, midi, orient & occident; fa nature au tems de l'exploit, fi ce font terres labourables, prés, bois, vignes, ou autrement, enforte que le défendeur ne puiffe ignorer pour quel héritage il eft affigné.

Lecture faite de l'Article I:

Abus des vues & montrées.

M. le premier préfident a dit, que meffieurs du parlement ont trouvé quelque difficulté dans l'abrogation de ces *vues & montrées*. Qu'à la vérité l'abus en eft grand, parce que la premiere chofe qu'un défendeur faifoit en matiere réelle, étoit de demander *vues & montrées*, qui ne fervoient de rien qu'à faire de grands frais par des defcentes fur les lieux, des plans & defcriptions. Qu'à l'avenir les exploits étant dreffés fuivant l'intention de l'article, & les tenans & aboutiffans bien défignés, les vues & montrées feroient inutiles à cet effet.

Additions à faire dans l'article.

Que néanmoins il y avoit deux chofes à defirer : l'une, qu'il fût ajouté dans l'article *les cenfives*, pour lefquelles il fe fait des vues & montrées; & l'autre, que les exploits exprimaffent ci-après bien précifément les nouveaux tenans & aboutiffans, afin qu'il n'y eût point d'équivoque, & que les chicaneurs ne donnaffent plus les tenans portés par les anciens titres, comme ils peuvent faire, lorfqu'ils veulent apporter de la confufion.

M. Puffort a dit, que les vues & montrées font exceptions dilatoires qui fe propofent dans toutes les actions réelles; que l'on a jugé à propos de les prévenir, & c'eft à quoi l'article a voulu pourvoir.

Seigneur n'eft obligé à vues & montrées pour cenfives.

A l'égard des cenfives, le feigneur qui les prend, n'eft point obligé à des vues & montrées, mais peut procéder par voie de faifie fur l'héritage de fon tenancier.

M. le premier préfident a réparti, que cela étoit bon entre le feigneur & le tenancier, mais que l'intention de fa propofition étoit entre les feigneurs qui prétendoient une même cenfive.

M. Talon a dit, que pour mieux expliquer le fait des cenfives, l'on pourroit ajouter dans l'article que *ceux qui demanderont des cenfives par action, feront tenus de déclarer même les nouveaux tenans & aboutiffans;* & que les vues & montrées peuvent par hafard empêcher une defcente; mais qu'elles peuvent caufer cent autres formalités, & qu'il eftime à propos de les abroger.

Défignation d'héritage par 4 confins.

M. le premier préfident a ajouté, que la maniere de défigner l'héritage par le *midi*, *feptentrion*, *orient* & *occident*, eft nouvelle, & ne fe trouve en aucune loi, coutume ni ordonnance.

Qu'il faudra toujours avoir une bouffole à la main pour ne point errer, & qu'il femble que l'on ne doit employer dans les ordonnances que les expreffions qui foient en ufage.

M. Puffort a réparti, que cette maniere de défigner les héritages étoit ufitée dans plufieurs provinces, & que l'ordonnance d'aujourd'hui étoit pour tout le royaume.

☞ *Dans cet article l'on a fuivi l'obfervation faite par monfieur le premier préfident, touchant les cenfives & les nouveaux tenans & aboutiffans. Au furplus, l'article a paffé. Il eft le III de ce titre dans l'ordonnance.*

ARTICLE III. Ceux qui feront demande de cenfives par action, ou de la propriété de quelque héritage, rente fonciere, charge réelle ou hypotheque, feront tenus, à peine de nullité, de déclarer par leur premier exploit, le bourg, village ou hameau, le terroir & la contrée où l'héritage eft fitué; fa confiftance, fes nouveaux tenans & aboutiffans du côté du feptentrion, midi, orient & occident; fa nature au tems de l'exploit; fi c'eft terre labourable, prés, bois, vignes, ou d'autre qualité, enforte que le défendeur ne puiffe ignorer pour quel héritage il eft affigné.

ARTICLE II.

Ce qu'il faut défigner, s'il s'agit d'une métairie ou d'une maifon.

S'IL eft queftion du corps d'une terre ou d'une métairie entiere, il fuffira d'en défigner le nom & la fituation : & fi c'eft d'une maifon feulement, il en faudra auffi défigner les tenans & aboutiffans, en la maniere fufdite.

Après la lecture de l'Article II, il a été trouvé bon.

☞ *Cet article est le IV dans l'ordonnance, avec quelques changemens peu considérables.*

ARTICLE IV. S'il est question du corps d'une terre ou métairie, il suffira d'en désigner le nom & la situation; & si c'est d'une maison, les tenans & aboutissans seront désignés en la même maniere.

ARTICLE III.

Abrogation des vues & montrées.

Et en conséquence, nous abrogeons les exceptions des vues & montrées; dérogeons pour cet effet à toutes coutumes & usages contraires.

Cet Article a été trouvé bon.

☞ *La derniere partie de cet article, qui porte dérogation aux usages contraires, a été retranchée; & le reste de l'article a été inséré dans l'ordonnance, où il est le cinquieme.*

ARTICLE V. Abrogeons les exceptions des vues & montrées pour quelque cause que ce soit.

ARTICLE IV.

Exceptions dilatoires seront proposées par un même acte.

Celui qui aura plusieurs exceptions dilatoires, sera tenu de les expliquer & proposer par un même acte.

Après la lecture de l'Article IV, il a été trouvé bon.

☞ *Cet article a été transporté au commencement de ce titre dans l'ordonnance, & l'on en a retranché le mot* d'expliquer, *comme étant inutile.*

ARTICLE I. Celui qui aura plusieurs exceptions dilatoires, sera tenu de les proposer par un même acte.

ARTICLE V.

Exception en faveur de l'héritier assigné.

CELUI néanmoins qui aura été assigné en qualité d'héritier, ne sera tenu de proposer ses autres exceptions dilatoires, qu'après le délai de délibérer, s'il y a lieu de demander, ou qu'il l'ait demandé.

Lecture faite de cet Article, il a été trouvé bon.

☞ *En conséquence de l'observation faite ci-devant sur l'article I du titre VII en faveur des veuves, l'on a ajouté, dans cet article V, que si une veuve est assignée en qualité de commune, elle ne sera obligée de proposer ses autres exceptions dilatoires, qu'après l'expiration du délai pour délibérer. Cet article est le II de ce titre dans l'Ordonnance.*

ARTICLE II. Si néanmoins un héritier ou une veuve, en qualité de commune, sont assignés, ne seront tenus de proposer les exceptions dilatoires, qu'après le terme pour délibérer expiré.

TITRE IX.

Ce titre est le VII de l'ordonnance.

DES GARANS.

ARTICLE I.

Garans, quand pourront être assignés en vertu de commission, quand, sans commission.

CELUI qui sera assigné pourra, si bon lui semble, faire assigner les garans en même tems, soit en garantie formelle, si c'est en matiere réelle ou hypothécaire; soit en garantie simple, ou en toutes autres matieres, où il y aura lieu de garantie, sans qu'il soit besoin de commission ni mandement de juge, en quelque lieu que les garans soient demeurans, pourvu que l'instance ne soit point intentée en nos cours & nos sieges de dernier ressort; auquel cas le demandeur en sommation sera tenu de prendre commission, ou d'obtenir arrêt pour y faire appeller les garans, ainsi qu'il a été ordonné ci-dessus.

Cet article est le I de ce titre dans l'ordonnance. L'on y a fait quelques changemens, pour en rendre la diction plus serrée & plus correcte.

ARTICLE I. Les garans, tant en garantie formelle, pour les matieres réelles, ou hypothécaires, qu'en garantie simple pour toute autre matiere, seront assignés, sans commission ou mandement de juge, en quelque lieu qu'ils soient demeurans, si ce n'est en nos cours; & à l'égard des juges en dernier ressort, pardevant lesquels l'assignation ne sera donnée qu'en vertu d'arrêt ou commission.

ARTICLE II.

Quel est le délai pour faire appeller garans.

LE délai pour faire appeller garans sera de huitaine à compter du jour de la signification de l'exploit du demandeur originaire, & encore de tout le tems qu'il sera nécessaire pour faire sommer le garant, suivant la distance du lieu de sa demeure, à raison de dix lieues par jour.

L'article II est au même rang dans l'ordonnance. Le changement le plus considérable qu'on y a fait, est que l'on a donné autant de tems pour retirer l'exploit, que pour faire appeller le garant, à raison d'un jour pour dix lieues.

ARTICLE II. Le délai pour faire appeller le garant, sera de huitaine du jour de la signification de l'exploit du demandeur originaire, & encore de tout le tems qui sera nécessaire pour appeller le garant, selon la distance du lieu de sa demeure, à raison d'un jour pour dix lieues, & autant pour retirer l'exploit.

ARTICLE III.

Formalités des exploits en garantie, & de quelles pieces on donnera copie.

L'EXPLOIT de garantie sera libellé, & contiendra sommairement les moyens du demandeur en garantie, avec toutes les autres formalités prescrites pour les exploits d'ajournemens; même sera donné copie à l'instant des pieces justificatives de la garantie; enſemble de l'exploit du demandeur originaire, & de toutes les pieces dont il aura fait donner copie.

☞ *Le dernier article de ce titre eſt le III dans l'ordonnance. Il regle le délai qui ſera donné à l'héritier pour appeller garant, après que ſon délai pour délibérer ſera expiré. Et le préſent article eſt le IV de l'ordonnance : on y a fait quelques changemens.*

ARTICLE IV. L'exploit en garantie ſera libellé, contiendra ſommairement les moyens du demandeur, avec la copie des pieces juſtificatives de la garantie de l'exploit du demandeur originaire, & des pieces dont il aura donné copie, & y ſeront obſervées les autres formalités ordonnées pour les ajournemens.

ARTICLE IV.

Cas auquel il ne ſera pris défaut contre le défendeur originaire, qui a fait aſſigner garant.

SI le délai de l'aſſignation en garantie n'eſt échu au même tems que celui de la demande originaire, le défendeur originaire pourra empêcher qu'il ne ſoit pris contre lui aucun défaut par le demandeur, en lui donnant copie des pieces juſtificatives de ſa demande en garantie, & des nom, ſurnom & demeure du garant; même de l'exploit en garantie fait à ſa requête, au cas qu'il ait été déjà donné, ſelon les délais ci-deſſus preſcrits.

☞ *Cet article a été mis dans l'ordonnance, où il eſt le V de ce titre. On en a retranché quelques mots inutiles qui le rendoient trop diffus.*

ARTICLE V. Si le délai de l'aſſignation en garantie n'eſt échu en même-tems que celui de la demande originaire, il ne ſera pris aucun défaut contre le défendeur originaire, en donnant par lui au demandeur copie de l'exploit de la demande en garantie, & des pieces juſtificatives.

ARTICLE V.

Conteſtation touchant le délai de la garantie, ſera jugée ſommairement.

SI le demandeur originaire ſoutient que le délai de la garantie ne doit point avoir lieu, il y ſera ſommairement & ſur le champ prononcé par le juge; & celui qui ſuccombera, ſera condamné aux dépens.

On

☞ *On a retranché de cet article les mots suivans :* & celui qui succombera, sera condamné aux dépens, *comme étant une clause répétée, parce qu'il y a un article exprès dans la suite qui regle les dépens des incidens, & qui porte que* toutes les fois qu'il surviendra quelque incident qui sera jugé définitivement dans le cours du procès, les dépens en seront adjugés. *C'est la disposition de l'article III du titre XXVI. Le présent article est le VI de ce titre dans l'ordonnance, en ces termes :*

ARTICLE VI. Si le demandeur originaire soutient qu'il n'y a lieu au délai pour appeller garant, l'incident sera jugé sommairement en l'audience.

ARTICLE VI.

Si la contestation sur le délai n'est décidée hors de l'échéance de l'assignation, les poursuites cesseront.

Le délai de l'assignation en garantie venant à écheoir avant qu'il ait été décidé, s'il y a lieu au délai pour appeller garant, il ne sera fait autres poursuites pour ce regard, & le demandeur originaire pourra prendre ses avantages contre le défendeur, les dépens de l'incident réservés au principal.

☞ *Cet article, qui est une limitation de l'article précédent, a été supprimé comme étant inutile.*

ARTICLE VII.

Délai d'amener garant pour les privilégiés.

Il n'y aura point d'autre délai d'amener garant, même ès causes des mineurs, biens d'église, ou autres, quelque privilege qu'elles puissent avoir, sauf après le jugement de la demande principale, de faire procéder à celui de la demande en garantie.

Lecture faite des Articles I, II, III, IV, V, VI & VII :

M. le premier président a dit, que les sept premiers articles de ce titre *des garans*, pouvoient être réduits en un seul, de cette maniere : *Article proposé pour les garans.*

Le délai de garans sera accordé au défendeur originaire avec connoissance de cause, à compter du jour de l'assignation qui lui aura été donnée ; & après le délai expiré, le demandeur originaire pourra continuer ses poursuites : sauf au défendeur à poursuivre son garant ainsi qu'il avisera bon être.

Que si on croyoit même que ces mots, *avec connoissance de cause*, pussent

Loix ne souffrent rien d'inutiles.

produire quelque inconvénient, il étoit facile de les ôter, parce que les loix & les ordonnances ne vouloient rien souffrir d'inutile & d'obscur.

M. Pussort a dit, qu'il se falloit bien garder de comprendre dans cette disposition ces termes, *avec connoissance de cause*, qui feroient naître en la matiere beaucoup plus de procédures, que la prévoyance des articles de ce titre n'en auroit pu retrancher.

Qu'il ne croyoit pas que les dispositions qui sont comprises dans ces sept premiers articles, pussent être renfermées dans celui qui a été proposé par M. le premier président.

Examen de l'article I. Garantie simple & formelle : leur différence.

Qu'en faisant l'examen de ces articles en particulier, il avoit observé que dans le premier on faisoit distinction de garantie simple & formelle, dont il n'étoit point fait mention dans l'article proposé, bien que la différence en fût essentielle, en ce que l'on a toujours donné délai de garant pour les garanties formelles, & jamais pour les garanties simples. De sorte que, comme l'intention a toujours été d'ôter tout prétexte de demander aux juges les délais d'amener garant, l'on a cru qu'il falloit prescrire par l'ordonnance indistinctement pour toutes sortes de garanties, le délai qui leur pourroit appartenir.

Qu'il étoit aussi porté par le premier article, que *celui qui seroit assigné pourroit, si bon lui sembloit, appeller ses garans, sans commission ni mandement du juge, si ce n'étoit dans les parlemens & autres cours supérieures :* ce qui n'est point pareillement compris dans l'article proposé. Qu'il étoit nécessaire de l'expliquer; parce qu'encore que la même disposition fût dans le titre *des ajournemens*, néanmoins comme ce titre n'étoit que pour les demandes originaires, on pourroit douter si la même disposition auroit lieu pour les actions en garantie, si on n'en avoit pas fait mention particuliere.

Examen de l'art. II.

Le second article marquoit le délai de faire appeller garant, pour lequel on donnoit un jour pour dix lieues, outre la huitaine du jour de la signification de l'exploit, ce qui n'étoit pas encore dans l'article proposé.

Examen de l'art. III.

A l'égard du troisieme, il sembloit que ce ne fût qu'une répétition de ce qui étoit ordonné dans le titre *des ajournemens ;* néanmoins que cet article contenoit une disposition particuliere, par laquelle on obligeoit le demandeur en garantie de donner copie de l'exploit de la demande originaire, ce qui ne se rencontroit pas dans tout le titre *des ajournemens*.

Examen de l'art. IV.

M. Pussort a ajouté, qu'il lui sembloit que dans le quatrieme article il y avoit des dispositions toutes différentes de celles qui étoient dans l'article proposé, & dont l'expression étoit nécessaire, parce qu'on y prescrivoit la procédure pour empêcher qu'il ne fût pris aucun défaut contre le défendeur originaire, lorsque le délai de l'assignation en garantie ne sera pas échu au même tems que celui de la demande originaire.

Examen des art. V & VI.

Que l'on pouvoit dire la même chose à l'égard des cinquieme & sixieme articles, dans le premier desquels on prescrit ce qui doit être fait par le juge, quand le délai de la garantie sera contesté; & dans le dernier, ce qui sera fait lorsque le délai de l'assignation en garantie sera échu avant que le juge ait décidé si le délai a dû être accordé ou non.

Pour le septieme article, il ne lui paroissoit pas non plus inutile ni compris dans l'article proposé, parce qu'il y est fait mention des causes des mineurs & biens d'église que l'on assujettit à la disposition générale, & qu'on pourroit présumer en être exceptés par le privilege & la faveur de leur condition, s'ils n'y avoient été compris expressément. *Examen de l'art. VII.*

☞ *Tous ces articles ont été conservés, & ils ont été mis dans l'ordonnance, excepté le VI qu'on a retranché. Le dernier de ces articles est aussi le VII dans l'ordonnance.*

ARTICLE VII. Il n'y aura point d'autre délai d'amener garant, en quelque matiere que ce soit, sous prétexte de minorité, bien d'église, ou autre cause privilégiée, sauf après le jugement de la demande principale à poursuivre les garans.

ARTICLE VIII.

Appellés en garantie, procédans en la jurisdiction où pend la demande originaire, quand seront renvoyés ailleurs.

LES appellés en garantie formelle ou simple, seront tenus de procéder en la jurisdiction où la demande originaire est pendante, encore qu'ils dénient d'être garans, si ce n'est qu'il paroisse par écrit ou par l'évidence du fait, que la demande originaire ait été intentée pour traduire le garant pardevant les juges qui ne doivent point connoître du différend; ou que le défendeur en garantie ait privilege, & qu'il l'ait allégué avant la contestation en cause: auquel cas, enjoignons expressément aux juges de renvoyer le tout pardevant ceux qui en doivent connoître, ou d'ordonner que les parties se pourvoiront, en cas que le renvoi n'en soit point requis: à peine de nullité de tout ce qui auroit été fait, & de tous dépens, dommages & intérêts.

Lecture faite de l'Article VIII:

M. le premier président a dit, que cette clause de condamnation *de tous dépens, dommages & intérêts des parties* contre les juges, qui se trouve insérée dans cet article, passera à la fin en style. Plus il y fait de réflexion, plus il trouve qu'il est extraordinaire d'avoir fait mention de ces peines dans une ordonnance; mais que la répétition si fréquente l'est encore plus. *Peines contre les juges.*

☞ *Dans toutes ces conférences, monsieur le premier président de la Moignon a paru fort attaché à détourner les peines que messieurs les commissaires du conseil avoient insérées dans plusieurs articles de ce projet contre les juges. L'on peut voir les raisonnemens qu'il y a opposés, & la fermeté avec laquelle il les a soutenus, en examinant les deux premiers articles du titre V dans la seconde & troisieme conférence, & dans l'examen qui a été fait du titre I en la derniere conférence du 17 mars 1667. Mais les raisons de monsieur le premier président n'ont pas prévalu : les peines ont passé dans l'ordonnance, comme on le peut voir dans tous les articles où il est fait mention de ces sortes de peines, aussi-bien que dans le présent article où la peine des* dommages & intérêts *contre les juges a été changée en celle* d'intimation, & de prise à partie. *Cet article est aussi le VIII dans l'ordonnance.*

ARTICLE VIII. Ceux qui seront assignés en garantie formelle ou simple, seront tenus de procéder en la jurisdiction où la demande originaire sera pendante, encore qu'ils dénient être garans ; si ce n'est que le garant soit privilégié, & qu'il demande son renvoi pardevant le juge de son privilege. Mais s'il paroît par écrit, ou par l'évidence du fait, que la demande originaire n'ait été formée que pour traduire le garant hors de sa jurisdiction, enjoignons aux juges de renvoyer la cause pardevant ceux qui en doivent connoître ; & en cas de contravention, pourront les juges être intimés, & pris à partie en leur nom.

ARTICLE IX.

Le garant sera mis hors de cause, si le garant prend le fait avant la contestation.

Si la demande originaire n'est point encore contestée, le garant formel pourra prendre le fait & cause pour le garanti, lequel, en ce faisant, sera mis hors de cause : & si elle est contestée, il demeurera en cause.

Lecture faite de l'Article IX:

M. le premier président a dit, que c'est la disposition de l'ordonnance de 1539, laquelle, en peu d'articles, semble suffisante pour tout ce titre ; & que les loix doivent être concises.

M. Pussort a réparti, que quelques-uns des articles prescrivent la loi, & les autres la maniere de l'observer & de l'exécuter.

☞ *Cet article est aussi le IX de l'ordonnance. L'on en a conservé le sens ; mais il a été abrégé par le changement de quelques mots.*

ARTICLE IX. En garantie formelle, les garans pourront prendre le fait & cause pour le garanti, lequel sera mis hors de cause, s'il le requiert avant la contestation.

ARTICLE X.

Jugemens rendus contre les garans, exécutoires contre les garantis.

Dépens, dommages & intérêts exécutés entre les garans.

LES sentences & jugemens donnés contre les garans, seront exécutoires contre les garantis, sauf pour les dépens, dommages & intérêts, dont la liquidation & exécution ne pourront être faites que contre les garans seulement.

Cet Article a été trouvé bon.

☞ *Voyez ce qui est dit ci après sur l'article XII.*

ARTICLE XI.

Garanti mis hors de cause, pourra y assister.

ENCORE que le garanti ait été mis hors de cause, il pourra y assister, si bon lui semble, pour la conservation de ses droits.

☞ *Après la lecture de cet article, il a été trouvé bon, & l'on n'y a fait aucun changement, si ce n'est qu'on en a retranché ces mots,* si bon lui semble, *qui étoient inutiles.*

ARTICLE XII.

Pour exécuter les jugemens contre les garantis, il suffira de les leur faire signifier.

SOIT que les garantis aient été mis hors de cause, ou qu'ils y soient demeurés, il suffira, pour exécuter contre eux les sentences & jugemens, de les leur faire signifier, sans autre demande ni procédure.

Lecture faite de l'Article XII:

M. le premier président a dit, qu'il paroissoit superflu, étant compris dans l'article X.

☞ *Cet article XII n'est pas absolument compris dans l'article X, mai il en est une explication. L'article X porte que les jugemens rendus contre le garans, seront exécutoires contre les garantis; & l'article XII prescrit la maniere de les exécuter. L'un est la regle, & l'autre en est l'expension. Ces deux articles ont été joints, à cause de l'affinité des matieres, & l'on en a composé un seul article qui est le XI de l'ordonnance.*

ARTICLE XI. Les jugemens rendus contre les garans seront exécutoires contre le garantis; sauf pour les dépens, dommages & intérêts, dont la liquidation & exécution ne sera faite que contre les garans, & suffira de signifier le jugement aux garantis, soi qu'ils aient été mis hors de cause, ou qu'ils aient assisté, sans autre demande ni procédure.

ARTICLE XIII.

Les garans simples ne pourront prendre le fait & cause, mais pourront intervenir.

En garantie simple, les garans ne pourront prendre le fait & cause, mais seulement pourront intervenir, si bon leur semble, avec le garanti.

Lecture faite de l'Article XIII, il a été trouvé bon.

Cet article est le XII de l'ordonnance, & l'on n'y a rien changé.

ARTICLE XIV.

Quand la demande principale & celle en garantie se doivent juger conjointement, ou séparément.

La demande originaire & celle en garantie seront jugées conjointement, si l'une & l'autre se trouvent en même tems en état d'être jugées; mais si la demande originaire est en état, & que la garantie n'y soit pas, la demande originaire sera jugée séparément de celle en garantie, pourvu que le demandeur originaire le requierre; ce qu'il fera par un simple acte de signification au procureur des parties, sans autre signification ni délai, & sans qu'il soit besoin d'aucun jugement de disjonction, sauf après le jugement du principal, à faire droit sur la garantie, s'il y échoit.

Lecture faite de cet Article:

M. le premier président a dit, que suivant la disposition de cet article, la disjonction des instances se fera par l'office du procureur. Que par l'usage qui s'obſerve à préſent, la partie demande une disjonction par une requête, ſur laquelle l'on met : *ſoit mis au ſac pour, en jugeant, &c.* Le juge y fait droit, & disjoint en jugeant, s'il eſt à propos : & cette forme eſt réguliere. Qu'à l'avenir le procureur fera l'office du juge, & appliquera lui-même l'ordonnance. Quand il voudra chicaner, il mettra l'inſtance qu'il voudra disjoindre hors d'état, & il pourra prendre avantage de ſa chicane. *Disjonction, comment ſe fait.*

M. Puſſort a dit, que l'expédient porté par l'article, va à prévenir de grandes plaidoieries & procédures qui ſe faiſoient pour parvenir à ces disjonctions. Que le procureur par un acte, pourra obtenir le même effet. Ce ſera l'ordonnance, & non pas le procureur, qui fera l'office du juge ; & par la ſommation qu'il fera, il déclarera que l'inſtance de garantie n'étant point en état, il eſt en droit, ſuivant l'ordonnance, d'en demander la disjonction. Ce ſera au juge après d'appliquer l'exécution de l'ordonnance à la matiere. Si la partie met elle-même le procès hors d'état pour en demander la disjonction, ce ſera un dol qui méritera l'animadverſion du juge ; mais à prendre l'ordonnance dans ſon véritable eſprit, & dans la pureté de ſon intention, la pocédure ſe trouvera fort abrégée.

M. l'avocat général Talon a dit, qu'un procureur en faute ne ſera pas écouté ; que néanmoins, pour ôter toute ſorte d'ambiguité d'ans l'article, l'on pouvoit ajouter, qu'*il n'y aura que le procureur qui aura mis le procès en état de juger, qui pourra demander la disjonction ;* & que d'ailleurs, *elle ne pourra être ordonnée que trois jours après la ſignification de l'acte*, comme auſſi que *l'arrêt de disjonction ſera le même qui jugera le principal.* *Qui pourra demander la disjonction.*

M. Puſſort a dit, qu'en ordonnant que *la disjonction ne pourra être faite que trois jours après la ſignification de l'acte*, cela remédiera à tout.

☞ *L'on a approuvé l'expédient propoſé par monſieur l'avocat général, que* la disjonction ne pourra être faite que trois jours après la ſignification de l'acte ; *& celui-ci qu'il a encore ſuggéré, que* l'arrêt de disjonction ſera le même qui jugera le principal. *Ces deux clauſes ont été inſérées dans cet article, qui eſt le XIII de l'ordonnance. L'on y a fait encore d'autres changemens dans l'expreſſion, comme on le peut voir ici.*

ARTICLE XIII. Si la demande principale & celle en garantie ſont en même tems en état d'être jugées, il y ſera fait droit conjointement ; ſinon le demandeur originaire pourra faire juger ſa demande ſéparément trois jours après avoir fait ſignifier que l'inſtance principale eſt en état, & le même jugement prononcera ſur la disjonction, ſi les deux inſtances originaires & en garantie avoient été disjointes ; ſauf, après le jugement du principal, à faire droit ſur la garantie, s'il y écheoit.

ARTICLE XV.

Les garans ne seront condamnés aux dépens, que depuis la sommation à eux faite.

LES garans qui succomberont au principal, seront condamnés aux dépens, du jour de la sommation à eux faite seulement, & ne seront point tenus de ceux qui auront été faits auparavant, sinon de l'exploit du demandeur originaire.

Lecture faite de l'Article XV:

M. le premier président a dit, que cela s'étoit toujours pratiqué, & que l'article étoit inutile.

M. Pussort a réparti, que l'ordonnance étoit pour tout le royaume, où la disposition de l'article pouvoit n'être pas en usage.

☞ *Cet article est le XIV de l'ordonnance, & il a passé après quelques changemens peu considérables.*

ARTICLE XIV. Les garans qui succomberont, seront condamnés aux dépens de la cause principale du jour de la sommation seulement, & non de ceux faits auparavant, sinon de l'exploit de demande originaire.

ARTICLE XVI.

Quel délai sera donné, s'il y a plusieurs garans.

TOUT ce que dessus sera observé à l'égard du garant qui aura un autre garant; mais s'il y a plusieurs garans d'une même garantie, il n'y aura qu'un seul délai pour tous, à la charge que le délai sera pris eu égard à la distance de la demeure du garant le plus éloigné.

Lecture faite de l'Article XVI:

M. le premier président a dit, que la disposition de cet article paroissoit bonne, puisqu'en accommodant tous les délais ensemble, l'on prend la distance de la demeure du garant le plus éloigné.

☞ *Cet article commence par une clause générale, qui porte, que* tout ce qui a été ordonné ci-dessus, sera observé à l'égard du garant qui aura un autre garant: *cette clause a été restreinte aux délais* des seconds garans. *Au surplus,*

surplus l'article a passé avec quelques changemens qu'on a faits dans l'expression. Il est le XV & dernier de ce titre dans l'ordonnance.

ARTICLE XV. Les mêmes délais qui auront été donnés pour le premier garant, seront gardés à l'égard du second : & s'il y a plusieurs garans intéressés en une même garantie, il n'y aura qu'un seul délai pour tous, qui sera réglé selon la demeure du garant le plus éloigné.

ARTICLE XVII.

Quel délai d'appeller garant sera donné à l'héritier qui délibere.

Et néanmoins au cas qu'aucun soit assigné en qualité d'héritier, & qu'il y ait lieu d'accorder le délai pour délibérer, alors la huitaine du délai d'appeller garant, commencera seulement à courir du jour que le délai de délibérer sera expiré.

Lecture faite de l'Article XVII, il a été trouvé bon.

☞ *Dans la révision qui a été faite de ce projet d'ordonnance, le présent article a été transféré au commencement du titre, où il est le III dans l'ordonnance.*

Outre cela, l'on a ajouté à l'article une clause qui étend la disposition jusqu'aux veuves qui seront assignées en qualité de communes, auxquelles les mêmes délais d'appeller garant sont donnés qu'aux héritiers. C'est une suite des observations faites sur l'article I du titre VII des délais pour déliberer. Voici cet article tel qu'il est dans l'ordonnance.

ARTICLE III. Si néanmoins le défendeur originaire est assigné en qualité d'héritier, & qu'il y ait lieu de lui donner délai pour délibérer, le délai de garant ne commencera que du jour que le délai pour délibérer sera expiré : ce qui sera pareillement observé à l'égard des veuves qui seront assignées en qualité de communes.

Ce titre est le XVI de l'ordonnance.

TITRE X.

Des juges-consuls des marchands.

ARTICLE I.

Assignés comparoîtront en personne, pour être ouis par leur bouche.

LES parties qui seront assignées devant les juges-consuls, seront tenues de comparoître en personne à la premiere audience à laquelle elles seront assignées, pour être ouies par leur bouche.

Lecture faite de l'Article I:

M. le premier président a dit, qu'il y a beaucoup de réflexions à faire sur ce titre.

Que les juges-consuls, qui ne connoissent pas les limites de leur compétence, la portent trop loin, & jugent des matieres qui n'en peuvent être. L'élection des consuls se fait presque sans choix, & par un certain ordre d'antiquité que les marchands gardent entr'eux; de sorte que bien souvent on y voit des personnes ignorantes ou des vieillards incapables d'agir, principalement dans les villes où le nombre des marchands n'est pas fort grand. Qu'en la plupart des sieges, le greffier juge seul les affaires, parce qu'il est le seul qui les puisse entendre. Qu'il semble qu'il y avoit quelque ordre à donner sur ces élections, qui sont si importantes, afin que le mérite & la capacité y donnassent l'entrée; mais que ce n'étoit pas ici le lieu d'y pourvoir.

Election des juges & consuls.

Greffier souvent juge les affaires.

Que ce dont il s'agit, est de régler, ou plutôt de prévenir les conflits qui sont entre les juges ordinaires & les juges-consuls. L'on se plaint que ceux-ci ne font jamais mention dans leurs jugemens des déclinatoires qui sont proposés. Leur établissement ne les rend compétens que des causes de marchand à marchand, & pour fait de marchandise; néanmoins le parlement leur renvoie toujours la connoissance de toutes les lettres de change, de quelque qualité que soient les personnes qui les ont tirées, parce qu'il semble que c'est faire un acte de marchand, que de tirer une lettre de change.

Plaintes contre les juges & consuls.

L'on étend encore le pouvoir de leur jurifdiction, aux billets qui font conçus pour valeur reçue, quoique ce ne foient pas abfolument lettres de change. Qu'en cela on a voulu les favorifer, parce que c'eft une jurifdiction fommaire & gratuite; mais comme d'un côté on les traite bien, il faut auffi de l'autre qu'ils fe contiennent dans les bornes de leur pouvoir, & les obliger, lorfqu'on propofe des déclinatoires, d'en faire mention dans leurs fentences.

Pouvoir de leur jurifdiction.

Que ces expreffions font néceffaires dans leurs fentences, pour l'adminiftration de la juftice: car, comme l'on n'accorde des défenfes d'exécuter leurs jugemens qu'avec grande connoiffance de caufe, lorfqu'ils paroiffent contradictoires, on les prend toujours pour contradictoires, lorfqu'ils contiennent ces mots, *parties ouies*, & qu'il n'eft point fait mention du déclinatoire. Mais il n'eft pas raifonnable que fous ce prétexte, leurs fentences aient la même force que fi elles avoient été rendues fur les défenfes au fond, & après une légitime conteftation.

M. Talon a repréfenté, qu'il étoit néceffaire de connoître dans les jugemens, fi les parties avoient volontairement procédé. Que les édits & déclarations limitent le pouvoir des juges-confuls; que cependant ils l'excedent en toutes matieres & en toutes rencontres. Ils connoiffent même de la demande intentée par un domeftique contre fon maître, afin d'avoir paiement de fes gages. Qu'il ne définiffoit pas s'il étoit meilleur de leur laiffer la connoiffance de quantité de petites matieres; mais que jufqu'à ce qu'il ait plu au roi leur en donner une ampliation de pouvoir, ils ne la peuvent pas prendre d'eux-mêmes.

Entreprifes des juges & confuls.

Qu'il n'examine pas non plus leurs formalités; mais qu'il peut dire que pour fe mettre en regle, il faut que dans les jugemens il foit fait mention des déclinatoires, & ne pas mettre, *parties ouies*, en tous les cas. Que c'eft l'ufage de toutes les jurifdictions du royaume, qui doit être fuivi par les confuls.

Doivent faire mention des déclinatoires.

M. Puffort a dit, que les juges-confuls, par leur établiffement, font difpenfés de l'obfervation des regles & des formalités du palais. Que ce font gens fimples; mais que dieu béniffoit leur fimplicité. Qu'en effet les rois les ont plus favorablement traités que tous les autres juges du royaume. Que le préfidial de Paris, qui en toutes façons pouvoit entrer en comparaifon avec plufieurs compagnies principales du royaume, n'avoit pouvoir de juger que jufqu'à deux cens cinquante livres en dernier reffort; & par provifion, jufqu'à cinq cens livres: & que cependant les rois avoient permis aux juges-confuls des marchands, de juger définitivement & en dernier reffort, jufqu'à cinq cens livres, & par provifion à l'infini, & avoient encore ordonné que leurs jugemens feroient exécutés par toutes voies, même par corps.

Juges & confuls, gens fimples.

A quelle fomme ils peuvent juger.

Que les juges-confuls ont été entendus, lorfque l'on a dreffé les articles, & qu'ils ont particuliérement infifté, à ce qu'il ne fût rien innové.

Que bien loin d'entreprendre fur les autres jurifdictions, ils fe font

Entreprises du châtelet sur eux. plaints au roi, par un placet, des entreprises que fait le châtelet sur les matieres de leur compétence; & l'on ne présumera pas aisément que des officiers de cette qualité, qui n'ont point d'autre considération que celle que leur donne leur charge, qu'ils n'exercent que pendant un an, soient capables de faire des entreprises sur la jurisdiction de soixante juges.

M. le premier président a dit, que l'ignorance des juges-consuls pour leur compétence, peut donner lieu à des entreprises; mais, quoi qu'il en soit, il paroît nécessaire que l'on connoisse dans leurs jugemens si une partie a défendu, ou si elle a décliné.

Leur pouvoir sur les lettres de change. Que le parlement traitoit cette jurisdiction avec tant de faveur, qu'il mande quelquefois les juges-consuls, lorsqu'il s'agit de lettres de change. Que l'arrêt qui fut rendu par le parlement, porte que sa majesté sera très-humblement suppliée d'accorder sa déclaration, laquelle en conséquence a été lue, publiée & registrée.

☞ *Comme les réflexions qui ont été faites après la lecture de l'article I ne regardent que la jurisdiction des juges & consuls en général, & qu'elles ne touchent point à cet article, il a été mis dans l'ordonnance, où il est aussi le premier.*

ARTICLE I. Ceux qui seront assignés pardevant le juge & consuls des marchands, seront tenus de comparoir en personne à la premiere audience, pour être ouis par leur bouche.

ARTICLE II.

En cas d'empêchement, ils enverront un mémoire signé, contenant leurs moyens.

En cas de maladie, absence, ou autre légitime empêchement, pourront envoyer un mémoire signé de leur main, contenant les moyens de leurs demandes & défenses. S'ils ne savent ou ne peuvent signer, ce mémoire sera signé par un de leurs voisins, parens ou amis, ayant de ce charge & procuration spéciale, dont il sera apparoir à l'assignation, pour être la cause plaidée & vuidée sur le champ, sans le ministere d'avocat ou de procureur.

Lecture faite de l'Article II:

M. le premier président a dit, qu'il pourroit y avoir inconvénient sur le fait du mémoire mentionné en l'article. Qu'il pourroit être supposé, & qu'il vaudroit bien mieux envoyer un homme chargé d'une procuration.

M. Pussort a dit, que ces ouvertures seroient bonnes, si on se plaignoit de quelque abus, qui en fût arrivé depuis cent ans. Que les consuls ont été entendus, & n'ont marqué aucun inconvénient; & qu'il a observé une chose qui est assez particuliere, c'est qu'encore que l'on reproche plusieurs défauts à cette jurisdiction, on ne sauroit trouver un justiciable qui s'en plaigne, & qui en demande la réformation; ce qu'on ne dira pas des autres justices. *Nul justiciable ne s'en plaint.*

M. l'avocat général Talon a dit, que l'on pourroit insérer dans l'article, que *les parties qui ne pourront comparoître elles-mêmes, enverront un homme avec un mémoire qui sera signé d'elles.*

☞ *L'expédient proposé par monsieur le premier président, & par monsieur l'avocat général, n'a pas été suivi, & les changemens qu'on a faits à cet article ne regardent que l'expression. Il est aussi le II dans l'ordonnance. L'article I est la regle, & celui-ci en est une exception.*

ARTICLE II. En cas de maladie, absence ou autre légitime empêchement, pourront envoyer un mémoire contenant les moyens de leur demande ou défenses, signé de leur main, ou par un de leurs parens, voisins ou amis, ayant de ce charge & procuration spéciale, dont il fera apparoir, & sera la cause vuidée sur le champ, sans ministere d'avocat, ni de procureur.

ARTICLE III.

S'ils jugent nécessaire d'ouir la partie non-comparante, comment ils y doivent procéder.

Si néanmoins, lors de la plaidoierie de la cause, les juges estimoient qu'il fût nécessaire d'entendre la partie non-comparante, ils pourront ordonner qu'elle sera ouie par sa bouche à l'audience, en lui donnant un délai compétent; ou si elle étoit malade, commettre l'un d'eux pour prendre l'interrogatoire que le greffier sera tenu de rédiger par écrit.

Lecture faite de l'Article III:

M. le premier président a dit, que l'interrogatoire porté par l'article sera fait sans frais.

M. l'avocat général Talon a dit, que les consuls ne prennent point de vacations; mais qu'il est permis au greffier d'en prendre.

M. Pussort a dit, que dans Paris la justice des juges-consuls est entiérement gratuite; mais qu'il n'en est pas de même à Amiens, & dans quelques autres lieux.

☞ *Cet article est le IV de ce titre dans l'ordonnance: les changemens qu'on y a faits sont peu considérables:*

ARTICLE IV. Pourront, s'ils jugent nécessaire d'entendre la partie non-comparante, ordonner qu'elle sera ouie par sa bouche en l'audience, en lui donnant délai compétent; ou si elle étoit malade, commettre l'un d'entre eux, pour prendre l'interrogatoire que le greffier sera tenu de rédiger par écrit.

ARTICLE IV.

Délai des ajournemens aux juges & consuls.

Regle pour les exploits.

DÉCLARONS nuls les ajournemens qui seront donnés pour comparoître dans le même jour, voulant qu'il y ait au moins vingt-quatre heures d'intervalle entre l'exploit & l'heure de l'assignation; & à cet effet, ordonnons aux huissiers & sergens, de déclarer, tant dans l'original que dans la copie de l'exploit, l'heure à laquelle il aura été donné, à peine de nullité & de vingt livres d'amende contre eux, applicable comme dessus en leur propre & privé nom.

Lecture faite de l'Article IV:

M. Pussort a dit, que pour la plus grande perfection de l'article, l'on y peut ajouter: *si ce n'est qu'il y ait péril en la demeure.*

M. le premier président a réparti, qu'après cette addition, l'article ne dira plus rien.

☞ *Cet article a été supprimé, parce que les juges & consuls ayant été mandés en l'assemblée de messieurs les commissaires du conseil le lendemain de la présente conférence, qui étoit le dixieme février 1667, ils dirent que dans leur jurisdiction les délais des assignations étoient différens, suivant la demeure des parties : qu'on observoit la distance des lieux à l'égard des forains, & de ceux qui demeuroient dans la ville, & que personne ne se plaignoit de cet usage. C'est pourquoi l'on a cru qu'il étoit à propos de ne rien déterminer à cet égard.*

ARTICLE V.

Qui ils pourront nommer pour voir les pieces des parties.

S'IL est nécessaire de voir les pieces, les juges-consuls nommeront en présence des parties, ou des porteurs de leurs mémoires, l'un des anciens consuls, ou un autre marchand non-sufpect pour les examiner, & sur son rapport être donné sentence, qui sera prononcée en la prochaine audience.

Lecture faite de l'Article V, il a été trouvé bon.

☞ *Cet article est le III de ce titre dans l'ordonnance; mais l'on y a fait quelques changemens.*

ARTICLE III. Pourront néanmoins les juges & consuls, s'il est nécessaire de voir les pieces, nommer en présence des parties, ou de ceux qui seront chargés de leur mémoire, un des anciens consuls, ou autre marchand non-suspect, pour les examiner, & sur son rapport donner sentence qui sera prononcée en la prochaine audience.

ARTICLE VI.

Profit du défaut, faute de comparoir à la premiere assignation.

Si l'une des parties ne comparoît point à la premiere assignation, sera donné défaut au comparant; si c'est le défendeur, congé; & pour le profit sera envoyé absous des conclusions contre lui prises, avec dépens: & si c'est le demandeur, lui sera donné défaut; & pour le profit d'icelui ses conclusions lui seront adjugées aussi avec dépens, si elles sont trouvées justes & bien vérifiées.

Après la lecture de l'Article VI:

M. le premier président a dit, que dans cet article les délais sont trop abrégés; & que plus la forme de juger est sommaire, moins on y doit restreindre les délais accoutumés.

M. Pussort a dit, que l'on mandera les juges-consuls, & que l'on prendra garde qu'il ne soit rien changé dans l'usage.

M. l'avocat général Talon a ajouté, qu'il faut encore observer qu'ils ne prennent pour toute vérification d'un fait, que le serment, lorsqu'ils jugent par défaut.

Que de plus, ils ne connoissent point les appointemens de contrariété; leur usage n'étant pas quand ils donnent permission de vérifier un fait, de permettre à la partie d'informer au contraire. *Appointemens de contrariété.*

M. Pussort a dit, qu'on les manderoit pour s'informer de leur usage.

☞ *Cet article est le V de l'ordonnance; mais il a été réduit en moins de termes. Outre cela, on en a retranché la derniere clause, qui porte que* les conclusions seront adjugées au demandeur, si elles sont trouvées justes & bien vérifiées. *Ce retranchement a été fait, parce que cette clause auroit obligé à une vérification qui auroit pu être à charge aux parties, suivant l'observation faite par M. le premier président, en la conférence suivante.*

D'ailleurs les juges & consuls firent entendre, que leur usage étoit de ne pas exiger la vérification de la demande dans les petites affaires qui n'excédoient pas la somme de dix ou douze livres ; mais que quand la demande étoit plus considérable, ils obligeoient le demandeur d'en rapporter la preuve : & messieurs n'ont pas voulu changer cet usage. Voici l'article de l'ordonnance :

ARTICLE V. Si l'une des parties ne comparoît à la premiere assignation, sera donné défaut ou congé emportant profit.

ARTICLE VII.

Comment le défaut pourra être rabattu en l'audience suivante.

POURRA néanmoins le défaut ou congé être rabattu en l'audience suivante, pourvu que celui contre qui il aura été donné, ait fait signifier à sa partie de se trouver à l'audience, & qu'il offre de plaider sur le champ.

Après la lecture de cet Article :

M. le premier président a proposé, pour ôter toute ambiguité, de changer l'article, & de le rédiger en ces termes : *pourra néanmoins le congé ou défaut être rabattu à l'audience suivante, après la signification du congé ou défaut.*

M. Pussort a dit, qu'il seroit bon de remettre cette délibération à samedi prochain.

☞ *Cet article est le VI de l'ordonnance ; & il a passé sans qu'on y ait inséré la clause proposée par monsieur le premier président*, de la signification du congé ou défaut : *l'article a été rédigé en ces termes :*

ARTICLE VI. Pourront néanmoins les défauts & congés être rabattus en l'audience suivante, pourvu que le défaillant ait sommé par acte celui qui a obtenu le défaut ou congé, de comparoir en l'audience, & qu'il ait offert par le même acte de plaider sur le champ.

ARTICLE VIII.

Parties contraires en faits, ameneront témoins qui seront ouis & reprochés à l'audience.

SI les parties sont contraires en faits, & que la preuve en soit recevable par témoins, délai compétent leur sera accordé pour faire comparoir respectivement leurs témoins, qui seront ouis sommairement à l'audience, après que les parties auront proposé

proposé verbalement leurs reproches, ou que respectivement elles se seront sommées de le faire, pour ensuite être la cause jugée en la même audience, ou au conseil, sur la lecture des pieces.

Lecture faite de cet Article :

M. le premier président a dit, qu'il seroit bon de régler au premier jour, si l'on abolira ou si l'on conservera les appointemens de contrariété. *Appointement de contrariété.*
La compagnie en est demeurée d'accord.

☞ *Dans la conférence suivante du* 12 *février, il fut arrêté que l'on conserveroit les appointemens de contrariété dans les jurisdictions des juges & consuls : ce qui est conforme à l'édit de leur création, en* 1563, *art.* 5; *& à la déclaration donnée à Saint-Maur en* 1566, *art.* 6. *Ainsi le présent article a passé sans aucun changement qui soit considérable, & il est le VII dans l'ordonnance.*

ARTICLE VII. Si les parties sont contraires en faits, & que la preuve en soit recevable par témoins, délai compétent leur sera donné pour faire comparoir respectivement leurs témoins, qui seront ouis sommairement en l'audience, après que les parties auront proposé verbalement leurs reproches ou qu'elles auront été sommées de le faire, pour ensuite être la cause jugée en la même audience, ou au conseil, sur la lecture des pieces.

ARTICLE IX.

Ce qui sera fait si les témoins de l'une des parties ne comparoissent.

Et au cas que les témoins de l'une des parties ne comparoissent point, elle demeurera forclose & déchue de les faire ouir, si ce n'est que les juges-consuls, eu égard à la qualité de l'affaire, trouvent à propos de donner un nouveau délai d'amener témoins : auquel cas les témoins de l'autre partie seront ouis secrétement en la chambre du conseil.

Lecture faite de l'Article IX, il a été trouvé bon.

☞ *Cet article est le VIII dans l'ordonnance, & il a passé, quoiqu'il soit contraire à l'article* 6 *de l'édit de création en* 1563, *qui fait défenses aux juges-consuls* d'accorder plus d'un délai pour produire pieces ou témoins; lequel délai échu & passé, *ils devoient procéder* au jugement du différend entre les parties, sommairement & sans figure de procès. *Voici l'article de l'ordonnance :*

ARTICLE VIII. Au cas que les témoins de l'une des parties ne comparent, elle demeurera forclose & déchue de les faire ouir, si ce n'est que les juges & consuls, eu égard à la qualité de l'affaire, trouvent à propos de donner un nouveau délai d'amene témoins; auquel cas les témoins feront ouis fecrétement en la chambre du confeil.

ARTICLE X.

Les dépofitions feront rédigées par écrit, & fignées.

LES dépofitions des témoins ouis en l'audience, ou en la chambre du confeil, feront rédigées par écrit, & fignées de chacun témoin, finon fera fait mention de la caufe pour laquelle il n'a point figné.

Lecture faite de l'Article X:

Confuls ne faifoient rédiger les dépofitions.

M. le premier préfident a dit, qu'il faudra donc changer l'ufage, d'autant que les confuls ne font point rédiger les dépofitions des témoins d'où il s'enfuit un grand inconvénient, qui eft, qu'en caufe d'appel l'on ne voit plus fur quoi il a été jugé.

M. Puffort a dit, que c'étoit pour faire connoître le fondement des fentences des juges-confuls, que l'article les aftreignoit à faire rédiger les dépofitions des témoins.

☞ *L'on a changé une partie de cet article, en ce que les dépofitions ne feront fignées des témoins, que lorfqu'ils feront ouis en la chambre du confeil. Au furplus l'article a paffé, & il eft le IX de l'ordonnance.*

ARTICLE IX. Les dépofitions des témoins ouis en l'audience, feront rédigées par écrit; & s'ils font ouis en la chambre du confeil, feront fignées du témoin, finon fera fait mention de la caufe pour laquelle il n'a point figné.

☞ *Sur ce qui a été remontré par meffieurs les députés du parlement, au commencement de ce titre & dans la conférence prochaine, que les juges & confuls ne faifoient aucune mention dans leurs fentences, des déclinatoires propofés, il a été arrêté de dreffer un article qui leur enjoindroit d'en faire mention. Cet article eft le X de l'Ordonnance, en ces termes:*

ARTICLE X. Les juges & confuls feront tenus faire mention dans leur fentence des déclinatoires qui feront propofés.

ARTICLE XI.

Ne prendront épices, ſalaires, droit de rapport, &c. ſous quelle peine.

Ne ſera pris aucunes épices par les juges-conſuls, ſalaires, droit de rapport, ou de conſeil; même pour les interrogatoires & auditions des témoins ou autrement, en quelque cas, ou pour quelque cauſe que ce ſoit, à peine de concuſſion & de reſtitution du quadruple.

Lecture faite de l'Article XI, il a paſſé.

☞ *Cet article eſt auſſi le XI de ce titre dans l'ordonnance, ſans qu'on y ait fait aucun changement conſidérable.*

ARTICLE XI. Ne ſera pris par les juges & conſuls aucunes épices, ſalaires, droits de rapport, & du conſeil; même pour les interrogatoires & auditions des témoins, ou autrement, en quelque cas ou pour quelque cauſe que ce ſoit, à peine de concuſſion & de reſtitution du quadruple.

La continuation de la conférence a été arrêtée pour le ſamedi douzieme du préſent mois.

CINQUIEME CONFÉRENCE.

Du ſamedi douzieme février 1667, après-midi, en l'hôtel Séguier.

Monſieur le chancelier, & meſſieurs les commiſſaires du conſeil.

Monſieur le premier préſident, & meſſieurs les députés du parlement préſens.

MONSIEUR le premier préſident a dit, qu'il fut propoſé au dernier jour, que l'on s'informeroit des juges-conſuls, ſur le fait de leur uſage & de leurs procédures, & qu'on ſauroit d'eux s'ils faiſoient mention dans leurs ſentences, des déclinatoires propoſés par les parties.

M. Puſſort a dit, qu'ils avoient été mandés en l'aſſemblée de meſſieurs les commiſſaires, & avoient dit, que lorſqu'une partie déclinoit, & qu'ils ne jugeoient pas qu'il y eût lieu à ſon déclinatoire, ils prononçoient par rétention de la cauſe, & ordonnoient qu'elle défendroit au principal. Si elle propoſoit ſes défenſes, ils faiſoient droit contradictoirement, ſinon ils prononçoient par défaut; & que du tout il étoit fait mention dans la ſentence. En effet, ils en avoient rapporté quelques-unes, dans leſquelles il étoit fait mention des déclinatoires.

M. le premier préſident a dit, que puiſqu'ils en uſent ainſi, & qu'ils le doivent, il étoit facile d'en mettre un mot dans l'ordonnance.

Délais des aſſignations aux conſuls. M. le premier préſident a ajouté, qu'il falloit encore régler les délais des aſſignations, & faire différence de celles qui ſe donnent pour la ville, ou pour les champs.

Qu'il y a une clauſe dans l'article VI qui porte, que *les concluſions des parties leur ſeront adjugées par défaut, ſi elles ſont trouvées juſtes & bien vérifiées.* Que cela obligera à une vérification, qui pourra être à charge aux parties, & qu'il faudroit ôter ces mots: *& bien vérifiées.*

M. Puſſort a dit, qu'à l'égard des aſſignations, les délais, ainſi que les juges-conſuls l'avoient fait entendre, étoient différens pour les parties domiciliées dans la ville, & pour les forains, & que l'on obſervoit la diſtance des lieux.

Vérification Quant à la vérification de la demande, il ne s'en faiſoit point pour les petites affaires qui n'excédoient pas douze livres; mais que lorsqu'il s'agissoit de quelque somme considérable, l'on obligeoit le demandeur à rapporter la preuve de sa demande, & des faits qui étoient par lui allégués. Qu'ils n'avoient pas pu donner de fort grands éclaircissemens sur le fait de leurs procédures, parce qu'il n'y avoit que huit jours qu'ils étoient en charge, & ont dit qu'ils gardoient les ordonnances à la rigueur.

de la demande aux consuls.

Que cela étoit tout différent de ce qui leur a été dit par les juges-consuls qui étoient en charge l'année derniere, qui leur avoient mis en fait qu'ils n'étoient point astreints dans leurs jugemens à l'article 54 de l'ordonnance de Moulins, qui n'admet point la preuve par témoins au-dessus de cent livres. Qu'ils jugeoient selon les différentes circonstances des affaires. Qu'ils examinoient si celui qui posoit son fait étoit un bon marchand, de bonne réputation dans son négoce, & si ses livres étoient bien tenus, de même à l'égard de la partie contre laquelle il avoit affaire. Que tous ces adminicules leur aidoient à former leurs jugemens.

S'ils sont astreints à l'art. 54 de Moulins.

Qu'au reste le parlement avoit autorisé leur conduite par ses arrêts; & lorsqu'en jugeant ils avoient reçu la preuve par témoins au-dessus de cent livres, selon les circonstances de l'affaire, le parlement n'avoit point fait de difficulté de confimer leurs jugemens.

Que dans l'imprimé des titres de leur jurisdiction, il s'en trouvoit un qui est un arrêt contradictoire du 27 juillet 1624, confirmatif d'une de leurs sentences du premier décembre 1621, & qui leur en renvoyoit l'exécution.

M. le premier président a dit, que quand il y a commencement de preuve par écrit, celle par temoins pouvoit être reçue.

Appointemens de contrariété: en quels cas ils les admettoient.

M. Pussort a réparti, que l'arrêt paroissoit avoir été rendu sur la pure question de savoir si la preuve par témoins devoit être admise au-dessus de cent livres.

M. le premier président a dit, qu'il falloit encore régler ce qui concernoit les appointemens de contrariété; que cela n'étoit pas suffisamment expliqué.

M. Pussort a dit, que les consuls s'étoient encore expliqués sur ce point: qu'ils recevoient la preuve des faits contraires, ès affaires de conséquence; mais qu'autrement ils ne l'admettoient point.

M. Talon a représenté, qu'il avoit passé par ses mains depuis peu une affaire, dans laquelle il étoit question de douze mille écus, & qu'il n'avoit point vu que cela eût été permis. Que les consuls avoient bien permis à l'une des parties de faire preuve des faits par elle allégués, mais qu'ils n'avoient pas donné à l'autre la faculté d'informer au contraire.

M. le président de Novion a dit, qu'il ne s'agissoit pas d'examiner quel étoit leur usage, mais de les astreindre à l'ordonnance de Moulins, tant pour la preuve par témoins au-dessus de cent livres, que pour les appointemens en faits contraires, & qu'il ne falloit point étendre leur jurisdiction.

M. le premier président a dit, que s'ils passoient les bornes de leur pouvoir, ils perdroient leur simplicité qui les maintenoit; & a ajouté, qu'il y avoit encore deux choses à desirer: l'une, en la maniere de rabattre les défauts & les congés; l'autre, en la forme de recevoir les cautions.

Rabat des défauts.

M. Pussort a dit, qu'à l'égard des congés & défauts, les juges-consuls les rabattoient en tout tems, ainsi qu'ils avoient fait entendre; mais que l'article VII y avoit pourvu, en réglant que ce seroit à l'audience suivante. Et qu'en ce qui concernoit les cautions, elles étoient reçues par acte signifié aux parties, qui pouvoient, en cas d'insuffisance, demander qu'elles fussent renforcées: que cela n'étoit jamais refusé, & que l'on obligeoit à donner des certificateurs.

Reception de cautions.

M. le premier président a dit, que les cautions que l'on donne pardevant les juges-consuls, étoient appellées au palais, *des cautions bannales;* c'est-à-dire, qu'ils recevoient de pauvres gens qui servoient de cautions dans toutes les affaires; mais aussi que toutes les fois que cela se présentoit au parlement, l'on étoit obligé de les changer. Cependant il pouvoit arriver que la sentence, à la caution d'un homme insolvable, auroit été exécutée, & des sommes considérables reçues, & que le plus sûr étoit de donner d'abord de bonnes cautions.

Ce titre est le XI de l'ordonnance.

TITRE XI.

Des procédures & délais ès cours de parlement, grand-conseil & cour des aides, en premiere instance: & encore en cause d'appel, tant esdites cours, qu'ès sieges & jurisdictions ressortissans en icelles.

MONSIEUR le premier président, après la lecture de ce titre, a dit, qu'il étoit difficile & embarrassé. Que le style même en étoit peu intelligible à ceux qui ont l'usage du palais.

Qu'aussi le détail de ces instructions & procédures n'est guere de la connoissance des personnes que l'on consulte ordinairement sur les questions, & pour défendre au fond les causes des parties; mais que cela les regarde plutôt que ceux qui ont accoutumé de faire les instructions & procédures, & de mettre les affaires en état d'être jugées.

Distinction des affaires qui s'instruisent au parlement.

Que ce qui formoit l'embarras de ce titre, étoit que l'on avoit confondu toutes les instructions de plusieurs natures d'affaires qui se font dans le parlement & dans les autres compagnies souveraines, au lieu qu'elles doivent être distinguées en trois parties différentes, dont chacune méritoit un titre: savoir, les affaires qui s'instruisent en premiere instance, les appellations verbales, & les procès par écrit.

Pour ce qui regarde les affaires qui s'y inſtruiſent en premiere inſtance, il y en avoit de trois ſortes : 1°. celles qui s'inſtruiſent d'abord au parlement, comme les cauſes des hôpitaux, des pairies, & autres qui ont ce privilege : 2°. les demandes qui ſe font en exécution d'arrêts : 3°. & les incidens dépendans des procès & des inſtances réglées.

Trois ſortes d'affaires qui s'inſtruiſent au parlement, en premiere inſtance.

Que ces trois ſortes d'inſtances s'inſtruiſent toutes de la même façon à la barre, par *committitur :* défaut ſauf trois jours, pur & ſimple, & aux ordonnances, que faute de défendre, l'on donne à juger ; dont le profit eſt un débouté de défenſes, qui porte réajournement, ſur lequel le demandeur obtient ſon défaut emportant profit, aux préſentations, qui ſe donne à juger, & dont le profit porte adjudication des concluſions définitives.

Si le défendeur ne compare point à la premiere aſſignation qui lui eſt donnée, le demandeur prend ſon défaut aux préſentations, qui ne porte qu'un réajournement ; & en vertu de ce défaut, la partie eſt réaſſignée. Si elle ne compare, il ſe leve un ſecond défaut, qui ſe donne à juger, dont le profit eſt un débouté de défenſe, qui oblige de réajourner la partie : & ſi elle ne compare par procureur, le demandeur obtient un troiſieme défaut, qui ſe donne pareillement à juger, & les concluſions du demandeur lui ſont adjugées.

Si le défendeur conſtitue procureur, & fournit des défenſes avant l'arrêt de débouté de défenſes, l'on fait offrir l'appointement par comparant, qui ſe ſignifie cinq fois ; & le tems porté par ce réglement étant expiré, le demandeur produit au greffe, & obtient ſes forcluſions.

Si après l'arrêt de débouté de défenſes, le défendeur conſtitue procureur, il peut ſe faire reſtituer dans les quatre mois, & fournir ſes défenſes en refondant les dépens du défaut ; auquel cas le même appointement eſt offert, & ſignifié cinq fois. Et s'il ne ſe fait reſtituer, le demandeur prend l'appointement au greffe à produire par lui, & contredire par le défendeur ; alors le demandeur n'obtient que des forcluſions de contredire.

Qu'après avoir bien penſé ſur cette procédure & inſtruction, & même pris l'avis des perſonnes les plus éclairées & les mieux intentionnées, pour diminuer les longueurs des procès, il ne croyoit pas qu'il y eût rien à changer dans cette ancienne forme, mais qu'il falloit ſeulement abréger les délais & les procédures inutiles.

Que pour cet effet, on pouvoit retrancher les deux défauts, *ſauf trois jours* & *pur & ſimple ;* laiſſer le défaut aux ordonnances, dont le profit ſeroit jugé définitivement, & ne porteroit plus de débouté de défenſes.

Si avant le jugement du défaut, il y avoit des défenſes fournies, on prendroit l'appointement par comparant, qui ſeroit ſigné du commiſſaire, & ne ſeroit ſigné qu'une fois au lieu de cinq.

Si la partie aſſignée ne compare par procureur, le demandeur pourra lever ſon défaut aux préſentations, & le bailler à juger après un délai compétent pour éviter la ſurpriſe.

Que le défaut sera jugé définitivement, au lieu que maintenant le premier défaut ne porte qu'un réajournement, & le second un débouté de défenses.

Que cette procédure abrégeroit beaucoup les affaires, & à peu de frais, & déchargeroit l'audience ; & au contraire, si elles y sont portées, suivant l'intention des articles de ce titre, ce ne sera plus que confusion. Il y aura une extrême longueur dans l'expédition des affaires, & il en coûtera beaucoup plus aux parties.

Pour les appellations verbales, elles sont portées à l'audience, ou par les rôles, ou par les avenir & placets. Que l'on pourroit retrancher les avenirs qui se prennent au greffe, & faire que les causes seroient mises dans les rôles; & après que le tems d'en plaider seroit fini, ce qui resteroit demeureroit appointé au conseil: que les parties qui voudroient avancer, feroient offrir l'appointement au conseil, bailler causes d'appel, réponses & produire, & ensuite le feroient recevoir au greffe. Et au lieu de plusieurs requêtes que l'on donnoit, tant pour fournir des causes d'appel, réponses & produire, que contredire, il suffiroit d'en réserver de deux l'une, portant commandement de fournir des causes d'appel ou réponses, ou de produire & contredire. Ce qui abrégeroit la procédure, & se feroit à peu de frais, sans changer l'ancienne forme; & même on pourroit ôter entiérement les forclusions.

A l'égard des procès par écrit, c'est une procédure différente qu'il ne croyoit pas devoir être changée ; mais qu'il suffisoit de retrancher les délais que l'on donnoit pour faire apporter les procès, fournir la sentence & conclure, en réduisant chacune de ces choses en un seul délai : ce qui accourciroit le tems de plus de trois mois, & sauveroit beaucoup de frais.

Que pour tous les incidens qui seroient faits, soit aux instances appointées, appellations verbales réglées au conseil, ou aux procès par écrit, on pourroit mettre, *viennent*, sur les requêtes pour être réglées à l'audience à huis clos, dans la chambre où les procès & instances seroient pendans.

Et si dans les incidens il y avoit des demandes nouvelles, ou lettres de rescision, le demandeur, avant que de plaider, sommeroit le défendeur d'y défendre ; & à faute de ce faire, les parties seroient réglées & joint au procès, & ainsi l'expédition seroit facile & à peu de frais.

M. Pussort a dit, que l'intention & l'esprit général de tous les articles du projet, étoient de faire passer tout à l'audience, comme le canal le plus droit de la justice, & faire qu'aucune cause ne pût être appointée, qu'après délibération, & que l'appointement n'eût passé par la pluralité des voix. L'on avoit estimé, qu'en tous les cas, soit qu'il y eût des défenses fournies, soit qu'il n'y en eût point, il falloit venir à l'audience. Que la chose sembloit assez bien expliquée, & en obligeant les procureurs de porter les affaires à l'audience, ils ne pourroient pas prétendre qu'on leur eût laissé la liberté du choix de l'audience, ou de l'appointement. Que l'audience distingueroit les matieres. Celles qui seroient suffisamment entendues, y seroient

roient jugées ; & celles de discussion, appointées. Qu'il falloit instruire les causes, dont le parlement connoîtroit en premiere instance, de la même maniere qu'elles s'instruiroient devant les premiers juges, s'ils en étoient compétens. Qu'il ne voyoit aucune de ces affaires qui viennent en premiere instance au parlement, qui ne puisse être portée à l'audience, sauf après la plaidoierie, en cas qu'elles ne fussent pas disposées à être vuidées à l'audience, d'être appointées à la pluralité des voix.

Que les demandes incidentes aux procès appointés, doivent être réglées & y être jointes.

Celles qui sont incidentes aux procès jugés, comme les instances de sommation, doivent aussi d'abord être portées à l'audience ; parce que bien souvent la sommation ne sera que pour raison d'un article du procès, où il n'y aura aucune difficulté : que s'il s'en trouve qui ne puissent être décidées, les juges appointeront.

Il en est de même des demandes en exécution d'arrêts, encore qu'ils aient été rendus sur procès par écrit ; parce que la demande en exécution peut n'être, & n'est quasi jamais que d'un article ou deux, qui ne peuvent pas recevoir de grandes difficultés.

Il en est de même pour les défauts pris au greffe à faute de constituer procureur, à l'égard desquels, si le défaut étant levé & avant qu'il soit jugé, le procureur du défendeur donne des défenses, au lieu de prendre l'appointement, comme il étoit de l'usage, les parties se pourvoiront à l'audience ; & néanmoins les dépens du défaut seront acquis au demandeur, & taxés en vertu de l'ordonnance.

Dérogation générale à tous usages contraires.

Si l'usage du parlement est contraire à ce projet, il faut y déroger par une dérogation générale seulement, & non pas par une dérogation spéciale & particuliere ; autrement il faudroit être instruit de tous les usages des autres parlemens, & des autres sieges du royaume, & pour chaque matiere faire un titre entier des dérogations à chaque usage en particulier ; ce qui feroit la plus grande de toutes les confusions, & ne se pourroit jamais exécuter.

Que les audiences n'etant pas aussi difficiles dans toutes les compagnies du royaume, qu'elles l'étoient dans le parlement de Paris, les affaires y diminueroient par l'expédition, & en multipliant les audiences.

M. le premier président a réparti, que l'usage & l'expérience feroient connoître l'impossibilité qu'il y avoit de porter toutes sortes d'affaires à l'audience, soit pour juger le fond, soit pour l'instruction seulement. Qu'on y verroit une grande confusion, qui engageroit même les parties à beaucoup de frais, par le long séjour causé par l'impossibilité qu'il y a de donner tant d'audiences à la fois ; par la multiplication des significations, & principalement pour les grandes sommes que l'on donne aux avocats, non-seulement pour plaider, mais encore pour se trouver à l'audience les jours qu'on la poursuit.

M. Talon a représenté, qu'il faut considérer en ceci ce qui est avantageux & ce qui eſt poſſible, & travailler à faire qu'il y ait peu d'inſtances qui viennent droit au parlement, pour y être inſtruites. Qu'il y en a de néceſſaires, comme en l'exécution d'arrêts : encore la plupart pourroient être renvoyées devant les juges ordinaires, où les parties ſe ſerviroient de leur arrêt, comme d'un titre. Pour en bien faire les diſtinctions, il étoit néceſſaire d'obſerver qu'il y a des demandes faites au parlement en premiere inſtance, ſur leſquelles on aſſigne la partie : & ſi elle manque de conſtituer procureur, on leve un défaut aux préſentations. Il y en a d'autres dans leſquelles les procureurs ſont obligés d'occuper, non-ſeulement quand elles ſont incidentes au procès, mais lorſquelles ſont intentées ſix mois après la date des arrêts. Et à l'égard de ces ſortes de demandes, l'uſage eſt de donner une requête de *committitur*, & pourſuivre à la barre par des défauts ſauf, purs & ſimples ; & après les défenſes fournies, prendre des appointemens par comparans.

Comme cette pratique apporte beaucoup de longueurs, il eſtimeroit qu'il faudroit entiérement abolir les requêtes de *committitur*, & toutes les autres procédures qui ſe faiſoient à la barre. Qu'en effet, elles ſe ſignent indifféremment par tous meſſieurs, ſans aucune connoiſſance de cauſe : & en retranchant cette multiplicité d'actes, il ſeroit à propos d'ordonner que dans toutes les demandes qui ſeront faites au parlement, ſoit en vertu de commiſſion ou de ſimple requête, le procureur du défendeur ſoit tenu dans huitaine de fournir des défenſes, ſinon que le demandeur pourra lever ſon défaut au greffe, & le faire juger en la maniere ordinaire. Mais ſurtout qu'il étoit important d'établir une juriſprudence uniforme ; ajoutant qu'entre les affaires qui ſont portées directement au parlement, il eſt néceſſaire de diſtinguer celles qui doivent être traitées à l'audience, d'avec celles ſur leſquelles l'on doit prendre l'appointement en droit ; car il n'eſt pas poſſible que toutes puiſſent être traitées à l'audience ; & s'il falloit que les juges entraſſent en connoiſſance de cauſe pour ſavoir celles qui doivent être plaidées ou appointées, cette diſcuſſion conſumeroit un tems infini, & ſe trouveroit tout à fait impoſſible dans l'exécution.

Tout ce qu'on peut faire, c'eſt d'ordonner que les demandes formées en exécution des arrêts d'audience, par ceux qui ont leurs cauſes directement commiſes au parlement, ſeront, après les défenſes fournies, portées immédiatement à l'audience ; ſi ce n'eſt que les procureurs, de leur commun conſentement, trouvent néceſſaire de prendre l'appointement en droit.

L'on peut auſſi renvoyer à l'audience les matieres ſommaires, & ajouter qu'en toutes les affaires qui requerront célérité, l'on pourra pourſuivre l'audience avec les défenſes fournies. Mais à l'égard de toutes les autres demandes qui naiſſent en exécution des arrêts rendus ſur inſtance ou procès par écrit, il faudroit ſuivre l'uſage ancien, qui eſt de prendre l'appointement en droit, ſur les demandes & défenſes : & ſouvent même cette voie eſt beaucoup plus courte que celle de l'audience.

ARTICLE I.

Délais des assignations ès cours de parlement & des aides, & au grand-conseil, selon la distance des lieux.

Ès cours de parlement, grand-conseil & cours des aides, tant en premiere instance qu'en cause d'appel, les délais des assignations seront de huitaine pour ceux qui demeurent en la ville & fauxbourgs où sont établies les cours de parlement & cours des aides, & où le grand-conseil fera sa résidence; de quinzaine, pour ceux qui sont demeurans hors de la ville & fauxbourgs dans la distance de dix lieues; d'un mois, pour ceux qui ont leur domicile hors de dix lieues, dans la distance de cinquante lieues; de six semaines pour ceux qui demeurent hors des cinquante lieues; le tout, si c'est dans le même ressort des compagnies où les affaires seront traitées; & de deux mois, pour les personnes qui demeurent hors le ressort. Et quant aux affaires qui seront poursuivies au grand-conseil contre ceux qui sont demeurans hors les cinquante lieues, le délai des assignations sera augmenté à proportion d'un jour pour dix lieues.

Lecture faite de l'Article I, il a été trouvé bon.

☞ *Dans la révision qui a été faite de ces articles, on a fait quelques changemens dans celui-ci à l'égard des termes. Il est aussi le premier de ce titre dans l'Ordonnance.*

ARTICLE I. Ès cours de parlement, grand-conseil & cours des aides, tant en premiere instance qu'en cause d'appel, les délais des assignations seront de huitaine pour ceux qui demeurent en la même ville où sont établies nos cours de parlement & cours des aides, & où le grand-conseil fera sa résidence; de quinzaine pour ceux qui sont demeurans hors la ville, dans la distance de dix lieues: d'un mois pour ceux qui ont leur domicile au-delà de dix lieues, dans la distance de cinquante; de six semaines pour ceux qui sont au-delà de cinquante lieues; le tout dans le ressort du même parlement & cour des aides; & de deux mois pour les personnes qui sont domiciliées hors le ressort; & pour le grand-conseil, au-delà des cinquante lieues, le délai des assignations sera augmenté d'un jour pour dix lieues.

ARTICLE II.

Dans quel tems le défendeur mettra procureur, & fournira des défenses.

ÈS causes qui seront poursuivies en premiere instance en nos cours de parlement, grand-conseil & cours des aides, le défendeur sera tenu, dans la quinzaine après l'échéance de l'assignation, de mettre procureur, fournir ses défenses, & bailler copie des pieces justificatives d'icelles.

Après la lecture de l'Article II:

Communication des pieces par copies.

M. le premier président a dit, que cet article change l'usage des instructions qui se font à la barre, & qu'il fait mention de ces copies contre lesquelles la compagnie ne sauroit se dispenser de réclamer, comme une chose non-seulement inutile, mais qui sera beaucoup à charge aux parties; & que c'étoit la répétition de ce qui étoit inséré dans l'article VI du titre *des ajournemens.*

M. Pussort a dit, que cette question de la copie des pieces a été déjà assez agitée, & qu'il croyoit que c'étoit le plus grand bien qui pût être procuré à la justice.

☞ *On n'a fait aucun changement dans cet article, à l'égard de la communication des pieces par copie, contre laquelle monsieur le premier président s'est déclaré; mais on a changé la disposition de l'article, touchant le délai* de quinzaine, *& l'on a mis indéfiniment* les délais ci-devant ordonnés. *Cet article est aussi le II dans l'ordonnance, & il a été ainsi rédigé.*

ARTICLE II. Ès causes qui seront poursuivies en premiere inst nce en nos cours de parlement, grand-conseil & cours des aides, le défendeur sera tenu, dans les délais ci-devant ordonnés après l'échéance de l'assignation, mettre procureur, fournir ses défenses, avec copie des pieces justificatives.

ARTICLE III.

Défaut emportant profit, faute de constituer procureur.

SI dans la quinzaine le défendeur ne constitue procureur, le demandeur levera son défaut au greffe, & huitaine après la date du défaut, il le baillera à juger; & pour le profit, sur l'exploit de demande & sur les pieces justificatives, ses conclusions lui seront adjugées avec dépens, si elles sont trouvées justes & bien vérifiées, sans que les juges puissent prendre aucunes épices pour le jugement du défaut.

Lecture faite de cet Article :

M. le premier président a dit, que l'article ne pourvoyoit pas à un cas qui pouvoit arriver, qui étoit lorsqu'avant le jugement du défaut, le défendeur fournit des défenses. Savoir si, en ce cas, on doit prendre l'appointement en droit, ou si elles seront jointes au défaut, pour en jugeant régler les parties; & néanmoins condamner le défaillant aux dépens du défaut, ainsi qu'il s'est toujours pratiqué.

M. Pussort a dit, que le cas arrivant, les parties pourroient se pourvoir à l'audience, en condamnant le défendeur aux dépens, qui seront taxés en vertu de l'ordonnance; & ainsi qu'il n'y a qu'à ajouter à l'article: *& si avant le jugement du défaut le défendeur fournit des défenses, les parties se pourvoiront à l'audience; & néanmoins les dépens du défaut seront acquis au demandeur, & taxés en vertu de la présente ordonnance.*

M. le premier président a réparti, que c'étoit charger l'audience d'affaires qui peuvent être terminées par la voie de l'appointement, en bien moins de tems & avec moins de frais.

☞ *Cet article III a deux parties : la premiere regle le tems dans lequel le demandeur peut lever & faire juger son défaut contre le défendeur qui ne constitue procureur ; & la seconde ordonne le profit de ce défaut.*

La premiere partie fait toute seule l'article III de l'ordonnance, & l'on y a changé le mot de quinzaine, *comme dans l'article précédent.*

A l'égard de la seconde partie, on y a joint la fin de l'article suivant, & l'on en a composé l'article V de l'ordonnance.

Enfin, sur le cas proposé par monsieur le premier président, & sur l'addition faite par M. Pussort, on a dressé un article qui est le VI de l'ordonnance. Voici ces trois articles, tels qu'ils ont été insérés :

ARTICLE III. Si dans le délai, après l'échéance de l'assignation, le défendeur ne constitue procureur, le demandeur levera son défaut au greffe, & huitaine après la baillera à juger.

ARTICLE V. Pour le profit du défaut, les conclusions seront adjugées au demandeur avec dépens, si elles sont trouvées justes & duement vérifiées, sans qu'en aucuns cas les juges puissent prendre des épices pour le jugement des défauts.

ARTICLE VI. Si avant le jugement des défauts le défendeur constitue procureur, & fournit des défenses avec copie des pieces justificatives sur le principal, les parties se pourvoiront à l'audience ; & néanmoins les dépens du défaut seront acquis au demandeur. Mais s'il constitue seulement procureur, sans fournir de défenses, le demandeur pourra poursuivre le jugement de son défaut, sans autre procédure ni sommation.

ARTICLE IV.

Défaut emportant profit, faute de défendre.

En cas que le défendeur, après avoir mis procureur, ne fournisse point de défenses, avec copie de ses pieces justificatives, si aucunes y a, dans la premiere quinzaine après l'échéance de l'assignation, le demandeur levera aussi son défaut au greffe, lequel il fera signifier au procureur du demandeur. Huitaine après la signification du défaut, il le baillera à juger; & pour le profit, ses conclusions lui seront adjugées avec dépens, si elles sont trouvées justes & duement vérifiées, sans qu'il soit pris pareillement aucunes épices.

Lecture faite de l'Aricle IV:

M. le président a dit, que cet article étoit bon. Qu'il y avoit néanmoins cette observation à faire, qu'après avoir ordonné que le défaut faute de défendre pardevant le premier juge, seroit jugé à l'audience, l'on ordonnoit ici, par une disposition différente, qu'il seroit pris au greffe, & jugé par écrit.

M. Pussort a répondu, que cette disparité procede de ce que les audiences sont plus faciles pardevant les juges subalternes, que pardevant ceux qui jugent en dernier ressort.

☞ *L'on a retranché de cet article le mot de* quinzaine, *outre quelques autres changemens qu'on y a faits dans l'expression.*

De plus, on en a détaché la derniere clause touchant le profit du défaut, & elle a été jointe à la seconde partie de l'article III de ce titre, comme on l'a observé ci-dessus. Le présent article, qui est aussi le IV dans l'ordonnance, a été arrêté en cette maniere:

ARTICLE IV. Si le défendeur, après avoir mis un procureur, ne fournit ses défenses dans le même délai, & copie des pieces justificatives, si aucunes il a, le demandeur prendra aussi son défaut au greffe, lequel il fera signifier au procureur du défendeur, & huitaine après la signification, le baillera à juger.

ARTICLE V.

Abrogation des défauts sauf, purs & simples, & aux ordonnances, & des réajournemens.

Ne seront à l'avenir pris aucuns défauts sauf, purs & simples, & aux ordonnances, ni aucune permission de les faire juger, ni faire autres procédures que celles ci-dessus ordonnées, sans aucuns réajournemens; l'usage desquelles procédures & réajournemens nous abrogeons par ces présentes, en toutes jurisdictions.

Lecture faite de l'Article V:

M. le premier président a dit, qu'il sembloit que l'intention fût d'abolir entiérement les instructions qui se faisoient à la barre, & de conserver seulement les défauts aux présentations. Qu'en ce cas, il falloit l'expliquer nettement, & même abolir le nom de *défaut aux ordonnances*, pour ôter toute ambiguité. *Instructions à la barre abolies.*

M. Pussort a dit, que l'on prescrit ici la maniere avec laquelle l'on entend que l'instruction soit faite ci-après universellement dans le royaume; & qu'un article exprès fera toutes les dérogations spéciales à chaque article; autrement, il faudroit par-tout faire des dérogations spéciales aux usages de toutes les autres compagnies du royaume. Mais on peut faire défenses de ne prendre aucun défaut qu'au greffe, & abroger l'usage de la barre, & de l'instruction d'un conseiller commis sur une requête. *Dérogation générale à tous usages particuliers.*

M. l'avocat général Talon a dit, qu'il seroit bon de marquer qu'il ne se prendra plus de *committitur* à la barre; mais que faute de fournir des défenses par le défendeur, l'on donneroit le défaut à juger. *Abrogation des committitur à la barre.*

M. Pussort a dit, qu'au parlement de Toulouse tout s'instruisoit par incidens, *loquatur*; que les commissaires jugeoient en premiere instance, & le parlement connoissoit par appel de leurs ordonnances.

Que le roi avoit fait écrire à tous les parlemens d'envoyer leurs mémoires; quelques-uns y avoient satisfait, les autres non. Que l'on en avoit tiré toutes les instructions possibles, & que cela avoit causé quelque retardement.

M. le premier président a dit, que ces instructions qui se font à la barre, lui paroissoient assez bonnes, & même en quelque façon nécessaires, pourvu qu'on retranchât les délais. Que ces appointemens, par comparans, ne coûtoient que des significations; & si on les abrogeoit, cela feroit de la confusion. *Instructions à la barre, nécessaires.*

M. Talon a dit, qu'à la barre rien ne se fait avec connoissance de cause; que les procureurs y font tout; & que tout ce qui s'y faisoit étoit inutile, & qu'on venoit d'en expliquer la raison.

☞ *Suivant les réflexions faites sur cet article, on a aboli les instructions faites à la barre, & pardevant les conseillers commis. Pour cet effet, on a dressé un article nouveau, qui est le XI de l'ordonnance, par lequel ces instructions sont abrogées, aussi-bien que les renvois pardevant les juges à lieu, jour & heure extraordinaires. Voyez-le immédiatement avant l'article VII de ce titre, page* 121.

A l'égard du présent article, on y a seulement fait quelques changemens dans la diction, & il est le VII dans l'ordonnance, de cette maniere:

ARTICLE VII. Ne seront pris à l'avenir aucuns défauts sauf, purs & simples, & aux ordonnances, ni permission de les faire juger : & ne seront faites autres procédures que celles ci-dessus ordonnées, sans aucuns réajournemens ; l'usage desquelles procédures & réajournemens nous abrogeons.

ARTICLE VI.

Trois jours après les défenses, la cause sera poursuivie à l'audience.

Abrogation des avenirs pris au greffe.

TROIS jours après les défenses signifiées, avec la copie des pieces justificatives, la cause sera poursuivie en l'audience sur un simple acte signé du procureur plus diligent, & signifié à celui de l'autre partie, sans prendre au greffe aucun avenir, desquels nous abrogeons entiérement l'usage en toutes cours & jurisdictions.

Lecture faite de l'Article VI :

Communication des pieces par copies.

M. le premier président a dit, que cet article fait encore mention de ces copies de pieces qui doivent être communiquées. De plus, il donne la liberté, après les défenses fournies, d'en venir à l'audience. Qu'il semble que le troisieme article de ce titre y étoit contraire. Qu'il pourroit arriver, qu'un des procureurs poursuivra son audience par acte, pendant que l'autre, suivant ce troisieme article, baillera son défaut à juger. Cela pourra causer de la confusion, & il sembleroit plus à propos de prendre un appointement lorsqu'il y aura des défenses fournies, sinon qu'il y a nécessité de faire distinction des causes qui seront portées à l'audience, & des instances qui seront instruites par écrit.

M. Pussort a réparti, que l'article paroissoit bien expliqué, en ce qu'il ordonne, qu'*après les défenses signifiées, la cause sera poursuivie à l'audience*. Qu'il n'y a point d'apparence qu'il en arrive de la confusion, ni qu'un procureur poursuive l'audience, pendant que l'autre fera juger son défaut. Car l'article prescrivant l'usage que l'on devra suivre, tous les autres demeureront tacitement abolis. Et néanmoins, pour ôter tout prétexte, on peut ajouter, si l'on veut, des défenses générales de prende aucuns appointemens, s'ils ne sont prononcés par les juges à la pluralité des voix.

☞ *Sur cette proposition faite par M. Pussort touchant les appointemens, l'on a transféré en cet endroit l'article VIII du titre VI, qui porte que les causes ne pourront être appointées qu'en l'audience, à la pluralité des voix ; & il est le IX de ce titre dans l'ordonnance.*

Quant

Quant à l'article VI qui vient d'être examiné, il est le VIII de l'ordonnance, & il a été corrigé de cette maniere :

ARTICLE VIII. Trois jours après les défenses fournies, & la copie des pieces justificatives, la cause sera poursuivie à l'audience sur un simple acte signé du procureur, & signifié, sans prendre au greffe aucun avenir, desquels nous abrogeons l'usage en toutes cours & jurisdictions.

ARTICLE IX. Aucune cause ne pourra être appointée au conseil, en droit ou à mettre, si ce n'est en l'audience, à la pluralité des voix, à peine de nullité ; & seront tenus les juges de délibérer préalablement, si la cause sera appointée ou jugée avant que d'ouvrir leurs opinions sur le fonds : ce qui sera observé dans toutes nos cours, jurisdictions & justices, même celles des seigneurs.

On a inséré dans l'ordonnance un article qui est une exception de celui-ci, & qui permet de prendre des appointemens au greffe ès matieres de reddition de compte, liquidation de dommages & intérêts, & appellations de taxes de dépens. Les observations faites ci-après sur l'article XIV du titre XII des redditions de comptes, ont donné lieu à ce nouvel article.

ARTICLE X. Pourront néanmoins être pris des appointemens au greffe ès matieres de reddition de compte, liquidation de dommages & intérêts, & appellations de taxes de dépens, lorsqu'il y aura plus de deux croix.

Suivant les réflexions faites sur l'article V de ce titre, on a ajouté ici encore un article qui abroge les instructions à la barre, & celles qui se faisoient pardevant un conseiller commis. Voici de quelle maniere il a été dressé.

ARTICLE XI. Abrogeons toutes les instructions à la barre, & pardevant les conseillers commis, comme aussi les renvois pardevant les juges, à lieu, jour & heure extraordinaire : n'entendons néanmoins en ce, y comprendre les comparutions sur les clameurs de haro, & sur les arrêts des personnes ou des biens, en vertu des privileges des villes & des foires.

ARTICLE VII.

Ès procès par écrit, quand on pourra faire signifier appointement à écrire & produire.

Ès causes qui se poursuivront par écrit, le procureur le plus diligent pourra, trois jours après les défenses fournies, faire signifier un appointement à écrire & produire de huitaine en huitaine ; & dans vingt-quatre heures il sera reçu au greffe, sans faire d'autres procédures.

Lecture faite de l'Article VII :

M. le premier président a dit, que le terme de *cause* ne convenoit pas à un procès par écrit. Qu'il y avoit encore à réformer le délai à écrire & pro-

Q

duire, en ce qu'il étoit dit *de huitaine en huitaine*, qui eſt un ſtyle corrompu & contraire à l'ordre du palais, où l'on ne donne qu'une huitaine pour produire. Mais quand les appointemens portent *à produire & contredire*, on dit *de huitaine en huitaine*, parce que la premiere eſt pour produire, & la ſeconde pour contredire.

Ce que ſignifie: de huitaine en huitaine.

M. Puſſort a dit, que le mot de *cauſe* eſt un vice de clerc, & qu'on pouvoit le changer en celui d'*inſtance*. Et comme l'article ne répond pas à l'eſprit du titre, & de tout ce projet de déclaration, qui eſt de porter toutes les demandes à l'audience, qu'on le pourroit retrancher ; mais qu'il faut pourvoir au délai des appointemens.

☞ *Il a été pourvu au délai des appointemens par une clauſe que l'on a inſérée au commencement de l'article ſuivant, laquelle porte que* l'appointement en droit à écrire & produire, ſera de huitaine; *moyennant quoi le préſent article a été ſupprimé.*

ARTICLE VIII.

Appointement en droit emportera réglement à contredire.

Tout appointement en droit à écrire & produire, emportera auſſi réglement à contredire, encore que cela ne ſoit pas exprimé dans l'appointement.

Lecture faite de l'Article VIII:

M. Puſſort a dit, que pour ſe conformer à l'intention de ce titre, qui eſt que toutes les cauſes ſoient portées à l'audience, l'on pouvoit commencer l'article par ces mots: *Ès cauſes qui ſeront appointées, &c.* Et peut-être il ſeroit mieux de le retrancher entiérement, en pourvoyant aux délais de l'appointement.

☞ *Cet article n'a point été retranché: il eſt le XII dans l'ordonnance, & l'on y a ajouté une clauſe touchant le délai des appointemens, qui eſt de huitaine pour écrire & produire, & d'autant pour contredire. Voici de quelle maniere il a été rédigé:*

ARTICLE XII. L'appointement en droit à écrire & produire ſera de huitaine, & emportera auſſi réglement à contredire dans pareil délai, encore que cela ne ſoit exprimé dans l'appointement.

ARTICLE IX.

Appointement à mettre dans trois jours aux affaires légeres.

SERA néanmoins aux affaires légeres & de peu de conséquence, donné un simple appointement à mettre, écrire & produire dans trois jours, sans réglement à contredire, lequel appointement sera expédié en la forme ci-dessus.

Lecture faite de l'Article IX:

M. le premier président a dit, que cet article étoit conçu pour les affaires légeres; mais qu'il faudroit savoir comment on jugeroit si elles le seroient, & s'il faudroit employer l'office du juge pour en faire la distinction. Que cela formeroit de nouveaux incidens; joint que les appointemens *à mettre* ne portent jamais, *à écrire & produire*, qui sont les termes des appointemens en droit.

M. Pussort a dit, que cela n'étoit pas de conséquence. Que l'on avoit été sur le point de changer les mots *d'affaires légeres*, en ceux *d'affaires sommaires;* mais que dans un autre titre, auquel il en étoit fait mention, elles devoient être portées à l'audience. En tout cas, la communauté des procureurs en pourroit faire la distinction.

M. le premier président a réparti, que la communauté des procureurs étoit surchargée d'affaires. Que d'ailleurs les appointemens à mettre ne se prenoient que sur la feuille de l'audience; & ce seroit une grande confusion, si les procureurs en étoient les maîtres.

M. Pussort a réparti, qu'on pouvoit ajouter à l'article : *à mettre pardevers la cour, pour ensuite être distribué*, & composer l'article en cette maniere :

Sera néanmoins, aux affaires légeres & de peu de conséquence, donné un simple appointement à mettre dans trois jours, pour être ensuite distribué par le président, sans réglement à contredire.

☞ *L'article proposé par M. Pussort, a été inséré dans l'ordonnance : on y a néanmoins fait encore quelques changemens, & il est le XIII de ce titre.*

ARTICLE XIII. Sera néanmoins aux affaires de peu de conséquence, donné un simple appointement à mettre dans trois jours, pour être ensuite distribué par celui à qui la distribution appartiendra.

ARTICLE X.

Dans quel tems les productions ſe mettront au greffe après les appellations des ſentences rendues ſur l'appointement.

POUR les appellations qui ſeront relevées en nos cours de par lement, grand-conſeil, cours des aides, préſidiaux, bailliages ſénéchauſſées, & autres ſieges du reſſort d'appel, des ſentence rendues ſur des appointemens en droit, à écrire, produire & con tredire; même par forcluſion contre l'une des parties, ou ſur de appointemens à mettre, quand les deux parties ont produit, cha cune des parties ſera tenue, dans huitaine après l'échéance d délai de l'aſſignation pour comparoir, de faire apporter & mettr ſes productions au greffe de la cour, ou du ſiege où l'appel reſ ſortit, & le faire ſignifier au procureur de la partie adverſe.]

Lecture faite de l'Article X:

M. le premier préſident a dit, qu'il avoit déjà remarqué qu'il ſeroit bo de faire des titres ſéparés de ce qui concerne les affaires qui s'inſtruiſen en premiere inſtance, & de ce qui regarde les appellations. Que l'uſage a toujours été que le greffier d'un ſiege dont eſt appel, envoie le procè entier au parlement. Si on veut que chacune des parties ſoit chargée d'apporter ſa production, il faut ajouter que *le greffier ſera tenu de les rendre à chacune des parties.* Mais il pourroit y avoir de l'inconvénient, parce que la partie qui auroit perdu ſon procès, pourroit refaire ſa production & changer des pieces.

M. Puſſort a dit, que le titre étant conçu, tant pour les procédures en cauſe d'appel qu'en premiere inſtance, il croyoit que l'article y convenoit fort bien.

☞ *Cet article eſt le XIV de ce titre dans l'ordonnance. Il a été corrigé de cette maniere:*

ARTICLE XIV. Ès appellations qui ſeront relevées ès cours de parlement, grand-conſeil, cours des aides, préſidiaux, bailliages, ſénéchauſſées, & autres ſieges, des ſentences rendues ſur des appointemens en droit, même par forcluſion, contre l'une des parties, ou ſur des appointemens à mettre quand les deux parties ont produit, chacune des parties ſera tenue dans la huitaine après l'échéance du délai de l'aſſignation pour comparoir, de mettre ſes productions au greffe de la cour, ou du ſiege où l'appel reſſortit, & le faire ſignifier au procureur de la partie adverſe.

ARTICLE XI.

Dans quel tems le dictum *de la sentence sera remis au greffe par le rapporteur.*

Les procureurs retireront leur production, sans prendre celle des parties adverses.

VINGT-QUATRE heures après que le procès aura été jugé sur les lieux, le rapporteur mettra au greffe le *dictum* de la sentence & le procès entier, d'où chacune des partiees, ou leurs procureurs, pourront retirer les productions par elles faites. Défendons aux parties & à leurs procureurs, après le jugement, de retirer des mains du rapporteur, ou du greffe, les productions de la partie adverse, & aux rapporteurs & greffiers de les bailler par communication, à peine de vingt livres d'amende contre chacun des contrevenans, applicable comme dessus, & de tous dépens, dommages & intérêts en leur propre & privé nom : sauf aux parties de prendre des copies collationnées des pieces qui auront été produites au procès.

Lecture faite de cet Article :

M. le premier président a dit, que ce sont les procureurs qui doivent retirer les procès, & non pas les parties : qu'autrement il en arriveroit des inconvéniens. *Qui doit retirer les procès du greffe.*

Qu'il faut ajouter à l'article, des défenses au greffier de les donner aux messagers ou autres. Que le délai de vingt-quatre heures, dans lequel l'article oblige les rapporteurs de dresser les *dictums* de leurs sentences, étoit trop brief, particuliérement dans celles d'ordres, de comptes, & autres dans lesquelles il y avoit plusieurs articles à juger. *Délai aux rapporteurs pour dresser le* dictum.

Que cette amende, & les dépens, dommages & intérêts prononcés contre le rapporteur, blessoient la dignité de la magistrature, & ne seront d'aucun effet : & les termes en paroîtront étranges à messieurs des requêtes de l'hôtel & du palais, puisqu'il y a appel de leurs sentences, quoiqu'ils soient du corps du parlement. *Peines contre les juges.*

M. Pussort a dit, qu'il croyoit que les observations qui étoient faites par M. le premier président étoient bonnes, & qu'en conséquence on pouvoit retrancher de l'article ce mot de *partie*, & laisser celui de *procureurs*.

Qu'on pouvoit aussi faire défenses aux greffiers de délivrer les productions aux messagers ou autres, & accorder trois jours aux rapporteurs pour dresser les sentences. Mais pour la question des peines contre les juges, elle avoit été assez agitée; sur quoi il n'y avoit qu'à attendre la décision qu'il plairoit au roi d'y donner.

☞ *Le présent article a été corrigé suivant les observations de monsieur le premier président; mais il a été divisé en deux articles, qui sont le XV & le XVI dans l'ordonnance.*

ARTICLE XV. Trois jours après que le procès aura été jugé, le rapporteur mettra au greffe le *dictum* de la sentence & le procès entier, sans qu'il puisse après le jugement en donner communication aux parties, ni à leur procureur, à peine de tous dépens, dommages & intérêts.

ARTICLE XVI. Le procès ayant été remis au greffe, les procureurs retireront leur production; leur défendons de prendre celle des parties adverses, & aux greffiers de les bailler par communication, ni les mettre ès mains des messagers, à peine de vingt livres d'amende & de tous dépens, dommages & intérêts, sauf aux parties de prendre des copies collationnées des pieces qui auront été produites.

ARTICLE XII.

Le procès sera jugé sur ce qui se trouvera, faute de faire mettre ou joindre sa production.

Si l'une des parties est en demeure de faire mettre ou joindre dans la huitaine ses productions au greffe de la cour, ou siege d'appel, & de le signifier au procureur de la partie adverse, elle en demeurera déchue & forclose de plein droit, & le procès sera jugé sur ce qui se trouvera au greffe, sans faire aucun commandement, sommation, ni autre procédure; & néanmoins les inductions, si aucunes ont été tirées des pieces, écritures & reconnoissances contenues ès productions du défaillant, demeureront pour constantes & avérées contre lui.

Lecture faite de l'article XII:

M. Pussort a dit, que chacune des parties retirera sa production pour la porter au parlement; mais que l'on pouvoit ajouter: *sur la simple décharge ou récépissé du procureur.* Et qu'à l'égard des messagers, c'étoit un réglement à faire.

M. Talon a dit, qu'il falloit ôter ce mauvais usage qu'avoient introduit les greffiers: que pour retirer une production, il falloit assembler tous les procureurs, afin que chacun prît la sienne.

M. le premier président a dit, qu'il avoit encore une observation à faire sur l'article, en ce qu'il portoit, qu'à *faute de faire joindre ou mettre dans la huitaine les productions au greffe, la partie en demeureroit déchue & forclose de plein droit:* qu'il falloit ôter le mot de *déchue*, parce qu'on pouvoit y être reçu en tout état de cause.

M. Puffort a dit, que l'obfervation lui paroiffoit bonne, & qu'il croyoit qu'il étoit à propos d'ôter le mot de *déchue.*

☞ *Ce dernier mot a été retranché de l'article; & comme c'eft le feul changement qu'on y ait fait, il feroit inutile de le mettre ici. Il eft le XVII de ce titre dans l'ordonnance.*

ARTICLE XIII.

Huitaine après l'échéance de l'affignation fur l'appel, l'intimé mettra au greffe la fentence.

DANS la même huitaine après l'echéance du délai de l'affignation pour comparoir, l'intimé fera tenu de fournir & mettre au greffe la fentence en forme ou par extrait, à fon choix; & à faute de ce faire dans ce tems, il fera loifible à l'appellant, fans commandement ni fignification préalables, de la lever par extrait, aux frais & dépens de l'intimé, dont fera délivré exécutoire.

Lecture faite de l'Article XIII:

M. le premier Préfident a dit, qu'il eft dangereux de fonder un jugement fur une fentence par extrait: que l'on pouvoit y avoir omis des chofes néceffaires & effentielles, & que cela étoit d'autant plus dangereux, que par les précédens articles l'on veut que les productions foient rendues aux parties par les greffiers, pour les mettre au greffe de la cour; & fi la fentence n'étoit délivrée que par extrait, celui qui auroit perdu fa caufe pourroit ajouter ou changer des pieces dans fa production; & qu'il n'eft pas de l'ufage de mettre la fentence au greffe, que lorfque les procureurs paffent l'appointement de conclufion. *Sentences par extrait, dangereufes.*

M. Puffort a dit, que le volume des fentences qui s'expédioient en forme, étoit fouvent exorbitant: que l'on y tranfcrivoit des avertiffemens tout entiers, & toutes les écritures d'un procès: que pourvu que dans un extrait les qualités & le difpofitif fuffent fidelement employés, l'on fuppléroit aifément le refte.

M. le premier préfident a dit, qu'il faut régler les greffes, & en retrancher les abus; mais que de produire les fentences par extrait, ce feroit une chofe dangereufe & préjudiciable.

M. Puffort a dit, que fi celui qui auroit donné copie de l'extrait de la fentence avoit omis quelque chofe qui fût effentielle, il feroit en la liberté de l'autre partie de lever la fentence en forme: ainfi qu'il ne pouvoit jamais y avoir aucun inconvénient.

☞ *L'on n'a eu aucun égard aux inconvéniens observés par monsieur l premier président contre les sentences par extrait; & cet article a passé dan. toute sa disposition. On y a néanmoins fait quelques changemens dans la diction. Il est le XVIII de l'ordonnance.*

ARTICLE XVIII. Dans la même huitaine après l'échéance de l'assignation pou comparoir, l'intimé sera tenu de fournir & mettre au greffe la sentence en forme, o par extrait, à son choix; & à faute de ce faire dans le tems, l'appellant, sans comman dement ni signification préalables, pourra lever la sentence par extrait aux frais & dé pens de l'intimé, dont sera délivré exécutoire.

ARTICLE XIV.

Appointement de conclusion, dans quel tems, & avec quelle forme se doit passer.

HUITAINE après que le procès & la sentence auront été mis au greffe, le procureur plus diligent offrira & fera signifier au procureur de la partie adverse l'appointement de conclusion, portant réglement de fournir griefs & réponses de huitaine en huitaine, avec sommation de comparoir au greffe pour le passer & à faute de ce faire, trois jours après la signification de l'appointement, il sera reçu au greffe, sans autre formalité ni procédure.

Lecture faite de l'Article XIV:

Procès ne se conclut point par defaut.

M. le premier président a dit, que l'on ne conclut point un procès par défaut, parce que l'on ne devoit point suppléer l'intention des parties Que l'appointement de conclusion renfermoit l'état de la cause: l'on y comprenoit des appellations verbales, des fins de non-recevoir, & des appellations incidentes: tout cela ne pouvoit être conclu par défaut, & il faut que les procureurs s'en expliquent.

Néanmoins, comme il ne seroit pas juste qu'un procureur se prévalût de sa fuite & de son silence, en ce cas on pourroit prendre un défaut, en vertu duquel le défaillant demeureroit déchu, faute de conclure, & perdroit sa cause; & par ce moyen on abrégeroit tous les autres délais. Mais il ne conviendroit pas d'abolir un usage juste & nécessaire, & observé de tout tems au palais.

Raisons pour conclure un procès par défaut.

M. Pussort a réparti, qu'on avoit cru qu'il n'y auroit point d'inconvénient de faire conclure un procès par défaut. Qu'on ne fait point de difficulté dans plusieurs compagnies du royaume, lorsqu'une partie refuse de répondre sur des faits & articles qui lui sont proposés, de les tenir pour confessés & avérés. Il arrive même qu'entre parties contractantes, & en certains cas, comme en fait de société ou assemblée de créanciers, lorsqu'une qu'une partie refuse de souscrire un contrat, l'on ordonne qu'il sera tenu pour souscrit, & qu'il y avoit bien moins de dureté d'ordonner qu'un procès seroit tenu pour conclu, lorsqu'un procureur refusera de le conclure.

M. le président de Blancmesnil a dit, qu'il ne pouvoit pas concevoir que l'on pût faire parler une partie qui s'obstinoit dans le silence.

M. le président de Novion a dit, qu'il impliquoit qu'un procès fût tenu conclu par défaut; mais qu'il étoit de l'ordre judiciaire de condamner une partie qui abandonnoit sa défense.

Appointemens de conclusion, comment sont pris.

M. Talon a représenté, que les appointemens de conclusion se prenoient sans grande formalité : que l'une des parties étant appellante, & l'autre intimée, l'une ne pouvoit conclure qu'au bien jugé, & l'autre au mal jugé. L'on savoit dans le palais, que les procureurs n'apportoient pas beaucoup d'attention à ces sortes de formalités; ainsi rien ne pouvoit empêcher qu'elles ne se pussent faire par défaut.

Qu'il seroit bien étrange dans l'ordre de la justice, que faute de conclure, & par l'omission d'une légere formalité, une partie pût perdre son procès: qu'après tout, l'on ne manqueroit jamais de se pourvoir par opposition, ou par requête civile contre les arrêts qui auroient ordonné le déchu de l'appel faute de conclure: & qu'il seroit difficile en cette rencontre de ne pas recevoir favorablement les moyens d'opposition, ou les ouvertures de requête civile, pour légeres qu'elles pussent être, à moins qu'il ne parût une contumace affectée, & que c'étoient les réflexions qu'il pouvoit faire sur cet article.

M. le premier président a dit, que l'on ne se plaignoit point de la longueur des délais que l'on apportoit pour prendre ces appointemens de conclusions; que c'étoit néanmoins l'intention de la réformation de les retrancher. Mais au lieu d'augmenter les peines portées par les anciennes ordonnances, l'on proposoit ici de les diminuer, & qu'ainsi l'ancienne forme paroissoit meilleure.

☞ *Cet article est le XIX de ce titre dans l'ordonnance. Sur les observations qu'on y a faites, il a été rédigé de cette maniere :*

ARTICLE XIX. Huitaine après que le procès & la sentence auront été mis au greffe, le procureur plus diligent offrira & fera signifier au procureur de la partie adverse, l'appointement de conclusion, portant réglement de fournir griefs & réponses de huitaine en huitaine, avec sommation de comparoir au greffe pour le passer; & à faute de ce faire, trois jours après la signification, sera le congé ou défaut délivré & jugé, & pour le profit de l'appointement déchu de son appel, & l'intimé du profit de la sentence.

ARTICLE XV.

Délais de fournir griefs & réponses, de quel jour courront.

Les délais de fournir griefs & réponses, commenceront à courir contre l'appellant du jour de la sommation qui aura été faite à son procureur de fournir ses griefs, par un acte signé du procureur de l'intimé; & contre l'intimé, du jour de la signification qui aura été faite à son procureur des griefs de l'appellant; & sera la forclusion acquise de plein droit contre l'un & l'autre, à peine de nullité.

Lecture faite de l'Article XV:

M. le premier président a dit, que la *peine de nullité* employée dans cet article ne signifioit rien, & le surplus de l'article étoit bon.

☞ *Il est vrai que cette peine de nullité ne signifie rien, parce que l'article n'est pas assez expliqué. Il est dit par cet article, que* la forclusion sera acquise de plein droit; *& par-là l'on doit entendre que ce sera sans faire d'autres procédures, qui seront nulles au cas que l'on en fasse. Cette obscurité a été éclaircie par l'addition qu'on a faite de ces mots:* sans autre commandement ni procédure *sur lesquels tombe la peine de* nullité. *Au surplus l'article a passé, & il est le XX dans l'ordonnance.*

ARTICLE XX. Les délais de fournir griefs & réponses, commenceront contre l'appellant du jour de la sommation qui en aura été faite à son procureur, par acte signé du procureur de l'intimé; & contre l'intimé, du jour de la signification qui aura été faite à son procureur des griefs de l'appellant, & sera la forclusion acquise de plein droit contre l'un & l'autre, sans autre commandement & procédure, à peine de nullité.

ARTICLE XVI.

Le même, ès forclusions de fournir causes d'appel, réponses & contredits.

Le même sera observé au lieu des forclusions de fournir de causes d'appel, réponses & contredits, ès instances appointées au conseil.

Lecture faite de l'Article XVI:

Il a été trouvé bon, en y ajoutant les mots: *& de produire,*

☞ *Ces derniers mots n'ont pas été ajoutés à l'article, auquel on n'a fait aucun changement. Il est le XXI de l'ordonnance.*

ARTICLE XVII.

Nul égard aux réponses à griefs & causes d'appel, non-signifiées.

DÉFENDONS d'avoir égard aux réponses à griefs & réponses aux causes d'appel, si elles n'ont été signifiées.

Après la lecture de cet Article, il a été trouvé bon.

☞ *Il est le XXII de ce titre, sans aucun changement.*

ARTICLE XVIII.

Comment on doit expliquer les moyens des demandes incidentes, lettres, ou autres formées dans le cours du procès.

SI durant le cours du procès principal, ou de la cause d'appel, sont formées des appellations ou demandes incidentes, ou obtenues des lettres de restitution, rescision, ou autres, la partie sera tenue d'expliquer ses moyens dans les mêmes lettres & dans la requête qui contiendra ses appellations & demandes, & d'y joindre les pieces justificatives; faire signifier le tout à l'intimé ou défendeur, & lui en donner copie.

Cet Article a été pareillement trouvé bon.

☞ *On y a fait quelques changemens peu considérables dans la diction; & il est le XXIII de l'ordonnance, en ces termes:*

ARTICLE XXIII. Si durant le cours du procès principal, ou en cause d'appel, sont formées des appellations ou demandes incidentes, ou qu'on obtienne des lettres de restitution, rescision ou autres, la partie sera tenue d'expliquer ses moyens dans les mêmes lettres, ou dans la requête qui contiendra ses appellations & demandes, & d'y joindre les pieces justificatives, faire signifier le tout à l'intimé & défendeur, & lui en donner copie.

ARTICLE XIX.

Les incidens seront réglés sommairement sans épices, & où.

LES incidens seront réglés sommairement & sans épices par la chambre où le procès sera pendant, sur une simple requête qui sera à cette fin présentée par l'appellant & demandeur, laquelle contiendra l'emploi fait de sa part pour causes d'appel, écritures & productions de ses requêtes & lettres, & des pieces qui seront jointes au principal.

Lecture faite de l'Article XIX :

M. le premier président a dit, que cet article étoit de conséquence, qu'il fait défenses de prendre des épices pour des réglemens. Que cela ne regardoit pas le parlement, parce que l'on n'en avoit jamais pris.

Qu'il étoit d'ailleurs inoui que l'on rendît un appointement sur une simple requête, & qu'il falloit des défenses pour appointer.

D'un côté on proposoit de porter toutes choses à l'audience, & de l'autre l'on faisoit mention d'un réglement. Qu'il faudroit établir de quelle façon ces réglemens seront donnés : si au greffe, ou sur un *comparant ;* que cela méritoit des distinctions expresses & formelles.

L'on pourroit trouver un expédient pour les appellations incidentes, qui seroit d'ordonner au bas de la requête que l'appointement seroit passé ; & pour le refus de l'une des parties, il seroit reçu par défaut. Mais à l'égard des appointemens sur des demandes nouvelles, il faut que le défendeur fournisse des défenses avant que d'appointer les parties.

M. Pussort a reparti, que cet article ne regardoit que les incidens des procès par écrit, & l'on n'en pouvoit pas douter, puisque la qualité en est expliquée nettement par l'article: & c'est la raison pour laquelle ces incidens ne peuvent pas être portés à l'audience, si ce n'est pour y donner un réglement. Qu'au grand-conseil on prend des appointemens sur des requêtes, & il apprend même que l'on en use de même maniere au parlement ; mais qu'il ne voit pas pourquoi on est en peine de savoir comment ce réglement sera pris, si au greffe ou à la barre ; car puisque l'article porte que les incidens seront réglés par la chambre, il s'ensuit que l'on exclut le greffe & la barre.

M. le premier président a réparti, que ce qui se fait par la chambre passe toujours au greffe ; & que jamais on n'a oui parler qu'au parlement on ait pris un appointement en droit, sur une simple requête sans défenses.

M. Talon a représenté, qu'il estimoit qu'il pouvoit être ordonné que dans trois jours la partie défenderesse seroit tenue de fournir des défenses ; & le tems passé, l'appointement seroit reçu au greffe.

☞ *Il a été ajouté à cet article une clause qui porte que* le défendeur sera tenu de fournir de réponses, écrire & produire dans trois jours, *conformément à l'article suivant. Le présent article est le XXIV de l'ordonnance.*

ARTICLE XXIV. Les incidens seront réglés sommairement & sans épices, par la chambre où le procès sera pendant, sur une simple requête qui sera présentée à cette fin par l'appellant & demandeur, laquelle contiendra les moyens & l'emploi fait de sa part pour cause d'appel, écritures & productions de ses requêtes & lettres, & des pieces qui y seront jointes, dont sera donné acte, & ordonné que le défendeur sera tenu de fournir de réponses, écrire & produire de sa part dans trois jours, ou autre plus bref délai, selon la nature & qualité des incidens qui seront joints au procès principal.

ARTICLE XX.

Quels délais y seront donnés, & quelle procédure y sera observée.

PAR le même réglement sera donné à l'intimé & défendeur un délai de trois jours, pour défendre & produire dans le même délai, & faire donner au procureur du demandeur & appellant, copie de l'inventaire de sa production, & des pieces y contenues.

Lecture faite de l'Article XX:

M. le premier président a fait encore ici les mêmes réflexions sur les copies, & a dit, qu'elles doubleroient les frais, & qu'en donnant la communication on épargneroit aux parties cette dépense.

Que par la maniere dont l'article se trouvoit conçu, il sembloit que ci-après on ne devoit plus donner de contredits sur les incidens ; cependant c'étoit de-là que venoient fort souvent les grands procès.

Les incidens deviennent quelquefois le principal.

Le principal ne consistoit quelquefois qu'en des appellations verbales; mais incidemment on obtenoit des lettres de rescision contre des transactions, & autres actes & contrats solemnels: ainsi l'on prenoit le change, & les incidens devenant le principal, il y avoit nécessité de contredire les productions; & l'omission même qui s'en pourroit faire, jetteroit les affaires dans des longueurs, & obligeroit les juges d'interloquer, au lieu de juger définitivement le procès.

M. Pussort a dit, que c'étoit pour abréger que l'on retranchoit la communication & les contredits pour les affaires incidentes; mais qu'il n'y avoit point d'exclusion dans l'article d'en pouvoir donner. L'on pourroit le faire par requête respective à moins de frais. Qu'il n'y auroit pas néanmoins grand inconvénient d'en demeurer à l'ancien usage, si ce n'étoit qu'une requête ne coûte qu'un écu, & que les contredits se comptent par rôles.

☞ *Il a été arrêté par cet article, qu'on ne pourroit donner de contredits sur les incidens; mais qu'on y pourroit répondre par requête : on y a fait encore d'autres changemens, & il a été rédigé de cette maniere, pour être inséré dans l'ordonnance, où il est le XXV.*

ARTICLE XXV. Sera tenu le défendeur ou intimé, dans le même délai, de faire bailler au procureur du demandeur & appellant, copie de l'inventaire de sa production & des pieces y contenues, sans qu'on puisse donner de contredits sur les incidens; sauf à y répondre par requête.

ARTICLE XXI.

Faits nouveaux seront proposés par requête.

NE seront expédiées à l'avenir aucunes lettres pour articuler faits nouveaux; mais ils seront proposés par une simple requête, qui sera jointe au procès.

Lecture faite de l'Article XXI:

M. le premier président a dit, que l'article paroît bon, en ordonnant que la requête sera communiquée à la partie, pour y répondre par autre requête qui tiendra lieu de défenses.

M. Pussort a répondu, que le faculté de répondre étoit de droit, & nécessairement sous-entendue.

M. l'avocat général Talon a représenté, qu'il faut distinguer dans les trois derniers articles qui viennent d'être lus, les appellations d'avec les demandes, ou lettres de restitution incidentes dans les procès ou instances.

Pour les appellations, il n'y auroit point d'inconvénient de les régler ou instruire dans la forme portée par les articles; mais à l'égard des demandes ou lettres de restitution, il falloit nécessairement des défenses.

Que l'on pourroit ordonner qu'elles seroient fournies dans trois jours, & ensuite l'appointement pris avec jonction, portant réglement de produire de trois en trois jours, & même de contredire, parce que les demandes & lettres de restitution, quoiqu'incidentes, font souvent la principale difficulté du procès : & si l'on en usoit autrement, il faudroit tous les jours, en jugeant les procès, ordonner que les productions faites sur les incidens, seroient respectivement communiquées aux parties pour les contredire.

A l'égard des appellations incidentes, comme elles ne regardent que la procédure, ou tout au plus les fins de non-recevoir, il en falloit absolument retrancher le réglement à contredire; il étoit nécessaire que les articles le marquassent en termes formels; autrement on ne manqueroit pas de continuer l'usage qui s'est introduit au palais, selon lequel il est nécessaire, pour mettre un procès en état, que l'arrêt à contredire soit déclaré commun sur tous les incidens.

M. Puffort a réparti, que cela pouvoit être également ſuppléé par une requête. Qu'il falloit ſeulement ajouter qu'elle ſeroit ſignifiée & jointe au procès, ſauf au défendeur d'y répondre par une autre requête.

☞ *L'addition propoſée par M. Puſſort, a été faite à cet article: & au ſurplus il a paſſé dans l'ordonnance où il eſt le XXVI en ces termes:*

ARTICLE XXVI. Ne ſeront expédiées à l'avenir aucunes lettres pour articuler faits nouveaux; mais les faits ſeront poſés par une ſimple requête qui ſera ſignifiée & jointe au procès, ſauf au défendeur d'y répondre par autre requête.

ARTICLE XXII.

Chacune des parties fera tous les incidens par une requête, ſinon, joints au principal.

Si, durant le cours d'un procès ou d'une inſtance appointée en droit ou à mettre, une des parties forme des demandes incidentes, prend des lettres ou interjette des appellations des jugemens ou appointemens qui auront été produits, elle ſera tenue faire juger tous les incidens par une même requête, laquelle ſera réglée en la forme ci-deſſus ordonnée; & à faute de ce faire, les autres incidens qui ſeront formés enſuite par la même partie, avec les pieces juſtificatives qui les concerneront, ſeront joints au procès principal, pour, ſur ces incidens, enſemble ſur les requêtes & pieces qui pourront être jointes de la part de l'autre partie, être fait droit définitivement, ou autrement: à cette fin, les parties ſeront tenues de ſe communiquer les requêtes & pieces dont ils entendent ſe ſervir.

Après la lecture de cet Article:

M. le premier préſident a dit, qu'il eſt fort long, & ne contient que la répétition de l'article XVIII.

M. Puſſort a dit, que l'un étoit une explication de l'autre. L'article XVIII établiſſoit la regle générale, & celui-ci la maniere de l'exécuter.

☞ *On a retranché de cet article les mots ſuivans, qui ſont au commencement:* ou d'une inſtance appointée en droit, ou à mettre. *Moyennant quoi il a paſſé dans l'ordonnance, où il eſt le XXVII en ces termes:*

ARTICLE XXVII. Si, durant le cours d'un procès une des parties forme des demandes incidentes, prend des lettres ou interjette des appellations des jugemens & appointemens qui auront été produits, elle ſera tenue de faire tous les incidens par une même requête, laquelle ſera réglée en la forme ci-deſſus ordonnée; & à faute de ce faire, les autres incidens qui seront formés ensuite par la même partie, avec les pie justificatives qui les concerneront, seront joints au procès, pour, sur ces incidens, e semble sur les requêtes & pieces qui pourront être jointes de la part de l'autre part y être fait droit définitivement, ou autrement: & à cette fin les parties seront ten se communiquer les requêtes & pieces dont ils entendent se servir.

ARTICLE XXIII.

Requêtes d'intervention, comment se doivent instruire & juger

TOUTES requêtes d'intervention, tant en premiere instan qu'en cause d'appel, en contiendront les moyens, & en se baillé copie, & des pieces justificatives, pour en venir à l'a dience des sieges & cours où le procès principal sera pendan afin d'y être plaidées & jugées contradictoirement, ou par d faut sur la premiere assignation, même ès chambres des enquêt de nos cours de parlement, non-obstant tous usages & régleme à ce contraires. Ce que nous voulons être observé, à peine nullité & de cassation des jugemens & arrêts qui pourroient i tervenir, & de répétition de tous dépens, dommages & intérêt solidairement, tant contre la partie que contre les procureurs q auront signé les requêtes en leurs propres & privés noms.

Lecture faite de l'Article XXIII:

Grand'chambre est la chambre du plaidoyer.

M. le premier président a observé, que les enquêtes ne jugent point p défaut, parce que la grand'chambre est la seule chambre du plaidoyer.

Peines insérées dans l'ordonnance.

Que la peine de nullité insérée dans l'article étoit inutile; & on deve présumer que l'ordonnance seroit bien reçue; cependant il sembloit q l'on y prévoyoit de grandes contradictions, puisque l'on ordonnoit l'o servation à force de peines & de comminations réitérées dans tous les a ticles. Que cela n'étoit pas du style des anciennes ordonnances, & ne pe suadoit pas les esprits.

M. Pussort a dit, qu'il n'y avoit rien de plus commun & de plus fan lier dans les anciennes ordonnances, que la peine de nullité.

☞ *Cet article est le XXVIII de ce titre dans l'ordonnance, & il a corrigé de cette maniere:*

ARTICLE XXVIII. Toutes requêtes d'intervention, tant en premiere instance qu' cause d'appel, en contiendront les moyens, & en sera baillé copie & des pieces justific tives pour en venir à l'audience des sieges & cours où le procès principal sera pendan pour être plaidées & jugées contradictoirement, ou par défaut sur la premiere assign tion, même ès chambres des enquêtes de nos cours de parlement. Ce que nous voulo êt être observé; à peine de nullité & de cassation des jugemens & arrêts qui pourroient intervenir, & de répétition de tous dommages & intérêts solidairement, tant contre la partie que contre les procureurs en leur nom.

ARTICLE XXIV.

Intervention pour évoquer en la chambre de l'édit, comment recevable.

AUCUN faisant profession de la religion prétendue réformée, ne pourra, sous prétexte de son intervention, évoquer à la chambre de l'édit le procès pendant entre d'autres parties ès chambres de nos cours de parlement, si telle intervention n'est faite dans le mois, à compter, à l'égard des causes d'audience, du jour de la publication du rôle, si elles y ont été mises, ou de la signification du premier acte pour venir plaider, si l'audience est poursuivie par actes; & en cas que la poursuite n'en eût été faite à l'audience, à compter du jour de l'appointement en droit, ou au conseil: & quant aux procès par écrit, du jour du premier arrêt de conclusion; & le tems d'un mois passé, l'intervenant ne sera plus recevable à évoquer, sans que l'on puisse avoir égard à la date d'aucun autre réglement incidemment donné; sauf à ceux de la religion prétendue réformée, après ce tems, d'intervenir, si bon leur semble, ès chambres esquelles les procès seront pendans & indécis, sans néanmoins qu'ils en puissent par après évoquer.

Lecture faite de l'Article XXIV:

M. le premier président a dit, qu'il seroit à propos d'ajouter dans l'article, que l'*évoquant sera tenu de consigner l'amende de cent cinquante livres, avant que de pouvoir évoquer*, & que la consignation s'en fît entre les mains du receveur des amendes.

Et attendu que le tiers évoquant est toujours suspect, qu'il seroit bon qu'il justifiât d'un intérêt réel établi avant que le procès eût été commencé, l'on pouvoit pareillement ajouter, qu'*aucune intervention ne pourra être formée qu'en vertu d'une procuration spéciale:* arrivant chaque jour qu'un homme de la R. P. R. que l'on a fait paroître dans une cause, pour la porter à la chambre de l'édit, s'en retire aussi-tôt qu'elle y a été retenue.

Il falloit encore observer que les deux mois, après lesquels les parties qui font profession de la R. P. R. ne sont pas recevables à se servir de leur privilege, ne courent, dans l'usage qui s'observe, que du jour de la saint Martin; & il seroit bon d'ordonner qu'ils commenceront à courir du jour de la signification du premier acte pour venir plaider.

M. Puffort a dit, que toutes les précautions propofées étoient bonnes & à l'égard du tems auquel les deux mois devoient courir, il y avoit été pourvu par l'article, qui porte que *les interventions de ceux qui font profeffion de la R. P. R. feroient faites dans le mois du jour de la publication du rôle si la caufe étoit portée à l'audience;* mais que pour les procès par écrit, l'on pouvoit y ajouter ces termes: *& quant au procès par écrit, du jour du premier arrêt de conclufion;* & qu'il falloit ôter ces mots qui font dans l'article; *& en cas que la pourfuite n'en eût éte faite à l'audience, à compter du jour de l'appointement en droit ou au confeil;* parce qu'ils font contraires au deffein général d'ôter tous les appointemens, s'ils n'ont été prononcés par les juges à la pluralité des voix.

☞ *La propofition faite par M. le premier préfident touchant la confignation de* l'amende de cent cinquante livres, avant que de pouvoir évoquer *n'a pas été fuivie:* on s'eft contenté de la difpofition de l'article XXV à cet égard.

Sur l'autre obfervation faite par M. le premier préfident, on a dreffé un nouvel article qui eft le XXXI de l'ordonnance, par lequel il eft dit que le procureur de celui qui voudra évoquer en la chambre de l'édit, fera fondé de procuration fpéciale.

Quant à ce qui a été dit par M. Puffort, l'on a inféré dans l'article la claufe qu'il a propofé d'ajouter, en ces termes: à légard des procès par écrit, du jour du premier arrêt de conclufion.

Les autres changemens qu'on a faits dans cet article, ne regardent que la diction. Il eft le XXIX dans l'ordonnance, & il a été rédigé de cette maniere:

ARTICLE XXIX. Ceux qui font profeffion de la religion prétendue réformée, ne pourront, fous prétexte d'intervention, évoquer en la chambre de l'édit les procès pendans entre d'autres parties ès chambres de nos cours de parlement, fi l'intervention n'eft faite dans le mois pour les caufes d'audience, à compter du jour de la publication du rôle, fi elles y ont été mifes, ou de la fignification du premier acte pour venir plaider; & s'il y a appointement en droit ou au confeil, du jour de l'appointement; & à l'égard des procès par écrit, du jour du premier arrêt de conclufion: autrement ils ne feront recevables à évoquer, fauf à intervenir dans les chambres où les procès feront pendans, fans qu'ils en puiffent évoquer.

ARTICLE XXV.

Peines contre celui qui n'intervient que pour faire évoquer en la chambre de l'édit.

Si par le jugement définitif du procès qui aura été évoqué de l'une des chambres du parlement en la chambre de l'édit, fous prétexte de l'intervention d'aucun de la religion prétendue réformée, il fe trouve que tel intervenant n'eût aucun intérêt au procès, & qu'il fût seulement intervenu pour le faire évoquer de la chambre où il étoit pendant; en ce cas, il sera condamné aux dépens, dommages & intérêts des parties qui auront été évoquées, & à cent cinquante livres d'amende envers nous, pour avoir abusé de son privilege.

Lecture faite de l'Article XXV:

Il a été trouvé bon; & monsieur le premier président a seulement remarqué, que les chambres de l'édit jugeroient elles-mêmes de cette peine, que l'article veut établir contre ceux qui s'y seront pourvus sans sujet.

☞ *Le présent article est le XXX de ce titre dans l'ordonnance: mais il a été corrigé de cette maniere:*

ARTICLE XXX. Si par le jugement du procès qui aura été évoqué ès chambres de l'édit sur l'intervention d'aucun faisant profession de la religion prétendue réformée, il paroît que l'intervenant n'eût aucun intérêt au procès, & qu'il ne fût intervenu que pour évoquer: en ce cas, il sera condamné aux dommages & intérêts des parties qui auront été évoquées, & en cent cinquante livres d'amende envers nous, pour avoir abusé de son privilege.

Sur ce que M. le premier président avoit dit, en examinant l'article XXIV; qu'il arrivoit souvent qu'un homme de la religion prétendue réformée n'intervenoit dans une cause que pour la faire évoquer à la chambre de l'édit, & qu'ensuite il s'en retiroit dès qu'elle y étoit retenue, on a ajouté dans l'ordonnance l'article suivant, comme on l'a déjà remarqué.

ARTICLE XXXI. Le procureur de celui qui voudra évoquer en la chambre de l'édit, sera fondé de procuration spéciale, autrement il en sera débouté.

Deux articles à ajouter

AU TITRE XI.

Des procédures & délais ès cours de parlement, &c.

ARTICLE I.

Défenses aux greffiers d'écrire que ce qui a été prononcé par le juge.

DÉFENDONS à tous greffiers, en quelque siege & matiere que ce soit, d'écrire sur leur feuille ou dans le registre de leurs minutes, & de délivrer, collationner ou parapher aucun congé ou défaut, appointement à mettre ou en droit, arrêt, jugement ou ordonnance de requête, & pieces mises ès causes d'audience, qu'il n'ait été prononcé publiquement par le juge: à peine de faux, & de cent livres d'amende applicable moitié à nous, moitié aux réparations de l'auditoire.

Après la lecture de cet Article :

M. le premier président a dit, qu'il ne voyoit point de péril à laisser recevoir aux greffiers des appointemens du consentement des parties; que les renvoyant à l'audience, outre le tems que cela pouvoit consumer, les procureurs emploieroient des avocats pour en demander la réception: tous ces frais seront épargnés, si l'on permet aux greffiers de les recevoir à toute heure de la main des procureurs, n'y ayant pas d'apparence que quand les parties les présenteroient elles-mêmes, le juge le dût empêcher: *volenti enim non fit injuria.*

M. Pussort a dit, que ces appointemens sont plutôt du consentement des procureurs, que des parties. Qu'ils en prendront en bien des causes, s'ils ne sont observés de près. Qu'il est bon d'en rendre la réception un peu plus difficile qu'elle n'est; & que pour cela le juge en prenne quelque connoissance, en y interposant son autorité.

M. le premier président a dit, que les procureurs ou les avocats viennent à l'audience, & disent : *nous sommes d'accord*, & on ne les refuse jamais.

M. Pussort a réparti, que du moins le juge aura le pouvoir d'examiner la qualité de cet appointement. Si l'on en refusoit un, entre plusieurs, ce refus rendroit les procureurs plus retenus; & qu'en tout cas la loi aura fait son devoir.

☞ *Le présent article a été dressé par M. Pussort, sur ce que monsieur le premier président avoit dit dans la troisieme conférence sur l'article IV du titre VI, qu'il seroit bon que l'on fît des défenses aux greffiers d'écrire aucune chose dans leurs registres, ni de rien faire sans le ministere du juge. Et quoique cet article & le suivant n'aient été examinés qu'après tous les articles de ce projet dans la quatorzieme conférence, on a cru qu'il étoit de l'ordre d'insérer ici ces deux articles, qui sont le XXXII & le XXXIII de ce titre dans l'ordonnance. Il n'a été fait aucun changement à celui-ci.*

ARTICLE II.

Productions en blanc défendues, sous quelle peine.

DÉFENDONS pareillement aux procureurs en toutes nos cours, jurisdictions & justices, de mettre au greffe des productions en blanc, ni aucun inventaire dont les cotes ne soient pas remplies, & aux greffiers de les recevoir : & voulons que s'il s'en trouve aucun à l'avenir de cette qualité, le procureur qui l'aura mise, & le greffier qui l'aura reçue, soient condamnés chacun en cent cinquante livres d'amende applicable comme dessus.

Après la lecture de cet Article :

M. le premier président a dit, qu'il étoit bon; mais que l'on y pouvoit ajouter que *sans s'arrêter à ces productions en blanc, & sans faire aucunes poursuites ni procédures pour les remplir, il seroit passé outre au jugement du procès*, ce qui a été accordé.

☞ *La clause proposée par monsieur le premier président a été insérée dans cet article. Il a été dressé sur une observation faite par M. l'avocat général Talon, en examinant l'article X du titre VI dans la troisieme conférence ; & sur ce qui a été dit par monsieur Pussort au même endroit, & sur l'article XI du même titre.*

Voici de quelle maniere le présent article a été rédigé pour être mis dans l'ordonnance :

ARTICLE XXXIII. Défendons pareillement aux procureurs en toutes nos cour jurisdictions & justices, de mettre au greffe des productions en blanc, ni aucun inve taire, dont les cotes ne soient pas remplies, & aux greffiers de les recevoir: & voulo que s'il s'en trouve à l'avenir de cette qualité, le procureur qui l'aura mise, & le gre fier qui l'aura reçue soient condamnés chacun en cent cinquante livres d'amende a plicable comme dessus, & sera le procès jugé sans qu'il soit besoin de faire aucur poursuite pour remplir l'inventaire.

Ce titre est le XXIX de l'ordonnance.

TITRE XII.

Des redditions de comptes.

ARTICLE I.

Administrateurs du bien d'autrui, quand tenus de rendre compte & quand déchargés.

TOUTE personne qui aura administré le bien d'autrui, soit tu teur, pro-tuteur, curateur, économe, commissaire, séquestre gardien, baillistre, qui ne fait les fruits siens, fermier-judiciaire mandataire ou autre, sera tenu en rendre compte aussi-tôt qu la gestion sera finie; & ne cessera d'être réputé comptable qu' n'ait payé le reliquat, s'il en est dû, & rendu toutes les piece justificatives, nonobstant que son compte ait été clos & arrêté.

Après la lecture de l'Article I:

M. le premier président a dit, que ce titre se trouve avoir été bie dressé. Qu'il sembloit à l'égard du premier article, qu'il fût bien dur d réputer un homme comptable, tant qu'il auroit les pieces justificativ de son compte entre les mains; parce que quelquefois, & selon les di férentes matieres, il se trouveroit obligé de les retenir. Que néanmoi cette disposition avoit des raisons fort justes, & qu'ainsi l'article pouvo passer.

☞ *Cet article a été inséré dans l'ordonnance, où il est aussi le premier ce titre. On en a retranché les mots d'*économe, *de* commissaire, *& de* bai listre; *& l'on y a substitué ceux de* fermiers judiciaires. *L'on a aussi chang la forme de cet article, en cette maniere:*

ARTICLE I. Les tuteurs, pro-tuteurs, curateurs, fermiers-judiciaires, ſéqueſtres, gardiens, & autres qui auront adminiſtré le bien d'autrui, ſeront tenus de rendre compte auſſi-tôt que leur geſtion ſera finie; & ſeront toujours réputés comptables, encore que le compte ſoit clos & arrêté, juſqu'à ce qu'ils aient payé le reliquat, s'il en eſt dû, & remis toutes les pieces juſtificatives.

ARTICLE II.

Comptables, pardevant quels juges ſeront pourſuivis.

Si celui qui doit compter eſt en demeure de rendre compte, ſa partie pourra le pourſuivre, pour y être condamné, pardevant le juge qui aura déféré à la charge, au cas qu'il ait été commis par autorité de juſtice; ſinon pardevant celui de ſon domicile, ſans que ſous prétexte d'aucune ſaiſie ou intervention des créanciers privilégiés de l'une ou de l'autre des parties, les comptes puiſſent être renvoyés ou évoqués en autre juriſdiction.

Lecture faite de cet Article, il a été trouvé bon.

☞ *Le préſent article eſt auſſi le II dans l'ordonnance : voici de quelle maniere il a été corrigé :*

ARTICLE II. Le comptable pourra être pourſuivi de rendre compte pardevant le juge qui l'aura commis; & s'il n'a pas été nommé par autorité de juſtice, il ſera pourſuivi pardevant le juge de ſon domicile, ſans que ſous prétexte de ſaiſie ou intervention de créanciers privilégiés de l'une ou de l'autre des parties, les comptes puiſſent être évoqués ou renvoyés en autre juriſdiction.

ARTICLE III.

Condamnation de rendre compte ſur le défaut à la premiere aſſignation.

Le défendeur à la demande en reddition de compte ſera tenu de comparoître à la premiere aſſignation; ſinon, pour le profit du défaut, le juge prononcera la condamnation de rendre compte.

Lecture faite de l'Article III, il a été trouvé bon.

ARTICLE IV.

Condamnation de rendre compte contre le défendeur, faute de plaider.

SI l'ajourné comparoît, le demandeur fera ſignifier un ſimple acte pour venir plaider à jour certain ; & s'il ne ſe préſente point à l'audience d'avocat ou de procureur pour le défendre, il ſera condamné ſur le champ de rendre compte, ſans aucun autre délai ni procédure.

Lecture faite de l'Article IV:

M. le premier préſident a dit, qu'il étoit compris dans le précédent.

M. Puſſort a répondu, que l'un étoit pour faire comparoir, & l'autre pour défendre, & qu'ainſi ces deux articles contiennent des diſpoſitions toutes différentes.

☞ *Les deux précèdens articles ont été joints à cauſe de l'affinité de leurs diſpoſitions ; & l'on en a compoſé l'article III de ce titre dans l'ordonnance, en ces termes :*

ARTICLE III. Le défendeur à la demande en reddition de compte, ſera tenu de comparoir à la premiere aſſignation, ſinon ſera donné défaut contre lui, & pour le profit condamné à rendre compte ; & s'il compare, & qu'au jour qui lui aura été ſignifié par un ſimple acte de venir plaider, aucun avocat ou procureur ne ſe préſente à l'audience pour defendre, ſera condamné ſur le champ à rendre compte ſans autre délai ni procédure.

ARTICLE V.

Si le juge ne peut prononcer définitivement, il appointera à mettre dans trois jours.

EN cas que la cauſe ſoit plaidée, ſi le juge ne ſe trouve pas ſuffiſamment inſtruit par la plaidoierie pour prononcer définitivement en l'audience, il appointera les parties à mettre dans trois jours, ſans autre forcluſion ni ſignification de requête.

Lecture faite de l'Article V:

M. le premier préſident a dit, qu'il étoit bon d'ajouter à l'article : *ſur la demande en reddition de compte*, de crainte que les juges ne prennent cette diſpoſition pour une regle générale dans toutes les affaires.

M.

M. Puffort a dit, que cette addition feroit bien fuperflue, parce que le titre n'étant que pour la reddition des comptes, on ne peut pas préfumer que l'appointement puiffe être fur autre chofe.

☞ *La claufe propofée par M. le premier préfident n'a pas été ajoutée, & l'on a retranché de l'article ces mots :* fi le juge ne fe trouve pas fuffifamment inftruit par la plaidoirie. *L'on y a encore fait quelques autres changemens, & il eft le IV de l'ordonnance.*

ARTICLE IV. En cas que la caufe étant plaidée ne fe puiffe juger définitivement en l'audience, les parties feront appointées à mettre dans trois jours fans autre procédure.

ARTICLE VI.

Jugement portant condamnation de rendre compte, commettra celui qui en recevra la préfentation.

TOUT jugement portant condamnation de rendre compte, commettra celui qui devra en recevoir la préfentation ; & s'il eft rendu fur un appointement ou fur un procès par écrit, le rapporteur ne pourra être commis pour le compte.

Lecture faite de l'Article VI:

M. le premier préfident a dit, que l'article feroit mieux expliqué, fi l'on y ajoutoit : *mais en fera commis un autre par celui à qui la diftribution appartiendra.*

M. Puffort a répondu, que bien que l'addition foit affez fous-entendue, néanmoins pour éviter toute mauvaife interprétation, on peut l'ajouter.

☞ *L'addition propofée par M. le premier préfident a été faite à cet article, qui eft le V dans l'ordonnance. L'on y a encore ajouté les mots d'*affirmation du compte, *& il eft ainfi rédigé :*

ARTICLE V. Tout jugement portant condamnation de rendre compte, commettra celui qui devra recevoir la préfentation & affirmation du compte ; & s'il eft rendu fur un appointement à mettre ou fur un procès par écrit, le rapporteur ne pourra être commis pour le compte, mais en fera commis un autre par celui à qui la diftribution appartiendra.

ARTICLE VII.

Quelles pieces seront transcrites dans les comptes.

DÉFENDONS de transcrire dans les comptes, autres pieces que l'acte de tutele, & l'extrait de la sentence ou de l'arrêt qui condamne à rendre compte.

Lecture faite de l'Article VII, il a été approuvé.

ARTICLE VIII.

Préface des comptes, combien aura de rôles.

LA préface des comptes ne pourra excéder dix rôles ; & s'il y en a davantage, le surplus ne passera en taxe.

Lecture faite de l'Article VIII :

M. le premier président a dit, que ces dix rôles étoient de trop, & qu'il les falloit réduire à cinq ou six.

M. Pussort en est demeuré d'accord.

☞ *La réduction proposée par M. le premier président a été fixée à six rôles ; & ces deux derniers articles ont été joints pour composer l'article VI de ce titre dans l'ordonnance, en ces termes :*

ARTICLE VI. La préface du compte ne pourra excéder six rôles, le surplus ne passera en taxe : & ne seront transcrites dans les comptes autres pieces que la commission du rendant, l'acte de tutele, & l'extrait de la sentence ou arrêt qui condamne à rendre compte.

ARTICLE IX.

La somme de la recette, celle de la dépense & reprise, seront insérées dans le dernier article du compte. Si la recette est plus forte, l'oyant pourra prendre exécutoire.

LE rendant sera tenu d'insérer dans le dernier article de son compte la somme entiere à quoi montera sa recette, ensemble celle du total de ses dépense & reprise, distinctement l'une de l'autre ; & au cas que la recette se trouve plus forte que la dépenſe & repriſe, l'oyant pourra prendre exécutoire de l'excédent, qui lui ſera délivré ſur le ſimple extrait du dernier article dudit compte, ſans préjudice des débats formés ou à former contre les recette, dépenſe & repriſe, & des ſoutenemens du rendant au contraire.

Lecture faite de l'Article IX, il a été trouvé bon.

☞ *Cet article eſt le VII de ce titre dans l'ordonnance: l'on en a conſervé la diſpoſition; mais l'on y a fait quelques changemens à l'égard des termes, en cette maniere:*

ARTICLE VII. Le rendant ſera tenu d'inſérer dans le dernier article du compte la ſomme à quoi ſe monte la recette, celle des dépenſe & repriſe, diſtinctement l'une de l'autre; & ſi la recette ſe trouve plus forte que la dépenſe & repriſe, l'oyant pourra prendre exécutoire de l'excédent, qui lui ſera délivré ſur l'extrait du dernier article du compte, ſans préjudice des débats formés ou à former contre les recette, dépenſe & repriſe, & des ſoutenemens au contraire.

ARTICLE X.

Préſentation & affirmation de compte, par qui, dans quel tems, & ſous quelle contrainte ſe fera.

LES rendans compte ſeront tenus de préſenter & affirmer leurs comptes en perſonne, ou par procureur fondé de procuration ſpéciale, dans le délai qui leur aura été preſcrit par le jugement de condamnation, ſans eſpérance d'aucune prorogation; & le tems paſſé, ils y ſeront contraints par ſaiſie & vente de leurs biens, même par empriſonnement de leur perſonne, ſi le juge eſtime que la matiere y ſoit diſpoſée.

Lecture faite de l'Article X, il a été trouvé bon.

☞ *On a pareillement conſervé cet article dans toutes ſes diſpoſitions; mais on lui a donné une forme un peu différente. Il eſt le VIII dans l'ordonnance.*

ARTICLE VIII. Les rendans compte préſenteront & affirmeront leur compte en perſonne ou par procureur fondé de procuration ſpéciale, dans le délai qui lui aura été preſcrit par le jugement de condamnation, ſans aucune prorogation; & le délai paſſé, ils y ſeront contraints par ſaiſie & vente de leurs biens, même par empriſonnement de leur perſonne, ſi la matiere y eſt diſpoſée, & qu'il ſoit ainſi ordonné.

ARTICLE XI.

Le rendant communiquera les pieces justificatives du compte, l'oyant aura quinzaine pour les examiner.

INCONTINENT après la présentation & affirmation du compt le rendant en fera signifier une copie en bonne forme au procure des oyans, & lui communiquera toutes les pieces justificativ des recette, dépense & reprise, sur son récépissé, afin qu'il les pui voir & examiner pendant quinze jours; après lesquels il sera ten de les rendre, à peine de prison, de soixante livres d'amende, & d séjour, dépens, dommages & intérêts des parties, en son prop & privé nom, sans qu'aucune de ces peines puisse être réput comminatoire, remise ni modérée, sous quelque prétexte que c soit.

Lecture faite de l'Article XI, il a été trouvé bon.

☞ *Cet article a aussi passé dans l'ordonnance, avec quelques changeme qu'on y a faits pour l'expression. Il est le IX de l'Ordonnance, en ces termes :*

ARTICLE IX. Après les présentation & affirmation, sera baillé copie du compte a procureur des oyans; & les pieces justificatives des recette, dépense & reprise lui s ront communiquées sur son récépissé, pour les voir & examiner pendant quinze jour après lesquels il sera tenu de les rendre, à peine de prison, de soixante livres d'amende & des séjour, dépens, dommages & intérêts des parties en son nom, sans qu'aucune d peines ci-dessus puisse être réputée comminatoire, remise ou modérée, sous quelq prétexte que ce soit.

ARTICLE XII.

Le juge, en connoissance de cause, pourra proroger ce délai d'un autre quinzaine.

N'ENTENDONS toutefois empêcher que le juge ne puisse entre en connoissance de cause, & pour considérations importante proroger le délai de quinzaine, d'une autre quinzaine pour un fois seulement; auquel cas les peines ci-dessus indictes contre l procureur qui retiendra les pieces, ne pourront avoir lieu ni êtr exécutoires, qu'après la seconde quinzaine expirée.

Lecture faite de l'Article XII, il a été trouvé bon.

☞ *On a entiérement changé les termes de la derniere partie de cet article, qui est le X de l'ordonnance. Voilà comment il a été rédigé :*

ARTICLE X. N'entendons toutefois empêcher que le juge ne puisse en connoissance de cause, & pour considérations importantes, proroger le délai d'une autre quinzaine pour une fois seulement; après lequel tems le procureur qui retiendra les pieces, sera contraint de les rendre sous les peines, & par les mêmes voies que dessus.

ARTICLE XIII.

Si les oyans ont differens procureurs, le rendant donnera à chacun une copie du compte. S'il y a des créanciers intervenans, ils n'auront qu'une communication.

Si les oyans ont différens procureurs, le rendant fera signifier à chacun une copie de son compte, & leur donnera communication de toutes les pieces justificatives, en la maniere qui vient d'être prescrite: s'il y a des créanciers intervenans, ils ne pourront prendre qu'une seule & même communication, tant du compte, que des pieces justificatives; & ce par les mains des procureurs qui auront charge.

Lecture faite de l'Article XIII :

M. le premier président a dit, qu'il faut retrancher ces copies plus que ne fait l'article, & arrêter, que *si les différens procureurs n'ont qu'un même intérêt, il ne leur sera donné pour tous qu'une même copie.*

M. Pussort a dit, que cela s'entendoit assez, sans qu'il fût besoin d'en faire une expression particuliere; & que les parties qui n'ont qu'un même intérêt, ne doivent occuper que par un même procureur.

M. le premier président a réparti, que tous les jours on en usoit au contraire, ou plutôt qu'on en abusoit.

M. Talon a représenté, qu'il leur faudroit enjoindre de convenir d'un seul procureur, ou ordonner que le compte & les pieces justificatives ne seroient communiquées qu'au plus ancien.

M. Pussort a dit, qu'il doit leur être permis d'en avoir de différens, à leur frais.

☞ *Ensuite des observations faites sur cet article, on en a dressé un nouveau qui est le XI de l'ordonnance, par lequel il est dit, que* si les oyans n'ont qu'un même intérêt, ils n'auront qu'un même procureur; mais que si chacune des parties en veut mettre un à ses frais, le compte & les pieces justificatives ne seront communiquées qu'au plus ancien procureur.

A l'égard de cet article XIII, il est le XII dans l'ordonnance; mais l'on y a changé ces premiers mots, si les oyans ont différens procureurs, *en ceux-*

ci : si les oyans ont des intérêts différens. *On y a encore ajouté que la communication se fera* par les mains du plus ancien des procureurs, *s'il y a des créanciers intervenans. Voici l'article XI & le XII de l'ordonnance :*

ARTICLE XI. Si les oyans ont un même intérêt, ils seront tenus de nommer un seul & même procureur ; & à faute d'en convenir, sera permis à chacune des parties d'en mettre un à ses frais ; auquel cas ne sera donné qu'une seule copie du compte, & une seule communication des pieces justificatives au plus ancien.

ARTICLE XII. Si les oyans ont des intérêts différens, le rendant fera signifier à chacun des procureurs une copie du compte, & leur communiquera les pieces justificatives ; & s'il y a des créanciers intervenans, ils n'auront tous ensemble qu'une seule communication, tant du compte que des pieces justificatives, par les mains du plus ancien des procureurs qu'ils auront chargé.

ARTICLE XIV.

Les pieces rendues, quel réglement sera pris.

LES pieces étant rendues, sera pris un réglement du commissaire pour les présentation & affirmation du compte, contenant appointement de fournir par les oyans leurs consentemens ou débats dans huitaine, & les soutenemens par le rendant, huitaine après ; écrire & produire dans huitaine, & contredire dans la huitaine suivante : lequel appointement sera signifié une premiere fois avant qu'il soit signé du commissaire, & une seconde seulement après qu'il aura été signé.

Lecture faite de l'Article XIV :

M. le premier président a dit, que toutes les formalités portées par cet article sont fort longues, & causeront beaucoup de frais. Que l'on avoit ôté les appointemens par comparant, & cependant on les rétablissoit ici ; & qu'il faudroit décider une fois si on les veut entiérement abolir, & prendre les appointemens au greffe.

Appointemens par comparans.

M. Pussort a réparti, qu'il faut ordonner que l'appointement sur le compte sera pris du commissaire, ou levé au greffe, parce qu'il n'y avoit pas d'apparence d'aller plaider sur les débats d'un compte à l'audience : de sorte que pour éviter l'antinomie dans les articles, il faudra que dans celui qui portera les défenses de lever des appointemens au greffe ou à la barre, on en excepte les comptes.

☞ *Sur les observations faites en cet endroit, on a dressé un article qui a été inséré dans le titre XI de l'ordonnance. Par cet article il est permis de* prendre des appointemens au greffe, ès matieres de reddition de compte, &c. *ce qui est une exception à la défense générale de prendre des appointemens par comparans.*

☞ *A l'égard du présent article, il est le XII dans l'ordonnance, & le changement le plus considérable qu'on y ait fait, est le retranchement de la derniere partie touchant la signification de l'appointement.*

ARTICLE XIII. Après le délai de la communication expiré, sera pris au greffe l'appointement de fournir par les oyans leurs consentemens ou débats dans huitaine, les soutenemens par le rendant huitaine après, écrire & produire dans une autre huitaine, & contredire dans la huitaine suivante.

ARTICLE XV.

Abrogation des procès-verbaux d'examen de comptes.

DÉFENDONS à tous nos juges, & autres, de quelque qualité qu'ils soient, sans exception, de faire à l'avenir aucuns procès-verbaux d'examen de compte, & en tant que de besoin seroit, en abrogeons entiérement l'usage en tous les sieges, même en nos cours de parlement & autres nos cours, l'interdisons à tous les commissaires-enquêteurs-examinateurs de notre royaume : voulons que les oyans & rendans compte fournissent leurs consentemens, débats & soutenemens l'un à l'autre, & que sur leurs écritures & autres pieces, il soit procédé au jugement de l'instance dans les termes & délais ci-dessus ordonnés.

Après la lecture de l'Article XV :

M. le premier président a dit, que l'on ôtoit les fonctions des commissaires du châtelet par cet article ; que l'on pourroit les régler, & maintenir ces officiers dans leurs droits légitimes, même en considération de ce qu'ils servent le public en beaucoup d'emplois qui leur sont tout-à-fait infructueux. Que les offices d'enquêteurs & examinateurs ont été levés aux parties casuelles, & l'on a contraint les lieutenans généraux, & autres officiers de les acheter bien cher, ou de souffrir que d'autres les achetassent, en démembrant leurs charges ; & ainsi, après avoir reçu les deniers qu'ils ont financés, il semble qu'il seroit très-juste de les dédommager par quelque remboursement, en leur ôtant les droits les plus utiles de leurs charges.

Commissaires du châtelet, servent le public.

Offices d'enquêteurs, levés aux parties casuelles.

M. Pussort a dit, que les premiers débats qui se donnent sont inutiles, qu'ils ont été retranchés ; que les commissaires du châtelet ont fait plainte de ce retranchement, & en ont donné leur mémoire : qu'il en sera fait rapport au roi ; mais qu'il y a des révisions réitérées dans le châtelet, qui sont d'un fort grand abus.

Premiers débats de compte, retranchés.

☞ *On a fait des changemens considérables dans cet article : la derniere partie a été retranchée, & la premiere compose l'article XIV de l'ordonnance, après avoir été disposée de cette maniere :*

ARTICLE XIV. Défendons à tous nos juges, commissaires-examinateurs, & autres de quelque qualité qu'ils soient, sans exception, de faire à l'avenir aucuns procès-verbaux d'examen de compte, dont nous abrogeons l'usage en tous les sieges, même en nos cours de parlement, & autres nos cours.

ARTICLE XVI.

Abrogation de l'usage d'apostiller les articles du compte.

ABROGEONS pareillement l'usage qui se pratique en notre châtelet de Paris, & en plusieurs autres sieges, de s'assembler en la maison du commissaire ou du juge, pour mettre, par forme d'apostilles, à côté de chacun article du compte, les consentemens, débats & soutenemens des parties : ordonnons que la maniere de les fournir, telle qu'elle a été expliquée ci-dessus, soit uniforme dans tout notre royaume.

Lecture faite de l'Article XVI, il a été trouvé bon.

☞ *Cet article est le XV de ce titre dans l'ordonnance; mais il n'y a été inséré qu'avec quelques changemens remarquables. L'on a, entr'autres choses, conservé les commissaires du châtelet dans l'usage qu'ils observoient contre la disposition du présent article. Ainsi l'on a supprimé la premiere & la derniere clause :*

ARTICLE XV. Défendons de s'assembler en la maison du juge, ou commissaire de la reddition du compte, pour mettre, par forme d'apostilles à côté de chaque article, les consentemens, débats & soutenemens des parties; & n'entendons néanmoins déroger à l'usage observé par les commissaires du châtelet de Paris.

ARTICLE XVII.

Ce que le rendant pourra faire, si les oyans ne fournissent leurs consentemens ou débats, dans la huitaine.

SI les oyans ne fournissent leurs consentemens ou débats dans la huitaine portée par le réglement, il sera permis au rendant, après qu'elle sera passée, de produire son compte au greffe avec les pieces justificatives, pour être distribuées en la maniere accoutumée; & s'ils les ont fournis, ils pourront au même tems donner leur production, sans que pour mettre l'instance en état, il soit besoin que d'un simple acte de commandement de satisfaire

faire au réglement, dans les délais y portés, autrement forclos purement & simplement, & en conséquence passé outre au jugement.

Lecture faite de l'Article XVII, il a passé.

☞ *Les changemens qui ont été faits dans cet article ne sont pas considérables. On en a seulement retranché ces mots, qui sont à la fin :* dans les délais y portés, autrement forclos purement & simplement. *A cela près, l'article a passé, & il est le XVI dans l'ordonnance, en ces termes :*

ARTICLE XVI. Si les oyans ne fournissent leurs consentemens ou débats dans la huitaine portée par le réglement, il sera permis au rendant, après qu'elle sera passée, de produire au greffe son compte avec les pieces justificatives, pour être distribué en la maniere accoutumée ; & s'ils les ont fournis, ils pourront au même tems donner leurs productions, sans que pour mettre l'instance en état, il soit besoin que d'un simple acte de commandement de satisfaire au réglement, & en conséquence passé outre au jugement.

ARTICLE XVIII.

Comptes seront écrits en grand papier, & comment.

LES comptes seront écrits en grand papier, à raison de vingt-deux lignes pour page, & de quinze syllabes pour ligne, à peine de radiation de la taxe des rôles où il se trouvera de la contravention au présent article.

Lecture faite de l'Article XVIII, il a été trouvé bon.

☞ *Cet article est le XVII de l'ordonnance, & voici de quelle maniere il a été rédigé :*

ARTICLE XVII. Les comptes seront écrits en grand papier, à raison de vingt-deux lignes pour page, & quinze syllabes pour ligne, à peine de radiation dans la taxe des rôles où il se trouvera de la contravention.

ARTICLE XIX.

Ce que le rendant pourra employer dans le chapitre de dépense.

LE rendant ne pourra employer dans la dépense de son compte les frais de la sentence ou de l'arrêt qui l'auroient condamné de le rendre, si ce n'étoit qu'il eût consenti d'abord ; mais pour dépense commune, il emploiera son voyage, s'il en échoit, les assignations pour voir présenter & affirmer le compte; la vacation du procureur qui aura mis les pieces du compte par ordre; celle du commissaire pour recevoir la présentation & affirmation, & celle des procureurs, s'ils ont assisté à la présentation & affirmation; ensemble les grosses & copies du compte.

Lecture faite de cet Article, il a été trouvé bon.

☞ *Le présent article a été conservé dans sa disposition, & les changemens qu'on y a faits ne regardent que les termes. Il est le XVIII dans l'ordonnance.*

ARTICLE XVIII. Le rendant ne pourra employer dans la dépense de son compte les frais de la sentence ou de l'arrêt par lesquels il est condamné de le rendre, si ce n'est qu'il eût consenti avant la condamnation; mais pour toutes dépenses communes emploiera son voyage, s'il en échoit; les assignations pour voir présenter & affirmer le compte; la vacation du procureur qui aura mis les pieces du compte par ordre, celle du commissaire pour recevoir la présentation & affirmation, & des procureurs, s'ils y ont assisté; ensemble les grosses & copies du compte.

ARTICLE XX.

Défenses d'avoir égard aux lettres d'état, obtenues par celui qui doit rendre compte. Exception.

DÉCLARONS toutes lettres d'état, qui pourront être ci-après obtenues par celui qui est obligé ou condamné de rendre compte, subreptices; & en conséquence, défendons à tous juges d'y avoir égard, s'il n'y est spécialement par nous dérogé.

Lecture faite de l'Article XX:

M. le premier président a dit, que la clause qui porte qu'il pourra être dérogé aux défenses d'obtenir des lettres d'état, rendra l'article inutile attendu que toutes les lettres d'état contiendront toujours cette clause dérogatoire, qui sera de style, & qu'il seroit meilleur de la retrancher ou de supprimer l'article.

M. Pussort a dit, que le roi ne se lieroit pas les mains, pour ne pas donner une surséance aux personnes qui seront dans le service actuel de sa majesté.

☞ *L'on a ajouté à cet article une clause qui fait défenses d'avoir égard aux lettres d'état,* s'il n'y est fait mention de l'instance de compte; & si la clause n'y est insérée, l'instance du compte pourra être poursuivie: *au surplus l'article a passé, & il est le XIX de l'ordonnance, en ces termes:*

ARTICLE XIX. Déclarons toutes lettres d'état qui pourront être ci-après obtenues par ceux qui sont obligés ou condamnés de rendre compte, subreptices: défendons tous juges d'y avoir égard, s'il n'y est par nous dérogé par clause spéciale, & fait mention dans les lettres de l'instance de compte; & si la clause n'est insérée dans les lettres, l'instance du compte pourra être poursuivie & jugée.

ARTICLE XXI.

Forme du jugement de clôture de compte.

Le jugement qui interviendra sur l'instance de compte, contiendra le calcul de la recette & dépense du compte, & formera le reliquat précis, s'il y en a aucun.

Lecture faite de l'Article XXI:

M. le premier président a dit, que la disposition de cet article est conforme aux articles d'une mercuriale tenue depuis un an au parlement, qui porte, que *les calculs se feront dans les arrêts d'ordre, & en ceux qui seront rendus sur des comptes;* que cela se pratique, & c'est un fort bon usage.

☞ *Cet article est le XX de l'ordonnance, où il a été inséré sans aucun changement.*

ARTICLE XXII.

Abrogation de la révision de compte.

Moyen de se pourvoir contre les erreurs, omissions, faux emplois.

Il ne sera désormais procédé à la révision d'aucun compte; mais s'il y a des erreurs, omissions de recette & faux emplois, les parties en pourront former leur demande, ou interjetter appel de la clôture du compte, & plaider leurs prétendus griefs en l'audience.

Après la lecture de l'Article XXII:

M. le premier président a dit, que cet article est impossible dans son exécution, & qu'une erreur de calcul ne se plaide point à l'audience.

M. Pussort a réparti, que tout pouvoit être porté à l'audience; & si la matiere n'y étoit pas disposée, les juges l'appointeroient; mais que souvent les plaintes ne sont que d'un article ou deux du compte, auquel cas rien n'empêcheroit qu'ils ne pussent être terminés à l'audience.

☞ *Nonobstant la réflexion de M. le premier président sur l'impossibilité de l'exécution de cet article, il a passé sans aucun changement considérable. Il est le XXI de ce titre dans l'ordonnance.*

ARTICLE XXI. Ne sera ci-après procédé à la révision d'aucun compte; mais s'il y a des erreurs, omissions de recette ou faux emploi, les parties pourront en former leur demande, ou interjetter appel de la clôture du compte, & plaider leurs prétendus griefs en l'audience.

ARTICLE XXIII.

Majeurs peuvent compter pardevant arbitres, ou à l'amiable.

DÉCLARONS que notre intention n'est pas d'empêcher par aucuns des articles précédens, que les parties étant majeures, ne puissent compter pardevant des arbitres, ou à l'amiable entre eux; encore que le rendant eût été commis par l'ordonnance de justice, dans la charge ou dans la commission qui le rend comptable.

Lecture faite de l'Article XXIII:

M. le premier président a dit, que cet article, qui permet aux parties de s'accommoder, semble inutile; parce que dans un intérêt particulier, la justice ne l'empêche jamais.

☞ *On a retranché ces derniers mots de l'article:* dans la charge, ou dans la commission qui le rend comptable. *Les autres changemens qu'on y a faits ne touchent que l'expression. Il est le XXII de l'ordonnance.*

ARTICLE XXII. Pourront les parties, étant majeures, compter pardevant des arbitres ou à l'amiable, encore que celui qui doit rendre compte ait été commis par ordonnance de justice.

ARTICLE XXIV.

Forme des comptes de tutele, ou d'administration.

Forme des comptes rendus aux absens hors du royaume.

TOUT tuteur & administrateur qui voudra compter après sa gestion finie, sera tenu d'y procéder en la forme ci-devant ordonnée; & au cas que celui ou ceux à qui le compte doit être rendu, fussent absens d'une absence longue & notoire, voulons qu'il soit établi un curateur aux absens, & qu'avec ce curateur ou le procureur fiscal du siege, si c'est une justice subalterne, il soit incefsamment procédé au rendement du compte; même si par le calcul il se trouve un reliquat, que le comptable puisse le consigner entre les mains de qui par justice sera ordonné, avec toutes les pieces justificatives aux risques & périls des absens.

Lecture faite de l'Article XXIV:

M. le premier président a dit, que cet article est difficile, & de conséquence; qu'il regle la forme des comptes qui doivent être rendus aux absens, & leur établit un curateur: que cela est contraire à l'article 8 du titre *des ajournemens*, par lequel l'usage des curateurs est abrogé, comme inutile. Pour ne rien ordonner de contraire, il faut réformer l'un ou l'autre. *Usage des curateurs aux absens, abrogé.*

Que les parens pourroient s'assembler pour nommer une personne d'entr'eux pour assister à l'audition du compte, mais qu'il y auroit grand péril de mettre ce reliquat entre les mains de qui par justice seroit ordonné. Cela donneroit occasion à une infinité de fraudes; c'est pourquoi il estime qu'il seroit plus à propos que le reliquat demeurât entre les mains du tuteur, en le déchargeant des intérêts.

M. Pussort a dit, que les expédiens qui sont proposés ne regardent que les comptes de tutele, & il y en a qui se rendent entre associés. Que l'intention de l'article est de pourvoir à tout; & pour mettre en sûreté les deniers du reliquat d'un compte, l'on pourroit généralement ordonner que le comptable seroit tenu de les garder, sans payer d'intérêts; avec cette différence que le comptable, pour fait de société, seroit tenu de donner caution. *Reliquataires d'un compte, ce qu'ils feront des deniers.*

M. le président de Novion a dit, que cela n'est pas possible dans l'exécution. Que tout homme qui devoit, pouvoit de droit se libérer, & n'étoit pas toujours en état de donner la caution proposée. *Débiteur peut se libérer.*

M. le premier président a ajouté, que la condition d'un homme ne devoit pas devenir pire par le fait de sa partie, & qu'il falloit prendre garde que si le compte se rendoit avec un curateur, ce qui seroit fait avec lui passeroit pour contradictoire.

M. Pussort a dit, qu'il seroit mieux que le compte se rendît par défaut. Qu'en ces matieres il y a moins de péril qu'en aucune autre, parce que l'on peut revenir par réfusion; & les erreurs qui s'y font, ne se pouvoient couvrir.

☞ *Ensuite des observations faites sur le présent article, on en a entièrement changé la disposition par l'article qui a été mis dans l'ordonnance. Cet article porte que* si ceux à qui le compte doit être rendu, sont absens, il sera rendu par défaut; & que si par le calcul le rendant se trouve débiteur, il en demeurera dépositaire sans intérêt. *Ce même article est le XXIII de l'ordonnance, & il a été rédigé de cette maniere:*

ARTICLE XXIII. Si ceux à qui le compte doit être rendu sont absens hors le royaume d'une absence longue & notoire, & qu'à l'assignation il ne se présente aucun procureur, le rendant après l'affirmation levera son défaut au greffe, qu'il donnera à juger;

& pour le profit, feront les articles alloués, s'ils font bien & duement justifiés : si par le calcul le rendant se trouve débiteur, il en demeurera dépositaire sans intérêt, en donnant caution ; & si c'est le tuteur, il sera déchargé de bailler caution.

SIXIEME CONFÉRENCE.

Du mercredi seizieme février 1667, après-midi, en l'hôtel Séguier.

Monsieur le chancelier, & messieurs les commissaires du conseil.

Monsieur le premier président, & messieurs les députés du parlement présens.

Ce jour, la compagnie s'est assemblée à l'heure ordinaire.

TITRE XIII.

Ce titre est le XV de l'ordonnance.

Des procédures sur le possessoire des bénéfices, & sur les régales.

ARTICLE I.

Forme des exploits d'assignation en matiere de complainte, pour le possessoire des bénéfices.

Ès matieres de complainte pour le possessoire des bénéfices, les exploits de demande seront faits en la forme, & les assignations données dans les délais ci-dessus prescrits pour les autres affaires civiles.

Lecture faite de l'Article I:

M. le premier président a dit, que c'est la répétition de ce qui est contenu dans le titre *des ajournemens*. Que c'étoient des regles générales qui pouvoient convenir à toutes sortes de matieres; ainsi l'article pouvoit être retranché: autrement il faudroit répéter en particulier sur chaque matiere, ce qui est établi en général pour toutes sortes d'ajournemens.

M. le chancelier a dit, qu'il étoit bon de faire quelque note & désignation particuliere pour les matieres bénéficiales.

Cet article a été conservé, nonobstant l'observation de M. le premier président, & il a été inséré dans l'ordonnance, où il est aussi le premier de ce titre. Néanmoins on y a fait quelques légers changemens, de cette maniere :

ARTICLE I. Ès matieres de complaintes pour le possessoire des bénéfices, les exploits de demandes seront faits, & les assignations données en la forme & dans les délais ci-dessus prescrits pour les autres affaires civiles.

ARTICLE II.

Ce que le demandeur en complainte sera tenu d'exprimer dans l'exploit.

LE demandeur sera tenu d'exprimer dans l'exploit le titre de sa provision, & le genre de la vacance sur laquelle il a été pourvu, ensemble ses capacités, & d'en bailler au défendeur des copies signées de lui, du sergent & des records.

Lecture faite de l'Article II :

M. le premier président a dit, qu'il seroit à propos d'ordonner la communication respective des capacités des contendans.

M. Pussort a dit, qu'il y avoit un article exprès pour le défendeur, qui étoit le sixieme de ce titre, & qu'en matiere de complainte, les parties étoient respectivement demanderesses & défenderesses.

M. le premier président, après la lecture qui lui a été faite de l'article VI, a dit, qu'il étoit porté que le défendeur seroit tenu dans huitaine de donner copie de ses capacités, & qu'il auroit été bon de lui donner un plus long délai.

☞ *Cet article est aussi le II dans l'ordonnance; il a été corrigé de cette maniere :*

ARTICLE II. Le demandeur sera tenu d'exprimer dans l'exploit le titre de sa provision, & le genre de la vacance sur laquelle il a été pourvu, & bailler au défendeur des copies signées de lui, du sergent & des records, de ses titres & capacités.

ARTICLE III.

Exploit d'assignation, à qui sera donné.

L'EXPLOIT d'assignation sera donné à la personne ou domic du défendeur qui est en possession du bénéfice.

Lecture faite de l'Article III:

M. le premier président a dit que dans le titre *des ajournemens*, arti III, il est porté qu'en matieres bénéficiales les assignations pourroi être données au principal manoir du bénéfice, & qu'ici l'on change cette disposition, en ordonnant que l'exploit d'assignation sera donné *domicile du pourvu.*

M. Pussort a dit, qu'il seroit difficile de trouver le domicile d'un bén cier absent. Et il a ajouté, que l'article dont il s'agit regarde le titre bénéficier, & l'autre les droits; qu'il faut seulement prendre garde à ce distinction, pour empêcher qu'il ne se fasse point de surprise.

Distinction du titre, & des droits d'un bénéficier.

M. Talon a dit, qu'il faudroit restreindre l'article à celui qui est actuelle possession: autrement l'on en pourroit abuser, & la partie se fa donner des assignations à elle-même.

☞ *Sur ces observations on a ajouté à cet article les mots de* possess actuelle; *& ceux-ci:* sinon au lieu du bénéfice; *& l'article a été rédig cette maniere:*

ARTICLE III. L'exploit d'assignation sera donné à la personne, ou au domicile défendeur qui est en possession actuelle du bénéfice, sinon, au lieu du bénéfice.

ARTICLE IV.

Les complaintes seront poursuivies pardevant les juges royaux

LES complaintes pour bénéfices seront poursuivies & traite pardevant nos juges auxquels la connoissance en appartier privativement aux juges d'église.

Lecture faite de l'Article IV:

M. le premier président a dit, que cet article étoit *in viridi observant* & que cela a toujours appartenu aux juges royaux.

☞ *La diposition de cet article a été étendue aux juges des seigneu qu'il prive pareillement de la connoissance des complaintes pour bénéfices; qu que les seigneurs en soient fondateurs ou collateurs. Voici comment l'article a été rédigé :*

ARTICLE IV. Les complaintes pour bénéfices seront poursuivies pardevant nos juges auxquels la connoissance en appartient, privativement aux juges d'église, ou à ceux des seigneurs, encore que les bénéfices soient de la fondation des seigneurs, & de leurs auteurs, & qu'ils en aient la présentation ou collation.

ARTICLE V.

Abrogation des appointemens à communiquer titres, & à écrire par mémoire.

Ne seront dorénavant donnés aucuns appointemens à communiquer titres, ni à écrire par mémoire, nonobstant tous usages & ordonnances contraires, auxquels nous avons dérogé par ces présentes.

Après la lecture de cet Article :

M. le premier président a dit, que ce sont deux appointemens fort inutiles que l'on abrogeoit, & que l'article lui paroissoit bon.

☞ *La seconde partie de cet article, qui porte dérogation, a été retranchée ; & au surplus l'article a été inséré dans l'ordonnance. Il est aussi le V de ce titre.*

ARTICLE V. Ne seront dorénavant donnés aucuns appointemens à communiquer titres, ni à écrire par mémoire.

ARTICLE VI.

Dans quel tems le défendeur fournira ses défenses, & ce qu'elles contiendront.

Huit jours après l'échéance de l'assignation, le défendeur sera tenu de fournir ses défenses, dans lesquelles seront expliqués le titre de sa provision, le genre de la vacance sur laquelle il a été pourvu, & ses capacités, & de donner au procureur du demandeur des copies signées du procureur du défendeur, tant des défenses que des titres & capacités.

Lecture faite de l'Article VI, il a été trouvé bon :

☞ *Sur l'observation faite par M. le premier président, en examinant l'ar-*

ticle II de ce titre, on a changé le délai de huit jours, *porté par cet article, & l'on y a mis* les délais ci-devant accordés aux défendeurs. *L'on en a auss réformé l'expression, de cette maniere :*

ARTICLE VI. Le défendeur en complainte sera tenu dans les délais ci-devant ac cordés aux défendeurs, fournir ses défenses, dans lesquelles seront aussi expliqué le titre de sa provision, & le genre de la vacance sur laquelle il a été pourvu; & d bailler au procureur du demandeur des copies signées de son procureur, tant de défenses que de ses titres & capacités.

ARTICLE VII.

Dans quel tems la cause sera portée à l'audience, pour être pro noncé sur la pleine maintenue, ou sur la récréance.

TROIS jours après, la cause sera portée à l'audience sur u simple acte signifié à la requête du procureur plus diligent, pou être prononcé sur le champ, si faire se peut, sur la pleine main tenue, après la lecture des originaux des titres & capacités don copie aura été baillée : & si l'affaire mérite une plus grande dis cussion, la récréance du bénéfice sera donnée à celui qui aur le plus apparent droit.

Après la lecture de l'Article VII :

Lecture de titres, trop longue à l'audience.

M. le premier président a dit, que la disposition de cet article ne pa roît pas meilleure que l'usage qui s'observe à présent : que la lecture de titres & capacités sera longue à l'audience : que présentement les avocat s'entre-communiquent leurs pieces, & ensuite aux gens du roi qui en fon leur rapport, & y prennent leurs conclusions; ainsi la vérité est fidéle ment rapportée aux juges.

Contre la récréance des bénéfices.

Sequestre des fruits.

M. Pussort a réparti, que s'il y avoit quelque chose à réformer dan l'article, ce seroit d'ôter la récréance, dont il y est fait mention : qu'i n'est plus de l'usage de l'accorder; cependant ce sont deux procès au lie d'un, tous deux instruits & en état d'être jugés en même tems. Que c n'est plus qu'un style; mais que par l'usage qui s'observe, l'on pourvoi à la conservation des fruits avec plus de sûreté, en ordonnant qu'ils se ront sequestrés pour être délivrés à qui il appartiendra.

☞ *Sur l'observation faite par M. le premier président, l'on a retranché d cet article* la lecture des originaux des titres & capacités; *& sur la réflexion d M. Pussort, l'on a trouvé à propos d'ajouter qu'il sera prononcé* sur le sequestr *des fruits, aussi-bien que sur la pleine maintenue, ou sur la récréance. Ains l'article suivant est demeuré inutile, & il a été retranché. Le présent article es aussi le VII dans l'ordonnance, & il a été rectifié de cette maniere :*

ARTICLE VII. Trois jours après, la cause sera portée à l'audience sur un simple acte signifié à la requête du procureur plus diligent, pour être prononcé sur le champ, si faire se peut, sur la pleine maintenue, sur la récréance, ou sur le sequestre, s'il y échoit.

ARTICLE VIII.

Forme du sequestre des fruits d'un bénéfice.

S'IL est jugé à propos de sequestrer les fruits d'un bénéfice, ce sera suivant l'ordre ci-après établi pour les autres sequestres.

Lecture faite de l'Article VIII, il a été trouvé bon.

☞ *Le présent article a été supprimé, pour les considérations faites sur l'article précédent.*

ARTICLE IX.

Expéditions de cour de Rome, comment feront foi.

IL ne sera ajouté foi aux signatures & expéditions de cour de Rome, si elles ne sont vérifiées: laquelle vérification sera faite par un certificat de deux banquiers expéditionnaires, écrit sur les originaux des signatures & expéditions, sans aucune autre formalité.

Lecture faite de l'Article IX:

M. le premier président a dit, que l'exécution de cet article n'est pas possible, en ce qu'il porte que le certificat des banquiers sera écrit sur les originaux des signatures de cour de Rome: qu'il n'y a pas de vuide suffisamment sur ces signatures; mais on pourroit faire une copie sur laquelle les banquiers écriroient leur procès-verbal, & donneroient leur certificat sur la vérité de la piece. *Signatures de cour de Rome.*

M. Pussort a dit, que s'étant fait représenter plusieurs de ces signatures, il avoit observé qu'il y avoit du blanc suffisamment sur l'original, pour y mettre le certificat des banquiers. Que si la vérification se faisoit par un procès-verbal séparé, il en coûteroit la vacation des banquiers, l'assistance du procureur & la façon du procès-verbal avec les droits du clerc. Qu'un simple certificat épargnoit tous ces frais, étant suffisant qu'il porte que la signature a été expédiée en cour de Rome par les correspondans. *Forme de leur vérification.*

M. le premier président a dit, que les banquiers-expéditionnaires en cour de Rome n'ont point de serment en justice, & que la foi n'en est pas toujours fort entiere; que cependant ils sont choisis par les parties. Qu'il en faudroit convenir comme l'on fait d'experts, ainsi qu'il se pratique à pré- *Banquiers en cour de Rome n'ont serment en justice.*

ſent. Et pour éviter les frais d'un procès-verbal, on pourroit obliger un des banquiers à faire une copie ſur laquelle les deux banquiers mettroient leur certificat, ou bien ils le donneroient à part, & feroient mention qu'ils auroient paraphé la ſignature au bas du tranſcrit.

Exception des bulles ſous plomb.

Qu'il étoit bon auſſi d'excepter dans cet article, les bulles ſous plomb, qui ſe fulminent & ne ſe vérifient point.

M. Puſſort a réparti, que l'on ne voit pas qu'il en arrive aucune faute, & que ce ſeroit encore une nouvelle formalité.

Experts pour vérifier une ſignature de Rome.

M. Talon a repréſenté, que toute cette procédure n'étoit qu'une formalité pour rendre authentique une écriture étrangere, laquelle ſans cela ne feroit point de foi en juſtice. Que s'il arrivoit conteſtation entre les parties ſur la vérité de la ſignature, ce ſeroit le cas auquel l'on pourroit convenir d'experts par les voies ordinaires; mais ce que l'on pourroit faire de mieux, ſeroit d'ordonner que le certificat ſeroit donné par deux banquiers, dont l'un ſeroit celui qui auroit été chargé de faire venir l'expédition de cour de Rome, & l'autre ſeroit nommé par le juge.

☞ *Nonobſtant les réflexions faites ſur cet article, il a paſſé, à quelques changemens près qu'on a faits dans la diction ; & il eſt le VIII dans l'ordonnance.*

ARTICLE VIII. Il ne ſera ajouté foi aux ſignatures & expéditions de cour de Rome, ſi elles ne ſont vérifiées, & ſera la vérification faite par un ſimple certificat de deux banquiers & expéditionnaires, écrit ſur l'original des ſignatures & expéditions, ſans autre formalité.

ARTICLE X.

Sentences de récréance ſeront exécutées à la caution juratoire.

LES ſentences de récréance ſeront exécutées à la caution juratoire, nonobſtant oppoſitions ou appellations quelconques, & ſans préjudice d'icelles.

Lecture faite de l'Article X:

M. le premier préſident a dit, que l'on oblige rarement de donner caution dans ces matieres, parce que celui à qui on accorde la récréance, doit avoir le titre le plus apparent.

M. Puſſort a ajouté, que les gradués, ou autres perſonnes de cette qualité, ne le pourroient faire.

M. Talon a dit, que par l'article 18 du titre que l'on examine, il eſt porté que la récréance ne pourra être accordée, qu'il n'y ait cinq juges qui aient aſſiſté au jugement; & que c'eſt la plus grande précaution que l'on ait pu prendre.

M. le premier préſident a réparti, qu'il y a beaucoup de ſieges où ce nombre de juges ne ſe trouvera pas.

☞ *Cet article eſt le IX de l'ordonnance. On y a ſeulement changé ces derniers mots :* & ſans préjudice d'icelles, *en ceux-ci :* & ſans y préjudicier.

ARTICLE XI.

Récréance ſera exécutée avant que de procéder ſur la pleine maintenue.

LA récréance ſera exécutée, tant pour la reſtitution des fruits qui ont été perçus par l'autre partie, que pour le paiement des dépens, lorſqu'il y en a condamnation, avant que de procéder ſur la pleine maintenue.

Après la lecture de l'Article XI :

M. le premier préſident a dit, que l'on ne donne point de dépens par les ſentences de récréance, parce que la choſe étoit réparable en définitif.

M. Puſſort a ajouté, qu'il ne devoit pas même y avoir de reſtitution des fruits qui ont été perçus, parce que le droit eſt incertain, & que cela regardoit encore la définitive, & qu'il propoſeroit au roi d'ôter l'article.

☞ *Cet article n'a pas été ſupprimé ; mais il a été abrégé par le retranchement de ces mots :* tant pour la reſtitution des fruits qui ont été perçus par l'autre partie, que pour le paiement des dépens, lorſqu'il y en a condamnation. *On y a néanmoins ajouté* les ſequeſtres, *& il eſt le X de ce titre dans l'ordonnance.*

ARTICLE X. Les récréances & ſequeſtres ſeront exécutés avant qu'il ſoit procédé ſur la pleine maintenue.

ARTICLE XII.

Si le poſſeſſeur du bénéfice décede, comment, & à qui la main-levée des fruits ſera donnée.

SI durant le cours de la procédure, celui qui avoit la poſſeſſion actuelle du bénéfice décede, l'état & la main-levée des fruits ſeront données à l'autre partie, ſur une ſimple requête qui ſera faite judiciairement à l'audience, après la lecture des proviſions, titres & capacités du demandeur, ſans autre procédure. Si pluſieurs ſont pourvus du même bénéfice, la main-levée des fruits pourra être donnée à celui qui aura plus apparent droit.

Après la lecture de cet Article:

Ce qu'il faut faire, arrivant le décès de l'un des contendans pour un bénéfice.

M. le premier président a dit, que l'article ne s'explique pas suffisamment; qu'il y avoit encore même de l'inconvénient à l'exécuter, & l'on blesseroit souvent le droit d'un tiers, si en cas du décès de l'un des contendans, l'on donnoit, sans aucune connoissance de cause, la main-levée des fruits à celui qui auroit le plus apparent droit: qu'il pourroit même souvent y avoir du méconte & de la supposition. Mais que pour prévenir ces deux inconvéniens, il y avoit deux choses à faire; l'une d'ordonner que l'extrait mortuaire seroit rapporté; & l'autre, qu'en cas qu'il y eût d'autres parties, elles seroient appellées.

M. Pussort a dit, que la premiere difficulté ne paroissoit pas considérable, parce qu'il ne s'agissoit pas de la maintenue au bénéfice, mais de donner seulement main-levée des fruits, laquelle on ne manqueroit pas d'empêcher, s'il se trouvoit d'autres parties intéressées.

Quant à la seconde partie de l'article, qu'elle pourroit causer de l'embarras: que néanmoins l'on saura du roi, s'il aura agréable qu'elle soit retranchée.

Preuve du décès par l'extrait mortuaire.

M. Talon a dit, qu'il seroit nécessaire de rapporter l'extrait mortuaire parce que s'il y avoit des fruits sequestrés, on les pourroit enlever, en supposant le décès d'un homme qui seroit vivant, & même sans connoissance ni participation des autres contendans; & que pour prévenir ces abus, il étoit nécessaire que la preuve du décès fût rapportée.

M. de Refuge a dit, que lorsqu'en matiere bénéficiale une partie allegue le décès de l'autre, l'on ordonnoit que la requête & les pieces seroient mises pardevant l'un de messieurs, & l'on ne jugeoit rien sans en communiquer aux gens du roi.

M. Pussort a dit, que cela n'étoit pas de l'usage du grand-conseil, où l'on n'en voyoit point d'inconvénient: que néanmoins l'on en pourroit insérer un mot dans l'article, après l'avoir proposé au roi.

☞ *L'on a retranché de cet article* la lecture des provisions, titres & capacités, *à cause de l'observation qui a été faite ci-devant sur l'article VI de ce titre, par M. le premier président.*

L'on a ajouté une clause qui enjoint de rapporter l'extrait du registre mortuaire; *& enfin la derniere partie de cet article a été retranchée. Il est le XI dans l'ordonnance, en ces termes:*

ARTICLE XI. Si durant le cours de la procédure, celui qui avoit la possession actuelle du bénéfice décede, l'état & la main-levée des fruits seront donnés à l'autre partie sur une simple requête, qui sera faite judiciairement à l'audience, en rapportant l'extrait du registre mortuaire, & les pieces justificatives de la litispendance, sans autres procédures.

ARTICLE XIII.

Intervenant en complainte, ce qu'il doit faire.

CELUI qui interviendra en une instance ou procès de complainte pour le possessoire d'un bénéfice, sera tenu d'expliquer dans sa requête à fin d'intervention, ses titres & capacités, & de bailler copies signées de son procureur, à chacun procureur des parties principales, tant de la requête que des titres & capacités.

Après la lecture de cet Article :

M. le premier président a dit, que c'étoit une pure répétition de ce qui précédoit.

☞ *Cet article n'a pas laissé de passer : il est le XII de l'ordonnance, avec quelques légers changemens qu'on y a faits à l'égard des termes.*

ARTICLE XII. Celui qui interviendra en une complainte pour le possessoire d'un bénéfice, sera tenu d'expliquer dans sa requête ses moyens d'intervention, & bailler copie signée de son procureur, tant de la requête que des titres & capacités, au procureur de chacune des parties.

ARTICLE XIV.

Pourvu de bénéfice par dévolut, doit donner caution de cinq cens livres.

SI aucun est pourvu d'un bénéfice pour cause de dévolut, audience lui sera déniée jusqu'à ce qu'il ait baillé bonne & suffisante caution de la somme de cinq cens livres, & qu'il l'ait fait recevoir & certifier en la forme ordinaire; & à faute de bailler une caution & certificateur dans le délai qui lui aura été prescrit, eu égard à la distance du lieu où le bénéfice est desservi, & du domicile du dévolutaire, il demeurera déchu de son droit, sans qu'il puisse être reçu à purger la demeure.

Lecture faite de l'Article XIV :

M. le premier président a dit, que cette augmentation lui paroissoit bonne.

M. Pussort a dit, que l'on pourroit encore aller plus loin.

M. le premier président a réparti, que dans la corruption où l'on est au-

Correctif des dévoluts. jourd'hui, il étoit nécessaire de maintenir le correctif des dévoluts : que c'étoit ce qui obligeoit les bénéficiers de s'observer de près, & de ne point donner de prise sur eux.

☞ *Le changement le plus considérable que l'on ait fait à cet article, est le retranchement des mots* certifier & certificateur. *Il est le XIII de ce titre dans l'ordonnance, & il a été ainsi rédigé :*

ARTICLE XIII. Si aucun est pourvu d'un bénéfice pour cause de dévolut, l'audience lui sera déniée jusqu'à ce qu'il ait donné bonne & suffisante caution de la somme de cinq cens livres, & qu'il l'ait fait recevoir en la forme ordinaire : & à faute de bailler caution dans le délai qui lui aura été prescrit, eu égard à la distance du lieu où le bénéfice est desservi, & du domicile du dévolutaire, il demeurera déchu de son droit, sans qu'il puisse être reçu à purger la demeure.

ARTICLE XV.

Mineurs pourvus de bénéfice, pourront agir en justice, sans curateur.

Les mineurs de vingt-cinq ans pourvus de bénéfice, seront capables d'ester en jugement, d'agir & défendre, sans l'autorité & l'assistance d'un tuteur ou curateur, tant en ce qui concerne le possessoire, que pour les droits, fruits & revenus du bénéfice.

Lecture faite de l'Article XV, il a été trouvé bon.

☞ *Cet article est conçu d'une maniere un peu différente dans l'ordonnance. Il est le XIV en ces termes :*

ARTICLE XIV. Déclarons les mineurs de vingt-cinq ans, qui seront pourvus de bénéfice, capables d'agir en justice, sans l'autorité & assistance d'un tuteur ou curateur, tant en ce qui concerne le possessoire, que pour les droits, fruits & revenus du bénéfice.

ARTICLE XVI.

Si avant le jugement l'une des parties résigne, contre qui la procédure sera continuée.

Si avant le jugement de la cause, instance ou procès, l'une des parties résigne son droit purement & simplement, ou en faveur d'une tierce-personne, la procédure ne laissera pas de pouvoir être valablement continuée contre le résignant, jusqu'à ce que le résignataire ait paru en cause.

Lecture

Lecture faite de l'Article XVI:

Il a été trouvé bon, si ce n'est que M. le premier président a dit, qu'il lui paroissoit superflu, parce qu'on n'en avoit jamais usé autrement.

☞ *Nonobstant l'observation de M. le premier président, l'article a été conservé. L'on y a changé les termes de* la cause, instance, ou procès, *en ceux de* la complainte, *& il est le XV dans l'ordonnance.*

ARTICLE XV. Si avant le jugement de la complainte, l'une des parties résigne son droit purement & simplement, ou en faveur d'une tierce personne, la procédure pourra être continuée contre le résignant, jusqu'à ce que le résignataire ait paru en cause.

ARTICLE XVII.

Subrogation du résignataire à la procédure qu'il continuera.

Abrogation des lettres de subrogation.

POURRA le résignataire se faire subroger à la procédure, & la continuer au lieu de son résignant, sur une requête verbale faite judiciairement, sans appeller garant, ni obtenir lettres de subrogation. Défendons aux officiers de nos chancelleries d'en présenter, signer, & sceller aucunes à l'avenir.

Lecture faite de l'Article XVII, il a été trouvé bon.

☞ *L'on a ajouté au commencement de cet article, que le résignataire pourra* se faire subroger aux droits de son résignant, *& continuer la procédure. Cet article est le XVI de l'ordonnance. Il a été arrêté de cette maniere:*

ARTICLE XVI. Pourra le résignataire se faire subroger aux droits de son résignant, & continuer la procédure sur une requête verbale faite judiciairement sans appeller parties, & sans obtenir lettres de subrogation, que nous défendons aux officiers de nos chancelleries de présenter, signer & sceller à l'avenir.

ARTICLE XVIII.

Sentences de récréance ou de maintenue, par combien de juges seront données.

LES sentences de récréance ou de maintenue ne seront valables ni exécutoires, si elles ne sont données par plusieurs juges, du moins au nombre de cinq, qui seront dénommés dans la sentence : si elles sont rendues sur instance, ils en signeront la minute. N'entendons néanmoins rien changer pour ce regard, en l'usage observé aux requêtes de notre hôtel, & du palais.

Lecture faite de l'Article XVIII :

M. le premier président a dit, qu'il étoit bon ; mais qu'il y avoit beaucoup de sieges où le nombre de cinq juges ne se trouveroit point ; qu'en tout cas l'on pourroit prendre des praticiens.

☞ *L'on a ajouté le mot de* sequestre *au commencement de cet article, & c'est le changement le plus considérable que l'on y ait fait. Il est le XVII de ce titre dans l'ordonnance, en ces termes :*

ARTICLE XVII. Les sentences de récréance, séquestre ou de maintenue, ne seront valables ni exécutoires, si elles ne sont données par plusieurs juges, du moins au nombre de cinq, qui seront dénommés dans la sentence ; & si elles sont rendues sur instance, ils en signeront la minute. N'entendons toutefois rien changer pour ce regard en l'usage observé ès requêtes de notre hôtel & du palais.

ARTICLE XIX.

Condamnation de restitution de fruits, dépens, &c. comment sera exécutée.

S'IL intervient aucune condamnation de restitution de fruits, dépens, dommages & intérêts, elle sera exécutée contre le résignataire, même pour les fruits échus, & les dépens faits avant la résignation admise ; & néanmoins le résignant demeurera garant des fruits, dépens, dommages & intérêts de son tems.

Lecture faite de l'Article XIX, il a été trouvé bon.

☞ *L'on n'a fait aucun changement à cet article, & il est le XVIII de ce titre dans l'ordonnance.*

ARTICLE XX.

Pétitoire de bénéfices vacans en régale, où sera poursuivi.

LE pétitoire des bénéfices qui auront vaqué en régale, sera poursuivi en la grand'chambre de notre parlement de Paris, qui en connoîtra & jugera privativement aux autres chambres du même parlement, & à toutes autres cours de parlement, & jurisdictions de notre royaume.

Lecture faite de cet Article, il a été trouvé bon.

☞ *Il n'a été pareillement fait aucun changement au présent article, si ce n'est qu'on en a abrégé la derniere clause par ces mots généraux :* & à toutes nos autres cours & juges. *Il est le XIX de l'Ordonnance.*

ARTICLE XIX. Le pétitoire des bénéfices qui auront vaqué en régale, sera poursuivi en la grand'chambre de notre cour de parlement de Paris, qui en connoîtra privativement aux autres chambres du même parlement, & à toutes nos autres cours & juges.

ARTICLE XXI.

Demande en régale, où, & comment sera formée.

LA demande en régale sera formée & proposée verbalement à l'audience de la grand'chambre de notre cour de parlement de Paris, sans autre procédure: & sur la requête judiciaire, il sera ordonné que les parties prétendant droit au même bénéfice, seront assignées à un mois, pour les bénéfices desservis dans le même ressort du parlement; & à deux mois, pour ceux situés hors le ressort, pour venir défendre aussi à l'audience, à la demande en régale.

Lecture faite de l'Article XXI, il a été trouvé bon.

☞ *L'on a retranché de cet article les mots suivans :* de la grand'chambre de notre cour du parlement de Paris. *L'on a aussi retranché la clause qui fait mention en détail des délais des assignations qui seront données pour défendre à la demande en régale, & l'on a mis en général :* dans les délais ci-dessus réglés. *Cet article est le XX de l'ordonnance. Il est conçu en ces termes :*

ARTICLE XX. La demande en régale sera formée & proposée verbalement en l'audience, sans autre procédure; & sur la requête judiciaire, sera ordonné que toutes les parties qui prétendent droit au même bénéfice, seront assignées pour y venir défendre dans les délais ci-dessus réglés.

ARTICLE XXII.

Quand & comment la cause sera portée à l'audience.

INCONTINENT après l'échéance de l'assignation, la cause sera portée & jugée en l'audience, sur un simple acte signifié à la requête du procureur plus diligent, sans autre procédure.

Lecture faite de l'Article XXII, il a été trouvé bon.

☞ *L'on a ajouté à cet article les mots suivans : après l'échéance de l'assignation*, & les délais accordés ci-devant aux défendeurs. *Il est le XX dans l'ordonnance, en ces termes:*

ARTICLE XXI. Après l'échéance de l'assignation, & les délais accordés ci-devant aux défendeurs, la cause sera portée & jugée en l'audience, sur un simple acte signifi à la requête du procureur le plus diligent, sans autres procédures.

ARTICLE XXIII.

Délai pour constituer procureur, & pour défendre.

Si l'une des parties est en demeure de constituer procureur huitaine après l'échéance de l'assignation; ou si après avoir mis procureur, il ne donne copie de ses moyens ou défenses, & de ses titres & capacités; ou s'il ne compare à l'audience, sera pris congé ou défaut contre le défaillant, & le profit jugé sur le champ.

Lecture faite de l'Article XXIII, il a été trouvé bon.

☞ *Le délai de huitaine porté par cet article, a été changé, comme dans l'article VI de ce titre. L'on en a aussi retranché la clause qui enjoint de donner* copie des moyens ou défenses, & des titres & capacités. *Au surplus l'article a passé, & il est le XXII dans l'ordonnance.*

ARTICLE XXII. Si l'une des parties est en demeure de constituer procureur dans les délais ci-dessus, ou si après avoir mis procureur, il ne compare à l'audience, sera pris un défaut ou congé contre le défaillant, & le profit jugé sur le champ.

ARTICLE XXIV.

Sur la signification de la demande en régale, la contestation formée devant d'autres juges, où demeurera évoquée.

S'IL y a contestation formée pardevant d'autres juges, de quelque qualité qu'ils soient, pour le possessoire du même bénéfice, entr'autres parties, du moment que la demande en régale aura été signifiée à l'un des contendans, le différend demeurera évoqué de plein droit en la grand'chambre de notre cour de parlement de Paris, pour être fait droit sur la demande en régale avec toutes les parties.

Après la lecture de cet Article :

Régales ne M. le premier président a dit, que l'article étoit bon. Que les régales ne pouvoient être traitées qu'à la grand'chambre; mais qu'il falloit que les parties en eussent connoissance, & que l'évocation fût signifiée à tous les contendans.

peuvent être traitées qu'à la grand'chambre.

M. Pussort a réparti, que la régale n'avoit point de privilege pour empêcher que l'évocation n'en fût connue à toutes les parties intéressées; mais que cela étant de droit, il auroit été superflu d'en faire mention dans l'article.

☞ *Sur l'observation faite par M. le premier président, il a été ordonné que la demande en régale sera signifiée* aux contendans. *Au surplus l'article a passé avec quelques changemens dans l'expression. Il est le XXIII de l'ordonnance.*

ARTICLE XXIII. S'il y a contestation formée pardevant d'autres juges pour le possessoire du même bénéfice, entr'autres parties, du moment que la demande en régale aura été signifiée aux contendans, le différend demeurera évoqué de plein droit en la grand'chambre de notre cour de parlement de Paris, pour être fait droit avec toutes les parties sur la demande en régale.

ARTICLE XXV.

A qui le bénéfice sera adjugé sur la demande en régale.

LA cause ayant été plaidée en l'audience, s'il se trouve que le bénéfice ait vaqué en régale, il sera adjugé au demandeur, sinon il sera déclaré n'avoir vaqué en régale; & en ce cas, celui d'entre les autres parties qui sera jugé avoir le meilleur droit, obtiendra la pleine maintenue ou la récréance du bénéfice.

Après la lecture de l'Article XXV:

M. le premier président a dit, que l'article étoit bon, non parce que ce fût un privilege de la régale, mais que c'étoit l'usage qui avoit toujours été observé.

☞ *Les changemens qui ont été faits en ce dernier article, ne sont pas considérables. Il est le XXIV & dernier de ce titre dans l'ordonnance; & voici de quelle maniere il a été rédigé:*

ARTICLE XXIV. La cause ayant été plaidée en l'audience, s'il se trouve que le bénéfice ait vaqué en régale, il sera adjugé au demandeur; sinon sera déclaré n'avoir vaqué en régale, & en ce cas la pleine maintenue, ou la récréance du bénéfice, sera adjugée à l'une des autres parties.

TITRE XIV.

Ce titre est le XII de l'ordonnance.

Des compulsoires & collations de pieces.

ARTICLE I.

Où seront données les assignations pour assister aux compulsoires.

LES assignations pour assister aux compulsoires, extraits ou collation de pieces, seront données à comparoir au domicile d'un notaire, ou autre personne publique; soit que les pieces qui doivent être compulsées soient en sa possession, ou entre les mains d'autres personnes: & déclarons nulles les assignations pour comparoir aux portes des églises, ou autre lieu public, pour de-là se transporter ailleurs.

Après la lecture de l'Article I:

Personne publique, ce que c'est.

M. le premier président a dit, que cet article portoit que l'*assignation pour compulser sera donnée au domicile d'un notaire, ou autre personne publique:* qu'il faut désigner cette *personne publique*, autrement on s'adresseroit au curé ou vicaire. Qu'à présent l'on donneroit les assignations à comparoir devant le portail d'une église, & autres places publiques; qu'il s'en pouvoit commettre de grands abus. Qu'il étoit bon de désigner le lieu certain pour s'assembler où l'on pourra prendre acte contre la partie non-comparante, & de-là se transporter au lieu où sera la piece que l'on entendra compulser; mais que pour avoir un lieu d'assemblée certain, il faut ôter ces termes généraux de *personne publique*, & mettre *le juge des lieux, ou le greffier*.

M. Pussort a dit, que l'on avoit mis: *à comparoir au domicile d'un notaire*, parce qu'il pouvoit délivrer acte à la partie qui le requéroit, ce que le greffier ne pourroit pas faire, outre que le juge prétendroit des vacations; mais qu'il y avoit des droits que l'on pouvoit retrancher, & qu'il seroit bon de mettre cette augmentation dans l'article.

☞ *Sur l'observation faite par M. le premier président, l'on a retranché ces mots:* ou autre personne publique, *& l'on a mis*, au domicile d'un greffier ou notaire. *On a encore changé l'ordre des parties qui composent cet article ; la troisieme partie a été mise avant la seconde, & il a été rédigé de cette maniere :*

ARTICLE I. Les assignations pour assister aux compulsoires, extraits ou collations de pieces, ne seront plus données aux portes des églises, ou autres lieux publics, pour de-là se transporter ailleurs ; mais seront données à comparoir au domicile d'un greffier ou notaire, soit que les pieces qui doivent être compulsées soient en leur possession, ou entre les mains d'autres personnes.

ARTICLE II.

Quand le procès-verbal de compulsoire pourra être commencé.

LE procès-verbal de compulsoire & collation, ne pourra être commencé qu'une heure après l'échéance de l'assignation.

Lecture faite de l'Article II :

M. le premier président a dit, qu'il faut ajouter dans l'article cette clause : *dont mention sera faite dans le procès-verbal.*

M. Talon a représenté, qu'il seroit bon que dans l'assignation donnée pour les compulsoires, l'heure précise fût marquée.

☞ *La clause proposée par M. le premier président, a été insérée à la fin de cet article, sans aucun changement.*

ARTICLE II. Le procès-verbal de compulsoire & de collation, ne pourra être commencé qu'une heure après l'échéance de l'assignation, dont mention sera faite dans le procès-verbal.

ARTICLE III.

Peine contre le défaillant à l'assignation pour compulsoire.

SI la partie qui requiert le compulsoire ne se trouve point, ou procureur pour lui à l'assignation, il paiera à la partie qui aura comparu, pour ses dépens, dommages & intérêts, la somme de vingt livres, & les frais de son voyage, s'il y en échoit, qui seront payés par le défaillant, comme frais préjudicieux.

Lecture faite de l'Article III, il a été trouvé bon.

☞ *Cet article a été inséré dans l'ordonnance, avec quelques changemens peu considérables dans l'expression.*

ARTICLE III. Si la partie qui requiert le compulsoire ne compare, ou procureur pour lui à l'assignation, il paiera à la partie qui aura comparu, pour ses dépens, dommages & intérêts, la somme de vingt livres, & les frais de son voyage, s'il en échoit; qui seront payés comme frais préjudicieux.

ARTICLE IV.

Assignations pour compulsoires pourront être données aux procureurs.

LES assignations données aux personnes ou aux domiciles des procureurs, auront pareil effet pour les compulsoires, extraits & collations de pieces, & pour les autres procédures, que si elles avoient été faites aux véritables domiciles des parties.

Après la lecture de cet Article :

Compulsoires pris aux chancelleries.

M. le premier président a dit, que pour compulser les pieces, le style étoit de donner une requête sur laquelle l'on mettoit, *soit fait.* Que le droit de cette requête n'est que de trois sols six deniers. Et il a prié M. le chancelier de dire, s'il ne jugeoit pas à propos d'abroger l'usage de prendre des compulsoires dans les chancelleries.

M. le chancelier a dit, qu'il s'y en expédioit; mais qu'il en examinoit les clauses, afin qu'il ne s'y commît point d'abus.

Lettres de chancellerie, onéreuses aux parties.

M. Talon a représenté, que ces sortes de lettres qui ne regardoient point l'autorité du roi, étoient fort à charge aux parties, dont le retranchement par conséquent les soulageroit beaucoup, pouvant d'ailleurs être suppléées par une requête.

M. le premier président de Maisons a dit, que ce pouvoit être un droit royal.

M. Pussort a dit, que cela se pouvant faire par différentes voies, & y en ayant une qui regardoit le sceau, c'étoit à M. le chancelier de faire entendre ce qui se doit faire sur ce sujet.

M. le chancelier a dit, qu'il en falloit parler au roi.

☞ *On n'a pas abrogé l'usage de prendre des lettres de compulsoires aux chancelleries, quoiqu'on en ait bien reconnu l'inutilité; & cet article a passé sans aucun changement, si ce n'est qu'on en a retranché le mot de* véritable, *joint à* domicile. *Il est conçu en ces termes dans l'ordonnance.*

ARTICLE IV. Les assignations données aux personnes ou domiciles des procureurs, auront pareil effet pour les compulsoires, extraits ou collations des pieces, & pour les autres procédures, que si elles avoient été faites au domicile des parties.

ARTICLE

ARTICLE V.

Vérification d'écritures, où & comment se doit faire.

Les reconnoissances & vérifications des écritures privées seront faites pardevant le rapporteur; ou s'il n'y en a point, pardevant l'un des juges qui sera commis sur une simple requête; pourvu, & non autrement, que la partie contre laquelle l'on prétend se servir des pieces, soit domiciliée ou présente au lieu de l'établissement de la jurisdiction où l'affaire est pendante: sinon la reconnoissance & vérification seront faites pardevant le juge royal ordinaire de la partie, sans prendre aucune commission: après néanmoins qu'elle aura été assignée à personne ou domicile, pour procéder à la reconnoissance ou vérification, en quelque lieu ou pardevant quelque juge qu'elle se fasse.

Après la lecture de cet Article :

M. le premier président a dit, que le style étoit nouveau, & différent de l'ordonnance de 1539.

M. l'avocat général Talon a représenté, qu'il y avoit des explications à donner sur cet article. Qu'il étoit de l'ordre judiciaire que les écritures fussent mises au greffe, pour être reconnues ou déniées: que c'étoit ce qui devoit précéder; mais lorsque la partie défenderesse étoit domiciliée dans un lieu éloigné de la jurisdiction dans laquelle le procès se trouvoit pendant, il ne seroit pas raisonnable qu'on l'obligeât de quitter son domicile, pour venir faire une reconnoissance; & qu'en ce cas, elle se devoit faire pardevant le juge de son domicile.

Ecritures sont mises au greffe, pour être reconnues ou déniées.

Mais s'il arrivoit que la partie déniât avoir écrit les pieces dont on demandoit la reconnoissance, & qu'il en fallût venir à une vérification, ce ne pourroit être que pardevant le juge où le procès principal se trouveroit pendant: la présence de la partie, après la dénégation, n'y étant pas absolument nécessaire, & pouvant être suppléée par procureur. Joint d'ailleurs que les juges du domicile de la partie, pourroient être suspects.

Devant quel juge la vérification d'écritures se doit faire en cas de déni.

Qu'il pourroit y avoir de la difficulté sur la vérification, tant à l'égard de la nomination des experts, que de la convention des pieces de comparaison. Qu'il pourroit même survenir des inscriptions de faux: auquel cas les incidens ne pourroient être instruits ni terminés que par les juges, où le différend principal se trouveroit pendant.

M. Pussort a dit, que l'article y avoit pourvu.

M. Talon a réparti, que l'article fait mention de la *vérification*, mais non pas de la *reconnoissance*.

Vérification & reconnoissance d'écritures.

M. Pussort a répondu, que l'on ne feroit pas de renvoi imparfait, pardevant le juge des lieux; & qu'en lui attribuant la *reconnoissance*, la *vérifica-*

tion qui en est une suite, sembloit devoir lui appartenir : autrement ce se roit une multiplication de procès sans nécessité.

M. le premier président a dit, que le renvoi de la *reconnoissance* parde vant le juge des lieux, n'étoit pas un procès ; mais que les suites, po venir à la *vérification*, en pouvoient être fort considérables.

M. Talon a représenté, qu'après la dénégation d'une partie, sa présenc n'étoit plus nécessaire : le reste dépendant des experts, & étant un inc dent qui ne se peut séparer du procès principal.

M. Pussort a ajouté, que tous les jours on nommoit des experts sur l lieux, pour les vérifications & rapports qui y sont renvoyés.

M. l'avocat général Talon a réparti, que ces nominations d'experts s les lieux, sont pour les visitations & autres choses qui ne peuvent êt faites que sur les lieux. D'ailleurs les experts, dans les petites jurisdi tions, sont peu expérimentés & peu fideles en ce qui regarde la véri cation des écritures, où les plus habiles se trouvent souvent empêchés.

Experts peu expérimentés & peu fideles.

M. le président de Novion a dit, que l'on pouvoit renvoyer la reco noissance pardevant le juge des lieux, & retenir la vérification pardeva celui du privilege.

M. Pussort a dit, qu'il n'y voyoit pas d'inconvénient.

☞ *Sur toutes ces observations, l'on a inséré dans l'article le mot de re* connoissance, *& l'on y a de plus ajouté une clause qui porte que*, s'il écho de faire quelque vérification, elle sera faite pardevant le juge où est pe dant le procès principal. *Les autres changemens qu'on y a faits ne sont pas considérables ; on les peut voir dans l'article de l'ordonnance que voici :*

ARTICLE V. Les reconnoissances & vérifications d'écritures privées, se feront pa tie présente ou duement appellée, pardevant le rapporteur, ou s'il n'y en a, pardeva l'un des juges qui sera commis sur une simple requête ; pourvu, & non autrement, q la partie contre laquelle on prétend se servir des pieces, soit domiciliée ou présente lieu où l'affaire est pendante ; sinon la reconnoissance se fera pardevant le juge roy ordinaire du domicile de la partie, qui sera assignée à personne ou domicile, & sa prendre aucune commission : & s'il échoit de faire quelque vérification, elle sera fai pardevant le juge où est pendant le procès principal.

ARTICLE VI.

Ecritures privées seront communiquées à la partie, en présen du juge ou commissaire.

LES pieces & écritures privées dont on poursuit la reconnoi sance ou vérification, seront communiquées en présence du jug ou commissaire, à la partie contre laquelle on prétend s'en se vir, pour savoir si elle en veut demeurer d'accord, ou les de nier.

Lecture faite de l'Article VI :

M. le premier président a dit, que la présence du juge sera toujours un procès-verbal : qu'il faut tâcher qu'il ne s'en fasse point ; & qu'il seroit mieux, suivant l'usage qui se pratique par-tout, que la piece fût mise au greffe.

M. Pussort a dit, qu'il étoit inutile de déposer la piece au greffe ; que n'y ayant rien que de civil, elle pouvoit demeurer entre les mains de la partie, pour la représenter à celui à qui on en demande la reconnoissance.

M. Talon a répliqué, qu'au parlement l'usage étoit de faire représenter la piece par un huissier, à celui du fait duquel on prétendoit qu'elle fût : qu'à faute de la reconnoître, elle étoit tenue pour reconnue ; & lorsqu'elle étoit du fait d'un autre, dont il exerçoit les actions, s'il refusoit de la reconnoître, on la mettroit au greffe, pour en faire la vérification ; & suivant cet usage, dont l'on se trouve bien, l'on pourroit dresser l'article en ces termes :

Trois jours après que la piece aura été mise au greffe, le demandeur sera tenu de la reconnoître ou dénier, lorsqu'on prétendra qu'elle sera écrite de sa main, sinon elle sera tenue pour reconnue.

Et quand la piece ne seroit de son fait, la vérification en seroit faite par comparaison.

M. Pussort a dit, qu'il y a été pourvu par les articles suivans.

☞ *L'avis de M. Pussort a prévalu : on n'a point ordonné la remise au greffe des pieces dont on demande la reconnoissance : ainsi l'article proposé par M. Talon a été rejetté, & le présent article a été arrêté de cette maniere :*

ARTICLE VI. Les pieces & écritures privées, dont on poursuivra la reconnoissance ou vérification, seront communiquées à la partie en présence du juge ou commissaire.

ARTICLE VII.

Ce qui sera fait, si la partie assignée ne compare.

Et à faute de comparoir à l'assignation, sera donné défaut, pour le profit duquel, si on prétend que l'écriture soit de la main de la partie, elle sera tenue pour avérée ; & si elle est d'une autre main, il sera permis à la partie qui la présente, de la vérifier, tant par témoins, que par comparaison d'écritures publiques & authentiques.

Lecture faite de l'Article VII :

M. le premier président a dit, que l'article est bon ; que c'est la véritable procédure qu'il faut tenir, & qui a toujours été observée.

☞ *Dans cet article on a changé le mot d'*avérée *en celui de* reconnue, *& voici de quelle maniere il a été corrigé pour être inséré dans l'ordonnance :*

ARTICLE VII. A faute de comparoir par le défendeur à l'assignation, sera donné défaut, pour le profit duquel, si on prétend que l'écriture soit de sa main, elle sera tenue pour reconnue ; & si elle est d'une autre main, il sera permis de la vérifier, tant par témoins que par comparaison d'écritures publiques ou authentiques.

ARTICLE VIII.

Vérification par comparaison d'écritures, se fera par experts.

LA vérification par comparaison d'écritures, sera faite par experts, dont les parties conviendront, sinon seront nommés d'office, & à cette fin les parties assignées de rechef au premier jour.

Après la lecture de l'Article VIII :

Vérification par experts. M. le premier président a dit, qu'il y avoit deux observations à faire : l'une concernoit la vérification par experts, dont les parties doivent convenir ; qu'il falloit savoir s'il y en auroit un ou plusieurs : que cela regardoit l'article suivant. Et l'autre, qu'il falloit marquer que les parties *Pieces de comparaison.* conviendroient des pieces de comparaison, avant qu'elles convinssent d'experts, & qu'il en falloit faire mention dans l'article.

M. Pussort a dit, que l'observation étoit bonne.

☞ *Sur l'observation faite par M. le premier président, l'on a inséré dans cet article une clause qui dit, que* la vérification sera faite par experts sur les pieces de comparaison, dont les parties conviendront. *Et l'on en a retranché la clause qui porte, que* les parties conviendront d'experts, sinon qu'ils seront nommés d'office, *parce qu'il y est pourvu par l'article IX. Voici de quelle maniere le présent article a été rédigé :*

ARTICLE VIII. La vérification par comparaison d'écritures sera faite par experts sur les pieces de comparaison ; dont les parties conviendront ; & à cette fin, elles seront assignées au premier jour.

ARTICLE IX.

Vérification, comment sera faite, si l'une des parties ne compare.

SI au jour qui sera assigné l'une des parties est en demeure de comparoir, ou de nommer des experts, sera donné défaut ; & pour le profit, ordonné que l'écriture sera vérifiée par les experts qui seront nommés par la partie présente, & par ceux qui seront nommés d'office par le commissaire, au lieu du défaillant.

Après la lecture de l'Article IX:

M. le premier président a dit, que cet article étoit un des plus considérables de l'ordonnance, & un droit nouveau que l'on vouloit établir.

Que l'usage qui s'observoit présentement étoit, que lorsque les parties refusoient de convenir d'experts, le juge en nommoit d'office; mais qu'une convention étant l'ouvrage de deux personnes, l'on ne pouvoit pas dire qu'elles fussent convenues d'experts, lorsqu'une seule en avoit nommé.

Convention est l'ouvrage de deux personnes.

De mêler aussi par l'article la nomination du juge avec celle de la partie, deux puissantes raisons y résistoient: l'une, l'usage contraire inviolablement observé dans le parlement, & sans doute dans les autres compagnies souveraines du royaume; l'autre, la coutume de Paris, dont l'article 184 est aussi contraire à cette disposition.

Coutume de Paris, article 184.

Mais que l'autorité de la coutume étoit d'autant plus considérable, qu'elle étoit conforme à la disposition du droit romain, comme on pouvoit le justifier par plusieurs textes, & entr'autres par la loi 1, *Dig. de insp. ventre*, dans laquelle s'agissant de savoir si une femme étoit grosse, le préteur nomme d'office toutes les matrones qui en devoient rendre témoignage.

L. 3, ff. de insp. ventre.

Que ces trois grandes autorités de la loi, de la coutume & de l'usage, lui faisoient croire qu'il ne falloit rien changer à ce qui s'observe sur ce sujet. Que l'innovation en seroit inutile & dangereuse, & qu'il falloit nécessairement se rapporter en bien des choses à la probité & à l'honneur des juges dont on doit toujours bien présumer à cause de la religion de leur serment, de l'honneur de leurs fonctions, & par l'avantage qu'ils ont pour la plupart d'être officiers du roi, & de recevoir le caractere royal au grand sceau de la main de M. le chancelier.

Juges, on en doit bien présumer.

M. Pussort a dit, que chacun demeuroit d'accord que l'article étoit fort important, parce que l'expert est beaucoup plus juge de l'affaire que le juge même: que c'est pour cela qu'il faut faire ensorte qu'il soit indifférent, & que les parties ne se puissent prévaloir de la faveur du juge.

Expert, plus juge de l'affaire que le juge même.

Que dans l'usage qui s'est observé jusqu'ici, lorsqu'une partie se sentoit appuyée de la faveur du juge, elle ne nommoit jamais d'expert, s'assurant beaucoup mieux sur la nomination qui se fait à son indication par le juge, & qu'ainsi l'article étoit un excellent correctif pour empêcher cet abus.

Qu'à la vérité l'on opposoit trois moyens: l'usage contraire, l'article 184 de la coutume de Paris, & la loi 1 au digeste *de ventre inspiciendo*.

A l'égard de l'usage, que l'on dit être contraire, au moins n'est-il pas universellement observé, puisqu'au châtelet l'on en use en conformité de la disposition de l'article dont il s'agit.

Pour celui des compagnies, il a pu être bon dans son commencement; & lorsque la corruption n'étoit pas si grande dans la justice; mais que les abus qui s'y sont glissés dans la suite, font reconnoître la nécessité qu'il y a de les réformer: que c'est l'intention du travail que l'on fait, lequel autrement auroit été inutilement entrepris.

Que l'on pouvoit dire aussi, à l'égard de la coutume & de la loi, que dans les interprétations qui s'y pouvoient raisonnablement donner, l'on ne trouvoit pas que l'une ni l'autre fussent formellement contraires à l'article dont il s'agit.

Interprétation de l'art. 184 de la coutume de Paris.

A l'égard de l'article 184 de la coutume, il dit bien que *les parties doivent convenir en jugement de jurés ou d'experts, & gens à ce connoissans; & qu'où elles n'en conviendront pas, le juge en nommera d'office;* mais la coutume n'exclut pas l'expert qui aura été nommé par l'une des parties. Qu'au contraire le véritable sens de cette disposition est que le juge nomme des experts d'office, pour la partie qui aura refusé d'en nommer de sa part, parce que la loi ne supplée jamais qu'au défaut des absens; mais que la condition d'une partie qui obéissoit aux ordres de la justice, devoit être plus favorable. Cependant dans l'interprétation que l'on vouloit donner à l'article de la coutume, la contumace d'une partie prévaudroit sur l'obéissance de l'autre, & feroit une différence injuste, que l'on ne peut raisonnablement imputer à la coutume.

Quant à la loi 1 *de ventre inspiciendo*, que l'on allegue, elle ne fait absolument rien au sujet.

Espece de la loi 1, ff. de ventre inspic.

L'espece est d'un mari qui prétendoit que sa femme étoit grosse, sa femme au contraire soutenoit qu'elle ne l'étoit pas. Que dit la loi? Que ni le mari ni la femme ne nommeront les matrones, mais que le préteur les nommera toutes.

Que l'on ne pouvoit pas dire que cela convînt à l'article qui excite les parties à faire les nominations d'experts, & qui ne réserve aux juges la faculté de le faire, qu'à leur refus. Qu'ainsi ces trois raisons, de l'usage, de la disposition de la loi & de la coutume, ne lui paroissent pas considérables pour empêcher de résoudre la disposition de cet article, qui préviendra une infinité de surprises qui se font dans la justice par la facilité des juges, dont le relâchement est trop grand pour le pouvoir dissimuler.

M. le premier président de Maisons a dit, que l'expert nommé par le juge ne conviendra jamais avec celui de la partie; & qu'ainsi il faudra toujours retourner à l'office du juge, & la précaution que l'on veut prendre demeurera inutile.

M. Pussort a dit, que les parties ne refuseroient plus de convenir d'experts, par le préjudice qu'elles appréhenderoient de leur silence.

M. le président de Novion a dit, que la premiere partie de l'article étoit bonne; mais qu'à l'égard de la derniere, par laquelle on vouloit joindre l'expert du juge à celui de la partie, il y auroit toujours partage entre les experts. Que ceux qui avoient rédigé la coutume de Paris, avoient eu ſans doute les mêmes ouvertures; mais qu'en ayant prévu les inconvéniens, ils les avoient rejettées. Qu'il ſeroit bien rude, que faute par une partie d'avoir comparu à une aſſignation, & d'avoir nommé des experts, l'autre partie en pût emporter un avantage ſi conſidérable.

M. le premier préſident a ajouté, que lorſque le châtelet contrevient à un uſage obſervé dans le parlement, ſes ſentences ſont infirmées.

Qu'il y avoit d'ailleurs une autre obſervation à faire ſur cet article, qui étoit qu'il parle d'experts en général; cependant il n'y en doit avoir qu'un de part & d'autre; qu'il étoit bon de le remarquer, pour prévenir toute difficulté.

M. Puſſort a dit, qu'il falloit mettre dans l'article: *un expert de part & d'autre.*

☞ *Nonobſtant toutes les difficultés propoſées contre l'article IX, la diſpoſition en a été conſervée. Néanmoins on y a fait quelques changemens dans l'expreſſion, en cette ſorte:*

ARTICLE IX. Si au jour de l'aſſignation l'une des parties ne compare, ou ne veut nommer des experts, la vérification ſe fera ſur les pieces de comparaiſon par les experts nommés par la partie préſente, & par ceux qui ſeront nommés par le juge au lieu de la partie refuſante ou défaillante.

ARTICLE X.

Extenſion aux matieres ſujettes au rapport d'experts.

Et cela ſera auſſi obſervé en toutes les autres matieres qui ſeront ſujettes au rapport d'experts.

Lecture faite de l'Article X, il a été trouvé bon.

☞ *Quoique cet article ait été approuvé par meſſieurs de l'aſſemblée, on a trouvé à propos de le ſupprimer, dans la réviſion qui a été faite des articles de ce projet.*

Ce titre est le XVII de l'ordonnance.

TITRE XV.

De l'expédition des matieres sommaires.

ARTICLE I.

Premiere division des matieres sommaires.

Causes personnelles, jusqu'à quelle somme seront réputées sommaires.

SERONT réputées pour matieres sommaires en nos cours
parlement, grand-conseil, cours des aides & autres nos cour
même aux requêtes de notre hôtel, & du palais, les causes pur
personnelles qui n'excéderont la somme ou valeur de quatre ce
livres. Et aux bailliages & sénéchaussées, & en toutes nos autr
jurisdictions, & aux justices des seigneurs, tant ecclésiastiques q
laïques, même aux tribunaux ecclésiastiques, celles qui n'exc
deront la somme ou valeur de deux cens livres.

Après la lecture de cet Article :

M. le premier président a dit, qu'il commence par ces mots : *seront*
putées pour matieres sommaires en nos cours. Que ces termes pourront fai
croire aux procureurs que ce sont *matieres de parler sommaires*, & qu
faut ôter cette équivoque.

Justices temporelles ecclésiastiques.

D'ailleurs il est fait mention, avec quelque distinction, de justic
temporelles appartenantes aux ecclésiastiques, par ces termes : *justice*
seigneurs, tant ecclésiastiques que laïques : que les ecclésiastiques en pourro
prendre avantage, & prétendre que l'intention de l'article a été de fai
à leur égard quelque différence qu'ils interpréteront en leur faveur,
diront, que si l'article n'avoit nommément exprimé leurs justices te
porelles, elles n'auroient pas été comprises dans la disposition général
avec celles des autres seigneurs. Cependant que n'y ayant differen
quelconque, il étoit nécessaire d'ôter ces mots : *tant ecclésiastiques q*
laïques.

Tribunaux ecclésiastiques.

Que l'article faisoit encore mention de *tribunaux ecclésiastiques*, qui
sont point des termes propres de l'ordonnance. Que s'ils se sont glis
dans quelques-unes, c'est fort improprement, parce que l'officialité
poi

point de jurisdiction à proprement parler, ni de tribunal, *ecclesia legibus forum non habet.*

M. Pussort a dit, que dans l'ordonnance de 1539, il est parlé d'*officialités* & de *tribunaux ecclésiastiques.* Que cet article a été rapporté devant le roi; qu'il seroit bon néanmoins de faire entendre à sa majesté la difficulté que font messieurs du parlement.

M. le premier président a dit, que l'ordonnance de 1539 peut s'être servie de termes de *tribunaux ecclésiastiques*, par des considérations du tems auquel on ne pouvoit réformer tout d'un coup le nombre prodigieux d'abus que les juges d'église avoient introduits. Que cette ordonnance de 1539 en avoit bien détruit une partie; mais que l'application particuliere que le parlement a toujours eue pour relever la justice & l'autorité du roi, qui avoient été si fort attaquées en ces matieres dans les siecles précédens, a réformé beaucoup d'autres abus auxquels cette ordonnance n'avoit pu toucher, & a effacé en même tems de l'usage de notre style ces termes de *tribunaux ecclésiastiques*, & beaucoup d'autres qui étoient aussi abusifs. *Abus des juges ecclésiastiques.*

Qu'à présent que nulle autre considération ne regne que celle de la justice, le véritable esprit du prince qui anime la loi, est qu'il n'y entre rien d'impropre ni d'étranger; mais que tout y soit naturel & solide, afin que les suites & les conséquences en soient certaines; & enfin qu'il faut bien prendre garde de ne point donner de nouveaux titres aux ecclésiastiques, pour réveiller leurs anciennes prétentions qu'ils portent toujours trop avant.

M. Pussort a dit, qu'il avoit paru avantageux de prescrire par cette ordonnance, aux ecclésiastiques, ce qu'ils avoient à faire. Que l'on ne voit pas beaucoup de leurs entreprises, & que l'autorité du roi saura bien contenir chacun dans son devoir.

M. le premier président a dit, qu'on leur fera fort bien observer les ordonnances, par le remede des appellations comme d'abus. Qu'à proprement parler, ils n'ont qu'une simple audience, ou connoissance des matieres qui concernent les sacremens, sans une véritable jurisdiction, comme le témoigne le titre *de episcopali audientiâ*, au code. Aussi ceux qui exercent les officialités, ne sont point au rang des juges publics: s'ils sont juges, *sunt judices privati; judices verò publici, sunt judices laïci.* *Juges d'église n'ont point de jurisdictions.*

M. Talon a représenté, qu'encore que la connoissance des causes personnelles entre clers semble avoir été conservée aux officialités, elle étoit néanmoins souvent contestée, & ne leur étoit pas d'un grand usage. Que cette ordonnance, aux termes qu'elle se trouvoit conçue, les y maintiendroit. Qu'il ne falloit pas ainsi leur donner un titre, mais bien leur prescrire, par des termes généraux, ce qu'ils auroient à faire, étant périlleux de confirmer leurs prétentions par une ordonnance spéciale & solemnelle. Que tout ce que l'on pourroit faire, seroit d'ordonner l'exécution de l'ordonnance, *même dans les officialités.* *Causes personnelles entre clercs.*

M. le premier président a dit, que l'ordonnance que l'on examine est un style général, & que le roi entend qu'il soit universellement observé par *Ordonnance est générale pour tout le royaume.* tous les juges de son royaume. Qu'il est des maximes, que depuis que l généralité est établie, il ne faut plus descendre à la spécialté : ainsi il suffit de dire que l'ordonnance sera exécutée dans le royaume, sans en veni à une particularité.

☞ *M. le premier président a fait d'abord trois observations, qui ont donn lieu a trois changemens remarquables dans cet article. Le premier est pour leve l'équivoque qu'il a cru voir dans les premiers termes de l'article. Le second e que l'on a retranché les mots de* justices ecclésiastiques des seigneurs. *Et troisieme changement est celui de* tribunaux ecclésiastiques, *en* officialités *Voici de quelle maniere cet article, qui est aussi le premier dans l'ordonnance, été arrêté :*

ARTICLE I. Les causes pures & personnelles, qui n'excederont la somme ou valeu de quatre cens livres, seront réputées sommaires en nos cours de parlement, grand conseil, cours des aides, & autres nos cours, même ès requêtes de notre hôtel & d palais ; & à l'égard des bailliages & sénéchaussées, & en toutes nos autres jurisdictions & aux justices des seigneurs, même aux officialités, celles qui n'excederont la somm ou valeur de deux cens livres.

ARTICLE II.

Seconde division des matieres sommaires.

SERONT aussi réputées pour matieres sommaires en toutes nos cours & en toutes jurisdictions, justices & tribunaux, les choses concernant la police, les achats, vente, délivrances & paiemens pour provisions & fournitures de maison, tant en grain, farine, pain, vin, viande, bois, qu'autres denrées & marchandises, loyers de maisons, fermes & actions, pour les occuper ou exploiter, ou aux fins d'en vuider, tant de la part des propriétaires que des locataires ou fermiers, non-jouissances, diminutions de loyers, fermages & réparations, impenses utiles & nécessaires, méliorations ou détériorations, labours ou semences, prises de chevaux & bestiaux en délit, saisies, nourritures, dépenses & louages, gages de serviteurs, peines d'ouvriers, journées de gens de travail, parties de marchands en gros ou en détail, d'apothicaires, chirurgiens, vacations de médecins, frais & salaires de procureurs, huissiers, sergens, ou autres droits d'officiers, appointemens & récompenses de quelques personnes que ce puisse être : le tout à quelque somme & valeur que les choses se montent, & nonobstant qu'il y eût promesse, bail, arrêté de parties ou autres conventions par écrit.

Lecture faite de l'Article II:

M. le premier président a dit, que cet article en contient plusieurs: qu'il les faut tous examiner en particulier, & n'y employer que ce qui sera jugé sommaire.

Qu'il commence par les choses concernant la police; que cela est bon, & doit être traité sommairement.

L'article parle ensuite des achats, ventes, délivrances & paiemens pour provisions; mais qu'il en faut retrancher les mots de *délivrance & paiement*, parce qu'ils sont équivoques: qu'on les étendroit à toutes les matieres où il y a paiement.

Qu'il faut restreindre le cas des achats & ventes, aux provisions & fournitures; & les joindre ensemble, pour donner à l'article son véritable sens.

M. Pussort a dit, que la vente étoit le contrat, dont la délivrance & le paiement étoient l'exécution; & que l'un & l'autre étoient également sommaires.

M. le premier président a ajouté, que l'explication étoit bonne; mais que ces deux mots, *délivrance & paiement*, qui étoient entre deux, pouvoient faire une équivoque; qu'ils étoient même superflus, parce que, qui disoit *achat & vente*, disoit par une conséquence nécessaire, *délivrance & paiement*. Que le mot de *marchandise*, employé dans l'article, étoit trop général, & qu'il falloit l'ôter; parce qu'il pouvoit comprendre les restitutions des mineurs, qui faisoient souvent de grands procès.

M. Pussort en est convenu.

M. le premier président a dit, que les loyers & fermes sont aussi employés dans l'article comme matieres sommaires. Qu'elles peuvent être de sommes considérables, & que c'étoit aller trop loin.

M. Pussort a dit, que si l'on pouvoit régler les sommes des matieres sommaires, cela avanceroit beaucoup.

Deux choses à considérer aux matieres sommaires: l'instruction & la somme.

M. le premier président a reparti, qu'il y avoit deux choses à considérer: la premiere, l'instruction; & la seconde, la somme. A l'égard de linstruction, il y avoit des matieres qui seroient sommaires par la somme dont il s'agiroit, mais qui ne le seroient pas dans la suite, parce qu'elles pourroient ne l'être pas en effet pour la forme de leur instruction: comme en cas d'impenses utiles & nécessaires ou réparations, pour raison desquelles il faudroit faire des descentes sur les lieux.

De même à l'égard d'un fermier qui demanderoit diminution pour des non-jouissances de différentes pieces de terre situées en plusieurs endroits. Que cela seroit de longue discussion, & ne pourroit être traité sommairement; de sorte que la condamnation d'une somme fort considérable, portée dans une promesse, seroit beaucoup plutôt jugée à l'audience, que la résolution d'un bail, & qu'ainsi il y auroit à cet égard des distinctions à faire.

Somme des matieres sommaires.

Qu'en ce qui concernoit les sommes, le sentiment du parlement seroit de les fixer à celle de cinq cens livres.

M. Pussort a dit, que la somme de mille livres auroit semblé plus proportionnée.

Toute la compagnie en est demeurée d'accord, qu'ainsi il falloit retrancher de l'article ces termes : *le tout à quelque somme & valeur que les choses se montent.*

M. le premier président a dit, qu'il faudroit arrêter de retrancher ce qui regardoit les fermes & leurs exploitations, comme aussi les méliorations & détériorations, parce que telles matieres pourroient donner lieu à de grands procès, qui ne seroient pas sommaires. Mais qu'il falloit encore distinguer entre les salaires des gens de journée, & les parties d'ouvriers. Que sans difficulté les salaires des gens de journées étoient matieres sommaires; mais que les parties d'ouvriers qui excédoient la somme de mille livres, ne le seroient pas.

Salaires des gens de journée, & parties d'ouvriers : leur différence.

M. Talon a dit, que tout ce qui venoit d'être proposé, se réduisoit à dire que les impenses, méliorations & détériorations ne sont point affaires sommaires, ni pour la forme de les traiter, ni pour le fond : & qu'entre les réparations, les *locatives* étoient matieres sommaires, & les grosses ne l'étoient pas; parce qu'il y avoit des descentes & des visites à faire, & que la demande pour la somme n'en pouvoit pas être facilement réglée.

☞ *On a fait de grands changemens dans cet article, soit à cause des observations que l'on vient de faire, soit parce qu'on a joint l'article XII avec celui-ci.*

Les changemens qui ont été faits ensuite des observations de la compagnie sur cet article, sont les suivans :

1. *On a supprimé le mot de* marchandise, *parce qu'il a semblé trop vague.*
2. *On a fixé la somme des matieres sommaires, à* mille livres.
3. *On a retranché ces termes généraux :* le tout à quelque somme & valeur que les choses se montent; *& cette clause a été restreinte aux seules matieres de police, suivant la réflexion qui est faite ci-après par M. Pussort sur l'article XII de ce titre.*
4. *A l'égard de ce qui est dit par M. le premier président sur les* fermes *& leurs* exploitations, *sur les* impenses, méliorations & détériorations, *ces matieres ont été mises au rang des matieres sommaires : pourvu que ce qui sera demandé n'excede la somme de mille livres.*

Les changemens qu'on a faits dans cet article par l'addition de l'article XII, sont aussi très considérables. Il est le III de ce titre dans l'ordonnance, & voici de quelle maniere il a été rédigé :

ARTICLE III. En toutes nos cours, & en toutes jurisdictions & justices, les choses concernant la police, à quelque somme ou valeur qu'elles puissent monter, les achats, ventes, délivrances & paiemens pour provisions & fournitures de maisons en grain, farine, pain, vin, viande, foin, bois & autres denrées, les sommes dues pour ventes faites ès ports, étapes, foires & marchés, loyers de maisons, fermes & actions pour les occuper, ou exploiter, ou aux fins d'en vuider, tant de la part des propriétaires, que des locataires ou fermiers, non-jouiffances, diminutions de loyers, fermages & réparations, soit qu'il y ait bail ou non, les impenses utiles & néceffaires, les méliorations, détériorations, labours & femences, les prifes de chevaux & beftiaux en délit, les faifies qui feront faites, leur nourriture, dépenfe ou louage, les gages des ferviteurs, peines d'ouvriers, journées de gens de travail, parties d'apothicaires & chirurgiens, vacations de médecins, frais & falaires des procureurs, huiffiers, fergens, & autres droits d'officiers, appointemens & récompenfes, feront auffi réputées matieres fommaires, pourvu que ce qui fera demandé n'excede la fomme ou valeur de mille liv.

ARTICLE III.

Troifieme & quatrieme divifion des matieres fommaires.

RÉPUTONS encore pour matieres fommaires, les appofitions & levées des fcellés, les confections & clôtures d'inventaires, les oppofitions formées aux fcellés, inventaires & clôtures, celles faites aux faifies, exécutions & ventes de meubles, préférences & privileges fur le prix en provenant, pourvu qu'il n'y ait que trois oppofans, & hors l'exécution du cas de contribution au marc la livre. Les demandes d'élargiffement & provifion de perfonnes emprifonnées, celles à fin de main-levée des effets mobiliaires faifis ou exécutés, établiffemens ou décharges des gardiens, commiffaires, dépofitaires ou fequeftres, réintégrandes & provifions requifes pour nourritures & alimens, & tout ce qui requiert célérité, où il peut y avoir du péril à la demeure.

Lecture faite de l'Article III:

M. le premier Préfident a dit, que cet article, qui regarde les oppofitions formées aux fcellés, étoit fort important; que c'étoit la matiere des plus grands procès, & où les préférences formoient de grandes queftions.

M. Puffort a dit, que l'intention de l'article n'étoit point de toucher au fond, mais de régler fi le fcellé feroit levé ou non. Que rien n'étoit plus fommaire, auffi-bien que les oppofitions & empêchemens, & le furplus contenu en l'article; pourvu que les demandes n'excédaffent la fomme de mille livres. Que les oppofitions aux faifies, exécutions & ventes de meubles, les préférences & privileges fur le prix, étoient encore de même nature, pourvu qu'il n'y eût que trois oppofans: comme auffi la contribution au marc la livre; & l'on fauroit fi fa majefté auroit agréable de l'ordonner ainfi, en cas que les prétentions de ces trois oppofans n'excédaffent pas la fomme de mille livres.

M. le premier préfident a dit, que l'intention étoit commune, qu'il falloit feulement s'en bien expliquer. Qu'au refte les appofitions de fcellés ne devoient point être évoquées pardevant les juges de privilege, parce que cela regardoit naturellement la fonction des premiers juges.

☞ *Le présent article a été divisé en deux parties, qui composent le IV & le V articles de l'ordonnance. Ces deux articles ont été arrêtés de cette maniere:*

ARTICLE IV. Réputons encore pour matieres sommaires les appositions & levées des scellés, les confections & clôtures d'inventaires, & les oppositions formées à la levée du scellé, aux inventaires & clôture, en ce qui concerne la procédure seulement, les oppositions faites aux saisies, exécutions, ventes des meubles, les préférences & privileges sur le prix en provenant, pourvu qu'il n'y ait que trois opposans, & que leurs prétentions n'excedent la somme de mille livres, sans y comprendre le cas des contributions au marc la livre.

ARTICLE V. Les demandes à fin d'élargissement & provision des personnes emprisonnées, celles à fin de main-levée des effets mobiliaires, saisis ou exécutés, les établissemens ou décharges des gardiens, commissaires, dépositaires ou sequestres, les réintégrandes, les provisions requises pour nourritures & alimens, & tout ce qui requiert célérité, & où il peut y avoir du péril en la demeure, seront aussi réputées matieres sommaires, pourvu qu'elles n'excedent la somme ou valeur de mille livres.

ARTICLE IV.

Ès matieres sommaires, les parties pourront plaider elles-mêmes, en quelles cours.

En toutes matieres sommaires, les parties pourront plaider sans assistance d'avocat ni de procureur, excepté en nos cours de parlemment, grand-conseil, cours des aides & autres nos cours, & aux requêtes de notre hôtel & du palais.

Après la lecture de cet Article :

Présidiaux exceptés des jurisdictions où les parties peuvent plaider elles-mêmes.

M. le premier président a dit, que l'on pourroit aussi excepter les présidiaux; autrement cela feroit bien de la confusion, & seroit même impossible dans Paris, & dans les autres grands sieges.

M. Pussort a réparti, que cela ne regardoit guere que Paris. Que partout ailleurs les affaires n'étoient pas si fréquentes, & que cela retrancheroit les frais & les conseils de chicane: néanmoins qu'il seroit bon d'en parler au roi.

☞ *L'on a ajouté les sieges présidiaux à l'exception faite par cet article Il est le VI dans l'ordonnance, en ces termes :*

ARTICLE VI. Les parties pourront plaider sans assistance d'avocats ni de procureurs en toutes matieres sommaires, si ce n'est en nos cours de parlement, grand-conseil, cours des aides, & autres nos cours, aux requêtes de notre hôtel & du palais, & aux sieges présidiaux.

ARTICLE V.

Matieres sommaires, où & comment seront jugées.

Les matieres sommaires seront vuidées incessamment à l'audience, tant en nos cours qu'en tous autres sieges, jurisdictions, justices & tribunaux ecclésiastiques, aussi-tôt que l'assignation sera échue, après un simple acte pour venir plaider, sans aucune autre procédure ni formalité : & seront à cette fin établies des audiences particulieres en certains jours de la semaine, autant qu'il en sera besoin pour leur expédition.

Lecture faite de l'Article V:

M. le premier président a dit, qu'il faut retrancher de l'article les mots de *tribunaux ecclésiastiques.*

Qu'il n'est point ici fait mention de quelle maniere la présentation sera faite; que c'est une clause essentielle qui manque à la présente ordonnance, ainsi qu'il a déjà remarqué en quelques-unes des précédentes conférences.

M. Pussort a dit, que le titre en est dressé : que l'on y comprend la forme des présentations pour le défendeur, & non pour le demandeur; mais qu'il seroit bon de distinguer les matieres sommaires d'avec celles de l'ordonnance, & de régler les délais pour lever les défauts, & qu'on en rapporteroit au premier jour les articles.

☞ *Cet article est le VIII de ce titre dans l'ordonnance. Il a été abrégé par le retranchement de* tribunaux ecclésiastiques, *& de quelques autres mots qu'on a trouvé inutiles. Voici comme il est dans l'ordonnance :*

ARTICLE VII. Les matieres sommaires seront jugées en l'audience, tant en nos cours qu'en toutes autres jurisdictions & justices, incontinent après les délais échus, sur un simple acte pour venir plaider, sans autre procédure ni formalité ; & seront à cette fin établies des audiences particulieres.

ARTICLE VI.

Forme de la preuve des faits contraires, en matieres sommaires.

Si les parties se trouvent contraires en faits dans les matieres sommaires, & que les preuves par témoins en soient reçues, les témoins seront ouis en la prochaine audience en la présence des parties, si elles y comparent; sinon en l'absence des parties défaillantes ; & néanmoins à l'égard de nos cours, des requêtes de notre hôtel & du palais, les témoins pourront être ouis au greffe par l'un de nos conseillers, sommairement & sans frais, & sans que le délai en puisse être prorogé.

Lecture faite de l'Article VI :

Dépositions de témoins à l'audience.

M. le premier président a dit, que les témoins que l'on prétend faire entendre à l'audience, embarrasseront. Il faudra charger le plumitif de leur serment, & il pourra arriver qu'un témoin n'aura pas assez de hardiesse ou de présence d'esprit pour se bien expliquer, particuliérement en présence de celui contre lequel il rendra sa déposition. D'ailleurs les parties, dans la chaleur, se pourront dire de mauvaises paroles, & insulter les témoins : cela causera de l'indécence & du tumulte, outre qu'il ne sera pas possible au juge de faire rédiger ce qui sera dit à l'audience, souvent par mots entre-coupés.

Inconvéniens qui en arriveront.

Qu'il est quelquefois nécessaire, pour le bien de la justice, d'aider les témoins qui n'ont pas assez d'habilité pour rendre leurs dépositions intelligibles. Si l'on rédige par écrit ce que le juge fera par un office nécessaire, l'on arguera la déposition de nullité, & l'on prétendra que le témoin aura été induit, & qu'on lui aura suggéré sa déposition. De plus, le juge consumera tout son tems à recevoir les dépositions, & les autres parties souffriront beaucoup par ce retardement de la justice ; & qu'ainsi il est impossible que les audiences puissent suffire à tant de choses, dont cette nouvelle ordonnance les veut charger.

Que l'on peut encore demander qui sera celui qui se chargera de l'enquête, & qui en fera le rapport, lorsqu'il n'y aura point d'avocat ni de procureur du roi : qu'en tout cas, il faudroit marquer ce que deviendra cette enquête.

Juges & consuls entendent les témoins à l'audience.

Qu'il est vrai que les juges-consuls entendent les témoins à l'audience; mais que cette jurisdiction ne doit point être tirée à conséquence, parce qu'ils ne gardent aucune formalité ; & la simplicité de leur maniere fait qu'on prend d'eux toutes choses en bonne part, mais que cela seroit indécent à d'autres jurisdictions. Et en examinant de près toutes ces observations, on demeurera d'accord qu'il n'est pas possible de mettre par ces voies une enquête en forme.

Présidiaux exceptés du nombre des premiers juges.

M. Pussort a dit, que cet article ne regarde que les premiers juges, & que l'on en vient d'excepter les présidiaux. Les affaires ne sont pas si fréquentes dans les premieres jurisdictions, que les témoins ne puissent être entendus à l'audience. Qu'il se traite une infinité d'affaires de fort grande conséquence devant les juges-consuls par la voie qui est proposée, & c'est un usage dont on se trouve bien.

Qu'à l'hôtel-de-ville le même usage est observé, & qu'à cela il n'y avoit point de répartie. Qu'il n'y avoit nul inconvénient que la partie se chargeât

chargeât des enquêtes, & que les avocats en fissent la lecture à l'audience, comme ils font de leurs autres pieces. Cette procédure sembloit extraordinaire, parce qu'elle n'étoit pas usitée par-tout; mais que dans la pratique l'on s'y conformera facilement, & ce sera une grande abréviation dans la justice.

Qu'à présent, lorsqu'il est question d'un procès-verbal, il faut quantité de rôles d'écritures pour en rédiger les formalités; & à l'audience, cela se fait en deux paroles.

M. le président de Novion a dit, que cela ne seroit pas praticable dans une jurisdiction chargée d'affaires: les bailliages en ont beaucoup, & la forme est que l'on communique aux parties les reproches proposés contre les témoins; mais les dépositions sont toujours secretes, & c'est sans nécessité que l'on veut innover cet usage.

Dépositions sont secretes.

M. Pussort a dit, que pour abréger, l'on pourroit mettre dans le jugement: *après qu'un tel a dit, &c.* qu'il n'y auroit pas même d'inconvénient qu'il parût dans la sentence que le juge eût enquis les témoins; la vérité en seroit mieux éclaircie. Que l'on ne trouvoit point de difficulté de l'y insérer à Rouen de même que dans la plupart des jurisdictions du royaume. Tout cela dépend de l'habitude & de l'usage, contre les préventions duquel il faut toujours se précautionner.

M. Talon a dit, qu'il seroit mieux de faire l'enquête au greffe: cela feroit cesser tous les inconvéniens qui viennent d'être observés; mais qu'il faudroit retrancher toutes ces réceptions d'enquêtes absolument inutiles, & qui ne font que des frais aux parties.

☞ *Nonobstant les observations faites touchant les inconvéniens qui peuvent arriver si l'on entend les témoins à l'audience, cet article a passé. L'on y a seulement ajouté* les présidiaux, *comme en l'article IV, & il a été arrêté de cette maniere pour être inséré dans l'ordonnance, où il est le VIII de ce titre:*

ARTICLE VIII. Si les parties se trouvent contraires en faits dans les matieres sommaires, & que la preuve par témoins en soit reçue, les témoins seront ouis en la prochaine audience en la présence des parties, si elles y comparent, sinon en l'absence des défaillans; & néanmoins à l'égard de nos cours des requêtes de notre hôtel, & du palais, & des présidiaux, les témoins pourront être ouis au greffe par un de nos conseillers; le tout sommairement, sans frais, & sans que le délai puisse être prorogé.

Monsieur le chancelier a remis la continuation de la conférence au samedi 19 février 1667.

SEPTIEME CONFÉRENCE.

Du samedi dix-neuvieme février 1667, en l'hôtel Séguier.

Monsieur le chancelier, & messieurs les commissaires du roi, présens

avec messieurs les députés du parlement,

à l'exception de messieurs les présidens Molé, de Blancmesnil, & de messieurs Talon & Bignon, avocats généraux.

SUITE DU TITRE XV.

De l'expédition des matieres sommaires.

MONSIEUR Pussort, invité par M. le chancelier, a fait lecture de l'article VII du titre *de l'expédition des matieres sommaires.*

ARTICLE VII.

Reproches, quand, où & comment seront donnés contre les témoins.

LES reproches, si aucuns y a contre les témoins, seront verbalement déduits avant l'audition, si la partie est présente; & en cas d'absence, sera passé outre à l'audition, & sera fait mention sommaire sur le plumitif, si c'est en l'audience, ou par l'acte, si c'est au greffe, des reproches qui auront été donnés contre les témoins; & de leurs dépositions, sans insérer aucune chose qui ne soit nécessaire dans l'expédition de la sentence.

Après la lecture de cet Article :

Inconvéniens des enquêtes à l'audience.

M. le président a dit, qu'à la derniere conférence il avoit marqué sur l'article VI les inconvéniens qui arriveroient en faisant les enquêtes à l'audience, qui sont communs à l'article VII.

Que l'exécution de ces deux articles causeroit de grandes distractions aux juges : le greffier ne pourroit rédiger les dépositions, & cette procédure seroit fort indécente à la justice.

M. Pussort a dit, qu'il avoit satisfait à tout. Que l'on avoit excepté les présidiaux, & qu'aux autres justices les affaires n'étoient pas si nombreuses ; que cela empêcheroit les procès par écrit. C'étoit l'usage du consulat & de l'hôtel-de-ville, & qu'en certains cas l'on pourroit faire des enquêtes au greffe. *Réponse.*

M. le président de Novion a dit, que l'usage est de communiquer le nom des témoins, & non pas leurs dépositions.

M. Pussort a réparti, que cela étoit bon aux grandes affaires.

M. le président de Maisons a dit, que dans les petites jurisdictions les parties ont bien moins de respect que dans les grandes, & que cette maniere de faire des enquêtes y apporteroit bien du désordre.

M. Pussort a dit, que l'on pourroit ajouter à l'article que les enquêtes se feroient au greffe, si elles ne se pouvoient faire à l'audience.

M. le premier président a dit, qu'en ce cas, il ne s'en feroit point à l'audience ; c'est pourquoi il vaudroit mieux rayer entiérement cela de l'article.

M. Pussort a réparti, qu'il faut encore y ajouter : *& sans frais.*

☞ *Cette derniere addition proposée par M. Pussort, n'a pas été faite ; au contraire le présent article a été abrégé & mis en meilleur ordre. Il est le IX dans l'ordonnance.*

ARTICLE IX. Les reproches seront proposés à l'audience avant que les témoins soient entendus, si la partie est présente ; & en cas d'absence, sera passé outre à l'audition, & sera fait mention sur le plumitif, ou par le procès-verbal, si c'est au greffe, des reproches & de la déposition des témoins.

ARTICLE VIII.

Si le différend ne peut être jugé sur le champ, ce qui s'observera pour le jugement.

Si le différend ne peut être jugé sur le champ, les pieces seront laissées sur le bureau, pour être jugé au premier jour d'audience, sans aucun inventaire, écritures ni mémoire, & sans prendre aucunes épices, ni autre vacation, à peine de restitution du quadruple.

Lecture faite de l'Article VIII :

M. le premier président a dit, que la restitution du quadruple, portée par l'article, semble s'étendre jusqu'aux compagnies souveraines qui ne pren-

nent point d'épices pour les délibérés sur le registre, & qu'il étoit à pr
pos de la restreindre aux premiers juges.

☞ *La restriction demandée par M. le premier président, n'a pas été m*
quée dans l'article : on a seulement fixé la peine de restitution du quadru
contre celui qui aura présidé. *On a encore donné une meilleure forme*
reste de l'article, qui est le X dans l'ordonnance, en ces termes :

ARTICLE X. Si le différend ne peut être jugé sur le champ, les pieces seront l
sées sur le bureau sans inventaire de production, écritures ni mémoires, pour y ê
délibéré, & le jugement prononcé au premier jour à l'audience, sans épices ni va
tions, à peine de restitution du quadruple contre celui qui aura présidé.

ARTICLE IX.

Ce que dessus sera exécuté, sous quelle peine.

Exception de l'article I de ce titre.

TOUT ce que dessus sera exécuté à peine de nullité & de cas
tion, tant en premiere instance qu'en cause d'appel. Néanmoi
les instances excédentes la somme de deux cens livres, qui a
ront été appointées aux jurisdictions & justices inférieures,
portées par appel en nos cours, y seront jugées, selon la quali
de l'appointement ; encore que ce dont il s'agit soit au-desso
de la somme de quatre cens livres, & que la cause d'appel
été relevée & soit pendante en nos cours de parlement, gran
conseil, cours des aides & autres nos cours.

Lecture faite de l'Article IX, il a été trouvé bon.

☞ *Le présent article a deux parties : la premiere est une confirmation*
articles précédens ; & la seconde est une exception de l'article I de ce titre.

Ces deux parties ont été séparées : la premiere compose l'article XI de l'ordo
nance ; & la seconde fait l'article II du même titre. Voici de quelle maniere
deux articles ont été rédigés :

ARTICLE II. Et néanmoins les demandes excédentes la somme ou valeur de de
cens livres, qui auront été appointées ès jurisdictions & justices inférieures, & porté
par appel en nos cours, y seront jugées comme procès par écrit.

ARTICLE XI. Tout ce que dessus sera exécuté en premiere instance, & en ca
d'appel, à peine de nullité.

ARTICLE X.

Jugemens en matieres ſommaires, juſqu'à quelle ſomme ſeront exécutoires, en différentes juriſdictions.

Les jugemens donnés ès cas ci-deſſus, ſeront exécutoires par proviſion, nonobſtant oppoſitions ou appellations quelconques, & ſans préjudice d'icelles, en donnant caution : à ſavoir, ceux des juges des duchés & pairies, & autres juſtices reſſortiſſantes ſans moyen au parlement, juſqu'à quarante livres & au-deſſous; & des autres juſtices ſeigneuriales & tribunaux eccléſiaſtiques, juſqu'à la ſomme de vingt-cinq livres; de nos prévôtés & châtellenies, & autres nos ſieges inférieurs, maîtriſes particulieres des eaux & forêts, ſieges particuliers d'amirautés, élections & greniers à ſel, juſqu'à ſoixante livres; de nos bailliages & ſénéchauſſées, ſieges des grands-maîtres des eaux & forêts, connétablies & ſieges généraux d'amirautés, juſquà cent livres; & ceux des requêtes de notre hôtel & du palais, juſqu'à trois cens livres : le tout, encore qu'il n'y ait contrats, obligations ni promeſſes reconnues, ou condamnations précédentes.

Lecture faite de l'Article X:

M. le premier préſident a dit, qu'il en faut ôter les mots de *tribunaux eccléſiaſtiques.*

Que l'article fait mention des préſentations de cautions; mais que la forme n'en a point été réglée juſqu'à préſent. Que cela cauſe de grands frais aux parties. Dans l'uſage qui ſe pratique, le procureur fait un acte de nomination de caution au greffe, qui eſt ſignifié à la partie. Si cette caution eſt débattue, la partie qui la préſente doit fournir un état de ſes biens & facultés, ſur quoi ſe forme conteſtation qui va quelquefois ſi avant, que le parlement en connoît par appel. C'eſt pourquoi il importe de pourvoir à l'abréviation de ces procédures, & au retranchement des frais.

Forme des réceptions de cautions.

M. Puſſort a réparti, qu'il y ſera pourvu par un titre exprès.

M. le premier préſident a ajouté, qu'il y avoit pluſieurs autres choſes dont on n'avoit point parlé dans cette nouvelle ordonnance, comme des inſcriptions de faux.

Inſcriptions de faux.

M. Puſſort a réparti, qu'il en ſeroit fait un titre dans la procédure criminelle; que l'inſtruction s'en faiſoit extraordinairement, & que les moyens de faux & toute la procédure n'étoient point communiqués.

S'inſtruiſent extraordinairement.

M. le préſident de Meſme a dit, que d'ordinaire les inſcriptions de faux

Incidentes aux matieres civiles. étoient incidentes aux matieres civiles ; & que si on les mêloit avec la procédure criminelle, elles seroient dans un lieu étranger.

M. Pussort a dit, qu'en dressant les articles, l'intention n'avoit pas été d'y comprendre généralement toutes choses, mais seulement ce qui avoit besoin de réformation : que l'on pourroit suivre les anciennes ordonnances, pour les choses auxquelles il n'auroit point été spécialement dérogé.

☞ *Sur ce que M. le premier président a remarqué, que la forme des réceptions de cautions n'avoit été réglée par aucun des titres de ce projet d'ordonnance, M. Pussort en a dressé un pendant le cours des conférences, qui a été examiné dans la pénultieme assemblée. Il est le XXXII & dernier des titres du présent projet.*

A l'égard de l'article X que l'on vient d'examiner, on en a retranché les termes de tribunaux ecclésiastiques, *pour les raisons que l'on a dites dans la précédente conférence. Au surplus la disposition de cet article a été conservée, mais l'on y a fait plusieurs changemens dans l'expression. Il est le XIII dans l'ordonnance.*

ARTICLE XIII. Les jugemens définitifs donnés ès matieres sommaires, seront exécutoires par provision en donnant caution, nonobstant oppositions ou appellations, & sans y préjudicier, quand les condamnations ne seront, savoir à l'égard des justices des duchés & pairies, & autres qui ressortissent sans moyen au parlement, que de quarante livres : aux autres justices, même des duchés & pairies, qui ne ressortissent nuement en nos cours de parlement, de vingt-cinq livres : en nos prévôtés & châtellenies, & autres nos sieges inférieurs, maîtrises particulieres des eaux & forêts, sieges particuliers d'amirautés, élections & greniers à sel, de soixante livres : en nos bailliages & sénéchaussées, sieges des grands-maîtres des eaux & forêts, connétablies & sieges généraux d'amirautés, de cent livres : & aux requêtes de notre hôtel & du palais, de trois cens livres, & au-dessous ; le tout encore qu'il n'y ait contrats, obligations, ni promesses reconnues, ou condamnations précédentes.

ARTICLE XI.

Sentences de provision seront exécutées sous caution, s'il y a contrat, obligation, promesse, ou condamnation précédente.

S'IL y a contrats, obligations, promesses reconnues, ou condamnations précédentes, par sentence dont il n'y ait point d'appel, ou qu'elles soient exécutoires sans préjudice de l'appel, les sentences de provision seront exécutées, à quelques sommes qu'elles se puissent monter, en donnant caution.

Lecture faite de l'Article XI, il a été trouvé bon.

☞ *Cet article est le XV dans l'ordonnance. L'on y en a inséré un nou-*

veau, immédiatement avant celui-ci, qui ordonne l'exécution des sentences de provision, qui n'excéderont la somme de mille livres, quoiqu'il n'y ait contrat, obligation, promesse, ni condamnation précédente. Voici ces deux articles tels qu'ils sont dans l'ordonnance:

ARTICLE XIV. En toutes matieres sommaires qui n'excederont la somme de mille livres, les sentences de provision seront exécutées nonobstant & sans préjudice de l'appel, en baillant caution, encore qu'il n'y eût contrat, obligation, promesse reconnue, ou condamnation précédente.

ARTICLE XV. S'il y a contrats, obligations, promesses reconnues, ou condamnations précédentes, par sentences dont il n'y ait point d'appel, ou qu'elles soient exécutoires nonobstant l'appel, les sentences de provision seront exécutées à quelques sommes qu'elles puissent monter, en donnant caution.

ARTICLE XII.

En fait de police, les jugemens seront exécutés nonobstant opposition ou appellation.

EN fait de police & d'achat, vente, délivrance & paiement de provisions & fournitures de maisons, de ce qui aura été vendu sur l'étape, ports & marchés publics; comme aussi en fait de loyers de maisons, sur les meubles étant en icelles, & actions pour habiter ou vuider les lieux, tant de la part des propriétaires que des locataires ou fermiers, de non-jouissances & diminutions, si la compensation ou la diminution en est demandée sur les loyers ou fermages, jusqu'à la concurrence & aux cas seulement auxquels les loyers & fermages peuvent être exécutés; de réparations urgentes ou promises par le bail; de bestiaux pris en délit & de leurs nourriture & dépenses; de gages de serviteurs, peines d'ouviers, journées de gens de travail, parties d'artisans, appositions & levées de scellés, confections & clôtures d'inventaires, oppositions formées à la levée des scellés; de réintégrandes, tant de choses mobiliaires qu'autres; de provisions pour alimens & nourritures, & en tout ce qui requiert célérité, & où il y a du péril dans la demeure, les sentences de provision seront exécutées, à quelque somme que les provisions se puissent monter: le tout aussi en donnant caution.

Lecture faite de l'Article XII:

M. le premier président a dit, qu'il y a bien des choses engagées dans cet article, & qu'il est un peu embarrassé: que tout ce qu'il contient s'observe. Qu'il faut seulement prendre garde à deux choses: l'une, que les matieres pourront être fommaires d'elles-mêmes, mais que quelquefois la forme de les inftruire ne le fera pas. Et l'autre, qu'il faut garder la regle de mille livres, qui a été approuvée aux précédentes conférences.

Matieres de police font réputées fommaires.

M. Puffort a dit, que cet article fera fans doute d'une grande utilité, par le détail qui y eft fait de toutes les matieres qui doivent être réputées fommaires & traitées fommairement. Qu'il étoit bon de les réduire à la fomme de mille livres, fuivant ce qui avoit été arrêté aux précédentes conférences, à la réferve néanmoins des chofes concernant la police, qui devoient toujours être réputées matieres fommaires, à quelque fomme & valeuer qu'elles puiffent monter.

☞ *Le préfent article a été joint avec le II; & ces deux articles compofent le III dans l'Ordonnance, comme on a obfervé ci-devant. La fomme des matieres fommaires y a été fixée à mille livres; mais on a arrêté par un article, qui eft le XII de ce titre dans l'ordonnance, qu'en matiere de police les jugemens feront exécutés fous caution, à quelque fomme qu'ils puiffent monter. Voyez l'article II du projet, & l'article III de l'ordonnance. Voici comment l'article XII a été rédigé :*

ARTICLE XII. En fait de police, les jugemens définitifs ou provifoires, à quelque fomme qu'ils puiffent monter, feront exécutés nonobftant oppofition ou appellation, & fans y préjudicier, en baillant caution.

ARTICLE XIII.

En quel cas il eft défendu aux juges d'accorder défenfes & furféances particulieres, & fous quelle peine.

FAISONS très-expreffes inhibitions & défenfes à nos cours de parlement, grand-confeil, cours des aides & autres nos cours, & tous autres juges, d'accorder défenfes ni furféances en aucuns des cas exprimés aux précédens articles; & fi aucunes étoient obtenues, nous les avons dès-à-préfent déclarées nulles, & voulons que fans y avoir égard, & fans qu'il foit befoin d'en demander main-levée, les fentences foient exécutées felon ce qui eft dit ci-deffus, nonobftant tous jugemens, ordonnances ou arrêts au contraire : voulons même que les parties qui auront préfenté leurs requêtes à fin de défenfes ou furféances, & les procureurs qui les auront fignées, ou qui auront fait ces demandes à l'audience, ou autrement, foient condamnés chacun en cent livres d'amende applicable moitié à la partie, & l'autre moitié aux pauvres; lefquelles amendes ne pourront être remifes ni modérées.

Lecture

Lecture faite de l'Article XIII:

M. le premier président a dit, que cet article étoit de fort grande conséquence : qu'il n'étoit rien de plus dangereux que d'élever les inférieurs au-dessus de ceux qui sont & doivent être au-dessus d'eux. Que l'article mettoit les juges au-dessous des parties, & même constituoit les parties juges, si ces défenses avoient été bien ou mal données. Que lorsque le parlement en aura donné avec grande connoissance de cause, dans un cas auquel il aura été nécessaire de les accorder, les parties puissantes n'y déféreront pas, & mépriseront l'autorité d'un arrêt juridique.

Il est dangereux d'élever les inférieurs au-dessus des supérieurs.

Cependant il étoit certain que les présidiaux éloignés en abusoient souvent. Qu'il avoit su de messieurs qui avoient été commissaires aux grands jours de Clermont, que les premiers juges ne connoissoient presque plus l'autorité du parlement ; & lorsqu'ils se croiroient fondés en titre, le désordre seroit encore bien plus grand. De sorte qu'un petit officier, qui aura acquis une charge de deux ou trois mille livres, croira que toutes choses lui seront permises.

Que l'on a vu depuis peu un exemple des difficultés que les juges inférieurs font de se soumettre à leurs supérieurs, quand ils trouvent des moyens de s'en défendre, & qu'ils croient avoir quelque appui dans le dessein qu'ils ont de se soustraire de cette subordination, qui est néanmoins si nécessaire à la justice.

Subordination nécessaire à la justice.

Après avoir eu des avis & des mémoires de tous côtés, & examiné avec une grande application pendant plusieurs années les désordres qui étoient dans les juges inférieurs, le parlement a fait un réglement en l'année 1665, qui assurément a été aussi concerté qu'aucun autre qui ait jamais été fait ; ce qui paroît même dans le projet de l'ordonnance que l'on examine, parce qu'il y a plusieurs articles de ce réglement qui y sont compris : cependant le présidial de Poitiers s'est élevé contre ; il a bien même eu la hardiesse d'écrire des lettres circulaires aux autres présidiaux, pour faire qu'ils se joignissent ensemble.

Réglement du Parlement en 1665.

Pour autoriser cette révolte, il s'est pourvu au grand-conseil sous un faux prétexte que ce réglement donnoit atteinte à ce que les présidiaux jugent en dernier ressort, quoique ce réglement porte le contraire, & que le parlement l'eût encore plus précisément déclaré par un arrêt subséquent, & ainsi le grand-conseil étoit tout-à-fait incompétent de cette matiere. Car quoiqu'on lui ait attribué la connoissance des affaires particulieres, lorsque les parties ne déferent pas aux jugemens des présidiaux, & qu'elles veulent se pourvoir par appel, il est certain néanmoins que cette compagnie n'a aucun pouvoir ni jurisdiction pour faire des réglemens généraux, & encore moins pour connoître de ceux que le parlement a faits, afin de conserver l'ordre de la justice, & l'uniformité qui doit être dans son ressort, pour l'observation des ordonnances du royaume.

Présidial de Poitiers se pourvoit contre. au grand-conseil.

Incompétence du grand-conseil, en ce cas.

Néanmoins le grand-conseil, par une entreprise extraordinaire & sans être fondé en pouvoir, a fait des défenses d'exécuter ce réglement; à quoi le parlement ayant pourvu par ses arrêts, l'opiniâtreté de ces juges présidiaux a porté l'affaire au conseil privé du roi, & elle y a été traitée comme si c'eût été un réglement de juges entre des particuliers, sur une matiere dont le parlement & le grand-conseil fussent saisis, quoiqu'il ne fût question que de faire observer dans les sieges du ressort un réglement qui retranchoit plusieurs abus, & qui étoit en toutes choses conforme aux ordonnances.

Conflict du grand-conseil, & du parlement.

Qu'ainsi le parlement n'auroit point laissé la chose en cet état: il n'auroit point souffert un si grand désordre, & il auroit même porté ses plaintes au roi contre une entreprise si intolérable & qui blesse si fort la justice souveraine, qui est la justice du roi, si ce projet de nouvelle ordonnance n'avoit paru, où l'on a vu la plupart des choses contenues dans ce réglement; & qu'à l'égard des autres, le changement de style que l'on introduit, les a rendu inutiles. Mais enfin, que cet exemple de Poitiers faisoit bien voir combien les juges inférieurs entreprennent & s'efforcent d'usurper un pouvoir qui ne leur appartient pas.

On voit même tous les jours que les présidiaux, les baillifs & sénéchaux donnent des défenses d'exécuter les sentences des premiers juges, dont l'appel ressortit devant eux: & ces défenses sont bien plus ordinaires que celles du parlement.

Combien les juges doivent être religieux à donner des arrêts de défenses.

Qu'il faut à la vérité demeurer d'accord que les juges souverains doivent être très-religieux à donner des arrêts de défenses particulieres, soit en matiere civile, soit en matiere criminelle; l'on peut même en avoir abusé plusieurs fois: & les présidens & rapporteurs doivent apporter un soin très-particulier pour empêcher de donner des défenses dont on abuse; & ils sont obligés de considérer ce point-là, comme un des plus importans de leur fonction; mais qu'il y a des occasions où l'on ne peut se dispenser de donner des défenses, sans exposer la justice à beaucoup de désordres. Qu'il est vrai que ces occasions sont rares, & doivent être bien examinées: l'usage néanmoins fait connoître cette nécessité indispensable en de certains cas. Cependant ce seroit confondre tout l'ordre de la justice de donner le pouvoir aux juges inférieurs, & même aux parties, de juger de la justice & de l'autorité des arrêts, parce que l'article dit, que *les sentences données dans les cas exprimés par l'ordonnance, seront exécutées, nonobstant tous arrêts de défenses, & sans en demander main-levée.*

Or, qui jugera si elles sont données dans ces cas, puisqu'on n'a point de recours aux juges pour ce sujet? Il faut donc que ce soient les parties mêmes qui en deviennent les juges; & si cela est, il n'y en aura point sans doute qui ne trouve sa propre cause bonne, & qui ne dise que les défenses de l'arrêt sont dans les cas défendus par l'ordonnance, quand même cela ne seroit pas, & qui ne fasse exécuter sa sentence par voie de fait. Ainsi ce seroit remédier à un abus par un autre bien plus grand. Et d'ailleurs l'on peut trouver des moyens pour remédier à celui dont on se plaint sans tomber dans cette confusion.

M. Pussort a dit, que rien n'étoit plus capable de diminuer le nombre des procès que de donner aux sentences de provision, le privilege de l'exécution. Que tant que la partie condamnée se promettoit d'avoir quelque ressource en son affaire, la passion de plaider dureroit toujours; mais lorsque par l'exécution de la sentence elle a satisfait, elle abandonnoit le procès. Qu'en certain cas, l'avantage seroit plus grand d'acquiescer à une sentence qui ne seroit pas tout-à-fait juste, que de plaider plusieurs années, & de gagner un procès après s'être épuisé de toutes les façons.

L'exécution des sentences de provision, diminue les procès.

Qu'il est certain que les défenses particulieres font de mauvais effets, & les plaintes en sont publiques. Que ce sera l'autorité de l'ordonnance qui jugera du cas des défenses, & non pas la fantaisie de la partie. Si le premier juge excede son pouvoir, on le réprimera aisément, & ce qu'il aura ordonné sera réparable en définitive. Qu'au reste les défenses qui se donnent en matiere civile, sont toujours sans connoissance de cause, parce qu'il n'y a qu'une des parties qui soit entendue.

Défenses particulieres font de mauvais effets.

M. le président de Novion a dit, que l'on pouvoit mettre dans l'article : *à peine de nullité de l'arrêt ;* mais qu'il seroit périlleux de mettre l'inférieur au-dessus du supérieur. Que dans l'incertitude, il seroit toujours mieux de donner l'autorité aux compagnies souveraines qu'aux premiers juges. Elles ne peuvent pas être soupçonnées d'avoir de la jalousie contre des officiers qui leur sont subordonnés; mais il n'y a point de premier juge qui ne voulût que sa sentence fût un arrêt. L'article leur en donneroit l'ouverture : la conséquence en seroit dangereuse, & la justice en souffriroit.

M. le procureur général a dit, qu'en ce qui passe au parquet, en matiere de défenses, il est fort religieux à ne point donner de conclusions, qu'avec beaucoup de circonspection.

☞ *Nonobstant les objections faites contre la disposition de cet article, il a été conservé dans toute sa force. Les changemens qu'on y a faits ne sont pas considérables, & ils ne regardent que l'expression. Il est le XVI dans l'ordonnance.*

ARTICLE XVI. Défendons à nos cours de parlement, grand-conseil, cours des aides & autres nos cours, & à tous autres juges de donner défenses ou surséances en aucuns des cas exprimés aux précédens articles : & si aucunes étoient obtenues, nous les avons dès-à-présent déclarées nulles, & voulons que sans y avoir égard, & sans qu'il soit besoin d'en demander main-levée, les sentences soient exécutées, nonobstant tous jugemens, ordonnances ou arrêts contraires, & que les parties qui auront présenté les requêtes à fin de défenses ou de surséances, & les procureurs qui les auront signées ou qui en auront fait demande en l'audience, ou autrement, soient condamnés chacun en cent livres d'amende applicable moitié à la partie, & l'autre moitié aux pauvres ; lesquelles amendes ne pourront être remises, ni modérées.

ARTICLE XIV.

Ce que les juges feront, quand l'instance sur la provision & sur la définitive seront en état en même tems.

Si les instances sur la provision & sur la définitive se trouvent en état de juger en même tems, les juges pourront les décider par un même jugement, & ordonner qu'en cas d'appel, nonobstant & sans préjudice d'icelui, leur jugement sera exécuté par maniere de provision, en baillant bonne & suffisante caution, ès cas où il échoit de juger par provision. Abrogeons l'usage de donner esdits cas séparément la sentence de provision, & le même jour, ou le lendemain, la sentence définitive.

Après la lecture de l'Article XIV:

M. le premier président a dit, qu'il falloit considérer cet article avec les XV & XVI: desquels la lecture ayant été faite par M. Pussort:

M. le premier président continuant, a dit, qu'il sembloit que les articles XIV & XVI: se contredisent, & que le dernier permet tacitement ce que le premier défend en termes exprès. Car si la provision & la définitive sont en état de juger en même tems, le juge, par l'article XIV, est obligé de les juger par une même sentence: ainsi il ne pourra après juger la définitive, quelque réquisition par écrit que la partie lui en fasse, suivant l'article XVI. Cependant c'est le seul cas où l'article XVI se pourroit appliquer; car quand la définitive n'est pas en état lors du jugement de la provision, elle ne peut être mise ensuite en état, qu'en faisant quelque procédure & instruction, & cette procédure est la véritable réquisition au juge pour juger. Que d'ailleurs cet article XIV lui paroît très-bon; mais qu'il falloit entiérement ôter le XVI qui même est assez embarrassé, de la maniere dont il est conçu.

M. Pussort a dit, qu'il pouvoit arriver que la définitive ne fût pas en état de juger lors du jugement de provision, parce que l'on auroit fait quelque demande incidente, dont le tems (qui de lui-même acquiert la forclusion sans que la partie ait rien à faire), ne seroit pas encore échu. Et quand ce tems seroit échu, le juge pourroit juger la définitive de lui-même, si ce n'étoit qu'on l'obligeât (comme porte l'article) à ne le pas faire, s'il n'en étoit requis par écrit.

Le tems acquiert de lui-même la forclusion.

M. le premier président a réparti, que cette espece sembloit impossible: parce que supposant, comme l'on fait, que la définitive fût une fois en état, conjointement avec la provision, l'incident qui mettroit la définitive hors d'état, y mettroit aussi la provision; & d'ailleurs s'il ne falloit attendre que le tems nécessaire pour acquérir la forclusion sur un incident, le juge feroit fraude à la loi, s'il jugeoit séparément la provision, pour juger la définitive trois jours après.

A quoi M. le premier président a ajouté, que cet inconvénient remarqué par M. Pussort ne pouvant s'appliquer précisément à cette espece, ne laissoit pas de lui faire naître une réflexion plus générale & bien importante, qui étoit qu'en ôtant toutes les forclusions, il seroit à craindre que les parties ne fussent souvent exposées à beaucoup de surprises, faute de pouvoir connoître par quelque acte, si le procès seroit en état contre eux, se trouvant obligés de supputer exactement les jours, pour voir si leurs parties ne feroient point juger l'affaire. Que le remede seroit prompt & facile, en obligeant les parties de faire signifier un simple acte portant que les délais sont expirés, & que l'on va poursuivre le jugement du procès, ce qui tiendroit lieu de toutes sortes de forclusions. *Nécessité de forclusion.*

☞ *Cet article est le XVII & dernier de ce titre dans l'ordonnance. Les changemens qu'on y a faits ne touchent qu'à l'expression. Il a été réformé de cette maniere:*

ARTICLE XVII. Si les instances sur la provision & sur la définitive sont en même tems en état, les juges y prononceront par un même jugement, & pourront ordonner, qu'en cas d'appel, leur jugememt sera exécuté par maniere de provision en baillant bonne & suffisante caution, lorsqu'il échoit de juger par provision. Abrogeons l'usage de donner en ce cas, séparément, la sentence de provision & la définitive.

ARTICLE XV.

Condamné à délaisser la possession d'un héritage, par sentence de provision, la doit exécuter avant la sentence définitive.

Le possesseur d'un héritage, qui aura été condamné de s'en départir par une sentence de provision, ne pourra poursuivre la sentence définitive qu'après que la sentence de provision aura été exécutée, & qu'il se sera départi de la possession des lieux; à moins que la partie qui aura obtenu la sentence de provision, ne demande par écrit qu'il soit procédé au jugement définitif.

Lecture faite de l'Article XV:

M. le premier président a dit, que les termes de *se départir* sont impropres dans cet article, parce que l'on ne condamne jamais à se départir d'un héritage par provision: ce terme regarde la définitive & le pétitoire, & non pas le possessoire & la provision.

☞ *Cet article a été supprimé, aussi-bien que l'article IX du titre XXX, qui est conforme à celui-ci.*

ARTICLE XVI.

Sentence définitive ne pourra être rendue avant l'exécution de celle de provision.

Si la sentence de provision condamne au paiement de quelque somme, ou espece, aucune sentence définitive ne pourra être rendue sans la réquisition par écrit, de l'une ou de l'autre des parties, à peine de nullité & de la répétition du double des épices contre le juge, sur quoi celui qui aura avancé les épices de la sentence définitive, en sera préalablement remboursé, & le surplus sera partagé entre l'une & l'autre des parties; le tout sans préjudice de pouvoir, par celui qui a obtenu la sentence de provision, la faire exécuter contre la partie condamnée, par toutes voies dues & raisonnables, quand bien même la sentence définitive seroit contraire, pourvu que celui qui a obtenu la sentence de provision à son profit, soit appellant de la sentence définitive.

Après la lecture de cet Article :

Il a été arrêté qu'il le faut retrancher par les considérations ci-dessus remarquées, outre lesquelles il a encore été dit par M. le premier président, qu'il est contre le droit & l'usage du palais de faire exécuter une sentence de provision après que la définitive a été rendue, & qu'elle se trouve contraire à la premiere, parce qu'en ce cas il n'y a plus de sentence de provision: le juge l'a tacitement révoquée, en jugeant définitivement le contraire.

Sentence définitive éteint celle de provision.

La sentence de provision ne dure que jusqu'à ce qu'autrement par le juge en ait été ordonné en définitive: & en ce cas l'appel interjetté de la sentence définitive, ne peut donner lieu à l'exécution de la sentence de provision qui n'est plus. Que cela est bon quand les sentences se trouvent conformes ; car autrement la définitive éteint & couvre toujours la sentence de provision, que l'on accorde bien à celui qui a le droit le plus apparent, mais non pas toujours avec une si entiere connoissance de cause.

Que c'est pour cela qu'on obligeoit celui à qui l'on accordoit la provision, de donner caution de rapporter ce qu'il aura touché, s'il est dit ainsi en fin de cause; mais quant à la sentence définitive, elle ne se rendoit que sur une instruction parfaite, & après que la justice avoit tiré de part & d'autre toutes les lumieres pour bien juger. De sorte que le juge pouvoit rétracter ou réformer la sentence de provision, ce qui arrivoit souvent par la sentence définitive; mais depuis que celle-ci étoit une fois rendue, tout le pouvoir du juge étoit consommé. Comme aussi est-il constant dans les regles, que de plein droit la ſentence de proviſion s'évanouit, auſſi-tôt que la définitive a été rendue.

M. Puſſort a dit, qu'il demeure d'accord que l'uſage eſt contraire; mais que l'on avoit eſtimé qu'il étoit du bien de la juſtice de favoriſer les proviſions.

TITRE XVI.

Ce titre eſt auſſi le X de l'ordonnance.

Des interrogatoires ſur faits & articles.

ARTICLE I.

Permis de ſe faire interroger en tout état de cauſe, ſur faits & articles pertinens.

PERMETTONS aux parties de ſe faire interroger l'une l'autre, en tout état de cauſe pardevant le juge du différend, ſans retardation de l'inſtruction ni du jugement; ſoit à l'audience, ou en procès par écrit, ſur faits & articles pertinens, & concernans ſeulement la matiere dont eſt queſtion entre elles.

Lecture faite de l'Article I:

De la communication des faits & articles.

M. le premier préſident a dit, qu'il y avoit ſur cet article une importante réflexion à faire touchant la queſtion de ſavoir s'il ſeroit plus avantageux au bien de la juſtice de ne point communiquer les faits aux parties, ou de continuer l'uſage dans lequel l'on a vécu juſqu'à préſent.

Qu'en faveur de la communication l'on peut dire que c'eſt un ancien ſtyle toujours obſervé dans le parlement, & dans ſon reſſort : c'eſt une des diſtinctions des matieres civiles d'avec les criminelles; & cette ſorte de communication eſt pour empêcher qu'une perſonne ſimple ne ſoit ſurpriſe par la propoſition de faits imprévus, & dont elle n'auroit point de connoiſſance; & encore afin de lui donner moyen de s'en inſtruire, pour ſatisfaire à la vérité, parce que l'on peut propoſer des articles de choſes éloignées, dont on a perdu la mémoire; & enfin qu'un héritier interrogé ſur le fait d'une ſucceſſion qu'il a nouvellement recueillie, ne ſauroit répondre ſans en être pleinement informé.

Contre la communication des faits & articles.

L'on peut dire au contraire, que lorſque l'on communique les faits, c'eſt donner le moyen de ſe préparer contre la vérité, laquelle n'a pas beſoin de conſeil pour ſe produire. Chacun doit ſavoir ce qui eſt de ſon fait, & ne

sauroit être tenu de répondre sur une autre chose. D'ordinaire ceux
sont interrogés consultent bien moins leur conscience que le palais,
ce qu'ils ont à dire: ils apportent leurs réponses toutes faites; de sorte c
tout l'effet de leur interrogatoire n'est que de transcrire des réponses, c
la partie a déjà elle-même rédigées par écrit. L'on n'a point vu qu'un ho
me préparé sur ce qu'il doit répondre, ait jamais perdu son procès par
bouche. C'est bien souvent l'occasion d'un parjure prémédité, qu'il ser
beaucoup meilleur de retrancher; mais qu'au contraire, lorsqu'une par
vient prêter l'interrogatoire sans avoir eu communication des faits, il
difficile, quand ils sont bien dressés, qu'elle ne tombe dans quelque co
tradiction lorsqu'elle veut déguiser la vérité. Que dans la province
Normandie l'on se trouvoit bien de cet usage, & qu'il seroit peut-ê
avantageux pour la justice de le rendre général par-tout le royaume.

☞ *Cet article est aussi le premier de ce titre dans l'ordonnance: on en retranché les mots suivans:* soit à l'audience, ou en procès par écrit; *& l' y a ajouté cette clause*, & en cas d'absence de la partie, pardevant le ju qui sera par lui commis. *Les autres changemens qu'on y a faits, ne rega dent que l'arrangement & la disposition des parties. Il a été rectifié & arrêté cette maniere:*

ARTICLE I. Permettons aux parties de se faire interroger en tout état de cause faits & articles pertinens, concernant seulement la matiere dont est question, parc vant le juge où le différend est pendant; & en cas d'absence de la partie, pardevant juge qui sera par lui commis: le tout sans retardation de l'instruction & jugement.

ARTICLE II.

Assignations pour répondre seront données en vertu d'ordonnan du juge.

Les assignations pour répondre sur faits & articles, seron données en vertu d'ordonnance du juge, pour laquelle il n sera pris aucune chose, sans qu'il soit besoin de commission d greffe: & si la partie n'est point au lieu où le différend est pen dant, l'assignation sera donnée pardevant le juge ordinaire de partie, lequel pour cet effet sera commis.

Lecture faite de cet Article:

M. le premier président a observé qu'il seroit inutile, ayant toujou été pratiqué de la sorte.

☞ *Nonobstant l'observation de M. le premier président, l'article a pa avec quelques changemens qu'on y a faits, de cette maniere:*

ARTICL

ARTICLE II. Les assignations pour répondre sur faits & articles, seront données en vertu d'ordonnance du juge, sans commission du greffe, encore que la partie fût demeurante hors du lieu où le différend est pendant, & sans que pour l'ordonnance, le juge & le greffier puissent prétendre aucune chose.

ARTICLE III.

Assignation sera donnée à personne ou domicile, & de quoi sera donné copie.

L'ASSIGNATION sera donnée à personne ou domicile de la partie, & non à aucun domicile élu, ni à celui du procureur, & sera donné copie de l'ordonnance du juge, & des faits & articles.

Lecture faite de cet Article, il a passé sans aucun changement.

ARTICLE IV.

A faute de comparoir, les faits seront tenus pour confessés.

Limitation.

A FAUTE de comparoir & de répondre aux jours & lieux qui seront assignés, sera dressé un procès-verbal sommaire pour justifier que la partie assignée ne sera pas comparue, ou n'aura point répondu; & en conséquence de ce procès-verbal, seront les faits tenus pour confessés & avérés, en toutes jurisdictions & justices, même en nos cours de parlement, grand-conseil, cours des aides & autres, sans qu'il soit besoin de le faire ainsi ordonner, ni de réassignation. Et néanmoins, si la partie compare avant le jugement du procès, elle sera reçue à répondre sur les faits, à la charge de payer les frais de son interrogatoire, & d'en donner copie à la partie; même de rembourser les dépens du premier procès-verbal, sans les pouvoir répéter, & sans retardation du jugement du procès.

Après la lecture de cet Article :

M. le premier président a dit, que la disposition de l'article étoit nouvelle. Qu'il étoit vrai, que pardevant les premiers juges, faute de répondre, les faits étoient tenus pour confessés & avérés; mais que dans les compagnies souveraines on les joint au procès, pour, en jugeant, y avoir tel égard que de raison. Que cette différence avoit son fondement, qui étoit, qu'en premiere instance l'on avoit la voie d'appel ; mais après un arrêt, il n'y avoit plus de retour. Ce n'est pas qu'il n'y eût beaucoup à redire, de ne pas reconnoître la vérité : *manifestæ turpitudinis est, nolle jurare.*

M. Pussort a dit, que s'il y a quelque fruit à espérer des interrogatoires, c'étoit par la disposition de cet article. Qu'une partie n'étoit point excusable, quand elle refusoit ce qui dépendoit absolument d'elle. Que l'absence n'est pas un bon moyen pour se dispenser de répondre, puisque l'article II oblige, en cas d'absence, de prendre commission pour faire prêter interrogatoire pardevant le juge des lieux.

Chez les Romains, il n'étoit pas permis de s'absenter pendant le procès.

Chez les Romains, il n'étoit point permis à la partie de s'absenter, lorsqu'elle avoit un procès. Le préteur avoit la justice sommaire, & les loix secouroient ceux qui n'abandonnoient pas leur défense.

La disposition de l'article étant reçue, personne ne voudra plus risquer de perdre son procès, faute de répondre à toutes les difficultés. Tous les défauts ayant été jugés efficaces, il n'y avoit point de raison pourquoi celui-ci ne le dût pas être.

M. le premier président a proposé la question de savoir si une partie qui n'avoit pas prêté interrogatoire pardevant les premiers juges, seroit reçue de le prêter en cause d'appel.

M. Pussort a dit, qu'il n'y avoit pas de difficulté pour l'affirmative, & qu'en cause d'appel l'on pouvoit réparer toutes les omissions faites dans les instructions pardevant les premiers juges.

☞ *L'article qui vient d'être examiné, a été partagé suivant ces deux parties principales : la premiere, qui porte que* les faits sont tenus pour confessés & avérés, si la partie ne compare, *compose l'article IV de l'ordonnance ; & la seconde, qui est une limitation de la premiere, fait l'article V. Voici de quelle maniere ces deux articles ont été arrêtés.*

ARTICLE IV. Si la partie ne compare aux jours & lieux qui seront assignés, ou fait refus de répondre, sera dressé un procès-verbal sommaire, faisant mention de l'assignation & du refus : & sur le procès-verbal seront les faits tenus pour confessés & avérés en toutes jurisdictions & justices, même en nos cours de parlement, grand-conseil, chambre des comptes, cours des aides & autres nos cours, sans obtenir aucun arrêt ou jugement, & sans réassignation.

ARTICLE V. Voulons néanmoins que si la partie se présente avant le jugement du procès, pour subir l'interrogatoire, elle soit reçue à répondre, à la charge de payer les frais de l'interrogatoire, & d'en bailler copie à la partie, même de rembourser les dépens du premier procès-verbal, sans les pouvoir répéter, & sans retardation du jugement du procès.

ARTICLE V.

Les réponſes ſeront faites par la partie en perſonne.

LES réponſes ſur faits & articles ſeront faites par la partie en perſonne, & non par procureur, ni par écrit ; & en cas de maladie ou empêchement légitime, le juge ſe tranſportera devers la partie pour cet article.

Après la lecture de cet Article :

M. le premier préſident a dit, que l'ordonnance de 1539 porte, que l'on répondra par *oui* ou par *non :* que ce ſeroit beaucoup avancer, que de retrancher tant de circonlocutions. *Réponſes, par oui ou non.*

M. Puſſort a dit, que l'on ne peut pas toujours répondre par *oui* ou par *non ;* & qu'il eſt quelquefois néceſſaire de s'expliquer plus au long, pour rendre une réponſe intelligible.

☞ *Cet article eſt le VI dans l'ordonnance : il a été rédigé de cette maniere :*

ARTICLE VI. La partie répondra en perſonne, & non par procureur ni par écrit ; & en cas de maladie ou empêchement légitime, le juge ſe tranſportera en ſon domicile pour recevoir ſon interrogatoire.

ARTICLE VI.

Maniere de procéder aux interrogatoires ſur faits & articles.

LE juge recevra le ſerment & les réponſes ſur chacun fait & article, & ne pourra d'office interroger ſur aucun fait dont il n'aura point été donné copie.

Après la lecture de l'Article VI :

M. le premier préſident a dit, que les interrogatoires ainſi reſtreints, ne ſeront d'aucun fruit, & cauſeront beaucoup de parjures. Qu'il ſeroit peut-être expédient d'en abolir l'uſage : mais qu'en tout cas, comme il eſt du devoir du juge de chercher la vérité, il ſeroit bon de permettre qu'en interrogeant il fît les inſtances qu'il eſtimeroit néceſſaires. Que c'eſt contre l'uſage ordinaire, mais que cela pourroit faire un fort bon effet. *Juge peut faire des inſtances, en interrogeant.*

M. Puſſort a dit, que l'interrogatoire devant être précédé du ſerment, c'étoit une précaution contre le menſonge. Et ſi l'uſage en étoit aboli, beaucoup de gens qui ne voudroient prêter interrogatoire par la crainte *Serment eſt une precaution contre le menſonge.*

de faire un faux serment, auroient assez de facilité pour prêter leur nom; & l'abus que l'on en feroit, causeroit une infinité de vexations qui sont prévenues par l'appréhension de l'interrogatoire.

A quoi il a ajouté, que l'ouverture proposée, de faire d'office par le juge des instances en interrogeant les parties, lui sembloit fort bonne, & qu'il en falloit parler au roi.

☞ *La derniere partie de cet article a été changée, sur l'ouverture faite par M. le premier président; & il a été arrêté, que les juges pourront d'office interroger sur des faits dont on n'aura point donné copie. Cet article est le VII dans l'ordonnance, en ces termes:*

ARTICLE VII. Le juge, après avoir pris le serment, recevra les réponses sur chacun fait & article, & pourra même d'office interroger sur aucuns faits, quoiqu'il n'en ait été donné copie.

ARTICLE VII.

Quelles doivent être les réponses.

LES réponses seront précises & pertinentes sur chacun fait, & sans aucun terme injurieux ni calomnieux.

Après la lecture de l'Article VII:

Il a passé, après que M. le premier président a remarqué, qu'il sembloit que cet article fût contenu dans les précédens; & qu'à l'égard des termes injurieux, ils étoient défendus *ipso jure*.

☞ *Cet article est le VIII de l'ordonnance, sans qu'on y ait fait aucun changement.*

ARTICLE VIII.

Peine contre celui qui déniera des faits contre la vérité.

POUR chacun fait dénié contre la vérité, il y aura vingt livres d'amende en nos cours de parlement, grand-conseil & autres nos cours, & dix livres en toutes autres jurisdictions & justices, applicables moitié à la partie, & l'autre aux réparations de l'auditoire ou de la chambre, sans qu'elle puisse être remise & modérée.

Après la lecture de cet Article:

M. le premier président a dit, que c'est la disposition de l'ordonnance de

1539, mais qu'elle n'a jamais été pratiquée à cet égard. Que cette séparation de faits, feroit un grand embarras, dont on auroit bien de la peine à se tirer; qu'il auroit été plus honnête de laisser la chose à l'arbitrage du juge. Quoique l'on puisse faire, l'on n'empêchera jamais que le juge n'explique la loi: parce qu'étant muette, comme elle est d'elle-même, elle a ordinairement besoin de secours.

La loi qui est muette, a besoin d'explication.

M. Pussort a dit, que cet article étoit transcrit de l'ordonnance de 1539; qu'il l'avoit proposé pour une seconde fois à l'assemblée de messieurs les commissaires, & par l'examen qui s'en étoit fait, l'on avoit estimé qu'il étoit à propos de retrancher l'article, ne pouvant pas avoir d'exécution; mais que selon les cas différens qui se présenteroient, & lorsque le juge verroit un homme manifestement convaincu de parjure, il feroit son office de le condamner à des peines proportionnées, & qu'il proposeroit d'ôter l'article.

Juge doit condamner les parjures à des peines.

☞ *Cet article a été supprimé, parce qu'on a cru que l'exécution en étoit impossible.*

ARTICLE IX.

Chapitres & communautés nommeront une personne pour répondre sur faits & articles.

SERONT tenus tous les chapitres, corps & communautés, nommer une personne d'entre eux pour répondre sur les faits & articles qui leur auront été communiqués, à laquelle pour cet effet sera passé pouvoir spécial, pour faire les réponses qui seront affirmées véritables; autrement seront tenus les faits pour confessés & avérés, sans préjudice de faire interroger en particulier les syndics, procureurs & autres, sur les faits qui les concerneront.

Après la lecture de cet Article :

M. le premier président a dit, que la disposition de l'article est pour découvrir la vérité dans les lieux où il est bien difficile de le pouvoir faire. Qu'elle étoit contraire à celle de l'article V qui fait défenses de répondre par écrit. Mais qu'à l'égard des communautés, il ne se pouvoit faire autre chose; que cela même seroit sans aucun fruit. Que pour faire des illusions à justice, l'on chargeoit ordinairement de la procuration le plus jeune des chanoines ou des religieux, qui n'avoit aucune connoissance des affaires.

Interrogatoires des communautés.

Au surplus, l'article portant qu'il sera permis de faire interroger les syndics & procureurs, cela pourroit avoir de grands inconvéniens, & il seroit dangereux de commettre l'événement du procès d'une communauté à la foi d'un syndic corrompu. Le tempérament que l'on y pourroit apporter,

Interrogatoires des syndics & procureurs.

seroit d'ajouter dans l'article, que *l'on aura à ces interrogatoires tel égard qu de raison ;* & par ce moyen la liberté demeurera toute entiere au juge d'ex miner la qualité de l'interrogatoire & des parties qui l'auront prêté.

Il a été de plus observé, qu'à la fin de l'article il y a une clause q porte : *sans préjudice de faire interroger en particulier les syndics & procureurs & autres, sur les faits qui les concerneront ;* qu'il en faut retrancher ces mots *& autres*, qui sont trop généraux.

M. Pussort a dit, que l'article seroit parfait, si après *& autres*, l'on ajoutoit ces mots : *qui ont agi par ordre de la communauté.*

☞ *Le présent article a été réformé conformément aux observations faite par M. le premier président & par M. Pussort. Ainsi l'on y a ajouté, que* le jug aura à ces interrogatoires tel égard que de raison ; *comme encore que l'o pourra faire interroger les syndics, procureurs, & autres,* qui ont agi par le ordres de la communauté. *L'on a aussi retouché quelques endroits de l'articl pour en rectifier l'expression. Il est le IX de ce titre dans l'ordonnance, en ces ter mes :*

ARTICLE IX. Seront tenus les chapitres, corps & communautés, nommer un syr dic, procureur ou officier pour répondre sur les faits & articles qui lui auront été com muniqués, & à cette fin passeront un pouvoir spécial, dans lequel les réponses seron expliquées & affirmées véritables : autrement seront les faits tenus pour confessés & avérés, sans préjudice de faire interroger les syndics, procureurs, & autres qui ont ag par les ordres de la communauté, sur les faits qui les concerneront en particulier pour y avoir par le juge tel égard que de raison.

ARTICLE X.

Interrogatoires, aux dépens de qui seront faits.

TOUS les interrogatoires sur faits & articles, se feront au frais & dépens de ceux qui voudront faire interroger, sans qu'il en puissent prétendre aucune répétition, ni qu'ils puissent entre en taxe, même en cas de condamnation de dépens.

Lecture faite de ce dernier Article :

M. le premier président a dit, que cet article paroît bien dur, & qu'o aura peine à convenir qu'un homme qui aura gagné son procès, par l moyen de l'interrogatoire qu'il aura fait prêter à sa partie, en doive por ter les dépens. C'est une contradiction dans l'objet, & l'article même s trouve contraire à la disposition d'un article du titre *de la taxe des dépens* qui porte, que *toute partie qui gagnera son procès au principal, obtiendra auss les dépens indéfiniment, sans qu'ils puissent être modérés par les juges.* Qu'enfi une partie pourroit profiter de sa mauvaise foi ; étant même à remaque que l'on ne retarde pas le jugement du procès par les interrogatoires parce qu'ils se font sans retardation.

M. Puffort a dit, que l'article avoit cette difficulté ; mais que l'on avoit jugé qu'il n'y avoit pas de moyen plus efficace pour retrancher le grand nombre de faits dont on chargeoit les interrogatoires, que d'ordonner qu'ils feroient faits aux dépens de ceux qui les propoferoient.

Moyen pour retrancher le grand nombre d'interrogatoires.

☞ *Cet article eſt auſſi le X & le dernier de ce titre dans l'ordonnance : voici de quelle maniere il a été rédigé :*

ARTICLE X. Les interrogatoires fe feront aux frais & dépens de ceux qui les auront requis, fans qu'ils puiffent en demander aucune répétition, ni les faire entrer en taxe, même en cas de condamnation de dépens.

TITRE XVII.

Ce titre eſt le XX de l'ordonnance.

Des faits qui giffent en preuve vocale ou littérale.

ARTICLE I.

Faits, comment doivent être articulés.

VOULONS que les faits foient fuccinctement articulés, & qu'il n'y ait qu'un feul acte pour réponfes, & fans y alléguer aucune raifon de droit ; le tout fignifié : interdifant toutes repliques & additions. Défendons d'y avoir égard, même de les mettre en taxe & de les comprendre dans les mémoires de frais & falaires, à peine de répétition du quadruple.

Après la lecture de cet Article :

M. le premier préfident a dit, que ci-devant l'on donnoit des faits par *intendits :* que par l'article l'on ôte l'addition des faits, mais que cela fe pourra fuppléer par requête.

Faits par intendits.

M. Puffort a dit, que la difpofition de l'article étoit à l'effet d'abolir les replique & dupliques, & toute cette fuite de procédures inutiles.

☞ *On a fait quelques changemens en cet article : il eſt auſſi le premier dans l'ordonnance, & il a été arrêté de cette maniere :*

ARTICLE I. Voulons que les faits qui giffent en preuve, foient fuccinctement articulés, & les réponfes fommaires, fans alléguer aucune raifon de droit ; interdifant toutes repliques & additions; & défendons d'y avoir égard, & de les mettre en taxe ni les comprendre dans les mémoires des frais & salaires des procureurs; le tout peine de répétition du quadruple.

ARTICLE II.

Actes seront passés de toutes choses excédant cent livres.

Preuve par témoins ne sera recue contre le contenu en iceux.

SERONT passés actes pardevant notaires, ou sous signature pri vée, de toutes choses excédant la somme de cent livres pour un fois payée, même pour dépôt volontaire; & ne sera reçue aucun preuve par témoins contre le contenu aux actes, ni sur ce qu seroit allégué avoir été écrit ou convenu avant, lors & depui la passation.

ARTICLE III.

Exception pour la justice consulaire, dépôts, &c. & s'il y a commencement de preuve par écrit.

N'ENTENDONS néanmoins par le présent article, rien change dans l'usage de tout tems observé pour ce regard, en la justice consulaire des marchands. N'entendons aussi exclure la preuve par témoins pour dépôt nécessaire, en cas d'incendie, ruine, tumulte ou naufrage; ni pour ceux faits en logeant dans une hôtellerie, entre les mains de l'hôte ou de l'hôtesse; ni en cas d'accidens imprévus, où l'on ne pourroit pas avoir fait des actes par écrit, ni quand il y aura un commencement de preuve par écrit

Après la lecture de ces deux Articles:

M. le premier président a dit, que les articles II & III contiennent plusieurs dispositions qu'il étoit bon d'examiner par chefs.

Preuve par témoins pour dépôt volontaire.

Qu'à l'égard de la prohibition de recevoir la preuve par témoins pour dépôt volontaire, c'étoit décider une grande question contre l'opinion d'un grand homme, qui étoit Cujas, dans ses paratitles, au code *depositi.* Qu'il est vrai que la jurisprudence des arrêts étoit contraire; ensorte qu'il paroissoit bon d'en faire une décision telle qu'elle est dans l'article.

Exception pour les juges & consuls.

A l'égard de l'exception que l'on fait en faveur des juges & consuls, encore que l'article ne décide rien précisément, ils croiront néanmoins avoir un titre qu'ils expliqueront en leur faveur. Que l'on a toléré qu'ils aient

aient reçu la preuve par témoins au-dessus de cent livres, lorsque l'on a cru qu'ils étoient aidés par quelques adminicules; mais il seroit dangereux d'en faire un article d'ordonnance, parce qu'ils en pourroient abuser.

M. Pussort a dit, que l'article avoit été rédigé chez M. de Vertamont, où les consuls lors en charge avoient été entendus, & qu'ils dirent sur ce point, qu'ils recevoient ou rejettoient la preuve par témoins, selon la qualité des affaires & des personnes; & représenterent l'arrêt confirmatif d'une de leurs sentences, dont il a été ci-devant fait mention, par lequel le parlement avoit jugé en termes formels, que la preuve par témoins étoit recevable au-dessus de cent livres.

Ils reçoivent la preuve par témoins au-dessus de cent livres.

Que les juges & consuls, qui sont de présent en charge, ayant été entendus sur le même fait, dirent qu'ils jugeoient en conformité de l'ordonnance; mais ils retournerent le soir même, & reconnurent que n'y ayant que huit jours qu'ils étoient en charge, ils s'étoient mécomptés; & que s'étant informés de leurs confreres de l'usage qui se pratiquoit au consulat, ils avoient appris qu'ils n'étoient point astreints dans leur jugemens à l'ordonnance de Moulins. De sorte que dans cette incertitude, l'on avoit cru qu'il seroit mieux de ne rien innover, & de les conserver en leur possession, & que cela avoit été ainsi arrêté par le roi.

M. le premier président a dit, que ce qui étoit de meilleur en ce qui concerne cette jurisdiction, c'est que tant qu'elle en usera bien, elle se maintiendra, & qu'elle ne sauroit subsister en faisant mal.

Il a observé de plus, que par une autre clause du même article, il étoit porté que la preuve par témoins seroit reçue *pour dépôts faits dans les hôtelleries, entre les mains des hôtes*. Qu'il étoit dangereux d'en faire une loi générale, parce qu'il dépendroit de la foi de deux témoins corrompus de ruiner un hôte. Que cela étoit bon lorsqu'il se trouvoit des commencemens de preuve, & des circonstances fortes; mais qu'il ne falloit pas la permettre dans tous les cas indifféremment.

Preuve par témoins pour dépôt fait entre les mains d'un hôte.

M. Pussort a réparti, qu'il a été jugé par des arrêts qu'un dépôt entre les mains d'un hôte, étoit un dépôt nécessaire, & qu'il y en avoit un rapporté dans Louet.

Qu'il s'agissoit de la sûreté publique, pour laquelle on pourroit même passer pardessus les regles. Qu'autrefois trois cens esclaves avoient été condamnés à mort, parce que leur maître avoit été trouvé mort dans sa maison, bien qu'il n'y eût aucune preuve ni indice qu'il eût été tué par aucun d'eux. On jugea néanmoins qu'il étoit de l'intérêt public d'obliger tous les esclaves par cette grande sévérité, de veiller à la garde & à la sûreté de leurs maîtres.

Trois cens esclaves condamnés à mort par le sénat.

Qu'il n'étoit rien de plus ordinaire que d'aller dans les hôtelleries; & comme cela étoit nécessaire, le dépôt qui se faisoit entre les mains des hôtes, l'étoit de même. Qu'enfin examinant de quelle façon l'article étoit tourné, l'on verroit qu'il n'enjoint pas au juge de recevoir la preuve par témoins en ce cas; mais qu'il lui laisse seulement la faculté de le pouvoir faire.

Arrêts contre des hôtes, pour dépôts.

M. le premier président a réparti, que si l'on examinoit tous les arrêt qui ont admis la preuve par témoins contre les hôtes, ils se trouveroien rendus sur des circonstances particulieres, & sur des commencemens d preuve. Cependant dans l'article l'on mêloit ce cas, avec ceux d'*incendie* de *naufrage* qui étoient bien différens, & dont la preuve étoit bien plu privilégiée en toutes façons.

En quoi consiste la sûreté publique.

Que ces trois cens hommes, qui avoient été condamnés à mort, étoier des esclaves qui n'étoient, parmi les Romains, d'aucune considération mais qu'il falloit pourvoir à la sûreté publique, qui consistoit principale ment à établir le repos des particuliers, & empêcher que l'on ne fît ma à-propos des avanies aux sujets du roi. Que si néanmoins il arrivoit qu ce fût un homme de bien qui se plaignît d'un hôte mal famé, il dépendro de la prudence du juge d'y faire les considérations nécessaires: mais il se roit trop dur d'abandonner les hôtes à la discrétion des filoux, & de toute sortes de gens qui vont loger chez eux.

M. Pussort a dit, que l'article laissoit au juge la liberté de recevoir l preuve ou de la rejetter, suivant les différentes circonstanes des personne des tems & des choses. Que cessant cette disposition, il faudroit, en er trant dans une hôtellerie, & se déchargeant des choses qu'on y apporte en dresser toujours des actes; que l'on pourroit dire le même des incendie

M. le premier président a réparti, que la différence étoit fort grande, & qu'on ne s'avisoit pas de brûler sa maison pour avoir sujet d'intenter u procès.

☞ *On a fait des changemens remarquables dans les deux articles que l'o vient d'examiner.*

1. *Ils ont été partagés en trois articles, qui sont le II, le III & le IV* *ce même titre dans l'ordonnance.*

2. *On a joint à l'article II la disposition de l'article VI qui a été retranché.* *La premiere partie de l'article III de ce projet, touchant* l'usage des juges & consuls, *a été mise à la fin du II de l'ordonnance.*

4. *La clause qui concerne* les dépôts faits dans une hôtellerie, *a été détach de l'article III, & elle compose l'article IV dans l'ordonnance, auquel on ajouté que* la preuve du dépôt pourra être ordonnée suivant la qualité d personnes, & les circonstances du fait.

5. *L'on y a fait encore quelques changemens dans la diction, & ils ont été ain rédigés :*

ARTICLE II. Seront passés actes pardevant notaires, ou sous signature privée, toutes choses, excédant la somme ou valeur de cent livres, même pour dépôts volo taires, & ne sera reçu aucune preuve par témoins, contre & outre le contenu aux a tes, ni sur ce qui seroit allégué avoir été dit avant, lors, ou depuis les actes, enco qu'ils s'agît d'une somme ou valeur moindre de cent livres; sans toutefois rien innove pour ce regard, en ce qui s'observe en la justice des juges & consuls des marchands.

ARTICLE III. N'entendons exclure la preuve par témoins pour dépôt nécessaire e cas d'incendie, ruine, tumulte ou naufrage, ni en cas d'accidens imprévus, où on pourroit avoir fait des actes, & aussi lorsqu'il y aura un commencement de preuve p écrit.

ARTICLE IV. N'entendons pareillement exclure la preuve par témoins pour dépôts faits en logeant dans une hôtellerie, entre les mains de l'hôte ou de l'hôtesse, qui pourra être ordonnée par le juge, suivant la qualité des personnes, & les circonstances du fait.

ARTICLE IV.

Quelles demandes, dont il n'y aura preuve par écrit, seront jointes ensemble.

TOUTES les demandes dont il n'y aura point de preuve ou commencement de preuve par écrit, bien que conçues pour différentes causes & sommes, en divers tems, seront jointes ensemble, pour n'admettre, sous prétexte de leur différence, la preuve par témoins au-dessus de cent livres; si ce n'étoit que les droits procédassent de différentes personnes, par succession, donation ou autrement.

Après la lecture de cet Article:

M. le premier président a dit, que la disposition du droit y est contraire. S'il est dû trois cens livres pour diverses causes, que la preuve en soit différente, que les témoins & les lieux le soient aussi; au lieu d'un procès, l'on en fera dix successivement, & l'on divisera les actions pour éluder l'article. Les termes de la loi *si idem* 11, au digeste *de jurisdictione*, y sont formels. *Si idem cum eodem pluribus actionibus agat, quarum singularum quantitas intrà jurisdictionem judicantis sit, coacervatio verò omnium excedat modum jurisdictionis ejus, apud eum agi posse Sabino, Proculo placuit; quæ sententia rescripto imperatoris Antonini confirmata est.* *Division d'une action en plusieurs.*

Que lorsqu'en termes de droit l'on dit: *placuit, Sabino, Cassio, Proculo*, c'est-à-dire, que tous les jurisconsultes en sont demeurés d'accord; & ainsi l'article étoit contre l'usage & contre le droit reçu par-tout généralement.

M. Pussort a dit, que si on ne réduisoit toutes les actions ensemble, l'on ne manqueroit point de témoins affidés pour déposer; mais qu'il y avoit été pourvu par l'article suivant. *Réduction de plusieurs actions en une.*

Que l'espece de la loi proposée étoit bien différente de celle dont il s'agissoit: qu'il n'étoit question que de planter des bornes; mais qu'il s'agit dans l'article qui se traite, d'empêcher que par le moyen de deux faux témoins, l'on ne se rende maître du bien des hommes. *Explication de la loi 11 D. de jurisd.*

M. le premier président a réparti, que ce qu'il a allégué de la loi 11, *ff. de jurisd.* est dans la propre espece de l'article proposé, & ne parloit en aucune façon de planter des bornes d'héritages. Que cette loi traite bien ensuite une autre espece qui regardoit l'action *familiæ erciscundæ*, mais qu'il n'en étoit point ici question.

Au surplus, on devoit considérer qu'assez souvent une partie ne connoissoit pas entiérement ses droits, qui pouvoient procéder de différent causes. Qu'il pouvoit être dû à un marchand par divers traités, promes & comptes passés avec son correspondant, ou son facteur. Un autre au recueilli une succession tout fraîchement, dont il ne connoît pas enco les forces ni ce qui lui est dû, non plus que ce qu'il devra. Voudra-t- dans tous ces cas, prescrire la nécessité de réduire tant de différentes a tions à une seulement? Sera-t-il juste de l'ordonner, & l'exécution sera-t-elle possible?

M. Pussort a dit, que le même article y avoit pourvu, en ajoutar *si ce n'étoit que les droits procédassent de différentes personnes, par successio donation ou autrement.*

M. le président de Novion a dit, que les procès qui se font pour diff rentes causes, peuvent être joints pour plus grande facilité: que cet multiplicité d'actions étoit contraire à la présente réformation. Que l'on doit en tout cas imputer sa facilité, & qu'il étoit libre de ne pas prêt au-dessus de cent livres.

☞ *On a donné à cet article une forme un peu différente: il est le V da l'ordonnance, en ces termes:*

ARTICLE V. Si dans une même instance la partie fait plusieurs demandes, don n'y a point de preuve, ou commencement de preuve par écrit, & que jointes ensemb elles soient au-dessus de cent livres, elles ne pourront être vérifiées par témoins, enco que ce soit diverses sommes qui viennent de différentes causes, & en différens tems, ce n'étoit que les droits procédassent par succession, donation, ou autrement de pe sonnes différentes.

ARTICLE V.

Quelles demandes seront formées par un même exploit, & quelles non-recevables.

TOUTES les prétentions & demandes d'une partie contre l'au tre, à quelque titre que ce soit, qui ne seront point entiéremen justifiées par écrit, seront formées par un même exploit, apr lequel les autres demandes, dont il n'y aura point de preuve pa écrit, seront non-recevables.

Lecture faite de cet Article, il a été trouvé bon.

☞ *Les changemens qui ont été faits dans le présent article, ne sont p considérables: il est le VI dans l'ordonnance.*

ARTICLE VI. Toutes les demandes, à quelque titre que ce soit, qui ne seront en tiérement justifiées par écrit, seront formées par un même exploit, après lequel l autres demandes dont il n'y aura point de preuve par écrit, ne seront reçues.

La conférence a été remise au jeudi vingt-quatrieme jour de février 1667.

HUITIEME CONFÉRENCE.

Du jeudi vingt-quatrieme février 1667, en l'hôtel Séguier.

Monsieur le chancelier, & messieurs les commissaires du roi.

Monsieur le premier président, & messieurs les députés du parlement présens,

à l'exception de messieurs les présidens de Bailleul, de Champlâtreux & de Maupeou,

& de M. Talon, avocat général.

La compagnie étant assemblée, lecture a été faite de la

SUITE DU TITRE XVII.

Des faits qui gissent en preuve vocale & littérale.

ARTICLE VI.

Preuve par témoins ne sera reçue contre une preuve par écrit.

AUCUNE preuve par témoins, même au-dessous de la somme & valeur de cent livres, ne pourra être reçue contre une preuve par écrit.

Lecture faite de l'Article VI :

M. le premier président a dit, que la disposition de cet article étoit conforme à celle du droit. Que néanmoins cette regle avoit des exceptions; & lorsque l'on alléguoit le fait du jeu & d'usure bien circonstancié, la preuve par témoins en étoit admise. *Preuve contre le jeu & l'usure.*

M. Pussort a dit, que l'usure étoit un crime contre lequel la procé- *Crime d'usure se poursuit extraordinairement.*

dure extraordinaire étoit admise, & n'étoit pas au cas de l'article. Quan à l'exception du jeu, qu'il seroit dangereux de la mette dans une ordonnance. La loi étant positivement établie, l'on pourroit se servir de c prétexte pour se pourvoir contre des obligations & des contrats les plu solemnels; c'est pourquoi il avoit semblé meilleur à l'assemblée de mes sieurs les commissaires de laisser les choses à l'arbitrage du juge, lequel selon les différentes circonstances d'une affaire, & lorsque les présomptions seroient violentes, pourroit recevoir la preuve par témoins, & qu'i falloit savoir l'intention du roi sur ce sujet.

Usure est une matiere mixte. Preuves des promesses passées pour le jeu, comment admises.

M. le premier président a réparti, que l'usure étoit une matiere mixt qui pouvoit être traitée diversement; mais à l'égard des promesses qu l'on soutenoit passées pour le fait du jeu, la preuve n'en étoit reçue qu lorsqu'il y avoit des adminicules, mais non pas purement & simplement

M. le président de Maisons a dit, qu'on pourroit ajouter à l'article: *e ce non compris les promesses usuraires & celles qui viennent du jeu.*

M. le président le Coigneux a dit, qu'il y avoit présentement deu procès pendans à la tournelle, pour raison du jeu; qu'il y en avoit e d'autres qui avoient passé devant lui, & que l'on avoit toujours procéd par plainte & information.

M. le premier président a dit, que l'on se trouve bien de l'usage présent qu'il seroit d'avis, dans l'incertitude où l'on est, de laisser la chose dans l disposition présente, & d'ôter l'article.

☞ *Le présent article a été supprimé; mais l'on a inséré une partie de s disposition dans l'article II auquel on a ajouté que*, encore qu'il s'agît d'un somme ou valeur moindre de cent livres, *il ne seroit reçu aucune preuve pa témoins contre & outre le contenu aux actes. Voyez ci dessus l'article II de l'ordonnance.*

ARTICLE VII.

Age, mariage, tems du décès, seront prouvés par des registre en bonne forme.

LES preuves de l'âge, du mariage, & du tems du décès, se ront reçues par des registres en bonne forme, qui contiendron les baptêmes, les mariages & les sépultures, auxquels sera fai mention, outre les jours des baptêmes & des sépultures, du jour de la naissance & du décès.

Cet Article a été trouvé bon.

☞ *Dans la révision des articles, celui-ci a été abrégé par le retranchemen de ces mots:* qui contiendront les baptêmes, &c. *jusqu'à la fin. Cette clause été insérée dans l'article IX de l'ordonnance, qui regle la forme des registres des baptêmes, mariages & sépultures.* Le présent article est aussi le VII dans l'ordonnance.

ARTICLE VII. Les preuves de l'âge, du mariage, & du tems du décès, seront reçues par des registres en bonne forme, qui feront foi & preuve en justice.

ARTICLE VIII.

De qui sera fait mention pour les baptêmes.

POUR les baptêmes, seront nommés l'enfant, le pere, la mere, le parrein, la marreine.

ARTICLE IX.

De qui, & de quoi sera fait mention pour les mariages.

A L'ÉGARD des mariages, seront inscrits les noms, surnoms, âges, qualités & demeures de ceux qui se marient, avec mention expresse s'ils sont enfans de famille, ou en la puissance d'autrui.

Lecture faite de ces deux Articles, il ont été approuvés.

☞ *On a joint les dispositions de ces deux articles, & ils composent l'article IX de ce titre dans l'ordonnance. On y a ajouté la derniere partie de l'article VII, & une clause de l'article X touchant les mariages, qui porte que* quatre témoins y assisteront, & déclareront sur le registre s'ils sont parens des mariés, de quel côté, & en quel degré: *ainsi l'article IX a été arrêté de cette maniere:*

ARTICLE IX. Dans l'article des baptêmes sera fait mention du jour de la naissance, & seront nommés l'enfant, le pere & la mere, le parrein & la marreine: & aux mariages, seront mis les noms & surnoms, âges, qualités & demeures de ceux qui se marient, s'ils sont enfans de famille, en tutele, curatelle, ou en puissance d'autrui, & y assisteront quatre témoins qui déclareront sur le registre s'ils sont parens, de quel côté & en quel degré: dans les articles de sépultures sera fait mention du jour du décès.

ARTICLE X.

Baptêmes, mariages, sépultures, doivent être en même registre, sans blanc; quelles signatures y sont requises.

SERONT inscrits en un même registre, les baptêmes, mariages & sépultures, selon l'ordre du tems, sans aucun feuillet blanc ni place vuide, aussi-tôt qu'ils auront été faits & signés, savoir, le baptême par le pere s'il est présent, ou par les parreins & marreines; les mariages par les personnes mariées, & quatre témoins qui seront tenus de déclarer s'ils sont parens des mariés, de quel côté, & en quel degré; & les sépultures, par deux plus proches parens ou amis qui auront assisté au convoi du défunt, de quel âge, sexe & qualité il a été. Si aucuns d'entre eux ne savoient signer, ils le déclareront, dont ils seront interpellés par le curé, vicaire ou autre prêtre qui aura fait les baptêmes, mariages & sépultures: & en ce faisant, les registres seront signés d'eux & de deux autres personnes qui y auront assisté, s'il y en a qui sachent signer.

Après la lecture de l'Article X:

Si la preuve par témoins est recevable contre des registres.

M. le premier président a dit, que cet article étoit bien étendu. Qu'il y avoit quelque chose à redire dans la construction de ces mots: *savoir, le baptême par le pere;* & que pour le rendre plus intelligible, l'on pourroit mettre: *sur le registre qui sera signé par le pere.* Il a de plus ajouté, qu'il étoit bon de savoir si la foi du registre seroit tellement constante, que l'on ne pût recevoir au contraire aucune preuve par témoins, même en matiere bénéficiale.

M. Pussort a dit, que l'on avoit cherché avec beaucoup de soin tout ce qui pouvoit assurer la vérité & la validité de ces registres; mais que toutes les précautions que l'on y avoit apportées, ne pourroient pas empêcher que lorsqu'il y auroit des adminicules de preuves contraires, comme par un contrat de mariage, la preuve n'en pût être reçue. Mais que l'on n'avoit pas estimé qu'il fût à propos d'en faire mention dans un article.

M. le premier président a dit, que ce qui faisoit la difficulté, étoit la connexité de cet article avec le précédent: & qu'ôtant l'article VI, on leveroit toute la difficulté, parce qu'il y a des preuves par écrit qui n'excluent pas celles des témoins.

Preuves par écrit, qui n'excluent pas celles des témoins.

M. le président de Novion a dit, que l'article y pourvoit, en conformité des anciennes ordonnances.

M. le président de Maisons a dit, qu'il y auroit nécessité en beaucoup de rencontres de recevoir cette preuve par témoins, comme lorsqu'un enfant auroit été gardé avant le baptême, ce qui arrivoit assez souvent.

Il a dit de plus, que l'article veut que l'on mette dans un même registre les baptêmes & les mortuaires. Que cela seroit difficile dans l'exécution, & particuliérement dans les grandes paroisses, où il y avoit plusieurs officiers commis pour tenir ces registres: les uns pour les baptistaires, & les autres pour les mortuaires.

M. Pussort a dit, que cette précaution avoit été apportée, pour empêcher les faussetés. Que dans quelques paroisses de Paris, il pourroit y avoir de la difficulté; mais que par-tout ailleurs il n'y en pourroit avoir. Qu'il falloit considérer

considérer que ces regiſtres devoient être portés au greffe, & que la multiplicité en feroit l'embarras.

M. le premier préſident a ajouté, que l'on pourroit faire différence des grandes & des petites paroiſſes, & permettre aux grandes de tenir deux regiſtres: l'un pour les baptêmes, & l'autre pour les ſépultures.

Deux regiſtres dans les grandes paroiſſes.

☞ *On n'a fait par cet article aucune différence des grandes & des petites paroiſſes ; mais il a été réformmé de cette maniere :*

ARTICLE X. Les baptêmes, mariages & ſépultures ſeront en un même regiſtre, ſelon l'ordre des jours, ſans laiſſer aucun blanc ; & auſſi-tôt qu'ils auront été faits, ils ſeront écrits & ſignés; ſavoir, les baptêmes par le pere, s'il eſt préſent, & par les parreins & marreines; & les actes de mariages, par les perſonnes mariées, & par quatre de ceux qui y auront aſſiſté ; les ſépultures par deux des plus proches parens ou amis qui auront aſſiſté au convoi ; & ſi aucun d'eux ne ſavent ſigner, ils le déclareront, & ſeront de ce interpellés par le curé ou vicaire, dont ſera fait mention.

ARTICLE XI.

Des regiſtres pour les bapêtmes, &c. & leur forme.

IL y aura pour cet effet par chacun an deux nouveaux regiſtres reliés, dont les feuillets ſeront paraphés & cotés par premier & dernier, par le juge royal qui doit connoître des cas royaux dans l'étendue du lieu où l'égliſe eſt ſituée ; deſquels l'un ſervira de minute & demeurera à l'égliſe & au pouvoir du curé ou vicaire ; & l'autre ſervira de copie ou groſſe, & ſera porté & remis au greffe du juge royal : leſquels deux regiſtres ſeront fournis annuellement aux frais de l'œuvre ou fabrique, avant le dernier décembre de chacune année, pour commencer d'y enregiſtrer par le curé ou vicaire, les baptêmes, mariages & ſépultures, depuis le premier janvier enſuivant, juſqu'au dernier décembre incluſivement.

Après la lecture de l'Article XI :

M. le premier préſident a obſervé, que par cet article & par les ſuivans, l'on charge les fabriques des frais de ces regiſtres, & de l'envoi au greffe. Que cela feroit de la dépenſe ; cependant c'eſt le bien de l'égliſe qui n'étoit point deſtiné à cet uſage.

M. Puſſort a dit, que l'on n'avoit pas jugé raiſonnable d'en charger le curé, & que l'on n'avoit pas trouvé d'autre fonds pour faire cette dépenſe, que celui de la fabrique.

☞ *On a retranché de l'article ces mots :* qui doit connoître des cas royaux; *& c'est le changement le plus considérable qu'on y a fait. Il est le VII dans l'ordonnance, en ces termes :*

ARTICLE VIII. Seront faits par chacun an deux registres pour écrire les baptêmes mariages & sépultures en chacune paroisse, dont les feuillets seront paraphés & cot par premier & dernier, par le juge royal du lieu où l'église est située; l'un desque servira de minute, & demeurera ès mains du curé ou du vicaire, & l'autre sera port au greffe du juge royal, pour servir de grosse : lesquels deux registres seront fourn annuellement aux frais de la fabrique avant le dernier décembre de chacune année, pou commencer d'y enregistrer par le curé ou vicaire les baptêmes, mariages & sépultures depuis le premier janvier ensuivant, jusqu'au dernier décembre inclusivement.

ARTICLE XII.

Quand ce registre sera porté au greffe royal, & ce qui doit êtr fait par le greffier.

SERONT les curés ou vicaires, six semaines après chacune an née expirée, tenus de porter ou envoyer sûrement la grosse o copie de ce registre signé d'eux & certifié véritable, au greffe d juge royal qui l'aura coté & paraphé; & sera tenu le greffier d le recevoir & y faire mention du jour qu'elle y aura été appor tée, & en donnera la décharge sans frais, après néanmoin qu'elle aura été collationnée à la minute qui demeurera au cur ou au vicaire, & qu'il aura barré en l'un & en l'autre tous le blancs qui pourront être en aucunes des pages : laquelle grosse d registre sera gardée soigneusement par le greffier, pour y avo recours.

Lecture faite de cet Article, il a passé.

☞ *Cet article est le XI de l'ordonnance : il a été corrigé de cette maniere*

ARTICLE XI. Seront tenus les curés ou vicaires, six semaines après chacune anne expirée, de porter ou d'envoyer sûrement la grosse & la minute du registre signé d'eu & certifié véritable, au greffe du juge royal qui l'aura coté & paraphé; & sera tenu greffier de le recevoir & y faire mention du jour qu'il aura été apporté, & en donne la décharge, après néanmoins que la grosse aura été collationnée à la minute qui de meurera au curé ou vicaire, & que le greffier aura barré en l'une & en l'autre tou les blancs & feuillets qui resteront, le tout sans frais : laquelle grosse de registre ser gardée par le greffier pour y avoir recours.

ARTICLE XIII.

Pendant quel tems les certificats seront délivrés par les curés.

LES extraits & certificats des sépultures, baptêmes & mariages seront délivrés pendant le cours de l'année, jusqu'à l'expiration de laquelle la grosse du registre ne peut être portée ni envoyée au greffe, par les curés ou leurs vicaires, & les compulsoires faits entre leurs mains.

Cet Article a été trouvé bon.

☞ *Quoique le présent article ait passé sans qu'on ait rien dit contre, on a néanmoins jugé à propos, dans la révision, de le supprimer.*

ARTICLE XIV.

Extraits des registres seront pris aux greffes, ou compulsés ès mains des curés, & ce qui sera payé.

APRÈS que la remise des grosses aura été faite au greffe, il sera au choix des parties d'y lever les extraits, dont ils auront besoin, signés & expédiés par le greffier, ou de les compulser ès mains des curés ou vicaires, & y sera fait mention du jour de l'expédition & délivrance, à peine de nullité. Pour chacun desquels extraits & certificats, pourront, tant les greffiers que les curés & vicaires, prendre dix sols ès villes auxquelles il y a parlement, évêché ou siege présidial, & cinq sols ès autres lieux, sans qu'ils puissent en exiger ou recevoir plus grande somme, sous quelque prétexte que ce soit, à peine d'exaction.

Cet Article a été pareillement trouvé bon.

☞ *On n'a point fait de grands changemens dans cet article: il est le XII dans l'ordonnance.*

ARTICLE XII. Après la remise du registre au greffe, il sera au choix des parties d'y lever les extraits dont ils auront besoin, signés & expédiés par le greffier, ou de le compulser ès mains des curés ou vicaires; & y sera fait mention du jour de l'expédition & délivrance, à peine de nullité. Pour chacun desquels extraits & certificats, pourront, tant les curés ou vicaires, que les greffiers, prendre dix sols ès villes esquelles il y a parlement, évêché ou siege présidial, & cinq sols ès autres lieux, sans qu'ils puissent exiger ou recevoir plus grande somme, sous quelque prétexte que ce soit, à peine d'exaction.

ARTICLE XV.

Quelles autres personnes obligées de tenir tels registres.

Le même sera gardé & observé par les maîtres, administrateurs, recteurs & autres supérieurs ecclésiastiques des hôpitaux, & en tous lieux esquels il y aura eu baptêmes, mariages & sépultures.

ARTICLE. XVI.

Peine contre ceux qui ne tiendront tels registres, ou qui ne les remettront.

Enjoignons à tous curés, vicaires, marguilliers, custodes, & autres directeurs des œuvres & fabriques, aux maîtres, administrateurs, recteurs & autres supérieurs ecclésiastiques des hôpitaux, & à tous autres, pour les lieux où il y aura eu baptêmes, mariages & sépultures, chacun à son égard, de satisfaire & obéir à tout ce que dessus, à peine d'y être contraints par saisie du temporel des ecclésiastiques, & de vingt livres d'amende contre les marguilliers & autres personnes en leur propre & privé nom.

Ces deux Articles ont été trouvés bons.

☞ *L'article XV & l'article XVI ont été réunis, & ils composent l'article XIII de l'ordonnance, qui a été arrêté de cette maniere:*

ARTICLE XIII. Enjoignons à tous curés ou vicaires, marguilliers, custodes & autres directeurs des œuvres & fabriques, aux maîtres & administrateurs, recteurs & supérieurs ecclésiastiques des hôpitaux, & tous autres, pour les lieux où il y aura eu baptêmes, mariages & sépultures, chacun à son égard, de satisfaire à tout ce que dessus; à peine d'y être contraints, les ecclésiastiques par saisie de leur temporel, & à peine de vingt livres d'amende contre les marguilliers ou autres personnes laïques en leur nom.

ARTICLE XVII.

En quel cas la preuve en sera reçue par titres ou par témoins.

SI les registres sont perdus, ou qu'il n'y en ait jamais eu, il en sera fait preuve par les registres ou papiers domestiques des peres & meres, ou de l'un d'eux, vivans ou décédés, ou par témoins, sauf à l'autre partie de vérifier le contraire: même à nos procureurs généraux & leurs substituts, en ce qui concerne les capacités des bénéficiers, réceptions, sermens & installations aux charges & offices de judicature & autres.

Après la lecture du présent Article :

M. le premier président a dit, que l'article veut que l'on ajoute foi aux registres des peres, *vivans ou décédés*. Qu'il falloit les restreindre aux peres *décédés*, parce qu'autrement ces registres n'étant que de simples certificats, l'on n'y auroit pas davantage d'égard qu'à des signatures privées, lesquelles n'ont point de date, tant qu'un homme est vivant.

Signatures privées n'ont point de date.

Que d'ailleurs l'exécution de cet article pourroit produire de fort grands inconvéniens, par la prédilection qu'un pere pourroit avoir pour un de ses enfans au préjudice des autres, dont cependant il seroit constitué juge, & il dépendroit de lui de mettre sur son registre ce que bon lui sembleroit.

Effets de la prédilection d'un pere pour un de ses enfans.

De plus, un des enfans pourroit avoir procès contre une partie étrangere; & il seroit encore moins juste qu'un pere le pût décider par écrit, en faveur de son fils.

M. le président de Novion a dit, qu'à prendre cet article dans un sens étendu, une mere pourroit dans son registre faire telle déclaration que bon lui sembleroit, & préjudicieroit à l'état de ses enfans. Que ce ne peut être l'intention de l'article.

M. Pussort a répondu, que les considérations de l'article sont expliquées dans l'article même, en ce qu'il porte que cette preuve de registre domestique ne sera reçue que quand toute autre manquera.

M. le président de Maisons a dit, qu'il arrive souvent que le pourvu d'un office soustrait les registres baptistaires, & se donne tel âge qu'il veut: en ce cas, si l'article avoit lieu, il faudroit recourir à ce registre domestique, dont la foi ne seroit pas fort entiere à cet égard.

M. Pussort a dit, que si l'article ne concernoit que les contestations qui pourroient naître entre les enfans, il seroit bon d'en laisser toute l'autorité au pere de famille, qui n'en abuseroit que rarement, & qui les pourroit par-là contenir dans leur devoir; mais qu'il convient qu'il n'est pas raisonnable que cela ait son effet contre un étranger. Que c'est par cette considération que l'on pourroit reftreindre l'article aux peres *décédés*, & qu'il faudra le propofer au roi.

☞ *Sur les obfervations faites par M. le premier préfident, la difpofition de cet article a été reftreinte aux regiftres ou papiers domeftiques des peres & meres* décédés. *Il eft le XIV de l'ordonnance, & voici de quelle maniere il a été rectifié.*

ARTICLE XIV. Si les regiftres font perdus, ou qu'il n'y en ait jamais eu, la preuve en fera reçue, tant par titres que par témoins; & en l'un & l'autre cas, les baptêmes, mariages & fépultures pourront être juftifiés, tant par les regiftres ou papiers domeftiques des peres & meres décédés, que par témoins, fauf à la partie de vérifier le contraire; même à nos procureurs généraux, & à nos procureurs fur les lieux, quand il s'agira des capacités des bénéficiers, réceptions, fermens & inftallations aux charges & offices.

ARTICLE XVIII.

Injonction d'obferver ce que deffus pour les regiftres des baptêmes, mariages & fépultures.

VOULONS que ce qui a été ci-deffus ordonné concernant les regiftres des baptêmes, mariages, fépultures, & des groffes qui en feront expédiées, foit exactement gardé & obfervé pour l'avenir, à commencer du jour de la publication de la préfente ordonnance. Enjoignons à nos procureurs de nos cours de parlement, & à leurs fubftituts, chacun en l'étendue de fon reffort, d'y tenir la main, à peine contre les fubftituts de répondre en leurs noms, des dommages & intérêts des parties; & à l'égard du paffé, enjoignons à tous curés, vicaires, & autres adminiftrateurs des lieux, de conferver foigneufement les regiftres qu'ils ont pardevers eux, pour en être par eux délivré des extraits, fur les compulfoires qui en feront faits en leurs mains ou autrement, ainfi qu'il en a été ci-devant ufé.

Cet Article a été trouvé bon.

☞ *Quoique le préfent article ait été approuvé par l'affemblée, on n'a pas laiffé de le fupprimer dans la révifion, parce qu'il ne porte qu'une injonction générale qui eft inutile, fuivant les obfervations faites en plufieurs de ces conférences. D'ailleurs il a été pourvu par l'article XVI de ce titre, à cette injonction d'exécuter ce que deffus.*

ARTICLE XIX.

Regiſtres des tonſures, ordres, vêtures, &c. par qui tenus, & leur forme.

La tonſure & autres ordres mineurs & ſacrés, l'entrée en la religion, vêture, noviciat & profeſſion de vœux, ſeront juſtifiés par des regiſtres faits & reliés en bonne forme dans les évêchés & archevêchés, pour les ordres mineurs & ſacrés; & dans les chapitres & communautés, de tous ceux & celles qu'ils admettent à l'entrée en religion, vêture, noviciat & profeſſion de vœux; deſquels regiſtres les feuillets ſeront cotés & paraphés par premier & dernier, par l'archevêque ou évêque, ou par le ſupérieur ou la ſupérieure de chacune maiſon, chacun à ſon égard; & au commencement de chacun regiſtre pour les chapitres & communautés, il y aura un acte capitulaire ou d'aſſemblée, portant approbation du regiſtre, à l'effet ci-deſſus; & y ſera chacun acte écrit de ſuite ſans aucun blanc, & ſigné tant par celui qui l'aura reçu, que par celui qui l'aura fait, & au moins par deux de ſes plus proches parens ou amis qui y auront aſſiſté, dont le ſupérieur ou la ſupérieure ſera tenu de délivrer ou faire délivrer dans vingt-quatre heures après qu'ils en auront été requis, un extrait en la forme accoutumée: le tout à peine de ſaiſie du temporel, de privation de leurs droits, exemptions & privileges concédés par nos prédéceſſeurs & par nous.

Après la lecture de cet Article :

M. le premier préſident a dit, que l'article eſt embarraſſé, difficile & fort étendu. Que la tonſure n'eſt pas un ordre; que néanmoins l'on en parloit dans l'article comme ſi c'en étoit un, étant dit ainſi : *la tonſure & autres ordres ſacrés*. Qu'il faut ôter le mot: autres, *& mettre au lieu*, & les ordres ſacrés. *Tonſure n'eſt pas un ordre.*

Il eſt encore porté par une des clauſes, que les feuillets des regiſtres qui ſeront tenus dans les archevêchés, évêchés, chapitres & communautés, ſeront cotés & paraphés par premier & dernier par l'archevêque, évêque, ſupérieur ou ſupérieure de chaque maiſon, ſur quoi il y a deux choſes à obſerver.

La premiere, que l'on a omis le mot de *tonſure*, qu'il faut ajouter après ceux d'*archevêchés & évêchés*, parce que la tonſure doit être pareillement regiſtrée.

L'autre est, qu'encore qu'en ordonnant que le paraphe doit être des feuillets des registres par les archevêques, évêques, chapitres & périeurs des communautés, cela se doive entendre *distributivè*, il fall néanmoins prendre garde à l'expliquer si nettement, que l'on ne pût prétendre que tous ces registres dussent être paraphés par les évêqu parce que toutes les communautés ecclésiastiques qui prétendent ê exemptes de l'ordinaire, croiront par-là leurs privileges blessés. Qu'il i porte de le bien distinguer, & il faudroit repasser sur cet article.

Il a ajouté que plusieurs ordonnances portent, que les registres sere portés aux greffes des justices royales; mais que cela n'a jamais été ex cuté, & qu'il est à craindre qu'il ne le soit pas encore à l'avenir.

M. Pussort a dit, que les observations qui ont été faites sur le fait de tonsure, sont bonnes; mais qu'à l'égard de la distinction que l'on dit qu faudroit faire sur le paraphe de ces registres, les mots, *chacun à son égar* semblent y avoir pourvu; & qu'au surplus, il faut espérer que l'autor du roi, secondée de la bonne intention des magistrats, fera exécu cette ordonnance.

☞ *On a fait des changemens considérables dans cet article. Outre ceux ont été proposés par M. le premier président, on a trouvé à propos de diviser l'a ticle qui a paru trop long, & l'on en a composé les articles XV & XVI de l'o donnance. Voici quelle forme on a donnée à ces deux articles, & de quelle mani ils ont été arrêtés:*

ARTICLE XV. Sera tenu registre des tonsures, des ordres mineurs & sacrés, v tures, noviciats & professions de vœux; savoir, aux archevêchés & évêchés pour tonsures, ordres mineurs & sacrés; & aux communautés régulieres pour les vêture noviciats & professions. Lesquels registres seront en bonne forme, reliés, & les feu lets paraphés par premier & dernier par l'archevêque ou évêque, ou par le supérie ou la supérieure des maisons religieuses, chacun à son égard; & seront approuvés p un acte capitulaire inséré au commencement du registre.

ARTICLE XVI. Chacun acte de vêture, noviciat, profession, sera écrit de su sans aucun blanc, & signé, tant par le supérieur & supérieure, que par celui qui au pris l'habit, ou fait profession, & par deux des plus proches parens ou amis qui y a ront assisté, dont le supérieur ou la supérieure seront tenus de délivrer extrait ving quatre heures après qu'ils en auront été requis.

ARTICLE XX.

Registre pour la profession en l'ordre de Malte & sa forme.

QUAND nos sujets, & autres possédans des biens dans notr royaume, terres & seigneuries de notre obéissance, auront fa profession de l'ordre de Saint-Jean de Jérusalem à Malte, l'ordr sera tenu de faire registrer dans l'an & jour de la profession, a plus tard, l'acte de profession, au grand-prieuré, où les acte d de nobleſſe auront été faits; & à cette fin enjoignons au ſecretaire de chacun grand-prieuré, d'avoir un regiſtre relié, dont les feuillets ſeront pareillement paraphés & cotés par premier & dernier, par les grands-prieurs, pour y être écrits les actes de profeſſion, de l'an & jour auquel elle aura été faite à Malte, & chacun acte ſera ſigné de ceux de l'ordre qui ſeront alors en charge, pour en être délivré autant à ceux qui les en requerront, le tout à peine de ſaiſie du temporel.

Après la lecture de cet Article :

M. le premier préſident a dit, qu'il portoit, que l'ordre de Malte ſeroit tenu *de faire regiſtrer dans l'an & jour l'acte de profeſſion.* Que l'ordre étoit ſouverain : le roi lui faiſoit l'honneur de le reconnoître pour tel, & de recevoir ſes ambaſſadeurs. Qu'il ſe pourroit plaindre de ces termes, dont le roi n'uſe qu'à l'égard de ſes ſujets. Qu'il n'y a point d'ordonnance de nos rois qui parle de cette ſorte. *Ordre de Malte ſouverain.*

Il eſt vrai, qu'à l'égard du temporel que l'ordre de Malte poſſede en France, il doit ſuivre les loix du royaume; & les commandeurs, comme ſujets du roi, ne ſont point diſpenſés de l'obéiſſance qu'ils lui doivent: mais l'ordre en général étant un état ſouverain, il faudroit ménager avec ſon ambaſſadeur, ce qu'il y auroit à faire ſur le ſujet de cet article, ſi ce n'eſt qu'on le voulût ôter.

M. Puſſort a dit, que l'article ayant été examiné en l'aſſemblée de meſſieurs les commiſſaires, ſur cette obſervation l'on avoit trouvé bon de reſtreindre l'injonction à la perſonne des grands-prieurs, & de commencer l'article en ces termes : *enjoignons aux ſecretaires de chacun grand-prieuré.*

M. le préſident de Meſme a dit, que toutes les profeſſions ſe faiſoient à Malte, & qu'ainſi l'article n'auroit pas ſon exécution.

M. le premier préſident a dit, que l'on pourroit enjoindre aux grands-prieurs d'en retirer les actes, & d'en faire regiſtre; mais comme cela dépendoit abſolument de l'ordre, il étoit impoſſible de rien faire à cet égard ſans ſa participation.

M. le préſident de Novion a réparti, que l'on n'obligeroit jamais l'ordre de Malte d'envoyer ſes regiſtres: mais que l'on pourroit bien les compulſer.

M. Puſſort a ajouté, qu'il ſe tient ici des chapitres de chevaliers, & qu'il faut conſéquemment que l'on ait des regiſtres du nombre qu'il y en a. Que chaque grand-prieur en France a ſes regiſtres: ainſi l'on pourroit leur enjoindre de les porter aux juriſdictions royales, & les y obliger à leur refus, par ſaiſie de leur temporel. *Chapitres des chevaliers de Malte, en France.*

M. le premier préſident a réparti, que tout ce qui étoit en France pouvoit être réputé ſoumis aux loix de l'état, & néanmoins que c'étoit un ménagement qui ſe pouvoit faire avec l'ordre.

Il a encore obſervé, après les remarques faites ſur cet article, que par les 19 & 20 articles, l'on n'obligeoit pas les greffiers des eccléſiaſtiques de porter leurs regiſtres aux greffes des juriſdictions royales, mais ſeulement de les tenir en bonne forme. Que les anciennes ordonnances n'avoient point parlé des archevêques ni des évêques, mais des curés ſeulement; & que celle-ci ne faiſoit point mention des communautés eccléſiaſtiques.

☞ *Cet article eſt le XVII de ce titre dans l'ordonnance. On y a changé ces mots :* l'ordre ſera tenu de faire, &c. *en ceux ci :* les grands-prieurs de l'ordre ſeront tenus. *C'eſt-là le changement le plus remarquable qu'on y ait fait. Il a été rédigé de cette maniere :*

ARTICLE XVII. Les grands-prieurs de l'ordre de Saint-Jean de Jéruſalem ſeront tenus dans l'an & jour de la profeſſion faite par nos ſujets dans l'ordre, de faire regiſtrer l'acte de profeſſion ; & à cette fin enjoignons au ſecretaire de chacun grand-prieuré d'avoir un regiſtre relié, dont les feuilles ſeront pareillement paraphées par premiere & derniere par les grands-prieurs, pour y être écrit la copie des actes de profeſſion, & le jour auquel elles auront été faites, & l'acte d'enregiſtrement ſigné par le grand-prieur, pour être délivré à ceux qui le requerront, le tout à peine de ſaiſie du temporel.

ARTICLE XXI.

Tous regiſtres pourront être compulſés, & y être pris des extraits : peine contre les refuſans.

ENJOIGNONS à tous particuliers, chapitres, communautés laïques & eccléſiaſtiques, ſéculiers & réguliers, de l'un & de l'autre ſexe, de repréſenter les regiſtres pour y être les compulſoires faits, & les extraits dont il ſera beſoin, tirés; nonobſtant tous privileges & uſages contraires, à peine de ſaiſie du temporel & privation de leurs droits, exemptions & privileges à eux accordés par nous & nos prédéceſſeurs.

Lecture faite de ce dernier Article, il a paſſé.

☞ *Cet article porte injonction* de repréſenter les regiſtres : *l'on y a ajouté la permiſſion* de les faire compulſer, *à toutes perſonnes qui auront beſoin des actes qui y ſeront contenus. Il eſt le XVIII & dernier de ce titre dans l'ordonnance.*

ARTICLE XVIII. Permettons à toutes perſonnes qui auront beſoin des actes de baptêmes, mariages, ſépultures, tonſures, ordres, vêtures, noviciats ou profeſſions, de faire compulſer tous les regiſtres entre les mains des dépoſitaires, leſquels ſeront tenus de les repréſenter, pour en être pris des extraits ; & à ce faire contraints, nonobſtant tous privileges & uſages contraires, à peine de ſaiſie du temporel, & de privation de leurs droits, exemptions & privileges à eux accordés par nous & nos prédéceſſeurs.

TITRE XVIII.

Ce titre est le XXI de l'ordonnance.

Des descentes sur les lieux; taxes d'officiers, quand ils iront en commission; nomination & rapports d'experts.

ARTICLE I.

Descentes sur les lieux ne seront faites sans nécessité.

Ne seront faites aucunes descentes sur les lieux par nos juges, ni par les juges des seigneurs, si elles ne sont nécessaires, & pour affaires importantes.

Lecture faite de cet Article, il a été approuvé:

☞ *Le présent article a d'abord passé sans contredit; mais les observations qui ont été faites sur l'article suivant, ont fait juger qu'il étoit à propos de supprimer celui-ci, à cause des contestations qui pourroient survenir entre les juges & les parties, touchant la nécessité des descentes sur les lieux. Ainsi cet article a été retranché.*

ARTICLE II.

Descente sur les lieux où il n'échoit qu'un simple rapport, prohibée aux juges, s'ils n'en sont requis.

Dans les matieres où il n'échoit qu'un simple rapport d'experts, aucuns juges ne pourront faire des descentes sur les lieux, s'ils n'en sont requis par l'une ou par l'autre des parties, à peine de nullité, de restitution de ce qu'ils auront reçu pour leurs vacations, & de tous dépens, dommages & intérêts.

Après la lecture de l'Article II:

Descentes nécessaires ordonnées d'office.

M. le premier président a dit, qu'il y avoit beaucoup de considérations à faire sur cet article. Que souvent il y avoit des descentes nécessaires qu'on ordonnoit d'office sans la réquisition des parties. Que bien souvent les parties étoient tellement prévenues de leurs affaires, qu'elles croyoient que les juges en étoient également informés, sans qu'il fût besoin de descente. Cependant que quelquefois ces descentes étoient nécessaires; même bien souvent toute une chambre du parlement en avoit fait d'office, les juges ayant desiré prendre une instruction particuliere de l'état des lieux qu'ils ne pouvoient bien comprendre par un seul rapport; mais qu'en ce cas, ils les faisoient sans frais.

Faites sans frais.

M. le chancelier a dit, que pour accommoder toutes choses, les juges pourroient faire des descentes sur les lieux quand bon leur sembleroit, pourvu qu'elles fussent sans frais.

M. le premier président a réparti, que tous les juges n'en pouvoient pas user comme messieurs du parlement: qu'il sembloit à propos que cela dépendît de leur office & de leur religion.

Moyen d'éluder l'article.

D'ailleurs il seroit aisé d'éluder l'exécution de cet article, n'étant rien si facile que d'exciter indirectement une partie à présenter une requête, & à requérir la descente; & ainsi quand on voudra prendre les choses au pied de la lettre, l'on ne manquera jamais de requérant.

Piege tendu aux juges.

De plus, ce pouvoit encore être un piege tendu au juges, en ce qu'il est porté par l'article, qu'ils *ne pourront faire des descentes, s'ils n'en sont requis par écrit, à peine de nullité, & de restitution de ce qu'ils auront recu pour leurs vacations.* Et comme l'article précédent porte aussi ces termes: *si elles ne sont nécessaires & pour affaires importantes*, il faudra toujours juger entre le juge & la partie, si la descente aura été nécessaire, & si l'affaire étoit importante.

Intimation des juges permise.

Peines contre les juges.

Que dans l'usage présent, l'intimation des juges n'étoit pas défendue, & il s'en présentoit tous les jours au parlement; qu'on ne les épargnoit point dans les audiences, lorsqu'ils étoient trouvés en faute. Mais d'insérer dans tous les articles des peines contre les juges, les exposer à des prises à partie, & les menacer de dommages & intérêts, cela ne convenoit pas à leur caractere, ni même au bien de la justice. Qu'en armant l'ordonnance contre les juges, les juges s'armeroient aussi contre elle, pour la détruire. La partie qui voudra faire injure aux juges, prétendra toujours qu'il n'y aura point eu de nécessité de faire une descente. Qu'enfin de toutes les ordonnances, celles qui avoient statué le plus fortement contre les juges, étoient les moins exécutées, & qu'il falloit engager les juges par la religion de leur conscience, & par leur honneur.

Présence du juge peu nécessaire aux descentes.

M. Pussort a dit, que l'une des principales vues de l'ordonnance dont il s'agissoit, étoit de soulager les parties, par le retranchement des frais. Que ceux des descentes étoient excessifs. La présence du juge pour l'ordinaire étoit peu nécessaire: tout dépendoit du ministere des experts; qu'il en avoit fait l'expérience dans les commissions où il avoit été employé, & qu'il estimoit que tous messieurs en pourroient dire autant.

Qu'il ne doutoit pas que dans les compagnies il ne s'ordonnât jamais de descentes qu'elles ne fussent nécessaires, parce que les premiers juges étoient suspects de les affecter, l'on avoit cru que la précaution portée par l'article étoit bonne pour en retrancher l'abus, & que tout ce que l'on avoit pu faire, étoit d'ordonner qu'elles seroient faites lorsqu'elles seroient requises & nécessaires.

Que l'on ne s'étoit pas trouvé fort bien de tant donner à l'arbitrage des juges : on en connoissoit les abus. Que ci-devant ils ne pouvoient être attaqués que lorsque leurs jugemens étoient taxés de corruption, d'inimitié, ou d'avarice; mais que depuis s'étant infiniment relâchés, il falloit donner aux ordonnances de nouvelles forces. Que la religion, la conscience & l'honneur étoient sans doute ce qui devoit faire agir les magistrats; mais que néanmoins la vérité étoit, que les ordonnances les plus mal exécutées étoient celles dont on avoit chargé leur honneur & leur conscience. Que celle dont il s'agissoit, étoit faite pour tous les juges du royaume. Si la partie, contre son propre intérêt, requéroit par suggestion une descente, ce seroit à elle à s'imputer sa facilité; mais que la loi seroit satisfaite d'avoir pris toutes précautions.

Dangereux d'étendre l'arbitrage des juges.

M. le président de Novion a dit, que l'on demandera toujours qui sera le juge entre le juge & la partie, & qu'il lui sembloit qu'il eût été meilleur de laisser la chose à la disposition du juge, & d'ajouter dans l'article qu'*il ne se fera point de descentes, si elles ne sont jugées nécessaires.* Mais que pour en mieux parler, l'article étoit entiérement inutile.

Religion, honneur & conscience, & motifs des juges.

M. le président de Maisons a dit, que lorsqu'un juge sera pris à partie, & que celui qui l'attaquera aura conclu aux dommages & intérêts, fondé sur ce que la descente n'aura point été requise; si le juge au contraire qui aura été intimé soutient qu'elle a été nécessaire, & qu'elle aura servi à la décision du procès, offrant de justifier que les juges y auront fondé leurs avis par les éclaircissemens qu'ils en auront tirés, & que la partie soutienne le contraire, que faudra-t-il faire sur cette contestation? Faudra-t-il appointer les parties contraires? Recevra-t-on les dépositions des juges qui auront opiné? Et toute cette procédure sera-t-elle des regles & de la décence de la justice? Que ce que l'on pouvoit donc conclure de plus certain, c'étoit, que comme il faudroit des juges pour juger de la qualité de la prise à partie, il s'en trouvera peu qui, pour des frais de cette qualité, condamnent un officier que l'on aura intimé; & qu'il seroit bien plus à propos de faire une simple prohibition, sans rien statuer contre les juges.

Contestation entre le juge & la partie, sur la nécessité d'une descente.

M. Pussort a dit, qu'il s'étonne comment on exagere si fort l'inconvénient que l'on croit qui naîtra de cette prise à partie, en ce que le juge qui aura été pris à partie, sera en peine de vérifier si la descente étoit nécessaire ou non : parce que dans tout l'article, il n'étoit question que de savoir si le juge qui aura fait une descente sans en être requis par écrit par la partie, pourra être pris lui-même à partie : auquel cas le juge qui se voudra défendre de la prise à partie, n'aura qu'à produire la réquisition qui lui aura été faite. Et à l'égard de la peine contre les juges, c'étoit une chose à remettre au roi, avec les autres articles qui contenoient de pareilles dispositions.

☞ *On a joint cet article II avec le suivant. Voyez après l'article III.*

ARTICLE III.

Quels juges ne pourront faire de descente, s'ils n'en sont requis par écrit.

LES officiers de nos cours de parlement, grand-conseil, cham bres des comptes, cours des aides, & toutes autres nos cours ne pourront faire de descente sur les lieux, de quelque natur qu'elle soit, s'ils n'en sont requis par écrit par l'une ou par l'autr des parties, sous pareille peine que dessus.

Après la lecture de cet Article :

Application impossible des peines contre les juges.

M. le premier président a dit, qu'en examinant l'article II, l'on avoi traité celui-ci. Que la même peine contre les juges y avoit été insérée mais elle blessoit si fort, que l'on ne pouvoit s'empêcher de se récrie toutes les fois qu'elle se présentoit. Que l'application en étoit impossible pouvant arriver que la descente seroit ordonnée à l'audience contr l'avis du président, ou bien même aux procès par écrit, contre l'avis d rapporteur ; & dans cette incertitude, il seroit bien difficile de s'adresse justement à celui qui auroit fait la contravention.

Citation du président & du rapporteur.

M. Pussort a dit, que l'on pouvoit ajouter à l'article : *si ce n'étoit que l descente fût faite sans frais.* Qu'au surplus ces articles, qui contiennent de peines que l'on trouvoit si dures, l'étoient toutefois bien moins que celle qui sont portées par les anciennes ordonnances, qu'il avoit rapportées e traitant ci-devant de pareilles matieres ; & qu'il est notoire, que l'on cit souvent le président & le rapporteur, pour leur faire rendre compte de affaires de la compagnie.

Messieurs les présidens ont dit tout d'une voix, que cela ne se prati quoit point au parlement de Paris : que lorsque le roi desiroit être inform des motifs d'un arrêt, il mandoit son procureur général qui lui en rendoi compte, & que c'étoit l'usage.

M. Pussort a réparti, qu'au moins étoit-il certain, que messieurs d parlement en usoient ainsi à l'égard des juges inférieurs de leur ressort ; & que lorsqu'il y avoit du fait de ces juges dans leurs jugemens, l'on ne fai soit point de difficulté de décréter contre le rapporteur & celui qui avoi présidé ; & cela même dans le doute de quel avis ils auroient été.

☞ *L'article II & III composent l'article I de l'ordonnance. On n'a ni re tranché ni diminué les peines portées par ces deux articles, contre lesquelles M. l premier président s'est si fort déclaré toutes les fois que l'occasion s'en est présentée*

Les changemens qui ont été faits à ces deux articles, ne regardent que l'expression. Voici l'article de l'ordonnance :

ARTICLE I. Les juges, même ceux de nos cours, ne pourront faire descente sur les lieux dans les matieres où il n'échoit qu'un simple rapport d'experts, s'ils n'en sont requis par écrit par l'une ou l'autre des parties, à peine de nullité, de restitution de ce qu'ils auront reçu pour leurs vacations, & de tous dépens, dommages & intérêts.

ARTICLE IV.

Ès cours, les rapporteurs ne pourront être commis aux descentes, mais un autre juge, suivant l'ordre du tableau.

LES rapporteurs des procès pendans & indécis en nos cours, pour l'instruction & éclaircissement desquels il écherra de faire quelque descente, ne pourront être commis; mais ce sera le plus ancien conseiller; & à son refus, l'un de ceux qui aura assisté au jugement; & à leur défaut, un autre conseiller de la chambre : le tout suivant l'ordre du tableau.

ARTICLE V.

Ordre du tableau aussi gardé aux descentes ordonnées à l'audience.

LE même ordre du tableau sera aussi observé pour les descentes qui seront ordonnées aux causes d'audience.

M. le premier président ayant demandé que l'un & l'autre de ces deux articles fussent lus conjointement à cause de leur connexité, il a dit que l'ordre du tableau, prescrit par ces deux articles, sembloit d'abord le plus naturel. Que néanmoins les procureurs y pourroient faire fraude, en prenant bien leur tems; & que cet inconvénient ne pouvoit être prévenu que par la distribution, d'où cela devoit dépendre entiérement : d'autant plus même, que les plus anciens n'étoient pas toujours les plus propres pour certaines commissions.

M. Pussort a dit, qu'il estime qu'il seroit mieux de le laisser à la distribution.

☞ *Sur l'observation faite par M. le premier président & approuvée par M. Pussort, l'on a changé la disposition de l'article IV, & l'on y a mis, qu'il* sera commis par le président un des juges qui aura assisté au jugement, ou un autre conseiller de la même chambre.

De plus, on a ajouté l'article V au IV, & ils font le II article de l'ordonnance, en ces termes:

ARTICLE II. Les rapporteurs des procès pendans en nos cours, requêtes de notre hôtel & du palais, ne pourront être commis pour faire les descentes ordonnées à leur rapport; mais sera commis par le président un des juges qui auront assisté au jugement, ou à leur refus, un autre conseiller de la même chambre; ce qui sera aussi observé & gardé pour les descentes ordonnées en l'audience.

ARTICLE VI.

L'ordre du tableau sera suivi.

DANS les bailliages, sénéchaussées, présidiaux, & autres sieges, l'ordre commencera par le lieutenant général, particulier, assesseur, & autres chefs des compagnies, pourvu, comme dit est, qu'ils aient assisté au rapport du procès, ou plaidoierie de la cause.

Cet Article a été trouvé bon.

☞ *On n'a pas laissé dans la suite d'y faire des changemens considérables avant que de l'insérer dans l'ordonnance, où il est le III, de cette maniere:*

ARTICLE III. Dans les bailliages, sénéchaussées, présidiaux & autres sieges, l'ordre du tableau sera gardé, à commencer par le lieutenant général & autres principaux officiers, & les conseillers qui auront assisté en l'audience, ou au rapport de l'instance.

ARTICLE VII.

Comment les commissaires seront nommés.

LES commissaires, pour faire des descentes, seront nommés par l'arrêt ou jugement qui ordonnera la descente; & à leur refus, en sera usé comme il est dit & ordonné ci-dessus.

Cet Article a été trouvé bon.

☞ *Il est le IV dans l'ordonnance; l'on en a retranché la derniere partie, & il a été arrêté de cette maniere:*

ARTICLE IV. Les commissaires, pour faire les descentes, seront nommés par le même arrêt ou jugement qui les ordonnera.

ARTICLE

ARTICLE VIII.

Les descentes ne seront faites sans réquisition.

LES commissaires ne pourront vaquer aux descentes, sans que l'une ou l'autre des parties ait présenté requête à cet effet en la jurisdiction où le différend est pendant, dont acte sera donné à la partie de ce requérante, qui sera tenue de consigner les frais ordinaires & accoutumés, & de le faire signifier à la partie.

Lecture faite de cet Article :

M. le premier président a dit, qu'il est porté par l'article, que *les commissaires ne pourront vaquer aux descentes, sans que l'une ou l'autre des parties ait présenté requête à cet effet, en la jurisdiction où le différend est pendant.* Que ces derniers mots: *en la jurisdiction où le jugement est pendant*, sont inutiles, parce qu'on ne pourroit pas présenter la requête ailleurs, & il faut que l'ordonnance soit significative & correcte.

☞ *Cet article est le V de l'ordonnance; & sur l'observation faite par M. le premier président, il a été réformé de cette maniere :*

ARTICLE V. Les commissaires ne pourront faire les descentes sans la réquisition de l'une des parties, & sera tenue la partie requérante consigner les frais ordinaires.

ARTICLE IX.

Formalités, & tems du départ pour la descente.

L'ARRÊT ou jugement ordonnant la descente, & la requête portant réquisition d'être procédé à icelle, seront mis pardevers le commissaire, qui sera tenu d'y vaquer & de partir dans le mois du jour de la réquisition; autrement ne pourra plus y vaquer ni même la commission être prorogée, à peine de nullité de ce qui aura été fait après le mois, & de répétition de ce qu'il aura reçu; mais en sera subrogé un autre en son lieu & place, suivant l'ordre du tableau, du nombre toutefois, si faire se peut, de ceux qui auront assisté au rapport du procès, ou plaidoierie de la cause, lorsque la descente aura été ordonnée.

ARTICLE X.

Autres formalités.

LES parties se pourvoiront pardevant le commissaire pour la nomination des experts, s'il en est besoin, & pour faire ordonner le jour auquel il faudra se rendre sur les lieux; sur quoi il sera par lui statué dans la premiere assignation donnée à la requête de l'une ou l'autre des parties, en vertu de son ordonnance.

Lecture faite de l'Article IX, & de l'Article X:

M. le premier président a dit, que l'on pourroit délibérer sur ces deux articles conjointement, qui portoient que *le commissaire seroit tenu de partir dans le mois du jour de la réquisition, autrement il n'y pourroit plus vaquer.* Que cette disposition étoit contraire à celle des ordonnances de Charles VII & Louis XII, rapportées dans le *code Henri, liv.* 2, *tit.* 22. Qu'il y avoit beaucoup plus de commissions dans le parlement il y a cent ans, qu'il ne s'en ordonne aujourd'hui; cependant elles étoient toutes renvoyées au tems des vacations, parce qu'un officier doit un service actuel à sa chambre.

M. Pussort a dit, que l'intention de l'article étoit d'obliger les juges à juger définitivement un procès, & de n'interloquer que le moins que faire se pourroit. Que tous ces ménagemens de porter l'exécution des commissions dans le tems des vacances, n'étoient que pour l'intérêt des juges mais que ce retardement étoit préjudiciable aux parties, par une suspension de huit ou neuf mois, qui pouvoit arriver par ce moyen dans leur procès. Qu'il ne falloit pas s'arrêter à l'exemple des siecles passés, où le nombre des juges étoit bien moindre qu'il n'est pas; mais qu'à présent ceux qui seroient chargés de commission pourroient bien s'absenter sans que la justice en souffrît.

M. le premier président a réparti, que telle personne capable d'une grande commission, se trouvera d'ailleurs fort employée.

M. le président de Novion a dit, que les mêmes ordonnances citées par M. le premier président, portoient que les commissaires chargés de plusieurs commissions, choisiroient.

M. Pussort a réparti, que ces ordonnances étoient faites pour remédier aux défauts de leurs tems; mais que l'on reconnoît aujourd'hui que ces commissions sont souvent ruineuses pour les parties. Qu'il faut donc empêcher qu'elles ne soient si fréquentes, & que l'on ne donne des jugemens interlocutoires, lorsque l'on peut juger définitivement. Que c'est à quoi les articles ont voulu pourvoir par toutes les restrictions que l'on y a mises.

☞ *On a joint ces deux articles, & ils composent ensemble l'article VI de 'ordonnance, en ces termes :*

ARTICLE VI. L'arrêt ou jugement qui ordonnera la descente, & la requête portant équisition pour y procéder, seront mis pardevers le commissaire, qui donnera sur la remiere assignation un jour & lieu certain pour s'y trouver ; le tout signifié à la partie u à son procureur : & sera tenu le commissaire de partir dans le mois du jour de la réuisition ; autrement sera subrogé un autre à sa place, sans que le tems du voyage uisse être prorogé, à peine de nullité & de restitution de ce qui aura été reçu.

ARTICLE XI.

Ordonnances des commissaires seront exécutées.

LES ordonnances des commissaires, concernant le fait des escentes, seront exécutées nonobstant oppositions ou appellaons quelconques, prise à partie, & sans préjudice d'icelles.

L'Article a été trouvé bon.

☞ *Le présent article est à la fin de l'article VII de l'ordonnance. Voyez article suivant.*

ARTICLE XII.

Des causes de récusation contre eux.

S'IL y a quelques causes de récusation contre les commissaires, les seront proposées trois jours avant leur départ ; autrement rá passé outre, nonobstant & sans préjudice d'icelles, même lles dont les causes pourroient être depuis survenues, sur toutes squelles sera fait droit après le retour des commissaires.

L'Article a été trouvé bon.

☞ *On a fait quelques changemens dans ces deux derniers articles, & ils t été joints pour faire ensemble l'article VII de l'ordonnance.*

ARTICLE VII. S'il y a causes de récusation contre le commissaire, elles seront proées trois jours avant son départ, pourvu que le jour du départ ait été signifié huit rs auparavant ; autrement sera passé outre par le commissaire, & ce qui sera fait & lonné, exécuté nonobstant oppositions ou appellations, prises à partie & récusation, me pour causes depuis survenues, sauf à y faire droit après le retour du commisre.

ARTICLE XIII.

Forme des jugemens qui ordonnent les rapports & visites d'experts.

LORSQUE les juges ordonneront que les lieux seront vus & visités, les ouvrages toisés ou estimés par experts, & qu'il n sera pas nécessaire qu'aucuns commissaires se transportent sur l lieux, il sera fait expresse mention, par les arrêts ou jugeme qui ordonneront les rapports, des faits sur lesquels les exper les doive faire : ensemble du juge qui sera commis pour proc der à la nomination des experts, recevoir leur serment & ra port, & du jour & de l'heure que les parties devront compar pardevant le commissaire.

Après la lecture de cet Article :

M. le premier président a dit, que s'il falloit que les sentences conti sent tous les faits, elles seroient fort amples & embarrassées, & cela mê seroit d'une difficile exécution. Qu'il échapperoit toujours quelque ch au juge en prononçant, & qu'il étoit bien plus net de mettre seulem que *la visite seroit faite aux fins des parties.* Qu'il feroit aussi bien difficile marquer le jour & l'heure dans un arrêt, & on trouveroit bien étran dans un barreau qu'un président eût prononcé à l'audience, *un tel jour à telle heure telle chose se fera.* Qu'il s'agit même quelquefois de comm sions qui doivent être exécutées aux extrêmités du royaume. Qu'en ce il y auroit impossibilité d'employer dans l'arrêt, les faits, le lieu, le jo & l'heure ; & ce seroit matière de grandes chicanes & vexations des p ties les unes contre les autres.

Que celui qui voudra éluder, se présentera à l'heure précisément en p nant au pied-levé le moment de l'assignation, dans lequel sa partie ni juge ne se seront point trouvés, il reviendra sur ses pas au parlement p prendre ses avantages, ou pour demander un autre commissaire. Q toutes ces considérations font bien voir l'impossibilité de l'article dans exécution.

M. Pussort a dit, que sur chaque article il faut toujours appliquer motifs de la réformation qu'on veut faire. Qu'un des principaux est d'e pêcher la multiplication des procédures ; & que si les faits n'étoient r treints par le jugement même, on les multiplieroit à l'infini. Qu'au s plus, les juges sont faits pour la justice. Qu'il est nécessaire qu'ils la fac tent, & il ne faut pas qu'ils fassent attendre aux parties leur commodit

M. le président de Novion a demandé si faute par le commissaire s'être rendu justement à l'heure de l'assignation, & le jour en étant pas il ne seroit plus commissaire.

M. Puſſort a réparti, que l'article n'en diſoit rien.

M. le premier préſident a dit, qu'il falloit donner un terme un peu plus étendu. Qu'un premier juge qui avoit toutes les choſes préſentes, pouvoit facilement donner le jour & l'heure; mais qu'au parlement il n'en étoit pas de même, où il ſeroit impoſſible de ſavoir ſi le commiſſaire ſeroit prêt: quelquefois cela ſe pourroit faire par rencontre. Qu'il faut néceſſairement laiſſer toutes ces choſes à l'office du juge. Qu'elles s'évanouiſſent en voulant entrer trop avant dans le détail : ce qui ne convient pas à la majeſté de l'ordonnance où l'on voit même qu'elle ſe diſſipe à force d'y ſubtiliſer.

M. Puſſort a dit, qu'il pouvoit bien y avoir trop de détail dans l'article; mais que l'intention avoit été d'abolir les ordonnances des commiſſaires, & qu'en retranchant toutes les formalités ſuperflues, la ſentence ou l'arrêt puſſent apprendre aux commiſſaires & aux parties, ce qu'il y avoit à faire pour l'exécution de la commiſſion.

☞ *Les changemens qui ont été faits dans cet article ne regardent que l'expreſſion. Il eſt le VIII de l'ordonnance, en ces termes :*

ARTICLE VIII. Les jugemens qui ordonneront que les lieux & ouvrages ſeront vus, viſités, toiſés ou eſtimés par experts, feront mention expreſſe des faits ſur leſquels les rapports doivent être faits, du juge qui ſera commis pour procéder à la nomination des experts, recevoir leur ſerment & rapport; comme auſſi du délai dans lequel les parties devront comparoir pardevant le commiſſaire.

ARTICLE XIV.

Ce qui ſera fait ſi les parties ne nomment des experts.

Au jour & à l'heure mentionnés & déſignés par l'arrêt ou jugement, ſera procédé par les parties à la nomination d'experts pardevant le commiſſaire, ſans autre ſentence, commiſſion ni exploit; & ſi l'une des parties ne ſe préſente pas, ou qu'elle refuſe de nommer un expert de ſa part, le commiſſaire en nommera d'office pour la partie abſente ou refuſante, pour procéder à la viſitation avec l'expert qui aura été nommé par l'autre partie; & arrivant que l'une ni l'autre n'en veuillent nommer, le commiſſaire en nommera d'office : le tout ſauf à récuſer; auquel cas de récuſation, ſi les experts nommés par les parties ſont valablement récuſés, ceux qui les auront nommés ſeront tenus d'en nommer inceſſamment d'autres.

Après la lecture de l'Article XIV :

M. le premier préſident a dit, que la diſpoſition de cet article regarde la forme de nommer des experts. Que la queſtion en fut agitée amplement dans la derniere conférence, & il feroit inutile de répéter les raifons qui y avoient été dites de part & d'autre.

☞ *L'on a retranché la premiere partie de cet article, jufqu'à ces mots :* fi l'une des parties, &c. *Les autres changemens qu'on y a faits ne font pas fi confidérables, & il eft le IX dans l'ordonnance, en ces termes :*

ARTICLE IX. Si au jour de l'affignation l'une des parties ne compare, ou qu'elle foit refufante de nommer ou convenir d'experts, le commiffaire en nommera d'office pour la partie abfente ou refufante, pour procéder à la vifitation avec l'expert nommé par l'autre partie ; & en cas de refus par l'une & l'autre des parties d'en nommer, le commiffaire en nommera d'office, le tout fauf à récufer : & fi la récufation eft jugée valable, il en fera nommé d'autres en la place de ceux qui auront été récufés.

ARTICLE XV.

Ce que le procès-verbal de nomination d'experts portera.

PAR le procès-verbal qui contiendra la nomination d'experts, le commiffaire ordonnera le jour & l'heure qu'ils comparoîtront devant lui pour faire le ferment; & fur une fimple affignation donnée aux experts & aux parties, par le plus diligent d'icelles au jour & à l'heure défignés, ils comparoîtront devant le commiffaire, & prêteront le ferment; & dans le même tems leur fera mis entre les mains l'arrêt ou jugement qui aura ordonné la vifite, à laquelle ils vaqueront inceffamment.

Lecture faite de cet Article, il a paffé.

☞ *L'on n'a pas touché à la difpofition de cet article, qui eft le X de l'ordonnance ; mais on en a changé l'expreffion de cette maniere :*

ARTICLE X. Le commiffaire ordonnera par le procès-verbal de nomination des experts, le jour & l'heure pour comparoir devant lui & faire le ferment, ce qu'ils feront tenus de faire fur la premiere affignation ; & dans le même tems fera mis entre leurs mains l'arrêt ou jugement qui aura ordonné la vifite, à quoi ils vaqueront inceffamment.

ARTICLE XVI.

Quand, & où les experts figneront leur rapport.

LES experts feront tenus de rédiger par écrit & figner la minute de leur rapport fur le lieu, avant que d'en partir, pour en être les groffes délivrées vingt-quatre heures après aux parties.

Après la lecture de cet Article :

M. le premier président a dit, qu'il y a quelques observations à faire sur cet article. La premiere, qu'il feroit bon que les experts délivrassent leur rapport au commissaire, pour être transcrit dans son procès-verbal.

M. Pussort a dit, que cela augmenteroit les frais.

M. le premier président a réparti, que l'expédition ne s'en feroit qu'une fois, & que l'on attacheroit la minute à celle du procès-verbal.

M. Pussort a dit, qu'en ce cas cela pourroit être bon.

M. le premier président a ajouté pour deuxieme observation, que lorsque les experts se trouveroient contraires, ce feroit aux juges à nommer un tiers; qu'à cet effet il faudra que les parties soient assignées, pour voir jurer ce tiers; & qu'après avoir conféré ensemble, ils donnent leur rapport conjointement.

M. Pussort a dit, que si les experts sont contraires, l'usage est qu'ils donnent leur rapport séparément; & s'ils sont uniformes, ils le donnent conjointement.

M. le président de Maisons a dit, que, quelque chose qu'on puisse faire, lorsqu'une partie refusera de convenir d'experts, ou qu'ils feront contraires en leurs avis, le juge sera toujours le maître de la nomination. Que l'ancien usage paroissoit le meilleur: & l'expert nommé par le juge ne seroit pas plus obligé de faire son devoir que celui qui n'auroit que la simple nomination de la partie.

M. le premier président a dit, qu'il y avoit encore une observation fort considérable à faire sur cet article, en ce qu'il porte, que *les experts seront tenus de rédiger & signer sur les lieux, avant que d'en partir, la minute de leur rapport*, que cela n'étoit pas possible sans causer de grands frais aux parties. Que les experts, pour accélérer, font des mémoires de leurs observations sur les lieux; mais il leur faut presqu'autant de tems pour en dresser leur rapport, comme à les faire. Il y a eu telle commission où l'on a employé des trois mois entiers, & quelquefois plus long-tems; de sorte que s'il falloit que les minutes fussent signées sur les lieux, comme cela ne se pourroit faire sans que le juge, les experts & les procureurs des parties y demeurassent, ce feroit des frais excessifs.

M. Pussort a dit, que l'on n'a fait que transcrire l'article 185 de la coutume de Paris, dont la prévoyance a été d'empêcher que les experts ne fussent corrompus au retour de leur commission, pour changer leurs avis; mais que tout se faisant sur les lieux & au milieu des parties intéressées, ou de leurs procureurs, les experts pourront tirer tous les éclaircissemens qui leur seront nécessaires, & feront leur rapport beaucoup plus véritable & plus correct lorsque les especes sont encore présentes & distinctes, que non pas quand le tems les aura dissipées ou confondues.

M. le premier président a réparti, que la disposition de l'article de la coutume de Paris étoit bonne pour son détroit, mais ne convenoit pas à toute l'étendue du royaume. Que les principales descentes se faisoient dans Paris ou aux environs; ainsi on étoit chez soi, où toutes choses se faisoient bien plus commodément, que lorsqu'il s'agissoit de travailler dans les provinces éloignées.

M. Pussort a réparti, qu'il ne voyoit pas en cela grande différence, & que l'expert pouvoit suivre jour à jour le procès-verbal du commissaire.

☞ *Pour éviter les inconvéniens que l'exécution de cet article auroit pu produire, on a trouvé à propos de le supprimer. Mais sur les deux premieres observations de M. le premier président, on a dressé deux articles nouveaux, qui sont les XII & XIII dans l'ordonnance. Voyez après l'article XVII de ce projet.*

ARTICLE XVII.

Bourgeois seront pris pour experts.

LES juges & les parties pourront nommer pour experts des bourgeois; & en cas qu'un artisan soit intéressé en son nom contre un bourgeois, on ne pourra prendre qu'un bourgeois pour tiers-expert.

Lecture faite de cet Article:

☞ *Il a passé sans aucun changement, & il est le XI de l'ordonnance. Après cet article on y en a inséré deux autres nouveaux, qui ont été dressés sur les deux premieres observations que M. le premier président a faites sur l'article XVI. Voici l'un & l'autre de ces articles tels qu'ils sont dans l'ordonnance:*

ARTICLE XII. Les experts délivreront au commissaire leur rapport en minute pour être attaché à son procès-verbal, & transcrit dans la grosse en même cahier.

ARTICLE XIII. Si les experts sont contraires en leur rapport, le juge nommera d'office un tiers, qui sera assisté des autres en la visite; & si tous les experts conviennent, ils donneront un seul avis & par un même rapport, sinon donneront chacun leur avis.

ARTICLE XVIII.

Abrogation de la réception des procès-verbaux.

ABROGEONS l'usage de faire recevoir en justice les procès-verbaux des descentes & rapports d'experts, sans laquelle procédure pourront les parties s'en servir, ou les contester.

Après la lecture de cet Article:

M. le premier président a dit, que l'on pourra donc contester sans appointement, & par conséquent qu'il n'y en aura point pour donner moyens de nullité.

Le

☞ *Le présent article est le XIV de l'ordonnance : il a été changé de cette maniere :*

ARTICLE XIV. Abrogeons l'usage de faire recevoir en justice les procès-verbaux des descentes & rapports des experts, & pourront les parties les produire ou les contester, si bon leur semble.

ARTICLE XIX.

Défenses de recevoir des présens, & d'être défrayés.

Les juges & les experts se transporteront sur les lieux pour vaquer respectivement, avec le plus de diligence qu'il leur sera possible, à leur commission & rapport: leur défendons, & à leurs domestiques, de recevoir aucuns présens des parties, ni souffrir qu'ils les défraient ou paient leur dépense, directement ou indirectement, à peine de concussion & de trois cens livres d'amende applicable aux pauvres des lieux, & de tous dépens, dommages & intérêts des parties.

Cet Article a été trouvé bon.

☞ *Dans la révision, on y a fait quelques changemens : sur-tout on a retranché la premiere partie de l'article jusqu'à ces mots :* leur défendons, &c. *On y a aussi ajouté cette clause, que* les vacations des experts seront taxées par le commissaire. *Cet article est le XV de l'ordonnance, en ces termes ;*

ARTICLE XV. Défendons aux commissaires & aux experts de recevoir par eux ou par leurs domestiques aucuns présens des parties, ni de souffrir qu'ils les défraient ou paient leur dépense directement ou indirectement, à peine de concussion, & de trois cens livres d'amende applicable aux pauvres des lieux, & seront les vacations des experts taxées par le commissaire.

ARTICLE XX.

Taxes des juges employés en différentes commissions.

Si les juges sont employés en même tems en différentes commissions & descentes, hors les lieux de leur domicile, ils ne pourront se faire payer qu'une seule fois de la taxe qui leur appartiendra par chacun jour, selon ce qui sera réglé ci-après ; laquelle taxe leur sera payée par les parties intéressées: & seront tenus, par leurs minutes & grosses de leurs procès-verbaux, de faire mention séparée de ce qu'ils auront reçu de chacune partie, à peine de concussion & de restitution du total de leurs vacations.

Lecture faite de cet Article :

Il a été trouvé bon, sinon que M. le premier président a dit, que ce article & plusieurs autres de ce titre lui paroissoient d'un style fort diffi & fort étendu, & qu'ils eussent pu être compris en moins de mots, & expliqués avec plus de netteté.

☞ *Le changement le plus considérable que l'on ait fait à cet article, est le retranchement de la derniere partie, qui commence par ces mots :* & seront te nus, &c. *Il est le XVI dans l'ordonnance, de cette maniere :*

ARTICLE XVI. Les juges employés en même tems en différentes commissions hor les lieux de leur domicile, ne pourront se faire payer qu'une seule fois de la taxe qu leur appartiendra par chacun jour, qui leur sera payée par égale portion par le parties intéressées.

ARTICLE XXI.

Taxe des juges vacans à une commission, & requis pour une autre.

LORSQUE les juges seront sur les lieux pour vaquer à des com missions & descentes, & qu'à l'occasion de leur présence ils seron requis d'exécuter quelque autre commission, ils ne seront payé par les parties intéressées à la nouvelle commission & descente, que pour le tems qu'ils vaqueront pour eux ; & les parties inté ressées à la premiere commission, paieront les journées employée pour aller sur les lieux où la premiere descente devoit être faite, & pour le retour.

Cet Article a été trouvé bon.

☞ *Il est le XVIII dans l'ordonnance. On y a fait quelques changemens peu considérables, de cette maniere :*

ARTICLE XVIII. Lorsque les juges seront sur les lieux pour vaquer à des commissions & descentes, & qu'à l'occasion de leur présence ils seront requis d'exécuter une autre commission, ils ne seront payés par les parties intéressées à la nouvelle commission & descente, que pour le tems qu'ils y vaqueront, & les parties intéressées à la premiere commission paieront les journées employées pour aller sur les lieux où la premiere descente devoit être faite, & pour leur retour.

ARTICLE XXII.

Si le voyage est augmenté par la seconde commission.

Si toutefois la longueur du voyage est augmentée à l'occasion de la seconde commission, les journées seront payées par les parties intéressées en la seconde commission, à proportion du tems qui aura été employé à cause de l'augmentation du voyage: de tous lesquels paiemens il sera fait mention séparée sur les minutes & grosses des procès-verbaux, sous même peine.

Cet Article a été trouvé bon.

☞ *Il est le XVII de l'ordonnance; mais on en a retranché la derniere clause depuis ces mots :* de tous lesquels paiemens, &c. *Voici de quelle maniere il a été rédigé :*

ARTICLE XVII. Si la longueur du voyage est augmentée à l'occasion d'une autre commission, les journées seront payées par les parties intéressées, à proportion du tems qui aura été employé à cause de l'augmentation du voyage.

ARTICLE XXIII.

Extension de ce que dessus, aux experts.

Voulons que ce qui a été ordonné ci-dessus pour les juges, ait lieu & soit exécuté à l'égard des experts.

Cet Article a été trouvé bon.

☞ *Quoique l'on n'ait rien proposé contre cet article, on n'a pas laissé de le supprimer lors de la révision.*

ARTICLE XXIV.

Ce qui sera fait pour parvenir au jugement.

La plus diligente des parties fera donner à la partie adverse, copie des procès-verbaux, & du rapport d'experts; & trois jours après il pourra poursuivre à l'audience, sur un simple acte; ou produire les procès-verbaux & rapports, si le principal différend d'entre les parties est appointé.

Après la lecture de cet Article :

M. le premier président a dit, que c'étoit changer le style : qu'au parlement les descentes pouvoient être ordonnées à l'audience ; mais lorsqu'il s'agit de faire rapport d'un procès-verbal de descente, on prend toujours un appointement, n'étant point facile de faire voir à l'audience une carte, une figure & description des lieux, parce que cela demande une inspection particuliere de tous les juges, qui ne s'accommoderoit pas avec l'audience.

M. Pussort a répondu, que l'affaire seroit appointée, si on ne pouvoit pas la juger à l'audience ; cependant que l'esprit de l'ordonnance étoit de tout porter à l'audience.

M. le premier président a réparti, que ce seroit faire deux fois la même chose. Que l'on ordonneroit une descente, parce que l'affaire n'étoit pas suffisamment entendue à l'audience ; & néanmoins dans l'intention de l'article, on vouloit qu'elle y pût être jugée, en rapportant l'avis des experts. Que par toutes ces nouveautés on surchargeroit & fatigueroit les audiences, ensorte qu'on les rendroit inutiles par l'embarras.

M. Pussort a dit, qu'encore que le motif qui porte les juges à ordonner une descente, vienne de ce que l'affaire n'est pas assez entendue, il ne s'ensuit pas qu'après que l'avis des experts aura été rapporté, l'affaire ne puisse être jugée à l'audience ; au contraire, il s'ensuit qu'elle y doit être jugée, parce qu'elle a été éclaircie par le rapport des experts.

M. le premier président a réparti, que cela se pourroit faire quelquefois par les premiers juges ; mais qu'à l'égard des compagnies souveraines, il ne falloit pas l'espérer.

☞ *La disposition de cet article a été conservée ; mais on y a fait quelques changemens à l'égard de l'expression. Il est le XXIII de l'ordonnance, en ces termes :*

ARTICLE XXIII. Pourra la partie plus diligente faire donner au procureur de l'autre partie, copies des procès-verbaux & rapports d'experts, & trois jours après poursuivre l'audience sur un simple acte, & produire les procès-verbaux & rapports des experts, si le principal différend est appointé.

ARTICLE XXV.

Commissaires, de quoi feront mention.

Les juges feront mention séparée des taxes qu'ils auront reçues, & des jours qu'ils auront employés pour se transporter sur les lieux, & de ceux de leur séjour & retour : à peine de concussion, & de cent livres d'amende.

Cet Article a été trouvé bon.

☞ *Dans la suite on y a ajouté, que le commissaire sera mention* de ce qui aura été consigné par les parties, & reçu des taxes faites pour la grosse du procès-verbal, & de ceux qui auront assisté à la commission. *Cet article est le XIX de l'ordonnance, en ces termes:*

ARTICLE XIX. Les commissaires seront tenus de faire mention sur les minutes & grosses de leurs procès-verbaux, des jours qui auront été par eux employés pour se transporter sur les lieux, & de ceux de leur séjour & retour, & de ce qui aura été consigné par chacune des parties, & reçu des taxes faites pour la grosse du procès-verbal, & de ceux qui auront assisté à la commission, le tout à peine de concussion & de cent livres d'amende.

ARTICLE XXVI.

S'ils sont sur les lieux, ou à une journée.

Si les commissaires sont trouvés sur les lieux, ou à une journée de distance, ils ne prendont aucune vacation pour leur voyage ni pour leur retour.

Après la lecture de cet Article :

M. le premier président a dit, qu'un juge ne pourroit pas être payé de deux commissions; mais qu'il étoit raisonnable de donner une journée pour le voyage & une pour le retour, quand il se trouveroit à une journée de distance.

☞ *Sur cette réflexion il a été ordonné que le commissaire, qui sera* à une journée de distance, prendra la taxe d'un jour pour le voyage, & autant pour le retour, outre le séjour qu'il fera. *C'est l'article XX de l'ordonnance qui est rédigé de cette maniere :*

ARTICLE XX. Si les commissaires sont trouvés sur les lieux, ils ne prendront aucune vacation pour leur voyage, ni pour leur retour; & s'ils sont à une journée de distance, ils prendront la taxe d'un jour pour le voyage, & autant pour le retour, outre le séjour.

ARTICLE XXVII.

Avance des vacations.

Chacune des parties sera tenue d'avancer les vacations de son procureur, sauf à répéter, si elle obtient condamnation de dépens en fin de cause; & si outre l'assistance de son procureur, elle veut avoir un avocat, ou quelque autre personne pour conseil, elle paiera ses vacations, sans aucune espérance de répétition. Si néanmoins la partie poursuivante se trouvoit obligée d'avancer les vacations de ses parties adverses, exécutoire lui en sera délivré sur le champ, sans attendre l'issue du procès.

Lecture faite de cet Article :

M. le premier président a dit, que cela est contraire à l'usage qui se pratique présentement, qui est, que le provoquant avance les frais.

M. Pussort a répondu, que la disposition de l'article étoit pour empêcher qu'une partie ne vexât celle qui auroit fait ordonner la descente sur les lieux.

☞ *Cet article est le XXI dans l'ordonnance. On y a fait deux changemens peu considérables, à l'égard de l'expression seulement.*

ARTICLE XXI. Chacune des parties sera tenue d'avancer les vacations de son procureur, sauf à répéter si elle obtient condamnation de dépens en fin de cause ; & si outre l'assistance de son procureur elle veut avoir un avocat ou quelqu'autre personne pour conseil, elle paiera ses vacations sans répétition. Si néanmoins la partie poursuivante se trouvoit obligée d'avancer les vacations pour l'autre partie, exécutoire lui en sera délivré sur le champ, sans attendre l'issue du procès.

ARTICLE XXVIII.

Taxes des commissaires hors la ville.

LORSQUE les officiers feront des descentes ou autres commissions hors la ville & banlieue de l'établissement de leur siege, ils ne prendront par chacun jour que les sommes suivantes : . . . . sous peine de concussion, de nullité, de restitution de tout ce qu'ils auront reçu, & de tous dépens dommages & intérêts.

Lecture faite de cet Article :

Il a été remis à examiner, lorsque les taxes dont il parle auront été faites.

☞ *Messieurs les commissaires du conseil, en dressant ces articles, laisserent en blanc les sommes que les officiers pourroient prendre lorsqu'ils iroient en commission, parce qu'ils espéroient de régler ces sortes de vacations dans l'assemblée avec messieurs du parlement. Mais la chose fut renvoyée sans aucune décision : & quand il fut question d'arrêter les articles de l'ordonnance, M. Pussort & les autres commissaires n'eurent pas le tems de fixer ces droits : l'on se contenta de mettre dans l'article de l'ordonnance qui répond à celui-ci, que ces sommes seroient réglées par* une déclaration particuliere. *Néanmoins cette déclaration n'a point paru ; & le présent article, qui est le XXII de l'ordonnance, a été rédigé de cette maniere :*

ARTICLE XXII. Lorsque les officiers feront descentes ou autres commissions hors la ville & banlieue de l'établissement de leur siege, ils ne prendront par chacun jour que les sommes qui seront par nous ci-après ordonnées par une déclaration particuliere.

NEUVIEME CONFÉRENCE.

Du samedi vingt-sixieme février 1667, après-midi, en l'hôtel Séguier.

Ce jour, la compagnie s'étant assemblée à l'heure ordinaire, lecture a été faite du

TITRE XIX.

Des saisies, exécutions & ventes de meubles, grains, bestiaux & choses mobiliaires, pour les dettes des particuliers. Ce titre est le XXXIII de l'ordonnance.

ARTICLE I.

Exploits de saisie contiendront l'élection de domicile du saisissant.

Tous les exploits de saisie & exécutions de meubles & choses mobiliaires, contiendront l'élection de domicile du saisissant, dans la ville où la saisie ou exécution sera faite; & si la saisie & exécution n'est faite dans une ville, bourg ou village, le domicile sera élu dans le village, ou la ville la plus proche.

Cet Article a été trouvé bon.

☞ *L'article I de ce titre, est aussi le I dans l'ordonnance; les changemens qu'on y a faits, sont peu considérables.*

ARTICLE I. Tous exploits de saisies & exécutions de meubles, ou choses mobiliaires, contiendront l'élection de domicile du saisissant dans la ville où la saisie & exécution sera faite; & si la saisie & exécution n'est faite dans une ville, bourg ou village, le domicile sera élu dans le village ou la ville qui est plus proche.

ARTICLE II.

Saisie ne sera faite que pour chose certaine.

AUCUNE saisie ne pourra être faite que pour chose certaine liquide, en deniers ou en especes.

Après la lecture de cet Article :

M. le premier président a dit, que l'article se devoit entendre des sai & exécutions de meubles. Que d'ailleurs on avoit voulu faire l'arti conforme au 166 de la coutume de Paris, qui est fort net, mais qui ve que l'appréciation soit faite avant la vente ; de sorte que cela ayant omis en celui-ci, il étoit bon d'ajouter : qu'*il sera sursis à la vente jusq ce que l'appréciation ait été faite ; & que pour ce sujet, en cas de saisie chose en especes, il faudra ajourner en même tems pour voir apprécier.*

☞ *La clause proposée par M. le premier président a été ajoutée à l'artic qui est aussi le II dans l'ordonnance, en ces termes :*

ARTICLE II. Les saisies & exécutions ne se feront que pour chose certaine & quide, en deniers ou en especes ; & si c'est en especes, sera sursis à la vente, jusq ce que l'appréciation ait été faite.

ARTICLE III.

Forme des exploits de saisie.

TOUTES les formalités des ajournemens seront observées da les exploits de saisie & exécution, & sous les mêmes peines.

☞ *Cet article est dans l'ordonnance, sans aucun changement.*

ARTICLE IV.

Devoir du sergent avant que de saisir.

AVANT que d'entrer dans une maison pour y saisir des me bles ou effets mobiliers, l'huissier ou sergent sera tenu d'a peller deux voisins au moins pour être présens, auxquels il fe signer son procès-verbal, s'ils savent ou veulent signer : sin en sera fait mention ; & le fera aussi signer par ses recor

Et s'il n'y a point de voisins, sera tenu de le déclarer pareillement par l'exploit, & de le faire parapher par le plus prochain juge, incontinent après l'exécution, ainsi qu'il est requis aux ajournemens.

Après la lecture de cet Article:

M. le premier président a dit, qu'il falloit, par l'article, obliger le sergent d'insérer dans son exploit: *avant ou après-midi*, pour empêcher les concurrences, & conserver au plus diligent le droit de priorité qui est considérable dans la distribution des deniers procédans de la vente des meubles.

M. Pussort a dit, que cela pouvoit être ajouté.

☞ *Sur la proposition faite par M. le premier président, on a inséré les mots suivans:* comme aussi du tems de l'exploit, si c'est devant ou après-midi. *L'on a de plus retranché ces mots qui sont à la fin:* ainsi qu'il est requis aux ajournemens. *Voici l'article de l'ordonnance:*

ARTICLE IV. Avant d'entrer dans une maison pour y saisir des meubles ou effets mobiliaires, l'huissier ou sergent sera tenu d'appeller deux voisins au moins pour y être présens, auxquels il fera signer son exploit ou procès-verbal, s'ils savent ou veulent signer, sinon en fera mention; comme aussi du tems de l'exploit, si c'est avant ou après-midi, & le fera aussi signer par ses records: & s'il n'y a point de voisin, sera tenu de le déclarer par l'exploit, & de le faire parapher par le plus prochain juge, incontinent après l'exécution.

ARTICLE V.

Ce que le juge fera si l'on n'ouvre pas les portes.

Si les portes de la maison sont fermées, & qu'il n'y ait personne pour les ouvrir, ou que ceux qui y seront n'en veuillent faire l'ouverture, l'huissier ou sergent se retirera pardevant le juge du lieu, lequel, au bas de l'exploit ou du rapport du sergent, nommera au moins deux personnes dignes de foi, en présence desquelles l'ouverture des portes & la saisie & exécution seront faites; & qui signeront l'exploit de saisie avec les records.

L'Article a été trouvé bon.

☞ *Dans la révision l'on y a fait quelques changemens à l'égard de l'expression, de cette maniere:*

ARTICLE V. Si les portes de la maison sont fermées, & qu'il n'y ait personne pour les ouvrir, ou que ceux qui y seront n'en veulent faire l'ouverture, l'huissier ou sergent se retirera devant le juge du lieu, lequel, au bas de l'exploit ou procès-verbal du sergent, nommera deux personnes, en présence desquelles l'ouverture des portes & la saisie & exécution seront faites, & signeront l'exploit ou procès-verbal de saisie avec les records.

ARTICLE VI.

Exploits contiendront les meubles saisis.

LES exploits des saisies & exécutions contiendront par le men & en détail, tous les meubles saisis & exécutés.

L'Article a été trouvé bon.

☞ *L'on a mis aussi au commencement*, les exploits ou procès-verbau des saisies, &c. *C'est le seul changement qu'on y ait fait.*

ARTICLE VII.

Copie sera laissée au saisi.

SERA laissé sur le champ au saisi copie du procès-verbal sign des mêmes personnes qui auront signé l'original.

Lecture faite de cet Article :

M. le premier président a dit, que le mot d'*original*, employé dans l'ar ticle, pouvoit faire de l'équivoque. Qu'il y avoit deux originaux, l'u qui demeure pardevers le saisissant, & l'autre qui passe entre les main du saisi.

M. Pussort a dit, que l'ordonnance distingue ; & que lorsqu'elle parl de l'exploit qui demeure au saisi, il est toujours nommé *copie ;* mais quan il est entre les mains du saisissant, il devient son *original*, & que c'est l distinction qu'on y peut faire.

☞ *L'on n'a point changé le mot d'*original ; *mais on a fait un autre chan gement à l'égard de ces mots :* du procès-verbal, *avant lesquels on a mis*, d l'exploit. *L'article a été ainsi rédigé.*

ARTICLE VII. Sera laissé sur le champ au saisi copie de l'exploit ou procès-verbal signé des mêmes personnes qui auront signé l'original.

ARTICLE VIII.

Le nom & le domicile du gardien seront signifiés au saisi.

LE nom & le domicile de celui en la garde duquel auront été mises les choses saisies, seront signifiés au saisi par le procès-ver bal, ou par exploit séparé.

Après la lecture de cet Article :

M. le premier président a dit, que pour ne point donner sujet de multiplier les actes, il seroit bon de retrancher de l'article ces mots : *par exploit séparé,* & d'employer dans le procès-verbal, le nom & le domicile du gardien.

☞ *Sur cette observation, l'on a retranché ces mots :* ou par exploit séparé. *Au surplus l'article est dans l'ordonnance.*

ARTICLE IX.

Gardien ne se doit servir des choses saisies.

DÉFENDONS aux gardiens de se servir des choses saisies pour leur usage particulier, ni de les bailler à louage ; & en cas de contravention, voulons qu'ils soient privés du paiement des frais de garde & de nourriture, & condamnés aux dépens, dommages & intérêts des parties.

Cet Article a été trouvé bon.

L'on en a seulement retranché le mot de dépens, *qui est à la fin.*

ARTICLE X.

Il tiendra compte du profit.

SI les bestiaux saisis apportent d'eux-mêmes quelque profit ou revenu, le gardien sera tenu d'en tenir compte au saisi, ou aux créanciers saisissans.

Lecture faite de l'Article X :

M. le premier président a dit, qu'il faut appréhender que la disposition de cet article ne fasse naître bien des contestations, sur la question de savoir si une brebis aura fait un agneau, & si une vache aura rendu peu ou beaucoup de lait ; & en quelque façon que ce soit, il est certain qu'à l'égard de Paris, cet article demeurera entiérement inutile.

M. Pussort a dit, que l'ordonnance doit avoir son exécution dans toute l'étendue du royaume, & que si dans Paris elle ne s'observe pas, elle sera d'un fort grand fruit en Normandie, où il y a des lieux que l'on appelle des *parcs royaux*, dans lesquels les bestiaux saisis sont gardés. Que les gardiens louent des chevaux, prennent les veaux & les agneaux, & appliquent le provenu à leur profit, sans diminution de leurs frais de garde.

M. le premier président a réparti, que l'ordonnance étant générale, l'article étoit bon.

☞ *L'on n'a fait aucun changement à cet article, excepté qu'on a mis* produisent, *au lieu d'*apportent.

ARTICLE XI.

Signification du lieu & heure de la vente.

Le sergent sera tenu de signifier au saisi, à sa personne ou domicile, le lieu & l'heure où les meubles & bestiaux saisis seront exposés en vente, pour y faire trouver des enchérisseurs, si bon lui semble; laquelle vente sera faite au plus prochain marché, & aux heures où il se tient.

Lecture faite de l'Article XI:

M. le premier président a dit, qu'il y a quelques observations à faire sur cet article. Qu'en Bourbonnois & en Auvergne, il falloit aller deux fois devant le juge : l'une, pour demander permission de faire vendre les choses saisies, & obtenir de lui sentence à cet effet; & l'autre, pour obtenir une seconde sentence qui confirme la vente. Que les juges des lieux prétendoient autoriser cet usage, ou plutôt cet abus, par la disposition de leurs coutumes, & que pour le retrancher, il seroit bon d'ajouter à l'article : *sans que le saisissant soit tenu d'obtenir permission de vendre, ni sentence de confirmation, nonobstant toutes coutumes ou usages à ce contraires.*

M. Pussort a dit, qu'il avoit été arrêté que l'on proposeroit au roi d'ôter toutes les dérogations particulieres, qui ont été employées dans plusieurs articles, & de mettre à la fin de l'ordonnance une clause de dérogation générale, en termes les plus significatifs que faire se pourra.

M. le premier président a réparti, que cette dérogation seroit bonne pour les choses contenues aux ordonnances; mais qu'à l'égard des usages qui s'étoient introduits dans quelques sieges, sans aucun fondement pris des ordonnances, on les continueroit indubitablement, si l'on n'y pourvoyoit par une dérogation expresse & particuliere.

M. le président de Novion a dit, que dans les derniers grands-jours de Clermont, il s'étoit trouvé beaucoup d'abus dans les sieges, qui avoient prévalu à l'ordonnance, & que l'on avoit été obligé d'en faire un réglement.

M. Pussort a dit, que l'intention étoit de déroger généralement à tous usages des lieux contraires à la disposition de l'ordonnance, & qu'il en falloit faire la proposition au roi.

☞ *L'on n'a pas inséré dans cet article la clause proposée par monsieur le premier président, parce que, suivant l'intention de M. Pussort, l'on a fait une dérogation générale à toutes les ordonnances, coutumes, loix, statuts, réglemens, styles & usages différens ou contraires. Cette dérogation est contenue dans la clause finale qui fait la clôture de la présente ordonnance.*

A l'égard de l'article qu'on vient d'examiner, la derniere partie a été transportée au commencement, & il a été rédigé de cette maniere :

ARTICLE XI. La vente des choses saisies sera faite au plus prochain marché public aux jours & heures ordinaires des marchés, & sera tenu le sergent signifier auparavant à la personne ou domicile du saisi, le jour & heure de la vente, à ce qu'il ait à faire trouver des enchérisseurs, si bon lui semble.

ARTICLE XII.

Délai entre l'exécution & la vente.

LES meubles & les bestiaux saisis ne pourront être vendus qu'il n'y ait au moins trois jours entre l'exécution & la vente.

Après la lecture de cet Article :

M. le premier président a dit, que par un usage inviolablement observé dans le ressort du parlement de Paris, on donnoit huitaine, au lieu de *trois jours* portés par l'article. Qu'il étoit d'autant plus raisonnable de donner un grand délai, que dans Paris la recousse seroit impossible, si ce n'étoit pour les bestiaux.

M. Pussort a dit, que l'article ne portoit pas qu'il n'y auroit que trois jours entre l'exécution & la vente; mais qu'il y auroit au moins trois jours, & que cela étant de faculté, le tems pourroit être augmenté.

M. le premier président a réparti, que ce plus long délai dépendant de la discrétion du saisissant, cela iroit toujours fort vîte, & qu'il étoit bon de l'obliger absolument au délai de huitaine, suivant la disposition de la coutume de Paris.

M. Pussort a dit, que la justice étant saisie de son gage, il n'y auroit pas grand péril à accorder ce délai.

☞ *L'on a fixé ce délai à la huitaine, & l'article a été arrêté de cette maniere :*

ARTICLE XII. Les choses saisies ne pourront être vendues, qu'il n'y ait au moins huit jours francs entre l'exécution & la vente.

ARTICLE XIII.

Vente des joyaux & vaiſſelle d'agent.

Les bagues, joyaux & vaiſſelle d'argent, que l'huiſſier ou ſergent eſtimera valoir trois cens livres ou plus, ne pourront être vendus qu'après trois différentes expoſitions, ſi ce n'eſt que le ſaiſiſſant & le ſaiſi en conviennent par écrit, qui ſera mis entre les mains du ſergent pour ſa décharge.

Lecture faite de l'Article XIII :

M. le premier préſident a dit, qu'il y avoit quelques obſervations à faire ſur cet article : l'une, que la vaiſſelle d'argent eſt facile à eſtimer par ſon poids. A l'égard des bagues & joyaux, l'eſtimation ne s'en faiſoit pas par un ſergent priſeur, mais par un joaillier ou orfevre. L'autre, ſavoir de quelle façon ſeront entendues les trois différentes expoſitions portées par l'article. Si ce ſera de trois jours en trois jours, ou en trois jours de marchés conſécutifs, ou de huitaine en huitaine.

Qu'il ſeroit encore bon de ſavoir en quel lieu ces expoſitions seront faites : ſi ce ſera en plein marché, ou dans la boutique d'un orfevre ? Sur quoi il obſervera en paſſant que les diamans de fort grand prix, & qui ſont conſidérés comme immeubles dans les familles, ſont décrétés comme des héritages, & les expoſitions s'en doivent faire à la boutique d'un orfevre ; mais qu'il ne s'en agit pas ici.

M. Puſſort a réparti, que pour ôter toute ambiguité, l'on peut ajouter dans l'article, que *les expoſitions ſeront faites à trois jours de marchés conſécutifs.* Que ce n'étoit point en cela que conſiſtoit la principale difficulté mais de ſavoir ſi on laiſſeroit en la liberté du ſergent de faire l'eſtimation des bagues, & ſi un collier ou une bague ſeroient expoſés par trois jours de marchés, & ſi l'eſtimation s'en feroit par des orfevres ? Que toutes ces différences & ces minuties faiſoient d'aſſez grandes difficultés. Que l'on avoit cru qu'il les falloit retrancher, & mettre ſeulement dans l'article : *les bagues, joyaux & vaiſſelle d'argent, de valeur de trois cens livres, ne pourront être vendus, &c.* étant impoſſible de régler tellement toutes choſes, qui rien ne dépende de la volonté du ſergent.

☞ *Sur toutes ces obſervations, voici de quelle maniere le préſent article a été arrêté :*

ARTICLE XIII. Les bagues, joyaux & vaiſſelle d'argent de la valeur de trois cens livres ou plus, ne pourront être vendus qu'après trois expoſitions à trois jours de marchés différens, ſi ce n'eſt que le ſaiſiſſant & le ſaiſi en conviennent par écrit, qui ſera mis entre les mains du ſergent pour ſa décharge.

ARTICLE XIV.

Quelles choses ne seront saisies.

En procédant par saisie & exécution sur de pauvres personnes, on sera tenu de leur laisser une vache, trois brebis ou deux chevres pour aider à soutenir leur vie; si ce n'est que la créance pour laquelle la saisie est faite, soit pour la vente qui leur aura été faite de ces bestiaux, ou pour avoir prêté de l'argent pour les acheter, ou pour les loyers des fermages : & de plus, leur sera laissé un lit pour les coucher, & l'habit dont ils seront vêtus & couverts.

Après la lecture faite de cet Article :

M. le premier président a dit, que l'article regarde les pauvres, & qu'il importe qu'il soit exécuté, en ce qu'il ordonne qu'en procédant à l'exécution sur de pauvres personnes, le sergent sera tenu de leur laisser une vache & quelques autres bestiaux mentionnés dans l'article, nécessaires pour leur subsistance. Mais que l'on peut demander si le sergent sera le juge pour décider si le saisi sera pauvre, ou s'il ne le sera pas; & qu'il auroit peut-être mieux été de faire l'article général pour tous les gens de village.

M. Pussort a réparti, que dans les fauxbourgs des villes, il y avoit de pauvres habitans qui subsistoient avec leur famille de leurs bestiaux.

M. le premier président a ajouté, que l'on pouvoit toujours demander qui en seroit le juge? Si l'on s'adressoit au juge ordinaire, ce seroit un procès qui ne convenoit point à la matiere : & au contraire en laissant l'article indéfini, cela auroit le même effet ; étant impossible que celui à qui on ne laissera qu'une vache, trois brebis, ou bien deux chevres, ne devienne pauvre, quand il ne l'auroit pas été auparavant.

M. Pussort a dit, que cela paroissoit bon.

M. le premier président a ajouté, qu'il y avoit encore une autre observation à faire dans l'article, en ce qu'il porte : *si ce n'étoit que la créance, pour laquelle la saisie auroit été faite, fût pour vente de ces bestiaux, ou pour avoir prêté de l'argent pour les acheter, ou pour loyers de fermages :* qu'il faut expliquer comment cela se fera, & si la preuve par témoin sera recevable. Que pour un plus grand éclaircissement, & pour prévenir toutes contestations, on pourroit ajouter cette clause : *& qu'il y en eût preuve par écrit.*

M. Pussort a dit, qu'il faut laisser ces choses à la prudence du juge, lequel, selon les circonstances du fait, pourra recevoir la preuve par témoins au-dessus de cent livres, lorsqu'il y aura quelque adminicule de preuve.

M. le premier président a encore observé, que l'article porte que l'on laissera aux saisis l'habit dont ils sont vêtus & couverts. Que cela est abfolumènt inutile, parce que l'on ne dépouille pas un homme, & l'on feroit le procès à un huiffier qui auroit exercé cette rigueur.

M. Puffort a dit, qu'il s'étoit vu des fergens qui avoient ôté le manteau.

☞ *Sur la premiere obfervation de M. le premier préfident, on a retranché de l'article ces termes limitatifs*, fur de pauvres perfonnes, *afin de rendre l'article général.*

Mais de plus, on a dreffé deux articles nouveaux, qui font le XV & le XVI de l'ordonnance, le premier defquels porte, que les perfonnes conftituées aux ordres facrés ne pourront être exécutées en leurs meubles deftinés au fervice divin, ni en leurs livres. *L'autre article défend de faifir* les chofes qui fervent à cultiver les terres.

Voici de quelle maniere ces trois articles ont été rédigés & arrêtés :

ARTICLE XIV. En procédant par faifie & exécution, fera laiffé aux perfonnes faifies une vache, trois brebis ou deux chevres, pour aider à foutenir leur vie ; fi ce n'eft que la créance pour laquelle la faifie eft faite, procede de la vente des mêmes beftiaux, pour avoir prêté l'argent pour les acheter ; & de plus fera laiffé un lit & l'habit dont les faifis feront vêtus & couverts.

ARTICLE XV. Les perfonnes conftituées aux ordres facrés de prêtrife, de diaconat ou foudiaconat, ne pourront être exécutées en leurs meubles deftinés au fervice divin, ou fervans à leur ufage néceffaire, de quelque valeur qu'ils puiffent être, ni même en leurs livres, qui leur feront laiffés jufqu'à la fomme de cent cinquante livres.

ARTICLE XVI. Les chevaux, bœufs & autres bêtes de labourage, charrues, charretes & uftenfiles fervans à labourer & cultiver les terres, vignes & prés, ne pourront être faifis, même pour nos popres deniers, à peine de nullité, de tous dépens, dommages & intérêts, & de cinquante livres d'amende contre le créancier & le fergent folidairement. N'entendons toutefois comprendre les fommes dues au vendeur, ou à celui qui a prêté l'argent pour l'achat des mêmes beftiaux & uftenfiles, ni ce qui fera dû pour les fermages & moiffons des terres où feront les beftiaux & uftenfiles.

ARTICLE XV.

Chofes faifies, comment feront adjugées.

Les chofes faifies feront adjugées au dernier enchériffeur, & qui en aura le plus offert, en payant par lui fur le champ le prix de l'adjudication.

Lecture faite de l'Article XV :

M. le premier préfident a dit, qu'il étoit inutile, parce que les chofes faifies ne pouvoient être adjugées qu'au plus offrant & dernier enchériffeur.

☞ *Cet article a été confervé, & il eft le XVII de l'ordonnance, en ces termes :*

ARTICLE

ARTICLE XVI.

Huissiers feront mention des adjudicataires.

Les huissiers ou sergens seront tenus de faire mention dans leurs procès-verbaux, du nom & domicile des adjudicataires, desquels ils ne pourront rien prendre ni recevoir, directement ni indirectement, outre le prix de l'adjudication.

Cet Article a été trouvé bon.

☞ *Il est le XVIII de l'ordonnance, & l'on y a ajouté ces mots à la fin :* à peine de concussion.

ARTICLE XVII.

Confirmation de ce que dessus.

Tous les articles ci-dessus seront observés par les huissiers ou sergens, à peine de nullité des exploits de saisies & procès-verbaux de ventes, dommages & intérêts, tant envers le saisissant que le saisi ; interdiction des huissiers ou sergens, & de cent livres d'amende, qui ne pourra être remise.

Cet Article a été trouvé bon.

☞ *Il est le XIX dans l'ordonnance : l'on y a fait quelques changemens dans l'expression, de cette maniere :*

ARTICLE XIX. Tous les articles ci-dessus seront observés par les huissiers & sergens, à peine de nullité des exploits de saisies, & procès-verbaux de ventes, dommages & intérêts envers le saisissant & le saisi, interdiction, & de cent livres d'amende applicable moitié à nous, moitié à la partie saisie, sans que la peine puisse être remise ou modérée.

ARTICLE XVIII.

Si le saisi donne caution, il sera sursis.

Si le saisi donne bonne & suffisante caution de payer la somme due aux saisissans ou opposans, il sera sursis pendant huitaine à la vente des choses saisies.

Après la lecture de cet Article :

M. le premier président a dit, que l'article paroît fondé en équité ; mais que la caution peut faire de l'embarras. Car si c'est au sergent que la caution doit être offerte, elle sera toujours bonne ou mauvaise, selon l'intérêt qu'il y prendra; si c'est devant le juge, il y aura des frais, il faudr la discuter : ces contestations vont quelquefois bien avant, & il se consumera bien du tems. Qu'enfin il faudra savoir s'il suffira de l'offrir, ou s'il faudra la donner & la faire recevoir effectivement, ainsi que l'article semble y incliner; mais en toutes façons, il faut bien prendre garde, que pendant que l'on examine & que l'on conteste s'il y aura huitaine, ou trois jours seulement entre la saisie & la vente, l'on ne donnera point d'ouverture à passer des mois entiers sur la réception de la caution.

M. Pussort a répondu, que l'on s'est trouvé empêché à régler nettement cet article, & que dans les difficultés qui se pourroient présenter de part & d'autre, il valoit mieux l'ôter & laisser la chose à l'office du juge.

☞ *Cet article a été supprimé.*

ARTICLE XIX.

Délivrance des deniers.

INCONTINENT après que la vente aura été faite, l'huissier ou sergent sera tenu de délivrer les deniers à ceux à qui ils appartiendront, à peine d'interdiction & de cent livres d'amende, moitié envers nous, moitié envers celui qui doit les deniers.

Après la lecture de cet Article :

M. le premier président a dit, qu'il y avoit difficulté, en ce que l'article portoit que les deniers procédans de la vente seroient délivrés *à ceux à qui ils appartiendroient :* que l'on voyoit bien à qui l'argent ne devoit pas demeurer, mais que l'on ne disoit pas entre les mains de qui il devoit passer, en cas d'opposition. Qu'on le pourroit donner au saisissant qui auroit le droit & la solvabité plus apparente ; ou au greffier, lequel s'en chargeroit sans frais.

M. Pussort a dit, qu'il n'y avoit rien de plus difficile que de tirer de l'argent des greffes. Qu'on pourroit le laisser entre les mains du saisissant en donnant caution, mais qu'il ne feroit pas toujours en état de le pouvoir faire : & qu'après plusieurs réflexions faites de part & d'autre, ce qui sembloit que l'on pouvoit faire de mieux, c'étoit qu'en cas qu'il n'y eût point d'opposition, les deniers procédans de la vente seroient délivrés au saisissant jusqu'à concurrence de son dû, & le surplus au saisi : en cas d'opposition, qu'il demeureroit entre les mains du sergent, pour les délivrer à qui par justice seroit ordonné.

☞ *Cette derniere ouverture a été suivie, & l'article a été rédigé de cette maniere :*

ARTICLE XX. Incontinent après la vente, les deniers en provenant seront délivrés par le sergent ou huissier entre les mains du saisissant, jusqu'à la concurrence de son dû, le surplus délivré au saisi ; & en cas d'opposition, à qui par justice sera ordonné, à peine contre l'huissier ou sergent d'interdiction, & de cent livres d'amende applicable moitié à nous, & moitié à celui qui devoit recevoir les deniers.

ARTICLE XX.

Taxe de l'huissier.

APRÈS que la vente aura été faite, l'huissier ou sergent portera la minute de son procès-verbal de vente au juge, lequel sans frais taxera de sa main ce qu'il conviendra à l'huissier ou sergent pour son salaire à cause de la saisie, vente & exécution ; de laquelle taxe les huissiers ou sergens feront mention dans toutes les grosses qu'ils délivreront de leurs procès-verbaux, à peine d'interdiction, & de cent livres d'amende envers nous.

Cet Article a été trouvé bon.

☞ *Il est le XXI & dernier de l'ordonnance, & l'on n'y a fait aucun changement, si ce n'est qu'on a retranché ces mots,* qu'ils délivreront, *qui sont vers la fin de l'article.*

ARTICLE XXI.

Quand, & comment les saisis pourront retirer les choses vendues.

DANS la huitaine après l'adjudication, les saisis pourront retirer les choses vendues des mains des adjudicataires, en leur rendant le prix de la vente, les frais de transport ou conduite en leur maison, des choses vendues, ensemble la nourriture des bestiaux, s'il n'en a été tiré aucun profit ; & seront ci-après les ventes présumées faites à cette charge : ce que nous voulons être exécuté.

Après la lecture de cet Article :

M. le premier président a dit, que cette recousse n'a jamais eu lieu dans Paris, à cause qu'elle y est impossible. Un homme achete un cheval à l'encan, & l'emmene aussi-tôt où il lui plait. Qu'on ne pouvoit pas le reconnoître ; même il étoit à craindre que les précautions que l'on prendroit contre cette recousse, ne causassent bien de la chicane par les suppositions que l'on feroit des noms des adjudicataires, & par de fausses élections de domicile. Qu'il étoit vrai que les coutumes de Poitou & de Bretag donnoient huitaine de recousse. Que celle de Normandie étoit encore pl favorable, & donnoit une quinzaine; mais qu'on étoit accoutumé à c usage dans ces provinces, & qu'il ne seroit pas aisé d'en faire une regle g nérale pour toute la France, & principalement pour Paris. Et même l'égard des meubles meublans, cela paroissoit encore plus difficile.

M. Pussort a dit, que l'article n'étoit que de faculté. Que c'étoit à fai au saisi de suivre la chose, & à se l'imputer s'il ne la découvroit pas.

M. le président de Novion a dit, que cette condition de recousse ferc que les choses ne seroient pas vendues leur juste prix. Que le saisi en sou friroit, & qu'il sembloit être plus à propos de mettre un délai de huitai entre la saisie & la vente, mais sans recousse.

☞ *Sur tous ces inconvéniens prévus & proposés, on a trouvé à propos supprimer l'article.*

Ce titre est le XIX de l'ordonnance.

TITRE XX.

Des sequestres, & des commissaires & gardiens de fruits & choses mobiliaires.

ARTICLE I.

Demande en sequestre, comment sera formée.

TOUTE demande en sequestre sera formée par requête, & po tée à l'audience par un simple acte qui sera signifié au procure du défendeur.

Après la lecture de cet Article :

M. le premier président a dit, que sur la requête on met : *viennent parties à l'audience*, & qu'ainsi il n'est pas besoin d'acte.

M. Pussort a réparti, que pourvu que dans l'assignation il soit fait me tion du jour, cela peut suffire, & que l'article sera réformé.

☞ *Sur cette observation on a mis dans le présent article, que l'acte con* tiendra le jour pour venir plaider. *Il a été arrêté de cette maniere:*

ARTICLE I. Toutes demandes en ſequeſtre ſeront formées par requêtes, & portées à l'audience par un ſimple acte qui contiendra le jour pour venir plaider, & ſera ſignifié au procureur du défendeur.

ARTICLE II.

Comment le ſequeſtre ſera ordonné.

LES ſequeſtres pourront être ordonnés, tant ſur la demande des parties, que d'office, en cas que les juges eſtiment qu'il y ait néceſſité de le faire.

Cet Article a été trouvé bon.

☞ *Il eſt auſſi le II de l'ordonnance, ſans aucun changement.*

ARTICLE III.

Sentence qui ordonnera le ſequeſtre, nommera le commiſſaire.

LE commiſſaire devant lequel les parties devront procéder, ſera nommé par la même ſentence qui ordonnera le ſequeſtre, & y ſera preſcrit le tems auquel ils devront comparoir pardevant lui.

Lecture faite de cet Article:

M. le premier préſident a demandé ſi l'intention étoit d'abroger les anciennes ordonnances.

M. Puſſort a réparti, qu'elles ſeront abrogées, en ce qu'elles ſe trouveront contraires.

M. le premier préſident a dit, que ſi on ne les abroge qu'en ce qu'elles ſont contraires, il y auroit le tiers des articles qui ſont examinés, à retrancher; parce qu'ils ont été copiés ſur les anciennes ordonnances qui ſont ponctuellement obſervées.

M. Puſſort a dit, que l'ordonnance qui ſe fait eſt pour le ſtyle, & on a tâché de ne rien omettre de ce qui a été jugé néceſſaire pour le régler; & par ce moyen toute autre ordonnance qui le concerne, demeurera abrogée.

M. le premier préſident a dit, que ſi l'on veut faire un ſtyle qui comprenne toute la procédure, & qui n'omette rien de ce qui la concerne, il ſeroit néceſſaire d'ajouter une infinité de choſes dont il n'eſt point parlé dans cette nouvelle ordonnance, & qui ſont obſervées, ou en vertu des anciennes, ou par un uſage formé depuis pluſieurs ſiecles. Que les articles des anciennes ordonnances, & cet ancien uſage, ſe trouvent, ou conformes, ou différens, ou contraires à celle-ci. Pour ce qu'il y a de contraire, on ne doute pas qu'il n'y ſoit dérogé.

Pour ce qui est différent, c'est-à-dire, ce qui contient des dispositions dont il n'est point parlé dans la nouvelle ordonnance, il semble qu'on ne se peut dispenser de le conserver; parce que la plupart de ce qui se fait dans la pratique n'aura point d'autre fondement, puisque cette ordonnance n'en parle point. Or, si l'on est obligé d'avoir recours aux anciennes ordonnances pour la plupart des choses, & les conserver par ce moyen, il paroît inutile de trascrire plusieurs articles qu'elles contiennent, puisqu'ils seroient toujours observés, quand même cette nouvelle ordonnance n'en parleroit point; de sorte qu'il auroit été peut-être plus à propos de ne rien mettre dans cette ordonnance nouvelle, que ce qui change la disposition des anciennes, ou bien de la faire générale, & que l'on n'eût plus besoin de conserver les anciennes.

M. Pussort a réparti, que le dessein du roi étoit de faire un corps d'ordonnances complet, & que quand il seroit achevé, on pourroit facilement abolir les anciennes ordonnances qui ne serviroient plus que de mémoires; & qu'à cet effet il seroit mis une dérogation générale. Mais cependant les ordonnances que l'on appelle différentes, subsisteroient jusqu'à ce que le roi s'en fût expliqué par une déclaration particuliere; & que s'il y avoit quelque chose qui eût été omis, on le pourroit suppléer par ce moyen.

M. le premier président a réparti, que le style qui s'observe aujourd'hui s'étant formé pendant plusieurs siecles & établi sur de grands fondemens, que c'étoit un grand travail d'abolir ainsi toute l'antiquité, & de tout comprendre dans une nouvelle ordonnance. Qu'un juge à qui l'on prescrira de suivre cette nouvelle réformation, trouvera bien des choses qui y manqueront, & il sera bien difficile que l'on ne tombe dans de grands inconvéniens, par cette confusion des loix anciennes & des nouvelles.

M. Pussort a dit, qu'il est impossible, que dans un si grand travail, il n'y ait toujours des omissions; que néanmoins on avoit apporté tous les soins possibles pour ne rien laisser de ce qui pourroit servir au dessein que le roi s'étoit proposé. Qu'il peut y avoir des usages dans les parlemens éloignés, que l'on ne connoît point; c'est ce qui demeurera aboli, aussi-bien que les dispositions contraires, par un article de dérogation générale qui sera mis à la fin de la déclaration; mais que s'il a été omis quelque chose d'essentiel, le juge pourra recourir à l'ancienne ordonnance, qu'il suivra jusqu'à ce qu'il y ait été pourvu.

☞ *Comme ces réflexions ne tombent pas sur le présent article en particulier, on n'y a fait aucun changement, si ce n'est qu'on a changé ces mots de la fin:* le tems auquel ils devront comparoir pardevant lui, *en ceux-ci:* **le tems auquel les parties devront comparoir.**

ARTICLE IV.

Quand le juge nommera un ſequeſtre, & quel.

Si l'une des parties eſt en demeure de ſe trouver à l'aſſignation, ou de nommer un ſequeſtre, le juge, ſans proroger l'aſſignation à un autre jour, en nommera un bon & valable, réſidant & proche du lieu où ſont les choſes qui doivent être ſequeſtrées.

ARTICLE V.

Perſonnes que le juge ne pourra nommer.

Le juge ne pourra nommer pour ſequeſtre aucun de ſes parens & alliés, juſqu'au degré de couſin germain incluſivement, à peine de nullité & des dommages & intérêts des parties, même de ceux procédans du défaut d'avoir été pourvu d'un ſequeſtre valable, & de cent livres d'amende applicable aux parties, dont il ne pourra être déchargé.

Après la lecture de ces deux Articles :

M. le premier préſident a dit, qu'ils avoient connexité. Que l'article V preſcrivoit, qu'*à faute par l'une des parties de nommer un ſequeſtre, le juge en nommeroit un bon & ſolvable, réſidant proche du lieu où ſont les choſes ſaiſies ;* mais que ce mot de *proche* étoit trop vague, & qu'il étoit bon de déſigner la diſtance des lieux. Que les arrêts vouloient que chacun pût faire ſon office ſans grande incommodité, & que quelques-uns avoient réglé cette diſtance à trois lieues : qu'il étoit encore queſtion de ſavoir ſi on nommeroit un ou pluſieurs ſequeſtres. Que la Clémentine unique, *de ſequeſtrat. poſſeſſ. & fruct.* portoit que l'on n'en pouvoit établir qu'un, ſi ce n'étoit que les choſes ſequeſtrées fuſſent éloignées d'une diſtance fort conſidérable. Que la coutume de Berri, qui avoit été rédigée par M. le préſident Liſet, vouloit qu'il n'y eût qu'un ſequeſtre, ſi les biens n'étoient éloignés que de ſix lieues ; & il ſemble qu'il ſeroit bon de marquer la diſtance, & de ne permettre qu'un ſequeſtre, s'il n'y avoit cauſe importante pour en uſer autrement.

M. Puſſort a dit, qu'il étoit bien difficile de diſtinguer l'éloignement des lieux par une, deux ou trois lieues. Que les lieues, même dans le royaume, étoient fort différentes. Que dans quelques endroits elles triploient celles de Paris. Qu'il valoit mieux en demeurer à l'ancien uſage.

A l'égard de la pluralité des ſequeſtres, elle cauſeroit de grands frais ; mais qu'elle étoit néceſſaire ſelon les rencontres. Qu'outre l'éloignement

des lieux, tel sequestre seroit propre pour les terres labourables, qui n
le seroit pas pour les vignes: ainsi du reste. Que cela devoit être laissé
la prudence du juge.

M. le premier président a dit, qu'à l'égard de la disposition du V article, qui défend au juge de nommer pour sequestres ses parens ou allié jusqu'au degré de cousins germains, elle n'étoit pas nouvelle. Que l'ordonnance de Louis XII portoit la même prohibition, & quelques coutumes y sont conformes; mais qu'il y a quelque ambiguité dans l'article qu l'on pourroit rédiger plus intelligiblement. Qu'en ce qui concerne la pein des dommages & intérêts prononcée contre les juges, cela étoit du styl de cette ordonnance, qui seroit d'autant moins considérée, que la répétition en est plus fréquente. Qu'il y auroit encore un éclaircissement prendre, qui étoit de savoir si le juge, en cas de nomination, demeureroit responsable de la solvabilité du sequestre?

M. Pussort a réparti, que la peine portée par l'article, ne regardoi que le juge qui nommera un parent, & que la disposition en est for nette & fort expresse.

M. le premier président a dit, qu'aucuns de messieurs l'avoient entend d'une façon, les autres d'une autre, & que c'étoit pour cela qu'il y avoi de l'ambiguité qui se peut remarquer en lisant l'article.

M. Pussort a dit, que l'article défendoit aux juges de nommer pour sequestres leurs parens & alliés, sous deux sortes de peines: la premiere, d dommages & intérêts qu'auroient pu souffrir les parties par la nullité d la procédure; & l'autre, de ceux qui procéderoient de l'insolvabilité d sequestre. Que ces regles regardoient plus les premiers juges, que tous le autres; & y ayant en cela du dol, la faute étoit personnelle. Que cel paroissoit nettement expliqué par l'article: néanmoins on le pourroi tourner en ces termes: *qu'en cas que le parent nommé sequestre par le juge, n soit solvable, il demeurera responsable des dommages & intérêts des parties.* Qu l'on pourroit encore ajouter dans l'article, la faculté au juge de proroge le tems de huitaine, sans pouvoir donner un autre délai.

☞ *Sur les observations faites de part & d'autre, ces deux articles ont ét réformés de cette maniere:*

ARTICLE IV. Si l'une des parties est en demeure de se trouver à l'assignation, o de nommer un sequestre, le juge en nommera d'office un suffisant & solvable, résidan ou proche du lieu où sont situées les choses qui doivent être sequestrées, sans proroge l'assignation; si ce n'est qu'en connoissance de cause, & suivant les circonstances, l juge donne un délai qui ne sera plus long de huitaine, & sans qu'il puisse être prorogé.

ARTICLE V. Le juge ne pourra nommer pour sequestre aucun de ses parens & alliés, jusqu'au degré des cousins germains inclusivement, à peine de nullité, de cen livres d'amende, & de répondre en son nom des dommages & intérêts des parties, e cas d'insolvabilité du sequestre.

ARTICL

ARTICLE VI.

Continuation.

Il ne pourra pareillement nommer pour sequestre, aucun de ceux qu'il saura être vassaux, fermiers, domestiques, parens ou alliés des parties, jusqu'au degré de cousin issu de germain inclusivement, sur les mêmes peines.

Lecture faite de cet Article:

M. le premier président a dit, qu'on ne peut pas pénétrer dans la connoissance & dans la pensée des hommes, ni juger si un juge a su qu'un sequestre fût vassal ou parent de la partie. Qu'il ne voit pas comment on peut recevoir ou prouver un fait de cette qualité; cependant l'article prononce des dommages & intérêts en ce cas contre le juge, & fait dépendre l'honneur & la réputation d'un magistrat d'une chose dans laquelle on ne peut prononcer contre lui avec aucune connoissance. C'est pourquoi la compagnie a cru qu'il étoit bon de retrancher l'article.

M. Pussort a dit, que l'article parloit du juge, *qui saura*, c'est-à-dire, qui a su positivement. Que néanmoins on proposera au roi d'ôter l'article.

☞ *Cet article a été retranché.*

ARTICLE VII.

Sequestre sera assigné pour faire serment.

Après que le sequestre aura été nommé, il sera assigné pour faire serment devant le juge; à quoi il pourra être contraint par saisie de ses biens, & par condamnation d'amende applicable aux huissiers & sergens du siege, & de laquelle il ne pourra être déchargé.

Lecture faite de l'Article VII:

M. le premier président a dit, qu'il étoit porté par cet article, que les amendes adjugées contre les sequestres appartiendront aux huissiers ou sergens du siege. Que cette voie d'exercer la justice avoit été inconnue jusqu'à présent. Qu'il y avoit de la messéance en l'application de l'amende aux huissiers, & l'on soupçonneroit le juge de les avoir voulu favoriser. Qu'il falloit que les ministres de la justice, jusqu'aux moindres, fussent désintéressés; cependant on leur mettoit les armes à la main pour exécuter dans leur propre intérêt, comme à des troupes que l'on envoie pour fai payer les contributions.

Qu'un ſergent ne peut exécuter, non pas même faire une ſignificati pour lui-même. Que cela intervertiroit l'ordre de la juſtice.

M. Puſſort a dit, que l'indécence paroît beaucoup plus grande d'app quer les amendes aux menues néceſſités des compagnies, ou aux répar tions de l'auditoire, que de les donner à des ſergens. Que l'article ne pc toit pas que le ſergent exécutera l'amende lui-même : il pourra faire fai l'exécution par un autre ; mais il ſervira de dénonciateur qui agira pour ſ propre intérêt, & cela ſera avancer les ſequeſtres qui appréhenderont tomber entre les mains des ſergens ; mais qu'après tout, cela n'étoit p d'une fort grande conſéquence.

M. le premier préſident a réparti, que la qualité de dénonciateur co venoit peu à un ſergent qui exécutera dans ſon propre intérêt. Que dénonciation précédoit toutes choſes, & le miniſtere d'un ſergent ne cc cernoit que l'exécution. D'ailleurs un dénonciateur eſt une eſpece de p tie publique, quand il n'y en a point de privée.

Mais au fait des ſequeſtres il y a toujours une partie qui ſe peut plaindr & il n'y a rien dont les ſergens puiſſent être dénonciateurs. Que ſi l'on ve que ces condamnations d'amende ſoient exécutées par d'autres huiſſiers, en faudra chercher bien loin : tous ceux d'un bailliage s'y trouvant intér ſés. Que cela eſt abſolument contre l'uſage & contre l'ordre de la juſti Que l'article ſeroit de peu de conſéquence à laiſſer pour l'effet qu'il pr duiroit ; mais qu'il y a de fort grandes raiſons pour l'ôter.

☞ *Cet article n'a pas été ſupprimé ; mais ſur les difficultés propoſées p M. le premier préſident, on a retranché la clauſe qui appliquoit l'amende aux hu ſiers & ſergens. Il eſt le VI de l'ordonnance, & il a été réformé de cette maniere :*

ARTICLE VI. Après que le ſequeſtre aura été nommé, il ſera aſſigné pour fa ſerment devant le juge ; à quoi il pourra être contraint par amende, & par ſaiſie de biens.

ARTICLE VIII.

Comment il ſera mis en poſſeſſion.

EN vertu de l'ordonnance du juge, & ſans que ſa préſence ſoit requiſe, un huiſſier ou ſergent, à la requête de la par pourſuivante, mettra le ſequeſtre en poſſeſſion des choſes cor miſes à ſa garde & conduite.

Cet Article a été trouvé bon.

☞ *Il eſt le VII de l'ordonnance, & l'on en a retranché ces mots de fin :* & conduite.

ARTICLE IX.

Choſes ſequeſtrées ſeront déclarées.

LES choſes ſequeſtrées ſeront ſpécialement déclarées par le procès-verbal du ſergent.

Cet Article a été trouvé bon.

ARTICLE X.

Sequeſtre ſignera le procès-verbal.

LE procès-verbal ſera ſigné du ſequeſtre, s'il ſait ou veut ſigner; ſinon, ſera interpellé de ce faire.

Cet Article a été trouvé bon.

☞ *Ces deux articles, avec la derniere partie de l'article XI, compoſent l'article VIII de l'ordonnance, en ces termes :*

ARTICLE VIII. Les choſes ſequeſtrées ſeront ſpécialement déclarées par le procès-verbal du ſergent, lequel ſera ſigné du ſequeſtre, s'il ſait & veut ſigner, ſinon ſera interpellé de le faire, dont ſera fait mention dans le procès-verbal : à peine de nullité, de cinquante livres d'amende au profit de celui qui pourſuit l'établiſſement du ſequeſtre, & de tous dépens, dommages & intérêts.

ARTICLE XI.

Ce que le ſergent ſera tenu de faire.

LE ſergent ſera tenu de ſe faire aſſiſter de deux témoins qui ſachent ſigner, & de leur faire ſigner ſon procès-verbal ; les nom, ſurnom, qualités, domicile deſquels témoins il ſera tenu de déclarer : le tout à peine de nullité & de cinquante livres d'amende au profit de la partie qui aura demandé le ſequeſtre, & de tous dépens, dommages & intérêts.

Lecture faite de cet Article :

M. le premier préſident a dit, que c'étoit une répétition inutile de ce qui étoit porté par l'article II du titre des ajournemens, & qu'il falloit retrancher ces ſuperfluités.

M. Pussort a dit, que celui-ci contient les formalités nécessaires pour le sequestres, & que l'autre n'étoit que pour les ajournemens.

☞ *La derniere partie de cet article a été jointe avec les articles IX & X comme on l'a déjà observé.*

A l'égard de la premiere partie, elle est aussi dans l'ordonnance, article IX de cette maniere :

ARTICLE IX. Le sergent sera tenu, sous les mêmes peines, de se faire assister d deux témoins qui sachent signer, & de leur faire signer son procès-verbal, & d'y de clarer leur nom, surnom, qualité, domicile & vacation.

ARTICLE XII.

Bail des choses sequestrées.

Si les choses sequestrées consistent en quelques jouissances, l sequestre sera tenu de faire incessamment procéder en justice a bail judiciaire des choses sequestrées, en cas qu'il n'y ait point d bail conventionnel, ou que le bail conventionnel ait été fait e fraude & à vil prix ; & les parties seront assignées.

Après la lecture de cet Article :

M. le premier président a dit, qu'il est conforme à l'ordonnance de 1539 & à quelques arrêts qui portent, que quand il y a un fermier conven tionnel qui s'oppose, on doit convertir son bail en judiciaire. La coutum de Berri, qui a été rédigée par de grands personnages, desire les même choses, avec trois conditions. La premiere, que le bail conventionnel soi fait sans fraude. La seconde, que le fermier soit chargé de faire les ré parations nécessaires ; ce qui doit toujours être fait par les sequestres, selo qu'il est ordonné en justice, suivant l'ordonnance de 1539. Et la troi sieme, que le bail ne dure que trois ans, à quoi l'ordonnance des criée ajoute une quatrieme condition, qui est de donner caution.

☞ *Ces derniers mots,* & les parties seront assignées, *ont été changés e ceux-ci,* les parties duement appellées, *qui ont été insérés au milieu de l'ar ticle. Il est le X de l'ordonnance, en ces termes :*

ARTICLE X. Si les choses séquestrées consistent en quelque jouissance, le sequestr sera tenu de faire incessamment procéder en justice les parties duement appellées a bail judiciaire, en cas qu'il n'y eût point de bail conventionnel, ou qu'il eût été fai en fraude, & à vil prix.

ARTICLE XIII.

Sequestre sera arrêter les frais du bail.

Lors de l'adjudication du bail, le sequestre sera tenu d'en faire arrêter les frais par le juge; ce qui sera fait sur le champ sans nouveaux frais, à peine de perte des frais du bail contre le sequestre, lesquels il ne pourra répéter, & de vingt livres d'amende applicable aux sergens du siege.

Après la lecture de cet Article :

M. le premier président a fait les mêmes réflexions que sur l'article VII, en ce que les amendes sont applicables aux sergens du siege.

☞ *Cette clause a pareillement été retranchée, & l'on a fait quelques autres changemens dans cet article, qui est le XI de l'ordonnance. Voici de quelle maniere il a été arrêté :*

ARTICLE XI. Lors de l'adjudication, le sequestre sera tenu de faire arrêter les frais du bail sur le champ par le juge, sans qu'il puisse les faire taxer séparément, à peine de perte des frais, de vingt livres d'amende contre le sequestre.

ARTICLE XIV.

Réparations, comment seront faites.

Ne pourra le sequestre faire aucunes réparations ni autres impenses sur les choses sequestrées, sans autorité de justice, les parties intéressées duement appellées, à peine de perte des frais des impenses & améliorations.

M. le premier président a dit, qu'il étoit bon d'expliquer dans l'article, si le sequestre se pourroit rendre adjudicataire des réparations des héritages sequestrés. Que la question avoit été différemment jugée par différens arrêts, & qu'il falloit donner une regle certaine.

M. Pussort a réparti, qu'il seroit dangereux de permettre à un sequestre de se rendre adjudicataire des réparations, & que le revenu s'y consumeroit.

M. le premier président a dit, qu'il seroit mieux de le défendre.

☞ *Sur l'ouverture faite par M. le premier président, l'on a ajouté une clause portant défenses aux sequestres de se rendre adjudicataires des réparations. On a fait quelques autres changemens dans l'article à l'égard de l'expression, & il est le XII de l'ordonnance.*

ARTICLE XII. Les réparations, ou autres impenſes néceſſaires aux lieux ſequeſtrés, ne feront faites que part autorité de juſtice, les parties duement appellées ; autrement elles tomberont en pure perte à ceux qui les auront fait faire. Défendons aux ſequeſtres, ſous les mêmes peines de vingt livres d'amende, & de tous dépens, dommages & intérêts, de s'en rendre adjudicataires.

ARTICLE XV.

Quelles perſonnes ne ſeront gardiens.

LES huiſſiers ou ſergens ne pourront prendre pour gardiens & commiſſaires des choſes par eux ſaiſies, aucuns de leurs parens ou alliés; ni pareillement le ſaiſi, ſa femme, ſes enfans, ou petits-enfans, à peine de tous dépens, dommages & intérêts envers le créancier ſaiſiſſant

ARTICLE XVI.

Continuation.

LES freres, oncles & neveux du ſaiſi, ne pourront auſſi être établis gardiens ou commiſſaires aux fruits & meubles ſaiſis, ſous pareilles peines, ſi ce n'eſt qu'ils y aient expreſſément conſenti par le procès-verbal de ſaiſie & exécution, & qu'ils l'aient ſigné ou déclaré ne pouvoir ſigner.

Après la lecture de ces deux Articles :

M. le premier préſident a dit, qu'un marchand pouvoit être ſurpris d'une ſaiſie. Que les proches étoient d'un grand ſecours dans ces occaſions, & pourvu que la ſolvabilité s'y rencontrât, le ſaiſiſſant étoit hors d'intérêt. Que cependant toutes ces facilités qui paroiſſoient innocentes, étoient retranchées par la diſpoſition de ces articles.

M. Puſſort a réparti, qu'il y pouvoit avoir à dire de part & d'autre; & que ſi le ſaiſi pouvoit trouver quelque aſſiſtance en chargeant de ſes effets ſa femme ou ſes enfans, leur déférence pourroit cauſer leur ruine, & priver un mari d'une autre plus conſidérable aſſiſtance qu'il auroit pu retirer dans ſes beſoins. Que ç'a été la prévoyance de l'article ; & que pour le rendre plus fort, l'on pourroit y ajouter ces mots : *encore qu'ils y euſſent conſenti.*

M. le préſident de Maiſons a dit, que ce ſont des choſes qu'il valoit mieux laiſſer à l'arbitrage du juge.

M. le préſident de Novion a dit, que le ſaiſi n'étoit jamais dépoſſédé, quand ſa femme ou ſon fils étoient chargés des choſes ſaiſies.

☞ *Ces deux articles sont les XIII & XIV de l'ordonnance sans aucun changement.*

ARTICLE XVII.

Continuation pour les exécutions faites hors des villes.

DANS les exécutions qui se feront à la campagne, & ailleurs que dans les villes, les vassaux & tenanciers des seigneurs ne pourront être établis gardiens & commissaires des biens saisis sur leurs seigneurs ; ni pareillement les laboureurs demeurans dans l'étendue de leur fief & justice ; ni aucuns ecclésiastiques ni gentilshommes, sur les mêmes peines que dessus.

Lecture faite de cet Article, il a passé.

☞ *Quoique l'on n'ait rien proposé contre cet article, on a trouvé à propos dans la révision de le supprimer.*

ARTICLE XVIII.

Comment les huissiers établiront les gardiens.

LES huissiers & sergens déclareront par leurs procès-verbaux, particuliérement & par le menu, les choses qu'ils auront saisies, en la possession desquelles ils mettront effectivement les gardiens & commissaires, s'ils le requierent ; lesquels procès-verbaux ils dresseront avec les mêmes solemnités ci-dessus ordonnées pour l'établissement des sequestres, & sous mêmes peines.

L'Article a passé, en ajoutant : devant ou après-midi.

☞ *Cette clause a été insérée dans l'article ; mais on a retranché la derniere partie de cet article, qui commence par ces mots :* lesquels procès-verbaux, &c. *Il est le XV dans l'ordonnance, en ces termes :*

ARTICLE XV. Les huissiers ou sergens déclareront par leurs procès-verbaux si les exécutions ont été faites avant ou après-midi, spécifieront par le menu les choses par eux saisies, & mettront en possession d'icelles les gardiens & commissaires, s'ils le requierent.

ARTICLE XIX.

Peines contre ceux qui empêchent les ſequeſtres.

SI aucun empêche par violence l'établiſſement ou l'adminiſtra-tion du ſequeſtre, ou la levée des fruits ſequeſtrés, il perdra le droit qu'il eût pu prétendre ſur les fruits par lui pris & enlevés, leſquels appartiendront incommutablement à la partie, & ſera en outre condamné en trois cens livres d'amende envers nous, dont il ne pourra être déchargé: & ſa partie ſera miſe en poſſeſſion des choſes contentieuſes, ſans préjudice des pourſuites extraordinai-res que nous entendons être faites par nos procureurs généraux ou leurs ſubſtituts, contre celui qui aura fait telles violences, aux-quels nous enjoignons, & à nos autres officiciers, d'y tenir la main.

L'Article a été trouvé bon.

☞ *Il eſt le XVI de l'ordonnance, ſans aucun changement remarquable.*

ARTICLE XX.

Contre ceux qui empêcheront les gardiens.

CELUI qui par violence empêchera l'établiſſement des gardiens & commiſſaires aux meubles ou fruits ſaiſis, ou qui les enlevera, ſera condamné envers ſa partie, au double de la valeur des meu-bles & fruits, & en cent livres d'amende envers nous, ſans pré-judice des pourſuites extraordinaires.

Cet Article a été trouvé bon.

☞ *Il eſt le XVII de l'ordonnance, ſans aucun changement.*

ARTICLE XXI.

De ceux qui ne peuvent ſe rendre adjudicataires.

LES parties ne pourront prendre directement ni indirecte-ment le bail des choſes ſequeſtrées ; ni la partie ſaiſie ſe rendre adjudicataire des fruits ſaiſis, ſi le commiſſaire les fait vendre avant qu'ils ſoient coupés : à peine de nullité du bail ou de la vente, & de cinquante livres d'amende contre la partie saisie, & de pareille amende contre celui qui lui prêtera son nom, le tout applicable au saisissant.

Cet Article a été trouvé bon.

☞ *Dans la révision, l'on a changé ces mots :* si le commissaire les fait vendre avant qu'ils soient coupés ; *& cet article, qui est le XVIII de l'ordonnance, a été arrêté de cette maniere :*

ARTICLE XVIII. Les parties ne pourront prendre directement ni indirectement le bail des choses sequestrées, ni la partie saisie se rendre adjudicataire des fruits saisis étant sur pied ; à peine de nullité du bail ou de la vente, & de cinquante livres d'amende contre la partie saisie, & de pareille amende contre celui qui lui prêtera son nom, le tout applicable au saisissant.

ARTICLE XXII.

Sentences de sequestres, comment exécutées.

LES sentences portant sequestre, rendues par nos juges ressortissans immédiatement par appel en nos cours de parlement, seront exécutées provisoirement, nonobstant & sans préjudice de l'appel, soit qu'il s'agisse d'une chose noble, ou qu'il soit question de roture ; mais celles des autres juges & des pairs & autres seigneurs ressortissans nuement en nos cours de parlement, ne seront exécutées nonobstant l'appel, que pour les choses roturieres & non nobles seulement. Et à l'égard des sentences des juges, des pairs & des autres seigneurs non ressortissans nuement en nos cours de parlement, elles seront exécutées seulement pour les choses non excédentes dix livres de rente.

Lecture faite de l'Article XXII :

M. le premier président a dit, que cet article étoit de fort grande conséquence. Qu'il va réveiller une infinité de différends qui ont agité le palais pendant plus de 60 années. Qu'il est contraire à l'édit de Crémieu, & aux déclarations faites en conséquence, qui n'ont point touché aux justices des seigneurs, mais qui ont seulement réglé que les baillis jugeroient des causes des nobles, & les prévôts de celles des roturiers. Mais que ci-après, & en conséquence de la disposition de ce nouvel article, les baillis prétendront que les hauts-justiciers ne connoîtront plus des affaires des gentils-hommes, contre les termes exprès des déclarations du roi, qui conservent les hauts-justiciers en leurs droits.

Que les nobles domiciliés dans les pairies & autres justices des seigneurs, en font justiciables, tant au civil qu'au criminel, sans aucune d: tinction; & que l'article y en apportant, cela réveillera les ancienn difficultés.

M. Pussort a dit, que l'article est fondé sur les 7 & 8 articles de l'éd de Crémieu. Qu'il ne s'agissoit pas de savoir si les nobles sont justiciabl des hauts-justiciers, parce que cela étoit décidé par les déclarations q venoient d'être citées; mais de savoir seulement si l'exécution des sen tences portant sequestre, & qui auront été rendues par les juges royau: n'auront point quelque privilege sur celles des juges des hauts-justicier Que l'article portoit, que les premieres seroient exécutées par provisio & les autres ne le seroient pas: ayant estimé que les juges royaux mér toient bien quelque distinction.

C'étoit en cela que consistoit toute la disposition de cet article, bien élo gné de réveiller les questions terminées par la jurisprudence de tant d'a rêts, & par les déclarations faites en interprétation de l'édit de Crémieu

M. le premier président a dit, que l'article étoit couché suivant la di position de l'édit de Crémieu mal entendu. Que son sens véritable étoi qu'en toutes choses & sans aucune distinction, les nobles qui seroient d miciliés dans le ressort des hauts-justiciers, répondissent à leurs juges, ain qu'il avoit été expliqué par des déclarations faites sur cet édit. Que l moindre différence ou exception que l'on y voudroit apporter, feroit r naître tous les différens terminés. Qu'il ne faut pas considérer les juge des pairies comme juges d'un petit détroit. Que l'on savoit l'étendue de l jurisdiction des pairies de Nevers & de Mayenne. Qu'il étoit vrai qu' y avoit des terres de moindre conséquence, dont les appellations rele voient nuement au parlement; mais qu'on ne pouvoit point en cela fai de distinction, sans renouveller beaucoup de questions terminées, & ré veiller bien des différens assoupis.

M. le président de Novion a dit, que l'article veut bien qu'ils jugent pourvu que ce soit avec restriction, & cela leur portera toujours quelqu préjudice.

M. Pussort a ajouté, que l'article confirmoit les déclarations & le arrêts rendus en leur faveur, en ce qu'il porte qu'ils jugeront les noble avec différence.

M. le premier président a dit, qu'on leur ôtoit l'exécution de leurs sen tences pour les sequestres, dont ils étoient en possession. Qu'il ne falloi point faire d'innovations de cette conséquence, sans beaucoup de nécessité & qu'il sembloit bien plus juste de n'ôter ni donner rien aux uns ni aux au tres, en laissant les choses au même état qu'elles sont à présent.

M. Pussort a dit, qu'il le proposeroit au roi, & sauroit si sa majesté auroit agréable de donner aux uns & aux autres l'exécution par provision de leurs sentences de sequestre.

L'on a trouvé à propos d'ôter la distinction que l'article mettoit entre les juges royaux & les autres ; c'eſt pourquoi l'on n'a conſervé que la premiere partie de cet article, juſqu'à ces mots : nonobſtant & ſans préjudice de l'appel ; *le reſte a été retranché. Il eſt le XIX de l'ordonnance, en ces termes :*

ARTICLE XIX. Les ſentences de ſequeſtre rendues par nos juges, & par ceux des ſeigneurs qui ordonneront les ſequeſtres, ſeront exécutées par proviſion, nonobſtant & ſans préjudice de l'appel.

ARTICLE XXIII.

Sequeſtres & gardiens, quand ſeront déchargés.

Les ſequeſtres demeureront déchargés de plein droit pour l'avenir, dès le moment que les conteſtations d'entre les parties auront été définitivement jugées & terminées ; & les gardiens & commiſſaires, deux mois après que les oppoſitions auront été jugées, déchargés, ſans qu'il ſoit néceſſaire qu'ils obtiennent aucun jugement de décharge : le tout néanmoins, en rendant compte de leur commiſſion pour le paſſé.

Cet Article a été trouvé bon.

☞ *Les changemens qu'on y a faits, ne regardent que l'expreſſion. Il eſt le XX dans l'ordonnance, de cette maniere :*

ARTICLE XX. Les ſequeſtres demeureront déchargés de plein droit pour l'avenir, auſſi-tôt que les conteſtations d'entre les parties auront été définitivement jugées, & les gardiens & commiſſaires deux mois après que les oppoſitions auront été jugées, ſans obtenir aucun jugement de décharge ; le tout néanmoins en rendant compte de leur commiſſion pour le paſſé.

ARTICLE XXIV.

Dans quel tems les différens & les oppoſitions ſeront vuidés.

Ceux qui auront fait établir un ſequeſtre, gardien ou commiſſaire, ſeront obligés de faire vuider leurs différens, & les ſaiſiſſans les oppoſitions, dans un an à compter du jour de l'établiſſement du ſequeſtre & des ſaiſies ; autrement les ſequeſtres, gardiens & commiſſaires demeureront déchargés de plein droit, ſans qu'il ſoit beſoin d'obtenir d'autre décharge.

Après la lecture de l'Article XXIV :

M. le premier préſident a dit, qu'il y avoit pluſieurs obſervations à faire ſur cet article. Que l'on y confondoit le ſequeſtre avec le commiſſaire. Que la différence néanmoins en étoit grande, en ce que le commiſſaire-gardien ſe donnoit par le ſergent, & ſans connoiſſance de cauſe. Que ſon office devoit être prompt; & par la coutume de Paris il étoit limité à deux mois, après lesquels il devoit être déchargé.

Quant au sequestre, il se donnoit par le juge, en connoissance de cause, dans les grandes affaires, & duroit autant que le procès. Que cela même étoit nécessaire pour le bien & le soulagement des parties. Que les biens sequestrés étoient quelquefois de si grande étendue, qu'il falloit plus d'un an pour les bien reconnoître; mais qu'en changeant tous les ans de sequestre, l'on donnoit lieu à des redditions de comptes, qui feroient de grands frais.

Qu'en Anjou il se faisoit un ordre tous les ans, des deniers procédans des baux judiciaires; mais sous prétexte de ne pas laisser des deniers oisifs on les consumoit en frais; au lieu qu'au parlement il ne se faisoit qu'un seul ordre pour tout, & que c'étoit le meilleur usage. Ce que l'on pouvoit objecter, étoit, qu'il y auroit de l'inconvénient d'obliger un homme à demeurer sequestre contre son gré, pendant plusieurs années; mais que cela devoit dépendre de l'office du juge, lequel, sur la réquisition qui lui en seroit faite par le sequestre, y pourroit pourvoir.

M. Pussort a dit, qu'il ne remarquoit pas grande différence à faire entre le commissaire-gardien & le sequestre; car encore que le sequestre fût établi par le juge, cela ne pouvoit faire de différence qui fût essentielle. Que néanmoins il falloit empêcher la multiplication des frais, & pourvoir en même tems à ce qu'un homme ne demeure pas sequestre perpétuellement. Que tout ce qu'on avoit voulu faire par l'article, étoit de limiter un tems; mais qu'afin d'accorder toutes choses, l'on pourroit ajouter: *si ce n'est que le sequestre fût continué par le juge.*

M. le premier président a dit, que la différence entre le gardien & le sequestre, étoit toute entiere. Que le premier étoit non-seulement déchargé par le tems, mais que le garde finissoit avec l'office; & à l'égard du sequestre, il ne laissoit pas de durer, encore que l'on y en remît un autre, par la relation qu'il pouvoit y avoir entr'eux. Que s'il duroit trop, il pouvoit demander sa décharge au juge. Que cela devoit être suffisamment sous-entendu; mais de limiter la durée du sequestre dans le cours d'une année, cela étoit d'une trop grande conséquence, & causeroit de grands frais.

M. Pussort a dit, qu'il pouvoit arriver qu'une partie, après une discontinuation de procédure, se rétabliroit en la possession de son héritage; le sequestre de bonne foi souffriroit qu'il y rentrât; cependant il seroit bien dur, qu'après plusieurs années, l'on vînt retomber sur le sequestre, pour lui demander compte des fruits qu'il n'auroit point administrés.

M. le premier président a réparti, que le remede de cet inconvénient seroit de préfinir un tems dans lequel on seroit tenu de demander compte, après le sequestre fini.

M. Pussort a réparti, que dans l'espece qu'il a posée, ce seroit un compte que l'on demanderoit d'un sequestre qui ne seroit pas fini. Que ce qu'il semble que l'on pourroit faire de mieux, seroit de décharger le sequestre après trois années, sans qu'il fût obligé de demander sa décharge. Que c'étoit un tems affez proportionné, & que l'ordonnance de 1629 y étoit conforme.

M. le premier préfident a dit, qu'il fe feroit bien des actes de juge dans tous ces changemens. Que les fréquentes redditions de comptes feroient de grands frais; & qu'il étoit néceffaire de marquer dans l'article la différence d'entre le gardien & le fequeftre.

☞ *Pour marquer la différence qui a été obfervée par M. le premier préfident entre le fequeftre & le commiffaire, l'on a dreffé un article nouveau qui eft le XXII de l'ordonnance, pour les* commiffaires & gardiens; *& le préfent article, qui eft le XXI, a été réfervé pour* les fequeftres *feulement.*

*D'ailleurs on a changé le terme d'*un an *en celui de* trois années; *& l'on a ajouté à la fin de cet article la claufe fuivante propofée par M. Puffort :* fi ce n'eft que le fequeftre fût continué par le juge en connoiffance de caufe. *Voici ces deux articles tels qu'ils ont été arrêtés :*

ARTICLE XXI. Ceux qui auront fait établir fequeftre, feront obligés de faire vuider leurs différens & les oppofitions dans trois ans à compter du jour de l'établiffement de fequeftre : autrement les fequeftres demeureront déchargés de plein droit, fans qu'il foit befoin d'obtenir autre décharge, fi ce n'eft que le fequeftre fût continué par le juge en connoiffance de caufe.

ARTICLE XXII. Ce qui fera auffi obfervé à l'égard des commiffaires & gardiens après un an à compter du jour de leur commiffion.

TITRE XXI.

Ce titre eft le XVIII de l'ordonnance.

De la complainte en cas de faifine & de nouvelleté de la réintégrande, & des délais des enquêtes.

ARTICLE I.

Complainte, en quel cas, & quand fe doit former.

SI aucun eft troublé ou empêché en la poffeffion & jouiffance d'un héritage, ou droit réel, réputé immeuble, ou univerfalité de meubles qu'il poffédoit publiquement fans violence & fans tenir la poffeffion précairement de fa partie, il doit dans l'année du trouble intenter complainte en cas de faifine & de nouvelleté, contre celui qui lui a fait le trouble ou empêchement.

Lecture faite de cet Article, il a été trouvé bon.

☞ *On y a fait quelques changemens dans la diction, & voici de que manicre il a été réformé:*

ARTICLE I. Si aucun eſt troublé en la poſſeſſion & jouiſſance d'un héritage, droit réel, ou univerſalité de meubles qu'il poſſédoit publiquement, ſans violence, autre titre que de fermier ou poſſeſſeur précaire, peut dans l'année du trouble form complainte en cas de ſaiſine & nouvelleté, contre celui qui lui a fait le trouble.

ARTICLE II.

Réintégrande, en quel cas, & comment ſe peut demander.

CELUI qui aura été dépoſſédé par force & par violenc pourra demander la réintégrande, laquelle il pourſuivra par a tion civile & ordinaire, ſi bon lui ſemble, ou extraordinaireme & par action criminelle; mais ayant choiſi une de ces actions, c vile ou criminelle, il ne pourra plus varier, ni ſe ſervir de l'autre.

Cet Article a été trouvé bon.

☞ *On y a néanmoins ajouté cette clauſe:* ſi ce n'eſt qu'en prononça ſur l'extraordinaire on lui eût réſervé l'action civile. *On y a auſſi fait qu ques autres changemens dans l'expreſſion: il a été rédigé en ces termes:*

ARTICLE II. Celui qui aura été dépoſſédé par violence, ou voie de fait, pou demander la réintégrande par action civile & ordinaire, ou extraordinairement par tion criminelle: & s'il a choiſi l'une de ces deux actions, il ne pourra ſe ſervir de l'a tre, ſi ce n'eſt qu'en prononçant ſur l'extraordinaire, on lui eût réſervé l'action civil

ARTICLE III.

Ce que le juge fera en cas de conteſtation.

SI le défendeur en complainte dénie la poſſeſſion du dema deur, ou que le défendeur ait fait trouble, ou qu'il articule po ſeſſion contraire, le juge appointera les parties à informer deva lui, ou commettra le plus prochain juge royal des lieux, ſi l héritages & droits contentieux ſont éloignés de ſon ſiege; ſon jugement contiendra les faits reſpectifs des parties: ce q nous voulons être obſervé en toutes enquêtes; deſquels faits ell informeront reſpectivément, ſi bon leur ſemble, ſans fournir d'i tendits ni réponſes, & ſans prendre aucune autre ſentence commiſſion; l'uſage deſquels intendits, réponſes & commiſſion, nous avons abrogé & abrogeons en toutes enquêtes.

Après la lecture de cet Article :

M. le premier préſident a dit, qu'en l'une des précédentes conférences les difficultés qui ſe rencontroient ſur cet article, avoient été agitées. Que ſi tous les intendits des parties devoient être inſérés dans la prononciation du juge, ce ſeroit un grand embarras.

☞ *L'on a diviſé cet article en deux parties : la premiere compoſe l'article III de ce titre dans l'ordonnance. La ſeconde, qui commence à ces mots :* & ſon jugement contiendra les faits, &c. *a été tranſportée au commencement du titre XXII* des enquêtes.

Outre cela, on a fait des changemens particuliers en chacune de ces deux parties. A l'égard de la premiere, on en a retranché la clauſe qui ordonne au juge de commettre le plus prochain juge des lieux. *Quant à la ſeconde partie, les changemens qu'on y a faits ne ſont que pour l'expreſſion. Voici de quelle maniere ces deux articles ont été rédigés :*

ARTICLE III. Si le défendeur en complainte dénie la poſſeſſion du demandeur, ou de l'avoir troublé, ou qu'il articule poſſeſſion contraire, le juge appointera les parties à informer.

TITRE XXII. ARTICLE I. Ès matieres où il écherra de faire des enquêtes, le même jugement qui les ordonnera, contiendra les faits des parties, dont elles informeront reſpectivement, ſi bon leur ſemble, ſans autres intendits & réponſes, jugement ni commiſſion.

ARTICLE IV.

Dans quel tems on commencera l'enquête.

On commencera à procéder à l'enquête dans la huitaine à compter du jour de la ſignification du jugement au procureur, & ce, pourvu que l'enquête doive être faite pardevant le juge, dans la juriſdiction duquel les parties conteſtent, ou dans les dix lieues de l'établiſſement de ſon ſiege : & en cas de plus grande diſtance, le délai ſera augmenté à raiſon d'un jour pour dix lieues ; lequel délai ſera péremptoire, & ne pourra être prorogé ſans qu'il ſoit beſoin d'obtenir aucune forcluſion. Voulons auſſi le préſent article être obſervé en toutes les enquêtes, non-ſeulement des complaintes, mais de tout autre procès.

Après la lecture de l'Article IV :

M. le premier préſident a dit, qu'il y avoit deux réflexions à faire ſur cet article : la premiere, sur ce qu'il n'accordoit que huitaine pour faire une enquête, sans que le juge la pût proroger. Que cela étoit du tout impossible dans l'exécution, & qu'il falloit le laisser à la disposition du juge.

M. Pussort a dit, que l'on pouvoit laisser au juge la faculté de proroger le premier délai, d'un second délai de huitaine, sans en pouvoir accorder un autre.

M. le premier président a dit, que la seconde réflexion étoit, que dans une ordonnance toutes les matieres devoient être disposées chacune dans leur lieu. Que ce titre étoit *des complaintes*, & que l'on y traitoit *des enquêtes ;* que si l'on vouloit faire quelque chose de correct, il falloit nécessairement réformer le titre.

☞ *Sur la premiere observation faite par M. le premier président, l'on a inséré dans cet article que le juge pourra donner* une autre huitaine.

Sur la seconde réflexion, l'on a transporté le présent article au titre des enquêtes, *où il est le II dans l'ordonnance. On y a joint la disposition de l'article V de ce titre. Voyez après l'article suivant.*

ARTICLE V.

Dans quel tems elle sera achevée.

L'ENQUÊTE sera faite & parachevée dans la huitaine à compter du jour qu'elle aura été commencée ; & il y sera procédé, nonobstant & sans préjudice de toutes oppositions, appellations, récusations & prises à partie. Voulons que le présent article s'observe en toutes enquêtes.

Lecture faite de cet Article :

M. le premier président a fait les mêmes observations que sur l'article précédent, & a dit qu'il falloit ajouter à l'article : *sauf à proroger le délai de huitaine, s'il y échoit.*

☞ *Cet article a été joint au précédent : ils composent ensemble l'article II du titre XXII, en ces termes :*

ARTICLE II. Si l'enquête est faite au même lieu où le jugement a été rendu, ou dans la distance de dix lieues, elle sera commencée dans la huitaine du jour de la signification du jugement fait à la partie ou à son procureur, & parachevée dans la huitaine suivante ; s'il y en a plus grande distance, le délai sera augmenté d'un jour pour dix lieues. Pourra néanmoins le juge, si l'affaire le requiert, donner une autre huitaine pour la confection de l'enquête, sans que le délai puisse être prorogé : le tout nonobstant oppositions, appellations, récusations & prise à partie, & sans y préjudicier.

ARTICLE

ARTICLE VI.

Abrogation des réceptions d'enquêtes, & des moyens de nullité par écrit.

APRÈS que les reproches auront été fournis par écrit contre les témoins, ou que le délai d'en fournir sera passé, ainsi qu'il sera dit *au titre des enquêtes*, la cause sera portée à l'audience, sans aucune formalité pour la réception de l'enquête, & sans que l'on fournisse de moyens de nullité par écrit contre icelle, ce que nous prohibons en matiere de complainte.

Après la lecture de cet Article:

M. le premier président a remarqué, que cette clause qui est à la fin de l'article, *ce que nous prohibons en matiere de complainte*, est entiérement inutile, & qu'il la faut retrancher.

☞ *Cette clause a été retranchée suivant l'observation de M. le premier président; mais on en a inséré une autre qui permet de* proposer à l'audience *les moyens de nullité;* ou par contredits, si c'est en procès par écrit. *Cet article est le III du titre des enquêtes dans l'ordonnance.*

TITRE XXII. ARTICLE III. Après que les reproches auront été fournis contre les témoins, ou que le délai d'en fournir sera passé, la cause sera portée à l'audience, sans faire aucun acte ou procédure pour la réception d'enquête, & ne seront plus fournis moyens de nullité par écrit, sauf à les proposer à l'audience, ou par contredits, si c'est en procès par écrit.

ARTICLE VII.

Si l'enquête n'est faite dans les délais, ce que le défendeur fera.

ET en cas que l'enquête ne soit pas faite ou parachevée dans les délais ci-dessus, le défendeur en complainte pourra poursuivre l'audience sur un simple acte, & faire débouter le demandeur de sa demande, sans qu'il soit besoin de le faire forclorre de faire enquête: ce que nous avons abrogé & abrogeons en toutes matieres d'enquêtes.

Lecture faite de l'Article VII, il a été trouvé bon:

☞ *Cet article est le IV du titre des enquêtes dans l'ordonnance. La diction en a été réformée de cette maniere:*

ARTICLE IV. Si l'enquête n'est faite & parachevée dans les délais ci-dessus, le défendeur pourra poursuivre l'audience sur un simple acte, sans forclusion de faire enquête, dont nous abrogeons l'usage.

ARTICLE VIII.

Demande au pétitoire, quand pourra être formée.

CELUI contre lequel la complainte ou réintégrande sera jugée, ne pourra former la demande au pétitoire, qu'auparavant celui qui aura été troublé ne soit rétabli en la possession en laquelle il étoit, avec la restitution des fruits & revenus dont il aura été privé, & qu'il n'ait été payé de ses dommages & intérêts, & dépens, si aucuns ont été adjugés: & néanmoins s'il est en demeure de faire taxer ses dépens & liquider les fruits, revenus, dommages & intérêts dans le tems qu'il aura été ordonné par le jugement, l'autre partie pourra procéder au pétitoire, après avoir donné préalablement caution reçue avec la partie de payer la valeur des fruits, dommages & intérêts, lorsqu'ils auront été liquidés & taxés.

Lecture faite de l'Article VIII, il a été trouvé bon.

☞ *Cet article est le IV de ce titre dans l'ordonnance: on y a fait quelques changemens à l'égard de l'expression, & il a été ainsi rédigé:*

ARTICLE IV. Celui contre lequel la complainte ou réintégrande sera jugée, ne pourra former la demande au pétitoire, sinon après que le trouble sera cessé, & celui qui aura été dépossédé, rétabli en la possession, avec restitution de fruits & revenus, & payé les dépens, dommages & intérêts, si aucuns ont été adjugés; & néanmoins, s'il est en demeure de faire taxer ses dépens & liquider les fruits, revenus, dommages & intérêts dans le tems qui lui aura été ordonné, l'autre partie pourra poursuivre le pétitoire en donnant caution de payer le tout après la taxe & liquidation qui en sera faite.

ARTICLE IX.

Défense de cumuler le pétitoire avec le possessoire.

LES demandes en complainte & réintégrande n'ayant été vuidées ni terminées, & la condamnation parfournie & exécutée, la demande au pétitore ne pourra être formée, comme dit est; même défendons d'obtenir lettres pour accumuler le pétitoire avec le possessoire.

Lecture faite de l'Article IX;

M. le premier président a obſervé, qu'il avoit été arrêté que l'on ôteroit l'article XV *des matieres ſommaires*, & qu'on le réduiroit aux ſeules réintégrandes : quoi faiſant, l'article étoit bon.

☞ *Cet article eſt le V dans l'ordonnance, en ces termes :*

ARTICLE V. Les demandes en complainte ou en réintégrande, ne pourront être jointes au pétitoire, ni le pétitoire pourſuivi, que la demande en complainte ou en réintégande n'ait été terminée, & la condamnation parfournie & exécutée. Défendons d'obtenir lettres pour cumuler le pétitoire avec le poſſeſſoire.

ARTICLE X.

Peines contre ceux qui ſuccomberont.

CEUX qui ſuccomberont dans les inſtances de réintégrande & complainte, ſeront condamnés aux dépens, qui ne pourront être modérés ni liquidés, & en telle amende qu'il ſera ordonné par le juge.

Lecture faite de l'Article X, il a été trouvé bon.

☞ *L'on a retranché la clauſe qui porte* condamnation des dépens, *parce qu'il y a été pourvu en général par un autre article dans le titre* des dépens.

A l'égard du préſent article, il eſt le VI de ce titre dans l'ordonnance, en ces termes :

ARTICLE VI. Ceux qui ſuccomberont dans les inſtances de réintégrande & complainte, ſeront condamnés en l'amende ſelon l'exigence du cas.

ARTICLE XI.

Jugemens exécutoires par proviſion.

LES jugemens rendus par nos juges ſur les demandes en complainte & réintégrande, ſeront exécutés par proviſion, nonobſtant & ſans préjudice des oppoſitions ou appellations, en baillant caution.

Lecture faite de l'Article XI, il a été trouvé bon.

☞ *On a retranché de cet article les mots ſuivans :* nonobſtant & ſans préjudice des oppoſitions ou appellations. *C'eſt le ſeul changement qu'on y a fait, & il eſt le VII & le dernier de ce titre dans l'ordonnance.*

L'aſſemblée a été remiſe au jeudi, troiſieme jour de mars 1667.

DIXIEME CONFÉRENCE

Du jeudi troisieme mars 1667, après-midi, en l'hôtel Séguier.

Monsieur le chancelier, & messieurs les commissaire du roi.

Monsieur le premier président, & messieurs les députe du parlement, présens.

Ce jour, messieurs étant assemblés en la maniere accou tumée, lecture a été faite du

Ce titre est aussi le XXII de l'ordonnance.

TITRE XXII.

Des enquêtes, & confection d'icelles.

ARTICLE I.

Forme des enquêtes.

LES enquêtes ès matieres sommaires & de complainte ou d réintégrande, & de toutes celles de nos justices des juges-con suls, seront faites en la forme par nous ci-devant ordonnée.

Lecture faite de ce premier Article :

M. le premier président a dit, que l'article porte : *nos justices des juges-con suls*. C'est par-là qualifier les juges-consuls, juges royaux. Que cette qualit ne leur appartient pas, & ne leur a jamais été donnée. Qu'ils sont électifs & n'ont point de provisions du roi, qui est le véritable caractere qui fait l distinction essentielle des juges royaux d'avec ceux qui ne le sont pas.

M. Pussort a dit, qu'ils ont été créés par édit du roi. Que cet édit & leur élection, leur tenoient lieu de provisions. C'est la condition de leu établissement, & sa majesté peut pourvoir & établir un officier en toutes ces manieres. Ils prêtent serment au parlement; & à Rouen l'on députe deux conseillers, qui vont recevoir leur serment jusqu'à Dieppe. Leurs sentences sont intitulées: *les juges-consuls établis par le roi;* elles sont scellées du sceau royal; ils ont dans leur auditoire les fleurs-de-lys, & toutes les autres marques d'une jurisdiction royale, & l'on seroit même en peine de les ranger en une autre classe.

M. le premier président a réparti, que toutes les justices sont établies par le roi: qu'un officier ne sauroit se dire officier royal sans provisions: la seule prestation de serment qui se fait au parlement, ne les pouvant faire officiers royaux; il y a même plusieurs officiers non royaux, qui ont l'honneur de prêter le serment entre les mains du roi. D'ailleurs l'article ne dit rien que ce qui est porté au titre *des réintégrandes*, & en celui *des consuls:* & on pourroit l'ôter comme inutile.

☞ *Cet article a été supprimé.*

ARTICLE II.

Les témoins & la partie seront assignés.

POUR procéder aux autres enquêtes, sera obtenu ordonnance du juge ou du commissaire, pour faire assigner à jour certain & compétent, pardevant lui, les témoins pour déposer, & la partie, pour les voir jurer, sans qu'il soit besoin d'aucune commission du greffe.

Lecture faite de l'Article II:

M. le premier président a dit, que cet article porte qu'il sera procédé aux enquêtes, *sans qu'il soit besoin d'aucune commission du greffe.* Que cela n'étoit point de l'usage du parlement.

M. le président de Novion a dit, qu'en laissant l'article, on présumeroit que cet usage est observé dans quelques endroits.

M. Talon a dit, que l'on pourroit substituer ces mots: *sans prendre aucune commission, que la sentence qui ordonne l'enquête.*

M. Pussort a réparti, que si la clause n'est pas en usage, on pourroit l'ôter en le proposant au roi.

☞ *Cette clause n'a pas été retranchée de l'article. Il est le V de l'ordonnance, & il a été rédigé d'une maniere plus concise, en ces termes:*

ARTICLE V. Les témoins seront assignés pour déposer, & la partie pour les voir jurer, par ordonnance du juge, sans commission du greffe.

ARTICLE III.

De l'heure de l'assignation.

L'HEURE à laquelle les témoins & la partie devront comparoir, sera précisément marquée par les assignations qui leur seront données, & ne pourront les sermens être pris avant que l'heure soit sonnée. Si la partie & tous les témoins n'étoient comparus, il sera attendu une autre heure, après laquelle on ne pourra différer de prendre le serment des témoins qui seront présens ; si ce n'est que la partie consente qu'il soit différé plus long-tems.

Lecture faite de cet Article, il a été trouvé bon.

☞ *Il est le VI de l'ordonnance, & il a été réformé de cette maniere :*

ARTICLE VI. Le jour & l'heure pour comparoir, seront marqués dans les exploits d'assignations qui seront donnés aux témoins & aux parties ; & si les témoins & les parties ne comparent, sera différé d'une autre heure, après laquelle les témoins présens feront le serment & seront ouis, si les parties ne consentent la remise à un autre jour.

ARTICLE IV.

Où seront assignés les témoins & les parties.

LES témoins seront assignés à personne ou domicile, & les parties au domicile de leurs procureurs.

Cet Article a été trouvé bon.

☞ *Il est le VII de l'ordonnance, sans aucun changement.*

ARTICLE V.

Peine contre les témoins défaillans.

LES témoins qui ne seront point comparus à l'heure de l'assignation échue, seront gagés de dix livres chacun, sauf s'ils ne comparent à certain jour & heure qui leur seront désignés, & sera le gage exécuté par saisie & vente de leurs biens, & non par emprisonnement des personnes ; si ce n'est qu'il soit ordonné par le juge en connoiſſance de cauſe, & pour la manifeſte déſobéiſſance des témoins.

Lecture faite de l'Article V:

M. le premier préſident a dit, que le ſtyle de cet article eſt long, embarraſſé & conçu en des termes inuſités. Qu'il parle de *témoins gagés ;* que ces mots ne ſont plus en uſage, & que l'on y pourroit ſubſtituer une clauſe conçue en ces termes: *les témoins ſeront tenus de comparoir à la premiere aſſignation, à peine de dix livres ;* cela ſembleroit mieux expliqué:

☞ *La clauſe propoſée par M. le premier préſident, a été préférée à celle qui eſt dans cet article, auquel on a joint l'article ſuivant.* *Voyez après l'article VI.*

ARTICLE VI.

Ordonnances des juges & des commiſſaires ſeront exécutées.

LES ordonnances des juges ou commiſſaires, même des commiſſaires-enquêteurs & examinateurs, qui n'ont aucune juriſdiction, ſeront en vertu des préſentes, exécutées contre les témoins qui ſeront gagés, nonobſtant oppoſitions ou appellations quelconques, ſans tirer à conſéquence en autre choſe.

Lecture faite de l'Article VI:

M. le premier préſident a dit, que l'on donnoit par cet article un nouveau pouvoir aux commiſſaires-examinateurs.

M. Puſſort a réparti, que l'article avoit été dreſſé pour n'être pas toujours obligé de recourir aux juges.

☞ *Nonobſtant l'objection propoſée par M. le premier préſident, la diſpoſition de cet article a été conſervée. Il a été joint avec l'article précédent, & ils compoſent enſemble l'article VIII de l'ordonnance.*

ARTICLE VIII. Les témoins ſeront tenus de comparoir à l'heure de l'aſſignation, ou au plus tard à l'heure ſuivante, à peine de dix livres, au paiement de laquelle ils ſeront contraints par ſaiſie & vente de leurs biens, & non par empriſonnement: ſi ce n'eſt qu'il fût ordonné par le juge en cas de manifeſte déſobéiſſance : & ſeront les ordonnances des juges exécutées contre les témoins, nonobſtant oppoſitions ou appellations ; même celles des commiſſaires-enquêteurs & examinateurs, pour la peine de dix livres ſeulement, encore qu'ils n'aient aucune juriſdiction, & ſans tirer à conſéquence en autre choſe.

ARTICLE VII.

Assignation des témoins & de la partie.

QUAND les témoins seront assignés à un autre jour & heure la partie sera pareillement assignée pour les voir jurer.

Lecture faite de cet Article :

Il a été trouvé bon; mais M. le premier président a remarqué qu'il étoi fort inutile, ne pouvant être présumé que cela se puisse faire autrement.

☞ *Cet article a été supprimé.*

ARTICLE VIII.

Comme le juge procédera à l'enquête.

SOIT que la partie compare ou non, le juge ou commissair prendra le serment des témoins qui seront présens, & sera par lu procédé à la confection de l'enquête, nonobstant & sans préju dice des oppositions ou appellations, récusations ou prises à partie sauf à fournir par après des moyens de nullité, récusation ou re proches.

Lecture faite de cet Article :

M. le premier président a dit, que l'usage étoit en matiere d'enquête qu'avant qu'un commissaire fût parti, il étoit obligé de déférer à une pris à partie, jusqu'à ce qu'elle fût jugée, parce que le secours de la justic pouvoit être prompt. Mais s'il étoit parti, & qu'il fût arrivé sur les lieu pour l'exécution de sa commission, il pourroit passer outre; parce qu'au trement il n'y auroit point de commission qui ne pût être arrêtée par u chicaneur.

M. le président de Maisons a demandé, s'il arrivoit qu'un commissair vînt à faire son fait propre de l'intérêt d'une partie, ou qu'il y eût quel que autre cause de récusation valable contre lui, s'il ne laisseroit pas d passer outre?

M. le président de Novion a réparti, que sans difficulté il auroit pou voir de passer outre; mais tout ce qu'il auroit fait seroit cassé.

M. Pussort a dit, qu'appliquant l'effet de ces appellations aux matiere criminelles, si elles étoient suspensives, il ne s'en jugeroit jamais; & qu pour comprendre tous les cas sur lesquels les appellations pouvoient êtr fondées, il étoit bon d'ajouter à l'article : *même comme de juge incompétent.*

☞ *Cette derniere clause a été insérée dans l'article. L'on a aussi ajouté au commencemen commencement de cet article une clause que est une suite de l'article précédent qu'on a supprimé. Voici l'article IX de l'ordonnance qui répond à celui-ci.*

ARTICLE IX. Soit que la partie compare ou non à la premiere assignation, ou à la seconde, si les parties en ont consenti la remise, le juge ou commissaire prendra le serment des témoins qui seront présens, & sera par lui procédé à la confection de l'enquête, nonobstant & sans préjudice des oppositions ou appellations, même comme de juge incompétent, récusations ou prises à partie, sauf à en proposer les moyens, & fournir de reproches après l'enquête.

ARTICLE IX.

Quels parens ne peuvent être témoins.

LES parens & alliés des parties, jusqu'aux enfans des cousins issus de germain inclusivement, ne pourront être témoins en matiere civile, soit pour déposer en leur faveur, ou contre eux: & s'ils avoient été ouis, seront leurs dépositions rejettées sur les simples déclarations ou preuves des parentés ou alliances au degré ci-dessus, sans qu'il soit besoin d'autres reproches.

Lecture faite de cet Article:

M. le premier président a dit, que les parens ne sont jamais reçus à rendre leurs dépositions en faveur de leurs proches; mais que quelquefois ils pouvoient être entendus contre eux, lorsqu'ils étoient témoins nécessaires. Une partie se rapportant à la déposition des parens de ses parties adverses, qu'elle croira gens de bien, il ne sera pas possible de le lui refuser. L'article subsistant, il affoiblira les preuves; & qu'il seroit beaucoup mieux de retrancher l'article, & laisser la chose à l'arbitrage du juge.

M. Pussort a dit, que l'on avoit voulu faire deux choses par l'article: la premiere avoit été de fixer le degré de parenté auquel il étoit prohibé de déposer; & l'autre, que les parens ne fussent entendus en témoignage. Qu'outre la messéance qu'il y avoit, l'on pouvoit facilement présumer qu'un parent qui auroit déposé contre son proche, l'auroit fait par inimitié.

M. l'avocat général Talon a remontré, qu'il ne falloit pas si mal présumer de la conscience des hommes, de croire qu'un parent ne pût déposer contre son proche, sans autre motif que celui de l'inimitié. Qu'en droit un pere & un fils, une femme & un mari, ne pouvoient pas être entendus en matiere civile les uns contre les autres. Que les degrés plus éloignés n'étoient pas prohibés; qu'il n'y avoit pas d'apparence d'étendre la prohibition plus loin.

Que lorsqu'il s'agira du divertissement & du recélé d'une succession, les parens ordinairement sont ceux qui en ont plus de connoissance: une

des parties demandera qu'ils soient entendus : ce sont quelquefois pare
communs sans suspicion d'animosité : pourra-t-on refuser de les entendı
& ne sera-ce pas au juge à examiner la foi des dépositions? Si l'on pub
un monitoire, des parens ne viendront-ils pas à révélation ? Et quand
auront dit la vérité, devra-t-on croire nécessairement que c'est à dess
de faire du mal?

Que l'obligation de dire la vérité étoit plus forte que celle du jug
l'on prend le serment d'un homme que l'on interroge, pour le forcer à d
poser contre soi-même; celui qui se sera chargé de quelque dépôt,
obligé par l'autorité de la justice de révéler ce qui lui aura été confié. U
curé voulant se dispenser de rendre témoignage d'un fait dont il ave
connoissance, sous prétexte, disoit-il, qu'il lui avoit été confié sous
sceau de la confession; étant justifié du contraire, il fut obligé de rend
témoignage de ce qui lui étoit demandé.

Qu'il ne faut pas que la vérité demeure captive dans la bouche d'un p
rent; les chrétiens la doivent sur toutes choses : c'est une de leurs prin
pales obligations, & en quoi consiste la véritabe bienséance, l'ordre &
discipline.

M. Pussort a réparti, que suivant ces maximes, le fils pourroit dépos
contre le pere, & la femme contre le mari; que cependant ils sont exce
tés; & qu'en cela, outre l'obligation civile, il y en avoit une naturell
qui exciteroit de la pudeur à un homme qui rendroit son témoignage co
tre son frere & son proche parent.

M. le président de Novion a dit, que lorsqu'une femme est accusée
soustraction des effets de la succession de son mari, & que l'on intent
contre elle l'action qui s'appelle : *rerum amotarum*, la principale preuv
résidoit toujours en la bouche de ses domestiques & de ses proches, sa
quoi l'on n'en avoit jamais raison.

M. le premier président a dit, qu'il y avoit nécessité d'ôter cet art
cle, & de laisser la chose à l'arbitrage du juge, qui la rejetteroit o
l'admettroit, selon les différentes circonstances du fait, & qu'il trouve
roit la loi contraire à cet article.

M. Talon a dit, qu'il ajouteroit encore, que dans les enquêtes de pa
rentés & alliances qui se faisoient au sujet des évocations au conseil d
roi, l'on faisoit sans difficulté assigner un parent pour déclarer le degr
de sa parenté, & qu'il ne pouvoit refuser son témoignage.

M. Pussort a dit, qu'il en falloit parler au roi.

☞ *Nonobstant toutes ces objections, le présent article a été conservé, à l'ex ception de la derniere partie qui a été presque toute retranchée. Il est le XI d l'ordonnance, en ces termes :*

ARTICLE XI. Les parens & alliés des parties, jusqu'aux enfans des cousins issus d germain inclusivement, ne pourront être témoins en matiere civile pour déposer en leu faveur, ou contre eux, & feront leurs dépositions rejettées.

ARTICLE X.

Abrogation des adjoints.

ABROGEONS la fonction des adjoints, soit qu'ils soient en titre d'office ou autrement, pour la confection des enquêtes: sauf à être pourvu à leur indemnité, s'il y échoit, ainsi que de raison.

Après la lecture de cet Article :

M. le premier président a dit, qu'avant la création des offices d'adjoints, l'on en prenoit pour faire des enquêtes. Que dans la suite ils ont été créés en titre d'office, ils ont payé finance & obtenu des lettres de provision, qu'ils sont en possession actuelle ; cependant on les supprime, sans avoir au préalable pourvu à leur remboursement; même l'on ajoute dans l'article, que *ce remboursement sera fait, s'il y échoit.* Que l'on ne peut pas douter qu'ils n'aient tous financé, parce que sans cela on ne leur auroit pas expédié des provisions, & qu'il auroit semblé raisonnable de pourvoir à leur remboursement avant toutes choses.

M. Pussort a dit, que le principe de l'article est que les fonctions de ces officiers non-seulement sont inutiles, mais encore onéreuses aux parties. Que les uns ont payé finance, & les autres n'ont rien payé; c'est pour cela que l'on met, que leur *remboursement sera fait, s'il y échoit.* Qu'il faut du tems pour bien faire ces distinctions: cependant, en travaillant à la réformation, il faut nécessairement supprimer ces charges, & il ne conviendroit pas de surseoir l'exécution de l'ordonnance jusqu'à leur remboursement. Sa majesté aura agréable d'y pourvoir: elle s'en est déjà expliquée, en arrêtant l'article une premiere fois, & c'est une justice que le roi n'a point jusqu'à présent refusée à aucun officier qui eût titre valable pour la demander.

M. le premier président a dit, qu'il y avoit encore une autre considération à faire, qui regardoit les adjoints de la religion prétendue réformée. Que l'article 61 de l'édit de Nantes leur en avoit accordé pour les matieres civiles; mais pour les criminelles ils n'en prenoient point, si ce n'étoit pour les cas prévôtaux.

M. le président de Mesme a dit, que cela étoit réciproque: que lorsqu'un catholique devient justiciable en matiere criminelle, des juges de la religion prétendue réformée, il a droit de demander un adjoint catholique.

M. Pussort a dit, qu'encore que l'édit de Nantes ne fût que provisoire, néanmoins l'intention de sa majesté n'étoit pas que l'on y donnât aucune atteinte, & que l'on proposera d'expliquer l'article par ces mots : *n'entendons néanmoins rien changer en l'usage des adjoints ; aux cas portés par l'édit de Nantes.*

M. le premier président a dit, qu'il est bon de régler cet article d'une maniere ou d'autre.

☞ *L'on a retranché de cet article la clause*, s'il y échoit ; *& l'on a ajouté celle qui est proposée par M. Pussort touchant l'édit de Nantes. Et cet article qui est le XII de l'ordonnance, a été rédigé de cette maniere :*

ARTICLE XII. Abrogeons la fonction des adjoints, même de ceux en titre d'office pour la confection des enquêtes, sauf à être pourvu à leur indemnité, ainsi que de raison : n'entendons néanmoins rien changer ès cas portés par l'édit de Nantes.

ARTICLE XI.

Qui recevra le serment des témoins?

LE juge ou commissaire à faire l'enquête, en quelque jurisdiction que ce soit, même en nos cours, recevra lui-même le serment & la déposition de chacun témoin, sans qu'aucun greffier ni autre, les puisse recevoir.

Lecture faite de cet Article :

M. le premier président a seulement observé, que c'étoit aux greffiers à recevoir la déposition, & aux juges de l'entendre.

☞ *Cet article est le XIII de l'ordonnance, & il a été rédigé de cette maniere :*

ARTICLE XIII. Le juge ou commissaire à faire enquête en quelque jurisdiction que ce soit, même en nos cours, recevra le serment & la déposition de chacun témoin, sans que le greffier ni autre puisse les recevoir ni rédiger par écrit hors sa présence.

ARTICLE XII.

De quoi sera fait mention au commencement des dépositions.

AU commencement de chaque déposition, il sera fait mention du nom, surnom, âge, qualité & demeure du témoin, du serment par lui prêté ; & qu'il n'est parent ni allié des parties, ou de l'un d'eux, au degré ci-dessus prohibé.

Lecture faite de cet Article :

M. le premier président a dit, qu'il falloit changer dans l'article ces mots : *& qu'il n'est parent*, en ceux : *& s'il est parent.*

☞ *Le changement proposé par M. le premier président a été fait, & l'on a inséré l'article suivant dans celui-ci. Voyez ci-après.*

ARTICLE XIII.

Continuation.

IL sera aussi fait mention s'il est, ou a été serviteur ou domestique de l'une ou de l'autre des parties.

Après la lecture de cet Article:

M. le premier président a dit, qu'il falloit rédiger l'article précédent dans le style, & en conformité de celui-ci.

☞ *Cet article a été inséré dans le précédent, & ces deux articles composent le XIV de l'ordonnance.*

ARTICLE XIV. Au commencement de la déposition, sera fait mention du nom, surnom, âge, qualité & demeure du témoin, du serment par lui prêté, s'il est serviteur ou domestique, parent ou allié de l'une ou de l'autre des parties, en quel degré.

ARTICLE XIV.

Quelles personnes seront présentes aux dépositions.

AUX enquêtes qui ne seront point faites à l'audience, aucun témoin ne pourra déposer en la présence des parties, ni de l'un d'eux, ni même en la présence des autres témoins; mais chacun témoin déposera séparément, sans qu'il y ait autre personne que le juge ou commissaire à faire l'enquête, & celui qui écrira la déposition.

Lecture faite de l'Article XIV:

M. le premier président a dit, que le contenu en cet article fait voir que les témoins ne pouvoient être entendus à l'audience, & qu'il en arriveroit une infinité d'inconvéniens.

☞ *Cet article est le XV de l'ordonnance. Il a été rédigé de cette maniere:*

ARTICLE XV. Les témoins ne pourront déposer en la présence des parties, ni même en la présence des autres témoins, aux enquêtes qui ne seront point faites à l'audience: mais seront ouis séparément, sans qu'il y ait autre personne que le juge ou commissaire à faire l'enquête, & celui qui écrira la déposition.

ARTICLE XV.

Quelles doivent être les dépositions.

LES témoins ne pourront déposer que des faits dont il s'agit entre les parties, & qui seront de leur connoissance particuliere; lesquels ils expliqueront dans toutes les circonstances importantes au fait, sans aucune affectation de ce qui peut servir ou préjudicier à celui à la requête duquel ils ont été assignés pour déposer

Lecture faite de cet Article:

M. le premier président a dit, que c'étoit un article à ôter comme inutile, ne contenant qu'une exhortation; & cela pourroit même donner lieu au juge d'augmenter ou de diminuer les dépositions des témoins.

M. Pussort a dit, qu'il proposeroit au roi d'ôter l'article.

☞ *Cet article a été supprimé.*

ARTICLE XVI.

Comment elles seront rédigées.

LES juges ou commissaires pour faire enquête, feront rédiger par écrit tout ce que le témoin voudra dire touchant le fait dont il s'agit entre les parties, sans rien retrancher des circonstances importantes & nécessaires.

Lecture faite de l'Article:

M. le premier président a fait la même observation que sur le précédent article, & a dit qu'il en falloit retrancher ces mots: *importantes & nécessaires*, qui sont à la fin.

☞ *Ces derniers mots ont été retranchés, aussi-bien que ceux-ci:* pour faire enquête, *qui sont au commencement. Cet article est le XVII de l'ordonnance, sans aucun autre changement.*

ARTICLE XVII.

Ce qui sera fait après la déposition.

LA déposition de chaque témoin étant achevée, la lecture lui en sera faite; & ensuite le témoin interpellé si ce qu'il a dit contient vérité, & s'il y persiste.

Lecture faite de l'Article XVII:

M. le premier président a dit, que le contenu en cet article est en usage, & qu'il sert d'autant plus à faire voir que les témoins ne peuvent être entendus dans une audience.

M. Pussort a réparti, que cela se pratiquoit aux juges-consuls.

☞ *Cet article est le XVI dans l'ordonnance, & l'on y a ajouté une clause pour la signature de la déposition. Il a été rédigé de cette maniere:*

ARTICLE XVI. La déposition du témoin étant achevée, lecture lui en sera faite, & sera ensuite interpellé de déclarer si ce qu'il a dit contient vérité; & s'il y persiste, il signera sa déposition; & en cas qu'il ne fût ou ne pût signer, il le déclarera, dont sera fait mention sur la minute & sur la grosse.

ARTICLE XVIII.

Comment seront écrits les changemens en la déposition.

SI le témoin augmente, diminue ou change quelque chose en sa déposition, il sera écrit par apostille & par renvois paraphés, sans qu'il puisse être ajouté foi aux interlignes ni même aux renvois qui ne seront point paraphés.

ARTICLE XIX.

Déposition sera signée, & les renvois paraphés.

CHAQUE déposition sera signée, & tous les renvois de la minute paraphés, tant par le témoin qui aura déposé, s'il sait signer, que par le juge ou commissaire, en la présence du témoin; & si le témoin ne veut signer, ou qu'à cause de quelque incommodité il ne le puisse faire, il le déclarera, & en sera fait mention sur la minute & sur la grosse.

Lecture faite de ces deux Articles, il ont été trouvés bons.

☞ *Ces deux articles ont été joints ensemble, & ils composent l'artic XVIII de ce titre dans l'ordonnance, en ces termes :*

ARTICLE XVIII. Si le témoin augmente, diminue ou change quelque chose en déposition, il sera écrit par apostille & par renvois en la marge, qui seront signés par juge & le témoin, s'il sait signer, sans qu'il puisse être ajouté foi aux interlignes, même aux renvois qui ne seront point signés: & si le témoin ne sait signer, en sera fa mention sur la minute & sur la grosse.

ARTICLE XX.

Taxe du témoin.

Si le témoin requiert taxe, le juge ou commissaire qui fera l'en quête, la fera raisonnablement, eu égard à la qualité du témoin & au tems qu'il aura employé pour la déposition, & à cau d'icelle.

Lecture faite de ce dernier Article :

M. le premier président a dit, que le juge devoit être tenu d'interpell le témoin, s'il vouloit taxe.

☞ *L'article a été réformé sur cette observation. L'on y a fait quelqu autres changemens à l'égard des termes, & il est le XIX de l'ordonnance.*

ARTICLE XIX. Le juge sera tenu de demander au témoin s'il requiert taxe ; & elle est requise, il la fera, eu égard à la qualité, voyage & séjour du témoin.

ARTICLE XXI.

Confimation de ce que dessus.

Tout ce que dessus sera observé en la confection des enqu tes, à peine de nullité.

Lecture faite de cet Article, il a été trouvé bon :

☞ *Il est le XX de l'ordonnance, sans aucun changement.*

ARTICLE XXII.

Ne seront ouis plus de dix témoins.

En toutes matieres civiles, défendons aux parties de faire ou plus de dix témoins sur un même fait ; & aux juges ou com missaires à faire enquête, d'en entendre un plus grand nombr

& en cas de contravention, la partie ne pourra demander le remboursement des frais qu'elle aura avancés pour en faire ouir un plus grand nombre, quoique tous les dépens lui soient adjugés en fin de cause.

Lecture faite de cet Article :

M. le premier président a dit, que l'intention de l'article étoit d'abréger les frais & les longueurs, mais qu'il y avoit de grands inconvéniens. Qu'il seroit difficile, dans un grand nombre de témoins, de savoir lesquels doivent être admis ou rejettés. D'ailleurs qu'un témoin pourroit déposer d'un même fait sur lequel dix autres témoins auroient été entendus; mais que dans sa déposition il auroit encore parlé de quatre autres faits, dont les autres témoins n'auroient rien dit; & l'on demanderoit comment le calcul & les distractions de ces différentes dépositions pourroient être faites, pour savoir qui seroient les dix témoins qui auroient seuls parlé précisément d'un fait, & qui pourroient entrer dans ce nombre? Qu'en voulant prévoir des cas extraordinaires, l'on s'embarrassoit dans des inconvéniens qui seroient fort ordinaires.

M. Pussort a dit, que l'article est conforme à l'ordonnance de 1539. Que le grand nombre de témoins embarrassoit la preuve. Qu'on ne l'avoit pas toutefois suivie à la rigueur, en ce que l'on avoit ajouté: qu'*en cas que l'on entendît davantage de témoins, les frais n'en entreroient pas en taxe.* Le calcul s'en pouvoit faire aisément; qu'il n'y auroit qu'à compter le nombre des témoins, & que l'on avoit recherché les expédiens de faire exécuter l'ordonnance.

M. le premier président a dit, que cette disposition étoit belle en sa spéculation, mais de nul usage pour la pratique: qu'elle a eu ses raisons qui ne subsistent plus. Autrefois il n'y avoit aucun procès sans enquêtes: de-là sont venues les chambres des enquêtes, qui ne jugeoient que les procès par écrit. Il se voit encore des vestiges de cet ancien usage dans les déboutés de défenses. Que l'on en use autrement aujourd'hui, & l'on s'en trouve bien.

M. Pussort a réparti, que l'article pourvoyoit à tout, & qu'il laissoit la liberté aux parties de faire entendre autant de témoins que bon leur sembleroit, pourvu que ce soit à leurs frais.

M. le premier président a dit, que cela étoit de peu de conséquence, & qu'on trouve peu d'enquêtes où il y ait plus de dix témoins qui déposent sur un même fait.

☞ *La disposition de cet article a été conservée; mais l'on a fait quelques changemens dans l'expression. Il est le XXI de l'ordonnance, en ces termes :*

ARTICLE XXI. Défendons aux parties de faire ouir en matiere civile plus de dix témoins sur un même fait, & aux juges ou commissaires d'en entendre plus grand nombre; autrement la partie ne pourra prétendre le remboursement des frais qu'elle aura avancés pour les faire ouir, encore que tous les dépens du procès lui soient adjugés en fin de cause.

ARTICLE XXIII.

Procès-verbal d'enquête, ce qu'il doit contenir.

Le procès-verbal d'enquête sera sommaire, & ne contiendra que les jours des assignations données aux témoins pour déposer, & aux parties pour les voir jurer ; les jours & l'heure des assignations échus ; la comparution ou le défaut des témoins ou des parties ; la prestation du serment des témoins ; si ça été en la présence ou en l'absence des parties ; le jour & date de chacune déposition ; les nom, surnom, âge, qualité & demeure de chacun témoin : & si le procès-verbal contenoit autre chose, le juge ou commissaire, & le greffier, seront condamnés solidairement aux dommages & intérêts des parties, & à la peine du quadruple de ce qu'ils auront reçu.

Lecture faite de cet Article:

M. le premier président a dit, que l'article est long : qu'un commissaire doit insérer dans son procès-verbal toutes les demandes qui lui sont faites, même celles de récusation.

Que l'article porte *condamnation de dommages & intérêts contre les commissaires & le greffier solidairement.* Que cette solidité est injurieuse aux juges. Qu'il y va de la gloire du roi de ne pas avilir la dignité de la magistrature. Que sa majesté est le premier juge de son royaume, qui rend mieux la justice que prince ait jamais fait, & qu'il a intérêt de la relever.

☞ *Sur la premiere observation l'on a inséré dans cet article une clause qui porte qu'il sera fait mention* des réquisitions des parties, & des actes qui en seront accordés.

Sur l'autre réflexion, l'on a retranché les peines portées par cet article. Il est le XXII dans l'ordonnance, & il a été réformé de cette maniere:

ARTICLE XXII. Le procès-verbal d'enquête sera sommaire, & ne contiendra que le jour & l'heure des assignations données aux témoins pour déposer, & aux parties pour les voir jurer; le jour & l'heure des assignations échues, leur comparution ou défaut; la prestation de serment des témoins; si c'est en la présence ou absence de la partie; le jour de chacune déposition, le nom, surnom, âge, qualité & demeure des témoins; les réquisitions des parties, & les actes qui en seront accordés.

ARTICLE XXIV.

Taxe des greffiers pour l'enquête.

Les greffiers ou autres qui auront écrit l'enquête & le procès-verbal, ne pourront prendre autre salaire, vacation ni journée, que l'expédition de la grosse, selon la taxe de chacun rôle, si l'enquête a été faite au lieu de leur demeure ; & si elle a été faite en un autre lieu, ils auront le choix de prendre leurs journées, qui seront taxées aux deux tiers de celles du juge ou commissaire, sans qu'ils puissent prendre leurs journées & leur grosse ensemble, sous quelque prétexte que ce puisse être.

Après la lecture de cet Article :

M. le premier président a dit, que l'article est bon, & qu'il est copié sur le dernier réglement fait par le parlement.

☞ *Cet article est le XXIII de l'ordonnance. L'on y a fait quelques changemens dans la diction ; voici de quelle maniere il a été arrêté :*

ARTICLE XXIII. Les greffiers ou autres qui auront écrit l'enquête & le procès-verbal, ne pourront prendre aucun salaire, vacation ni journée, que l'expédition de la grosse, selon le nombre des rôles, au cas que l'enquête ait été faite au lieu de leur demeure ; & si elle a été faite ailleurs, ils auront le choix de prendre leurs journées, qui seront taxées aux deux tiers de celles du juge, ou commissaire, sans qu'ils puissent prendre ensemble leurs journées & leurs grosses, pour quelque prétexte que ce soit.

ARTICLE XXV.

A qui seront délivrées les enquêtes.

Les expéditions & procès-verbaux des enquêtes, seront délivrés aux parties qui les auront fait faire, & non aux autres parties ; si elles ont été faites d'office, elles seront seulement délivrées aux procureurs généraux, ou à leurs substituts, ou aux procureurs fiscaux des seigneurs, à la requête desquels elles auront été faites.

ARTICLE XXVI.

Greffiers, dans quel tems, & où remettront les enquêtes.

ENJOIGNONS à tous greffiers, ou autres qui auront écrit le enquêtes & les procès-verbaux d'icelles, de mettre ou envoye dans trois mois pour tout délai, après les enquêtes & procès verbaux achevés, toutes les minutes au greffe de la justice qu aura ordonné l'enquête, encore que la preuve ait été faite en un autre justice, pour y avoir recours quand besoin sera: sinon le greffiers, ou autres qui auront écrit l'enquête & procès-verbaux seront, en vertu des présentes, & en conséquence du certificat d greffier de la justice que les minutes ne seront point en son greffe contraints après les trois mois, au paiement de deux cens livre d'amende, moitié applicable à nous, & l'autre moitié au profit d la partie, qui le premier en aura fait sa plainte; sauf aux greffier & autres qui auront écrit les enquêtes, à obtenir exécutoire con tre la partie, des frais & taxes, si aucuns leur sont dus, aprè néanmoins qu'ils auront mis les minutes au greffe.

Lecture faite de ces deux Articles.

M. le premier président a dit, que l'usage qui s'observe présentemen pour les enquêtes, étoit que le procès-verbal du commissaire se délivroi aux parties. Que l'enquête étoit envoyée close & scellée au greffe: l'o fournissoit des reproches contre les témoins: l'on demandoit la réceptio de l'enquête à l'audience; que c'est ce qui s'appelle, *publier l'enquête;* aprè quoi elle devenoit une piece du procès, & chaque partie en pouvoit pren dre communication. Mais la partie étoit obligée, avant cette publication de fournir des reproches contre les témoins, & des moyens de nullité; ca après, elle n'y étoit plus reçue. Or, comme la communication introduit par l'ordonnance tient lieu de publication, il est important de savoir s l'on recevra l'inscription en faux, après cette communication.

M. Pussort a dit, que l'on avoit jugé à propos de retrancher toutes les formalités qui se faisoient en la réception des enquêtes; mais quoiqu l'usage du parlement fût de ne point recevoir d'inscription en faux contre, depuis qu'elles avoient été publiées, cela paroissoit abusif: le faux ne se couvrant jamais, non pas même par les arrêts. Qu'il paroissoit extraordinaire d'exclure l'inscription de faux, après la publication de l'enquête, puisqu'elle ne pouvoit être faite auparavant: les parties ne pouvant avoir connoissance du contenu en l'enquête, ni du défaut qui s'y pouvoit rencontrer, qu'après qu'elle avoit été ouverte & publiée.

M. le premier président a dit, qu'il falloit donc le marquer par l'article : car comme c'étoit un ancien usage, il y falloit déroger.

M. le président de Novion a dit, qu'une partie qui aura entre les mains une enquête qui contient quelque déposition qui lui portera préjudice, aura bien de la peine à la souffrir; une seule lettre ôtée d'un mot peut en changer le sens. Ces altérations seront fréquentes: il en arrivera de grands procès, sans ce qui échappera, dont on ne s'appercevra pas. Que ce que l'on peut dire, est que s'il y a de la faute, celui qui l'aura commise en sera châtié. Mais cependant que sera-ce d'un procès, par exemple, qui se jugera aux requêtes du palais, sur une enquête faite à Poitiers? Il faudra passer à une inscription de faux qui causera des longueurs & des dépenses infinies. L'envoi d'une enquête au greffe, close & scellée, prévenoit tous ces inconvéniens, & qu'il en arrivoit beaucoup par le changement de l'ancien usage.

M. Pussort a réparti, que l'on pouvoit dire la même chose des arrêts, des contrats, & des autres actes, dont l'exécution étoit portée dans des lieux fort éloignés du dépôt public, où la déposition en avoit éte faite. Qu'il n'en arrivoit pas de fréquens désordres, & que c'étoit un grand bien que de retrancher les frais & les délais.

M. le premier président a dit, que comparant l'ancien usage avec le nouveau style qu'on veut introduire, la différence pour les frais ne sera pas grande, mais que les inconvéniens le seront beaucoup.

Qu'il y avoit deux autres observations à faire dans l'article XXVI: l'une étoit, sur ce que l'on obligeoit le greffier de délivrer les expéditions sans avoir reçu ses salaires; & l'autre, qu'il étoit encore obligé de se dessaisir des minutes, après en avoir délivré les grosses.

A l'égard des salaires du greffier, on lui réservoit la voie de l'exécutoire contre la partie: que fort souvent ce seroit un procès, & qu'il n'y avoit point de raison pourquoi la forme du paiement de ces expéditions fût différente de celle des autres. Et pour ce qui concernoit l'envoi des minutes, c'étoit dessaisir un greffier de son gage & de sa sûreté. Qu'il pouvoit arriver des inscriptions de faux contre sa grosse; qu'il n'auroit plus en main de quoi s'en défendre & en soutenir la vérité. Que cela étoit contre l'ordre des greffiers. Qu'un notaire, contre les minutes duquel l'on s'est inscrit en faux, portoit sa minute lui-même, & ne l'abandonnoit jamais.

Que si un greffier étoit obligé de se dessaisir de sa minute, il seroit intéressé à la faire perdre, crainte que l'on en abusât contre lui, & qu'on le rendît responsable des fautes qu'il n'auroit point faites.

Que l'on avoit parlé de faire un dépôt public ; mais que l'on avoit prévu l'impossibilité de l'exécution. Qu'il n'y auroit point de lieu capable de contenir toutes les minutes. Que si l'on avoit recueilli toutes les enquêtes qui ont été faites depuis un siecle ou deux, il n'y auroit point de lieu dans le royaume, qui les pût contenir. Qu'on les trouve avec bien plus de facilité entre les mains de ceux qui les ont reçues, que l'on ne feroit par-tout ailleurs.

M. Pussort a dit, que l'usage d'envoyer des minutes n'étoit pas nouvea Que les notaires, lors des inscriptions de faux contre leurs minutes, l déposoient au greffe des compagnies où le faux s'instruisoit.

Qu'aux derniers grands-jours de Clermont, on avoit proposé de fai un réglement pour obliger les greffiers d'envoyer leurs minutes dans dépôt public. Il y avoit autrefois des garde-notes, qui étoient les dép sitaires des minutes que les notaires avoient reçues. Ce dépôt seroit d' grand usage, car tout se dissipoit entre les mains des particuliers.

Que monsieur de Marillac, garde des sceaux, avoit proposé d'avo un lieu dans le louvre, où les minutes des greffes du conseil, même d secretaires d'état, pussent être conservées. Les bibliotheques & les cab nets des particuliers en sont pleins, pendant que le public, à qui elles a partiennent, s'en trouve dessaisi.

M. le président de Novion a dit, que les grands-jours n'avoient poi proposé de dépôt général; mais qu'ayant trouvé les greffes de la plupa des sieges en mauvais état, ils avoient ordonné par un réglement, que l bailliages, prévôtés, & autres jurisdictions, auroient des lieux propr pour y conserver les minutes de leurs greffes.

M. Talon a représenté, qu'il avoit été ordonné aux grands-jours Clermont, que les greffiers des hautes-justices rapporteroient aux greff des bailliages, leurs minutes, dont ils retiendroient des grosses collatio nées par le greffier qui s'en seroit chargé, & que chacun trouveroit p ce moyen sa sûreté.

Que lorsqu'il est formé quelque inscription de faux contre la minu d'un notaire, & qu'il est tenu de s'en dessaisir, il la fait parapher, *ne v rietur*, & retire une copie figurée de la piece inscrite de faux.

Qu'il observera d'ailleurs, que pour rédiger les enquêtes, les commi saires se servoient de leurs clercs, & que l'on y employoit toutes sortes personnes. Qu'il seroit bon que ce fussent des officiers qui eussent serme en justice; & que sur-tout il importoit de faire ensorte qu'en toutes les ju tices l'on établît un bon dépôt; mais qu'il falloit bien prendre garde, l'on obligeoit les greffiers de se dessaisir de leurs minutes, pour les port en d'autres lieux, ils feroient toujours des voyages, & prendroient d exécutoires, qui causeroient de grands frais aux parties.

Que cet inconvénient ne se rencontreroit pas, lorsque les clercs d commissaires recevroient les minutes, parce qu'ils retourneroient av leurs maîtres: que néanmoins il valoit mieux que cela passât par les mai d'officiers qui auroient serment en justice.

M. Pussort a dit, qu'il croyoit qu'il étoit à propos de faire un réglemer à l'égard des clercs des commissaires du châtelet, qui retiennent les m nutes des enquêtes & des informations qui sont reçues; mais que les exéc toires que pourroient prendre les greffiers pour leurs voyages, pour avo apporté les minutes, le touchoient fort; & qu'il en falloit parler au roi.

M. le premier président a dit, que tout ce recueil de minutes n'étoit p possible ; même que messieurs les maîtres des requêtes n'avoient point de dépôt où leurs minutes pussent être déposées, n'y ayant point d'archives au conseil.

M. le chancelier a dit, que l'intention du roi étoit de pourvoir à ce qu'à l'avenir les minutes, tant du conseil que des secretaires d'état, fussent mises dans un dépôt certain.

☞ *Ensuite des observations faites sur ces deux derniers articles, on y a fait plusieurs changemens. Ils sont les XXIV & XXV de l'ordonnance, en ces termes :*

ARTICLE XXIV. Les expéditions & procès-verbaux des enquêtes seront délivrées aux parties, à la requête desquelles elles auront été faites, & non aux autres parties : si elles ont été faites d'office, elles seront seulement délivrées à nos procureurs généraux, ou nos procureurs sur les lieux, ou aux procureurs fiscaux des justices des seigneurs, à la requête desquels elles auront été faites.

ARTICLE XXV. Ceux qui auront été pris pour greffiers en des commissions particulieres qui n'auront point de dépôts, remettront la minute des enquêtes & procès-verbaux ès greffes des jurisdictions où le différend est pendant, trois mois après la commission achevée ; sinon seront les greffiers ou autres qui auront écrit l'enquête & procès-verbal, sur le certificat du greffier de la justice où le procès est pendant, que les minutes n'auront été remises en son greffe, contraints après les trois mois au paiement de deux cens livres d'amende applicable moitié à nous, & l'autre moitié à la partie qui en aura fait plainte, sauf aux greffiers ou autres qui auront écrit les minutes, après les avoir remises au greffe, de prendre exécutoire de leur salaire contre la partie, à la requête de qui l'enquête aura été faite.

ARTICLE XXVII.

Défense de les envoyer dans un sac clos, & de les faire publier, &c.

DÉFENDONS en ce faisant, &, en tant que besoin seroit, abrogeons l'usage d'envoyer les expéditions des enquêtes dans un sac clos & scellé, encore qu'elles eussent été faites en une autre jurisdiction. Abrogeons pareillement toutes publications, réceptions d'enquêtes, & tous jugemens, appointemens, sentences & arrêts, portans que la partie donnera moyens de nullité & de reproches.

Lecture faite de cet Article, il a été trouvé bon.

☞ *Il est est le XXVI de l'ordonnance : on y a fait quelques changemens, de cette maniere :*

ARTICLE XXVI. Abrogeons l'usage d'envoyer les expéditions des enquêtes dans un sac clos & scellé, même de celles qui auront été faites en une autre jurisdiction, & pareillement toutes publications, réceptions d'enquêtes & tous jugemens, appointemens, sentences & arrêts, portans que la partie donnera moyen de nullité & de reproches.

ARTICLE XXVIII.

Signification du procès-verbal.

APRÈS la confection de l'enquête, celui à la requête duquel elle aura été faite, fera signifier le procès-verbal, & en donnera copie, pour donner par la partie dans la huitaine des moyens de nullité & de reproches, si bon lui semble.

ARTICLE XXIX.

Forclusion de fournir des reproches.

HUIT jours après la copie donnée du procès-verbal d'enquête, la partie demeurera forclose de plein droit, de plus fournir des moyens de nullité & de reproches ; & ce faisant, il sera procédé au jugement du différend d'entre les parties, sans qu'il soit besoin de commandement, forclusion ni sommation.

Lecture faite de ces deux Articles, ils ont été trouvés bons.

☞ *Dans la révision, l'on a trouvé à propos de joindre ces deux articles ; & ils font ensemble l'article XXVII de l'ordonnance, en ces termes :*

ARTICLE XXVII. Après la confection de l'enquête, celui à la requête de qui elle aura été faite, donnera copie du procès-verbal pour fournir par la partie, dans la huitaine, des moyens de reproches, si bon lui semble ; & sera procédé au jugement du différend, sans aucun commandement ni sommation.

ARTICLE XXX.

Ce qui sera fait si on signifie le procès-verbal.

SI celui qui a fait faire l'enquête étoit refusant ou négligent de faire signifier le procès-verbal, & d'en donner copie, celui contre lequel elle aura été faite, pourra l'interpeller par un simple exploit, d'y satisfaire ; & à faute de ce faire dans trois jours, il pourra lever le procès-verbal, qui lui sera délivré par le greffier qui en aura la minute ; à quoi le greffier sera contraint, en lui représentant l'acte de sommation faite à la partie qui a fait faire l'enquête, & en lui payant les salaires de l'expédition

dition de la grosse du procès-verbal, dont sera délivré exécutoire, pour en répéter les deniers & les frais contre celui qui auroit dû faire signifier le procès-verbal, & en donner copie.

Cet Article a été approuvé.

☞ *Il est le XXVIII de l'ordonnance, & il a été changé en quelques endroits, de cette maniere :*

ARTICLE XXVIII. Si celui qui a fait faire l'enquète étoit refusant ou négligent de faire signifier le procès-verbal, & d'en donner copie, l'autre partie pourra le sommer par un simple acte d'y satisfaire dans trois jours, après lesquels il pourra lever le procès-verbal; & sera tenu le greffier lui en délivrer une expédition en lui représentant l'acte de sommation, & lui payant ses salaires de la grosse du procès-verbal, dont sera délivré exécutoire contre la partie qui en devoit donner copie.

ARTICLE XXXI.

Quand on pourra demander copie de l'enquête.

La partie qui aura fourni des moyens de nullité & de reproches, ou qui aura renoncé d'en fournir, pourra demander copie de l'enquête, laquelle en ce cas lui sera donnée.

Cet Article a été trouvé bon.

ARTICLE XXXII.

En cas de refus d'en donner copie, elle sera rejettée.

Si celui qui aura fait faire l'enquête refuse d'en donner copie, après qu'il aura été fourni des moyens de nullité & de reproches, ou que la partie aura déclaré n'en vouloir fournir, il sera procédé au jugement d'entre les parties, sans avoir égard à l'enquête, non plus que si elle n'avoit pas été faite.

Lecture faite de cet Article :

Il a passé, à l'exception de ces mots : *non plus que si elle n'avoit point été faite*, que l'on a estimé devoir être retranchés.

☞ *L'on a rédigé cet article avec le précédent, & ils composent l'article XXIX de ce titre dans l'ordonnance.*

ARTICLE XXIX. La partie qui aura fourni de moyens de reproches, ou qui y aura renoncé, pourra demander copie de l'enquête, laquelle lui sera délivrée par la partie; & en cas de refus, l'enquête sera rejettée; & sans y avoir égard, procédé au jugement du procès.

ARTICLE XXXIII.

Comment celui contre qui l'enquête a été faite, la peut lever.

En cas que celui contre lequel l'enquête aura été faite, voulût prendre avantage des dépositions des témoins, & que la copie de l'enquête ne lui eût point été donnée, après avoir fourni des moyens de nullité & de reproches, ou déclaré n'en vouloir fournir, il pourra lever l'enquête aux frais & dépens de celui à la requête duquel elle aura été faite, laquelle lui sera délivrée par le greffier qui en aura la minute, qui à ce faire sera contraint, en lui représentant les moyens de nullité & de reproches bien & duement signifiés à sa partie, ou un acte duement signifié, portant déclaration de ne vouloir fournir moyens de nullité ou de reproches, & en payant au greffier les salaires de l'expédition de l'enquête, dont sera délivré exécutoire pour en répéter les deniers & les frais contre celui qui aura dû donner copie de l'enquête.

Lecture faite de l'Article XXXIII:

M. le premier président a observé, qu'il y avoit plusieurs réflexions à faire sur cet article, en ce que sa disposition est contraire à ce qui s'observe dans le parlement; mais que c'étoit une ordonnance qui devoit avoir son exécution dans tout le royaume; & qu'ainsi, il ne falloit s'arrêter à aucun usage particulier. Qu'on devoit ajouter à l'article, pour plus grande facilité, que *l'exécutoire sera délivré par le greffier.*

M. Pussort a dit, que le greffier ne pouvoit pas délivrer un exécutoire de son autorité, & que c'étoit une ordonnance qui devoit être rendue par le juge.

M. le premier président a réparti, que cela produiroit une sentence, & conséquemment des frais.

M. Talon a représenté, que l'exécutoire se pourroit délivrer en vertu d'une simple ordonnance mise par le juge au bas d'une requête, & que cela se feroit sans frais.

☞ *On n'a rien changé à l'égard de la délivrance de l'exécutoire; mais on a ordonné que* dans l'exécutoire seront compris les frais du voyage pour les expéditions, ou pour le salaire des messagers. *L'on a fait d'autres changemens en cet article, & il est le XXX de l'ordonnance, en ces termes:*

ARTICLE XXX. Si la partie contre laquelle l'enquête aura été faite, en veut prendre avantage, elle pourra la lever, en faisant apparoir de la signification de ses moyens de reproches, ou de l'acte portant renonciation d'en fournir, dont sera laissé copie au greffier, à la charge d'avancer par lui les droits & salaires du greffier, dont lui sera délivré exécutoire, pour s'en faire rembourser par la partie qui aura fait faire l'enquête; & dans l'exécutoire seront compris les frais du voyage pour faire lever les expéditions, ou pour le salaire des messagers.

ARTICLE XXXIV.

Délais pour lever le procès-verbal & l'enquête, sous quelles conditions.

En chacun des cas ci-dessus, si la partie qui a fait faire l'enquête refuse de signifier la copie du procès-verbal, & de donner copie de l'enquête, celui contre lequel elle aura été faite, aura un délai de huitaine pour lever le procès-verbal, & pareil délai de huitaine pour lever l'enquête : & si c'est à un greffe éloigné de dix lieues & plus, il aura encore un délai d'un jour pour chacune distance de dix lieues, & autant pour le retour; le tout aux conditions ci-devant spécifiées : c'est à savoir que le procès-verbal ne pourra être levé, qu'en représentant l'acte de sommation duement signifié, ni l'enquête, qu'en représentant les moyens de nullité & de reproches duement signifiés, & aussi un acte duement signifié, portant déclaration de ne vouloir fournir moyens de nullité & de reproches. Et en cas que le greffier qui en a les minutes les eût autrement délivrées, il sera condamné aux dépens, dommages & intérêts.

Lecture faite de cet Article, il a été trouvé bon.

☞ *L'on en a retranché la plus grande partie, depuis ces mots :* le tout aux conditions ci-devant spécifiées, &c. *jusqu'à la fin. Le surplus a été conservé moyennant quelques changemens dans l'expression. Il est le XXXI de l'ordonnance, en ces termes :*

ARTICLE XXXI. Si la partie qui a fait faire l'enquête refuse d'en faire donner copie, & du procès-verbal, l'autre partie aura un délai de huitaine pour lever le procès-verbal, & pareil délai pour lever l'enquête; & en cas que l'enquête ait été faite hors le lieu où le différent est pendant, il sera donné un autre délai selon la distance du lieu, tant pour le voyage que pour le retour de celui qui sera envoyé pour la lever, à raison d'un jour pour dix lieues.

ARTICLE XXXV.

Ce que le greffier sera obligé de faire.

Le greffier qui aura délivré les expéditions du procès-verbal & de l'enquête à la partie adverse, sera tenu d'en faire mention sur la minute, & du jour qu'il les aura délivrées; & même de retenir pour sa décharge copie signée de la sommation pour le procès-verbal, & des moyens de nullité & de reproches, & de l'acte pour l'enquête, à peine d'en répondre en son nom.

Cet Article a été trouvé bon.

☞ *Dans la révision il a été supprimé.*

ARTICLE XXXVI.

Délais selon les diverses jurisdictions.

Tous les délais de huitaine ci-devant spécifiés, ne seront que pour nos cours de parlement, & autres nos cours, & pour nos bailliages, sénéchaussées & présidiaux: & à l'égard de toutes nos autres jurisdictions, de quelque qualité qu'elles soient, des tribunaux ecclésiastiques, & des justices des seigneurs, y compris celles des duchés & pairies, les délais ne seront que de trois jours au lieu de huitaine.

Cet Article a été trouvé bon.

☞ *Quoique l'on n'ait rien proposé contre cet article, l'on n'a pas laissé d'y faire quelques changemens dans la diction, sur-tout à l'égard des termes de* tribunaux ecclésiastiques, *qui ont été changés, suivant l'observation faite par M. le premier président sur l'article I du titre XV dans la sixieme conférence. Cet article est le XXXII de l'ordonnance, en ces termes :*

ARTICLE XXXII. Tous les délais de huitaine ci-devant ordonnés, ne seront que pour nos cours & pour nos bailliages, sénéchaussées & présidiaux: & à l'égard de nos autres jurisdictions, des justices des seigneurs, même des duchés & pairies, & des juges ecclésiastiques, les délais seront seulement de trois jours.

ARTICLE XXXVII.

Frais & voyages seront compris dans les exécutoires.

DANS les exécutoires qui seront délivrés à l'une des parties contre l'autre, pour le remboursement des expéditions du procès-verbal d'enquête, ou de l'enquête, aux termes ci-devant énoncés, seront compris les frais des voyages ou des messagers, si aucuns ont été faits pour lever ou faire lever les expéditions, & sans que le contenu aux exécutoires puisse par après entrer en taxe, en cas que la partie obtînt condamnation de dépens.

Lecture faite de cet Article :

M. le premier président a dit, qu'il y a quelque chose à réformer dans la construction de cet article concernant *les frais des voyages ou des messagers*, & qu'il ne s'en doit plus faire.

M. Pussort a dit, que cela se devoit entendre de la partie, si elle faisoit le voyage, ou du messager, s'il apportoit l'enquête ; & que pour une expression plus nette, l'on pouvoit mettre dans l'article : *les frais des voyages, si aucuns ont été faits, ou des messagers.*

☞ *Cet article a été mis à la fin de l'article XXXIII de ce même titre, & ils composent ensemble l'article XXX de l'ordonnance. Voyez ci-devant.*

ARTICLE XXXVIII.

Communication doit être réciproque.

Enquête ne sera faite après la communication.

CELUI qui aura fait faire une enquête ne pourra demander à l'autre partie copie du procès-verbal, ni le lever qu'il n'ait auparavant fait signifier le sien ; ni demander copie de l'autre enquête, ni la lever qu'il n'ait auparavant fait donner copie de la sienne. Et s'il n'a point fait faire d'enquête de sa part, il ne sera plus recevable d'en faire, ni de plus faire ouir aucun témoin, après qu'il aura demandé copie de l'enquête de la partie adverse : dérogeons à toutes ordonnances & usages contraires, tant en cause principale que d'appel, pour quelque cause que ce soit.

ARTICLE XXXXIX.

Forclusion de donner moyens de nullité & de reproches.

CELUI qui aura eu communication ou copie de l'enquête de sa partie adverse, après l'avoir demandée, ne pourra plus donner moyen de nullité ni de reproches.

Lecture faite de ces deux Articles, ils ont été trouvés bons.

☞ *L'article XXXVIII a été divisé en deux parties : la premiere suit l'article XXXIII de l'ordonnance ; & la seconde, qui commence à ces mots :* & s'il n'a fait, &c. *a été jointe avec l'article suivant, pour composer l'article XXXIV de l'ordonnance. On y a fait quelques changemens, de cette maniere :*

ARTICLE XXXIII. La partie qui aura fait faire une enquête, ne pourra demander à l'autre partie copie du procès-verbal de son enquête, ni pareillement le lever, qu'il n'ait auparavant fait signer le procès-verbal de l'enquête faite à sa requête, ni demander copie de l'autre enquête, ni la lever qu'il n'ait donné copie de la sienne.

ARTICLE XXXIV. Celui auquel aura été donné copie, tant du procès-verbal que de l'enquête faite contre lui, ne pourra en cause principale ou d'appel, faire ouir à sa requête aucun témoin, ni donner moyen de reproche contre les témoins ouis en l'enquête de la partie.

ARTICLE XL.

SI la permission de faire enquête a été donnée à l'audience sans que les parties aient été appointées à écrire, les enquêtes seront portées à l'audience pour y être jugées, sans qu'il soit besoin d'aucune autre procédure, que d'y comparoir, après les significations ou sommations ci-devant déclarées.

ARTICLE XLI.

Si l'enquête ne peut être jugée à l'audience, appointemens.

SI le différent où il y aura enquête ne peut être jugé à l'audience, les parties seront appointées, & le procès instruit ainsi qu'il a été par nous ci-devant ordonné, avec défenses d'user d'aucune autre procédure, à peine de nullité : & pourront l'une ou l'autre des parties produire les enquêtes, & les instruire.

Lecture faite de ces deux Articles,

M. le premier président a dit, que l'enquête ordonnée à l'audience, produisoit souvent un procès par écrit. Qu'il s'étoit depuis peu présenté une affaire entre monsieur de la Vrilliere & des marchands de bois. Que de la part de monsieur de la Vrilliere, l'on soutenoit que les bois, de la coupe desquels il s'agissoit contre les parties, étoient de haute futaie, bien garnis, sans clairieres, de valeur de plus de trente mille écus. Les marchands, au contraire, que ce n'étoient que taillis de peu de valeur, dans lesquels il y avoit beaucoup de vuide. Qu'aucune des parties ne demandoit la descente sur les lieux, crainte de blesser ses droits: qu'elle avoit été néanmoins ordonnée d'office, pour être faite par le lieutenant général de Sens.

Que l'enquête, les plans & les descriptions de lieux qui seront faites, ne pourront pas être rapportées à l'audience. Qu'il faudra nécessairement en faire un procès par écrit, & qu'ainsi il étoit bien difficile de statuer rien de certain sur ces matieres, que la prudence du juge devoit toujours régler.

M. Pussort a dit, que l'enquête sera communiquée à la partie. Que les avocats en communiqueront aux gens du roi, & la plaideront. Qu'il n'est pas extraordinaire d'entendre le rapport d'une enquête à l'audience.

Que messieurs les avocats généraux rapportent à la tournelle une infinité d'informations; & qu'après avoir entendu les avocats des parties, il demeurera en la liberté des juges d'appointer.

M. le président de Novion a dit, que dans les causes esquelles il n'y avoit aucun intérêt public, l'on ne communiquoit point d'enquêtes au parquet, & que l'on n'en tireroit aucun secours pour les affaires particulieres.

M. l'avocat général Talon a remontré, qu'il falloit faire distinction des premiers juges, d'avec les parlemens. Que cela se pouvoit faire pardevant les premier juges; mais qu'en toutes rencontres cela seroit difficile au parlement. Que néanmoins souvent on leur mettoit entre les mains des enquêtes, & que sur le rapport qu'ils en faisoient à l'audience, le parlement jugeoit; mais que cela ne pouvoit pas convenir à toutes sortes d'affaires, & particuliérement pour les enquêtes qui seroient faites pour raison des descentes sur les lieux.

M. le premier président a dit, que tout ce que dessus aboutissoit à dire, qu'il sera mis en la liberté du juge d'appointer quand il voudra; & que la plupart de ces articles seront inutiles.

M. Pussort a dit, qu'il demeure d'accord que difficilement l'on pourra tirer de l'ordonnance le fruit que le roi en espere, si les juges n'y apportent une bonne intention; mais qu'il présume assez de leur intégrité, pour croire qu'ils feront leur devoir; & qu'agissant, comme ils font, par des motifs d'honneur & de conscience, ils ne voudront pas appointer une cause qui sera suffisamment éclaircie, & qu'ils pourront juger à l'audience

☞ *Ensuite des observations faites sur ces deux articles, le dernier a été supprimé; & l'autre a été conservé après quelques changemens qu'on y a faits. Il est le XXXV dans l'ordonnance, en ces termes:*

ARTICLE XXXV. Si la permission de faire enquête a été donnée en l'audience, sans que les parties aient été appointées à écrire, les enquêtes seront portées à l'audience pour y être jugées sur un simple acte, & sans autres procédures.

ARTICLE XLII.

Enquête nulle, par qui sera refaite.

Si l'enquête est déclarée nulle par la faute du juge ou commissaire qui l'a faite, il en sera fait une nouvelle à ses frais & dépens, sans que la peine puisse être remise ou modérée.

Lecture faite de cet Article:

M. le premier président a dit, que l'article n'expliquoit pas, si l'enquête étant déclarée nulle par la faute du juge, les témoins ouis seroient entendus une seconde fois. La raison de douter sera, que l'on pourra prétendre que la foi des témoins aura été engagée.

M. Pussort a répondu, que sans doute les mêmes témoins pourroient encore une fois être entendus, parce qu'en cela il n'y auroit rien du fait de la partie; & qu'autrement un juge qui voudroit favoriser une partie, pourroit anéantir sa preuve par une nullité qu'il affecteroit, & dont il seroit quitte en faisant à ses frais une seconde enquête, avec indemnité de la partie qu'il auroit voulu traiter favorablement.

M. le premier président a dit, qu'il en falloit donc faire mention dans l'article. Qu'il y avoit encore une difficulté qui se pouvoit rencontrer sur ce qu'on demanderoit, si l'appointement qui permettroit de faire une seconde enquête, attendu la nullité de la premiere, seroit commun entre les parties; & si tant celle dont l'enquête auroit été déclarée nulle, que celle dont l'enquête subsisteroit, pourroient respectivement une seconde fois faire enquête.

M. Pussort a dit, qu'il n'y avoit pas d'apparence que la liberté dût être réciproque, puisque le second appointement n'auroit été donné que pour réparer la faute du juge, à l'égard de la partie qui en auroit reçu le préjudice.

☞ *Sur la question proposée par M. le premier président, on a expliqué dans cet article que* la partie pourra faire ouir de nouveau les mêmes témoins. *Il est le XXXVI & dernier de ce titre dans l'ordonnance.*

ARTICLE XXXVI. Si l'enquête est déclarée nulle par la faute du juge, ou commissaire, il en sera fait une nouvelle aux frais & dépens du juge, ou commissaire, dans laquelle la partie pourra faire ouir de nouveau les mêmes témoins.

TITRE

TITRE XXIII.

Des reproches des témoins.

Ce titre est aussi le XXIII de l'ordonnance.

ARTICLE I.

Quels doivent être les reproches.

LES reproches des témoins seront circonstanciés & pertinens, & non en termes vagues & généraux, autrement rejettés.

Lecture faite de cet Article, il a été trouvé bon.

☞ *On a mis au commencement* les reproches contre les témoins. *Au surplus l'article a été conservé.*

ARTICLE II.

Reproches seront justifiés.

S'IL est avancé dans les reproches que les témoins ont été emprisonnés, mis en décret, condamnés ou repris de justice, les faits seront réputés calomnieux, s'ils ne sont justifiés par des écroues d'emprisonnement, décrets, condamnations, ou autres actes.

Lecture faite de cet Article:

M. le premier président a dit, qu'une partie, quoique certaine de son reproche, n'avoit pas toujours l'acte en main, ni la sentence de condamnation. Qu'il lui falloit accorder un délai pour en faire apparoir, qu'autrement il y auroit de la précipitation.

M. Pussort a dit, que l'article ne fait point d'interdiction au juge de le pouvoir faire: que cela dépendra de son arbitrage. Mais que l'on n'avoit pas estimé en devoir faire mention dans l'article, afin que cela ne devînt pas de style, & qu'on ne donnât pas ouverture aux parties de le demander en toutes occasions, & que le juge ne fût pas obligé indispensablement de l'accorder.

M. le président de Maisons a demandé si, lorsqu'un fait de reproch bien circonstancié auroit été proposé par une des parties, la preuve e seroit admise par témoins, & si la chose dépendroit de l'arbitrage du jug

M. Pussort a dit qu'au grand conseil, en examinant les reproches, si l'o en trouvoit de considérables, l'on en faisoit état, & l'on mettoit: *bon probanda per acta.*

M. Talon a dit, qu'il falloit que le reproche procédât d'une cause anté rieure à la déposition du témoin; autrement il seroit à craindre que l partie à laquelle la déposition feroit préjudice, intentant un procès civi ou suscitant une accusation criminelle, n'en prétendît avoir une matier suffisante de reproches.

M. le premier président a ajouté, que l'article IV de ce même titr porte: que *les juges ne pourront appointer les parties à informer sur les faits de reproches, sinon en voyant le procès, & que les moyens de reproches ne soient per tinens & admissibles.* Que cet article pourroit être joint à celui-ci pour n'e faire qu'un. Qu'à Dijon l'on instruisoit les faits justificatifs dans les proc criminels, en même tems que le procès principal. Que l'esprtt de l'ordo nance de 1539 ne paroissoit pas contraire à cet usage.

M. Pussort a dit, que si cet usage avoit lieu, particuliérement en ma tiere criminelle, il n'y auroit point d'accusé à qui l'on pût jamais faire l procès.

☞ *Cet article est aussi le II de l'ordonnance. Après ces mots de l'article,* s'i ne sont justifiés, *on a ajouté cette clause limitative:* avant le jugement d procès. *L'on n'y a pas fait d'autre changement.*

ARTICLE III.

Réponses aux reproches, comment seront fournies.

CELUI qui aura fait faire l'enquête pourra, si bon lui semble fournir de réponses aux reproches qui auront été proposés, sa néanmoins qu'il soit besoin de commandement ni de forclusion & sans retardation du jugement: & si les réponses sont fournie elles seront signifiées à la partie; autrement défendons d'y avo égard.

Lecture faite de cet Article:

M. le premier président a dit, que toutes les forclusions ayant été ab lies, il y avoit d'autant plus de sujet de les retrancher de cet article, qu n'avoit jamais été de l'usage de forclorre une partie de fournir de répons aux reproches.

M. Pussort a dit, qu'il croyoit que l'on pourroit ôter de l'article c mots : *sans néanmoins qu'il soit besoin de commandement ni de forclusion*, & que l'article au surplus pouvoit subsister.

☞ *Le retranchement proposé par M. Pussort a été fait, & cet article a été rédigé de cette maniere :*

ARTICLE III. Celui qui aura fait faire l'enquête, pourra, si bon lui semble, fournir de réponses aux reproches, & les réponses seront signifiées à la partie ; autrement défendons d'y avoir égard, le tout sans retardation du jugement.

ARTICLE IV.

Appointemens à informer sur les reproches.

Les juges ne pourront appointer les parties à informer sur les faits de reproches, sinon en voyant le procès, au cas que les moyens de reproches soient pertinens & admissibles.

ARTICLE V.

Ils seront jugés avant le procès.

Les reproches des témoins seront jugés avant le procès ; & s'ils sont trouvés pertinens & suffisamment justifiés, les dépositions n'en seront point lues.

Lecture faite de ces deux Articles, ils ont été trouvés bons.

ARTICLE VI.

Encore qu'aucuns témoins soient valablement reprochés, on n'aura aucun égard aux reproches, si le fait se trouve d'ailleurs justifié par les dépositions des autres témoins, ou autrement.

Lecture faite de cet Article :

M. le premier président a dit, que l'article ne s'entendoit pas, & qu'il le falloit ôter.

M. Pussort a dit, qu'il manquoit quelque chose dans l'article, & qu'il seroit plus intelligible, s'il portoit que *l'on n'instruiroit point les reproches contre les témoins, lorsque le fait se trouveroit d'ailleurs justifié ;* mais que comme cela ne pouvoit être de conséquence, on pourroit l'ôter.

☞ *Cet article a été supprimé.*

ARTICLE VII.

Peines des reproches calomnieux ou non juſtifiés.

POUR chacun fait de reproches calomnieuſement propoſé, ou qui ne ſera point juſtifié, il y aura condamnation de quarante livres d'amende, en nos cours de parlement, & autres nos cours, & vingt livres en toutes autres juriſdictions, même ès juſtices des duchés & pairies, & autres; applicable moitié à nous, & l'autre moitié à la partie, ſans préjudice au témoin qui aura été reproché, de demander réparation, s'il y écheoit, laquelle voulons lui être faite ſuivant la qualité de la calomnie.

ARTICLE VIII.

Procureurs, comment fourniront des reproches.

LES procureurs qui auront fourni les reproches, ſeront condamnés en leur nom pour les faits calomnieuſement propoſés, ſi les reproches ne ſont ſignés de la partie, ou s'ils ne ſont apparoir d'un pouvoir ſpécial.

Lecture faite des deux derniers Articles, ils ont été trouvés bons.

☞ *L'article VII a été ſupprimé, & l'article ſuivant eſt le VI de l'ordonnance. L'on y a fait quelque changement de cette maniere:*

ARTICLE VI. Défendons aux procureurs de fournir aucuns reproches contre les témoins, ſi les reproches ne ſont ſignés de la partie, ou s'ils ne ſont apparoir d'un pouvoir ſpécial par écrit à eux donné pour les propoſer.

TITRE XXIV.

Des enquêtes d'examen à futur, & de l'abrogation des enquêtes par turbes.

Ce titre est le XXIII de l'ordonnance.

ARTICLE I.

Défense des enquêtes d'examen à futur, sinon quand la preuve dépériroit.

DÉFENDONS toutes enquêtes d'examen à futur, si ce n'est quand ceux qui pourroient servir de témoins seront fort âgés ou valétudinaires, ou pressés de faire voyage de long cours, & autres cas, à l'occasion desquels la preuve pourroit dépérir, & non autrement; sans que l'on y puisse entendre d'autres témoins que ceux de la qualité ci-dessus, à peine de nullité des enquêtes.

ARTICLE II.

Et avant qu'il y ait action intentée.

DÉFENDONS sous la même peine que dessus les enquêtes d'examen à futur, en vertu de nos lettres de chancellerie, ou autrement, avant qu'il y ait action intentée; mais en sera la permission demandée au juge, pardevant lequel l'assignation aura été donnée au principal, soit qu'elle soit échue ou non, & sans qu'il soit besoin de faire assigner la partie, pour en avoir la permission : le tout pourvu que la cause soit entiere & non-contestée.

ARTICLE III.

Permission en sera demandée, & comment.

LA permission de faire enquête à futur sera demandée par requête, qui contiendra sommairement l'exposé du fait, les raisons pour lesquelles la partie prétend que la preuve en est recevable par témoins, les nom, surnom, âge, qualité & demeure des témoins que l'on veut faire entendre, & la cause particuliere touchant l'audition de chacun des témoins que l'on demande d'être ouïs.

ARTICLE IV.

Ce que fera le juge en appointant la requête.

Si la partie assignée au principal n'a point encore de procureur, le juge pourra accorder la permission sur la requête à lui présentée ; & s'il y a procureur, la requête sera signifiée au procureur avec un acte de comparoir à l'audience pour y voir prononcer ; & pourra le juge ordonner ou refuser la permission sur la premiere assignation, tant en présence qu'absence, sans que ce qui aura été ordonné en l'un & en l'autre cas puisse faire préjudice ni conséquence, pour accorder ou refuser la preuve par témoins après la contestation en cause.

ARTICLE V.

Le défendeur aura la même faculté que le demandeur.

Celui qui aura été assigné aura la faculté de demander la permission de faire enquête d'examen à futur aux mêmes cas ci-dessus, en observant les mêmes choses, soit que le demandeur l'ait requis ou non.

ARTICLE VI.

Le juge en pourra accorder la permission & le passé-outre, nonobstant, &c.

Le juge pardevant lequel l'assignation aura été donnée, pourra accorder la permission de faire enquête d'examen à futur, & même de passer outre à la confection, nonobstant tout déclinatoire proposé, ou renvoi requis, lettres d'état obtenues & signifiées, cédules évocatoires, ou lettres d'évocation non encore jugées, ou oppositions & appellations quelconques, récusations ou prises à partie faites ou à faire, sans néanmoins y préjudicier, ni aux autres nullités des enquêtes & aux renvois requis, ou qui le pourroient être, ſi par l'événement le juge étoit déclaré incompétent ou valablement récuſé.

ARTICLE VII.

La partie ſera aſſignée pour voir jurer les témoins.

APRÈS que la permiſſion de faire l'enquête d'examen à futur aura été accordée, la partie ſera aſſignée pour voir jurer les témoins; & s'il n'a point eu copie de la requête par laquelle la permiſſion aura été requiſe, elle lui ſera fournie en même tems, & les témoins aſſignés pour dépoſer.

ARTICLE VIII.

Ce que les témoins déclareront.

LES témoins qui dépoſeront en l'enquête d'examen à futur, après le ſerment par eux fait, déclareront préciſément ſi les cauſes mentionnées en la requête, & pour leſquelles on les fait entendre par forme d'examen à futur, ſont véritables, & concernent leurs perſonnes; & en cas qu'elles ne les concernent, ou qu'elles ne ſoient pas véritables, ils ne ſeront pas ouïs.

ARTICLE IX.

Les minutes demeureront entre les mains du dépoſitaire.

APRÈS que les témoins auront dépoſé, les minutes de l'enquête du procès-verbal demeureront entre les mains de celui qui en doit être dépoſitaire, ſans qu'il en puiſſe donner aucune expédition, communication ni copie, juſqu'à ce que les parties aient été appointées reſpectivement à faire enquête; & s'il s'en trouvoit auparavant quelque expédition ou copie, enjoignons aux juges de les rejetter, ſans en ſouffrir la lecture ni le récit, ni aucune induction; & même de condamner la partie & le dépoſitaire des minutes ſolidairement en cent livres d'amende. Et ſi les parties n'étoient point appointées à faire preuve reſpectivement par témoins, les enquêtes qui auront été faites par forme d'examen à futur, seront nulles & de nul effet : défendons à tous juges d'y avoir égard.

ARTICLE X.

Après l'appointement respectif à faire enquête, à qui elle sera remise.

QUAND les parties auront été appointées respectivement à faire enquête d'examen à futur, l'enquête & le procès-verbal seront délivrés à celui qui les aura fait faire, lequel alors sera tenu de communiquer le procès-verbal ; & seront les formalités concernant les nullités, reproches de témoins, & les jugemens observées, ainsi qu'aux autres enquêtes.

ARTICLE XI.

Abrogations des répétitions & récolemens, sauf les reproches.

ABROGEONS, en ce faisant, l'usage de répeter ou récoler les témoins ouis aux enquêtes d'examen, & voulons qu'il soit ajouté foi aux dépositions y contenues ; sauf néanmoins les reproches contre les témoins qui y auront été ouis, soit vivans ou décédés, absens ou présens.

ARTICLE XII.

L'enquête d'examen n'exclut pas l'enquête ordinaire.

LA partie qui aura fait faire l'enquête d'examen à futur pourra faire ouïr d'autres témoins, après que les parties auront été appointées respectivement à faire preuve par témoins ; pourvu que les témoins tous ensemble n'excedent le nombre de dix sur un même fait, ainsi qu'il est ordonné au titre des enquêtes, sous les peines y portées.

Lecture faite des XII Articles précédens :

M. le premier président a dit, que ce titre contenoit XIII articles, dont les XII premiers ne parlent que des enquêtes d'examen à futur. Que l'on avoit voulu, par ces articles, chercher des remedes aux abus que ces sortes d'enquêtes causoient tous les jours, & cependant que l'on introduisoit pour ce sujet beaucoup plus de formalités, que l'on n'en retranchoit d'an-

cienne

ciennes; & qu'après y avoir bien pensé, il pouvoit se servir des termes d'un savant personnage qui a vécu dans le dernier siecle & dans celui-ci: *centum lituris mederi non possis, unâ possis facilè;* c'est-à-dire, en retranchant entiérement les enquêtes à futur.

Qu'il savoit bien que cette matiere méritoit de grandes considérations de part & d'autre, puisque même on rapportoit l'origine de l'usage de ces enquêtes, au droit écrit; & que les plus vieux regi'tres du parlement faisoient connoître combien la pratique en étoit ancienne parmi nous. Que l'on n'ignoroit pas aussi les raisons sur lesquelles on les appuyoit. Des témoins maladifs, âgés, moribonds, ou prêts à faire voyage de long cours; des personnes en plusieurs rencontres qui ne peuvent agir dans un tems, pendant lequel les preuves par témoins qui leur sont nécessaires, se perdent. Qu'observant la précaution ancienne de tenir les enquêtes closes & scellées, jusqu'à ce que les faits fussent reçus après la contestation en cause; y ajoutant encore toutes les nouvelles précautions de ce présent titre, on pourroit remédier aux abus & aux inconvéniens qui arrivent.

Mais que ces raisons ne lui paroissoient pas aussi fortes que celles qui étoient au contraire. Qu'on ne voit point même que le droit civil ait précisément permis cette sorte de preuve; on n'entendoit au contraire les témoins, qu'après la contestation en cause: *litem priùs esse oportet, quàm testes producantur. Non quælibet autem controversia lis est, sed ea tantùm quæ contestata est.* Ce sont les paroles de Cujas sur le titre des décrétales: *ut lite non contestatâ, non procedatur ad testium receptionem.*

Qu'il est vrai que ce même titre des décrétales a permis ces sortes d'enquêtes d'examen à futur, dans les cas ci-dessus marqués, & qu'il croit que l'origine de cet usage, ou de cet abus, se doit tirer de ce lieu-là: ce qui est venu de ce que les canonistes ont suivi plutôt l'opinion de quelques glossateurs du droit civil, que la pureté du texte. Car il y en a quelques-uns qui ont cru que le titre du digeste, *de Carboniano edicto*, principalement la loi 3 de ce titre, donnoit lieu à cette sorte d'examen à futur: ce qui n'est pas, d'autant que cette loi parle des impuberes qui avoient ce privilege; parce qu'on ne pouvoit point juger de leur état, jusqu'après leur puberté, afin qu'ils pussent mieux se défendre.

Gette loi suppose que l'impubere eût intérêt de différer la connoissance de sa cause: *finge*, dit-elle, *esse testes quosdam, qui dilatâ controversiâ, aut mutabunt consilium, aut decedent, aut propter temporis intervallum, non eandem fidem habebunt, &c.* Elle dit, qu'en ce cas là le juge ne doit point différer la connoissance de la cause: *aut stulti, aut iniqui prætoris est, rem differre, cum summo ejus incommodo qui consultum velit.* Ainsi la loi veut qu'en ce cas on instruise & juge la question, sans attendre la puberté; mais elle ne dit point qu'on entende les témoins seulement, en différant de juger la cause jusqu'à la puberté.

Cette interprétation est contraire au texte, & c'est sans sujet que les décrétales l'ont suivie. Aussi Cujas, au lieu déjà allégué, ne cite aucune loi ni aucun texte du droit civil, pour appuyer cet examen à futur ; il ne rapporte seulement que des décrétales. C'est ainsi que cet usage nous est venu, comme beaucoup d'autres, par la disposition du droit canon, fondée sur une disposition mal entendue du droit civil.

Au surplus, à l'égard de cette sorte d'enquêtes, les délais des procédures étant fort abrégés par ce nouveau style, on pouvoit bientôt faire juger contradictoirement si les faits sont recevables ; mais qu'il étoit extrêmement périlleux, avant que des faits soient reçus, & avant qu'une cause soit contestée, de faire des preuves telles que l'on veut, par une enquête, sans que la partie puisse en faire au contraire ; & se donner cette liberté, en vertu de lettres qui s'accordent dans toutes les chancelleries du royaume, sans aucune connoissance de cause.

Que l'on voyoit tous les jours que ces témoins moribonds recouvroient leur santé, & que ces grands voyageurs étoient de retour de leurs voyages, aussi-tôt que leur déposition étoit achevée. Cependant que sous ces prétextes illusoires, & dont les juges se trompent eux-mêmes volontairement, ils donnent de grandes pentes aux affaires.

Quand ces enquêtes sont faites, on ne manque point de dire qu'elles ne devroient être ouvertes, qu'au cas que les faits soient reçus ; & néanmoins en disant cela on les produit, & on les voit dans les procès par écrit. On les met entre les mains des gens du roi pour les causes d'audience, lesquels, en déclamant toujours contre cet abus, ne laissent pas d'en faire le rapport. Que même toutes les défenses qui seront faites de les ouvrir, n'empêcheront jamais qu'on ne sache ce qu'elles contiennent, & qu'elles ne fassent une impression très-forte dans l'esprit des juges.

Que les parties qui savent qu'il y a un sac au greffe, qui contient une piece importante pour leur cause, trouvent mille moyens pour la mettre en usage : les juges sollicitent eux-mêmes de la voir, comme si elle pouvoit servir à leur instruction, & à découvrir la vérité. Enfin l'expérience a fait voir jusqu'ici, que les enquêtes d'examen à futur étoient inutiles si l'on en usoit bien, ou très-dangereuses si l'on en abusoit, comme il arrivoit ordinairement. C'est pourquoi ayant proposé à messieurs les députés du parlement de les retrancher, il les avoit trouvés la plupart dans ce même sentiment.

M. Pussort a dit, que toutes les raisons qui viennent d'être représentées par monsieur le premier président, sont considérables ; mais qu'elles vont bien avant. Que par le droit ces enquêtes ayant été permises, il s'en trouvoit des vestiges dans les registres du parlement, & que l'usage en avoit été transmis jusqu'à nous.

Qu'il ajoutera, qu'outre les cas qui ont été prévus, il y en avoit un autre où ces enquêtes pouvoient être nécessaires, comme aux procès dont l'instruction est suspendue par des lettres d'état. Qu'il n'est pas juste que pendant cette suspension, les preuves dépérissent ; & qu'il n'y a pas d'autre voie pour les conserver, que celles des enquêtes faites en vertu de lettres de chancellerie, ou de la permission que le juge en peut donner sur requête. Que néanmoins l'on prétend que l'abus en est grand, & tellement invétéré, qu'il sera toujours plus fort que le remede. Qu'il voit toute la compagnie s'élever contre, pour en demander l'abrogation. Que l'affaire est trop importante pour prendre parti, sans en parler au roi, & qu'il aura l'honneur de faire rapport à sa majesté de ce qui s'étoit dit de part & d'autre.

☞ *Les raisons alléguées par M. le premier président, ont prévalu; ainsi l'on a supprimé les douze premiers articles de ce titre, & l'on a abrogé entiérement l'usage des enquêtes d'examen à futur, par une clause qui a été insérée dans l'article suivant.*

ARTICLE XXIII.

Abrogation des enquêtes par turbes.

ABROGEONS toutes enquêtes par turbes, touchant l'interprétation d'une coutume ou usage. Défendons très-expressément à tous juges d'y avoir égard, ni de les ordonner ou permettre, à peine de nullité.

Après la lecture de cet Article:

M. le premier président a encore observé, sur les enquêtes par turbes, que l'usage en étoit beaucoup plus fréquent avant la réformation des coutumes; parce que la plupart avoient été fort imparfaitement rédigées, & qu'il étoit alors nécessaire de suppléer par des enquêtes par turbes, ce qui avoit été omis & qui étoit le plus fréquemment pratiqué selon l'usage des lieux.

Qu'il restoit encore néanmoins quelques coutumes qui n'avoient jamais été réformées, comme celles de Troyes, de Vitri & de Chaumont, & quelques autres, dont la rédaction étoit fort ancienne, comme celle d'Auvergne, réformée il y a plus de six à sept vingt ans. Qu'il y reste beaucoup d'incertitudes & de doutes, qui obligent de recourir à des enquêtes par turbes, & d'informer de l'usage pour en être éclairci: mais que bien souvent l'on ne tiroit pas un grand secours dans la justice, de ces enquêtes.

Que l'on trouvoit ordinairement les turbiers, c'est-à-dire, les officiers, les procureurs & les praticiens des lieux, moins séveres dans les usages dont on vouloit s'éclaircir, que les juges qui les avoient commis, que cependant les longueurs & les frais étoient fort grands. Que l'on pourroit, en abolissant les enquêtes par turbes, les suppléer, en rapportant des sentences, contrats & transactions passés sur les lieux, qui justifieroient de l'usage; mais qu'il seroit dangereux de recevoir de simples certificats. Que l'abus étoit si grand, que dans un procès qui étoit pendant au conseil du roi, un de messieurs les procureurs généraux d'un parlement éloigné, en avoit donné de contraires sur un même fait; &

qu'enfin il estimoit que l'article étoit bon, & que les enquêtes par turbes pouvoient être abolies.

☞ *Cet article a été conservé, & l'on y a ajouté une clause pour l'abrogation des* enquêtes d'examen à futur, *comme on l'a déjà observé. Cet article est le seul du titre XIII de l'ordonnance, en ces termes :*

ARTICLE I. Abrogeons toutes enquêtes d'examen à futur, & celles par turbes, touchant l'interprétation d'une coutume ou usage ; & défendons à tous juges de les ordonner, ni d'y avoir égard, à peine de nullité.

La conférence a été renvoyée au samedi 15 mars 1667.

ONZIEME CONFÉRENCE.

Du samedi quinzieme mars 1667, après-midi, en l'hôtel Séguier.

Ce jour, messieurs étant assemblés, lecture a été faite du

Ce titre est le XXIV de l'ordonnance.

TITRE XXV.

Des récusations des juges.

ARTICLE I.

Récusations en matiere civile.

LES récusations en matiere civile seront valables en toutes cours, jurisdictions & justices, si le juge est parent ou allié de l'une des parties, jusqu'aux enfans des cousins issus de germain, qui font le quatrieme degré inclusivement ; & néanmoins il pourra demeurer juge, si toutes les parties y consentent par écrit.

Lecture faite de l'Article I :

M. le premier président a dit, que ce titre étoit de conséquence, & qu'il décidoit beaucoup de choses dont les anciennes ordonnances n'avoient point parlé. Que néanmoins l'usage en étoit reçu dans le parlement, comme d'étendre les récusations jusqu'au quatrieme degré. Mais qu'il sembloit plus à propos de ne point descendre dans le particulier de tous les faits qui sont mentionnés dans les articles de ce titre, parce que les circonstances aggravent le fait ou le diminuent, & que rien ne sembloit être plus de l'arbitrage des juges, que cette matiere.

M. le chancelier a dit, que dans les affaires criminelles, les parentés en degrés plus éloignés étoient comptées pour des récusations.

M. Pussort a dit, qu'il y avoit en cela quelque distinction à faire; & que si l'accusé & le juge étoient de même nom, & portoient les mêmes armes, les récusations étoient admises bien plus avant, parce que chacun est réputé s'intéresser pour soutenir l'honneur de sa maison & de son nom.

M. le premier président a ajouté que l'article porte, que *les récusations en matiere civile seront valables en toutes cours;* qu'il croit que le mot de *valables* ne convient pas au sujet, & qu'il faudroit le changer en celui de *recevables.*

M. Pussort a dit, que l'on avoit cru que le mot étoit bon.

M. le premier président a dit de plus, que le même article porte, que *le juge pourroit connoître du différent des parties, si elles y consentoient toutes par écrit,* & qu'il pouvoit être dangereux d'en faire une loi. Qu'un officier étoit quelquefois si fort accrédité, que quelque sujet qu'eût une partie de le récuser, elle craindroit de le faire, & seroit forcée de consentir qu'il demeurât juge pour ne le pas désobliger, dans l'appréhension qu'il ne lui rendît de mauvais offices; parce que la loi permettant aux parties d'établir les juges par leur consentement, la récusation les offenseroit.

M. le président de Maisons a dit, que les parens ne pouvoient être juges de leurs parens, & que cela même donneroit occasion d'évoquer.

M. Pussort a réparti, que les ordonnances renvoyoient aux parens les différents des familles, & qu'ils pouvoient être choisis pour arbitres.

M. le président de Novion a dit, qu'il y a différence entre les juges & les arbitres. Que ceux-là étoient juges de rigueur, & ceux-ci d'équité. Qu'il n'appartenoit en France qu'au roi de donner des juges; qu'il n'étoit pas permis de s'en établir par convention, & que le choix étoit renfermé à celui des arbitres.

Nonobstant les objections proposées contre cet article, il a été inséré dans l'ordonnance, sans aucun changement.

ARTICLE II.

Récusation en matiere criminelle.

Le juge pourra être récusé en matiere criminelle, s'il est parent ou allié de l'accusateur ou de l'accusé, jusqu'au cinquieme degré inclusivement; & en cas qu'il porte le nom & les armes, ou qu'il ſoit de la famille de l'un ou de l'autre, il s'abſtiendra, en quelque degré de parenté ou alliance que ce puiſſe être : le tout quand la parenté ou alliance ſera connue par le juge, ou juſtifiée par l'une des parties, ſans qu'en l'un ni en l'autre cas, il puiſſe demeurer juge, nonobſtant le conſentement de toutes les parties, & même de nos procureurs généraux, ou de leurs ſubſtituts, ou des procureurs fiſcaux des ſeigneurs.

Lecture faite de cet Article :

M. le premier préſident a dit, que cet article traite des récuſations pour les affaires criminelles : que c'étoit confondre les matieres que l'on avoit voulu diſtinguer. Que l'on pourra dire que c'eſt un titre général qui s'applique à tout; mais que le même ſe pourroit dire des reproches des témoins, dont il a été traité au titre *des enquêtes*, & qu'il fait ces obſervations ſeulement pour l'ordre & l'économie de l'ouvrage.

M. Puſſort a dit, que l'ordonnance pour les matieres criminelles ne pouvant pas être ſi-tôt prête, l'on a eſtimé qu'il étoit à propos de traiter ici les récuſations, tant pour le civil que pour le criminel ; autrement il auroit fallu répéter tous les articles de ce titre dans celui des matieres criminelles.

☞ *Cet article a pareillement été inſéré dans l'ordonnance, avec quelque différence, à cauſe des changemens qu'on y a faits dans l'expreſſion, de cette maniere :*

ARTICLE II. Le juge pourra être récuſé en matiere criminelle, s'il eſt parent ou allié de l'accuſateur, ou de l'accuſé, juſqu'au cinquieme degré incluſivement ; & s'il porte le nom & armes, & qu'il ſoit de la famille de l'accuſateur ou de l'accuſé, il s'abſtiendra en quelque degré de parenté ou alliance que ce puiſſe être ; quand la parenté ou alliance ſera connue par le juge, ou juſtifiée par l'une des parties, ſans qu'en l'un ni en l'autre cas il puiſſe demeurer juge, nonobſtant le conſentement de toutes les parties, même de nos procureurs généraux, ou nos procureurs ſur les lieux, & des procureurs fiſcaux des ſeigneurs.

ARTICLE III.

Extenſion au juge qui eſt parent commun.

TOUT ce qui eſt ci-deſſus ordonné, tant en matiere civile que criminelle, aura lieu, encore que le juge ſoit parent ou allié commun des parties.

Lecture faite de cet Article :

☞ *Il a été approuvé, & l'on n'y a fait aucun changement.*

ARTICLE IV.

Et au juge qui est parent de la femme.

CE qui est dit des parens & alliés s'entendra pareillement de ceux de la femme, si elle est vivante; ou si le juge ou la partie en ont des enfans vivans.

Lecture faite de cet Article:

M. le premier président a dit, qu'il y avoit quelque chose qui faisoit peine dans cet article. Qu'il y avoit des degrés d'une proximité si étroite, comme entre beau-pere & gendre, & entre beaux-freres, qu'encore que les femmes fussent décédées sans enfans, néanmoins l'on présumeroit toujours que la liaison y seroit si grande, que l'on ne feroit point de difficulté d'admettre les récusations qui seroient proposées, & les juges mêmes les préviendroient, & s'abstiendroient volontairement.

M. Pussort a réparti, qu'il étoit constant qu'il ne demeuroit plus d'alliance entre les beaux-freres, lorsque les femmes étoient décédées sans enfans; mais qu'il demeuroit trop d'affinité pour demeurer juges entre personnes qui avoient été si proches, & que l'honnêteté publique ne le pourroit pas souffrir. Qu'il y avoit toujours de l'amitié ou de la haine entre les proches, & que les alliances étoient, *apud concordes, excitamenta charitatis; apud iratos, irritamenta odiorum.*

☞ *Sur l'observation faite par monsieur le premier président, l'on a ajouté une clause qui porte que* le beau-pere, le gendre, ni les beaux-freres ne pourront être juges, quoique la femme soit décédée sans enfans. *Voici de quelle maniere il a été rédigé:*

ARTICLE IV. Ce qui est dit des parens & alliés, aura pareillement lieu pour ceux de la femme, si elle est vivante, ou si le juge ou la partie en ont des enfans vivans; & en cas que la femme soit décédée, & qu'il n'y eût enfans, le beau-pere, le gendre, ni les beaux-freres ne pourront être juges.

ARTICLE V.

Récusation du juge qui a un pareil différent.

LE juge sera récusable, s'il a un différent sur pareille question que celle dont il s'agit entre les parties, pourvu qu'il y en ait preuve par écrit; sinon le juge en sera cru à sa déclaration, sans que celui qui proposera la récusation puisse être reçu à la preuve par témoins pour raison de ce, ni même demander aucun délai pour rapporter la preuve par écrit.

Lecture faite de cet Article :

M. le premier préſident a dit, qu'à le prendre au pied de la lettre, la diſpoſition de l'article étoit bonne & ſe pratiquoit : qu'il étoit incompatible d'être juge & client ; qu'en ce cas le juge ne pourroit conſerver l'état d'indifférence qu'il devoit avoir ; mais qu'il étoit à craindre qu'en faiſant un article d'ordonnance, cela ne donne occaſion à bien des chicanes, & à faire des procès, exprès pour ſe préparer des récuſations. Que la moindre circonſtance faiſoit changer les affaires, & y mettoit une différence notable. Que ce ſeroit de grands éclairciſſemens qu'il y auroit à faire entre les juges & les parties.

M. Puſſort a dit, que l'article y avoit pourvu, en ordonnant que les preuves en ſeroient rapportées par écrit, & que c'étoit un correctif ſuffiſant pour prévenir l'abus que l'on pourroit faire de la diſpoſition de l'article.

Que l'on pourroit paſſer plus avant ; & il a propoſé la queſtion de ſavoir ſi lorſqu'une partie, qui ſeroit officier dans une compagnie, ſe trouveroit rapporteur d'un procès d'un de ſes juges, ce ſeroit un moyen de récuſation valable ; & ſi même la récuſation ne pourroit pas s'étendre à tous les officiers de la même chambre.

M. Talon, avocat général, a dit, que la récuſation doit s'étendre à toute la chambre, & qu'un officier ayant un procès dans une chambre, ne devoit pas être juge, non-ſeulement de ſon rapporteur, mais même de tous les préſidens ou conſeillers de la même chambre ; parce qu'il auroit trop de pente & de diſpoſition à leur être favorable, dans la crainte d'en être traité avec rigueur, s'il manquoit de leur accorder ſon ſuffrage ; & dans l'eſpérance que s'il jugeoit à leur avantage, la reconnoiſſance les obligeroit de juger de même en ſa faveur.

M. Puſſort a dit, que l'on en dreſſeroit un article pour le propoſer au roi.

☞ *L'on n'a fait aucun changement dans l'article V qui vient d'être examiné ; mais le nouvel article que l'on a dreſſé, eſt le VII de l'ordonnance, en ces termes :*

ARTICLE VII. Sera auſſi recuſable le juge qui aura procès en ſon nom dans une chambre en laquelle une des parties ſera juge.

ARTICLE VI.

Récuſation du juge qui a intérêt au procès.

SERA le juge récuſable, s'il a intérêt au procès, ſoit comme héritier, aſſocié, ou autrement ; pourvu auſſi qu'il y ait preuve par écrit, & aux conditions de l'article précédent.

Après la lecture de cet Article :

M.

M. le premier président a dit, que le mot d'*héritier* ne se pouvoit entendre que de l'héritier présomptif, parce que l'héritier d'une succession échue seroit partie au procès.

M. Pussort a dit, que l'article XI feroit mention de l'héritier présomptif, & qu'ainsi l'on pouvoit rayer cet article.

☞ *Le présent article a été supprimé.*

ARTICLE VII.

Et du juge qui a sollicité, donné conseil, ouvert son avis.

LE juge pourra être récusé, s'il a donné conseil sur le différent qui est à juger, s'il a sollicité ou recommandé, ou s'il a ouvert son avis hors la visitation & jugement : en tous lesquels cas il sera cru à sa déclaration, s'il n'y en a preuve par écrit.

ARTICLE VIII.

Récusations pour menaces, & pour inimitié.

LE juge pourra aussi être récusé pour menaces par lui faites verbalement ou par écrit depuis l'instance, ou dans les six mois précédens la récusation proposée; & si avant ce tems il a témoigné quelque haine ou inimitié capitale, & qu'il ne soit intervenu aucune réconciliation. Tous lesquels faits seront circonstanciés, & à la charge que les témoins qui en pourroient déposer seront nommés par la requête de récusation.

Lecture faite de ces deux Articles:

M. le premier président a dit, que le contenu en ces articles s'étendoit à trop de minuties & entroit trop dans le détail. Que l'omission de quelque cas feroit douter si on aura voulu l'excepter. Que l'on veut, par la disposition de ces articles, spécifier la plupart des cas qui pouvoient donner lieu à la récusation. Que ce sont des matieres bien vastes & qui engageroient les juges dans de grandes difficultés.

Qu'il y a là-dessus beaucoup de considérations à faire : celles du climat & du tempérament des personnes y doivent entrer. Qu'en Provence, quand un homme a protesté de désoler un autre, ce sont des haines qui passent des peres aux enfans, & qui ne s'appaisent jamais. Que dans un pays plus tempéré ces mouvemens de chaleur ne seroient pas tirés à conséquence, & ainsi du reste. Que si l'on veut faire de ces choses une loi, les juges seront souvent bien empêchés à l'observer, & qu'il seroit infiniment mieux de laisser la chose à leur arbitrage.

M. Pussort a dit, que l'on pourroit restreindre la clause de l'article à ces mots : *pour menaces par lui faites.*

M. le premier président a réparti, que les hommes ne sont pas toujours dans l'équilibre de leurs passions : que les momens n'en sont pas perpétuellement égaux : que ces mots de *menaces, &c.* donneront de la peine, & que le mieux seroit de les ôter.

M. Talon a dit, que le premier de ces deux articles devoit être conçu en des termes prohibitifs ; & qu'au lieu qu'il porte, *le juge pourra être récusé*, il seroit mieux de mettre, *sera tenu de s'abstenir ;* qu'autrement il croira toujours être juge, si la récusation n'est proposée.

M. Pussort a dit, que cela étoit suppléé par l'article XIX, qui porte, que *le juge qui saura en lui quelque cause de récusation, sera tenu de la proposer.*

M. le premier président a ajouté, que ces mots de *haine ou d'inimitié*, qui sont employés dans l'article, seroient bien difficiles à appliquer, & que l'on auroit peine de les définir & d'ôter toute ambiguité.

M. Pussort a réparti, que lorsque l'on demande en droit ce que c'étoit qu'ingratitude qui pouvoit anéantir une donation, l'on avoit répondu que c'étoit une inimitié mortelle. Mais que pour mieux expliquer l'article, l'on en pourroit ôter ces mots : *s'il a témoigné quelque haine*, & mettre au lieu d'iceux ; *s'il y a eu inimitié capitale*, & qu'avec ce changement l'article paroissoit bon.

☞ *Nonobstant la proposition faite par monsieur Talon, l'article VII n'a pas été conçu en termes prohibitifs ; mais on y a ajouté pour cause de récusation,* si le juge a connu du différend comme juge, ou comme arbitre. *Il est le VI de l'ordonnance.*

A l'égard de l'article VIII, l'on en a retranché la derniere partie depuis ces mots : tous lesquels faits, &c. *Il est aussi le VIII dans l'ordonnance, & voici de quelle maniere ces deux articles ont été rédigés :*

ARTICLE VI. Le juge pourra être récusé, s'il a donné conseil, ou connu auparavant du différent, comme juge ou comme arbitre ; s'il a sollicité ou recommandé, ou s'il a ouvert son avis hors la visitation & jugement ; en tous lesquels cas il sera cru à sa déclaration, s'il n'y a preuve par écrit.

ARTICLE VIII. Le juge pourra être récusé pour menace par lui faite verbalement ou par écrit depuis l'instance, ou dans les six mois précédens la récusation proposée, ou s'il y a eu inimitié capitale.

ARTICLE IX.

Assignation donnée, & injures dites au juge.

L'ASSIGNATION que l'une des parties auroit fait donner à son juge, ou les injures qu'il lui auroit dites en parlant à lui ou de lui, depuis l'action intentée, ne pourront servir à le récuser.

Après la lecture de l'Article IX :

M. le premier président a dit, qu'il étoit encore à propos de retrancher cet article. Que les parties se précautionneroient à l'encontre. Qu'un chicaneur qui appréhenderoit un bon juge, par les mains duquel il devroit passer, lui feroit donner une assignation par avance ou lui diroit des injures, pour avoir matiere de le récuser. Que l'on enseigneroit le mal en le voulant réprimer par de trop grandes précautions, & qu'il valoit mieux n'en point parler du tout.

M. Pussort a dit, qu'il s'étoit vu des juges qui avoient souffert avec beaucoup de modération ces sortes d'injures, c'est pourquoi l'on pouvoit retrancher l'article.

☞ *Cet article a été supprimé.*

ARTICLE X.

Juge récusable, si lui ou ses parens ont obtenu bénéfice des parties.

Le juge pourra être récusé, si lui ou ses enfans, son pere, les freres, oncles ou neveux, ou ses alliés en pareil degré, ont obtenu quelques bénéfices des prélats, collateurs ou patrons ecclésiastiques ou laïques, qui soient parties ou intéressés en ce qui est pendant devant lui ; soit que les nominations ou les collations aient été nécessaires ou volontaires, à la réserve seulement de celles qui auront été faites aux nommés par les indults accordés aux officiers du parlement de Paris, à des gradués nommés par des vacances arrivées durant les mois de janvier & juillet ; & encore de celles intervenues sur permutations de bénéfices, ou sur des nominations ou présentations de patrons.

Lecture faite de l'Article X :

M. le premier président a dit, qu'il y auroit quelque chose à redire au style de cet article ; qu'ôtant le précédent, celui-ci pouvoit subsister. Que l'ordonnance de Louis XII s'étendoit plus avant, & alloit jusqu'aux issus de germain ; mais qu'il falloit savoir si les parens qui avoient obtenu ces bénéfices seroient décédés, & s'il y auroit long-tems que les bénéfices auroient été conférés : rien ne vieillissant si-tôt que la mémoire d'un bienfait.

M. Pussort a dit, que l'article étoit des anciennes ordonnances, qu'il étoit répété dans celle de Blois ; & qu'il y avoit néanmoins une distinction à faire entre les collations nécessaires & les volontaires. Que les collateurs ne contribuoient rien à l'égard des premiers, que la nécessité de leurs fonctions. Que cela ne pouvoit pas être tiré à conséquence pour fonder une récusation; mais qu'à l'égard des autres, comme elles venoient de la part du collateur, le moyen de récusation en étoit recevable aux degrés portés par l'article.

M. le premier président a réparti, que l'on se pouvoit restreindre aux récusations de faits & de droit, sans descendre dans le détail.

☞ *L'on a retranché la derniere partie de cet article depuis ces mots :* à la réserve seulement de celles, &c. *Et l'on a ainsi réformé la clause précédente :* pourvu que les collations ou nominations aient été nécessaires & non volontaires. *Cet article est le IX dans l'odonnance.*

ARTICLE IX. Le juge sera aussi récusable, si lui ou ses enfans, son pere, ses freres oncles, neveux, ou si ses alliés en pareil degré ont obtenu quelque bénéfice des prélats, collateurs & patrons ecclésiastiques ou laïques, qui soient parties ou intéressés en l'affaire, pourvu que les collations ou nominations aient été volontaires & non nécessaires

ARTICLE XI.

Autres causes de récusation, par la qualité des juges.

Le juge qui sera protecteur ou syndic de quelque ordre régulier; abbé, chanoine, prieur, bénéficier ou du corps d'un chapitre, college ou communauté, qui soit partie; tuteur honoraire ou onéraire, subrogé tuteur ou curateur, héritier présomptif ou donataire, maître ou domestique de l'une des parties, n'en pourra demeurer juge.

Lecture faite de cet Article:

M. le premier président a dit, que cet article est fort général, & qu'il y auroit à redire que les protecteurs ou syndics des ordres n'en pussent demeurer juges; que c'étoient des offices de charité ou d'affection que leur rendoient des personnes de qualité. Qu'il n'est pas juste que cela leur tourne à quelque espece de désavantage, en les faisant descendre de leurs sieges. Que l'on a voulu attacher ces protections aux principaux magistrats pour apporter l'ordre dans les communautés, & non pas pour le rendre parties dans leurs différends.

Que ces offices charitables sont encore plus nécessaires dehors, que dans Paris. Que l'on ruineroit les hôpitaux dans les villes, si les magistrats qui leur donneront secours, étoient obligés en toutes rencontres & dans le grand nombre de leurs affaires, de quitter leur place pour se mettre au rang des parties. Que l'on en abandonneroit l'administration, & le public en souffriroit.

Que les affaires les plus ordinaires qui se traitent dans les communautés, sont pour l'économie & la subsistance de leurs maisons, & autres choses semblables, qui n'ont rien de commun avec les procès ; & que s'il y en a quelqu'un sur lequel soit nécessaire de délibérer, l'on apporte en cela toutes les précautions que l'on sauroit desirer en justice ; que l'on écoute, mais l'on ne s'ouvre point de son avis, & l'on se réserve de faire justice en sa place.

M. Pussort a dit, que l'on avoit cru qu'il y avoit quelque distinction à faire entre les protecteurs ou syndics des ordres, & les administrateurs des hôpitaux. Qu'à l'égard de ceux-ci, ils n'agissoient qu'en nom collectif, & n'avoient d'autres intérêts que ceux du public. Que toutes les compagnies, & Paris tout entier, seroient récusables, s'ils le pouvoient être.

Que ce n'est pas que toutes les délibérations qui sont à faire, ne se prennent sous leur autorité & par leur avis, & que quand ils n'apporteroient autre chose en cela que leur présence, leur silence seroit une approbation tacite & suffisante, pour dire qu'ils ne sont plus indifférens ; & l'on ne présumera pas que le désintéressement pût aller jusqu'à souffrir l'exécution d'une proposition & d'un conseil qui seroit contre le bien de l'hôpital. Qu'il se voit même des administrateurs plus échauffés pour le bien de leur communauté, que pour le leur propre. Que les gens de bien pouvoient être prévenus, & que ces préoccupations n'étoient pas propres pour un juge ; néanmoins qu'après tout cela, il étoit certain qu'on n'apportoit jamais dans ces rencontres qu'un esprit de justice, & qu'il n'y avoit point d'assez forte préoccupation pour se dispenser de la rendre, lorsque l'on est mieux informé.

Qu'il n'en est pas de même des protecteurs & syndics d'ordres, qui sont dénommés dans les contrats, & employés en leur nom propre dans les qualités d'un procès. Que leurs fonctions même ne sont pas d'une absolue nécessité dans les communautés pour lesquelles ils se déclarent. Que ces corps sont composés de personnes toutes capables de se protéger elles-mêmes : que ce sont ces distinctions qui ont servi de motif à l'article, duquel l'on peut retrancher les mots de *protecteurs ou syndics*, & y ajouter que *les administrateurs des hôpitaux ne pourront être récusés.*

M. le premier président a dit, que cette nomination particuliere dans les contrats & dans les procédures, ne faisoit pas en l'affaire une distinction essentielle. Qu'il est facile d'ôter leur nom des contrats & des procédures. Qu'il s'étoit plaidé au parlement des causes entre deux de messieurs les présidens, pour des protections d'ordres qui sont comme héréditaires dans leurs familles ; qu'on avoit bien cru qu'ils n'y prenoient intérêt qu'autant que la justice le pouvoit permettre ; & même ils n'avoient jamais ouï parler de ces causes avant qu'on les plaidât ; & qu'enfin il falloit prendre garde de ne pas ôter aux ordres le secours de ces protections.

M. Talon a dit, que ce ne seroit pas un grand mal de leur ôter leurs protecteurs, & qu'ils n'en avoient pas beaucoup de besoin,

L'on a encore demandé si un évêque pourroit être juge de son chapitre ; mais l'on a dit que ce seroit trop descendre dans le détail.

☞ *L'on a ajouté dans cet article la clause, si le juge est* nommé dans les qualités. *Il est le X de l'ordonnance, en ces termes :*

ARTICLE X. Si le juge est protecteur ou syndic de quelque ordre, & nommé dans les qualités ; s'il est abbé, chanoine, prieur, bénéficier ou du corps d'un chapitre, college ou communauté, tuteur honoraire ou onéraire, subrogé tuteur ou curateur, & héritier présomptif ou donataire, maître ou domestique de l'une des parties, il n'en pourra demeurer juge.

ARTICLE XII.

En quelles manieres les juges des seigneurs ne seront récusés.

N'ENTENDONS néanmoins exclure les juges des seigneurs de connoître de tout ce qui concerne les domaines, droits & revenus ordinaires ou casuels de leur terre, tant en fief que roture ; même des baux, sous-baux & jouissances, circonstances & dépendances, soit sous le nom du seigneur ou du procureur fiscal : & à l'égard des autres actions, esquelles le seigneur sera partie ou intéressé, le juge supérieur en aura immédiatement la connoissance.

Lecture faite de cet Article, il a été trouvé bon.

☞ *Il est le XI de l'ordonnance, & l'on y a fait quelque changement dans la diction, de cette maniere :*

ARTICLE XI. N'entendons néanmoins exclure les juges des seigneurs de connoître de tout ce qui concerne les domaines, droits & revenus ordinaires ou casuels, tant en fief que roture, de la terre, même des baux, sous-baux & jouissances, circonstances & dépendances, soit que l'affaire fût poursuivie sous le nom du seigneur ou du procureur fiscal ; & à l'égard des autres actions où le seigneur sera partie ou intéressé, le juge n'en pourra connoître.

ARTICLE XIII.

Moyens de fait & de droit.

N'ENTENDONS aussi exclure les autres moyens de fait & de droit, pour lesquels un juge peut valablement être récusé.

Lecture faite de l'Article XIII :

M. le premier président a dit, que cet article seul suffiroit, & que la plupart des autres pourroient être retranchés.

☞ *Le présent article est le XII de l'ordonnance, sans aucun changement.*

ARTICLE XIV.

Officiers, pour qui, & où peuvent solliciter.

LES officiers de nos cours, bailliages, sénéchaussées & autres sieges & jurisdictions, même ceux des seigneurs, tant ecclésiastiques que laïques, pourront solliciter, si bon leur semble, ès maisons des juges, & les informer du mérite des procès & différents, qu'eux, leurs enfans, peres & meres, oncles, tantes, neveux ou nieces, & les mineurs de la tutele ou curatelle desquels ils sont chargés, auront ès cours, jurisdictions & justices dont ils sont officiers, sans qu'ils puissent les solliciter dans les lieux de la séance, de l'entrée desquels voulons qu'ils s'abstiennent entiérement pendant la visitation & jugement du procès.

Lecture faite de cet Article :

M. le premier président a dit, qu'il seroit à souhaiter que l'article pût être observé.

☞ *Il est le XII de l'ordonnance. On en a retranché ces mots :* tant ecclésiastiques que laïques, *sans autre changement.*

ARTICLE XV.

S'il est besoin de les ouïr, ils se retireront d'abord après.

SI néanmoins, lorsqu'il sera procédé au jugement des procès qu'ils auront en leur nom, ou pour leurs pere, mere, enfans, ou mineurs dont ils seront tuteurs ou curateurs, il étoit besoin qu'ils fussent ouïs par leur bouche en l'assemblée des autres juges, ils ne pourront, sous quelque prétexte ou pour quelque cause que ce soit, après avoir été ouïs, demeurer dans la chambre, ou lieu de l'auditoire, où le procès sera examiné & délibéré; mais seront tenus d'en sortir, & demeurer, si bon leur semble, au même lieu où les parties auroient droit de demeurer: & pour les affaires des personnes ci-dessus nommées, ne pourront solliciter les juges, ni assister les parties ou leurs solliciteurs dans le palais, ni ès autres lieux où se rend la justice, sous quelque prétexte que ce soit.

Lecture faite de cet Article, il a été trouvé bon.

☞ *L'on a retranché la fin de cet article, depuis ces mots:* & demeurer si bon leur semble, &c. *Il a été joint avec l'article suivant, & il compose la premiere partie de l'article XIV de l'ordonnance. Voyez ci-après.*

ARTICLE XVI.

Défenses aux juges de solliciter.

DÉFENDONS à tous juges de s'entremettre ou solliciter, même dans les maisons des autres juges, & en quelqu'autre lieu que ce soit, pour autres personnes que pour eux-mêmes, & pour les personnes ci-dessus nommées, les procès pendans ès cours, jurisdictions ou justices, sur peine d'être privés de l'entrée de la cour, jurisdictions ou justices, & de leurs gages pour un an: ce qui ne ne pourra être remis ni modéré. Chargeons nos procureurs en chacun siege d'avertir nos procureurs généraux en nos cours de ceux qui y auront contrevenu; & nos procureurs généraux de nous en donner avis, à peine d'en répondre par eux chacun à son égard, en leur propre & privé nom.

Après la lecture de cet Article:

M. le premier président a dit, que c'étoit une répétition de l'article 120 de l'ordonnance de Blois, & qu'il étoit bon.

☞ *Cet article a été joint avec l'article précédent, & il compose la derniere partie de l'article XIV de ce titre dans l'ordonnance, qui est conçu en ces termes:*

ARTICLE XIV. Si néanmoins lorsqu'il sera procédé au jugement des procès, qu'ils auront en leur nom, ou pour leurs pere, mere, enfans ou mineurs dont ils seront tuteurs ou curateurs, il étoit besoin qu'ils fussent ouïs par leur bouche, ils ne pourront sous ce prétexte, ou pour quelque autre que ce soit, après voir été ouïs, demeurer en chambre & lieu de l'auditoire, dans lequel le procès sera examiné & délibéré; mais seront tenus d'en sortir, sans qu'ils puissent solliciter pour aucunes autres personnes, sur peine d'être privés de l'entrée de la cour, jurisdictions ou justices, & de leurs gages pour un an: ce qui ne pourra être remis ni modéré pour quelque cause & occasion que ce soit. Chargeons nos procureurs en chacun siege d'avertir nos procureurs généraux des contraventions, & nos procureurs généraux de nous en donner avis, à peine d'en répondre par eux chacun à leur égard en leur nom.

ARTICLE

ARTICLE XVII.

Juge récusé se doit retirer.

LORSQU'UN officier aura été jugé récusable, il ne pourra, pour quelque cause & sous quelque prétexte que ce soit, assister en la chambre ou auditoire, lorsqu'il y sera parlé ou délibéré de l'affaire en laquelle il aura été récusé ; & si c'étoit une cause d'audience, laquelle même fût appellée après quelqu'autre de laquelle il aura été juge, il sera tenu de sortir de la chambre d'audience, & de se retirer dans le greffe ou autre lieu, pendant que la cause en laquelle il aura été récusé, sera plaidée & jugée : sauf après la prononciation du jugement, de reprendre sa place.

Lecture faite de cet Article, il a été trouvé bon.

☞ *La disposition de l'article a été conservée ; mais on y a fait des changemens considérables dans l'expression : on y a néanmoins ajouté la peine* de suspension pour trois mois, *portée par l'article XXXV de ce titre, qui a été supprimé, comme étant une répétition du présent article. Il est le XV de l'ordonnance, en ces termes :*

ARTICLE XV. Si la récusation est jugée valable, le juge ne pourra, pour quelque cause & sous quelque prétexte que ce soit, assister en la chambre ou auditoire pendant le rapport du procès ; & si c'est à l'audience, il sera tenu de se retirer, à peine de suspension pour trois mois ; sauf après la prononciation, de reprendre sa place.

ARTICLE XVIII.

Le même à l'égard du président à l'audience.

CE que nous voulons aussi avoir lieu à l'égard de celui qui se trouvera présider en l'audience, nonobstant l'usage ou abus introduit en aucunes de nos cours, où le président récusé reçoit les avis de nos juges, sans dire ni donner le sien, & ne laisse pas de prononcer le jugement ; lequel usage nous abrogeons en toutes les cours, jurisdictions & justices, où semblables abus pourroient s'être introduits : & ne pourra le président qui aura été valablement récusé, s'ingérer de distribuer les procès, du jour de la récusation jugée ; mais voulons que la distribution en soit faite par celui des présidens ou des autres juges qui le suivent, suivant l'ordre du tableau.

Lecture faite de l'Article XVIII:

M. le premier président a dit, qu'il n'avoit point encore ouï parler de l'abus mentionné dans l'article, & qu'il le falloit réformer, si l'on en avoit quelque connoissance.

M. Pussort a dit, que c'étoit à Toulouse & à Castres, que cet abus s'étoit introduit.

M. le président de Novion a dit, qu'il y avoit deux présidens à Castres & que l'un pouvoit suppléer au défaut de l'autre.

M. Pussort a réparti, que celui de la religion prétendue réformée ne présidoit jamais.

☞ *Cet article est le XVI de l'ordonnance, & il a été rédigé de cette maniere:*

ARTICLE XVI. Ce que nous voulons avoir aussi lieu à l'égard de celui qui présidera en l'audience, nonobstant l'usage ou abus introduit en aucunes de nos cours où le président récusé reçoit les avis, & prononce le jugement; ce que nous abrogeons en toutes cours, jurisdictions & justices: & en cas d'appointement, l'instance sera distribuée par celui des autres présidens ou juges à qui la distribution appartiendra.

ARTICLE XIX.

Juge déclarera les causes de récusation qu'il saura en sa personne.

TOUT juge qui saura causes de récusation en sa personne, soit pour parenté, alliance ou autres causes pour lesquelles il pourroit valablement être récusé, sera tenu de les déclarer, sans attendre qu'on les lui propose; & sera sa déclaration communiquée aux parties, avant que de procéder au jugement du procès.

Lecture faite de cet Article:

M. le premier président a dit, qu'il étoit bon de traiter la question, & de décider si un juge se pourroit récuser soi-même.

M. Pussort a répondu, qu'il se voit ordinairement que tel qui a assez de justice pour ne juger pas contre son sentiment & sa conscience, n'a pas assez de fermeté pour se défendre d'une sollicitation qui lui seroit faite de se retirer du jugement; que cependant c'étoit une fort grande injustice, laquelle néanmoins il seroit bien difficile d'empêcher.

M. le premier président a dit, que lorsque les juges avoient du scrupule, & qu'ils sentoient en eux quelques causes de récusation, ils ne devoient pas se constituer juges en leur propre cause, mais qu'ils étoient obligés de les proposer aux compagnies, parce que c'étoit un procès entr'eux & les parties. Que cela étoit de l'obligation indispensable des juges; qu'il y en avoit peu, lesquels en consultant leur inclination, ne s'abstînssent bien volontiers sur la moindre proposition qui leur en seroit faite par les parties; mais qu'ils ne devoient point suivre en ces rencontres leur propre inclination, parce que l'office du Juge étoit un office nécessaire, & dû aux parties. Que pour empêcher ce désordre, il étoit bon qu'ils ne se pussent récuser eux-mêmes, & sans la délibération de la compagnie.

M. Talon a dit, que cela seroit bon pour les juges souverains, & non pas pour les subalternes.

M. Pussort a dit, qu'il en falloit faire un article pour le proposer au roi, & a fait observer que la disposition de cet article étoit bien plus modérée que celle des anciennes ordonnances qui avoient statué des peines d'interdiction contre les juges, en cas de contravention.

M. le premier président a réparti, que les juges n'étoient pas impeccables. Que dans les fautes personnelles de conséquence, & qui méritoient châtiment, ils devoient être plus séverement traités que les autres; mais que de les exposer en toutes rencontres aux insultes des parties, mettre par-tout des peines de dommages & intérêts, ce seroit tout ce que l'on pourroit faire, si les juges en vouloient traverser l'exécution. Mais que l'ordonnance n'ayant point été proposée, il falloit mieux présumer de leurs bonnes intentions, & n'armer pas les loix contre les juges, pour ne pas les obliger à s'armer contre les loix.

M. Pussort a dit, que si l'ordonnance avoit été proposée, l'on n'y pourroit plus mettre de peines: qu'elles ne regardoient que les mauvais juges, qu'il falloit par-là forcer à faire leur devoir; mais qu'elle ne touchoit point ceux dont l'intention n'étoit que pour le bien de la justice.

M. le premier président a dit, qu'il avoit eu depuis peu l'honneur d'en parler au roi, & lui faire entendre la conséquence des peines portées par tant d'articles; & que sa majesté lui avoit fait l'honneur de lui témoigner qu'elle desiroit en être plus particuliérement informée, avant que de rien arrêter.

☞ *On a retranché de cet article plusieurs choses qui ont paru inutiles: & sur l'ouverture proposée par monsieur le premier président, l'on a dressé un article nouveau qui est le XVIII de l'ordonnance. Voici de quelle maniere ces deux articles ont été rédigés:*

ARTICLE XVII. Tout juge qui saura causes valables de récusation en sa personne, sera tenu, sans attendre qu'elles soient proposées, d'en faire sa déclaration, qui sera communiquée aux parties.

ARTICLE XVIII. Aucun juge ne pourra se déporter du rapport & jugement des procès, qu'après avoir déclaré en la chambre les causes pour lesquelles il ne peut demeurer juge, & que sur sa déclaration il n'ait été ordonné qu'il s'abstiendra.

ARTICLE XX.

Parties les déclareront aussi-tôt.

ENJOIGNONS pareillement aux parties qui sauront causes de récusation contre aucun des juges pour parenté, alliance ou autrement, de les déclarer & proposer aussi-tôt qu'elles seront venues à leur connoissance.

Lecture faite de cet Article:

M. le premier président a dit, qu'il étoit fâcheux que des parties attendissent souvent pour récuser les juges, & même le rapporteur, lorsque le procès étoit sur le bureau, & prêt à juger. Que cela blessoit le respect qui étoit dû aux juges.

Que dans l'ancien droit romain on ne pouvoit plus proposer de récusation après la contestation en cause, parce qu'on reconnoissoit le juge en contestant devant lui, & que la récusation est une exception qui vient, non de la chose, mais des personnes. D'abord il falloit établir les personnes qui composoient le jugement; & ainsi les récusations se faisoient alors facilement & sans alléguer aucune raison, parce que c'étoient le sort & le hasard qui donnoient des juges, & on les rejettoit avec la même facilité que le sort les avoit donnés: *Sors & urna dant judices*, dit Pline dans son panégyrique: *licet exclamare, hunc nolo.* Il y avoit encore une formule plus ancienne pour les récusations, rapportée par Asconius: *Hunc egero, iniquus est.* Mais en ce cas, le même auteur remarque, que la partie étoit obligée de jurer que le juge lui étoit suspect.

En France on n'a pas cette faculté de récuser, parce que les juges sont établis par les loix du royaume, & par l'autorité royale. Ils ne dépendent ni du sort, ni du choix, ni de la volonté des parties: c'est pourquoi il faut avoir de grandes causes pour faire admettre les récusations. Mais quoique les ordonnances aient toujours desiré qu'elles fussent proposées, aussi-tôt que les parties en ont connoissance, on n'a pas laissé de les recevoir en tout état de cause.

Qu'il semble que nous ayons pris cet usage, & beaucoup d'autres choses du droit canon, qui le prescrit ainsi; & que même le droit nouveau de Justinien avoit beaucoup changé de la rigueur du droit ancien, pour faire recevoir les récusations, même après la contestation en cause; mais qu'il y avoit apporté beaucoup de formalités & d'embarras, comme on peut voir dans les novelles 53, 82, 86, & qu'après tout il croyoit qu'il valoit mieux conserver la maniere dont nous en usons à présent, que ce qui est dans l'article proposé: n'étant pas même d'avis d'engager la partie à jurer que les causes de récusation seroient nouvellement venues à sa connoissance, parce que cela ne serviroit qu'à faire de faux sermens.

M. Puſſort a dit, qu'il avoit ſemblé que les récuſations devoient être admiſes en tout tems. Qu'il eſt vrai que ſi l'on obligeoit les parties d'affirmer que les cauſes de récuſation ſeroient venues de nouveau à leur connoiſſance, il ſe feroit beaucoup de faux ſermens, & qu'il eſtimoit qu'il en falloit demeurer à l'uſage préſent.

☞ *Cet article a été conſervé ſans aucun changement, & il eſt le XIX de ce titre dans l'ordonnance.*

ARTICLE XXI.

Dans quel tems la récuſation ſera faite après la déclaration.

APRÈS la déclaration du juge, ou de l'une des parties, celui qui voudra récuſer, ſera tenu de le faire dans la huitaine du jour que la déclaration aura été ſignifiée, après lequel tems il n'y ſera plus reçu ; mais ſi la partie eſt abſente, & que ſon procureur demande un délai pour l'avertir & en recevoir procuration expreſſe, il lui ſera accordé, ſuivant la diſtance des lieux, ſans que les délais ci-deſſus puiſſent être prorogés pour quelque cauſe que ce ſoit.

Lecture faite de cet Article, il a été trouvé bon.

☞ *Il eſt le XX de l'ordonnance, ſans changement.*

ARTICLE XXII.

Comment elle ſera faite ſans cette déclaration.

SI le juge ou l'une des parties n'avoient point fait de déclaration, celui qui voudra récuſer, le pourra faire en tout état de cauſe, en affirmant que les cauſes de récuſation ſont venues depuis peu à ſa connoiſſance.

Cet Article a paſſé.

☞ *Il eſt le XXI de ce titre dans l'ordonnance.*

ARTICLE XXIII.

Commiſſaire, dans quel tems & comment peut être récuſé.

VOULONS, ſuivant l'article XI du titre *des deſcentes ſur les lieux*, que le juge ou commiſſaire ne puiſſe être récuſé, trois jours avant ſon départ pour faire une deſcente ou enquête, encore que ce soit pour causes survenues depuis le départ ou depuis le commencement de l'enquête, & que nonobstant les récusations, prises à partie, oppositions ou appellations quelconques, & sans préjudice d'icelles, il soit passé outre; sauf après la descente & confection d'enquête, de proposer & examiner les causes de récusation.

Lecture faite de cet Article:

M. le premier président a observé, que l'article ne s'entendoit pas bien, faute d'un mot qui le rendroit plus intelligible, qui étoit de mettre: *que le juge ne puisse être récusé, sinon, &c.*

M. Talon a dit, qu'il étoit nécessaire que le jour du départ du commissaire fût signifié huit jours avant, afin que l'on ne pût pas prétendre, par une récusation, exclure un commissaire qui étoit sur son départ.

M. Pussort a dit, que cette précaution étoit bonne à prendre.

☞ *La clause proposée par M. Talon, a été insérée dans cet article, qui est le XXII de ce titre, en ces termes:*

ARTICLE XXII. Voulons, suivant l'article septieme du titre des descentes, que le juge ou commissaire ne puisse être récusé, sinon trois jours avant son départ, pourvu que le jour du départ ait été signifié huit jours auparavant, encore que ce soit pour cause depuis survenue; & sera passé outre, nonobstant les récusations, prises à partie, oppositions ou appellations, & sans y préjudicier; sauf après la descente & confection d'enquête, à proposer & juger les causes de récusation.

ARTICLE XXIV.

Récusations, comment seront proposées.

LES récusations se proposeront par requête, qui contiendra tous les moyens & circonstances de récusation; & sera la requête signée de la partie ou du procureur spécialement fondé de procuration, qui sera attachée à la requête: pourra néanmoins le procureur, en cas d'absence de sa partie, signer la requête de récusation, sans pouvoir spécial, lorsque le juge ou l'une des parties auront fait signifier leur déclaration de parenté, alliance ou autre cause de récusation.

Lecture faite de cet Article, il a été trouvé bon:

☞ *Il est le XXIII dans l'ordonnance, mais il a été réformé de cette maniere:*

ARTICLE XXIII. Les récusations seront proposées par requête, qui en contiendra les moyens; & sera la requête signée de la partie ou d'un procureur fondé de procuration spéciale, qui sera attachée à la requête. Pourra néanmoins le procureur, en cas d'absence de sa partie, signer la requête sans pouvoir spécial, pour requérir que le juge ait à s'abstenir, en cas que lui ou la partie ait reconnu quelques causes de récusation.

ARTICLE XXV.

Requête de récusation, à qui sera présentée.

LES requêtes de récusation ne seront présentées à la personne du juge récusé, mais à l'un des officiers du siege, s'il y en a plusieurs; & s'il est seul juge, au plus ancien praticien, ou autre qui a coutume de tenir le siege en son absence, par les mains duquel elles seront communiquées au juge récusé, lequel sera tenu de déclarer si les faits de récusation sont valables ou non.

Lecture faite de cet Article :

M. le premier président a dit, que l'on gardoit ce respect aux juges de compagnies souveraines de ne leur pas présenter les requêtes de récusation qui alloient contre eux, mais que la communication leur en étoit donnée par le rapporteur du procès. Qu'il n'en devoit pas être de même à l'égard des premiers juges. Tandis que le juge, auquel la requête de récusation auroit été donnée, la jugeroit, celui qui seroit chargé du procès, & qui voudroit ignorer la récusation contre lui proposée, passeroit outre; ensorte que le procès se trouveroit jugé avant, ou en même tems que la récusation: ce que l'on préviendra en lui présentant la requête, laquelle il ne pourra plus ignorer.

M. Pussort a dit, que le juge qui affectera de juger, retiendra la requête, si elle est présentée; mais qu'étant mise ès mains d'un autre juge, ou entre celles d'un praticien du siege, qui ne sera pas intéressé à la supprimer, ils seront obligés indispensablement de la lui communiquer; & après cette communication, le juge aura les mains liées, & il n'y aura point de surprise.

M. Talon a dit, que c'étoit l'usage de présenter les requêtes de récusation aux juges. Qu'il ne s'en étoit point remarqué d'abus, & qu'il ne voyoit point de raisons pourquoi on le dût changer.

☞ *Sur ces observations, il a été ordonné que* les récusations seront communiquées au juge, qui déclarera si les faits sont véritables ou non. *C'est à quoi se réduit l'article XXV, auquel on a joint la disposition de l'article suivant; & ces deux articles composent ensemble le XXIV de l'ordonnance.*

ARTICLE XXIV. Les récusations seront communiquées au juge, qui sera tenu de déclarer si les faits sont véritables ou non: après quoi sera procédé au jugement des récusations, sans qu'il puisse y assister ni être présent en la chambre.

ARTICLE XXVI.

Quand, & comment les récusations seront jugées.

APRÈS sa déclaration, sera procédé au jugement des récusations, sans qu'il puisse y assister, ni être présent dans la chambre.

Lecture faite de cet Article, il a été trouvé bon.

☞ *Le présent article a été joint avec le précédent, & il est à la fin de l'article XXIV de l'ordonnance, comme on vient de l'observer.*

ARTICLE XXVII.

Par quel nombre de juges elles seront jugées.

ÈS jurisdictions ordinaires ou extraordinaires, même ès justices des seigneurs, les récusations seront jugées au nombre de cinq au moins s'il y a six juges, ou plus grand nombre, y compris celui qui est récusé; & s'il y en a moins de six, ou même si le juge récusé étoit seul, elles seront jugées au nombre de trois; & le défaut supplée en l'un & en l'autre cas, par les plus anciens avocats du siege, s'il y en a, sinon par les praticiens, suivant l'ordre du tableau: le tout nonobstant toutes ordonnances ou usages contraires.

Après la lecture de cet Article:

M. le premier président a dit, qu'il y avoit, en matiere de récusation, certains cas qui ne pouvoient pas bien être décidés, & a proposé l'espece d'une partie, laquelle de vingt juges, se trouvoit assurée des suffrages de huit; & qui pour se décharger de six des douze autres qui restoient, proposeroit contre ces six une récusation générale pour même fait, & sans différence quelconque. Qu'il seroit bien difficile d'empêcher l'effet de cet artifice; parce que les six juges contre lesquels la récusation seroit proposée, ne pouvant l'être les uns des autres, & étant tous obligés de ne pas connoître de la récusation dont les causes les concerneroient tous également, il seroit impossible que par l'événement ils ne demeurassent tous exclus.

M. le président de Novion a dit, que c'étoit trop subtiliser. Que les loix n'étoient faites que pour les cas ordinaires, & que celui-ci n'arriveroit jamais, ou n'arriveroit que très-rarement.

M. le premier président a répondu, qu'il seroit à souhaiter que cela fût plus difficile qu'il ne l'étoit. Que ce cas n'étoit que trop fréquent dans les chambres mi-parties. Que la conséquence en étoit si grande, particuliérement dans

dans les matieres criminelles, mais que la décision en étoit plus dangereuse que l'indécision.

☞ *Cet article est le XXV de l'ordonnance. On en a retranché la derniere clause*, le tout nonobstant, &c. *& sur la proposition faite ci-après par monsieur Pussort, en examinant l'article XXXI de ce titre, l'on a ajouté après le mot de récusation, ceux-ci*, devant ou après la preuve. *L'on y a fait quelques autres changemens dans la diction, & il a été rédigé de cette maniere :*

ARTICLE XXV. En toutes nos jurisdictions, même ès justices des seigneurs, les récusations devant ou après la preuve seront jugées au nombre de cinq au moins, s'il y a six juges ou plus grand nombre, y compris celui qui est récusé ; s'il y en a moins de six, ou même si le juge récusé étoit seul, elles seront jugées au nombre de trois ; & en l'un & en l'autre cas le nombre des juges sera suppléé, s'il est besoin, par avocats du siege, s'il y en a, sinon par les praticiens, suivant l'ordre du tableau.

ARTICLE XXVIII.

Dans quel tems elles seront prouvées.

APRÈS que les causes de récusation auront été déclarées pertinentes & admissibles, ou qu'il aura été permis d'en informer par témoins, celui qui les aura proposées, sera tenu d'en faire preuve dans trois jours, & pour cet effet de faire assigner sa partie pour voir jurer les témoins, & donner des reproches sur le champ.

Lecture faite de l'Article XXVIII:

M. le premier président a dit, que la disposition de cet article étoit contre l'usage de toutes les jurisdictions du royaume. Que ces matieres de récusation se jugeoient sans distinction, & sans que la partie adverse en eût connoissance. Que cet article alloit à faire un procès, & à instruire les preuves de récusation, avec les mêmes formalités qui s'observent dans la confection des autres enquêtes. Que ce seroit procès sur procès qui consumeroient un tems infini. Que véritablement dans l'usage qui s'observe à présent, la partie qui faisoit la preuve avoit de grands avantages par le peu de contradiction qu'on trouvoit dans la procédure; mais que d'autre côté, le caractere de juge étoit en soi d'une si grande autorité, qu'il pouvoit tout balancer. Que présentement ce que l'on accordoit au plus, étoit un *verificet intrà triduum ;* & qu'il n'en coûtoit pas davantage de tems aux parties. Qu'à cet égard il pouvoit dire non-seulement qu'il seroit mieux, mais qu'il y avoit nécessité de demeurer à l'ancien usage.

M. Pussort a dit, qu'il y avoit d'assez grands inconvéniens de part & d'autre. Que lorsqu'on n'appréhenderoit pas les reproches contre les témoins, deux valets déguisés, ou deux autres témoins apostés pourroient faire récuser les meilleurs juges : que l'on en avoit vu des exemples. Que les faux témoins se produiroient avec d'autant plus d'assurance, que l'on ne communiquoit pas même leurs noms ni leurs dépositions aux procureurs généraux, pour, en qualité de parties publiques, soutenir l'intérêt des juges. Qu'il étoit fort dangereux de laisser aux parties une liberté si préjudiciable à la justice. Que les longueurs ne seroient pas si grandes qu'on l'appréhendoit ; parce que la partie qui récuse, est celle qui veut éloigner ; & celle qui défend à la récusation ayant intérêt d'avancer, préviendra les longueurs & n'empêchera pas les suites des procédures. Que d'ailleurs l'on pouvoit dire qu'il se consumeroit beaucoup de tems, qu'il importe sur-tout d'abréger, & de ne rien innover sans une fort grande nécessité.

M. le premier président a dit, que si l'article avoit lieu, & que les parties prissent communication de ces enquêtes pour donner des reproches de témoins, ce seroit mettre les juges dans la place de la partie. Que cela seroit fort indécent dans la justice, & que la récusation se traitoit comme un fait de la discipline intérieure des compagnies, qui se devoit régler entre les juges, sans la participation des parties, des gens du roi, ni de qui que ce soit. Que néanmoins il étoit bon d'observer, que quand il est ordonné *verificet intrà triduum*, après l'enquête le juge n'est plus entendu, & qu'il seroit bon de l'ouir une seconde fois.

M. Pussort a réparti, que ce seroit le rendre partie. Qu'il faut qu'il se comporte purement *passivement*, & sans passion; & qu'il lui soit indifférent d'être juge ou de ne le pas être. Que de faire passer le barreau au juge contre lequel la récusation est proposée, c'étoit le traiter de partie. Que cela ne se pratiquoit point au grand-conseil, & que le juge demeuroit en sa place.

☞ *Sur les observations faites de part & d'autre, cet article a été supprimé.*

ARTICLE XXIX.

La preuve en sera sommairement faite.

LES témoins seront sommairement ouïs ; & après leur audition, la partie qui n'aura point récusé, pourra, sans retardation du jugement & sans déplacer, prendre communication de l'enquête, sans qu'il soit besoin d'autres procédures ni significations.

Lecture faite de cet Article :

M. le premier président a dit, que c'étoit la suite de l'article vingt-huit, & que les mêmes raisons y pouvoient être considérées.

☞ *Par les mêmes raisons, cet article a été aussi supprimé.*

ARTICLE XXX.

Elles seront jugées sommairement.

Les récusations seront jugées sommairement & par préférence, toutes autres affaires cessantes, & sans frais.

Lecture faite de l'Article XXX:

M. le premier président a dit, que les défenses portées par cet article, de prendre des épices pour le rapport des requêtes de récusation, ne peuvent regarder le parlement, où l'on n'en a jamais pris; mais que s'il s'en prenoit ailleurs, l'article peut être bon.

☞ *L'on a encore supprimé cet article.*

ARTICLE XXXI.

Par quel nombre seront jugées après la preuve.

Pour juger les causes de récusation après la preuve, il y aura le même nombre de cinq juges, aux sieges où il y aura six juges ou plus, y compris le juge récusé; & nombre de trois juges aux sieges où il y en aura moins de six, selon qu'il est dit ci-dessus.

Après la lecture de l'Article XXXI:

M. le premier président a dit, que cet article étoit une répétition du XXVII de ce même titre, & qu'il étoit inutile.

M. Pussort a dit, qu'en ajoutant à l'article XXVII, après le mot de *récusation*, ceux de *soit avant ou après la preuve*, il faudra ôter le présent article.

☞ *L'addition proposée par M. Pussort, a été faite à l'article XXVII, & celui-ci a été supprimé.*

ARTICLE XXXII.

Jugemens sur causes de récusation, comment exécutés.

Les jugemens & sentences qui interviendront sur les causes de récusation, au nombre de cinq & de trois juges, selon la qualité des sieges, jurisdictions ou justices, seront exécutés nonobstant oppositions ou appellations quelconques, & sans y préjudicier; si ce n'est lorsqu'il sera question de procéder à quelque descente, information ou enquête: esquels cas le juge récusé ne pourra passer outre, nonobstant l'appel, & y sera procédé par autre des juges ou praticiens du siege, selon l'ordre du tableau, non-suspect aux parties, jusqu'à ce qu'autrement il en ait été ordonné sur l'appel du jugement de la récusation.

Lecture faite de l'Article XXXII:

M. le premier président a dit, que, suivant la disposition de cet article, une partie se pourroit choisir un rapporteur tel que bon lui sembleroit, en récusant les uns après les autres, tous les juges qu'il ne voudroit point avoir, & tomberoit par ces récusations successives, à celui qu'il voudroit choisir; parce qu'en cas qu'il fût débouté des récusations par lui proposées, l'appel qu'il en pourroit interjetter seroit suspensif, & cependant le juge auquel le procès seroit dévolu, le jugeroit, & les récusations bien ou mal fondées produiroient leur effet. Que pour empêcher ces inconvéniens, l'on pourroit ajouter à l'article: *si mieux n'aime la partie adverse attendre que l'appel de la récusation soit jugé.*

M. Pussort a dit, que ce tempérament paroissoit fort bon.

☞ *Sur cette ouverture, l'on a ajouté à la fin de l'article:* si ce n'est que l'intimé déclare vouloir attendre le jugement de l'appel. *L'on a encore changé l'arrangement de ces mots:* praticiens du siege, selon l'ordre du tableau, non-suspects aux parties. *Cet article est le XXVI de l'ordonnance, en ces termes:*

ARTICLE XXVI. Les jugemens & sentences qui interviendront sur les causes de récusation au nombre de cinq & de trois juges, selon la qualité des sieges, jurisdictions & justices, seront exécutés, nonobstant oppositions ou appellations, & sans y préjudicier; si ce n'est lorsqu'il sera question de procéder à quelque descente, information ou enquête, esquels cas le juge récusé ne pourra passer outre, nonobstant l'appel, & y sera procédé par autre des juges ou praticiens du siege non-suspect aux parties, selon l'ordre du tableau, jusqu'à ce qu'autrement il en ait été ordonné sur l'appel du jugement de la récusation, si ce n'est que l'intimé déclare vouloir attendre le jugement de l'appel.

ARTICLE XXXIII.

Appellations des jugemens sur causes de récusation, comment jugées.

LES appellations des jugemens ou sentences intervenues sur les causes de récusation, seront aussi vuidées sommairement, sans épices & sans frais: néanmoins s'il est intervenu sentence définitive ou interlocutoire au principal, & qu'il en soit appellé, l'appel de la sentence ou jugement rendu sur la récusation, sera joint à l'appel de la sentence ou jugement intervenu au principal, pour y être fait droit conjointement.

ARTICLE XXXIV.

Juges présidiaux, quand jugeront sans appel les récusations.

LES juges présidiaux pourront juger sans appel les récusations qui seront ès matieres dont la connoissance leur est attribuée en dernier ressort, pourvu que ce soit au nombre de cinq.

Lecture faite de ces deux Articles, ils ont été trouvés bons.

☞ *Ils sont les XXVII & XXVIII dans l'ordonnance, sans aucun changement.*

ARTICLE XXXV.

Juge récusé se doit retirer.

S'IL est ordonné, soit en cause principale ou d'appel, que le juge récusé s'abstiendra ; & s'il s'est volontairement déporté d'en connoître, pour parenté, alliance ou autrement, il ne pourra entrer aux audiences, même sous prétexte qu'il a accoutumé d'y présider, ni assister aux jugemens ni à la visitation du procès, ni être dans la chambre où il en sera parlé, à peine de suspension pour trois mois.

Lecture faite de l'Article XXXV:

M. le premier président a dit, que cet article étoit une répétition toute entiere du contenu en l'article XVII de ce même titre. Qu'il n'y avoit aucune différence, sinon pour la peine de suspension pour trois mois contre le juge qui aura contrevenu à la disposition de l'article, qui y est ajoutée.

☞ *Sur cette observation, le présent article a été confondu avec le XVII, & ils composent ensemble l'article XV de l'ordonnance. Voyez ci-devant.*

ARTICLE XXXVI.

Peine de récusations non reçues ou non prouvées.

CELUI dont les récusations auront été déclarées impertinentes & inadmissibles, ou qui en aura été débouté faute de preuves, sera condamné en deux cens livres d'amende en nos cours de parlement, grand-conseil & autres nos cours; cent livres aux requêtes de notre hôtel & du palais, aux présidiaux, bailliages & sénéchaussées; cinquante livres en nos châtellenies, prévôtés, vicomtés, élections, greniers à sel, & aux justices des seigneurs, tant des duchés & pairies, qu'autres ressortissantes nuement en nos cours; & vingt-cinq livres aux autres justices des seigneurs: le tout applicable moitié à nous ou aux seigneurs des justices, & l'autre moitié à la partie, sans que les amendes puissent être modérées.

Cet Article a été trouvé bon.

☞ *Dans la révision l'on a modéré les amendes portées par cet article, à l'égard des présidiaux, bailliages, & autres jurisdictions inférieures. Le présent article est le XXIX de l'ordonnance, & il est rédigé de cette maniere :*

ARTICLE XXIX. Celui dont les récusations auront été déclarées impertinentes & inadmissibles, ou qui en aura été débouté faute de preuve, sera condamné en deux cens livres d'amende en nos cours de parlement, grand-conseil, & autres nos cours; cent livres aux requêtes de notre hôtel & du palais; cinquante livres aux présidiaux, bailliages & sénéchaussées; trente-cinq livres en nos châtellenies, prévôtés, vicomtés, élections, greniers à sel, & autres justices des seigneurs, tant des duchés, pairies, qu'autres ressortissant nuement en nos cours; & vingt-cinq livres aux autres justices des seigneurs: le tout applicable, savoir moitié à nous, ou aux seigneurs dans leur justice; & l'autre moitié à la partie, sans que les amendes puissent être remises ni modérées.

ARTICLE XXXVII.

Réparation au juge mal récusé.

OUTRE lesquelles condamnations, le juge récusé pourra demander réparation des faits contre lui proposés, laquelle nous voulons lui être adjugée selon la qualité du juge & celle des faits; mais en ce cas ne pourra demeurer juge.

Lecture faite de cet Article, il a été trouvé bon.

☞ *Il est le XXX & dernier dans l'ordonnance. L'on y a fait quelques changemens dans l'expression, de cette maniere :*

ARTICLE XXX. Outre les condamnations d'amende, le juge récusé pourra demander réparation des faits contre lui proposés, que nous voulons lui être adjugée suivant sa qualité & la nature des faits, auquel cas néanmoins il ne pourra demeurer juge.

TITRE XXVI.

Les cinq premiers articles de ce titre, composent le titre XXV de l'ordonnance.

Des prises à partie; & de la maniere de procéder aux jugemens, & de dresser & prononcer des arrêts & sentences.

ARTICLE I.

Procès seront jugés incessamment.

Enjoignons à tous juges de nos cours, jurisdictions & justices, même des tribunaux ecclésiastiques, & des justices des seigneurs, tant ecclésiastiques que séculiers, de procéder incessamment au jugement des causes, instances & procès qui seront en état de juger ; à peine de répondre en leur nom des dépens, dommages & intérêts des parties.

Lecture faite de cet Article :

M. le premier président a dit, qu'il falloit retrancher les mots de *tribunaux ecclésiastiques*, & ceux de *tant ecclésiastiques que séculiers*, pour les raisons qui ont été remarquées dans les précédentes conférences.

Qu'à l'égard de la peine des dommages & intérêts contre les juges, laquelle s'y trouve répétée, il faudroit parler de tous les articles semblables, à la fin de ces conférences.

☞ *On a fait le retranchement proposé par M. le premier président ; mais on n'a fait aucun changement à l'égard de la peine insérée dans l'article. Il est le XXV de l'ordonnance, en ces termes :*

ARTICLE I. Enjoignons à tous juges de nos cours, jurisdictions & justices, & des seigneurs, de procéder incessamment au jugement des causes, instances & procès qui seront en état de juger, à peine de répondre en leur nom, des dépens, dommages & intérêts des parties.

ARTICLE II.

Sommation de juger les procès en état.

Si les juges dont il y a appel refusent ou sont négligens de juger la cause, instance ou procès qui sera en état, ils seront sommés de le faire ; & commandons à tous huissiers & sergens qui en seront requis, de leur en faire les sommations, à peine d'interdiction de leurs charges.

Lecture faite de l'Article II :

M. le premier président a dit, que comme cet article concernoit les officialités, aussi-bien que les autres jurisdictions, il étoit obligé de remarquer que quand les juges ecclésiastiques dénioient la justice aux sujets du roi, ils avoient lieu de recourir au parlement, par appel comme d'abus ; parce que le roi donnoit toujours sa protection à ses sujets, & étoit obligé de leur faire rendre justice en son royaume, aussi-bien par les juges d'église, que par les séculiers ; & qu'il falloit prendre garde de ne rien mettre dans ces articles, qui pût préjudicier à ces sortes d'appellations comme d'abus.

M. Pussort a dit, que les ecclésiastiques ont prétendu que les moyens d'abus étoient renfermés aux contraventions faites aux ordonnances du royaume, aux arrêts des compagnies souveraines, & aux immunités de l'église gallicane ; mais que jusqu'ici il n'avoit point oui-dire que le déni de justice fût un moyen d'abus, & que si cela étoit ainsi, il le faudroit comprendre dans les cas d'abus lorsque l'on travailleroit à cette matiere.

Sur quoi M. le premier président lui a demandé si l'on prétendoit régler tous les cas d'abus, par quelque ordonnance.

M. Pussort ayant répondu, que c'étoit l'intention, lorsque l'on travailleroit aux matieres ecclésiastiques :

M. le premier président a dit, que l'on vouloit donc restreindre l'autorité du roi, & lui donner de nouvelles bornes. Qu'il n'y avoit rien de plus contraires aux loix du royaume, que de limiter les appellations comme d'abus, à certains cas. Que les eccésiastiques l'avoient souvent demandé ; mais qu'on leur avoit toujours répondu qu'on ne pouvoit définir autrement

ment ces matieres, sinon que tout ce qui étoit contraire aux libertés de l'église gallicane, aux saints canons reçus en France, aux loix du royaume, & à l'autorité du roi, étoient moyens d'abus. Que ces regles générales comprenoient tout; mais que si on venoit à descendre au détail, on feroit contre le sentiment de tous les grands personnages qui en ont traité; & qu'en spécifiant certains cas, on donneroit occasion aux ecclésiastiques de soutenir que l'on n'y auroit pas compris une infinité de cas qui naissent tous les jours, & qui desirent absolument que l'on y interpose l'autorité royale. Que ces grandes maximes étoient principalement confiées au parlement, qui s'en étoit toujours acquitté, depuis plusieurs siecles, avec tant de fidélité, de vigilance & de capacité, qu'on pouvoit bien s'en rapporter à ses soins, en laissant les choses en l'état auquel elles sont.

M. le chancelier a dit, qu'il se souvenoit que souvent les assemblées du clergé avoient demandé qu'on définît les cas des appellations comme d'abus; mais qu'on s'y étoit toujours opposé, par les raisons qui venoient d'être expliquées.

M. Talon a représenté, que le roi avoit donné la jurisdiction à tous les juges: que c'étoit en abuser lorsqu'ils refusoient la justice. Qu'il seroit bon de comprendre dans l'article, avec l'appel simple, l'appel comme d'abus. Que l'appel s'appliqueroit aux juges ordinaires, & l'appel comme d'abus, aux officiaux.

☞ *Nonobstant toutes ces observations, l'on n'a fait aucun changement dans cet article, si ce n'est qu'on a mis ces mots :* de leur faire les sommations nécessaires, *au lieu de ceux-ci :* de leur en faire les sommations. *Il est aussi le II dans l'ordonnance.*

ARTICLE III.

Sommations, où seront faites.

Les sommations pourront être faites aux juges en leur domicile, ou au greffe de leur jurisdiction, en parlant à leur greffier, ou aux commis des greffes.

Lecture faite de l'Article, il a été trouvé bon.

☞ *L'on a changé le commencement de cette maniere :* les sommations seront faites aux juges, &c. *Et cet article est le III de l'ordonnance.*

ARTICLE IV.

Appel comme de déni de justice.

APRÈS deux sommations de huitaine en huitaine, pour les sieges ressortissans nuement en nos cours, & de trois jours en trois jours pour les autres sieges, la partie pourra appeller comme de déni de justice, & faire intimer en son propre & privé nom le rapporteur, s'il y en a ; sinon celui qui devra présider : lesquels voulons être condamnés en leurs noms, aux dépens, dommages & intérêts, s'ils sont déclarés bien intimés.

Lecture faite de cet Article :

M. le premier président a dit, que messieurs des requêtes de l'hôtel, & des requêtes du palais, étoient compris dans la disposition de cet article. Que ci-devant l'usage étoit de leur présenter requête avant que d'interjetter appel.

M. Pussort a réparti, qu'à leur égard le déni de justice arrivoit rarement ; mais qu'il ne falloit mettre personne en pouvoir de refuser la justice.

☞ *Cet article est le IV dans l'ordonnance, moyennant quelques changemens peu considérables qu'on y a faits dans l'expression, de cette maniere :*

ARTICLE IV. Après deux sommations de huitaine en huitaine pour les juges ressortissans nuement en nos cours, & de trois jours en trois jours pour les autres sieges, la partie pourra appeller comme de déni de justice, & faire intimer en son nom le rapporteur, s'il y en a, sinon celui qui devra présider : lesquels nous voulons être condamnés en leurs noms aux dépens, dommages & intérêts des parties, s'ils sont déclarés bien intimés.

ARTICLE V.

Juge intimé, comment pourra être juge.

LE juge qui aura été intimé en son nom, ne pourra plus être juge du différend pour lequel il aura été intimé, soit avant ou après l'intimation jugée, à peine de nullité, & de tous dépens, dommages & intérêts des parties ; si ce n'est qu'il ait été déclaré follement intimé, ou que l'une & l'autre des parties y consentent.

Lecture faite de cet Article :

M. le premier président a dit, que l'on auroit pu ajouter dans l'article, qu'*en cas de folle intimation, la partie qui auroit intimé le juge, seroit condamnée aux dépens;* mais que cela se trouvoit suppléé dans un des articles qui doivent être ajoutés au titre *des dépens*, qui porte que *la condamnation de dépens suivra toujours le principal:* qu'il est toujours bon de marquer ce que deviendra le procès durant la folle intimation.

M. Pussort a dit: l'on en usera comme aux récusations, où la récusation du juge saisit celui qui le suit, suivant l'ordre du tableau.

M. Talon a dit, qu'il étoit nécessaire d'en faire une note particuliere dans l'article.

☞ *Sur cette derniere observation, l'on a ajouté une clause à la fin de l'article, qui a été rédigé de cette maniere:*

ARTICLE V. Le juge qui aura été intimé ne pourra être juge du différend, à peine de nullité & de tous dépens, dommages & intérêts des parties, si ce n'est qu'il ait été follement intimé, ou que l'une & l'autre des parties consentent qu'il demeure juge; & sera procédé au jugement par autres des juges & praticiens du siege non-suspects, suivant l'ordre du tableau, si mieux n'aime l'autre partie attendre que l'intimation soit jugée.

ARTICLE VI.

Le jugement ne sera différé par la mort.

Le jugement de l'instance ou procès qui sera en état de juger, ne sera différé par la mort des parties, ni de leurs procureurs.

Lecture faite de cet Article, il a été trouvé bon.

☞ *L'on n'a fait aucun changement au présent article; mais l'on a divisé ce titre en deux parties. La premiere contient les cinq premiers articles qui font le titre XXV* des prises à partie, *dans l'ordonnance. La seconde comprend les neuf autres articles qui composent le titre XXVI* de la forme de procéder aux jugemens, &c. *Ainsi le présent article est le I du titre XXVI de l'ordonnance.*

ARTICLE VII.

Exception.

Mais si le décès de l'une des parties ou d'un procureur survient, ou que l'un des procureurs ait quitté son office, & que son résignataire ait présenté ses provisions avant que le procès ou instance fût entiérement en état de juger, quand il n'y manqueroit qu'une signification d'écritures, les procédures & jugemens depuis faits & intervenus, seront nuls, s'il n'y a reprise d'instance ou constitution de nouveau procureur.

Lecture faite de l'Article VII :

Il a passé, en ôtant ces mots : *quand il n'y manqueroit qu'une signification*, comme étant inutiles.

☞ *Non-seulement on a retranché ces mots inutiles, mais on a fait d'autres changemens remarquables dans l'article, touchant l'expression. Il est le II du titre XXVI, en ces termes :*

ARTICLE II. Si la cause, instance ou procès n'étoient en état, les procédures faites, & les jugemens intervenus depuis le décès de l'une des parties ou d'un procureur, ou quand le procureur ne peut plus postuler, soit qu'il ait résigné, ou autrement, seront nuls, s'il n'y a reprise ou constitution de nouveau procureur.

ARTICLE VIII.

Décès de la partie sera signifié.

LE procureur qui saura le décès de l'une des parties, sera tenu de le faire signifier à l'autre, & seront les poursuites valables jusqu'au jour de la signification du décès, encore qu'elles aient été faites depuis le tems d'icelui.

Lecture faite de cet Article :

Il a été observé, que pour rendre la diction plus correcte, l'on a ôté en plusieurs endroits le mot de *ledit ;* & que l'on pourroit ôter pareillement les mots d'*icelui* & d'*icelle*.

☞ *L'on a retranché ces derniers mots de l'article :* encore qu'elles aient été faites depuis le tems d'icelui. *Il est le III du titre XXVI, sans aucun autre changement.*

ARTICLE IX.

Procédures depuis la signification du décès, nulles.

NONOBSTANT la signification du décès, celui qui soutiendra que la partie n'est point décédée, pourra continuer sa procédure ; mais si par la suite le décès se trouve avoir été véritable au tems de la ſignification, tout ce qui aura été fait depuis la ſignification ſera nul & de nul effet, ſans que les frais en puiſſent entrer en taxe, ni même être demandés par le procureur à ſa partie, dans ſon mémoire de frais; ſi ce n'eſt que la partie lui ait donné pouvoir ſpécial & par écrit de continuer la procédure, nonobſtant la ſignification du décès.

Lecture faite de cet Article, il a été trouvé bon.

☞ *On n'a pas laiſſé d'y faire des changemens conſidérables à l'égard de l'expreſſion, & il eſt le VI du titre XXVI, en ces termes:*

ARTICLE IV. Si celui à qui la ſignification du décès a été faite, ſoutient que la partie n'eſt décédée, il pourra continuer ſa procédure; mais ſi le décès ſe trouve véritable, tout ce qui aura été fait depuis la ſignification, ſera de nul effet, ſans que les frais puiſſent entrer en taxe, ni même être employés par le procureur & ſa partie dans ſon mémoire de frais & ſalaires, ſi ce n'eſt qu'elle eût donné un pouvoir ſpécial & par écrit de continuer la procédure, nonobſtant la ſignification du décès.

ARTICLE X.

Jugemens conçus en termes clairs.

TOUS Juges ſeront tenus de concevoir en termes clairs & intelligibles, & ſans aucune ambiguité ou incertitude, les arrêts, jugemens & ſentences, tant aux audiences que par écrit.

Après la lecture de cet Article:

Il a été dit, que ce n'eſt qu'une exhortation aux juges.

☞ *Sur cette réflexion, il a été ſupprimé.*

ARTICLE XI.

Préſident ſignera le plumitif.

CELUI qui aura préſidé aux audiences, verra à l'iſſue de la ſéance, ou en tout cas dans le même jour, ce que le greffier aura rédigé, & ſignera le plumitif de chacune journée, à peine d'en répondre en ſon nom.

Lecture faite de cet Article:

M. le premier préſident a dit, qu'il ſera bien difficile d'exécuter l'article,

Qu'en pressant celui qui aura présidé, & lui donnant si peu de tems, il visera la feuille sans la voir; mais qu'il seroit bien plus important de l'obliger à parapher chaque prononciation, & chaque article en particulier. Que lui qui parle, en a toujours usé de la sorte, depuis qu'il a l'honneur d'être dans la charge de premier président; & qu'en le faisant, on ne peut point craindre que les greffiers laissent des blancs sur la feuille, & y ajoutent quelque chose.

M. le président de Maisons a dit, que l'on étoit obligé de confier beaucoup de choses à la foi des greffiers. Qu'il falloit bien prendre confiance à des domestiques dans les affaires particulieres.

M. le premier président a réparti, que ce seroit trop confier aux greffiers de leur laisser l'entiere disposition des feuilles; qu'un simple arrêt, qui ne pouvoit pas être d'une si grande conséquence, étoit signé du président & du rapporteur. Qu'il étoit libre à chacun de prendre confiance pour ses affaires particulieres, mais que l'on n'étoit pas maître de celles du public, & qu'il y falloit apporter toutes les précautions qui sont prescrites par la loi, & par l'usage des compagnies.

M. Pussort a dit, qu'il étoit bon d'ôter l'obligation du paraphe, & la peine statuée contre le juge; mais qu'il le falloit obliger de parapher chaque arrêt, sentence ou jugement.

☞ *Cette derniere clause a été ajoutée à l'article, dans lequel on a fait quelques autres changemens à l'égard de l'expression. Il est le V de l'ordonnance, en ces termes :*

ARTICLE V. Celui qui aura présidé, verra à l'issue de l'audience, ou dans le même jour, ce que le greffier aura rédigé, signera le plumitif, & paraphera chacune sentence, jugement ou arrêt.

ARTICLE XII.

Liquidation des intérêts.

TOUTES sentences ou arrêts rendus sur les productions des parties, qui condamneront à des intérêts ou à des arrérages, en contiendront les liquidations ou calculs.

Après la lecture de l'Article XII,

M. le premier président a dit, que cet article étoit tiré d'une mercuriale du parlement, où ce réglement a été fait en grande connoissance de cause, & qu'il étoit très-utile aux parties.

☞ *L'on a ajouté le mot de* jugement *dans cet article, avec quelques autres changemens qu'on a faits dans la diction. Il est le VI de cette maniere :*

ARTICLE VI. Toutes ſentences, jugemens ou arrêts ſur productions des parties, qui condamneront à des intérêts ou à des arrérages, en contiendront les liquidations ou calculs.

ARTICLE XIII.

Abrogation des prononciations.

ABROGEONS toutes prononciations, formalités & ſignifications pour raiſon de ce; ſans qu'aucune choſe en puiſſe plus entrer en taxe, ni au mémoire des frais & ſalaires; ſoit en nos cours de parlement, grand-conſeil & autres nos cours, & toutes juriſdictions & juſtices; ſans aucune diminution.

Lecture faite de cet Article, il a paſſé.

☞ *Il eſt le VII dans l'ordonnance, mais on y a fait des changemens conſidérables : il eſt rédigé de cette maniere :*

ARTICLE VII. Abrogeons en nos cours, & dans toutes juriſdictions, les formalités des prononciations des arrêts & jugemens, & des ſignifications pour raiſon de ce, ſans que les frais puiſſent entrer en taxe, ni dans les mémoires de frais & ſalaires des procureurs.

ARTICLE XIV.

De la taxe des jugemens.

LES ſentences, jugemens & arrêts ſeront datés du jour qu'ils auront été arrêtés, ſans qu'ils puiſſent plus avoir d'autre date; & ſera le jour de l'arrêt écrit de la main du rapporteur, enſuite du *dictum* ou diſpoſitif, avant que de le mettre au greffe, à peine de dépens, dommages & intérêts des parties.

Lecture faite de cet Article :

Il a paſſé, hors *les dommages & intérêts des parties* qu'il en faudroit retrancher.

M. le premier préſident a encore obſervé, que cela eſt auſſi conforme aux réglemens faits par le parlement.

☞ *L'on n'a point retranché la peine* des dépens, dommages & intérêts, *& l'article a paſſé ſans changement.*

DOUZIEME CONFÉRENCE.

Du jeudi dixieme mars 1667, après-midi, en l'hôtel Séguier.

Ce jour, messieurs étant assemblés en la manière accoutumée, lecture a été faite du

Ce titre est le XXXI de l'ordonnance.

TITRE XXVII.

De la taxe des dépens.

ARTICLE I.

Productions, comment seront retirées après le procès jugé.

APRÈS que le procès sur lequel il sera intervenu sentence, jugement ou arrêt adjudicatif des dépens aura été mis au greffe, les procureurs retireront chacun séparément les productions des parties pour lesquelles ils auront occupé, qui leur seront délivrées par les greffiers, après les avoir vérifiées, en leur faisant apparoir par le procureur le plus diligent d'une sommation faite aux autres procureurs, pour y assister à jour précis : à peine, en cas de refus ou de demeure, de trois livres contre le greffier pour chacun jour, dont il sera délivré exécutoire contre lui, au profit de la partie poursuivante.

Lecture faite de cet Article :

M. le premier président a dit, que ce titre étoit mêlé, comme plusieurs autres; & que ce qui se fait en cause principale & en cause d'appel, étoit confondu. Que comme les formes de taxer les dépens sont différentes dans les jurisdictions, il auroit été bon d'en faire les distinctions,

Que

Que dans cet article l'on ne faisoit point mention de la remise des sacs au greffe, ni de la signification de la sentence ou arrêt. Que c'étoit néanmoins ce qui devoit précéder; & qu'il eût été à propos d'ajouter, que *les trois jours après le jugement du procès, les sacs seront mis au greffe.* Que selon l'usage qui s'observe à présent, pour retirer du greffe les sacs d'un procès jugé, il faut que tous les procureurs qui ont produit, s'y trouvent, & viennent reconnoître leurs pieces, ou donnent leur consentement par écrit; mais comme cela cause de grandes longueurs, il seroit mieux d'ordonner, qu'après une simple sommation qui leur seroit faite par le plus diligent, de comparoir au greffe à jour & heure précise, chaque procureur présent pourroit retirer sa production en l'absence des autres.

M. Pussort a dit, qu'à l'égard de la premiere difficulté pour la distinction des jurisdictions, le titre pouvoit convenir à toutes, & que l'on avoit estimé la maniere de taxer, soit en cause principale ou d'appel, devoir être par-tout uniforme. Que l'on n'avoit pas cru devoir faire mention de la remise des sacs au greffe dans trois jours, parce qu'il seroit impossible de dresser de grands arrêts d'ordre, de comptes, ou autres de cette qualité, en si peu de tems. Qu'il falloit laisser cela à la liberté du juge; qu'il auroit été même nécessaire d'expliquer s'il faudroit des droits aux clercs pour la remise des procès au greffe, ou s'il n'en faudroit pas; & régler en cela le plus ou le moins. Qu'il paroissoit meilleur de n'en point parler, que de descendre dans le détail de toutes ces choses.

Que quant à la signification de l'arrêt, l'article suivant y avoit pourvu, même à tout ce qu'on auroit desiré d'ailleurs, pour la facilité de retirer les sacs du greffe: l'article portant, que *les procureurs pourront retirer chacun séparément les productions des parties pour lesquelles ils auront occupé, qui leur seront délivrées par les greffiers, après les avoir vérifiées, en leur faisant apparoir par le procureur plus diligent, d'une sommation faite aux procureurs d'y assister à jours précis.*

M. le premier président a ajouté, qu'il seroit bon de marquer que les sacs seroient rendus aux procureurs le matin, parce qu'ils se trouvoient toujours dans ce tems-là au palais, & non pas l'après-dînée; qu'ainsi cela se feroit avec leurs autres affaires.

M. Pussort a réparti, que cela paroissoit assez indifférent; mais que s'il y avoit un choix à faire, il vaudroit mieux que ce fût de relevée, parce que les greffiers & les procureurs étoient trop occupés le matin à leurs autres affaires.

☞ *L'on a ajouté trois articles au commencement de ce titre dans l'ordonnance, comme on le verra à la fin de ce même titre, dans le présent projet; ainsi cet article I est le IV de l'ordonnance: la disposition en a été conservée, mais on y a fait quelques changemens dans l'expression, de cette maniere:*

ARTICLE IV. Après que le procès sur lequel sera intervenu sentence, jugement ou arrêt adjudicatif des dépens, aura été mis au greffe, les procureurs retireront chacun séparément les productions des parties pour lesquelles ils auront occupé, qui leur seront délivrées par les greffiers après les avoir vérifiées, en leur faisant apparoir par le procureur plus diligent d'une sommation faite aux procureurs pour y assister à jour précis : à peine, en cas de refus ou de demeure, de trois livres contre le greffier par chacun jour, dont il sera délivré exécutoire à la partie.

ARTICLE II.

Ce que doivent faire les procureurs pour régler les dépens, & des offres.

POUR procéder à la taxe des dépens, sera donné copie au procureur du défendeur en taxe, de l'arrêt, jugement ou sentence qui les auront adjugés, ensemble de la déclaration qui en aura été dressée, pour dans les délais réglés suivant la distance des lieux, & du domicile du défendeur en taxe, à raison de dix lieues pour chacun jour, en cas qu'il soit absent, prendre communication des pieces justificatives des articles, par les mains & au domicile du procureur du demandeur, sans déplacer; & faire par lui dans un semblable délai, ses offres au procureur du démandeur, de payer telle somme qu'il avisera pour les dépens adjugés contre lui ; & en cas d'acceptation des offres, il en sera délivré exécutoire incontinent & sans délai.

Lecture faite de cet Article :

M. le premier président a dit, que pour épargner les frais d'une taxe aux parties, l'on avoit voulu introduire les offres portées par cet article : que c'étoit le principal fondement de ce titre; mais que l'opiniâtreté des plaideurs de part & d'autre, feroit que les offres ne seroient jamais trouvées raisonnables; que ce seroit procès sur procès, pour savoir si elles le seroient ou ne le seroient pas : que l'on augmenteroit les longueurs, & que c'est aller contre l'abréviation des procédures, que l'on cherche.

M. le chancelier a dit, que cette ouverture pouvoit être bonne : que l'on vouloit hasarder ce moyen, parce que réussissant, il seroit d'un grand soulagement aux parties.

M. le premier président a ajouté, que l'article porte, *que l'on donneroit copie de la déclaration.* Qu'à cet égard l'usage étoit différent au palais; qu'au parlement la déclaration, avec les pieces justificatives, se mettoit en original entre les mains du procureur du défendeur; qu'aux requêtes du palais l'exploit portoit, *signifié & baillé copie*, & que cette copie ne se donnoit jamais; qu'aux requêtes de l'hôtel, à l'extraordinaire, l'on donnoit copie de la déclaration de dépens; mais qu'en toutes les façons ces copies seroient beaucoup à charge : que l'on en avoit ci-devant expliqué les raisons, & que l'usage de donner en original la déclaration avec les pieces, paroissoit meilleur.

D'ailleurs, par ce même article l'on accordoit deux délais contre l'intention de l'ordonnance, qui étoit de les retrancher; & que si l'article passoit, il faudroit nécessairement en changer la disposition dans la suite.

M. Pussort a dit, que les offres, aux termes qu'elles sont employées dans l'article, ne sauroient produire aucun mauvais effet. Qu'il est certain que la premiere pensée qui venoit à une partie condamnée, qui n'est pas dans le dernier abandonnement de ses intérêts, étoit de chercher des expédiens pour se tirer d'affaire, & de ne pas souffrir les frais d'une taxe qui pouvoient aller bien loin. Qu'il n'y a point de procureur savant dans sa profession, lequel, par la communication qui lui sera donnée de la déclaration de dépens, ne puisse à peu près, en agissant de bonne foi, dire à quoi se pourroit monter l'exécutoire. Que quand même un procureur intéressé ne feroit pas son devoir, l'on en pourroit consulter d'autres; & qu'il se trouveroit même des parties assez intelligentes, pour, avec le secours du tarif des droits, qui sera mis dans tous les greffes, connoître & régler par elles-mêmes ce qu'elles devroient. Qu'il sera de leur intérêt de faire leurs offres un peu plus fortes que foibles, pour se décharger des frais de la taxe.

Que jusqu'à présent de semblables offres n'ont pas réussi, parce qu'il n'y avoit point de peines ordonnées contre le refusant; mais lorsque, suivant la disposition de l'article, le demandeur en taxe fera refus d'accepter les offres, & qu'il se verra dans le risque de porter entiérement les frais de la taxe, il les examinera de près, & les acceptera pour son propre intérêt quand elles lui paroîtront à peu près raisonnables: d'autant plus constamment, que le demandeur en taxe ne doit desirer que de sortir d'affaire; & qu'après tout, l'on ne voit pas qu'il puisse y avoir aucun inconvénient de laisser la partie dans la liberté de ses offres, qui ne consisteront que dans la signification d'un simple acte de part & d'autre. Car quant à la longueur des délais, il est certain qu'ils sont beaucoup abrégés par la disposition de l'article; & qu'à présent l'usage étoit que l'on communiquoit au procureur du défendeur, en original, la déclaration de dépens, avec les pieces justificatives d'icelle. Que n'y ayant en cela qu'à perdre du tems, & de l'argent nécessairement à débourser pour sa partie, il éloignoit la taxe autant qu'il pouvoit. Qu'il en falloit venir aux contraintes par corps; mais que l'on savoit assez que, quoiqu'elles coûtassent beaucoup, elles étoient néanmoins inutiles au palais Qu'en un mot les dépens n'étoient taxés que quand il plaisoit au procureur du défendeur, c'est-à-dire, après des années toutes entieres.

Il y a plus: car la déclaration étant une fois retirée entre les mains du procureur du défendeur, elle passe entre les mains du procureur tiers, lequel ne la voit qu'à sa plus grande commodité, & après toutes ses affaires. Qu'étant juge en cela des parties, l'on n'exerçoit point contre lui de contrainte, & que cela emportoit encore un tems considérable. Ce fait, la déclaration passe pour une seconde fois entre les mains du procureur du défendeur; de-là on la porte chez le rapporteur, pour calculer les dépens &

les ſigner; elle tombe après entre les mains du clerc, & dans tous ces paſſages de main à autre, il ſe conſume bien du tems. Que toutes ces longueurs étoient retranchées par la déclaration qui ſeroit donnée au procureur du défendeur, & par la liberté qu'il auroit de prendre toutes fois & quantes que bon lui ſembleroit, communication des pieces juſtificatives de ladite déclaration, par les mains du procureur du défendeur, mais ſans déplacer.

Que véritablement l'on donnoit deux délais, l'un pour avertir la partie condamnée, de la taxe qui ſe pourſuivoit, afin de ſe rendre ſur les lieux pour y défendre; & l'autre, pour examiner les articles de la déclaration. Que ces délais n'auroient lieu que pour les parties abſentes & éloignées, & ne ſeroient pas fort conſidérables; mais qu'il n'y auroit point en cela de comparaiſon avec les délais infinis qu'un procureur ſe donnoit quand tout dépendoit de lui, & que c'étoit en cela proprement que l'on pouvoit dire que la déclaration avoit ſon effet pour l'abréviation du tems & la modération des frais.

Que par ce titre l'on touchoit à l'ancien uſage; mais que c'étoit pour un plus grand bien. Que quand les procureurs ſeroient d'auſſi bonne foi que les parties, elles s'en reſſentiroient fort utilement. Qu'il pouvoit y avoir des procureurs gens de bien; mais qu'univerſellement on pouvoit dire qu'ils étoient la cauſe de tous les déſordres de la juſtice : & qu'enfin il falloit conſidérer que ce ſtyle devoit être pour toutes les juriſdictions du royaume, & qu'il ne falloit pas régler toutes choſes par l'uſage qui étoit approuvé dans Paris.

M. le premier préſident a dit, que l'ancien ſtyle bien examiné étoit plus court que celui-ci, & que l'expérience feroit connoître que c'étoit ſans ſujet qu'on le vouloit changer.

☞ *Le préſent article eſt le V de ce titre dans l'ordonnance. Il a été rédigé de cette maniere :*

ARTICLE V. Sera donné copie au procureur du défendeur en taxe, de l'arrêt, jugement ou ſentence qui les auront adjugés : enſemble de la déclaration qui en aura été dreſſée, pour dans les délais réglés pour le voyage & retour, ſuivant la diſtance des lieux & le domicile du défendeur en taxe, à raiſon d'un jour pour dix lieues, en cas qu'il ſoit abſent, prendre communication des pieces juſtificatives des articles par les mains & au domicile du procureur du demandeur, ſans déplacer; & faire par lui huitaine après ſes offres au procureur du demandeur, & de la ſomme qu'il aviſera pour les dépens adjugés contre lui, & en cas d'acceptation des offres, il en ſera délivré exécutoire.

ARTICLE III.

Offres non acceptées, qui ſupportera les frais de la taxe.

SI nonobſtant les offres, le demandeur fait procéder à la taxe des dépens, & que par le calcul, en ce non compris les frais de la taxe, les dépens ne ſe trouvent excéder les offres faites par le défendeur ; en ce cas la taxe demeurera entiérement faite aux frais du demandeur, & l'exécutoire qui en sera delivré, d'autant diminué.

Lecture faite de l'Article III:

M. le premier président a dit, que cet article est fondé sur le même principe d'offres, que le précédent. Qu'il faudroit en tout cas retrancher ces mots qui sont à la fin : *& l'exécutoire qui en sera délivré, d'autant diminué*; & mettre au lieu, *que cela ne sera pas compris dans l'exécutoire.*

☞ *Cette ouverture a été suivie, outre quelques autres changemens qu'on a faits dans cet article, qui est le VI de l'ordonnance, en ces termes :*

ARTICLE VI. Si nonobstant les offres le demandeur fait procéder à la taxe, & que par le calcul, en ce non compris les frais de la taxe, les dépens ne se trouvent excéder les offres faites par le défendeur, les frais de la taxe seront portés par le demandeur, & ne seront point compris dans l'exécutoire.

ARTICLE IV.

Les procureurs ne feront qu'un article d'une piece.

En dressant la déclaration, ne pourront les procureurs composer plusieurs articles d'une seule piece ; mais seront tenus de la comprendre toute entiere, tant pour l'avoir dressée, qu'expédition, signification, & généralement pour tous les droits qui la concernent, dans un seul & même article ; sans qu'ils puissent non plus y employer autres plus grands droits que ceux qui seront légitimement dus, à peine de radiation : auquel cas sera déduit & rabattu au procureur du demandeur autant de ses droits, pour chacun article qui aura passé en taxe, qu'il s'en trouvera de rayés dans la déclaration.

Après la lecture de l'Article VII :

M. le premier président a dit, qu'il y avoit quelque chose qui paroissoit bon dans cet article. Que dans l'usage du parlement, le maître-clerc dressoit la déclaration, & avoit huit deniers, tant pour chacun des articles qui en étoient aloués, que pour ceux qui étoient rayés : que cela étoit cause qu'on la remplissoit de quantité de mauvais articles, & qu'il étoit à propos de retrancher cet abus.

Mais qu'en ce qu'on statuoit une peine contre le procureur, en lui retranchant de sa déclaration autant de bons articles qu'il y en auroit employé de mauvais, outre qu'il y avoit quelque ambiguité dans l'expression, cette peine paroissoit un peu dure. Qu'elle étoit ordonnée non-seulement à l'égard des articles qui seroient entiérement rayés; mais même à l'égard de ceux qui seroient modérés, en ce qu'il étoit fait défense *d'employer d'autres plus grands droits que ceux qui seroient légitimement dus, à peine de radiation*, & que cela feroit souvent des procès.

Qu'un procureur ne pouvoit pas toujours si justement rencontrer, qu'il n'y eût jamais de plus ou de moins dans ses articles. Que lorsqu'il auroit donné à sa partie la qualité de chevalier au lieu de celle d'écuyer, ou qu'il auroit employé dans ses articles une grande requête au lieu d'une petite, l'on soutiendroit contre lui qu'il seroit tombé dans le cas de la prohibition, & qu'il auroit encouru la peine. Que quand on veut s'attacher à pourvoir à toutes ces minuties, au lieu d'éviter l'embarras, l'on y tomboit bien souvent.

M. le président de Maisons a dit, que le procureur soutiendra toujours ses articles, qu'il s'y échauffera pour son propre intérêt; qu'il y avoit des inconvéniens de les rendre parties, & que cela dégénéreroit en de grandes contestations.

M. Pussort a dit, qu'il étoit impossible de régler la forme de taxer les dépens, sans descendre à des minuties. Que les procureurs savoient positivement les droits qui entroient en taxe; que le tarif les apprendroit aux moins versés dans leurs charges. Que l'on demeuroit d'accord de l'abus qui étoit dans cette multiplication d'articles; qu'il étoit nécessaire d'y remédier : que la peine paroissoit proportionnée, & qu'ils seroient plus retenus, quand il s'agiroit de leurs propres intérêts.

M. le premier président a ajouté, que l'on pourroit mettre dans l'article ces mots: *autres droits*, au lieu de ceux, *& plus grands droits*. Que telle requête dans laquelle un procès est en abrégé, valoit mieux que toutes les autres écritures; qu'il falloit laisser quelque chose à l'office du juge, ou plutôt du tiers qui taxoit les dépens.

M. Talon a dit, qu'il falloit faire différence des droits qui étoient employés dans une déclaration de dépens; que les uns ne regardoient que la partie, les autres le procureur. Qu'à l'égard de ceux qui regardoient la partie, quand il les augmentoit, comme en employant une grande requête pour une petite, il n'en revenoit rien à son bénéfice particulier, & tout étoit pour le remboursement de la partie ; mais quand il multiplioit les articles, comme ceux qui seroient rayés auroient tourné entiérement à son bénéfice, c'étoit le cas où il falloit appliquer la peine contre lui, & non pas lorsqu'il s'agissoit absolument du seul intérêt de la partie.

M. Pussort a dit, que quand l'article ne porteroit point de défenses d'employer d'autres droits que ceux qui seroient dus légitimement, les défenses y seroient naturellement; & qu'ainsi l'on pourroit retrancher de l'article la clause qui porte : *sans qu'ils puissent non plus employer autres plus grands droits, que ceux qui sont légitimement dus.*

☞ *Le changement le plus considérable que l'on a fait dans cet article, consiste au retranchement de cette derniere clause. Il est le VII de l'ordonnance, & voici de quelle maniere il a été arrêté.*

ARTICLE VII. Les procureurs ne pourront, en dressant la déclaration, composer plusieurs articles d'une seule piece : mais seront tenus de la comprendre toute entiere dans un seul & même article, tant pour l'avoir dressée que pour l'expédition, copie, signification & autres droits qui la concernent, à peine de radiation, & d'être déduit au procureur du demandeur, autant de ses droits pour chacun article qui aura passé en taxe, qu'il s'en trouvera de rayés dans la déclaration.

ARTICLE V.

Droit de conseil, comment sera employé.

NE sera non plus employé dans les déclarations, ni fait aucune taxe aux procureurs, que pour un seul droit de conseil pour toutes les demandes, tant principales qu'incidentes ; & un autre droit de conseil, en cas qu'il soit fait aucune demande, soit principale ou incidente par les parties contre lesquelles ils occuperont, à peine de vingt livres d'amende contre le procureur en son nom, pour chacun autre droit qui auroit été employé en sa déclaration.

Lecture faite de l'Article V:

M. le premier président a dit, que l'on retranchoit par cet article beaucoup de droits aux procureurs. Que l'on n'avoit pas même bien entendu la différence qui étoit entre *droit de conseil & de consultation.* Que le droit de conseil étoit de douze sols parisis, c'est-à-dire de quinze sols, qui se prenoient par le procureur du défendeur, à cause des défenses qu'il faut fournir sur chaque demande ; & ainsi autant de demandes, autant de droits de conseil de la part du défendeur. Que le droit de consultation étoit de 48 sols parisis, c'est-à-dire un écu, & se passe pour chaque demande que l'on forme, comme le droit de conseil pour les défenses.

Que ces droits sont pour les procureurs, & n'ont rien de commun avec ce que l'on donne aux avocats qui seront toujours payés des consultations qu'ils feront. Que cela pouvoit avoir été accordé aux procureurs pour récompense de toutes les vacations qu'ils faisoient, qui n'entroient point en taxe. Que si l'on vouloit que des officiers fissent leur devoir & vécussent avec honneur, il leur falloit laisser de quoi vivre. Que l'effet de cette réduction tourneroit contre les plaideurs de bonne foi, qui paieroient leu procureurs entiérement de tous leurs droits anciens, pour être bien s vis; que cependant ils n'entreroient point en taxe, & les chicaneurs profiteroient.

M. Pussort a dit, qu'en dressant l'article, l'assemblée avoit été bien i formée de la différence qu'il y avoit entre *le droit de conseil* & *de consultatio* Que cela paroissoit dans l'article suivant, qui porte qu'*aucun autre droit consultation n'entrera en taxe :* que cela étoit proprement du fait de l'av cat, & non de celui des procureurs. Qu'ils trouvoient assez d'autres ava tages dans la procédure, pour ne pas appréhender qu'ils ne tirassent le subsistance de leur travail. Qu'il falloit bien que leurs droits fussent grand & l'avantage qu'ils trouvent dans leur profession devoit être fort con dérable, puisqu'ils y devenoient fort accommodés en peu de tems. Q la réformation qui se fait, empêchera qu'ils n'abusent de leur minister & qu'ils n'exigent au-delà des droits qui seront réglés.

M. le premier président a réparti, que si l'on étoit si peu persuadé la probité des procureurs, c'étoit leur faire beaucoup d'honneur, que croire qu'ils ne prendroient d'autres droits que ceux qui leur sont du Qu'assurément il y en avoit plusieurs qui vivoient avec honneur dans palais & dans toutes les fonctions de leur charge. Qu'il falloit considér qu'ils alloient avec leurs parties chez les rapporteurs; qu'ils assistoie aux consultations, & qu'ils leurs rendoient beaucoup d'autres assistance dont les vacations n'entroient point en taxe; qu'il étoit juste de leur do ner par compensation quelques autres droits, & modérer les retranch mens portés par cet article & le suivant.

M. Talon a représenté, que l'on parloit bien dans l'article de régler d droits qui entrent en taxe dans la déclaration; mais que l'on ne pourvoyo pas à régler les mémoires que les procureurs donnent à leurs parties. Qu' auroient sujet de se plaindre, de ce qu'en réduisant les droits que l'on pr tend être excessifs, l'on n'augmentoit point ceux qui sont établis depu deux cens ans. Que pour assister à une audience, il ne leur entre en ta que deux sols six deniers. Que cela n'a aucune proportion avec la vacatic qu'ils y emploient. Que si l'on fait de si grands retranchemens, il n'y au que ceux qui paieront bien, qui seront servis, & les parties absentes trouveront abandonnées.

M. Pussort a dit, que les parties viennent quand elles sont mandées, que le premier avis qu'on leur donne, est celui d'apporter ou d'envoy de l'argent. Que laissant à part toutes ces considérations particulieres, cel du soulagement du public le devoit emporter; & que le retranchemer d'un grand nombre de procureurs, ne feroit que du bien dans l'admini tration de la justice.

☞ *Cet article est le VIII dans l'ordonnance : les changemens qu'on y faits ne sont pas considérables.*

ARTICL

ARTICLE VI.

Droit de consultation n'entrera en taxe.

N'ENTRERA pareillement en taxe aucun autre droit de consultation, bien que rapportée & signée d'avocats.

Lecture faite de cet Article:

L'on a employé les mêmes observations qui ont été faites sur l'article précédent.

☞ *Il est le IX article de l'ordonnance, sans aucun changement remarquable.*

ARTICLE VII.

Ecritures non signées d'avocats, seront rejettées.

TOUTES écritures & contredits seront rejettés des taxes de dépens, si elles n'ont été faites & signées par un avocat connu.

Après la lecture de cet Article:

M. le premier président a dit, que cela s'observoit.

M. le président de Fourcy a dit, qu'il seroit raisonnable que les avocats missent leur reçu au bas de leurs écritures; que cela étoit de l'ordonnance; que l'on y assujétissoit un chacun, & qu'il ne voyoit pas pourquoi les avocats en dûssent être dispensés.

M. Pussort a dit, que ce seroit réveiller une ancienne querelle. Que sous le roi Henri le Grand, messieurs du parlement en firent un arrêté: les avocats résolurent de n'entrer plus au palais, & en firent leur déclaration au greffe; que néanmoins il fut expédié une déclaration du roi en leur faveur, & qu'il ne s'en est plus parlé depuis.

M. le président de Fourcy a réparti, que cette colere passeroit, & qu'ils exécuteroient l'ordonnance comme les autres.

M. le président de Novion a dit, que c'étoit une profession libre; qu'elle étoit remplie de fort honnêtes gens, & qu'il n'y avoit pas de nécessité de rien innover à leur égard.

M. Talon a remontré, que les mots d'*avocat connu*, qu'on avoit mis dans l'article pour distinguer ceux qui travailloient au palais, d'avec ceux qui n'en portoient que le nom, ne signifioient pas assez; qu'il seroit bon de mettre: *les avocats plaidans qui seroient inscrits dans un tableau, & qui seroient appellés au serment qui se fait à la Saint-Martin.*

☞ *Sur la proposition faite par monsieur de Fourcy, l'on a inséré dans cet article, que les avocats* seront tenus de mettre le reçu au bas des écritures. *L'on a aussi changé les mots d'*avocat connu, *en ceux d'*avocat plaidant, du nombre de ceux qui seront inscrits, &c. *Cet article est le X dans l'ordonnance, en ces termes :*

ARTICLE X. Toutes écritures & contredits seront rejettés des taxes des dépens, s'ils n'ont été faits & signés par un avocat plaidant, du nombre de ceux qui seront inscrits dans le tableau qui sera dressé tous les ans, & qui seront appellés au serment qui sera fait aux ouvertures, & seront tenus de mettre le reçu au bas des écritures.

ARTICLE VIII.

Quelles écritures n'entreront en taxe.

LORSQU'AU procès il y aura eu des écritures & avertissemens dressés, les préambules des inventaires faits par les procureurs en seront distraits, & n'entreront en taxe; ni pareillement les rôles des inventaires & contredits, dans lesquels il aura été transcrit des pieces entieres, ou choses inutiles : ce que nous défendons à tous avocats & procureurs, à peine de restitution du double envers la partie qui l'aura avancé, & du simple envers la partie condamnée. Comme aussi défendons très-expressément aux procureurs, & à tous autres, de refaire des écritures, ni en augmenter les rôles après le procès jugé : à peine de restitution du quadruple contre les contrevenans, qui ne pourra être modérée, & de suspension de leurs charges. Enjoignons à nos cours, & autres nos juges d'y tenir la main, dont nous chargeons leur honneur & conscience.

Lecture faite de cet Article :

M. le premier président a dit, que rien n'étoit plus inutile que les avertissemens & les écritures qui se faisoient dans un procès, ni rien de plus difficile que de faire un inventaire bien raisonné ; que dans les affaires de conséquence l'avocat y mettoit la main, & qu'ainsi il falloit retrancher ces mots : *écritures & avertissemens.*

M. Pussort a dit, que la principale fonction de l'avocat étoit de faire un avertissement ; que c'étoit dans ces écritures qu'il dressoit le plan de l'affaire, & que les procureurs s'en servoient pour dresser leurs inventaires. L'article ne disoit pas qu'il y auroit des avertissemens ou des écritures dans un procès ; mais que s'ils étoient employés par répétitions dans les préambules des inventaires, ils seroient rejettés & n'entreroient point en taxe.

M. le président de Novion a dit, que l'inventaire regardoit principalement le ministere du procureur.

M. le premier président a ajouté, que les défenses de refaire les écritures & d'augmenter les rôles après le procès jugé, étoient inutilement faites par l'article; puisque par les réglemens précédens l'on devoit donner copie de tout, & qu'il étoit conséquemment impossible d'y rien changer.

M. Pussort a dit, que les copies que l'on donnoit serviroient pour en faire la vérification, & que d'ailleurs on ne donnoit pas copie des inventaires.

M. le premier président a réparti, que les écritures n'étoient pas des inventaires: que la copie même s'en donnoit en plusieurs cas portés par la présente ordonnance.

M. le président de Maisons a dit, que la restitution du quadruple employée dans l'article contre ceux qui auroient pris des vacations qui ne leur appartenoient pas, étoit une peine financiere, qui ne convenoit pas à la matiere.

M. Pussort a réparti, que la peine du quadruple s'apliquoit à tout dans les ordonnances; que celle d'Orléans faisoit défenses à tous présidens, maître des requêtes, & autres allans en commission, de se laisser défrayer par les parties, *à peine du quadruple.*

Roussillon, article 32, la même chose de mot à mot; celle de Louis XII, article 22, la même chose.

Charles VII en 1446, article 35, même chose, avec privation d'office.

Moulins, article 37, fait défenses à ceux qui ont fait leur instruction en matieres criminelles, de faire eux-mêmes les taxes de leurs salaires, *à peine du quadruple.*

La premiere déclaration sur l'ordonnance de Moulins, article 36, porte que les frais de la preuve des faits justificatifs & des reproches, seront taxés modérément par les juges, *à peine de répétition du quadruple.*

☞ *L'on n'a fait aucun changement dans cet article, qui est le XI dans l'ordonnance.*

ARTICLE IX.

Taxe aux procureurs pour droit de révision.

Ne sera taxé aux procureurs pour droit de révision des écritures, que le dixieme de ce qui entre en taxe pour les avocats; & sans que le droit de révision puisse être pris dans les cours, sieges & jurisdictions, dans lesquelles il n'a eu lieu jusqu'à ce jour. Faisons défenses aux procureurs d'employer dans leurs mémoires de frais qu'ils donneront à leurs parties, autres plus grands droits que ceux qui leur seront légitimement dus, & qui entreront en taxe, à peine de répétition contre eux, & de trois cens livres d'amende.

Après la lecture de cet Article :

M. le premier président a dit, qu'il ne pouvoit assez répéter, que retranchant si fort les droits des procureurs, il arrivera que celui qui aura bonne cause en souffrira, parce qu'il paiera bien, & qu'il n'y aura que le chicaneur qui sera soulagé dans la taxe des dépens.

M. Pussort a dit que l'assemblée avoit fait toutes les réflexions nécessaires sur cet article; que l'on avoit considéré qu'un avocat voyoit toutes les pieces d'un procès en faisant ses extraits, & étudioit les questions pour dresser les écritures; cependant l'on donnoit au procureur le dixieme pour la simple lecture de ces mêmes écritures qu'ordinairement il ne voyoit pas, & que l'on avoit estimé que cette réduction étoit raisonnable.

M. le premier président a réparti, qu'un procureur étoit obligé de revoir les écritures, & avoit intérêt de le faire; parce qu'étant maître de la cause, il demeuroit responsable des offres, consentemens, & autres déclarations de cette qualité. Qu'il étoit même raisonnable de considérer qu'un procureur, pour assister à une audience, n'avoit depuis plusieurs siecles que deux sols six deniers en taxe.

M. Pussort a dit, qu'ils n'y alloient pas pour une seule affaire.

☞ *Cet article est le XII de l'ordonnance, sans aucun changement.*

ARTICLE X.

Suppression du droit de contrôle des dépens.

NE sera non plus employé ni taxé aucune chose pour le droit de six deniers pour livre de contrôle des sommes auxquelles les dépens se trouveront monter. Défendons à tous porteurs de quittances & de provisions, de les exiger, à peine de restitution & d'être procédé contre eux extraordinairement; sauf à eux de se retirer pardevers nous pour être procédé à la liquidation de leur finance, & pourvu à leur remboursement, ainsi qu'il appartiendra.

Lecture faite de cet Article :

M. le premier président a dit, que le contrôle n'étoit d'aucun usage. Que les droits en étoient excessifs & beaucoup à charge au public; mais qu'en les supprimant, il feroit juste de pourvoir au remboursement des engagistes.

M. Pussort a dit que les propriétaires avoient donné leurs mémoires, qu'ils n'insistoient qu'à leur remboursement, & prétendoient que cela leur avoit valu seize mille livres de rente; mais que comme ce droit se partageoit entre beaucoup de personnes, il produiroit beaucoup plus s'il étoit retiré par sa majesté: que cependant les propriétaires devoient se retirer pardevers le roi, pour leur remboursement.

☞ *Cet article a été supprimé.*

ARTICLE XI.

Tarif des droits qui entreront en taxe.

Ce qui sera observé en la taxe des voyages & séjours.

ET pour faciliter les taxes de dépens, & empêcher qu'il ne soit employé dans les déclarations d'autres droits que ceux qui sont légitimement dus, & qui doivent entrer en taxe, sera dressé à la diligence de nos procureurs généraux & de leurs substituts, & mis dans les greffes de toutes nos cours, sieges & jurisdictions, un tableau dans lequel seront employés tous les droits qui doivent entrer en taxe; même ceux des déclarations, assistances des procureurs, & autres droits nécessaires pour parvenir à la taxe; ensemble les voyages & séjours, lesquels pourront y être employés & taxés, suivant les différens usages de nos cours & sieges, qualités des parties & distance des lieux : le tout ainsi qu'il sera par nous arrêté; sans néanmoins qu'aucuns voyages ni séjours puissent être employés ni taxés, s'ils n'ont été véritablement faits ou dus être faits, & que celui qui en demandera la taxe, ne fasse apparoir d'un acte passé pardevant notaire, ou reçu au greffe de la jurisdiction en laquelle le procès sera pendant, qui contiendra qu'il a fait exprès le voyage y mentionné, pour le fait du procès dont il s'agira; & que l'acte n'ait été signifié au procureur de la partie condamnée, aussi-tôt qu'il aura été passé.

Lecture faite de l'Article XI:

M. le premier président a dit, que cet article ne s'entendoit pas: que d'un côté il étoit porté, qu'*à la diligence des procureurs généraux & de leurs substituts, il seroit dressé un tableau, dans lequel seroient employés tous les droits qui devoient entrer en taxe*; & que dans un autre endroit de l'article il étoit porté, *le tout ainsi qu'il sera par nous arrêté.* Qu'il falloit s'expliquer là-dessus, & savoir si l'intention étoit que le tarif des droits qui seroient contenus dans ce tableau, fût fait par le conseil ou par les compagnies, chacune dans son ressort.

M. Pussort a réparti, que ce tarif sera dressé par les compagnies, à la diligence de messieurs les procureurs généraux, qui l'enverront au roi avec leur avis: sur quoi sa majesté fera expédier ses déclarations, & les enverra dans les compagnies; & que cela se pouvoit suffisamment entendre par l'article.

M. le premier président a dit, que ces tarifs seroient d'un grand travail, & qu'il faudroit pour les bien faire, y employer beaucoup de tems: qu'il avoit fait travailler pendant quatre ou cinq années à celui qui paroissoit présentement dans le public pour le parlement, qu'il avoit pris des mémoires de tous côtés pour le faire exact, qu'il y avoit néanmoins des choses qu'il étoit impossible de faire exactement, & que cependant il y avoit du péril qu'elles ne fussent pas exactes. Que tout cela ne pourroit pas entrer dans un tableau, & qu'il y en auroit des volumes entiers.

M. Pussort a dit, que l'on avoit bien cru la chose difficile, mais non pas impossible. Que l'on avoit en cela l'exemple de ce qui s'étoit fait pour Paris. Que cela se pouvoit faire plus aisément pour ailleurs; qu'il sera du soin de messieurs les procureurs généraux & de leurs substituts, de tirer des mémoires de tous les endroits de leur ressort, pour dresser leur tarif; & comme chacun n'auroit pas manqué d'observer dans son détroit les différences des pays & des sieges, le roi sans doute approuvera leur travail.

M. Talon a représenté que personne n'entreprendroit d'y travailler, que le renvoi ne leur en fût fait.

M. Pussort a dit, que l'article portoit, que *les tarifs seroient faits à la diligence de messieurs les procureurs généraux*. Que cette disposition de l'article étoit une commission suffisante. Que le roi se réservoit de confirmer ce qui seroit par eux proposé.

M. le premier président a dit, que le parlement avoit reçu du roi une autorité suffisante pour les choses qui regardoient l'administration de la justice, & qu'il n'avoit pas besoin de confirmation à cet égard.

M. Pussort a réparti, que les choses étoient d'une plus grande autorité lorsqu'elles étoient confirmées par le roi.

M. Talon a dit, que cette confirmation seroit fort bonne; mais qu'il y auroit beaucoup à toucher aux greffes, dont on ne parloit point.

M. le premier président a dit, que cela étoit bien plus difficile dans la pratique, qu'on ne s'imaginoit. Que l'on avoit travaillé au parlement avec grand soin à faire un réglement pour le greffe, ce qui ne faisoit qu'une partie de ce tarif: cependant qu'il étoit incroyable combien on avoit trouvé de difficultés à faire ce réglement, & à l'exécuter.

M. Talon a dit que M. Nau, qui avoit été commissaire pour l'exécution des arrêts des grands jours de Lyon, avoit trouvé qu'aux termes de l'exécution du réglement fait pour le parlement, il se commettoit des concussions de moitié. Qu'il falloit faire des réglemens pour chaque siege. Que les propriétaires des greffes en pourroient souffrir, mais que le public en recevroit un avantage très-considérable.

M. Pussort a dit, que sans aller si loin, & à bien examiner ce qui se faisoit dans Paris, l'on verroit de grandes exactions qui se commettoient dans les greffes.

M. le premier président a dit, que quand le parlement auroit connoissance de ces exactions, il les châtieroit avec grande sevérité, & qu'on tenoit la main autant qu'il étoit possible à l'observation des réglemens.

Il a encore observé que les voyages s'affirmoient en vertu de procutions, & qu'il n'y avoit rien dont on n'abusât davantage. Que pour y remédier, il falloit qu'une partie qui feroit un voyage exprès pour son procès, en fît sa déclaration au greffe, & en fît aussi-tôt signifier l'acte à sa partie.

M. Pussort a dit, que cette disposition étoit comprise dans l'article; mais que si elle ne suffisoit pas, il la faudroit expliquer davantage.

☞ *Cet article a été partagé en deux articles, qui sont le XIII & le XIV dans l'ordonnance. L'on a fait des changemens dans l'un & dans l'autre, & ils ont été arrêtés de cette maniere :*

ARTICLE XIII. Et pour faciliter les taxes de dépens, & empêcher qu'il ne soit employé dans les déclarations & autres droits que ceux qui sont légitimement dus, & qui doivent entrer en taxe, sera dressé à la diligence de nos procureurs généraux & de nos procureurs sur les lieux, & mis dans les greffes de toutes nos cours, sieges & jurisdictions, un tableau ou registre, dans lequel seront écrits tous les droits qui doivent entrer en taxe, même ceux des déclarations, assistances des procureurs, & autres droits nécessaires pour parvenir à la taxe ; ensemble les voyages & séjours, lesquels pourront y être employés & taxés, suivant les différens usages de nos cours & sieges, qualités des parties, & distance des lieux.

ARTICLE XIV. Les voyages & séjours qui doivent entrer en taxe, ne pourront être employés ni taxés, s'ils n'ont été véritablement faits & dus être faits, & que celui qui en demandera la taxe, ne fasse apparoir d'un acte fait au greffe de la jurisdiction en laquelle le procès sera pendant, lequel contiendra son affirmation qu'il a fait exprès le voyage pour le fait du procès, & que l'acte n'ait été signifié au procureur de la partie aussi-tôt qu'il aura été passé, & le séjour ne pourra être compté que du jour de la signification.

ARTICLE XII.

Ce qui sera fait si les offres n'ont été faites ou acceptées.

Si après que la déclaration de dépens aura été signifiée & copie laissée, il n'a été fait aucunes offres, ou qu'elles ne soient acceptées dans les délais ci-devant ordonnés, elle sera mise par le procureur du demandeur en taxe, ès mains du procureur tiers, avec les pieces justificatives; & à cet effet voulons, que dans nos cours, sieges & justices, où il ne se trouvera point de procureurs tiers en titre d'office, il soit nommé & commis par la communauté des procureurs par chacun mois, ou tel autre tems qu'il ſera par eux aviſé, nombre ſuffiſant d'entre eux pour régler & taxer les dépens, en la forme & maniere ci-après ordonnée.

Lecture faite de cet Article:

M. le premier préſident a obſervé, qu'il y avoit de la contrariété entre cet article & le 28 du même titre, en ce qu'il étoit porté par celui-ci, que *où il ne ſe trouveroit point de procureurs tiers dans les cours, ſieges & juſtices, il en ſera nommé & commis par la communauté des procureurs par chacun mois;* & par le 28 article il eſt porté, que *les dépens qui ſeront adjugés par les baillis, ſénéchaux & préſidiaux, ſeroient taxés par les juges ou commiſſaires-examinateurs.*

M. Puſſort a dit, que ces articles n'étoient pas contraires; mais que pour un plus grand éclairciſſement, l'on pouvoit ajouter à la fin du premier: *ſi ce n'eſt dans les ſieges où il y a des commiſſaires-examinateurs.*

M. le premier préſident a réparti, qu'il y en avoit preſque par-tout.

M. Puſſort a dit, qu'ils pouvoient n'avoir pas été levés. Que dans les pays d'états, il n'y avoit pas d'apparence qu'il y en eût d'établis, & que l'exception jointe à la regle comprendroit toutes les juriſdictions.

☞ *L'on n'a fait aucun changement en cet article, hormis qu'on y a ajouté la clauſe propoſée par M. Puſſort:* ſi ce n'eſt dans les ſieges où il y a des commiſſaires-examinateurs. *Il eſt le XV article de ce titre dans l'ordonnance.*

ARTICLE XIII.

Cote du jour de la remiſe.

Le procureur tiers ſera tenu de coter de ſa main, au bas de la déclaration, le jour auquel elle lui aura été délivrée, avec les pieces, pour procéder à la taxe des dépens adjugés.

ARTICLE XIV.

Signification au procureur du défendeur.

Sera ſignifié par acte au procureur du défendeur en taxe, le jour que la déclaration & pieces juſtificatives auront été miſes entre les mains du procureur tiers, avec ſommation d'en prendre communication ſans déplacer.

ARTICLE

ARTICLE XV.

Sommations pour assister à la taxe.

TROIS jours après la premiere sommation, il en sera fait une seconde, par laquelle le procureur du demandeur en taxe sommera celui du défendeur, de se trouver en l'étude du procureur tiers à certain jour & heure précise, pour voir procéder à la taxe des dépens contenus en la déclaration, & la signer; autrement il y sera procédé tant en présence qu'absence.

Lecture faite de ces trois Articles:

M. le premier président a dit, que ces articles sembloient inutiles, & que c'étoit augmenter les sommations.

M. Pussort a dit, que la disposition de ces trois articles paroissoit nécessaire pour abréger les délais, tant à l'égard du procureur du défendeur, que du procureur tiers, & que trois sommations n'étoient pas fort considérables.

M. l'avocat général a dit, que ce seroit bien le plus court, que le procureur du défendeur donnât son mémoire des diminutions, & que le tiers le réglât.

M. le premier président a dit, que la maniere de taxer, qui est en usage au parlement, est que quand le procureur du défendeur a donné ses diminutions, & les a signées, le tiers fait ses apostilles dans son mémoire; sur quoi le procureur du défendeur est contraint par corps ou d'y consentir ou d'appeller. S'il consent à la taxe, il faut qu'il mette les sommes sur les articles, suivant les apostilles du tiers, & qu'il signe; ce qui s'appelle au palais *in præsentiâ.* En ce cas la chose est consommée, & il n'y a plus qu'à lever l'exécution au greffe sur la déclaration. S'il appelle, le rapporteur écrit les sommes sur les articles dont on appelle, conformément au mémoire du tiers: sur l'appel on oblige le procureur de croiser; autrement il est déchu de son appel; car il n'est pas reçu à appeller indéfiniment. S'il n'y a que deux croix, c'est une appellation verbale qui se porte à la grand'chambre. S'il y a plus de deux croix, c'est un procès par écrit qui se conclut aux enquêtes.

M. Pussort a dit, qu'il y avoit plus; car pour obliger le procureur de signer ou d'appeller, il falloit des contraintes par corps, & de longues procédures. Que c'étoit ce que l'on a voulu retrancher, & avancer la taxe sans la faire dépendre du procureur du défendeur, non pas même du tiers, auquel on prescrivoit le tems dans lequel il devoit faire sa taxe.

M. le premier président a ajouté, qu'il y avoit beaucoup de choses à retrancher dans les procédures qui se faisoient à présent pour la taxe des dépens. Qu'il croyoit même que l'on pouvoit retrancher beaucoup de choses dans le titre proposé, dont les articles sont en grand nombre, contiennent beaucoup de formalités, & sont d'un style fort étendu.

☞ *Sur ces réflexions l'on n'a fait aucun changement dans ces trois articles, si ce n'est qu'on a retranché ces derniers mots de l'article XIII,* pour procéder à la taxe des dépens adjugés. *L'on a aussi changé ces termes de l'article XV,* pour voir procéder à la taxe des dépens, *en ceux-ci :* pour voir arrêter les dépens. *Ces trois articles sont les XVI, XVII & XVIII dans l'ordonnance.*

ARTICLE XVI.

Taxe en présence du procureur du défendeur.

Si le procureur du défendeur compare, seront les dépens taxés par le procureur tiers en sa présence.

Lecture faite de l'Article XVI :

M. le premier président a dit, que cet article ne signifioit rien, & que l'on ne pouvoit pas douter que quand un procureur compare, on agit en sa présence.

☞ *Nonobstant cela cet article a été conservé, en y changeant le mot de* taxés, *en celui d'*arrêtés. *Il est le XIX dans l'ordonnance.*

ARTICLE XVII.

S'il ne compare, ce que fera le tiers.

A FAUTE par le procureur du défendeur en taxe de comparoir à l'assignation, le procureur tiers sera tenu de taxer les dépens; pour ce fait, être les arrêtés par lui mis sur la déclaration conformément à son mémoire, lequel y demeurera attaché, & dans lequel le premier article ne sera taxé que pour un.

Après la lecture de cet Article :

M. le premier président a dit, qu'il étoit bon que le premier article de la déclaration de dépens ne passât que pour un seul; mais qu'au surplus la disposition n'étoit pas de présent en usage. Qu'obligeant le procureur de signer ou d'appeller, c'étoit une chose qui pouvoit être, en l'un & en l'autre cas, aisément consommée, & que présentement cela iroit plus loin.

M. Pussort a réparti, qu'il ne voyoit ni raison ni utilité à contraindre un procureur de signer ou d'appeller, sans avoir charge expresse de sa partie. Que les taxes de dépens étoient souvent plus considérables que le principal; que l'importance méritoit bien que la partie condamnée eût connoissance de ce qui se passoit, & qu'en mettant les choses dans l'ordre naturel, il fût libre au procureur de signer, d'appeller, d'acquiescer, ou de ne rien dire.

☞ *Cet article est le XX dans l'ordonnance. Il a été arrêté & rédigé de cette maniere :*

ARTICLE XX. A faute par le procureur du défendeur en taxe de comparoir à l'assignation, le procureur tiers sera tenu d'arrêter les dépens, pour ce fait, être les arrêtés par lui mis sur la déclaration, conformément à son mémoire, lequel y demeurera attaché, & ne sera le premier article passé que pour un seul.

ARTICLE XVIII.

Dans quel tems le procureur tiers arrêtera les dépens.

LE procureur tiers sera tenu de taxer les dépens qui contiendront deux cens articles & au-dessous, huitaine après qu'il en aura été chargé, & que les parties auront comparu devant lui, ou que le défendeur y aura manqué, comme il est dit ci-dessus; & ceux qui contiendront plus grand nombre d'articles, dans la quinzaine, à peine de répondre des dommages & intérêts des parties.

Lecture faite de cet Article :

M. le premier président a dit, que l'article donnoit deux délais au procureur tiers, l'un de huitaine, lorsque la déclaration ne contiendra que deux cens articles & au-dessous: & l'autre de quinzaine, quand il y en aura un plus grand nombre. Qu'il sera difficile que la taxe puisse être faite dans si peu de tems. Qu'il y avoit des déclarations qui contenoient des douze à quinze cens articles; que les procureurs tiers avoient leurs autres affaires. Que les droits qu'ils tiroient des taxes des dépens, entroient dans la bourse commune, & cela les rendoit plus lents, travaillant pour le commun, que s'ils travailloient pour leur utilité particuliere.

M. Pussort a dit, que si une déclaration n'étoit composée que de deux cens articles, elle pourroit être facilement taxée en huit jours, & que quinze jours pouvoient suffire en toutes façons à l'égard des autres.

M. Talon a représenté, que les offices de procureurs tiers avoient été incorporés aux charges des autres procureurs : que la communauté en commettoit quarante par chacun mois pour taxer les dépens: que tous les droits entroient dans la bourse commune, sans que celui qui taxoit, eût un autre plus grand bénéfice pour lui en son particulier, que cette communauté. Que pour qu'ils fussent diligens, il les faudroit exciter par leur propre intérêt, & que le tiers ou la moitié des droits appartînt particuliérement, & à l'exclusion de la communauté, à celui qui feroit la taxe.

M. Pussort a réparti, que cela feroit cabale entre eux à qui auroit de plus grandes distributions, & que c'étoit une affaire de leur discipline.

M. Talon a dit, qu'il ne pouvoit y avoir de cabale, parce que cela étoit réglé parmi eux.

☞ *Dans cet article, comme dans les articles précédens, l'on a changé le mot de* taxer, *en celui* d'arrêter. *L'on en a aussi retranché cette clause :* & que les parties auront comparu devant lui, ou que le défendeur y aura manqué, comme il est dit ci-dessus. *Il est le XXI dans l'ordonnance, sans autre changement.*

ARTICLE XIX.

Assistance du procureur du défendeur.

LES procureurs des défendeurs en taxe ne pourront prendre aucun droit d'assistance, s'ils n'ont écrit sur la déclaration les apostilles de leur main, à peine de faux & d'interdiction.

Lecture faite de cet Article :

M. le premier président a dit, qu'au lieu du mot d'*apostille*, il falloit mettre celui de *diminutions*, parce que les *apostilles* s'écrivent par le tiers, & ce qui s'écrit par le procureur du défendeur, s'appelle *diminution* au palais.

☞ *Sur cette observation, l'article a été réformé. Il est le XXII dans l'ordonnance, en ces termes :*

ARTICLE XXII. Le procureur du défendeur en taxe ne pourra prendre aucun droit d'assistance, s'il n'a écrit de sa main sur la déclaration les diminutions, à peine de faux & d'interdiction.

ARTICLE XX.

S'il y a plusieurs procureurs des défendeurs, comment l'assistance se réglera.

LORSQU'IL y aura plusieurs procureurs des défendeurs en taxe, condamnés par même jugement, ils ne prendront assistance que pour les articles qui les concerneront : & à l'égard des frais ordinaires & extraordinaires des criées & reddition des comptes de tutele, héritiers bénéficiaires, curateurs aux biens vacans, commissaires, & autres, les parties assisteront par un procureur le plus ancien. Pourront néanmoins les autres procureurs y assister sans droit d'assistance, & sans la pouvoir employer dans les mémoires de frais à leurs parties, si ce n'est qu'ils aient un pouvoir exprès d'icelles par écrit, pour y assister.

Après la lecture de cet Article :

M. le premier président a dit, que la disposition de l'article étoit en usage;

M. Talon a proposé l'espece de deux cohéritiers, lesquels dans un même intérêt auroient constitué deux procureurs, & a demandé si tous les articles les concernant également, on leur donneroit à chacun un droit d'assistance ?

M. Pussort a réparti, qu'en ce cas le procureur plus ancien n'excluroit l'autre.

☞ *Cet article est le XXIII dans l'ordonnance. On y a fait quelques changemens dans l'expression, de cette maniere :*

ARTICLE XXIII. S'il y a plusieurs procureurs des défendeurs en taxe condamnés par même jugement, ils ne prendront assistance que pour les articles qui les concerneront : & à l'égard des frais ordinaires & extraordinaires de criées, reddition de compte, de tuteurs, héritiers bénéficiaires, curateurs aux biens vacans, commissaires & autres, les parties qui auront un intérêt commun y assisteront par le plus ancien procureur. Pourront néanmoins les autres procureurs y être présens, sans prendre aucun droit d'assistance, & sans la pouvoir employer dans leurs mémoires de frais & salaires, si ce n'est qu'ils aient pouvoir par écrit pour y assister.

ARTICLE XXI.

Formalités après la taxe.

APRÈS que la taxe aura été faite par le procureur tiers, sera signifié un troisieme acte au procureur du défendeur, par lequel on lui dénoncera que les dépens ont été taxés, & sera sommé de les signer, avec déclaration qu'à faute de ce faire, le calcul en sera signé par défaut par le rapporteur ; ce qui sera exécuté en cas de refus, & passé outre, en faisant mention dans l'arrêté & calcul, de la sommation qui aura été faite.

Lecture faite de l'Article XXI:

M. le premier président a dit, que cet article augmentoit encore le nombre des sommations ; mais que dans le changement que l'on vouloit faire, il n'étoit pas parlé d'une disposition fort importante, qui étoit d'obliger le procureur du défendeur, ou le tiers à son refus, de mettre sur toutes les pieces justificatives de la déclaration, *taxé*, avec son paraphe, afin qu'elle ne pût une seconde fois entrer en taxe, & que cela s'observe au parlement.

Il a ajouté, qu'il croyoit que cet article seroit mieux, s'il ordonnoit que le procureur du défendeur en taxe seroit sommé de se transporter chez le tiers, pour signer la déclaration ; & en cas de refus, en rapportant l'acte de sommation par le demandeur, le tiers sera tenu de lui rendre la déclaration, les pieces justificatives, & son mémoire, après avoir mis de sa main le mot de *taxe* sur chaque piece, avec paraphe au dos & à la marge ; & ensuite le calcul seroit signé du rapporteur. Que si cet article étoit conçu en ces termes, il suffiroit au lieu de plusieurs qui sont contenus dans ce titre.

M. Pussort a dit, que l'observation du paraphe des pieces étoit fort bonne, & qu'il en seroit fait mention dans l'article.

☞ *Cet article est le XXIV de ce titre. La disposition en a été conservée, mais l'on y a fait quelques changemens à l'égard de l'expression.*

Et sur la proposition faite par monsieur le premier président, touchant le paraphe des pieces taxées, l'on a dressé un nouvel article, qui est le XXV de l'ordonnance. Voici de quelle maniere ces deux articles ont été rédigés :

ARTICLE XXIV. Après que la déclaration aura été arrêtée par le tiers, sera signifié un troisieme acte au procureur du défendeur, par lequel on lui dénoncera que les dépens ont été arrêtés, & sera sommé de les signer, avec protestation qu'à faute de ce faire, le calcul en sera signé par le commissaire, par défaut ; ce qui sera exécuté en cas de refus, & passé outre, en faisant mention dans l'arrêté & calcul, de la sommation.

ARTICLE XXV. Le tiers, sur chacune piece qui entrera en taxe, sera tenu de mettre *taxé*, avec son paraphe.

ARTICLE XXII.

Commissaires signeront les déclarations sans droit.

LES commissaires signeront les déclarations sans prendre aucun droit pour raison de ce ; mais sera taxé à leurs clercs le droit de calcul, lorsqu'ils l'auront fait & écrit de leur main, suivant qu'il sera arrêté dans le tableau des droits ci-dessus mentionné. Défendons aux procureurs tiers de leur taxer davantage, à peine de restitution du quadruple, tant contre le tiers, que contre celui qui l'aura reçu, & d'interdiction.

Lecture faite de cet Article :

M. le premier président a dit, que messieurs du parlement ne condamneroient pas ce retranchement pour leur intérêt particulier; mais qu'à l'égard des juges subalternes, si l'on retranchoit leurs droits d'un côté, ils les augmenteroient de l'autre.

☞ ***Nonobstant cette réflexion, l'on n'a fait aucun changement dans l'article à cet égard ; mais on en a changé l'expression, & il est le XVI de cette maniere :***

ARTICLE XXVI. Les commissaires signeront les déclarations sans prendre aucun droit, & auront seulement les clercs le droit de calcul, lorsqu'ils l'auront fait & écrit de leur main, suivant la taxe qui sera arrêtée dans le tableau ou registre des droits pour les dépens ci-dessus mentionnés. Leur défendons de prendre autres ni plus grands droits, à peine du quadruple.

ARTICLE XXIII.

Que les frais seront employés dans les exécutoires.

DANS les exécutoires de dépens, sera aussi employé la somme qu'il coûtera aux parties pour les lever, avec les frais du premier exploit & de la signification qui aura été faite, tant des exécutoires que de l'exploit.

Lecture faite de cet Article:

M. le premier président a dit, que l'article faisant mention de la taxe d'un exploit, cela se devoit entendre de l'exploit qui seroit fait, & que dans ce sens il falloit concevoir & rédiger l'article.

☞ *Il est le XXVII, & sur cette observation il a été rectifié de cette maniere:*

ARTICLE XXVII. Dans les exécutoires de dépens seront aussi employés les frais pour les lever, avec ceux du premier exploit, & de la signification qui sera faite, tant des exécutoires que de l'exploit.

ARTICLE XXIV.

S'il y a appel de la taxe, ce que le procureur fera.

SI la partie condamnée interjette appel de l'exécutoire & taxe des dépens, son procureur sera tenu de croiser dans trois jours, sur la déclaration, les articles dont il est appellant; autrement & à faute de ce faire sur la premiere requête, il sera déclaré non-recevable en son appel.

Lecture faite de cet Article:

M. le premier président a dit, qu'il en falloit ôter le mot d'*exécutoire*; parce que l'exécutoire est un arrêt dont on n'appelloit point; qu'étant signé du greffier en parchemin, & expédié sur la déclaration qui demeuroit au greffe pour servir de minute, il avoit même autorité qu'un arrêt: ce qui étoit une maxime inviolable au palais; qu'autrement un décret seroit une simple sentence. Que tout ce qui s'expédie par le greffier, même un simple *communiqué à partie*, passoit pour un arrêt, & que l'appel ne pouvoit être que de la taxe.

M. Pussort a réparti, que de toutes les raisons qui étoient alléguées, celle de l'usage étoit la plus forte; qu'il falloit néanmoins pour le soutenir, qu'il ne parût pas abusif. Qu'un exécutoire n'avoit aucune des marques essentielles d'un arrêt; qu'il étoit expédié sur l'ordonnance particuliere d'un commiſſaire qui avoit jugé ſeul, & qui conſéquemment ne pouvoit rien ordonner qui ne fût ſujet à l'appel. Qu'en effet l'on étoit reçu appellant de la taxe; mais que c'étoit une même choſe: que ce n'étoit qu'un jeu de paroles, & néanmoins il proposeroit au roi d'ôter le mot d'*exécutoire*.

☞ *Ce dernier mot a été retranché, & l'on a fait d'autres changemens dans l'article XXVIII, en ces termes:*

ARTICLE XXVIII. Si la partie qui a ſuccombé interjette appel de la taxe des dépens, ſon procureur ſera tenu de croiſer dans trois jours ſur la déclaration, les articles dont il eſt appellant; & à faute de ce faire ſur la premiere requête, il ſera déclaré non-recevable en ſon appel.

ARTICLE XXV.

Exécutoire des articles non croiſés.

APRÈS que le procureur de l'appellant aura croiſé, ſur la déclaration, les articles dont il ſera appellant, pourra l'intimé ſe faire délivrer exécutoire du contenu aux articles non croiſés, dont il n'y aura point d'appel.

Lecture faite de cet Article:

☞ *Il a été trouvé bon, & il eſt le XXIX, ſans aucun changement.*

ARTICLE XXVI.

Appellations des articles croiſés, où ſeront portées.

LES appellations des articles croiſés ſeront portées à la communauté des procureurs qui examineront ſans frais, ſi elles peuvent être jugées à l'audience, ou ſi elles doivent être appointées, ſoit qu'elles ſoient ſous une, ou ſous pluſieurs croix: & ſuivant l'avis des procureurs de communauté, la cauſe ſera plaidée, ou l'appointement paſſé, ſans qu'il puiſſe être empêché.

Après la lecture de cet Article:

M. le premier préſident a dit, que l'uſage étoit que ſur deux croix on alloit à l'audience; & que quand il y en avoit davantage, c'étoit un procès par écrit qui ſe diſtribuoit aux enquêtes. Qu'il n'étoit pas à propos de donner juriſdiction à la communauté des procureurs; qu'elle étoit ſurchargée d'affaires, & les parties n'y auroient pas d'expédition. Que lorſque les procureurs de communauté ſe verroient un titre & un pouvoir bien établi par

par l'ordonnance, ils prendroient des droits, & que l'obſervation de l'uſage ancien empêcheroit tous ces inconvéniens.

M. Puſſort a dit, qu'il eſtimoit qu'il ſeroit mieux de ſuivre l'ancien uſage, parce que les appellations de la taxe des dépens pourroient être difficilement jugées à l'audience; mais que l'article étant réformé ſuivant l'ancien uſage, il ſeroit néceſſaire d'ajouter à l'article une exception de la regle générale qui renvoie toutes les affaires à l'audience.

☞ *L'on a ôté aux procureurs la juriſdiction qui leur étoit attribuée par cet article; & l'on a ordonné que quand il y auroit plus de deux croix, l'on prendroit un appointement au greffe. Cet article eſt le XXX dans l'ordonnance, & il a été rédigé de cette maniere :*

ARTICLE XXX. Les appellations des articles croiſés ſous deux croix ſeulement, ſeront portées à l'audience; & quand il y en aura davantage, ſera pris un appointement au greffe.

ARTICLE XXVII.

Amendes contre l'appellant condamné.

Il y aura autant d'amendes contre l'appellant, que de croix ou chefs d'appel ſur leſquels il ſera condamné, ſi ce n'eſt qu'il ſoit appellant des articles croiſés, par un moyen général: & néanmoins les dépens adjugés pour raiſon des appellations des taxes, ſeront taxés & liquidés par le même jugement qui décidera les appellations.

Lecture faite de cet Article:

M. le premier préſident a dit, qu'il ſera aiſé aux parties de ſe défendre des amendes portées par cet article, en comprenant toutes les appellations ſous une même croix.

M. Puſſort a réparti, que ces croix ne pouvoient s'entendre que pour les articles d'une même ſuite, & pour un même ſujet.

M. le premier préſident a ajouté, que les mots de *taxés* & *liquidés* étoient contraires, & qu'ici c'eſt le mot de *liquidés*, au lieu de celui de *taxés*, qu'il falloit employer.

M. Puſſort a réparti, que le mot de *taxés*, ſignifioit ici ce que l'on vouloit dire: que l'intention de l'article n'étoit pas de modérer les dépens, mais que ſans déclaration le juge les pût taxer à leur juſte valeur; & que c'eſt en ce cas que le mot de *taxés*, exprimoit l'intention de l'article proprement. Que néanmoins cela n'étant pas important, on pourroit l'ôter, & mettre le mot de *liquidés*.

☞ *Cette derniere propoſition a été ſuivie, & l'on a fait quelques autres changemens dans cet article à l'égard de la diction. Il eſt le XXXI de l'ordonnance.*

ARTICLE XXXI. L'appellant sera condamné en autant d'amendes qu'il y aura de croix & chefs d'appel, sur lesquels il sera condamné, si ce n'est qu'il soit appellant des articles croisés par un moyen général : & néanmoins les dépens adjugés pour raison des appellations des taxes, seront liquidés par le même jugement qui prononcera sur les appellations.

ARTICLE XXVIII.

Dépens, par qui & comment seront taxés.

LES dépens qui seront adjugés, soit à l'audience ou sur des procès par écrit, par les baillis, sénéchaux & présidiaux, seront taxés en la même forme & maniere qu'en nos cours de parlement, & autres nos cours ; & tous les droits réglés suivant l'usage des sieges dans lesquels les condamnations seront intervenues, ainsi qu'ils seront employés dans le tableau ci-dessus mentionné ; & seront les dépens taxés par les juges & commissaires-examinateurs des dépens, créés & établis à cet effet, auxquels nous faisons très-expresses inhibitions & défenses de prendre plus grands droits que ceux qui seront par nous attribués, sous prétexte d'attributions & usages contraires : à peine de concussion & d'interdiction de leurs charges.

Après la lecture de cet Article :

M. le premier président a dit, que, comme il avoit été observé ci-dessus sur l'article XII, celui-ci s'y trouvoit contraire.

M. Pussort a dit, que cela avoit été accommodé, ainsi que l'on en étoit demeuré d'accord, en ajoutant au XV article ces mots : *si ce n'est dans les sieges où il y aura des commissaires-examinateurs.*

M. Talon a représenté, que l'article portoit que *tous les droits seroient réglés suivant l'usage des sieges dans lesquels les condamnations seroient intervenues, ainsi qu'ils seroient employés dans le tableau ci-dessus mentionné.* Mais comme ce tarif ne sera pas si-tôt fait, il seroit bon cependant de pourvoir sur la maniere avec laquelle l'on en doit user. Que le parlement avoit pourvu à cela par le réglement qu'il a fait en 1665, & à beaucoup d'autres désordres.

M. le premier président a dit, que c'étoit un réglement fort circonspect, & qu'il y avoit lieu de s'étonner comment on y avoit donné atteinte au conseil, sur la requête des juges présidiaux de Poitiers. Que cela avoit causé de très-méchans effets à l'égard de tous les sieges du ressort, ainsi qu'il l'a expliqué plus amplement en l'une des conférences précédentes.

☞ *L'on n'a point pourvu à la proposition faite par M. Talon, de régler ici la maniere avec laquelle on en doit user pour les droits mentionnés en cet article.*

L'on y a seulement fait quelques changemens dans l'expression, & il est le **XXXII** *de l'ordonnance, en ces termes :*

ARTICLE XXXII. Les dépens qui seront adjugés, soit à l'audience ou sur les procès par écrit par les baillis, sénéchaux & présidiaux, seront taxés en la même forme & maniere qu'en nos cours, & tous les droits réglés suivant l'usage des sieges dans lesquels les condamnations seront intervenues, ainsi qu'ils seront employés dans le tableau & regiftre ci-dessus mentionnés; & seront les dépens taxés par les juges ou commissaires-examinateurs des dépens, créés & établis à cet effet; auxquels commissaires-examinateurs nous défendons de prendre plus grands droits, sous prétexte d'attributions & usages contraires, que ceux qui seront arrêtés, à peine de concussion & d'interdiction de leurs charges.

ARTICLE XXIX.

Juges subalternes liquideront les dépens.

Et quant aux juges subalternes royaux ou des seigneurs particuliers, en procédant au jugement des causes d'audience, instances & procès par écrit, ils seront tenus de taxer & liquider les dépens qui seront adjugés par leurs sentences, eu égard aux frais qui auront été légitimement faits, sans aucune déclaration de frais; à peine contre les contrevenans de vingt livres d'amende, & de restitution des droits qui auront été reçus, dont sera délivré exécutoire aux parties qui les auront déboursés.

Après la lecture de cet Article :

M. le premier président a dit, que l'on y avoit encore employé le mot de *taxer*, au lieu de celui de *liquider*. Que de plus, les dépens ne pourroient être liquidés dans les sieges des grandes justices des pairies, comme à Nevers & à Mayenne, où se traitent des procès civils & criminels de très-grande importance.

M. Pussort a dit, que l'on pouvoit ajouter à l'article : *si mieux n'aimoient souffrir la taxe.*

☞ *L'addition proposée par M. Pussort n'a point été faite ; mais l'on a fait d'autres changemens dans cet article, qui est le* **XXXIII** *& dernier de ce titre, en ces termes :*

ARTICLE XXXIII. Les juges subalternes, tant royaux que des seigneurs particuliers, seront tenus en toutes sentences, soit en l'audience ou procès par écrit, de liquider les dépens, eu égard aux frais qui auront été légitimement faits, sans aucunes déclarations de dépens, à peine contre les contrevenans de vingt livres d'amende, & de restitution des droits qui auront été perçus, dont sera délivré exécutoire aux parties qui les auront déboursés.

Trois articles à ajouter

AU TITRE XXVII.

De la taxe des dépens.

ARTICLE I.

Dépens indéfiniment portés par celui qui ſuccombera.

TOUTE partie, ſoit principale ou intervenante, qui ſuccombera, même aux renvois, déclinatoires, évocations ou réglemens de juges, ſera condamnée aux dépens indéfiniment, nonobſtant la proximité ou autres qualités des parties; ſans que, ſous prétexte d'équité, partage d'avis, ou pour quelque autre cauſe que ce ſoit, elle en puiſſe être déchargée. Défendons à nos cours de parlement, grand-conſeil, cours des aides, & autres nos cours, requêtes de notre hôtel & du palais, & à tous autres juges, de prononcer par hors de cour ſans dépens. Voulons qu'ils ſoient taxés en vertu de notre préſente ordonnance, au profit de celui qui aura obtenu définitivement, encore qu'ils n'euſſent été adjugés, ſans qu'ils puiſſent être modérés, liquidés, ni réſervés.

Lecture faite de cet Article :

M. le premier préſident a dit, que l'article portoit défenſes aux juges *de prononcer par hors de cour & ſans dépens*; & qu'en ce cas ils ſeroient *taxés en vertu de l'ordonnance, au profit de celui qui auroit obtenu définitivement, encore qu'ils n'euſſent été adjugés.*

Que cela étoit impraticable, & ne ſe pouvoit pas faire ſans l'office du juge. Il ſeroit même difficile dans la confuſion de diverſes demandes reſpectives, de ſavoir laquelle des parties auroit le plus gagné dans un procès. Que tel, à qui de dix chefs un ſeul auroit été adjugé, prétendra qu'il ſera plus conſidérable que les neuf autres. Il pourra même arriver que les parties ſeront reſpectivement appellantes, & que ſur leurs appellations on les mettra hors de cour & de procès: en ce cas chacun prétendra que la taxe lui doit appartenir.

M. Pussort a dit, qu'il n'y aura pas tant de difficulté que l'on en veut prévoir. Que tous les procès commencent par une demande: qu'il s'en trouve peu où le défendeur soit respectivement demandeur, & moins encore, où ses demandes incidentes soient assez considérables pour obliger le juge d'y faire droit; & ainsi tout se réduisant à la premiere & principale demande, lorsque le juge aura prononcé, l'on connoîtra aisément par les qualités & le dispositif, la partie qui aura obtenu ses fins, ou qui aura été condamnée; ainsi il n'y aura difficulté quelconque à cet égard. Et lorsqu'il y aura des demandes respectivement faites de part & d'autre, le jugement en sera encore établi par les qualités & le dispositif; & les ambiguités que l'on appréhende, ne seront pas d'une fort difficile résolution.

Au surplus, si le juge qui aura manqué d'adjuger les dépens, refuse de les taxer en faveur de celui qui aura obtenu au principal, il sera sommé de le faire, & l'on en appellera comme de déni de justice. Et quant à ces appellations respectives sur lesquelles on mettra hors de cour & de procès, ce sera le véritable cas auquel les juges pourront compenser les dépens. Il est vrai que l'on n'a pas estimé que l'on dût insérer cette faculté de compenser, dans l'article, pour ne pas donner occasion d'en abuser, sous prétexte d'une disposition positive; mais on l'a laissée facilement à l'arbitrage du juge pour en user modérément, & dans les cas où il estimeroit nécessaire de s'en servir.

M. le président de Novion a dit, qu'il eût été bon d'excepter de la nécessité de condamner aux dépens, les chambres de la tournelle; parce qu'il s'y traite ordinairement quantité de petits procès qui n'ont point d'autre fondement que la chaleur des parties, & des injures dites entre de pauvres gens; & qu'il y avoit nécessité de les liquider.

M. Pussort a dit, que la raison qui est alléguée pour ces procès qui n'ont d'autre fondement que la chaleur des parties, sert à faire voir la nécessité de condamner aux dépens; autrement il se trouveroit que les deux parties perdroient toujours leurs procès. Que l'appréhension de tomber dans cette condamnation de dépens, les rendroit plus retenues. Qu'il n'y avoit pas d'apparence que sur cette considération l'on voulût faire une exception dans cet article.

M. l'avocat général Talon a observé, que les juges des seigneurs, par le dernier article du titre *de la taxe des dépens*, sont obligés de liquider les dépens adjugés par leurs sentences; mais s'il arrivoit qu'ils ne fissent point droit sur les dépens, les parties qui auroient obtenu au principal, seroient en droit, conformément à cet article, de les faire sommer de procéder à la taxe; & s'ils les taxoient, ce seroit contre l'intention, qui est que les juges des seigneurs ne fassent aucune taxe: ce qu'il est nécessaire d'expliquer par l'article.

M. Pussort a répondu, que l'article des hauts-justiciers prononce une peine contre le juge qui ne liquidera pas les dépens par sa sentence.

☞ *L'on n'a fait aucun changement à cet article, qui est le I de ce titre dans l'ordonnance.*

ARTICLE II.

Arbitres condamneront indéfiniment aux dépens celui qui succombera.

SERONT aussi tenus les arbitres en jugeant les différends, de condamner indéfiniment aux dépens celui qui succombera; si ce n'est que par le compromis il y eût clause expresse portant pouvoir de les remettre, modérer & liquider.

Lecture faite de cet Article:

M. le premier président a dit, que le pouvoir aux arbitres de remettre, modérer ou liquider les dépens, sera ci-après la clause ordinaire des compromis. Que l'on fera ce que l'on ne veut pas faire, en donnant une maniere de jurisdiction aux arbitres; & l'on ne fera pas ce que l'on veut faire, qui est, de faire adjuger les dépens à ceux qui auront gagné au principal. D'ailleurs, les arbitres naturellement ne sont point choisis pour donner des dépens: ils sont amiables compositeurs, & doivent, en accommodant les procès, concilier ensemble, autant qu'ils peuvent, les esprits des parties. Ils n'ont point d'autre jurisdiction que celle que les parties leur ont donnée, pour connoître de leurs différends; ce seroit les égaler aux juges, que de leur attribuer par l'ordonnance une jurisdiction. Les juges sont personnes publiques, établies par la loi & par le prince. Les arbitres sont personnes privées, qui n'ont autre pouvoir que celui que les parties leur donnent.

M. Talon a dit, que si l'on permettoit aux arbitres de modérer ou d'ôter les dépens, ils auroient plus d'autorité que les juges mêmes. Que quelquefois des gens de considération & de crédit obligeoient les parties de se mettre en arbitrage: qu'il ne seroit pas juste que leur complaisance leur pût ôter les dépens.

[M. Pussort a dit, que la crainte que l'on a, de donner une espece de jurisdiction aux arbitres, par le pouvoir de régler les dépens, semble mal fondée, puisque les parties se peuvent faire telles loix qu'elles jugent à propos. Ce raisonnement va même à prouver que l'on ne pourroit pas donner aux arbitres le pouvoir de décider l'affaire principale, pour laquelle ils sont nommés arbitres; parce que s'ils ont quelque jurisdiction, ils l'ont bien plus par le pouvoir de juger l'affaire au fonds, qu'ils ne l'ont par le pouvoir qu'on leur donne de régler les dépens.

Ainsi l'on peut dire, qu'en permettant par cet article aux parties de donner pouvoir à leurs arbitres de remettre, modérer ou liquider les dépens, on ne mettoit pas les arbitres au-dessus des juges, & qu'on ne leur donnoit pas même de nouvelle jurisdiction; puisque ce pouvoir qu'ils auront de régler les dépens, n'est qu'une suite & un accessoire de l'affaire principale. Il ne doit pas paroître extraordinaire que l'on rende maîtres des dépens, ceux que l'on aura rendu maîtres d'un procès considérable. Enfin, puisque M. le premier président convient lui-même que *les avocats n'ont d'autre pouvoir que celui que les parties leur donnent;* si elles leur donnent celui de remettre, modérer & liquider les dépens, l'on ne voit pas quel désordre il en peut arriver, ni quelle injure cela fera aux juges.

Quant à l'inconvénient qui est proposé par M. l'avocat général, disant que *si l'on permettoit aux arbitres de modérer ou d'ôter les dépens, ils auroient plus d'autorité que les juges mêmes:* l'on répond que les arbitres étant d'*amiables compositeurs*, ils peuvent avoir quelque pouvoir particulier de régler les dépens selon les diverses circonstances des affaires, & suivant l'intérêt & le droit des parties: ce que l'on ne peut pas permettre expressément aux juges, à cause des grands abus qu'il en pourroit arriver.

D'ailleurs quand les parties se mettent en arbitrage, elles choisissent chacune une personne de confiance pour faire valoir leur droit, & pour ménager leurs intérêts: ce que l'on ne peut pas dire des juges. Il n'est pas à présumer que les arbitres trahissent leur ministere, & qu'ils abusent de la confiance que leurs parties ont en eux, pour favoriser la partie adverse. Ainsi ils descendent toujours dans des considérations particulieres, suivant lesquelles ils peuvent régler les dépens d'une autre maniere que les juges.]

M. le président de Novion a demandé, qui sera celui qui taxera les dépens, & de l'autorité de qui?

M. Pussort a répondu, que ce seront les procureurs des parties qui feront la taxe.

☞ *Cet article est le II du même titre dans l'ordonnance, sans aucun changement.*

ARTICLE III.

Le même pour les dépens des incidens.

Si dans le cours du procès il survient quelque incident qui soit jugé définitivement, les dépens en seront pareillement adjugés.

Après la lecture de l'Article III:

M. le premier président a dit, que la disposition de cet article, pour les dépens des incidens, pourra souvent empêcher les juges de les juger.

M. Pussort a dit, que c'étoit pour ôter la demangeaison de former des incidens.

M. l'avocat général a représenté, que cela donnera lieu de joindre toutes les requêtes au procès, au lieu d'y faire droit.

☞ *Cet article est aussi le III dans l'ordonnance, & l'on n'y a fait aucun changement.*

Ce titre est le XXX de l'ordonnance.

TITRE XXVIII.

De la liquidation des fruits.

ARTICLE I.

Comment elle sera faite lorsqu'il y a condamnation de restitution.

LORSQUE par sentence, jugement ou arrêt, il y aura condamnation de restitution de fruits, ceux de la derniere année seront délivrés en espece; & quant à ceux des années précédentes, la liquidation en sera faite, eu égard aux quatre saisons & prix commun de chacune année; si ce n'est qu'il en ait été autrement ordonné par le juge, ou convenu entre les parties

Lecture faite de cet Article, il a été trouvé bon.

☞ *L'on n'a pas laissé d'en changer le commencement; il est aussi le I du même titre dans l'ordonnance, en ces termes:*

ARTICLE I. S'il y a condamnation de restitution de fruits par sentence, jugement ou arrêt, ceux de la derniere année seront délivrés en especes; & quant à ceux des années précédentes, la liquidation en sera faite, eu égard aux quatre saisons & prix commun de chacune année, si ce n'est qu'il en ait été autrement ordonné par le juge, ou convenu entre les parties,

ARTICLE II.

Ce que doivent faire les condamnés à la restitution des fruits.

LES parties condamnées à la restitution des fruits, ou leurs héritiers, seront tenus au jour de la premiere assignation, en exécution de la sentence, jugement ou arrêt, de représenter pardevant le juge ou commissaire, tous les comptes, papiers de recettes, & baux à ferme des héritages, & donner par déclaration tous les frais de labour, sémences & récoltes de ce ce qu'ils auront fait valoir par leurs mains ; enſemble de la quantité de tous les fruits qui en auront été recueillis, pour, après la déduction faite des frais, être le ſurplus, ſi aucun y a, payé dans un mois pour tout délai.

Après la lecture de cet Article :

M. le premier préſident a dit, qu'il étoit nouveau, mais qu'il n'étoit pas mauvais.

☞ *Il eſt auſſi le II dans l'ordonnance. L'on y a fait quelques légers changemens dans l'expreſſion, de cette maniere :*

ARTICLE II. Les parties qui auront été condamnées à la reſtitution des fruits, ou leurs héritiers, ſeront tenus au jour de la premiere aſſignation donnée en exécution de la ſentence, jugement ou arrêt, de repréſenter pardevant le juge ou commiſſaire, les comptes, papiers de recette, & baux à ferme des héritages, & donner par déclaration les frais de labour, ſemences & récoltes de ce qu'ils auront fait valoir par leurs mains ; enſemble de la quantité des fruits qui en ſont provenus, pour, après la déduction faite des frais, être le ſurplus, ſi aucun y a, payé dans un mois pour tout délai.

ARTICLE III.

Preuve de la déclaration des fruits.

Si celui qui aura obtenu jugement à ſon profit, ſoutient que le contenu en la déclaration des fruits, donnée par la partie condamnée, n'eſt pas véritable, l'une & l'autre des parties pourront faire preuve reſpectivement par titres & par témoins, de la quantité des fruits ; & quant à la valeur des fruits, la preuve en ſera faite par les extraits des regiſtres des gros fruits du greffe plus prochain ; & les labours, ſemences & frais de récolte ſeront eſtimés par experts, ainſi qu'il eſt ci-devant ordonné.

Lecture faite de cet Article :

M. le premier préſident a dit, qu'il étoit bon, en ajoutant après ces mots : *l'une & l'autre des parties pourront*, ceux-ci : *ſi le juge l'ordonne.*

M. Puſſort a dit, que l'obſervation étoit bonne : que la faculté de faire des enquêtes devoit dépendre de l'ordre du juge.

☞ *L'addition propoſée par M. le premier préſident a été faite à cet article, qui eſt le III dans l'ordonnance, en ces termes :*

ARTICLE III. Si celui qui aura obtenu jugement à ſon profit, ſoutient que le contenu en la déclaration des fruits donnée par la partie condamnée, n'eſt véritable, l'une & l'autre des parties pourront, ſi le juge l'ordonne, faire preuve reſpectivement par écrit & par témoins de la quantité des fruits; & quant à la valeur, la preuve en ſera faite par les extraits des regiſtres des fruits du greffe plus prochain; & les labours, ſemences & frais de récolte ſeront eſtimés par experts.

ARTICLE IV.

Si les fruits n'excedent la déclaration.

SI par le rapport des experts, ou par autres preuves, la quantité ou valeur des fruits ne ſe trouve excéder le contenu en la déclaration, le demandeur en liquidation, qui aura inſiſté, ſera condamné en tous les dépens du défendeur, qui ſeront taxés par le même jugement.

Lecture faite de cet Article:

M. le premier préſident a dit, que la valeur des fruits ne ſe devoit prouver que par les mercuriales; mais que quant à la quantité, elle ſe devoit prouver par les baux, & qu'il n'en falloit venir aux experts qu'à la derniere extrêmité.

M. Puſſort a dit, qu'il n'y auroit pas toujours des baux; & que quand il y en auroit, l'on pourroit faire une eſtimation ſur la différence.

☞ *Cet article eſt le IV de l'ordonnance, ſans aucun changement.*

ARTICLE V.

Dépens ſeront liquidés par le jugement.

TOUS autres dépens adjugés pour le fait des liquidations, ſeront pareillement taxés & liquidés par le jugement qui portera la condamnation : ce qui aura pareillement lieu à l'égard des liquidations d'intérêts & d'arrérages de rente.

M. le premier préſident a dit, que la premiere partie de cet article étoit bonne; & qu'à l'égard de la ſeconde qui porte : *ce qui aura pareillement lieu à l'égard des liquidations d'intérêts & arrérages de rente*, elle étoit contraire à l'article XII du titre *des priſes à partie*, qui porte que *les liquidations d'intérêts & d'arrérages ſeront faites par le même jugement qui les adjuge*. Et cependant par cet article on en fait deux jugemens: le premier, qui adjuge les intérêts & les arrérages, & le ſecond qui les liquide; puiſqu'on veut que le jugement de liquidation des intérêts & des arrérages porte auſſi la liquidation des dépens; ce qui eſt défendu lorſqu'on adjuge les intérêts &

les arrérages ; parce que l'ordonnance veut que les dépens ne soient point liquidés dans ces sortes de condamnations.

M. Pussort a dit, que pour ôter toute difficulté, la seconde partie de cet article pouvoit être retranchée.

M. le premier président a ajouté, qu'il ne pouvoit s'empêcher de remarquer sur ce sujet, que, quelque soin qu'on ait pris de dresser ces articles, il avoit été impossible qu'il ne s'y trouvât beaucoup de contradictions: qu'il ne doutoit pas même qu'après les présentes conférences, quoiqu'elles soient fort exactes, il ne s'en trouve encore. Cependant on fulmine de toutes parts contre les juges, qui, peut-être faute de l'entendre, ne l'observeront pas d'abord exactement. L'ordonnance ne parle que de *prise à partie*, d'*interdiction*, de *condamnation de dommages & intérêts ;* comme si tous les juges du royaume pouvoient mieux entendre cette ordonnance que ceux qui l'ont dressée; car il est certain que si cet article avoit été observé au pied de la lettre, par ceux-mêmes qui l'ont dressé, ils auroient encouru la peine de l'ordonnance, comme ayant contrevenu à cet article 12 du titre *des prises à partie.*

☞ *Sur ces observations, le présent article a été supprimé.*

ARTICLE VI.

Impenses sur le fond de la chose, comment seront réglées.

LES frais & impenses sur le fond de la chose, demeureront compensés jusqu'à la concurrence de tous les fruits perçus avant la contestation ; & le surplus sera remboursé, tant par déduction sur les fruits à restituer depuis la contestation, qu'autrement, en cas que le fonds s'en trouve meilleur, au dire d'experts & gens à ce connoissans.

Lecture faite de l'Article VI :

M. le premier président a dit, que l'on n'entendoit pas encore bien cet article, & qu'il étoit nécessaire de savoir si c'étoit des possesseurs de bonne ou de mauvaise foi, dont on avoit entendu parler.

M. Pussort a dit, que l'article s'entendoit des possesseurs de mauvaise foi, & que l'on y pourroit ajouter: *les frais & les impenses faits par les possesseurs de mauvaise foi.*

M. le premier président a réparti, que dans les termes auxquels l'article étoit conçu, il ne pouvoit être entendu ni des uns ni des autres.

M. Pussort a dit, que l'article n'étant pas de conséquence, il proposeroit au roi de le retrancher.

☞ *Cet article a été supprimé.*

ARTICLE VII.

Estimation des gros fruits, où, & par qui sera faite.

En tous sieges, tant de nos jurisdictions que des justices des seigneurs, où il y aura marché, les marchands faisant trafic de bleds, vins & autres especes de gros fruits, feront rapport, par chacune semaine, de la valeur & estimation commune des fruits, sans salaires; & y seront contraints par amende & emprisonnement de leurs personnes, & telles autres peines qui seront arbitrées par les juges.

Lecture faite de cet Article:

M. le premier président a dit, qu'il ne se faisoit point de rapport des vins.
M. Pussort en est demeuré d'accord, & que ce mot pouvoit être ôté.

☞ *Outre le retranchement qu'on a fait de ce mot, l'on a mis au commencement de l'article:* en toutes nos villes & bourgs où il y aura marché. *L'on a encore ôté la peine* de l'emprisonnement: *& cet article est le VI dans l'ordonnance, en ces termes:*

ARTICLE VI. En toutes nos villes & bourgs où il y aura marché, les marchands faisant trafic de bleds & autres especes de gros fruits, ou les mesureurs, feront rapport, par chacune semaine, de la valeur & estimation commune des fruits, sans prendre aucuns salaires; à quoi faire ils pourront être contraints par amendes ou autres peines qui seront arbitrées par les juges.

ARTICLE VIII.

Forme de rapport de l'estimation.

A cette fin les marchands seront tenus de députer deux ou trois d'entre eux, qui sans être appellés ni ajournés, feront & affirmeront par serment, pardevant le juge du lieu, le rapport de l'estimation, dont il sera aussi-tôt fait registre par le greffier, sans faire séjourner ni attendre les marchands, & sans prendre d'eux aucun salaire ni vacation, à peine d'exaction.

Après la lecture de cet Article:

M. le premier président a dit, que ce sont les mesureurs qui font ces rapports, & non pas les marchands; qu'il y a des mesureurs dans tous les marchés, quoiqu'ils ne ſoient pas en titre d'office. Que l'on croyoit qu'ils ſeroient moins intéreſſés que les marchands, en faiſant ces rapports.

M. Puſſort a dit, que pour accommoder toutes choſes, l'on pourroit ajouter à l'article l'alternative de *meſureurs* ou de marchands.

☞ *La propoſition faite par M. Puſſort a été ſuivie ; & l'on a mis le mot de* nommer, *au lieu de* députer. *L'on n'a pas fait d'autre changement dans cet article, qui eſt le VII de l'ordonnance.*

ARTICLE IX.

Preuve de la valeur des fruits.

PAR les extraits des eſtimations, & non autrement, ſera fait preuve de la valeur des fruits, tant en exécution des arrêts & ſentences, qu'en toutes les autres matieres où il ſera queſtion d'appréciation.

Lecture faite de cet Article :

M. le premier préſident a dit, qu'il falloit diſtinguer la qualité des fruits, & retrancher le vin & le bois, dont l'on ne faiſoit point de rapport.

M. Puſſort a réparti, qu'il ne conviendroit pas de mettre dans l'article l'exception du bois.

M. le premier préſident a dit, que l'on y pouvoit ajouter ces mots : *valeur des fruits dont on fait rapport en juſtice ;* & qu'il ne ſe trouveroit pas qu'on eût jamais fait de rapport en juſtice du prix du bois, comme on fait des grains.

☞ *L'addition propoſée par M. le premier préſident, a été faite. Cet article eſt le VIII dans l'ordonnance, & la diſpoſition en a été changée de cette maniere :*

ARTICLE VIII. Sera fait preuve de la valeur des fruits dont on a fait rapport en juſtice, tant en exécution des arrêts ou ſentences, qu'en toutes autres matieres où il ſera queſtion d'appreciation, par les extraits des eſtimations, & non autrement.

ARTICLE X.

Salaire des greffiers, pour l'extrait du rapport.

DÉFENDONS au greffier ou commis de prendre ni recevoir plus de cinq ſols, de l'extrait du rapport des quatre ſaiſons de chacune année, à peine d'exaction.

Lecture faite de cet Article :

M. le premier président a dit, qu'il étoit mieux de dire : *cinq sols de l'expédition de l'extrait*, & qu'en général il étoit bien à propos de repasser ce titre qui lui paroissoit un peu confus, & moins bien digéré que plusieurs autres.

☞ *Cet article est le IX de ce titre dans l'ordonnance : l'on y a inséré l'addition proposée, sans aucun autre changement.*

TREIZIEME CONFÉRENCE.

Du samedi douzieme mars 1667, après-midi, en l'hôtel Séguier.

M. le chancelier, & messieurs les commissaires du roi.
M. le premier président, & messieurs les députés du parlement, présens.

Ce jour, messieurs étant assemblés, la conférence a été ouverte par la lecture de deux articles qui composent le titre XXIX.

TITRE XXIX.

Ce titre eſt le XXXII de l'ordonnance.

De la taxe & liquidation des dommages & intérêts.

ARTICLE I.

Déclaration des dommages & intérêts.

Offre s'en peut faire, & l'acceptation.

LORSQU'IL s'agira de la taxe & liquidation des dommages & intérêts adjugés par ſentence, jugement ou arrêt, la déclaration en ſera dreſſée, & copie donnée au procureur du défendeur, enſemble de la ſentence, jugement ou arrêt qui les auront adjugés, même des pieces juſtificatives, pour, dans les délais réglés ſuivant la diſtance des lieux, faire par le défendeur ſes offres, ſi bon lui ſemble; & en cas d'acceptation des offres, en ſera paſſé appointement de condamnation, qui en ſera reçu en la maniere accoutumée.

ARTICLE II.

Ce qui ſera fait ſi les offres ſont conteſtées.

S'IL y a conteſtation, ſera pris appointement à produire dans trois jours; & où par l'événement les dommages & intérêts n'excéderoient pas la ſomme offerte, le demandeur ſera condamné en tous les frais & dépens depuis le jour des offres, qui ſeront taxés & liquidés par le même jugement.

Lecture faite de ces deux Articles :

M. le premier préſident a dit, qu'il falloit ôter du titre le mot de *taxe*, & laiſſer ſeulement celui de *liquidation*, qui étoit le ſeul terme propre.

Qu'il y avoit deux obſervations à faire ſur ces articles: la premiere, ſur la copie des pieces juſtificatives des dommages & intérêts, que l'on propoſoit de donner, au lieu d'en communiquer les originaux; & l'autre ſur des cas qui n'avoient pas été prévus, & qu'il étoit bon d'ajouter aux articles.

A l'égard des copies, il étoit toujours fort perſuadé qu'il y avoit de l'impoſſibilité de ſe diſpenſer de donner la communication des pieces aux procureurs, en la maniere accoutumée.

Que ſi les juges ne conſidéroient en cela que leur intérêt, il y auroit plus d'avantage pour eux de pouvoir communiquer les procès par grace, de main à main, à ceux que bon leur ſembleroit; qu'ils en ſeroient beaucoup plus maîtres, & pourroient empêcher que pendant le tems de leur commiſſion dans les chambres de l'édit & de la tournelle, l'on ne retînt les ſacs, pour les empêcher de juger; mais qu'il ne falloit en cela regarder que ce qui étoit de la commodité publique, & du plus grand bien des parties.

Qu'outre ces conſidérations générales, il y en avoit d'autres ſingulieres pour ce titre, qui ſont au code Henri III, au titre *de la condamnation des dommages & intérêts*, procédant de la qualité & nature de l'inſtance, ou témérité des litigans, qui ſeront par même jugement taxés & modérés à certaine ſomme que le juge arbitrera.

Qu'il eſt impoſſible de donner copie de toutes les pieces juſtificatives des dommages & intérêts; qu'il s'en trouve quelquefois plus de quatre mille en certains procès, & cela iroit à une dépenſe immenſe: & c'eſt en ce cas où la communication eſt néceſſaire & ſuffiſante.

M. Puſſort a dit, qu'à l'égard du titre, l'on en pouvoit ôter le mot de *taxe* & laiſſer celui de *liquidation*, quoiqu'il fût des anciennes ordonnances.

Pour ce qui étoit de la communication des pieces, conſidérant la queſtion en général, ſans répéter les raiſons qui avoient été ci-devant alléguées; il ajouteroit ſeulement qu'on étoit aſſez perſuadé que les juges en cela ne conſidéroient point leurs intérêts, & qu'il y avoit de fort grandes raiſons de part & d'autre; mais qu'on étoit d'autant plus convaincu que la communication par les mains du rapporteur ne ſeroit pas impraticable, qu'il étoit conſtant qu'en certain cas les procès, quelques grands qu'ils fuſſent, ne ſortoient point de leurs mains.

Que ſur la fin des parlemens, ou dans les chambres de l'édit, il étoit de notoriété que, lorſqu'on recevoit des interventions de quelque nature qu'elles puſſent être, les procès n'étoient jamais communiqués que par les mains des rapporteurs; le palais n'y trouvoit rien à redire. Que ce qui ſe faiſoit en ces matieres, pouvoit être pratiqué en toutes, & cela pouvoit être d'un grand ſoulagement pour les plaideurs.

A l'égard de la communication particuliere ordonnée par ce titre, l'aſſemblée y avoit été comme partagée. Qu'ordinairement la preuve des dommages & intérêts qui procédoient d'un empriſonnement déclaré injurieux, ou d'autres choſes ſemblables, ne conſiſtoit pas en beaucoup de pieces. Que le procureur en avoit eu communication une premiere fois dans le cours de l'inſtance: & en tout cas l'on en pourroit prendre communication par les mains

mains du procureur du demandeur en taxe, en la même maniere que l'on faisoit pour les taxes des dépens.

M. le premier président a réparti, qu'il y avoit différence entre les pieces justificatives des taxes de dépens, & celles qui pouvoient regarder les dommages & intérêts: les premieres s'enliassoient & se joignoient aisément à la déclaration; & pour les autres, c'étoient de grands procès: qu'il y falloit tout voir, & que cela requéroit un tems considérable.

M. Pussort a dit, que l'on en pouvoit user comme pour les redditions de comptes.

M. le premier président a ajouté, que la seconde observation consistoit, en ce que par le premier article il étoit porté, que le défendeur pourroit faire des offres; que l'article disposoit de ce qui se devoit faire lorsque les offres seroient acceptées, mais ne disoit point ce qu'il y avoit à faire si le défendeur se tenoit dans le silence, comme il arrivera presque toujours.

Dans l'usage présent, les longueurs étoient grandes: le demandeur faisoit signifier sa déclaration au procureur du défendeur, & le poursuivoit de défendre sur cette déclaration, par *défaut sauf, pur & simple, & aux ordonnances;* sur lequel le défendeur ne comparant point, le demandeur obtenoit un *débouté de diminutions,* (cela s'appelle ainsi au palais) après lequel on réassigne la partie, comme la charge du procureur étant finie; ce qui paroît fort mauvais en quelques jurisdictions, comme à la cour des aides, où le *débouté de diminutions* emporte appointement à produire.

Mais au parlement, si la partie réassignée compare, on prend un appointement qui porte à contredire, & non à produire par le défendeur; d'autant que quand il y a un débouté de diminutions qui tient lieu de débouté de défenses, la partie ne peut produire, qu'elle ne se soit fait restituer sur la réassignation. Si la partie ne constitue procureur, on délivre le défaut emportant profit, & par l'arrêt on adjuge les conclusions.

Que toutes ces procédures lui paroissoient bonnes à abroger: la justice ne devant point souffrir un si grand circuit, & de telles longueurs; mais qu'il falloit bien expliquer ce changement de style, & l'abrogation de l'ancien, parce que c'étoit une matiere particuliere aux procureurs, qui ne manqueroient pas de retenir tout ce qu'ils pourroient du vieux style.

M. Pussort a dit, que ce qu'il y auroit à faire seroit d'ajouter au second article, la clause: *en cas que le défendeur ne fît point d'offres, ou qu'elles fussent contestées, il seroit pris un appointement.* Qu'il croyoit que l'appointement étoit indispensable en cette matiere; mais qu'il en falloit faire une exception de la regle générale, qui veut que toutes les affaires soient portées à l'audience.

M. le premier président a dit, qu'il falloit bien marquer de quelle façon cet appointement seroit pris, afin que l'on ne retournât plus à l'ancien usage, & que l'on ne pût pas douter, que si le défendeur ne fournissoit point de diminutions, l'on jugeroit le défaut en la forme & maniere que les autres défauts, sur les pieces justificatives des demandes des parties.

Il faudroit aussi ordonner, que le procureur de l'instance principale seroit tenu d'occuper en celle des dommages & intérêts, comme étant une suite & une exécution de la premiere.

M. Pussort a dit, qu'il seroit bon de prescrire le tems, pendant lequel le procureur seroit tenu d'occuper.

M. le premier président a réparti, que s'agissant de l'exécution des jugemens rendus avec le procureur, sa charge continuoit jusqu'à ce que toutes choses fussent consommées.

☞ *L'on n'a pas retranché de ce titre le mot de* taxe; *mais ensuite des diverses observations qui ont été faites sur ces deux articles, on y a fait les changemens suivans.*

I. L'on a divisé l'article premier en deux parties, qui composent les deux premiers articles de l'ordonnance.

II. L'on a ajouté à l'article I une clause qui porte, que les pieces justificatives des dommages & intérêts seront communiquées au procureur du défendeur, sur son récépissé, &c.

III. L'on a inséré dans l'article II la clause, si le défendeur ne fait point d'offres.

Voici de quelle maniere ces articles sont rédigés :

ARTICLE I. La déclaration des dommages & intérêts sera dressée, & copie donnée au procureur du défendeur, ensemble de la sentence, jugement ou arrêt qui les auront adjugés, & lui seront communiquées sur son récépissé les pieces justificatives, pour les rendre dans la quinzaine, à peine de prison, soixante livres d'amende, & du séjour, dépens, dommages & intérêts des parties en son nom, sans qu'aucune des peines puisse être réputée comminatoire, ni remise ou modérée, sous quelque prétexte que ce soit

ARTICLE II. Pourra le défendeur dans les délais pareils à ceux ci-dessus réglés en l'article V du titre de la taxe des dépens, faire ses offres; & en cas d'acceptation, en sera passé appointement de condamnation qui sera reçu en l'audience.

ARTICLE III. Si le défendeur ne fait point d'offres ou qu'elles soient contestées, sera pris appointement à produire dans trois jours; & en cas qu'elles soient contestées, si par l'événement les dommages & intérêts n'excedent la somme offerte, le demandeur sera condamné en tous les frais & dépens, depuis le jour des offres, lesquels seront liquidés par le même jugement.

TITRE XXX.

Ce titre est le XXVII de l'ordonnance.

De l'exécution des jugemens, sentences des quatre mois, & dans quel tems on peut appeller de ces sentences.

ARTICLE I.

Condamnés à délaisser un héritage, dans quel tems le feront.

Les condamnés purement & simplement par arrêt, ou jugement passé en force de chose jugée à délaisser & à se départir de la possession de quelques héritages, seront tenus de le faire dans quinzaine après la signification qui leur aura été faite à personne ou domicile, de l'arrêt ou jugement contre eux rendu, à peine de deux cens livres d'amende, moitié envers nous, & moitié envers la partie, dont ils ne pourront être dispensés; & sauf à les condamner à une plus grande amende, selon la qualité des parties, & l'importance de la matiere.

Après la lecture de cet Article :

M. le premier président a dit, que le mot de *se départir* de la possession d'un héritage regardoit la propriété & le pétitoire : qu'il falloit l'ôter, & laisser celui de *délaisser*.

M. Pussort a dit, qu'au grand-conseil ces deux mots étoient en usage; l'un regardoit le pétitoire, & l'autre le possessoire.

M. le président de Maisons a dit, que quand il s'agissoit du bien de l'église, l'on jugeoit le pétitoire avec le possessoire.

M. le premier président a ajouté, que la condamnation d'amende de deux cens livres, faute d'exécuter les jugemens, étoit une peine nouvelle. Que par le troisieme article on en ajoutoit encore une autre, qui étoit *la contrainte par corps ;* c'étoient deux peines accumulées. Que les ordonnances les plus pénales étoient les moins exécutées, & l'on en pourroit aisément abuser; de-là on prendra occasion de faire injure. Les procès étant plus souvent composés de la chaleur & de la bile des parties que d'un véritable intérêt, elles aiment mieux la vengeance, que d'être satisfaites par de meilleures voies : l'on supposera à cet effet une sommation. Que véritablement la contumace est odieuse ; mais qu'un possesseur de mauvaise foi commencera par déclarer qu'il délaisse l'héritage pour satisfaire à la condamnation, & sous main il l'empêchera de toute sa force.

Qu'il sera d'ailleurs bien extraordinaire, que suivant la disposition de l'article, l'on puisse emprisonner sans ordonnance du juge, & qu'il y en auroit de grands abus ; & il seroit encore plus étrange d'introduire une nouvelle contrainte par corps, lorsqu'on veut abroger les anciennes.

M. le président de Maisons a dit, que la peine des dommages & intérêts seroit celle de la résistance & de la contumace des parties, & qu'il ne voyoit point pourquoi on dût l'augmenter.

M. Pussort a réparti, que l'article avoit paru juste, & n'avoit en soi aucun inconvénient. Que l'on ne demandoit à une partie condamnée que ce qu'elle pouvoit & devoit faire ; que la chose dépendant d'elle, & sa contumace étant volontaire, les peines ne pouvoient être trop grandes ; parce qu'il dépendroit d'elle de se libérer de l'appréhension de les encourir, & préviendroit leur fuite & leur rébellion.

Qu'il n'y avoit point de loi si juste, dans laquelle on ne pût remarquer des inconvéniens, & dont on n'abusât. Qu'un chicaneur faisoit chaque jour impunément des procès : son insolvabilité mettoit les parties qu'il attaquoit, hors d'état de recouvrer les dépens qu'il leur causoit ; cependant on ne lui demandoit point de caution, & on ne lui fermoit pas pour cela les portes de la justice. Que si un homme étoit troublé dans la possession d'un héritage qui lui devoit être délaissé, c'étoit le cas auquel l'on devroit appliquer l'amende.

Que la contrainte par corps, portée par le troisieme article, étoit une disposition différente, & pour un autre cas ; que l'amende portée par l'article I, étoit pour obliger le détenteur de l'héritage de le délaisser dans la quinzaine du jour de la signification du jugement, ou de l'arrêt ; & que la contrainte par corps étoit ordonnée pour contraindre ceux qui persisteroient dans la contumace, d'obéir aux arrêts après la quinzaine expirée.

Que cette contrainte par corps ne dépendroit pas de la liberté des parties ; que l'article y avoit pourvu, en ce qu'il portoit, que *les parties qui résisteroient aux ordres de la justice, pourroient être condamnées par corps.* Qu'ainsi il seroit de la faculté du juge d'en user comme il trouveroit raisonnable ; & pour encourir l'une ou l'autre de ces peines, il faudroit qu'il parût de la part du détenteur un acte contraire, qui fît voir qu'au préjudice de la condamnation & de la signification qui lui en auroit été faite, il se seroit maintenu dans la possession de l'héritage.

M. le président de Novion a dit, que la peine étoit bonne, mais qu'il falloit prendre garde de la bien appliquer. Lorsqu'il s'agiroit d'un pré ou d'une terre, comme l'on n'a pas ces choses dans les mains, il suffiroit de ne rien faire pour s'en conserver la possession ; & que pour prévenir ces difficultés, il falloit que l'article expliquât de quelle maniere l'on entendoit qu'un détenteur condamné à délaisser l'héritage, pourroit faire paroître qu'il y auroit satisfait.

M. Pussort a dit, qu'il suffiroit qu'il n'eût point fait d'actes contraires.

M. Talon a représenté, que l'esprit de l'article étoit contraire à l'expression qui en étoit faite. L'intention paroissoit être, que la partie condamnée en usât *merè*, *passivè ;* cependant la disposition étoit positive, en ce que l'article portoit, *que ce détenteur seroit tenu de se désister ;* c'étoit ce qui donnoit lieu aux difficultés proposées ; mais pour satisfaire à tout, l'on pourroit tourner cette clause aux termes qui suivent, & mettre : *si quinzaine après la signification de l'arrêt ou jugement, condamnés ne délaissent la possession de l'héritage, ils encourront l'amende de deux cens livres ;* & que ces termes sembloient plus propres.

M. Pussort a réparti, que l'on ne pourroit jamais donner à l'article d'autre sens, que celui qui a été expliqué, qui est que si le détenteur ne se désiste, c'est-à-dire, qu'il fasse acte contraire, il sera condamné.

☞ *L'on a retranché de cet article les mots de* se départir, *aussi-bien que la derniere clause*, sauf à les condamner, &c. *L'on y a encore fait d'autres changemens dans l'expression, & il a été rédigé de cette maniere :*

ARTICLE I. Ceux qui auront été condamnés par arrêt ou jugement passé en force de chose jugée, à délaisser la possession d'un héritage, seront tenus de ce faire quinzaine après la signification de l'arrêt ou jugement, faite à personne ou domicile, à peine de deux cens livres d'amende, moitié envers nous, & moitié envers la partie, qui ne pourra être remise ni modérée.

ARTICLE II.

Signification au procureur, plutôt qu'à la partie.

Les arrêts & sentences ne pourront être signifiés à la partie, si préalablement ils ne l'ont été à son procureur, en cas qu'il y ait procureur constitué.

Cet Article a été trouvé bon.

☞ *Dans la révision l'on a changé ces mots :* si préalablement ils ne l'ont été à son procureur, *en ceux-ci :* s'ils n'ont été préalablement signifiés à son procureur, *c'est le seul changement qu'on y ait fait.*

ARTICLE III.

Peines contre ceux qui ne délaissent l'héritage.

SI les parties n'obéissent à l'arrêt ou jugement, à la premiere sommation qui leur sera faite, après la quinzaine expirée, ils pourront être condamnés par corps à délaisser & se départir de la possession de l'héritage, & en tous les dépens, dommages & intérêts de la partie.

Lecture faite de cet Article, il a été trouvé bon.

☞ *L'on y a réformé le commencement de cette maniere:* si quinzaine après la premiere sommation, les parties n'obéissent, &c. *L'on en a aussi retranché ces mots*, se départir, *comme ci-devant.*

ARTICLE IV.

Délai pour délaisser la possession.

SI l'héritage, de la possession duquel le condamné doit se départir, est éloigné de plus de dix lieues de son domicile, il sera ajouté au délai ci-dessus, un jour pour chaque distance de dix lieues qui se trouvera de plus.

Lecture faite de l'Article IV:

M. le premier président a dit, que cet article paroît inutile, par l'impossibilité qu'il y auroit de l'exécuter; que les lieues sont différentes dans toutes les provinces, & qu'il en faudroit un tableau en chaque jurisdiction.

M. Pussort a dit, que c'étoit aux parlemens à faire ces réglemens particuliers pour chaque province.

☞ *Cet article a été conservé: il est le IV dans l'ordonnance, & il a été réformé de cette maniere:*

ARTICLE IV. Si l'héritage est éloigné de plus de dix lieues du domicile de la partie, il sera ajouté au délai ci-dessus un jour pour dix lieues.

ARTICLE V.

Sommes ou especes certaines pour le paiement.

LES condamnés par arrêt ou jugement passé en force de chose jugée, en quelques sommes ou especes, ne pourront être contraints au paiement, si les sommes ou especes ne sont certaines & liquides; & néanmoins si les especes sont sujettes à appréciation, on pourra saisir leurs biens & les ajourner pour apprécier.

Lecture faite de cet Article, il a été trouvé bon.

☞ *Dans la révision cet article a été supprimé.*

ARTICLE VI.

Quels jugemens doivent passer en force de chose jugée.

LES sentences & jugemens qui doivent passer en force de chose jugée, sont ceux, ou qui sont rendus en dernier ressort, & dont il n'y a point encore d'appel, ou dont l'appel n'est pas recevable; soit à cause que les parties y ont formellement acquiescé, soit qu'elles n'en aient pas interjetté appel dans le tems ci-après préfix, ou que l'appel ait été déclaré péri.

Lecture faite de cet Article, il a été trouvé bon.

☞ *Cet article est le V de l'ordonnance; mais l'on y a fait quelques changemens dans la diction, de cette maniere :*

ARTICLE V. Les sentences & jugemens qui doivent passer en force de chose jugée, sont ceux rendus en dernier ressort, & dont il n'y a appel, ou dont l'appel n'est recevable, soit que les parties y eussent formellement acquiescé, ou qu'elles n'en eussent interjetté appel dans le tems, ou que l'appel ait été déclaré péri.

ARTICLE VII.

Arrêts seront exécutés en vertu de pareatis *du grand sceau.*

TOUS arrêts seront exécutés dans toute l'étendue de notre royaume, & terres de notre obéissance, en vertu d'un *pareatis* du grand sceau, sans qu'il soit besoin d'en demander aucune permission à nos cours de parlement, baillis, sénéchaux, & autres nos juges, dans le ressort & détroit desquels on les voudra faire exécuter. Et au cas que quelques-unes de nos cours, ou sieges, en empêchent l'exécution, ou qu'ils rendent quelques arrêts, jugemens ou ordonnances, portant défenses ou surséance de les exécuter : voulons que le rapporteur, & celui qui aura présidé, lorsque les arrêts ou jugemens de surséance ou défenses auroient été rendus, soient solidairement tenus & responsables des condamnations portées par les arrêts, dont ils auront retardé ou empêché l'exécution, & des dommages & intérêts de la partie, & qu'ils soient aussi solidairement condamnés en deux cens livres d'amende envers nous, dont nous réservons la connoissance à nous & à notre conseil. Sera néanmoins permis aux porteurs ou exécuteurs d'arrêts qu'il faudra exécuter hors l'étendue des parlemens & cours où ils auront été rendus, de prendre un *pareatis* en la petite chancellerie du parlement où ils devront être exécutés, que le garde des sceaux d'icelle sera tenu de sceller sans connoissance de cause, à peine d'interdiction ; même sera permis de prendre une permission du juge des lieux ; au bas d'une requête, quoi faisant, les porteurs & exécuteurs ne seront point tenus de prendre *pareatis* au grand sceau. Mandons à nos gouverneurs & lieutenans généraux de tenir la main à l'exécution du présent article, sur la simple représentation qui leur sera faite du grand ou du petit sceau du parlement, dans le ressort duquel les arrêts doivent être exécutés, ou de la permission du juge des lieux.

Après la lecture de cet Article :

M. le premier président a dit, sur le fait des *pareatis* du grand sceau, que les maximes générales ne doivent point être revoquées en doute : que c'en étoit une constante, que l'autorité du grand sceau s'étendoit par-tout ; qu'il pourroit néanmoins y avoir de grands abus pour l'exécution des *pareatis* au grand sceau. Dans Paris cela ne feroit point de difficulté ; mais dans les provinces il pourroit arriver que comme ces expéditions s'accordoient sans connoissance de cause, l'on porteroit dans une province un arrêt sur requête rendu par un autre parlement, lequel étant revêtu d'un *pareatis* au grand sceau, l'on voudroit faire exécuter, quoique rendu sans connoissance de cause, & qu'il contînt des dispositions injustes. Ce que l'on pourroit faire en ce cas, seroit de recourir au parlement de la province, pour en obtenir un contraire ; mais que ce seroit toujours avec cette différence, que l'un seroit fortifié d'un *pareatis* du grand sceau, & l'autre ne le seroit pas.

Qu'il pourroit même se rencontrer des arrêts contraires rendus par deux différens parlemens sur le même fait, l'un & l'autre revêtus de *pareatis*

tis au grand ſceau. Dans l'égalité de cette autorité, il ſeroit difficile de prendre parti : le plus fort l'emporteroit, & cela cauſeroit du déſordre dans la juſtice, ſi les juges des lieux n'étoient en pouvoir d'y mettre la main.

M. le chancelier a dit, que c'étoit le cas où il falloit ſe pourvoir en réglement de juges, & qu'il ne pouvoit y avoir d'autre expédient à prendre.

M. le premier préſident a ajouté, que l'article portoit de grandes peines contre les juges qui ſe ſeroient interpoſés pour empêcher les déſordres qui pourroient arriver ſur l'exécution de ces arrêts contraires. Qu'encore que leur intention ne fût pas d'attaquer les *pareatis*, mais ſeulement d'empêcher l'abus de l'exécution de ces deux arrêts, néanmoins ils demeureroient expoſés aux peines portées par l'article. Qu'il falloit joindre cet endroit à pluſieurs autres, pour en parler dans un autre endroit.

M. Puſſort a dit, qu'il n'y a peut-être point de plus grands abus que ceux qui ſe commettent à cet égard. Que cela ne regardoit pas les compagnies de Paris ; mais que dans les provinces il ne ſuffiſoit pas d'avoir un arrêt, pour contradictoire qu'il fût : ceux du conſeil n'y étoient non plus reſpectés que les autres. L'on n'y exécutoit aucun ordre de juſtice, ſans le *pareatis* de la chancellerie des parlemens, qui ne s'accordoient qu'en connoiſſance de cauſe, & par la participation des compagnies. L'on donnoit des aſſignations pour plaider ſur la queſtion du *pareatis :* l'on alloit à l'audience pour la faire régler : l'on ne s'arrêtoit point à la ſimple queſtion du *pareatis,* l'on y renouvelloit toutes celles du fond : on les jugeoit de nouveau, en permettant ou refuſant les *pareatis ;* & lorſque les compagnies y avoient intérêt pour leur juriſdiction, & qu'il s'agiſſoit d'un officier ou de quelque perſonne de crédit, l'on ne pouvoit avoir de juſtice.

Cependant les parties avoient beau obtenir arrêt ſur arrêt, l'exécution en étoit toujours arrêtée par les mêmes voies ; & lorſqu'un ſergent ſe trouvoit aſſez hardi pour ſignifier ce qui venoit du grand ſceau, ſans le *pareatis* du parlement de la province, l'on décrétoit contre lui priſe de corps, comme pour une entrepriſe criminelle : & s'il étoit arrêté, on le faiſoit longuement ſouffrir dans les priſons, pour cela ſeulement qu'il n'avoit pas pris l'attache du parlement de la province.

Que cela ſe pouvoit appeller proprement le fait des juges ; & l'ordonnance de 1560 contenoit les mêmes diſpoſitions, à l'exception ſeulement que les peines étoient ordonnées contre le général des compagnies.

Que la diſpoſition de l'article dont il s'agit, étoit modeſte ; & l'on a cru qu'il ſeroit plus juſte & plus décent, & la choſe même plus facile à exécuter, ſi l'on ne rendoit reſponſable que le rapporteur & le préſident. Que cela ſe pouvoit qualifier du mot de rebellion, & qu'il y alloit de l'autorité du roi de la rabattre. Et s'il arrivoit que les parties fuſſent en conteſtation ſur le fait de la compétence, que c'étoit au conſeil ſeul de la régler.

Au surplus, pour épargner les frais, & pour la plus grande commodité des parties, on leur accordoit l'option de prendre un *pareatis* au petit sceau des parlemens des lieux, ou une simple permission de juge.

M. le premier président a encore dit, que le *pareatis* du petit sceau étoit bon; mais que la peine sembloit trop forte contre le garde des sceaux qui auroit refusé de l'accorder. Que messieurs les maîtres des requêtes le tenoient dans Paris, & le pouvoient tenir dans les autres chancelleries; & que les gardes des sceaux étoient officiers des compagnies souveraines: que c'étoit porter la chose bien avant, que pour le refus qu'ils auroient fait d'expédier un *pareatis* qu'ils n'auroient pas trouvé raisonnable, ils encourussent la peine de l'interdiction.

M. le président de Maisons a dit, que cela seroit bon, quand il y auroit de leur faute; mais que cela arriveroit rarement. Que messieurs les maîtres des requêtes étoient en droit d'accorder ou de refuser la plupart des expéditions qui leur étoient présentées. Les requêtes civiles leur étant rapportées, souvent ils faisoient mettre le *refutata* dessus; & il seroit trop dur, qu'un officier du premier ordre, qui auroit observé quelque mauvaise clause dans un *pareatis*, fût obligé de le faire expédier, sous peine d'interdiction.

M. Pussort a réparti, qu'il ne s'agissoit ici d'aucune autre expédition que de celle des *pareatis*, qui se devoient accorder sans connoissance de cause; parce qu'ils n'ajoutoient rien à l'arrêt, & qu'ils en ordonnoient seulement l'exécution.

☞ *Nonobstant ces objections, la disposition du présent article a été conservée; mais l'on y a fait quelques changemens à l'égard de la diction, & il est le VI, en ces termes:*

ARTICLE VI. Tous arrêts seront exécutés dans toute l'étendue de notre royaume, en vertu d'un *pareatis* du grand sceau, sans qu'il soit besoin d'en demander aucune permission à nos cours de parlement, baillis, sénéchaux & autres juges, dans le ressort ou détroit desquels on les voudra faire exécuter. Et au cas que quelques-unes de nos cours ou sieges en empêchent l'exécution, & qu'ils rendent quelques arrêts, jugemens ou ordonnances, portant défenses ou surséance de les exécuter: voulons que le rapporteur & celui qui aura présidé, soient tenus solidairement des condamnations portées par les arrêts dont ils auront retardé ou empêché l'exécution, & des dommages & intérêts de la partie, & qu'ils soient solidairement condamnés en deux cens livres d'amende envers nous: de laquelle contravention nous réservons la connoissance à nous & à notre conseil. Sera néanmoins permis aux parties & exécuteurs des arrêts hors l'étendue des parlemens & cours où ils auront été rendus, de prendre un *pareatis* en la petite chancellerie du parlement où ils devront être exécutés, que les gardes des sceaux seront tenus de sceller, à peine d'interdiction, sans entrer en connoissance de cause. Pourront même les parties prendre une permission du juge des lieux au bas d'une requête, sans être tenus de prendre en ce cas *pareatis* au grand sceau & petites chancelleries. Mandons à nos gouverneurs & lieutenans généraux de tenir la main à l'exécution de la présente ordonnance, sur la simple représentation des *pareatis* ou de la permission du juge des lieux.

ARTICLE VIII.

Peine contre ceux qui empêchent l'exécution.

LE procès sera extraordinairement fait & parfait à ceux qui, par violence ou voie de fait, auront empêché, ou fait empêcher l'exécution des arrêts ou jugemens ; à quoi nous voulons que nos procureurs généraux & leurs substituts s'emploient, toutes affaires cessantes. En outre entendons que ceux qui auront fait & procuré tels empêchemens par force & par violence, soient condamnés aux dommages & intérêts de la partie, en leur propre & privé nom, & à lui garantir, fournir & faire valoir, solidairement avec le condamné, les choses mentionnées par l'arrêt ou sentence de condamnation ; & en une amende, moitié vers nous, & moitié vers la partie, dont ils ne pourront être dispensés, & qui ne pourra être moindre de deux cens livres.

Lecture faite de l'Article, il a été trouvé bon.

☞ *Le présent article est le VII de l'ordonnance, & il a été changé de cette maniere :*

ARTICLE VII. Le procès sera extraordinairement fait & parfait à ceux qui par violence ou voie de fait auront empêché directement ou indirectement l'exécution des arrêts ou jugemens, & seront condamnés solidairement aux dommages & intérêts de la partie, & responsables des condamnations portées par les arrêts & jugemens, & en deux cens livres d'amende, moitié envers nous, & moitié envers la partie, qui ne pourra être remise ni modérée ; à quoi nos procureurs généraux, & nos procureurs sur les lieux, tiendront la main.

ARTICLE IX.

Condamnés à délaisser la possession, y seront contraints.

LES condamnés par arrêt ou par sentence provisoire, à se départir de la possession de quelques héritages, y seront contraints par toutes voies dues & raisonnables ; & jusqu'à ce qu'ils aient entiérement exécuté les arrêts ou sentences, toute audience leur sera déniée, pour faire juger l'affaire au fond. Et néanmoins ceux au profit desquels les arrêts ou sentences provisoires auront été rendus, pourront, si bon leur semble, poursuivre le jugement définitif de l'affaire ; auquel cas les condamnés par arrêt ou sentence de provision, seront reçus à proposer leurs moyens, ainsi qu'il a été ordonné ci-dessus, à l'égard des sentences provisoires.

Lecture faite de cet Article :

Il a passé, en réduisant sa disposition au fait de la réintégrande, & en changeant ces mots : *à se départir de la possession.*

☞ *Cet article a été supprimé, aussi-bien que l'article XV* des matieres sommaires, *qui est rappellé à la fin du présent article.*

ARTICLE X.

Immeubles des condamnés par provision, ne seront saisis.

LES héritages & autres immeubles des condamnés par provision à quelque somme pécuniaire ou espece, ne pourront être saisis réellement, si depuis ils n'ont été définitivement condamnés.

Après la lecture de cet Article :

M. le premier président a dit, que l'usage du parlement étoit de saisir réellement pour les condamnations provisoires; mais de ne point décréter ni adjuger. Que la disposition de l'article alloit plus avant, & défendoit non-seulement le décret, mais les saisies réelles.

M. Pussort a dit, que cet usage du parlement paroissoit bon: qu'il n'étoit pas raisonnable, qu'un débiteur condamné par provision, pût être dépouillé de son héritage, en vertu d'une adjudication par décret qui seroit sans retour. Qu'il falloit mettre les choses en état qu'elles fussent réparables en définitive. Que la saisie-réelle assuroit le créancier, & n'ôtoit au débiteur que la liberté de disposer de son héritage; & que suivant cette intention, l'on auroit pu réformer l'article en la forme suivante: *Les héritages & autres immeubles des condamnés par provision à quelque somme pécuniaire ou espece, pourront être saisis réellement; mais ne pourront être vendus & adjugés, si depuis ils n'ont été définitivement condamnés.*

☞ *Le présent article a été rédigé dans le sens de celui qui est proposé par M. Pussort; mais il est conçu en ces termes dans l'ordonnance :*

ARTICLE VIII. Les héritages & autres immeubles de ceux qui auront été condamnés par provision à quelque somme pécuniaire ou espece, pourront être saisis-réellement, mais ne pourront être vendus & adjugés qu'après la condamnation définitive.

ARTICLE XI.

Remboursement des condamnés à délaisser la possession.

CEUX qui sont condamnés à vuider & se départir de la possession de quelqu'héritage, & qui par le même arrêt ou jugement doivent recevoir quelques sommes de deniers ou especes de celui qui a obtenu l'arrêt ou jugement, ne pourront être contraints à laisser la jouissance des héritages, qu'ils n'aient auparavant reçu les sommes ou especes qui leur seront adjugées. Et si celui qui a obtenu le jugement ou arrêt, est condamné de rembourser quelques impenses ou méliorations, & qu'il soit porté par le jugement ou arrêt, qu'il n'entrera point en la possession des héritages qui lui ont été adjugés, qu'en remboursant préalablement les impenses ou méliorations, celui qui est condamné de se départir, sera obligé de faire liquider les impenses & méliorations dans un seul délai péremptoire, qui lui sera donné par l'arrêt ou sentence; sinon, & à faute de ce faire, sa partie sera mise en possession des lieux, en baillant par lui caution de payer les impenses & méliorations, après qu'elles auront été liquidées.

Lecture faite de l'Article XI:

M. le premier président a dit, que cet article est fort long, & qu'il pourroit être beaucoup abrégé.

☞ *Sur cette observation, le présent article a été rédigé de cette maniere:*

ARTICLE IX. Celui qui aura été condamné de laisser la possession d'un héritage, en remboursant quelques sommes, especes, impenses ou méliorations, ne pourra être contraint de quitter l'héritage, qu'après avoir été remboursé; & à cet effet, sera tenu de faire liquider les especes, impenses & méliorations dans un seul délai qui lui sera donné par l'arrêt ou jugement; sinon l'autre partie sera mise en possession des lieux, en donnant caution de les payer, après qu'elles auront été liquidées.

ARTICLE XII.

Amende contre les tiers-opposans déboutés.

SI les tiers-opposans à l'exécution des arrêts de nos cours sont déboutés de leurs oppositions, ils seront condamnés en l'amende, qui ne pourra être moindre de cent cinquante livres, moitié envers nous, moitié envers la partie. Et s'ils sont opposans à l'exécution des sentences, ils seront aussi condamnés en l'amende, qui ne pourra être moindre de soixante-quinze livres, moitié envers nous, & moitié envers la partie.

ARTICLE XIII.

Oppositions seront vuidées promptement.

Les oppositions à l'exécution des jugemens & arrêts, seront vuidées & terminées promptement, & préalablement à toutes affaires.

Lecture faite de ces deux Articles, il ont été trouvés bons.

☞ *Ce dernier article a été supprimé, comme n'étant qu'une exhortation aux juges. A l'égard de l'article XII, il est le X de l'ordonnance : il a été réformé & abrégé de cette maniere :*

ARTICLE X. Les tiers-opposans à l'exécution des arrêts, qui auront été déboutés de leurs oppositions, seront condamnés en cent cinquante livres d'amende ; & ceux qui seront déboutés des oppositions à l'exécution des sentences, en soixante-quinze livres : le tout applicable, moitié envers nous, & moitié envers la partie.

ARTICLE XIV.

Tiers-opposans n'empêcheront l'exécution.

Les arrêts & jugemens passés en force de chose jugée, par lesquels aucun n'est condamné à se désister de la possession de quelque héritage, seront exécutés contre le possesseur condamné, nonobstant les oppositions des tierces-personnes.

Lecture faite de cet Article :

M. le premier président a dit, que cela étoit bon dans le général ; mais ce qu'il y avoit à redire, étoit que les exécutions seroient faites nonobstant les oppositions des tierces-personnes, sans l'office du juge. Que la mise en possession étoit de conséquence. Une partie puissante pourroit, par artifice & sous un titre coloré, obtenir une condamnation, & le véritable propriétaire, lequel en ce cas seroit le tiers-opposant, rendroit sa plainte sans être écouté.

M. Pussort a dit, que l'article a prévu ces inconvéniens, en ce qu'il porte, que *les arrêts & jugemens par lesquels aucuns seront condamnés à se désis-*

ter de la possession de quelque héritage, seront exécutés contre les possesseurs condamnés; & que ces deux mots, *possesseurs condamnés*, satisfont à toutes choses.

M. le premier président a encore remarqué, qu'il falloit changer ce terme dans l'article: *se désister de la possession.*

☞ *Ces derniers mots ont été changés dans les articles précédens. Et sur la premiere observation, l'on a ajouté à la fin de l'article:* & sans préjudice de leurs droits. *Cet article est le XI de l'ordonnance, en ces termes:*

ARTICLE XI. Les arrêts & jugemens passés en force de chose jugée, portant condamnation de délaisser la possession d'un héritage, seront exécutés contre le possesseur condamné, nonobstant les oppositions des tierces-personnes, & sans préjudice de leurs droits.

ARTICLE XV.

Formalités pour la contrainte après les quatre mois.

CELUI qui aura été condamné par arrêt ou par jugement passé en force de chose jugée, en une somme pécuniaire, claire & liquide, auquel copie de l'arrêt ou du jugement aura été donnée, & qui aura été sommé par sa partie, avec toutes les formalités prescrites en la maniere des ajournemens, de payer, avec déclaration qu'il y sera contraint après les quatre mois; pourra après lesdits quatre mois passés, être condamné par corps au paiement de la somme par lui due: & quinzaine après que la sentence de condamnation par corps lui aura été signifiée, avec les mêmes formalités prescrites dans la matiere des ajournemens, il pourra être contraint par emprisonnement de sa personne: dérogeant à tous usages contraires au présent article.

Lecture faite de l'Article XV:

M. le premier président a dit, que la disposition de cet article ajoutoit à la sévérité de l'édit des quatre mois, laquelle le roi vouloit retrancher.

Que dans l'usage du parlement, l'on n'accordoit les contraintes par corps qu'après les quatre mois passés; & qu'encore l'on donnoit toujours un autre délai de huitaine ou de quinzaine, selon la qualité de la condamnation. Au châtelet on en usoit autrement: aussi-tôt que la sentence de condamnation étoit intervenue, on en obtenoit une autre, portant que le défendeur, les quatre mois passés, seroit contraint par corps.

M. le chancelier a dit, que cela dépendoit de la résolution du roi.

☞ *Sur ce que le roi a témoigné vouloir abolir la disposition de l'édit des quatre mois, qui est l'article 48 de l'ordonnance de Charles IX, donnée à Moulins en 1566, l'on a dressé un titre nouveau, qui est le XXXIV de l'ordonnanc par lequel on a abrogé l'usage* des contraintes par corps, *en vertu de l'é des quatre mois, excepté pour quelques cas mentionnés dans le même titre 3 Ainsi l'on a supprimé tous les articles du présent titre, qui conservoient ou co firmoient la disposition de l'article 48 de Moulins; & l'on n'a réservé que ceux q ont pu être appliqués à l'exécution des cas exceptés par ce titre 34 de l'ordo nance, comme on le verra ci-après.*

Il est composé de treize articles, dont les sept premiers ont été dressés après articles de ce projet, & ils seront insérés ici à la fin du présent titre, tels qu' sont dans l'ordonnance.

A l'égard de l'article XV de ce titre, qui vient d'être examiné, sa dispositi a été conservée, moyennant quelques changemens, & il a été divisé en deux pa ties, qui composent l'article X & l'article XI du titre XXXIV de la déchar des contraintes par corps, *dans l'ordonnance, où il a été transporté. Les de articles de l'ordonnance qui repondent à celui-ci, ont été rédigés de cette manier*

TITRE XXXIV. ARTICLE X. Pour obtenir la contrainte par corps après quatre mois ès cas exprimés au second article, le créancier fera signifier le jugemen la personne ou domicile de la partie, avec commandement de payer, & déclarati qu'il y sera contraint par corps après les quatre mois.

TITRE XXXIV. ARTICLE XI. Les quatre mois passés, à compter du jour de signification, le créancier levera au greffe une sentence, jugement ou arrêt, porta que dans la quinzaine la partie sera contrainte par corps, & lui sera signifier, pou après la quinzaine expirée, être la contrainte exécutée sans autres procédures; & sero toutes les significations faites avec toutes les formalités ordonnées pour les ajourr mens.

ARTICLE XVI.

Pour quelles choses elles seront exercées.

Les contraintes par corps en vertu de l'édit des quatre moi ne pourront être exercées pour autres choses, que pour co damnation pécuniaire.

Lecture faite de cet Article;

M. le premier président a dit, que cela paroissoit contraire au troisier article de ce titre, qui portoit que l'on pourroit condamner par corps l détenteurs des héritages à en délaisser la possession.

M. Pussort a réparti, qu'il n'y avoit aucune contradiction entre ces de articles, parce que celui-ci ne parloit que des contraintes en vertu de l'éc des quatre mois: & l'autre portoit que celui qui n'exécuteroit point un a rêt, par lequel il seroit condamné à se départir de la possession de l'héritag pourroit y être condamné par corps, mais non pas de donner de l'arge

☞ *Cet article a été supprimé.*

ARTICI

ARTICLE XVII.

Quand on pourra protester des quatre mois.

AUCUN ne pourra protester des quatre mois sur une simple obligation ou autre contrat, si en conséquence il n'est intervenu arrêt ou sentence contre l'obligé; & dérogeons pour cet effet, à tous usages contraires.

Lecture faite de l'Article XVII:

M. le premier président a dit, que cet article pourroit passer.

M. Talon a dit, que ces distinctions feroient des procès & de l'embarras, & qu'il vaudroit mieux donner six mois.

☞ *Le présent article a été pareillement supprimé.*

ARTICLE XVIII.

Contrainte par corps n'empêchera l'exécution des biens.

LES poursuites & contraintes par corps n'empêcheront pas que le condamné ne soit contraint par saisie & vente de ses biens.

Lecture faite de cet Article:

M. le premier président a dit, qu'en matiere criminelle on n'exécute pas la personne & les biens ensemble; mais qu'en matiere civile cela se pratiquoit souvent.

M. Pussort a dit, qu'il en faudroit parler au roi.

☞ *Cet article est le XIII au titre XXXIV* de la décharge des contraintes par corps, *dans l'ordonnance. Il a été rédigé de cette maniere:*

TITRE XXXIV. ARTICLE XIII. Les poursuites & contraintes par corps n'empêcheront les saisies, exécutions & ventes des biens de ceux qui sont condamnés.

ARTICLE XIX.

Appel, quand suspendra l'exécution.

L'APPEL suspendra l'exécution des sentences des quatre mois, si ce n'est qu'elles aient été exécutées avant l'appel contre le condamné; ou que les huissiers ou sergens se soient saisis de sa personne avant son appel; ou qu'elles soient rendues en nos présidiaux, pour sommes dont ils peuvent juger en dernier ressort.

Après la lecture de l'Article XIX :

M. le premier président a dit, que la disposition de cet article dépendoit encore de la résolution du roi : cependant l'on pouvoit dire qu'elle étoit conforme à l'usage qui se pratique; mais que cet usage paroissoit abusif, parce qu'au lieu de quatre mois, les débiteurs par ce moyen en obtiennent plus de douze. Que l'on attend que les quatre mois soient sur les termes d'expirer, pour interjetter appel de la sentence qui condamne par corps après les quatre mois; & après beaucoup de procédures sur l'appel, si la sentence est confirmée, le tems des quatre mois ne commence à courir que du jour de la signification de l'arrêt qui confirme la sentence.

☞ *Cet article a été pareillement transporté au titre XXXIV de l'ordonnance, où il est le XII. Outre* l'appel *des sentences des quatre mois, l'on a inséré dans l'article* l'opposition *à leur exécution, & il a été rédigé de cette maniere :*

TITRE XXXIV. ARTICLE XII. Si la partie appelle de la sentence, ou s'oppose à l'exécution de l'arrêt ou jugement portant condamnation par corps, la contrainte sera surfise jusqu'à ce que l'appel ou l'opposition aient été terminés : mais si avant l'appel ou opposition signifiée, les huissiers ou sergens s'étoient saisis de sa personne, il ne sera sursis à la contrainte.

ARTICLE XX.

Pour quelles sommes elles seront obtenues.

On ne pourra obtenir d'arrêts ou de sentences de quatre mois, que pour sommes définitivement adjugées.

Lecture faite de cet Article, il a passé.

☞ *Dans la suite, il a été supprimé.*

ARTICLE XXI.

Comment les sentences passeront en force de chose jugée.

Si aucun est condamné par sentence, & qu'elle lui ait été signifiée avec toutes les formalités prescrites ès ajournemens, & qu'après trois ans écoulés depuis la signification, celui qui aura obtenu la sentence ait sommé avec pareilles solemnités le condamné d'en interjetter appel, si elle lui fait grief, voulons que six mois après la sommation le condamné ne soit plus recevable à en appeller, mais qu'elle passe en force de chose jugée. Voulons que le présent article soit exécuté, nonobstant toutes ordonnances, loix, dispositions & usages contraires, auxquels nous dérogeons par ces présentes.

Lecture faite de cet Article :

M. le premier président a dit, que la jurisprudence de cet article étoit nouvelle; que jusqu'ici l'on pouvoit appeller d'une sentence dans les trente ans. L'on demeure d'accord que cela tenoit les biens & les familles dans une trop longue incertitude, & qu'il étoit bon d'abroger cet usage; mais que par l'article dont il s'agit, l'on passoit d'une extrêmité à l'autre. Qu'il contenoit d'ailleurs quantité de dispositions accumulées contre la simplicité que les loix desirent toujours. Tout cela fait des variétés, & forme différentes especes qui font de la confusion.

Que trente années étoient trop; mais que trois sont trop peu. Des gens peuvent être absens, occupés dans des emplois, embarrassés ou négligens dans leurs affaires; & qu'il vaudroit mieux, sans faire tant de différences, établir une loi générale de dix ou de vingt ans, & suivre en cela l'article XXVIII de ce titre. Qu'il falloit aussi pourvoir au passé, c'est-à-dire, aux sentences rendues avant la présente ordonnance, & depuis trente ans.

M. Pussort a dit, que l'article avoit été fait pour assurer les familles dans la possession de leurs biens. Que c'étoit un avantage des plus considérables dans la justice, qui pouvoit beaucoup contribuer à maintenir les sujets du roi dans leurs établissemens. Qu'il restoit de savoir si le tems de trois années, pour interjetter un appel, pouvoit suffire. Qu'encore que ce délai semblât bien brief, néanmoins la sommation que l'on sera obligé de faire à celui contre lequel la sentence aura été obtenue, l'avertira suffisamment de ce qu'il aura à faire. Jusqu'ici la confiance que l'on prenoit dans un si grand délai, faisoit que l'on négligeoit de prendre ses précautions, & de songer à ses affaires; à l'avenir tout le monde sera averti, & chacun saura que c'est un terme prescrit par la loi. La sommation apprendra à ceux qui y seront intéressés, qu'ils n'auront plus que six mois à prende parti. Qu'ainsi l'article étoit bon dans toutes ses parties.

Qu'il faudra pourvoir aux choses passées à l'égard de ceux contre lesquels il y a des sentences rendues depuis un fort long-tems, & dresser un article pour leur donner encore quelque délai, après une sommation qui leur sera faite.

M. le président de Maisons a demandé, si un bénéficier qui auroit souffert un jugement par collusion, & auroit laissé passer le tems de la restitution, priveroit son successeur du patrimoine de son bénéfice, par la rigueur de cette ordonnance.

M. Puſſort a répondu, que les voies de droit étoient ouvertes.

M. le préſident de Novion a dit, que la réduction portée par l'article pouvoit être bonne, mais qu'il ne voyoit pas pourquoi l'on faiſoit toutes ces différences.

M. Puſſort a réparti, que par la lecture de chacune des parties de l'article, l'on connoîtroit la néceſſité de ces différences, ſelon les différentes conditions des perſonnes.

M. le premier préſident a dit, que pour ſortir de cet embarras, l'on pouvoit ôter toutes ces différences, en donnant aux perſonnes non-privilégiées un terme de dix ans. Que la coutume d'Auvergne, qui tenoit beaucoup du droit écrit, n'avoit établi qu'une ſorte de preſcription, qui étoit celle de trente ans, & que cela diminuoit notablement les procès.

M. Talon a repréſenté, que l'intention étoit de retrancher les frais & les procès, cependant l'article excitoit à les multiplier. Qu'il falloit un ſecond exploit de ſignification de la ſentence; que ces formalités coûteroient beaucoup; qu'il y auroit enſuite une ſommation qui feroit encore de grands frais, & tout cela ſeroit inutile ſi l'on interjettoit l'appel. A l'égard de la multiplication des procès, l'on pouvoit dire qu'une partie réveillée par une ſommation, en renouvelleroit un qui auroit été abandonné. Ce ſera une eſpece d'aiguillon qui la piquera; & prenant cette ſommation pour une inſulte & un nouveau défi, il croira qu'il y va de ſon honneur de refuſer la lice. Cela commettra les ſujets du roi les uns contre les autres, & ranimera leurs reſſentimens. Qu'il étoit du bien de la juſtice que les procès demeurent aſſoupis, & qu'il vaudroit mieux augmenter le tems de dix ans, que de recevoir ces différentes diſpoſitions portées par l'article.

M. Puſſort a réparti, que ces conſidérations étoient grandes; mais qu'à les bien prendre, elles étoient contre le bien de la juſtice. Qu'il importoit principalement aux ſujets du roi, qu'ils ne fuſſent pas ſurpris, & qu'ils euſſent une connoiſſance des choſes qui leur pourroient être préjudiciables. Que la ſommation faiſoit tous ces effets; l'on retranchoit beaucoup de frais en faiſant déclarer les ſentences exécutoires contre l'héritier, comme elles l'étoient contre le défunt, par une ſimple ſommation. Celui qui prétendra n'être pas héritier, le déclarant par ſa réponſe, demeurera déchargé de toutes pourſuites, & ainſi les frais ſeront moindres, & les procès beaucoup plus abrégés.

M. Talon a dit, qu'en ce cas il faudroit déroger à la coutume.

M. Puſſort a réparti, que l'article portoit cette dérogation.

M. le préſident de Novion a demandé, ſi l'on entendoit rendre une ſentence ou un contrat exécutoires contre un tiers, ſans qu'un juge l'eût ordonné.

M. le premier préſident a dit, que c'étoit une juriſprudence fondée ſur le droit romain, & ſur l'uſage de toutes les nations de la terre, qu'un tiers ne pouvoit être tenu des conditions d'un contrat, ni des condamnations portées par un jugement, s'il n'y avoit été partie, & que le juge ne l'eût ainsi ordonné avec lui. Qu'il ne seroit pas facile de déroger à un droit public, établi par le consentement universel de toutes les nations. La sommation que l'on proposoit ne suffiroit pas; c'étoit porter son effet trop loin. Un notaire de village & le dernier sergent la pouvoient faire; un valet négligent n'avertiroit pas son maître; & sur la foi d'un acte de cette qualité, un homme pourroit être déclaré héritier, sans procédure quelconque, en justice. Qu'il seroit extraordinaire qu'une simple sommation pût faire ce que le juge ne doit jamais faire qu'en grande connoissance de cause. Que toutes les regles réclamoient contre, & que cette disposition ne pouvoit jamais s'exécuter.

M. Pussort a répondu, que lorsqu'on trouvera une maniere plus courte, pour procurer le retranchement des procès entre les sujets du roi, que celles que pratiquent toutes les nations, l'on y dérogera toujours sans peine. L'on est demeuré d'accord, que sur la foi d'un simple exploit, les juges pourroient condamner à des sommes infinies : cependant l'on veut soupçonner la foi d'une sommation revêtue de toutes ses formalités. Qu'il faut avoir également bonne opinion de l'une & de l'autre. Une partie qui aura été avertie par cette sommation, aura six mois pour s'informer & se pourvoir. Que ce tems paroissoit suffisant, & qu'il falloit enfin donner quelque terme aux erreurs & aux fantaisies des hommes.

M. le président de Novion a demandé, si l'on pouvoit prétendre qu'en aucun cas une sommation pût être un acte obligatoire?

M. le président de Maisons a dit, que les procédures devant les juges, assuroient constamment la vérité d'un fait; mais qu'une simple sommation volante pût être du même effet, cela ne s'étoit jamais dit, & ne pouvoit être supporté dans l'ordre de la justice.

M. Pussort a réparti, que par cette prescription de dix ans, que l'on proposoit, l'on tomberoit toujours dans les mêmes inconvéniens, & qu'il s'en trouveroit en toutes choses.

M. le premier président a dit, que pour former une condamnation, il falloit nécessairement la contestation ou la contumace de la partie, & la prononciation du juge; que sans cela celui qui n'étoit point obligé ne le pouvoit point devenir en aucun cas, par le seul laps de tems.

M. l'avocat général Talon a représenté, que la raison pour laquelle l'on avoit limité à trente années la faculté d'appeller, étoit, parce que l'action qui naissoit en exécution de la sentence, ne se prescrivoit que par le même tems. De sorte que si l'on vouloit réduire à dix ans cette faculté d'appeller, il faudroit aussi que l'exécution des sentences se prescrivît par le même tems, lorsqu'elles n'auroient point été suivies de procédures.

M. Pussort a dit, que l'on sauroit de sa majesté si elle avoit agréable de fixer le tems d'interjetter appel des sentences, à dix ans, sans qu'elles pussent être exécutées contre un tiers, qu'auparavant elles n'eussent été déclarées exécutoires.

☞ *Nonobstant toutes ces réflexions, les délais portés, & les formalités prescrites par cet article ont été conservés. L'on en a retranché la derniere clause, portant dérogation; & l'on a étendu la disposition de l'article aux* églises, hôpitaux, colleges, &c. *Ce qui a été fait par la jonction de l'article XXVI avec celui-ci, qui est le XII de ce titre dans l'ordonnance, en ces termes:*

ARTICLE XII. Si aucun est condamné par sentence, & qu'elle ait été signifiée avec toutes les formalités ordonnées pour les ajournemens, & qu'après trois ans écoulés depuis la signification, celui qui a obtenu la sentence l'ait sommé avec pareille solemnité d'en interjetter appel, celui qui est condamné ne sera plus recevable à en appeller six mois après la sommation; mais la sentence passera en force de chose jugée: ce qui aura lieu pour les domaines de l'église, hôpitaux, colleges, universités & maladeries, si ce n'est que le premier délai sera de six ans au lieu de trois.

ARTICLE XXII.

Ce délai courra contre les présens & absens.

LE tems ci-dessus préfini courra tant entre présens qu'absens, fors & excepté contre ceux qui seront absens hors notre royaume pour notre service & par nos ordres.

☞ *Cet article est le XIV de l'ordonnance. L'on a changé ces mots:* le tems ci-dessus préfini courra, *en ceux-ci:* les délais ci-dessus seront observés, &c.

ARTICLE XXIII.

Délai pour les héritiers & légataires universels.

SI le condamné décede pendant les trois années, ses héritiers ou légataires universels majeurs, auront, outre le tems qui en restoit à écouler, encore une année entiere, après laquelle celui qui aura obtenu la sentence, sera obligé de la leur faire signifier avec sommation d'en interjetter appel, si bon leur semble, nonobstant que pareille sommation ait été faite au défunt: & dans les six mois, à compter du jour de cette nouvelle sommation, ils pourront encore interjetter appel, sans qu'après ce terme ils y puissent être reçus; mais la sentence passera contre eux en force de chose jugée.

ARTICLE XXIV.

Pour les donataires, légataires particuliers, &c.

LE même sera observé à l'égard des donataires & légataires particuliers & universels, & tiers-détenteurs.

☞ *Cet article a été joint à l'article précédent, & ils composent ensemble le XV de l'ordonnance, qui a été rédigé de cette maniere :*

ARTICLE XV. Si celui qui sera condamné décede pendant ces trois années, ses héritiers ou légataires universels majeurs auront, outre le tems qui en restoit à écouler, une année entiere, après laquelle celui qui aura obtenu la sentence, sera obligé de la leur faire signifier avec sommation d'en interjetter appel, si bon leur semble, nonobstant que pareille sommation eût été faite au défunt : & dans les six mois, à compter du jour de la nouvelle sommation, ils pourront interjetter appel, sans qu'après ce tems ils y puissent être reçus, & la sentence passera contre eux en force de chose jugée : ce qui sera aussi observé à l'égard des donataires, légataires particuliers & tiers-détenteurs.

ARTICLE XXV.

Pour les mineurs.

Le tems prescrit pour la fin de non-recevoir, surseoira & ne pourra courir contre les mineurs pendant le tems de leur minorité, & jusqu'à ce qu'ils aient vingt-cinq ans accomplis.

☞ *L'on a changé les termes de cet article : il est le XVI dans l'ordonnance, de cette maniere :*

ARTICLE XVI. La fin de non-récevoir n'aura lieu contre les mineurs pendant le tems de leur minorité, & jusqu'à ce qu'ils aient vingt-cinq ans accomplis, après lesquels les délais commenceront à courir.

ARTICLE XXVI.

Pour l'église, hôpitaux, colleges, &c.

Si quelque sentence a été rendue contre les domaines de l'église, hôpitaux, colleges, universités & maladeries, elle ne passera point en force de chose jugée, si après la signification il ne s'est écoulé six années : & après les six années, celui au profit duquel la sentence est intervenue, n'ait fait une sommation d'en interjetter appel ; & si dans les six mois, à compter du jour de cette sommation, il n'y en a appel interjetté, alors elle passera en force de chose jugée, tant contre présens qu'absens.

☞ *Le présent article a été joint à l'article XII. Voyez ci-devant,*

ARTICLE XXVII.

Pour le successeur à un bénéfice.

Si le pourvu d'un bénéfice, contre lequel la sentence a été rendue, décede pendant le cours des six années, son successeur paisible aura encore une année entiere, outre ce qui restoit des six, pour interjetter appel; après lequel tems, celui qui aura obtenu sentence sera tenu de la lui faire signifier, avec sommation d'en interjetter appel; & dans les six mois pourra le successeur en appeller, nonobstant que pareille sommation eût été faite à son prédécesseur, & qu'il fût décédé dans les six mois, & auparavant que la sentence eût force de chose jugée avec lui.

☞ *La disposition de cet article a été conservée; mais on a fait quelques changemens dans l'expression. Il est le XIII en ces termes :*

ARTICLE XIII. Si le titulaire d'un bénéfice contre lequel la sentence a été rendue, décede pendant les six années, son successeur paisible aura une année entiere, & ce qui restera des six, pour interjetter appel, après lequel tems celui qui aura obtenu la sentence, sera tenu de la lui faire signifier avec sommatiou d'en interjetter appel, & dans les six mois pourra le successeur en appeller, nonobstant que pareille sommation ait été faite à son prédécesseur, & qu'il fût décédé dans les six mois.

ARTICLE XXVIII.

Délai, au défaut des sommations.

Au défaut des sommations ci-dessus, les sentences n'auront force de choses jugées qu'après dix ans, à compter du jour de leur signification; & qu'après vingt années à l'égard des domaines de l'église, hôpitaux, colleges, universités & maladeries, à compter aussi du jour de la signification des sentences : lesquelles dix & vingt années courront, tant entre présens qu'absens.

Après la lecture des Articles XXII, XXIII, & suivans :

M. le premier président a dit, que de tous ces articles il n'en faudroit conserver que les 25 & 28, & a ajouté, qu'autrefois la grand'chambre & les enquêtes avoient une jurisprudence différente sur le fait des prescriptions à l'égard de l'église; mais que présentement elle étoit uniforme en toutes

toutes les chambres, & que l'on y avoit jugé par-tout, que *la prescription de quarante ans avoit lieu, quoique le titre fût vicieux.*

☞ *L'on n'a fait aucun changement dans l'article XXVIII, qui est le XVII dans l'ordonnance.*

ARTICLE XXIX.

Contrainte par corps des personnes constituées aux ordres.

Les personnes constituées aux ordres sacrés de prêtrise, diaconat & soudiaconat, ne pourront être contraintes par emprisonnement de leurs personnes pour dettes civiles, en vertu de l'ordonnance des quatre mois, si ce n'étoit que la sentence portant condamnation par corps eût été obtenue, ou que la protestation des quatre mois eût été faite avant la promotion aux ordres.

ARTICLE XXX.

Leurs meubles ne seront saisis.

Ils ne pourront aussi, en vertu de quelque sentence que ce soit, ou d'aucune obligation ou contrat, être exécutés en leurs meubles servans au service divin, ou pour leur usage domestique & nécessaire, à quelque somme qu'ils se puissent monter; ni même en leurs livres, qui leur seront laissés jusqu'à la valeur de cent cinquante livres.

Lecture faite de ces deux Articles, ils ont été trouvés bons.

☞ *L'article XXIX a été supprimé, suivant ce qui a été observé après l'article XVII de ce titre. A l'égard de l'article XXX, sa disposition a été conservée, mais il a été transporté au titre XXXIII de l'ordonnance* des saisies & exécutions, &c. *où il est le XV en ces termes :*

TITRE XXXIII. ARTICLE XV. Les personnes constituées aux ordres sacrés de prêtrise, de diaconat ou sous diaconat, ne pourront être exécutées en leurs meubles destinés au service divin, ou servans à leur usage nécessaire, de quelque valeur qu'ils puissent être, ni même en leurs livres, qui leur seront laissés, jusqu'à la somme de cent cinquante livres.

ARTICLE XXXI.

Quand les septuagénaires pourront être emprisonnés.

TOUTES personnes qui seront entrées en la soixante-dixieme années de leur âge, ne pourront être emprisonnées pour dettes pures civiles; mais ils le pourront être pour autres dettes qui ne seront pas purement civiles, comme pour dépens en matiere criminelle, stellionat & recélé, pourvu toutefois qu'ils y soient condamnés par corps.

Lecture faite de cet Article :

M. le premier président a dit, que l'exception pour les dépens procédans de matiere criminelle, n'étoit pas bonne; parce que ces dépens n'emportoient pas de contrainte par corps. Que la réparation étoit une peine criminelle; mais les dépens n'étoient qu'une pure dette civile, & qu'il étoit inutile d'en faire mention dans l'article.

M. Pussort a dit, que la même clause qui exceptoit les dépens, portoit, *pourvu que la condamnation fût par corps.*

M. le premier président a réparti, que ce *pourvu* étoit encore inutile.

☞ *Nonobstant cette observation, l'on a conservé la disposition de cet article : il est le IX du titre XXXIV de l'ordonnance, & il a été arr.té de cette maniere :*

TITRE XXXIV. ARTICLE IX. Les septuagénaires ne pourront être emprisonnés pour dettes purement civiles, si ce n'est pour stellionat, recélé, & pour dépens en matiere criminelle, & que les condamnations soient par corps.

ARTICLE XXXII.

Quand les femmes & filles.

ON ne pourra faire emprisonner pour dette purement civile, en vertu de l'ordonnance des quatre mois, ni d'obligation, quoiqu'elle porte soumission par corps, aucunes femmes mariées ou veuves, ni aucunes filles, si ce n'est qu'elles soient marchandes publiques, ou qu'il s'agisse du fait ou des dépendances de la marchandise, dont elles se sont mêlées : & une femme mariée ne pourra point être réputée marchande publique, bien qu'elle débite ou se mêle de la marchandise de son mari ; mais seulement lorsqu'elle exercera marchandise distincte & séparée de celle dont il fait commerce.

Après la lecture faite :

M. le premier président a dit, que la disposition de cet article, qui exempte les femmes de la contrainte par corps pour dettes purement civiles, quoique nouvelle, étoit fort bonne. Que ces contraintes & ces emprisonnemens n'étoient pas compatibles avec l'honnêteté de leur sexe : il faut les épargner autant qu'il est possible. Néanmoins s'étant présenté à la grand'chambre la question de savoir, *si une femme qui avoit commis stellionnat, en s'obligeant solidairement avec son mari, en auroit encouru la peine?* Et y ayant eu partage pour raison de ce, sur l'avis de messieurs Catinat & Saintot, l'affaire fut départie aux enquêtes, qui jugerent que *la femme avoit encouru la peine du stellionnat*, & pouvoit être contrainte par corps.

☞ *Le présent article a été aussi transporté au titre XXXIV de l'ordonnance, où il est l'article VIII. Il est conçu en ces termes :*

TITRE XXXIV. ARTICLE VIII. Ne pourront les femmes & filles s'obliger, ni être contraintes par corps, si elles ne sont marchandes publiques, ou pour cause de stellionat procédant de leur fait.

ARTICLE XXXIII.

Bestiaux & ustensiles à cultiver, ne seront saisis.

LES chevaux, bœufs, & autres bêtes servans au labour, charrues, charrettes, & ustensiles servans à labourer & cultiver les terres, vignes & prés, ne pourront être saisis en vertu d'arrêts, sentences ou obligations, ni pour quelque cause que ce puisse être, même pour nos propres deniers; à peine de nullité, de tous dépens, dommages & intérêts, & de cinquante livres d'amende solidairement, tant contre le créancier que contre le sergent. N'entendons toutefois comprendre dans cette prohibition les dettes de ceux qui auront prêté leur argent pour l'achat des bestiaux & ustensiles, ou qui les auront vendus ; ni ce qui sera dû pour les fermages & moissons, aux propriétaires des terres où les bestiaux & ustensiles auront été conduits & transportés.

Lecture faite de cet Article, il a passé.

☞ *L'on y a fait quelques changemens à l'égard de l'expression, & il est le XVI du titre XXXIII de l'ordonnance, en ces termes :*

TITRE XXXIII. ARTICLE XVI. Les chevaux, bœufs & autres bêtes de labour rage, charrues, charrettes & ustensiles servans à labourer & cultiver les terres, vignes & prés, ne pourront être saisis, même pour nos propres deniers, à peine de nullité, de tous dépens, dommages & intérêts, & de cinquante livres d'amende contre le créancier & le sergent solidairement. N'entendons toutefois comprendre les sommes dues au vendeur, ou à celui qui a prêté l'argent pour l'achat des mêmes bestiaux & ustensiles, ni ce qui sera dû pour les fermages & moissons des terres où seront les bestiaux & ustensiles.

☞ *Voici les sept premiers articles du titre XXXIV de l'ordonnance, suivant ce qui a été observé ci-devant.*

TITRE XXXIV.

De la décharge des contraintes par corps.

ARTICLE I. Abrogeons l'usage des contraintes par corps après les quatre mois, établi par l'article XLVIII de l'ordonnance de Moulins, pour dettes purement civiles: défendons à nos cours, & à tous autres juges, de les ordonner, à peine de nullité; & à tous huissiers & sergens de les exécuter, à peine des dépens, dommages & intérêts.

ARTICLE II. Pourront néanmoins les contraintes par corps, après les quatre mois, être ordonnées pour les dépens adjugés, s'ils montent à deux cens livres & au-dessus; ce qui aura lieu pour la restitution des fruits, & pour les dommages & intérêts au-dessus de deux cens livres.

ARTICLE III. Pourront aussi les tuteurs & curateurs être contraints par corps, après les quatre mois, pour les sommes par eux dues à cause de leur administration, lorsqu'il y aura sentence, jugement ou arrêt définitif, & que la somme sera liquide & certaine.

ARTICLE IV. Défendons à nos cours, & à tous autres juges, de condamner aucuns de nos sujets par corps en matiere civile; sinon, & en cas de réintégrande pour délaisser un héritage en exécution des jugemens, pour stellionat, pour dépôt nécessaire, consignation faite par ordonnance de justice, ou entre les mains de personnes publiques, représentation de biens par les séquestres, commissaires ou gardiens, lettres de change, quand il y aura remise de place en place, dettes entre marchands pour fait de marchandise dont ils se mêlent.

ARTICLE V. N'entendons aussi déroger au privilege des deniers royaux, ni à celui des foires, ports, étapes & marchés, & des villes d'arrêt.

ARTICLE VI. Défendons de passer à l'avenir aucuns jugemens, obligations, ou autres conventions, portant contrainte par corps contre nos sujets; à tous greffiers, notaires & tabellions, de les recevoir; & à tous huissiers & sergens de les exécuter, encore que les actes aient été passés hors notre royaume, à peine de tous dépens, dommages & intérêts.

ARTICLE VII. Permettons néanmoins aux propriétaires des terres & héritages situés à la campagne, de stipuler par les baux les contraintes par corps.

TITRE XXXI.

Ce titre eſt le XXXV & dernier de l'ordonnance.

Des requêtes civiles, & abrogation des propoſitions d'erreur.

ARTICLE I.

Arrêts & jugemens en dernier reſſort, comment ſeront rétractés.

LES arrêts & jugemens en dernier reſſort ne pourront être rétractés que par lettres en forme de requêtes-civiles, à l'égard de ceux qui auront été parties, ou duement appellés, & de leurs héritiers, ſucceſſeurs ou ayans-cauſe.

Lecture faite de l'Article I:

M. le premier préſident a dit, que l'on ne connoît point au parlement d'autres jugemens en dernier reſſort, que ceux des préſidiaux. Qu'il faudroit s'expliquer davantage, & dire quels ſont ces jugemens en dernier reſſort, pour en exclure ceux des requêtes de l'hôtel, auxquels on ne peut paſſer cette qualité.

M. Puſſort a dit, qu'il n'étoit pas néceſſaire de s'expliquer davantage, étant certain qu'il y avoit des jugemens en dernier reſſort, autres que ceux des requêtes de l'hôtel.

☞ *Cet article eſt dans l'ordonnance, ſans aucun changement.*

ARTICLE II.

Requête à fin d'oppoſition, quand permiſe.

PERMETTONS de ſe pourvoir par ſimple requête à fin d'oppoſition contre les arrêts & jugemens en dernier reſſort, auxquels le demandeur en requête n'auroit été partie ou duement appellé, & même contre ceux donnés ſur requête.

Lecture faite de cet Article:

M. le premier président a fait la même observation que sur le premier article.

☞ *Le présent article est aussi dans l'ordonnance, sans changement.*

ARTICLE III.

Autre cas pour la requête à fin d'opposition, dans la huitaine.

PERMETTONS pareillement de se pourvoir par simple requête contre les arrêts & jugemens en dernier ressort, qui auront été rendus à faute de se présenter, ou en l'audience à faute de plaider, pourvu que la requête soit donnée dans la huitaine du jour de la signification à personne ou domicile des condamnés, s'ils n'ont point constitué de procureur; ou au procureur, quand il y en aura un.

Après la lecture de cet Article :

M. le premier président a dit, qu'il y avoit une différence à faire entre les défauts qui se prennent pour les requêtes-civiles qui sont au rôle, & celles qui s'appellent par placet. A l'égard de celles-là, les défauts devoient tenir : le rôle étant publié, afin qu'il soit connu jusques dans les provinces. Pour ce qui étoit des requêtes-civiles qui s'appelloient par placets, bien qu'elles ne fussent jamais plaidées sans plusieurs avenirs, néanmoins l'on n'en tenoit pas la forme solemnelle: & dans cette distinction l'on pourroit donner huitaine à cet égard pour rabattre le défaut.

M. Pussort a dit, qu'il ne contestoit pas, lorsqu'il s'agissoit d'abréger les délais, & qu'il donnoit volontiers les mains à la réformation de l'article.

☞ *Sur l'observation faite par M. le premier président, l'on a ajouté cette exception à l'article :* si ce n'est que la cause ait été appellée à tour de rôle, &c. *Cet article est aussi le III dans l'ordonnance, en ces termes :*

ARTICLE III. Permettons pareillement de se pourvoir par simple requête contre les arrêts & jugemens en dernier ressort, qui auroient été rendus à faute de se présenter, ou en l'audience à faute de plaider, pourvu que la requête soit donnée dans la huitaine du jour de la signification à personne ou domicile de ceux qui seront condamnés, s'ils n'ont constitué procureur, ou au procureur quand il y en a un: si ce n'est que la cause ait été appellée à tour de rôle; auquel cas les parties ne pourront se pourvoir contre les arrêts & jugemens en dernier ressort intervenus en conséquence, que par requête-civile.

ARTICLE IV.

Simple requête contre les sentences présidiales au premier chef.

Ne seront obtenues lettres en forme de requête-civile contre les sentences présidiales rendues au premier chef de l'édit; mais il suffira de se pourvoir par simple requête au même présidial.

Lecture faite de l'Article IV:

M. le premier président a dit, que cet article joint avec le suivant, signifioit nettement que les jugemens en dernier ressort, dont ils font mention, ne sauroient s'entendre que de ceux que rendent les requêtes de l'hôtel. Que c'étoit établir une souveraineté que les ordonnances avoient défendue.

M. Pussort a réparti, que celle de 1629 en faisoit mention.

M. le premier président a réparti, que le roi avoit révoqué cet article, sur les remontrances du parlement. Que l'intention de sa majesté étoit que l'ordonnance fût examinée, mais que cet examen ne passa pas le 12 article: que les affaires prirent une autre conduite, & que l'on en demeura-là. De sorte que l'on ne peut tirer aucune conséquence de cette ordonnance pour ce sujet.

M. Pussort a dit, que, quoi que l'on pût dire, il falloit demeurer d'accord que messieurs des requêtes de l'hôtel jugeoient en dernier ressort en certains cas.

M. le premier président a dit, qu'ils ne pouvoient juger en dernier ressort, que ce qui regarde l'appel des procédures & taxes des dépens du conseil, & a ajouté, qu'il seroit bon d'obliger à prendre des requêtes-civiles contre les sentences présidiales, aussi-bien que contre les arrêts.

M. Pussort a dit, que la disposition de cet article étoit conforme à un article de l'ampliation de l'édit des présidiaux; & même qu'il devoit y avoir grande distinction entre les arrêts & les sentences présidiales, pour la forme de se pourvoir contre; joint que les requêtes-civiles causeroient beaucoup de frais.

☞ *Nonobstant ces observations, le présent article a été inséré dans l'ordonnance, sans aucun changement.*

ARTICLE V.

Tems des requêtes civiles pour les majeurs & pour les mineurs.

Les requêtes civiles seront obtenues & signifiées dans les six mois, à compter, à l'égard des majeurs, du jour de la signification qui leur aura été faite des arrêts & jugemens en dernier ressort, à personne ou domicile; & quant aux mineurs, du jour de la signification qui leur en aura été faite à personne ou domicile, depuis leur majorité accomplie.

Après la lecture de cet Article:

M. le premier président a demandé, que deviendroient les majeurs, dont l'intérêt seroit commun & indivisible d'avec celui des mineurs qui auroient été restitués?

M. Pussort a réparti, que cela iroit au fond, & que les juges le jugeroient. Qu'au surplus cette question étoit renvoyée à décider avec celles des solidités & des prescriptions, pour savoir les cas auxquels on devroit diviser ou joindre; & que l'on pouvoit cependant dire qu'il n'y avoit que les matieres réelles, dans lesquelles on dût donner aux majeurs le privilege des mineurs.

☞ *L'on a ajouté au commencement de l'article, que les* assignations seront données, soit au procureur, ou à la partie, dans les six mois. *C'est le changement le plus considérable que l'on ait fait dans cet article, qui est rédigé en ces termes:*

ARTICLE V. Les requêtes civiles seront obtenues & signifiées, & assignations données, soit au procureur ou à la partie, dans les six mois, à compter, à l'égard des majeurs, du jour de la signification qui leur aura été faite des arrêts & jugemens en dernier ressort, à personne ou domicile; & pour les mineurs, du jour de la signification qui leur aura été faite à personne ou domicile depuis leur majorité.

ARTICLE VI.

Quel tems pour les ecclésiastiques, communautés, & absens.

LES ecclésiastiques, les hôpitaux & les communautés, tant laïques que séculieres, même ceux qui sont absens du royaume pour cause publique, auront un an pour obtenir & faire signifier les requêtes-civiles, à compter pareillement du jour des significations qui leur auront été faites au lieu ordinaire des bénéfices, ou aux bureaux des hôpitaux, ou aux syndic ou procureurs de communautés, ou au domicile des absens.

Lecture faite de cet Article, il a été trouvé bon.

☞ *Il est le VII de ce titre dans l'ordonnance. On y a seulement changé les mots de* communautés, tant laïques que régulieres, *en ceux-ci:* communautés, tant laïques qu'ecclésiastiques, séculieres & régulieres.

ARTICLE

ARTICLE VII.

Quel tems pour les héritiers ou successeurs.

Si les arrêts ou jugemens en dernier ressort ont été donnés contre ou au préjudice de personnes qui seront décédées dans les six mois du jour de la signification à eux faite, leurs héritiers, successeurs ou ayans-cause, auront encore le même délai de six mois, à compter du jour de la signification qui leur aura été faite des mêmes arrêts & jugemens en dernier ressort, à l'égard des majeurs. Et quant aux mineurs, leur délai de six mois ne courra que du jour de la signification qui leur sera faite depuis leur majorité, comme dessus.

Lecture faite de l'Article VII :

M. le premier président a dit, qu'il falloit employer contre cet article ce qui a été dit contre l'article XXI du précédent titre, qui veut que les jugemens soient exécutoires de droit, en conséquence d'une simple sommation.

☞ *On a fait quelques changemens dans cet article à l'égard de l'expression : & il est le VIII de l'ordonnance, en ces termes :*

ARTICLE VIII. Si les arrêts ou jugemens en dernier ressort ont été donnés contre ou au préjudice de personnes qui seront décédées dans les six mois du jour de la signification à eux faite, leurs héritiers, successeurs ou ayans-cause, auront encore le même délai de six mois, à compter du jour de la signification qui leur aura été faite des mêmes arrêts & jugemens en dernier ressort, s'ils sont majeurs ; sinon le délai de six mois ne courra que du jour de la signification qui leur sera faite depuis leur majorité.

ARTICLE VIII.

Quel tems pour le successeur à un bénéfice.

Celui qui aura succédé à un bénéfice durant l'année, du jour de la signification faite de l'arrêt ou jugement en dernier ressort à son prédécesseur, dont il n'est point résignataire, aura encore une année pour se pourvoir par lettres en forme de requête-civile, du jour de la signification qui lui en sera faite ; mais il n'y aura aucune prolongation de délai aux hôpitaux ni communautés, par la mort ou par le changement des directeurs & administrateurs, syndics ou procureurs, ni pour la demeure ou le retour de ceux qui sont absens du royaume pour cause publique.

Après la lecture de cet Article :

M. le premier président a dit, que cet article étoit inutile, & que l'on n'avoit jamais douté que le décès ou le changement d'un administrateur ne prorogeoit point les délais de la procédure ; que c'est néanmoins ce que l'on vouloit inutilement marquer par l'article.

☞ *Sur cette réflexion, la derniere partie de l'article a été retranchée depuis ces mots :* mais il n'y aura, &c. *Le surplus est dans l'ordonnance où il compose l'article IX de ce titre, en ces termes :*

ARTICLE IX. Celui qui aura succédé à un bénéfice durant l'année, à compter du jour de la signification faite de l'arrêt ou jugement en dernier ressort à son prédécesseur, dont il n'est résignataire, aura encore une année pour se pourvoir par lettres en forme de requête-civile, du jour de la signification qui lui en sera faite.

ARTICLE IX.

Tems pour la requête contre les sentences présidiales au premier chef.

LES majeurs & mineurs n'auront que trois mois au lieu de six; & les ecclésiastiques, hôpitaux & communautés, & les absens hors du royaume pour cause publique, six mois au lieu d'un an, pour obtenir & faire signifier les requêtes contre les sentences présidiales données au premier chef de l'édit : & au surplus seront toutes les mêmes choses ci-dessus observées, tant pour les sentences présidiales au premier chef de l'édit, que pour les arrêts & jugemens en dernier ressort.

Cet Article a été trouvé bon.

☞ *Il est le X dans l'ordonnance, sans aucun changement.*

ARTICLE X.

Arrêts, jugemens, &c. à qui & à quelle fin doivent être signifiés.

VOULONS, que tous les arrêts, jugemens en dernier ressort, & sentences présidiales données au premier chef de l'édit, soient signifiés aux personnes ou domicile, pour en induire les fins de non-recevoir contre la requête civile dans le tems ci-dessus, encore que les uns aient été contradictoires en l'audience, & les autres signifiés au procureur : sans que cela puisse être tiré à conséquence aux hypotheques, saisies, exécutions, ou autres choses, à l'égard desquelles les arrêts, jugemens & sentences contradictoires donnés en l'audience, auront leur effet, quoiqu'ils n'aient pas été signifiés, & ceux par défaut donnés en l'audience & sur procès par écrit, soit par forclusion ou sur production des parties, à compter du jour qu'ils auront été signifiés aux procureurs, ainsi qu'avant ces présentes.

ARTICLE XI.

Tems de la requête-civile fondée sur dol, pieces fausses, &c.

SI les lettres en forme de requête-civile contre les arrêts & jugemens en dernier ressort, ou les requêtes contre les sentences présidiales au premier chef sont fondées sur le dol personnel, ou sur pieces fausses ou nouvellement recouvrées, qui étoient retenues ou détournées par fraude ou fait de la partie adverse, ou sur erreur de fait, le tems d'obtenir & faire signifier les lettres ou requêtes, ne courra que du jour que le dol, la fausseté des pieces ou l'erreur auront été découverts; pourvu qu'il y ait preuve par écrit du tout, & non autrement : le tout à peine de l'amende & des dépens portés par le 41 article de ce titre.

Lecture faite de l'Article XI :

M. le premier président a dit, que cet article détruisoit tous les autres, en mettant des exceptions au tems prescrit pour se pourvoir par requête-civile. Que si une fois cette porte étoit ouverte, toutes les requêtes-civiles contiendroient ce moyen. Que chacun prétend sa cause bonne : les parties sauroient de quel avis avoient été les juges; & l'on croit toujours que l'on emportera sa cause une seconde fois, si on trouve l'expédient de la plaider au fond.

M. Pussort a dit, que l'article s'étoit précautionné contre tous ces inconvéniens : que l'intention n'étoit pas que les preuves fussent admises par toutes voies, ni de toute nature. Quand une partie diroit qu'elle auroit recouvré de nouveau une piece retenue par le dol & la fraude de sa partie, elle seroit obligé de coter le tems de cette découverte, & d'en rapporter la preuve par écrit : & suivant cette disposition, un homme qui prétendroit avoir recouvré la quittance d'une obligation passée par son pere, le contenu en laquelle il auroit été obligé de payer, faute de rapporter sa quittance; il ne suffiroit pas de l'avoir recouvrée, ni de dire (en cas qu'il fût hors du tems) qu'elle avoit été retenue par le dol & la fraude de sa partie ; mais il faudroit de plus justifier par écrit le tems auquel elle auroit été recouvrée, comme dans un inventaire qui auroit été fait, ou par quelque autre voie de cette qualité, dont le défendeur en requête civile n'auroit eu la connoissance ni la disposition.

M. Talon a dit, qu'il falloit retrancher de l'article *le dol, la fraude & l'erreur de fait ;* que c'étoient des moyens de requête-civile bannaux ; que le reste pourroit être bon, & autrement l'article seroit illusoire.

M. Pussort a dit, qu'il revenoit à cet avis. Qu'il étoit mieux de borner cet article aux pieces & à la fausseté, & qu'il le proposeroit au roi. Mais ce qui seroit le plus efficace, seroit la condamnation d'amende.

M. le premier président a dit, qu'il n'y avoit que cela d'effectif dans l'article.

☞ *Nonobstant cette derniere réflexion, on a retranché la clause qui porte la* peine de l'amende & des dépens. *On a pareillement ôté de cet article* le dol personnel, la fraude & l'erreur de fait. *Il est le XII de l'ordonnance, & il a été rédigé de cette maniere :*

ARTICLE XII. Si les lettres en forme de requête-civile contre les arrêts ou jugemens en dernier ressort, ou les requêtes contre les sentences présidiales au premier chef, sont fondées sur pieces fausses, ou sur pieces nouvellement recouvrées, qui étoient retenues ou détournées par le fait de la partie adverse, le tems d'obtenir & faire signifier les lettres ou requêtes ne courra que du jour que la fausseté, ou les pieces auront été découvertes, pourvu qu'il y ait preuves par écrit du jour, & non autrement.

ARTICLE XII.

Consultation sera attachée aux lettres.

CEUX qui voudront obtenir lettres en forme de requête-civile, seront tenus de rapporter une consultation signée de deux avocats connus dans le barreau, & de celui qui en aura fait le rapport ; laquelle consultation, qui contiendra sommairement les ouvertures de requête-civile contre les arrêts & jugemens donnés en dernier ressort, sera attachée aux lettres, pour être le tout contre-scellé ; & seront les ouvertures insérées, & les trois avocats nommés dans les lettres.

Lecture faite de cet Article, il a passé.

☞ *Quoiqu'on n'ait rien proposé contre cet article, néanmoins dans la révision, il a été abrégé & réformé de cette maniere :*

ARTICLE XIII. Sera attachée aux lettres de requête-civile une consultation signée de deux anciens avocats, & de celui qui aura fait le rapport, laquelle contiendra sommairement les ouvertures de requête-civile, & seront les noms des avocats & les ouvertures insérées dans les lettres.

ARTICLE XIII.

Elles seront nulles sans les conditions ci-dessus.

Nos chancelier, garde des sceaux, & les maîtres des requêtes ordinaires de notre hôtel, tenans les sceaux de notre grande ou petite chancellerie, & nos autres officiers, ne pourront accorder aucunes lettres en forme de requête-civile, que dans le tems & aux conditions ci-dessus; & sans qu'il puisse y avoir clause portant dispense, relevement ou restitution de tems, pour quelque cause & prétexte que ce soit : & si aucunes avoient été obtenues & signifiées apès le tems & délai ci-dessus, ou ne contenoient point les ouvertures & les noms des avocats qui en auront donné l'avis, les déclarons dès-à-présent nulles & de nul effet & valeur; & voulons que nos juges, tant de nos cours ou chambres, qu'autres jurisdictions, n'y aient aucun égard: le tout à peine de nullité de ce qui auroit été jugé ou ordonné au contraire.

Lecture faite de cet Article, il a passé.

☞ *L'on en a retranché le mot de* relevement, *qui n'est plus en usage. Au surplus cet article a été inséré dans l'ordonnance, où il est le XIV sans aucun changement.*

ARTICLE XIV.

Abrogation de la forme de les clorre.

Abrogeons la forme de clorre les lettres en forme de requête-civile; mais seront délivrées ouvertes aux impétrans ou à leurs procureurs, ou autres ayant charge d'eux.

Après la lecture de cet Article :

M. le premier président a remarqué, que cet article retranchoit les frais inutiles; parce qu'on n'auroit plus besoin de commission sur les lettres en forme de requête-civile, & qu'il seroit bon de le marquer expressément dans l'article.

M. l'avocat général Talon a ajouté, que cette commission seroit inutile, puisque les lettres ne seroient plus clauses. Qu'en l'ôtant, cela retrancheroit la dépenſe d'un quart; mais qu'il faudroit que les lettres fuſſent ſignées & ſcellées, au lieu de la commiſſion.

☞ *Sur ces obſervations, l'on a ajouté dans l'article, que les lettres* ſeront ſcellées & expédiées ſans commiſſion. *Il eſt le XV de l'ordonnance, en ces termes :*

ARTICLE XV. Abrogeons la forme de clorre les lettres en forme de requête-civile, & d'y attacher aucune commiſſion; mais ſeront ſcellées, expédiées & délivrées ouvertes ſans commiſſion aux impétrans ou à leurs procureurs, ou autres ayant charge.

ARTICLE XV.

Quelles ſommes doivent conſigner les impétrans.

Les impétrans de lettres en forme de requête-civile contre des arrêts contradictoires, ſoit qu'ils ſoient préparatoires ou définitifs, ſeront tenus en préſentant leur requête à fin d'entérinement, de conſigner au greffe la ſomme de trois cens livres d'une part, pour l'amende envers nous; & celle de cent cinquante livres d'autre, pour celle envers la partie. Et ſi les arrêts ſont par défaut, ſera ſeulement conſigné la ſomme de cent cinquante livres pour l'amende envers nous, & ſoixante-quinze livres pour celle envers la partie : leſquelles ſommes ſeront reçues par les greffiers ſans frais, pour être après le jugement des requêtes-civiles, rendues & délivrées auſſi ſans frais à qui il appartiendra.

Après la lecture de cet Article :

M. le premier préſident a dit, qu'il ſeroit bon de marquer ſi cette amende ſeroit conſignée entre les mains du commis du greffe, ou en celles du receveur des amendes. Que ce dernier paroiſſoit plus propre pour ce dépôt; parce qu'il y a pluſieurs différens commis aux greffes, dont les fonctions ſont diſtinctes, & qu'on auroit plus de peine à retirer les amendes de leurs mains, que ſi elles étoient dépoſées d'abord en celles de l'officier qui eſt établi pour les recevoir.

M. l'avocat général Talon a dit, que ſi les amendes paſſoient entre les mains des greffiers, le receveur ne ſauroit à qui s'adreſſer pour les retirer, au cas qu'elles fuſſent adjugées au roi; & qu'il valoit mieux qu'elles fuſſent directement dépoſées entre ſes mains; mais que pour en aſſurer la reſtitution, en cas que la requête-civile fût entérinée, il ſeroit néceſſaire d'ordonner que le receveur des amendes les recevroit comme dépoſitaire, ſans qu'il les pût employer dans ſon compte, s'il n'étoit par la cour ainſi ordonné.

☞ *L'on a changé la disposition de cet article, & l'on a ordonné que les sommes consignées* seront reçues par le receveur des amendes, &c. *Voici de quelle maniere cet article, qui est le XVI de l'ordonnance, a été arrêté :*

ARTICLE XVI. Les impétrans de lettres en forme de requête-civile contre des arrêts contradictoires, soit qu'ils soient préparatoires ou définitifs, seront tenus, en présentant leur requête à fin d'entérinement, consigner la somme de trois cens livres pour l'amende envers nous, & cent cinquante livres d'autre part, pour celle envers la partie. Et si les arrêts sont par défaut, sera seulement consigné la somme de cent cinquante livres pour l'amende envers nous, & soixante-quinze livres pour celle envers la partie : lesquelles sommes seront reçues par le receveur des amendes, qui s'en chargera comme dépositaire, sans droits ni frais, & sans qu'il puisse les employer en recette qu'elles n'aient été définitivement adjugées, pour être après le jugement des requêtes civiles rendues & délivrées aussi sans frais à qui il appartiendra.

ARTICLE XVI.

A qui elles seront signifiées, & quel procureur occupera.

LES lettres en forme de requête-civile qui seront signifiées dans l'an & le jour de la date de l'arrêt ou jugement en dernier ressort, contradictoirement donné en l'audience, ou dans l'an & jour de la signification faite au procureur des autres arrêts ou jugemens en dernier ressort, seront seulement signifiées au procureur qui occupe en la cause, instance ou procès, sur lequel a été donné l'arrêt ou jugement en dernier ressort; & en ce cas le procureur sera tenu d'occuper, si ce n'est que le défendeur en requête-civile en eût constitué un autre; mais si la requête-civile n'est point signifiée dans l'an & jour des dates ci-dessus, elle le sera à la personne du défendeur en son domicile.

Après la lecture de l'Article XVI :

M. le premier président a dit, que cet article ne s'entendoit pas, & qu'il sembloit que l'intention fût de donner six mois pour obtenir la requête-civile, & six mois pour la signifier; & qu'il paroissoit contraire à l'article V. Que même la signification ne suffisoit pas : il falloit aussi donner l'assignation dans les six mois, & qu'il n'en étoit point fait mention dans l'article.

M. Pussort a dit, que ces deux articles étoient entiérement différens : le cinquieme portoit que la requête-civile ne pourroit être accordée après les six mois du jour de la signification; & celui-ci, que dans l'an le procureur seroit tenu d'occuper, parce que l'on pourroit être un an sans signifier l'arrêt. Mais quand l'on se trouvera hors du tems, il faudra faire la signification à la partie, & lui donner délai.

M. Talon a dit, que l'on pouvoit ajouter à l'article : *si l'année, depuis le jour de la signification de l'arrêt, n'est point expirée ;* & que de plus il faut donner au procureur un délai suffisant, suivant la distance des lieux, pour avertir sa partie, avant qu'on le puisse obliger de venir plaider sur la requête civile.

☞ *On a fait des changemens considérables dans cet article, pour le rendre moins diffus. Il est le VI de l'ordonnance, en ces termes :*

ARTICLE VI. Le procureur qui aura occupé en la cause, instance ou procès, sur lequel est intervenu arrêt ou jugement en dernier ressort, sera tenu d'occuper sur la requête civile, sans qu'il soit besoin de nouveau pouvoir, pourvu que la requête-civile ait été obtenue & à lui signifiée dans l'année du jour & date de l'arrêt.

ARTICLE XVII.

Qelles procédures avant que de plaider.

Il n'y aura point d'autres procédures sur les lettres en forme de requête civile, sinon qu'elles seront signifiées, & copie donnée, tant des lettres que de la consultation y énoncée, & ensuite un acte pour communiquer au parquet, & un autre pour venir plaider.

Après la lecture de cet Article :

M. le premier président a dit, que les rôles des jeudis étoient principalement pour les requêtes-civiles, & que l'on en pouvoit néanmoins appeller par placets.

☞ *Cet article est aussi le XVII dans l'ordonnance : l'expression en a été changée & réformée de cette maniere ;*

ARTICLE XVII. Après que la requête-civile aura été signifiée, avec assignation & copie donnée, tant des lettres que de la consultation, la cause sera mise au rôle, ou portée à l'audience sur deux actes ; l'un pour communiquer au parquet, & l'autre pour venir plaider, sans autre procédure.

ARTICLE XVIII.

Elles n'empêcheront l'exécution des arrêts ou jugemens.

Les requêtes-civiles ne pourront empêcher l'exécution des arrêts ni des jugemens en dernier ressort ; ni les autres requêtes, l'exécution des sentences présidiales au premier chef de l'édit, mais seront les arrêts & jugemens en dernier ressort, & sentences

ſentences préſidiales exécutées par ſaiſies, exécutions & ventes de meubles & immeubles, même par empriſonnement des perſonnes condamnées, s'ils y peuvent être contraints; & ne ſeront données aucunes défenſes ni ſurſéance en aucuns cas.

ARTICLE XIX.

Les condamnés ſatisferont avant que de pourſuivre.

VOULONS en outre que ceux qui auront été condamnés à quitter la poſſeſſion d'un bénéfice contentieux, ou de ſe départir ou déſiſter de quelque héritage ou autres immeubles, y ſatisfaſſent, & rapportent la preuve de l'entiere exécution du principal, avant que d'être reçus à faire aucune pourſuite, pour communiquer ou plaider ſur les lettres en forme de requête-civile; & que juſqu'à ce, ils ſoient déclarés non-recevables, ſans préjudice de faire exécuter durant le cours de la requête-civile, les arrêts & jugemens en dernier reſſort, & les ſentences préſidiales au premier chef de l'édit, par les autres voies, ſoit pour reſtitution de fruits, dommages & intérêts, & dépens, & toutes autres choſes y portées.

Après la lecture de ces deux Articles:

M. le premier préſident a dit, que la juriſprudence de ces articles paroiſſoit nouvelle: qu'elle contenoit la moitié des diſpoſitions de l'ordonnance d'Abbeville.

Que la queſtion ſeroit grande de ſavoir ſi l'obſervation en ſeroit en toutes ſes parties; il s'y trouveroit de grandes difficultés de part & d'autre. Elle ſeroit fort bonne pour les héritages & les choſes réelles, mais trop dure pour les condamnations pécuniaires.

Que l'on pouvoit propoſer l'eſpece de trois cohéritiers condamnés par le même arrêt: l'un aura ſatisfait en abandonnant la poſſeſſion, les autres réſiſtans: que pourra faire celui qui aura ſatisfait? S'il a de bons moyens de requête-civile, de quelle maniere les pourra-t-il propoſer, ſans la participation de ſes cohéritiers, qui réſiſtent aux ordres de la juſtice? Pourront-ils profiter de ſa reſtitution, ou lui ſouffrira-t-il préjudice de leur déſobéiſſance?

M. Puſſort a dit, que l'on avoit propoſé au roi de recevoir l'ordonnance d'Abbeville: que pluſieurs parlemens, entr'autres celui de Toulouſe, l'avoient demandé; néanmoins que la choſe avoit paru trop dure, & que l'on avoit fait différence, en rédigeant l'article, de ce qui pouvoit être exécuté, d'avec ce qui ne pouvoit pas l'être. Et quant à l'inconvénient proposé sur le fait de plusieurs cohéritiers condamnés par même arrêt, celui qui aura obéi en pourra faire sa déclaration, & être reçu à la requête-civile.

☞ *On a retranché de l'article XVIII la clause suivante:* mais seront les arrêts, &c. *jusqu'à ces mots*, & ne seront données, &c.

A l'égard de l'article suivant, on y a fait plusieurs changemens dans la diction. Voici de quelle maniere ces deux articles sont dans l'ordonnance.

ARTICLE XVIII. Les requêtes-civiles ne pourront empêcher l'exécution des arrêts ni des jugemens en dernier ressort, ni les autres requêtes l'exécution des sentences présidiales au premier chef de l'édit, & ne seront données aucunes défenses ni surséances en aucuns cas.

ARTICLE XIX. Voulons que ceux qui auront été condamnés de quitter la possession & jouissance d'un bénéfice, ou de délaisser quelque héritage ou autre immeuble, rapportent la preuve de l'entiere exécution de l'arrêt ou jugement en dernier ressort au principal, avant que d'être reçus à faire aucunes poursuites pour communiquer ou plaider sur les lettres en forme de requête-civile, & que jusqu'à ce ils soient déclarés non-recevables, sans préjudice de faire exécuter durant le cours de la requête-civile les arrêts & jugemens en dernier ressort, & les sentences présidiales au premier chef de l'édit par les autres voies, soit pour restitution de fruits, dommages, intérêts & dépens, que pour toutes autres condamnations.

L'assemblée a été remise au jeudi suivant.

QUATORZIEME CONFÉRENCE.

Du jeudi dix-ſeptieme mars 1667, après-midi, en l'hôtel Séguier.

Ce jour, meſſieurs étant aſſemblés en la maniere accoutumée, lecture a été faite des articles ſuivans.

ARTICLE XX.

Où elles ſeront portées & plaidées.

TOUTES lettres en forme de requête-civile, ſeront portées & plaidées aux mêmes compagnies où les arrêts & jugemens en dernier reſſort auront été donnés.

ARTICLE XXI.

Elles ſeront plaidées en la grand'chambre où ſeront portés les appointemens.

VOULONS néanmoins qu'en nos cours de parlement & autres nos cours, où il y aura grand'chambre ou chambre de plaidoyer, les requêtes-civiles y ſoient plaidées, encore que les arrêts aient été donnés aux chambres des enquêtes; mais ſi les parties ſont appointées ſur la requête-civile, les appointemens ſeront envoyés aux chambres où les arrêts auront été donnés, pour y être inſtruits & jugés, tant ſur le reſcindant que ſur le reſciſoire.

Ces deux Articles ont paſſé.

☞ *Ils ſont dans l'ordonnance ſans aucun changement, excepté que l'on a retranché ces derniers mots de l'article XXI:* tant ſur le reſcindant que ſur le reſciſoire.

ARTICLE XXII.

Exception pour celles que le conseil renvoie aux enquêtes.

N'ENTENDONS comprendre en la disposition du précédent article, les requetes-civiles renvoyées aux chambres des enquêtes par arrêt de notre conseil, lesquelles y seront plaidées, sans que les parties en puissent faire aucunes poursuites aux grandes chambres, ou chambre du plaidoyer.

Lecture faite de cet Article :

M. le premier président a dit, que l'intention a été que les requêtes-civiles qui seroient prises contre les arrêts intervenus sur affaires renvoyées par le conseil, fussent traitées dans les mêmes chambres : cela se pratiquoit au parlement. La raison de cet usage étoit, que les juges d'attribution n'étant que des commissaires, leur compétence étoit renfermée en eux-mêmes, & les autres chambres n'avoient aucun pouvoir d'en connoître.

☞ *L'on n'a fait aucun changement en cet article.*

ARTICLE XXIII.

Elles seront évoquées ès chambres de l'édit.

CEUX qui font profession de la religion prétendue réformée ne pourront faire renvoyer, retenir ni évoquer en nos chambres de l'édit, ou chambres mi-parties, les causes ou instances des requêtes civiles, soit avant ou après les appointemens au conseil, contre les arrêts ou jugemens en dernier ressort rendus en d'autres cours ou chambres; & sans distinction si ceux de la religion prétendue réformée y ont été parties principales ou jointes, ou s'ils y sont depuis intervenus, ou sont intéressés en leur nom, ou comme héritiers, successeurs, créanciers ou ayans-cause: à peine de nullité des renvois, rétentions & évocations.

Lecture faite de cet Article :

M. le premier président a dit, que l'article est bon : & qu'une partie de la religion prétendue réformée, intervenant dans une cause de requête-civile pendante en la grand'chambre, l'attiroit en celle de l'édit, & que la disposition de cet article remédioit à ce désordre.

☞ *Cet article est aussi dans l'ordonnance, sans aucun changement.*

ARTICLE XXIV.

Requêtes-civiles incidentes, où seront obtenues, signifiées & jugées.

Les requêtes-civiles incidentes contre des arrêts ou jugemens en dernier ressort, interlocutoires, ou dans lesquels les demandeurs en requête-civile n'auroient point été parties, seront obtenues, signifiées & jugées en nos cours, où les arrêts & jugemens en dernier ressort auront été produits, induits ou communiqués: & à cette fin leur en attribuons par ces présentes, en tant que besoin seroit, toutes cour, jurisdiction & connoissance, encore qu'ils aient été donnés en d'autres cours, chambres, ou autres jurisdictions; sans qu'il soit besoin d'obtenir des lettres ni des arrêts de notre conseil, portant attribution de jurisdiction.

Lecture faite de l'Article XXIV:

M. le premier président a demandé la lecture de l'article suivant.

ARTICLE XXV.

Pardevant qui les parties se pourvoiront contre les arrêts & jugemens produits ou communiqués.

Si les arrêts ou jugemens en dernier ressort, produits, induits ou communiqués, sont définitifs & rendus entre les mêmes parties, ou avec ceux dont ils ont droit ou cause, contradictoirement ou par défaut, ou forclusion; les parties se pourvoiront, en cas de requête-civile, pardevant les juges qui les auront donnés, sans que les cours ou juges, pardevant lesquels ils seront produits, induits ou communiqués, en puissent prendre aucune jurisdiction ni connoissance, & passeront outre au jugement de ce qui sera pendant pardevant eux, nonobstant les lettres en forme de requête-civile qui pourront être obtenues, sans y préjudicier; si ce n'est que toutes les parties consentent respectivement qu'il soit procédé sur la requête-civile où sera produit l'arrêt ou jugement en dernier ressort, ou qu'il soit sursis au jugement, & qu'il n'y ait point d'autres parties intéressées.

Lecture faite de l'Article XXV:

M. le premier président a dit, qu'il étoit souvent parlé des *jugemens en dernier ressort*, dans cette ordonnance. Que cela ne se pouvoit appliquer aux sieges présidiaux ; cependant l'ordonnance n'en connoissoit point d'autres. Les requêtes de l'hôtel n'avoient point droit de juger en dernier ressort : les ordonnances l'avoient ainsi décidé ; & néanmoins l'on faisoit marcher de même pied les jugemens en dernier ressort avec les arrêts.

M. Pussort a dit, que, pour soutenir l'article, il suffisoit que les requêtes de l'hôtel pussent juger en certains cas en dernier ressort. L'on demeuroit d'accord qu'ils connoissoient des appellations des procédures & instructions des procès du conseil, & de la taxe des dépens sans appel : & que c'étoit quelque chose différent des sentences présidiales.

M. le premier président a réparti, que quand les requêtes de l'hôtel connoissent des appellations des procédures du conseil, c'étoit comme une suite de leur emploi du conseil, & un usage qu'on ne leur avoit pas voulu contester; mais que l'on vouloit ici par une loi nouvelle donner un titre aux requêtes de l'hôtel, que les anciennes ordonnances n'avoient jamais voulu souffrir.

M. le président de Maisons a dit, que cette tolérance de laisser juger aux requêtes de l'hôtel les appellations des procédures du conseil, & des taxes de dépens, n'étoit que pour plus grande facilité, & pour la plus prompte expédition des parties, aux choses de peu de conséquence; mais que l'on ne pouvoit là-dessus établir une loi. Qu'il s'agissoit ici de donner aux requêtes de l'hôtel l'attribution de juger des requêtes-civiles; & que c'étoit ce qui marquoit davantage le caractere des juges souverains.

M. le président de Novion a dit, que, lorsqu'il plait au roi par des lettres-patentes & arrêts faire des renvois aux requêtes de l'hôtel, c'étoit un effet de l'autorité à laquelle on obéissoit avec respect; & tout ce que l'on pouvoit dire, c'est que peut-être il seroit mieux que chacun reconnût son juge naturel; mais lorsqu'il s'agit de rétablir quelque chose en son ordre, de régler les droits d'un chacun, & de réprimer les entreprises, l'on donne aux requêtes de l'hôtel ce qui ne leur a jamais appartenu. L'on pouvoit dire que cela étoit contre la regle & contre l'esprit même de l'ordonnance, qui est de faire rendre à un chacun ce qui lui appartient.

M. Pussort a dit, que demeurant d'accord que les requêtes de l'hôtel pouvoient rendre, en certains cas, des jugemens en dernier ressort, l'on devoit de-là aisément conclure, qu'il pouvoit y avoir des requêtes civiles, & que l'ordonnance devoit régler à leur égard la maniere d'y procéder. Qu'il falloit bien que le pouvoir de juger en dernier ressort leur fût naturel, puisqu'ils en jouissoient sans contredit : qu'il n'y en avoit rien dans les ordonnances, & que c'étoit un bon titre que celui d'une ancienne possession,

M. le préſident de Maiſons a réparti, que non-ſeulement il n'y avoit point d'ordonnance en leur faveur, mais qu'il y en avoit de prohibitives.

M. Puſſort a ajouté, que les officiers des eaux & forêts jugeoient en dernier reſſort avec meſſieurs du parlement: que l'ordonnance dont on ſe plaignoit leur pouvoit être appliquée, puiſqu'il n'y eſt pas fait mention des requêtes de l'hôtel.

M. le préſident de Maiſons a ajouté, que les officiers des eaux & forêts étoient fondés on ordonnances; & que pour en faire la diſtinction, & marquer préciſément & ſans équivoque l'intention de l'article, l'on pourroit y ajouter *qu'aucuns juges ne pourroient juger en dernier reſſort, qu'ils ne fuſſent fondés en ordonnances.*

M. le premier préſident a dit, que l'intention du roi n'étoit pas d'attribuer aux requêtes de l'hôtel ce qui ne leur appartenoit pas, non plus que de ſe lier les mains pour leur faire tels renvois qu'il lui plairoit. Que l'on ſavoit aſſez la voie qu'il y avoit de ſe pourvoir contre leurs jugemens; & il ne doutoit pas que le roi ne trouvât bon que le parlement conſervât toujours cet ordre des juriſdictions, qui eſt eſſentiel à la juſtice; & pour ne rien innover, l'on pouvoit laiſſer les choſes en l'état auquel elles étoient, ſans en expliquer davantage.

M. Puſſort a dit, qu'il en feroit rapport au roi.

M. le premier préſident a dit, qu'il y avoit encore une autre obſervation conſidérable à faire ſur ces articles touchant les requêtes-civiles, qui ſeroient obtenues contre des arrêts *interlocutoires* ou *définitifs*. Qu'il ſeroit difficile de décider en certains cas, ſi un arrêt ſeroit interlocutoire ou définitif. L'arrêt que l'on prétendra interlocutoire, préjugera quelquefois ſi néceſſairement le fond, qu'il paſſera pour définitif; qu'au moins ce ſera un procès pour faire juger ce qui en ſera. Qu'il eſt difficile d'appliquer ces regles générales au fait particulier, & cela proprement devroit être du miniſtere du juge; mais lorſque l'on verra cette diſpoſition compriſe préciſément dans un article, l'on n'en pourra pas uſer autrement.

M. Puſſort a dit, que la différente juriſprudence des compagnies qui formoit les réglemens des juges, engageoit les parties dans de longues procédures & de grands embarras. L'indéciſion & l'arbitrage bleſſoient plus que la déciſion ne pouvoit jamais faire: que l'on avoit été aſſez partagé ſur ces matieres, & qu'il avoit enfin fallu prendre parti.

M. le premier préſident a dit, que l'autre difficulté à l'égard des arrêts définitifs, étoit encore bien plus conſidérable: que ſuivant la diſpoſition de l'article, l'on prévoyoit des difficultés inſurmontables. L'on pouvoit poſer l'eſpece d'un homme, lequel plaidant au grand-conſeil, produiroit un arrêt du parlement, comme ſon titre. Sa partie venant à prendre requête-civile contre cet arrêt, elle ſeroit portée au parlement, & les parties ſeroient tenues d'y procéder ſuivant la diſpoſition de l'article. Cependant l'on paſſeroit outre au jugement du procès pendant au grand-conſeil; & parce que le grand-conſeil n'auroit pas le pouvoir de connoître si l'arrêt du parlement auroit été bien ou mal rendu, il seroit obligé de le passer pour un bon titre, & de se conformer à ce qu'il trouveroit ordonné.

L'on suppose aussi de l'autre côté, que la requête-civile obtenue contre l'arrêt du parlement, qui a servi de fondement à celui du grand-conseil, est entérinée ; & en cet état, il seroit vrai de dire que n'y ayant plus d'arrêt du parlement, celui du grand-conseil ne pourroit subsister, & que l'on seroit bien fondé de se pourvoir contre par requête-civile : que c'est ce qui peut avoir des suites & des embarras infinis.

M. le chancelier a dit, qu'il sembloit qu'il y auroit cependant nécessité de surseoir ou d'attribuer jurisdiction à la compagnie où l'arrêt auroit été produit.

M. le premier président a dit, que l'article portoit que cela se pouvoit faire, pourvu que ce fût du consentement des parties. Qu'il demeure d'accord qu'il est difficile de se déterminer sur cette matiere, & que cela doit dépendre des différentes circonstances des affaires.

M. le président de Novion a dit, que cela reculeroit étrangement l'expédition de la justice.

M. Pussort a dit, que toutes ces questions, & les différentes especes d'affaires qui pourroient naître sur ce sujet, avoient été prévues & examinées. L'on y avoit remarqué des inconvéniens fort considérables de part & d'autres ; l'on connoissoit assez que n'y ayant point de surséance, cela auroit de mauvaises suites ; mais que si la surséance étoit expressément portée par l'ordonnance, ce seroit un moyen certain dont les chicaneurs se serviroient toujours pour arrêter le jugement d'un procès. Que l'on avoit estimé que les juges ne feroient pas difficulté d'accorder cette surséance, selon les différentes circonstances des affaires.

M. le premier président a encore observé, que les mots de *produits*, & *induits*, & *communiqués*, employés dans plusieurs articles de ce titre, n'étoient pas convenables.

M. Pussort a dit, que l'on pouvoit ôter le mot d'*induits*.

☞ *L'on a retranché le terme d'*induits, *dans ces deux derniers articles : & c'est le seul changement qu'on ait fait en l'article XXV. A l'égard de l'article précédent, on en a aussi retranché la derniere clause, & il est le XXV dans l'ordonnance, de cette maniere :*

ARTICLE XXV. Les requêtes-civiles incidentes contre des arrêts ou jugemens en dernier ressort, interlocutoires, ou dans lesquels les demandeurs en requêtes-civiles n'auront point été parties, seront obtenues, signifiées & jugées en nos cours où les arrêts ou jugemens en dernier ressort auront été produits ou communiqués : & à cette fin leur en attribuons par ces présentes, en tant que besoin seroit, toute cour, jurisdiction ou connoissance, encore qu'ils aient été donnés en d'autres cours, chambres, ou autres jurisdictions.

ARTICLE

ARTICLE XXVI.

Extension des deux articles précédens.

Les deux articles ci-dessus auront lieu, soit que les arrêts ou jugemens en dernier ressort, qui seront produits, induits ou communiqués en diverses cours ou jurisdictions, aient été donnés en vertu du pouvoir ordinaire ou naturel des cours & juges, où ils auront été rendus; ou en conséquence d'évocation ou renvoi portant attribution.

Lecture faite de cet Article, il a passé, en ôtant le mot induits.

☞ *Dans la révision, cet article a été supprimé.*

ARTICLE XXVII.

Elles seront communiquées & portées à l'audience.

Toutes requêtes-civiles, tant principales qu'incidentes, seront communiquées à nos avocats & procureurs généraux, ou leurs substituts, & portées à l'audience, sans qu'elles puissent être appointées, sinon en plaidant, ou du consentement commun des parties; ou par la fin ou clôture des rôles où elles auront été mises.

Lecture faite de l'Article:

M. le premier président a dit, que l'on en devoit retrancher le mot de *substituts*, qui ne convenoit pas aux compagnies souveraines, ni aux arrêts. Qu'autrefois le procureur général du parlement avoit ses substituts dans les autres compagnies, comme étant le seul procureur général dans le royaume; mais que cela n'étoit pas ainsi à présent.

D'ailleurs M. le premier président a remarqué, qu'il est souvent nécessaire d'obliger une partie qui obtient une requête-civile incidente, pour empêcher le jugement d'un procès, de passer l'appointement portant *jonction*, après en avoir communiqué au parquet; & que si on ne laisse cette liberté aux juges, ceux qui voudront chicaner empêcheront toujours, par ce moyen, le jugement des grands procès.

M. Pussort a dit, que l'observation étoit bonne, & qu'il y auroit encore à retrancher sur la fin de l'article, ces mots: *ou par la fin ou clôture des rôles où elles auront été mises;* puisque l'on veut qu'à l'avenir tout soit porté à l'audience.

☞ *Sur ces observations, l'on a retranché ces mots,* ou leurs substituts;

& la derniere clause de cet article, qui est aussi le XXVII de l'ordonnance, sans aucun autre changement.

ARTICLE XXVIII.

Elles seront mises dans un rôle, de trois en trois mois.

SERA fait de trois mois en trois mois un rôle extraordinaire, où seront mises les causes des requêtes-civiles; & après le tems de chacun rôle expiré, celles qui n'auront point été plaidées, seront appointées au conseil, & les appointemens renvoyés aux chambres où les arrêts auront été donnés, pour y être instruits & jugés comme dessus.

Lecture faite de cet Article, il a passé.

☞ *Dans la révision, cet article a été supprimé.*

ARTICLE XXIX.

A la communication, l'avis des avocats sera représenté.

LORS de la communication au parquet à nos avocats & procureurs généraux, ou leurs substituts, sera représenté l'avis signé des avocats qui auront été consultés, & qui doit être attaché sous le contre-scel des lettres en forme de requête-civile; & seront les avocats nommés par celui qui communiquera pour le demandeur en requête-civile.

Lecture faite de cet Article, il a passé, en ôtant le mot de substituts.

☞ *On en a retranché non-seulemenent ces mots*, ou leurs substituts, *mais encore ceux-ci :* & qui doit être attaché sous le contre-scel des lettres en forme de requête-civile. *Il est le XXVIII de l'ordonnance, sans aucun autre changement.*

ARTICLE XXX.

Nouveaux moyens, comment seront employés. Lettres d'ampliation abrogées.

SI depuis la consultation & les lettres, le demandeur en requête-civile découvre de nouveaux moyens d'ouverture contre l'arrêt ou jugement en dernier ressort, que ceux énoncés en la requête-civile, il sera tenu de les énoncer dans une requête qui sera dressée & signifiée à cette fin au procureur du défendeur en requête civile; sans qu'il soit besoin d'obtenir lettres d'ampliation, lesquelles nous abrogeons.

Cet Article a passé.

☞ *On y a fait quelques changemens dans la diction, & il est le XXIX de l'ordonnance, en ces termes :*

ARTICLE XXIX. Si depuis les lettres obtenues le demandeur en requête-civile découvre d'autres moyens contre l'arrêt ou jugement en dernier ressort, que ceux employés en la requête-civile, il sera tenu de les énoncer dans une requête qui sera signifiée à cette fin au procureur du défendeur, sans obtenir lettres d'ampliation, lesquelles nous abrogeons.

ARTICLE XXXI.

Abrogation de faire trouver à l'audience les avocats consultés.

ABROGEONS aussi l'usage de faire trouver en l'audience les avocats qui auront consulté, pour assister l'avocat du demandeur en requête-civile; mais voulons que l'avocat du demandeur, avant que de plaider, déclare les noms des avocats, par l'avis desquels la requête-civile a été obtenue.

Cet Article a été trouvé bon.

☞ *Il est le XXX de l'ordonnance. Au lieu de ces mots :* les avocats qui auront consulté, *l'on a mis :* qui auront été consultés; *& l'on a retranché ce qui suit immédiatement après,* pour assister l'avocat du demandeur en requête-civile. *On n'y a pas fait d'autre changement.*

ARTICLE XXXII.

Ne seront alléguées d'autres ouvertures.

LE demandeur en requête-civile & son avocat ne se pourront servir, ni alléguer d'autres ouvertures que celles qui seront mentionnées & expliquées aux lettres, & en la requête au lieu d'ampliation : le tout duement signifié, & communiqué au parquet avant le jour que la cause doit être plaidée.

Cet Article a passé.

☞ *Les changemens qu'on y a faits sont peu considérables, & ne regardent que la diction. Il est le XXXI dans l'ordonnance, de cette maniere :*

ARTICLE XXXI. Le demandeur en requête-civile, & son avocat, ne pourront alléguer d'autres ouvertures que celles qui seront mentionnées & expliquées aux lettres, & en la requête tenant lieu d'ampliation ; le tout duement signifié & communiqué au parquet avant le jour de la plaidoïerie de la cause.

ARTICLE XXXIII.

Arrêts, &c. ne seront rétractés pour mal-jugé au fond.

NE seront les arrêts & jugemens en dernier ressort rétractés, sous prétexte du mal-jugé au fond, soit en fait, soit en droit, s'il n'y a ouverture de requête-civile.

Après la lecture de cet Article :

M. le premier président a dit, que cet article est contraire à l'article XI de ce titre, qui porte, que *l'erreur de fait est un moyen de requête-civile.* Et par celui-ci, il est porté que l'on ne sera point restitué contre les arrêts, *sous prétexte du mal-jugé au fond, soit en fait, soit en droit*, s'il n'y a ouverture de requête-civile.

M. Pussort a dit, que l'on pouvoit ôter ces mots : *soit en fait, soit en droit.*

M. le premier président a dit, que dans l'article XXXV on a encore employé pour moyen de requête-civile *l'erreur en un fait décisif*: que cela ne signifioit rien, & que chacun prétendoit le fait qu'il articuleroit, décisif.

M. Pussort a dit, que l'on pouvoit encore ôter ces mots.

☞ *Cet article est le XXXII de l'ordonnance, & l'on en a retranché ces mots*, soit en fait, soit en droit, *sans aucun autre changement. L'on a aussi ôté de l'article XXXV les mots suivans :* l'erreur en un fait décisif. *Voyez ci-après.*

ARTICLE XXXIV.

S'il y a ouverture, les parties seront mises au même état.

ET s'il y a ouverture suffisante de requête-civile, les parties seront mises en pareil état qu'elles étoient auparavant l'arrêt ; encore que ce fût une pure question de droit ou de coutume, jugée par l'arrêt ou jugement en dernier ressort.

Lecture faite de cet Article :

M. le premier président a dit, qu'il ne faut jamais entériner une requête-civile par le mérite du fond; parce que ce seroit recevoir des griefs contre un arrêt: mais que ce seroit inutilement multiplier les procès, que de restituer les parties contre un arrêt que l'on connoîtroit avoir bien jugé, quoiqu'en la forme il y eût quelque chose à redire ; & que ce ne seroit pas faire le bien d'un mineur de lui donner un procès à faire juger une seconde fois, si le fond n'en étoit pas bon.

M. Pussort a dit, qu'il n'est pas facile de séparer toujours la forme d'avec le fond : comme lorsqu'il s'agit d'un mineur qui prétend n'avoir pas été défendu, ou d'une contrariété d'arrêt où le fond servira de moyen de requête-civile.

M. le premier président a dit, que l'article est absolument inutile; parce que, de quelque maniere que l'on puisse statuer sur cette matiere, cela dépendra toujours de la religion des juges.

☞ *Cet article a été conservé, & il est le XXXIII de l'ordonnance, en ces termes :*

ARTICLE XXXIII. S'il y a ouverture suffisante de requête-civile, les parties seront mises en pareil état qu'elles étoient auparavant l'arrêt, encore que ce fût une pure question de droit ou de coutume qui eût été jugée.

ARTICLE XXXV.

Ouverture de requête-civile pour les majeurs.

RÉPUTONS seulement pour ouvertures de requête-civile à l'égard des majeurs, le dol personnel, l'erreur en un fait décisif, ou en un point de coutume, si la procédure par nous prescrite n'a point été suivie ; s'il a été prononcé sur une chose non demandée, ou qui n'a point été contestée; s'il a été plus adjugé qu'il n'a été demandé, ou s'il a été omis de pourvoir sur un des chefs qui étoient demandés & contestés ; s'il y a contrariété d'arrêts ou jugemens en dernier ressort entre les mêmes parties, sur les mêmes moyens, & en mêmes cours & jurisdictions : sauf, en cas de contrariété en différentes cours ou jurisdictions, à se pourvoir en notre grand-conseil, si dans un même arrêt il y a des chefs contraires aux autres : lesquelles contrariétés nous entendons, quand les arrêts ou jugemens en dernier ressort, ou les chefs que l'on dit être contraires, ne peuvent pas subsister ensemble; si dans les choses qui nous concernent ou l'église, le public ou la police, il n'y a point eu de communication faite à nos avocats ou procureurs généraux, ou leurs substituts; s'il se trouve que ce qui a été jugé soit fondé sur pieces fausses, ou sur des offres, consentemens ou autres choses qui soient ou aient été désavoués, & le désaveu jugé valable; ou s'il y a des pieces nouvellement recouvrées qui eussent servi à la décision du différend, & qui étoient retenues ou détournées par la fraude, & par le fait de la partie adverse.

Après la lecture de cet Article ;

M. le premier président a dit, qu'il étoit dangereux de vouloir renfermer tous les moyens de requête-civile dans l'ordonnance. Qu'ils seroient toujours considérés par les circonstances; que, quelque exactitude que l'on y eût apporté, il étoit impossible qu'il n'y en eût beaucoup d'omis: comme d'avoir jugé au nombre de neuf, dans les compagnies où il étoit nécessaire qu'il y eût dix juges.

Que par l'article l'on avoit compris dans les moyens de requête-civile *l'erreur dans un point décisif, ou dans un point de coutume*, c'étoit ouvrir la porte aux requêtes-civiles contre les arrêts qui auroient été rendus sur des questions de coutume.

Que les questions de coutume s'entendent différemment par les parties; & celui qui aura perdu son procès, soutiendra toujours que l'on aura jugé contre la coutume.

M. Pussort a dit, que le dénombrement des moyens de requête-civile, porté par l'article, n'étoit pas seulement pour les juges, mais afin que les parties sachent ce qu'elles auront à faire. *Optima lex quæ minimum relinquit arbitrio judicis.*

Qu'il est difficile de trouver d'autres moyens de requête-civile que ceux qui sont exprimés dans l'article. Tout ce que l'on peut dire sur cette matiere, s'y trouvera directement ou indirectement compris; même les moyens qui ont été objectés sous ces deux clauses de *dol personnel*, & *si la procédure prescrite n'a point été suivie ;* & que *l'erreur de coutume* se doit entendre par une *coutume alléguée.*

M. le premier président a réparti, qu'il étoit permis de douter si les meilleures loix étoient celles qui laissoient le moins à l'office & à l'arbitrage du juge, puisque deux des plus grands hommes de l'antiquité avoient été de différent avis sur ce sujet. Platon vouloit que la principale fin du législateur fût de rendre les juges gens de bien; considérant que ces loix vivantes, quand elles étoient bien droites, agissoient incomparablement mieux pour la justice, que des loix écrites qui sont d'elles-mêmes inanimées. C'est pourquoi il vouloit qu'en rendant les juges vertueux, ou les choisissant tels, on leur laissât aussi une grande liberté dans les jugemens.

Aristote, au contraire, soutenoit que la loi devoit décider les choses autant qu'il étoit possible, & laisser le moins de liberté qu'il se pouvoit aux juges; parce qu'il disoit que la loi étant un esprit sans passion, prononçoit toujours avec plus de justice que les hommes ne peuvent faire.

M. Talon a dit, qu'il y avoit bien des cas qu'il étoit impossible de prévoir : comme si dans un procès partagé l'on a ajouté des pieces, & fait une nouvelle production, l'on ne pourra prétendre à l'avenir que ce soit un moyen de requête-civile, parce qu'il n'en auroit pas été fait mention dans l'article.

M. le premier président a dit, qu'il falloit ôter ces mots : *l'erreur en un fait décisif, ou en un point de coutume.*

M. Pussort a dit, qu'il en falloit parler au roi.

☞ *Le changement le plus considérable que l'on ait fait en la disposition de cet article, consiste au retranchement proposé par M. le premier président. Les autres changemens ne touchent qu'à l'expression. Cet article est le XXXIV de l'ordonnance, en ces termes ;*

ARTICLE XXXIV. Ne seront reçues autres ouvertures de requêtes-civiles à l'égard des majeurs, que le dol personnel, si la procédure par nous ordonnée n'a point été suivie; s'il a été prononcé sur choses non demandées ou non contestées ; s'il a été plus adjugé qu'il n'a été demandé, ou s'il a été omis de prononcer sur l'un des chefs de demande ; s'il y a contrariété d'arrêt ou jugement en dernier ressort entre les mêmes parties sur les mêmes moyens, & en mêmes cours & jurisdictions : sauf en cas de contrariété en différentes cours ou jurisdictions, à se pourvoir en notre grand-conseil. Il y aura pareillement ouverture de requête-civile, si dans un même arrêt il y a des dispositions contraires; si ès choses qui nous concernent ou l'église, le public ou la police, il n'y a eu de communication à nos avocats ou procureurs généraux ; si on a jugé sur pieces fausses, ou sur des offres ou consentemens qui aient été désavoués, & le désaveu jugé valable ; ou s'il y a des pieces décisives nouvellement recouvrées, & retenues par le fait de la partie.

ARTICLE XXXVI.

Ouvertures pour les personnes privilégiées.

Ce que dessus aura lieu à l'égard des ecclésiastiques, des communautés & des mineurs. En outre réputons encore à leur égard pour ouvertures de requête civile, s'ils n'ont point été défendus; c'est à savoir, que les arrêts ou jugemens en dernier ressort aient été donnés contre eux par défaut ou par forclusion : s'ils n'ont pas été valablement défendus, en cas que les principales défenses de fait ou de droit aient été omises, quoique ces arrêts ou jugemens en dernier ressort aient été contradictoires, ou sur les productions des parties : en telle sorte néanmoins qu'il paroisse qu'ils n'ont point été défendus, ou non-valablement défendus, & que le défaut des défenses omises ait donné lieu à ce qui a été jugé, & qui auroit été autrement jugé, s'ils avoient été défendus, ou que les défenses eussent été fournies.

Lecture faite de l'Article, il a été trouvé bon.

☞ *Dans la révision, le présent article a été considérablement abrégé, en ordonnant simplement que* les ecclésiastiques, les communautés & les mineurs qui n'ont point été défendus, ou qui ne l'ont pas été valablement, seront reçus à se pourvoir par requête-civile. *Il est le XXXV dans l'ordonnance, en ces termes:*

ARTICLE XXXV. Les ecclésiastiques, les communautés & les mineurs seront encore reçus à se pourvoir par requête-civile, s'ils n'ont été défendus, ou s'ils ne l'ont été valablement.

ARTICLE XXXVII.

Ouverture à l'égard du roi.

VOULONS encore, qu'aux instances ou procès, où nos procureurs généraux ou leurs substituts seront parties, touchant la propriété, possession & jouissance des droits de notre couronne ou de notre domaine, ils soient mandés en la chambre du conseil, avant que de mettre l'instance ou le procès sur le bureau, pour s'informer d'eux, s'ils n'ont point d'autres pieces ou d'autres moyens: & qu'il en soit fait mention dans l'arrêt ou jugement en dernier ressort, dont il ne faudra point d'autre preuve. Et en cas qu'il n'en soit pas fait mention, ce sera une ouverture de requête-civile à notre égard, outre ce qui a été dit par les deux articles précédens.

Lecture faite de cet Article, il a passé, à l'exception des mots, en dernier ressort.

☞ *Ces derniers mots n'ont pas été retranchés; mais on a fait d'autres changemens à l'égard de l'expression. Cet article est le XXXVI de l'ordonnance.*

ARTICLE XXXVI. Voulons qu'aux instances ès procès touchant les droits de notre couronne ou domaine, où nos procureurs généraux & nos procureurs sur les lieux seront parties, ils soient mandés en la chambre du conseil avant que de mettre l'instance ou le procès sur le bureau, pour savoir s'ils n'ont point d'autres pieces ou moyens dont il sera fait mention dans l'arrêt ou jugement en dernier ressort; & à faute d'y avoir satisfait, il y aura ouverture de requête-civile à notre égard.

ARTICLE

ARTICLE XXXVIII.

Elles seront plaidées sans entrer au fond.

Ne seront plaidées que les ouvertures de requête-civile, & les réponses du défendeur, sans entrer aux moyens du fond, ni en la déduction du fait.

Lecture faite de cet Article :

M. le premier président a dit, qu'on pouvoit le passer; mais qu'il ne seroit jamais observé.

M. Pussort a dit, que les anciens avocats ont fait entendre que, lorsqu'ils sont venus au palais, cela se pratiquoit. Que l'audience d'une requête ne duroit pas une demi-heure, & que l'on plaidoit les moyens sans entrer au fond ; si ce n'étoit que cela fût d'une nécessité absolue ; qu'autrement les présidens leur imposoient le silence.

M. le premier président a réparti, que les avocats mêloient les ouvertures de requête-civile avec le fond, d'une telle maniere qu'il étoit souvent impossible de les séparer.

☞ *Cet article est le XXXVII de l'ordonnance : l'on en a néanmoins retranché ces derniers mots*, ni en la déduction du fait.

ARTICLE XXXIX.

Si elles sont reçues, où sera jugé le procès.

Si les ouvertures sont trouvées suffisantes à l'audience, & qu'en conséquence les parties soient remises en l'état auquel elles étoient avant l'arrêt ou jugement en dernier ressort, elles seront renvoyées en la chambre où aura été rendu l'arrêt contre lequel la requête-civile avoit été obtenue.

Après la lecture de cet Article :

M. le premier président a dit, que l'article ne permettoit pas de juger le rescindant & le rescisoire. Qu'il arrivoit quelquefois que les juges prenant occasion des bonnes dispositions des parties, les faisoient convenir entre elles de sortir d'affaire définitivement. Bien souvent les requêtes-civiles étoient incidentes : le fond qui étoit le rescisoire se trouvoit contesté en d'autres points du procès, & que les juges y prononçant comme sur une chose contestée, on prendroit occasion de se pourvoir contre les arrêts.

Tout cela étoit si fort mêlé ensemble, que si l'on ne donnoit quelque liberté à l'office du juge, on ouvriroit bien des voies aux chicaneurs pour rendre les affaires immortelles, en faisant des instances en cassation d'arrêts.

M. Pussort a dit, qu'il y auroit plus d'inconvéniens de l'autre côté, & que l'on en avoit une infinité d'expériences.

☞ *Cet article est le XXII de ce titre dans l'ordonnance; & l'on y a fait quelques changemens dans l'expression, de cette maniere:*

ARTICLE XXII. Si la requête-civile est entérinée, & les parties remises au même état qu'elles étoient avant l'arrêt ou jugement en dernier ressort, le procès principal sera jugé en la même chambre où aura été rendu l'arrêt ou jugement contre lequel avoit été obtenue la requête-civile.

ARTICLE XL.

Le rapporteur du premier arrêt ne peut l'être de la requête-civile.

LES juges qui auront opiné, & même rapporté ou présidé lors de l'arrêt ou jugement en dernier ressort, contre lequel requête civile sera obtenue, auront séance & voix délibérative, tant sur le rescindant que sur le rescisoire de la requête-civile, si d'ailleurs ils en ont droit; mais celui au rapport duquel sera intervenu l'arrêt ou jugement en dernier ressort, contre lequel la requête-civile est obtenue, ne pourra être rapporteur ni du rescindant ni du rescisoire, si les parties sont appointées.

Lecture faite de cet Article, il a été trouvé bon.

☞ *Quoique cet article ait passé, néanmoins dans la révision l'on a retranché la premiere partie jusqu'à ces mots:* si d'ailleurs ils en ont droit. *Le surplus a été inséré dans l'ordonnance, article XXXVIII, en ces termes:*

ARTICLE XXXVIII. Celui au rapport duquel sera intervenu l'arrêt ou jugement en dernier ressort, contre lequel la requête-civile est obtenue, ne pourra être rapporteur du procès sur le rescindant, ni sur le rescisoire.

ARTICLE XLI.

Débouté de la requête civile, à quoi condamné.

EN toutes requêtes-civiles s'il n'y a point d'ouvertures suffisantes, le demandeur sera débouté de ses lettres, avec condamnation d'amende & de dépens; savoir, de trois cens livres envers nous, & cent cinquante livres envers la partie, si l'arrêt contre lequel a été prise la requête-civile, est contradictoire, soit préparatoire ou définitif; & en celle de cent cinquante livres envers nous, & soixante-quinze livres envers la partie, s'il est par défaut. Et s'il étoit autrement prononcé, il y sera néanmoins contraint en vertu des présentes, sans que les juges en puissent faire aucune remise ni modération.

Lecture faite de l'Article XLI:

M. le premier président a dit, que l'amende proposée par cet article, étoit le meilleur moyen pour empêcher la fréquence des requêtes-civiles.

☞ *Le présent article est le XXXIX de l'ordonnance, & il a été rédigé de cette maniere:*

ARTICLE XXXIX. Si les ouvertures des requêtes-civiles ne sont jugées suffisantes, le demandeur sera condamné aux dépens, & à l'amende de trois cens livres envers nous, & cent cinquante livres envers la partie, si l'arrêt contre lequel la requête-civile aura été prise est contradictoire, soit qu'il soit préparatoire ou définitif; & en cent cinquante livres envers nous, & soixante-quinze livres envers la partie, s'il est par défaut, sans que les amendes puissent être remises ni modérées.

ARTICLE XLII.

Requête-civile appointée au conseil, sera jugée.

Les ouvertures des requêtes-civiles ne seront point réputées couvertes par l'appointement au conseil; soit que les parties aient été appointées en plaidant, ou de leur consentement commun, ou par la clôture du rôle: & seront les ouvertures jugées nonobstant l'appointement au conseil, ainsi qu'elles l'auroient pu être à l'audience.

Après la lecture de cet Article:

M. le premier président a dit, qu'il étoit inutile, & que personne n'en avoit jamais douté.

☞ *Sur cette observation l'on a retranché la premiere partie de l'article, & l'on a seulement ordonné que* la requête-civile appointée au conseil, sera jugée comme elle l'eût été à l'audience. *Il est le XL de l'ordonnance, en ces termes:*

ARTICLE XL. La requête-civile qui aura été appointée au conseil, sera jugée comme elle eût pu être à l'audience, sans entrer dans les moyens du fond.

ARTICLE XLIII.

Seconde requête-civile n'est recevable.

CELUI qui aura obtenu requête-civile, & en aura été débouté, ne sera plus recevable à se pourvoir par nouvelle requête-civile, ni autrement, soit contre le premier arrêt ou jugement en dernier ressort, soit contre celui qui l'auroit débouté, ou qui auroit jugé la même chose que le précédent arrêt; encore que les lettres en forme de requête-civile eussent été entérinées sur le rescindant, s'il a depuis perdu sa cause au rescisoire.

Cet Article a été trouvé bon.

☞ *L'on a retranché ces mots de l'article :* ou qui auroit jugé la même chose que le précédent arrêt. *C'est le principal changement de cet article qui a été rédigé de cette maniere :*

ARTICLE XLI. Celui qui aura obtenu requête-civile, & en aura été débouté, ne sera plus recevable à se pourvoir par autre requête-civile, soit contre le premier arrêt ou jugement en dernier ressort, ou contre celui qui l'auroit débouté; même quand les lettres en forme de requête-civile auroient été entérinées sur le rescindant, s'il a succombé au rescisoire.

ARTICLE XLIV.

Abrogation des propositions d'erreur.

ABROGEONS les propositions d'erreur, & défendons aux parties de les obtenir, & aux juges de les permettre, à peine de nullité, & de tous dépens, dommages & intérêts; mais seront les erreurs employées pour moyens de requêtes-civiles, ainsi qu'il a été ci-devant exprimé.

Lecture faite de cet Article, il a été trouvé bon :

☞ *L'on a retranché la derniere clause de cet article :* mais seront les erreurs, &c. *C'est le seul changement que l'on a fait en cet article, qui est le XLII & dernier de ce titre dans l'ordonnance.*

TITRE XXXII.

Ce titre est le XXVIII de l'ordonnance.

Des réceptions de cautions & certificateurs.

ARTICLE I.

Forme des jugemens, qui ordonnent le cautionnement.

TOUTES sentences, jugemens & arrêts qui ordonneront que quelques sommes de deniers ou autres choses seront payées & délivrées à l'une des parties en baillant caution, feront mention du juge devant lequel les parties se pourvoiront pour la réception de la caution.

ARTICLE II.

Caution, où sera la soumission.

LA partie qui aura obtenu la sentence, jugement ou arrêt à son profit, fera faire les soumissions au greffe à ses caution & certificateur.

ARTICLE III.

Procédure pour la réception.

ENSUITE il prendra une ordonnance du juge, qui portera le jour & l'heure auxquels il faudra comparoir devant lui pour la réception de la caution & certificateur; laquelle ordonnance sera signifiée au condamné ou à son procureur, & en même tems lui sera donné copie de l'acte de soumission des caution & certificateur, avec une déclaration de leurs biens; comme aussi lui seront données des copies ou extraits des pieces justificatives, que les biens contenus en la déclaration appatiennent à la caution ou certificateur.

ARTICLE IV.

Ce qu'il faut faire quand elle eſt conteſtée.

Au jour & à l'heure de l'aſſignation, le procureur de celui qui préſente la caution & certificateur, comparoîtra devant le juge, & repréſentera ou fera repréſenter les originaux des titres qui concernent les facultés de la caution & du certificateur; & le juge ſur le champ prononcera contradictoirement ou par défaut, ſur la réception ou rejet de la caution, ou certificateur; & fera la ſentence miſe au greffe, & enſuite ſignifiée: après quoi elle ſera exécutée nonobſtant oppoſitions ou appellations quelconques.

Lecture faite de ces Articles:

M. le premier préſident a dit, qu'il y avoit quelques obſervations à faire ſur les articles de ce titre: l'une regardoit les termes, entre leſquels celui de *condamné* paroiſſoit rude, & qu'il ſembleroit plus à propos de mettre: *celui qui auroit ſuccombé.*

L'autre eſt que par le ſecond de ces articles, *la partie qui aura obtenu arrêt à ſon profit, doit faire faire des ſoumiſſions au greffe à ſa caution* avant qu'elle ait été reçue. Qu'il pourra arriver qu'elle ne le fera pas; ce ſera une multiplication d'actes inutiles contraires à l'uſage du palais, & que cela augmentera les frais.

M. Puſſort a dit, que cet engagement étoit néceſſaire: qu'autrement il arriveroit ſouvent qu'une caution rebutée des conteſtations qui ſe formeroient ſur ſa ſolvabilité, ſe retireroit, ſi elle ne ſe trouvoit obligée par ſa ſoumiſſion; & que cette variation cauſeroit beaucoup plus de frais que ne feroit l'augmentation de ces ſoumiſſions. Qu'il n'y a en cela nul péril: ſi elle eſt acceptée, la choſe eſt conſommée; ſinon, on en préſente une autre.

M. Talon a repréſenté, qu'il vaudroit mieux que l'article portât, que *ſi la caution préſentée n'étoit pas conteſtée, elle feroit ſa ſoumiſſion, ſinon elle attendroit le jugement.*

M. le premier préſident, pour une troiſieme obſervation, a dit, que par le troiſieme article, l'on oblige la caution de donner copie de ſes titres: que cela ſera difficile à pratiquer en toutes ſortes de cas, mais principalement dans celui pour juſtifier de la propriété d'une terre; il y aura deux cens contrats de différentes acquiſitions, dont elle ſera compoſée. D'ailleurs l'on demanderoit volontiers ſi, lorſqu'il s'agira de faire apparoir d'un contrat de conſtitution de rente, il ſuffira d'en donner copie; & ſi ce n'eſt pas le cas où il faut voir néceſſairement l'original, pour ſavoir s'il n'eſt point déchargé?

D'ailleurs M. le premier préſident a encore obſervé, qu'il étoit à propos de défendre aux juges d'appointer ſur la ſolvabilité ou inſolvabilité des cautions. Qu'il s'étoit vu pour cela des procès qui avoient été portés juſqu'au parlement en cauſe d'appel, & qu'il falloit prévenir toutes ces chicanes.

Et pour derniere obſervation, il a dit qu'il n'étoit point parlé de la forme de recevoir les cautions dans les compagnies ſouveraines, quoiqu'il s'y en reçût fréquemment.

M. Puſſort a dit, que les appointemens que l'on craignoit ſur la ſolvabilité ou inſolvabilité des cautions, ne ſeroient pas rendus ; parce que le juge, par la diſpoſition du IV article, étoit obligé de prononcer ſur le champ. Que ſi c'étoit un appointement de contrariété dont on entendoit parler, il faudroit s'expliquer ; mais c'eſt encore un cas bien rare, & qui ne doit pas tomber dans la diſpoſition de la loi.

Quant à ce qui eſt des copies, la quantité n'en ſera pas ordinairement ſi grande ; même en ce cas, on pourroit en prendre communication par les mains du procureur du demandeur.

Et pour ce qui eſt des cautions reçues pardevant les juges en dernier reſſort, l'on avoit eſtimé qu'il s'y en recevoit peu, ou point du tout ; & que cela ne méritoit pas qu'on en fît mention dans l'article.

☞ *Sur toutes ces obſervations, l'on a fait des changemens très-conſidérables dans les articles dont ce titre eſt compoſé. Voici de quelle maniere ils ont été rédigés pour être inſérés dans l'ordonnance.*

ARTICLE I. Tous jugemens qui ordonneront de bailler caution, feront mention du juge devant lequel les parties ſe pourvoiront pour la réception de la caution.

ARTICLE II. La caution ſera préſentée par acte ſignifié à la partie ou au procureur, & fera ſa ſoumiſſion au greffe, ſi elle n'eſt point conteſtée.

ARTICLE III. Si la caution eſt conteſtée, ſera donné copie de la déclaration de ſes biens, & les pieces juſtificatives ſeront communiquées ſur le récépiſſé du procureur ; & ſur la premiere aſſignation à comparoir pardevant le commiſſaire, ſera procédé ſur le champ à la réception ou rejet de la caution : & ſeront les ordonnances du commiſſaire exécutées, nonobſtant oppoſitions ou appellations, & ſans y préjudicier. Défendons à tous juges de donner aucun appointement à mettre en droit, ou de contrariété, ſur leur ſolvabilité ou inſolvabilité.

ARTICLE IV. La caution étant reçue, & l'acte ſignifié à la partie ou au procureur, elle fera ſa ſoumiſſion au greffe.

QUINZIEME ET DERNIERE CONFÉRENCE

Du jeudi 17 mars 1667, en l'hôtel Séguier.

Ce jour, messieurs étant assemblés en la maniere accoutu mée, lecture a été faite des articles contenus au titre I dont l'examen avoit été renvoyé en ce lieu.

TITRE I.

De l'observation des ordonnances.

ARTICLE I.

Ordonnances seront observées.

VOULONS que la présente & autres ordonnances, édits, dé clarations & lettres-patentes, que nous & nos successeurs pour ront faire ci-après, soient gardées & observées par toutes no cours de parlement, grand-conseil, chambres des comptes, cour des aides, & autres nos cours, juges, magistrats, officiers, tan de nous que des seigneurs ecclésiastiques & séculiers ; & par tou nos autres sujets, même dans les tribunaux ecclésiastiques, non obstant tous privileges, immunités, exemptions, coutumes, sta tuts ou usage contraires, desquels n'aura point été fait exceptio ou réserve par lesdites ordonnances, édits, déclarations & lettres patentes, encore qu'elles aient été publiées en notre présence, & de notre très-exprès mandement, portées même par un prince d notre sang, ou autre à ce par nous commis.

☞ *Cet article a été inséré dans l'ordonnance avec quelques changemens de cette maniere :*

ARTICLE I. Voulons que la présente ordonnance, & celles que nous ferons ci après, ensemble les édits & déclarations que nous pourrons faire à l'avenir, soien gardées & observées par toutes nos cours de parlement, grand-conseil, chambres de comptes, cours des aides, & autres nos cours, juges, magistrats, officiers, tant d nous que des seigneurs, & par tous nos autres sujets, même dans les officialités.

ARTICLE

ARTICLE II.

Elles seront inceſſamment enregiſtrées.

SERONT tenues noſdites cours de parlement, & autres nos cours, procéder inceſſamment à la publication & enregiſtrement deſdites ordonnances, édits, déclarations, & autres lettres, auſſitôt qu'elles leur auront été envoyées, ſans y apporter aucun retardement, & toutes autres affaires ceſſantes ; même la viſite & jugemens des procès criminels, & affaires particulieres deſdites compagnies.

☞ *Cet article & le ſuivant ſont dans l'ordonnance ſans aucun changement.*

ARTICLE III.

Permis aux cours de faire des remontrances.

PERMETTONS néanmoins aux gens tenans nos cours de parlement, & autres nos cours, nous faire telles remontrances qu'ils verront bon être ſur la préſente ordonnance, afin d'être ſur ce par nous pourvu, ſelon que nous jugerons devoir être fait. Ce qu'ils ſeront tenus faire dans trois mois du jour qu'elle aura été envoyée: & ledit tems paſſé, ſera exécutée, ſans qu'il ſoit beſoin d'autre déclaration de notre volonté. N'entendons toutefois empêcher, que ſi par ſuccès de tems, uſage & expérience, aucuns articles de la préſente ordonnance ſe trouvoient contre l'utilité ou commodité publique, ou être ſujets à interprétation, déclaration ou modération, noſdites cours ne puiſſent en tout tems nous en faire telle remontrance qu'il appartiendra.

ARTICLE IV.

Délai pour faire des remontrances.

ET à l'égard des autres ordonnances, édits, déclarations & lettres-patentes qui pourront être envoyées en noſdites cours pour y être enregiſtrées, ſeront tenues noſdites cours nous faire leurs remontrances, s'ils jugent que faire ſe doive, huit jours après la délibération intervenue ſur icelles, pour les compagnies qui ſe trouveront dans les lieux de notre ſéjour; & ſix ſemaines après à l'égard des autres, & ledit tems paſſé, ſeront leſdites ordonnances, édits, déclarations & lettres-patentes gardées & observées. Pourront néanmoins nous réitérer lesdites remontrances ès cas & en la maniere qu'il est dit ci-dessus, sans que lesdites remontrances en puissent interrompre ou empêcher l'exécution.

☞ *Voici de quelle maniere cet article a été inséré dans l'ordonnance :*

ARTICLE V. Et à l'égard des ordonnances, édits, déclarations & lettres-patentes que nous pourrons envoyer en nos cours pour y être registrées, seront tenues de nous représenter ce qu'elles jugeront à propos dans la huitaine après la délibération, pour les compagnies qui se trouveront dans les lieux de notre séjour ; & dans six semaines pour les autres qui en seront plus éloignées ; après lequel tems seront tenues pour publiées, & en conséquence seront gardées, observées & envoyées par nos procureurs généraux aux bailliages, sénéchaussées, élections, & autres sieges de leur ressort, pour y être pareillement gardées & observées.

ARTICLE V.

Exception.

Et quant aux ordonances, édits, déclarations & lettres-patentes qui auront été publiées en notre présence, ou de notre exprès mandement, porté par personnes à ce par nous commises, voulons icelles être gardées & observées du jour de la publication qui en sera faite.

☞ *Cet article est aussi dans l'ordonnance, de cette maniere :*

ARTICLE V. Les ordonnances, édits, déclarations & lettres-patentes qui auront été publiées en notre présence ou de notre exprès mandement, porté par personnes que nous aurons à ce commises, seront gardées & observées du jour de la publication qui en sera faite.

ARTICLE VI.

Défenses d'y contrevenir.

Voulons toutes nosdites ordonnances, édits, déclarations & lettres-patentes être observées, tant aux jugemens des procès qu'autrement, sans y contrevenir ni s'en dispenser, ou modérer les peines portées par icelles, pour quelque occasion que ce soit, même sous prétexte d'équité, bien public, accélération de la justice, ou sous prétexte desdites remontrances non faites.

☞ *Le présent article a été réformé de cette maniere :*

ARTICLE VI. Voulons que toutes nos ordonnances, édits, déclarations & lettres-patentes soient observés, tant aux jugemens des procès qu'autrement, sans y contrevenir ; ni que sous prétexte d'équité, bien public, accélération de la justice, ou de ce que nos cours auroient à nous représenter, elles ni les autres juges s'en puissent dispenser, ou en modérer les dispositions, en quelque cas & quelque cause que ce soit.

ARTICLE VII.

Défenses de les interpréter.

DÉFENDONS auxdites cours de parlement, & autres nos cours, en cas qu'il survienne aucun doute ou difficulté dans les jugemens des procès qui seront pendans pardevant elles, sur l'exécution d'aucuns articles desdites ordonnances, édits, déclarations, & autres lettres, d'entreprendre de les interpréter. Ainsi voulons & ordonnons qu'auxdits cas elles aient à se retirer pardevers nous, pour, sur ce, apprendre ce qui sera de nos intentions.

☞ *Cet article est dans l'ordonnance, en ces termes :*

ARTICLE VII. Si dans les jugemens des procès qui seront pendans en nos cours de parlement, & autres nos cours, il survient aucun doute ou difficulté sur l'exécution de quelques articles de nos ordonnances, édits, déclarations & lettres-patentes, nous leur défendons de les interpréter : mais voulons qu'en ce cas elles aient à se retirer pardevers nous, pour apprendre ce qui sera de notre intention.

ARTICLE VIII.

Nullité des jugemens contraires aux ordonnances.

DÉCLARONS les jugemens & arrêts qui seront donnés contre la forme & teneur de nosdites ordonnances, édits, déclarations & lettres-patentes, nuls & de nul effet & valeur ; & les juges responsables en leurs propres & privés noms, des dommages & intérêts des parties.

☞ *Voici de quelle maniere cet article a été rédigé :*

ARTICLE VIII. Déclarons tous arrêts & jugemens qui seront donnés contre la disposition de nos ordonnances, édits & déclarations, nuls & de nul effet & valeur ; & les juges qui les auront rendus, responsables des dommages & intérêts des parties, ainsi qu'il sera par nous avisé.

Après la lecture des huit Articles dont ce titre est composé :

M. le premier président a dit, que tous les articles de ce projet d'ordonnance ayant été examinés en particulier, il étoit à propos d'y faire quelques réflexions générales, & d'y regarder principalement ce qui concerne les personnes des juges, & la dignité de leurs fonctions.

Que cette considération lui paroissoit d'autant plus nécessaire qu'il ne s'étoit point arrêté dans toutes les conférences précédentes sur un grand nombre d'articles qui touchent ces deux choses, pour ne pas répéter sans cesse le même discours : ayant cru qu'on les reprendroit ensemble à la fin, pour les mieux considérer, & pour séparer en quelque façon le détail de l'ordonnance, qui parle de l'administration de la justice, d'avec ce qu'elle dit des magistrats qui la doivent administrer.

Et même que dans ce qui lui avoit été communiqué en particulier, le premier titre étoit *de l'observation des ordonnances;* que c'étoit un des plus séveres contre les juges; mais que ce titre n'ayant été lu dans aucune des conférences, il ne savoit pas si l'on avoit dessein de l'ôter ou de le laisser comme il l'avoit vu.

Qu'ainsi il étoit à propos d'examiner en général la conséquence des termes fâcheux, & des peines extraordinaires que cette ordonnance contenoit contre les juges, & contre les compagnies entieres.

Qu'après l'avoir lue, la premiere pensée qui lui étoit entrée dans l'esprit, étoit celle-ci: qu'il semble en beaucoup d'endroits qu'elle soit conçue comme si l'on croyoit que personne ne la dût recevoir volontairement; bien qu'en effet les bonnes loix s'expliquent toujours de telle sorte, qu'il paroît que leur plus grande force vient de leur juste disposition, & que c'est par-là principalement qu'elles se font desirer par les peuples, & conserver par les magistrats.

Il est certain qu'on ne peut assez admirer le zele du roi pour la justice, & l'application de sa majesté à réformer les abus qui s'y étoient glissés. Aussi jamais roi n'a eu plus d'autorité: chacun devant être persuadé que son intention dans cet ouvrage n'est autre que le soulagement de ses peuples; c'est pourquoi il a bien voulu prendre les avis de son parlement, & consulter les personnes les plus éclairées. Pourquoi donc présumer que cette loi, qui ne regarde que le bonheur de ses sujets, & qui porte avec elle le respect qui est dû à son auteur, ait besoin d'une autre force que celle de ce respect même, pour être reçue avec l'applaudissement & la soumission qu'elle mérite?

Après tout, la loi n'agissoit point d'elle-même; elle n'avoit d'oreilles ni de voix que celles du magistrat, pour écouter la raison & la faire entendre. Quand il étoit une fois chargé du pouvoir souverain de la loi, il en devenoit le conservateur; qu'aussi la loi devoit être la regle, & non pas l'écueil de ses fonctions.

Que cette loi ne pouvoit marquer trop d'estime pour celui qui s'appliquoit à conduire les autres; parce que sa réputation étoit celle de la loi même, & qu'elle ne lui étoit pas moins essentielle que son autorité. Cela eût été beaucoup à desirer en cette ordonnance, au lieu de la défiance qu'elle témoigne dans la plupart des articles: comme si les menaces du châtiment étoient absolument nécessaires, jusques dans les moindres choses, pour contenir les juges dans leur devoir. Au contraire il étoit de la gloire du roi, de donner bonne opinion de ses officiers, dans les choses même qu'il remettoit à leur conduite; pour montrer qu'il ne prétend confier qu'à des mains pures le dépôt sacré de sa justice, & qu'il n'y ait rien de plus sûr pour maintenir cette pureté, que leur honneur & leur conscience: n'étant pas raisonnable que ceux qu'il établit pour ordonner des peines contre la transgression des loix, soient exposés à de continuelles craintes de faillir, & à des peines rigoureuſes, ſi quelquefois ils ne comprennent pas bien le nouveau ſtyle que l'ordonnance preſcrit, en des choſes qui d'elles-mêmes ſont aſſez indifférentes.

Que les loix qui ont établi des peines contre les juges, avoient été faites ordinairement après de longues conteſtations ſur l'exécution des précédentes ordonnances: & que c'étoit en ces rencontres, où la puiſſance & la volonté des rois ſe trouvoient engagées d'en ſurmonter les difficultés.

Que cette ordonnance n'eſt point de cette qualité, parce qu'elle eſt toute nouvelle. Ce n'eſt pas la ſuite d'une autre qui n'ait point été exécutée, & on ne peut dire que les juges ne la veulent point exécuter, puiſqu'ils ne la connoiſſent point encore.

C'eſt ce qui fait trouver plus étrange, qu'elle commence d'abord par les menaces contre les parlemens & toutes les compagnies ſouveraines: vu que les compagnies & tous les officiers du royaume n'ont jamais été dans une ſi parfaite ſoumiſſion aux volontés du roi.

De ſorte que l'autorité ne pouvant manquer dans les choſes où le roi voudra l'employer, il ſemble que ceux qui travaillent à cette ordonnance, ſous ſes ordres, ne doivent ſonger qu'à la rendre juſte dans toutes ſes diſpoſitions, & à bien examiner ce qui eſt poſſible ou ce qui ne l'eſt pas; à peſer tous les inconvéniens que peut cauſer le changement qu'elle apporte, & ſe régler ſur l'expérience & ſur ce qui a été rectifié par le tems, en donnant créance à ceux qui ſont condamnés dans la pénible fonction des jugemens.

C'eſt de la ſorte que cette nouvelle ordonnance peut avoir des fondemens ſolides; mais c'eſt en ſe fiant à la probité des juges, c'eſt en les inſtruiſant, & non pas en les faiſant craindre; en accordant leur autorité avec leur devoir; & enfin en les engageant par conſcience & par honneur à ſoutenir une loi qui pourroit corriger les abus, ſans renverſer l'uſage; & régler leurs fonctions, ſans diminuer leur dignité.

Qu'après avoir fait réflexion ſur toutes les loix anciennes, dont la connoiſſance eſt venue juſqu'à nous, il ne pouvoit s'empêcher de remarquer ici, que les plus douces & les plus humaines avoient été les mieux obſervées & les plus durables; parce qu'elles étoient fondées ſur la raiſon & ſur l'équité, qui ſont au gré de tous les ſiecles, qui ſe fortifient par le tems, & ſe maintiennent ſans le ſecours de l'autorité.

Par exemple, que les loix de Solon effacerent tellement celles de ſon prédéceſſeur, qu'il n'en reſta dans Athenes qu'une averſion extrême contre leur ſévérité; au lieu que celles de Solon, étant plus douces & plus conformes à la portée des hommes, ne finirent qu'avec la république.

Que les Romains, qui ont plus relevé la majeſté de leur empire par la bonté de leurs loix que par la valeur de leurs légions, en ont formé la plupart ſur celles de Solon; qu'ils ſe ſont étudiés même à les adoucir en beaucoup d'endroits, & toujours en rehauſſant la dignité des magiſtrats. C'eſt ce qui a fait admirer leurs loix, & régner leur juſtice depuis tant de ſiecles ſur des nations qu'ils n'avoient jamais pu ſoumettre par les armes. Auſſi leur grand hiſtorien Tite-Live le remarque excellemment par ces paroles: *Gloriari liceat, nulli unquam civitati aut populo mitiores placuiſſe leges.*

Qu'il avoit autrefois entendu faire l'application de ce passage par feu M. Bignon : que ce grand homme, qui méritoit bien d'être cité dans cette conférence, prétendoit que nos loix n'étoient pas moins dignes de cette louange, que les loix romaines ; & que la France avoit religieusement observé dans ses constitutions, le caractere de douceur & d'équité qui la distingue particuliérement d'avec les autres.

Que les empereurs Romains, à qui nous sommes redevables de tant de belles loix, n'ont rien eu si fort en recommandation, que de les rendre immortelles par le consentement des peuples. Pour cet effet, ils y ont porté leurs sujets, en s'accordant à leurs mœurs ; & engagé leurs officiers, en honorant leur dignité.

Que cela se voit principalement dans le rescrit de Théodose à Florentinus, préfet du prétoire, pour l'exécution de son code : *Quod vetat, Florentine, parens clarissime & amantissime, illustris & magnifica autoritas tua, cui amicum, cui familiare est placere principibus, edictis propositis in omnium populorum provinciarumque notitiam scita augustæ majestatis nostræ faciat pervenire.*

Et dans ceux de Justinien, adressés au sénat de Constantinople & au préfet du prétoire, pour l'observation du digeste & du code Justinien : *Illustris igitur & magnifica autoritas tua, pro innato sibi circà rempublicam nostrasque dispositiones explendas studio, ad omnium populorum notitiam eundem codicem, edictis ex more propositis, pervenire faciat.*

E contrà Alaricus Gothorum rex, en l'adresse au comte Thimotée : *Providere ergò te convenit, ut in foro tuo nulla alia lex, neque juris formula proferri præsumantur ; quòd si factum fortassè constiterit, aut ad periculum capitis tui, aut ad stipendium tuarum noveris facultatum.*

Qu'on ne remarque en ces rescrits que des termes pleins d'estime, qui excitent les juges à leur devoir, par la confiance que l'empereur avoit en eux, & par l'honneur qu'il faisoit à leur charge. Cependant si on vouloit appliquer ces réflexions générales au fait particulier dont il s'agissoit, on trouveroit un esprit bien différent dans tous les articles de la nouvelle ordonnance, qui regardent les juges.

Si on vouloit lire tous les articles qui les concernent, il faudroit relire une grande partie de cette ordonnance ; mais que ces peines tant de fois répétées contre eux, se pouvoient considérer en trois façons.

I. Ou contre les juges en général.

II. Ou contre les officiers des parlemens & des compagnies souveraines en particulier.

III. Ou contre les parlemens, & les corps entiers des compagnies souveraines.

Qu'il n'avoit rien à ajouter à ce qu'il avoit dit sur les premiers, sinon que quand même la menace de ces peines ne feroit pas un mauvais effet dans leur esprit, elle diminueroit infailliblement la force de la loi, en diminuant l'autorité de l'officier qui étoit chargé de la faire exécuter : surtout étant appliquée indifféremment jusqu'aux moindres choses, & dans les procédures qui ne ſont pas de conſéquence pour la juſtice & pour le but principal de cette ordonnance. Ce qui eſt néanmoins ſi remarquable, qu'elle ne parle preſque jamais des juges, qu'auſſi-tôt elle n'établiſſe des peines contre eux, comme ſi c'étoit une clauſe de ſtyle.

A l'égard des officiers qui ſont du corps des compagnies ſouveraines, il eſt certain que toutes les ordonnances les ont diſtingués des autres, comme étant d'un ordre ſupérieur; & les rois qui ont confié leur juſtice ſouveraine à leurs parlemens, ont bien voulu s'y rapporter de tout ce qui concerne la fonction des officiers qui les compoſent. De ſorte que ſi les anciennes ordonnances ſont entrées quelquefois dans ce détail, ç'a été par des engagemens qui ne ſe rencontrent point ici, & toujours en laiſſant aux compagnies ſouveraines la connoiſſance entiere de l'exécution; au lieu que celle-ci confond les premiers & les derniers juges, en les traitant également.

Pour ce qui eſt des parlemens & des compagnies ſouveraines en général, qu'il lui paroît fort étrange qu'on veuille les expoſer à de continuelles priſes à partie, à des condamnations de dommages & intérêts, à tout ce qu'on peut s'imaginer de plus fâcheux aux juges, & de plus oppoſé à la juſtice ſouveraine du roi, dont les compagnies ſont dépoſitaires, & dont elles tirent le nom de ſouveraines.

Qu'un plaideur irrité par la perte de ſa cauſe, s'étant porté une fois ſans raiſon à cette extrêmité, ne ſeroit plus en état de réparer le tort qu'il auroit fait, quelque peine qu'on pût ordonner contre lui; & qu'il en pourroit arriver un nombre infini d'inconvéniens contraires au bien public, & à la fin que le roi s'étoit propoſée.

Qu'il avoit déjà dit ſur quelques articles en particulier, & qu'il le répétoit encore, qu'entre les articles des anciennes ordonnances qui ont été obſervées, il ne s'en trouvera aucun qui ait établi les priſes à partie & la condamnation des dommages & intérêts contre les compagnies ſouveraines. Si quelques ordonnances en avoient parlé, leur diſpoſition avoit été changée par les ſuivantes, comme ne pouvant & ne devant jamais être miſes en uſage; ou bien qu'elles avoient été oubliées, comme des traits de colere, qui paſſent auſſi-tôt que le mouvement qui les a cauſés.

Enfin que pour rendre cette nouvelle ordonnance immortelle, comme toutes les actions du roi, & pour faire qu'elle parût dans tous les ſiecles digne de la grandeur de ſon nom, il en falloit ôter les termes de dureté qui marquent une mauvaiſe opinion des juges, & ſe perſuader comme une vérité conſtante, que la douceur & la confiance ont un pouvoir plus durable ſur leur eſprit & ſur celui des peuples, que la rigueur & l'autorité.

M. Puſſort a dit, que par la diſcuſſion de chacun des articles dans leſquels les peines dont il eſt queſtion ſont inſérées, il ſe verra qu'aucun de ces articles ne porte qu'une ſimple répétition des précédentes ordonnances: & qu'il ne s'en trouvera pas un qui en ordonne de plus forte: & a fait lecture de l'extrait de tous les articles de la préſente ordonnance qui ſtatuent des peines, ainſi qu'il ſuit.

TITRE I. *De l'observation des ordonnances.*

ARTICLE VIII. Il porte *nullité des jugemens*, en cas de contravention, & rend les *juges responsables des dommages & intérêts* des parties, ainsi qu'il sera avisé par le roi.

TITRE V. *Des fins de non-procéder.*

ARTICLE I. En cas que les juges retiennent la connoissance des causes qui ne leur appartiendront pas, ils seront *pris à partie, & condamnés en leur propre & privé nom.*

ARTICLE II. Même peine, en cas d'évocation de cause des premiers juges, sous prétexte d'appel ou connexité des matieres.

ARTICLE III. Même contre les juges, s'ils ne jugent sommairement à l'audience les matieres de renvoi, d'incompétence, & autres de cette nature.

TITRE IX. *Des garants.*

ARTICLE VIII. Il enjoint aux juges de renvoyer les garants pardevant les juges qui doivent connoître de leur différend, lorsqu'ils reconnoîtront par l'évidence du fait, que la demande originaire aura été intentée pour traduire le garant pardevant des juges dont il ne sera point justiciable, encore que le renvoi n'en soit point requis : *à peine de nullité de* tout ce qui auroit été fait, *& de tous dépens, dommages & intérêts* des parties.

TITRE XI. *Des procédures & délais, &c.*

ARTICLE XI. Défenses sont faites aux rapporteurs de bailler par communication les productions, *à peine de vingt livres d'amende* contre chacun des contrevenans, *& de tous dépens, dommages & intérêts* en leur propre & privé nom.

TITRE XV. *De l'expédition des matieres sommaires.*

ARTICLE VIII. Il défend de prendre des épices, *à peine de restitution du quadruple.*

TITRE XVIII. *Des descentes sur les lieux.*

ARTICLE I & II. Défenses à tous juges de faire aucunes descentes sur les lieux dans les matieres où il n'échoit qu'un simple rapport d'experts, *à peine de nullité & de restitution* de ce qu'ils auront reçu pour leurs vacations, *& de tous dépens, dommages & intérêts*, s'ils n'en sont requis par écrit, par l'une ou par l'autre des parties.

ARTICLE XIX. Défenses aux juges de souffrir que pendant leur voyage les parties les défraient, *à peine de concussion*, *& de trois cens livres d'amende*, & de tous les *dépens, dommages & intérêts* des parties.

ARTICLE XX. Enjoint aux juges de faire mention séparée dans leurs procès-verbaux, de ce qu'ils auront reçu de chacune partie en chaque descente, *à peine de concussion*, & *de restitution* du total de leurs vacations.

ARTICLE XXV. Enjoint aux juges de spécifier les taxes qu'ils auront reçues, des jours qu'ils auront employés pour se transporter sur les lieux, & de ceux de leur séjour : *à peine de concussion, & de cent livres d'amende.*

ARTICLE XXVIII. Même peine contre les juges qui feront descente hors la ville & banlieue de leur établissement, s'ils prennent par jour plus grands droits que ceux qui leur sont ordonnés.

TITRE XXII. *Des enquêtes & confections d'icelles.*

ARTICLE XXIII. Il porte condamnation des *dommages & intérêts* des parties contre les juges, & peine du *quadruple de ce qu'ils auront reçu*, si leur procès-verbal contient autre chose que ce qui est porté par l'article.

ARTICLE XLII. Ordonne que l'enquête mal faite sera refaite *aux frais du juge.*

TITRE XXV. *Des récusations des juges.*

ARTICLE XVI. Fait défenses aux juges de s'entremettre de solliciter pour autre personne que pour eux-mêmes, sur peine *d'être privés de l'entrée de la cour*, & de *leurs gages* pour un an.

ARTICLE XXXV. Sera tenu le juge récusé de s'abstenir d'entrer aux audiences & d'assister à la visitation du procès, sur peine *de suspension* pour trois mois.

TITRE XXVI. *Des prises à parties.*

ARTICLE I. Enjoint à tous juges de juger incessamment les causes qui seront en état d'être jugées, à peine de répondre en leur nom *des dépens, dommages & intérêts* des parties.

ARTICLE IV. Il porte qu'après deux sommations faites de juger la cause qui sera en état, le rapporteur, s'il y en a, sinon celui qui devra présider, sera *intimé en son propre & privé nom*, & condamné aux *dépens, dommages & intérêts* de la partie, s'ils sont déclarés bien intimés.

ARTICLE V. Porte que le juge intimé ne pourra plus être juge du différend, *à peine de nullité* & de tous *dépens, dommages & intérêts* des parties.

ARTICLE XI. Sera tenu celui qui aura présidé aux audiences de voir à l'issue de la séance ce qui aura été rédigé, & de signer le plumitif de chaque jour, *à peine d'en répondre* en son nom.

ARTICLE XIV. Sera tenu le rapporteur d'écrire de sa main le jour que l'arrêt aura été arrêté ensuite du dispositif, avant que de le mettre au greffe, *à peine des dommages & intérêts* des parties.

TITRE XXX. *Des sentences & jugemens.*

ARTICLE VII. Au cas que les cours ou sieges empêchent l'exécution de quelque arrêt, en vertu de *pareatis* du grand sceau, par quelque jugement ou ordonnance au contraire, le rapporteur, & celui qui aura présidé, seront solidairement *responsables des condamnations* portées par arrêts dont ils auront retardé l'exécution, *& des dommages & intérêts* de la partie, & encore *condamnés en 200 livres d'amende* envers le roi.

TITRE XXXI. *Des requêtes-civiles.*

ARTICLE XLIV. Défendons aux juges de permettre les propositions d'erreur, *à peine des dépens, dommages & intérêts* des parties.

La lecture du mémoire achevée :

M. Pussort a ajouté, que sans doute les peines portées par les anciennes ordonnances, même à l'égard de celles qui sont dans l'étroite observance, sont bien plus fortes que toutes celles dont la lecture vient d'être faite. Qu'il y en avoit non-seulement contre les juges en général, & contre les officiers des compagnies supérieures en particulier ; mais encore contre les compagnies en corps : & c'eſt ce qui ſe peut aiſément voir, en parcourant les anciennes ordonnances qui les ont établies : & voici les obſervations qu'il y a faites.

Que l'ordonnance d'Amboiſe, art. 12, enjoint aux préſidiaux de renvoyer les domiciliés à leurs juges, à peine des dommages & intérêts des priſonniers, & d'être punis exemplairement, s'il ſe trouve que par faveur ou autrement, ils aient procédé à la déclaration de leur compétence ou incompétence.

L'ordonnance de Blois fait défenſes aux mêmes préſidiaux de juger par commiſſaires, à peine des dépens, dommages & intérêts des parties.

La même ordonnance de Blois, art. 154, enjoint aux juges de vuider ſommairement les fins de non-procéder, & ſans les appointer, à peine d'être pris à partie.

La même ordonnance, art. 203, enjoint à tous juges d'examiner les témoins à charge & à décharge, à peine des dépens, dommages & intérêts des parties.

Anciennes ordonnances.

PEINE DE RESTITUTION.

Que la peine de reſtitution du quadruple n'eſt pas inconnue.

L'ordonnance d'Orléans, article 57, ordonne aux juges de vuider ſommairement & ſans épices les cauſes qui ne requerront pas ample connoiſſance, *à peine de rendre le quadruple par le juge.*

Celle de Rouſſillon, article 32, porte défenſes à tous préſidens, maîtres des requêtes &c. allant en commiſſion, de ſe laiſſer défrayer par les parties, *à peine de répétition du quadruple.*

L'ordonnance de Louis XII porte la même choſe, & ajoute *la peine de privation de gages* pour un an, pour la premiere fois, *& de ſuſpenſion & autres peines arbitraires.*

Charles VIII, en 1493, a ordonné la même choſe, avec privation d'office.

L'ordonnance de Moulins, art. 36, fait défenſes à tous juges, tant des cours qu'autres, de recevoir de la part des priſonniers aucuns frais, taxes ou ſalaires, pour la confection des procès criminels, *ſur peine de reſtitution du quadruple.*

La même ordonnance, art. 37, fait la même défenſe, *ſur même peine du quadruple*, à ceux qui ont fait les inſtructions en matieres criminelles, de faire eux-mêmes les taxes de leurs ſalaires.

Charles VII, en 1446, art. 15, fait défenſes aux officiers du parlement & autres, de rien prendre & exiger des priſonniers & ajournés à comparoir en perſonne, pour les ſalaires de leur interrogatoire, *ſur peine d'en être punis & corrigés*, *& de privation d'office.*

Charles VIII, en 1493, art. 16, fait défenſes, *ſous les mêmes peines & autres telles grandes peines que la cour ordonnera*, aux conſeillers dudit parlement de prendre, ſous couleur de leurs ſalaires, aucunes choſes des parties; ou s'il y avoit chose où il échût quelque taxation, elle sera préalablement faite & ordonnée par la cour.

La premiere déclaration sur l'ordonnance de Moulins, art. 36, porte que les frais de la preuve des faits justificatifs & des reproches, seront taxés modérément par les juges, *à peine de répétition du quadruple.*

PEINE DE CONCUSSION.

La peine de concussion est souvent employée dans les ordonnances.

Celle d'Orléans, art. 43, porte défenses à tous juges, tant des cours souveraines que subalternes, de prendre des parties plaidantes, directement ou indirectement, aucun présent, quelque petit qu'il soit, de vivres ou autres choses quelconques, *à peine de concussion.*

Celle de Blois, art. 114, ordonne la même chose. Charles VII, en 1446, art. 118, avoit fait la même ordonnance, & y avoit ajouté *la peine de privation d'office.*

La même ordonnance de Blois, art. 159, enjoint à tous juges & autres officiers, d'écrire & parapher de leur main, tout ce qu'ils auront reçu pour leurs épices, vacations & salaires, *sur peine de concussion & de privation de leurs offices.*

Par l'article 163 de la même ordonnance, défenses sont faites aux juges, en faisant la distribution des deniers des encheres, de continuer l'usage de prendre pour leur droit un sol pour eux, ni plus que leurs droits, *sur peine de concussion.*

Défenses aussi sont faites par l'article 128 de l'ordonnance de 1629, de rien prendre pour la réception d'officiers en cours souveraines ou subalternes, *sur peine de concussion & de privation de leurs charges.*

PEINE DE SUSPENSION ET DE PRIVATION DES OFFICES.

La peine de suspension & privation d'office, est aussi souvent répétée dans les ordonnances.

Par celle d'Orléans, art. 44, défenses sont faites à tous juges, tant des cours souveraines que subalternes, de prendre gages ni salaires d'autre que du roi; ni bénéfices des collateurs de leur ressort, pour eux, leurs enfans, parens, ou domestiques, *à peine de privation d'office.*

La même chose est ordonnée par l'art. 36 de la premiere déclaration sur l'ordonnance de Moulins, contre les juges qui ne vaqueront point à l'instruction des procès criminels, & qui n'interrogeront pas incontinent les prisonniers.

L'article 141 de l'ordonnance de 1539, condamne ceux qui auront fait fautes notables en l'expédition des procès, à de grosses amendes pour la premiere fois; *à la suspension de leur office pour la seconde, & pour la troisieme, à être privés de leurs charges, & déclarés incapables d'en tenir.*

La même ordonne aux juges de vaquer diligemment & préalablement à toutes autres choses, à l'expédition des matieres criminelles, *fur peine de fuſpenſion & de privation de leurs offices.*

L'ordonnance de Blois, article 118, porte la même peine contre tous juges, tant des cours fouveraines qu'inférieures, qui fauront caufe de fufpicion ou de récufation, & ne l'auront point déclarée; ajoutant *incapacité de tenir à jamais office de judicature.*

L'article 109 de la même ordonnance porte la même chofe, à l'exception de l'incapacité contre les procureurs généraux, qui recevront le nom des témoins de la part de ceux qui auront été pourvus d'offices, & pourfuivront leur réception.

La même ordonnance enjoint aux avocats & procureurs généraux, & à leurs fubftituts, de promouvoir les mercuriales, & d'en pourfuivre le jugement, *fur peine de la privation de leurs charges.*

Louis XII, en 1499, ftatue *la fuſpenſion d'office, & autres peines arbitraires* contre les officiers des parlemens, qui ayant connu d'une complainte en matiere bénéficiale ou profane, fe feroient commis, ou leurs enfans, au régime de la chofe contentieufe.

L'ordonnance de 1539, en l'art. 124, prononce contre les préfidens & confeillers des cours fouveraines, qui follicitent pour autrui en leur compagnie, la peine *de fuſpenſion d'office & de privation de gages, & autres plus grandes, s'ils y retournent.*

PUNITION EXEMPLAIRE.

La peine de *punition exemplaire* eft encore ufitée dans les anciennes ordonnances.

Celle d'Orléans, art. 54, fait défenfes aux juges d'accepter aucune ceffion de droits litigieux, *à peine de punition exemplaire.*

PEINE DE PERTE DE GAGES.

La peine de *privation de gages* eft portée par l'art. 136 de l'ordonnance de Blois, contre les préfidens, confeillers, & autres officiers des parlemens qui feront abfens au jour de Saint-Martin.

Celle de Charles VII, de l'année 1446, art. 50, avoit ftatué *la même peine*, nonobftant toutes les lettres de cachet pour les faire retarder ou aller en commiffion pendant le parlement; fauf le recours des parties contre lefdits préfidens & confeillers, pour les falaires à eux payés, & de tous dépens, dommages & intérêts foufferts à caufe des commiffions qui auroient donné lieu auxdites abfences.

Celle de Blois porte la même chofe, art. 137. L'article 21 de l'ordonnance de Louis XII, de 1499, le dit auffi, & ajoute *fuſpenſion d'un an* pour la feconde fois, & de plus grandes peines arbitraires pour la troifieme.

Celle de Henri II, art. 9, en 1549, & l'art. 140 de l'ordonnance de Blois, prononcent la peine *de privation de gages* contre les confeillers des enquêtes, qui ne mettront point leurs procès au greffe.

La même chose est ordonnée par l'art. 28 de l'ordonnance de Louis XII, contre les conseillers qui ne mettront point au greffe les arrêts faits & écrits de leurs mains, six jours après qu'ils auront été rendus ; & cette ordonnance y ajoute la *peine d'être privés du profit des épices* du procès.

PEINE DE PRIVATION D'OFFICE.

La peine de *privation de gages & d'office*, est statuée par l'art. 4 de l'ordonnance de Charles VII, en 1346, contre ceux des présidens, conseillers, & autres officiers du parlement, qui révéleront les secrets de la compagnie.

La même, article 5, porte que si ce sont prélats, ils seront *privés* pour toujours *de l'entrée de la cour*, avec amende arbitraire, selon l'exigence du cas.

Idem, art. 110, fait mention qu'il y a eu de grandes peines corporelles & civiles ordonnées pour raison de ce, & renouvelle celles qui sont portées par les deux précédens articles.

Idem, art. 49, ajoute *la privation d'office*, inhabilité, & autres grandes peines pécuniaires & corporelles : enjoint aux présidens, sur les mêmes peines, & de grandement encourir l'indignation du roi, de faire observer les ordonnances.

L'ordonnance de 1560, de Charles IX, porte la même chose.

Celle de Moulins ordonne aux juges inférieurs de faire recueil des ordonnances mal observées, & de les envoyer au parlement, *à peine de privation de leurs états*.

PEINE DE DOMMAGES ET INTÉRÊTS.

La peine de *dommages & intérêts* est fréquente contre les officiers des compagnies supérieures.

Celle de Charles VII, de 1446, qui a déjà été citée, leur fait défenses d'aller en commission durant le parlement, nonobstant lettres de cachet pour y aller, ou pour y demeurer, à peine de nullité, & sauf le recours des parties contre eux, pour la répétition de leurs salaires, & *de tous dépens, dommages & intérêts*, soufferts à cause de ladite commission.

L'ordonnance de 1539, art. 143, porte la même peine contre ceux qui auront fait des fautes notables en l'expédition des procès.

Celle de Roussillon, art. 33, porte la même peine contre celui qui aura signé le dictum des arrêts ou jugemens sur requête, sur lesquels les épices auront été taxées.

Amboise, art. 12, enjoint aux présidiaux de renvoyer les domiciliés à leurs juges, *à peine des dommages & intérêts* des prisonniers, & d'être punis exemplairement, s'il se trouve que par faveur ou autrement, ils aient procédé à la déclaration de leur compétence ou incompétence.

L'ordonnance de Blois fait défenses aux mêmes présidiaux de juger par commissaires, *à peine des dépens, dommages & intérêts* des parties.

La même ordonnance, art. 203, enjoint à tous juges d'examiner les témoins à charge & à décharge ; *à peine des dépens, dommages & intérêts* des parties.

La même ordonnance de Blois, art. 143, porte défenses aux conseillers de se charger d'informations, si elles ne leur sont distribuées par les présidens, & aussi d'interroger les appellans d'un décret, si par la cour il n'en est ordonné, *à peine de tous les dépens, dommages & intérêts* des parties.

La même chose est ordonnée par l'article 83 & 84 de l'ordonnance de 1629, contre les juges qui rapporteront des procès qui ne leur auront point été distribués, & qui n'auront point dressé les arrêts assez promptement.

Par l'article 89 de la même ordonnance de 1629, défenses sont faites aux officiers des compagnies souveraines de recevoir autres requêtes contre les arrêts, que civiles ; à peine de nullité des arrêts, *& du recours des parties pour leurs dommages & intérêts* contre celui des juges qui aura rapporté la requête.

L'ordonnance de Blois, art. 159, porte que les juges qui appointeront à mettre pardevers eux, ou qui refuseront de faire droit sur les fins de non-procéder & fins de non-recevoir, & qui ne les jugeront point sommairement, seront tenus *des dommages & intérêts des parties.*

Les juges qui se déclareront compétens, lorsque les parties tendront à fin de non-procéder & dénieront le renvoi des causes dont la connoissance ne leur appartiendra point, seront tenus *des dommages & intérêts des parties*, suivant l'art. 147 de l'ordonnance de Blois.

Il est vrai que cet article ajoute : *au cas qu'ils aient ainsi jugé par dol, fraude ou concussion, ou qu'il y ait faute du juge manifeste, pour laquelle il doit être condamné en son nom.*

De cette restriction on induit deux choses :

La premiere, que l'article ne parle que des juges inférieurs, ce qui est vrai ; & la seconde, qu'on n'accorde *la prise à partie* qu'au cas de dol, fraude ou concussion.

Mais à cela on peut répondre, que la contravention formelle à l'ordonnance est une faute manifeste du juge ; & que cette proposition est soutenue par l'art. 154 de la même ordonnance de Blois, qui ordonne la *prise à partie* absolument & sans limitation, au cas seul de la contravention. Et comme cet article ne comprend que les premiers juges, aussi n'est-il ici inséré que pour faire voir que le cas d'incompétence est susceptible de la prise à partie ; outre que l'exception portée par l'article ne se peut pas soutenir : car si l'officier avoit jugé par dol, fraude ou concussion, on lui feroit son procès, & il feroit infame selon la loi, sans se contenter de le condamner aux dommages & intérêts.

PEINES CONTRE LES COURS SOUVERAINES EN GÉNÉRAL.

Les ordonnances ne se sont pas contentées de statuer des peines contre les officiers mêmes des compagnies souveraines en particulier; elles en ont aussi prononcé contre les corps en général.

L'ordonnance de Roussillon, que l'on appelle la sage ordonnance, en son article 23, fait défenses aux parlemens de modérer les amendes du fol appel, requêtes-civiles & propositions d'erreur, *à peine de les répéter sur eux.*

L'article 30 de la même ordonnance, fait défenses *aux parlemens* de juger par commissaires, à peine de tous dépens, dommages & intérêts des parties *contre les juges* qui y contreviendront.

L'ordonnance de Moulins porte la même chose en son article 68; & l'on peut observer sur icelui, qu'il intervint sur les remontrances faites au roi par les parlemens; & qu'après avoir prononcé la peine de nullité contre les jugemens, & réservé les dommages & intérêts des parties contre les juges, il ajoute : *pour lesquels ils se pourvoiront pardevers nous en notre conseil.*

Cet article est confirmé par l'art. 86 de l'ordonnance de 1629.

L'ordonnance de Moulins, art. 69, fait défenses *aux cours souveraines*, sous les peines portées par les précédens articles, de s'assembler les dimanches & aux heures extraordinaires, pour juger les procès par commissaires.

L'ordonnance de Henri IV, de 1597, sur les diverses & grandes plaintes que les cours souveraines ont étendu les cas des commissaires, & s'y sont beaucoup licenciées, fait défenses *aux cours de parlemens & du grand-conseil* d'en juger d'autres que ceux portés par l'ordonnance de Moulins, sur les peines y contenues.

Idem, art. 23, fait défenses de vuider les procès par petits commissaires; mais veut que tous procès soient vus & visités en présence des juges qui doivent assister au jugement, sur peine de nullité & des dépens, dommages & intérêts des parties.

L'ordonnance de Blois, art. 110, fait défenses *aux juges des cours souveraines* de solliciter les procès des parties plaidantes en icelles, sur peine d'être privés de l'entrée, & de leurs gages pour un an.

La même ordonnance, art. 179, fait pareillement défenses *aux cours souveraines*, sur les acquiescemens ou les appellations mises au néant, de retenir la connoissance de la cause principale, ni pareillement l'exécution de leurs arrêts, sinon pour ce qui concerne l'interprétation d'iceux; mais leur enjoint de renvoyer la cause aux juges des provinces, sur l'appel, s'il a été dit bien jugé : à peine de nullité des procédures & jugemens, & de tous les dépens, dommages & intérêts.

L'ordonnance de 1629 enjoint *aux compagnies souveraines* de remettre à la séance prochaine les procès commencés excédans le pouvoir des vacations ; déclarant nul ce qui sera fait au contraire, sauf les dommages & intérêts contre qui il appartiendra.

François II, en 1560, fait défenses d'empêcher l'exécution des arrêts, sous prétexte de défaut prétendu de *pareatis:* autrement seront les ordonnateurs & exécuteurs tenus solidairement des condamnations portées par arrêts ou jugemens, & de tous dépens, dommages & intérêts envers la partie, qui seront, après la vérification duement faite de l'empêchement, sans autre forme de procès, déclarés & adjugés à l'encontre d'eux par le juge qui aura donné jugement, lettres ou provision; si ce n'étoit qu'il fût question d'adjuger les dommages & intérêts à l'encontre des présidens & conseillers de nos cours, auxquels nous voulons iceux être adjugés par la cour de parlement à laquelle ressortissent les juges qui ont donné les premiers jugemens.

Par l'édit des présidiaux de l'année 1551, défenses sont faites aux cours souveraines de prendre connoissance des causes d'appel des sentences présidiales, si la valeur de la chose contentieuse n'est exprimée par le relief d'appel, sur peine de nullité ; avec réserve, audit cas, aux parties de leurs dommages & intérêts contre ceux qui ont contrevenu.

Henri IV, par son ordonnance de 1597, fait défenses *aux juges ordinaires, ou officiers des requêtes du palais*, de connoître de ce qui est attribué par les édits & ordonnances, aux cours des aides, à peine de nullité & des dépens, dommages & intérêts.

M. Pussort, après avoir cité tous les articles ci-dessus mentionnés, a ajouté, que ces peines n'étoient pas nouvelles, & qu'elles sont tirées des loix les plus anciennes.

Cujas, sur le loix 15 & 16 au dig. *de judiciis. Malè judicat judex aut per imprudentiam, aut per dolum : cùm per dolum judicat, veram æstimationem ei quem læsit, præstat, & infamis fit.* La loi 9 *cod. de veteri jure enucleando, de pœnis judicum qui malè judicabunt. Quòd si per imprudentiam malè judicat, hoc casu non est definitum ut veram litis æstimationem præstet, sed tantùm quòd religioni judicantis æquum videtur, præstat.*

Qu'au surplus, il avoit extrait cinquante-sept articles des ordonnances, qui portent des peines en cas de contravention, contre les officiers des cours souveraines, ou contre les cours souveraines mêmes, & qu'il n'en avoit pu trouver que douze, qui chargeassent l'honneur & la conscience des juges de les faire observer. D'où l'on pouvoit conclure qu'il étoit plus ordinaire dans les ordonnances de prononcer des peines contre les juges, en cas de contravention, que non pas de s'en rapporter à leur honneur & conscience.

Edit de 1539, art. 229. Que de ces douze articles, il y en a neuf qui constamment ne s'observent point; comme de ne point désemparer pendant la séance du parlement, sans la permission du roi.

De

De juger les procès par écrit à tour de rôles, qui seront faits selon la date des conclusions reçues au greffe, par le président & quatre conseillers. *Orléans, art.* 42.

De prononcer tous jugemens & arrêts, si une partie le requiert, si-tôt qu'ils auront été signés, sans attendre le jour des prononciations ordinaires. Et que la prononciation ne sera pas différée par faute que les épices n'auront pas été payées. *Orléans, art.* 62.

D'envoyer les mercuriales tous les trois mois au roi & à M. le chancelier. *Edit de* 1539, *art.* 130.

De ne taxer les épices par les présidens, que sur les extraits que les rapporteurs auront fait eux-mêmes. *Blois, article* 127.

De ne taxer épices pour des arrêts sur requête. *Idem, article* 131.

De ne juger par commissaires hors des cas, lieux & heures de l'ordonnance. *Idem, article* 133.

De renvoyer les procès qui ne pourront être jugés à la grand'chambre, aux chambres des enquêtes. *Idem, article* 134.

A l'égard des trois autres articles, on ne peut pas dire s'ils sont observés ou non; parce que l'exécution en est remise à l'arbitrage du juge, par le moyen de la clause qui y est ajoutée, *si ce n'est que pour grandes considérations ils jugeassent qu'il dût être fait autrement;* laquelle cause est si générale, que par ce moyen on ne peut jamais dire si l'article a été exécuté ou non.

Et s'il s'en trouve entre ceux pour la contravention desquels on a établi des peines contre les juges, qui ne soient point observés, il y en a douze ou treize au moins qui sont observés. D'où on peut conclure que l'appréhension des peines est plus efficace que la considération de l'honneur & de la conscience.

M. le premier président a répliqué, qu'il ne croit pas qu'il convienne à la prospérité du regne présent, pour parler dans les termes des loix romaines: *felicitati temporum nostrorum non convenit*, ni à la gloire du plus grand roi que la France ait jamais eu, de présumer que les principaux officiers de la justice fussent moins touchés des sentimens de l'honneur & de la conscience, que de la crainte du châtiment.

Que la France qui a toujours excellé sur les autres pays par la pureté avec laquelle on y rend la justice, seroit tombée dans une corruption déplorable, s'il n'y avoit plus que les menaces qui pussent retenir les magistrats dans leur devoir.

Qu'au contraire cette défiance étoit trop forte pour ne pas dégoûter les gens de bien, & relâcher leur zele en leur ôtant le mérite d'agir par des motifs plus honnêtes; & qu'elle seroit toujours trop foible pour corriger les méchans, parce qu'elle ne leur fermeroit jamais si bien toutes les voies pour faire du mal, qu'ils trouvassent aussi-tôt celles d'éviter les peines pour commettre des injustices.

Qu'il semble qu'on n'ait pas fait de réflexion sur la différence de tems, en ramassant dans une seule ordonnance tout ce qu'il y a dans les précédentes de dur & de pénal contre les juges : vu que les rois n'ont donné ces derniers coups d'autorité, que quand ils ont rencontré de la contradiction à leurs volontés ; au lieu que dans le tems où nous sommes, la moindre signification de la volonté du roi est une loi inviolable. Chacun se soumet par affection & par respect à tout ce qu'il desire ; parce que chacun sait que sa majesté ne desire rien que de juste pour ses sujets, & que de glorieux pour elle.

Outre cela, que quand on aura bien examiné ces exemples tirés si soigneusement de plus de 60 articles de toutes les anciennes ordonnances, pour composer les huit de la nouvelle ordonnance, qui viennent d'être lus, le 7 du titre 6 *des matieres sommaires*, & le 42 du titre 23 *des enquêtes*, & quelques autres écrits à peu près du même style, on trouvera qu'ils n'ont rien de semblable aux anciennes que l'expression des peines, & que l'application en est faite sur des sujets fort différens.

Car il n'y a nulle proportion de tout ce qu'on a ramassé dans les anciennes ordonnances touchant les crimes des juges en général, comme ceux de *concussion*, *prévarication* dans leurs charges, *per gratiam*, *inimicitias aut sordes*, avec cette nouvelle ordonnance qui ne regarde que la procédure seulement.

Que sa pensée n'est pas qu'il faille toujours traiter les juges comme des personnes incapables de commettre des fautes ; qu'au contraire, quand ils abusent de leur caractere, ils doivent être châtiés bien plus séverement que les hommes ordinaires : parce qu'ils profanent une fonction toute sainte, & que le crime d'une personne publique cause plus de désordres que celui d'un particulier.

Mais qu'il n'y a point de raison de tirer une conséquence des peines ordonnées contre les concussionnaires, pour en établir de pareilles contre ceux qui tombent dans quelque erreur, quoique légere, sur la procédure ; ou parce qu'ils n'auront pas bien compris la nouvelle forme qu'il y faut observer, ou parce qu'ils n'auront pas pu perdre encore l'habitude de l'ancienne. Car après tout, quelle comparaison peut-on faire entre un juge coupable de concussion, & un autre qui aura seulement donné communication des productions aux procureurs des parties adverses, comme on avoit toujours pratiqué jusqu'à cette heure ; ou qui aura oublié de mettre au bas d'un procès-verbal de descente, ce qu'il aura reçu de chaque partie ; ou qui aura le style trop étendu dans son procès-verbal de descente, & qui en aura fait le préambule un peu plus long que ne desire l'article 23 du titre *des enquêtes ;* ou qui n'aura pu juger incessamment tous les procès qui sont en état, n'ayant pas de tems pour le faire ; ou le président qui n'aura pu donner l'audience qu'une partie aura demandée par deux sommations ; ou le rapporteur qui aura oublié de mettre de sa main le jour que l'arrêt a été donné ?

Cependant il est certain qu'en tous ces cas, quoique fort éloignés de concussion & de prévarication, la nouvelle ordonnance punit les juges de condamnation de dommages & intérêts envers les parties, & même qu'elle y ajoute en quelques-uns la peine de concussion.

Qu'il est aisé de voir que les condamnations ne doivent point avoir lieu où il ne s'agit que de la maniere d'instruire les procès, & d'un changement de style. Ainsi il est impossible d'appliquer en ces endroits l'exemple des articles d'Orléans, 132 ; de Roussillon, 22 ; de Louis XII & Charles VIII, de 1493, qui défendent aux juges allans en commission, de se faire défrayer par les parties. Quel rapport peut-on y trouver avec les ordonnances de Charles VIII, l'art. 36 de celle de Moulins, & la premiere déclaration sur la même ordonnance, qui font défenses aux juges de rien prendre des prisonniers pour faire leur procès, le tout *à peine de répétition du quadruple?* Avec l'art. 43 de l'ordonnance d'Orléans, le 159 de Blois, auxquels l'on pourroit ajouter le 163 de Blois, & le 118 de 1629, qui font défenses de recevoir des présens des parties, ou de prendre de l'argent pour des réceptions d'officiers & des adjudications par décret. Enfin avec le 44 d'Orléans, qui défend de prendre ni gages ni bénéfices, d'autres que du roi; avec l'art. 86 de Louis XII, de 1499, qui ne parle que des juges inférieurs qui auront jugé par dol, fraude ou concussion.

Qu'on verra que ces articles ne regardent point la procédure, mais qu'ils concernent le devoir de chaque juge en particulier, pour empêcher qu'ils ne fassent rien *per sordes*, dans leur fonction. Que la matiere étoit si ample, qu'on auroit pu facilement augmenter ce recueil, si l'on avoit parcouru sans distinction de cas, toutes les anciennes ordonnances, les mercuriales du parlement, & les réglemens qu'il a faits de tems en tems : même celui du mois de juillet 1665, tant pour le devoir des officiers de son ressort, que pour la discipline intérieure de la compagnie. Mais qu'en vérité tout ce ramas n'auroit point prouvé que les clauses pénales, qui ne conviennent qu'à des fautes essentielles & importantes, dûssent être employées dans une ordonnance qui ne regarde que le style de la procédure.

Et afin de répondre à ces exemples, dans le même ordre qu'on les avoit cités, qu'il falloit remarquer sur la premiere déclaration de l'ordonnance de Moulins, qui n'est qu'une suite de l'art. 36 allégué ci-dessus, qu'il y avoit en ce tems-là beaucoup d'abus dans la confection des procès criminels, dont la conséquence est très-grande dans la justice : que par cette raison l'article portoit une peine de suspension de charge contre les officiers qui commettoient des fautes notables dans les procès, à cause qu'elles s'y peuvent faire à dessein de les gâter, & de procurer l'impunité aux accusés.

Mais que cela regarde principalement les premiers juges, que le parlement a punis très-souvent par des peines plus séveres que celles-là pour des fautes qu'ils avoient commises dans l'instruction des procès criminels; d'autant qu'elles ne doivent pas être considérées comme de simples fautes de procédure, mais comme une prévarication qui tend à mettre à couvert le crime des accusés; & cela est très-bien expliqué par l'art. 142 de l'ordonnance de 1539, qui a été alléguée, & sur-tout si l'on y ajoute l'article précédent, qui est le 141.

Que les art. 118 & 119 de Blois, & le 124 & 1539 qui sont contre les brigues & sollicitations des juges pour faire qu'on ne juge point *per gratiam*, & que ceux qui connoîtront en eux une cause légitime de récusation, s'abstiennent du jugement, concernent encore le devoir & la discipline des juges, dans laquelle il y avoit en ce tems là beaucoup de désordres. Que par cette raison, les ordonnances contiennent en ces cas des peines extrêmement séveres; mais qu'elles n'ont passé que pour comminatoires, & leur sévérité a empêché qu'elles ne fussent observées.

Quant aux articles de Blois 136 & 137, & au 30 de l'ordonnance de Charles VII, de l'année 1446, aussi-bien qu'au 21 de l'ordonnance de Louis XII, qui établissent de grandes peines contre les officiers absens le jour de la S. Martin, & au 4 art. de l'ordonnance même de Charles VII & Charles IX, en 1560, qui sont contre les officiers qui ont révélé les secrets du parlement, & qui vont même jusqu'à des peines corporelles: on ne peut former d'autre raisonnement sur ces exemples, si ce n'est qu'il y a des tems où la chaleur engage insensiblement à révéler des choses qui ne sont pas essentielles, & à soutenir l'autorité par l'établissement des peines qui n'ont plus aucune proportion avec le sujet où elles sont appliquées.

Qu'aussi ces ordonnances n'ont jamais été observées dans ces points-là; ce qui fait voir qu'en France plus les loix sont séveres, & moins elles durent: sur-tout quand le sujet de leur sévérité ne mérite pas les peines qu'elles contiennent.

Qu'enfin on pouvoit dire la même chose de l'art. 140 de Blois, pour remettre au greffe par les conseillers des enquêtes, les procès criminels, après leur service de la tournelle; & du 28 de l'ordonnance de Louis XII, pour remettre au greffe les arrêts écrits de leur main, six jours après qu'ils ont été rendus.

Pour ce qui regarde les dommages & intérêts contre les officiers des compagnies souveraines, dont on a recueilli les exemples séparément, il suffisoit de répondre les mêmes choses qu'il venoit de remarquer sur ceux qui touchent les juges en général, où ils se trouvent compris & bien souvent nommés expressément; puisque ces exemples n'étoient que les répétitions des autres, qu'on avoit déjà rapportés contre les juges en général.

Mais qu'il falloit considérer plus particuliérement le dernier chef qui regarde les condamnations des dommages & intérêts, & les autres peines portées contre les parlemens en corps, & contre les autres compagnies souveraines: & partant qu'il étoit nécessaire d'examiner soigneusement chacun de ces articles recueillis des anciennes ordonnances, pour voir s'ils détruisent la proposition qui a été avancée.

Qu'aucun des articles des anciennes ordonnances qui ont été observées, n'avoit établi les prises à partie, & les condamnations de dommages & intérêts contre les compagnies souveraines en corps; & que s'il y en avoit quelqu'un que la condition du tems & la chaleur de quelque contestation eût porté jusqu'à ce point, il avoit été changé par les ordonnances suivantes, & entiérement aboli par l'usage.

L'ordonnance de Rouffillon, que l'on dit être appellée la fage, fait défenfes aux cours fouveraines & autres juges de modérer les amendes, à peine de les répéter fur eux. On pourroit fort bien répondre que ces mots, *à peine de les répéter fur eux*, fe rapportent aux autres juges, du moins la conftruction de notre langue le veut ainfi; & même en prenant bien le fens de l'article, on trouvera que cette réponfe n'y répugne pas.

Mais de quelque façon qu'il foit pris, il ne détruit point la propofition avancée; car l'hiftoire apprend qu'il y eut de grandes difficultés & de longues conteftations pendant plufieurs années, pour cette modération des amendes: que Louis XII alla exprès au parlement, & qu'il y donna beaucoup de marques de fon indignation. Auffi l'ordonnance de 1539 en plufieurs autres articles, fait défenfes aux juges, même aux juges fouverains, de modérer les amendes; mais cette défenfe ne va pas plus loin que d'en charger l'honneur & la confcience des juges, & elle demeure dans les termes honnêtes fi fréquens dans nos loix, & fi efficaces fur l'efprit de bons magiftrats. Il y a trois articles de cette ordonnance qui en parlent de la forte.

Il eft vrai que l'ordonnance de Rouffillon, art. 23, prononce la répétition contre les compagnies fouveraines qui auront modéré les amendes. On n'ignore pas auffi que cette ordonnance, fi fage à la vérité en plufieurs de fes difpofitions, n'a rien eu de fi oppofé à fon entiere exécution, que fa propre févérité. Que cette raifon fut caufe qu'on y changea beaucoup de chofes, prefqu'auffi-tôt qu'elle fut faite; & que la claufe de répétition contre les juges des compagnies fouveraines, fut ôtée par l'ordonnance de Moulins, faite feize mois après; qui fe contenta de dire, à l'égard des amendes, *que nous ne voulons être modérées, & déclarons nulles toutes les procédures & jugemens qui fe feront au contraire.* Et bien que cette claufe de nullité foit ordinaire & de ftyle, même dans les lettres d'évocation, & dans toutes les autres expéditions de chancellerie, l'ordonnance de Blois l'a encore tempérée, en difant feulement: *les cours fouveraines ne pourront point modérer les amendes pour quelque occafion que ce foit, ce que nous leur défendons très-expreffément.* On ne peut donc tirer aucune conféquence de l'ordonnance de Rouffillon contre la propofition avancée, puifque cette claufe extraordinaire qu'elle contenoit, non-feulement n'a pas eu d'effet, mais encore qu'elle a été changée par les ordonnances fuivantes, prefqu'auffi-tôt qu'elle a paru.

La même chofe fe doit dire de l'art. 30 de cette ordonnance de Rouffillon, & du 68 art. de l'ordonnance de Moulins, qui défendent de juger des procès par commiffaires; puifque la déclaration fur l'ordonnance de Moulins, qui fut faite après les remontrances du parlement, contient une difpofition nouvelle qui révoque tacitement celle de ces articles; & que l'ordonnance de Blois, art. 133, qui pouvoit n'être pas omife en cet endroit, confirme cette nouvelle difpofition de Moulins, tant pour la qualité des procès, que pour le nombre des commiffaires; & qu'enfin elle conclut par ces termes: *dont nous chargeons la confcience de nos préfidens & confeillers.* Ce qui fait voir par expérience, que plus on examine de nouvelles loix, & plus on en ôte ce qui peut blesser les juges; & que le tems qui les éprouve, les adoucit: parce que l'autorité se rend à la raison & à l'usage, & que la modération & l'équité, qui font les sages législateurs & les bonnes loix, temperent la premiere chaleur de l'esprit, & corrigent les moyens extraordinaires que l'on prend d'abord pour les faire exécuter: ce qui cause toujours leur inexécution.

Quant aux articles de l'ordonnance de 1629, qui ont été rapportés, le parlement ne croyoit pas y devoir répondre, parce qu'encore qu'elle ait été composée par un grand personnage, & qu'elle contienne plusieurs excellentes dispositions; on sait qu'ayant été publiée, le roi séant dans son lit de justice, reconnut qu'il étoit nécessaire qu'elle fût examinée par son parlement: & cette compagnie commença d'y travailler par ordre de sa majesté: mais le changement des tems, & la disgrace de l'auteur de cette ordonnance, furent cause que son ouvrage demeura imparfait & sans exécution.

Pour l'ordonnance de 1597, le parlement n'en a pas eu connoissance: elle n'a été vérifiée qu'au parlement de Rennes, où elle étoit seulement adressée, comme n'ayant été faite que pour cette compagnie, & par des raisons toutes particulieres.

Qu'à l'égard de l'art. de Blois, qui défend aux juges de solliciter des procès, il croyoit qu'on ne l'avoit mis en ce lieu que pour faire nombre avec les autres. Outre qu'on y avoit déjà répondu, il étoit aisé de montrer qu'il ne pouvoit être appliqué contre les corps des compagnies; mais seulement contre les particuliers qui les composent, n'étant pas concevable comment un parlement en corps pourroit aller solliciter le procès d'une partie.

Que l'art. 179 de la même ordonnance semble ne regarder que les juges présidiaux & les juges d'appel, sous les termes: *à peine de tous dépens, dommages & intérêts;* puisque cette ordonnance en fait la distinction sur le même sujet dans les articles 148 & 149 qui ne s'adressent qu'aux juges souverains, & qu'elle n'y parle point de dommages & intérêts.

Pour ce qui est de l'édit des présidiaux, de l'année 1551, on savoit que leur établissement avoit été si fort traversé par les parlemens, qu'il avoit fallu attribuer la conservation de leur jurisdiction au grand-conseil; de sorte qu'il ne faut pas s'étonner, si dans toutes ces contestations il y avoit eu quelque clause comminatoire insérée dans un édit; mais qu'on ne pouvoit montrer, par exemple, que cela eût été exécuté.

Qu'il restoit à examiner l'édit de François II de 1560, lequel étant bien considéré, au lieu d'abaisser l'autorité des parlemens, on trouveroit qu'il alloit plutôt à la relever. Qu'il avoit été fait pour réprimer un grand abus, duquel on s'étoit plaint fort souvent dans le royaume; & qui nonobstant toutes les précautions de cet édit, n'avoit pas laissé de faire beaucoup de mal aux sujets du roi.

Que cet abus étoit que les parlemens empêchoient l'exécution des arrêts rendus en d'autres parlemens, sous prétexte du défaut de *pareatis*, comme si la justice royale, qui réside en chaque parlement en ce qui regarde sa fonction, ne devoit pas être également reconnue par toute la France. Que l'empêchement qu'ils apportoient, blessoit l'autorité du roi, & rendoit les arrêts des parlemens illusoires quand il les falloit exécuter hors de leur ressort, ce qui causoit des frais immenses à ses sujets.

Mais de quelle sorte cet édit réprime-t-il un si grand abus? En donnant pouvoir au parlement même qui avoit prononcé l'arrêt duquel on empêche l'exécution, de condamner ceux qui s'opposent aux dommages & intérêts des parties. Qu'ainsi cet édit ne fait autre chose que de maintenir l'ordre des jurisdictions & des ressorts, pour ôter une confusion si contraire à l'autorité que chaque parlement doit avoir en exerçant la justice souveraine du roi.

Si l'on avoit recours aux loix romaines, bien loin d'y rencontrer des textes pour appuyer l'établissement de ces sortes d'ordonnances de condamnation contre les compagnies souveraines, on n'y trouveroit que des temes pleins d'estime pour les juges en général; & qu'il seroit facile d'ajouter plusieurs exemples aux rescrits de Théodose & de Justinien, qu'on avoit déjà rapportés pour confirmer cette vérité.

Pour la note de M. Cujas sur les loix 15 & 16 au digeste *de judiciis*, qu'il ne pouvoit souffrir la conclusion qu'on en vouloit tirer; n'y ayant rien de plus clair que le texte de ces deux loix, qui disent: *Judex tunc litem suam facere intelligitur, cùm dolo, in fraudem legis, sententiam dixerit. Dolo malo autem videtur hoc facere, si evidens arguatur ejus vel gratia, vel inimicitia, vel etiam sordes, ut veram æstimationem litis præstare cogatur.*

Que ce sont les trois cas connus de tout le monde, & qu'on avoit parlé de tous trois, en répondant au détail des articles des anciennes ordonnances.

Il est vrai que M. Cujas ajoute au dol personnel le cas d'imprudence, mais qu'il le fait avec la même distinction qui avoit été déjà rapportée: *ut scilicet, non veram litis æstimationm præstet, sed tantùm quod religionis judicantis æquum videtur.* Mais jamais ces loix ne se pouvoient appliquer aux parlemens ni aux compagnies souveraines, de la maniere qu'elles sont établies en France; puisqu'elles ne parlent que d'un juge en particulier. D'autant plus que les crimes *gratia, inimicitia, sordes*, ne peuvent être commis par des compagnies entieres.

Ce qu'il y a de plus essentiel, c'est qu'on n'a pas pris garde que tous ces textes ne sont que pour les jugemens qui étoient donnés par les magistrats même, entre lesquels, dans la police de Rome, il y avoit autant de différence, qu'il y en a d'un maître à un commis: car ordinairement les magistrats, *judices dabant, non ipsi judicabant.*

Qu'il ne faut donc point s'étonner si ces loix ne traitent pas les juges avec le même honneur. *Magistratus ipsi hâc actione tenentur: igitur si adsessoris imprudentiâ jus aliter dictum sit, quam oportuit, non debet hoc magistratui officere, sed ipsi adsessori.* L. 2, ff. *Quod quisque juris.*

Mais à l'égard des grands magistrats, comme le préfet du prétoire, il n'y avoit point d'appel de ses jugemens. On se pourvoyoit seulement par supplication, & c'est l'origine de nos requêtes-civiles.

Qu'en France nous ne connoissons point la qualité de ces demi-juges qui n'étoient que les commis & les assesseurs des autres; parce que l'établissement d'un juge ne se fait ni par le choix des parties, ni par le sort ni par l'autorité des magistrats supérieurs : c'est le choix du prince : c'est le sceau royal qui leur donne le caractere, & c'est enfin la religion de leur serment qui leur donne l'entrée à cette fonction.

Comment se peut-il donc faire qu'on croie avoir raison de se servir de ces loix contre les parlemens, vu même qu'il n'est pas possible de les appliquer aux moindres de tous les juges royaux?

Cependant, quelle comparaison y a-t-il entre de simples officiers ou des prévôts & des châtelains, & le parlement, que le roi a fait le dispensateur de sa souveraine justice, & le gardien de ses loix : *Qui vice sacrâ judicat, qui delicta provinciarum & judicum punit, cujus reverentia potest negotia sine appellatione finire.* C'étoient les attributs que la formule donnoit au préfet du prétoire, qui conviennent à l'autorité du parlement. Mais voici comme elle finit : *Tribunal tuum ideò tam excelsum factum esse noveris, ut locatus ibi, nihil humile abjectumque cogitares.*

Certainement l'élévation où tant de prérogatives mettent le parlement, & l'honneur qu'il a d'être la premiere compagnie du royaume, ne permettent point qu'il présume rien de soi qui paroisse bas ou messéant à sa dignité, ni qu'on le confonde ainsi parmi les officiers ordinaires, dans l'application de toutes les peines dont la nouvelle ordonnance est remplie.

Qu'enfin il falloit qu'un ouvrage qui portoit le nom d'un si grand roi, répondît en toutes choses à la grandeur de son nom; qu'il fût autant admiré par les siecles suivans que le reste de ses actions héroïques, & qu'il demeurât à la postérité comme un monument éternel de la gloire de son regne.

Mais pour en venir-là, on ne pouvoit trop garder les proportions, on n'en pouvoit trop mesurer tous les termes, & peser toutes les conséquences, afin d'accommoder par-tout le commandement avec la raison, & la douceur avec l'autorité, pour réformer les abus sans renverser l'usage; relever la justice sans abaisser les juges; & bien loin de les intimider par la menace des peines, de les engager à la maintenir par leur honneur & leur conscience, qui sont les seuls moyens capables de retenir les bons magistrats dans leur devoir, & de faire observer la nouvelle ordonnance.

M. Pussort a dit, que rien n'étoit plus convenable à la gloire & à la prospérité du regne, que de faire observer exactement les loix; & qu'en ce point consiste la plus juste de toutes les proportions, pour concilier le commandement avec la raison, & la douceur avec l'autorité : puisque le propre de la justice est de tempérer toutes choses & de les tenir dans cet heureux équilibre, qui empêche qu'elles ne s'élevent ou ne s'abaissent plus qu'elles ne doivent.

Que si le roi, persuadé de cette vérité, a établi dans sa nouvelle ordonnance des peines contre les juges qui y contreviendront, sa conduite fait assez connoître que ce n'a été, ni pour diminuer la dignité de leur caractere, fere, ni pour les exposer aux frivoles & téméraires prises à partie; & l'on ne présumera pas qu'un prince qui ne s'applique qu'à faire observer les loix, & qui a bien voulu réserver à sa personne la connoissance & la censure des contraventions, ne travaille en effet pour l'honneur de la magistrature, dont tout le relief consiste dans la puissance de la loi, & ne laisse rien à la licence des chicaneurs; puisque, selon la pensée des canons, le juge ne doit rien craindre de la justice du roi, que sa propre conscience: *Inter tam justum judicem & causam tuam, noli timere nisi conscientiam tuam.*

Mais ayant considéré que le meilleur avis ne prévaut pas toujours dans les compagnies, parce qu'on y compte les suffrages au lieu de les peser; & que par une égalité très-inégale, la voix du plus foible y vaut autant que celle du plus fort: il a cru que pour garantir la religion des uns de la pluralité, & retenir la conscience des autres contre le déréglement de la faveur ou de l'ignorance, il devoit établir des peines qui fissent régner la justice par la crainte & par la pudeur, où elle ne le pourroit par l'honneur & par la vertu.

Qu'au reste le parlement de Paris s'y devoit d'autant moins intéresser, que tout le monde est persuadé que les officiers qui le composent, font par un pur zele de la vertu, ce que plusieurs autres ne font que par la crainte des loix: *plus ibi boni mores, quàm alibi bonæ leges.*

Mais que ni les juges en particulier, ni les compagnies en corps, ni l'ordre de la magistrature en général, ne pouvoient s'en plaindre; puisque les anciennes ordonnances étoient remplies de pareilles dispositions, ainsi qu'il l'avoit établi en la derniere séance, par la lecture de plus de trente articles qui y sont très-formels.

Qu'aussi la compagnie avoit pu recueillir du discours qui venoit d'être fait, que le point de la difficulté n'est plus comme il étoit au commencement, de savoir si les anciennes ordonnances avoient établi des peines contre les juges; mais on soutient aujourd'hui que les articles qui en contiennent, n'ont point été exécutés à cause de leur sévérité, la plupart n'ayant été que les traits d'une colere qui n'a point eu de suite. De sorte que le véritable état de la question est de savoir s'il est plus expédient de prononcer des peines contre les juges qui contreviendront aux ordonnances, que d'en laisser l'observation à leur honneur & à leur conscience.

Pour résoudre ce problême, il n'y a personne qui ne sache que le juge ne fait pas le droit, mais seulement qu'il le déclare. Il en est le dispensateur & non le maître: la puissance & la souveraineté sont en la loi, & non pas en lui.

Et si le juge pouvoit impunément contrevenir à la loi, il seroit, par une conséquence infaillible, maître des biens, de l'honneur & de la vie des sujets du roi; puisque sans crainte d'aucune peine il pourroit les donner à qui bon lui sembleroit, malgré la disposition de la loi.

Qu'au contraire on ne pouvoit douter qu'il ne fût plus sûr, plus honnête & plus utile d'astreindre les juges par l'appréhension des peines à l'observation de la loi, que de souffrir qu'ils la pussent impunément violer; parce que comme les loix sont des esprits séparés de toute matiere, elles sont dans l'impuissance de pouvoir être prévenues : au lieu que la condition des personnes & l'état des affaires peuvent entraîner l'esprit des juges, & suborner leur jugement.

Que le juge étant fait pour la loi, & non pas la loi pour le juge, il étoit bien plus honnête que le magistrat obéît à la loi dont il étoit ministre, que la loi au magistrat dont elle est la supérieure.

Qu'enfin le public ne pouvoit recevoir de préjudice par la condamnation d'un juge qui contreviendroit à la loi ; mais qu'au contraire il courroit un péril extrême, si le juge étoit maître de la loi, ensorte que sans crainte d'aucune peine, il la pût violer : parce que, quelque conscience & quelque honneur qu'il eût, il lui seroit difficile de tenir la balance si ferme & si droite, au milieu de la faveur ou de l'intérêt de ses proches & de ses amis, qu'il ne la laissât imperceptiblement pencher du côté où le cœur incline, si par la crainte de quelque peine on ne soutenoit les sentimens d'honneur & de justice contre les atteintes de la brigue ou des passions.

Qu'il avouoit néanmoins qu'on pouvoit se représenter un juge si vertueux & si parfait, qu'il suffiroit, pour toute précaution, de charger son honneur & sa conscience de l'exécution de la loi, sans ajouter d'autres peines : qu'il en connoissoit même quelques-uns, qu'il croyoit être parvenus à ce haut degré de perfection ; mais que ce seroit la plus étrange & la plus dangereuse de toutes les erreurs de croire qu'ils fussent tous également parfaits, puisque nous voyons tous les jours le contraire. C'est pourquoi encore que l'établissement des peines ne fût point nécessaire pour ceux qui ne considerent les exercices & les fonctions de leurs charges, que comme des actes divins qui ne laissent en leur liberté ni haine, ni amour, ni vengeance, ni gratitude ; mais qui font en eux une suspension générale de toutes sortes d'affections : toujours seroit-elle nécessaire pour les autres, qui ne se donnant point de frein à eux-mêmes, ont besoin que la loi leur en donne.

Mais après tout, les maximes de l'honneur & de la conscience sont si peu fixes & si peu certaines en plusieurs occasions, que tel se fait un point d'honneur & de conscience de ce qui dans l'esprit d'un autre, ne passera que pour une foiblesse & pour un vain scrupule ; de sorte que n'y ayant rien de si pernicieux dans l'ordre de la justice, que l'incertitude des maximes & la diversité des jugemens, ce seroit la plus périlleuse, pour ne pas dire la plus funeste de toutes les jurisprudences, que de permettre aux juges de se dispenser de la loi, sous prétexte des fausses maximes d'honneur & de conscience, qu'il pourroit accommoder à sa foiblesse, à son intérêt, ou sa passion.

Il y a plus : les causes & les procès d'un parent & d'un ami ont toute une autre face, & se voient tout différemment de ceux d'un inconnu, ou d'un ennemi ; parce que l'amour ou la haine grossissent ou diminuent les especes : & comme la lumiere porte toujours dans l'œil la teinture de l'objet qu'elle lui fait voir, aussi les raisons de nos amis coulent dans nos esprits avec la teinture de nos affections ; ce qui fait que les meilleurs juges, trompés par les charmes secrets & imperceptibles du sang & de l'amitié, estimeroient ſouvent que la plus mauvaiſe cauſe ſeroit la plus juſte, s'ils n'étoient arrêtés par l'autorité de la loi, qui n'ayant ni les foibleſſes de la chair & du ſang, ni les préventions & les autres défauts d'eſprit, leur montre toujours un point plus fixe, & une baſe plus ſolide pour diriger & pour aſſeoir leurs jugemens.

Qu'il ne lui ſeroit pas difficile de confirmer cette propoſition par une infinité d'exemples des loix anciennes, qui ont établi des peines contre les juges: mais qu'il auroit appréhendé de fatiguer la compagnie par la preuve d'un fait qui eſt ſi univerſellement connu, & qu'il ne croyoit pas devoir être conteſté; parce que l'on peut dire, que ç'a été l'eſprit & le ſentiment commun de tous les légiſlateurs.

On lit dans l'exode, que la verge, qui eſt le ſymbole de la peine & de la correction, fut dépoſée dans l'arche avec la loi, pour faire connoître aux ſacrificateurs qui étoient les juges, & au peuple, qu'on ne pouvoit contrevenir aux préceptes de l'une, ou la mépriſer ſans s'expoſer au châtiment & aux rigueurs de l'autre.

Les canons, les décrétales, & tous les autres décrets de l'égliſe, ſont pleins d'anathêmes & de menaces de deſtitution contre les évêques qui y contreviendront.

Solon, dont on a relevé la douceur, en commettant la garde & le dépôt de ſes loix aux Aréopagites, ne laiſſa pas d'ordonner que celui d'entre eux qui y contreviendroit, paieroit une ſtatue d'or de ſa peſanteur.

Mais quand toutes les loix anciennes ſeroient contraires à la nouvelle ordonnance que le roi propoſe, ce ne ſeroit pas une raiſon pour en empêcher l'execution, ſi d'ailleurs elle eſt juſte: parce qu'un prince n'a pas beſoin de l'antiquité pour compoſer des loix dans ſon état; il ſuffiroit de dire avec l'apôtre: *ſerviamus in novitate ſpiritûs, & non in vetuſtate litteræ.*

Et néanmoins pour ne laiſſer aucun ſcrupule dans une matiere ſi importante, qu'il ſe propoſoit de ſatisfaire ſommairement à tout ce qui a été allégué pour combattre les articles de la nouvelle ordonnance, qui établiſſent des peines contre les juges.

La premiere raiſon dont on s'eſt ſervi, a été qu'il n'y a point d'exemple d'une pareille ſévérité contre les juges, dans aucune des anciennes ordonnances; mais la conférence qui peut en être faite avec la nouvelle ordonnance, fera facilement connoître que celle-ci a moins de ſévérité que les autres.

En effet, des 501 articles qui la compoſent, il n'y en a que 23 qui la contiennent, quoiqu'à proportion les autres en aient beaucoup davantage.

Qui ne ſait que celle de 1539, qui n'eſt compoſée que de 192 articles, deſquels il y en a un très-petit nombre pour régler la fonction des juges, en a huit qui prononcent des peines contre les juges?

Celle d'Orléans en contient 9 de 74 qu'elle a donnés concernant la juſtice.

Celle de Rouſſillon, de 39 articles, en a 6.

Celle de Moulins, qui a été dreſſée ſur les mémoires des principaux officiers des parlemens & du grand-conseil, entre 86 dont elle est composée, en contient 11.

Et celle de Blois, qu'on dit avoir adouci toute la dureté qui s'étoit rencontrée dans les précédentes, de 121 articles qui la composent, en a 28 qui contiennent de semblables dispositions.

Tellement que par la comparaison de toutes les anciennes, il est évident que la nouvelle est plus douce, & a moins d'articles qui contiennent des peines contre les juges, qu'aucune des autres; & par conséquent, le reproche qu'on lui fait d'une sévérité excessive & toute extraordinaire, n'a point de fondement : d'autant moins que la plupart de ses ordonnances ont été faites à l'instante supplication des parlemens qui les ont toutes enregistrées, sans aucune modification, en ce qui regarde les articles où il est fait mention des peines contre les juges. Tant il est véritable qu'ils les ont estimées justes & nécessaires; bien loin qu'on ait prétendu, comme on le soutient aujourd'hui, qu'elles blessassent l'honneur & la dignité de la magistrature.

Cette premiere couleur étant ainsi effacée, M. Pussort a dit, qu'il passeroit aux autres difficultés qui ont été faites, lesquelles, autant qu'il avoit pu recueillir, se peuvent réduire à trois chefs.

Le premier, qu'encore que les anciennes ordonnances contiennent des peines contre les juges, on ne trouvera pas néanmoins qu'elles en aient jamais introduit pour les contraventions qui ne concernent que de simples procédures.

Le second, que les officiers des compagnies supérieures ont toujours été distingués des autres à cet égard : les rois ayant considéré que les sentimens d'honneur & de conscience seroient des motifs plus puissans pour les retenir dans leur devoir, que l'appréhension des peines.

Et le troisieme, que s'il y a eu quelque peine par l'ordonnance de Roussillon contre les parlemens en corps, il est aisé de juger qu'elles ne peuvent être appliquées aux corps ; & que la sévérité de cette ordonnance a été adoucie par celles qui l'ont suivie.

Les mêmes difficultés ayant été formées en la pénultieme séance, il croyoit y avoir satisfait si ponctuellement dans la derniere par le récit de plus de soixante articles des ordonnances, qu'il appliqua & distribua sur les mêmes chefs qui se présentent encore aujourd'hui, qu'il pensoit qu'on en seroit demeuré persuadé. Néanmoins, puisqu'on renouvelloit la question, il croyoit être obligé de retoucher sommairement, & autant qu'il est nécessaire pour rafraîchir la mémoire, les principaux articles des ordonnances qu'il cita, & dont même il fit lecture le dernier jour.

Il remarque à l'égard de la premiere, qu'il n'y a pas un des articles proposés qui contiennent des peines contre les juges, qui soit pour de simples procédures : si ce n'est que ces procédures soient ordonnées pour remédier à des abus très-importans qui s'étoient introduits dans l'administration de la justice, qui faisoient des conflits entre les juges, retardoient l'expédition des affaires, & causoient la ruine des sujets du roi.

Que ces désordres ayant été continués par les juges qui en tiroient quelques avantages, soit de profit, pour augmenter leur jurisdiction, sans avoir été retenus par les considérations de leur honneur; le roi avoit cru qu'ils pourroient être portés à leur devoir par la considération des peines; & qu'avec toutes ces observations, il n'y avoit pas un article qui ne trouvât son exemple dans les anciennes ordonnances. Ce qu'il lui seroit aisé de faire voir, par une conférence particuliere des articles proposés, qui contiennent des peines contre les juges, avec ceux des anciennes ordonnances qui ont de pareilles dispositions, si ce n'étoit qu'une discussion si exacte pourroit être ennuyeuse. C'est pourquoi il se contenteroit de deux ou trois qui se présentent les premiers, concernant les procédures, qui sont les articles qu'on attaque le plus fortement.

Le premier des articles dont on se plaint, fait *défenses* aux juges *de retenir les causes, dont la connoissance ne leur appartient pas.*

Qu'il ne pouvoit y avoir un article plus juste dans le fond; & qu'on savoit assez que les entreprises de jurisdiction, que font les juges, causent le plus grand désordre dans la justice, & la plus grande vexation aux sujets du roi. Que c'étoit l'origine de tous les réglemens de juges, qu'on peut dire, sans exagérer, être le plus grand mal de la justice. Cependant on ne pouvoit pas disconvenir que ce ne soit pas le fait des juges, qu'on sait avoir pour maxime de ne douter jamais de leur pouvoir. Que cet article ne pourvoit donc pas à une simple procédure, & qu'il falloit demeurer d'accord que sa prévoyance étoit très-importante; & qu'encore qu'il n'y eût point eu d'exemple d'une semblable peine qui eût été établie en pareil cas contre les juges par les anciennes ordonnances, il y auroit eu néanmoins nécessité de commencer en celle-ci.

Mais ce n'est pas une disposition nouvelle: elle est fondée sur l'exemple de l'article 2 de l'ordonnance de 1539, qui défend aux juges ecclésiastiques de faire convenir les laïques, *sur peine d'amende arbitraire*, qui est une bien plus grande peine que celle de prise à partie; & il ne croit pas qu'on voulût prétendre que les juges séculiers dussent être traités avec plus de respect que les juges ecclésiastiques.

Que l'art. 147 de l'ordonnance de Blois contenoit de pareilles dispositions, ainsi qu'il avoit remarqué dans l'énuméraion qu'il avoit faite ci-devant des articles des anciennes ordonnances, qui contiennent des peines contre les juges.

Par un autre article de la nouvelle ordonnance, le roi défend, *sous les mêmes penes*, à tous juges d'évoquer des juges inférieurs, sous prétexte d'appel ou connexité, si ce n'est pour juger sur le champ à l'audience.

Qu'il pouvoit ajouter à toutes les raisons du premier article, qui conviennent parfaitement à celui-ci, qu'il y avoit nécessité que le roi réprimât l'inclination qui est assez naturelle aux juges d'évoquer, à cause des grands avantages qu'ils y rencontrent; & qu'on avoit suivi dans la composition de cet article, la disposition du 179 art. de l'ordonnance de Blois, qui y est entiérement conforme.

Par le III article, le roi ordonne de juger sommairement à l'audience les renvois, incompétences & déclinatoires, sous les mêmes peines; ce n'est qu'un transcrit du 154 article de l'ordonnance de Blois.

Que la discussion exacte qui a été faite en la séance précédente, de tous les articles des anciennes ordonnances, assure puissamment la vérité des trois propositions qui ont donné une si grande étendue à cette conférence, dans laquelle il ne répétera pas qu'on avoit soutenu d'abord, que *les anciennes ordonnances n'avoient jamais statué de peines contre les juges;* ce qui l'auroit obligé d'en rapporter plus de trente articles qui avoient donné lieu à changer la proposition, & soutenir qu'il n'y avoit aucunes de ces peines qui eussent jamais été ordonnées contre les officiers des cours souveraines. A quoi l'on avoit ajouté que la peine du quadruple, qui se trouve dans quelques-uns des articles proposés, n'étoit pas une peine d'ordonnance, mais une *peine financiere,* qui est le terme dont on s'est servi.

Mais quand on a vu le grand nombre d'articles des anciennes ordonnances, par lesquels il croit avoir justifié qu'il a toujours été de l'usage & de la prévoyance des rois de prononcer des peines contre les officiers des compagnies supérieures, de même que contre les autres juges; & que souvent ces peines avoient été du quadruple, suivant la disposition de la matiere, on s'est retranché à dire *que ces peines n'avoient jamais été contre les compagnies supérieures en corps.* Et enfin l'affirmative ayant été établie par un nombre d'articles très-formels, on a soutenu par des réponses particulieres à tous les articles qui ont été cotés, qu'*il n'y avoit aucun rapport des peines dont les anciennes ordonnances ont menacé les juges, dans les rencontres de quelques grandes contestations, ou par des coups de colere qui avoient été incontinent amortis, avec ces nouvelles dispositions, qui n'ont rien retenu des anciennes que les peines.*

C'est ce qu'il faut examiner en détail: car, en quelque état que soient réduites les propositions, la preuve en sera également facile.

On a dit, pour répondre à la premiere déclaration sur l'ordonnance de Moulins, art. 3, qu'il y avoit en ce tems-là beaucoup d'abus dans la confection des procès criminels, dont la conséquence étoit très-grande: c'est pourquoi l'article portoit suspension contre les officiers qui y commettroient des fautes notables; parce que ces fautes se peuvent faire à dessein pour procurer l'impunité aux accusés. Mais que cela regardoit principalement les premiers juges, que le parlement punit très-souvent par des peines encore plus séveres, pour des fautes qu'ils commettent dans l'instruction.

Avant que de satisfaire à cette réponse, qui lui paroît plus curieusement recherchée qu'elle n'est naturelle & solide, il étoit bon d'observer qu'on reconnoissoit, par l'éclaircissement qu'on avoit voulu donner à la difficulté qui naissoit sur cet article 36 de la premiere déclaration sur l'ordonnance de Moulins, qu'il y avoit beaucoup d'abus en la confection des procès criminels; c'est pourquoi l'article portoit suspension contre les officiers qui y feroient des fautes notables, parce que ces fautes se peuvent faire à dessein pour procurer l'impunité aux accusés,

Desquelles connoissances on peut induire, sans forcer le raisonnement, que l'ordonnance de Moulins, composée (ainsi qu'il a été observé) sur les mémoires des principaux officiers du parlement, avoit eu assez mauvaise opinion des juges, pour les croire capables de commettre des abus en la confection des procès criminels; & d'avoir eu assez de bassesse pour avoir pu prendre le dessein, en faisant des fautes, de procurer l'impunité aux accusés. Que la même ordonnance a été persuadée que les motifs d'honneur & de conscience n'étoient pas des barrieres assez fortes pour les retenir, sans le secours des peines; & que la terreur que les gens de bien en concevroient, n'auroit rien qui fût capable de diminuer leur zele pour le bien de la justice, ni leur réputation, que le roi étoit intéressé de leur conserver dans l'esprit de ses peuples, pour y faire régner ses volontés. Après quoi, sans vouloir faire d'autre application de ces inductions, il ne restoit plus qu'à satisfaire à ce qu'on dit, que *la disposition de ces peines regardoit principalement les premiers juges*, que le parlement punit très-sévérement pour les fautes commises dans l'instruction.

Pour éclaircir ce doute, la lecture seule de l'article suffit. Il porte en termes formels: *enjoignons à tous juges*, *&c.*

Or on ne peut douter que les officiers des parlemens étant juges, ne soient compris dans cette généralité.

On a dit que le parlement punit les juges: il faut donc qu'il y ait des peines établies contre les juges, par une loi ou par une ordonnance. Car s'il n'y avoit point de loi qui prescrivît les punitions, le parlement ne les pourroit pas ordonner: son autorité ne va pas jusqu'à faire des loix, & le roi est le seul législateur de son royaume. Il faut qu'il y ait des ordonnances qui statuent des peines contre les juges; & on peut remarquer que cet article porte injonction à tous juges de vaquer diligemment à l'instruction des procès criminels, & d'interroger incontinent les prisonniers: *à peine* non-seulement *de suspension*, ainsi qu'il a été dit; mais aussi *de privation, en cas de négligence.* De sorte que pour une simple négligence un juge devoit être non-seulement suspendu, mais privé de sa charge; & sans aucune proportion de la faute avec la peine, traité plus sévérement qu'un concussionnaire.

Le même article prononce encore la peine de *répétition du quadruple* contre les juges, en cas qu'ils ne se taxent pas modérément. Ainsi toutes les peines des anciennes ordonnances sont ramassées, non pas dans cette seule ordonnance, mais dans ce seul article.

Et ce qu'on ne peut pas omettre, c'est que le parlement de Paris seul a demandé cette déclaration; & ne crut pas alors que l'art. 36 de l'ordonnance de Moulins, qui faisoit défenses aux juges de rien recevoir des prisonniers pour leurs salaires, *à peine de répétition du quadruple*, fût assez sévere, si on n'y ajoutoit les peines *de suspension* & *de privation de charges*, pour les simples négligences dans l'instruction des procès criminels. De sorte que ce qui se fit en ce tems-là, ne convient pas avec ce qui se dit aujourd'hui sur les art. 109 & 118 de l'ordonnance de Blois, & le 124 de l'ordonnance de 1539, qui se trouve par erreur coté le 24.

Le premier desquels fait défenses aux procureurs généraux de recevoir de la part des récipiendaires, les noms des témoins qui devront être ouïs dans les informations de vie & mœurs, sur peine *de privation de leur état.*

Par le second, l'ordonnance veut que ceux des juges, tant des cours souveraines qu'inférieures, qui sauront causes de récusation, aient à les déclarer, *sur peine de privation de leurs charges, & d'être incapables de tenir à jamais office de judicature.*

Et par le troisieme, on défend à tous présidens & conseillers des cours, de solliciter pour autrui *sur peine de privation de l'entrée de la cour, & de leurs gages pour un an, & d'autre plus grande peine, s'ils y retournent.*

M. Pussort a poussé fort loin ce discours, dans lequel il s'est attaché non-seulement à répondre aux raisons & aux autorités rapportées par M. le premier président, mais encore à prouver que les peines insérées dans ce projet, ont leur fondement dans les anciennes ordonnances, & dans le droit romain même. Il a cité quantité d'exemples pour établir ce raisonnement, & pour faire voir que ces peines étoient ordonnées, tant contre les juges des cours souveraines, que contre les premiers juges.

Et après avoir dit que les juges ne doivent pas craindre que ces sortes de peines puissent diminuer en aucune maniere l'autorité qu'ils ont sur les peuples, & le respect que ceux-ci doivent conserver pour leur dignité, il a fini, en disant :

Qu'il étoit fortement persuadé, que l'intention du roi étoit de conserver à tous les juges l'autorité qui leur étoit nécessaire pour la conduite de ses peuples; & que comme l'autorité est au corps politique ce que la chaleur est au corps naturel, dans les extrêmités duquel elle ne peut avoir le même mouvement ni la même vigueur qu'elle montre dans les parties qui sont près du cœur : aussi sa majesté fera toujours une grande distinction, par les marques de son estime, entre les juges inférieurs & ses parlemens, avec lesquels il communique de plus près. Et comme c'est par eux qu'il s'explique à ses sujets; qu'ils sont les dépositaires de ses ordonnances & les dispensateurs immédiats de sa justice souveraine, aussi vouloit-il leur donner plus de marques de sa confiance, & leur concilier singuliérement la créance de ses sujets. Que c'étoit pour cela qu'il avoit ordonné cette conférence, & qu'il avoit voulu leur communiquer ses desseins pour avoir leurs avis, qui lui avoient toujours été en singuliere considération. Mais néanmoins qu'il y avoit peu d'apparence qu'il voulût se priver de ce qui avoit été pratiqué par tous ses prédécesseurs, reçu & même demandé en tous les tems, par tous les parlemens de son royaume : qu'il voulût enfin retrancher les moyens, sinon de redresser ceux des juges qui pourroient manquer, au moins de les obliger par l'appréhension des peines, à une observation plus exacte de leur conduite & de leur devoir.

Mais que comme il voyoit qu'on insistoit sur ces difficultés, il ne croyoit pas qu'il y eût d'autre parti à prendre que d'en remettre la décision au roi, auquel il auroit l'honneur d'en faire le rapport.

FIN.

PROCÈS-VERBAL

DES

CONFÉRENCES

TENUES PAR ORDRE DU ROI,

ENTRE MESSIEURS

LES COMMISSAIRES DU CONSEIL;

ET MESSIEURS LES DÉPUTÉS

DU PARLEMENT DE PARIS,

POUR L'EXAMEN DES ARTICLES DE L'ORDONNANCE CRIMINELLE

Du mois d'août 1670.

Le ſixieme juin 1670 meſſieurs les commiſſaires du roi, & meſſieurs les députés du parlement ſe ſont aſſemblés chez M. le chancelier, ſur les trois heures après-midi, & ont pris leurs ſéances dans ſa galerie baſſe, en la maniere & diſpoſition qu'ils avoient fait lors de la conférence de l'année 1667.

NOMS DE MESSIEURS LES COMMISSAIRES DU CONSEIL,

&

DE MESSIEURS LES DÉPUTÉS DU PARLEMENT.

Mrs. LES COMMISSAIRES DU CONSEIL.

Monſieur le Chancelier Séguier.

Meſſieurs les Conſeillers d'Etat.

M. d'Aligre.
M. de Morangis.
M. d'Eſtempes.
M. de Seve.
M. Poncet.
M. Boucherat.
M. Puſſort.
M. Voiſin.
M. Hotman.

Mrs. LES DÉPUTÉS DU PARLEMENT.

M. le Premier-Préſident.

Meſſieurs les Préſidens.

M. De Maiſons.
M. De Novion.
M. De Meſmes.
M. Le Coigneux.
M. De Bailleul.
M. Molé de Champlâtreux.
M. De Neſmond.

Meſſieurs les Conſeillers de la Grand'Chambre.

M. de Catinat.
M. de Brillat.
M. Fayet.
M. de Refuges.
M. Paris.
M. Roujault.

Meſſieurs les Députés aes Enquêtes.

PREMIERE CHAMBRE.

M. Potier de Blanc-Meſnil, préſident.
M. de Bermond, conſeiller.

SECONDE CHAMBRE.

M. de Bragelogne, préſident.
M. Mandat, conſeiller.

TROISIEME CHAMBRE.

M. de Fourcy, préſident.
M. Faure, conſeiller.

QUATRIEME CHAMBRE.

M. le Pelletier, préſident.
M. le Vaſſeur, conſeiller.

CINQUIEME CHAMBRE.

M. Maupeou, préſident.
M. Malo, conſeiller.

Requêtes du Palais.

M. Charton, préſident.
M. le Boult, conſeiller.

Meſſieurs les Gens du Roi.

M. Talon, premier Avocat Gén.
M. De Harlai, Procureur Gén.
M. Bignon, ſecond Avocat Gén.

PREMIERE CONFÉRENCE.

MONSIEUR le chancelier ouvrant la conférence, a dit, que la compagnie étoit assemblée par l'ordre du roi pour conférer sur les titres & articles concernans l'instruction & procédure criminelle, qui leur avoient été communiqués. Que sa majesté se promettoit de leur affection ordinaire à son service, qu'ils apporteroient pour la perfection d'un ouvrage si utile & si nécessaire au public, les bonnes intentions, les éclaircissemens & l'application nécessaires.

M. le premier président a dit, que la compagnie se trouvoit beaucoup honorée du choix qu'il a plu à sa majesté faire de leurs personnes; qu'ils tâcheroient d'y répondre, en proposant avec toute sorte de sincérité & de justice ce qu'ils estimeroient être nécessaire pour son service, & pour le plus grand bien des sujets de sa majesté.

M. le chancelier ayant convié M. Pussort de proposer à la compagnie le titre qui étoit à examiner,

M. Pussort a dit, que comme il n'y avoit point de plus grand défaut dans un juge que celui de la puissance, aussi étoit-il nécessaire, avant toutes choses, de bien établir sa compétence, particuliérement en matiere criminelle, où les longueurs, qui procédoient plus ordinairement des conflits de jurisdictions, détruisoient ou affoiblissoient les preuves, & donnoient lieu à l'impunité des plus grands crimes.

Que c'étoit par cette considération que sa majesté avoit estimé que pour parvenir à une véritable réformation de la procédure & instruction criminelle, il falloit la commencer en établissant le pouvoir des juges; que sur un fondement si ferme & si solide, l'instruction pouvoit être faite avec certitude & stabilité; & que c'étoient les motifs qui avoient porté sa majesté à mettre à la tête de cette ordonnance le titre *de la compétence des juges.*

TITRE PREMIER.

DE LA COMPÉTENCE DES JUGES.

ARTICLE I.

A qui appartiendra la connoissance des crimes.

LA connoissance des crimes appartiendra aux juges des lieux où ils auront été commis; & l'accusé y sera renvoyé, si le renvoi en est requis : même le prisonnier transféré aux frais de la partie civile, s'il y en a; sinon à nos frais, ou des seigneurs.

Lecture faite de l'Article I:

M. le premier président a dit, que comme ce titre est un des plus importans de la procédure criminelle, aussi messieurs du parlement ont apporté pour l'examiner toute l'application possible.

Qu'à l'égard du premier article proposé, il y avoit une observation à faire, en ce qu'il donne la connoissance du crime au juge du lieu où il a été commis : car s'il n'en étoit pas capable, soit par corruption, soit par ignorance, ou par défaut d'autorité, il y auroit un grand inconvénient d'ôter aux juges supérieurs le pouvoir de renvoyer le procès devant un autre juge, quand même le renvoi n'en seroit pas requis par les parties principales.

Qu'en de certains cas on avoit peine à déterminer le véritable lieu où le crime s'étoit commis. Que dans le rapt, dont on pouvoit proposer l'espece, il y avoit une succession continuelle de crimes; que le ravisseur ayant commencé son enlevement dans une petite jurisdiction comme celle de Gonesse, par exemple, & continuant son crime dans toutes les jurisdictions où il passoit, s'il venoit à être pris à cent lieues de-là, dans le détroit du sénéchal de Lyon, il ne sembloit pas juste d'en renvoyer la connoissance au juge de Gonesse préférablement au sénéchal de Lyon, principalement le dernier étant saisi des preuves que le premier ne pourroit pas avoir.

Que dans ces cas que la loi ne peut pas prévoir, il devoit être laissé à la prudence des parlemens d'examiner la qualité du crime, celle des accusés, & des juges, pour renvoyer le procès à celui qui se trouveroit le plus capable & le plus en état de faire justice aux parties. Mais que les parlemens se trouvant astreints à l'observation rigoureuse des ordonnances, & leur étant défendu de les expliquer, cela mettroit bien de la confusion entre tous ces juges qui en voudroient connoître ; on obligeroit de renvoyer le procès pardevant celui de tous les juges qui feroit le moins en état & en pouvoir d'en faire justice ; qu'ainsi les procès criminels iroient à de grandes longueurs, dont les parties se prévaudroient, aussi-bien que de la foiblesse du juge, pour trouver leur évasion ou leur impunité.

Qu'il se trouveroit même beaucoup de difficulté de faire conduire dans les prisons de Gonesse l'accusé qui auroit été arrêté à Lyon ; & d'obliger tous les juges qui en auroient informé, d'envoyer leurs informations, & de faire venir les témoins pour les confronter à l'accusé.

M. Pussort a dit, que les observations qui venoient d'être faites sur cet article, lui sembloient de grande considération ; néanmoins qu'après l'explication qu'on y pouvoit donner, il croyoit que tous les doutes cesseroient, & qu'on feroit satisfait de l'article.

Que l'article 19 de l'ordonnance de Roussillon desiroit, pour établir la compétence du juge, que le crime eût été commis dans son détroit, & que l'accusé y eût été arrêté : que ces deux cas ne se pouvant pas joindre aisément, & s'étant trouvé des inconvéniens dans la disposition de cet article, celle de Moulins y avoit dérogé par son article 35, qui porte : *en déclarant & ajoutant à nos précédentes ordonnances, voulons que la connoissance des délits appartienne aux juges des lieux où ils auront été commis, nonobstant que le prisonnier ne soit surpris en flagrant délit : & sera tenu le juge du domicile de renvoyer le délinquant au lieu du délit, s'il en est requis.* Et ainsi par cette disposition, la premiere partie de l'article 19 de l'ordonnance de Roussillon se trouve confirmée, & la seconde abolie.

Que quantité d'ordonnances qui ont été faites depuis, n'y ont point dérogé, parce que cette disposition dans tous les tems a été trouvée juste.

L'ordonnance qui défend aux juges de l'expliquer, ne peut être tirée à conséquence au fait dont il s'agit, parce qu'il n'est pas loisible au juge de donner quelque explication à l'ordonnance, mais bien d'appliquer la loi au fait, & de décider, en faisant cette application, si c'est au juge de Lyon, à celui de Gonesse, ou à quelqu'autre, d'en connoître.

Qu'il en est de même de cet article comme de ce qui regarde en matiere civile les affaires sommaires & les moyens de requête-civile ; encore que par l'article 3 *des matieres sommaires*, & le 24 *des requêtes-civiles*, les affaires sommaires soient spécifiées, & le dénombrement fait des moyens de requête-civile : néanmoins lorsqu'il s'agit de savoir si une affaire est sommaire, & la requete-civile bien fondée, l'application que le juge fait de l'ordonnance pour décider, n'en est plus une interprétation ; autrement il n'y auroit point de juge qui ne tombât par chaque jugement dans la prohibition de l'ordonnance, qui défend aux juges d'interpréter.

Qu'au surplus, il est de conséquence d'assurer & de fixer la compétence des juges, pour prévenir les conflits qui favorisent les coupables, & portent à l'impunité ; & que c'est dans cette intention que l'article a été conçu, mais non pas pour ôter aux juges supérieurs la liberté de juger, qui leur demeure toute entiere.

M. le premier président a réparti, qu'après cette explication l'article paroît bon; mais qu'il est question de savoir qui fera l'application: car quoique ce crime successif & continu, dans l'espece qui a été ci-dessus posée, ait eu des suites, il a néanmoins son principe certain, qui est le lieu où la premiere action a été commise: ainsi l'article étant positif comme il est, les juges seront astreints de renvoyer le procès à Gonesse, la liberté d'expliquer ne leur étant pas donnée.

M. le président de Novion a dit, que l'on ne pourroit pas renvoyer la connoissance d'un crime à d'autres juges qu'à celui du premier délit; mais que pour prévenir toute difficulté, on pourroit ajouter à l'article cette alternative, *ou au lieu dans lequel la capture aura été faite.*

M. Talon a dit, qu'il étoit important d'avoir un juge certain pour la connoissance des crimes; que l'on a établi celui du lieu du délit, & conséquemment le juge, dans le détroit duquel le rapt a été commis, est celui qui est compétent; & qu'il seroit dangereux d'ajouter l'alternative *du lieu du délit, ou de la capture;* parce que l'accusé s'en pourroit prévaloir, & s'échapper de son juge en se faisant arrêter dans le détroit de la jurisdiction de celui qu'il croiroit lui devoir être le plus favorable, & qu'ainsi le juge du lieu du délit est le plus certain.

M. le premier président a ajouté, que pourvu qu'on laisse la liberté aux compagnies d'ordonner le renvoi à l'un des juges du délit, il n'a rien à dire sur l'article.

M. le président de Novion a dit, qu'on ne se souvenoit donc pas que le deuxieme titre de l'ordonnance civile défendoit positivement d'interpréter; que par le texte de l'article dont il s'agit, il n'y avoit que le juge du lieu du délit qui en pût connoître; & qu'ainsi les compagnies ne pouvoient ni évoquer ni renvoyer.

M. Pussort a dit, qu'il répete encore, que les juges ne pouvoient interpréter, mais qu'ils étoient en droit d'appliquer: qu'il y avoit dans l'espece proposée, *terminus à quo, per quem & ad quem:* que les juges pouvoient choisir sans donner atteinte à l'ordonnance.

M. le président le Coigneux a proposé un tempérament, qui est d'ajouter à l'article: *s'il n'en est autrement ordonné en grande connoissance de cause.*

M. Pussort a dit, qu'il auroit l'honneur de proposer au roi les ouvertures de la compagnie.

☞ *Nonobstant toutes ces observations, la disposition de cet article a été conservée sans aucun changement. Il est aussi le premier de ce titre dans l'ordonnance.*

ARTICLE II.

Accusateur, quand ne pourra demander son renvoi.

L'ACCUSATEUR ne pourra demander son renvoi devant le juge du lieu du délit, s'il a volontairement procédé pardevant un autre.

ARTICLE III.

Accusé, quand ne pourra demander son renvoi.

L'ACCUSÉ ne pourra aussi demander son renvoi, après que lecture lui aura été faite de la déposition d'un témoin, lors de la confrontation.

Lecture faite de ces deux Articles :

M. le premier président a dit, que la disposition de ces deux articles sembloit contraire au principal motif du premier, qui est d'empêcher les désordres que cause la compétence des juges, & que les parties n'en puissent choisir de favorables. Que par ces mots, *si l'accusateur a procédé volontairement*, la premiere plainte étant une procédure volontaire, elle engageoit de sorte la connoissance du crime au juge devant qui elle étoit faite, qu'il n'étoit plus au pouvoir des juges supérieurs de la lui ôter, quand même ils en seroient requis, & que ce juge seroit suspect ou incapable.

Qu'à l'égard du troisieme article, qui porte que *l'accusé ne pourra demander son renvoi après la lecture de la déposition d'un témoin, lors de la confrontation*, il peut y avoir beaucoup d'inconvéniens & de surprises, en ce qu'on imputera à un accusé, qui souvent est ignorant de son droit, comme une fin de non-recevoir invincible, le défaut d'avoir demandé son renvoi.

M. Pussort a dit, que l'accusé ni l'accusateur ne pouvoient se choisir un juge, moins en matiere criminelle qu'en matiere civile; mais qu'il n'a pas paru raisonnable, après que la partie a rendu sa plainte & saisi une jurisdiction, de lui laisser la liberté du choix d'une autre: que ce seroit exposer un accusé à de grandes vexations, que de donner à l'accusateur l'avantage du changement de jurisdiction, parce que peut-être le premier juge ne lui aura pas paru favorable; mais que les procureurs du roi, ou ceux des seigneurs seront toujours en état de révendiquer leurs justiciables, & de pourvoir à la conservation des droits de la jurisdiction; & que si le mot d'*accusateur* surabonde, on le peut ôter, & mettre *celui qui aura rendu sa plainte*, si on trouve qu'il signifie mieux.

M. le premier président a dit, que les mots d'*accusateur*, ou de *celui qui aura rendu sa plainte*, sont synonymes, & que ce n'est pas ce qu'il faudroit changer en l'article : que le mot *volontairement* semble superflu, & que le reste s'entend assez.

M. Talon a dit, que ces deux articles sont l'exception de l'article premier, qui établit la regle générale pour la compétence des juges; & qu'il sembloit que cette exception auroit été mieux placée à la fin du titre, que dans les premiers articles.

Qu'au surplus, le terme d'*accusateur* n'est pas propre pour signifier la partie civile, n'y ayant que M. le procureur général & ses substituts qui soient les véritables accusateurs.

M. Pussort a dit, qu'ôtant le mot d'*accusateur*, on satisfait à tout.

Et quant à l'exception portée par ces deux articles, elle se trouve plus naturellement placée immédiatement après la regle, qu'à la fin du titre, après plusieurs autres différentes dispositions.

M. Talon a dit que, suivant cette ouverture, on pourroit ajouter un article qui donneroit la faculté aux substituts de M. le procureur général de demander le renvoi, & qui enjoindroit aux juges qui se connoîtroient incompétens, de l'ordonner, encore qu'ils n'en fussent pas requis.

M. Pussort a réparti, que cela seroit bon, mais que cette disposition est tellement de droit & si naturelle, qu'il semble inutile d'en faire un article, & qu'il auroit l'honneur d'en parler au roi.

☞ *Cette derniere addition proposée par M. l'avocat général Talon n'a pas été faite ; mais suivant les autres observations, on a changé dans l'article II le mot d'*accusateur, *& l'on a supprimé cette clause*, s'il a volontairement procédé.

L'article III a été mis dans l'ordonnance sans aucun changement. Voici de quelle maniere le second article a été arrêté.

ARTICLE II. Celui qui aura rendu sa plainte devant un juge, ne pourra demander le renvoi devant un autre, encore qu'il soit juge du lieu du délit.

ARTICLE IV.

Dans quel tems les procès & les accusés seront renvoyés.

LES premiers juges seront tenus de renvoyer les procès & les accusés qui ne seront de leur compétence, pardevant les juges qui doivent en connoître, dans trois jours après qu'ils en auront été requis ; à peine de nullité des procédures faites depuis la réquisition, d'interdiction de leurs charges, & des dommages & intérêts des parties qui en auront demandé le renvoi.

Lecture faite de l'Article IV :

M. le premier président a dit, que dans la procédure criminelle il falloit être bien

bien plus réservé que dans la civile, à employer le mot de *nullité;* parce qu'il pouvoit faire périr les preuves, & contribuer à l'impunité des criminels.

Qu'au surplus la peine d'*interdiction* & de *dommages & intérêts*, prononcée contre les juges en cas de contravention, lui semble trop forte, & que l'on pourroit la retrancher ou l'adoucir.

M. Pussort a répondu, que la peine de *nullité* n'est pas la seule dans l'article; mais que l'on a estimé qu'il la falloit fortifier de quelqu'autre contre les juges, qui seroient plus circonspects à faire leur devoir, lorsqu'ils seroient retenus par leur propre intérêt; & qu'ainsi les inconvéniens qui pouvoient arriver de la peine de *nullité*, cessoient par celle d'*interdiction* & de *dommages & intérêts* contre les juges qui auroient manqué à leur devoir. Qu'après tout, c'étoit faire justice de casser une procédure nulle: que chaque jour on ordonnoit qu'elle seroit recommencée, même aux dépens du juge qui avoit mal procédé; & qu'en tout cas la preuve subsisteroit toujours dans les informations, en répétant, à toute extrêmité, les témoins qui auroient été entendus.

M. le premier président a dit, qu'en multipliant les peines, c'étoit remédier à un inconvénient par un autre.

M. Talon a dit, que les peines paroissoient dangereuses; parce qu'un juge peut avoir une juste cause d'ignorer son incompétence, n'y ayant rien de plus incertain que les limites du détroit d'une jurisdiction; & qu'ainsi il n'est pas juste, en cassant sa procédure, de le condamner à des peines: & on pourroit les retrancher de l'article.

M. Pussort a répliqué, qu'un juge peut être incompétent en bien des manieres; non-seulement par le lieu du délit, mais encore par la qualité du crime, ou par celle du juge: que lorsqu'on lui aura fait connoître son incompétence, il est punissable s'il passe outre.

M. le président de Novion a dit, que la proposition de l'incompétence ne suspendoit pas le pouvoir du juge; mais qu'il falloit passer à l'appel comme de juge incompétent.

☞ *Nonobstant les raisons alléguées par M. le premier président & par M. Talon contre les peines énoncées dans cet article, l'on n'y a fait aucun changement: il est aussi le IV dans l'ordonnance.*

ARTICLE V.

Toutes les procédures seront portées au greffe.

LES grosses des informations, & autres pieces & procédures qui composent le procès, ou qui auront été jointes; ensemble toutes les informations, pieces & procédures faites pardevant tous autres juges concernant l'accusation, même les informations & charges faites pour raison d'autres crimes, seront portées au greffe du juge pardevant lequel l'accusé sera traduit, s'il est ainsi par lui ordonné, pour être le procès par lui parachevé & jugé sur toutes les accusations.

Lecture faite de l'Article V:

M. le premier président a dit, que l'article est de fort grande conséquence, & qu'il contient beaucoup de difficultés.

Qu'il s'en rencontroit deux principales: l'une, en ce que sa disposition détruit le principe du premier article, qui porte, que *le juge du lieu où le crime aura été commis, sera compétent d'en connoître.* Que l'accusé pouvoit se susciter une légere accusation, pour se choisir un juge favorable, & le saisir de la connoissance de plusieurs grands crimes dont il seroit chargé.

Et l'autre, en ce que cet article confond l'ordre des jurisdictions: car il pourra arriver qu'on dépouillera un grand siege pour saisir un petit juge, qui par sa foiblesse n'aura pas les qualités nécessaires pour rendre la justice avec autorité: cela favorisera l'impunité: il auroit été plus à propos de laisser la chose dans l'usage ordinaire. La loi ne pouvant pas prononcer sur toutes choses, c'est au juge à l'appliquer: lorsqu'il y a de la concurrence entre plusieurs juges, c'est au supérieur à régler lequel d'entre eux est le plus capable de faire le procès.

M. Pussort a dit, que l'article contient deux parties: la premiere ordonne la jonction de toutes les informations, ce qui est sans contredit; & la seconde donne le pouvoir de les juger. C'est contre cette derniere partie que l'on propose les difficultés, lesquelles bien examinées, ne se trouvent pas considérables: car on ne peut croire qu'un homme qui se trouvera prévenu de crime, prenne le parti d'en commettre un nouveau, ou de se susciter l'accusation d'un crime léger, pour se donner l'avantage du choix d'un juge; & l'on sent assez qu'un homme qui se sent chargé d'un crime, même d'une contrainte pour dettes civiles, n'appréhende rien tant que la prison: & s'il arrive qu'il soit arrêté, il fait tous ses efforts pour s'en dégager, de crainte d'être recommandé.

Mais quand même il se trouveroit un accusé qui prendroit assez de confiance pour se rendre prisonnier ès prisons du juge qu'il se seroit choisi, toutes ses précautions demeureroient inutiles, par les poursuites de la partie civile, ou du procureur du roi; & où, par l'événement, un accusé seroit déchargé par le premier, il resteroit toujours la voie d'appel, qui lui feroit courir le hasard tout entier: & avec tout cela il faut présupposer l'intelligence & la prévarication du juge. Ainsi ces fictions ne peuvent être apprehendées par leurs conséquences. Joint qu'après tout, le juge qui aura fait exécuter son décret, semble toujours être le plus digne & le plus favorable dans l'ordre de la justice; parce qu'il est saisi de son gage, & qu'il a procuré la vengeance publique par sa vigilance & par ses soins; pendant que les autres juges, ou par connivence, ou faute d'application, laissent souvent à leur vue vaguer un accusé, contre lequel ils auront décrété, au mépris de la justice & de la magistrature.

Ce n'eſt pas qu'il n'en puiſſe arriver quelques inconvéniens; mais il s'en trouvera de plus grands dans la ſéparation des accuſations. Les choſes unies ſont plus fortes que celles qui ſont diviſées. Chaque crime en particulier ne ſauroit être puni avec la même ſévérité que ſi toutes les accuſations étoient jointes. L'on connoît mieux l'état de la vie d'un accuſé, & quelles peines il mérite, en examinant d'une même vue tous ſes crimes. Il ſera même plus facile à un accuſé d'obtenir des lettres de rémiſſion de crimes diviſés, que s'ils étoient joints.

D'ailleurs, des inſtructions ſéparées, & faites pardevant des juges différens, cauſeroient de grands frais, qui obligeroient la partie civile de ſe relâcher, particuliérement s'il falloit faire transférer l'accuſé ſucceſſivement dans les priſons de chaque juge qui auroit informé & décrété contre lui. Mais ce qui mettoit l'article hors de toute difficulté, eſt que l'on laiſſoit à la liberté du juge de joindre toutes les accuſations par ces mots: *s'il eſt ainſi ordonné.*

M. le préſident de Novion a dit, que l'on ne propoſoit pas pour remede à la difficulté qui étoit faite, de ſéparer les accuſations; mais que l'intention étoit de laiſſer aux juges ſupérieurs la liberté de donner aux parties les juges qu'ils eſtimeroient les plus capables & les moins ſuſpects: & que c'eſt ce qu'on appelle *choiſir le plus digne.* Que meſſieurs du parlement, qui ont aſſiſté aux grands-jours, peuvent rendre témoignage que les plus grands déſordres provenoient du choix que les parties faiſoient des juges qu'ils trouvoient favorables à leurs intentions.

M. Talon a dit, que dans la difficulté qui s'examine, il ne falloit pas chercher à ſe déterminer par l'uſage de Paris, où l'on ſait que la conduite des juges eſt aſſez réglée: que même il y avoit peu à craindre pour la juſtice dans les grands préſidiaux; mais que dans les moindres ſieges il y a ſouvent plus à appréhender des juges que des parties; qu'il n'en a vu que trop d'exemples dans les grands-jours de Clermont. Si l'on veut néceſſairement faire apporter toutes les informations en la juriſdiction du juge qui aura le priſonnier dans ſes priſons, le juge ſe tranſportera-t-il ſur les lieux pour faire l'inſtruction? Fera-t-il venir les témoins? L'on ne peut appliquer de regle certaine, cela ne peut être réglé que ſuivant les différentes circonſtances & figures de l'affaire; & il paroît plus convenable pour le bien de la juſtice de laiſſer la choſe à l'arbitrage du juge.

☞ *Toutes ces réflexions ont donné lieu au retranchement qu'on a fait de la derniere clauſe de cet article,* pour être le procès par lui parachevé & jugé ſur toutes les accuſations.

L'on a encore ſupprimé cette autre clauſe, même les informations & charges faites pour raiſon d'autres crimes.

Au ſurplus, l'article a été conſervé, & on l'a rédigé de cette maniere:

ARTICLE V. Les groſſes des informations, & autres pieces & procédures qui compoſent les procès, ou qui auront été jointes; enſemble toutes les informations, pieces

& procédures faites pardevant tous autres juges concernant l'accusation, seront portées au greffe du juge pardevant lequel l'accusé sera traduit, s'il est ainsi par lui ordonné.

ARTICLE VI.

Qui fera les frais de la translation.

Les frais pour la translation des prisonniers & le port des informations & procédures, seront faits par la partie civile, s'il y en a; sinon par le receveur de notre domaine, ou du seigneur de la jurisdiction qui en devra connoître; & pour cet effet sera délivré exécutoire par le juge qui aura ordonné le renvoi, ou le port des charges & informations.

Après la lecture faite :

☞ *Cet article a été trouvé bon par la compagnie ; néanmoins dans l'arrêté on a mis ainsi :* les frais de la translation du prisonnier, *au lieu* des prisonniers.

ARTICLE VII.

Préventions entre juges.

Nos juges n'auront aucune prévention entr'eux.

Lecture faite de cet Article :

M. le premier président a dit, qu'il falloit savoir si par cette disposition l'on entendoit déroger aux articles 72 d'Orléans, 46 de Moulins, & 201 de Blois, qui donnent la prévention aux juges royaux sur les prévôts des maréchaux.

M. Pussort a rapporté le contenu en ces articles, & a dit, que le 72 de l'ordonnance d'Orléans donne la prévention aux juges royaux & ordinaires sur les prévôts des maréchaux : que les articles 46 de Moulins & 201 de Blois y ont tacitement dérogé, en accordant aux seuls présidiaux, par concurrence & prévention, la connoissance des cas attribués aux prévôts des maréchaux, sans faire mention des juges ordinaires. Que l'intention a été de déroger, par l'article dont il s'agit, à celui de l'ordonnance d'Orléans, & de suivre les articles de Moulins & de Blois, qui sont conformes.

M. Talon a dit, que supposant que l'on ôte la prévention entre les juges royaux, au moins faut-il pourvoir à la négligence des juges royaux inférieurs, en permettant aux supérieurs, comme par droit de dévolution, d'informer, faute de l'avoir fait par l'inférieur dans certain tems.

M. Pussort a dit, que cet article est le plus problématique de tous; mais que la prévention en matiere criminelle ruinant les affaires, en faisant naître une infinité de contestations qui empêchent la punition des crimes, on a estimé à propos de la retrancher. Qu'il paroît bon, suivant la proposition de M. l'avocat général, de donner aux juges inférieurs un terme de trois jours pour faire leur devoir; & permettre, à leur défaut, aux supérieurs de connoître de l'affaire, & qu'il en faut parler au roi.

☞ *Suivant l'ouverture faite par M. Talon, & approuvée par M. Pussort, l'on a ajouté à cet article la clause portant le terme* de trois jours, *pendant lesquels il n'y aura pas lieu à la prévention. Voici de quelle maniere l'article a été rédigé :*

ARTICLE VII. Nos juges n'auront aucune prévention entr'eux; au cas néanmoins que trois jours après le crime commis, nos juges ordinaires n'aient informé & décrété, les juges supérieurs pourront en connoître.

ARTICLE VIII.

Prévention entre les juges des seigneurs.

CE que nous entendons avoir lieu entre les juges des seigneurs, encore que celui qui auroit prévenu fût juge supérieur, & du ressort de l'autre.

Après la lecture de l'Article VIII :

M. le premier présient a dit, que la disposition de cet article est contraire à celle de quelques coutumes, & néanmoins qu'il paroît bon.

☞ *Le présent article est aussi le VIII dans l'ordonnance, sans aucun changement.*

ARTICLE IX.

Prévention des juges royaux sur les subalternes.

NOS juges préviendront les juges subalternes & non royaux de leur ressort, s'ils ont informé & décreté en même jour.

Lecture faite de cet Article :

M. le premier président a dit, qu'il y avoit bien des choses à considérer en cet article : que l'on donnoit en général aux juges royaux la prévention sur les juges subalternes : que cela ruinoit entiérement les justices subalternes, & renversoit un ordre qui étoit peut-être aussi ancien que la monarchie.

Que dans le droit romain la prévention n'avoit point de lieu; & que Justinien, en rétablissant les juges des villes sous le nom de *defensores civitatum*, pour administrer la justice au nom des communautés (ce sont les premiers qui ne l'ont point exercée au nom de l'empereur, & l'empereur Zenon les avoit établis auparavant), ordonna par la novelle 82, que les causes qui n'excéderoient pas la somme *trecentorum solidorum*, ne pussent être portées devant les juges supérieurs, qui étoient les présidens des provinces: *Non valentibus*, dit-il, *nostris subjectis, trahere sibi obligatos ad clarissimos provinciarum præsides, si intrà summam trecentorum solidorum lis consistat.* Et la novelle 15 porte, *ut si quis dolo malo plus petiisset, ut causam ad præsidem traheret, litem amittat.*

Que nos anciens auteurs sont de cette opinion à l'égard de la France; & qu'un des plus célebres, qui est *Joannes Faber*, sur le titre des instituts, *de Atil. tutore*, dit que la prévention ne doit pas être admise en France: *Non obstat*, dit-il, *L. 1, C. de off. præf. urb. quia tunc jurisdictio pertinebat ad unum solum imperatorem, nec erat alterius propria.* Il ajoute ces mots qui sont remarquables: *hic autem (nempè in Galliâ) est propria baronum;* pour montrer que les seigneurs & les gentilshommes ont possédé de tous tems en France ces jurisdictions dans leurs terres, comme leur propre patrimoine.

Que si cette prévention n'avoit point lieu dans le droit civil, elle en avoit encore moins dans le droit canon, où nul archevêque n'a de prévention sur l'évêque. *Can. nullus, & can. conquestus 9, q. 3.* Ce qui étoit si véritable, que quoique l'archidiacre fût un officier de l'évêque, néanmoins dans les lieux où les archidiacres ont jurisdiction, l'évêque ne les peut prévenir, comme remarque la glose *ad cap. pastorali, extr. de off. jud. ordin.*

Que dans le droit françois & dans l'ancien usage du royaume, sans s'arrêter à l'origine des justices, qui est très-obscure, & dont on trouveroit peut-être des vestiges du tems même de Jules-César, on voyoit que rien n'étoit plus défendu par les ordonnances de nos rois, que cette prévention des juges royaux sur les juges des seigneurs particuliers.

Qu'entre plusieurs on pouvoit rapporter l'ordonnance de Saint-Louis, en 1254; celle de Philippe-le-Bel, en 1302; de Philippe de Valois, en 1338; du roi Jean, en 1355, & de Charles V, en 1357; que celle-ci est remarquable, en ce que le préambule porte, *voulant que chacun use de son droit;* ce qui marque le soin que les rois ont pris de conserver aux gentilshommes la jouissance de leurs justices, & en ce que Charles V donne par cette ordonnance aux juges des seigneurs la qualité de juges ordinaires. Nos auteurs les traitent de même, *judices ordinarii, judices publici*, pour les distinguer des juges ecclésiastiques, qu'ils appellent *judices privatos*, qui n'ont qu'une simple notion, une simple connoissance de cause, & non pas une véritable jurisdiction.

Qu'il y a encore d'autres ordonnances, comme celles de Charles VI, en 1408; de Charles VII, en 1443; de Charles VIII, en 1490; & celle de François I, en 1536, qui est la déclaration sur l'édit de Crémieu.

Qu'à l'égard des coutumes, il y en a très-peu qui admettent cette prévention.

Qu'il y a deux sortes de préventions; la premiere, qui est la prévention parfaite & sans renvoi, est admise véritablement par la coutume de Vermandois, & par quelques autres coutumes de Picardie; mais que les seigneurs s'y sont toujours opposés. Qu'elle est aussi observée dans la ville de Paris, le prévôt de Paris ayant le droit de prévention sur les justices inférieures des ſeigneurs particuliers, comme l'abbé de Saint-Germain, l'archevêque de Paris, les chanoines & chapitre de Saint-Marceau, & autres : mais que le beſoin qu'il y a de rendre la police uniforme dans une grande ville, l'a introduite dans celle-ci par un ancien uſage.

La ſeconde, qui eſt la prévention imparfaite à la charge du renvoi, lorſque le ſeigneur réclame ceux qui ſont ſujets à ſa juſtice ; & elle eſt admiſe encore dans les coutumes du Maine, d'Anjou & de Poitou.

Qu'il eſt vrai que les juſtices ſe rapportent uniquement au roi, & qu'elles remontent néceſſairement par degrés juſqu'à l'autorité royale, qui eſt le centre de toutes les juſtices du royaume ; mais qu'il eſt certain auſſi qu'elles ſont patrimoniales, & attachées inſéparablement aux terres ; & que ſi cette prévention des juges royaux avoit lieu, ce ſeroit ruiner entiérement la juſtice des ſeigneurs particuliers, & les dépouiller de la principale partie de leur bien, ſans laquelle les terres n'auroient plus de conſidération, étant certain que les gentilshommes n'ont rien plus à cœur que la conſervation de leurs juſtices ; parce qu'il n'y a rien qui les diſtingue plus d'avec les autres ſujets du roi, que l'avantage de faire rendre la juſtice en leur nom.

Que ſi les juges ſubalternes ne ſont pas leur devoir, & ſont négligens à faire leur charge, il eſt aiſé d'empêcher le mauvais effet de cette négligence, en fixant un terme à ces juges, après lequel le juge royal auroit la prévention : qu'enfin il étoit perſuadé que le roi y apporteroit quelque tempérament, pourvu qu'on lui repréſentât bien que cette prévention de ſes juges ruineroit tous les autres ; qu'elle renverſeroit ce que tant de rois ſes prédéceſſeurs ont conſervé inviolablement ; & qu'elle dépouilleroit les gentilshommes, qu'il chérit ſi fort, de la plus importante & plus chere partie de leur patrimoine.

M. le chancelier a dit, que ſi la prévention a lieu, ce ne ſera donc plus le juge du délit qui en prendra connoiſſance.

M. Puſſort a dit, que comme il n'y a rien qui forme plus de conteſtations que les préventions, qui retombent toujours ſur les parties ; auſſi le roi s'eſt particuliérement appliqué à en arrêter le cours. Mais encore que cela ait été décidé par le droit civil & canonique, néanmoins il ſe trouve un titre, *de ſupplendâ négligentiâ prælatorum*, qui eſt le titre X du premier livre des décrétales.

Qu'en France il y a deux ſortes de préventions ; l'une abſolue, & l'autre conditionnelle.

L'abſolue eſt celle qui ſe fait ſans revendication, comme dans les coutumes de Vermandois, Senlis, Compiegne & autres. Et la conditionnelle, à la charge de revendication, comme dans l'Anjou, la Touraine, le Maine, le Poitou, & autres ; & même dans aucunes de celles-ci, il faut que le ſeigneur revendique lui-même.

Les juges royaux vont plus avant & ſont autoriſés par les arrêts contre les juges des ſeigneurs : ainſi il eſt vrai de dire, que cette diſpoſition ne réſiſte pas à l'eſprit général du royaume.

La prévention non-seulement a lieu dans la ville & fauxbourgs de Paris; mais encore dans toute l'étendue de la prévôté de Rheims, dans laquelle le lieutenant criminel prévient toujours le juge de l'archevêché, quoique ce soit la premiere pairie de France. Et la plus grande partie de l'état s'en trouve bien, parce que la plupart des juges des seigneurs étant sans aucune capacité, les crimes demeurent impunis, ou par leur foiblesse, ou par l'autorité des seigneurs dont ils dépendent absolument : la justice est incomparablement mieux rendue, & avec plus de sévérité & de décence, par les juges royaux.

Les seigneurs souffrent peu de cette prévention, la justice leur étant onéreuse par les frais qu'ils sont obligés de faire pour l'instruction des procès des accusés, & pour l'exécution des condamnés. Et à l'égard des droits utiles qu'ils en pourroient retirer par les adjudications d'amendes & par les confiscations, il n'est pas nécessaire que les procès soient jugés par leurs officiers, pour les emporter, parce que c'est une suite de la mouvance & du ressort.

Que les justices des seigneurs sont ou mêlées avec celles du roi, ou elles en sont séparées : si elles en sont séparées & établies dans des lieux différens, les juges des seigneurs peuvent aisément prévenir; & s'ils ne le font pas, ils doivent s'imputer leur négligence. Que si elles sont mêlées, c'est aux officiers à veiller à leur devoir. Et lorsque le roi a établi des juges royaux, ce ne peut avoir été qu'à condition qu'il n'y auroit pas entr'eux de concurrence, mais que la prévention appartiendroit à ses officiers : il y auroit même de grands inconvéniens que le juge d'un seigneur pût connoître du différend de ses enfans, de sa famille, & de ses domestiques.

Quant aux ordonnances, celles qui ont été ci-dessus rapportées ne défendent pas la prévention ; mais elles confirment chacun dans son droit.

L'on pourroit dire davantage, & faire une grande distinction entre la justice civile & la justice criminelle. La civile a pu passer pour patrimoniale, & c'est le fondement de toutes les ordonnances qui ont été alléguées; mais quant à la criminelle, elle est d'une nature bien différente : la véritable propriété de cette justice, qui s'appelle *jus gladii*, est un droit de sang sur les sujets du roi, résidant, à proprement parler, en la main de sa majesté, qui le communique à ses officiers.

Si le roi énerve souvent la justice civile des seigneurs, quoique patrimoniale, par la concession des *committimus* qui soustraient à ces justices seigneuriales leurs principales matieres, & qui sont plus naturellement de leur compétence, il semble qu'il y a bien plus de raison que les officiers du roi aient du moins la prévention dans les affaires criminelles, dont la vengeance appartient particuliérement au souverain, comme étant un droit régalien de sa couronne, qu'il n'est jamais présumé abandonner entiérement : ensorte que les concessions qui ont été faites des hautes-justices à ses sujets, ne s'entendent avoir été faites qu'à cette condition, que

que ses officiers pourront toujours exercer la justice, si les officiers des seigneurs ne sont pas assez diligens de faire leur devoir. Qu'en effet, lors de la réformation de la coutume de Paris, en 1579, les trois états ayant rédigé les articles en leur faveur, pour l'établissement de ces justices, ils furent rejettés, sans que les commissaires voulussent permettre qu'il en fût fait mention dans leur procès-verbal.

Qu'au surplus, la jurisprudence de ces préventions n'est pas si inconnue au parlement, qu'il n'ait rendu plusieurs arrêts & réglemens sur cette matiere. Il s'en trouve un rendu en faveur du juge de Ribemont, contre le juge du duché de Guise; & un autre en faveur du bailli de Noyon, contre le juge de la pairie du même lieu. Il est vrai que c'est dans la coutume de Vermandois; mais cela prouve clairement qu'on n'a pas toujours si favorablement considéré les justices particulieres des seigneurs. Et néanmoins on pourroit apporter quelque tempérament à cet article, en donnant le tems de vingt-quatre heures aux juges des seigneurs qui ont leur justice mêlée avec celle du roi, sans déroger à la possession des juges royaux.

M. le premier président a réparti, que du moins il falloit un tems suffisant, dans lequel les officiers des seigneurs pussent exercer les fonctions qui leur appartiennent; qu'il ne pouvoit pas être moindre de trois jours: que l'exemple des *committimus* ne convient pas à la matiere, parce qu'ils ne sont pas accordés aux personnes des officiers, mais en considération du service du roi pour un tems seulement, & tant que l'officier se trouve revêtu de la charge, & obligé de faire son service.

M. Pussort a repris, que ce n'est pas ce qu'il en veut induire; mais qu'encore que les justices soient patrimoniales, on n'a pas laissé d'en détacher les justiciables.

M. Talon a dit, que si l'on donnoit indistinctement la prévention à tous les juges royaux sur ceux des seigneurs hauts-justiciers, cela pourroit apporter du trouble dans l'ordre de la justice; mais que la prévention n'étant accordée qu'aux baillis & sénéchaux, les seigneurs n'ont pas sujet de s'en plaindre. Qu'il demeure d'accord que la prévention a lieu dans la coutume de Vermandois, & dans la plupart de celles qui en dépendent, sans que le juge royal qui a prévenu soit obligé au renvoi. Il est vrai qu'il y a d'autres coutumes qui permettent aux seigneurs de revendiquer les affaires criminelles quand le juge royal a prévenu; mais l'on peut dire que l'usage les a réformées, & que les juges royaux jouissent de la prévention, sans jamais renvoyer les affaires criminelles dont ils sont une fois saisis.

Dans les provinces dont les coutumes ne parlent point de prévention, elle ne laisse pas d'y être pratiquée, & il y a peu de lieutenans criminels qui n'en soient en possession paisible, quelques-uns ayant obtenu des arrêts par lesquels ce droit leur est confirmé. En effet, toutes les justices étant émanées du roi, il y a assez d'apparence de croire qu'il n'a pas voulu exclure ses principaux officiers de connoître, du moins par prévention &

concurrence, des crimes commis dans l'étendue de leur ressort; & que s'il a communiqué à quelqu'un de ses vassaux le droit d'une jurisdiction criminelle, que les loix appellent *merum imperium, jus gladii*, ce n'a été que cumulativement, & non pas privativement. Et sans examiner les justices seigneuriales & les plaintes qui en ont été tant de fois renouvellées, peut-on douter qu'une affaire criminelle ne soit mieux jugée dans un bailliage, que dans une justice de village?

Mais la considération la plus importante est que la prévention n'aura lieu qu'en faveur des baillis & sénéchaux qui ont les sieges de leur jurisdiction dans les principales villes du royaume. Les juges des seigneurs répandus dans la campagne ne recevront point de préjudice de la prévention, s'ils sont assez diligens pour informer d'un crime aussi-tôt que la plainte leur en est rendue.

D'ailleurs, rien n'étant plus important pour rendre une loi durable que de la faire uniforme, il faudroit ôter absolument la prévention aux officiers du roi, & dans Paris, & dans tous les autres lieux où ils en jouissent par titre ou possession; & ainsi l'ordonnance seroit une breche notable à l'autorité souveraine: ou bien il faut laisser les choses dans l'incertitude & la confusion ou elles ont été par le passé, & ainsi autoriser tous les déréglemens des juges particuliers, qui sont si fréquens, & qui empêchent si souvent la punition des crimes.

Quant à ce que l'on propose, de faire distinction des villes où la justice royale & la seigneuriale sont mêlées, c'est-à-dire, où il y a des bailliages & sénéchaussées, & des justices patrimoniales, dont le ressort s'étend sur une partie de la ville; quelque juste que paroisse d'abord cette distinction, elle seroit d'autant plus dangereuse, que les seigneurs haut-justiciers de la ville de Paris prétendoient s'en prévaloir, & par-là secouer le joug de prévention, dont les officiers du châtelet de Paris sont en paisible possession; ce qui seroit entiérement ruiner la jurisdiction royale dans Paris, & dans toutes les villes considérables de Champagne & de Picardie, de plusieurs desquelles les archevêques & évêques sont seigneurs. Et une raison très-décisive pour ne point admettre cette distinction, est qu'il ne se trouvera presque point de villes où il y ait bailliage ou sénéchaussée, & en même tems justice seigneuriale, sans que cette justice seigneuriale appartienne à des évêques, lesquels, pour beaucoup de raisons qu'il seroit trop long d'expliquer, pourroient être justement privés de la justice criminelle.

Mais comme un des principaux motifs pour lesquels on feroit quelque scrupule de dépouiller les seigneurs d'une portion de leur jurisdiction, n'est pas l'utilité que leur rapporte l'exercice de la justice, parce qu'elle est toujours onéreuse à ceux qui n'en abusent pas; mais la considération de ce droit de jurisdiction augmente le prix de leurs terres: ces raisons ne doivent pas, ce semble, avoir le même poids à l'égard des ecclésiastiques: & n'y ayant point de milieu entre ôter absolument la prévention aux officiers du roi sur ceux des seigneurs (ce qui seroit une plaie irréparable à l'autorité royale) & étendre cette prévention par tout le royaume, où l'usage l'a insensiblement introduite : ce dernier parti paroît le meilleur & le plus sûr. Et si l'on établit la moindre distinction, il est à craindre que l'on ne retombe dans l'embarras & dans la confusion où l'on a été par le passé.

M. Pussort a dit, qu'il est bon de ne donner la prévention qu'aux baillis & sénéchaux, & qu'il falloit le réformer dans l'article ; mais qu'on pourroit donner vingt-quatre heures, comme il a été proposé ci-dessus, dans les villes où les justices du roi & celles des seigneurs sont mêlées, sans néanmoins déroger à la possession des juges royaux dans les villes où ils jouissent de la prévention, & qu'il en falloit parler au roi.

☞ *Cette derniere proposition de M. Pussort a été suivie, & l'article a été réformé de cette maniere :*

ARTICLE IX. Nos baillis & sénéchaux ne pourront prévenir les juges subalternes & non royaux de leur ressort, s'ils ont informé & décrété dans les vingt-quatre heures après le crime commis. N'entendons néanmoins déroger aux coutumes à ce contraires, à l'usage de notre châtelet de Paris.

ARTICLE X.

De quels crimes les juges-prévôts ne peuvent connoître.

Nos juges prévôts ne pourront connoître des crimes commis par des gentilshommes, ou par des officiers de judicature, sans rien innover néanmoins en ce qui regarde la jurisdiction des seigneurs.

Après la lecture faite :

☞ *Cet article a été trouvé bon. Il est aussi le X dans l'ordonnance, sans aucun changement.*

ARTICLE XI.

Cas royaux, & quels juges en peuvent connoître.

Nos baillis, sénéchaux & juges présidiaux connoîtront privativement à nos autres juges, & à ceux des seigneurs, des cas royaux, qui sont le crime de leze-majesté en tous ses chefs, rebellion aux mandemens émanés de nous ou de nos officiers, malversations par eux commises en leurs charges, crime d'hérésie, trouble public fait au service divin, rapt & enlevement de personne par force & violence.

Lecture faite de l'Article XI :

M. le premier président a dit, que cet article étoit de grande étendue, &

que la matiere qu'il traite étoit plus importante que tout le reste de l'ordonnance: d'autant qu'il y a un rapport nécessaire entre les cas royaux en matiere civile, & les mêmes cas en matiere criminelle, de sorte qu'on ne peut se dispenser de parler de tous les deux ensemble.

Que la premiere considération consiste à examiner s'il est expédient de déclarer quels sont les cas royaux, & de les fixer à un nombre certain, soit en matiere criminelle, soit en matiere civile, ou en toutes les deux: car il est difficile de faire aucune regle pour l'une de ces matieres, qui ne tire à conséquence pour l'autre.

Qu'aucune loi, aucune ordonnance, aucune coutume ne les a fixées à un nombre certain. On a bien déclaré qu'un tel cas étoit un cas royal; mais on n'a point voulu décider qu'il n'y a que tels & tels cas qui soient royaux, parce que cette restriction ne se pouvoit faire sans donner à l'autorité royale des bornes qu'elle ne doit point recevoir.

Qu'il en est de même pour les cas royaux que pour les cas privilégiés, qui regardent la jurisdiction ecclésiastique, & tout ce qui peut donner lieu aux appellations comme d'abus. Jamais on n'a voulu décider quels ils étoient; prévoyant bien que quand on en feroit le dénombrement, le roi n'augmenteroit pas l'autorité ni la jurisdiction de ses officiers : outre qu'il se peut présenter tous les jours des cas singuliers & imprévus qu'il faut nécessairement traiter comme des cas royaux; & qu'il s'en rencontre aussi de nouveaux à l'égard de la jurisdiction ecclésiastique, dont les juges royaux doivent connoître.

Que par cette raison, lorsque le comté de Champagne fut réuni à la couronne en 1315, les seigneurs de cette province ayant fait de grandes instances à Louis Hutin de spécifier quels étoient les cas royaux; & s'étant plaints que les juges royaux entreprenoient de connoître de toutes sortes de causes, le roi ne leur fit d'autre réponse que celle-ci: *que les cas royaux s'entendent des cas qui de droit & d'ancienne coutume peuvent compéter & appartenir à souverain prince, & à nul autre.*

Et quand le duc de Bourgogne se plaignit en 1493 des entreprises des officiers royaux de la ville de Sens, le procureur du roi en ce siege répondit fort à propos : *que les officiers du roi donnoient leurs ordonnances dans les cas qui dépendoient de la souveraineté du roi, dans les crimes les plus atroces, & en d'autres articles qui contenoient les cas desquels la connoissance appartient au roi seul.*

Que jamais il n'y eut moins de nécessité d'entrer en ce détail, & de déterminer quels sont les cas royaux, parce qu'aujourd'hui il ne se forme presque point de contestation sur ce sujet : l'autorité des arrêts, & le soin que le parlement a pris de conserver la jurisdiction de tous les officiers du roi, ayant établi les choses de telle sorte qu'on n'en dispute presque plus.

Que s'il survient quelque difficulté, s'il se présente quelque nouveau cas, la décision est toujours en la main du roi, & en celle de ses parlemens, qui sont extrêmement soigneux de conserver l'autorité royale; & s'ils y manquoient, *vous, monſieur*, (a-t-il dit en s'adreſſant à M. le chancelier) *qui êtes le chef de toute la juſtice de France, y mettriez la main avec l'autorité que le roi vous a donnée.* Mais que cet ordre eſt préſentement ſi bien établi, qu'on n'a plus à craindre ſur cette matiere aucune de ces fâcheuſes conteſtations qui alloient autrefois juſqu'à troubler le repos des ſujets du roi & la tranquillité de l'état.

Que la ſeconde conſidération eſt, qu'en voulant ſpécifier quels ſont les cas royaux, il faudroit d'abord établir la regle ſur laquelle on les peut connoître, afin de ſavoir leur définition, & leur différence eſſentielle.

Que la peine qu'il y a de trouver cette regle, fait connoître avec combien de prudence les rois ont jugé à propos de s'en rapporter à leurs officiers, & principalement aux officiers de leurs parlemens, qui doivent être chargés non-ſeulement du ſoin de faire obſerver ces maximes, mais encore de l'envie qu'attire ſur ceux qui les pratiquent, l'exactitude avec laquelle ils ſont obligés d'agir.

Qu'ainſi cette regle ne pouvant être tout à fait certaine, elle devoit s'étendre & ſe raccourcir ſelon les occaſions; & qu'en ces occaſions de la raccourcir ou de l'étendre, les rois s'étoient contentés de conſulter leurs officiers, ſans rien décider eux-mêmes; & que s'il y avoit eu quelque diverſité de ſentimens entre eux ſur ces matieres, cette diverſité alloit toujours à l'avantage de l'autorité royale.

Qu'il n'en eſt pas de cela comme des droits qui regardent les actions & les intérêts des particuliers, où il eſt important qu'il n'y ait rien d'incertain, & qu'on établiſſe autant qu'il eſt poſſible des regles aſſurées, ſur leſquelles les ſujets du roi puiſſent jouir de leurs biens & de leurs patrimoines. Car encore que la loi ait mis au nombre des regles de droit, comme une des plus importantes, celle qui dit: *omnes definitiones in jure periculoſæ;* elles ne laiſſent pas d'être néceſſaires, quoiqu'elles ſoient difficiles & périlleuſes; & les difficultés qui s'y rencontrent ne vont qu'à obliger le légiſlateur à les conſulter & à les examiner avec plus de ſoin. Mais à l'égard de certaines parties du droit public, comme eſt celle dont il s'agit, ces ſortes de définitions préciſes, qui reſtreignent les maximes générales à une application particuliere, ne ſemblent pas néceſſaires, & ſont toujours difficiles, & même très-périlleuſes.

Que la difficulté qui s'y rencontre, ſe voit dans les différentes opinions de ceux qui ont traité de ces matieres, & même dans l'incertitude des principes ſur leſquels ils ſe fondent.

Qu'il y a ſur ce ſujet un avis donné au roi par M. le procureur général de la Gueſſe, & meſſieurs de Pibrac & de Thou, qui rempliſſoient alors très-dignement les places du parquet: qu'en cet avis ces grands perſonnages, ſuivant le zele que leurs charges leur donnoient, porterent fort loin l'autorité de la juſtice royale; & que s'il les en faut croire, il n'y a preſque aucun cas qu'on ne doive mettre au nombre des cas royaux.

Que plusieurs de nos docteurs, bien éloignés en cela du sentiment de ces messieurs, restreignent extrêmement les cas royaux, & veulent qu'ils ne s'étendent qu'en ce qui concerne la conservation du domaine du roi; parce qu'il ne seroit pas bienséant que le roi demandât justice à ses sujets pour conserver ce qui lui appartient.

Qu'ils en ôtent tout ce qui regarde la police, même la générale & la punition des crimes, si ce n'est ceux qui se commettent contre l'autorité des juges royaux; parce qu'ils prétendent que les juges des seigneurs étant réputés officiers publics, *judices publici*, ils doivent connoître de tout ce qui est public. Cependant le parlement ne pourroit pas souffrir qu'on bornât de la sorte les cas royaux.

Que quelquefois on les considere, non-seulement par la qualité des causes, mais encore par celle des personnes : par exemple, qu'en Champagne on avoit autrefois introduit un usage de bourgeoisie royale; que ceux qui en obtenoient des lettres du roi, ou même qui faisoient une simple déclaration au greffe, *qu'ils se mettoient dans la bourgeoisie du roi*, en payant un certain droit par chacun an, étoient exempts de la justice des seigneurs, & ne répondoient que devant les juges royaux.

Que ce privilege dure encore en quelques endroits de cette province, & que celui des bourgeois de Paris, qui est porté dans la coutume, a quelque rapport avec cette exception; mais que cette bourgeoisie royale de Champagne, qui anéantissoit la justice des particuliers, fut restreinte par Philippe-le-Bel.

Qu'on voit aussi que la coutume de Boulogne, article 156, attribue aux juges royaux la connoissance des causes des personnes misérables, des veuves & des orphelins, que leur misere met en la protection particuliere du roi, *patris orphanorum, & judicis viduarum*. Et même qu'il croyoit que par-tout ailleurs les juges royaux seroient bien fondés à prendre quelquefois, & en de certaines occasions, la connoissance de ces sortes de causes, pour le soulagement des personnes qui n'ont point d'autre secours. Que sa majesté leur en donne tous les jours un exemple admirable, lorsqu'elle reçoit elle-même les plaintes & les demandes de ses sujets : & que si dans cette occupation toute royale, où tout le monde a la liberté de l'approcher, il fait quelque distinction des personnes, entre ceux qui lui parlent, c'est toujours pour préférer les misérables, & ceux qui ont le plus besoin de son secours, à ceux qui n'en ont pas tant de besoin.

Qu'on pouvoit faire encore une considération sur les cas royaux, tant en matiere civile qu'en matiere criminelle, qui est, que la conjecture des tems & la suite des affaires obligent bien souvent de mettre au nombre des cas royaux des matieres qui originairement n'y étoient pas comprises : par exemple, que les juges des justices seigneuriales connoissoient autrefois des matieres bénéficiales; mais que depuis l'ordonnance de Louis XI, en 1464, sur le possessoire des bénéfices, qui fut faite en conséquence de la bulle de Martin V, cette connoissance a été réservée aux juges royaux,

Qu'il y a tant de choses à dire sur ce sujet, qu'on ne sauroit l'expliquer en si peu de tems. Et puisque le roi a fait l'honneur à la compagnie de lui en demander son avis, & que le parlement est le principal dépositaire de ces grandes maximes qui paroîtront toujours d'autant plus importantes qu'on les approfondira davantage, & qu'on en pesera plus mûrement toutes les conséquences : cette compagnie est obligée par son devoir, & par le zele qu'elle a pour le service de sa majesté, de lui représenter qu'il n'est point du tout expédient de jamais déterminer quels sont tous les cas royaux. Mais que si sa majesté jugeoit qu'il fallût absolument les fixer à un nombre certain, elle la supplieroit que cela se fît avec une grande connoissance de cause, & non pas incidemment, comme il le seroit dans l'article dont on vient de faire la lecture.

Qu'il seroit à propos pour cela de voir tous les anciens apanages, où les cas royaux ont été réservés. Que dans les registres du parlement il y a une infinité de pieces, de titres & de réglemens qu'il faudroit examiner ; & entr'autres un réglement célebre fait en conséquence de l'échange de Montpellier par Charles V avec le roi de Navarre, en 1371. Un autre réglement fait entre le bailli de Touraine, en qualité de *juge des exemptions & des cas royaux*, & le sénéchal de Touraine, qui étoit le juge de l'apanage de Louis I d'Anjou, fils de Charles V.

Qu'il faudroit aussi examiner plusieurs autres réglemens & traités faits avec les anciens pairs & grands seigneurs du royaume, où l'on voit que ces matieres ont été amplement traitées.

Que la chambre des comptes, qui est aussi fort riche dans ses registres, pourroit fournir bien des pieces de conséquence ; mais que comme il étoit impossible d'entrer dans cette grande discussion, en examinant l'article dont il s'agit, il étoit bien plus à propos d'en ôter tout le détail, qui, pour vouloir marquer quels sont les cas royaux, sembleroit en fixer le nombre, & retrancher tout ce qui n'y seroit point spécifié.

M. le chancelier a dit sur ce sujet, que dans la province de Bretagne, même lorsqu'il y avoit des ducs, l'on a toujours distingué les cas royaux appartenans au roi seul, des autres matieres, dont est venu le nom de *regaires*, qui est demeuré jusqu'à présent.

M. le premier président a réparti, que cela le faisoit souvenir des longues & anciennes contestations avec les ducs de Bretagne pour les cas royaux. Que ces ducs prétendoient avoir une cour souveraine, & ne pouvoient souffrir que les Bretons appellassent à la cour souveraine du roi, qui est le parlement.

On leur soutenoit au contraire, que n'étant point souverains, mais vassaux de la couronne, ils ne pouvoient avoir de cour souveraine, qui tire sa dénomination de la souveraineté du roi, dont elle exerce la justice, y ayant une relation nécessaire de l'une à l'autre. Et comme il n'y a point de souverain sans cour souveraine, il n'y a point de cour souveraine sans souverain. Qu'ainsi le parlement, non-seulement recevoit toujours les appellations de Bretagne, mais encore connoissoit des cas royaux dans l'étendue de cette province.

Que les évêques de Bretagne ayant plus d'autorité que les autres seigneurs du pays, se maintenoient mieux dans cet ordre contre les entreprises de leur duc, & ne souffroient jamais que les appellations de leurs juges fussent relevées à sa prétendue cour souveraine; mais qu'au contraire ils les faisoient toujours porter au parlement, comme ne reconnoissant point de justice supérieure que la cour souveraine du roi. Et c'est pourquoi ces justices du domaine temporel des évêques avoient pris en ce tems-là le nom de *ségaires*, qu'elles ont conservé jusqu'à cette heure.

M. Pussort a dit, que l'intention du roi n'a pas été d'étendre son pouvoir, étant maître absolu; mais qu'il a voulu pourvoir à une infinité de contestations qui arrivent pour les cas royaux, & qu'il est impossible de prévenir: il n'a pas suffi de dire quelles étoient les matieres sommaires & les moyens de requête-civile, il a fallu encore les définir & les circonscrire.

L'édit de Crémieu a spécifié quatre ou cinq cas royaux, & a ajouté, *& autres;* mais ce n'est rien dire, & c'est une matiere de procès.

La différence est grande entre les appellations comme d'abus, & les cas royaux. Les appellations comme d'abus ont été introduites pour empêcher les entreprises des ecclésiastiques sur les droits du roi & de l'état, sur les libertés de l'église gallicane, & sur l'autorité des cours & jurisdictions royales. Mais comme ce corps a relation à une puissance étrangere, il auroit été dangereux de spécifier & limiter les cas d'abus, qui doivent être étendus selon les occurrences, pour empêcher les entreprises de la cour de Rome.

Il n'y a rien de semblable pour les cas royaux, les justiciables & les jurisdictions étant absolument dépendans du roi, & de l'autorité des compagnies.

Que pour remplir cet article, on a recherché avec le plus d'exactitude qu'il a été possible tous les cas royaux: l'on y a travaillé avec très-grande application pendant un fort long tems; & cependant il en peut être échappé: & c'est dans cette prévoyance que le roi a ordonné la conférence qui se tient, pour tirer des lumieres de la compagnie dans une matiere si étendue.

Que si l'édit de Crémieu n'a pas expliqué les cas royaux, ils ont été suppléés par les arrêts & réglemens du parlement. Chopin, en son traité *de domanio, lib. 6, tit. 2*, rapporte un réglement de 1499, qui marque tous les cas royaux. Il y en a encore deux autres, l'un de 1614 pour Noyon, & l'autre de 1621, dans lesquels il est aussi marqué, *que les cas royaux sont proprement ceux qui regardent la personne du roi, sa dignité & son office.* Que ces termes généraux comprenant tous les cas royaux, il n'y a point de péril de les spécifier: le dénombrement qui en est fait ne pouvant en aucun cas préjudicier à l'autorité royale.

M.

M. Talon a dit, qu'encore que par les anciennes ordonnances il semble que l'on ait affecté de ne pas spécifier en détail tous les cas royaux, il ne s'ensuit pas que l'on doive être à présent dans la même retenue. Les cas royaux ont été diversement étendus, pour limiter le pouvoir des seigneurs avec lesquels les réglemens ont été faits, ou selon que l'autorité royale s'est trouvée plus ou moins puissante. Les ducs de Bretagne & de Bourgogne, & les autres grands seigneurs de la couronne, souffroient avec peine que les juges royaux exerçassent aucune jurisdiction dans l'étendue de leurs terres; & il a fallu de grandes disputes pour les obliger à reconnoître les cas royaux.

Dans les provinces données en apanage aux enfans de France, par les lettres de concession, les rois se sont toujours réservé la connoissance des cas royaux, & ont établi pour cet effet des juges particuliers. Il est vrai que quand on a voulu énoncer ces cas, il s'y est quelquefois trouvé de la diversité; mais la puissance royale reprenant insensiblement toutes ses forces, les cas royaux sont accrus à proportion. Et quoique l'on ait soutenu originairement que le cas royal devoit être réduit aux affaires où le roi étoit partie pour les droits de sa couronne, néanmoins depuis, l'extension en a été faite à tous les crimes dans lesquels la majesté du prince, la dignité de ses officiers & la sûreté publique, dont il est le protecteur, ont été violées. Et dans la crainte que l'on a eue, en faisant cette énumération, de donner des bornes trop étroites à l'autorité souveraine, l'on y a ajouté ces mots, *& autres;* déterminant par-là certain nombre de cas royaux, sans néanmoins exclure les autres, qui par la conformité d'une même raison, peuvent être d'une même nature.

Cela étant, il est très-important de décider qui sont les cas royaux, & de les spécifier en détail; autrement il n'y a point d'affaires, dont les juges des seigneurs n'entreprennent la connoissance, au préjudice des jurisdictions royales, & ils diront toujours que le cas ne leur a pas paru cas royal.

L'expérience nous fait connoître que cet abus se pratique tous les jours, même dans Paris; & quand un procès est porté à la tournelle, encore que l'on juge que ce soit un cas royal, on ne détruit pas toute la procédure qui a été faite, & l'on prononce sur l'appel par le mérite des charges.

Il faut donc prévenir ce désordre; & si l'on craint de faire quelque préjudice aux droits du roi, on pourroit y ajouter la clause des anciennes ordonnances. Mais en vérité, pour éviter les conflits, il seroit meilleur de comprendre dans l'article qui sera dressé, tous les cas royaux sans réserve, & de faire que les juges ne puissent à l'avenir, ni les restreindre ni les étendre. Ce que l'on peut faire pour conserver la jurisdiction royale dans son lustre, est de comprendre dans les cas royaux tous ceux qui ont été jusqu'ici dans quelque sorte de doute & d'incertitude. Et cette décision générale préviendra un nombre infini de réglemens de juges, qui empêchent, plus que toute autre chose, la punition des crimes.

DEUXIEME CONFÉRENCE.

Du samedi 7 juin 1670, après-midi.

Messieurs les commissaires du conseil, & messieurs les députés du parlement, présens :

LA compagnie s'étant assemblée à l'heure ordinaire, M. le premier président a dit, que plus il fait réflexion sur l'article XI qui fait le dénombrement des cas royaux, plus il se confirme dans le sentiment, qu'il est non-seulement inutile, mais même préjudiciable de les spécifier, par l'incertitude qui s'y rencontre, & qu'il seroit bien plus à propos d'en laisser la définition à l'arbitrage des juges.

Que l'on voit souvent des conflits pour juger des cas présidiaux & prévôtaux dans les crimes ; mais qu'à l'égard des cas royaux, il ne se présentoit des contestations que très-rarement ; les arrêts & l'usage ayant presque tout réglé sur cette matiere, & les juges subalternes déférant beaucoup aux juges royaux.

Que dans les cas qui ont été inserés dans l'article, l'on a compris celui d'*incendie ;* que les ordonnances n'en parlent point. Que néanmoins il y auroit une distinction à faire ; car tel incendie peut être cas royal, & tel autre peut ne l'être pas. L'on demeure d'accord qu'un incendie fait avec dessein prémédité, pour exciter une émotion & un désordre dans une ville, est proprement un cas royal, selon la définition véritable, & selon l'esprit de l'ordonnance : mais s'il arrivoit que dans un village on mît le feu à une grange sans aucun dessein qui pût regarder le public, on ne pourroit pas prétendre que ce fût un cas royal ; & c'est aux juges à faire ces distinctions, & d'appliquer la loi selon les occurrences particulieres : d'autant plus que ce n'est pas l'atrocité qui fait le cas royal, mais la conséquence.

M. le premier président a ajouté qu'il y auroit encore de la distinction à faire sur le port d'armes, qui ne peut être pris pour un cas royal, que lorsqu'il est fait avec attroupement, & à dessein de commettre une violence publique. Que de même le rapt & l'enlevement n'est pas un cas royal, non plus que le simple vol, quand il seroit fait dans l'église. S'il étoit fait néanmoins avec violence & effraction, il pourroit passer pour cas royal. Mais par une clause générale l'on pourroit accommoder toutes choses, en ajoutant ces mots : *& autres*, qui sont dans les anciennes ordonnances.

M. Pussort a dit, qu'à l'égard de l'*incendie*, on le pourroit ôter ; mais que pour le port d'armes, l'article X de l'édit de Crémieu en fait mention indéfiniment. Que le rapt & l'enlevement fait avec violence & à main armée est un cas royal, comme étant une violence publique; mais que le rapt fait par séduction, ne peut être qu'un cas ordinaire. Qu'on peut ajouter dans l'article le sacrilege, & qu'il en faut parler au roi.

☞ *De toutes les observations qui ont été faites sur l'article XI, il résulte que l'avis de M. le premier président alloit à ne point spécifier les cas royaux; & qu'au contraire le sentiment de M. l'avocat général Talon, & de M. Pussort, étoit d'en faire le dénombrement. Cette derniere opinion a prévalu, & l'on a ajouté les cas suivans à ceux qui étoient déjà énoncés dans l'article:* sacrilege avec effraction; police pour le port des armes; assemblées illicites; séditions; émotions populaires; force publique; fabrication, altération & exposition de fausse monnoie, & correction des officiers. *Après le dénombrement de tous ces cas, l'on a encore ajouté la clause générale:* & autres cas expliqués par nos ordonnances & réglemens.

Cet article est aussi le XI de ce titre dans l'ordonnance. Voici de quelle maniere il a été rédigé:

ARTICLE XI. Nos baillis, sénéchaux & juges présidiaux, connoîtront privativement à nos autres juges, & à ceux des seigneurs, des cas royaux, qui sont le crime de lese-majesté en tous ses chefs, sacrilege avec effraction, rebellion aux mandemens émanés de nous ou de nos officiers, la police pour le port des armes, assemblées illicites, séditions, émotions populaires, force publique, la fabrication, l'altération ou l'exposition de fausse monnoie, correction de nos officiers, malversations par eux commises en leurs charges, crime d'hérésie, trouble public fait au service divin, rapt & enlevement des personnes par force & violence, & autres cas expliqués par nos ordonnances & réglemens.

ARTICLE XII.

Des cas prévôtaux.

LES prévôts de nos cousins les maréchaux de France, les lieutenans criminels de robe-courte, les vice-baillis & vice-sénéchaux connoîtront en dernier ressort de tous crimes commis par vagabonds, gens sans aveu & sans domicile, ou qui auront été condamnés à peine corporelle, bannissement, ou amende-honorable. Connoîtront aussi des oppressions, excès, & autres crimes commis par gens de guerre, tant dans leurs marches, lieux d'étapes, que d'assemblée & de séjour; des déserteurs d'armées; assemblées illicites avec port d'armes; levées de gens de guerre sans commission de nous, & des vols faits sur les grands chemins. Connoîtront aussi des vols faits nuitamment dans les villes qui ne seront point celles de leur résidence; comme aussi des sacrileges avec effraction; assassinats prémédités; séditions; émotions populaires ; fabrication, altération ou exposition de monnoie, contre toutes personnes : en cas toutefois que les crimes aient été commis hors des villes de leur résidence.

Lecture faite de ces Articles:

M. le premier président a dit, que l'intention qu'on avoit lorsqu'on a institué les prévôts des maréchaux, étoit bonne ; mais qu'il se peut dire que le plus grand abus qui se rencontre dans la justice criminelle a procédé de ces officiers qui font naître en toutes les affaires des conflits de jurisdiction qui oppriment les innocens, & déchargent les coupables. Que la plupart sont plus à craindre que les voleurs mêmes ; & qu'on a reconnu aux grands-jours de Clermont, que toutes les affaires criminelles les plus atroces avoient été éludées & couvertes par les mauvaises procédures des prévôts des maréchaux.

Que le nombre en est trop grand, & leurs gages petits ; ce qui fait qu'ils ne cherchent qu'à gagner dans les affaires des particuliers. Qu'ils ne s'emploient ordinairement qu'à empêcher que la justice ne soit faite.

Leur premier établissement a été fait pour être à la suite des troupes, recevoir les plaintes, & empêcher les désordres des gens de guerre : que depuis on a augmenté leur pouvoir, & ils ont été employés pour donner la sûreté aux grands chemins, prêter main-forte à la justice, & empêcher les violences publiques. Mais ce qui a suivi n'a pas répondu au motif de leur institution : car pour la plupart ils savent si peu les formes de la justice, que toutes leurs procédures en confondent l'ordre.

Les juges ordinaires sont en perpétuelle contestation avec eux pour leurs entreprises, & cela fait naître une infinité de conflits. Ils n'ont qu'une fonction limitée. Qu'on devoit plutôt retrancher du pouvoir qu'on leur attribue par les ordonnances, que d'y ajouter. Cependant que par cet article, il semble qu'on augmente leur compétence, & qu'on leur attribue des cas qui ne leur appartiennent point. Par exemple, le vol fait nuitamment, qui n'est point un cas prévôtal, doit être royal, y ayant plus de cas royaux que de prévôtaux.

Dans les registres du parlement, il se trouve un arrêt rendu sur un vol fait nuitamment dans l'étendue de la justice de Saint-Benoît. Les officiers du châtelet voulurent en prendre connoissance ; le prisonnier fut revendiqué & renvoyé pardevant le juge de Saint-Benoît.

M. le chancelier a dit, que l'on convenoit des abus & des désordres que commettoient les prévôts des maréchaux : qu'il ne falloit pas pour cela ruiner leurs fonctions, dont le public pouvoit tirer de l'avantage.

M. Pussort a dit, que les prévôts des maréchaux ayant vécu avec peu d'intégrité, leur mauvaise conduite les a fort décriés, & les a rendus peu dignes des attributions & des pouvoirs qui leur ont été donnés ; mais qu'en y apportant la réformation nécessaire, on en peut tirer de grands services pour la sûreté publique.

Que leur origine est fort ancienne. Dès l'an 1221, les rois, pour exterminer les voleurs qui tenoient les champs après les guerres civiles, & maintenir la liberté publique, créerent un connétable des maréchaux de France, pour connoître de tous les crimes qui se commettoient dans les armées.

En l'an 1356, le roi Jean leur attribua, & à leurs lieutenans, la connoissance contre les espions, traîtres, tansfuges & déserteurs. De tems à autre leur pouvoir & leur jurisdiction ont été augmentés, suivant les besoins de l'état.

Le roi François I, en 1535, leur attribua la connoissance des crimes commis par les gens de guerre, les vagabonds, & même les domiciliés, de quelque état & condition qu'ils fussent, qui tenoient les champs, pilloient & voloient leurs hôtes, forçant & violant les femmes & filles, détruisant & meurtrissant les passans. Il leur attribua encore la connoissance des contraventions aux ordonnances sur le fait des chasses.

Le roi Henri II leur confirma les mêmes attributions, & y ajouta la connoissance par prévention avec les présidiaux, de toutes voleries faites ès chemins publics & maisons des sujets du roi, soit en flagrant délit ou autrement, les guetteurs des chemins, tant aux villes qu'aux champs, les sacrileges avec fracture, les aggressions faites avec port d'armes, tant aux villes qu'aux champs, soit que les délinquans fussent domiciliés ou non, & les faux monnoyeurs.

L'ordonnance d'Orléans, en leur permettant d'informer & décréter contre toutes sortes de personnes, les obligea de renvoyer les domiciliés, & ceux qui ne seroient pas leurs justiciables, par les édits & arrêts.

Par un arrêt du conseil d'état de 1564, le roi y étant, & qui a été inséré dans le corps des ordonnances, on a ajouté à la connoissance qui leur avoit été donnée par l'ordonnance de 1535 des gens sans aveu, bannis & essorillés, des accusations de fausse monnoie, séditions & voleries publiques, contre toutes sortes de personnes, même domiciliées; au cas toutefois que les accusés soient pris, & les délits commis hors les villes de leur résidence: & ce, par prévention avec les juges ordinaires.

L'ordonnance de 1566 a augmenté leur pouvoir, & leur a permis de connoître en dernier ressort de tous les cas à eux attribués, contre toutes sortes de personnes domiciliées ou autres; sauf à eux de laisser ceux qui ne seroient pas leurs justiciables.

Que ces grandes attributions si étendues leur ont donné occasion de vexer les sujets du roi, en prenant connoissance de toutes matieres. Que sa majesté ayant été informée que ces désordres procédoient du grand nombre de maréchaussées, a pris résolution de les réduire, de ne conserver que les grandes, & supprimer le reste: de les composer de cinquante archers, & de leur donner la même solde qu'aux gardes-du-corps, & aux compagnies d'ordonnance. Que cette réformation s'exécute par le remboursement que l'on commence à faire aux officiers supprimés. Qu'on en a usé de même à l'égard des chevaliers du guet, qui ont tous été supprimés, à l'exception de celui de Paris. Et comme ces compagnies ne seront plus remplies que de gens d'élite, & qui auront une subsistance réglée, l'on en doit espérer un grand service dans le public. Ils ne traverseront plus les jurisdictions ordinaires; & comme il leur est défendu de résider plus de trois jours dans les villes, ils seront souvent prévenus.

Au surplus, il ne se trouve dans l'article que deux cas qui soient combattus: savoir, *l'assassinat prémédité*, & *le vol fait nuitamment.*

Quant à l'*assassinat prémédité*, ou du guet-à-pens (ce sont termes synonymes; mais ce dernier n'étant pas françois, on a proposé d'user du premier, ou de mettre le mot *préparé*, qui semble signifier davantage, mais qui est moins d'usage), ce cas est jugé prévôtal: c'est la jurisprudence du grand-conseil; & lorsqu'il se trouve des conflits entre le parlement & le grand-conseil, pour raison de ce, les arrêts qui interviennent au conseil du roi, décident toujours en faveur des prévôts des maréchaux, & jugent l'assassinat prémédité être un cas prévôtal.

Le dernier arrêt, qui est public, est celui qui est intervenu en présence du roi en l'affaire de Ligneris, garde-du-corps, qui fut renvoyé au châtelet, pour y être jugé présidialement; & l'arrêt du parlement, qui l'avoit jugé cas ordinaire, cassé.

Pour ce qui est du *vol fait nuitamment*, il est vrai qu'il ne se trouve point dans les ordonnances: mais les vols faits, tant dans les villes que dans les grands chemins, sont cas prévôtaux; & les prévôts des maréchaux prétendent qu'il n'y a point de plus grands chemins que les rues des villes.

Qu'en ôtant la connoissance de ces matieres aux prévôts des maréchaux, il la faudroit attribuer aux lieutenans criminels qui deviendroient prévôts des maréchaux eux-mêmes, & tomberoient dans les mêmes inconvéniens; & l'on en a vu qui ont publiquement commis de grands désordres, & abusé des fonctions de leurs charges.

Que ce que l'on a pu faire de mieux pour apporter un correctif aux entreprises que pourroient faire les prévôts des maréchaux, a été de leur faire défenses de prendre aucune connoissance des crimes arrivés dans les villes de leur résidence ordinaire, & de demeurer plus de trois jours dans les autres lieux.

M. le premier président a réparti, que ce que l'on vient d'apprendre des intentions du roi sur le sujet du retranchement des prévôts des maréchaux, est grand & avantageux pour le public; mais que le dessein n'étant pas de les supprimer entiérement, il est toujours nécessaire d'assurer & de régler les fonctions de ceux qui demeureront conservés.

Qu'un vol, de quelque qualité qu'il soit, & en quelque lieu & maniere qu'il ait été commis, sera toujours cas prévôtal, si on les en veut croire: néanmoins l'ordonnance ne leur donne pas le pouvoir de connoître du simple vol fait nuitamment, s'il n'est commis avec port d'armes, violence & force publique.

Que les prévôts des maréchaux ne pouvant connoître des cas qui arriveront dans les lieux de leur résidence, n'y feront pas grand séjour; mais leur résidence se trouvera par-tout ailleurs où ils continueront leurs entreprises, au lieu de tenir la campagne pour donner la sûreté aux grands chemins, ce qui est le véritable motif de leur premiere institution. Les rues des villes closes ne passent point pour grands chemins, & les prévôts des maréchaux n'y peuvent pas exercer leur jurisdiction.

A l'égard de l'assassinat de *guet-à-pens*, ce terme semble être dérivé de cette ancienne forme de parler, *d'aguet-à-pensé*. Cujas a cru en avoir trouvé l'origine, dans ses observations sur la loi 6 au code *de dolo malo*, où il dit que ces mots, *insidiis perspicuis probandum*, ont pu donner lieu à la version faite il y a plus de six cens ans; car ces termes, *insidiis perspicuis*, sont traduits par *aperts aguets*.

Mais pour ne s'arrêter qu'à la substance du crime, il ne semble pas être de la compétence des prévôts des maréchaux; particuliérement dans les villes où les juges ordinaires sont suffisamment autorisés, & où chacun prête volontiers main-forte à la justice.

A l'égard de la campagne, il semble qu'il y auroit moins d'inconvénient de le leur accorder, parce qu'elle n'a pas les mêmes secours qui se trouvent dans les villes: ainsi l'on pourroit réduire leur compétence à cet égard, aux assassinats prémédités, commis à la campagne; autrement il n'y auroit point d'assassinats dont ils ne pussent prendre connoissance, parce qu'il n'y en a point qui se commettent sans préméditation. De sorte que la compétence prévôtale se trouvant renfermée dans le terme *prémédité*, ils ne manqueroient jamais de le faire mettre dans les informations, dont ils sont les maîtres. C'est en effet ce qui a donné lieu au lieutenant criminel de déclarer à un des complices de l'affaire de Ligneris, qu'il seroit jugé présidialement, parce qu'il avoit prétendu qu'il y avoit de la préméditation, quoiqu'en effet, par les circonstances de l'affaire, ce particulier ne pût être sujet à la jurisdiction prévôtale.

M. Talon a dit, qu'il y a deux choses à observer dans cet article: l'une regarde la fonction des prévôts des maréchaux en général; l'autre, les cas particuliers, dont la connoissance leur est attribuée. Les prévôts des maréchaux sont non-seulement utiles, mais nécessaires, & leur établissement est fort ancien. Ils étoient dans leur origine à la suite des armées, & ne connoissoient que des crimes commis par les gens de guerre, & dont le châtiment appartient aux maréchaux de France, & à ceux qui commandent les armées.

Le roi François I commença d'établir les prévôts, qui furent appellés *provinciaux*, parce qu'ils avoient leur résidence dans les provinces du royaume. Et comme ces officiers étoient préposés pour la sûreté publique, l'on étendit leur jurisdiction, même sur les personnes domiciliées, lorsqu'elles étoient prévenues des crimes que commettent ordinairement les gens de guerre, quand ils ne sont point retenus dans une exacte discipline,

Depuis, par les édits burſaux, le nombre des prévôts des maréchaux a été notablement augmenté. L'on a créé des prévôts généraux, des lieutenans criminels de robe-courte, des chevaliers du guet, & des maréchauſſées particulieres dans pluſieurs petites villes du royaume. Et comme ces officiers, ni leurs archers, n'ont point de gages pour ſubſiſter, il n'y a point de malverſations auxquelles ils ne ſe ſoient abandonnés. Ils ne font aucune fonction, s'ils n'eſperent en retirer de l'émolument; & toutes les oppreſſions que peuvent commettre, ou les voleurs, ou les perſonnes puiſſantes qui s'engagent à mal faire, n'approchent point des concuſſions des prévôts des maréchaux, & de leurs officiers ſubalternes.

Cette vérité a été reconnue aux grands-jours de Clermont, où l'on a fait le procès à pluſieurs officiers de maréchauſſées; mais l'on a été perſuadé d'ailleurs qu'il n'y en avoit pas un ſeul dont la conduite fût innocente, & exempte de reproche.

L'unique moyen de remédier à tous ces abus, eſt de ſupprimer un grand nombre de maréchauſſées; & dans celles qui ſeront conſervées, donner aux prévôts & archers des gages ſuffiſans pour ſubſiſter, tenir la campagne, & être inceſſamment à cheval; & en même tems leur défendre de tirer aucun émolument des procès qu'ils inſtruiront, quand même il y auroit partie civile. C'eſt la diſpoſition de l'article 45 de l'ordonnance de 1566, qui porte en termes formels: *Ne pourront leſdits prévôts, vice baillis, vice-ſénéchaux, ou leurs lieutenans & archers, prendre ni exiger de nos ſujets aucuns deniers pour leurs dépens, frais, ſalaires & vacations, ſoit pour informations, décrets, captures de délinquans, ou autres cauſes quelconques, nonobſtant que noſdits ſujets y euſſent intérêt, comme parties civiles; & ce, ſur peine de privation de leurs offices. Et où ils ſeroient négligens, même après la réquiſition & ſommation de noſdits ſujets, de monter à cheval, informer, & aller là par où les crimes auront été commis, ou les délinquans retirés, nous voulons qu'ils ſoient condamnés en tous les dépens, dommages & intérêts des parties, & privés de leurs états.*

En effet, tant que les prévôts des maréchaux recevront quelques ſalaires de leurs inſtructions, ils ſeront avides de connoître des affaires où il y aura partie civile, & abandonneront la recherche des crimes où le public ſeul ſe trouvera intéreſſé.

Il faut, outre cela, apporter quelque remede aux greffes des maréchauſſées, n'étant que trop notoire avec combien de facilité le prévôt, avec ſon aſſeſſeur & le greffier, change, altere & ſupprime les minutes des informations, interrogatoires, & autres procédures criminelles. Quand il plaira au roi, on propoſera les expédiens que l'on eſtime les plus convenables pour arrêter le cours d'un déſordre ſi pernicieux, & qui eſt aſſurément très-fréquent.

Il faudroit auſſi ſupprimer entiérement les aſſeſſeurs: ces charges ſont poſſédées par des perſonnes qui n'ont ni ſuffiſance ni probité, & qui étant entiérement dévouées aux prévôts, bien loin de veiller ſur leurs actions, ils partagent la proie avec eux, & commettent ſouvent pluſieurs malverſations de leur chef.

L'on

L'on dira, ſans doute, que ces charges étant ſupprimées, & leurs fonctions réunies à celles des conſeillers des préſidiaux, il ne s'en trouvera point qui veuillent faire la dépenſe de monter à cheval pour ſuivre les prévôts lorſqu'ils vont faire une inſtruction à la campagne; mais comme l'intention du roi eſt d'augmenter les gages des officiers des maréchauſſées, & de leur donner moyen de ſubſiſter avec honneur, l'on peut deſtiner les gages que l'on donneroit à l'aſſeſſeur, pour les frais du voyage du conſeiller qui aſſiſtera le prévôt dans les inſtructions. Et même le roi pourra commettre pour un, deux ou trois ans, un conſeiller du préſidial, pour faire la fonction d'aſſeſſeur; & il y a moins à craindre de corruption d'un officier qui poſſede d'ailleurs une charge conſidérable, qui n'étant nommé que par commiſſion, pourra être révoqué, ſi l'on a quelque ſoupçon de ſa conduite, que d'un aſſeſſeur de la maréchauſſée, qui ne peut jamais être une perſonne qualifiée, ſoit du côté de la ſuffiſance, ſoit du côté de l'intégrité.

Quant aux cas ſinguliers énoncés dans l'article, il faut encore obſerver que nul cas ne peut être réputé prévôtal, ſi auparavant il n'a été jugé cas royal; les rois ayant choiſi entre les cas dont la connoiſſance appartient à leurs officiers, privativement à tous autres, ceux qui regardent particuliérement la ſûreté publique, pour en attirer la connoiſſance aux prévôts des maréchaux. Et ſi l'on décidoit autrement, il s'enſuivroit que non-ſeulement les prévôts royaux, mais les officiers des hauts-juſticiers, pourroient connoître par concurrence & prévention des cas prévôtaux qui ne ſeroient pas royaux: les rois n'ayant jamais eu deſſein, ni par l'établiſſement des prévôts des maréchaux, ni par les ampliations de pouvoir qu'ils leurs ont données, de faire aucun préjudice à la juriſdiction de leurs ſujets. Cependant il a dans cet article pluſieurs cas énoncés comme prévôtaux, qui dans le précédent ne ſont point mis au nombre des cas royaux. On peut remarquer entre les autres les *vols de nuit*, & les *aſſaſſinats prémédités*.

Pour les *vols de nuit*, il eſt difficile de s'imaginer ſur quoi l'on eſt fondé pour les réputer cas prévôtaux. L'on ne doute pas que les vols faits ſur les grands chemins, tant de jour que de nuit, ne ſoient de la compétence des prévôts des maréchaux: ſavoir ſi les rues des grandes villes ſeroient miſes au nombre des grands chemins, ce peut être une queſtion. Mais ſi l'on examine l'eſprit de l'ordonnance, qui oblige les prévôts des maréchaux d'être continuellement à la campagne, pour y maintenir la ſûreté publique: l'on n'a pas eu intention de leur attribuer la connoiſſance des vols faits dans les villes, ſoit de nuit ou de jour, dans les maiſons & dans les rues.

Il faut obſerver que les lieutenans criminels des ſieges préſidiaux ne jugent des cas prévôtaux en dernier reſſort, qu'à l'exemple des prévôts. Cette juriſdiction qui leur eſt communiquée ne fait point partie de la juriſdiction préſidiale; ainſi tous les cas qui ne ſont point prévôtaux en la personne du prévôt des maréchaux, ne le peuvent être en la personne du lieutenant criminel. Il n'y a point d'ordonnance qui mette au nombre des cas prévôtaux l'*assassinat prémédité*, ou *de guet-à-pens*.

Quand les ordonnances usent de ces mots, *guetteurs de chemins*, elles ne se peuvent entendre que de ceux qui commettent des vols & des meurtres sur les grands chemins, qui attendent les passans & leur dressent des embûches. Et si dans quelques ordonnances on s'est servi des termes d'*agression avec port d'armes*, cela ne peut encore s'appliquer aux assassinats prémédités. L'agression avec port d'armes est proprement ce qu'on appelle en droit civil, *vis publica, convocatis hominibus*, quand plusieurs personnes attroupées commettent une violence publique. En quoi il faut remarquer que l'édit de 1564, qui attribue aux prévôts la connoissance de ces agressions avec port d'armes, a été fait dans la plus grande chaleur des guerres de la religion : car alors l'animosité des différens partis formés dans l'état, étoit cause souvent que les gentilshommes, ou autres, s'assembloient, & attaquoient leurs ennemis avec une violence ouverte: & comme ce crime offensoit la sûreté publique, & étoit capable de renouveller les désordres passés, on en laissa la connoissance aux prévôts des maréchaux.

Et bien qu'il y ait de la différence entre les *assemblées illicites* & les *agressions avec port d'armes*, il est pourtant véritable que dans l'édit de 1564 le terme d'*assemblée illicite* n'y est point employé, apparemment parce qu'on craignoit de donner de l'ombrage à ceux qui faisoient profession de la religion prétendue réformée : l'agression avec port d'armes a été subrogée à sa place.

Mais enfin il n'y a point d'ordonnance qui mette au nombre des cas prévôtaux, ni l'assassinat prémédité, ni l'assassinat concerté, ni l'assassinat de guet-à-pens. Si les prévôts des maréchaux & les présidiaux ont étendu leur jurisdiction sans un titre légitime, le parlement y a toujours résisté; & l'intention du roi n'étant point d'augmenter la jurisdiction prévôtale, qui devroit plutôt être resserrée dans des bornes étroites par le mauvais usage que l'on en fait tous les jours, il faut s'en tenir aux expressions des anciennes ordonnances; & ce d'autant plus que l'intention principale du roi étant d'empêcher les conflits de jurisdictions, & de faire que les prévôts ne connoissent point d'autres affaires que celles qui sont de leur compétence, si on les rend juges des assassinats prémédités, il n'y a point d'homicide de rencontre, de duels, ni même de rixe, dont ils n'entreprennent de connoître. Les rencontres les plus inopinées, les duels les plus concertés seront des assassinats prémédités ; & par la plainte qui leur sera rendue, & par l'adresse qu'ils auront de rédiger la déposition des témoins, de sorte qu'il paroisse toujours quelque querelle ou menace précédente, dont on puisse induire la préméditation.

Que si l'on dit qu'ils sont obligés de faire juger leur compétence ; outre qu'il est dangereux que les présidiaux n'étendent leur jurisdiction prévôtale, c'est que d'ailleurs les prévôts décreteront leurs informations, adjugeront des provisions, feront des saisies & annotations de biens, instruiront les procès par contumace, tant que les accusés n'auront point rempli le décret.

D'autre part, le juge ordinaire informera comme d'une rixe, ou d'un simple homicide, & il sera indispensable de venir au grand-conseil pour terminer le réglement de juges. Il est de notoriété publique qu'il n'y a point de querelles où il y ait des coups donnés, dont le prévôt n'informe & n'instruise le procès, même dans Paris, si la plainte lui en est portée; parce qu'il dira toujours que ç'a été un assassinat prémédité; & quoiqu'il n'y ait ni mort, ni blessure considérable, il ne laissera pas de prétendre d'être compétent, parce que ce n'est pas l'événement, mais la préméditation qui peut fonder sa jurisdiction, aux termes de l'article.

Il faudroit encore éclaircir si l'intention du roi est qu'un officier des troupes, en quelque lieu qu'il se trouve, soit sujet au jugement dernier, à cause qu'il est dit, que *les prévôts connoîtront des crimes commis par les gens de guerre, tant dans leurs marches, assemblées, que séjour :* & bien qu'il semble que cela ne regarde que les crimes commis dans les lieux où les troupes sont en garnison, ou en quartier d'hiver; néanmoins le terme de *séjour* est équivoque; & il ne sera pas, ce semble, inutile d'y ajouter quelque chose, pour en ôter l'ambiguité.

M. le président de Novion a dit, que ce n'étoit pas établir le repos public, que d'étendre le pouvoir des prévôts des maréchaux : qu'aux grands-jours de Clermont, le marquis de Canillac, qui fut condamné à mort, s'étoit jusques-là soustrait à la justice, parce que se voyant poursuivi par les juges ordinaires, il se pourvut pardevant un simple exempt de prévôt des maréchaux. Ces différentes procédures ayant fait naître un conflit de jurisdiction, le grand-conseil donna des défenses qui arrêterent la procédure, laquelle demeura sursise pendant quatorze années jusqu'aux grands-jours.

M. Pussort a réparti, que ces ordonnances sont pour les prévôts des maréchaux; que l'usage les interprete en leur faveur. Il y a l'exemple de l'assassinat prémédité, dont étoit accusé le marquis de l'Hôpital, qui fut déclaré prévôtal. Mais toutes ces difficultés peuvent être terminées en deux mots : & le tout consiste à ôter aux prévôts des maréchaux la connoissance des vols commis dans les villes, & les assassinats prémédités en cas prévôtaux, tant en la ville qu'aux champs, & qu'il en parleroit au roi.

M. le premier président a dit, que l'article porte, que les prévôts des maréchaux connoîtront des cas y mentionnés *contre toutes sortes de personnes*, & a demandé si les ecclésiastiques seroient compris dans cette condition générale.

M. Pussort a répondu, que le roi a voulu que les ecclésiastiques y fussent compris, & déclarés sujets aux cas prévôtaux; mais qu'il n'a pas cru qu'il fût nécessaire de les y dénommer, & que la clause générale pouvoit suffire.

M. le premier président a dit, qu'ils avoient l'édit de Melun de 1580, contraire à cette disposition, & encore une déclaration faite en leur faveur.

M. Talon a dit, qu'il ne se trouvera point d'exemple qu'un official ait fait le procès à un ecclésiastique avec aucun prévôt des maréchaux.

☞ *Sur toutes les observations qui ont été faites au sujet de cet article, l'on n'y a fait que deux changemens : le premier est dans la seconde partie de l'article, à l'égard des crimes commis par les gens de guerre* dans les lieux de leur séjour; *car pour ôter l'ambiguité qui est dans ces derniers mots, suivant la réflexion de M. l'avocat général, l'on y a ajouté ceux-ci*, pendant leur marche.

Le second changement est dans la troisieme partie de l'article, à ces mots, connoîtront aussi des vols faits nuitamment : *au lieu desquels on a mis*, connoîtront aussi des vols faits avec effraction, port d'armes, & violence publique. *Au surplus l'article a été conservé.*

Outre ces changemens on a dressé un article nouveau, par lequel il est dit qu'on n'a entendu déroger par l'article XII aux privileges dont les ecclésiastiques ont accoutumé de jouir. *Les dernieres réflexions que M. le premier président a faites sur l'article XII au sujet de ces termes*, contre toutes personnes, *ont donné lieu à ce nouvel article, qui est le XIII de ce titre dans l'ordonnance. Voici de quelle maniere l'un & l'autre ont été rédigés :*

ARTICLE XII. Les prevôts de nos cousins les maréchaux de France, les lieutenans criminels de robe-courte, les vice-baillis, vice-sénéchaux, connoîtront en dernier ressort de tous crimes commis par vagabonds, gens sans aveu & sans domicile, ou qui auront été condamnés à peine corporelle, bannissement ou amende-honorable. Connoîtront aussi des oppressions, excès ou autres crimes commis par gens de guerre, tant dans leur marche, lieux d'étapes, que d'assemblée & de séjour pendant leurs marches; des déserteurs d'armées, assemblées illicites avec port d'armes; levées de gens de guerre sans commission de nous, & de vols faits sur grands chemins. Connoîtront aussi des vols faits avec effraction, port d'armes, violence publique dans les villes qui ne seront de leur résidence; comme aussi des sacrileges avec effraction, assassinats prémédités, séditions, émotions populaires, fabrication, altération ou exposition de monnoie contre toutes personnes; en cas toutefois que les crimes aient été commis hors de leur résidence.

ARTICLE XIII. N'entendons déroger, par le précédent article, aux privileges dont les ecclésiastiques ont accoutumé de jouir.

ARTICLE XIV.

Défenses aux prévôts de juger à la charge de l'appel.

LES prévôts des maréchaux, vice-baillis, vice-sénéchaux, ne pourront juger en aucun cas, à la charge de l'appel.

Après la lecture faite :

☞ *Cet article a été trouvé bon, & on l'a inséré dans l'ordonnance, où il est le XIV de ce titre.*

ARTICLE XV.

Extenſion en faveur des juges préſidiaux.

Nos juges préſidiaux connoîtront auſſi en dernier reſſort des perſonnes & crimes mentionnés ès articles précédens, & préférablement aux prévôts des maréchaux, lieutenans criminels de robe-courte, vice-baillis & vice-ſénéchaux, s'ils ont décrété avant eux, ou le même jour.

Lecture faite de cet Article:

M. le premier préſident a dit, que le lieutenant criminel de robe-courte du prévôt de Paris a des attributions ſingulieres dont il ſe trouve en poſſeſſion: qu'on le peut excepter, & ajouter à l'article, *ſans préjudice de ſes droits & poſſeſſions.*

M. Puſſort en eſt convenu.

☞ *Il n'a été fait aucune mention dans cet article de l'exception propoſée par M. le premier préſident; elle a été renvoyée au dernier article du titre II* des procédures particulieres aux prévôts des maréchaux, &c. *Ainſi le préſent article a paſſé dans l'ordonnance ſans aucun changement: il eſt le XV de ce titre.*

ARTICLE XVI.

Cas auquel le juge des lieux pourra informer & décréter des cas royaux & prévôtaux.

Si les coupables de l'un des cas royaux ou prévôtaux ci-deſſus, ſont pris en flagrant délit, le juge des lieux pourra informer & décréter contre eux, & les interroger: à la charge d'en avertir inceſſamment nos baillis & ſénéchaux, & juges préſidiaux, par acte ſignifié à leur greffe: après quoi ils ſeront tenus d'envoyer querir le procès & les accuſés, qui ne pourront leur être refuſés, à peine d'interdiction, & de trois cens livres d'amende contre les juges, greffiers & geoliers, applicable moitié à nous, & moitié aux pauvres & aux néceſſités de l'auditoire de nos baillis & ſénéchaux, & juges préſidiaux, ainſi qu'il ſera par eux ordonné.

Lecture faite de l'Article XVI:

M. le premier préſident a dit, que cette ordonnance eſt trop pénale; qu'il en ſera comme des excommunications de cour de Rome, qui ont paſſé en style, & n'ont plus été considérées comme ayant effet, parce qu'elles étoient apposées presque dans tous les actes.

M. Pussort a réparti, qu'il ne répétera point ici ce qui a été dit en d'autres endroits sur cette matiere, mais qu'il en parlera au roi.

M. Talon a dit, qu'il semble qu'en ces deux articles XIV & XV, au lieu des termes de *juges présidiaux*, il faudroit mettre ceux de *lieutenans criminels des sieges présidiaux*. Il a déjà été remarqué que la connoissance des cas prévôtaux attribués aux lieutenans criminels des sieges présidiaux, ne fait en rien partie de la jurisdiction présidiale, soit au premier ou au second chef de l'édit.

Il est vrai qu'avant qu'il y eût des assesseurs, c'étoit un conseiller du siege qui instruisoit avec le prévôt; mais quand le prévôt est prévenu, il ne le peut-être que par le lieutenant criminel du bailliage & siege présidial, & c'est au lieutenant criminel auquel l'instruction appartient : le procès ensuite est jugé au présidial, & il n'y a point d'apparence que le présidial donnât permission d'informer, ni qu'il décrétât une information. Tout cela fait partie de la fonction des lieutenans criminels, & on ne sauroit y faire aucun changement sans faire un notable préjudice à l'ordre de la justice.

☞ *L'observation faite par M. l'avocat général a été approuvée, & l'on a mis dans cet article* les lieutenans criminels, *au lieu de* juges présidiaux. *Il est le XVI dans l'ordonnance, & il a été ainsi rédigé :*

ARTICLE XVI. Si les coupables de l'un des cas royaux ou prévôtaux ci-dessus, sont pris en flagrant délit, le juge des lieux pourra informer & décréter contre eux, & les interroger; à la charge d'en avertir incessamment nos baillis & sénéchaux, ou leurs lieutenans criminels, par acte signifié à leur greffe : après quoi ils seront tenus d'envoyer querir le procès & les accusés, qui ne pourront leur être refusés, à peine d'interdiction & de trois cens livres contre les juges, greffiers & geoliers, applicable moitié à nous, & l'autre moitié aux pauvres & aux nécessités de l'auditoire de nos baillis & sénéchaux, ainsi qu'il sera par eux ordonné.

ARTICLE XVII.

Ce qui doit être observé pour faire juger la compétence.

LES lieutenans criminels de nos présidiaux, & ceux de nos principaux bailliages & sénéchaussées des provinces où il n'y a point de présidial, & tous autres juges présidiaux, seront tenus, dans les cas énoncés dans les articles XI & XII ci-dessus, faire juger leur compétence par jugement en dernier ressort ; & pour cet effet porter à la chambre du conseil du présidial, bailliage & sénéchaussée, les charges & informations, & y faire conduire les accusés, pour être ouïs en présence de tous les juges, dont ils feront tenus de faire mention dans leurs jugemens, enfemble des motifs fur lefquels ils feront fondés, pour juger la compétence.

Lecture faite de cet Article :

M. le premier préfident a dit, que les lieutenans criminels font lieutenans des baillis & fénéchaux, & non pas des fieges préfidiaux ; & que c'eft une chofe à réformer dans l'article.

Mais ce qui eft plus important, eft que l'attribution fouveraine qu'on leur donne eft fans fondement; ce pouvoir n'ayant jamais appartenu aux baillis & fénéchaux, mais feulement aux préfidiaux.

Que d'ailleurs cette attribution faite aux baillis des provinces, dans les refforts des parlemens où il n'y a point de fieges préfidiaux établis, comme dans la Provence & dans la Bourgogne, eft nouvelle & fans néceffité. Il n'y a que trop de fieges qui jugent en dernier reffort.

Mais de plus, il y a de l'ambiguité & de l'incertitude dans l'article, en ce qu'il donne cette attribution aux *principaux bailliages & fénéchauffées des provinces :* & comme chaque fiege peut avoir quelque confidération particuliere qui le diftingue & qui le releve au-deffus d'un autre, la queftion fera grande pour décider qui fera le bailliage principal dont on aura voulu parler dans l'ordonnance, quoique l'intention foit de n'inférer point dans l'ordonnance de chofes générales qui puiffent faire naître de la conteftation.

M. Puffort a dit, qu'il faudra retrancher du commencement de l'article ces mots, *nos préfidiaux*, & mettre au lieu d'iceux, *les lieutenans criminels des fieges où il y a préfidial, & ceux des principaux bailliages & fénéchauffées.*

Et quant à l'autre difficulté, qui regarde l'augmentation du pouvoir en dernier reffort, cette attribution eft fondée fur ce que n'y ayant point de préfidiaux dans les provinces de Bourgogne & de Provence; mais y ayant de grands bailliages & fénéchauffées compofés de plufieurs officiers, l'on a cru que pour rendre l'ordonnance uniforme par-tout le royaume, ces bailliages & fénéchauffées pouvoient bien tenir lieu de préfidiaux, & qu'ils étoient affez diftingués en les nommant *principaux.* En Bourgogne il y en a fept diftingués des autres par la dénomination de *bailliages principaux :* la même diftinction peut être en Provence; néanmoins qu'il feroit bon de les fpécifier plus particuliérement, afin d'ôter tout prétexte d'ambiguité.

M. Talon a dit, que cet article étoit nouveau, & que jamais jufqu'ici les lieutenans criminels n'ont fait juger leur compétence. Il oblige les lieutenans criminels à faire juger, non-feulement fi le cas eft prévôtal, mais même s'il eft royal; puifqu'il porte qu'ils feront juger leur compétence *dans les cas mentionnés aux articles XI & XII*, & il n'y a point d'apparence à obliger un lieutenant criminel de faire juger fi un crime, dont il prend connoissance, est du nombre des cas royaux : & si l'on veut l'assujettir à examiner si le crime est ou n'est pas prévôtal, le mot de *compétence*, qui est en usage à l'égard des prévôts des maréchaux, se trouvera très-impropre pour les lieutenans criminels. Mais les prévôts des maréchaux, si les cas ne sont pas prévôtaux, cessent d'en connoître, & ils sont déclarés incompétens.

Il n'en est pas de même d'un lieutenant criminel : si le cas n'est pas prévôtal, il en continue l'instruction & en demeure juge, à la charge de l'appel : comme lorsque l'on a parlé des principaux bailliages & sénéchaussées des provinces où il n'y a point de présidial, l'intention n'a pas été de donner la concurrence & la prévention aux lieutenans criminels des bailliages ; que dans les ressorts des parlemens où il n'y a point de présidiaux établis, cet article doit être conçu en d'autres termes ; parce qu'il y a des provinces, même dans le ressort du parlement de Paris, dans lesquelles il n'y a point de présidiaux, & dont les lieutenans criminels des bailliages prétendroient, en conséquence de l'article, s'il demeuroit aux termes qu'il est conçu, juger tous les cas prévôtaux en dernier ressort. Nous en avons l'exemple dans la province du Perche où il n'y a point de présidial, & qui ressortit à Chartres pour les cas présidiaux, & qui néanmoins a deux bailliages, Mortagne & Belesme.

M. Pussort en est demeuré d'accord, & qu'il falloit ôter le mot d'*article XI*.

M. Talon a ajouté, que l'article seroit plus concis, & paroîtroit plus intelligible, si au commencement de l'article on mettoit, *dans les parlemens dans le détroit desquels il n'y a point de présidial*.

Cette ouverture a été approuvée.

☞ *Cette derniere observation n'a pas été suivie, mais les autres l'ont été : ainsi l'on a fait des changemens considérables à cet article, qui est le XVII dans l'ordonnance, en ces termes :*

ARTICLE XVII. Les lieutenans criminels des sieges où il y a présidial, seront tenus, dans les cas énoncés en l'article XII ci-dessus, faire juger leur compétence par jugemens en dernier ressort ; & pour cet effet porter à la chambre du conseil du présidial les charges & informations, & y faire conduire les accusés, pour être ouïs en présence de tous les juges, dont ils seront tenus faire mention dans leurs jugemens, ensemble des motifs sur lesquels ils seront fondés pour juger la compétence.

ARTICLE XVIII.

Ce qui sera fait après le jugement de la compétence.

LES jugemens seront prononcés aussi-tôt aux accusés, & baillé copie ; & procédé ensuite à leur interrogatoire, au commencement duquel sera encore déclaré que le procès leur sera fait en dernier ressort.

Lecture

Lecture faite de cet Article :

M. le premier président a dit, que l'article étoit bon ; mais qu'il s'y trouvoit de la contrariété avec celui qui suit, qu'il expliquera incontinent.

☞ *Nonobstant la contrariété que M. le premier président a trouvée entre cet article & le suivant, il a été conservé sans aucun changement, & il est le XVIII dans l'ordonnance.*

ARTICLE XIX.

Quand les juges pourront déclarer à l'accusé, sur la sellette, qu'il sera jugé en dernier ressort.

Si néanmoins, après avoir commencé l'instruction du procès à l'ordinaire, les juges reconnoissent dans la suite par les preuves survenues au procès, ou par la confession des accusés, qu'ils eussent été repris de justice, ou qu'ils fussent vagabonds & gens sans aveu, ils pourront leur faire la même déclaration lors du dernier interrogatoire sur la sellette, & en conséquence les juger en dernier ressort.

Après la lecture faite de l'Article XIX :

M. le premier président a dit, qu'il y aura des inconvéniens dans l'exécution de cet article qui se trouve contraire au précédent, qui veut qu'*au commencement de l'interrogatoire il soit déclaré à l'accusé, que le procès lui est fait en dernier ressort ;* & par celui-ci il est porté, qu'en certains cas *ils pourront faire pareille déclaration à l'accusé, sur la sellette.*

Que les juges en pourront abuser pour l'intérêt de leur jurisdiction, en n'avertissant l'accusé de leur compétence qu'à la derniere extrêmité, pour lui ôter la liberté de se pourvoir. Cependant qu'il se trouvera surpris, parce que la défense d'un accusé est différente auprès des juges qu'il sait le devoir juger en dernier ressort, d'avec celle qu'il emploie lorsque la faculté de l'appel lui est réservée. Qu'il n'y aura plus pour lui de remede, & ne saura qui réclamer ; parce que le jugement suit immédiatement l'interrogatoire sur la sellette, & l'exécution incontinent après. Et comme il n'y a rien de plus précieux que la vie des hommes, la justice y apporte de grandes circonspections, & les juges de grands égards pour garantir les accusés de toutes surprises.

M. Pussort a dit, que la prévoyance de l'article XVII a été nécessaire pour conserver à l'accusé la liberté toute entiere d'une légitime défense ; mais la disposition de l'article XVIII est fort bonne & bien entendue. Qu'il n'est pas contraire à l'article qui précede. Qu'il a été résolu sur la remontrance des officiers du châtelet, qui ont fait entendre, que lorsqu'il s'agit de juger un accusé suspect d'avoir été repris de justice (& néanmoins de cas dont il s'agit, étant à l'ordinaire) pendant le rapport du procès, un des juges a devant lui & parcourt un registre, que l'on appelle *le livre rouge*, dans lequel les noms des condamnés sont insérés: & s'il arrive que celui qui répond sur la sellette soit du nombre de ceux qui sont inscrits dans le registre, on l'interroge sur le fait; & enfin si par les éclaircissemens que les juges tirent, soit de sa bouche, soit du greffe, il se découvre qu'il ait déjà été repris de justice, on lui déclare qu'il sera jugé en dernier ressort.

M. de Novion a dit, que cette maniere de déclarer la compétence lui paroît bien précipitée & fort extraordinaire. Que les ordonnances y sont contraires, & que cet usage est abusif. La jalousie fera rendre beaucoup de jugemens en dernier ressort, qui ne le devroient pas être; & quoique l'on n'en marque pas les inconvéniens, il est impossible qu'il n'y en ait d'infinis. Mais ils sont tous couverts par les supplices des misérables, dont on n'a jamais revu aucun procès. Que c'est aux loix à les secourir par leur prévoyance, en y apportant les tempéramens nécessaires.

M. Talon a dit, que cet article est d'une conséquence d'autant plus dangereuse, qu'il détruit entiérement la disposition de l'article XVI. Et encore qu'elle ne regarde que ceux qui sont sujets au jugement dernier, pour raison de leurs personnes, il est très-important que celui qui doit être jugé en dernier ressort, au moins lors du premier interrogatoire, en soit averti.

Il est vrai qu'autrefois au châtelet on opinoit sur la qualité du jugement, après que le procès avoit été vu, & que l'on ne déclaroit point aux accusés qu'ils seroient jugés par jugement dernier. Mais c'est un désordre qui a été réformé par les arrêts; & depuis que l'on a obligé le lieutenant criminel de déclarer à l'accusé, à la fin du premier interrogatoire, qu'il prétend le juger par jugement dernier, il n'en est point arrivé d'inconvénient, & l'on n'a point vu qu'il ait été obligé de juger à la charge de l'appel, ni des vagabonds, ni des gens repris de justice: & rien ne paroît plus dangereux que d'instruire un procès à un accusé, qui croit avoir le bénéfice de l'appel; & à l'instant de sa condamnation, lorsqu'il ne peut plus réclamer ni se pourvoir, ni suppléer ce qui a pu manquer à sa défense, lui prononcer qu'il va être jugé en dernier ressort. L'humanité que nos rois ont toujours eue pour leurs sujets, & la précaution qu'ils ont apportée pour empêcher qu'ils ne soient injustement opprimés, & sur-tout lorsqu'il s'agit de leur vie, semble ne pouvoir pas compatir avec cette proposition.

M. Pussort a dit, qu'il a vu des interrogatoires, dans le premier article desquels la déclaration n'a point été faite.

M. le président de Novion a dit, que le juge n'a point de droit de dire qu'il va juger prévôtalement, mais que c'est au présidial à le déclarer & à juger.

M. Talon a dit, que les prévôts des maréchaux en ont ainsi usé.

M. le premier président a dit, que la compétence ne peut être valablement jugée que par la compagnie ; mais qu'abusivement ils déclarent leur compétence à l'accusé, & puis la font juger par la compagnie.

☞ *La disposition de cet article a été restreinte au châtelet de Paris, & l'article est le XIX dans l'ordonnance. Il a été arrêté de cette maniere :*

ARTICLE XIX. N'entendons néanmoins rien innover à l'usage de notre châtelet de Paris, dont les juges pourront déclarer aux accusés dans leur dernier interrogatoire sur la sellette, qu'ils seront jugés en dernier ressort ; si par la suite des preuves survenues au procès, ou par la confession des accusés, il paroît qu'ils aient été repris de justice, ou soient vagabonds & gens sans aveu.

ARTICLE XX.

Quels juges pourront connoître des inscriptions de faux, & rebellions, &c.

TOUS les juges, à la réserve des juges-consuls, & des bas & moyens justiciers, pourront connoître des inscriptions de faux, incidens aux affaires pendantes pardevant eux, & des rebellions commises à l'exécution de leurs jugemens.

Lecture faite de l'Article, il a été trouvé bon.

☞ *L'on n'y a fait aucun changement, & il est le XX de l'ordonnance.*

ARTICLE XX.

Ecclésiastiques seront renvoyés aux juges d'église, en quels cas.

LES ecclésiastiques qui seront prêtres, diacres, sous-diacres, ou simples clercs portant l'habit ecclésiastique, & actuellement résidant & servant dans l'église, ou qui en seront dispensés pour cause d'étude, seront renvoyés aux juges d'église, pour les crimes qui ne peuvent être punis que de peines canoniques ; mais s'ils sont accusés des cas mentionnés en l'article XI ci-dessus, ou s'ils sont pris avec armes ou avec habits qui ne conviennent pas à leur profession, ou s'ils sont accusés d'assassinats, de vol, de sortilege, d'empoisonnement, ou de quelqu'autre crime capital, ils seront jugés par nos baillis & sénéchaux, & par appel en nos cours, chacun à son égard, sans être renvoyés aux juges d'église.

ARTICLE XXI.

S'ils ne sont condamnés à mort, les juges d'église pourront les juger derechef.

Si par le jugement qui sera rendu contre eux ils sont bannis ou condamnés à faire amende-honorable, ou à quelqu'autre peine afflictive, d'où ne s'ensuive point mort naturelle, les juges d'église pourront derechef instruire & juger pour les peines canoniques, sans toutefois que l'exécution du jugement de nos juges puisse être sursise.

Après la lecture faite de ces deux Articles :

M. le premier président a dit, qu'il sembloit qu'on pouvoit bien s'en rapporter à messieurs les évêques & autres ecclésiastiques qui sont présentement assemblés à Pontoise, pour faire connoître au roi ce qui les concerne dans ces deux articles.

Néanmoins que l'on devoit considérer, que comme l'intention de sa majesté est de conserver à l'église ses anciens privileges & exemptions, le parlement aussi ne doit pas seulement maintenir la jurisdiction royale & ordinaire contre les entreprises de cour d'église quand il y en a, mais encore conserver aux juges ecclésiastiques ce qui est de leur connoissance & de leurs privileges.

C'est pourquoi les appellations comme d'abus sont introduites comme un secours mutuel pour l'une & pour l'autre de ces jurisdictions : & les ecclésiastiques ne s'en servent pas seulement avec avantage pour entretenir la discipline ecclésiastique, & empêcher que les évêques & le clergé ne soient traités en France comme ils le sont au-delà des monts, mais encore ils en peuvent user pour se défendre contre les juges ordinaires. Et quoique cet usage ne soit pas fréquent, il est certain néanmoins qu'ils peuvent interjetter appel comme d'abus des juges ordinaires, quand ils blessent leurs privileges : de même que les laïques peuvent aussi appeller comme d'abus, quand les ecclésiastiques entreprennent sur la justice séculiere. Et c'est pour conserver cet ordre qui a contribué beaucoup à la tranquillité de l'état, qu'il y a un grand nombre d'évêques & d'ecclésiastiques du corps du parlement.

C'est pourquoi il étoit obligé de représenter au roi que ces deux articles touchent beaucoup au privilege clérical, & semblent presque l'anéantir : car si on ne renvoie les clercs aux juges d'église que pour les crimes qui ne peuvent être punis que par des peines canoniques, il n'y aura plus de différence entr'eux & les laïques, puisque les juges ordinaires les jugeront, & les condamneront en tous les cas auxquels ils peuvent juger &

condamner les laïques. Car d'ordonner qu'ils ne seront renvoyés aux juges d'église que pour les crimes qui ne peuvent être punis que de peines canoniques, c'est dire la même chose que si on ordonnoit qu'ils ne seront renvoyés aux juges d'église qu'après qu'ils auront été absous par le juge laïque, qui aura déclaré qu'ils n'ont encouru aucune des peines qu'il a accoutumé de prononcer contre les coupables.

Cependant ce privilege clérical est observé par tout le monde où il y a des états catholiques, & l'on peut dire que cet usage général est comme attaché à l'autel.

Il a été accordé ou reconnu par les empereurs presqu'aussi-tôt qu'ils ont embrassé la religion chrétienne. L'empereur Constance, fils du premier empereur chrétien, en a fait une loi qui est la XII au code *de episc. & clericis.* Il est vrai qu'elle ne parle que des évêques; mais l'empereur Honorius & Théodose le jeune, dans la loi quatrieme du cod. théod. au même titre, l'étendent à tous les ecclésiastiques. La novelle 121 de Justinien établit bien particuliérement les formes avec lesquelles on doit user de ce privilege. Elle marque le renvoi du juge séculier à l'ecclésiastique, & le délaissement du juge ecclésiastique au bras séculier, presque dans les mêmes termes qui sont observés. Il y est aussi parlé de la dégradation, qui n'est abolie parmi nous que depuis quelque tems.

Ce privilege clérical est donc confirmé par une possession de près de 1400 ans. Nos rois mêmes l'ont trouvé établi dans les Gaules, lorsqu'ils les ont conquises: ils n'y ont jamais voulu déroger; & Charlemagne, par une célebre constitution qui se trouve entre les loix des Lombards, *l.* 3, *c.* 1, *l.* 11, qu'il adresse à tous les peuples sujets à son empire, veut expressément que, *nulli clerici de personis suis ad publica trahantur judicia, vel distringantur; sed à suis judicentur episcopis.*

Il est vrai que l'usage de ce privilege a été différent, & qu'il a été porté quelquefois jusqu'à un abus & un excès insupportable; mais il n'a jamais été plus resserré qu'il l'est présentement, ni moins sujet aux inconvéniens, qu'on veut empêcher par la disposition de cet article.

L'article suivant est encore bien plus fort que le XX contre ce privilege. Il a voulu imiter, sans doute, le quarante-neuvieme article de l'ordonnance de 1539, qui a aboli la connoissance du pétitoire pour les matieres bénéficiales, en ordonnant qu'*on ne pourra se pourvoir pardevant le juge d'église sur le pétitoire, jusqu'à ce que le possessoire ait été entiérement vuidé par jugement de pleine maintenue; & que les parties y aient satisfait, tant pour le principal, que pour les fruits, dommages & intérêts.*

Mais peut-être n'a-t-on pas pris garde à la difficulté qui se rencontre dans l'exécution de cet article XXI qui veut, que *si les ecclésiastiques sont bannis ou condamnés à autres peines afflictives, les juges d'église jugeront derechef les peines canoniques, sans toutefois que l'exécution du jugement des juges royaux soit sursise.* Car, en ce cas, comment un official peut-il faire le procès à un clerc banni ou condamné aux galeres? Il faudroit de nécessité, ou que cet official allât au lieu du bannissement, ou même se transportât sur les galeres pour faire le procès à l'accusé, ou bien qu'il le jugeât sans l'entendre.

Que le parlement se trouve obligé de représenter au roi toutes ces difficultés, afin que sa majesté y fasse les réflexions qu'elle trouvera nécessaires.

M. Pussort a dit, que l'intention du roi n'est pas de restreindre la jurisdiction ecclésiastique, mais de la régler. Que le privilege des gens d'église est fort ancien. Que dans les premiers tems ils ont été jugés par les juges ecclésiastiques; dans la suite ils ont été soumis à la jurisdiction des juges royaux, puis les uns & les autres les ont jugés. Ce n'est pas pour donner atteinte à leurs privileges, mais pour rétablir la pureté de la justice dans tous les ordres du royaume. Qu'un ecclésiastique est né sujet du roi avant que de s'être engagé dans l'église, ainsi son caractere ne le soustrait pas à la justice royale.

A l'égard du spirituel, on en laisse absolument la discipline aux juges d'église; mais que le temporel appartient aux juges royaux. L'on voit dans l'écriture, que saint Paul a appellé à César, & l'histoire ecclésiastique nous apprend que saint Athanase s'est adressé à Constantin-le-Grand dans des matieres temporelles. C'est cet empereur qui est l'auteur des plus grands privileges des ecclésiastiques, & par conséquent ils tiennent toute l'autorité de leur jurisdiction, de la concession & de la grace du prince.

Il est vrai que l'article est contre l'usage: mais il est très-conforme à la raison. Il n'y a pas d'apparence que le clergé voulût demander au roi la conservation d'un privilege, dont l'usage est abusif & contre la dignité ecclésiastique, puisque les gens d'église ne sauroient faire voir aucun avantage qu'ils puissent tirer d'être jugés par l'official, après avoir été capitalement condamnés; & qu'au contraire cela ne pourroit opérer aucune protection à ceux qui se sont rendus indignes de leur caractere, & qui scandalisent leur ordre.

Il importe donc de réduire ce privilege & de le régler, afin que tous les sujets du roi, sans exception quelconque, de quelque ordre & qualité qu'ils puissent être, soient une fois convaincus qu'ils peuvent être jugés par les magistrats du royaume, dont ils sont sujets. Il est bien que l'on soit persuadé de la considération que le roi a pour les ecclésiastiques; mais il est encore plus à propos qu'on le soit de leur probité.

Il importe aussi d'empêcher l'impunité: elle se trouveroit favorisée par la multiplicité & par la longueur des procédures, dont les frais consument les parties par les différens tribunaux qui n'ont aucun rapport ensemble dans leurs maximes, dans leurs peines, ni dans leur maniere de juger.

Il y a même de l'indécence au magistrat royal d'être assesseur d'un autre juge; & quoiqu'il soit assisté de son greffier, il ne lui est pas libre d'interroger, & il n'y fait aucune fonction: ainsi l'article est juste.

Quant à ce qui est du contenu en l'article XXI, il croit qu'il est à propos d'accorder aux juges d'églife un tems de quinzaine, pour inftruire & juger le condamné.

M. le préfident de Novion a dit, que l'article lui paroît bon; & s'il plait au roi de l'autorifer, il fera fort bien exécuté dans le parlement.

M. Talon a dit, que ces deux articles, XX & XXI, aboliffent entiérement le privilege donné aux eccléfiaftiques, quand ils font prévenus de crimes, d'être jugés par leurs évêques ou par leurs officiaux. Il eft vrai que ce privilege eft une grace que les princes ont faite au clergé par des motifs de piété, & par le refpect qu'ils ont eu pour la fainteté de leur miniftere: ainfi l'on ne peut pas douter qu'il ne foit au pouvoir du prince de révoquer ou limiter un privilege accordé par fes prédéceffeurs.

Il eft encore certain que l'on a fouvent abufé de ce privilege, & qu'il a long-tems fervi aux eccléfiaftiques d'un titre d'impunité, lorfqu'il falloit trois fentences conformes dans les tribunaux eccléfiaftiques, avant que le juge féculier pût rendre & faire exécuter fon jugement.

Quand on pratiquoit les formes d'une dégradation folemnelle, il y avoit peu de prêtres qui puffent être punis, quoique convaincus de crimes les plus énormes. Mais l'ufage a réformé une partie de ces abus; & quoique le renvoi à l'official caufe encore beaucoup de frais & de longueurs, & qu'il y ait quelque indécence que le lieutenant criminel foit obligé de fe rendre dans le tribunal de l'officialité & ne faffe que la fonction d'un affeffeur, toutes ces confidérations pourtant ne paroiffent pas affez fortes pour révoquer entiérement le privilege des eccléfiaftiques, particuliérement fi l'on confidere qu'il eft auffi ancien que la monarchie: que l'églife en jouit dans toute l'étendue de l'empire chrétien, & que nous n'avons point d'exemple que l'on ait jufqu'ici conçu la penfée d'y donner atteinte.

Il feroit fans doute plus court que les perfonnes engagées dans les ordres facrés fuffent traitées en matiere criminelle, devant les juges ordinaires, comme tous les autres fujets du roi, & cela éviteroit beaucoup de circuits, d'embarras & de détours. Mais le roi étant protecteur des immunités de l'églife, & celle-là étant une des principales & des plus anciennes, il y a peu d'apparence qu'il veuille fuivre les traces des princes peu religieux, qui n'ont pas fait fcrupule d'enfreindre en quelques rencontres ces immunités, & dont nous ne voyons point d'exemple dans notre hiftoire, quoiqu'il s'en trouve plufieurs dans celles des royaumes étrangers.

Il fuffit de donner des bornes à ce privilege, telles que la pratique les a introduites depuis un fiecle. Par-là on corrigera, autant qu'il fera poffible, le mauvais effet qu'il produit en quelques rencontres: on préviendra les plaintes que les évêques & tout le clergé du royaume, & le pape même, ne manqueroient pas de faire, fi d'un feul trait on renverfoit un privilege fondé fur les conftitutions des empereurs romains, renouvellées par Charlemagne, & confirmées par quatorze cens ans de poffeffion.

Comme ces raisons paroissent très puissantes, il seroit inutile d'examiner l'article XXI. Mais si le roi trouve bon de retrancher aux ecclésiastiques leurs privileges, & de ne leur en conserver que l'ombre & l'apparence, il faudra concerter d'autres articles, pour abréger l'instruction des procès, qui se fera conjointement par l'official & le lieutenant criminel, pour en diminuer les frais.

M. le premier président a dit, qu'en conséquence de cet article le privilege clérical demeure anéanti; & qu'au surplus, en le laissant subsister, le juge royal ne laissera pas de faire son devoir. Toutes les cérémonies qui conservent la dignité du caractere, apportent bien quelques longueurs; mais au fond elles n'empêchent pas qu'on ne fasse la justice des crimes.

☞ *Les raisons proposées contre les articles XX & XXI par M. le premier président, & par M. l'avocat général, ont paru considérables : c'est pourquoi l'on s'est déterminé à supprimer ces deux articles, & l'on a dressé un article nouveau qui maintient les ecclésiastiques dans les privileges* dont ils avoient accoutumé de jouir. *Il est le XIII de ce titre dans l'ordonnance. Voyez ci-devant, après l'article XII.*

ARTICLE XXI.

De ceux qui pourront demander d'être jugés à la grand'chambre.

Les gentilshommes & nos secretaires pourront demander en tout état de cause d'être jugés, toute la grand'chambre du parlement où le procès sera pendant, assemblée, pourvu toutefois que les opinions ne soient pas commencées; & s'ils ont requis d'être jugés à la grand'chambre, ils ne pourront demander d'être renvoyés à la tournelle.

Lecture faite de cet Article :

M. le premier président a dit, que la possession en laquelle les gentilshommes sont d'être jugés en matiere criminelle par la grand'chambre assemblée, ne doit pas être considérée comme un privilege, mais comme la continuation de l'ancien usage; parce qu'autrefois, & dans la premiere institution du parlement, toutes les affaires criminelles, tant des gentilshommes qu'autres indirectement, étoient jugées en la grand'chambre. Mais que dans la suite du tems ayant été établi une chambre de la tournelle pour connoître particuliérement de ces matieres, la grand'chambre a continué de prendre connoissance des procès des gentilshommes. Ainsi c'est bien moins un privilege que la conservation d'un ancien usage.

Il est à observer d'ailleurs, que dans l'article il n'étoit point fait mention des ecclésiastiques, quoiqu'ils soient dans cette possession ; & qu'il faudroit

faudroit ſavoir l'intention du roi ſur le ſujet des ſecretaires de ſa majeſté, & des officiers royaux de judicature : comme les officiers des bailliages, ſénéchauſſées & prévôtés royales, qui ont auſſi toujours conſervé cette ancienne poſſeſſion.

M. Talon a dit, que juſqu'ici les ſecretaires du roi ont été en poſſeſſion de n'être jugés qu'au parlement, même en premiere inſtance; & ce privilege eſt fondé ſur une ordonnance de Louis XII. Il dépendra du roi de déclarer ſi ſon intention eſt de reſtreindre cette grace, auquel cas il ſemble qu'il ſeroit néceſſaire de le marquer préciſément.

M. Puſſort a dit, que ſi les eccléſiaſtiques ſont en cette poſſeſſion, il faut les y maintenir.

☞ *On a mis au commencement de cet article* les eccléſiaſtiques *avec les gentilshommes*, &c.

L'on a auſſi ajouté à l'article une clauſe qui étend la diſpoſition à l'égard des officiers de juſtice, dont les procès criminels ont accoutumé d'être jugés à la grand'chambre des parlemens.

Cet article eſt le XXI dans l'ordonnance, en ces termes :

ARTICLE XXI. Les eccléſiaſtiques, les gentilshommes & nos ſecretaires pourront demander en tout état de cauſe, d'être jugés, toute la grand'chambre du parlement, où le procès ſera pendant, aſſemblée, pourvu toutefois que les opinions ne ſoient pas commencées : & s'ils ont requis d'être jugés à la grand'chambre, ils ne pourront demander d'être renvoyés à la tournelle. Ce qui aura lieu à l'égard des officiers de juſtice, dont les procès criminels ont accoutumé d'être jugés ès grand'chambres de nos parlemens.

ARTICLE XXII.

Le même, des officiers de la chambre des comptes.

NE pourront les préſidens, maîtres ordinaires, nos avocats & procureurs généraux de notre chambre des comptes à Paris, être pourſuivis ès cauſes & matieres criminelles, ailleurs qu'à la grand'chambre de notre cour de parlement de Paris. Pourront néanmoins pour crimes commis hors la ville, prévôté & vicomté de Paris, nos baillis & ſénéchaux informer; & s'ils ſont capitaux, décréter à l'encontre d'eux, à la charge de renvoyer les procédures à la grand'chambre, pour leur procès être inſtruit & jugé; & au cas que les parties aient volontairement procédé pardevant eux, elles ne pourront ſe pourvoir à la grand'chambre que par appel.

Lecture faite de cet Article :

M. le premier président a dit, que les correcteurs & auditeurs jouissent des mêmes privileges que les maîtres des comptes: qu'ils sont du corps de la chambre : qu'ils ont toujours été compris dans les déclarations qui ont été accordées à la chambre, excepté en celle qui fut accordée il y a près de 50 ans aux présidens, maîtres, & gens du roi de la chambre des comptes, pour être jugés par les trois chambres assemblées. Qu'il y eut de grandes oppositions à la vérification de cette déclaration de la part des officiers du châtelet, sur lesquelles les parties furent appointées. Il y eut jussion expédiée pour les faire passer: elles furent enfin vérifiées, & jusques-là il n'y a point eu de distinction : comme en effet les correcteurs & auditeurs étant du même corps, & jouissant en toutes autres choses des mêmes privileges, il ne semble pas juste de les distinguer en ce point seulement.

M. Talon a dit, que les auditeurs & correcteurs de la chambre des comptes ont toujours joui des mêmes privileges que les présidens & maîtres. Il est pourtant vrai qu'ils ne sont pas compris dans les lettres-patentes, qui donnent droit aux présidens & maîtres de n'être jugés qu'au parlement, même en premiere instance. Mais comme dans toutes les autres concessions qui ont précédé & qui ont suivi, les auditeurs & les correcteurs ont eu les mêmes privileges que les maîtres; qu'il n'y a qu'en cette seule occasion où on les ait distingués, il dépendra de la bonté du roi de déclarer s'il veut qu'ils jouissent de la même grace, ou s'ils en doivent être exceptés.

M. Pussort a dit, qu'il y a procès à son rapport au conseil entre les maîtres des comptes & les correcteurs & auditeurs, pour raison de leurs privileges, dont celui dont il s'agit fait partie. Qu'au surplus, il croit que sa majesté voudra bien conserver aux correcteurs & auditeurs la possession des privileges dont ils jouissent actuellement, mais qu'elle ne leur en accordera pas de nouveaux.

☞ *Sur l'observation faite par M. le premier président, l'on a ajouté dans l'article* les correcteurs & les auditeurs *de la chambre des comptes.*

L'on a encore changé ces mots, pour leur procès être instruit & jugé: *cet article est le XXII de l'ordonnance, en ces termes :*

ARTICLE XXII. Ne pourront les présidens, maîtres ordinaires, correcteurs, auditeurs, nos avocats & procureurs généraux de notre chambre des comptes à Paris, être poursuivis ès causes & matieres criminelles ailleurs qu'en la grand'chambre de notre cour de parlement à Paris. Pourront néanmoins pour crimes commis hors la ville, prévôté & vicomté de Paris, nos baillis & sénéchaux informer; & s'ils sont capitaux, décréter à l'encontre d'eux, à la charge de renvoyer les procédures à la grand'chambre, pour être instruites & jugées: & au cas que les parties aient volontairement procédé pardevant eux, elles ne pourront se pourvoir à la grand'chambre que par appel.

TITRE II.

Des procédures particulieres aux prévôts des maréchaux de France, vice-baillis & vice-sénéchaux, & lieutenans criminels de robe-courte.

ARTICLE I.

De quels cas connoîtront les prévôts.

LES prévôts de nos cousins les maréchaux de France ne connoîtront d'autres cas que de ceux énoncés dans l'article XII du titre *de la compétence des juges*, à peine d'interdiction, de tous dépens, dommages & intérêts, & de trois cens livres d'amende applicable moitié envers nous, & moitié envers la partie.

☞ *Cet article & les trois suivans sont dans l'ordonnance, sans aucun changement.*

ARTICLE II.

Ne recevront plainte, & n'informeront hors leur ressort: exception.

NE pourront aussi recevoir aucune plainte, ni informer hors leur ressort, si ce n'est pour rebellion à l'exécution de leurs décrets.

ARTICLE III.

Mettront à exécution les décrets de justice.

SERONT tenus de mettre à exécution les décrets & mandemens de justice, lorsqu'ils en seront requis par nos juges, & sommés par nos procureurs ou par les parties, à peine d'interdiction, & de trois cens livres d'amende, moitié vers nous, & moitié vers la partie.

ARTICLE IV.

Arrêteront les criminels.

LEUR enjoignons d'arrêter les criminels pris en flagrant délit, ou à la clameur publique.

ARTICLE V.

Défenses aux prevôts de donner des commissions pour informer.

DÉFENDONS aux prévôts des maréchaux de donner des commissions pour informer, à leurs archers, à des notaires, tabellions, ou aucunes autres personnes qu'à leurs assesseurs, à peine de nullité de la procédure, & d'interdiction contre le prévôt.

Lecture faite des cinq Articles précédens :

M. le premier président a dit, qu'il n'y a pas de grandes observations à faire sur les articles de ce titre. Il est bon néanmoins de les parcourir tous ; & qu'à l'égard de ceux dont la lecture vient d'être faite, messieurs du parlement n'y ont rien trouvé à redire.

☞ *Les quatre premiers articles de ce titre sont dans l'ordonnance sans aucun changement.*

A l'égard de l'article V, on en a retranché ces mots du commencement, des maréchaux ; *& ceux-ci*, qu'à leurs assesseurs ; *& l'article a été arrêté de cette maniere :*

ARTICLE V. Défendons aux prévôts de donner des commissions pour informer à leurs archers, à des notaires, tabellions, ou aucunes autres personnes, à peine de nullité de la procédure, & d'interdiction contre le prévôt.

ARTICLE VI.

Archers des prevôts.

POURRONT leurs archers écrouer les prisonniers arrêtés en vertu de leurs décrets.

Lecture faite de cet Article :

M. le premier président a demandé, si les archers pourront exécuter les décrets de tous autres juges, que des prévôts des maréchaux.

M. Pussort a répondu, que cela n'étoit point de l'article.

☞ *Cet article est de même dans l'ordonnance.*

ARTICLE VII.

De quoi ils seront tenus de laisser copie aux prisonniers.

SERONT tenus de laisser aux prisonniers qu'ils auront arrêtés, copie du décret & du procès-verbal de capture, sous les peines portées par le premier article.

Lecture faite de cet Article :

M. Talon a dit, qu'il semble qu'au lieu de laisser aux accusés *copie du décret*, il vaudroit mieux leur donner copie *de l'écroue ;* parce que la copie du décret découvriroit les autres complices, lesquels par ce moyen pourroient plutôt s'absenter.

M. Pussort a dit, que cette observation paroît bonne, & toute la compagnie a dit de même.

☞ *Sur l'observation faite par M. l'avocat général, on a réformé l'article de cette maniere :*

ARTICLE VII. Seront tenus de laisser aux prisonniers qu'ils auront arrêtés, copie du procès-verbal de capture & de l'écroue, sous les peines portées par le premier article.

ARTICLE VIII.

Accusé d'un cas prévôtal peut se mettre aux prisons du présidial.

LES accusés, contre lesquels le prévôt des maréchaux aura reçu plainte, informé & décrété, pourront se mettre dans les prisons du présidial du lieu du délit, pour y faire juger la compétence ; & à cet effet faire porter au greffe les charges & informations, en vertu du jugement présidial : ce que le prévôt sera tenu de faire incessamment.

☞ *Cet article est aussi le VIII dans l'ordonnance.*

ARTICLE IX.

Ce que les prévôts observeront en arrêtant un accusé.

Les prévôts des maréchaux, en arrêtant un accusé, seront tenus faire inventaire de l'argent, hardes, chevaux & papiers dont il se trouvera saisi, en présence de deux habitans des plus proches du lieu de la capture, qui signeront l'nventaire ; sinon déclareront la cause de leur refus, dont sera fait mention, pour être le tout remis, dans trois jours au plus tard, au greffe du lieu de la capture ; à peine d'interdiction contre le prévôt pour deux ans, dépens, dommages & intérêts des parties, & de cinq cens livres d'amende applicable comme dessus.

☞ *Cet article est dans l'ordonnance, sans qu'on y ait fait du changement.*

ARTICLE X.

Après la capture, l'accusé sera conduit en prison.

A l'instant de la capture, l'accusé sera conduit ès prisons du lieu, s'il y en a, sinon aux plus prochaines, dans vingt-quatre heures au plus tard. Défendons aux prévôts d'en faire charte privée dans leurs maisons, ni ailleurs, à peine de privation de leurs charges.

☞ *Le présent article est pareillement le X de l'ordonnance.*

ARTICLE XI.

Défenses de retenir ce qui appartient aux accusés.

Défendons à tous officiers de maréchaussée de retenir aucuns meubles, armes ou chevaux saisis & appartenans aux accusés, ni s'en rendre adjudicataires sous leur nom ou celui d'autre personne, à peine de privation de leurs offices, cinq cens livres d'amende, & de restitution du quadruple.

☞ *Cet article est dans l'ordonnance sans aucun changement.*

ARTICLE XII.

Quand, & comment les accusés seront interrogés par le prévôt.

LES accusés seront interrogés par le prévôt en la présence de l'assesseur, dans les vingt-quatre heures de la capture, à peine de deux cens livres d'amende envers nous. Pourra néanmoins les interroger sans assesseur, au moment de la capture.

☞ *Cet article est aussi le XII de ce titre dans l'ordonnance.*

ARTICLE XIII.

Forme de l'interrogatoire.

ENJOIGNONS aux prévôts des maréchaux de déclarer à l'accusé, au commencement du premier interrogatoire, & d'en faire mention, qu'ils entendent le juger prévôtalement, à peine de nullité de la procédure, & de tous dépens, dommages & intérêts.

☞ *Cet article est de la même maniere dans l'ordonnance.*

ARTICLE XIV.

Ce qu'ils feront, si le crime n'est pas de leur compétence.

SI le crime n'est pas de leur compétence, ils seront tenus d'en laisser la connoissance dans les vingt-quatre heures, au juge du lieu du délit: après quoi ne pourront le faire que par l'avis des présidiaux.

☞ *Le présent article est pareillement dans l'ordonnance, sans changement.*

ARTICLE XV.

Où, & quand la compétence sera jugée.

La compétence sera jugée au présidial, dans le ressort duquel la capture aura été faite; & dans les provinces où il n'y a point de présidiaux, dans le principal bailliage ou sénéchaussée, dans trois jours au plus tard, encore que l'accusé n'ait proposé de déclinatoire.

☞ *Quoique la compagnie ne se soit point arrêtée sur cet article, l'on n'a pas laissé d'en retrancher ces mots :* & dans les provinces où il n'y a point de présidiaux, dans le principal bailliage ou sénéchaussée.

L'observation que M. le premier président avoit déjà faite sur une semblable clause qui est dans l'article XVI du titre I, a donné lieu à ce retranchement. Voici de quelle maniere le présent article a été inséré dans l'ordonnance :

ARTICLE XV. La compétence sera jugée au présidial, dans le ressort duquel la capture aura été faite, dans trois jours au plus tard, encore que l'accusé n'ait point proposé de déclinatoire.

ARTICLE XVI.

Où, & comment les récusations seront jugées.

Les récusations qui seront proposées contre les prévôts des maréchaux avant le jugement de la compétence, seront jugées au présidial, au rapport de l'assesseur en la maréchaussée, ou d'un conseiller du siege, au choix de la partie qui les présentera; & celles contre l'assesseur, aussi par l'un des officiers dudit siege. Et les récusations, qui seront proposées depuis le jugement de la compétence, seront réglées au siege, où le procès criminel devra être jugé.

☞ *Cet article, & les trois articles suivans, sont dans l'ordonnance sans aucun changement.*

ARTICLE

ARTICLE XVII.

Quand, & comment l'accusé pourra être élargi.

L'ACCUSÉ ne pourra être élargi, pour quelque cause que ce soit, avant le jugement de la compétence, & ne pourra l'être après, que par sentence du présidial ou siege qui devra juger définitivement le procès.

ARTICLE XVIII.

Jugement de compétence, comment seront rendus.

LES jugemens de compétence ne pourront être rendus que par sept juges au moins; & ceux qui y assisteront, seront tenus d'en signer la minute; à quoi nous enjoignons à celui qui présidera & au prévôt de tenir la main, à peine contre chacun d'interdiction, de cinq cens livres d'amende envers nous, & des dommages & intérêts des parties.

ARTICLE XIX.

De quoi sera fait mention dans le jugement de compétence.

LA compétence ne pourra être jugée que l'accusé n'ait été aussi ouï en la chambre en présence de tous les juges, dont sera fait mention dans le jugement, ensemble du motif de la compétence, sur les peines portées par l'article précédent contre le président, & de nullité de la procédure qui sera faite depuis le jugement de la compétence.

ARTICLE XX.

Le jugement sera prononcé à l'accusé.

LE jugement de la compétence sera prononcé, signifié & copie baillée à l'accusé, à peine de nullité des procédures, & de tous dépens, dommages & intérêts contre le prévôt & le greffier du siege où la compétence aura été jugée.

☞ *L'on a ajouté ces mots*, sur le champ, *après ceux-ci*, le jugement de la compétence sera prononcé, signifié & baillé copie à l'accusé. *Voic l'article tel qu'il est dans l'ordonnance :*

ARTICLE XX. Le jugement de compétence sera prononcé, signifié & copie baillée sur le champ à l'accusé, à peine de nullité des procédures, & de tous dépens, dommages & intérêts contre le prévôt & le greffier du siege où la compétence aura été jugée

ARTICLE XXI.

Ce qui sera fait, si le prévôt est déclaré incompétent.

Si le prévôt est déclaré incompétent, l'accusé sera transféré è prisons du juge du lieu où le délit aura été commis, & les charges, informations, procès-verbal de capture, interrogatoire de l'accusé, & autres pieces & procédures remises à son greffe : ce que nous voulons être exécuté dans les deux jours pour le plus tard, après le jugement d'incompétence, à peine d'interdictior pour trois ans contre le prévôt, de cinq cens livres d'amende envers nous, & des dépens, dommages & intérêts des parties.

☞ *Cet article a été aussi inséré dans l'ordonnance.*

ARTICLE XXII.

Ce que fera le prévôt déclaré compétent.

Le prévôt qui aura été déclaré compétent, sera tenu de procéder en diligence à la confection du procès avec son assesseur sinon avec un conseiller du siege où il devra être jugé, suivant la distribution qui en sera faite par le président.

Lecture faite des Articles précédens :

M. le premier président a dit, qu'ils semblent bons, & néanmoins que l'onzieme paroît une répétition du neuvieme; que les dix-huit, dix-neuf & vingt unieme contiennent trop de peines; & que dans le vingt-deuxieme on emploie le mot de *diligence*, qui n'est pas un terme d'ordonnance, & que l'on pourroit mettre *incessamment.*

M. Talon a dit, qu'à l'égard du XV, il faut encore dans cet article au lieu des *provinces où il n'y a point de présidial*, mettre, *dans les ressorts du parlement où il n'y a point de présidial*, par les raisons ci-dessus expliquées

Et à l'égard du XXI, qu'il faudroit plus précisément enjoindre aux prévôts de faire la translation du prisonnier ; & à leurs greffiers, de remettre les procédures, & ajouter que le tout sera fait *sans aucun frais*, n'étant pas juste qu'un prévôt déclaré incompétent, ni son greffier, prétendent des salaires & vacations. Mais si l'on oblige le prévôt de vaquer à toutes sortes d'instructions, & sans frais, cette précaution ne sera pas beaucoup nécessaire.

☞ *L'on a marqué sur chacun des articles précédens, les changemens qui y ont été faits; ainsi il seroit inutile de les répéter en cet endroit. A l'égard du présent article, on y a changé ces mots,* en diligence, *en celui* d'incessamment. *Au surplus, l'article a été conservé.*

ARTICLE XXIII.

S'il survient des accusations, elles seront aussi jugées prévôtalement.

SI après le procès commencé pour un crime prévôtal il survient des accusations pour crimes non-prévôtaux, elles seront instruites conjointement, & jugées prévôtalement.

Lecture faite de cet Article:

M. le premier président a dit, que cette disposition se trouve contraire à l'usage, & pourra être suivie de très-grands inconvéniens. Il paroîtra extraordinaire que l'accessoire emporte le principal. Il arrivera que le prévôt des maréchaux connoîtra des cas dont l'attribution ne lui a pas été faite; & l'on doit même appréhender qu'un homme prévenu de crimes ne se fasse arrêter d'intelligence par un prévôt des maréchaux, pour se faire absoudre de plusieurs crimes non-prévôtaux.

Mais s'il a des complices non-sujets à la jurisdiction prévôtale, que deviendront-ils, & que deviendra l'accusé? Cependant on veut qu'un petit crime en attire une infinité d'autres, & qu'il fasse cesser le droit qu'ont les sujets du roi d'être jugés par leurs juges ordinaires: & cela s'est rencontré dans l'affaire de Ligneris.

M. Pussort a dit, qu'il n'y a aucun inconvénient à craindre dans l'article: car on n'a pas prétendu qu'un cas prévôtal attirât les matieres ordinaires, pour raison desquelles il y auroit procès. L'article porte, *s'il survient des accusations*, c'est-à-dire, des accusations qui soient nouvelles; & l'on ne doit pas craindre qu'un petit crime prévôtal en attire d'autres plus grands ordinaires: car les crimes prévôtaux sont ordinairement les plus grands; & l'on pourroit prévoir avec bien plus d'apparence, qu'un accusé ne fît survenir un petit crime ordinaire pour attirer le cas prévôtal, & se soustraire à la jurisdiction des prévôts.

Quant à l'arrêt de Ligneris, outre que l'affaire ayant été rapportée en présence du roi, & l'arrêt prononcé par sa majesté même, on ne doit pas douter qu'il ne soit juste ; d'ailleurs, il étoit constant par les charges qu'un des accusés qui pouvoit faire difficulté, parce qu'on le prétendoit personne domiciliée, étoit prévenu de la complicité de l'assassinat prémédité.

M. Talon a dit, que cet article est d'une très-grande & très-dangereuse conséquence : car un homme qui sera faussement accusé d'un crime prévôtal, ne laissera pas d'être jugé en dernier ressort pour d'autres accusations qui ne sont point sujettes au jugement dernier ; & il est à craindre que les prévôts n'abusent de ce pouvoir, tantôt pour favoriser l'animosité des parties civiles, tantôt pour procurer l'impunité d'un accusé : & quelque soin que l'on puisse prendre de veiller sur la conduite des prévôts, il sera impossible d'empêcher qu'ils ne fassent de grandes vexations en conséquence de cet article, s'il n'est réformé.

L'arrêt de réglement rendu au conseil entre les juges ordinaires & les officiers de la vice-sénéchaussée d'Armagnac, veut que s'il y a des accusations pour des crimes ordinaires & prévôtaux, elles soient instruites & jugées conjointement ; mais que l'on déclare dans le jugement, si la condamnation intervient pour le cas prévôtal, auquel cas elle sera exécutée en dernier ressort ; autrement l'on sera tenu de déférer à l'appel.

Si l'on dit qu'il est difficile d'exécuter ce réglement, & de faire séparation entre plusieurs crimes de celui qui aura servi de motif à la condamnation, dans cette incertitude pourquoi pencher plutôt du côté de la rigueur ? Pourquoi soumettre au jugement prévôtal un homme qui n'y est pas sujet par sa qualité, qui étant prévenu de différentes accusations, peut bien être jugé sans appel pour celles qui sont prévôtales, & non pas pour les autres ? Il y a sans doute moins d'inconvénient de déférer à l'appel, d'autant plus que si l'accusé est pleinement convaincu de crime prévôtal, il est inutile d'y joindre les autres accusations qui ne sont pas de la même nature.

D'ailleurs, l'article ne dit pas que le prévôt des maréchaux ne pourra faire apporter les procédures criminelles faites en d'autres jurisdictions contre l'accusé, ni évoquer le procès. On avoue que cela ne feroit pas juste ; il ne peut donc avoir effet que pour les accusations dont il n'y auroit eu ni plainte rendue, ni information faite : & comme il est rare qu'un crime qualifié capital demeure absolument sans poursuite, l'article sera toujours inutile pour le bien de la justice, & pourra néanmoins en quelques rencontres être une occasion de tendre des pieges à un misérable accusé, & une matiere aux uns d'oppression, & aux autres d'impunité.

☞ *Nonobstant les remontrances faites par M. le premier président & par M. Talon contre cet article, il a été conservé en y insérant ces termes,* de nouvelles accusations dont il n'y ait point eu de plainte en justice. *Il est aussi le XXIII de ce titre dans l'ordonnance.*

ARTICLE XXIII. Si après le procès commencé pour un crime prévôtal, il survient de nouvelles accusations, dont il n'y ait eu de plainte en justice, pour crimes non-prévôtaux, elles seront instruites conjointement, & jugées prévôtalement.

ARTICLE XXIV.

Du nombre des juges pour les sentences prévôtales.

AUCUNE sentence prévôtale, préparatoire, interlocutoire ou définitive, ne pourra être rendue qu'au nombre de sept au moins, officiers ou gradués, en cas qu'il ne se trouve au siege nombre suffisant de juges; & seront tenus ceux qui y auront assisté de signer la minute, à peine de nullité; & le greffier de les interpeller, à peine de cinq cens livres d'amende contre lui, & contre chacun des refusans.

ARTICLE XXV.

Deux minutes des jugemens prévôtaux: & pourquoi?

SERA dressé deux minutes des jugemens prévôtaux, qui seront signées par le juge, dont l'une demeurera au greffe du siege où le procès aura été jugé, & l'autre au greffe de la maréchaussée; à peine d'interdiction pour trois ans contre le prévôt, & de cinq cens livres d'amende. Défendons sous pareilles peines aux deux greffiers de prendre aucuns droits pour l'enregistrement & réception des deux minutes.

Lecture faite de ces deux Articles :

Ils ont été trouvés bons, à la réserve des peines statuées contre les greffiers, lesquelles ont paru un peu fortes.

☞ *Ils ont été insérés dans l'ordonnance de la même maniere.*

ARTICLE XXVI.

Par qui le procès-verbal de torture sera fait.

SI l'accusé est appliqué à la question, le procès-verbal de torture se fera par le rapporteur, en présence d'un conseiller du siege, & du présidial.

Lecture faite de cet Article :

M. le premier président a dit, qu'il étoit bon.

M. Talon a dit, qu'il feroit bon de décider, fi l'accufé ayant nommé à la queftion quelques-uns de fes complices, & le juge les ayant fait arrêter prifonniers, il faudra attendre le jugement de la compétence avant qu'ils puiffent être confrontés. Car fi l'on ne met en ce rencontre quelque exception à la regle générale, l'exécution de celui qui y eft condamné ne pouvant être différée, la preuve s'évanouira, faute de pouvoir faire la confrontation fur le champ.

M. Puffort a réparti, que ces cas étant finguliers, ils ne font pas du nombre de ceux que la loi puiffe prévoir.

☞ *Il n'a point été pourvu à la décifion du cas propofé par M. Talon, & cet article a paffé fans aucun changement.*

ARTICLE XXVII.

Le prévôt taxera les dépens, fauf l'appel.

LES dépens adjugés par le jugement prévôtal feront taxés par le prévôt en préfence du rapporteur, qui n'en pourra prétendre aucuns droits; & s'il en eft interjetté appel, le juge qui aura rendu le jugement, en connoîtra en dernier reffort.

Après la lecture faite de cet Article:

M. le premier préfident a obfervé, que le juge qui a taxé les dépens ne peut être juge de l'appel de l'exécutoire; mais qu'il faut que ce foit le fiege: ainfi au lieu du mot de *juge*, il faut employer dans l'article le mot de *fiege*.

M. Puffort eft demeuré d'accord de l'obfervation.

☞ *Le changement propofé par M. le premier préfident a été fait: au furplus cet article eft de même dans l'ordonnance.*

ARTICLE XXVIII.

Extenfion de ce qui eft ici ordonné pour les prévôts.

ENJOIGNONS aux vice-baillis, vice-fénéchaux & lieutenans criminels de robe-courte d'obferver ce qui eft prefcrit pour les prévôts; & au furplus des procédures, feront par eux nos ordonnances obfervées.

Lecture faite de cet Article:

Il a été arrêté qu'en cet endroit on pourroit mettre la réferve, en faveur du lieutenant criminel de robe-courte du prévôt de Paris.

☞ *En examinant l'article XIV du titre I, on avoit proposé de faire cette réserve; mais elle n'a été faite qu'à la fin du présent article, qui a été arrêté de cette maniere :*

ARTICLE XXVIII. Enjoignons aux vice-baillis, vice-fénéchaux & lieutenans criminels de robe-courte, d'obferver ce qui eft préfent pour les prévôts; & au furplus des procédures, feront par eux nos autres ordonnances obfervées. N'entendons néanmoins rien innover aux fonctions & droits du lieutenant criminel de robe-courte de notre châtelet de Paris.

TROISIEME CONFÉRENCE.

Du mardi dixieme juin 1670.

Meffieurs les commiffaires du roi, & meffieurs les députés du parlement, préfens comme en la précédente conférence.

M. Puffort a dit, qu'il fe trouve obligé de faire entendre à la compagnie que les articles XX & XXI du titre *de la compétence des juges* concernans la jurifdiction eccléfiaftique, qui furent examinés dans la derniere conférence, n'ont point été arrêtés par le roi; mais qu'ayant été propofés à fa majefté, elle juge à propos d'entendre fur cela les avis de meffieurs du parlement, avant que d'y prendre une derniere réfolution.

☞ *On a déjà obfervé ci-devant que ces deux articles ont été fupprimés, & que l'on en a dreffé un autre qui maintient les eccléfiaftiques dans les privileges dont ils avoient accoutumé de jouir.*

TITRE III.

Des plaintes, dénonciations & accufations.

ARTICLE I.

Plaintes, comment fe feront, & de quel jour auront date.

LES plaintes pourront fe faire par requête, & auront date du jour feulement que le juge, ou en fon abfence le plus ancien praticien du lieu, les aura répondues.

ARTICLE II.

Pourront être écrites par les greffiers.

POURRONT aussi les plaintes être écrites par les greffiers en présence du juge. Défendons aux huissiers, sergens, archers & notaires de les recevoir, à peine de nullité; & aux juges de les leur adresser, à peine d'interdiction.

Après la lecture faite de ces deux Articles :

M. le premier président a dit, qu'il y a plusieurs articles dans ce titre auxquels on ne s'est point arrêté, & que l'on n'a trouvé aucune difficulté dans le premier ni dans le second.

M. Talon a dit, que les huissiers du châtelet sont fondés en titre & possession de faire des informations lorsqu'ils sont commis par les juges. L'on commet aussi quelquefois par arrêt des huissiers du parlement, pour informer. Si l'on abolit cet usage, les parties en souffriront, les frais du transport d'un conseiller ou d'un commissaire du châtelet étant beaucoup plus grands que ceux d'un huissier. Et quoiqu'il y ait bien des abus dans les commissions qui se donnent dans les provinces aux sergens, archers & notaires, le même inconvénient ne se rencontre pas à Paris; & les commissaires du châtelet étant exceptés de la regle générale, il semble qu'il n'y ait pas beaucoup de péril d'en excepter aussi les huissiers du parlement & du châtelet.

☞ *Nonobstant la remontrance de M. Talon, cet article a été conservé, aussi-bien que l'article I, & ils ont été insérés dans l'ordonnance sans aucun changement.*

ARTICLE III.

Commissaires du châtelet maintenus dans leur fonction pour les plaintes, & ce qu'ils feront.

N'ENTENDONS néanmoins rien innover dans la fonction des commissaires de notre châtelet de Paris, pour la réception des plaintes qu'ils seront tenus de remettre au greffe, ensemble toutes les informations & procédures par eux faites, dans les vingt-quatre heures, dont ils feront faire mention par le greffier au bas de l'expédition, & si c'est avant ou après midi, à peine de cent livres d'amende, moitié vers nous, & moitié vers la partie qui s'en plaindra.

Lecture

Lecture ayant été faite de cet Article :

M. le premier président a dit, qu'il remarque toujours que les peines sont fréquentes dans cette ordonnance.

M. Talon a dit, que ce n'est pas assez d'obliger les commissaires du châtelet de remettre les informations au greffe dans les vingt-quatre heures : ils éluderont comme ils ont fait jusqu'ici l'exécution de l'ordonnance, en continuant l'information pendant plusieurs jours, & entendant un dernier témoin le jour ou la veille qu'ils la voudront mettre au greffe. Mais comme d'ailleurs, dans les affaires importantes, il est impossible qu'une information soit toujours achevée dans les vingt-quatre heures, le tempérament que l'on y pourroit apporter seroit d'ordonner qu'en cas que l'information ne pût être achevée le même jour qu'elle sera commencée, elle le sera, au plus tard, dans les trois jours ; sauf à informer par addition, s'il y a de nouveaux témoins à entendre.

M. le président le Coigneux a dit, qu'il peut y avoir encore un autre inconvénient, qui est que lorsque l'on voudra favoriser un accusé, & obtenir des défenses de la cour, le commissaire n'enverra que deux ou trois dépositions les plus foibles, sur lesquelles la cour accordera des défenses avec plus de facilité.

M. Talon a encore observé, que par-tout les commissaires-examinateurs informent.

M. Pussort a réparti, qu'il croit que ce sont les lieutenans criminels qui informent, & que les commissaires-examinateurs font les enquêtes.

M. le premier président a dit, que l'on ne peut trop presser les commissaires de faire leur devoir ; qu'il faut néanmoins leur donner un tems suffisant ; mais qu'il seroit mieux de laisser les choses à l'arbitrage du juge, étant difficile que la loi puisse entrer dans un si grand détail.

☞ *L'on n'a fait aucun changement dans l'article III, qui est de même dans l'ordonnance.*

ARTICLE IV.

Les feuillets des plaintes seront signés, par qui ?

TOUS les feuillets des plaintes seront signés par le juge & par le complaignant, s'il sait ou peut signer, & sera fait mention expresse sur la minute & sur la grosse de sa signature, ou de son refus : ce que nous voulons être observé par les commissaires du châtelet de Paris.

Lecture ayant été faite de l'Article IV :

M. le premier président a dit, que dans le parlement on ne recevoit aucune plainte qui ne fût signée d'un procureur. Que le procureur est le maître de la cause, & qu'on ne peut pas rejetter une plainte quand elle est signée d'un procureur.

M. Pussort a dit, que l'article ne les exclut pas. Que cela est bon dans sa proposition, mais que l'expression n'en est pas nécessaire.

M. le premier président a reparti, que si l'on n'en dit mot, on supposera l'exclusion, si la disposition au contraire n'y est expresse.

☞ *Sur l'ouverture faite par M. le premier président, on a inséré dans l'article cette clause :* ou par son procureur fondé, &c. *Voici de quelle maniere il a été rédigé:*

ARTICLE IV. Tous les feuillets des plaintes seront signés par le juge & par le complaignant s'il sait ou peut signer, ou par son procureur fondé de procuration spéciale ; & sera fait mention expresse sur la minute & sur la grosse de sa signature ou de son refus, ce que nous voulons être observé par les commissaires du châtelet de Paris.

ARTICLE V.

En quels cas les plaignans seront réputés parties.

LES plaignans ne seront réputés parties civiles, s'ils ne le déclarent formellement, ou par la plainte, ou par acte subséquent qui se pourra faire en tout état de cause, dont ils pourront se départir dans les vingt-quatre heures, & non après. Et en cas de désistement, ne seront tenus des frais faits depuis qu'il aura été signifié, sans préjudice néanmoins des dommages & intérêts des parties.

Après la lecture de l Article V:

M. le premier président a dit, que l'article est nouveau, mais qu'il paroît bon.

M. Talon a dit, qu'il semble qu'il est nécessaire que la signification du désistement soit faite non-seulement à l'accusé, mais aussi au greffier, pour en avertir le juge & la partie publique; autrement il est à craindre que le désistement étant inconnu, les crimes ne demeurent impunis: les juges se reposant sur la diligence de la partie civile, qu'ils ignorent avoir abandonné la poursuite.

Et sur ce qu'il a demandé, si les parties qui se seront désistées pourront prétendre des dommages & intérêts:

M. le premier président a dit, qu'encore qu'après le désistement d'une partie on ne doive plus considérer ses intérêts, néanmoins lorsque le parlement reconnoît que c'est l'impuissance qui les retient, il ne laisse pas d'en adjuger.

☞ *Cet article V a été mis dans l'ordonnance ſans aucun changement.*

ARTICLE VI.

Comment les dénonciations ſeront faites & reçues.

NOS procureurs, & ceux des ſeigneurs, auront un regiſtre pour recevoir & faire écrire les dénonciations qui ſeront circonſtanciées & ſignées par les dénonciateurs, ſinon, à leur refus, ſeront écrites en leur préſence par leur greffier, qui en fera mention.

Après la lecture de cet Article:

M. le premier préſident a dit, que meſſieurs les procureurs généraux, ni leurs ſubſtituts, ne doivent point avoir de greffiers.

M. Puſſort a dit, que l'intention de l'article eſt de faire ſigner les dénonciations par les dénonciateurs; & à leur refus, de les faire écrire par le greffier du ſiege, pour prévenir les priſes à partie, & les déſaveux.

M. le premier préſident a dit, que ce ſera divulguer le ſecret de la dénonciation.

M. Talon a dit, que ces termes, *ſinon à leur refus*, ne conviennent pas. Celui qui fait une dénonciation ne doit jamais refuſer de la ſigner; s'il le refuſe, elle ne doit pas être reçue, & il n'en doit être diſpenſé qu'au cas qu'il ne ſache ni écrire ni ſigner.

M. le procureur général a dit, que les procureurs généraux & leurs ſubſtituts, en certains cas, ſont tenus de nommer leurs dénonciateurs, & même de prendre caution pour aſſurer les dommages & intérêts des parties, en cas de calomnie.

M. Puſſort a dit, que l'article n'exclut pas de prendre par meſſieurs les procureurs généraux telles précautions qu'ils aviſeront bon être. Qu'il eſt de leur fonction d'examiner la qualité des dénonciations & des dénonciateurs; mais que cela n'eſt pas de l'ordonnance.

☞ *Les réflexions faites par M. le premier préſident, & par M. l'avocat général, ont été approuvées, & l'article VI a été réformé de cette maniere:*

ARTICLE VI. Nos procureurs & ceux des ſeigneurs auront un regiſtre pour recevoir & faire écrire les dénonciations qui ſeront circonſtanciées & ſignées par les dénonciateurs, s'ils ſavent ſigner, ſinon elles ſeront écrites en leur préſence par le greffier du ſiege, qui en fera mention.

ARTICLE VII.

Plaintes ſeront communiquées, à qui?

LES plaintes ſeront communiquées à nos procureurs, & à ceux des ſeigneurs pour donner leurs concluſions, ce qu'ils ſeront tenus de faire dans les vingt-quatre heures au plus tard, & ſans frais.

Lecture faite de cet Article:

M. le premier préſident a dit, que l'uſage eſt différent au châtelet : on ne communique point les plaintes au procureur du roi, parce qu'y en ayant chaque jour un grand nombre, cette communication pourroit retarder l'expédition : que d'ailleurs, ils en ont communication par les informations ; mais qu'au parlement on ne reçoit aucune plainte, ſans qu'elle ſoit communiquée au parquet avant que d'informer : parce qu'il y a moins d'affaires de cette qualité qui ſoient portées directement au parlement, & qu'elles ſont ordinairement plus importantes, & regardent des perſonnes plus conſidérables.

M. Talon a dit, que bien que les procureurs du roi, & ceux des ſeigneurs ſoient les véritables parties pour la vengeance des crimes, & qu'il ſoit même de l'uſage en quelques ſieges de leur communiquer les plaintes avant que de permettre d'en informer, cette communication pourtant paroît aſſez inutile : elle ne rendra pas les juges plus retenus à commencer un procès-criminel, & retardera ſouvent le cours de la juſtice. D'ailleurs, encore qu'on les oblige de bailler leurs concluſions ſans frais, il eſt à craindre que cette derniere partie de l'article ne ſoit pas obſervée, & qu'eux ou leurs clercs n'en retirent des émolumens.

M. Puſſort a dit, que le motif de l'article eſt que les procureurs du roi ſont les véritables parties en matiere criminelle, & qu'il ne ſemble pas raiſonnable de commencer un procès ſans leur participation. Que ſi c'eſt l'uſage des compagnies, il y a encore plus de raiſon de l'introduire dans les premiers ſieges ; & la conſidération de la multitude des affaires qui ſont dans Paris ne peut point empêcher la regle, y ayant des ſubſtituts au châtelet, à qui la communication en peut être donnée ; mais que le tout doit être ſans frais.

☞ *Nonobſtant les raiſons que M. Puſſort a alléguées pour ſoutenir la diſpoſition de cet article, on a trouvé à propos de le retrancher.*

ARTICLE VIII.

Peine contre les accuſateurs mal-fondés.

LES accuſateurs & dénonciateurs qui ſe trouveront mal-fondés, ſeront condamnés aux dépens, dommages & intérêts des accuſés, & à plus grande peine s'il y écheoit. Ce qui aura lieu à l'égard de ceux qui ne ſe ſeront rendus parties ; ou qui s'étant rendus parties, s'en ſeront déſiſtés, ſi leurs plaintes ſont jugées calomnieuſes.

Après la lecture de cet Article :

Il a été trouvé bon, & il est le VII de ce titre dans l'ordonnance.

ARTICLE IX.

Ce qui sera fait, si les deux parties rendent leurs plaintes.

Si les parties rendent respectivement leurs plaintes, il sera informé d'office à la diligence de notre procureur, ou de celui des seigneurs, & ordonné sur l'information, qui demeurera accusateur ou accusé. Défendons aux juges, à peine d'interdiction, de permettre aux deux parties d'informer respectivement, ni décréter contre l'une & l'autre.

Après la lecture de l'Article IX:

M. le premier président a dit, que les informations respectives, & celles d'office, engageront souvent les parties plus avant qu'elles ne voudront, & les empêcheront de s'accommoder dans les affaires légeres; & qu'il arrivera que, nonobstant leur accommodement, le substitut du procureur général, ou même les procureurs fiscaux en de petits sieges, ne laisseront pas de continuer leurs poursuites dans les affaires qui ne le méritent pas, malgré les parties qui se seront accordées.

M. Pussort a réparti, que faisant signifier un accommodement, on y déférera s'il s'agit de peu; & que si le cas est grave, le procureur du roi continuera ses poursuites.

M. Talon a dit, qu'il seroit à souhaiter que la derniere partie de cet article pût être observée; mais que la pratique en est difficile, particuliérement au châtelet de Paris, où les plaintes étant portées à différens commissaires, il est impossible qu'il n'y ait tous les jours des informations respectives. Mais il est de la prudence du juge, lorsque ces informations lui sont portées, de n'en décréter qu'une, & de joindre l'autre.

La défense qui est faite au juge, de donner permission aux deux parties d'informer, peut être aussi d'une très-périlleuse conséquence. Celui qui a été le plus maltraité, n'est pas toujours le plus diligent à se plaindre; au contraire, la grandeur de ses blessures, & le péril de sa vie, font qu'il songe plus au salut de sa personne, qu'à poursuivre la vengeance de l'injure qu'il a reçue. Si donc le coupable se plaint le premier, & fait informer, est-il juste que sa diligence lie de telle sorte les mains au juge, qu'il ne puisse faire justice, ni informer à la requête de celui qui a été véritablement offensé?

Cependant, si l'article demeure aux termes qu'il est conçu, il n'y aura point de juge qui, dans la crainte d'être interdit, ose permettre à celui qui aura été maltraité ou assassiné, d'informer, quand une fois il aura été informé à la requête de celui qui aura commis l'insulte. L'expérience justifie que ces inconvéniens arrivent très-fréquemment; de sorte qu'établissant la regle générale sans exception, elle pourroit produire de très-mauvais effets.

Quand les plaintes des deux parties sont portées au juge avant qu'il ait informé, il n'y a point d'inconvénient de faire une information d'office; mais non pas à la diligence, soit des procureurs du roi, ou des procureurs fiscaux, lesquels par-là, devenant maîtres de la nomination des témoins, pourroient en abuser, à l'oppression de l'une des parties; au lieu que laissant la liberté à ceux qui ont donné des plaintes, de produire des témoins aux juges, l'on jugera ensuite, par le mérite & les circonstances du fait, qui doit demeurer accusateur ou accusé.

M. Pussort a dit, qu'il en falloit parler au roi.

☞ *Les raisons que M. l'avocat général Talon a opposées à cet article, ont paru très-puissantes, & l'article a été retranché.*

ARTICLE X.

Par qui les procès seront poursuivis.

S'IL n'y a point de partie civile, les procès seront poursuivis à la diligence, & sous le nom de nos procureurs, ou des procureurs des justices seigneuriales.

Lecture ayant été faite:

M. le premier président a dit, que l'article étoit bon.

M. Talon a observé, que cet article sembloit trop général, & que les procureurs du roi, non plus que les procureurs fiscaux, ne doivent pas poursuivre indifféremment toutes sortes d'affaires criminelles, quand les parties se désistent; mais seulement celles qui sont graves & importantes, & dans lesquelles le public est offensé.

☞ *La restriction proposée par M. Talon, n'a pas été faite; & cet article a été conservé. Il est le VIII de ce titre dans l'ordonnance.*

TITRE IV.

Des procès-verbaux des juges.

ARTICLE I.

Ce qui sera énoncé dans les procès-verbaux.

Les juges dresseront sur le champ, & sans déplacer, procès-verbal de l'état auquel seront trouvées les personnes blessées, ou le corps mort; ensemble du lieu où le délit aura été commis, & de tout ce qui peut servir pour la décharge ou conviction.

ARTICLE II.

Dans quel tems ils seront remis au greffe, avec les hardes.

Les procès-verbaux seront remis au greffe dans les vingt-quatre heures; ensemble les armes, meubles & hardes qui pourront servir à la preuve, & feront ensuite partie des pieces du procès.

Les deux articles, dont ce titre est composé, ont été trouvés bons, & l'on n'y a fait aucun changement.

TITRE V.

Des rapports des médecins.

ARTICLE I.

Permis aux blessés de se faire visiter.

Les personnes blessées pourront se faire visiter par médecins & chirurgiens, dont le rapport sera joint au procès; ce qui aura lieu pour ceux qui agiront pour les morts.

ARTICLE II.

Permis aux juges d'ordonner une ſeconde viſite.

POURRONT néanmoins les juges ordonner une ſeconde viſite par médecins ou chirurgiens nommés d'office, leſquels prêteront le ſerment, dont ſera expédié acte; & après leur viſite en dreſſeront & ſigneront ſur le champ leur rapport, pour être remis au greffe & joint au procès, ſans qu'il puiſſe être dreſſé aucun procès-verbal, à peine de cent livres d'amende contre le juge envers la partie.

Sur les deux Articles dont ce titre eſt composé:

M. le premier préſident a dit, que le terme de *morts*, inſéré à la fin du premier article, peut être changé en ceux de *perſonnes décédées.*

Qu'au ſurplus, on pouvoit obſerver qu'au châtelet il y avoit deux ſortes de viſites qui ſe pouvoient faire; l'une de l'ordonnance de juſtice, pour laquelle on commet toujours l'un des maîtres chirurgiens du châtelet, qui ſont officiers établis à cet effet : l'autre viſite ſe fait ſans ordonnance de juſtice; & en celle-là les complaignans peuvent ſe ſervir de tels chirurgiens qu'ils veulent pour ſe faire viſiter, pourvu que ce chirurgien ſoit maître à Paris. Que pour cet effet tous les maîtres chirurgiens de Paris prêtent ſerment au châtelet, & ſont appellés *chirurgiens jurés.*

Qu'ainſi à l'égard du châtelet, l'article peut être bon, parce que tous ces chirurgiens ne prêtent pas de nouveaux ſermens à chaque viſite qu'ils ſont: mais qu'ailleurs il ſeroit de dangereuſe conſéquence de laiſſer aux parties le choix des médecins & des chirurgiens, ce rapport étant une piece très-conſidérable du procès criminel. Qu'ainſi l'article eſt bon en partie; mais qu'il faut que hors Paris, tous les rapports ſoient faits de l'ordonnance du juge.

M. Puſſort a dit, que l'on n'avoit point conſidéré l'uſage de Paris, mais la néceſſité qu'il y avoit de faire viſiter, même ſouvent avant que l'on pût avoir l'ordonnance du juge. Mais en tout cas, l'article II y avoit pourvu, en laiſſant la liberté au juge d'ordonner, s'il y échoeit, une ſeconde viſite; la premiere étant de néceſſité, & celle-ci de juſtice.

Qu'au ſurplus, M. Valot, premier médecin du roi, prétend avoir droit de nommer des médecins & des chirurgiens par toute la France pour faire des viſites. Qu'il eſt fondé en déclaration regiſtrée en l'année 1599. Que l'uſage y eſt, ſuivant lequel on ſeroit dans les provinces en même condition qu'au châtelet. Qu'ayant été parlé de ce privilege devant le roi, l'on ne s'y étoit pas arrêté. Que M. Valot en faiſoit inſtance. Que c'étoit à la compagnie d'en dire ce qu'elle jugeroit être néceſſaire d'en rapporter au roi.

M.

M. le président le Coigneux a dit, qu'il voyoit des rapports de ces chirurgiens à la tournelle.

M. Talon a dit, que l'usage a toujours été que les chirurgiens ont affirmé leurs rapports en justice; & qu'il peut y avoir de l'inconvénient d'en user autrement, parce que l'on pourra supposer la signature d'un chirurgien qui ne sera pas connu par le juge. A Paris les maîtres chirurgiens sont dispensés d'affirmer leurs rapports, parce que lors de leur réception ils prêtent serment devant le lieutenant criminel.

Que les derniers mots de cet article sont impropres, bien qu'il soit juste de permettre aux parens & aux héritiers d'un homme décédé de visiter les blessures qui lui ont causé la mort, & d'en faire faire le rapport; ces termes, *ce qui aura lieu pour ceux qui agiront pour les morts*, doivent être réformés, ne pouvant pas convenir au style d'une ordonnance.

Qu'à l'égard des médecins & chirurgiens nommés par le premier médecin du roi, il ne leur falloit pas donner une faculté exclusive des autres chirurgiens.

M. le premier président a dit, que les chirurgiens affirment leur rapport véritable, & le cachetent; & que lorsque le premier médecin en nomme, on les reçoit, mais sans exclusion des autres; & qu'il seroit de grande conséquence de n'admettre par toute la France aucun rapport en justice, que des chirurgiens commis par le premier médecin du roi; que cela seroit contraire à l'usage, & que le parlement n'a jamais reconnu ce privilege.

M. Pussort a réparti, que cette concession seroit inutile sans exclusion; & qu'au surplus on peut ajouter, *en affirmant.*

☞ *Ensuite des observations qui ont été faites sur ce titre V, on a ajouté dans le premier article, que* les médecins & chirurgiens affirmeront leur rapport véritable. *L'on y a aussi changé ces mots :* ce qui aura lieu pour ceux qui agiront pour les morts, *en ceux-ci*, ce qui aura lieu à l'égard des personnes qui agiront pour ceux qui seront décédés. *Et l'on a transporté à la fin de cet article la clause qui porte, que* le rapport sera joint au procès.

A l'égard de l'article II, on n'y a fait qu'un changement peu considérable, c'est à ces mots qui sont à la fin, à peine de cent livres d'amende contre le juge; *après lesquels on a mis*, moitié vers nous, & moitié vers la partie.

Enfin sur l'observation faite touchant le droit du premier médecin du roi; l'on a dressé un article nouveau, qui est le III de ce titre dans l'ordonnance, par lequel ce droit est expliqué & confirmé.

Voici les trois articles de l'ordonnance.

ARTICLE I. Les personnes blessées pourront se faire visiter par médecins & chirurgiens, qui affirmeront leur rapport véritable; ce qui aura lieu à l'égard des personnes qui agiront pour ceux qui seront décédés, & sera le rapport joint au procès.

ARTICLE II. Pourront néanmoins les juges ordonner une seconde visite par médecins ou chirurgiens nommés d'office, lesquels prêteront le serment dont sera expédié acte; & après leur visite, en dresseront & signeront sur le champ leur rapport, pour être remis au greffe & joint au procès, sans qu'il puisse être dressé aucun procès-verbal, à peine de cent livres d'amende contre les juges, moitié vers nous, & moitié vers la partie.

ARTICLE III. Voulons qu'à tous les rapports qui seront ordonnés en justice, assiste au moins un des chirurgiens commis de notre premier médecin, ès lieux où il y en a, à peine de nullité des rapports.

TITRE VI.

Des informations.

ARTICLE I.

Par qui les témoins seront administrés.

LES témoins seront administrés par nos procureurs, ou ceux des seigneurs, comme par les parties civiles.

Lecture ayant été faite de cet Article:

M. le premier président a dit, qu'il faut prendre garde que l'accusé ne suppose des exploits donnés à des témoins apostés, comme étant assignés à la requête de la partie civile, ou du procureur du roi: que pour prévenir ces inconvéniens, il en faudroit donner la liste au juge, ou que les parties signassent l'exploit.

M. Pussort a dit, que cette liste n'est pas de l'ordonnance.

☞ *Cet article est dans l'ordonnance sans aucun changement.*

ARTICLE II.

Les impuberes pourront déposer.

LES enfans de l'un & de l'autre sexe, quoiqu'au dessous de l'âge de puberté, pourront être reçus à déposer, sauf en jugeant d'avoir par les juges tel égard que de raison à la nécessité & solidité de leurs témoignages.

Après la lecture de cet Article:

M. le premier président a dit, que le mot de *solidité*, quoique significatif, ne semble pas, en ce sens, un mot usité dans l'ordonnance.

M. Pussort a dit, qu'il ne s'en trouvoit point d'autre.

M. le premier président a ajouté, que l'intention de l'article seroit suffisamment expliquée par ces termes, *pour avoir par les juges tel égard que de raison à leur témoignage.*

M. Talon a dit, que bien que cet article soit conforme à l'usage, néanmoins, comme il ne regarde pas la procédure, il semble qu'on pourroit le retrancher. Qu'il y a en droit un titre tout entier *des témoins*, dans lequel on examine qui sont ceux qui peuvent être reçus à rendre témoignage, tant en matiere civile que criminelle: si les domestiques, les parens de l'accusateur ou de l'accusé, sont reçus à déposer: qu'il ne sembloit pas y avoir de raison de détacher de toutes ces questions celle de la validité du témoignage d'un impubere. Pour faire même sur ce sujet une décision solide, qu'il faudroit donc déterminer précisément le tems de la puberté, même faire différence entre les enfans & les impuberes.

☞ *On n'a fait aucun changement dans cet article, & il est de même dans l'ordonnance.*

ARTICLE III.

Toutes personnes pourront être contraintes à déposer.

TOUTES personnes assignées pour être ouïes en témoignage, récolées & confrontées, seront tenues de comparoir pour satisfaire aux assignations; & pourront y être les séculiers contraints par amende sur le premier défaut, & par emprisonnement de leurs personnes, en cas de contumace. Enjoignons aux supérieurs réguliers d'y faire comparoir leurs religieux, à peine de saisie de leur temporel, & de suspension des privileges à eux par nous accordés.

Après la lecture de l'Article III:

M. Talon a dit, qu'il faut faire trois classes dans cet article. Que le terme de *séculier* n'est pas propre à l'endroit où il est mis: il est bien plus convenable de dire que les personnes laïques seront, sur le premier défaut, contraintes par amende à déposer, & qu'elles pourront être emprisonnées en cas de contumace. Qu'à l'égard des ecclésiastiques, l'on décernera aussi des amendes contre eux, au paiement desquelles ils seront contraints par saisie; & que les supérieurs réguliers seront tenus de faire comparoir leurs religieux, sous les peines portées par l'article.

M. Pussort a dit, que la distinction étoit bonne.

☞ *C'est sur cette distinction que l'article III a été réformé de cette maniere:*

ARTICLE III. Toutes personnes assignées pour être ouïes en témoignage, récolées ou confrontées, seront tenues de comparoir pour satisfaire aux assignations; & pourront y être les laïques contraints par amende sur le premier défaut, & par emprisonnement de leurs personnes, en cas de contumace : même les ecclésiastiques par amende, au paiement de laquelle ils seront contraints par saisie de leur temporel. Enjoignons aux supérieurs réguliers d'y faire comparoir leurs religieux, à peine de saisie de leur temporel, & de suspension des privileges à eux par nous accordés.

ARTICLE IV.

Les témoins seront apparoir de l'exploit : exception.

LES témoins, avant qu'être ouïs, feront apparoir de l'exploit qui leur aura été donné pour déposer, dont sera fait mention dans leurs dépositions. Pourront néanmoins les juges entendre les témoins d'office, & sans assignation, en cas de flagrant délit.

Lecture faite de cet Article:

☞ *Il a été trouvé bon, & on l'a inséré dans l'ordonnance.*

ARTICLE V.

Témoins prêteront serment; & de quoi seront enquis.

LES témoins prêteront serment, & seront enquis de leur nom, surnom, âge, qualité, demeure, & s'ils sont serviteurs ou domestiques, parens ou alliés des parties, & en quel degré; & du tout sera fait mention, à peine de nullité de la déposition, & des dépens, dommages & intérêts des parties contre le juge.

Lecture faite de cet Article:

M. le premier président a dit, que si on veut entrer dans ce détail, il faut y ajouter, *créanciers & débiteurs.*

☞ *L'addition proposée par M. le premier président n'a pas été faite, & cet article a passé dans l'ordonnance.*

ARTICLE VI.

Les juges ne pourront commettre pour écrire les informations.

LES juges, même ceux de nos cours, ne pourront commettre leurs clercs, ou autres personnes, pour écrire les informations qu'ils feront dedans ou dehors leur siege, s'il y a un greffier, ou un commis à l'exercice du greffe; si ce n'est qu'ils fussent absens, malades, ou qu'ils eussent quelqu'autre légitime empêchement.

Lecture faite de cet Article :

M. le premier président a observé, qu'au parlement on a déclaré des informations nulles, pour n'avoir été reçues par un greffier ou par un commis du greffe, mais seulement par un clerc d'un conseiller qui étoit en commission; parce que les commis du greffe criminel, qui sont établis pour cela, sont personnes connues, & ont serment en justice.

M. Pussort a dit, que l'usage du grand-conseil est contraire, & que les affaires y sont assez fréquentes.

☞ *Le présent article est pareillement dans l'ordonnance.*

ARTICLE VII.

Exception de l'article précédent.

POURRONT néanmoins ceux qui exécuteront des commissions émanées de nous, commettre telles personnes qu'ils aviseront, auxquelles ils feront prêter serment.

Lecture faite de l'Article VII :

M. le premier président a dit, que les commissions données par le parlement, sont censées commissions du roi.

M. Talon a dit, que pour mieux s'expliquer, on pourroit mettre *commissions du grand sceau.*

☞ *L'ouverture proposée par M. l'avocat général n'a pas été suivie, & l'on n'a fait aucun changement dans cet article.*

ARTICLE VIII.

Abrogation des adjoints.

DÉFENDONS l'usage des adjoints dans les informations, sinon ès cas portés par l'édit de Nantes.

ARTICLE IX.

Par qui la déposition sera écrite & signée.

LA déposition sera écrite par le greffier en présence du juge, & signée par lui, par le greffier & par le témoin, s'il sait ou peut signer; sinon en sera fait mention, & chaque page sera cotée & signée par le juge, à peine de tous dépens, dommages & intérêts.

ARTICLE X.

Elle sera rédigée à charge ou à décharge.

La déposition de chacun témoin sera rédigée à charge ou à décharge.

ARTICLE XI.

Témoins comment seront ouïs, & signeront leur déposition.

Les témoins seront ouïs secretement & séparément, & signeront leur déposition après que la lecture leur aura été faite, & qu'ils auront déclaré qu'ils y persistent, dont mention sera faite par le greffier, sous les mêmes peines portées par l'article V ci-dessus.

ARTICLE XII.

Des interlignes, ratures & renvois.

Aucune interligne ne pourra être faite; & sera tenu le greffier faire approuver les ratures & signer les renvois par le témoin & par le juge, sous les mêmes peines.

Après la lecture faite des Articles ci-dessus :

☞ *Il n'a rien été proposé contre, & ils ont été insérés dans l'ordonnance de la même maniere.*

ARTICLE XIII.

Taxe des frais & salaires des témoins.

La taxe pour les frais & salaires du témoin sera faite par le juge, & payée par les mains du greffier. Défendons à nos procureurs & à ceux des seigneurs, & aux parties, de donner aucune chose au témoin, s'il n'est ordonné par le juge, à peine de nullite de la déposition, laquelle en ce cas pourra être rejettée.

Après la lecture faite de l'Article XIII :

M. le premier président a dit, que cet article est de conséquence; qu'il porte, *à peine de nullité;* & cependant on ne pourra empêcher qu'il n'y ait de fréquentes contraventions.

Que les témoins sont quelquefois éloignés; & si les parties ne prennent soin de les faire venir & de payer la dépense de leur voyage, ils négligeront de se trouver aux assignations. Les greffiers, par les mains desquels on ordonne que les taxes seront payées, ne prendront pas toutes les précautions qui seront nécessaires; ils pourront même n'être pas fideles dans la distribution des deniers, & s'approprier ce qu'il y aura de plus. Jusqu'ici l'on s'est bien trouvé de l'usage de charger les parties de faire elles-mêmes les frais, & que cela pourra arrêter le cours des affaires.

M. Pussort a dit, que le reproche le plus ordinaire que l'on propose contre un témoin, est qu'il a reçu de l'argent; cela laisse toujours quelque impression dans l'esprit des juges, & il est bon de l'empêcher.

M. Talon a dit, que l'exécution de cet article est difficile, & peut produire de très-grands inconvéniens. Il est à craindre que le greffier ne rende pas un compte fidele des deniers déposés entre ses mains, & qu'il ne les appplique plutôt à ses salaires qu'au paiement des témoins. Quand d'ailleurs les témoins viennent de loin pour déposer, quelle apparence qu'ils se mettent en chemin, si l'on ne leur avance de l'argent pour les frais du voyage? Ne peut-il pas aussi arriver qu'une partie qui aura secretement transigé, ou un procureur du roi qui voudra favoriser un accusé, donnera manuellement quelque argent aux principaux témoins, pour rendre leurs dépositions caduques?

L'inconvénient que l'on propose, *que le plus fréquent reproche que l'on donne contre les témoins, est qu'ils ont été corrompus, & qu'ils ont reçu de l'argent pour déposer; & lorsqu'à la confrontation ils avouent avoir reçu de l'argent, quoiqu'ils disent que c'est pour les frais du voyage, cela ne laisse pas de mettre quelque soupçon dans l'esprit des juges :* est une objection d'autant moins considérable, que ce reproche ne donne jamais atteinte à la déposition d'un témoin: il faudroit, pour le rendre valable, qu'il avouât avoir reçu de l'argent pour déposer faux, ou que l'excès de la somme fût une preuve évidente de la corruption : au lieu que si l'article demeure comme il est conçu, quelque petite somme que le témoin ait reçue, la déposition doit être rejettée; & quand l'accusé en articulera le fait, l'on ne pourra pas lui refuser la liberté d'en faire preuve.

M. le premier président a ajouté, que la peine de nullité lui paroît dangereuse, car un accusé ne manquera jamais de mettre en fait que le témoin aura reçu de l'argent de la partie civile : qu'il est bien difficile qu'elle ne donne toujours quelque argent aux témoins pour leur subsistance & pour les frais de leur voyage, sans les obliger de passer par les mains d'un greffier, qui bien souvent reçoit plus volontiers qu'il ne se dessaisit: que cet article retarderoit l'instruction des procès criminels, & en augmenteroit les frais : car on feroit souvent consigner plus qu'il ne feroit nécessaire. Il pourra même arriver que le procureur du roi aura avancé quelque argent dans une occasion pressante, par un bon zele, ou peut-être même à dessein de gâter la procédure ; & qu'il seroit contre le bien de la justice que cela produisît la nullité de la déposition.

M. Pussort a dit, que l'article pourvoit à tout, en ce qu'il porte, *s'il n'est ordonné par le juge.*

☞ *Les principaux changemens qu'on a faits dans l'article XIII consistent au retranchement de la clause qui porte que la taxe* sera payée par les mains du greffier, *& de la clause qui ordonne* la peine de nullité de la déposition. *Voici de quelle maniere cet article a été arrêté :*

ARTICLE XIII. La taxe pour les frais & salaires du témoin sera faite par le juge. Defendons à nos procureurs & à ceux des seigneurs, & aux parties, de donner aucune chose au témoin, s'il n'est ainsi ordonné.

ARTICLE XIV.

Quand les dépositions pourront être réitérées.

LES dépositions qui auront été déclarées nulles, par défaut de formalité, pourront être réitérées, s'il est ainsi ordonné par le juge.

Lecture faite de cet Article :

☞ *Il a été approuvé, & on l'a inséré de même dans l'ordonnance.*

ARTICLE XV.

Défense de communiquer les informations, si ce n'est aux procureurs du roi, ou des seigneurs.

DÉFENDONS aux greffiers de communiquer les informations, & autres pieces secretes du procès ; ni de se dessaisir des minutes, sinon ès mains de nos procureurs, ou de ceux des seigneurs qui s'en chargeront sur le registre, & marqueront le jour & l'heure, pour les remettre dans les vingt-quatre heures, à peine d'interdiction contre le greffier, & de cent livres d'amende, moitié vers nous, & moitié vers la partie.

Après la lecture faite de cet Article :

M. le premier président a dit, que le tems de *vingt-quatre heures* étoit trop court, & qu'il est impossible d'exécuter l'article dans Paris en si peu de tems.

M.

M. Puſſort a dit, que cet article étoit de conſéquence : qu'il remédieroit à beaucoup d'inconvéniens ; mais que pour en rendre l'exécution plus facile, il croyoit que l'on pourroit changer le terme de *vingt-quatre heures* en celui de *trois jours*.

☞ *Sur cette propoſition l'on a mis dans l'article :* pour les remettre inceſſamment, & au plus tard dans trois jours. *Voici l'article de l'ordonnance :*

ARTICLE XV. Défendons aux greffiers de communiquer les informations & autres pieces ſecretes du procès, ni de ſe deſſaiſir des minutes, ſinon ès mains de nos procureurs, ou de ceux des ſeigneurs qui s'en chargeront ſur le regiſtre, & marqueront le jour & l'heure pour les remettre inceſſamment & au plus tard dans trois jours, à peine d'interdiction contre le greffier, & de cent livres d'amende, moitié vers nous, & moitié vers la partie.

ARTICLE XVI.

Les rapporteurs pourront auſſi prendre les minutes.

POURRONT auſſi les rapporteurs retirer les minutes, pour s'en ſervir dans la viſite du procès ; & feront tenus les remettre dans les vingt-quatre heures après le jugement, ſous les mêmes peines.

Lecture faite de cet Article :

M. le premier préſident a dit, qu'il ne ſauroit aſſez répéter que les peines ſont trop fréquentes.

☞ *Ces peines n'ont point été abrogées, & l'article a été conſervé. On y a ſeulement retranché ces deux mots :* dans les, *qui ſont devenus ceux-ci*, vingt-quatre heures après, &c.

ARTICLE XVII.

Dans quel tems les greffiers commis d'office remettront les minutes.

LES greffiers commis par les officiers de nos cours, ſeront tenus remettre leurs minutes ès cours qui les auront commis, dans trois jours après la procédure achevée, ſi elle n'eſt faite au lieu de la juriſdiction, ou dans les dix lieues ; & ſera le délai augmenté d'un jour pour la diſtance de chaque dix lieues, à peine de quatre cens livres d'amende, moitié vers nous, & moitié vers la partie, & de tous dépens, dommages & intérêts. Ce qui ſera exécuté par le greffier commis, quoiqu'il n'eût encore reçu les salaires, dont en ce cas lui sera délivré exécutoire par le greffier ordinaire, suivant la taxe du commissaire, qui n'en pourra prétendre aucuns frais.

Lecture faite de cet Article :

☞ *Il a été trouvé bon, & on l'a mis dans l'ordonnance sans aucun changement.*

ARTICLE XVIII.

Les greffiers auront un registre pour enregistrer toutes les procédures.

ENJOIGNONS aux greffiers, garde-sacs de nos cours de parlement, grand-conseil & cours des aides, de tenir un registre particulier relié & chiffré, contenant au premier feuillet le nombre de ceux dont il sera rempli : ce qui aura lieu aux bailliages & sieges présidiaux, sénéchaussées, maréchaussées, prévôtés, & en toutes les autres justices royales & seigneuriales, dont le registre sera paraphé en tous les feuillets par le juge criminel, pour y être par les greffiers, tant de nos cours que des autres, enregistré toutes les procédures qui seront faites ou apportées, & leur date ; ensemble le nom & la qualité du juge & de la partie, de suite & sans aucun blanc : pour raison de quoi le greffier ne pourra prendre aucuns droits ni frais, & seront tenus se charger & décharger sur le registre, les officiers qui doivent prendre communication des pieces.

Lecture ayant été faite de l'Article XVIII:

M. le premier président a dit, que cet artitcle ôte les droits aux greffiers, qu'ils ont accoutumé de recevoir : qu'il faut bien prendre garde qu'en pensant retrancher les frais, on n'éloigne pas l'expédition des affaires; & qu'en retranchant à ces officiers ce qu'ils ont reçu légitimement jusqu'ici, ils ne se portent à chercher des émolumens dans leurs charges par d'autres voies moins légitimes.

☞ *Cette observation n'a pas été suivie : mais on a fait quelque changement dans l'article à l'égard des termes. Il a été réformé de cette maniere :*

ARTICLE XVIII. Enjoignons aux greffiers, garde-sacs de nos cours, grand-conseil & cours des aides, de tenir un registre particulier, relié & chiffré, contenant au premier feuillet le nombre de ceux dont il sera composé. Ce qui aura lieu aux sieges présidiaux, bailliages, sénéchaussées, maréchaussées, prévôtés, & de toutes les autres justices royales & seigneuriales, dont le registre sera paraphé en tous ses feuillets par le juge criminel, pour y être par les greffiers, tant de nos cours que les autres, enregistré toutes les procédures qui seront faites ou appointées, & leur date; ensemble le nom & la qualité du juge & de la partie, de suite & sans aucun blanc : pour raison de quoi le greffier ne pourra prétendre aucuns droits ni frais: & seront tenus se charger & décharger sur le registre les officiers qui doivent prendre communication des pieces.

ARTICLE XIX.

Les greffiers enverront extrait du registre aux greffes où les appellations ressortissent.

LES greffiers des prévôtés & châtellenies royales, & ceux des seigneurs, seront tenus d'envoyer par chacun an, aux mois de juin & de décembre, au greffe du bailliage & sénéchaussée où ressortissent leurs appellations immédiatement, un extrait de leur registre criminel, dont leur sera baillé décharge sans frais ; & ceux des bailliages, sénéchaussées & maréchaussées seront tenus, au commencement de chacune année, d'envoyer à notre procureur général, chacun dans son ressort, un extrait de leur dépôt.

Après la lecture de cet Article :

M. Talon a dit, qu'outre le contenu de cet article, il seroit bon d'obliger les greffiers d'envoyer l'état des lettres de rémission, abolition, & autres lettres de grace, avec les procédures & sentences d'entérinement.

M. Pussort a dit, que l'observation lui paroissoit bonne; & qu'il s'est vu des lettres présentées & entérinées en deux heures, sans que les accusés se soient mis en état.

☞ *L'addition proposée par M. Talon a été faite. Outre cela l'on a ordonné par le même article, que les greffiers enverront* la copie des extraits qui leur auront été remis par les greffiers des justices inférieures l'année précédente. *Enfin, après ces mots de l'article,* où ressortissent leurs appellations, *on a mis,* médiatement ou *immédiatement. Moyennant quoi le présent article a été inséré dans l'ordonnance, en ces termes :*

ARTICLE XIX. Les greffiers des prévôtés & châtellenies royales, & ceux des seigneurs, seront tenus d'envoyer par chacun an, aux mois de juin & de décembre, au greffe du bailliage & sénéchaussée, où ressortissent leurs appellations médiatement ou immédiatement, un extrait de leur registre, dont leur sera baillé décharge sans frais. Et ceux des bailliages, sénéchaussées & maréchaussées, seront tenus au commencement de chacune année d'envoyer à notre procureur général, chacun dans son ressort, un extrait de leur dépôt: même l'état des lettres de grace ou d'abolition, entérinées en leurs sieges, avec les procédures & sentences d'entérinement, & la copie des extraits qui leur auront été remis par les greffiers des justices inférieures l'année précédente.

TITRE VII.

Des monitoires.

ARTICLE I.

Tous les juges peuvent permettre d'obtenir monitoires.

Tous juges eccléſiaſtiques, & ceux des ſeigneurs, pourront permettre d'obtenir monitoires, encore qu'il n'y ait aucun commencement de preuves, ni de refus de dépoſer par les témoins.

Lecture faite du premier Article :

M. le premier préſident a dit, que l'on ne commence pas l'inſtruction d'un procès par un monitoire : qu'il faut premiérement permettre d'informer, & enſuite de faire publier monitoire.

M. Puſſort a dit, que la permiſſion de faire publier monitoire, eſt un moyen pour parvenir à l'information ; & en effet, les ordonnances qui ſont décernées par les juges, portent permiſſion d'informer, & à cet effet de faire publier monitoire : & qu'il y a bien des cas, dans leſquels on ne peut avoir aucune preuve ſans la publication du monitoire.

☞ *On a mis au commencement de cet article :* tous juges, *même* eccléſiaſtiques, &c. *Il eſt auſſi le premier de ce titre dans l'ordonnance.*

ARTICLE II.

Les officiaux doivent accorder le monitoire.

Enjoignons aux officiaux, à peine de ſaiſie de leur temporel, d'accorder le monitoire que le juge aura permis d'obtenir, qui pourra en ce cas renvoyer les parties à l'official plus prochain.

Après la lecture de cet Article :

M. le premier préſident a dit, que la fin de ce ſecond article fait le troiſieme entier, & que c'eſt une répétition inutile.

Qu'il croit qu'il faut retrancher l'un ou l'autre, ſans mettre ce qui eſt au commencement du ſecond article, *de contraindre les officiaux par ſaiſie de leur temporel d'accorder les monitoires*, parce que cette ſaiſie du temporel eſt du droit & de l'uſage commun.

Mais qu'en tout cas on ne peut renvoyer à un autre official, parce que cet official plus prochain ne pourroit pas faire ce qui lui ſeroit enjoint. Qu'il n'y a pas de défaut plus grand que celui de pouvoir, & que le juge laïque ne peut pas donner ce pouvoir qui va à l'excommunication, à un official étranger, pour l'exercer hors de ſon dioceſe; que, par exemple, il ne peut pas faire que l'official d'Orléans ſoit official de Chartres.

Que le juge laïque peut bien obliger l'évêque par les voies ordinaires d'exercer le droit qu'il a dans ſon dioceſe, ſoit pour l'excommunication, ſoit pour autre choſe; mais qu'il ne peut pas lui donner un droit que l'évêque n'a pas reçu de l'égliſe & de l'autorité des canons, en faiſant qu'il étende ſa juriſdiction hors l'étendue de ſon dioceſe.

Que l'official repréſente l'évêque: qu'il exerce la juriſdiction épiſcopale, qui étoit exercée autrefois par les évêques même; & pour parler ſelon les termes canoniques, *habet mandatam epiſcopi juriſdictionem: vice mandatis omnia peragit.*

Qu'il agit en cela comme l'évêque même: c'eſt pourquoi il n'y a point d'appel de l'official à l'évêque; & c'eſt la différence que l'un & l'autre droit établiſſent entre le juge délégué, & *cum cui mandata eſt juriſdictio*, parce qu'on peut toujours appeller *à delegato ad delegantem;* mais qu'il n'y a jamais d'appel de celui à qui la juriſdiction eſt donnée, *cui mandata eſt juriſdictio*, à celui duquel il exerce la juriſdiction.

Que comme les ordonnances des juges ne peuvent pas faire que l'évêque de Chartres ſoit évêque d'Orléans, elles peuvent encore moins faire que l'official de Chartres ſoit official dans l'évêché d'Orléans, & qu'il y faſſe des monitoires.

Un évêque ne laiſſe pas d'avoir le caractere d'évêque hors de ſon dioceſe: il eſt toujours conſidéré comme un évêque de l'égliſe en général, quoiqu'il n'ait les fonctions épiſcopales, *ſui ordinis executionem*, pour parler ſelon les termes eccléſiaſtiques, que dans l'étendue de ſon dioceſe, excepté quelques cas où les canons en diſpoſent autrement: comme lorſqu'ils ſont canoniquement aſſemblés. Mais un official qui décerne un monitoire hors du dioceſe de ſon évêque, eſt une perſonne privée, il n'eſt point official; & ce monitoire non-ſeulement eſt inutile & ne lie point, mais encore il eſt contre l'ordre preſcrit par les canons & par la diſcipline de l'égliſe.

On ne peut même, en cas de refus d'un évêque de décerner un monitoire, renvoyer les parties devant le métropolitain, abſolument parlant, mais ſeulement pour s'y pourvoir par la voie d'appel; parce que le métropolitain n'a point d'autorité dans le dioceſe de ſes ſuffragans, ſi ce n'eſt qu'il y ait un appel interjetté devant lui.

Qu'il ſavoit bien que les canons donnent auſſi l'autorité, en quelques cas, au métropolitain dans le dioceſe de ſes ſuffragans; mais que celui dont on parloit n'y étoit pas compris : qu'ainſi il croyoit que l'on devoit s'arrêter à la premiere partie de cet article, qui concerne la ſaiſie du temporel, & rayer ce qui parle du renvoi à l'official plus prochain.

M. Puſſort a dit, que l'on propoſe deux moyens pour obliger un official de décerner un monitoire : l'un par ſaiſie du temporel, & l'autre eſt de s'adreſſer à l'official plus prochain.

On a cru que c'étoit l'uſage du parlement : cela eſt ſi véritable, que lorſqu'un évêque refuſoit de lever une excommunication, on pouvoit, à ſon refus, s'adreſſer au plus prochain : c'eſt ce qui s'eſt obſervé lorſqu'il a été queſtion de lever l'interdit prononcé par M. l'évêque de Mirepoix contre ſon chapitre. Il lui fut enjoint de lever l'excommunication, à peine de ſaiſie de ſon temporel ; à quoi n'ayant point ſatisfait, ſes revenus ſaiſis furent diſtribués aux pauvres ; & ayant perſiſté dans ſon refus, le plus prochain évêque fut commis pour lever l'interdit.

De ſorte que ſi l'on a jugé qu'un interdit prononcé par un évêque pouvoit être levé par le plus prochain, il ſemble que la raiſon eſt égale pour le prononcer.

M. le premier préſident a répliqué, qu'encore que l'objection paroiſſe forte, il n'eſt pas néanmoins difficile d'y ſatisfaire ; car quoiqu'il ſemble qu'on puiſſe inférer qu'il eſt poſſible de renvoyer à un évêque voiſin pour décerner des monitoires & prononcer des excommunications, de ce qu'on y renvoie quelquefois pour les lever, l'on peut néanmoins remarquer ce que Cujas a ſouvent obſervé, qu'*en droit, les argumens qui ſe tirent des contraires, ſont ſujets à erreur, bien qu'en d'autres ſciences ils ſoient véritables ;* parce que l'uſage, la conſéquence des choſes, & la néceſſité en diſpoſoient autrement.

Que quoique les effets de la loi ſemblent indiviſibles, elle permet, elle défend, elle abſout, elle peut auſſi condamner ; & qu'en général il en ſoit de même du pouvoir des juges laïques & eccléſiaſtiques, néanmoins il y a une grande différence entre le pouvoir d'excommunier, & le pouvoir d'abſoudre de l'excommunication ; parce que l'égliſe eſt une bonne mere, qui ne rejette ſes enfans hors de ſon ſein qu'avec beaucoup de peine. Elle emploie à cette action fâcheuſe beaucoup de formes : elle n'en confie le pouvoir qu'à ſes principaux miniſtres, & à chacun dans ſon détroit ſeulement : mais quand il s'agit de recevoir ſes enfans qui reviennent à elle, elle leur applanit le chemin, & tend les bras de tous côtés pour les recevoir.

C'eſt pourquoi, bien qu'elle deſire qu'on garde, autant qu'il eſt poſſible, les regles qui ſont néceſſaires pour empêcher la confuſion, & pour conſerver l'autorité des évêques, néanmoins, en cas de néceſſité, elle donne au moindre prêtre le pouvoir d'abſoudre de l'excommunication, que le propre évêque, le pape même, & tous les conciles enſemble auroient fulminée ; parce qu'elle ne veut pas que les conſciences ſoient gênées par les ſcrupules, & qu'elle veut conſerver la paix & le repos d'eſprit à ceux qui ont recours à elle, *in pace vocavit nos Dominus.* C'eſt pourquoi encore elle ne permet pas qu'une perſonne qui craint l'excommunication, & qui eſt en doute ſi elle eſt valable, ſoit hors de pouvoir d'obtenir ſon abſolution; & c'eſt en cela qu'elle admet les abſolutions *ad cautelam*, quoique la pratique de la cour de Rome les ait auſſi miſes en uſage pour d'autres ſujets.

Mais lorſqu'on plaide contre ſon évêque, & qu'on ne peut s'adreſſer à lui ſans bleſſer ſon droit (comme dans la cauſe de Mirepoix, que lui premier préſident étant maître des requêtes, avoit eu l'honneur de rapporter devant M. le chancelier), les parlemens en ce cas interpoſent l'autorité que le roi leur a commiſe pour maintenir ſes ſujets en repos, & pour faire que les évêques voiſins appliquent le remede des abſolutions *ad cautelam*, qui d'ailleurs eſt dans la pratique ordinaire de l'égliſe.

Quand on ordonne ces abſolutions *ad cautelam*, on préjuge que l'excommunication n'eſt pas valable, qu'il n'y a pas eu ſujet de l'interpoſer; & il ſuffit d'en douter pour obtenir cette ſorte d'abſolution, comme il eſt dit au chap. *Venerabili. extr. de ſententiis excommunic.*

M. Puſſort a réparti, que dans l'affaire de Mirepoix il ne s'agiſſoit pas ſimplement de donner une abſolution *ad cautelam*, mais encore de lever l'interdit qui avoit été prononcé contre le chapitre, & qui avoit duré pendant treize années. Qu'il étoit beſoin pour cela d'une plus grande autorité, que pour lever une ſimple excommunication, & pour décerner un monitoire.

Mais l'expédient que l'on pourroit prendre, feroit d'avoir recours au métropolitain, auquel comme au ſupérieur, par le refus du diocéſain, & par droit de dévolution, ſon autorité ſe trouve tranſmiſe: & c'eſt ſur ce fondement, que lorſque l'ordinaire refuſe des proviſions ou le *viſa*, on s'adreſſe au métropolitain, qui les accorde ſans difficulté, ſi le refus n'eſt pas jugé juſte.

M. le premier préſident a repris, qu'un interdit général étoit à la vérité d'une conſéquence bien plus grande qu'une ſimple excommunication; que néanmoins les officiers du roi, & ſur-tout les parlemens, avoient plus de droit d'obliger les évêques à le lever, qu'une ſimple excommunication, parce que ces interdits généraux ſont contraires à l'eſprit de l'égliſe, & répugnent à la parole de Dieu même, qui ne veut pas que l'innocent pâtiſſe pour le coupable, & deſire au contraire de ſauver les coupables, quand il ſe rencontre quelque innocent parmi eux. Qu'on ſait ce que ſaint Auguſtin en a dit, & que nous avons toujous regardé ces interdits comme des choſes oppoſées aux libertés de l'égliſe gallicane, que le roi, comme conſervateur des anciens canons & de la pureté de la diſcipline eccléſiaſtique, ne pouvoit pas ſouffrir.

Qu'il y a encore une autre raiſon plus forte qui oblige les parlemens d'interpoſer l'autorité royale pour les empêcher: c'eſt que ces interdits ſont capables de troubler la police & la tranquillité de l'état. Or comme l'égliſe eſt dans l'état, & qu'elle en fait partie, elle ne doit rien faire qui puisse altérer son repos, & nuire aux sujets du roi : c'est pourquoi ces sortes d'excommunications générales ne doivent être prononcées qu'avec une extrême retenue, & beaucoup de difficultés ; & qu'au contraire, elles doivent être levées avec grande facilité.

Qu'il est toujours de l'inspection des principaux officiers du roi de ne point souffrir l'usage de ces interdits, & de pourvoir qu'ils soient levés aussi tôt qu'ils ont été fulminés. C'est pourquoi ces exemples ayant de puissantes raisons qui leur sont particulieres, ils ne peuvent être tirés à conséquence pour obliger un official d'exercer sa charge, & de décerner des monitoires en un lieu où il n'est point official, & où il n'a aucun pouvoir.

M. l'avocat général Talon a dit, qu'il faudroit comprendre dans cet article les évêques qui se sont réservé le pouvoir de donner des monitoires, & ne l'ont pas communiqué à leurs officiaux. Si un évêque ou un official refuse un monitoire, l'on ne peut pas, sans troubler l'ordre de la hiérarchie ecclésiastique, renvoyer à un évêque voisin : le renvoi doit être fait au supérieur. Et bien que l'on puisse douter si le métropolitain peut exercer sa jurisdiction dans le diocese de son suffragant, sinon dans les affaires qui lui sont dévolues par appel, le renvoi qui lui est fait par le juge séculier doit produire le même effet ; & il seroit périlleux d'obliger les parties à qui on refuse un monitoire que la justice a permis d'obtenir, d'essuyer les longueurs d'un procès dans l'officialité métropolitaine, pour juger si l'évêque a été en droit de refuser le monitoire.

☞ *Sur les objections faites par M. le premier président, on a trouvé à propos de retrancher la derniere partie de cet article, qui permet au juge de* renvoyer les parties à l'official plus prochain. *Au surplus, l'article a été conservé & arrêté de cette maniere :*

ARTICLE II. Enjoignons aux officiaux, à peine de saisie de leur temporel, d'accorder les monitoires que le juge aura permis d'obtenir.

ARTICLE III.

Le juge pourra renvoyer à l'official plus prochain.

Le juge pourra aussi, en cas de refus de l'official, renvoyer les parties au plus prochain.

Lecture faite de cet Article :

M. Pussort a dit, qu'il le faut ôter, parce que ce n'est qu'une répétition du précédent.

☞ *Le présent article a été supprimé.*

ARTICLE

ARTICLE IV.

Quels faits seront compris dans les monitoires.

LES monitoires ne contiendront autres faits que ceux compris au jugement qui aura permis de les obtenir, à peine de nullité, tant des monitoires que de ce qui aura été fait en conséquence.

Lecture faite de cet Article :

M. le premier président a fait observer la peine de nullité, qui est dangereuse en matiere criminelle.

M. Pussort a dit, qu'encore que cette peine de nullité ne soit spécifiée par aucun article d'ordonnance, elle n'est pas néanmoins nouvelle, & est suppléée par l'appellation comme d'abus : car il faut que les faits soient coarctés à ce qui aura été ordonné par le juge, & que le jugement particulier qui aura été rendu les contienne.

M. Talon a dit, que la permission d'obtenir monitoire s'accorde souvent sur requête ; & l'on ne dresse point de jugement dans lequel on spécifie les faits sur lesquels on permet de l'obtenir. Si l'on veut que l'on en use à l'avenir autrement, il faut le marquer précisément, & observer qu'au lieu que les permissions d'informer & d'obtenir monitoire se donnent gratuitement, il faudra lever une sentence du greffe, ce qui sera à la charge des parties.

☞ *On n'a point pourvu à l'observation faite par M. Talon, & cet article a passé sans aucun changement : il est le III dans l'ordonnance.*

ARTICLE V.

Les personnes ne seront nommées.

LES personnes ne pourront être nommées ni désignées par les monitoires, à peine de cent livres d'amende contre la partie, & de plus grande s'il y écheoir.

Lecture faite de cet Article :

M. Talon a dit, qu'il y a des cas auxquels il est impossible de ne pas désigner les parties contre lesquelles les monitoires sont obtenus. Dans l'accusation d'adultere, le nom du mari complaignant étant en tête du monitoire, l'on met ensuite : *tous ceux & celles qui savent qu'une certaine personne, femme du complaignant, &c.* Peut-on une désignation plus formelle ? Cependant il est impossible d'en user autrement, & autant de fois que l'on a interjetté appel comme d'abus de ces monitoires, ils ont été confirmés par arrêts du parlement.

☞ *Cet article V est le IV de l'ordonnance sans changement.*

ARTICLE VI.

Les curés & vicaires seront tenus de publier le monitoire.

LES curés & leurs vicaires seront tenus, à peine de saisie de leur temporel, à la premiere réquisition, faire la publication du monitoire, qui pourra néanmoins être publié par le premier prêtre sur ce requis, s'il est ainsi ordonné par le juge.

Après la lecture de cet Article:

M le premier président a dit, que l'article étoit sujet à explication, pouvant y avoir quelque chose à redire dans sa construction, en ce que par ces termes, *le juge*, l'on peut entendre aussi-bien le juge de seigneurie que le juge royal. Néanmoins il n'y a que les juges royaux qui puissent prononcer par saisie de biens ecclésiastiques, & les mettre en la main du roi; parce que la saisie du temporel des gens d'église est un cas royal, le roi étant protecteur des biens ecclésiastiques.

Que d'ailleurs il sembloit permettre à la partie de choisir un prêtre pour publier monitoire; mais qu'il falloit prendre garde de ne lui point laisser cette faculté, parce qu'elle en pourroit abuser, faisant choix d'une personne incapable de faire cette publication. Pour remédier à cet inconvénient, il croyoit qu'il seroit à propos d'ordonner que le prêtre seroit nommé d'office par le juge royal, & qu'il falloit y ajouter, *en cas de refus.*

M. Pussort a dit, que ces observations étoient bonnes, & qu'il falloit mettre dans l'article, *en cas de refus, par un prêtre nommé d'office par nos juges.*

☞ *Sur toutes ces observations, le présent article a été réformé de cette maniere:*

ARTICLE V. Les curés & leurs vicaires seront tenus, à peine de saisie de leur temporel, à la premiere réquisition, faire la publication du monitoire, qui pourra néanmoins, en cas de refus, être faite par un autre prêtre nommé d'office par le juge.

ARTICLE VII.

S'ils refusent le monitoire, leurs revenus seront distribués.

SI après la saisie du temporel des officiaux, curés ou vicaires, à eux signifiée, ils refusent d'accorder & de publier les monitoires, nos juges pourront ordonner la diſtribution de leurs revenus aux hôpitaux, ou aux pauvres des lieux.

Lecture faite de cet Article:

☞ *Il a été approuvé, & il eſt le VII dans l'ordonnance.*

ARTICLE VIII.

Taxe des droits du monitoire.

LES officiaux ne pourront prendre ni recevoir pour chacun monitoire plus de trente ſols; leurs greffiers dix, & les curés ou vicaires dix, à peine de reſtitution du quadruple: ſans néanmoins qu'ès lieux où l'uſage eſt de donner moins, les droits puiſſent être augmentés.

Après la lecture faite de cet Article:

M. Talon a dit, qu'il falloit ſavoir ſi dans les droits qui étoient attribués aux officiaux par cet article, le droit du ſceau y ſera compris, & qu'il ſeroit à propos de l'expliquer.

M. Puſſort a réparti, qu'il y étoit cenſé compris.

☞ *La clauſe propoſée par M. Talon, a été inſérée dans cet article, qui eſt le VII de l'ordonnance, en ces termes:*

ARTICLE VII. Les officiaux ne pourront prendre ni recevoir pour chacun monitoire plus de trente ſols, leurs greffiers dix, y compris les droits du ſceau, & les curés ou vicaires dix ſols, à peine de reſtitution du quadruple: ſans néanmoins qu'ès lieux où l'uſage eſt de donner moins, les droits puiſſent être augmentés.

ARTICLE IX.

Oppoſans à la publication du monitoire.

LES oppoſans à la publication du monitoire ſeront tenus d'élire domicile dans le lieu de la juriſdiction du juge qui en aura permis l'obtention, à peine de nullité de leur oppoſition: & pourront, ſans commiſſion ni mandement, être aſſignés pour comparoir à certain jour & heure, dans les trois jours pour le plus tard.

ARTICLE X.

Quand l'opposition sera plaidée, & le jugement exécuté.

L'OPPOSITION sera plaidée au jour de l'assignation, & le jugement qui interviendra, exécuté nonobstant opposition ou appellation. Défendons à nos cours, à tous autres juges, de donner des défenses ou surséances de les exécuter: déclarons nulles toutes celles qui pourront être obtenues: voulons, sans qu'il soit besoin d'en demander main-levée, que les arrêts, jugemens & sentences soient exécutés, & les parties qui auront présenté requête à fin de défenses ou surséances, & les procureurs qui y auront occupé, soient condamnés chacun en cent livres d'amende, qui ne pourra être remise ni modérée, applicable moitié à nous, moitié à la partie.

Après la lecture faite de ces deux Articles:

M. le premier président a dit, que le premier de ces articles ne faisant mention que des opposans à la publication des monitoires, sa disposition ne sera pas appliquée aux appellans comme d'abus: au contraire, on ne manquera jamais de se servir de la voie d'appel, pour éluder l'article: les appellations comme d'abus étant suspensives, par un usage généralement observé, à moins que ce ne soit en fait de discipline & de correction.

M. Pussort a dit, que l'on ajoutera un article à la fin de l'ordonnance, pour déroger à tous les usages contraires à sa disposition.

M. le président le Coigneux a dit, qu'à la tournelle l'appel comme d'abus n'est point réguliérement suspensif, & que l'on donne des arrêts pour faire publier les monitoires, nonobstant les appellations comme d'abus, lorsque la matiere y est disposée.

M. Talon a dit, que ce n'étoit pas assez de dire que l'on ne donnera point de défenses d'exécuter les sentences qui auront prononcé sur les oppositions à la publication des monitoires. L'appel comme d'abus de l'obtention d'un monitoire, est suspensif, aussi-bien que toutes les autres appellations comme d'abus, à la réserve de ce qui regarde la discipline ecclésiastique. Il faut donc précisément déroger à cet usage, & dire que la publication du monitoire sera faite nonobstant l'appel comme d'abus.

Et bien qu'il semble qu'il y ait en cela quelque péril, à cause de l'injure & de la diffamation irréparable que produit souvent la publication d'un monitoire: néanmoins comme il ne contiendra que les faits précis sur lesquels le juge aura permis de l'obtenir; que l'on peut même se pourvoir par oppositions, il vaut encore mieux que l'on puisse passer outre, nonobstant l'appel comme d'abus, qui n'est d'ordinaire qu'une chicane dont on se sert pour arrêter la preuve. Mais l'article X est trop général: si bien que l'on ne doit pas, sans connoissance de cause, donner des défenses de publier un monitoire. Comme l'on peut néanmoins surseoir par arrêt la procédure criminelle, en connoissance de cause, les informations apportées; il est juste que l'on puisse défendre la publication d'un monitoire, pourvu que ce soit avec les mêmes précautions, & sur le vu, tant des informations que du monitoire.

M. Pussort a dit, que par l'article premier les faits du monitoire ayant été coarctés, il ne peut y avoir d'inconvénient d'empêcher les défenses.

☞ *Sur toutes ces observations, on a ajouté à la fin de l'article IX cette clause :* si ce n'est qu'il y eût appel comme d'abus.

A l'égard de l'article X, on y a aussi ajouté les appellations comme d'abus : & après les défenses portées par l'article, de donner des surséances, on y a inséré cette exception : si ce n'est après avoir vu les informations & le monitoire, & sur les conclusions, &c.

Ces deux articles sont le VIII & le IX dans l'ordonnance, en ces termes :

ARTICLE VIII. Les opposans à la publication du monitoire seront tenus élire domicile dans le lieu de la jurisdiction du juge qui en aura permis l'obtention, à peine de nullité de leur opposition : & pourront, sans commission ni mandement, y être assignés pour comparoir à certain jour & heure dans les trois jours pour le plus tard, si ce n'est qu'il y eût appel comme d'abus.

ARTICLE IX. L'opposition sera plaidée au jour de l'assignation; & le jugement qui interviendra, exécuté nonobstant opposition ou appellation, même comme d'abus. Défendons à nos cours, & à tous autres juges, de donner des défenses ou surséances de les exécuter; si ce n'est après avoir vu les informations & le monitoire, & sur les conclusions de nos procureurs. Déclarons nulles toutes celles qui pourroient être obtenues. Voulons, sans qu'il soit besoin d'en demander main-levée, que les arrêts, jugemens & sentences soient exécutés; & les parties qui auront présenté requête à fin de défenses ou surséances, & les procureurs qui y auront occupé, condamnés chacun en cent livres d'amende, qui ne pourra être remise ni modérée, applicable moitié à nous, moitié à la partie.

ARTICLE XI.

Les révélations, où & comment seront envoyées.

LES révélations qui auront été reçues par les curés ou vicaires, seront envoyées par eux cachetées au greffe de la jurisdiction où le procès sera pendant, & pourvu par le juge aux frais du voyage, s'il y écheoit.

Lecture faite de cet Article :

M. le premier président a dit, que l'article étoit de l'usage.

M. Talon a dit, qu'il y auroit une observation à faire : savoir, qu'il y a bien des lieux où les curés ne reçoivent point de révélation. Ceux qui veulent déposer en conséquence d'un monitoire, se contentent de donner leur nom & leur demeure, & ensuite on les fait assigner pardevant le juge : & cette précaution empêche que le secret d'une déposition ne soit si facilement divulgué. Il feroit bon d'expliquer fi l'on veut abolir ou tolérer cet ufage.

M. Puffort a dit, que l'ufage qui s'obferve le plus généralement paroît le plus naturel : qu'ainfi s'agiffant de faire une ordonnance uniforme, & pour être obfervée dans tout le royaume, il ne croyoit pas que l'on dût changer l'ufage commun fans néceffité.

☞ *L'on n'a fait aucun changement dans cet article, qui eft le X dans l'ordonnance :*

ARTICLE XII.

Qui aura communication des révélations.

En matiere criminelle, nos procureurs & ceux des feigneurs, & les promoteurs aux officialités, auront communication des révélations des témoins ; & les parties civiles, de leur nom & des domiciles feulement.

Lecture faite de cet Article :

Il a été trouvé bon, & il eft le XI de ce titre dans l'ordonnance.

TITRE VIII.

De la reconnoiffance des écritures & fignatures en matiere criminelle.

ARTICLE I.

Ce qui fera obfervé en la reconnoiffance des écritures.

Les écritures & fignatures privées qui pourront fervir à la preuve, feront repréfentées aux accufés après ferment par eux prêté, & ils feront interpellés de reconnoître s'ils les ont écrites ou fignées : après quoi elles feront paraphées par le juge & par l'accufé, s'il veut & peut les parapher ; finon en fera fait mention, & les pieces demeureront jointes aux informations.

ARTICLE II.

Si l'accufé a reconnu, les pieces feront foi.

Si l'accufé a reconnu avoir écrit ou figné les pieces, elles feront foi contre lui, & n'en fera fait aucune vérification.

Lecture faite de ces deux premiers Articles :

M. le premier président a dit, qu'ils paroissent bons, & a demandé si les experts seront ouïs comme témoins, & quelle foi feront leurs dépositions.

M. Pussort a dit, qu'ils seront entendus comme témoins; & qu'à l'égard de la foi de leurs dépositions, il en sera fait mention dans le dernier article du titre.

☞ *Ces deux premiers articles ont été conservés : mais le dernier article du titre que l'on examine, a été supprimé, comme on le verra ci-après.*

ARTICLE III.

Le même, des écritures de main étrangere.

FERONT pareillement foi les écritures & signatures de main étrangere, qui seront reconnues par l'accusé.

Lecture faite de cet Article :

M. le premier président a dit, que la disposition de cet article ne paroît pas juste, en ce qu'il porte que la reconnoissance d'une écriture & signature de main étrangere fera pareille foi que celle de la main propre de l'accusé. Néanmoins il y avoit une grande différence à faire, en ce que celui qui reconnoît sa propre écriture, s'assurant sur la foi de ses yeux & de sa mémoire, agissoit avec plus de sûreté que celui qui reconnoissoit une écriture ou signature faite de la main d'une personne étrangere, cette derniere reconnoissance ne pouvant au plus établir que la conduite de l'écriture & de la signature, & non pas de ce qui est contenu dans l'acte.

M. Pussort a dit, qu'il est vrai que l'accusé ne pouvoit pas aussi certainement reconnoître une écriture étrangere que la sienne : que même il lui étoit libre de faire sur la représentation de la piece telle déclaration qu'il voudroit; mais que dès-lors qu'il l'avoit reconnue, sa reconnoissance faisoit une foi égale, & ne devoit pas moins servir à sa conviction que la reconnoissance de son écriture propre.

M. le premier président a dit, que l'ordonnance ne pouvoit pas régler la différence qui devoit être entre ces preuves; mais que cela dépendoit des faits particuliers, & de la religion des juges, d'en faire le discernement.

M. Talon a dit, que les premiers mots de cet article semblent être trop forts. L'on convient qu'une écriture de main étrangere, reconnue par l'accusé, n'a pas besoin de vérification; mais il ne s'ensuit pas qu'elle fasse foi & preuve contre lui comme celles qui sont écrites de sa main. Sa reconnoissance les rend constantes, & fait qu'on n'en peut pas douter; mais il ne s'ensuit pas qu'il confesse que le contenu en soit véritable, ni que l'on puisse tirer de son aveu cette conséquence : ainsi leur foi est bien plus douteuse que celle des écritures reconnues par l'accusé pour être de sa propre main.

☞ *Nonobstant les objections faites contre l'article III, il a été mis dans l'ordonnance sans changement.*

ARTICLE IV.

Les pieces déniées seront vérifiées.

Si l'accusé refuse de reconnoître les pieces, ou déclare ne les avoir écrites ou signées, les juges ordonneront qu'elles seront vérifiées sur pieces de comparaison.

Lecture faite de cet Article, il a été trouvé bon.

ARTICLE V.

Quelles seront les pieces de comparaison.

Les pieces de comparaison seront authentiques, ou énoncées dans des actes authentiques, ou reconnues par l'accusé.

Lecture faite de cet Article:

M. le premier président a dit, qu'une énonciation n'a jamais fait preuve en justice, si la vérité de la piece énoncée n'est établie, & moins en matiere criminelle, qu'en toutes autres: qu'ainsi, pour réduire l'article dans les termes où il doit être, il faudroit ôter ces mots, *ou énoncées dans des actes authentiques.*

M. Talon a dit, que les pieces énoncées dans les actes authentiques ne peuvent, en conséquence de cette énonciation, servir de pieces de comparaison.

Et sans examiner quelle est, en termes de droit, la force d'une énonciation; sans rapporter même cette ancienne maxime, *non creditur referenti, nisi constet de relato;* comment jamais peut-il être constant que la piece qui est rapportée, soit la même qui soit énoncée? Il paroîtra bien par un acte authentique, qu'un homme a écrit ou signé un traité, un bail ou une quittance sous seing-privé : mais comment prouver que ce papier que l'on rapporte, soit le véritable bail, le traité ou la quittance qu'il a signés, lorsque cette piece lui sera représentée pour en convenir comme d'une piece de comparaison? S'il la désavoue & la méconnoît, s'il dit qu'il a signé une quittance, mais que ce n'est pas celle qu'on lui représente, de quelle force pourra être

être cette énonciation? Si au contraire l'accusé en convient de bonne foi, elle sera reçue pour piece de comparaison, non pas à cause de l'énonciation, mais en conséquence de sa reconnoissance.

M. Pussort a dit, que l'article pouvoit être bon, en le réduisant suivant l'observation de M. le premier président, & qu'il en falloit parler au roi.

☞ *On a fait le retranchement proposé par M. le premier président, & le surplus de l'article a été conservé.*

ARTICLE VI.

Qui fournira des pieces de comparaison.

Nos procureurs ou ceux des seigneurs, & les parties civiles, pourront fournir des pieces de comparaison.

ARTICLE VII.

Elles seront représentées à l'accusé.

Les pieces de comparaison seront représentées par le juge à l'accusé, pour en convenir ou les contester, sans qu'il lui soit donné, pour raison de ce, délai ni conseil; & s'il en convient, elles seront paraphées par lui, & par le juge qui en ordonnera la réception.

ARTICLE VIII.

Ce qui sera fait, si elles sont contestées.

Si les pieces sont contestées par l'accusé, ou s'il refuse d'en convenir, le juge en dressera son procès-verbal, pour y pourvoir après qu'il aura été communiqué à notre procureur, ou à celui des seigneurs, & à la partie civile.

ARTICLE IX.

Par qui la vérification sera faite.

La vérification sera faite sur les pieces de comparaison, par experts & maîtres écrivains nommés d'office par le juge.

ARTICLE X.

Ce qui sera fait, si les pieces de comparaison sont rejettées.

Si le juge ordonne le rejet des pieces de comparaison, nos procureurs & ceux des seigneurs, & les parties civiles, seront tenus d'en rapporter d'autres dans les délais qui seront prescrits; autrement les pieces dont la vérification aura été ordonnée, seront rejettées du procès.

Lecture faite des cinq Articles précédens :

☞ *Ils ont été approuvés, & ils sont dans l'ordonnance sans aucun changement, excepté l'article X, dans lequel, au lieu de ces mots,* dans les délais, &c, *on a mis au singulier,* dans le délai qui sera prescrit.

ARTICLE XI.

Les pieces seront remises aux experts.

Les pieces de comparaison, & celles qui devront être vérifiées, seront mises ès mains des experts séparément, pour les voir & examiner à loisir.

Après la lecture de cet Article :

M. le premier président a dit, que pour ôter toute équivoque, il étoit mieux de mettre : *les pieces de comparaison seront données séparément à chacun expert.*

☞ *L'ouverture par M. le premier président a été suivie, & l'article a été arrêté de cette maniere :*

ARTICLE XI. Les pieces de comparaison, & celles qui devront être vérifiées, seront données séparément à chacun expert, pour les voir & examiner à loisir.

ARTICLE XII.

Des experts.

Les experts seront ouïs, récolés & confrontés séparément, ainsi que les autres témoins.

ARTICLE XIII.

Quand, & à qui les pieces seront représentées.

En procédant au récolement des experts, les pieces de comparaison, & celles qui devront être vérifiées, leur seront représentées, & à la confrontation elles le seront aux accusés.

ARTICLE XIV.

De ceux qui pourront être ouïs comme témoins.

POURRONT être ouïs comme témoins ceux qui auront vu écrire ou ſigner les pieces qui pourront ſervir à la conviction des accuſés, ou qui en auront connoiſſance en quelqu'autre maniere.

Lecture ayant été faite des trois Articles précédens :

Ils ont été trouvés bons. ☞ *Néanmoins dans la ſuite on a changé ainſi la fin de l'article XIII.* Et à la confrontation elles le feront aux experts & aux accuſés.

ARTICLE XV.

Sur la dépoſition des experts, ne pourra intervenir condamnation.

SUR la ſeule dépoſition des experts, & ſans autres preuves, adminicules ou préſomptions, ne pourra intervenir aucune condamnation de peine afflictive ou diffamante.

Lecture faite de cet Article :

M. le premier préſident a dit, qu'il falloit rayer cet article, ou retrancher tout le titre ; puiſque, après avoir réglé la forme de procéder aux vérifications d'écritures, & avoir ordonné la dépoſition, le récolement & confrontation des experts, l'on ne pourroit prononcer aucune peine afflictive ſur cette ſeule procédure : que cela ſeroit de trop dangereuſe conſéquence.

M. Talon a dit, que bien que l'on ſache aſſez que l'on ne doit pas ajouter une entiere croyance à la dépoſition des experts, & que leur ſcience étant conjecturale & trompeuſe, il ſeroit périlleux de prononcer une condamnation ſur leur ſimple témoignage : il eſt pourtant à craindre que la défenſe portée par l'article ne rende les fauſſaires plus hardis ; & qu'étant inſtruits qu'ils n'ont rien à craindre pour leur vie ni pour leur honneur, pourvu qu'ils ſoient aſſez adroits pour n'appeller perſonne en participation de leur crime, & ne pas tomber dans d'évidentes contradictions, ils n'entreprennent avec moins de ſcrupule toutes ſortes d'antidates & de fauſſetés. Les juges ne ſont déjà que trop circonſpects ſur ces matieres, ſans qu'il ſoit beſoin de leur lier les mains : & bien que ces mots, *ſans autres preuves, adminicules ni préſomptions*, ſemblent leur laiſſer la liberté toute entiere, & par-là rendre l'article inutile, cette aſſurance qu'auront les faussaires de ne pouvoir être condamnés, non pas même à une amende, sur la déposition des experts, rendra sans doute plus fréquent le crime de faux, qui est celui qui fait le plus de procès, & qui trouble le plus la société civile.

M. Pussort a dit, que ces observations paroissoient considérables, & qu'il en falloit parler au roi.

☞ *Ce dernier article a été retranché.*

TITRE IX.

Du crime de faux, tant principal qu'incident.

MONSIEUR le premier président a dit, que les termes de ce titre faisoient quelque peine, en ce qu'il parle *du crime du faux principal :* que pour l'ordinaire l'instruction criminelle qui se fait pour les faussetés, n'est qu'incidente, & qu'on ne déclare point une piece fausse, qu'elle n'ait été produite ; & c'est ce que nous appellons une inscription en faux.

Qu'il a fait quelques réflexions sur la différence qui se trouve en cela entre le droit romain & le nôtre. Que par l'ancien droit romain, personne n'étoit reçu à former une accusation pour quelque crime que ce fût, hormis pour la fausseté, qu'il ne s'inscrivît auparavant; parce qu'il se soumettoit, par cette inscription, à la peine du sénatusconsulte Turpilien.

Que l'empereur Antonin changea cet usage : *noluit ut ampliùs illa subscriptio necessaria esset, sed sufficeret nuda oris professio.*

Que Constantin rétablit l'ordre ancien, comme il se voit par la loi 5 *cod. Theod. de accusat.*

Que Gratien renouvella la constitution d'Antonin; mais lorsque l'inscription étoit desirée pour tous les crimes, celui de faux seul en étoit excepté, comme il se voit par la loi 2 *cod. Theod. ad l. Corn. de falsis*, qui porte : *quamvis inscriptionis necessitas accusatori de falso remissa sit, pœna tamen accusatorem etiam sine solemnibus occupat.*

Que notre droit est tout contraire ; car l'inscription n'est point desirée pour les accusations de tous les autres crimes, mais seulement pour celui de faux.

M. Pussort a dit, qu'il y avoit des cas dans lesquels l'accusation de faux étoit principale. Par exemple, un particulier aura eu avis qu'un autre aura déclaré publiquement qu'il avoit une obligation de lui & prétendoit la faire exécuter; pour en prévenir l'exécution, il rendra sa plainte de la fausseté de cette obligation; & après avoir obligé celui qui s'en veut servir, de la représenter, il formera son inscription de faux. On ne peut pas dire que dans cette occasion l'inscription de faux ne soit qu'incidente; elle ne peut être que principale, puisqu'il n'y a point d'autre demande qui ait été formée auparavant. Si cela peut arriver à l'égard des faussetés qui regardent les particuliers, c'est ce qui a encore bien plus souvent lieu pour les faussetés publiques, comme celles qui sont faites dans des arrêts ou dans des lettres du sceau; la fausseté y est tellement principale, qu'il ne s'y agit point d'autre chose, & c'est tout ce qui fait le procès.

M. le premier président a dit, que sans doute dans notre usage on avoit voulu faire observer cette formalité de l'inscription de faux, pour la rendre plus difficile, & pour empêcher l'abus que l'on en peut faire: comme, par exemple, si un débiteur alloit au-devant de la demande que lui pourroit faire son créancier, en lui faisant faire son procès pour la prétendue fausseté d'une obligation, de laquelle il craint les poursuites. C'est pourquoi on a voulu que ces sortes d'accusations fussent presque toujours incidentes, & attachées au procès où les pieces que l'on veut maintenir fausses sont produites; & qu'elles se formassent par une inscription solemnelle, sans être séparées du procès principal.

Qu'il est vrai que quelquefois il y a des inscriptions de faux qui se font directement; & qu'on voit des gens se plaindre de faussetés commises à leur préjudice, qui se rendent parties, & qui font faire le procès aux faussaires.

Qu'il s'en étoit trouvé plusieurs pour des faussetés commises au sceau du roi, & qu'il n'étoit pas extraordinaire de voir de ces sortes de procès à la tournelle pour d'autres faussetés. C'est pourquoi, après y avoir songé, il ne croit pas qu'il y ait rien à changer à l'intitulation de ce titre; & qu'il y avoit seulement à observer, que quand une piece est produite dans un procès civil, la partie qui la prétend fausse ne peut point changer de juge; qu'il falloit qu'elle formât pardevant lui une inscription en faux par incident, & qu'il ne lui étoit pas permis de quitter le procès civil pour porter une accusation de faux pardevant un autre juge.

Qu'on avoit quelquefois tenté cette procédure; mais qu'elle devoit être toujours rejettée comme dangereuse, & très-préjudiciable à la justice.

ARTICLE I.

Forme des plaintes & des informations en matiere de faux.

LES plaintes, dénonciations & accusations du crime de faux, & les autres procédures, se feront en la même forme & maniere que celles de tous les autres crimes; & les informations seront faites, tant par témoins que par experts, qui seront nommés d'office par le juge.

ARTICLE II.

Les pieces prétendues fausses seront remises au juge.

LES pieces prétendues avoir été falsifiées, seront remises au juge pour dresser procès-verbal de leur état, les représenter à la partie civile pour les parapher en sa présence, si la partie veut ou peut les parapher, sinon en sera fait mention; & après avoir été paraphées par le juge, elles seront remises au greffe.

Ces deux articles ont été trouvés bons, & sont dans l'ordonnance.

ARTICLE III.

Elles seront présentées aux témoins.

ELLES seront aussi présentées aux témoins qui les auront vu falsifier, ou qui en auront la connoissance en quelque maniere.

Après la lecture de cet Article:

M. le premier président a dit, que ces mots, *qui les auront vu falsifier*, paroissent trop forts; que l'on pouvoit mettre en leur place, *qui auront eu connoissance de la falsification.*

M. Pussort a dit, que l'observation étoit bonne, & que l'article pouvoit être réformé.

☞ *Sur cette observation, le présent article a été rédigé de cette maniere:*

ARTICLE III. Elles seront aussi présentées aux témoins qui auront eu connoissance de la falsification.

ARTICLE IV.

Forme qui sera observée pour la preuve du faux.

LA forme prescrite pour la reconnoissance des écritures & signatures en matiere criminelle, sera observée dans l'instruction qui se fera par la déposition des experts, pour la preuve du faux principal ou incident.

Cet article a été trouvé bon, & il est dans l'ordonnance.

ARTICLE V.

Le demandeur en inſcription conſignera : quelles ſommes.

LE demandeur en inſcription de faux ſera tenu de conſigner, & d'en attacher l'acte à ſa requête ; ſavoir, en nos cours, cent livres ; aux ſieges y reſſortiſſans immédiatement, ſoixante livres ; & aux autres, vingt livres : leſquelles ſommes ſeront reçues & délivrées à qui le juge ordonnera, par le receveur des amendes, s'il y en a ; ſinon par les greffiers des juriſdictions, leſquels s'en chargeront ſans droits ni frais, & ſans qu'ils puiſſent les employer en recette ni s'en deſſaiſir, qu'elles n'aient été définitivement adjugées : pour être, après le jugement des inſcriptions de faux, rendues ou délivrées auſſi ſans frais à qui il appartiendra.

Lecture ayant été faite de cet Article :

M. le premier préſident a dit, que le terme de *cour* pouvoit convenir au châtelet.

M. Puſſort a dit, qu'il n'y a proprement que les compagnies qui jugent en dernier reſſort, que les ordonnances appellent *cours ;* que même le parlement défend aux préſidiaux de s'intituler de ce nom.

☞ *Le mot de* cour *a été conſervé ; mais on a fait quelques changemens dans l'article, qui a été arrêté de cette maniere :*

ARTICLE V. Le demandeur en inſcription de faux ſera tenu de conſigner & d'en attacher l'acte à ſa requête : ſavoir, en nos cours, la ſomme de cent livres ; aux ſieges qui y reſſortiſſent immédiatement, ſoixante livres ; aux autres, vingt livres. Leſquelles ſommes ſeront reçues & délivrées à qui le juge ordonnera par le receveur des amendes, s'il y en a, ſinon par les greffiers des juriſdictions, qui s'en chargeront comme dépoſitaires, ſans droits ni frais, & ſans qu'ils puiſſent les employer en recette, ni s'en deſſaiſir, qu'elles n'aient été définitivement adjugées ; pour être, après le jugement de l'inſcription de faux, rendues ou délivrées auſſi ſans frais à qui il appartiendra.

ARTICLE VI.

Requête du demandeur en faux incident.

DANS le faux incident, la requête du demandeur ſera ſignée de lui ou de ſon procureur fondé de pouvoir ſpécial attaché à la requête, aux fins de faire déclarer par le défendeur s'il veut ſe ſervir de la piece maintenue fauſſe.

ARTICLE VII.

Ce que le juge ordonnera sur la requête.

Le juge ordonnera au pied de la requête que l'inscription de faux sera faite au greffe, & le défendeur tenu de déclarer dans un délai compétent, suivant la distance de son domicile, s'il veut se servir de la piece inscrite de faux.

Ces deux articles ont passé sans aucun changement.

ARTICLE VIII.

Ce qui sera fait si le défendeur déclare ne vouloir se servir de la piece.

Si le défendeur déclare qu'il ne veut point se servir de la piece, elle sera rejettée du procès; sauf à pourvoir aux dommages & intérêts de la partie, & à poursuivre le faux extraordinairement par nos procureurs, ou ceux des seigneurs: & en matiere bénéficiale, de priver le défendeur du bénéfice contesté, s'il est prouvé qu'il a fait, ou fait faire, ou connu la fausseté de la piece en la produisant.

Lecture faite de cet Article:

M. le premier président a dit, qu'après l'information on ne peut plus rejetter la piece.

M. Pussort a dit, que l'article ne portoit pas le contraire, & que cela y étoit sous-entendu.

☞ *On n'a fait aucun changement dans cet article, si ce n'est qu'on a retranché ces mots, qui sont à la fin*, s'il est prouvé, &c. *& on a mis*, s'il a fait, &c.

ARTICLE IX.

Et s'il déclare vouloir s'en servir.

Si le défendeur déclare vouloir se servir de la piece, elle sera mise au greffe, & l'acte du mis signifié au demandeur, pour former l'inscription dans les vingt-quatre heures: & le juge ordonnera que la minute sera apportée au greffe dans le délai qui sera réglé suivant la distance des lieux, sinon la piece rejettée du procès.

ARTICLE

ARTICLE X.

Le demandeur en prendra communication.

Le demandeur, ou son conseil, prendra communication de la piece par les mains du greffier, sans déplacer.

Ces deux Articles ont passé sans aucun changement.

ARTICLE XI.

Des moyens de faux.

Les moyens de faux seront mis au greffe dans trois jours au plus tard, & n'en sera donné copie ni communication au défendeur.

Après la lecture faite de l'Article XI :

M. Talon a dit, que cet article est entiérement conforme à l'usage; mais l'on a douté si le défendeur en faux, qui a des pieces pour faire voir évidemment que l'inscription en faux n'est pas recevable, ne peut pas attacher ces pieces à une requête, & les joindre aux moyens de faux, après l'avoir fait signifier, & baillé copie des pieces. C'est un usage qui se pratique au palais, & souvent avec succès, & que l'on croiroit être aboli par cet article, si la réserve n'en étoit faite.

☞ *L'on n'a point fait cette réserve, & l'article a été mis dans l'ordonnance sans changement.*

ARTICLE XII.

Ils pourront être joints au procès.

Les juges pourront les joindre, selon leur qualité & l'état du procès.

Lecture faite de l'Article XII :

M. le premier président a dit, que cet article étoit inutile, parce que personne ne doute que ce qui y est porté ne soit conforme à l'usage, & le demandeur en faux est le maître de faire déclarer ses moyens de faux pertinens & admissibles, les pouvant faire si forts que bon lui semblera ; ensorte qu'il sera indispensable au juge d'en permettre la preuve. Qu'il observera de plus que les juges doivent faire la distinction des faits dont ils admettent la preuve, d'avec ceux qui sont rejettés.

M. Pussort a dit, que l'on a douté si l'on devoit permettre aux juges de joindre les moyens de faux au procès ; parce qu'il peut y avoir de l'abus dans ces jonctions, d'autant que sur la fin des parlemens l'on n'approfondit jamais les inscriptions de faux.

☞ *Nonobstant ces observations, on n'a fait aucun changement dans cet article.*

ARTICLE XIII.

Si les moyens sont admis, la preuve en sera ordonnée.

Si les moyens sont pertinens & admissibles, la preuve en sera ordonnée par titres, par témoins, & par comparaison d'écritures & signatures, par experts qui seront nommés d'office par le même jugement, sauf à les récuser.

ARTICLE XIV.

Ils seront compris dans le jugement.

Le jugement contiendra aussi les moyens & faits qui auront été déclarés admissibles, & n'en sera fait preuve d'aucun autre.

ARTICLE XV.

Les pieces seront remises aux experts, & leur rapport délivré au juge.

Les pieces inscrites de faux, & celles de comparaison, seront mises entre les mains des experts, après avoir prêté serment ; & leur rapport délivré au juge, suivant qu'il est prescrit par l'article treizieme du titre *des descentes sur les lieux*, dans notre ordonnance du mois d'avril 1667.

ARTICLE XVI.

Ce que les juges pourront ordonner.

S'il y a charge, les juges pourront décréter, & ordonner que les experts seront répétés séparément en leur rapport, récolés & confrontés, ainsi que les autres témoins.

Ces quatre Articles ont passé sans aucun changement.

ARTICLE XVII.

Amende contre le demandeur qui ſuccombera.

LE demandeur en faux qui ſuccombera, ſera condamné en trois cens livres d'amende en nos cours ; cent vingt livres aux ſieges qui y reſſortiſſent immédiatement ; & aux autres ſoixante livres, applicables les deux tiers à nous, & l'autre à la partie ; ſur laquelle ſeront déduites les ſommes conſignées, & pourront les juges condamner en plus grandes, s'il y écheoit.

Après la lecture de cet Article :

M. le premier préſident a dit, que l'amende qui eſt miſe dans l'article pour en aſſurer l'exécution, eſt ce qui doit faire craindre qu'il ne ſoit pas exécuté. Qu'il en ſera de cet article comme de celui qui veut que les demandeurs en requête civile, qui ſuccomberont, ſoient condamnés en quatre cent cinquante livres d'amende. Que les juges, dans de certaines circonſtances, ſe porteront plus volontiers à entériner des lettres en forme de requête-civile, & à faire droit ſur des moyens de faux, qu'à en débouter un demandeur pour lui ſauver 450 livres.

M. Puſſort a dit, qu'on ne ſauroit condamner les téméraires plaideurs en des amendes trop fortes ; & qu'il n'y a rien de ſi contraire à l'exécution de l'ordonnance, que l'indulgence que l'on pourroit avoir pour leur remettre les peines encourues.

☞ *Les peines portées par cet article n'ont pas été diminuées, & il a été mis dans l'ordonnance.*

QUATRIEME CONFÉRENCE.

Du ſamedi 14 juin 1670, après-midi.

TITRE X.

Des décrets, & de leur exécution.

ARTICLE I.

Décrets ſeront rendus ſur concluſions.

TOUS décrets ſeront rendus ſur les concluſions de nos procureurs, ou de ceux des ſeigneurs pour leſquelles ils ne pourront prendre ni recevoir aucunes épices ni droits, à peine de ſuſpenſion de l'exercice de leurs charges pour ſix mois, & de reſtitution du quadruple au profit de la partie.

Après la lecture faite de cet Article :

M. le premier préſident a dit, que cet article bleſſoit beaucoup les ſubſtituts de M. le procureur général, en retranchant les principaux droits de leurs charges. Qu'il eſt vrai que l'article 145 de l'ordonnance de 1539 leur fait défenſes de prendre des épices pour leurs concluſions ſur les informations; mais que cet article n'a jamais été exécuté. Qu'il y avoit plus de raiſon d'ôter ces droits aux juges qu'aux procureurs du roi, parce que les juges qui ont fait des informations ſavent ce qu'elles contiennent; mais les procureurs du roi n'en ayant connoiſſance que lorſqu'il eſt queſtion de les décréter, il faut qu'ils les voient plus exactement; qu'ils y donnent leur tems comme aux autres procès; & qu'il eſt à craindre, ſi on leur ôte leurs droits légitimes, qu'ils ne ſe laiſſent aller à en prendre qui ne leur ſeront pas dus. Qu'ainſi ce retranchement ne ſeroit pas utile au bien de la juſtice; & il y auroit peut-être plus d'inconvénient à le faire, qu'à laiſſer les choſes dans l'état où elles ſont.

M. Puſſort a dit, que le roi n'avoit point eu en vue, par cet article, de diminuer les émolumens des officiers, mais bien de retrancher les procès, en leur ôtant l'occaſion de requérir des décrets avec trop de facilité, & ſans beaucoup de fondement. Que le motif de cet article eſt le même qui a donné lieu d'ôter la reddition des comptes au rapporteur d'un procès. Que l'article 145 de l'ordonnance de 1539 avoit été confirmé par l'article 33 de l'ordonnance de Rouſſillon. A la vérité, l'article 131 de l'ordonnance de Blois avoit permis de prendre des épices sur les informations; & le réglement fait par le parlement en 1663, pour régler le droit des juges, portoit la même disposition; mais qu'on avoit cru nécessaire de réduire les choses à l'ancien usage, comme le plus parfait. Que tout le tems que les juges donnent à l'administration de la justice n'étoit pas récompensé: les audiences leur sont infructueuses; ils ne prennent rien pour les arrêts sur requête, ni pour les défauts, quoique souvent il y ait un grand nombre de pieces à voir: que le parlement a fait des réglemens sur ce sujet.

Que ce qu'avoit dit M. le premier président, lui faisoit faire réflexion qu'en effet il n'y avoit pas tant de raison d'accorder des épices aux juges pour voir des informations, qu'aux procureurs du roi; mais que comme cela avoit été omis dans l'article, on pouvoit proposer au roi de l'y ajouter.

M. le premier président a repris, que l'avidité du gain pourra bien obliger ceux qui ne font pas de leur devoir la principale regle de leur conduite, à requérir ou donner avec trop de facilité des décrets sur les informations, mais qu'il ne falloit pas présumer que le plus grand nonbre en usât ainsi. Cependant on ôtoit à des officiers des droits qu'ils ont perçus de tout tems, en vertu de leurs charges qu'ils ont achetées cherement, & qui composent souvent la principale partie de leur patrimoine. Qu'il ne falloit pas exposer ceux qui administrent la justice à être tentés par la nécessité. Qu'à l'égard des procureurs du roi, ils n'avoient pas plus d'intérêt de conclure au décret de prise de corps qu'à l'ajournement personnel, leur droit étant égal pour l'un & pour l'autre; & qu'enfin il falloit prendre garde, qu'en leur ôtant ce qui leur appartient à titre légitime, ils ne prissent ce qui ne leur appartiendroit pas.

M. le président de Novion a dit, que les conclusions du procureur du roi au décret de prise de corps, n'induisoient pas la nécessité de le décerner par le juge; qu'aussi la facilité de donner des décrets ne le regardoit point; mais que l'on devoit prévoir les extrêmités dans lesquelles l'article les pourroit jetter.

M. Pussort a repris, qu'il étoit étrange qu'on pût croire que la considération du gain & de l'émolument eût plus de pouvoir sur l'esprit des juges, que celle de leur conscience & de leur devoir.

M. le premier président a répliqué, qu'il y avoit des occasions où les juges doivent être sourds aux plaintes des parties; & qu'il n'y avoit pas toujours matiere dans les informations de décréter; mais qu'il y en avoit d'autres où ils ne pouvoient être trop diligens ni trop séveres pour assurer la punition des crimes; & qu'il falloit croire qu'ils agissent par des motifs plus élevés que celui du gain. Mais que néanmoins quand ce gain faisoit partie du nécessaire, & qu'ils avoient acquis leurs charges sur le pied d'un revenu certain, on ne pouvoit trop en appréhender le retranchement.

M. Pussort a repris, qu'en matiere de loix, il falloit approcher le plus près que l'on pouvoit de la perfection.

M. Talon a dit, qu'encore que l'ordonnance de 1539 ait défendu aux procureurs du roi de prendre aucun émolument des conclusions qu'ils donnent pour le décret des informations, cette défenſe néanmoins ayant été levée par l'ordonnance de Blois, & depuis les juges & les procureurs du roi ayant continué de recevoir des émolumens pour le décret des informations, il y a d'autant moins d'apparence de les en priver, qu'ils doivent voir avec ſoin les informations, pour examiner, & le titre de l'accuſation, & la qualité des preuves, & celle des accuſés.

Que ſi l'on eſpéroit qu'en obligeant les juges de décréter gratuitement, ils fuſſent plus retenus, on devoit auſſi craindre un autre inconvénient, qui ſeroit que pluſieurs crimes par-là demeuraſſent impunis, & que les coupables ne s'échappaſſent, par le peu de diligence que l'on fera de décréter des informations, n'en pouvant attendre aucune rétribution. Et quoiqu'il fût à ſouhaiter que la juſtice ſe rendît gratuitement, il falloit pourtant conſidérer que les charges ayant été depuis plus d'un ſiecle dans le commerce, faiſant la meilleure partie du bien des familles, il y avoit quelque injuſtice d'ôter à ceux qui les poſſedent les émolumens ordinaires & légitimes, ſans pourvoir à leur indemnité; la plupart des officiers de judicature n'ayant aucuns gages conſidérables, & ne jouiſſant que d'une partie de ceux qui ſont attribués à leurs charges.

Il ſera ſans doute glorieux au roi de faire que les juges aient les mains nettes & pures, & ne reçoivent des parties aucuns ſalaires de leur travail; mais il faut en même tems leur donner des gages proportionnés & capables de les faire ſubſiſter avec honneur; autrement il eſt impoſſible qu'ils ne tombent dans la négligence & la prévarication; qu'ils n'abandonnent l'exercice de leurs charges lorſqu'elles ſeront infructueuſes; qu'ils ne cherchent à s'indemniſer par des voies ſecretes & honteuſes, & ne commettent des concuſſions dans leſquelles ils ne garderont aucune meſure.

Il eſt rare de trouver des perſonnes d'une vertu ſi épurée, qu'elles mépriſent leurs intérêts & ſe veuillent dévouer au public par le ſeul motif d'honneur & de vertu, ſans attendre aucune récompenſe; & l'expérience fait aſſez connoître que dans les provinces éloignées les articles de l'ordonnance de 1667, qui retranchent les émolumens des juges ſubalternes, ſont très-mal obſervés. Le parlement n'épargne pas, dans les occaſions qui ſe préſentent, les officiers qui manquent à leur devoir : le lieutenant particulier d'Auxerre a été condamné depuis peu à rendre huit écus d'épices qu'il avoit pris pour le jugement d'un défaut. Mais quelque ſoin que l'on prenne dans le parlement pour punir les contraventions, il eſt à craindre que ce déſordre ne continue, & que l'exercice de la juſtice ne ſoit ſouvent abandonné.

M. Puſſort a dit, qu'il n'avoit pas cru que les choſes fuſſent venues dans un ſi grand excès de déſordre : qu'il ne faudroit pas attendre les plaintes des parties, mais qu'il faudroit les prévenir par la punition des contrevenans : que ſi l'on en avoit fait quelque exemple conſidérable, l'on n'y retourneroit plus. Qu'il n'étoit que trop public que l'on contrevient à beaucoup d'articles de l'ordonnance, particuliérement en ce qui regarde les matieres ſommaires, qui, nonobſtant l'ordonnance, ſont jugées dans la plupart des cours & jurisdictions comme les autres affaires, & qu'il n'y a que les compagnies supérieures qui puissent empêcher ce désordre.

M. le premier président a dit, que la différence des affaires sommaires d'avec les autres se reconnoissoit facilement par les appellations qui étoient portées aux enquêtes, où l'on n'en voyoit point de cette qualité.

M. le président de Bragelonne a dit, qu'il survenoit tant d'incidens aux procès qui se jugent aux enquêtes, qu'il étoit difficile de connoître ni de démêler les affaires sommaires d'avec les autres; mais que néanmoins chacun tâchoit de faire son devoir.

☞ *L'avis de M. le premier président a prévalu touchant les droits des conclusions sur les informations : ainsi l'on a retranché de cet article la clause qui fait défenses de recevoir ces sortes de droits, & l'article a été arrêté de cette maniere :*

ARTICLE I. Tous décrets seront rendus sur les conclusions de nos procureurs, ou de ceux des seigneurs.

ARTICLE II.

Trois sortes de décrets.

SELON la qualité des crimes, des preuves & des personnes, sera ordonné que la partie sera assignée pour être ouie, ajournée à comparoir en personne, ou prise au corps.

Lecture faite de cet Article :

M. Talon a dit, qu'encore que l'usage ait introduit *l'assigné pour être ouï*, pour laisser aux juges la liberté de sauver l'interdiction, selon la nature des affaires, à un officier qu'ils obligent de venir rendre raison de sa conduite, l'ajournement personnel emportant nécessairement, par l'usage, interdiction ; néanmoins cette forme de décret ne se trouvoit dans aucune ordonnance. Et puisque par un droit nouveau l'on ne vouloit plus que l'ajournement personnel emportât interdiction, si elle n'étoit prononcée, l'article sembloit inutile; d'autant plus qu'en abolissant les assignations pour être ouï, l'on sauvoit une conversion, & qu'il ne restoit plus que celle de l'ajournement personnel en décret de prise de corps.

☞ *M. l'avocat général vient d'observer, que* par un droit nouveau l'on ne vouloit plus que l'ajournement personnel emportât interdiction, si elle n'étoit prononcée. *Pour l'éclaircissement de ces paroles qui paroissent obscures, il faut savoir que M. Talon désigne l'article de ce titre, qui porte, que* le décret d'ajournement personnel n'emportera point d'interdiction, si elle n'y est notamment exprimée. *Mais cette clause ayant été retranchée, comme on le verra ci-après, il résulte que l'ajournement personnel emporte de droit l'interdiction. Ainsi l'on n'a fait aucun changement dans le présent article, qui contient les trois sortes de décrets, suivant leur force & leur ordre.*

ARTICLE III.

Conversion de l'aſſigné pour être ouï.

L'ASSIGNATION pour être ouï ſera convertie en décret d'ajournement perſonnel, ſi la partie ne compare.

ARTICLE IV.

Conversion de l'ajournement perſonnel.

L'AJOURNEMENT perſonnel ſera converti en décret de priſe de corps, ſi l'accuſé ne compare dans le délai qui ſera réglé par le décret d'ajournement perſonnel, ſelon la diſtance des lieux, ainſi qu'aux ajournemens en matiere civile.

Ces deux articles ont été trouves bons, & l'on n'y a fait aucun changement.

ARTICLE V.

Décrets ſur les procès-verbaux des juges.

LES procès-verbaux des préſidens & conſeillers de nos cours pourront être décrétés de priſe de corps ; & ceux de nos autres juges, d'ajournement perſonnel ſeulement ; ſinon après qu'eux ou leurs aſſiſtans auront été répétés.

Lecture ayant été faite de cet Article :

M. le premier préſident a dit, que les préſidens ne vont plus en commiſſion, & que ce terme, *eux*, formoit une équivoque, & ſe pouvoit rapporter aux juges qui ne ſont point récolés ſur leurs procès-verbaux, mais ſeulement ceux qui les ont aſſiſtés.

M. Puſſort a dit, qu'il le falloit ôter.

☞ *Ce terme équivoque a été ſupprimé, & l'on a mis ainſi :* ſinon après que leurs aſſiſtans auront été répétés.

ARTICLE VI.

Décrets ſur les procès-verbaux des huiſſiers.

LES procès-verbaux des ſergens ou huiſſiers, même de nos cours, ne pourront être décrétés, ſinon en cas de rebellion à juſtice, que d'ajournement perſonnel ſeulement ; mais après qu'ils qu'ils auront été répétés & leurs records, les juges pourront décerner prise de corps, si le cas y écheoit. N'entendons néanmoins rien innover à l'usage des maîtrises de nos eaux & forêts, dans lesquelles les procès-verbaux des verdiers, gardes & sergens sont décrétés, même de prise de corps.

Lecture faite de l'Article VI :

M. le premier président a dit, que la premiere partie de cet article est conforme à l'usage; & la seconde, à la derniere déclaration du roi sur les eaux & forêts. Qu'il seroit néanmoins à souhaiter que sa majesté voulût diminuer la rigueur de cette ordonnance. Que personne ne croira que les sergens des eaux & forêts soient plus gens de bien, & méritent plus de foi que les autres; & qu'ils peuvent beaucoup abuser de la distinction que l'on faisoit en leur faveur.

M. Pussort a dit, qu'il ne croit pas que le roi veuille déroger à cette déclaration.

☞ *Nonobstant l'objection faite par M. le premier président, cet article a été conservé.*

ARTICLE VII.

Celui qui sera assigné pour être ouï, ou ajourné en personne, quand pourra être arrêté.

CELUI contre lequel il y aura ordonnance d'assignation pour être ouï, ou décret d'ajournement personnel, ne pourra être arrêté prisonnier, s'il ne survient de nouvelles charges, ou que par délibération secrete de nos cours, il ait été résolu qu'en comparoissant il sera arrêté; ce qui ne pourra être ordonné par aucuns autres juges.

Après la lecture de l'Article VII :

M. le premier président a dit, que cet article étoit conforme au dixieme de l'ordonnance du roi Henri II de 1549, mais qu'il seroit peut-être plus à propos de ne le point mettre dans cette ordonnance.

M. Pussort a dit, que la premiere partie de l'article étoit faite contre les personnes d'autorité, auxquelles la justice étoit souvent obligée de tendre ce piege, pour s'assurer plus facilement & avec moins de bruit de leurs personnes. Qu'à l'égard de la seconde, si l'on ne défend pas aux premiers juges de faire ces sortes de rétentions, ils croiront être en droit de s'en servir de même que les compagnies supérieures, & pourront par ce moyen faire insulte à des personnes qualifiées: que c'est la raison de l'article.

M. Talon a dit, que quand il est nécessaire d'arrêter un homme, on ne le doit pas avertir, si l'on ne veut s'exposer à faire perdre le gage à la justice; & qu'il valoit encore mieux user de cette innocente surprise, en arrêtant dans un greffe & sans bruit, un criminel dont on appréhende le crédit & la résistance, que d'exposer les ministres de la justice à l'assiéger dans un château, & l'enlever de force.

☞ *Nonobstant ces observations, le présent article a été conservé; mais on y a changé le mot* d'assignation *pour être oui, en celui d'*assigné *pour être oui.*

ARTICLE VIII.

Cas dans lesquels on décerne prise de corps sur la notoriété.

POURRA être décerné prise de corps sur la seule notoriété, pour crime de duel, sur la plainte de nos procureurs, contre les vagabonds; & sur celles des maîtres, pour vols & affaires domestiques.

Après la lecture faite de l'Article VIII :

M. le premier président a dit, que l'article est nouveau à l'égard des vagabonds & des vols domestiques, mais qu'il est bon; qu'il n'y avoit que ces termes, *d'affaires domestiques*, qui paroissoient trop généraux.

M. Pussort a dit, que l'on pourroit mettre au lieu *d'affaires, crimes & délits domestiques.*

☞ *Cette proposition a été suivie, & c'est le seul changement qu'on ait fait dans l'article.*

ARTICLE IX.

L'accusé étant pris en flagrant délit, ce que le juge fera.

APRÈS qu'un accusé pris en flagrant délit, ou à la clameur publique, aura été conduit prisonnier, le juge ordonnera qu'il sera arrêté & écroué, & le jugement lui sera signifié parlant à sa personne.

Après la lecture de cet Article :

M. le premier président a dit, que dans une des conférences précédentes, on avoit jugé plus à propos de signifier un extrait de l'écrou qui ne regarde que l'accusé, que du décret qui peut faire mention des complices, & en donner par ce moyen la connoissance.

M. Talon a dit, que comme il a déjà été remarqué, l'on ne doit pas donner a un accusé copie du décret, mais seulement de son écrou, de crainte que les complices ne soient connus. Il semble à propos d'en user de même à l'égard de la recommandation; car souvent par le jugement qui ordonne qu'un accusé pris en flagrant délit, sera recommandé ès prisons, l'on décrete contre plusieurs de ses complices qui peut-être même n'étoient pas présens à l'action, mais qui ne laissoient pas de pouvoir être les véritables auteurs du crime : & en ce cas, la signification du décret seroit un moyen de favoriser leur évasion.

M. Pussort a dit, qu'il falloit mettre l'*écrou*, au lieu du *jugement*.

☞ *On a fait ce changement dans l'article, & c'est le seul qu'on y ait fait.*

ARTICLE X.

Quels décrets n'emporteront interdiction.

L'ORDONNANCE d'assigné pour être ouï, ou le décret d'ajournement personnel contre un juge ou officier de justice, n'emportera point d'interdiction, si elle n'y est nommément exprimée.

Lecture faite de l'Article X:

M. le premier président a dit, que jusqu'ici l'ajournement personnel a toujours emporté l'interdiction ; mais que cet article obligera de l'ajouter dans tous les jugemens, parce qu'il est indécent qu'un décret d'ajournement personnel fasse fonction de juge.

M. Pussort a dit, que parmi les juges ce n'étoit pas une question décidée si l'ajournement personnel emporte interdiction : qu'un juge contre lequel il y a ajournement personnel sans interdiction jointe, ne croit pas être interdit des fonctions de sa charge ; qu'ainsi il est bon de l'expliquer de façon ou d'autre. Que l'on peut, sans inconvéniens, prendre le parti d'ajouter l'interdiction dans les décrets d'ajournement personnel, ou d'ordonner qu'elle y sera sous-entendue.

M. Talon a dit, que bien que l'on ait douté si un ajournement personnel décerné contre un officier, emportoit interdiction des fonctions de sa charge, & qu'il y ait eu sur cela diversité d'opinions, il semble que le meilleur parti que l'on puisse prendre, est celui de la sévérité, & qu'il y a quelque indécence qu'un officier prévenu de crime continue de rendre la justice aux sujets du roi, avant que d'avoir justifié son innocence. Mais la principale raison pour établir que l'ajournement personnel emporte l'interdiction, quand même elle n'y seroit pas nommément exprimée, c'est qu'autrement cela formeroit tous les jours des embarras & des conflits, & l'on prétendra qu'un juge n'en peut pas interdire un autre, s'il n'est son inférieur. Par exemple, si un lieutenant criminel décerne ajournement personnel contre un élu, & qu'il ajoute qu'il demeurera cependant interdit, les officiers de l'élection croiront ne devoir pas déférer à cette interdiction, & la cour des aides prétendra peut-être que c'est une entreprise sur sa jurisdiction. Au lieu que l'officier ajourné à comparoir en personne, étant interdit par la loi, & l'ajournement personnel emportant interdiction, cela fera cesser toutes sortes de difficulté, & rendra les officiers plus circonspects & retenus dans leur conduite, par la crainte de demeurer interdits, s'ils s'exposent par leurs mauvais déportemens à un ajournement personnel.

M. Pussort a dit, que l'on pouvoit choisir l'un ou l'autre, & qu'il en falloit parler au roi.

☞ *Sur les objections faites contre cet article, on a retranché la clause qui porte que* l'ajournement personnel n'emportera point d'interdiction, si elle n'est exprimée. *Et cette clause a été insérée dans l'article suivant, qui donne au décret de prise de corps la force de l'interdiction. Voici de quelle maniere l'article X a été réformé :*

ARTICLE X. L'ordonnance d'assigné pour être ouï, contre un juge ou officier de justice, n'emportera point d'interdiction.

ARTICLE XI.

Quel décret emportera interdiction.

Le décret de prise de corps emportera de droit interdiction.

Lecture faite de cet Article :

☞ *Il a été trouvé bon : néanmoins on y a ajouté* le décret d'ajournement personnel, *suivant les remarques qui ont été faites sur l'article précédent : & celui-ci a été rédigé de cette maniere :*

ARTICLE XI. Le décret d'ajournement personnel, ou de prise de corps, emportera de droit interdiction.

ARTICLE XII.

Décrets seront exécutés nonobstant appellations.

Sera procédé à l'exécution de tous décrets, même de prise de corps, nonobstant toutes appellations, même comme de juge incompétent ou récusé, & toutes autres, sans demander permission, ni *pareatis*.

Lecture faite de l'Article XII :

M. le premier président a dit, que l'obligation de prendre un *pareatis* du juge des lieux où s'exécute le décret, empêche quelquefois les insultes que l'on voudroit faire par vengeance & par animosité. Que d'ailleurs on oblige la partie qui demande un *pareatis*, d'élire domicile : ce qui est fort nécessaire, afin que le prisonnier sache à qui s'adresser au lieu où il est emprisonné, pour faire les sommations, & signifier les actes qu'il jugera à propos.

M. Pussort a dit, que cette élection de domicile produiroit le même effet que le *pareatis*. D'ailleurs si l'accusé fait faire des significations au domicile élu, qui connoîtra des différens qui pourront survenir en conséquence ? Sera-ce le juge du domicile élu, ou celui du délit ? Si c'est le juge du délit, on tombe dans l'inconvénient que l'on a voulu éviter, par l'élection de domicile ; si au contraire c'est le juge du domicile élu, ce sera lui attribuer jurisdiction d'une matiere dont il sera peut-être incompétent de connoître : mais que dans tous les cas cela produira toujours des conflits ; & que le tempérament que l'on pourroit prendre, seroit d'ordonner que *la partie civile seroit tenue de faire élection de domicile, sans toutefois attribuer de jurisdiction aux juges.*

M. le premier président a dit, que quand le juge du lieu seroit incompétent de connoître de la matiere, il pourroit toujours prendre connoissance de ce qui concerne la police de ses prisons ; ensorte que si la partie civile néglige de faire transférer le prisonnier dans les prisons du juge du délit, le juge du lieu sera bien fondé d'ordonner que dans un certain tems la partie sera tenue de le faire transférer, sinon qu'il sera fait droit sur son élargissement : qu'il faudra, pour faire signifier ces jugemens, qu'il y ait élection de domicile.

M. Talon a dit, qu'il n'y auroit pas grand inconvénient d'ôter le *pareatis* ; mais il est nécessaire d'obliger celui qui fait exécuter un décret hors le ressort du juge qui l'a décerné, d'élire domicile dans le lieu où se fait l'emprisonnement, non pas pour donner pouvoir au juge de connoître du crime, car cela lui doit être étroitement défendu ; mais afin que si la partie civile est négligente de faire transférer le prisonnier, il y puisse pourvoir par son autorité.

M. Pussort a dit, qu'avant que la partie civile ait pu assembler main-forte, il se pourra passer un tems considérable, pendant lequel il ne seroit pas juste de mettre hors des prisons un accusé de crimes atroces : ce qu'un juge, qui voudroit favoriser une partie, pourroit faire impunément, si l'ordonnance lui permettoit de le faire avec connoissance de cause. Que si la partie laissoit écouler bien du tems sans faire la translation, le prisonnier pourroit s'adresser au juge du délit, qui par la connoissance qu'il auroit de la qualité de l'accusation & de l'accusé, ordonneroit ce qu'il jugeroit à propos, & que l'expédient qu'il avoit proposé d'abord, étoit le plus sûr.

☞ *L'on n'a fait aucun changement à l'article XII : mais suivant la proposition faite par M. Pussort, l'on a dressé un article qui ordonne* d'élire domicile dans le lieu où se fera l'exécution, sans attribuer de jurisdiction au juge. *Ce nouvel article est le XIII de ce titre dans l'ordonnance. Il est conçu en ces termes :*

ARTICLE XIII. Seront néanmoins tenus ceux à la requête desquels les décrets seront exécutés, élire un domicile dans le lieu où se fera l'exécution, sans attribuer toutefois aucune jurisdiction au juge du domicile élu.

ARTICLE XIII.

Ce qu'il faut faire en cas de rebellion.

LES huissiers, sergens, archers, & autres officiers chargés de l'exécution de quelque décret ou mandement de justice, auxquels on auroit fait rebellion, excès ou violence, en dresseront procès-verbal, qu'ils remettront incontinent entre les mains du juge, auquel nous enjoignons de se transporter sans délai sur les lieux avec nombre suffisant d'huissiers ou sergens. Et en cas de résistance, il en dressera sur le champ son procès-verbal, attesté de ceux des assistans qui sauront signer, avec mention des autres qui n'auront pu signer: & le procès-verbal sera par lui remis dans vingt-quatre heures au greffe, pour en être envoyé une expédition à notre procureur général.

Après la lecture de cet Article:

M. le premier président a demandé si le procès-verbal seroit remis entre les mains du juge des lieux, ou en celles du juge qui a donné le décret? Que ce ne pouvoit être entre les mains du juge qui a décrété, parce qu'il sera peut-être trop éloigné du lieu de l'exécution. Par exemple, si l'on exécute une ordonnance du lieutenant criminel de Paris en Bretagne, il ne s'y transportera pas pour la faire exécuter.

M. Pussort a dit, que l'article s'entendoit du juge qui a décerné le décret: & pour le tems, que ce seroit incessamment, & suivant les distances des lieux. Mais qu'il sera peut-être plus à propos d'ôter cette partie de l'article, qui dit que le juge se transportera sur les lieux avec main-forte: parce qu'il suffit au juge d'ordonner, sans qu'il soit obligé de s'exposer au péril qui se trouve souvent dans l'exécution de son jugement.

M. le premier président a dit, qu'il avoit cru que l'article s'entendoit du juge des lieux, qui doit prêter main-forte à la justice dans l'exécution des jugemens qui s'exécutent dans le détroit de sa jurisdiction: d'autant plus que la rebellion aux exécutions de justice est un cas royal, à cause de l'émotion populaire dont elle est ordinairement accompagnée, & par conséquent de la compétence du juge des lieux.

M. Pussort a dit, que la rebellion n'étoit pas toujours accompagnée d'émotion populaire, puisqu'elle pouvoit être faite dans un lieu écarté, ou par trois ou quatre particuliers intéressés.

M. le premier président a observé, qu'il se trouvoit encore une autre difficulté dans l'article, qui eſt que l'on enjoint au juge de dreſſer ſon procès-verbal, ſans lui preſcrire ce qu'il doit faire enſuite, s'il doit continuer ſa procédure, ou la diſcontinuer : que ſi on ne lui marque plus précisément ce qu'il doit faire, il ſe contentera de dreſſer & d'envoyer ſon procès-verbal, & ſurſeoir ſon inſtruction.

M. Puſſort a dit, que le juge doit continuer ſon inſtruction, nonobſtant la rebellion qui ſera faite à l'exécution de ſes jugemens, l'ordonnance ne lui preſcrivant rien de contraire; & qu'en cas que cela forme quelque doute, on peut ajouter à la fin de l'article : *ſans préjudice de la continuation de l'inſtruction.*

M. Talon a dit, qu'il ſembloit néceſſaire d'expliquer quel eſt le juge qui ſe doit tranſporter ſur les lieux en cas de rebellion : ſi c'eſt celui dont le décret ou le jugement eſt émané, ou le juge du lieu dans lequel la rebellion eſt commiſe. Si c'eſt le juge qui a rendu le décret, l'exécution de cet article peut être ſouvent difficile, & quelquefois impoſſible : car ſi l'on commet rebellion en Bretagne ou en Provence, à l'exécution d'un décret décerné par le lieutenant criminel du châtelet, quelle apparence y a-t-il qu'il abandonne l'exercice de ſa charge pour ſe tranſporter à deux cens lieues, & faire exécuter ſon décret ? Qui paiera les frais de ce voyage, ſera-ce la partie ? Décernera-t-on exécutoire ſur le domaine, ou le juge ſera-t-il obligé de le faire à ſes frais ? Il vaudroit donc bien mieux ordonner que le lieutenant criminel du bailliage ou ſiege préſidial, dans l'étendue duquel la rebellion aura été commiſe, ſe tranſportera ſur les lieux, aſſiſté du prévôt des maréchaux, pour faire rendre obéiſſance à la juſtice; & ce d'autant plus que la rebellion eſt un cas royal, dont la connoiſſance appartient aux lieutenans criminels des bailliages & ſieges préſidiaux; & que lorſqu'en exécutant une ſentence rendue au bailliage ou ſiege préſidial en matiere civile, l'on commet quelque rebellion, ce n'eſt point le juge civil, mais le lieutenant criminel qui en doit informer, & inſtruire le procès : ce qui eſt décidé nettement par tous les réglemens qui ont été faits entre les lieutenans généraux & criminels.

☞ *L'on a retranché de cet article la clauſe qui ordonne au juge* de ſe tranſporter ſur les lieux, avec nombre ſuffiſant d'huiſſiers, &c. *L'on a auſſi ajouté cette autre clauſe à la fin de l'article,* ſans que l'inſtruction & le jugement puiſſent être retardés. *Moyennant ces changemens, le préſent article a été inſéré dans l'ordonnance, en ces termes :*

ARTICLE IV. Les huiſſiers, ſergens, archers, & autres officiers chargés de l'exécution de quelques décrets ou mandemens de juſtice, auxquels on aura fait rebellion, excès ou violence, en dreſſeront procès-verbal, qu'ils remettront incontinent entre les mains du juge pour y être pourvu, & en être envoyé une expédition à notre procureur général, ſans néanmoins que l'inſtruction & le jugement puiſſent être retardés.

ARTICLE XIV.

Injonction aux officiers de prêter main-forte.

ENJOIGNONS à tous gouverneurs, nos lieutenans généraux des provinces & villes, baillis, sénéchaux, maires & échevins, de prêter main-forte à l'exécution des décrets, & de toutes les ordonnances de justice; même aux prévôts des maréchaux, vice-baillis, vice-sénéchaux, leurs lieutenans & archers, à peine de radiation de leurs gages, en cas de refus, dont il sera dressé procès-verbal par les juges, huissiers ou sergens, pour être envoyé à nos procureurs généraux, chacun dans leur ressort, & y être par nous pourvu.

☞ *Cet article & les deux suivans sont dans l'ordonnance sans aucun changement.*

ARTICLE XV.

Comment sera faite la conduite des accusés.

LES accusés qui auront été arrêtés, seront incessamment conduits dans les prisons, sans pouvoir être détenus ès maisons particulieres, si ce n'est pendant leur conduite & en cas de péril d'enlevement, dont sera fait mention dans le procès-verbal de capture & de conduite, à peine d'interdiction contre les prévôts, huissiers ou sergens; de mille livres d'amende envers nous, & des dommages & intérêts des parties.

ARTICLE XVI.

Abrogation des amenés sans scandale.

DÉFENDONS à tous juges, même des officialités, d'ordonner qu'aucune partie soit amenée sans scandale.

☞ *Ces articles ont été trouvés bons.*

ARTICLE XVII.

Décret ne sera décerné pour être exécuté.

NE pourra être décerné aucun décret, pour être exécuté à l'indication d'une tierce-personne.

ARTICLE

ARTICLE XVIII.

On peut décréter contre un inconnu, sous la désignation.

POURRA, si le cas le requiert, être rendu décret contre des personnes non connues, & sous la désignation de l'habit de la personne, & autres marques suffisantes,

Lecture faite de ces deux Articles :

M. le premier président a dit, qu'il y avoit autant d'inconvénient dans l'article XVIII, que l'on en ôtoit par l'article XVII. Que lorsqu'une partie civile indique, elle demeure garante de son indication; ce qui ne se rencontre pas dans la désignation. Que cela ne porte point de conséquence à l'égard de l'ajournement personnel, où il ne s'agissoit que de le signifier; & qu'il y avoit souvent nécessité de décréter sur l'indication, la désignation n'étant pas assez expresse.

M. Pussort a dit, qu'il y a inconvénient en l'une & en l'autre de ces dispositions; mais qu'il y en avoit beaucoup moins dans la désignation, parce que les marques en sont plus certaines que dans l'indication, par laquelle on laisse à une partie (qui souvent ne cherche qu'à satisfaire sa passion, & n'a pas de quoi répondre des dommages & intérêts) la liberté de faire insulte à qui bon lui semble. Mais que la disposition de l'article n'empêchoit pas que pour plus grande précaution, le juge ne fît la désignation de l'accusé dans le décret.

M. Talon a dit, que pour l'intelligence de ces deux articles, il faut présupposer qu'il est vrai qu'on ne doit jamais décerner de décret, particuliérement de prise de corps, contre des personnes inconnues, pour être exécuté à la seule indication de la partie civile; mais quand les accusés ne sont point nommés par les témoins dans les informations, le juge ne les doit pas aussi nommer dans son décret, quand même ils le seroient dans la plainte. Tout ce qu'il peut faire, est de les désigner, suivant les remarques que les témoins en ont faites, soit de leur visage, soit de leur taille ou de leurs habits. Mais comme ces désignations sont souvent fautives & trompeuses, particuliérement celles qui regardent les habits ou le poil, qui peuvent être aisément déguisés, il est de la prudence du juge d'ajouter à son décret, que *l'indication sera faite par la partie civile*, qui demeure responsable des dommages & intérêts.

Si l'on en use autrement, il en arrivera deux inconvéniens: le premier, que les sergens porteurs d'un décret, n'oseront l'exécuter contre le véritable accusé, s'ils ne trouvent en sa personne toutes les désignations portées par le décret. Le second, plus important, est que la partie civile ne laissera pas toujours d'indiquer, quoique la faculté ne lui en soit pas donnée; mais elle ne sera plus responsable de son indication, & celui qui aura souffert l'injure de son emprisonnement scandaleux, n'aura plus de recours pour ses dommages & intérêts.

S'il attaque la partie civile, elle dira qu'elle ne l'a point indiqué : qu'elle a mis son décret entre les mains des sergens ; & que s'ils se sont trompés, elle n'en est pas responsable. S'il s'adresse aux sergens, outre que ce sont souvent des misérables, ils rapporteront leur procès-verbal, pour justifier que celui qu'ils ont emprisonné avoit les mêmes désignations que celles portées par le décret, & que la ressemblance les a jettés dans l'erreur. De sorte qu'il vaut beaucoup mieux que l'indication se fasse par la partie civile ; & il y aura encore moins d'inconvénient à suivre en cela l'ancien usage, qu'à le réformer.

M. Pussort a dit, que l'indication & la dénonciation doivent être considérées comme une même chose ; parce qu'une partie trouvera autant d'avantage à désigner dans sa plainte celui qu'elle veut faire arrêter, qu'à le faire connoître au sergent, lorsqu'il sera seulement question d'exécuter le décret : qu'ainsi il vaut mieux que ce soit sur la désignation.

☞ *Après toutes ces observations, on a changé l'article XVII, & on l'a joint à l'article suivant. On a aussi restreint la disposition de ces articles aux* décrets de prise de corps. *Ces deux derniers articles composent le XVIII article de l'ordonnance, en ces termes :*

ARTICLE XVIII. Pourra, si le cas le requiert, être rendu décret de prise de corps contre les personnes non-connues sous les désignations de l'habit de la personne, & autres suffisantes, comme aussi à l'indication qui en sera faite.

ARTICLE XIX.

Quand on peut décerner prise de corps contre un domicilié.

NE sera décerné prise de corps contre les domiciliés, si ce n'est pour crime qui doive être puni de peine afflictive ou infamante.

Cet Article a passé, & il est dans l'ordonnance de la même maniere.

ARTICLE XX.

Les juges inférieurs enverront un état des procédures criminelles.

NOS procureurs ès justices ordinaires, seront tenus d'envoyer à nos procureurs généraux, chacun dans leur ressort, aux mois de janvier & de juillet de chacune année, un état signé par les lieutenans criminels & par eux, des écroues & recommendations faites pendant les six mois précédens, ès prisons de leurs sieges,

& qui n'auront point été suivies de jugement définitif, contenant la date des décrets, écroues & recommandations, le nom, surnom, qualité & demeure des accusés, & sommairement le titre de l'accusation, & l'état de la procédure : à l'effet de quoi tous actes & écroues seront par les greffiers & geoliers délivrés gratuitement, & l'état porté par les messagers sans frais, à peine d'interdiction contre les greffiers & geoliers, & de cent livres d'amende envers nous, & de pareille amende contre les messagers. Ce qui aura lieu, & sous pareille peine, pour les procureurs des justices seigneuriales, à l'égard de nos procureurs des sieges où elles ressortissent.

Lecture faite de l'Article XX :

M. le premier président a dit, qu'il falloit ajouter dans cet article, comme on avoit déjà fait dans un autre, les lettres d'abolition, de grace & de rémission : & que l'article est rempli de beaucoup de peines. Que d'ailleurs on oblige les officiers de faire bien des choses gratuitement, & cependant on leur ôte en beaucoup d'endroits, leurs droits & leurs profits légitimes.

M. Pussort a dit, qu'il falloit ajouter dans cet article les lettres d'abolition & de rémission.

M. le premier président a réparti, que sa pensée n'avoit pas été qu'on accordât aucun droit pour les expéditions mentionnées en l'article ; & qu'il n'avoit fait son observation, que pour faire voir que les greffiers & autres officiers faisant beaucoup de choses gratuitement, il étoit raisonnable de leur conserver leurs droits légitimes.

☞ *On n'a fait aucun changement dans cet article, nonobstant la proposition faite par M. le premier président d'ajouter ici* les lettres d'abolition & de grace : *parce que cette addition a été insérée ci-devant dans l'article dernier du titre VI* des informations.

ARTICLE XXI.

Prisonniers, quand seront élargis.

LES accusés, contre lesquels il n'y aura eu originairement décret de prise de corps, seront élargis après l'interrogatoire, s'il ne survient de nouvelles charges, ou par leur reconnoissance, ou par la déposition de nouveaux témoins.

Après la lecture de l'Article dernier :

M. le premier président a dit, que souvent l'on a commencé de grands procès criminels par un décret d'ajournement personnel, qui se donne en bien des rencontres, même par les premiers juges, quoiqu'il y eût lieu par les informations de décréter de prise de corps. Mais que cela se faisoit pour ne pas donner de la défiance à un accusé, & pour s'en assurer avec moins de risque & de peine; & que d'ailleurs l'interrogatoire pouvoit faire de nouvelles charges.

M. Pussort a dit, que ces mots, *s'il ne survient de nouvelles charges*, remédient à toutes choses; & souvent on arrête un homme sur son interrogatoire, quoiqu'il n'y ait qu'ajournement personnel contre lui.

☞ *Ce dernier article a encore passé sans aucun changement. Mais dans l'ordonnance on a transporté à la fin de ce titre trois articles qui concernent aussi l'élargissement, & qui sont le XXIX, le XXX & le XXXI articles du titre XIII du présent projet d'ordonnance. On verra ci-après la raison de ce changement, en examinant le titre XIII des prisons, &c.*

TITRE XI.

Des excuses ou exoines des accusés.

ARTICLE I.

Comment l'accusé malade se fera excuser.

L'ACCUSÉ qui ne pourra comparoir en justice, pour cause de maladie ou blessure, fera présenter ses excuses par procuration spéciale passée pardevant notaire, qui contiendra le nom de la ville, bourg ou village, paroisse, rue & maison où il sera détenu.

Cet Article a été trouvé bon, & il est dans l'ordonnance.

ARTICLE II.

La procuration sera accompagnée du rapport d'un médecin.

LA procuration ne sera point reçue sans rapport d'un médecin de faculté approuvée, qui déclarera la qualité & les accidens de la maladie ou blessure, & que l'accusé ne peut se mettre en chemin sans péril de sa vie, dont la vérité sera attestée par serment du médecin pardevant le juge du lieu, dont sera dressé procès-verbal qui sera aussi joint à la procuration.

Lecture faite de l'Article :

M. le premier président a dit, qu'il y a bien des lieux où il n'y a point de médecin de faculté approuvée.

M. Puffort a dit, que l'on avoit jugé à propos d'affujétir les exoines à beaucoup de formalités, pour les rendre plus difficiles.

Que l'on peut faire venir des médecins d'une faculté approuvée ; mais que toutes les exoines bien examinées ne font ordinairement que des illusions à justice.

☞ *Cet article est pareillement dans l'ordonnance sans aucun changement.*

ARTICLE III.

Comment l'exoine sera portée à l'audience.

L'EXOINE sera montrée à notre procureur ou à celui des seigneurs, & communiquée à la partie civile, s'il y en a, qui sera tenue sur un simple acte de se trouver à l'audience où l'exoine sera présentée & reçue, sans que le porteur des pieces soit tenu de déclarer qu'il est envoyé exprès pour les présenter, & qu'il a vu l'accusé.

☞ *Le présent article a été trouvé bon.*

ARTICLE IV.

Si l'exoine est légitime, il sera informé de la vérité.

SI les causes de l'exoine paroissent légitimes, il sera donné défaut à notre procureur, ou à celui des seigneurs, sauf l'exoine ; & pour le profit, commission à eux délivrée & aux parties, pour informer respectivement dans un bref délai de la vérité de l'exoine & du contraire.

Après la lecture de cet Article :

M. le premier président a dit, que ces mots de *défaut, sauf l'exoine*, sont de l'ancien style qui est aboli.

M. Talon a dit, que ces termes : *il sera donné défaut à notre procureur, ou à celui des seigneurs, sauf l'exoine*, qui sont de l'ancien style des procédures criminelles, doivent être retranchés comme inutiles. D'ailleurs l'ordonnance abolissant l'usage de lever des défauts au greffe, soit sur les ajournemens personnels, ou sur les décrets de prise de corps, il ne faut point laisser de vestiges d'une pratique qui ne subsiste plus.

M. Pussort a dit, qu'il les falloit ôter.

☞ *Sur ces observations, le présent article a été réformé de cette maniere :*

ARTICLE IV. Si les causes de l'exoine paroissent légitimes, il sera ordonné que nos procureurs ou ceux des seigneurs, & les parties, informeront respectivement dans un bref délai de la vérité de l'exoine & du contraire.

ARTICLE V.

Comment sera fait droit sur l'exoine.

Le délai pour informer étant expiré, sera fait droit sur l'incident de l'exoine, & sur ce qui se trouvera produit.

Cet Article a été trouvé bon.

TITRE XII.

Des sentences de provision.

ARTICLE I.

Des juges pourront adjuger une provision.

Les juges pourront, s'il y écheoit, adjuger à une partie quelques sommes de deniers, pour pourvoir aux alimens & médicamens : ce qui sera fait sans conclusions de nos procureurs, ou de ceux des seigneurs.

Cet Article a passé sans aucun changement.

ARTICLE II.

Ne pourront réitérer, ni en accorder aux deux parties.

Ne pourront les juges réitérer les provisions, pour quelque occasion & sous quelque prétexte que ce soit, ni les accorder à l'une & à l'autre des parties : à peine de suspension de leurs charges, & de tous dépens, dommages & intérêts.

Lecture faite de cet Article :

M. le premier président a dit, qu'il est vrai qu'autrefois il y a eu beaucoup d'abus dans la matiere des provisions, & que les juges en donnoient aux deux parties. Que la derniere partie de l'article y a prudemment pourvu ; mais qu'il y a beaucoup de difficulté dans la premiere, qui ne permet pas de réitérer les provisions.

Qu'il y a nécessité de laisser cela à l'arbitrage du juge ; parce que d'abord on ne connoît pas la qualité des blessures : qu'il y survient des accidens, & qu'il n'y auroit pas d'apparence de laisser périr un homme faute d'alimens ou de médicamens. Mais que pour empêcher que les premiers juges n'en puissent abuser, l'on pourroit suivre le réglement du parlement, qui veut qu'il y ait au moins quinzaine entre la premiere & la seconde provision : même qu'elle ne soit réitérée qu'avec connoissance de cause ; mais qu'il seroit trop rude de l'ôter absolument.

M. Pussort a dit, que le plus grand abus qu'il y avoit dans la facilité de donner des provisions, ne venoit pas de la partie qui les reçoit, mais au contraire, de ce qu'ordinairement elle n'en touchoit rien. Que l'on ne manquoit jamais à faire des saisies au moment qu'elles étoient adjugées : l'on ordonne en conséquence que les deniers seront mis au greffe, s'il survient des oppositions & des appellations, & par le moyen de ces incidens, les provisions sont entiérement consommées, & les parties n'en retirent aucun avantage.

Que néanmoins l'observation de M. le premier président lui paroît bonne, & que l'on pourroit à cet égard suivre le réglement du parlement, en y ajoutant qu'on ne pourra donner plus de deux provisions, sans que les juges puissent prendre aucunes épices pour les accorder.

M. Talon a dit, que quelque circonspection que l'on doive apporter pour empêcher les juges de donner des provisions trop légérement, il y a des cas dans lesquels il seroit injuste & périlleux de ne les pouvoir pas réitérer. Qu'il est bien vrai qu'il n'y a point de matiere dans laquelle on ait commis plus d'abus : non-seulement les juges prenoient de grands droits sur les sentences de provision, ils en prenoient encore pour recevoir les cautions. Souvent après avoir accordé une provision, ils se donnoient la liberté d'en surseoir l'exécution, ils la faisoient consigner au greffe, & alors elle tournoit entiérement à leur profit, & à celui de leur greffier.

Les plaintes de ces abus ayant été portées à la tournelle, l'on y pourvut par un arrêt en forme de réglement le 22 juin 1665, qui ne permet d'adjuger une seconde provision qu'après un intervalle de quinze jours. Ce même arrêt défend aux juges de prendre aucunes épices pour les sentences des provisions ; & il est bien plus raisonnable de retrancher les émolumens des sentences de provision, que des décrets. Le juge qui a vu & décrété l'information, n'a qu'à prendre la lecture du rapport en chirurgie, pour arbitrer, par la qualité de la blessure, quelle doit être la provision.

De sorte que défendant aux juges de recevoir aucuns émolumens, ni pour les sentences de provisions, ni pour tous les incidens qui pourront naître en conséquence, cette prévoyance retranchera beaucoup de désordres & de malversations, & l'on n'accordera point de seconde provision, sans une nécessité très-pressante: & en ce cas, l'article IV demeurera inutile.

M. Pussort a réparti, qu'il ne s'éloignoit pas de cet expédient, & qu'il le proposeroit au roi.

☞ *Sur toutes ces observations, on a retranché de cet article la clause qui fait défenses aux juges* de réitérer les provisions, *& l'on a dressé un nouvel article conforme au réglement du 22 juin 1665, qui porte qu'on ne pourra donner qu'une seconde provision, & après un intervalle de quinze jours au moins, & sans épices. Il est le III de ce titre dans l'ordonnance, & voici de quelle maniere ils ont été rédigés :*

ARTICLE II. Ne pourront les mêmes juges accorder des provisions à l'une & à l'autre des parties, à peine de suspension de leurs charges, & de tous dépens, dommages & intérêts.

ARTICLE III. Ne pourront aussi donner qu'une seconde provision, si elle est jugée nécessaire, pourvu qu'il y ait quinzaine au moins entre la premiere & la seconde, sans qu'ils puissent recevoir aucuns émolumens de l'une ni de l'autre, ni de tous les incidens qui naîtront en conséquence.

ARTICLE III.

Sentences de provision ne seront sursises ni jointes.

LES sentences de provisions ne pourront être sursises ni jointes au procès par les juges qui les auront données, sous pareille peine.

Lecture faite de cet Article :

☞ *Il a été trouvé bon, & il est le IV dans l'ordonnance.*

ARTICLE IV.

Épices des sentences de provision.

NOS juges présidiaux, baillis, sénéchaux, prevôts des maréchaux, vice-baillis & vice-sénéchaux, les juges des pairies, & autres ressortissans nuement en nos cours, ne pourront prendre que trente sols pour les épices des sentences de provision; les juges royaux ressortissans nuement en nos cours, vingt sols; & ceux des seigneurs, dix sols; à peine d'interdiction, & de cent livres

livres d'amende, moitié vers nous, & moitié vers la partie, sans néanmoins que les droits puissent être augmentés par les juges qui ont accoutumé de moins prendre.

Lecture ayant été faite de l'Article IV:

M. le premier président a dit, que cet article devenoit inutile, si l'ouverture qui vient d'être faite avoit lieu.

☞ *M. Pussort en est demeuré d'accord, & l'article a été supprimé.*

ARTICLE V.

Privilege des provisions.

LES deniers adjugés par provision, ne pourront être saisis pour frais de justice, ou quelqu'autre cause ou prétexte que ce soit, ni consignés au greffe ou ailleurs, à peine de nullité des consignations & d'interdiction contre les geoliers ou leurs commis, qui les auront reçus; & pourront, nonobstant les saisies & prétendues consignations, les parties condamnées être contraintes au paiement.

Lecture faite de cet Article:

M. le premier président a dit, qu'il étoit nouveau, mais qu'il étoit bon.

☞ *L'on n'a fait aucun changement à cet article, qui est aussi le V de l'ordonnance.*

ARTICLE VI.

Comment les sentences de provision seront exécutées.

LES sentences de provision seront exécutées par saisie des biens & emprisonnement de la personne du condamné, sans donner caution, s'il n'est expressément ordonné.

Après la lecture de cet Article:

M. le premier président a dit, qu'ordinairement la provision suppose une caution; mais qu'on excepte souvent de cette regle les provisions alimentaires, au nombre desquelles on peut mettre celles qui sont adjugées pour médicamens aux parties civiles, qui ne sont pas bien souvent en pouvoir de donner caution.

T. Talon a dit, que comme le principal désordre dans les provisions regarde la réception des cautions, qui sont des cautions bannales, & qui reçoivent, pour signer l'acte de cautionnement, une certaine rétribution qui se partage avec les greffiers, & quelquefois même avec les juges : il est bien plus sûr & plus raisonnable d'ordonner que les sentences seront exécutées sans caution. Car si on laisse au pouvoir du juge d'obliger la partie qui demande une provision de donner caution, il l'ordonnera toujours pour en profiter, & cela passera en style : joint que l'on n'adjuge ordinairement des provisions qu'aux personnes qu'on croit avoir besoin de ce secours, pour fournir à leurs médicamens & alimens ; & ces personnes qui sont dans l'indigence, ne pourront pas trouver de cautions. Il y a d'autant moins de péril d'exécuter sans caution les sentences de provision, que par l'article suivant on limite la somme jusqu'à laquelle elles pourront être exécutées nonobstant l'appel.

M. Pussort a dit, qu'il falloit proposer au roi d'ôter la caution dans toutes sortes de cas.

Il a été trouvé à propos d'ordonner que les sentences seront exécutées sans caution indéfiniment : pour cela on a retranché ces derniers mots de l'article, s'il n'est expressément ordonné ; *& c'est le seul changement qu'on y ait fait.*

ARTICLE VII.

Quelles sentences de provision seront exécutées nonobstant l'appel.

Les sentences de provision rendues par nos baillis, sénéchaux & autres juges ressortissans nuement en nos cours, qui n'excéderont la somme de deux cens livres ; celles des autres juges royaux, qui n'excéderont six-vingt livres ; & des juges des seigneurs, qui n'excéderont cent livres, seront exécutées, nonobstant & sans préjudice de l'appel.

Lecture faite de l'Article :

M. le premier président a dit, que jusqu'ici l'on n'avoit point réglé la qualité des provisions, parce que cela dépendoit de la qualité des personnes, & de l'état du blessé ; & que les gens de qualité pouvoient avoir besoin de provisions comme les autres.

M. Pussort a dit, que l'article a son exemple dans l'ordonnance de 1539, qui a limité le pouvoir des premiers juges sur le sujet des provisions : Que celle de . . . l'a ainsi borné. Que si cela n'étoit, un petit juge donneroit telle provision qu'il lui plairoit, sans garder de mesure. Qu'en matiere civile, le pouvoir des premiers juges a été réglé ; & qu'à plus forte raison il le doit être en matiere criminelle, d'autant plus que les provisions pourroient être réitérées, & ne se donnent ordinairement par les premiers juges qu'aux personnes nécessiteuses,

M. Talon a dit, que les prévôts des maréchaux ſont ceux qui ſont les plus hardis à adjuger de fortes proviſions.

☞ *Cet article & le ſuivant ſont auſſi dans l'ordonnance.*

ARTICLE VIII.

Comment les cours pourront défendre l'exécution de ces ſentences.

NE pourront nos cours ſurſeoir ni défendre l'exécution des ſentences de proviſion, ſans avoir vu les charges & informations, & les rapports des médecins & chirurgiens : & que le tout n'ait été communiqué à nos procureurs généraux : & les défenſes ou ſurſéances n'auront aucun effet à l'égard de la proviſion, ſi elles ne ſont expreſſément ordonnées par l'arrêt pour lequel ne ſera pris aucunes épices.

Cet Article a été trouvé bon.

TITRE XIII.

Des priſons, greffiers des geoles, geoliers & guichetiers.

ARTICLE I.

Comment les priſons doivent être.

VOULONS que les priſons ſoient ſûres, & diſpoſées enſorte que la ſanté des priſonniers n'en puiſſe être incommodée.

ARTICLE II.

Devoir des concierges.

TOUS concierges & geoliers exerceront en perſonne, & non par aucun commis, & ſauront lire & écrire : & dans les lieux où ils ne le ſavent, il en ſera nommé d'autres dans ſix ſemaines, à peine contre les ſeigneurs, de privation de leur droit.

ARTICLE III.

Ceux qui ne pourront exercer cette charge.

AUCUN huissier, sergent, archer, ou autre officier de justice, ne pourra être greffier des geoles, concierge, geolier, ni guichetier, à peine de cinq cens livres d'amende envers nous, & de peine corporelle, s'il y écheoit.

ARTICLE IV.

Gages des préposés à la garde des prisonniers.

ENJOIGNONS aux geoliers de donner des gages raisonnables aux guichetiers, & aux autres personnes par eux préposées à la garde des prisonniers.

ARTICLE V.

Nul greffier de geole aux prisons seigneuriales.

IL n'y aura aucun greffier de geole dans les prisons seigneuriales, & n'en sera établi aucun nouveau dans les royales.

ARTICLE VI.

Forme du registre de la geole.

LES greffiers des geoles, où il y en a, ou les geoliers & concierges seront tenus d'avoir un registre relié, coté & paraphé par le juge dans tous les feuillets qui seront séparés en deux colonnes, pour les écroues & recommandations, & pour les élargissemens & décharges.

ARTICLE VII.

Autre registre pour inventorier les hardes du prisonnier.

ILS auront encore un autre registre coté & paraphé aussi par le juge, pour mettre par forme d'inventaire les papiers, hardes & meubles, desquels le prisonnier aura été trouvé saisi, & dont sera dressé procès-verbal par l'huissier, archer ou sergent, qui aura fait l'emprisonnement, qui sera assisté de deux témoins qui signeront avec lui son procès-verbal; & seront les papiers, hardes & meubles, qui pourront servir à la preuve du procès, remis au greffe sur le champ; & le surplus rendu à l'accusé, qui signera ledit inventaire & le procès-verbal : sinon sur l'un & sur l'autre sera fait mention de son refus.

ARTICLE VIII.

Aucun blanc dans les registres.

Les greffier & geoliers ne pourront laisser aucun blanc dans leurs registres.

Lecture ayant été faite de ces Articles:

M. Pussort a dit, que l'on avoit eu dessein d'abord de mettre dans l'article I, que les prisons ne pourroient être qu'au rez-de-chaussée; mais que comme la conciergerie n'y est pas, on a été obligé de se servir de termes généraux.

M. le premier président a dit, que ces huit premiers articles sont conformes au réglement du parlement sur le fait des prisons.

☞ *Ces articles sont aussi les huit premiers de ce titre dans l'ordonnance.*

ARTICLE IX.

Des écrous & décharges.

Leur défendons, à peine des galeres contre les greffiers, & des fers contre les geoliers, de délivrer des écrous à des personnes qui ne seront point actuellement prisonniers pour dettes; ni de faire des écroues & décharges sur feuilles volantes, cahiers, ni autrement que sur le registre coté & paraphé par le juge.

Lecture faite de l'Article IX:

M. le premier président a dit, que la peine des galeres ne convenoit pas à un officier royal; qu'il est à craindre que cela n'induise les geoliers à vivre d'une maniere conforme à l'impression que l'article donne de leur conduite, & qu'il feroit plus à propos de leur enjoindre d'exécuter l'article, à peine de punition exemplaire. Qu'au surplus le mot de *fers*, porté par l'article, n'est pas d'ordonnance.

M. Pussort a dit, qu'il faut appliquer la peine à la faute : que c'en est une qui ne peut être punie trop rigoureusement, que de laisser sortir un prisonnier, dont un geolier est dépositaire par justice. Que l'on ne peut pas dire que ce soit un crime d'imprudence que de délivrer un écrou, & de certifier qu'un homme est actuellement prisonnier, dans le tems qu'on le laisse vaguer. Qu'il auroit peut-être été rude de condamner un geolier pour cette faute aux galeres, avant qu'il y eût une ordonnance qui y fût expresse, parce que l'usage sembloit autoriser ce désordre; mais que lorsque l'ordonnance aura été publiée, & la peine établie, ils n'auront plus d'excuse légitime, & ne recevront plus de garantie pour ces sortes d'élargissemens.

Qu'il est vrai que le mot de *fers* n'est pas d'ordonnance; mais que comme les geoliers se servent de fers dans les lieux où les prisons ne sont pas sûres, on a cru qu'il en falloit faire mention. Qu'il y a même en cela beaucoup d'abus; car sous prétexte d'exempter un prisonnier de cette rigueur, les geoliers commettent des exactions.

M. le premier président a répliqué, que c'est une prévarication qu'ils commettent à leurs charges; & que l'on voit souvent les prisonniers solliciter leurs juges, l'écrou à la main: que c'est une illusion aux ordres de la justice. Qu'il est vrai qu'on n'en voit pas arriver de grands inconvéniens; & qu'encore que ce soit une faute, la peine portée par l'article n'y conviendroit pas.

M. Pussort a dit, que l'on n'auroit pas plutôt fait deux exemples, que ce désordre n'arriveroit plus.

M. le président de Novion a dit, que l'article ne pouvoit donc s'entendre que pour des prisonniers pour crime; car à l'égard de ceux qui sont détenus pour dettes civiles, on ne peut agir que civilement contre le geolier qui les a laissé sortir: ensorte que si l'emprisonnement n'a été fait que pour la somme de mille livres, il ne peut être tenu qu'au paiement de cette somme.

M. Pussort a dit, qu'outre l'intérêt particulier de la partie, il y avoit encore l'intérêt de la discipline publique; mais que celui de la partie lui paroissoit considérable: d'autant que la sûreté que le geolier prenoit de son prisonnier, pour le laisser vaguer, n'étoit point connue au créancier qui n'avoit aucune action contre le geolier, pour l'obliger à déclarer les sûretés qu'il avoit tirées; & qu'ainsi le prisonnier se trouvant en liberté, sans avoir payé ni consigné dans les formes de la justice, faisoit long-tems plaider son créancier qui étoit désarmé, & n'avoit plus aucune contrainte à faire exécuter, puisque le débiteur paroissoit prisonnier, par la représentation qu'il en faisoit lorsqu'il étoit sommé de le faire: & que néanmoins, pour distinguer la matiere civile d'avec la criminelle, on pouvoit ôter de l'article les mots *pour dettes*, & qu'il le proposeroit au roi.

☞ *Ces deux mots ont été retranchés, aussi-bien que ceux-ci qui sont au commencement de l'article:* contre les greffiers, & des fers contre les geoliers. *Cet article a été arrêté de cette maniere:*

ARTICLE IX. Leur défendons, à peine de galeres, de délivrer des écroues à des prisonniers qui ne seront point actuellement prisonniers ; ni faire des écroues ou décharges sur feuilles volantes, cahiers ni autrement, que sur le registre coté & paraphé par le juge.

ARTICLE X.

Quels seront leurs droits.

LEUR défendons de prendre aucuns droits pour les emprisonnemens, recommandations & décharges; mais pourront seulement, pour les extraits qu'ils en délivreront, recevoir ceux qui seront taxés par le juge, & qui ne pourront excéder, savoir, en toutes nos cours & justices, dix sols; & la moitié en celles des seigneurs, sans néanmoins pouvoir augmenter ès lieux où l'usage est de donner moins.

Lecture faite de l'Article X:

M. le premier président a dit, que les greffiers des prisons sont érigés en titre d'office : qu'ils ont financé pour avoir les droits qui leur sont attribués: que le parlement a réglé ce qu'ils doivent prendre pour les emprisonnemens, recommandations, élargissemens & décharges: que l'on ne pouvoit pas retrancher ces droits sans les rembourser ; particuliérement si l'on considere que l'ordonnance les oblige à tenir plusieurs registres, & à faire bien des choses gratuitement.

M. Pussort a dit, que ces sortes de gens ne sont pas à plaindre: qu'ils exigent d'autant plus impunément, qu'ils se rendent redoutables aux prisonniers; & qu'enfin si ce sont officiers domaniaux, le roi veut par le retranchement de leurs droits, en souffrir la perte.

☞ *Nonobstant la réflexion de M. le premier président, cet article a passé sans changement.*

ARTICLE XI.

Leurs droits seront réglés par le juge.

LES juges régleront les droits appartenans aux geoliers, greffiers des geoles & guichetiers, pour vivres, denrées, gîtes, geolages, élargissemens & décharges, dont sera fait un tarif ou tableau qui sera posé au lieu le plus apparent de la prison, & le plus exposé à la vue.

Lecture ayant été faite:

M. le premier président a dit, que l'article X défend aux geoliers &

greffiers de prendre des droits pour les élargissemens & décharges; & que cependant par l'article dont il s'agit, on vouloit que les juges en réglassent les droits.

M. Pussort a réparti, que l'intention n'étoit pas qu'ils prissent aucun droit pour les élargissemens & décharges, mais seulement pour les extraits qui en seroient par eux délivrés; & que pour les rendre plus intelligibles, il falloit ajouter dans l'article le mot d'*extraits*.

☞ *Cette addition a été faite, & l'article est conçu en ces termes:*

ARTICLE XI. Les juges régleront les droits appartenans aux geoliers, greffiers des geoles & guichetiers, pour vivres, denrées, gîtes, geolages, élargissement ou décharges, dont sera fait un tableau ou tarif, qui sera posé au lieu le plus apparent de la prison, & le plus exposé à la vue.

ARTICLE XII.

Les recommandations seront signifiées.

LES recommandations des prisonniers seront nulles, si elles ne leur sont signifiées parlant à leurs personnes, & copie baillée; dont sera fait mention dans le procès-verbal de l'huissier, qui fera la recommandation.

ARTICLE XIII.

Écrous & recommandations, de quoi feront mention.

LES écrous & recommandations feront mention des arrêts, jugemens & autres actes, en vertu desquels ils seront faits; du nom, surnom & qualité du prisonnier; de ceux de la partie qui les fera faire; comme aussi du domicile par lui élu au lieu où la prison est située, sous pareille peine de nullité. Et ne pourra être fait qu'un écrou, encore qu'il y eût plusieurs causes de l'emprisonnement.

ARTICLE XIV.

Défenses de prendre la bien-venue des prisonniers.

DÉFENDONS à tous geoliers, greffiers, guichetiers, & à l'ancien des prisonniers, appellé doyen ou prévôt, sous prétexte de bien-venue, de rien prendre des prisonniers, en argent ou vivres, quand même il seroit volontairement offert, ni de cacher leurs hardes, ou les maltraiter & excéder, à peine de punition exemplaire.

ARTICLE

ARTICLE XV.

Geolier doit porter l'écrou au procureur du roi.

Le geolier ou greffier de la geole, sera tenu de porter inceſſamment, & dans les vingt-quatre heures pour le plus tard, à nos procureurs, ou à ceux des ſeigneurs, copie des écrous & recommandations, qui ſeront faits pour crimes.

ARTICLE XVI.

Geoliers doivent empêcher la communication avec les priſonniers.

Défendons aux geoliers & guichetiers de permettre la communication de quelque perſonne que ce ſoit avec les priſonniers détenus pour crime, avant leur interrogatoire, ni même après, s'il eſt ainſi ordonné par le juge.

☞ *Les cinq articles précédens ſont dans l'ordonnance ſans aucun changement.*

ARTICLE XVII.

Le même, pour les priſonniers des cachots.

Ne ſera permiſe aucune communication aux priſonniers enfermés dans les cachots, ſous prétexte de charité ou d'aumône, ni ſouffert qu'il leur ſoit donné aucunes lettres ni billets.

☞ *Quoique le préſent article ait paſſé ſans contredit, on a enſuite retranché ces mots:* ſous prétexte de charité & d'aumône. *C'eſt le ſeul changement qu'on y ait fait.*

ARTICLE XVIII.

Priſonniers, quand ſeront tirés des cachots.

Ne pourront auſſi les priſonniers être tirés des cachots, s'il n'eſt ainſi ordonné par le juge; auquel cas ils le ſeront inceſſamment & ſans uſer de remiſe, par les geoliers & guichetiers, ni prendre & recevoir aucuns droits ou ſalaires, encore même qu'ils leur fuſſent volontairement offerts.

ARTICLE XIX.

Défenſes de laiſſer vaguer les priſonniers.

DÉFENDONS aux geoliers de laiſſer vaguer les priſonniers pour dettes ou pour crimes, ſur peine des galeres ; ni de les mettre dans les cachots, ou de leur attacher les fers aux pieds, s'il n'eſt ainſi ordonné par mandement ſigné du juge, à peine de punition exemplaire.

ARTICLE XX.

Hommes & femmes ſeront ſéparés.

LES hommes priſonniers, & les femmes, ſeront mis en des chambres ſéparées.

ARTICLE XXI.

Geoliers viſiteront les priſonniers dans les cachots.

ENJOIGNNOS aux geoliers & guichetiers de viſiter les priſonniers enfermés dans les cachots, au moins une fois chaque jour ; & de donner avis à nos procureurs, & à ceux des ſeigneurs, de ceux qui ſeront malades, pour être viſités par les médecins & chirurgiens ordinaires des priſons, s'il y en a ; ſinon par ceux qui ſeront nommés par le juge, pour être, s'il eſt beſoin, transférés dans les chambres ; & après leur convaleſcence, ſeront renfermés dans les cachots.

ARTICLE XXII.

Défenſes de recevoir des avances des priſonniers.

LES geoliers & guichetiers ne pourront recevoir des priſonniers aucunes avances pour leur nourriture, gîte & geolage ; & ſeront tenus de donner quittance de tout ce qui leur ſera payé.

Lecture faite de tous ces Articles :

M. le premier président a dit, que l'on n'avoit point trouvé de difficulté jusqu'à l'article XXIII.

☞ *Ces cinq derniers articles sont pareillement dans l'ordonnance.*

ARTICLE XXIII.

Prisonniers pour dettes, par qui seront nourris.

LES créanciers, qui auront fait arrêter ou recommander leur débiteur, seront tenus lui fournir la nourriture, suivant le taux ordinaire du juge, & contraints solidairement, sauf leur recours entr'eux; & leur sera néanmoins délivré exécutoire, pour en être remboursés sur les biens du prisonnier, par préférence à tous créanciers.

ARTICLE XXIV.

Comment ils seront élargis, faute de nourriture.

SUR trois sommations faites à différens jours aux créanciers qui seront en demeure de fournir la nourriture au prisonnier, & trois jours après la derniere, le juge pourra ordonner son élargissement, partie présente, ou duement appellée.

Après la lecture de ces deux Articles :

M. le premier président a dit, que ces deux articles sont bons; mais que l'usage du parlement paroît plus prompt, qui est de faire la taxe du pain des prisonniers selon le prix courant des vivres, & d'obliger le créancier de faire l'avance de semaine en semaine, de ce qui est nécessaire pour la nourriture du débiteur: & à faute de faire cette avance, l'on met le prisonnier hors des prisons. Au lieu que par l'article on se contente de faire des sommations de tems en tems à la partie; mais que cependant le prisonnier languira faute de subsistance. Qu'à l'égard des provinces, l'usage y est différent, & qu'il n'y a pas d'inconvénient d'y faire observer l'article.

M. Pussort a dit, que l'on n'avoit pas trouvé de meilleur moyen que ces sommations, pour veiller à l'intérêt du créancier, & assurer la subsistance du débiteur; parce que les prisonniers souffrent beaucoup plus dans les provinces que dans Paris, où ils reçoivent de grandes assistances par les charités qui leur sont faites. Que néanmoins l'usage de Paris lui paroissoit bon, & que l'on pourroit proposer au roi de le conserver pour Paris seulement : & en a demandé l'explication à M. le premier président.

M. le premier président a répondu, que de tems en tems on commettoit des commissaires pour visiter les prisons, & pour y régler le prix des vivres; & qu'en faisant leurs visites, ils recevoient les plaintes des prisonniers; & s'il s'en trouvoit de ceux qui ne sont détenus prisonniers que pour dettes, auxquels leurs créanciers n'eussent point avancé la nourriture pour la semaine, l'on rendoit des arrêts sans épices & sans frais d'expédition, portant qu'après une sommation qui leur seroit faite, ils seroient tenus de leur en fournir, & qu'à faute d'y avoir satisfait, l'on ordonnoit qu'ils seroient élargis. Qu'à présent la taxe est de quatre sols pour chaque jour; & que loin d'augmenter, on diminue à proportion du prix courant des vivres, & que l'on ne voyoit naître aucun inconvénient de cet usage.

M. Pussort a repris, que l'on ne pourra pas savoir si la partie aura avancé la nourriture ou non, particuliérement dans les lieux où il n'y a point de greffiers des geoles.

M. Talon a dit, qu'au lieu de ces mots: *suivant le taux ordinaire du juge*, il seroit mieux de mettre: *suivant la taxe qui en sera faite chacune année par le juge*. Et afin de ne pas laisser aux juges de village la liberté d'en abuser, il faudroit que cette taxe fût faite tous les ans dans chaque bailliage, & envoyée aux justices royales & seigneuriales du ressort pour y être observée, & s'y conformer par les juges subalternes.

M. Pussort a dit, qu'il étoit bon d'ôter ces mots: *le taux ordinaire*, & mettre en la place: *suivant la taxe qui en sera faite*. Qu'il faudroit chercher un tempérament pour une loi générale.

M. Talon a proposé de ne faire que deux sommations au lieu de trois, portées par l'article XXIV.

☞ *Sur les deux ouvertures proposées par M. Talon, ces deux articles ont été réformés. Outre cela on a inséré dans l'article XXIII une clause qui en étend la disposition* à l'égard des prisonniers pour crimes, qui ne seront détenus que pour intérêts civils. *La réflexion faite par M. le premier président, sur l'article XXV, a donné lieu à cette addition. Voici de quelle maniere ces deux derniers articles ont été arrêtés.*

ARTICLE XXIII. Les créanciers qui auront fait arrêter ou recommander leur débiteur, seront tenus lui fournir la nourriture suivant la taxe qui en sera faite par le juge, & contraints solidairement, sauf leur recours entr'eux: ce que nous voulons avoir lieu à l'égard des prisonniers pour crimes, qui, après le jugement, ne seront détenus que pour intérêts civils. Sera néanmoins délivré exécutoire aux créanciers & à la partie civile, pour être remboursés sur les biens du prisonnier par préférence à tous créanciers.

ARTICLE XXIV. Sur deux sommations faites à différens jours aux créanciers qui seront en demeure de fournir la nourriture au prisonnier, & trois jours après la derniere, le juge pourra ordonner son élargissement, partie présente, ou duement appellée.

ARTICLE XXV.

Prisonniers pour crimes, par qui seront nourris.

Les prisonniers pour crime ne pourront prétendre d'être nourris par la partie civile ; & leur sera fourni par le geolier, du pain, de l'eau & de la paille, bien conditionnés, suivant les réglemens.

Lecture faite de l'Article XXV:

M. le premier président a dit, que cet article étoit bon ; mais qu'il donnoit lieu à une question qui étoit de savoir si un prisonnier pour crime, qui n'étoit plus détenu dans les prisons que pour des intérêts civils, devoit être nourri par le roi, ou par la partie civile ? Que la raison de douter étoit qu'encore qu'il ne fût plus question que d'intérêts civils, néanmoins la détention venoit originairement du crime. Mais que la raison de décider étoit, que le crime étoit éteint, & qu'en effet les sommes adjugées étoient qualifiées *intérêts civils*, la partie civile n'y ayant plus d'intérêts. Que cependant rien n'est plus nécessaire que d'administrer les alimens aux prisonniers, & que la partie civile en étoit chargée par un réglement qui a été confirmé par une déclaration du roi.

M. Pussort a dit, que cette ouverture étoit bonne ; mais qu'elle avoit son inconvénient, en ce qu'une partie civile, dont toute la réparation & le dédommagement consistera dans les intérêts civils, sera obligée de les consumer dans la nourriture du condamné ; & ainsi, par l'événement, elle se trouvera de même condamnée. Que cependant il faut que le prisonnier vive, & qu'il semble que ses alimens lui doivent être administrés par la partie qui le détient.

M. Talon a dit, que le roi ni les seigneurs n'étant plus obligés de fournir le pain aux prisonniers retenus pour réparation civile, les parties qui les retiennent, doivent payer la nourriture : & bien que l'on en ait fait autrefois difficulté, néanmoins le réglement que le parlement a fait sur ce sujet ayant été confirmé par une déclaration du roi, la chose ne peut plus recevoir de doute ; mais il est pourtant nécessaire d'en mettre un article précis dans l'ordonnance.

M. Pussort a dit, qu'il n'y avoit qu'à suivre cette déclaration, & en faire mention dans l'article.

☞ *Ce n'est pas dans cet article qu'on a fait mention de l'ouverture faite par M. le premier président ; mais c'est dans l'article XXIII, comme on l'a déjà observé.*

A l'égard de l'article XXV, on n'y a fait aucun changement.

ARTICLE XXVI.

Rembourſement de la dépenſe du pain des priſonniers.

Le geolier ſera rembourſé de la dépenſe du pain des priſonniers ſur le fond des amendes, s'il eſt ſuffiſant, ſinon ſur le revenu de nos domaines ; & où notre domaine ſe trouvera engagé, les engagiſtes y ſeront contraints ; & ailleurs les ſeigneurs hauts-juſticiers, même le receveur de nos amendes, les receveurs & fermiers de nos domaines, ceux des engagiſtes & des hauts-juſticiers reſpectivement, nonobſtant oppoſitions ou appellations, prétendu manque de fonds, & paiemens faits par avance, & toutes ſaiſies ; ſauf à être pourvu du fonds aux receveurs ſur l'année ſuivante, & faire déduction aux fermiers ſur le prix de leurs baux.

Lecture faite de l'Article :

M. le premier préſident a dit, qu'il étoit dangereux de charger les geoliers du fonds néceſſaire pour la ſubſiſtance des priſonniers, & qu'il étoit beaucoup plus ſûr d'en commettre le ſoin aux procureurs du roi.

M. Puſſort a dit, que les procureurs du roi pourroient bien ſatisfaire à l'obligation de prendre ce ſoin, ſans donner ſujet de ſe plaindre d'eux ; mais que la plupart des procureurs d'office ſont auſſi ſuſpects que les geoliers.

M. Talon a dit, que ſi l'on oblige les geoliers à fournir le pain des priſonniers, en leur donnant leur recours pour leur rembourſement ſur les amendes, il y aura plus des trois quarts des priſons royales dans les provinces, où l'on ne pourra trouver des geoliers, y en ayant déjà grand nombre qui ſont abandonnées, encore que cette charge ne ſoit pas impoſée aux geoliers.

M. Puſſort a dit, qu'il falloit propoſer au roi de commettre ce ſoin au procureur du roi.

M. le premier préſident a dit, que l'on chargeoit le domaine de ces frais, en cas qu'il n'y eût point d'amendes : que cependant il y a bien des lieux où il n'y a point de domaine, comme à Lyon, & à Mâcon ; & que quand il y en auroit, il y avoit un arrêt du conſeil, portant défenſes de décerner des exécutoires contre les receveurs du domaine.

M. Talon a dit, que les amendes faiſant partie du domaine, & y étant unies, il étoit inutile d'en faire la diſtinction dans l'article.

M. Puſſort a trouvé cette obſervation bonne, & a dit qu'il ne falloit point faire mention dans l'article du fonds des amendes.

☞ *Sur ces obſervations l'on a changé ces mots du commencement de l'article :* le geolier ſera rembourſé, &c, *en ceux-ci :* celui qui ſera commis par notre procureur, ou ceux des ſeigneurs, pour fournir le pain des priſonniers, ſera rembourſé, &c.

L'on a auſſi retranché ces mots : même le receveur de nos amendes ; *& l'article a été rédigé de cette maniere :*

ARTICLE XXVI. Celui qui ſera commis par notre procureur ou ceux des ſeigneurs, pour fournir le pain des priſonniers, ſera rembourſé ſur le fonds des amendes, s'il eſt ſuffiſant, ſinon ſur le revenu de nos domaines : & où notre domaine ſe trouvera engagé, les engagiſtes y ſeront contraints ; & ailleurs les ſeigneurs hauts-juſticiers, même les receveurs & fermiers de nos domaines, ceux des engagiſtes & des hauts-juſticiers reſpectivement, nonobſtant oppoſitions ou appellations, prétendu manque de fonds, & paiemens faits par avance, & toutes ſaiſies ; ſauf à être pourvu de fonds au receveur ſur l'année ſuivante, & faire déduction aux fermiers ſur le prix de leurs baux.

ARTICLE XXVII.

Défenſes de fournir de la viande aux jours défendus.

LES geoliers ne pourront vendre de la viande aux priſonniers aux jours qui ſont défendus par l'égliſe, ni permettre qu'il leur en ſoit apporté de dehors, même à ceux de la religion prétendue réformée, ſi ce n'eſt en cas de maladie, & par ordonnance du médecin.

ARTICLE XXVIII.

Permiſſion de faire apporter des vivres, &c.

LES priſonniers pourront faire apporter de dehors les vivres, bois, charbon, & toutes choſes néceſſaires, ſans être contraints d'en prendre des geoliers, cabaretiers, ou autres. Pourra néanmoins, ce qui leur ſera apporté, être viſité, ſans être diminué ni gâté.

Après la lecture de ces deux Articles :

M. le premier préſident a dit, que ces deux articles étoient conformes au réglement fait par le parlement, ſur le ſujet des priſons.

M. Talon a obſervé, ſur le vingt-huitieme article, qu'il en falloit excepter les priſonniers enfermés dans les cachots, auxquels il ne doit pas être permis d'apporter des vivres de dehors, crainte du poiſon : les viſites que les geoliers pourroient faire n'étant pas ſuffiſantes pour empêcher cet inconvénient.

M. Puſſort a dit, que l'obſervation paroiſſoit bonne.

☞ *Il n'a été fait aucun changement à l'article XXVII ; mais ſur l'obſervation faite par M. Talon, l'article XXVIII a été reformé de cette maniere :*

ARTICLE XXVIII. Les prisonniers qui ne seront enfermés dans les cachots, pourront faire apporter de dehors les vivres, bois, charbon, & toutes choses nécessaires, sans être contraints d'en prendre des geoliers, cabaretiers ou autres. Pourra néanmoins ce qui leur sera apporté être visité, sans être diminué ni gâté.

ARTICLE XXIX.

Elargissement des prisonniers, quand sera fait.

AUCUN prisonnier pour crime ne pourra être élargi par nos cours ou autres juges, encore qu'il se fût rendu volontairement prisonnier, sans avoir vu les informations, l'interrogatoire & les conclusions de nos procureurs, ou de ceux des seigneurs, & les réponses de la partie, s'il y en a, avec sommation d'y répondre.

ARTICLE XXX.

Sera ordonné par le juge.

LES prisonniers pour crime ne pourront être élargis, s'il n'est ordonné par le juge, encore que nos procureurs, ou ceux des seigneurs, & les parties civiles y consentent.

ARTICLE XXXI.

Ne sera fait après le jugement, en quels cas.

NE pourront aussi les accusés être élargis après le jugement, s'il porte condamnation de peine afflictive, ou que nos procureurs, ou ceux des seigneurs en appellent: encore que les parties civiles y consentent, & que les amendes, aumônes & réparations aient été consignées.

Lecture faite de ces Articles:

M. le premier président a dit, que ces trois articles, qui concernent l'élargissement des prisonniers, ne sont pas de ce titre, qui traite des geoliers, des guichetiers, & de la police des prisons.

M. Pussort a dit, que cette observation étoit bonne, & qu'il falloit faire un titre *des élargissemens des prisonniers.*

M. Talon a dit, qu'en effet ces trois articles ne regardent ni la sûreté des prisons, ni la fonction des geoliers, greffiers ou guichetiers; & ainsi ils doivent être mis dans un titre séparé.

Mais

Mais l'article vingt-neuf contient une difpofition qui pourroit produire de très-grands inconvéniens. Quand l'élargiffement eft demandé aux juges qui ont informé & décrété, il eft raifonnable de communiquer la requête à la partie civile ; mais quand un prifonnier interjette appel de fon emprifonnement au parlement, il fuffit de voir les informations & fon interrogatoire ; & s'il falloit communiquer à la partie civile, on ne pourroit jamais ordonner d'élargiffement, parce qu'avant que les délais pour conftituer un procureur fur l'appel fuffent expirés, les premiers juges auroient rendu leur fentence définitive.

Que fi l'on dit, qu'il eft permis de donner des défenfes de continuer la procédure criminelle à un accufé dans une affaire légere, ces défenfes, au lieu de lui être utiles, tourneront à fon oppreffion, parce que le premier juge ayant les mains liées, le prifonnier demeurera deux ou trois mois fans pouvoir obtenir fa liberté, fur-tout dans les provinces éloignées. Et fi l'on dit qu'il eft à craindre que toutes les informations ne fuffent pas apportées, & qu'il y eût de la furprife dans ces élargiffemens : à cela la réponfe eft facile ; car les arrêts d'élargiffement ne fe donnent jamais que pour raifon des décrets, dont les informations ont été vues. Il n'y a point d'année que l'on ne donne à la tournelle une infinité d'arrêts d'élargiffement, fur le vu des informations, fans entendre les parties, & fans qu'il en arrive le moindre inconvénient : & fi l'on abolit cet ufage, les fujets du roi feront expofés dans les provinces à toutes fortes de vexations, & feront fouvent ruinés par les frais d'une longue détention, & par-là les perfonnes puiffantes auront toutes fortes d'avantages fur les foibles & miférables.

M. Puffort a dit, que la partie civile étant celle qui a le principal intérêt dans la détention de l'accufé, l'on avoit jugé à propos de lui communiquer la requête à fin d'élargiffement ; parce qu'il pourroit y avoir d'autres informations, dont elle auroit connoiffance, & qu'étant affignée, elle pourroit demander un tems pour les faire apporter. Qu'il y avoit beaucoup plus d'inconvénient d'élargir légérement, & avec trop de précipitation un accufé, que de le retenir dans les prifons un peu plus de tems qu'il n'y devoit être.

☞ *Sur l'obfervation de M. le premier préfident, ces trois derniers articles ont été tranfportés à la fin du titre X* des décrets, &c. *On n'y a fait aucun changement, excepté dans l'article XXIX qui eft le XXII du titre X, & qui a été rédigé de cette maniere :*

ARTICLE XXII. TITRE X. Aucun prifonnier pour crime ne pourra être élargi par nos cours & autres juges, encore qu'il fe fût rendu volontairement prifonnier, fans avoir vu les informations, l'interrogatoire, les conclufions de nos procureurs, ou de ceux des feigneurs, & les réponfes de la partie civile, s'il y en a, ou fommations de répondre.

ARTICLE XXXII.

Prononciation & effet des jugemens d'absolution.

Tous greffiers, même de nos cours, & ceux des seigneurs, seront tenus de prononcer aux accusés les arrêts, sentences & jugemens d'absolution ou d'élargissement, le même jour qu'ils auront été rendus; & s'il n'y a point d'appel par nos procureurs ou ceux des seigneurs, mettre en même tems les accusés hors les prisons; comme aussi ceux qui n'auront été condamnés qu'en des peines & réparations pécuniaires, en consignant ès mains du greffier les sommes adjugées pour amendes, aumônes & intérêts civils, sans que faute de paiement d'épices, ou d'avoir levé les arrêts, sentences & jugemens, les prononciations & élargissemens puissent être différés : à peine contre le greffier d'interdiction, de trois cens livres d'amende, dépens, dommages & intérêts des parties. Ne pourront néanmoins les personnes être élargies, si elles sont détenues pour autre cause.

Lecture faite de l'Article :

M. le premier président a dit, qu'il étoit de dangereuse conséquence d'élargir un prisonnier aussi-tôt que son jugement a été rendu; parce qu'un geolier, d'intelligence avec le prisonnier, se pressera peut-être trop de le mettre en liberté, & avant que le procureur du roi ait eu le tems d'en appeller.

M. le président le Coigneux a dit, que les réglemens obligent le procureur du roi d'assister à la prononciation des jugemens.

M. le premier président a proposé de mettre un intervalle de vingt-quatre heures entre la prononciation & l'élargissement.

M. Talon a dit, qu'il faut donner au moins vingt-quatre heures aux procureurs du roi ou des seigneurs, pour déclarer s'ils veulent appeller des sentences & jugemens d'absolution ou d'élargissement : autrement l'on en pourroit abuser, & le greffier, de concert avec l'accusé, seroit le maître de lui donner la liberté, par une prononciation précipitée du jugement, faite en l'absence du procureur du roi.

M. Pussort a dit, que l'on pouvoit proposer au roi de donner aux procureurs du roi & des seigneurs, un terme de vingt-quatre heures, pour appeller, si bon leur semble, du jugement d'absolution; après lequel le prisonnier pourra être élargi.

☞ *Ce délai de vingt-quatre heures a été inséré dans l'article, & l'on y a encore ajouté ces mots :* & l'écrire sur le registre de la geole. *Il est le* **XXIX** *de ce titre dans l'ordonnance.*

ARTICLE XXIX. Tous greffiers, même de nos cours, & ceux des seigneurs, seront tenus de prononcer aux accusés les arrêts, sentences & jugemens d'absolution ou d'élargissement, le même jour qu'ils auront été rendus; & s'il n'y a point d'appel par nos procureurs, ou ceux des seigneurs dans les vingt-quatre heures, mettre les accusés hors des prisons, & l'écrire sur le registre de la geole; comme aussi ceux qui n'auront été condamnés qu'en des peines & réparations pécuniaires, en consignant ès mains du greffier les sommes adjugées pour amendes, aumônes & intérêts civils, sans que faute de paiement d'épices, ou d'avoir levé les arrêts, sentences & jugemens, les prononciations ou les élargissemens puissent être différés; à peine contre le greffier d'interdiction, de trois cens livres d'amende, dépens, dommages & intérêts des parties. Ne pourront néanmoins les prisonniers être élargis, s'ils sont détenus pour autre cause.

ARTICLE XXXIII.

Prisonniers ne seront retenus pour frais, nourritures, &c.

NE pourront les geoliers, greffiers des geoles, guichetiers, cabaretiers ou autres, empêcher l'élargissement des prisonniers pour frais, nourriture, gîte, geolage, ou autres dépenses.

ARTICLE XXXIV.

Prisonniers pour dettes seront élargis sur le seul consentement des parties.

LES prisonniers détenus pour dettes, seront élargis sur le consentement des parties qui les auront fait arrêter ou recommander, passé pardevant notaires, qui sera signifié aux geoliers ou greffiers des geoles, sans qu'ils soit besoin d'obtenir aucun jugement.

ARTICLE XXXV.

Ils seront aussi élargis en consignant.

LE même sera observé à l'égard de ceux qui auront consigné ès mains du geolier, ou greffier de la geole, les sommes pour lesquelles ils seront détenus, & fait signifier la consignation à la partie. Voulons que dans les vingt-quatre heures après la signification, ils soient mis hors des prisons, sans qu'il soit besoin de le faire ordonner.

Lecture faite de ces Articles :

M. le premier président a dit, que lorsque le prisonnier a consigné, la signification de la consignation devient inutile; l'usage étant d'ouvrir les prisons à un prisonnier au moment qu'il a fait cesser la cause de sa détention, par l'actuelle consignation.

M. Pussort a dit, qu'il pouvoit y avoir de l'inconvénient de faire une consignation sans en avertir la partie, parce que l'argent pourroit demeurer long-tems entre les mains du greffier, si le créancier n'en est averti.

M. le président de Novion a dit, qu'il est bien plus à craindre qu'un prisonnier ne soit retenu sous prétexte de gîte & geolage, après qu'il aura consigné, que le créancier ne soit pas averti de la consignation : & que ce sont des choses qui sont bientôt connues.

M. Talon a dit, que dès l'instant qu'un prisonnier retenu pour dette civile a consigné, il doit être mis hors des prisons, sans attendre que la consignation soit signifiée; ni moins encore sans mettre vingt-quatre heures d'intervalle entre la signification de la consignation, & l'élargissement; autrement il en arriveroit des inconvéniens, & un créancier malicieux susciteroit des recommandations. Ce n'est pas que l'on ne doive ordonner que la consignation sera signifiée dans les vingt-quatre heures, tant pour empêcher que le geolier ne demeure maître des deniers, que pour la sûreté du débiteur, lequel autrement pourroit être réintégré.

M. Pussort a dit, que l'observation paroissoit bonne, quoique l'on dût appréhender l'insolvabilité des geoliers & greffiers de geole; & qu'il en falloit parler au roi.

☞ *Ces trois articles sont les XXX, XXXI & XXXII de l'ordonnance. L'on n'a fait aucun changement à l'égard des deux premiers, mais le dernier a été réformé de cette maniere :*

ARTICLE XXXII. Le même sera observé à l'égard de ceux qui auront consigné, ès mains du geolier ou greffier de la geole, les sommes pour lesquelles ils seront détenus. Voulons qu'ils soient mis hors des prisons, sans qu'il soit besoin de le faire ordonner.

ARTICLE XXXVI.

Défenses aux geoliers de prendre des droits de consignation.

NE pourront les greffiers des geoles, & les geoliers de nos prisons, & de celles des seigneurs, prendre ni recevoir aucun droit de consignation, encore qu'il leur fût volontairemen offert; & les deniers consignés seront délivrés entiérement aux parties, sans en rien retenir, sous prétexe de droits de recette, de consignation ou de garde, ou pour épices, frais & expédition des jugemens; nourriture, gîte, geolage, & toutes autres depenses des prisonniers, à peine de concussion.

ARTICLE XXXVII.

Injonction aux juges d'observer les réglemens ci-dessus.

ENJOIGNONS aux lieutenans criminels, & à tous autres juges, d'observer les réglemens ci-dessus : leur défendons d'ordonner aucun élargissement, sinon en la forme par nous prescrite, à peine d'interdiction, & de tous dépens, dommages & intérêts des parties.

ARTICLE XXXVIII.

Visite des prisons.

NOS procureurs & ceux des seigneurs, seront tenus visiter leurs prisons une fois chaque semaine, pour y recevoir les plaintes des prisonniers.

ARTICLE XXXIX.

Injonction aux geoliers, &c. d'observer ce réglement.

LES greffiers des geoles, geoliers & guichetiers, seront pareillement tenus d'exécuter notre présent réglement, à peine contre les greffiers d'interdiction, de trois cens livres d'amende, moitié vers nous, & moitié aux nécessités des prisonniers, & de plus grande, s'il y écheoit ; & contre les geoliers & guichetiers, de restitution, de trois cens livres d'amende applicable comme dessus, & de punition corporelle.

Lecture faite de ces Articles, ils ont été trouvés bons :

☞ *Ils sont les XXXIII, XXXIV, XXXV, XXXVI dans l'ordonnance.*

ARTICLE XL.

Injonction aux juges d'informer des exactions.

ENJOIGNONS aux juges d'informer des exactions, excès, violences, mauvais traitemens, & contraventions à notre présent réglement, qui seront commises par les greffiers des geoles, les geoliers & guichetiers, dont la preuve sera complete, s'il y a six témoins, quoiqu'ils déposent chacun de faits singuliers & séparés, & qu'ils y soient intéressés.

Lecture faite de l'Article XL :

M. le premier président a dit, que le réglement du parlement avoit fixé la preuve des exactions des geoliers, & autres officiers des prisons, à dix témoins, & que l'article la réduisoit à six. Qu'il étoit bon de ne se pas rendre trop difficile aux plaintes des prisonniers ; mais qu'il étoit aussi raisonnable de ne pas abandonner les geoliers à la malice de ces sortes de gens, dont la qualité rend le témoignage suspect. Qu'à Paris & dans les autres grandes villes, le nombre des six témoins ne seroit pas suffisant pour faire preuve de faits singuliers contre un geolier. Que le grand nombre de prisonniers qui se trouvent dans les prisons, nécessite souvent le geolier d'user avec sévérité du pouvoir que la fonction de son office lui donne ; mais que dans les autres lieux où les prisons sont moins remplies, le nombre de dix témoins seroit trop grand. Que néanmoins il valoit beaucoup mieux ne rendre pas cette preuve si facile, que de trop exposer ces officiers, qui d'ailleurs ont assez à souffrir.

M. Pussort a dit, que les exactions & les violences des geoliers étoient si fréquentes, que l'on ne pouvoit pas les dissimuler : que cependant on ne pouvoit les convaincre par la voie des preuves ordinaires ; & qu'ils commettent des exactions avec d'autant plus de liberté, qu'ils connoissent la difficulté qu'il y a de les convaincre.

Que si l'on ne veut pas que le nombre de six témoins soit suffisant pour faire preuve contr'eux, ce sera leur assurer l'impunité que l'usage leur a procurée.

☞ *L'avis de M. Pussort a prévalu, & le présent article a été conservé : il est le XXXVII dans l'ordonnance.*

ARTICLE XLI.

Des prisons empruntées.

Les prisonniers mis en des prisons empruntées, seront incessamment tranférés.

ARTICLE XLII.

Baux à ferme des prisons seigneuriales.

Les baux à ferme des prisons seigneuriales, seront faits en présence de nos juges, chacun dans leur ressort ; & ils en taxeront la redevance annuelle qui ne pourra être excédée par les seigneurs, ni affermée à d'autres, à peine de décheoir entiérement de leurs droits de haute-justice.

Lecture faite de ces deux Articles, ils ont été trouvés bons.

☞ *Ils sont les XXXVIII & XXXIX articles de l'ordonnance.*

CINQUIEME CONFÉRENCE.

Du mardi 17 juin 1670, après-midi.

TITRE XIV.

Des interrogatoires.

ARTICLE I.

Prisonniers pour crime, quand seront interrogés.

LES prisonniers pour crimes seront interrogés incessamment, & au plus tard dans les vingt-quatre heures après leur emprisonnement, à peine de tous dépens, dommages & intérêts contre le juge qui doit faire l'interrogatoire ; & à faute par lui d'y satisfaire, il y sera procédé par un autre officier, suivant l'ordre du tableau.

Lecture faite de cet Article :

M. le premier président a dit, que le terme de vingt-quatre heures étoit trop court, & la peine de l'article trop grande : particuliérement à Paris, où le lieutenant criminel ne peut pas faire en vingt-quatre heures tous les interrogatoires des prisonniers qui sont arrêtés en un jour. Que l'article 146 de l'ordonnance de 1539 ne les y oblige point, & se sert seulement du terme d'*incontinent*.

M. le chancelier a dit, que la difficulté d'exécuter l'article devoit obliger d'en ôter la peine des dommages & intérêts; mais que la disposition en paroît bonne.

M. le président de Novion a dit, que si l'on ôte de l'article l'obligation d'interroger les accusés dans les vingt-quatre heures, les juges croiront être en droit de s'en dispenser; mais que la peine ne sembloit pas pouvoir être appliquée à une contravention presque inévitable.

M. Pussort a dit, que les ordonnances étoient faites pour toutes les jurisdictions du royaume. Qu'il n'y a point de lieutenant criminel dans les provinces qui ne puisse en vingt-quatre heures interroger les accusés qui ont été arrêtés pendant ce tems-là. Que les interrogatoires faits au moment de la capture, ou peu de tems après, sont bien plus assurés que ceux qui sont faits après un long-tems, & lorsque le prisonnier a eu le loisir de se reconnoître : d'autant plus que s'il survient quelque nouvelle preuve, les interrogatoires pourront être réitérés. Mais que comme l'article pouvoit être plus difficilement exécuté à Paris, l'on ne peut pas exprimer la peine apposée pour la contravention, & qui se trouve établie par les premiers articles de l'ordonnance, & qu'il en falloit parler au roi.

☞ *L'on a ajouté au commencement de cet article, que* les interrogatoires seront commencés au plus tard dans les vingt-quatre heures, &c. *Il a été rédigé de cette maniere :*

ARTICLE I. Les prisonniers pour crimes seront interrogés incessamment, & les interrogatoires commencés au plus tard dans les vingt-quatre heures après leur emprisonnement, à peine de tous dépens, dommages & intérêts contre le juge qui doit faire l'interrogatoire ; & à faute par lui d'y satisfaire, il y sera procédé par un autre officier, suivant l'ordre du tableau.

ARTICLE II.

Le juge même fera l'interrogatoire.

LE juge sera tenu de vaquer en personne à l'interrogatoire qui ne pourra en aucun cas être fait par le greffier, à peine de nullité, d'interdiction contre le juge & le greffier, & de cinq cens livres d'amende envers nous contre chacun d'eux, dont ils ne pourront être déchargés.

ARTICLE III.

Qui pourra donner des mémoires.

NOS procureurs, ceux des seigneurs, & les parties civiles, pourront donner des mémoires aux juges, pour interroger l'accusé, tant sur les faits portés par l'information, qu'autres, pour s'en servir par le juge, ainsi qu'il avisera.

ARTICLE IV.

Où sera fait l'interrogatoire.

IL sera procédé à l'interrogatoire au lieu où se rend la justice, dans la chambre du conseil ou de la geole. Défendons aux juges de les faire dans leurs maisons.

ARTICLE

ARTICLE V.

Exception.

POURRONT néanmoins les accusés pris en flagrant délit, être interrogés dans le premier lieu qui sera trouvé commode.

ARTICLE VI.

Accusés seront interrogés séparément.

ENCORE qu'il y ait plusieurs accusés, ils seront interrogés séparément, & sans assistance d'autre personne que du juge & du greffier.

Lecture faite de tous ces Articles :

M. le premier président a dit, qu'ils sont conformes aux anciennes ordonnances.

☞ *Ces cinq articles ont été insérés dans l'ordonnance sans aucun changement.*

ARTICLE VII.

Serment de l'accusé avant l'interrogatoire.

L'ACCUSÉ prêtera serment avant d'être interrogé, & en sera fait mention, à peine de nullité.

Après la lecture de l'Article VII :

M. le premier président a dit, qu'il y avoit quelques réflexions à faire sur cet article, en ce qu'on y vouloit faire une loi de ce qui n'a été jusqu'à cette heure qu'un simple usage. Qu'à la vérité cet usage étoit fort ancien, & qu'il avoit jetté de profondes racines dans l'esprit de la plupart des juges, par une longue habitude; mais qu'il n'avoit eu encore d'autre fondement que cette pratique autorisée par le tems, & qu'il étoit nouveau d'en vouloir faire un article d'ordonnance, & lui donner force de loi. Qu'ainsi l'ancienneté de cet usage n'empêchoit pas qu'on ne dût examiner s'il étoit à propos d'en faire une loi, vu qu'aucune ordonnance ni aucune loi précédente n'en avoit parlé, & que cela s'étoit introduit comme ces choses dont on ne connoît pas bien ni l'origine ni la raison. C'est pourquoi il croyoit qu'il n'étoit pas inutile d'en observer les conséquences.

Qu'on pourroit dire sur cette matiere bien des choses qui paroîtroient d'abord extraordinaires, parce qu'elles étoient contraires à un usage reçu; mais qu'il n'en avanceroit aucune qui ne fût appuyée sur de grands auteurs, & particuliérement sur le sentiment de plusieurs premiers présidens: de sorte même qu'il sembloit que ces pensées fussent comme attachées à la place où il avoit l'honneur d'être. Que monsieur le chancelier jugeroit ſi elles doivent être préſentées au roi, & ſi elles méritoient que ſa majeſté y fît quelque réflexion.

Qu'il étoit bien éloigné de vouloir dire que ce fût une choſe inutile d'interroger les accuſés : au contraire cela étoit abſolument néceſſaire, parce que c'étoit particuliérement dans l'interrogatoire que l'accuſé pouvoit employer les moyens naturels de ſa défenſe ; & parce que c'étoit en cette occaſion principalement que le juge, par ſa prudence & par ſon autorité, pouvoit découvrir la vérité, & pénétrer dans les déguiſemens d'un criminel ; mais qu'il vouloit parler du ſerment qu'on lui faiſoit prêter dans cet interrogatoire.

Qu'il n'y avoit pas un ſeul juge qui pût préſumer, que de bonne foi & par la religion du ſerment, un accuſé eût été porté à déclarer des choſes capables de lui faire perdre la vie, & que l'expérience avoit toujours montré le contraire. Qu'il étoit bien étrange de voir que les docteurs, même ceux du plus grand nom, formaſſent en cette rencontre une eſpece de combat entre les deux plus ſaintes obligations qui ſoient au monde : ſavoir entre *le droit naturel*, qui oblige l'homme à conſerver ſa vie, & *la religion du ſerment*, qui l'engage à dire la vérité.

Que dans l'oppoſition de ces deux premiers devoirs, ils fiſſent céder la religion à la nature, & qu'ils décidaſſent qu'on pouvoit nier la vérité pour ſauver ſa vie.

Qu'il ſeroit aiſé de rapporter les paſſages d'une foule de ces docteurs, qui diſent expreſſément que l'accuſé n'eſt point obligé de reconnoître la vérité devant ſon juge, même après avoir prêté le ſerment, quand cette confeſſion doit être la cauſe de ſa mort : leſquels docteurs ſont tous contraires à l'opinion de ſaint Thomas ſur ce ſujet.

Mais qu'enfin, ou le ſerment eſt obligatoire, ou il ne l'eſt pas. S'il eſt obligatoire, c'eſt engager infailliblement l'accuſé à commettre un nouveau crime, & ajouter au menſonge, qui eſt inévitable en ces rencontres, un parjure inutile qui ſe pourroit éviter. Que s'il n'eſt pas obligatoire, c'eſt prendre le nom de Dieu en vain.

Outre que c'eſt un moyen de faire mépriſer la religion du ſerment dans tous les autres actes où elle eſt d'une obligation indiſpenſable, parce que s'il eſt néceſſaire, ſuivant cet uſage, & même permis, ſelon l'opinion de tant de docteurs, de ſe parjurer pour ſauver ſa vie, on croira qu'il n'eſt pas défendu de le faire pour ſauver ſon honneur ; enſuite pour un moindre intérêt, quoique cette conſéquence ne ſoit pas véritable.

Que néanmoins en France, par un uſage ſingulier, on préſuppoſe qu'il faut faire prêter ſerment aux accuſés quand on les interroge, & cela ſans conſidérer quel eſt le fondement & la raiſon de cet uſage, & que tout le monde dit qu'il le faut faire ainſi, ſans examiner pourquoi on le fait ; car il n'y a aucun des peuples dont nous avons tiré toutes nos bonnes maximes, qui l'ait pratiqué de la ſorte.

Qu'il diſoit plus : qu'aucune loi, aucune ordonnance, aucune coutume, ni parmi nous, ni parmi les nations que nous voulons imiter, ne l'avoient établi. Qu'ainsi la présente ordonnance seroit la premiere qui auroit obligé les juges à faire prêter ce serment. Que ce qu'il avançoit surprenoit peut-être, mais qu'au fond il étoit très-véritable.

Que l'ordonnance de 1539, art. 146, qui prescrit aux juges la forme d'interroger les criminels, ne parle point de leur faire prêter le serment, & par conséquent, c'est une marque certaine qu'elle n'a point voulu obliger les juges à la recevoir. Car on ne peut pas présumer raisonnablement qu'une chose si importante ait été omise, ou par mégarde, ou parce qu'elle étoit déjà établie par l'usage: d'autant plus que la même ordonnance, article 154, oblige les juges de faire prêter le serment aux accusés lors de la confrontation, laquelle n'étoit pas moins établie auparavant, ni plus importante que l'interrogatoire. Ce qui fait voir que l'ordonnance a spécifié le cas où elle a voulu que l'accusé prêtât le serment.

Cependant il y a une grande différence entre ce serment de la confrontation, & celui de l'interrogatoire; & le premier n'induit pas nécessairement l'autre, parce que le serment de la confrontation ne regarde que ce que l'accusé doit dire contre les témoins, & n'est qu'une espece de serment que les anciens appelloient *de calomnie*, par lequel l'accusé jure qu'il ne dira rien que de véritable dans les reproches qu'il alléguera contre les témoins.

Or il y a souvent des moyens de détruire un témoignage sans faire de faux reproches à un accusé; mais dans l'interrogatoire, où il n'est pas question du témoignage d'autrui, lorsqu'un juge demande à un accusé l'aveu de son propre crime, lorsqu'il le presse, & le veut contraindre enfin de confesser la vérité dans le tems même que la nature l'avertit en secret de n'en rien faire, il n'a d'autre parti à prendre que le parjure ou la mort.

Que les autres ordonnances ne font pas plus de mention que celle de 1539 de ce serment des accusés dans leur interrogatoire; & parce qu'on doit être très-reservé à établir une négative absolue, comme celle-ci, il avoit prié messieurs, avec lesquels il avoit examiné l'article proposé, de lui dire s'ils en savoient quelqu'une, & qu'il n'avoit pu apprendre d'eux qu'il y en eût jamais eu en France. De sorte qu'on pouvoit dire que cet usage, quoiqu'ancien, n'étoit appuyé sur aucunes de nos ordonnances; qu'il restoit à voir quels étoient les sentimens des plus grands personnages sur cette matiere.

Qu'il venoit de dire qu'il avoit des premiers présidens pour garans de sa pensée; & que celui qu'il devoit alléguer le premier, selon l'ordre des tems, étoit M. le premier président Lizet, qui décrit bien amplement, dans sa pratique criminelle, la forme d'instruire le procès aux accusés. Qu'en cet endroit il avertit expressément les juges de faire prêter le serment aux témoins, & même aux accusés, dans la confrontation; mais quand il traite de l'interrogatoire, il ne fait aucune mention du serment de l'accusé: ce qu'il n'auroit pas omis, s'il eût été nécessaire. Que M. le premier président le Maître remarque dans ses décisions, que *nul n'est tenu de se condamner soi-même par sa bouche.* C'est pourquoi, dit-il, autrefois dans les monitoires, on exceptoit toujours la partie & son conseil, & même les témoins déjà ouïs dans l'information, de peur qu'ils ne se parjurassent s'ils étoient ouïs une seconde fois. Que de-là on pouvoit inférer quel étoit le sentiment de ce premier président.

Mais qu'il y avoit un exemple bien plus formel de M. le premier président de Thou, dont la mémoire est en grande vénération au palais, & par-tout ailleurs. Que Pasquier rapporte que ce grand magistrat interrogeant un accusé de crime qualifié, il ne voulut jamais lui faire prêter le serment; parce qu'il savoit qu'aucune ordonnance n'obligeoit les juges de l'exiger de l'accusé, & qu'il ne vouloit pas l'engager à un parjure manifeste. Que cet auteur louoit fort la retenue de M. le premier président de Thou, pour n'avoir pas voulu employer en vain la religion du serment.

Qu'il pouvoit encore ajouter à ces exemples celui de M. le premier président de Harlai, gendre de M. le premier président de Thou. Que la tradition du palais apprenoit qu'en une audience où il présidoit, une partie ayant la preuve par écrit d'un fait avancé, ne laissa pas d'obliger la partie adverse à prêter le serment en pleine audience : sur quoi l'autre le convainquit aussi-tôt de parjure, en faisant lecture de la piece. M. le premier président de Harlai se tourna contre celui qui, sans besoin, avoit induit son adversaire à un parjure si public, & le reprit très-sévèrement; après cela ayant été aux opinions, il le condamna encore plus rigoureusement que celui qui s'étoit parjuré.

Que sur cet exemple il ne pouvoit s'empêcher de faire réflexion que le crime de faire parjurer un homme, & le faire parjurer inutilement, étoit fort grand; & que les juges le punissoient toujours avec beaucoup de sévérité : cependant, que c'étoit en quelque façon ce qu'ils faisoient eux-mêmes, lorsqu'ils exigeoient les sermens des accusés, & qu'ils interposoient en cela l'autorité de la justice, sans espérance que ce serment pût contribuer à découvrir la vérité.

Que c'est proprement ce que dit la loi : *inhumanum est, per leges quæ perjuria puniunt, perjurii viam aperire.* Il y a de l'inhumanité d'ouvrir le chemin au parjure, par les loix mêmes qui le punissent.

Qu'outre que les ordonnances de nos rois n'ont point établi cet usage, & que le sentiment de plusieurs grands magistrats y est opposé, on peut dire certainement que le droit civil, bien loin de l'autoriser, y étoit entiérement contraire; & que même dans le droit canonique, avant qu'il fût embrouillé des formalités de l'inquisition, il n'y en avoit pas la moindre trace.

Que l'autorité de Cujas suffisoit seule pour prouver l'un & l'autre. Qu'à la vérité le droit des Romains admettoit le *serment de calomnie*, par lequel deux parties juroient au commencement de la cause d'y procéder de bonne foi, & sans dessein de se calomnier l'un l'autre; mais que ce grand docteur observe en plusieurs endroits, & particuliérement sur le titre des décrétales, *de juramento calumniæ*, qu'on ne pratiquoit point à Rome ce serment, dans les causes criminelles.

Qu'il dit au même lieu, que le droit ecclésiastique ne l'a jamais reçu, ni dans les causes civiles, ni dans les criminelles, & que nous l'avons ôté de notre pratique françoise. Qu'en cela il croyoit que nous avions suivi le sentiment de plusieurs de nos conciles, & entr'autres celui de . . . . qui ne peuvent souffrir ce *serment de calomnie*.

Qu'encore qu'il ne fallût pas confondre ce serment avec celui que prête l'accusé dans son interrogatoire, il étoit vrai de dire que les Romains n'ont pas voulu pratiquer, dans les causes criminelles, ce serment qu'ils admettoient dans les causes civiles; & que c'est un argument certain, qu'ils n'exigeoient aucun serment de l'accusé.

Que la pratique criminelle, observée par les Romains, étoit assez connue, & qu'on n'y voyoit point qu'ils eussent jamais fait jurer les accusés lorsqu'on les interrogeoit; mais que s'il falloit remonter jusqu'au droit des Athéniens, que l'on regarde comme la source des loix romaines, bien qu'il eût introduit ce serment respectif, qu'ils appelloient . . . . qui est l'origine du *serment de calomnie* parmi les Romains, il seroit aisé de montrer que les Athéniens mêmes n'exigeoient point de serment dans l'interrogatoire des accusés.

Qu'après cela, si les docteurs d'Italie méritoient d'être cités, on en trouveroit plusieurs qui se plaignent de l'abus de ce serment, & qui disent que la coutume, & non pas le droit, l'a introduit: *non de jure, sed de consuetudine.*

Qu'un des principaux, nommé *Julius Clarus*, qui avoit une des premieres charges du sénat de Milan sous Philippe II, parlant de cet usage, dit que cette pratique ne lui avoit jamais plu, parce qu'elle est une occasion évidente de parjure: *mihi certè hæc practica nunquam placuit, quia est manifesta occasio perjurii.*

Qu'à l'égard de l'Allemagne & de l'Empire, il y a une ordonnance générale d'un des plus illustres empereurs qui aient jamais été, dont la mémoire ne pouvoit être assez honorée, à cause de ses grandes qualités, & parce qu'il est un des aïeuls maternels du roi. Que cette ordonnance, qui fut faite par Charles V à Ausbourg, en 1532, avec tous les ordres de l'Empire, pour l'instruction des procès criminels, contient tout le détail de la procédure, & le formulaire des sermens que les juges, les assesseurs & les greffiers mêmes doivent prêter ou faire prêter; mais qu'elle ne fait point mention qu'on fasse prêter aucun serment aux accusés dans l'interrogatoire, bien qu'il y ait quatorze ou quinze articles entiers qui parlent des interrogatoires, soit simples, soit accompagnés de torture.

Qu'en effet, il croyoit qu'on en usoit encore de la sorte dans tout l'Empire, & qu'il savoit certainement que tous les Pays-Bas l'observoient aussi, & qu'à présent encore, dans cette grande partie que le roi a conquiſe, quand on interroge les accuſés, on ne leur fait point prêter de ſerment. Qu'à la vérité le duc d'Albe étant gouverneur de Flandre, en 1570, avoit voulu introduire cet uſage de faire prêter le ſerment aux accuſés; mais que ſon ordonnance n'avoit jamais été reçue parmi ces peuples.

Qu'enfin l'archiducheſſe Iſabelle leur permit en 1611 de ſuivre leur pratique ancienne, qu'ils gardent encore aujourd'hui.

Qu'il étoit marri de parler ſi long-tems ſur une même choſe; mais qu'ayant à examiner un uſage ſi ancien, que l'habitude avoit fait paſſer dans l'eſprit de la plupart des juges comme une pratique néceſſaire, il ne pouvoit pas dire en peu de paroles, toutes les raiſons qui ſe préſentoient ſur ce ſujet.

Que par cette conſidération, il croyoit être encore obligé de rechercher quel avoit été le principe de cet abus, & ce qui l'avoit introduit parmi nous; mais qu'il falloit avoir plus de lumieres qu'il n'en avoit pour pénétrer dans une origine ſi obſcure. Qu'après le ſoin qu'il avoit pris de s'en éclaircir, ne l'ayant point trouvé dans tous les lieux d'où nous avons tiré ce qu'il y a de meilleur dans nos formes ordinaires, il n'avoit pu s'empêcher de croire que l'inquiſition fertile en chicanes & en formalités, avoit introduit cet abus, elle qui bien ſouvent a plus d'égard à l'obſervation rigoureuſe des formes qu'elle a inventées, qu'à la pureté des conſciences, qui ſemble être le premier motif de ſon établiſſement.

Qu'un des plus anciens auteurs qui eût parlé de ce ſerment, étoit *Emericus*, dans ſon *directoire des inquiſiteurs*, compoſé environ l'an 1360. Qu'il ſeroit aiſé de prouver que ce ſerment des accuſés étoit inconnu auparavant; & qu'un de nos auteurs, nommé Imbert, avoit parlé, dans ſes inſtitutions, de ce ſerment, comme d'une choſe qui étoit en uſage, ſans alléguer pourtant aucune ordonnance pour ſoutenir ſon avis; mais qu'il avoit cherché à l'appuyer par l'opinion de Barthole : *prout*, dit-il, *ſuadet Bartholus, ad l. Marcellus, ff. rerum annotarum.* Mais qu'il avoit eu peine à trouver dans Barthole ce qu'Imbert prétend y avoir remarqué, à moins que de le tirer de loin, & par des inductions ambiguës.

Que ſi l'uſage de ce ſerment n'eſt point établi par le droit civil, ni par le droit canonique; s'il eſt contraire aux loix de toutes les nations, deſquelles nous pouvons prendre des exemples; s'il n'eſt autoriſé d'aucune ordonnance de nos rois, ni d'aucune coutume; enfin ſi l'expérience nous fait connoître qu'il ne ſert jamais à découvrir la vérité, il ſemble qu'on ne doit pas tant donner à l'ancienneté de cet uſage; que cela empêche d'en bien peſer tous les inconvéniens, avant que de faire ce qui n'avoit point été fait par toutes les ordonnances précédentes, qui eſt de l'établir expreſſément par une nouvelle loi.

Qu'il y a un exemple fort ſemblable par lequel Juſtinien s'eſt acquis beaucoup de gloire, en aboliſſant l'uſage du ſerment, dans un cas où le parjure étoit fréquent, quoique moins ordinaire que dans celui-ci.

On ne donnoit point aux veuves la tutele de leurs enfans, qu'elles ne juraſſent de ne ſe point remarier : elles juroient toutes pour avoir la tutele, mais peu gardoient leur ſerment. Juſtinien, par la novelle 94, défendoit de prendre aucun ſerment d'elles en cette occaſion, *parce*, dit cet empereur, *que la force & la religion du ſerment ne veulent pas que nous endurions qu'on faſſe jurer le nom de Dieu avec tant de témérité, pour violer enſuite la foi de ce ſerment ; car nous ſavons qu'on a preſque toujours prévariqué contre cette loi, & qu'elle fait faire preſqu'autant de parjures que de ſermens. De ſorte que* (continue cet empereur) *c'eſt un péché évident d'exiger un ſerment, qu'on ſait qui doit être violé : car quand il ſe trouveroit quelques perſonnes qui le gardent, cela ne doit pas donner occaſion d'en expoſer d'autres à commettre une pareille impiété contre la majeſté de Dieu, puiſque les légiſlateurs ne doivent pas ſe régler ſur ce qui ſe fait preſque toujours, afin d'arrêter le cours d'un mal ordinaire, & d'y apporter ſoigneuſement le remede.*

Que les termes de cette novelle ſont ſi forts, qu'ils méritent d'être rapportés.

Quia verò multam habemus formidinem, ne facilè jusjurandum per magnum Deum detur, & hoc prævaricetur ; propterea credimus oportere & hanc emendare legem, quæ vult matres, dùm ſuorum filiorum curam geſturæ ſunt, jusjurandum jurare, quòd ad ſecundas nuptias non venient ; & toties ſcimus prævaricatam legem, jusjurandum perjurum datum, quoties penè datum eſt, ut peccatum apertiſſimum eſſet, quia hoc intulimus jusjurandum ad prævaricandum. Non enim eò quòd aliquæ ſervaverunt jusjurandum, propterea oportet & eas quæ exhonorant eum, habere occaſionem impietatis in Deum. Non quod raro fit (ſicut etiam vetus ſapientia docet) non obſervant legiſlatores ; ſed quod fit plerumque reſpiciunt & medentur.

Que ces raiſons ſembloient même aller au-devant des objections qu'on y pouvoit faire, & de la penſée qu'on avoit que ces ſermens peuvent aider à découvrir quelquefois la vérité. Qu'il croyoit qu'il n'y avoit plus qu'à les appliquer à la queſtion préſente, où elles convenoient encore mieux qu'aux ſecondes noces des veuves. Car quelque pente que les femmes puiſſent avoir de ſe marier, elle n'égale point la paſſion qu'a un accuſé d'éviter la mort.

M. Puſſort a dit, que la propoſition faite par M. le premier préſident de recevoir les interrogatoires des accuſés, ſans leur faire prêter ſerment, eſt très-grande, ſoutenue de fortes raiſons, & appuyée ſur des autorités de grands poids, & ſur des recherches fort curieuſes. Qu'il en avoit été touché ; car en effet, il ſemble que par la preſtation du ſerment, on réduiſoit un accuſé à l'une de ces deux fâcheuſes extrêmités : de commettre un parjure en déniant la vérité, ou de devenir homicide de ſoi-même en la reconnoiſſant, & qu'en juſtice on n'en avoit jamais reçu aucune utilité.

Mais qu'ayant depuis communiqué cette ouverture à meſſieurs les commiſſaires du roi, qui travaillent à la réformation de la juſtice, elle leur avoit paru de dangereuſe conſéquence; parce que ſi l'on retranche le ſerment des interrogatoires, il y aura la même raiſon de l'ôter de la confrontation. Car puiſque les témoins ſont les juges des accuſés, ſi celui qui répond ne propoſe point de cauſe de reproche valable, il expoſe autant ſa vie, que s'il reconnoiſſoit lui-même par ſa bouche la vérité du fait dont il eſt accuſé. Et comme tous les moyens de garantir ſa vie ſont honnêtes, & que la loi naturelle doit prévaloir à toute autre, la religion du ſerment n'empêchera pas qu'un accuſé ne propoſe des reproches, quoique calomnieux, en toute ſûreté de conſcience, ſelon les maximes des caſuiſtes, lorſqu'il connoîtra que ces reproches peuvent ſervir à mettre ſa vie en ſûreté.

Mais que l'on peut répondre à ces objections, que l'on ne convient pas des principes qui ont été avancés, n'étant permis, en aucuns cas, de faire un mal afin qu'il en arrive un plus grand bien; & que la loi naturelle ſe trouvant combattue par celle du chriſtianiſme, elle lui doit inconteſtablement céder: perſonne ne révoquant en doute que la mort ne ſoit préférable à un péché mortel.

Que d'ailleurs cette abolition du ſerment auroit de dangereuſes gradations, parce que s'il eſt permis de faire un faux ſerment pour ſauver ſa vie, l'on croira qu'il ſera auſſi licite d'en faire un autre pour mettre ſon honneur à couvert, celui de ſes amis, ſon bien, & ainſi ſucceſſivement, pour la conſervation d'un intérêt moins conſidérable; & l'habitude de ces maximes pourroit paſſer juſqu'à la matiere civile.

Que l'uſage du ſerment eſt très-ancien, & s'obſervoit avant l'ordonnance de 1539. Cela ſe voit dans les grands procès qui ſont dans les bibliotheques; & l'uſage en eſt d'autant plus ſolemnel, qu'il a été établi ſans loi. L'article n'introduit rien de nouveau, & met ſeulement en loi ce qui n'eſt que d'uſage. Que cette formalité eſt ſi eſſentielle de la matiere criminelle, que l'omiſſion de prendre le ſerment dans un interrogatoire, fait nullité dans la procédure.

Qu'il n'eſt pas même entiérement inutile: car encore que généralement le ſerment ne perſuade pas davantage les juges de la vérité des réponſes d'un accuſé, néanmoins il ſe trouvoit des conſciences timorées, que la crainte du parjure pouvoit engager à reconnoître la vérité, particuliérement quand cela pouvoit aller à la charge ou décharge d'une tierce-perſonne. Que l'exemple de Lamiere étoit exprès & remarquable, & qu'il ne croyoit pas qu'il y eût inconvénient à confirmer cet uſage; mais qu'il pouvoit y en avoir de très-grands à l'abolir.

M. Talon a dit, que la difficulté de ſavoir ſi l'on doit obliger un accuſé à prêter le ſerment lorſqu'il eſt interrogé, peut être la matiere d'un problême & d'une queſtion curieuſe; mais bien qu'il n'y ait point d'ordonnance

nance qui prescrive ce serment, & qu'il ne soit point établi par la jurisprudence romaine, l'usage néanmoins l'ayant autorisé, il n'y a point (ce semble) de raison pour s'en dispenser.

Que si l'on prétend qu'un accusé n'est point obligé d'avouer la vérité par son interrogatoire, parce que l'obligation de conserver sa vie est plus forte que le lien & l'engagement du serment, l'on peut répondre, en un mot, que cette proposition avancée par les nouveaux casuistes, est très-dangereuse & absolument contraire à l'esprit de l'évangile. Les chrétiens doivent dire la vérité par-tout, & ne la peuvent dissimuler, sans manquer à leur devoir; & si quelque chose pouvoit dispenser de prêter le serment, c'est qu'en tout tems, en toutes rencontres, on doit expliquer les choses conformément à la vérité, & qu'il n'est jamais permis de la déguiser.

Mais comme les hommes sont souvent retenus par la religion du serment, il ne faut pas se persuader que l'on ne tire jamais d'éclaircissement de leur confession; & il seroit périlleux d'abroger l'usage de faire prêter le serment aux accusés, parce que ce seroit approuver les opinions scandaleuses & erronées des casuistes, qui leur permettent de mentir en sûreté de conscience. Et bien que l'obligation de conserver sa vie fasse partie du droit naturel, & que même la religion nous y oblige, cela se doit entendre pourtant par des moyens justes & légitimes, & non pas par le secours du mensonge & de l'imposture.

Que si ce serment engage souvent à des parjures, on n'en fait pas moins tous les jours dans les affaires civiles pour des intérêts pécuniaires, étant rare qu'un homme interrogé sur faits & articles, ou auquel on défere le serment, reconnoisse de bonne foi la vérité. D'ailleurs, il est constant qu'en Italie, en Espagne (& l'on peut dire, parmi toutes les nations de l'europe), l'on fait prêter le serment aux accusés avant que de les interroger; la même chose se pratiquoit en France depuis plus d'un siecle, avec telle exactitude, que si l'on y avoit manqué, la procédure seroit déclarée nulle.

Cette difficulté ayant été relevée, il est absolument nécessaire d'en faire un article d'ordonnance, & cela reçoit d'autant moins de doute, que l'on demeure d'accord que l'accusé doit prêter le serment à la confrontation. Que cela est établi par les anciennes ordonnances; & que l'on ne sauroit trouver de véritable différence entre le serment de l'interrogatoire, & celui de la confrontation.

M. le chancelier a dit, qu'il en falloit parler au roi.

☞ *Nonobstant les raisons alléguées par M. le premier président, l'article VII a été inséré dans l'ordonnance.*

ARTICLE VIII.

Accusés, quand pourront avoir un conseil.

Les accusés, de quelque qualité qu'ils soient, seront tenus de répondre par leur bouche, sans le ministere de conseil qui ne pourra leur être donné, même après la confrontation, nonobstant tous usages contraires que nous abrogeons : si ce n'est pour crime de péculat, concussion, banqueroute frauduleuse, vol de commis ou associés en affaires de finance ou de banque, & fausseté de pieces ; à l'égard desquels crimes, les juges pourront ordonner, si la matiere le requiert, que les accusés, après l'interrogatoire, communiqueront avec leurs commis. Laissons au devoir & à la religion des juges d'examiner avant le jugement, s'il n'y a point de nullité dans la procédure.

Après la lecture de l'Article :

M. le premier président a dit, que cet article accorde plus aux accusés, en certains cas, que notre usage ne le permet, & qu'il leur ôte, en d'autres cas, ce que tous les juges leur ont conservé jusqu'à cette heure. Car il permet aux accusés, pour de certains crimes, de communiquer avec leurs commis, même avant la confrontation, ce qui est la même chose que de leur donner conseil. Or dans notre usage on ne permet aucune communication, ni aucun conseil aux accusés, qu'après la confrontation, afin qu'ils ne puissent pas corrompre les témoins. Cependant cet article défend aux juges de donner conseil aux accusés, même après la confrontation : ce qui est nouveau à l'égard de l'usage, & rigoureux envers les accusés.

Qu'il est vrai que quelquefois le conseil leur sert pour éluder la justice & pour tirer les procès en longueur, & quelques criminels se sont échappés des mains de leurs juges, & exemptés des peines, par le moyen du conseil qu'on leur avoit donné. Mais que si le conseil a sauvé quelques coupables, il pourroit arriver aussi que des innocens périroient faute de conseil ; & comme il est impossible qu'un législateur prévoie tous les inconvéniens, il faut qu'il se regle sur les plus considérables, & qu'il aille au-devant du plus grand mal.

Qu'il est certain qu'entre tous les maux qui peuvent arriver dans la distribution de la justice, aucun n'est comparable à celui de faire mourir un innocent, & qu'il vaudroit mieux absoudre mille coupables.

Que c'étoit une des maximes que le parlement avoit le plus religieusement observées, & que cet esprit de la compagnie avoit quelque rapport au sentiment de Scipion l'Africain, qui disoit ordinairement : *j'aime mieux sauver la vie à un citoyen, que faire mourir mille ennemis.*

Qu'il falloit considérer aussi, que ce conseil qu'on a accoutumé de donner aux accusés n'est point un privilege accordé par les ordonnances, ni par les loix : que c'étoit une liberté acquise par le droit naturel, qui est plus ancien que toutes les loix humaines. Que la nature enseignoit à l'homme d'avoir recours aux lumieres des autres, quand il n'en avoit pas assez pour se conduire, & d'emprunter du secours quand il ne se sentoit pas assez fort pour se défendre. Que nos ordonnances ont retranché aux accusés tant d'autres avantages, qu'il est bien juste de leur conserver ce qui leur reste, & particuliérement le conseil qui en faisoit la principale partie.

Que si on vouloit comparer notre procédure criminelle à celle des Romains & des autres nations, on trouveroit qu'il n'y en avoit point de si rigoureuse que celle qu'on observe en France, particuliérement depuis l'ordonnance de 1539.

Qu'à la vérité il ne seroit pas raisonnable d'administrer conseil en toutes sortes de crimes, & à tous les accusés. Que quand il n'est question que d'un simple fait, d'une action où l'accusé n'a qu'à dénier ou confesser, alors il n'est point nécessaire de lui donner des personnes pour prendre conseil sur ce qu'il doit dire, ou sur ce qu'il doit faire. Mais que quand il y a beaucoup de procédures, & que l'accusation est mêlée d'un grand nombre de faits qui demandent une grande connoissance de ces matieres, & une longue discussion, on ne pouvoit pas refuser ce secours à un accusé, lequel seroit incapable de démêler tout seul, quand même il n'auroit pas l'esprit accablé de sa disgrace.

Qu'aussi on avoit bien prévu cet inconvénient en dressant le présent article, dans lequel on avoit exprimé plusieurs cas, où il seroit permis aux accusés de communiquer avec leurs commis. Qu'il n'y avoit pas de différence entre ces communications & un conseil ; d'autant que les commis pouvoient consulter des personnes capables, & faire rapport de leur conseil à l'accusé. Mais puisqu'on juge par cet article qu'en de certains crimes l'accusé aura la liberté de communiquer avec des personnes dont il peut tirer conseil, on n'a pu restreindre ces crimes à un nombre préfix, comme celui qui est spécifié dans l'article.

Qu'il est bon de défendre aux juges de donner conseil, si la qualité du crime ne le requiert pas ; mais de leur déterminer tous les cas où ils le doivent faire, & de croire qu'on a prévu toutes sortes de crimes qui se peuvent commettre, tout cela n'étoit pas possible ; parce que la malice des hommes n'a point de bornes, & que les crimes passés ne peuvent pas faire découvrir au législateur tous ceux qui se feront à l'avenir.

Qu'il s'en pouvoit rencontrer de tels, que l'accusé y auroit plus besoin de conseil que dans tous ceux où l'article le leur accorde. Qu'enfin les actions des hommes venoient d'une cause si variable en elle-même, & que les circonstances les rendoient si différentes, qu'Aristote, qui avoit approfondi toutes les maximes de la morale, aussi avant que personne, avoit dit, qu'il n'y falloit point chercher de démonstrations évidentes, de définitions exactes, ni de connoissance précise de la différence formelle des choses; qu'il y a aussi peu de raison de prétendre de les y trouver, que de se contenter dans les mathématiques d'une notion confuse & imparfaite.

C'est pourquoi on pouvoit bien ordonner en général, que les juges ne donneroient point de conseil aux accusés que pour les crimes mêlés de beaucoup de faits, & qu'ils croiront demander ce secours; mais qu'il lui paroissoit extrêmement difficile & dangereux de déclarer en particulier quels étoient ces crimes, & d'en exclure par-là tous les autres.

M. Pussort a dit, que cet article étoit un de ceux dont le public retireroit un plus grand avantage, par la sûreté qu'il établiroit pour la preuve. Que l'expérience faisoit connoître que le conseil qui étoit donné, se faisoit honneur & se croyoit permis en toute sûreté de conscience, de procurer, par toutes voies, l'impunité à l'accusé. Il est vrai que dans l'ancienne Rome, & même par l'usage du royaume avant l'ordonnance de 1539, l'accusé se défendoit par la bouche de son avocat, même dans les plus grands crimes; & quoiqu'elle n'ait pas nommément retranché le conseil, néanmoins s'il avoit été jugé nécessaire à la défense des accusés, on en auroit indubitablement fait une réserve dans cette ordonnance, comme une exception de la regle générale qu'elle rétablissoit.

C'est ce qui se reconnoît évidemment dans l'instruction de ce grand procès qui fut fait incontinent après à l'auteur de cette même ordonnance: car il se voit que non-seulement on lui ôta la liberté de répondre par le ministere d'un avocat, mais que même toute communication lui fut interdite, à l'exception de celle du greffier Masparault.

Il est vrai que le silence de l'ordonnance a été interprété différemment. L'on s'est plaint d'un côté, pour les accusés, qu'on leur fermoit la porte de la justice; & de l'autre, l'on s'est élevé contre les longueurs de l'instruction, dont le conseil étoit la cause. Cela a donné lieu aux juges d'en user différemment, les uns en la refusant absolument, les autres en l'accordant à toutes sortes d'accusations, & d'autres seulement en de certains cas.

Mais enfin l'on peut dire, que l'on n'a jamais mieux reconnu les désordres que le conseil a produits que dans les derniers tems, particuliérement dans la chambre de justice, où l'on sait que les plus grands procès n'ont été jugés que lorsque les parties ont bien voulu courir le risque d'un jugement.

Qu'il est vrai qu'il y a des affaires qui sont partie civiles, & partie criminelles, comme péculat, concussion, & les autres mentionnées en l'article, dans lesquelles on pourroit difficilement se dispenser de permettre à un accusé la communication avec ses commis ou correspondans; mais il y en a d'autres où elle seroit très-dangereuse, comme dans les cas prévôtaux: n'étant ordinairement question dans ces sortes de crimes, que de savoir si un accusé a fait un vol ou un meurtre, ou s'il ne l'a pas commis, ce qui ne dépend que de la ſimple dépoſition des témoins. Mais il n'y auroit pas d'apparence de la donner dans toutes ſortes de crimes indiſtinctement; autrement il n'y auroit pas de fuite que les accuſés ne miſſent en uſage pour interrompre le cours de la procédure.

L'on ſait combien ces ſortes de conſeils ſont féconds en ouvertures pour former des conflits de juriſdictions; combien ils inventent de ſubtilités pour faire trouver des nullités dans les procédures, & pour faire naître une infinité d'incidens. Cependant comme l'on ne refuſe rien à un accuſé, & qu'il faut lire toutes les pieces du procès, auſſi-bien celles qui ſont à ſa décharge que celles qui vont à ſa conviction, pourvu qu'il ait moyen de faire travailler beaucoup d'avocats & de fournir aux frais, les expédiens ne lui manqueront point pour immortaliſer ſon procès. Ainſi c'eſt proprement aux riches, & pour l'impunité, que le conſeil eſt accordé. Que néanmoins, pour ne pas réduire les choſes à l'impoſſible, on avoit exactement recherché les cas qui pouvoient être exceptés de la regle générale de l'article: & ſi la compagnie en ſavoit quelqu'autre qui y eût été omis, & qui méritât d'y être compris, il en recevroit volontiers l'ouverture pour la faire au roi.

Et quant à ce qu'on objecte, que *le conſeil eſt néceſſaire pour examiner les défauts de la procédure, qui fait une des plus eſſentielles parties du procès criminel*, on répond que la fin de l'article y a pourvu, en laiſſant à la religion des juges de l'examiner: perſonne ne le pouvant mieux connoître que les juges même; & même les parens en pourroient faire les obſervations, & en faire voir la nullité par une requête.

M. le premier préſident a dit, qu'il pourra arriver que l'accuſé n'aura point de parens; que cependant il s'agira de ſa vie. Qu'il eſt vrai que dans le parlement, & dans beaucoup d'autres compagnies, le commiſſaire qui a fait l'inſtruction, ne peut être rapporteur du procès. Que l'uſage étoit différent dans les premieres juriſdictions, & même dans les préſidiaux qui jugent en dernier reſſort, où les lieutenans criminels inſtruiſent & rapportent, & comme ils préſumeront toujours leur procédure bonne & valable, un accuſé qui n'aura point d'autre ſecours, ſe trouvera trop expoſé.

M. Talon a dit, que l'ordonnance de 1539 ayant changé la forme des procès criminels, & obligé les accuſés de répondre par leur bouche ſans miniſtere d'avocat, il s'eſt trouvé des occaſions où l'obſervation exacte de cette ordonnance ôtant aux accuſés les moyens de leur défenſe légitime, & mettant les innocens en danger de périr injuſtement, l'uſage a tempéré la trop grande ſévérité de cette ordonnance, & l'on a accordé la liberté aux perſonnes prévenues de crimes, de conférer avec leur conſeil. Il eſt vrai que de ce qui ne ſe devoit faire qu'en connoiſſance de cauſe, & avec beaucoup de circonſpection, l'on en a dans la ſuite formé une maxime générale: & l'on s'est persuadé que toutes sortes d'accusés avoient droit indistinctement de demander conseil.

De sorte qu'il paroît assez nécessaire d'établir quelque regle, & d'empêcher l'abus qui se pratique sur ce sujet, en accordant conseil dans des crimes qui dépendent purement de la déposition des témoins, & dans lesquels l'accusé ne doit se défendre que par sa bouche; car alors le conseil ne sert qu'à retarder le jugement du procès par des appellations, des requêtes civiles, & d'autres expédiens de chicane. Mais dans les accusations où il y a des pieces apportées pour la conviction de l'accusé, & où il en peut produire pour sa défense, il est indispensable de lui permettre de communiquer avec son conseil. Et quoique dans l'article l'on ait voulu spécifier quelques-uns de ces crimes, néanmoins il s'en pourra trouver d'autres de pareille nature, qu'il est impossible de prévoir, & dans lesquels les juges se trouveroient avoir les mains liées.

L'on peut alléguer pour exemple les questions de suppositions de part, ou de personne: & dans la difficulté d'en pouvoir faire une énumération exacte, il semble que cela doit être laissé à l'arbitrage du juge, en ajoutant à l'article cette clause: *& autres accusations de cette nature*, par le moyen de laquelle les juges ne pourront accorder de conseil à l'accusé, que lorsque, par les circonstances du fait & la qualité du crime, ils s'y verront indispensablement engagés. Et il faut d'autant moins craindre que l'on abuse de ce pouvoir, que si les juges avoient à favoriser un accusé, ce seroit bien plutôt dans le jugement définitif de son procès, dans lequel ils sont toujours les maîtres d'absoudre, de condamner, ou de modérer la peine.

Il pourroit même arriver qu'un accusé qui auroit été traité avec cette dureté que de lui refuser toute communication, parce que la loi ne permettoit pas au juge de la lui accorder, pour peu qu'il parût que lors du jugement il n'avoit pas eu toute la liberté de se défendre, cela seul seroit suffisant pour faire incliner les suffrages des juges à l'indulgence. A quoi l'on peut ajouter, que beaucoup de personnes accusées des crimes, pour lesquels l'on permet de donner conseil, n'ont point de commis avec lesquels ils puissent communiquer; & qu'ainsi il faut leur laisser le choix des personnes avec lesquelles ils voudront conférer, ou le déférer à la prudence & à l'arbitrage des juges.

M. Pussort a réparti, qu'encore qu'il ne soit pas de l'usage de permettre à un accusé la communication avant la confrontation, néanmoins il pouvoit se rencontrer des cas où l'on se trouve obligé de le faire après l'interrogatoire, comme dans le crime de péculat, ou de concussion, où un accusé sera interrogé sur des faits résultans de pieces qu'il ne pourra pas reconnoître, pour n'être pas de son fait. Que ce cas étant mêlé de civil & de criminel, il faudra nécessairement permettre à l'accusé de communiquer avec ses commis ou ses associés; la preuve ne devenant parfaite que par l'aveu ou le désaveu que l'accusé doit faire des pieces, après qu'il les aura examinées.

M. le président le Coigneux a dit, qu'il étoit à souhaiter que l'on pût marquer dans l'article tous les cas où les juges pourront accorder un conseil, n'y ayant rien de si dangereux que de le donner en toutes sortes d'affaires; & l'article deviendroit entiérement inutile, si on y ajoutoit ces termes, *& autres;* parce qu'il pourroit induire le juge à le donner en toutes sortes de cas.

M. le président de Mesmes a dit, que l'usage de demander conseil étoit rare au palais, & qu'il avoit été peu pratiqué avant l'affaire de Corboyer; que même ce ne fut pas d'une commune voix qu'on lui permit de le prendre.

☞ *Suivant l'ouverture faite par M. l'avocat général Talon, on a ajouté dans l'article ces mots :* supposition de part, & autres crimes où il s'agira de l'état des personnes. *Ce changement est le plus considérable qu'on ait fait dans cet article, qui a été arrêté de cette maniere :*

ARTICLE VIII. Les accusés, de quelque qualité qu'ils soient, seront tenus de répondre par leur bouche sans le ministere de conseil, qui ne pourra leur être donné, même après la confrontation, nonobstant tous usages contraires que nous abrogeons : si ce n'est pour crime de péculat, concussion, banqueroute frauduleuse, vol de commis ou associés en affaires de finance ou banque, fausseté de pieces, supposition de part, & autres crimes où il s'agira de l'état des personnes : à l'égard desquels les juges pourront ordonner, si la matiere le requiert, que les accusés, après l'interrogatoire, communiqueront avec leur conseil ou leurs commis. Laissons au devoir & à la religion des juges d'examiner avant le jugement, s'il n'y a point de nullité dans la procédure.

ARTICLE IX.

Exception pour les accusés de crimes non capitaux.

N'ENTENDONS néanmoins empêcher que les accusés de crimes non capitaux ne puissent, après l'interrogatoire, conférer avec qui bon leur semblera.

Lecture ayant été faite de cet Article :

M. le premier président a dit, que l'article engagera les juges à opiner deux fois sur une même affaire, séparant le droit d'avec le fait, suivant l'usage de la Rotte. Il faudra qu'ils jugent d'abord si le crime est capital, & ensuite si l'accusé est convaincu. Qu'en matiere de fausseté, il est difficile d'en faire une exacte distinction, les especes en étant entiérement différentes; & il sera même bien difficile qu'un juge ne témoigne en quelque maniere le jugement qu'il voudra rendre à l'accusé, qui en sera pareillement informé, & en tirera ses avantages.

M. le président de Novion a dit, qu'il n'est pas en la liberté de l'accusé de demander d'être mis sur le préau après qu'il a prêté l'interrogatoire, mais qu'il dépend du juge de l'ordonner. Que cependant par l'article l'on donne un titre à l'accusé pour pouvoir obliger les juges de délibérer si le crime est capital, ou s'il ne l'est pas. Que la conséquence en seroit dangereuse; parce qu'il pourra arriver que dans un procès qu'il instruira à l'ordinaire, il surviendra de nouvelles preuves après l'interrogatoire de l'accusé, qui rendront le crime prévôtal.

M. Pussort a dit, que quand la loi seroit ôtée, il faudroit que le juge opinât sur le fait & sur le droit; & qu'ainsi l'article ne fait point d'inconvénient, & qu'il ne change rien à l'usage observé dans toutes les jurisdictions du royaume, qui est de ne pas interdire aux accusés de conférer avec qui bon leur semble, après qu'ils ont été interrogés, lorsqu'il n'est point question de crime capital. Qu'il est facile d'en faire la différence.

Et qu'à l'égard du crime de faux, la qualité du fait, comme il seroit posé, & celles des parties pourroient suffire pour en faire les distinctions; mais que pour prévenir toute difficulté, on pourroit tourner l'article en ces termes: *pourront néanmoins les juges, après l'interrogatoire, permettre aux accusés de conférer avec qui bon leur semblera, si le crime n'est pas capital.*

M. Talon a dit, que comme il y a souvent difficulté pour savoir quels crimes doivent être estimés capitaux, que même le terme est équivoque, que tantôt il s'entend de ceux qui méritent la mort, tantôt de ceux qui emportent confiscation, que les loix appellent *maximam capitis diminutionem*, il est à craindre que cet article ne produise souvent des difficultés qu'on aura peine à résoudre: car encore que par l'usage on accorde souvent aux accusés la liberté de communiquer avec leurs proches ou leurs amis, cela dépend du ministere & de la discrétion du juge; au lieu que par cet article le juge ne peut refuser cette permission, qu'il ne déclare en même tems que l'accusé est prévenu d'un crime capital.

☞ *Après toutes ces observations, le présent article a été rédigé de la même maniere que M. Pussort l'a proposé, en ces termes:*

ARTICLE IX. Pourront les juges, après l'interrogatoire, permettre aux accusés de conférer avec qui bon leur semblera, si le crime n'est pas capital.

ARTICLE X.

Représentation des hardes, pieces, &c.

Les hardes, meubles & pieces servans à la preuve, seront représentés à l'accusé lors de son interrogatoire, & les papiers & écritures paraphés par le juge & l'accusé: sinon sera fait mention de la cause de son refus; & sera l'interrogatoire continué sur les faits & inductions résultans des hardes, meubles & pieces de l'accusé.

Lecture

Lecture faite de cet Article, il a été trouvé bon.

☞ *Quoique cet article ait été approuvé, on a ensuite trouvé à propos d'y faire une addition considérable, comme on le peut voir dans l'article qui est dans l'ordonnance, de cette maniere:*

ARTICLE X. Les hardes, meubles & pieces servans à la preuve, seront représentées à l'accusé lors de son interrogatoire, & les papiers & écritures paraphés par le juge & l'accusé; sinon sera fait mention de la cause de son refus, & sera l'interrogatoire continué sur les faits & inductions résultantes des hardes, meubles & pieces, & l'accusé tenu de répondre sur le champ, & sans qu'il lui en soit donné autre communication; si ce n'est ès cas mentionnés en l'article VIII ci-dessus, après néanmoins que l'interrogatoire aura été achevé.

ARTICLE XI.

Interrogatoire de ceux qui n'entendent pas la langue françoise.

SI l'accusé est étranger, & n'entend pas la langue françoise, l'interprete ordinaire, ou, s'il n'y en a point, celui qui sera nommé d'office par le juge, après avoir prêté serment, expliquera à l'accusé les interrogatoires qui lui seront faits par le juge, & au juge les réponses de l'accusé; & sera le tout écrit en langue françoise, signé par le juge, l'interprete & l'accusé: sinon mention sera faite de son refus.

Après la lecture de l'Article XI:

M. le premier président a dit, que l'article ne comprend que les étrangers; que cependant il y a des François d'une province du royaume, qui n'entendent pas le langage d'une autre. Que, par exemple, un Bas-Breton n'entendra pas le françois tel qu'on le parle à Paris: qu'il semble nécessaire de l'expliquer. Que l'on pourroit demander aussi, sur ce sujet, si un étranger qui n'entendroit point la langue françoise, pourroit être interrogé en latin: qu'il en avoit vu un exemple en la personne d'un Allemand, que défunt M. le président de Bailleul interrogea en langue latine.

M. Pussort a dit, que pour comprendre dans l'article les sujets du roi, aussi-bien que les étrangers, l'on pourroit mettre ces mots: *si l'accusé n'entend pas la langue françoise*, au lieu de ceux, *s'il est étranger.* Et qu'à l'égard de la langue latine, il ne croyoit pas que l'on en dût user dans les interrogatoires, non plus que dans les autres actes: l'ordonnance de 1539 ayant défendu de rédiger aucun acte en cette langue, parce qu'il n'y a que celle du prince dont on se puisse servir en justice.

☞ *Cet article a été arrêté de cette maniere:*

ARTICLE XI. Si l'accusé n'entend pas la langue françoise, l'interprete ordinaire; ou, s'il n'y en a point, celui qui sera nommé d'office par le juge, après avoir prêté serment, expliquera à l'accusé les interrogatoires qui lui seront faits par le juge, & au juge les réponses de l'accusé: & sera le tout écrit en langue françoise, signé par le juge, l'interprete & l'accusé; sinon mention sera faite de son refus de signer.

ARTICLE XII.

De la minute de l'interrogatoire.

NE sera fait aucune rature ni interligne dans la minute des interrogatoires; & si l'accusé y fait quelque changement, il en sera fait mention dans la suite de l'interrogatoire.

☞ *Cet article a passé sans aucun changement.*

ARTICLE XIII.

Lecture en sera faite à l'accusé.

L'INTERROGATOIRE sera lu à l'accusé à la fin de chacune séance, coté & paraphé par le juge en toutes ses pages, & signé par lui & par l'accusé, s'il veut ou sait signer; sinon sera fait mention de son refus: le tout à peine de nullité, & de tous dépens, dommages & intérêts contre le juge.

☞ *On a fait quelques changemens dans l'article XIII qui est dans l'ordonnance, en ces termes:*

ARTICLE XIII. L'interrogatoire sera lu à l'accusé à la fin de chacune séance, coté & paraphé en toutes ses pages, & signé par le juge & par l'accusé, s'il veut ou sait signer, sinon sera fait mention de son refus: le tout à peine de nullité, & de tous dépens, dommages & intérêts contre le juge.

ARTICLE XIV.

Commissaires du châtelet, quand pourront interroger.

LES commissaires de notre châtelet de Paris pourront interroger pour la premiere fois les accusés pris en flagrant délit, les domestiques accusés par leurs maîtres, & ceux contre lesquels il y aura décret d'ajournement personnel seulement.

ARTICLE XV.

Interrogatoire peut être réitéré.

L'INTERROGATOIRE pourra être réitéré toutes les fois que le cas le requerra, & sera chaque interrogatoire mis en cahier séparé.

ARTICLE XVI.

Défenses aux juges de rien prendre des prisonniers.

DÉFENDONS à nos juges & à ceux des seigneurs de prendre, recevoir ni se faire avancer aucune chose par les prisonniers, pour leur interrogatoire ou pour aucuns autres droits par eux prétendus : sauf à se faire payer de leurs droits par la partie civile, s'il y en a.

☞ *Ces trois derniers articles ont été trouvés bons, & ils sont dans l'ordonnance sans aucun changement.*

ARTICLE XVII.

Communication des interrogatoires.

LES interrogatoires seront incessamment communiqués à nos procureurs ou à ceux des seigneurs pour prendre droit par eux, ou requérir ce qu'ils aviseront sans aucun frais ni droits.

Lecture faite de l'Article :

M. le premier président a dit, que l'on ôte par cet article, aux procureurs du roi, des droits qui leur appartiennent, & qu'ils ont perçus de tout tems.

M. Pussort a réparti, que l'on pouvoit joindre cet article à l'article premier du titre X, qui défend aux procureurs du roi, & à ceux des seigneurs, de ne rien prendre pour les informations.

☞ *L'on a retranché de cet article la clause qui porte que les conclusions seront données* sans aucuns droits ni frais. *C'est le seul changement qu'on ait fait dans cet article.*

ARTICLE XVIII.

Ils seront communiqués à la partie civile.

Sera aussi donné communication des interrogatoires à la partie civile, en toutes sortes de crimes.

ARTICLE XIX.

Quand l'accusé peut prendre droit par les charges.

L'accusé de crime auquel il n'écheoit peine afflictive, pourra prendre droit par les charges, après avoir subi l'interrogatoire.

Ces deux Articles ont passé sans aucun changement.

ARTICLE XX.

Si les procureurs du roi & autres, prennent droit par les charges.

Si nos procureurs ou ceux des seigneurs, & la partie civile, sont reçus à prendre droit par interrogatoire, & l'accusé par les charges, la partie civile pourra donner sa requête contenant ses demandes, & l'accusé ses réponses, dans le délai qui sera ordonné ; passé lequel sera procédé au jugement, encore que les requêtes & les réponses n'aient point été fournies.

Lecture faite de cet Article :

M. le premier président a dit, que l'abrogation des *appointemens à ouïr droit*, lui avoit paru bonne ; mais qu'il étoit à craindre que la voie dont l'article se sert, ne produisît le même effet.

M. Pussort a dit, que l'on avoit particuliérement recherché dans l'article le retranchement des frais : qu'on ne doit prendre qu'un écu pour la requête, au lieu que les *défenses par atténuation* sont souvent composées de quantité de rôles, dont les frais entrent en taxe.

☞ *L'article XX a été inséré dans l'ordonnance sans aucun changement.*

ARTICLE XXI.

Quand l'accusé doit être ouï sur la sellette.

AVANT le jugement des procès, les accusés seront interrogés sur la sellette, si en premiere instance les conclusions de nos procureurs ou de ceux des seigneurs, & si en cause d'appel les conclusions de nos procureurs généraux, ou la sentence, portent condamnation de peine afflictive.

Lecture faite de cet Article, il a passé.

☞ *Dans la suite on y a fait quelque changement à l'égard de l'expression, de cette maniere :*

ARTICLE XXI. Si pardevant les premiers juges les conclusions de nos procureurs ou de ceux des seig eurs, & en nos cours les sentences dont est appel, ou les conclusions de nos procureurs généraux, portent condamnation de peine afflictive, les accusés seront interrogés sur la sellette.

ARTICLE XXII.

Cet interrogatoire sera envoyé.

L'INTERROGATOIRE prêté sur la sellette pardevant le juge des lieux, sera envoyé en nos cours avec le procès, quand il y aura appel, à peine de cent livres d'amende contre le greffier.

ARTICLE XXIII.

Comment les curateurs & les interpretes seront interrogés.

LES curateurs & les interpretes seront interrogés derriere le bureau, encore que les conclusions & la sentence portent peine afflictive contre l'accusé.

☞ *Ces deux derniers articles ont été trouvés bons, & l'on n'y a fait aucun changement.*

TITRE XV.

Des récolemens & confrontations.

ARTICLE I.

Comment le juge ordonnera le récolement.

Si l'accusation mérite d'être instruite, le juge ordonnera que les témoins ouïs ès informations, & autres qui pourront être ouïs de nouveau, seront récolés en leurs dépositions, & si besoin est, confrontés à l'accusé ; & pour ce effet assignés dans un délai compétent, suivant la distance des lieux, la qualité de la personne & de la matiere.

Lecture faite de cet Article :

☞ *Il a été trouvé bon, & l'on n'y a fait aucun changement.*

ARTICLE II.

Peine contre les témoins défaillans.

Les témoins défaillans seront, pour le premier défaut, condamnés à l'amende ; & en cas de contumace, contraints par corps, suivant qu'il sera ordonné par le juge.

Lecture ayant été faite de cet Article :

M. le premier président a dit, qu'il étoit bon de faire obéir les témoins ; mais que la contrainte par corps étoit peut-être une peine trop forte.

M. Pussort a dit, qu'il ne falloit point autoriser la contumace : qu'un témoin étoit suffisamment averti lorsqu'il l'avoit été deux fois & condamné à l'amende, & que la peine ne regarde que les refusans.

☞ *Cet article a été conservé sans aucun changement.*

ARTICLE III.

Récolement ne sera fait sans être ordonné : exception.

NE pourra être procédé au récolement des témoins, qu'il n'y ait jugement qui l'ait ordonné. Pourront néanmoins les témoins fort âgés, malades, valétudinaires, prêts à faire voyage, ou pour quelqu'autre urgente nécessité, être répétés avant qu'il y ait aucun jugement qui l'ordonne ; & ne vaudra la répétition du témoin pour confrontation contre le contumax, qu'après qu'il aura été ainsi ordonné par le jugement de défaut & de contumace.

Lecture faite de cet Article, il a été trouvé bon.

☞ *On y a néanmoins changé ces mots :* qu'il n'y ait jugement qui l'ait ordonné, *en ceux-ci :* qu'il n'ait été ordonné par jugement. *On a encore ajouté ces mots à la fin de l'article,* & de contumace. *Voici de quelle maniere il est dans l'ordonnance :*

ARTICLE III. Ne pourra être procédé au récolement des témoins qu'il n'ait été ordonné par jugement. Pourront néanmoins les témoins fort âgés, malades, valétudinaires, prêts à faire voyage, ou pour quelqu'autre urgente nécessité, être répétés avant qu'il y ait aucun jugement qui l'ordonne ; & ne vaudra la répétition du témoin pour confrontation contre le contumax, qu'après qu'il aura été ainsi ordonné par le jugement de défaut & de contumace.

ARTICLE IV.

Témoins seront récolés, quoique ouïs par un conseiller.

LES témoins seront récolés, encore qu'ils aient été ouïs pardevant un des conseillers de nos cours, & que le même soit commis pour faire le récolement.

Lecture faite de cet Article, il a passé.

☞ *Dans la suite, on a mis à la fin de l'article :* & que le récolement se fasse pardevant lui, *au lieu de ces mots :* & que le même soit commis pour faire le récolement.

ARTICLE V.

Formalité du récolement.

LES témoins seront récolés séparément, & seront, après serment & lecture faite de leur déposition, interpellés de déclarer s'ils y veulent ajouter ou diminuer ; & s'ils y persistent, sera écrit ce qu'ils y voudront ajouter ou diminuer, & lecture à eux faite du récolement, qui sera paraphé & signé dans toutes ses pages par le juge & par le témoin, s'il sait ou veut signer; sinon sera fait mention de son refus.

☞ *L'on n'a fait aucun changement dans le présent article.*

ARTICLE VI.

Récolement ne sera réitéré.

LE récolement ne sera réitéré, encore qu'il ait été fait pendant l'absence de l'accusé, & que le procès ait été instruit en différens tems, ou qu'il y ait plusieurs accusés.

ARTICLE VII.

Il sera mis dans un cahier séparé.

LE récolement des témoins sera mis dans un cahier séparé des autres procédures.

☞ *Ces deux articles ont été trouvés bons, & l'on n'y a fait aucun changement.*

ARTICLE VIII.

Quand les témoins non-confrontés font preuve.

S'IL est ordonné que les témoins seront récolés & confrontés, la déposition de ceux qui ne l'auront point été, ne fera point de preuve, s'ils ne sont point décédés pendant la contumace.

Après la lecture de cet Article :

M. le premier président a dit, que les termes de l'article semblent contraires au sens que l'on y a voulu donner; & qu'au lieu de mettre : *ceux qui ne l'auront été*, il faut mettre : *ceux qui auront été récolés.*

M. Talon a dit, que le sens de cet article est que les témoins qui n'ont été récolés ni confrontés, ne peuvent faire décharge; & à l'égard de ceux qui ont été récolés & non-confrontés, ils ne feront point pareillement de charge, à moins qu'il n'y ait un jugement qui ordonne que le récolement vaudra confrontation, & qu'ils soient décédés ou absens depuis la contumace; mais il semble que cela auroit besoin d'être plus nettement expliqué.

M.

M. Pussort a dit, que c'est un vice de clerc, & qu'il faut réformer l'article, suivant l'observation qui en a été faite.

☞ *Cet article a été rectifié par l'addition de ce mot,* confronté, *qui a été mis après ceux-ci :* la déposition de ceux qui ne l'auront point été. *C'est le seul changement qu'on ait fait dans l'article.*

ARTICLE IX.

Quand on pourra ordonner le récolement & la confrontation qui n'aura été faite.

DANS les crimes esquels il écheoit peine afflictive, les juges pourront ordonner le récolement & la confrontation des témoins qui n'aura été faite, si leurs dépositions font charge considérable.

ARTICLE X.

Effet de la déposition d'un témoin non-récolé ni confronté.

DANS la visite du procès, sera fait lecture de la déposition des témoins qui vont à la décharge, quoiqu'ils n'aient été récolés ni confrontés, pour y avoir égard par les juges.

☞ *Ces deux articles ont été trouvés bons, & l'on n'y a fait aucun changement.*

ARTICLE XI.

Peine contre les témoins qui se rétractent.

LES témoins qui depuis le récolement retracteront leurs dépositions, ou les changeront dans des circonstances essentielles, seront poursuivis & punis comme faux témoins.

Lecture faite de l'Article XI :

M. le premier président a dit, que cet article sembloit inutile, & même de dangereuse conséquence, en ce qu'il veut absolument qu'on poursuive les témoins qui se rétracteront à la confrontation, comme de faux témoins.

Qu'on ne doute point qu'un témoin qui change entiérement sa déposition à la confrontation, après avoir persisté au récolement, ou qui varie dans une circonstance qui peut aller à établir ou affoiblir la preuve, ne soit considéré, généralement parlant, comme un faux témoin; mais qu'il peut être dangereux d'en faire une loi si exacte, parce que quelquefois un accusé peut redresser un témoin à la confrontation en des circonstances considérables, & le faire souvenir de la vérité d'un fait qui lui auroit échappé. Cela se peut faire quelquefois de bonne foi de la part des accusés, & de la part des témoins; & c'est rendre la condition de l'accusé bien plus mauvaise, si on oblige le témoin à ne se point rétracter à la confrontation, à moins que d'être traité comme criminel. Que tout est contre l'accusé jusqu'à la confrontation; car c'est-là où il commence à se reconnoître, & à être informé de la qualité du crime & de la preuve: c'est pourquoi il sembloit plus à propos de laisser cela à la discrétion du juge, qui peut connoître si la contrariété qui se trouve entre la déposition, le récolement & la confrontation du témoin, vient de sa mauvaise foi, ou bien de son ignorance.

M. Pussort a dit, que jusqu'ici il a passé pour une loi constante établie par les auteurs, & confirmée par l'usage, que tout homme qui a prêté deux sermens à la face de la justice, ne peut changer impunément. Que l'on a assujetti les juges à faire récoler les témoins, afin de leur laisser la liberté de rappeller leur mémoire sur les circonstances du fait qu'ils auront avancé; mais lorsqu'ils ont persisté en leurs dépositions, par le moyen du récolement, ils ont engagé leur témoignage à la justice, & leur rétractation ne peut être considérée que comme l'effet d'une subornation. La déposition confirmée par le récolement a mis en péril la vie de l'accusé. Que lui, qui parle, se souvenoit d'avoir envoyé des témoins prisonniers, pour s'être rétractés dans la confrontation. Que l'usage étoit de leur faire leur procès, encore qu'ils n'eussent point été corrompus, par la seule raison de l'engagement des deux premiers sermens. Que l'on en avoit un exemple tout récent dans le procès de Lamiere; & l'on sait qu'il ne fut point condamné pour avoir été corrompu, mais seulement pour n'avoir pu soutenir, lors de la confrontation, ce qu'il avoit avancé par sa déposition, & soutenu dans le récolement. Que l'on avoit cru l'article nécessaire à la sûreté publique; & bien loin de produire de faux témoins, dans la nécessité où il les jette de soutenir leur témoignage vrai ou faux, lors de la confrontation, qu'au contraire il obligera les témoins à s'observer, & à ne pas rendre légérement leurs dépositions.

M. le premier président a dit, qu'il semble que l'on pourroit prendre un tempérament, qui seroit de mettre que l'article n'entendroit comprendre que ceux qui se rétracteroient absolument, & non pas ceux qui ne feroient que varier dans quelque circonstance, qui ne seroit pas tout-à-fait essentielle.

M. Pussort a répondu, que ces mots de *circonstance essentielle*, se trouvent dans l'article, & satisfont à tout; qu'ainsi il n'y a rien à y ajouter.

☞ *Nonobstant les réflexions faites par M. le premier président, cet article a été conservé sans changement.*

ARTICLE XII.

Les accusés seront en prison pendant la confrontation.

Les accusés contre lesquels il y aura originairement décret de prise de corps, seront en prison pendant le tems de la confrontation, & en sera fait mention dans la procédure.

Après la lecture de l'Article XII:

M. le premier président a dit, qu'il y a un cas dans lequel l'article ne peut être exécuté : savoir, lorsqu'en jugeant l'appel, les juges souverains ne trouveront pas qu'il y ait lieu de décerner de prise de corps, & renverront l'accusé en état d'ajournement personnel pardevant les premiers juges.

M. Pussort a dit, que si les premiers juges ont bien jugé, il faut confirmer leur jugement; & que s'il est mal rendu, il faut l'infirmer, & renvoyer les parties pardevant un autre juge.

M. le président de Novion a dit, qu'un accusé qui se fera remis volontairement dans les prisons de la conciergerie, sur l'appel d'un décret de prise de corps décerné par le lieutenant criminel de Lyon, ne sera pas renvoyé dans les prisons de Lyon avec des gardes pour le conduire : qu'il y auroit trop de dureté.

M. Talon a dit, qu'il n'y a point d'inconvénient d'obliger un accusé, contre lequel il y auroit décret de prise de corps, de se mettre en état pour subir la confrontation, à moins qu'il n'en soit dispensé par le juge supérieur : car comme les premiers juges ne doivent pas décerner légérement prise de corps, il ne leur doit pas être permis de convertir ensuite ce décret en ajournement personnel. Mais il arrive tous les jours que lorsque l'on plaide au parlement l'appel d'une procédure criminelle & d'un décret de prise de corps, l'on renvoie les accusés pour l'instruction desdits procès, en état d'ajournement personnel; & il n'y a rien en cela qui soit contraire au bien de la justice. De sorte qu'il faudroit, ce semble, ajouter à l'article, *si ce n'est qu'en jugeant les appellations, il ne soit autrement ordonné.*

M. Pussort a dit, que l'on pouvoit mettre une exception dans l'article, pour laisser la liberté aux juges supérieurs de renvoyer un accusé, contre lequel il y aura eu décret de prise de corps, en état d'ajournement personnel, pour subir la confrontation pardevant les premiers juges. Qu'il le falloit proposer au roi.

☞ *L'addition proposée par M. l'avocat général Talon a été faite, & le présent article a été rédigé de cette maniere :*

ARTICLE XII. Les accusés contre lesquels il y aura originairement décret de prise de corps, seront en prison pendant le tems de la confrontation, & en sera fait mention dans la procédure, si ce n'est que par nos cours, en jugeant les appellations, il en ait été autrement ordonné.

ARTICLE XIII.

Formalité des confrontations.

Les confrontations seront écrites dans un cahier séparé, & chacune en particulier, paraphée & signée du juge dans toutes les pages par l'accusé & par le témoin, s'ils savent ou veulent signer; sinon sera fait mention de la cause de leur refus.

☞ *Cet article a passé, & il est dans l'ordonnance sans changement.*

ARTICLE XIV.

Confrontation du témoin à l'accusé.

Pour procéder à la confrontation du témoin, l'accusé sera mandé; & après le serment par eux prêté en présence l'un de l'autre, le juge interpellera le témoin de déclarer si l'accusé, qui lui est représenté, est celui dont il a entendu parler dans sa déposition & son récolement, & demandera aussi à l'accusé s'il connoît le témoin: & seront leurs déclarations & reconnoissances écrites par le greffier.

Lecture faite de cet Article:

M. l'avocat général Talon a dit, que l'usage du parlement, du châtelet, & de la plupart des autres jurisdictions, est que l'on interpelle le témoin & l'accusé de se reconnoître, avant que l'accusé fournisse de reproches, & que l'on fasse lecture de la déposition; que le témoin déclare si l'accusé qui lui est représenté, est celui dont il a entendu parler; & l'on ne voit point de nécessité ni de raison apparente pour changer cet usage & en introduire un nouveau.

M. Pussort a dit, que cet usage n'est point universellement observé dans toutes les compagnies. Que dans les confrontations qui ont été faites à la chambre de justice, l'on a toujours demandé au témoin si l'accusé étoit celui dont il avoit entendu parler par sa déposition, avant qu'elle eût été lue; mais qu'il paroissoit meilleur de faire cette interpellation après la lecture de la déposition, & que cela pouvoit être mis dans l'article.

☞ *L'article XIV a été réformé de cette maniere:*

ARTICLE XIV. Pour procéder à la confrontation du témoin, l'accusé sera mandé;

& après le serment prêté par le témoin & par l'accusé, en présence l'un de l'autre, le juge les interpellera de déclarer s'ils se connoissent.

ARTICLE XV.

Lecture des premiers articles de la déposition.

SERA fait ensuite lecture à l'accusé des premiers articles de la déposition du témoin, contenant son nom, âge, qualité & demeure, la connoissance qu'il aura dit avoir des parties, & s'il est leur parent ou allié.

ARTICLE XVI.

Reproches seront donnés avant la lecture de la déposition.

L'ACCUSÉ sera ensuite interpellé par le juge de fournir sur le champ ses reproches contre le témoin, si aucuns il a ; & averti qu'il n'y sera plus reçu après avoir entendu la lecture de sa déposition, dont sera fait mention.

ARTICLE XVII.

Témoins enquis de la vérité des reproches.

LES témoins seront enquis de la vérité des reproches, & ce que le témoin & l'accusé diront, sera écrit.

☞ *Les trois derniers articles sont dans l'ordonnance sans aucun changement.*

ARTICLE XVIII.

Après les reproches, lecture sera faite de la déposition.

APRÈS que l'accusé aura fourni ses reproches, ou déclaré qu'il n'en veut point fournir, lecture lui sera faite de la déposition & du récolement du témoin, avec interpellation de déclarer s'ils contiennent vérité ; & ce qui sera dit par l'accusé & par le témoin, sera aussi rédigé par écrit.

☞ *Ensuite des observations faites sur l'article XIV, on a inséré dans celui-ci les mots suivans :* & si l'accusé est celui dont il a entendu parler dans ses dépositions & récolemens. *Voici de quelle maniere cet article est rédigé :*

ARTICLE XVIII. Après que l'accusé aura fourni ses reproches, ou déclaré qu'il n'en veut point fournir, lecture lui sera faite de la déposition & du récolement du témoin, avec interpellation de déclarer s'ils contiennent vérité, & si l'accusé est celui dont il a entendu parler dans ses dépositions & récolement ; & ce qui sera dit par l'accusé & le témoin, sera aussi rédigé par écrit.

ARTICLE XIX.

Quand l'accusé sera forclos de fournir des reproches.

L'ACCUSÉ ne sera plus reçu à fournir des reproches contre les témoins, après qu'il aura entendu la lecture de sa déposition.

ARTICLE XX.

Limitation.

POURRA néanmoins en tout état de cause proposer des reproches, s'ils sont justifiés par écrit.

☞ *L'on n'a fait aucun changement dans ces deux derniers articles.*

ARTICLE XXI.

Nullité des déclarations des témoins : peine.

DÉFENDONS aux juges d'avoir égard aux déclarations faites par les témoins depuis la confrontation, lesquelles nous déclarons nulles. Voulons qu'elles soient rejettées du procès ; & néanmoins le témoin qui l'aura faite, & la partie qui l'aura produite, condamnés chacun à quatre cens livres d'amende envers nous.

Lecture ayant été faite de ces Articles :

M. le premier président a dit, que la peine de cet article n'étoit pas assez forte, & qu'il étoit plus juste de faire le procès à un témoin qui donne déclaration pour détruire sa déposition, lorsque la confrontation a été faite, qu'à celui qui se rétracte lors de la confrontation.

M. Pussort a dit, qu'il y avoit grande différence entre la rétractation d'un témoin & la confrontation, & la déclaration que l'on peut exiger de lui par autorité ou par corruption lorsque l'instruction est parfaite ; parce qu'il est beaucoup plus facile de surprendre la déclaration d'un témoin, auquel on fait entendre qu'elle ne lui peut faire de préjudice, ayant consommé tout ce qui étoit de son fait par la confrontation, que de l'obliger de faire un faux serment en justice lorsqu'il est confronté. Mais comme l'article déclare nulles toutes déclarations, elles deviendront si rares dans la suite, que l'on n'en devoit pas appréhender l'abus, & que l'on pourroit y ajouter, *d'en faire en quelque tems, & de quelque qualité qu'elles puissent être.*

M. le président de Novion a dit, que l'article ne laissera pas d'embarrasser la religion du juge.

M. le premier président a ajouté, qu'en effet il falloit faire différence entre ce qui se fait lors de la confrontation, & de la déclaration qui se donne hors du jugement: que l'un & l'autre pouvoient bien être appellés un témoignage, mais qu'ils n'étoient pas tous deux rendus par un témoin. Que cette différence avoit son principe dans la raison, qui ne donne de l'autorité & de la foi au témoignage d'un homme, & ne le fait considérer comme témoin, qu'après qu'il a prêté serment & déposé devant un juge. C'est sur cette considération qu'est fondée la maxime qui dit: *testibus, non testimoniis, fides adhibenda.* Mais quoique les juges fassent grande différence entre la déposition d'un témoin, & qu'un témoignage de cette qualité ne fasse pas de foi en justice, il ne laisse pas de convaincre le témoin de mauvaise foi & de fausseté: il le rend par conséquent fort punissable.

M. Pussort a dit, que l'ordonnance ne pouvoit pas aller plus loin que la nullité & la condamnation d'amende; mais qu'il croyoit que l'on pouvoit faire l'article général, & annuller toutes les déclarations rendues hors jugement.

M. Boucherat a dit, qu'il seroit peut-être suffisant d'ajouter à la fin de l'article: *ou autre plus grande peine, s'il y écheoit.*

M. Talon a dit, qu'encore que la peine établie par cet article, contre le témoin qui donne une déclaration contraire à sa déposition, paroisse légere, & qu'il semble que celui qui se rétracte par une déclaration contraire à la déposition qu'il a rendue en justice, doive être traité comme un faux témoin, néanmoins les déclarations étoient souvent extorquées par violence ou par surprise dans la débauche: elles ne sont pas si criminelles qu'une rétractation faite en présence du juge: elles ne doivent être d'ailleurs d'aucune considération; & puisque cette maxime, tirée de la jurisprudence romaine, est incontestable, c'est avec beaucoup de raison que l'on ordonne que ces déclarations doivent être rejettées comme nulles; & que l'on défend aux juges d'y avoir aucun égard.

☞ *L'ouverture faite par M. Boucherat a été suivie, & l'on a ajouté à l'article cette clause:* & autre plus grande peine, s'il y écheoit. *C'est le seul changement qu'on ait fait dans cet article.*

ARTICLE XXII.

Ce qui sera fait, si l'accusé remarque quelque contrariété dans la déposition.

SI l'accusé remarque dans la déposition quelque contrariété ou circonstance qui puisse éclaircir le fait & justifier son innocence, il pourra prier le juge d'interpeller le témoin de les reconnoître, saus pouvoir lui-même faire l'interpellation; & seront les remarques, interpellations, reconnoissances & réponses, aussi rédigées par écrit.

ARTICLE XXIII.

Extension aux autres confrontations.

TOUT ce que dessus aura lieu dans les confrontations qui seront faites des accusés les uns aux autres.

ARTICLE XXIV.

Si la procédure est nulle, le juge la refera à ses frais.

S'IL est ordonné que les témoins seront ouïs une seconde fois, ou le procès fait de nouveau, à cause de quelque nullité dans la procédure, le juge qui l'aura commise sera condamné d'en faire les frais & payer les vacations de celui qui y procédera, & encore les dommages & intérêts de toutes les parties.

☞ *Ces articles ont été trouvés bons, & l'on n'y a fait aucun changement, excepté dans l'article XXII, au commencement duquel, après ces mots;* dans la déposition, *on a ajouté,* du témoin.

TITRE

TITRE XVI.

Des lettres d'abolition, rémiſſion, pardon, &c.

ARTICLE I.

Lettres d'abolition, pour quels crimes ſeront accordées.

LES lettres d'abolition ſeront accordées ſeulement pour les crimes qui méritent peine de mort, & qui ſeroit encourue avec les lettres de rémiſſion.

ARTICLE II.

Quand, & comment ſeront ſcellées.

ELLES ne pourront être ſcellées qu'après avoir été ſignées par un ſecretaire de nos commandemens, après en avoir pris nos ordres.

ARTICLE III.

Forme des lettres d'abolition.

TOUTES les circonſtances du fait y ſeront déduites, & ne pourront plus contenir la clauſe, que le cas eſt pardonné & aboli, en quelque ſorte & maniere qu'il ſoit arrivé.

Lecture ayant été faite de ces trois Articles:

M. le chancelier a dit, que le roi lui feroit la grace de prendre connoiſſance de ces articles, & de juger s'ils ſont conformes aux ordonnances.

M. le premier préſident a dit, qu'après cela il n'avoit rien à dire ſur ces articles.

☞ *Ces trois premiers articles ont été ſupprimés.*

ARTICLE IV.

Comment elles seront entérinées.

ENJOIGNONS à nos cours & autres juges, auxquels l'adresse en sera faite, de les entériner incessamment, si elles sont conformes aux charges & informations.

Lecture faite de l'Article IV:

M. le premier président a dit, que l'usage avoit toujours mis beaucoup de différence entre les lettres d'abolition & les lettres de rémission; mais que l'ordonnance que l'on examinoit étoit la premiere qui eût parlé nettement de cette abolition. Qu'elles n'étoient point autorisées dans la justice, parce que le mot d'*abolition* est un terme de puissance absolue qui fait trembler les loix, & suspend les effets de la vengeance publique: *si judicas, cognosce: si regnas, jube.* Que néanmoins on avoit toujous fait deux sortes de remontrances sur ces lettres; l'une de l'atrocité du crime, lorsque les juges y trouvoient de l'indignité; & l'autre, lorsque l'énoncé des lettres n'étoit pas conforme aux charges: parce que l'on présumoit que le roi n'avoit entendu remettre à l'accusé, que le crime énoncé dans les lettres: *si preces, veritate nitantur;* ensorte qu'elles n'auroient peut-être pas été accordées, si le roi avoit été informé de la vérité du fait. Que cependant l'article ne marque point ce que les compagnies souveraines auront à faire dans ces rencontres: que le parlement auroit à desirer que le roi eût agréable de lui faire savoir ses intentions là-dessus.

M. le chancelier a dit, qu'à l'égard de l'atrocité du crime, les remontrances pourroient être faites; mais qu'en cas que l'exposé ne fût pas conforme aux informations, les juges pouvoient passer outre au jugement du procès.

M. Pussort a dit, que lettres de rémission sont lettres de justice, & les abolitions sont pures graces émanées de l'autorité du prince; mais que l'article ne défendoit pas aux juges de faire des remontrances au roi, & sur l'atrocité du fait, & sur le faux exposé des lettres. Que si néanmoins cela formoit quelque doute, on le pourroit exprimer dans l'article.

M. Talon a dit, qu'il y a deux choses qui peuvent empêcher d'entériner les lettres d'abolition: l'une, quand le crime est énorme: & l'autre, quand les lettres ne sont pas conformes aux informations. Au premier cas, les juges n'ont autre pouvoir que de représenter au prince l'atrocité du fait, & lui faire comprendre combien la justice souffre, par l'indulgence que l'on apporte à pardonner des crimes qui offensent la société civile, & méritent un châtiment exemplaire. Il n'en est pas de même quand les informations ne sont pas conformes aux lettres; car alors le crime que l'on punit, n'est point celui que le prince a pardonné; mais un autre tout différent, duquel il n'auroit point accordé la grace, s'il lui avoit été représenté dans ses véritables circonstances.

En effet, les déguisemens ne se font jamais que lorsque l'on désespere d'obtenir l'abolition du crime, si on le représentoit tel qu'il est arrivé: outre que celui qui impose au roi, en lui déguisant le crime qu'il a commis, pour surprendre sa religion, mérite plutôt punition que grace, pour son mensonge. Et si l'on établit une fois, que quand les informations seront entiérement différentes de l'énoncé des lettres d'abolition, on ne puisse débouter l'impétrant de ses lettres, il n'y a point de crime, si énorme qu'il puisse être, qui ne demeure impuni; car un accusé ayant obtenu des lettres d'abolition, sur des faits entiérement supposés, les juges aimeront mieux les entériner que de s'exposer à faire des remontrances, & pour cet effet députer des officiers, & envoyer des informations. Quand même le zele de la justice les engageroit à entreprendre toutes ces démarches, le premier pas étant fait, le roi aura peine à rétracter sa grace; & au lieu que dans l'article III on croit avoir fait quelque chose d'important en faveur de la justice, en ôtant des lettres d'abolition cette clause, *en quelque sorte & maniere que le fait soit arrivé*, elle se trouvera à l'avenir implicitement dans toutes les lettres d'abolition.

L'effet de cette clause étoit pour empêcher que les juges, sous prétexte du changement de quelque circonstance, ne déboutassent l'impétrant de l'effet de ses lettres; ce qui marque assez que l'usage a toujours été, que quand les lettres d'abolition n'étoient pas conformes aux charges, les juges n'étoient point obligés d'y avoir égard; parce qu'en cela on pouvoit dire que le coupable n'a point véritablement de lettres, le crime dont il étoit convaincu n'étant point celui que le roi lui a pardonné. De sorte qu'il y auroit moins de péril de conserver l'usage de cette clause, *en quelque sorte & maniere que le cas soit arrivé*, pour en user très-rarement, & avec une extrême circonspection; que non pas de vouloir qu'elle ait son effet en toutes sortes de lettres d'abolition, encore qu'elle n'y soit pas insérée.

Il ne faut point craindre que les juges condamnent injustement celui auquel le prince aura pardonné par ses lettres d'abolition: ils se porteront bien plutôt à l'indulgence qu'à la sévérité; c'est à l'accusé qui ne peut ignorer son crime, à l'exposer tout entier, & à ne rien déguiser; puisqu'on peut dire que la justice & la clémence du roi imitent celle de Dieu, qui n'abolit les péchés des hommes que lorsqu'ils ont été sincérement confessés.

M. Pussort a repris, que toutes les lettres d'abolition étoient rapportées devant le roi, qui ne les accorde que rarement, & pour de grandes considérations. Que l'énoncé des lettres pourra exposer le fait un peu moins fortement que n'aura fait un témoin dans sa déposition; & que ce seroit manquer de respect aux ordres du roi, de condamner, sous ce prétexte, un accusé auquel le roi auroit peut-être remis le crime, quand ſa majeſté auroit eu une entiere connoiſſance du mérite des charges.

Qu'au ſurplus la clauſe, *en quelque ſorte & maniere que le cas fût arrivé*, a été retranchée, & que rien ne ſeroit plus dangereux que de la rétablir.

Qu'à l'égard des compagnies ſupérieures qui ont leur établiſſement à Paris, il leur ſera facile de faire des remontrances, & elles pourront apprendre dans peu de tems les intentions du roi ; & à l'égard de celles qui ſont éloignées, il ne ſeroit pas néceſſaire qu'un préſident vînt lui-même faire les remontrances de la compagnie ; mais il ſuffiroit de les envoyer à M. le chancelier qui recevroit les ordres du roi, & en feroit part.

M. le préſident de Novion a dit, qu'il n'y avoit pas d'exemple que l'on eût paſſé outre au jugement d'un procès criminel, au préjudice des lettres d'abolition ; mais qu'il arrivoit ſouvent que l'on faiſoit des remontrances ſur les cas qui ont été marqués.

☞ *Sur les obſervations qui ont été faites touchant les remontrances que les juges peuvent faire ſur l'atrocité du crime, l'on a ajouté à cet article une clauſe qui permet ces remontrances. Comme les trois premiers articles de ce titre ont été ſupprimés, le préſent article eſt le premier dans l'ordonnance, en ces termes :*

ARTICLE I. Enjoignons à nos cours & autres juges, auxquels l'adreſſe des lettres d'abolition ſera faite, de les entériner inceſſamment, ſi elles ſont conformes aux charges & informations. Pourront néanmoins nos cours nous faire remontrances, & nos autres juges repréſenter à notre chancelier ce qu'ils trouveront à propos ſur l'atrocité du crime.

ARTICLE V.

Pour quels cas les lettres de rémiſſion ſeront accordées.

LES lettres de rémiſſion ſeront accordées pour les homicides involontaires ſeulement, ou qui ſeront commis dans la néceſſité d'une légitime défenſe de la vie.

ARTICLE VI.

Pour quels cas celles de pardon ſeront ſcellées.

LES lettres de pardon ſeront ſcellées pour les cas eſquels il n'écheoit peine de mort, & qui néanmoins ne peuvent être excuſés.

Lecture faite de ces deux Articles :

☞ *Ils ont été trouvés bons, & ils ſont les II & III articles dans l'ordonnance.*

ARTICLE VII.

Cas pour lesquels elles ne seront données.

Ne seront données aucunes lettres de rémission ou pardon pour les duels ni pour les assassinats prémédités, tant aux principaux auteurs qu'à ceux qui les auront assistés, pour quelque occasion ou prétexte qu'ils puissent avoir été commis, soit pour venger leurs querelles ou autrement; non plus qu'à ceux qui, à prix d'argent ou autrement, se louent ou s'engagent pour tuer ou outrager, excéder, ou recourre des mains de la justice les prisonniers pour crimes; ceux qui les auront loués ou induits pour ce faire, encore qu'il n'y ait eu que la seule machination ou attentat, & que l'effet ne s'en soit ensuivi; ni à ceux qui auront excédé ou outragé aucuns de nos magistrats ou officiers, huissiers & sergens, exerçant, faisant ou exécutant quelques actes de justice: & si aucunes lettres d'abolition ou rémission étoient expédiées pour les cas ci-dessus, nos cours pourront nous en faire leurs remontrances dans les délais, & en la maniere prescrite par le premier titre de notre ordonnance du mois d'avril 1667.

Après la lecture de cet Article:

M. le premier président a dit, que l'on avoit omis de comprendre dans l'article les lettres d'abolition.

M. Pussort a dit, qu'il est vrai qu'il y avoit une erreur dans l'article, en ce que l'on avoit mis *rémission* dans l'article pour *abolition;* & que cette erreur venoit de ce qu'il avoit été transcrit sur l'ordonnance de Moulins, qui donne aux lettres de rémission la même force qu'ont aujourd'hui celles d'abolition. Que cela pouvoit être réformé dans l'article & dans les autres de ce titre, & que le mot d'*abolition* ne se trouvoit dans aucune ordonnance.

M. Talon a dit, qu'il faut mettre dans tous ces articles le terme d'*abolition*, au lieu de celui de *rémission* ou *pardon;* & il semble qu'aux crimes pour lesquels le roi permet de n'avoir point d'indulgence, il faudroit y ajouter celui de *rapt*, suivant la disposition expresse de l'ordonnance de 1639. Il faut encore expliquer si les lettres d'abolition seront adressées aux baillis & sénéchaux, ou aux présidiaux; & de quelle sorte ces juges pourront s'adresser au roi, pour lui représenter l'atrocité du crime pour lequel l'abolition aura été accordée.

M. Pussort a dit, qu'il y avoit deux sortes de crimes de rapt: l'un de séduction, & l'autre de violence; & que ce dernier pouvoit être joint aux autres cas de l'article. Qu'à l'égard des présidiaux, ils peuvent faire des remontrances comme les compagnies supérieures : qu'ainsi on pourroit mettre dans l'article : *nos cours, & autres nos juges qui jugent en dernier ressort.*

M. le premier président a dit, que les présidiaux n'ont pas droit de faire des remontrances, mais qu'ils peuvent seulement s'adresser à M. le procureur général pour l'inviter; & qu'encore qu'il n'y ait point d'appel de leurs jugemens, néanmoins le parlement conservoit toujours une police supérieure sur ces juges qui étoient obligés, par le devoir de leurs charges, de lui rendre compte dans les occasions importantes, & même d'implorer son autorité pour le bien de la justice.

M. Pussort a dit, que l'ordre le plus naturel seroit de leur prescrire de s'adresser à M. le chancelier.

M. le premier président a dit, qu'il y avoit encore une observation importante à faire sur cet article, qui est qu'il pourroit être suivi d'un très-grand inconvénient, par la relation que l'on lui donne au titre premier de l'ordonnance de 1667, en ce que l'article V de ce titre porte, que les compagnies seront tenues de faire leurs remontrances dans huitaine, après lequel tems les édits, lettres & déclarations, seront tenues pour enregistrées: ce qui ne pourroit être appliqué à l'article, sans accorder l'impunité aux accusés, au même tems qu'on leur accorde des lettres d'abolition; ces sortes de lettres ne pouvant pas être toujours registrées en si peu de tems.

M. Pussort a dit, que quand on a rappellé dans l'article le premier titre de l'ordonnance de 1667, ce n'a pas été dans le dessein que sa disposition y fût appliquée toute entiere: le premier titre de cette ordonnance ne regardant que les affaires publiques, & non pas les particulieres, comme sont généralement toutes lettres de graces & concessions faites à des personnes privées. Que si néanmoins cela demandoit quelque interprétation dans l'article, on pourroit ôter les termes qui rappellent l'ordonnance de 1667.

☞ *En conséquence de toutes les observations qui ont été faites sur le présent article, on y a fait les changemens suivans.*

I. L'on a mis les lettres d'abolition, *au lieu de* rémission ou pardon.

II. On y a ajouté le crime de rapt commis par violence.

III. L'on a retranché la citation de l'ordonnance de 1667.

IV. On a ordonné que les juges inférieurs s'adresseront à M. le chancelier pour faire leurs remontrances.

Le présent article est le IV dans l'ordonnance, & il a été arrêté de cette maniere :

ARTICLE IV. Ne seront données aucunes lettres d'abolition pour les duels ni pour les assassinats prémédités, tant aux principaux auteurs qu'à ceux qui les auront assistés, pour quelqu'occasion ou prétexte qu'ils puissent avoir été commis, soit pour venger leurs querelles ou autrement; ni à ceux qui, à prix d'argent ou autrement, se louent ou s'engagent pour tuer, outrager, excéder, ou recourre des mains de la justice les prisonniers pour crimes; ni à ceux qui les auront loués ou induits pour ce faire, encore qu'il n'y ait eu que la ſeule machination ou attentat, & que l'effet n'en ſoit enſuivi; pour crime de rapt commis par violence; ni à ceux qui auront excédé ou outragé aucuns de nos magiſtrats ou officiers & ſergens, exerçant, faiſant ou exécutant quelque acte de juſtice. Et ſi aucunes lettres d'abolition ou rémiſſion étoient expédiées pour les cas ci-deſſus, nos cours pourront en faire leurs remontrances, & nos autres juges repréſenter à notre chancelier ce qu'ils eſtimeront à propos.

CINQUIEME CONFÉRENCE.

Du mercredi 18 juin 1670.

MONSIEUR Puſſort, avant l'ouverture de la conférence, a dit, qu'il avoit ordre du roi de faire entendre à la compagnie, que l'intention de ſa majeſté étoit de ne point toucher aux trois premiers articles du titre XVI *des lettres d'abolition*, & qu'elle ſe rapportoit à M. le chancelier de les ſupprimer, ou de les rédiger, ainſi qu'il le jugeroit à propos.

Après quoi l'on a continué l'examen des articles contenus au titre XVI.

ARTICLE VIII.

Quelles lettres ſeront ſcellées en la grande chancellerie.

LES lettres d'abolition, celles pour être à droit après les cinq années de la contumace, de rappel de ban ou de galeres, commutation de peine, réhabilitation du condamné en ſes biens & bonne renommée, & deréviſion de procès, ne pourront être ſcellées qu'en notre grande chancellerie, en la forme preſcrite par les articles II & III du préſent titre.

Lecture faite de cet Article :

M. le premier préſident a dit, qu'autrefois on ſcelloit à la petite chancellerie les lettres de rémiſſion, mais qu'il dépend de M. le chancelier de conſerver ou de réformer cet uſage.

M. le chancelier a dit, que l'uſage étoit de préſenter requête au conſeil, tendante à réviſion du procès : que ſi le conſeil jugeoit qu'il y eût lieu d'approfondir l'affaire, l'on rendoit arrêt ſur requête, portant renvoi à meſſieurs les maîtres des requêtes pour donner leur avis, qui enſuite étoit donné & porté au conſeil; & s'il ſe trouvoit en faveur du ſuppliant, il étoit ordonné qu'il ſeroit procédé à la réviſion du procès, & qu'à cet effet les lettres néceſſaires ſeroient expédiées ſur l'arrêt. On prenoit des lettres adreſſantes à la compagnie qui avoit jugé le procès, ſi ce n'eſt qu'il ſe trouvât quelque cause de suspicion, auquel cas on renvoyoit au grand-conseil, ou en quelqu'autre compagnie; lesquelles lettres se prenoient au grand sceau.

☞ *On a retranché de cet article les mots suivans, qui sont à la fin :* en la forme prescrite par les articles II & III du présent titre. *Au surplus, l'article a été conservé, & il est le V dans l'ordonnance.*

ARTICLE IX.

Le jugement sera attaché sous le contre-scel des lettres de rappel.

L'ARRÊT ou le jugement de condamnation sera attaché sous le contre-scel des lettres de rappel de ban ou de galeres, commutation de peine ou de réhabilitation; à faute de quoi les impétrans ne pourront s'en aider, & défendons aux juges d'y avoir égard.

ARTICLE X.

Leur entérinement.

ENJOIGNONS à nos juges, même à nos cours, d'entériner les lettres de rappel de ban ou de galeres, commutation de peine & de réhabilitation, qui leur seront adressées, sans examiner si elles sont conformes aux charges & informations; sauf à nous représenter par nos cours, ce qu'elles jugeront à propos.

ARTICLE XI.

Lettres de révision de procès.

POUR obtenir des lettres de révision de procès, le condamné sera tenu d'exposer le fait avec ses circonstances, par requête qui sera rapportée en notre conseil, & envoyée, s'il est jugé à propos, aux maîtres des requêtes de notre hôtel, pour avoir leur avis, que nous voulons ensuite être rapporté en notre conseil. Et si les lettres sont justes, il sera ordonné par arrêt qu'elles seront expédiées & scellées; & pour cet effet elles seront signées par un secretaire de nos commandemens.

Lecture faite de ces Articles:

☞ *Ils ont passé sans aucun changement, & ils sont les VI, VII & VIII de ce titre dans l'ordonnance.*

ARTICLE

ARTICLE XII.

Pieces qui seront attachées sous le contre-scel.

L'AVIS des maîtres des requêtes de notre hôtel, & l'arrêt de notre conseil, seront attachés sous le contre-scel des lettres de révision; & l'adresse faite aux juges qui auront jugé le procès.

Lecture faite de l'Article IX :

M. le premier président a dit, que les lettres de révision sont en matiere criminelle, ce que les propositions d'erreur sont en matiere civile : avec cette différence, que les propositions d'erreur doivent être jugées dans la même chambre & par les mêmes juges qui ont jugé le procès ; & pour les lettres de révision, elles sont bien adressées ordinairement à la même chambre, par exemple, à la tournelle; mais il n'y a pas de nécessité que les mêmes juges qui ont donné l'arrêt contre lequel on se pourvoit, s'y trouvent. Quelquefois même ces lettres de révision sont adressées à une autre compagnie souveraine que celle qui a donné l'arrêt, sans qu'elles puissent jamais être portées pardevant d'autres juges que des compagnies souveraines; parce que les condamnés par les autres juges ont la voie de droit, qui est de l'appel. Que cependant il faut prendre garde que l'on n'induise de l'article, que les lettres de révision puissent être adressées aux présidiaux, & aux prévôts des maréchaux ; parce qu'au lieu de révision l'appel de leurs jugemens, quoique rendus en dernier ressort, est reçu par le roi, qui renvoie l'affaire & les parties au parlement, & même quelquefois au grand-conseil, pour en connoître.

M. Pussort a dit, que le renvoi se fait au grand-conseil, & non ailleurs : qu'il estimoit que l'on pouvoit réformer l'article, en mettant *que les lettres seront adressées à celle de nos cours qui aura jugé le procès.*

☞ *Cet article est le IX dans l'ordonnance ; & sur la proposition de M. Pussort, il a été reformé de cette maniere :*

ARTICLE IX. L'avis des maîtres des requêtes de notre hôtel, & l'arrêt de notre conseil, seront attachés sous le contre-scel des lettres de révision, & l'adresse faite à celle de nos cours ou le procès aura été jugé.

ARTICLE XIII.

Pieces nouvelles, comment seront produites.

LES parties pourront produire devant les juges auxquels elles seront renvoyées, de nouvelles pieces qu'elles attacheront à une requête, de laquelle sera baillé copie à la partie, ensemble des pieces, pour y répondre aussi par requête, dont sera pareillement baillé copie dans le délai qui sera ordonné, passé lequel, & après que le tout aura été communiqué à nos procureurs, sera procédé au jugement des lettres sur ce qui se trouvera produit.

ARTICLE XIV.

Gentilshommes exprimeront leur qualité dans les lettres.

DANS les lettres de rémission, pardon, pour ester à droit, rappel de ban & de galeres, commutation de peine, réhabilitation & révision de procès, obtenues par les gentilshommes, ils seront tenus d'exprimer nommément leur qualité, à peine de nullité.

Lecture faite de ces deux Articles :

☞ *Ils ont été trouvés bons, & ils sont les X & XI dans l'ordonnance.*

ARTICLE XV.

A quel juge les lettres doivent être adressées.

LES lettres obtenues par les gentilshommes, ne pourront être adressées qu'à nos cours, chacune suivant sa jurisdiction & la qualité de la matiere ; qui pourront néanmoins, si la partie civile le requiert, & qu'elles le jugent à propos, renvoyer l'instruction sur les lieux.

ARTICLE XVI.

Limitation.

POURRONT les lettres obtenues par les gentilshommes, être adressées aux présidiaux, si leur compétence y a été jugée.

Lecture ayant été faite :

M. le premier président a dit, que ces articles étoient conformes à l'ancienne ordonnance, & qu'en apparence cette ordonnance faisoit honneur aux gentilshommes; mais qu'en effet elle étoit en quelque feçon contre eux, parce qu'elle ôtoit la faculté de se choisir des juges, les obligeant de se faire juger au parlement, qui a plus d'autorité pour faire justice contre des personnes puissantes, que n'auroit un présidial ; c'est pourquoi même les gentilshommes ne pouvoient pas renoncer à ce privilege. Cependant l'article XV leur donne la faculté d'attirer au présidial la connoissance des lettres qu'ils auront obtenues; ce qui produiroit un très-grand inconvénient, pouvant, par un jugement d'une compétence affectée, attribuer la connoissance d'un crime à un petit présidial qu'ils croiront leur être plus favorable que le parlement.

M. Pussort a dit, que cette intelligence étoit difficile à présumer dans un présidial composé de plusieurs juges. Qu'en effet, si un accusé pouvoit être assuré de la protection d'un présidial, il y auroit plus de sûreté pour lui, & ses mesures seroient beaucoup plus justes de se faire absoudre tout d'un coup par le premier jugement, que de prendre le dangereux circuit de la grace du prince, pour se mettre en état d'en poursuivre l'entérinement. Que l'article XV a été mis dans ce titre suivant la disposition des anciennes ordonnances, & particuliérement de celle de..... pour empêcher que les gentilshommes n'abusassent de leur crédit & de leur autorité; mais que le cas cessant, & se trouvant jugé prévôtalement (parce qu'un gentilhomme peut être prévenu du vol) la connoissance de ces lettres doit être renvoyée pardevant les juges qui ont été déclarés compétens.

☞ *On n'a fait aucun changement dans ces deux articles, qui sont les XII, & XIV de ce titre dans l'ordonnance.*

ARTICLE XVII.

Adresse des lettres obtenues par roturiers.

L'ADRESSE des lettres obtenues par des personnes de qualité roturiere, sera faite à nos baillis & sénéchaux des lieux où il y a siege présidial; & dans les provinces esquelles il n'y a point de présidial, l'adresse sera faite aux juges ressortissans nuement en nos cours, & non autres, à peine de nullité des jugemens.

☞ *L'on n'a fait aucun changement dans cet article, qui est le XIII dans l'ordonnance.*

ARTICLE XVIII.

Ceux qui présenteront des lettres, seront prisonniers.

NE pourront les lettres d'abolition, rémission, pardon & pour ester à droit, être présentées par ceux qui les auront obtenues, s'ils ne sont effectivement prisonniers & écroués; & seront les écrous attachés aux lettres, & iceux contraints de demeurer en prison jusqu'au jugement définitif des lettres. Défendons à tous juges de les élargir à caution, ou autrement, à peine de suspension de leurs charges, & de payer par eux les condamnations qui interviendront contre les accusés.

☞ *Cet article est le XV de l'ordonnance. L'on y a inséré ces mots*, pendant toute l'instruction, *après ceux-ci :* & eux contraints de demeurer en prison. *C'est le seul changement qu'on y ait fait.*

ARTICLE XIX.

Dans quels tems elles seront présentées.

LES lettres seront présentées dans trois mois du jour de l'obtention, passé lequel tems, défendons aux juges d'y avoir égard; & ne pourront les impétrans en obtenir de nouvelles, ni être relevés du laps de tems.

ARTICLE XX.

Les lettres n'empêcheront l'exécution des décrets.

L'OBTENTION & la signification des lettres ne pourront empêcher l'exécution des décrets, ni l'instruction, jugement & exécution de la contumace, jusqu'à ce que l'accusé soit actuellement en état dans les prisons du juge auquel l'adresse en aura été faite.

ARTICLE XXI.

Toutes les procédures seront portées au greffe.

LES charges & informations, & toutes les autres pieces du procès, même la procédure faite depuis l'obtention des lettres, seront incessamment portées aux greffes des juges auxquels l'adresse en sera faite : ce que nous voulons avoir lieu à l'égard des lettres de révision.

ARTICLE XXII.

Les lettres seront signifiées à la partie civile.

LES lettres seront signifiées à la partie civile, & copie baillée avec assignation, en vertu de l'ordonnance du juge, pour fournir ses moyens d'opposition, & procéder à l'entérinement. Et seront les formes & délais prefcrits par notre ordonnance de 1667 obfervés, fi ce n'eft que la partie civile confente de procéder avant l'échéance des délais, par acte figné & duement fignifié.

ARTICLE XXIII.

Elles feront communiquées aux procureurs du roi.

NE pourra être procédé au jugement des lettres, qu'elles n'aient été, enfemble le procès, communiquées à nos procureurs.

ARTICLE XXIV.

Comment elles feront préfentées.

LES demandeurs en lettres d'abolition, rémiffion & pardon, feront tenus de les préfenter à l'audience, tête nue & à genoux, & affirmeront, après qu'elles auront été lues en leur préfence, qu'elles contiennent vérité; qu'ils ont donné charge de les obtenir, & qu'ils s'en veulent fervir: après quoi feront renvoyés en prifon.

Lecture faite de ces fix Articles:

☞ *Ils ont été approuvés, & l'on n'y a fait aucun changement. Ils font les XVI, XVII, XVIII, XIX, XX & XXI de ce titre dans l'ordonnance.*

ARTICLE XXV.

Ce qui eft permis nonobftant la préfentation des lettres.

NOS procureurs ou ceux des feigneurs, & la partie civile, s'il y en a, pourront, nonobftant la préfentation des lettres de rémiffion & pardon, informer par addition; ne feront néanmoins les témoins récolés ni confrontés avant le jugement des lettres, fauf en jugeant d'en ordonner le récolement & la confrontation, fi le cas n'eft pas rémiffible, ou que les lettres ne foient pas conformes aux informations.

Après la lecture de l'Article XXV:

M. le premier préfident a dit, que cet article eft contraire à l'ufage ordinaire. Qu'un procès criminel n'eft point en état, fi, lorfqu'il y a des informations faites par addition, le récolement & la confrontation n'en ont été faits. Que la partie publique & la partie civile peuvent requérir: que cela eft de droit, & ne leur peut être refufé.

M. le président de Novion a ajouté, que suivant la disposition de l'article, il faudroit souvent visiter, & juger en même tems deux fois; l'une en déboutant des lettres ou interloquant, & l'autre en jugeant définitivement le procès.

M. Talon a dit, que la plus forte preuve des procès criminels, a ordinairement procédé des additions d'informations qui ont été faites; & que comme elles faisoient la principale partie des procès, l'on n'a point jugé de lettres, que les impétrans n'aient subi le récolement & la confrontation; qu'autrement ce seroit démembrer le procès & le juger imparfaitement.

M. Pussort a dit, que les lettres se trouvant conformes aux charges, & le cas rémissible, il n'y a point de nécessité de faire le récolement, ni la confrontation. Que l'on a estimé que la disposition de l'article étoit de l'usage, & qu'on ne pourroit pas même en tous les cas proposés, se dispenser de voir le procès deux fois. Que l'instruction faite sur les premieres informations mettoit un procès en état, & les lettres s'y trouvant conformes, l'on pouvoit le juger. Que cela n'empêchoit pas que M. le procureur général, ses substituts, ou la partie, ne pussent demander permission d'informer par addition, & le récolement & la confrontation en conséquence: qu'il seroit en la liberté des juges de l'ordonner, & que l'article ne portoit rien de contraire.

M. le premier président a dit, que l'on s'accordera aisément, lorsque l'on entendra l'état de la question. Qu'il y a grande différence entre dire que tous les témoins ouïs ès informations & additions seront récolés & confrontés avant qu'on juge les lettres de rémission: ou bien d'ordonner, en les jugeant, que sans s'arrêter aux lettres dont l'impétrant sera débouté, il sera passé outre au récolement & confrontation. Que la question est de savoir si le juge, après la présentation des lettres, peut, *ex causâ*, ordonner le récolement & la confrontation? Que jusqu'ici on a toujours accordé cela au procureur général, lorsqu'il l'a demandé.

Que pour savoir si les lettres sont conformes aux charges, il faut voir toutes les charges & le procès entier. Que ce n'est pas la seule information qui fait la charge, mais que c'est la confrontation qui lui donne la forme & la perfection. Que lorsqu'il s'agit d'une matiere qui n'est pas grave, on s'en pourroit dispenser; mais que l'on ne le pouvoit pas faire dans une affaire capitale, en laquelle un accusé, qui voudroit prendre droit par les charges, ne seroit pas écouté, & que l'on doit laisser ce discernement à l'office du juge.

M. le président de Maisons a dit, qu'il est nécessaire d'observer que l'article permet aux juges royaux de faire informer par addition : que cependant les lettres de rémission ne leur sont jamais adressées.

M. Talon a dit, que la disposition de cet article peut être dangereuse; car encore que dans quelques occasions rares & singulieres, celui qui a obtenu les lettres de rémission, prenant droit par les informations, l'on se dispense de récoler & confronter les témoins: si est-ce que pour l'ordinaire le procès criminel doit être instruit dans toutes ses formes, & les témoins récolés & confrontés avant que de prononcer sur l'entérinement des lettres; & toutes les fois que les premiers juges se sont dispensés de cette formalité, & qu'ils ont entériné des lettres avant que de faire cette instruction, ils ont été blâmés. Et aux termes auxquels l'article est conçu, tout le monde croira que quand un accusé est porteur de lettres de rémission, il faut prononcer sur ces lettres, soit en les entérinant, soit en l'en déboutant, avant que l'on puisse achever l'instruction du procès. Ainsi il faudra deux sentences ou deux arrêts; & toutes les affaires criminelles, où il y aura des lettres de rémission, périront par la longueur.

Que si l'on dit que l'intention de cet article est, qu'en jugeant l'interrogatoire prêté par l'accusé sur les lettres, l'on examine s'il y a lieu de faire une plus grande instruction, en ce cas il faut mettre l'article en d'autres termes, & dire : qu'*avant procéder à l'entérinement des lettres, l'on pourra informer par addition, même ordonner le récolement & confrontation des témoins : si ce n'est que l'accusé ait pris droit par les informations, & M. le procureur général & ses substituts par la confession de l'accusé.*

Et il faut observer que l'on doit être d'autant plus religieux à ne pas accepter la déclaration des accusés qui prennent droit par les informations, que l'on ne sauroit jamais, par une déclaration de cette qualité, prononcer aucune condamnation de peine afflictive, & que d'ailleurs souvent les témoins peuvent augmenter lors du récolement.

Il faut encore observer que ces mots, *ou ceux des seigneurs*, doivent être retranchés : les lettres de rémission ne pouvant être adressées qu'à des juges royaux; & conséquemment les procureurs fiscaux ne peuvent faire aucune poursuite, depuis que la connoissance du crime leur est ôtée par la présentation des lettres de rémission.

M. Pussort a dit, que l'on pouvoit ôter de l'article ce qui regarde les procureurs des seigneurs.

M. le chancelier a dit, qu'il estimoit que l'on pourroit suivre l'usage ordinaire.

☞ *Sur toutes ces observations, on a retranché ces mots de l'article :* ou ceux des seigneurs. *L'on en a aussi supprimé la derniere partie, qui commence par ces mots :* ne seront néanmons, &c. *Il est le XXII dans l'ordonnance, en ces termes :*

ARTICLE XXII. Nos procureurs & la partie civile, s'il y en a, pourront, nonobstant la présentation des lettres de rémission & pardon, informer par addition, & faire récoler & confronter les témoins.

ARTICLE XXVI.

Défenses de rien prendre pour la présentation des lettres.

DÉFENDONS aux lieutenans criminels, & tous autres juges, aux greffiers & huissiers, de prendre ni recevoir aucune chose, encore qu'elle leur fût volontairement offerte pour l'attache, lecture ou publication des lettres, ou pour conduire & faire entrer l'impétrant à l'audience, & sous quelqu'autre prétexte que ce soit, à peine de concussion & de restitution du quadruple.

ARTICLE XXVII.

Demandeur en lettres, où sera interrogé?

LE demandeur en lettres sera interrogé dans la prison par le rapporteur du procès, sur les faits résultans des charges & informations.

ARTICLE XXVIII.

Défenses de les entériner sans avoir vu toutes les charges.

DÉFENDONS à tous juges, même à nos cours, de procéder à l'entérinement des lettres, que toutes les informations & charges n'aient été portées & communiquées à nos procureurs, vues & examinées par les juges, nonobstant toutes sommations qui pourroient avoir été faites aux greffiers de les apporter, & les diligences dont les demandeurs en lettres pourroient faire apparoir: sauf à décerner des exécutoires, & ordonner d'autres peines contre les greffiers qui seront en demeure.

ARTICLE XXIX.

Interrogatoire dans la chambre.

LES impétrans seront interrogés dans la chambre sur la sellete, avant le jugement & l'interrogatoire rédigés par écrit par le greffier, & envoyés avec le procés en nos cours, en cas d'appel.

ARTICLE

ARTICLE XXX.

Dans quels cas les impétrans en seront déboutés.

Si les lettres de rémission & de pardon son obtenues pour des cas qui ne soient rémissibles, ou si elles ne sont point conformes aux charges, les impétrans en seront déboutés.

ARTICLE XXXI.

Amende contre ceux qui succomberont.

Les impétrans des lettres de rémission, qui succomberont, seront condamnés en trois cens livres d'amende envers nous, & cent cinquante livres envers la partie.

Lecture faite de ces six derniers Articles :

☞ *Ils ont passé sans aucun changement, & ils sont dans l'ordonnance.*

TITRE XVII.

Des défauts & contumaces.

ARTICLE I.

Perquisition de l'accusé, & annotation de ses biens.

Si le décret de prise de corps ne peut être exécuté contre l'accusé, il en sera fait perquisition, & ses biens seront saisis & annotés, sans que pour raison de ce il soit obtenu aucun jugement.

ARTICLE II.

Perquisition, où sera faite.

La perquisition sera faite à son domicile ordinaire ou au lieu de sa résidence, si aucune il a dans le lieu où s'instruit le procès, copie laissée du procès-verbal de perquisition.

ARTICLE III.

Quand, & où le décret sera affiché.

Si l'accusé n'a point de domicile, ou ne réside au lieu de la jurisdiction, la copie du décret sera affichée à la porte de l'auditoire.

Lecture faite de ces trois premiers Articles :

☞ *Ils ont passé sans aucun changement.*

ARTICLE IV.

Comment sera faite la saisie des meubles.

La saisie des meubles de l'accusé sera faite en la maniere prescrite au titre *des saisies & exécutions* de notre ordonnance de 1667.

Lecture faite de l'Article IV :

M. le premier président a dit, que cet article doit être joint aux XXVI & XXXIII, pour être mieux entendus ; & a observé, qu'ils semblent se contredire, en ce que l'article IV ne fait mention que de la saisie des meubles, sans parler de la vente, dont les formes ne sont réglées par aucun autre article de ce titre ; & cependant par l'article XXVI, on veut que si l'accusé se représente dans l'année, le prix provenant de la vente de ses meubles, lui soit rendu ; & par l'article XXXIII, l'on suppose que les meubles sont encore en nature après les cinq ans, puisqu'il veut que les fermiers du domaine, & les haut-justiciers ne s'en puissent mettre en possession, qu'après ce tems : qu'il faudroit accorder ces trois articles.

M. Pussort a dit, qu'ils étoient fort bien d'accord ; car en un mot, il sera de l'office du juge de faire vendre les meubles qu'il prévoira pouvoir dépérir, pour, en cas de vente, être le prix restitué, ou les meubles qui se trouveront en nature, rendus lorsqu'il sera ainsi ordonné.

M. le premier président a dit, que quoique cette explication éclaircisse la difficulté, néanmoins il étoit à craindre que la plupart des juges n'entendent pas cet article, & qu'ils ne soient induits à erreur. C'est pourquoi il seroit bon d'ajouter, que *les juges pourront ordonner la vente des meubles qui dépériront par le tems.*

M. Pussort a reparti, que la condition portée par l'article XXVI de restitution du prix de la vente, ne peut être appliquée qu'au cas que les meubles aient été vendus, pour éviter le dépérissement ; qu'on ordonne tous les jours ces sortes de ventes, & que l'article ne dit rien de nouveau.

☞ *L'avis de M. Puſſort a prévalu, & l'on n'a fait aucun changement dans cet article.*

ARTICLE V.

Comment ſera faite celle des immeubles.

LES fruits des immeubles ſeront ſaiſis, & commiſſaires établis à leur garde, avec les formalités preſcrites par notre ordonnance pour les ſequeſtres & commiſſaires.

ARTICLE VI.

Quels ſeront les commiſſaires établis.

DÉFENDONS à tous juges d'établir pour gardiens ou commiſſaires les parens ou domeſtiques des fermiers & receveurs de notre domaine, ou des ſeigneurs à qui la confiſcation appartient.

ARTICLE VII.

Comment l'accuſé ſera aſſigné.

SI l'accuſé eſt domicilié ou réſide dans le lieu de la juriſdiction, il y ſera aſſigné à comparoir dans quinzaine; ſinon l'exploit d'aſſignation ſera affiché à la porte de l'auditoire.

ARTICLE VIII.

Ce qui ſera fait, s'il ne comparoît.

A FAUTE de comparoir dans la quinzaine, il ſera aſſigné par un ſeul cri public à la huitaine; mais les jours de l'aſſignation & de l'échéance ne ſeront compris dans les délais.

ARTICLE IX.

Comment, & où ſera fait le cri public.

LE cri ſera fait à ſon de trompe, ſuivant l'uſage, à la place publique, & à la porte de la juriſdiction; & encore au-devant du domicile ou réſidence de l'accuſé, s'il en a aucun.

Après la lecture de ces cinq Articles :

M. le premier président a dit, que l'abrogation que l'on fait par ces articles des proclamations à trois briefs jours, étoit bonne ; parce que ces trois briefs jours tombant quelquefois en des jours de fête, le terme ne pouvoit être certain : au lieu qu'en le fixant à la huitaine, il devenoit assuré.

☞ *Ces cinq articles sont dans l'ordonnance de la même maniere.*

ARTICLE X.

Assignation des accusés qui doivent se représenter.

SI l'accusé, qui a pour prison la suite de notre conseil ou de notre grand-conseil, le lieu de la jurisdiction où s'instruit son procès, ou les chemins de celle où il aura été renvoyé, ne se représente pas, il sera assigné par une seule proclamation à la porte de l'auditoire, & le procès-verbal de proclamation affiché au même endroit, & procédé sans autres formalités au reste de l'instruction & jugement du procès.

Lecture ayant été faite de cet Article :

M. le premier président a dit, qu'il étoit nouveau, mais bon, en ce qu'il abrégeoit un grand nombre de procédures, dans un cas où elles sont inutiles.

M. Talon a dit, qu'il faut joindre ensemble les articles X & XXIV, puisque l'un & l'autre abolissent les contumaces de présence : avec cette distinction pourtant, que l'on ne prescrit aucune formalité pour continuer l'instruction du procès contre celui qui a brisé les prisons ; & qu'à l'égard de celui qui a été élargi à la charge de se représenter, l'on ordonne qu'il sera assigné par une seule proclamation. Que la disposition de cet article est très-utile ; & les contumaces de présence, qui se pratiquoient en peu de jurisdictions, n'aboutissoient qu'à des longueurs très-superflues. Mais la question est de savoir si l'accusé qui n'a point été interrogé & n'a point rempli le décret, & qui a obtenu un arrêt de défenses du parlement, ou du grand-conseil, qui arrête le cours de la procédure criminelle : si cet accusé venant à s'absenter, & le décret étant confirmé, il faut instruire contre lui une contumace, ou s'il suffit d'une simple proclamation. Il semble qu'en cette espece, il est difficile de se dispenser d'instruire une contumace, le décret n'ayant point été rempli.

M. Pussort a dit, que tant qu'un accusé est en demeure de remplir le décret, la contumace subsiste toujours, & l'on peut l'instruire contre lui.

☞ *Le présent article est pareillement dans l'ordonnance.*

ARTICLE XI.

Défenses d'ordonner d'autres assignations.

DÉFENDONS aux juges d'ordonner autre assignation ou proclamation que celles ci-dessus, à peine d'interdiction, & des dommages & intérêts des parties.

Lecture faite de l'Article XI:

M. le premier président a dit, que cet article ne contenoit que la répétition des peines contenues dans les autres.

☞ *Nonobstant cette réflexion, le présent article a été conservé.*

ARTICLE XII.

Quand, & à qui la procédure sera remise.

APRÈS le délai des assignations, la procédure sera remise au parquet de nos procureurs ou de ceux des seigneurs, pour y prendre leurs conclusions.

Après la lecture de l'Article XII :

M. le premier président a dit, qu'avant que de remettre le procès au parquet, l'on avoit accoutumé de prendre un certificat du geolier, portant que l'accusé ne s'étoit point mis dans les prisons, & que même l'on prenoit un défaut au greffe.

M. Pussort a dit, que le certificat du geolier étoit inutile; parce qu'un accusé ne manquoit pas de faire signifier qu'il s'est remis dans les prisons, & que cela ne se fait pas sans que les parties & les juges en aient bientôt connoissance. Qu'à l'égard du défaut au greffe, il étoit entiérement inutile, & qu'il en falloit abroger l'usage.

☞ *L'article XII a été mis dans l'ordonnance sans changement.*

ARTICLE XIII.

Du récolement des témoins.

SI la procédure est valablement faite, les juges ordonneront que les témoins seront récolés en leurs dépositions, & que le récolement vaudra confrontation.

ARTICLE XIV.

Des conclusions définitives.

Après le récolement, le procès sera derechef communiqué à nos procureurs ou à ceux des seigneurs, pour prendre leurs conclusions définitives.

ARTICLE XV.

Forme du jugement de contumace.

Le même jugement déclarera la contumace bien instruite, en adjugera le profit, & contiendra la condamnation de l'accusé. Défendons d'y insérer la clause : *si pris & appréhendé peut être*, dont nous abrogeons l'usage.

Lecture faite de ces trois Articles :

☞ *Ils ont été trouvés bons, & l'on n'y a fait aucun changement.*

ARTICLE XVI.

Exécution des jugemens de contumace.

Les seules condamnations de mort naturelle seront exécutées par effigie ; & celles des galeres, amende honorable, bannissement perpétuel, flétrissure & du fouet, écrites seulement dans un tableau, sans aucune effigie : & seront les effigies, comme aussi les tableaux, attachés par l'exécuteur de la haute-justice à une potence dans la place publique. Et toutes les autres condamnations par contumace seront seulement signifiées, & copie baillée au domicile ou résidence du condamné, si aucune il a dans le lieu de la jurisdiction : sinon affichée à la porte de l'auditoire.

Après la lecture de cet Article :

M. le premier président a dit, que l'on pouvoit s'abstenir de mettre dans une ordonnance ces termes d'*exécuteur* & de *potence*.

M. Pussort a dit, qu'on pouvoit les ôter.

☞ *Sur l'observation faite par M. le premier président, cet article a été réformé de cette maniere :*

ARTICLE XVI. Les ſeules condamnations de mort naturelle ſeront exécutées par effigie ; & celles des galeres, amende honorable, banniſſement perpétuel, flétriſſure & de fouet, écrites ſeulement dans un tableau ſans aucune effigie: & ſeront les effigies, comme auſſi les tableaux, attachées dans la place publique. Et toutes les autres condamnations par contumace ſeront ſeulement ſignifiées, & baillée copie au domicile ou réſidence du condamné, ſi aucune il a dans le lieu de la juriſdiction, ſinon affichée à la porte de l'auditoire.

ARTICLE XVII.

Procès-verbal de l'exécution.

Le procès-verbal d'exécution ſera mis au pied du jugement, ſigné du greffier ſeulement.

ARTICLE XVIII.

Comment la contumace eſt anéantie.

Si le contumax eſt arrêté priſonnier, ou ſe repréſente après le jugement, ou même après les cinq années dans les priſons du juge qui l'aura condamné, les défauts & contumaces ſeront mis au néant, en vertu de notre préſente ordonnance, ſans qu'il ſoit beſoin de jugement, ou d'interjetter appel de la ſentence de contumace.

Ces deux Articles ont été trouvés bons.

☞ *Dans la ſuite, après ces mots du commencement de l'article XVIII:* ſi le contumax eſt arrêté priſonnier, *on a ajouté ceux-ci:* ou ſe repréſente.

ARTICLE XIX.

Frais de la contumace.

Les frais de la contumace ſeront payés par l'accuſé, après avoir été taxés en vertu de notre préſente ordonnance, ſans néanmoins que faute de paiement, il puiſſe être surſis à l'inſtruction & jugement du procès.

ARTICLE XX.

Interrogatoire & confrontation.

Il ſera enſuite interrogé & procédé à la confrontation des témoins, encore qu'il eût été ordonné que le récolement vaudra confrontation.

Ces deux Articles ont été trouvés bons, & ont paſſé.

ARTICLE XXI.

Quelles dépositions seront rejettées.

LA déposition des témoins décédés avant le récolement sera rejettée, & ne sera point lue lors de la visite du procès.

Lecture faite de cet Article:

M. le premier président a dit, que l'article étoit bon, parce qu'en aucun cas la déposition du témoin ne peut charger un accusé, quand elle n'a point été suivie du récolement; mais que ce pourroit être une question, de savoir si la déposition d'un témoin qui va à la décharge d'un accusé, doit être lue, quoique le récolement n'ait point été fait.

M. Pussort a dit, qu'il y avoit égale raison de ne point lire la déposition d'un témoin, lorsqu'il n'aura point été récolé, soit qu'elle aille à la charge ou décharge de l'accusé.

☞ *Nonobstant la réponse de M. Pussort, l'observation faite par M. le premier président a été suivie, & l'on a ordonné que les dépositions seroient lues,* quand elles iroient à la décharge de l'accusé. *Voici de quelle maniere cet article a été rédigé.*

ARTICLE XXI. La déposition des témoins decédés avant le récolement sera rejettée, & ne sera point lue lors de la visite du procès, si ce n'est qu'ils aillent à la décharge; auquel cas leur déposition sera lue.

ARTICLE XXII.

Déposition du témoin décédé pendant la contumace.

SI le témoin qui a été récolé est décédé ou mort civilement pendant la contumace, sa déposition subsistera, & en sera fait confrontation littérale à l'accusé dans les formes prescrites pour la confrontation des témoins; & ne pourra en ce cas l'accusé fournir de reproches, s'ils ne sont justifiés par pieces.

Après la lecture de cet Article:

M. le premier président a dit, que lorsqu'il arrivera qu'un témoin, depuis son récolement, aura été condamné à quelque peine afflictive, & que l'accusé en fera reproche, il sera bien difficile que le juge n'en fasse considération.

M. Pussort a dit, que les juges feront telles considérations qu'il leur plaira

plaira sur la qualité du témoin, & sur celle de sa déposition; mais dans la regle générale elle doit subsister.

M. Talon a dit, qu'encore que le reproche que l'accusé fournit contre un témoin décédé après le récolement, s'il n'est justifié par pieces, ne mérite point de considération; néanmoins le commissaire est tenu de le rédiger. Cependant il semble par la fin de l'article, que défenses soient faites de recevoir ces reproches; & pour ôter toute ambiguité, on pourroit le rédiger en ces termes : *& n'auront en ce cas les juges aucun égard aux reproches que l'accusé pourra fournir, s'ils ne sont justifiés par pieces.*

M. Pussort a dit, que l'observation étoit bonne, & que la fin de cet article pouvoit être réformée.

☞ *Sur l'observation faite par M. Talon, le présent article a été réformé de cette maniere :*

ARTICLE XXII. Si le témoin qui a été récolé est décédé ou mort civilement pendant la contumace, sa déposition subsistera, & en sera faite confrontation littérale à l'accusé dans les formes prescrites pour la confrontation des témoins. Et n'auront en ce cas les juges aucun égard aux reproches, s'ils ne sont justifiés par pieces.

ARTICLE XXIII.

De ceux qui ne pourront être confrontés.

Le même aura lieu à l'égard des témoins qui ne pourront être récolés à cause d'une longue absence, d'une condamnation aux galeres, ou bannissement à tems, ou quelqu'autre empêchement légitime, pendant le tems de la contumace.

Après la lecture faite :

M. le premier président a dit, qu'il falloit mettre dans l'article *confronté*, au lieu de *récolé ;* autrement l'on donneroit plus à un témoin absent, qu'à un témoin mort. Que d'ailleurs l'article n'explique point par quelle voie l'on devoit prouver l'absence du témoin : si ce seroit par enquête respective : que ce détail pouvoit être de conséquence.

M. Pussort a dit, qu'à l'égard de la premiere observation, il est vrai que par un vice de clerc, on a mis le mot de *récolé* au lieu de *confronté ;* & que pour ce qui concerne la preuve de l'absence d'un témoin, il dépendoit des parties de la faire. Ainsi qu'il seroit en leur pouvoir, & des juges, d'y avoir tel égard qu'ils jugeroient bon être.

M. Talon a dit, qu'il ne seroit pas inutile de déterminer de quelle maniere on justifiera l'absence d'un témoin, à l'effet de le confronter figurativement à l'accusé; & s'il ne suffit pas, comme il s'est pratiqué jusqu'ici, d'un procès-verbal de perquisition, attesté par les principaux habitans du lieu de sa demeure, sans qu'il soit nécessaire, pour raison de ce, d'un nouveau procès, en procédant par information. Que l'on en a usé de cette maniere aux grands-jours.

M. Pussort a répondu, l'on en usera de même.

☞ *L'on a changé le mot de* récolé *en celui de* confronté. *C'est le seul changement que l'on ait fait dans cet article.*

ARTICLE XXIV.

De l'accusé qui s'évade des prisons.

Si l'accusé s'évade des prisons depuis son interrogatoire, il ne sera ni ajourné ni proclamé à cri public ; & le juge ordonnera que les témoins seront ouïs, & ceux qui l'auront été, récolés, & que le récolement vaudra confrontation, & procédé au jugement du procès dans les formes prescrites ci-dessus.

ARTICLE XXV.

De celui qui les force.

Le procès sera aussi fait à l'accusé pour le bris des prisons, & pour raison de ce crime, par défaut & contumace.

Lecture faite des deux Articles précédens :

M. le premier président a dit, que par le droit naturel, l'évasion d'un prisonnier n'étoit pas un crime ; que néanmoins il y avoit des parlemens, comme en Bretagne, où elle étoit punie sévérement, quoiqu'elle eût été faite sans bris de prisons. Que dans le parlement de Paris la simple évasion n'étoit pas punie, mais seulement le bris, & même d'une peine fort légere.

M. Pussort a dit, que l'article n'entendoit parler que des prisonniers qui ont forcé les prisons, & non pas de ceux qui se sont évadés sans avoir commis aucune violence.

☞ *L'on a retranché cette clause qui est à la fin de l'article XXIV*, & procédé au jugement du procès dans les formes prescrites ci-dessus.

Et ces mots de l'article XXV, pour raison de ce crime, *ont été pareillement retranchés. Au surplus, ces deux articles ont été insérés dans l'ordonnance de cette maniere :*

ARTICLE XXIV. Si l'accusé s'évade des prisons depuis son interrogatoire, il ne sera ni ajourné ni proclamé à cri public, & le juge ordonnera que les témoins seront ouïs, & ceux qui l'auront été, récolés, & que le récolement vaudra confrontation.

ARTICLE XXV. Le procès sera aussi fait à l'accusé pour le crime du bris des prisons, par défaut & contumace.

ARTICLE XXVI.

Du condamné qui se représente dans l'année.

Si le condamné se représente, ou est mis prisonnier dans l'année de l'exécution du jugement de contumace, main-levée lui sera faite de ses meubles & immeubles ; & le prix provenant de la vente des meubles à lui rendu, les frais déduits, en consignant l'amende à laquelle il aura été condamné.

Cet Article a été trouvé bon.

ARTICLE XXVII.

De celui qui ne se présente qu'après l'année.

Ne pourra néanmoins prendre les fruits de ses immeubles, s'il ne se présente, ou n'est arrêté prisonnier qu'après l'année de l'exécution.

Après la lecture de l'Article XXVII :

M. le premier président a dit, que cet article est nouveau & contraire à l'usage, en ce qu'il ordonne que les accusés qui ne se présenteront point dans l'année de l'exécution du jugement de contumace, perdront les fruits de leurs immeubles, dont par les ordonnances ils n'étoient privés qu'après les cinq années expirées. Que l'ordonnance de Moulins le porte expressément, & déclare que c'est en confirmant les précédentes ordonnances. Qu'il n'y en a aucune qui ait dérogé à cet article ; mais qu'au contraire l'article X d'Amboise l'a confirmé.

M. Pussort a dit, que l'article étoit conforme aux dispositions des ordonnances sur le fait de la contumace. Que l'article XX de l'ordonnance de Roussillon porte, que *si les accusés ne se représentent, ou ne sont emprisonnés dans l'an après la saisie, ils perdront les fruits de leurs héritages saisis & annotés.* Que l'ordonnance de Moulins a été plus avant, puisqu'elle a voulu que non-seulement les condamnés par contumace perdissent les fruits de leurs immeubles, suivant les précédentes ordonnances, mais encore la propriété après les cinq ans : & il n'y avoit que l'ordonnance de Roussillon qui en eût parlé. Et comme l'intention de celle de Moulins étoit d'en fortifier, & non pas d'en affoiblir la disposition, l'on peut dire que son esprit n'a point été d'y déroger, ni conséquemment d'ordonner que les fruits, de même que les immeubles, ne seront acquis qu'après les cinq années. Car pour ce qui est de l'édit d'Amboise, il ne fait aucune mention du tems auquel le condamné perdra les fruits ; mais il regle seulement la forme de la consignation de l'amende, de fournir aux frais du procès. Qu'ainsi il ne voyoit pas de raison à l'indulgence de l'usage, & que l'article paroissoit bon, parce qu'il ne faut point favoriser la contumace.

M. le premier président a réparti, que l'ordonnance de Roussillon n'avoit pas été observée, & que l'usage présent étoit fondé sur ce que l'on a cru que l'ordonnance de Moulins y avoit dérogé; parce qu'aux termes auxquels elle est conçue, elle semble n'ordonner la perte des fruits qu'après les cinq ans de la condamnation, n'étant pas fait mention de la saisie ou annotation.

M. l'avocat général Talon a dit, que l'article XX de l'ordonnance de Roussillon avoit paru bon dans tous les tems, puisqu'il avoit été confirmé par des déclarations données dans les grands-jours de 1582, 1583, 1596 & 1634.

☞ *Sur les difficultés que l'article XXVII a fait naître, on a trouvé à propos de le supprimer.*

ARTICLE XXVIII.

Défenses de prendre les meubles des condamnés.

DÉFENDONS à tous juges, greffiers, huissiers, archers, ou autres officiers de justice, de prendre ou faire transporter à leur logis, ni même au greffe, aucuns deniers, meubles, hardes ou fruits appartenans aux condamnés, ou à ceux même contre lesquels il n'y auroit que décret; ni de s'en rendre adjudicataires sous leur nom ou sous noms interposés, sous quelque prétexte que ce soit, à peine d'interdiction, & du double de la valeur.

ARTICLE XXIX.

Effet de la contumace après les cinq années.

SI ceux qui auront été condamnés ne se représentent, ou ne sont constitués prisonniers dans les cinq années de l'exécution de la sentence de contumace, les condamnations pécuniaires, amendes & confiscations seront réputées contradictoires, & vaudront comme ordonnées par arrêt; nous réservant néanmoins la faculté de les recevoir à ester à droit, & leur accorder nos lettres pour se purger: & si le jugement qui interviendra porte absolution, & n'emporte point de confiscation, les meubles & immeubles sur eux confisqués leur seront rendus en l'état qu'ils ſe trouveront, ſans pouvoir prétendre néanmoins aucune reſtitution des amendes, intérêts civils, & des fruits des immeubles.

Lecture faite de ces deux Articles:

☞ *Ils ont paſſé, & ils ſont le XXVII & le XXVIII de l'ordonnance.*

ARTICLE XXX.

De celui qui décédera après les cinq années.

CELUI qui aura été condamné par contumace à mort, aux galeres perpétuelles, ou qui aura été banni à perpétuité du royaume, qui décédera après les cinq années ſans s'être repréſenté, ou avoir été conſtitué priſonnier, ſera réputé mort civilement, du jour de l'exécution de la ſentence de contumace.

Lecture faite de l'Article XXX:

M. le premier préſident a dit, que l'article ne parle point de ceux qui décedent pendant les cinq années.

M. Puſſort a dit, qu'il y avoit un titre pour purger la mémoire d'un défunt, dans lequel il en ſeroit fait mention.

☞ *Cet article eſt le XXIX de l'ordonnance, ſans aucun changement.*

ARTICLE XXXI.

Des frais des condamnés par contumace.

LES receveurs de notre domaine, les ſeigneurs, ou autres, à qui la confiſcation appartient, pourront pendant les cinq années percevoir les fruits & revenus des biens des condamnés, des mains des fermiers, redevables & commiſſaires. Leur défendons de s'en mettre en poſſeſſion, d'en jouir par leurs mains, à peine du quadruple, applicable moitié à nous, moitié aux pauvres du lieu, & des dépens, dommages & intérets des parties.

ARTICLE XXXII.

Des confiſcations pendant les cinq années.

NOUS ne ferons aucun don des confiſcations qui nous appartiendront pendant les cinq années de la contumace: ce que nous défendons pareillement aux ſeigneurs hauts-juſticiers. Déclarons nuls tous ceux qui pourront être obtenus de nous, ou faits par les seigneurs ; sinon pour les fruits des immeubles seulement.

Après la lecture de ces deux Articles :

M. le premier président a demandé si les cinq années, dont les fruits appartiennent au roi ou aux seigneurs, commenceront à courir du jour que la premiere année de la contumace sera expirée, ou du jour de l'exécution de la condamnation.

M. Pussort a répondu, que le roi & les seigneurs hauts-justiciers jouiront des fruits des immeubles qui auront appartenu aux condamnés par contumace, par les mains des fermiers & commissaires, pendant les cinq années, lesquelles commenceront à courir du jour de l'exécution du jugement par contumace.

☞ *L'on n'a fait aucun changement dans ces deux articles, qui sont le XXX & le XXXI de l'ordonnance.*

ARTICLE XXXIII.

Des confiscations après les cinq années.

APRÈS les cinq années expirées, les receveurs de notre domaine, les donataires & les seigneurs, à qui la confiscation appartiendra, seront tenus de se pourvoir en justice, pour avoir permission de s'en mettre en possession ; & avant d'y entrer, faire faire procès-verbal de la qualité & valeur des meubles & effets mobiliers, & de l'état des immeubles, dont ils jouiront ensuite en pleine propriété : à peine contre les donataires & les seigneurs d'être déchus de leurs droits, qui seront adjugés aux pauvres du lieu ; & contre les receveurs de notre domaine, de dix mille livres d'amende applicable moitié à notre profit, & moitié aux pauvres du lieu.

Lecture faite de ce dernier Article :

☞ *Il a été approuvé, & il est le XXXII & dernier de ce titre dans l'ordonnance.*

TITRE XVIII.

Des muets & ſourds.

ARTICLE I.

Curateur à l'accuſé muet ou ſourd.

Si l'accuſé eſt muet, ou tellement ſourd qu'il ne puiſſe ouïr, le juge lui nommera d'office un curateur qui ſaura lire & écrire.

ARTICLE II.

Serment du curateur.

Le curateur fera ſerment de bien & fidélement défendre l'accuſé, dont ſera fait mention, à peine de nullité.

ARTICLE III.

Il pourra s'inſtruire.

Pourra le curateur s'inſtruire ſecrétement avec l'accuſé, par ſignes, ou autrement.

ARTICLE IV.

Réponſes, par qui ſeront ſignées.

Le muet ou ſourd qui ſaura écrire, pourra écrire & ſigner toutes ſes réponſes, dires & reproches contre les témoins, qui ſeront encore ſignés du curateur.

ARTICLE V.

Le curateur fera tous actes au lieu de l'accuſé.

Si le ſourd ou muet ne ſait, ou ne veut ſigner, le curateur répondra en ſa préſence, fournira de reproches contre les témoins, & ſera reçu à faire tous actes, ainſi que pourroit faire l'accusé, & seront les mêmes formalités observées. Il sera néanmoins debout & nue tête en présence des juges, lors du dernier interrogatoire, quelque conclusion ou sentence qu'il y ait contre l'accusé.

Lecture faite de ces cinq premiers Articles :

☞ *Ils ont passé sans changement, excepté l'article V, dans lequel, au lieu de ces mots :* il sera néanmoins debout, &c. *on a mis*, à la réserve seulement que le curateur sera debout, &c.

ARTICLE VI.

De qui la procédure & le jugement feront mention.

Si l'accusé est sourd ou muet, ou ensemble sourd & muet, tous les actes de la procédure feront mention de l'assistance de son curateur, à peine de nullité, & de tous dépens, dommages & intérêts des parties contre les juges : le dispositif néanmoins du jugement définitif ne fera mention que de l'accusé.

ARTICLE VII.

Muet volontaire n'aura de curateur.

Ne sera donné aucun curateur à l'accusé qui ne voudra pas répondre, le pouvant faire.

☞ *Ces deux articles n'ont reçu aucun changement.*

ARTICLE VIII.

Le juge l'interpellera de répondre.

Le juge lui fera sur le champ trois interpellations de répondre, à chacune desquelles il lui déclarera qu'autrement son procès lui sera fait, comme à un muet volontaire, & qu'après il ne sera plus reçu à répondre sur ce qui aura été fait en sa présence, pendant son refus de répondre.

Lecture faite de cet Article :

M. le premier président a dit, que ce titre est conforme à la pratique du parlement,

parlement, mais qu'il se trouvoit une difficulté sur cet article : savoir, que les trois interpellations faites à l'accusé de répondre, étoient trop précipitées. Qu'au parlement l'usage étoit de les faire à trois différens jours, parce qu'un accusé qu'on interroge au moment de sa capture, peut être surpris : qu'il voudra peut-être délibérer sur la compétence du juge : qu'il lui faut donner quelque tems pour se reconnoître, & que le tempérament qu'on y pourroit apporter, seroit de lui faire trois interpellations dans les vingt-quatre heures, en trois différentes séances : savoir, le matin, l'après-midi & le lendemain matin.

M. Pussort a dit, qu'il n'y a rien de si recommandé que l'expédition de la matiere criminelle. L'on quitte tout pour y travailler : l'on y emploie les jours de fêtes ; & que le procès pouvant être fait & parfait dans les vingt-quatre heures à un homme présent, il doit répondre sur le champ.

Que si les délais de ces interpellations étoient établis, cela deviendroit de style : les accusés prendroient cependant conseil, & tous les autres avantages que leur donne la longueur des instructions. Qu'il est raisonnable de les secourir, mais qu'il ne faut pas favoriser la contumace. Qu'il n'y en a pas de plus affectée que celle d'un accusé qui refuse de répondre à son juge. Qu'il peut faire des protestations que les réponses ne lui puissent préjudicier, s'il a des raisons pour ne pas subir l'interrogatoir devant le juge qui l'interroge.

M. le président de Novion a dit, que l'accusé ne saura pas cette ordonnance.

M. Pussort a réparti, que l'ordonnance étant publique, elle doit être connue d'un chacun, & lue de tout le monde. Que toutes les formalités ont été augmentées de jour à autre, & que les accusés ne manquent jamais d'en être avertis.

M. Talon a dit, que l'usage du châtelet a changé dans les différens tems, sur la forme de faire le procès aux muets volontaires. Qu'anciennement on leur créoit un curateur ; mais que comme on y a reconnu de l'inconvénient, en ce qu'il falloit recommencer la procédure, lorsque l'accusé offroit de répondre par sa bouche, on a introduit l'usage d'interpeller à trois jours différens : ce qui affecte beaucoup plus la contumace que trois sommations faites sur le champ.

M. le président de Maisons a dit, qu'il est bon de laisser quelque intervalle entre les sommations qui sont faites à l'accusé ; parce qu'ayant refusé de répondre, il n'est plus recevable à demander de prêter l'interrogatoire.

M. le premier président a dit, que c'est par cette considération qu'il a proposé de faire trois sommations à trois séances différentes, dans les vingt-quatre heures.

M. Pussort a dit, qu'il en falloit parler au roi.

☞ *Sur toutes ces observations, l'on a arrêté de laisser au juge la liberté de* donner délai pour répondre : *mais on a fixé la longueur de ce délai à* vingt-quatre heures. *Voici de quelle maniere cet article a été rédigé.*

ARTICLE VIII. Le juge lui fera fur le champ trois interpellations de répondre, à chacune defquelles il déclarera qu'autrement fon procès lui fera fait comme à un muet volontaire, & qu'après il ne fera plus reçu à répondre fur ce qui aura été fait en fa préfence pendant fon refus de répondre. Pourra néanmoins le juge, s'il le trouve à propos, donner un délai pour répondre, qui ne pourra être plus long de vingt-quatre heures.

ARTICLE IX.

Mention fera faite du refus de répondre.

SI l'accufé perfifte en fon refus, le juge continuera l'inftruction de fon procès, fans qu'il foit befoin de l'ordonner, & en fera fait mention en chacun article des interrogatoires, & autres procédures faites en la préfence de l'accufé, qu'il n'a voulu répondre : à peine de nullité des actes où mention n'en aura été faite, & des dépens, dommages & intérêts de la partie contre le juge.

Après la lecture de cet Article :

M. le premier préfident a demandé fi, dans le cas de l'article, on ordonnera que l'accufé fera jugé comme un muet.

M. Puffort a dit, qu'il fuffira de lui faire entendre l'ordonnance, & qu'elle lui fervira de jugement.

M. Talon a demandé fi l'accufé propofant un déclinatoire, il ne faudra pas faire droit fur fa demande.

M. Puffort a dit, que s'il allegue un déclinatoire ou incompétence, il le faudra juger.

☞ *L'article IX eft pareillement dans l'ordonnance.*

ARTICLE X.

Si enfuite l'accufé veut répondre.

SI, dans la fuite de la procédure, l'accufé veut répondre, ce qui fera fait jufqu'à fes réponfes fubfiftera, même la confrontation des témoins contre lefquels il n'aura fourni fes reproches : & ne fera plus reçu à en fournir, s'ils ne font juftifiés par pieces.

ARTICLE XI.

S'il cesse de le vouloir.

Et s'il a commencé de répondre, & cessé de le vouloir faire, la procédure sera continuée, comme il est ordonné ci-dessus.

Lecture faite de ces deux derniers Articles :

☞ *Ils ont été trouvés bons, & l'on n'y a fait aucun changement.*

TITRE XIX.

Du jugement des reproches.

ARTICLE I.

Quand on procédera au jugement des reproches.

Avant la visite du procès, il sera procédé au jugement des reproches des témoins, après la lecture de tout ce qui concerne les reproches, contre chacun des témoins, tant par le procès-verbal de confrontation, que par les autres pieces.

Lecture faite de ce premier Article :

M. le premier président a dit, que la maniere de juger les reproches des témoins n'étoit pas uniforme dans toutes les compagnies. Que dans le parlement de Paris, & dans la plupart des autres parlemens, ils se jugent conjointement avec le fonds du procès ; mais que dans celui de Toulouse, & au grand-conseil, on juge les reproches séparément. Qu'il pouvoit y avoir des inconvéniens de part & d'autre, & qu'il falloit examiner ce qui seroit le plus avantageux au bien de la justice.

Qu'en jugeant les reproches séparément du fond, il faudra voir nécessairement le procès deux fois : cela sera d'une très-difficile exécution à la tournelle & au châtelet, où il se juge de gros procès, & en quantité. Et s'il arrive que l'accusé ait fourni de reproches contre tous les témoins, qui sont souvent en fort grand nombre, faudra-t-il opiner autant de fois qu'il y aura de témoins reprochés ? Sera-t-il possible de juger un procès qui sera de longue discussion, & ne tombera-t-on pas dans des longueurs que l'on doit sur-tout éviter dans les matieres criminelles?

La tournelle change quatre fois l'année. Il y a des compagnies qui changent tous les six mois; & il arriveroit que les reproches seroient jugés dans un sémestre, & le principal dans l'autre.

D'ailleurs, il sera bien difficile qu'en jugeant les reproches, il n'échappe quelque chose aux juges de leurs sentimens, & que les accusés, qui sont informés de tout, ne s'en prévalent. L'examen de ces reproches fera naître des incidens: il faudra les vérifier dans trois jours, renouveller les délais, & communiquer au parquet cette instruction, & observer beaucoup d'autres formalités qui éloigneront le jugement.

L'on peut dire, qu'en jugeant séparément les reproches du fond, on ôte la confusion du procès, en recherchant quantité de faits qui se peuvent juger séparément, & dont il seroit difficile de se souvenir lorsqu'il est question d'opiner sur le fond.

Mais on peut répondre que les juges font leurs observations & leurs dictons pour soulager leur mémoire; & qu'en matiere criminelle, il étoit beaucoup plus sûr de rappeller toutes les especes & joindre toutes les circonstances d'une affaire pour y apporter son jugement, que de le partager & en juger les différentes parties à diverses reprises.

M. Pussort a dit, qu'ayant à porter son jugement sur l'usage de différentes compagnies, il est à craindre que l'on n'incline toujours en faveur de celles dans lesquelles on a été élevé: néanmoins lui qui parle peut dire, qu'il n'y avoit rien à quoi il se fût plus particuliérement appliqué, qu'à se défendre de cette prévention; & qu'au fait dont il s'agissoit, après avoir examiné la matiere, & pesé les raisons de part & d'autre, il ne voyoit rien de mieux que ce qui se pratiquoit à cet égard au grand-conseil.

Qu'en effet, il n'y avoit rien qui pût davantage embarrasser l'esprit des juges, ni les jetter dans une plus grande confusion, que de les obliger à juger une infinité de reproches avec le fond d'un procès. Un juge trouvera la déposition d'un témoin précise; mais le jugeant valablement reproché, il demandera que le fait du reproche soit approfondi. Un autre ne s'arrêtera pas au reproche, & se laissera persuader par la déposition qu'il trouvera formelle, & dont la force aura fait impression sur son esprit. Cependant ces deux sentimens opposés serviront de fondement à leurs opinions.

D'ailleurs, il faudra lire les dépositions de tous les témoins, même de ceux qui, par l'événement, demeureront valablement reprochés: au lieu qu'en jugeant les reproches séparément, il ne restera plus rien qui ne doive passer pour constant, & sur quoi les juges ne puissent fonder avec certitude leur jugement.

Le rapporteur met le fait du procès, ensuite il propose les reproches & les réponses: on opine sur le premier rapport. Mais comme la plupart de ces reproches sont rejettés, quand ils sont vagues & non circonstanciés, & que même il y a souvent un grand nombre de témoins, qui ne sont point reprochés, & ſur la qualité deſquels on n'opine point, ce jugement n'eſt pas de ſi grande étendue.

Du nombre des témoins qui auront été entendus, il y en aura peu ou point, qui ſoient valablement reprochés; & par le moyen de cette préciſion, lorſqu'il s'agit de juger le fond, l'on n'eſt plus en peine de la qualité des témoins; parce qu'elle eſt aſſurée par le jugement des reproches, & l'on ne s'arrête qu'à ce qu'ils ont dit dans leurs dépoſitions. Et comme cela ſe pratique en matiere civile, ſans faire de peine, à plus forte raiſon en doit-on uſer ainſi en matiere criminelle, où l'exactitude doit être plus grande. Qu'au parlement de Toulouſe, au grand-conſeil, à la cour des aides, & aux requêtes de l'hôtel, on ſe trouve bien de cet uſage, & il y a toutes ſortes de raiſons de le conſerver.

M. Talon a dit, que rien n'eſt plus capable d'empêcher l'expédition des affaires criminelles que la diſpoſition de cet article : & bien qu'elle ſe pratique dans quelques tribunaux, néanmoins, ni au parlement, ni au châtelet, ni dans la plupart des autres juriſdictions, elle n'eſt point en uſage; & il ſeroit quaſi impoſſible de l'obſerver.

Les compagnies qui jugent peu de procès criminels, s'y peuvent plus facilement accoutumer; mais s'il falloit à la tournelle, ou au châtelet uſer de ce circuit, l'on ne pourroit pas expédier le tiers des affaires qui s'y jugent à préſent ſans peine; & la néceſſité d'opiner en détail ſur les reproches propoſés contre chaque témoin, l'obligation de communiquer au parquet la feuille du jugement des reproches, tout cela produiroit des longueurs & des embarras infinis. On ne ſe plaint point que la pratique contraire apporte aucun inconvénient : il eſt donc bien plus expédient de ſe conformer à ce qui eſt de l'uſage plus univerſel, que de réduire les juges à voir deux fois entiérement un procès, & opiner ſinguliérement ſur les reproches propoſés contre chaque témoin.

M. le préſident de Maiſons a dit, qu'il y avoit néceſſité, pour donner à l'article ſon exécution, de diſtinguer les grands procès d'avec ceux qui ne ſont pas de diſcuſſion.

M. le premier préſident a demandé, comment ſe fera la preuve de ces reproches?

M. Puſſort a dit, qu'elle ſe doit faire d'office, & aux frais de l'accuſé; mais que cela ne s'exécutoit pas.

M. le premier préſident a dit, qu'il le faudroit expliquer ſuivant l'ordonnance de 1539, qui veut que ce ſoit d'office.

M. Puſſort a dit, qu'on en uſeroit comme on avoit fait par le paſſé.

☞ *Voyez après le dernier article de ce titre,*

ARTICLE II.

Reproches valables annullent la déposition.

Si les reproches ne sont jugés valables, la déposition du témoin subsistera; & s'ils sont valables ou justifiés, elle sera rejettée & & ne sera point lue.

ARTICLE III.

Des reproches valables, non justifiés.

Si les reproches sont jugés valables & non suffisamment justifiés, les juges pourront déclarer la preuve admissible par acte ou par témoins.

ARTICLE IV.

De la preuve des reproches.

NONOBSTANT que la preuve des reproches ait été déclarée admissible, il sera procédé incessamment à la visite & au jugement du procès; sauf, s'il n'y a preuve suffisante, à ordonner que l'accusé vérifiera dans trois jours les faits des reproches par pieces ou par témoins, qu'il sera tenu de nommer sur le champ; autrement il n'y sera plus reçu.

ARTICLE V.

Après le délai, les reproches seront communiqués.

Le délai étant expiré, le procès & la feuille du jugement des reproches seront derechef communiqués à nos procureurs, & à ceux des seigneurs, pour y prendre leurs conclusions dans vingt-quatre heures au plus tard, & passé outre au jugement, en l'état qu'il se trouvera.

ARTICLE VI.

Aux frais de qui la preuve en sera faite.

La preuve des reproches sera faite aux frais de l'accusé, s'il est solvable, sinon de la partie civile.

ARTICLE VII.

En quel cas elle sera faite aux frais du domaine.

S'IL n'y a point de partie civile, ou qu'elle ne puisse notoirement avancer les frais, les seigneurs & les engagistes de nos domaines y seront contraints chacun à leur égard; même dans nos autres justices, le receveur de nos domaines, du fonds qui sera par nous ordonné à cet effet.

Lecture faite de ces Articles, ils ont été trouvés bons.

☞ *Nonobstant cela, on a supprimé ce titre, & les sept articles dont il est composé. Ainsi il n'en est fait aucune mention dans l'ordonnance.*

TITRE XX.

Ce titre est le XIX de l'ordonnance.

Des jugemens & procès-verbaux de torture.

ARTICLE I.

Quand les juges peuvent ordonner la question.

S'il y a preuve considérable contre l'accusé d'un crime qui mérite peine de mort, & qu'il soit constant, tous juges pourront ordonner qu'il sera appliqué à la question, au cas que la preuve ne soit pas suffisante.

Cet Article a été trouvé bon.

ARTICLE II.

Ils pourront ordonner que les preuves subsisteront.

LES juges pourront aussi arrêter, que nonobstant la condamnation à la question, les preuves subsisteront en leur entier, pour pouvoir condamner l'accusé à toutes sortes de peines pécuniaires ou afflictives : excepté toutefois celle de mort, à laquelle l'accusé qui aura souffert la question, sans rien avouer, ne pourra être condamné.

Après la lecture de cet Article :

M. le premier président a dit, qu'il n'appartient qu'aux juges souverains de faire cet arrêté : *manentibus indiciis.* Que c'est une chose qui doit être secrete & qui perd son effet, lorsqu'elle vient à la connoissance d'un condamné.

M. Pussort a dit, qu'il avoit cru que cela étoit d'usage au châtelet. Qu'en cas d'appel, cela s'exécuteroit de l'autorité du parlement; mais que sans difficulté elle devoit appartenir aux juges en dernier ressort.

M. Talon a dit, que la disposition de cet article, qui veut que l'accusé qui aura souffert la question sans rien avouer, ne puisse être condamné à mort, est pleine de justice & d'humanité; mais il semble qu'il faut y ajouter cette exception : *si ce n'est qu'il survienne de nouvelles preuves.*

M. Pussort a dit, que l'observation lui paroissoit bonne, & qu'on pouvoit ajouter dans l'article : *si ce n'est qu'il survienne quelque nouvelle preuve entre la question & le jugement.*

M. le premier président a dit, qu'il seroit à souhaiter que la maniere de donner la question fût uniforme dans tout le royaume, parce qu'en certains endroits on la donne si rudement, que celui qui la souffre est mis hors d'état de pouvoir travailler, & en demeure souvent estropié le reste de ses jours. Que cependant la question n'est pas ordonnée comme une peine, & ne rend pas infame celui qui y est appliqué : que nous avons reçu cette belle maxime des Romains, auxquels Tertullien dit : *Apud tyrannos tormenta pro pœnâ adhibentur, apud vos soli quæstioni temperantur.*

M. Pussort a dit, qu'il étoit difficile de rendre la question uniforme : que la description qu'il en faudroit faire, seroit indécente dans une ordonnance; mais qu'il est sous-entendu dans l'article que les juges prendront garde, lorsqu'ils la feront donner, que les condamnés n'en demeurent pas estropiés. Qu'au surplus, la question préparatoire lui avoit toujours semblé inutile; & que si l'on vouloit ôter la prévention d'un usage ancien, l'on trouveroit qu'il est rare qu'elle ait tiré la vérité de la bouche d'un condamné.

M. le premier président a dit, qu'il voyoit de grandes raisons de l'ôter; mais qu'il n'avoit que son sentiment particulier.

☞ *Cette derniere ouverure est demeurée sans effet ; mais suivant l'observation faite par M. Talon, on a ajouté cette clause :* si ce n'est qu'il survienne de nouvelles preuves depuis la question.

ARTICLE

ARTICLE III.

Pourquoi elle est ordonnée contre les condamnés.

PAR le jugement de mort, il pourra être ordonné que le condamné sera préalablement appliqué à la question, pour avoir révélation des complices.

Lecture faite de cet Article, il a été trouvé bon.

☞ *Après l'article III, l'on en a inséré un nouveau dans l'ordonnance, touchant les condamnés par jugement prévôtal, qui révelent leurs complices. Voici de quelle maniere il a été rédigé.*

ARTICLE IV. Si celui qui aura été condamné à mort par jugement prévôtal & en dernier ressort, préalablement appliqué à la question, révele aucun de ses complices qui soient arrêtés sur le champ, la confrontation pourra en être faite, encore que le prévôt n'ait été déclaré compétent pour connoître les complices. Sera tenu néanmoins de faire après juger sa compétence.

ARTICLE IV.

Défenses de présenter l'accusé à la question.

DÉFENDONS à tous juges, à l'exception de nos cours seulement, d'ordonner que l'accusé sera présenté à la question, sans y être appliqué.

Cet Article a été trouvé bon.

☞ *Il est le V dans l'ordonnance sans aucun changement.*

ARTICLE V.

La condamnation sera prononcée sur le champ.

LE jugement de condamnation à la question sera dressé & signé sur le champ, & le rapporteur assisté de l'un des autres juges se transportera, sans divertir, à la chambre de la question, pour le faire prononcer à l'accusé.

☞ *Cet article a passé, & il est le VI dans l'ordonnance.*

ARTICLE VI.

Quand sera déféré à l'appel.

Si l'accusé appelle de la sentence de condamnation à la question, il sera déféré à l'appel ; & s'il n'y a point d'appel, ou s'il est interjetté depuis qu'on aura commencé de donner la question, il sera passé outre, & la sentence exécutée.

Lecture faite :

M. Talon a dit, que puisqu'un accusé n'a pas la liberté d'acquiescer à une sentence portant condamnation de peine afflictive, non pas même à un simple bannissement, il semble que par une conséquence nécessaire, celui qui est condamné à la question doit être transféré au parlement, quand même il n'y auroit point d'appel par lui interjetté de la sentence.

M. Pussort a dit, que le mot de peine ne convient point à la question, parce qu'elle n'est pas ordonnée comme une peine, mais comme une préparation à la peine. Que néanmoins l'observation lui en paroissoit bonne, & qu'il en falloit parler au roi.

☞ *Sur l'observation faite par M. Talon, cet article a été supprimé, & l'on en a dressé un autre qui porte, que* les sentences de condamnation à la question ne seront exécutées qu'après avoir été confirmées par arrêt. *Il est conçu en ces termes :*

ARTICLE VII. Les sentences de condamnation à la question ne pourront être exécutées, qu'elles n'aient été confirmées par arrêt de nos cours.

ARTICLE VII.

Interrogatoire avant la question.

L'accusé sera interrogé après avoir prêté serment, avant qu'il soit appliqué à la question, & signera son interrogatoire : sinon sera fait mention de son refus.

ARTICLE VIII.

Procès-verbal de la question.

La question sera donnée en présence des commissaires qui chargeront leur procès-verbal de l'état de la question & des réponses, confessions, dénégations & variations à chacun article de l'interrogatoire.

ARTICLE IX.

Quand les peines pourront être modérées.

IL sera loisible aux commissaires de faire modérer & relâcher une partie des rigueurs de la question, si l'accusé confesse, & s'il varie, de le faire mettre dans les mêmes rigueurs : mais s'il a été délié & entiérement ôté de la question, il ne pourra plus y être remis.

ARTICLE X.

Interrogatoire après la question.

APRÈS que l'accusé aura été tiré de la question, il sera sur le champ & derechef interrogé sur ses déclarations & sur les faits par lui confessés ou déniés, & l'interrogatoire par lui signé : sinon sera fait mention de son refus.

ARTICLE XI.

Elle ne pourra être réitérée.

QUELQUE nouvelle preuve qu'il survienne, l'accusé ne pourra être appliqué deux fois à la question pour un même fait.

Lecture faite de ces cinq Articles :

☞ *Ils ont passé sans changement, & ils sont les VIII, IX, X, XI, XII, de ce titre dans l'ordonnance.*

TITRE XXI.

Ce titre est le XX de l'ordonnance.

De la conversion des procès ordinaires en procès criminels, & des procès criminels en procès ordinaires.

MONSIEUR le premier président a observé sur ce titre, qu'on reçoit les parties en procès ordinaires ; mais que l'on ne convertit pas les procès criminels en procès ordinaires.

M. Pussort a dit, que souvent un procès criminel commence par une action civile.

M. le premier président a repris, que c'étoit un nouveau procès, & non pas une conversion d'un procès en un autre.

M. Pussort a dit, que le titre pouvoit être conçu en d'autres termes.

☞ *Sur l'observation faite par M. le premier président, ce titre a été réformé de cette maniere :* de la conversion des procès civils en procès criminels, & de la réception en procès ordinaires.

ARTICLE I.

Procès commencé par voie civile, peut être poursuivi extraordinairement.

Les juges pourront ordonner qu'un procès commencé par les voies civiles, sera poursuivi extraordinairement, s'ils ne connoissent qu'il peut y avoir lieu à quelque peine corporelle.

ARTICLE II.

En convertissant les procès ordinaires en procès criminels, ils pourront décerner par le même jugement décret de prise de corps ou d'ajournement personnel, suivant la qualité de la preuve.

Sur ces deux Articles :

M. le premier président a dit, que ce n'est pas l'instruction, mais le jugement qui fait connoître qu'il y a du crime dans une action.

M. Pussort a répondu, qu'en tout état de cause, les juges qui trouveront la preuve pourront décréter.

M. Talon a observé, qu'on ne peut pas dire qu'un procès civil doive ou puisse être converti en criminel; mais quand dans une affaire civile le juge découvre du crime, il peut décreter contre les accusés; & à cet effet s'il y a quelque enquête, répéter les témoins, & ensuite instruire l'accusation par voie ordinaire. Car encore qu'une information se puisse convertir en enquête, une enquête ne se convertit jamais.

☞ *L'on n'a fait aucun changement au premier article. A l'égard du II, l'on y a fait des changemens considérables. Voici de quelle maniere il a été réformé.*

ARTICLE II. En instruisant les procès ordinaires, ils pourront, s'il y écheoit, décerner décret de prise de corps ou d'ajournement personnel, suivant la qualité de la preuve, & ordonner l'instruction à l'extraordinaire.

ARTICLE III.

S'IL paroît, avant la confrontation des témoins, que l'affaire ne doit pas être poursuivie criminellement, les juges recevront les parties en procès ordinaire ; & pour cet effet ordonneront que les informations seront converties en enquêtes, & permis à l'accusé d'en faire de sa part, dans les formes prescrites pour les enquêtes.

Après la lecture faite de cet Article :

M. le premier président a dit, que lorsqu'avant la confrontation des témoins il paroît aux juges que l'affaire ne doit pas être poursuivie criminellement, ils ne reçoivent pas les parties en procès ordinaires; mais qu'à proprement parler, ils changent la forme d'instruire, & font un procès civil au lieu d'un procès criminel; mais on ne remet les parties en procès ordinaire, que quand après la confrontation les juges ont reconnu qu'il n'y avoit pas de preuves suffisantes pour asseoir une condamnation.

M. Pussort a dit, que la disposition de cet article étoit tirée de l'article 150 de l'ordonnance de 1539, qui porte, que *si la matiere est légere, les juges recevront les parties en procès ordinaire ;* parce que l'ordonnance n'a pas voulu prononcer par voie d'absolution, & que d'ailleurs le terme de *civiliser* n'est pas de l'ordonnance.

M. Talon a dit, que bien que cet article soit conforme à la disposition de l'ordonnance de 1539, il semble néanmoins qu'il doit être interprété & conformé suivant l'usage qui se pratique : pour cela il faut observer qu'avant l'ordonnance de 1539 les procès criminels s'instruisoient comme les affaires civiles; que l'accusé se défendoit par le ministere d'un avocat & d'un procureur, & que les plus grandes accusations, mêmes capitales, étoient portées à l'audience, ou l'une & l'autre des parties produisoient les témoins & les preuves littérales qu'elles avoient rassemblées, l'une pour instruire son accusation, l'autre pour servir à sa justification. L'ordonnance ayant changé cette coutume, & obligé les accusés de crimes capitaux de répondre & de se défendre par leur bouche, elle a permis néanmoins aux juges, en cas qu'après l'interrogatoire l'affaire parût moins grieve, de la remettre en procès ordinaire ; c'est-à-dire, de suivre ce qui se pratiquoit avant l'ordonnance. Mais cela n'a point été observé, à cause des longueurs dans lesquelles on auroit engagé les parties, en suivant cette ancienne forme. Car, en un mot, recevoir les parties en procès ordinaire, c'est permettre à l'accusé de faire preuve & enquête de sa part, & à la partie civile de faire entendre de nouveaux témoins aussi par forme d'enquête; & si l'on ajoute à tout cela la faculté portée par l'article V de ce titre de renouveller la procédure criminelle, s'il survient quelque nouvelle preuve, & que l'affaire s'y trouve disposée, il est certain que rien ne peut être plus contraire à l'expédition & au bien de la justice, & ne peut engager les parties en de plus grands frais, que cette faculté donnée aux juges de recevoir les parties en procès ordinaire ; & l'on ne peut pas douter que dans le retranchement que l'on fait d'ailleurs de leurs émolumens, ils n'abusent souvent de ce pouvoir que pour en tirer du profit.

Ce n'est pas que toutes sortes d'accusations criminelles doivent être toujours poursuivies par récolement & confrontation des témoins : il y auroit souvent de la vexation d'en user ainsi ; mais ce que l'on doit prescrire aux juges, est qu'en matiere légere, comme d'injures & autres semblables, ils ne doivent pas même permettre d'informer, mais d'assigner les parties & les régler sur le champ. Que si outre les injures il y a quelque excès, mais qui ne soit pas fort considérable, ils peuvent & doivent, au lieu de décréter l'information, ordonner que celui duquel on se plaint sera assigné ; & sur le récit qui sera fait à l'audience des informations, arbitrer la réparation.

La même chose se doit pratiquer lorsqu'une information a été décrétée, & que l'accusé ayant subi l'interrogatoire, a pris droit par les informations, ou la partie civile par les confessions de l'accusé ; car alors, si le crime n'est pas atroce, & ne mérite point de punition corporelle, il faut encore renvoyer les parties à l'audience, & les juger définitivement sur le récit des informations, de la même maniere qu'il se pratique à l'audience de la tournelle ; mais en tous ces cas, jamais ne reprendre l'extraordinaire, parce qu'on se dispense d'instruire extraordinairement, & l'on abandonne, pour ainsi dire, l'accusation criminelle, à cause qu'elle paroît légere, & qu'elle ne mérite point d'animadversion publique, & non pas faute de preuve.

Il y a encore un autre cas, dans lequel une action criminelle est civilisée ; savoir, lorsque celui qu'on accuse ne désavoue pas l'action qu'on lui impute, mais prétend être en droit de la faire : car alors l'on met les parties sur l'extraordinaire, hors de cour, l'on convertit les informations en enquête, l'on permet à l'accusé de faire enquête de sa part, & l'on renvoie les parties devant les juges qui connoissent des affaires civiles ; & jamais encore dans cette espece, l'accusation éteinte ne se renouvelle.

Ce n'est pas qu'il n'ait été de l'usage de recevoir les parties en procès ordinaire, & de reprendre l'extraordinaire s'il survenoit de nouvelles preuves ; mais cela ne se pratiquoit que dans les crimes capitaux, lorsque l'accusation étant instruite dans toutes ses formes, les témoins récolés & confrontés, il ne se trouvoit aucune preuve suffisante pour prononcer aucune condamnation contre l'accusé, mais il y en avoit pourtant suffisamment pour ne lui pas accorder son absolution : car alors, par une espece d'interlocutoire, on recevoit les parties en procès ordinaire, l'accusé avoit la liberté de faire entendre des témoins pour prouver son innocence ; si l'accusateur découvroit de nouvelles preuves, il pouvoit aussi faire enquête de sa part, & l'affaire étoit lors poursuivie civilement, mais avec la liberté de réputer l'accusation criminelle, en cas qu'il parût de nouvelles charges.

Comme ce circuit étoit long & pénible, il engageoit les parties dans des frais & des procédures infinies; & c'est avec beaucoup de raison que par l'article IV on ordonne, qu'après la confrontation, on prononcera définitivement sur l'absolution ou condamnation de l'accusé. Il faut pourtant observer que quelquefois on ordonne *qu'il sera plus amplement informé.* Il est vrai qu'on a fait jusqu'ici cette différence, que lorsqu'il n'y a de partie que M. le procureur général ou ses substituts, si les juges ne sont pas suffisamment éclaircis pour condamner ou absoudre l'accusé, ils ordonnent *qu'il sera plus amplement informé;* mais quand il y a partie civile, au lieu d'ordonner cette information plus ample, on reçoit les parties en procès ordinaire. De sorte qu'abolissant cet usage de recevoir en procès ordinaire, restera la difficulté de savoir si on ne pourra pas toujours ordonner *qu'il soit plus amplement informé*, lors même qu'il y aura une partie civile; & ce qui peut donner matiere à ce doute, est que l'article IV dit en termes formels, *qu'après la confrontation des témoins, l'accusé ne pourra plus être reçu en procès ordinaire, & qu'il sera prononcé définitivement sur son absolution ou sa condamnation.*

M. le président de Mesmes a dit, qu'en recevant les parties en procès ordinaire, c'étoit toujours à condition de prendre l'extraordinaire s'il y avoit lieu. Qu'étant à la tournelle, il en avoit vu un exemple considérable. Un messager de Bourdeaux ayant été chargé de voiturer des deniers du roi, il fut volé par deux hommes qui lui enleverent une somme notable; pour raison de quoi ayant fait informer, & le procès instruit à l'un de ceux qu'il accusoit d'avoir commis le vol, il ne se trouva qu'un seul témoin qui déposât favorablement du fait: ce qui donna lieu à ordonner *qu'avant faire droit, l'accusé seroit mis à la question ordinaire & extraordinaire;* & l'ayant soufferte sans rien avouer, les parties furent reçues en procès ordinaire. Le procès ayant été long-tems discontinué, & ce messager se trouvant de nouveau poursuivi par les fermiers que ce vol regardoit, il fit tant de diligence de sa part, qu'il trouva un autre témoin qui déposa aussi formellement que l'autre: en conséquence de quoi la procédure criminelle ayant été reprise, & l'accusé arrêté, son procès lui fut fait & parfait sur cette nouvelle preuve, & fut par l'événement condamné à la roue, & exécuté.

☞ *Nonobstant toutes ces réflexions, l'article III a été inséré dans l'ordonnance, sans aucun changement.*

ARTICLE IV.

Quand l'accusé ne sera plus reçu en procès ordinaire.

APRÈS la confrontation des témoins, l'accusé ne pourra plus être reçu en procès ordinaire, mais sera prononcé définitivement sur son absolution ou la condamnation.

Lecture faite de cet Article :

M. le premier président a dit, que la disposition de cet article, qui abroge l'usage de recevoir les parties en procès ordinaire après la confrontation, peut être bonne ; mais qu'il faut savoir si l'on entend abroger le *plus amplement informé.*

M. Pussort a dit, qu'il y avoit deux manieres de prononcer : l'une l'absolution, & l'autre le *plus amplement informé.* Que l'ordonnance ne défendoit point cette derniere.

M. Talon a dit, que lorsqu'il y a une partie civile, on reçoit en procès ordinaire ; mais que quand il n'y a que M. le procureur général de partie, on ordonne un *plus amplement informé ;* soit qu'il y ait partie civile, soit qu'il n'y en ait pas, M. le procureur genéral demeurant toujours partie.

☞ *Le présent article a été de même inséré dans l'ordonnance.*

ARTICLE V.

La voie extraordinaire peut être reprise.

ENCORE que les parties aient été reçues en procès ordinaire, la voie extraordinaire sera reprise, si la matiere y est proposée.

Lecture faite de ce dernier Article :

☞ *Il a passé sans aucun changement, & il est aussi le V dans l'ordonnance.*

Ce titre est le XXI de l'ordonnance.

TITRE XXII.

De la maniere de faire le procès aux communautés des villes, bourgs & villages, corps & compagnies.

ARTICLE I.

Cas auxquels le procès leur est fait.

LE procès sera fait aux communautés des villes, bourgs & villages, corps & compagnies qui auront commis quelque rebellion, violence, ou autre crime.

ARTICLE

ARTICLE II.

Elles nommeront un syndic.

ELLES seront tenues pour cet effet de nommer un syndic ou député, suivant qu'il sera ordonné par le juge ; & à leur refus, il nommera d'office un curateur.

ARTICLE III.

Le syndic sera en qualité : exception.

LE syndic, député ou curateur subira les interrogatoires & la confrontation des témoins, & sera employé dans toutes les procédures en la même qualité ; & non dans le dispositif du jugement, qui sera rendu seulement contre les communautés, corps & compagnies.

ARTICLE IV.

Quelles condamnations seront ordonnées.

LES condamnations ne pourront être que de réparation civile, dommages & intérêts envers la partie, d'amende envers nous, privation de leurs privileges, & de quelqu'autre punition qui marque publiquement la peine qu'elles auront encourue.

ARTICLE V.

Le procès pourra aussi être fait aux auteurs des crimes.

LES poursuites qui se feront contre les communautés, n'empêcheront pas que le procès ne soit fait aux principaux auteurs du crime, & à leurs complices ; mais s'ils sont condamnés en quelque peine pécuniaire, ils ne pourront être tenus de celles auxquelles les communautés auront été condamnées.

Tous les Articles de ce titre ont été trouvés bons.

☞ *Quoique ces articles aient été approuvés, néanmoins dans la révision l'on a ajouté ces mots*, par leur crime, *à ceux-ci qui sont à la fin de l'article IV.* La peine qu'elles auront encourue.

D'ailleurs, on a changé la disposition de l'article V, qui a été rédigé de cette maniere :

ARTICLE V. Outre les poursuites qui seront contre les communautés, voulons que le procès soit fait aux principaux auteurs du crime, & à leurs complices : mais s'ils sont condamnés en quelque peine pécuniaire, ils ne pourront être tenus de celles auxquelles les communautés auront été condamnées.

TITRE XXIII.

De la maniere de faire le procès au cadavre ou à la mémoire d'un défunt.

ARTICLE I.

Dans quels cas on fait ce procès.

Le procès ne pourra être fait au cadavre, ou à la mémoire d'un défunt, si ce n'est pour crime de lese-majesté divine ou humaine, dans les cas où il écheoit de faire le procès aux défunts, duel, homicide de soi-même, ou rebellion à justice avec force ouverte, dans la rencontre de laquelle il aura été tué.

ARTICLE II.

Un curateur sera nommé.

Le juge nommera d'office un curateur au cadavre du défunt, s'il est encore extant, sinon à sa mémoire : & sera préféré le parent du défunt, s'il s'en offre quelqu'un pour en faire la fonction.

ARTICLE III.

Fonctions du curateur.

Le curateur saura lire & écrire, fera le serment, & le procès sera instruit contre lui en la forme ordinaire : sera néanmoins debout seulement, & non sur la sellette, lors du dernier interrogatoire ; son nom sera compris dans toute la procédure, mais la condamnation sera rendue contre le cadavre, ou sa mémoire seulement.

ARTICLE IV.

Il pourra interjetter appel.

LE curateur pourra interjetter appel de la sentence rendue contre le cadavre, ou la mémoire du défunt; il pourra même y être obligé par quelqu'un des parens, lequel en ce cas sera tenu d'avancer les frais.

ARTICLE V.

Les cours en pourront élire un autre.

NOS cours pourront élire un autre curateur que celui qui aura été nommé par les juges dont est appel.

☞ *Les cinq articles de ce titre ont été trouvés bons, & ils sont de même dans l'ordonnance.*

TITRE XXIV.

Ce titre est le XXIII de l'ordonnance.

De l'abrogation des appointemens, écritures & forclusions en matiere criminelle.

ARTICLE I.

Abrogation des appointemens.

ABROGEONS les appointemens à ouïr droit, produire, bailler défenses par atténuation, causes & moyens de nullité, réponses, fournir moyens d'obreption & d'informer, & donner conclusions civiles, & tous autres appointemens.

ARTICLE II.

Et des conclusions civiles, défenses, &c.

ABROGEONS aussi l'usage de fournir des conclusions civiles, défenses, avertissemens, inventaires, contredits, causes & moyens de nullité d'appel, griefs & réponses, commandement, ou forclusion de produire & contredire, pris à l'audience ou au greffe.

Après la lecture de cet Article :

M. le premier président a dit, qu'il y avoit beaucoup de choses à dire sur les appointemens à ouïr droit, qui ne servent qu'à déclarer que le procès est en état, & non pas à l'y mettre; ensorte que réguliérement on ne doit point écrire ni produire en conséquence d'un appointement à ouïr droit. Que c'est ce qui s'observe encore en matiere civile, lorsqu'on appointe les parties à ouïr droit sur une instance évoquée, qui a été instruite par les premiers juges.

Que l'appointement à ouïr droit en matiere criminelle, ne se donne qu'après que l'instruction est entiérement achevée par la confrontation: que l'usage néanmoins y a inséré la faculté de donner des conclusions civiles & des défenses par atténuation, & d'écrire & produire, qui est l'effet des appointemens à ouïr droit, qui se donnent à l'ordinaire. Qu'il croit être bien à propos d'abroger ces appointemens à ouïr droit: que même souvent on n'en donnoit pas dans les procès criminels, principalement lorsqu'il n'y avoit que le procureur général de partie, & que l'on fourniroit plus aisément & avec moins de frais, par des requêtes, ce que l'on croit nécessaire pour la défense des accusés.

M. Pussort a dit, qu'il avoit déjà été observé dans une conférence précédente, qu'une requête pour laquelle il n'entroit en taxe que trois livres, causeroit bien moins de frais aux parties, que les suites d'un appointement à ouïr droit.

☞ *L'on n'a fait aucun changement dans ces deux articles.*

ARTICLE III.

Quelles écritures pourront être données.

POURRONT néanmoins les parties présenter leurs requêtes, & y attacher les pieces que bon leur semblera, dont sera baillé copie à l'accusé; autrement la requête & pieces seront rejettées; & pourra l'accusé y répondre par requête, qui sera aussi signifiée, & baillé copie, comme aussi des pieces qui y seront attachées; sans néanmoins, qu'à faute d'en bailler par l'accusé ou par la partie, le jugement du procès puisse être retardé. Ce qui aura pareillement lieu en cause d'appel, qui sera jugée sur ce qui aura été produit devant les juges des lieux.

Lecture faite de cet Article :

M. le premier président a dit, que l'article veut que les accusés donnent copie des pieces ; que cependant il arrive souvent qu'un accusé dénué de tout secours, ne présente les pieces qui servent à sa justification, que lorsqu'il est mis sur la sellette. Que si l'article avoit lieu, les pieces devroient être rejettées faute de communication, ce qui ne doit être ordonné & ne peut être exécuté.

M. Pussort a dit, que si les pieces sont inutiles à l'accusé, on les doit rejetter ; & si elles servent à sa justification, il faut qu'il en donne copie.

☞ *Cet article a aussi passé sans changement.*

ARTICLE IV.

Quelles procédures pourront être produites en cause d'appel.

NE pourront néanmoins d'autres procédures criminelles être produites en cause d'appel, que celles sur lesquelles le procès aura été jugé sur les lieux.

Lecture ayant été faite :

M. le premier président a dit, que cet article est contre l'usage : qu'on ne peut pas refuser à un accusé de recevoir toutes les pieces qu'il présente, & de les voir ; mais qu'ordinairement on les joint au procès : & que s'il y a différentes procédures criminelles contre un accusé, on les doit voir toutes en cause d'appel.

M. Pussort a dit, qu'il falloit proposer au roi d'ôter l'article.

☞ *Cet article a été supprimé.*

ARTICLE V.

Délais pour l'instruction & jugement.

LES juges pourront, s'ils le trouvent à propos, donner & régler les délais pour l'instruction & jugement du procès, après lesquels il sera passé outre, sans sommation ni commandement.

Après la lecture de cet Article :

M. le premier président a dit, que l'on rétablit les appointemens à ouïr droit par le moyen de ces délais, & que l'article ne marque pas comment ils seront réglés.

M. Pussort a dit, que ce seroit par une ordonnance.

M. le président de Novion a dit, que l'usage de ces sortes d'ordonnances sur requêtes, est fort abusif.

M. Puſſort a dit, qu'il ne trouveroit pas de meilleur expédient que de le faire prononcer à l'audience : qu'il en feroit la propoſition au roi.

☞ *Cet article a été pareillement ſupprimé.*

Ce titre eſt le XXIV de l'ordonnance.

TITRE XXV.

Des concluſions définitives de nos procureurs, ou de ceux des juſtices ſeigneuriales.

ARTICLE I.

Communication du procès pour conclure.

APRÈS que le récolement & la confrontation auront été parachevés, & les reproches des témoins jugés, nos procureurs ou ceux des ſeigneurs, prendront communication du procès, pour y donner leurs concluſions définitives : ce qu'ils ſeront tenus de faire dans les vingt-quatre heures au plus tard.

Après la lecture de l'Article I :

M. le premier préſident a dit, que le terme de vingt-quatre heures étoit trop court.

M. Puſſort a dit, que l'on pouvoit mettre, *inceſſamment*.

☞ *Sur cette obſervation, l'on a mis dans l'article,* inceſſamment, *au lieu de* vingt-quatre heures au plus tard.

D'ailleurs, comme l'on a ſupprimé le titre XIX du jugement des reproches, *ainſi qu'il eſt obſervé ci-devant, il a été néceſſaire de retrancher du préſent article ces mots :* & les reproches des témoins jugés. *Ainſi il a été rédigé de cette maniere :*

ARTICLE I. Après que le récolement & la confrontation auront été parachevés, nos procureurs, ou ceux des ſeigneurs, prendront communication du procès pour y donner leurs concluſions définitives : ce qu'ils ſeront tenus de faire inceſſamment.

ARTICLE II.

Défenses d'assister au jugement, & d'y conclure.

LEUR défendons d'assister à la visite ou au jugement du procès, ou d'y donner leurs conclusions de vive voix, dont nous abrogeons l'usage.

Lecture ayant été faite de cet Article:

M. le premier président a dit, que l'usage du châtelet étoit de donner des conclusions de vive voix aux petites affaires qui requierent célérité.

M. Pussort a dit, qu'au fameux procès qui fut fait sous le roi François I, le procureur général demanda à diverses reprises d'assister à la visite; mais cela lui fut refusé.

M. Talon a dit, que la présence du procureur du roi sert beaucoup à l'expédition, parce qu'il arrive souvent des incidens sur lesquels il faut avoir promptement des conclusions; & que sa présence est si peu incompatible, que lorsqu'il est absent, le siege commet le dernier reçu des conseillers pour donner des conclusions.

M. Pussort a dit, qu'il ne falloit pas autoriser ces sortes d'entreprises; que le roi avoit sévérement condamné un conseiller au présidial, pour avoir pris des conclusions dans une affaire, au refus du procureur du roi.

M. le premier président a dit, que cette affaire étoit singuliere, & avoit des circonstances toutes particulieres, éloignées du fait dont il s'agit.

☞ *Sur l'observation faite par M. le premier président, on a ajouté une exception en faveur du châtelet de Paris; & cet article a été arrêté de cette maniere:*

ARTICLE II. Leur défendons d'assister à la visite, d'y donner leurs conclusions de vive voix, dont nous abrogeons l'usage. N'entendons néanmoins rien innover à ce qui s'observe dans notre châtelet de Paris.

ARTICLE III.

Forme des conclusions.

ILS donneront leurs conclusions par écrit & cachetées, sans expliquer les raisons sur lesquelles elles seront fondées.

Lecture ayant été faite de cet Article:

M. le premier président a dit, qu'il n'étoit pas de l'usage de donner des conclusions cachetées.

M. Pussort a dit, que c'étoit l'usage du grand-conseil, & qu'il étoit bon.

☞ *On a fait quelque changement à cet article touchant l'expression, qui a été réformée ainsi.*

ARTICLE III. Les conclusions seront données par écrit & cachetées, & ne contiendront les raisons sur lesquelles elles seront fondées.

Ce titre est le XXV de l'ordonnance.

TITRE XXVI.

Des sentences, jugemens & arrêts.

ARTICLE I.

Procès criminels seront expédiés.

ENJOIGNONS à tous juges, même à nos cours, de travailler à l'expédition des affaires criminelles par préférence à toutes autres.

Lecture faite de cet Article, il a été trouvé bon.

ARTICLE II.

Ils seront instruits nonobstant appellations, &c.

IL sera procédé à l'instruction & au jugement des procès criminels, nonobstant toutes les appellations, même de juge incompétent & récusé; & si les accusés refusent de répondre sous prétexte d'appellations, le procès leur sera fait comme à des muets volontaires, jusqu'à sentence définitive.

Après la lecture faite de cet Article:

M. le premier président a dit, que par l'article XVIII de l'ordonnance de Roussillon, l'appel comme de juge incompétent faisoit surseoir l'instruction, n'y ayant rien qui lie davantage les mains du juge que le défaut de pouvoir; & qu'il n'y avoit pas tant d'inconvénient à surseoir une instruction, pourvu que l'accusé fût encore dans les prisons, qu'à la laisser faire par un juge incompétent.

M. Pussort a dit, que l'ordonnance de Roussillon contient deux cas: l'un regarde l'appel du décret de prise de corps, qu'elle veut être exécuté nonobstant l'appel, même comme de juge incompétent; l'autre concerne le surplus

surplus de l'instruction dont elle arrête le cours par l'appel de l'incompétence, & par la récusation des juges. Que si cet article étoit juste en sa premiere partie, l'usage avoit fait connoître qu'il y avoit des inconvéniens dans la seconde; parce que l'instruction est toujours privilégiée, & que la surséance fait dépérir la preuve. En effet, si l'on autorise l'appel comme de juge incompétent, l'abus en sera grand, parce qu'il deviendra de style en toutes sortes d'affaires criminelles; & d'ailleurs les protestations d'un accusé le mettent toujours en état de faire juger son appel, sans que ses réponses lui puissent préjudicier, ni empêcher la cassation de la procédure, & qu'on ne lui donne d'autres juges, s'il se trouve bien fondé en son appel, & qu'ainsi l'article paroît bon.

M. le premier président a dit, qu'en cela il n'y va que du tems; que l'accusé étant en état, il n'y peut pas avoir d'inconvénient, & que l'ordonnance de Roussillon est à cet égard exécutée.

M. Talon a dit, que pour empêcher ces longueurs, on pourroit obliger un accusé à coter un procureur.

☞ *Nonobstant l'observation faite par M. le premier président, cet article a passé sans aucun changement.*

ARTICLE III.

Procédures faites depuis l'appel des accusés.

LES procédures faites avec les accusés, volontairement & sans protestation depuis leurs appellations, ne pourront leur être opposées comme fin de non-recevoir.

Lecture faite de cet Article, il a passé.

SEPTIÈME ET DERNIÈRE CONFÉRENCE.

Du mardi 8 juillet 1670.

SUITE DU TITRE XXVI.

ARTICLE IV.

De ceux qui ont été jugés par contumace.

LES défaillans ne seront reçus à présenter requête, soit en premiere instance ou en cause d'appel, qu'ils ne se soient mis en état : ils pourront néanmoins proposer leurs exoines.

Lecture faite de l'Article IV :

M. le premier président a dit, que jusqu'ici, pour obtenir des défenses, il a fallu se mettre en état ; mais comme l'appel est une voie de droit, en quelqu'état que soit un accusé, l'on ne peut pas lui refuser de le recevoir appellant : d'autant plus que l'appel n'est pas suspensif, & n'empêche pas les juges de passer outre.

M. Pussort a dit, qu'il sembloit que toute audience dût être refusée à un accusé qui ne se présentoit point à justice ; que néanmoins l'usage étant au contraire, on peut ajouter dans l'article : *si ce n'est pour être reçu appellant.*

M. le chancelier a dit, qu'il étoit de l'usage du conseil, lorsqu'il s'agissoit d'une évocation ou d'un réglement de juges, de mettre dans les lettres la clause : *que l'accusé seroit obligé de se mettre en état lors de la signification des lettres, à peine de nullité d'icelles.*

M. le premier président a dit, que cela s'observoit au conseil, parce que l'on n'y prenoit point connoissance du fond ; mais qu'il n'en étoit pas de même des compagnies, où les défenses se donnent avec connoissance de cause, après avoir vu les charges.

M. Talon a dit, qu'il y avoit encore une autre observation à faire sur cet article, qui est que sa disposition semble équivoque, en ce que le terme de *défaillant* peut s'entendre de ceux qui sont en décret de prise de corps; & cependant il ne doit s'appliquer qu'à ceux dont le procès est jugé par défaut & contumace.

M. Pussort a dit, que l'article ne peut s'entendre que de ceux dont le procès a été jugé par contumace, parce qu'à l'égard de ceux qui sont en décret, il y a été pourvu par le titre *des décrets*; mais que néanmoins, pour le rendre plus intelligible, on y pouvoit ajouter: *ceux contre lesquels la contumace est instruite & jugée.*

☞ *Ces derniers mots ont été mis au commencement de l'article, à la place de ceux-ci,* les défaillans. *Au surplus, l'article a été conservé.*

ARTICLE V.

Quand les procès pourront être jugés sans information.

Les procès criminels pourront être instruits & jugés, encore qu'il n'y ait point d'information, si d'ailleurs il y a preuve suffisante par les interrogatoires, & par pieces authentiques ou reconnues par l'accusé, & par les autres présomptions & circonstances du procès.

Cet Article a été trouvé bon.

ARTICLE VI.

Sentences qui seront exécutées nonobstant l'appel.

Les sentences des premiers juges, qui ne contiendront que des condamnations pécuniaires, seront exécutées par maniere de provision, & nonobstant l'appel, en donnant caution, si dans les justices des seigneurs elles n'excedent la somme de quarante livres envers la partie, & de vingt livres envers le seigneur: dans les justices royales, qui ne ressortissent nuement aux parlemens, si elles n'excedent cinquante livres envers la partie, & vingt-cinq livres envers nous; & dans les bailliages & sénéchaussées où il y a présidial, siege des duchés & pairies, & autres ressortissans nuement en nos cours de parlement, cent livres envers la partie, & cinquante livres envers nous: & se chageront les receveurs de nos amendes, des sommes qui nous seront adjugées par forme de consignation, sans frais ni droits; & seront tenus de les employer en recette après les deux années de la condamnation, s'ils ne justifient les avoir restituées en vertu d'arrêts de nos cours.

Lecture faite de cet Article :

M. le premier président a dit, que les anciennes ordonnances n'ont pas donné un pouvoir si ample aux juges dont il est fait mention dans l'article ; mais que comme les especes sont augmentées par succession de tems, la proportion sembloit y avoir été gardée.

M. Pussort a dit, qu'il y avoit une observation à faire sur cet article, qui est que l'ordonnance de 1566 comprend, dans la limitation du pouvoir des juges, les dépens avec le principal : ce qui pourroit faire de l'équivoque, & donner lieu de douter si les dépens y seroient compris, & qu'il estimoit nécessaire d'en faire mention nommément.

M. Talon a observé, qu'il seroit peut-être mieux d'ordonner que les receveurs des amendes emploieront les amendes en recette, sauf à les mettre en reprise ou en dépense dans leur compte.

M. Pussort a dit, qu'il seroit difficile de les retirer, si elles étoient une fois employées en recette & dépense, & qu'il sembloit plus sûr de les faire recevoir par forme de consignation.

☞ *L'expédient proposé par M. Talon n'a pas été suivi ; mais sur l'observation faite par M. Pussort, l'on a distingué* les dépens *d'avec le principal, par cette clause qui a été ajoutée : si,* outre les dépens, *dans les justices des seigneurs, &c. C'est le seul changement que l'on ait fait dans cet article.*

ARTICLE VII.

Quelle amende porte note d'infamie.

L'AMENDE qui aura été ainsi payée par provision, ne portera aucune note d'infamie, si elle n'est confirmée par arrêt.

Lecture faite de cet Article, il a passé.

☞ *Quoique le présent article ait été approuvé, néanmoins, dans la révision, il a été changé de cette maniere :*

ARTICLE VII. L'amende payée par provision en la maniere ci-dessus, ne portera aucune note d'infamie, si elle n'est confirmée par arrêt.

ARTICLE VIII.

On ne peut donner des défenses contre les sentences ci-dessus.

DÉFENDONS à nos cours de donner aucunes défenses ou surséances d'exécuter les sentences de provision, qui n'excederont les sommes ci-dessus. Déclarons nulles celles qui pourroient être données. Voulons, sans qu'il soit besoin de demander main-levée, que les sentences soient exécutées par provision, & que les parties qui auront demandé des défenses ou surséances, & les procureurs qui auront signé les requêtes, ou fait quelques autres poursuites, soient condamnés chacun en cent livres d'amende, qui ne pourra être remise ni modérée.

Lecture faite de l'Article VIII :

M. le premier président a dit, que cet article devoit s'appliquer à toutes sortes de sentences, tant définitives que par provision ; que cependant il ne faisoit mention que de celles de provision.

M. Pussort a dit, que ce mot de *provision* s'étoit glissé dans l'article, & qu'il falloit l'ôter.

☞ *Cette ouverture a été suivie, & au surplus l'article a passé.*

ARTICLE IX.

Quels procès ne seront jugés de relevée.

AUCUN procès ne pourra être jugé de relevée, si nos procureurs, ou ceux des seigneur y ont pris des conclusions à mort, ou s'il y écheoit une peine de mort.

Après la lecture de l'Article IX :

M. le premier président a dit, que l'usage de la tournelle étoit de juger de relevée les procès qui ne vont qu'aux galeres à tems.

M. Pussort a dit, que la lecture de l'article faisoit connoître que la disposition ne regardoit que les premiers juges, & non pas les compagnies supérieures, qui jugent peu de procès en premiere instance. Que néanmoins si l'article faisoit quelque peine, l'on y pouvoit marquer qu'il ne s'entend que des premiers juges.

M. Talon a dit, qu'on pouvoit réserver aux compagnies la faculté d'en user à cet égard en la maniere accoutumée.

M. Pussort a dit, que cela lui paroissoit bon.

☞ *On a étendu la disposition de cet article à la peine de mort* naturelle & civile, des galeres & du bannissement à tems. *L'on a aussi conservé les cours dans leur usage à cet égard, & l'article a été rédigé de cette maniere :*

ARTICLE IX. Aucun procès ne pourra être jugé de relevée, si nos procureurs ou ceux des seigneurs y ont pris des conclusions à mort, ou s'il y écheoit peine de mort naturelle ou civile, des galeres ou bannissement à tems. N'entendons néanmoins rien innover à cet égard à l'usage observé par nos cours.

ARTICLE X.

Nombre des juges aux procès jugés à la charge de l'appel.

AUX procès qui seront jugés à la charge de l'appel par les juges royaux, ou ceux des seigneurs, assisteront au moins trois juges qui seront officiers, si tant il y en a dans le siege, ou gradués, & se transporteront au lieu où s'exerce la justice, si l'accusé est prisonnier, & seront présens au dernier interrogatoire.

Lecture ayant été faite de cet Article :

M. le premier président a dit, que cet article étoit nouveau, & pouvoit produire des inconvéniens, en ce que les seigneurs pourront induire de sa disposition, qu'ils peuvent avoir jusqu'au nombre de trois officiers : que cependant, par les ordonnances & par les réglemens, ils ne peuvent avoir des lieutenans, parce qu'on a reconnu que la mltiplicité des officiers fera tomber dans le même inconvénient que l'ordonnance a voulu éviter. D'ailleurs, il faudra faire venir ces officiers des sieges voisins, ce qui ne se pourra faire sans grands frais. A l'égard des gradués, le parlement avoit fait un réglement portant injonction aux seigneurs de ne commettre que des gradués à l'exercice de leur justice; mais les inconvéniens qui s'y sont rencontrés en ont empêché l'exécution, ensorte qu'il a fallu abandonner ce réglement : d'autant plus que dans les petites justices il peut y avoir des gens de bon sens & propres à être officiers, qui ne sont pas néanmoins gradués. Qu'enfin les juges des seigneurs ne jugent qu'à la charge de l'appel; & pouvant être réformés, il n'y a point d'inconvénient qu'ils ne soient point gradués.

M. Pussort a dit, que l'on ne pouvoit apporter trop de précaution lorsqu'il s'agit de la vie & de l'honneur des sujets du roi, particuliérement si l'on considere que les gentilshommes peuvent être justiciables des juges des seigneurs, qui sont sans expérience, & qui peuvent être facilement corrompus. Qu'encore qu'il y ait appel de leurs jugemens, néanmoins il reste toujours quelque flétrissure d'une condamnation infamante, quoiqu'elle soit infirmée & suivie d'une réparation; qu'ainsi la précaution de l'article étoit très-prudente.

M. le premier président a dit, que la disposition de l'article étoit bonne pour les crimes graves, & non pas pour les affaires légeres, comme sont ordinairement celles de la campagne, d'où les juges prendront occasion pour tirer des émolumens, d'y en appeller d'autres.

M. Pussort a dit, que l'on pouvoit ajouter dans l'article, *ès affaires où il y aura conclusions à peines afflictives.*

M. Talon a dit, que dans toutes les justices seigneuriales il n'y a qu'un juge établi, même dans celles dont le détroit est fort étendu, comme dans le bailliage de Saint-Germain-des-Prés : excepté néanmoins dans les juſtices des duchés & pairies, & que c'eſt aux juges à prendre du conſeil, quand les affaires le requierent, & qu'ils en ont beſoin: & que les juges des environs de Paris ne jugent point d'affaire au grand criminel, ſans appeller du conſeil au palais.

☞ *L'on a ajouté dans cet article la clauſe propoſée par M. Puſſort, ſur l'obſervation faite par M. le premier préſident, & l'article a été arrêté de cette maniere :*

ARTICLE X. Aux procès qui ſeront jugés à la charge de l'appel par des juges royaux, ou ceux des ſeigneurs, eſquels il y aura des concluſions à peine afflictive, aſſiſteront au moins trois juges qui ſeront officiers, ſi tant il y en a dans le ſiege ou gradués, & ſe tranſporteront au lieu où s'exerce la juſtice, ſi l'accuſé eſt priſonnier, & ſeront préſens au dernier interrogatoire.

ARTICLE XI.

Nombre des juges aux jugemens en dernier reſſort.

LES jugemens en dernier reſſort ſe donneront par ſept juges au moins; & ſi le nombre ne ſe rencontre dans le ſiege, ou ſi quelques-uns des officiers ſont abſens, récuſés, ou s'abſtiennent pour cauſe jugée légitime par le ſiege, il ſera pris des gradués.

Cet Article a paſſé.

ARTICLE XII.

Nombre des voix pour paſſer à l'avis le plus doux.

LES jugemens paſſeront à l'avis le plus doux, ſi le plus ſévere ne prévaut d'une voix dans les procès qui ſe jugeront à la charge de l'appel, & de deux dans ceux qui ſe jugeront en dernier reſſort.

Après la lecture de cet Article :

M. le premier préſident a dit, qu'encore que l'article doive s'entendre des jugemens qui ne ſont que d'inſtruction, auſſi-bien que de ceux qui ſont définitifs, néanmoins on ne laiſſera pas d'en douter, & l'on croira que l'article ne comprend que les jugemens définitifs.

M. Puſſort a dit, que ſi cela laiſſoit quelque doute, l'on pouvoit mettre dans l'article : *ſoit pour l'inſtruction, ſoit pour la condamnation définitive.*

☞ *Sur cette ouverture, le commencement de cet article a été réformé ainſi:* Les jugemens, ſoit définitifs ou d'inſtruction, paſſeront à l'avis, &c.

ARTICLE XIII.

Ordres des peines.

APRÈS la peine de la mort naturelle, la plus rigoureuse est celle des galeres perpétuelles, la question avec la réserve des preuves en leur entier, les galeres à tems, la question sans réserve des preuves, le bannissement perpétuel hors le royaume, le fouet, l'amende honorable, & le bannissement à tems.

Après la lecture de cet Article:

M. le premier président a dit, que dans l'usage du parlement, les galeres perpétuelles ont toujours passé pour une peine moindre que celle de la question; parce que la condamnation aux galeres assure la vie aux condamnés, & la question peut avoir trait à la mort, & que le péril de la mort ne peut entrer en comparaison avec une autre peine. Que quand on veut favoriser un accusé, on le condamne aux galeres plutôt qu'à la question; parce qu'il peut obtenir des lettres de rappel des galeres, mais la question ne le sauve jamais.

M. Pussort a dit, que la question a trait à la vie, aussi-bien qu'à la mort: qu'ainsi elle doit passer pour une peine moindre que les galeres, qui sont sans retour à l'égard des juges. Qu'il doutoit que cet usage fût universel: que néanmoins l'article sera bon, pourvu qu'il soit décidé, & qu'il le faudra proposer au roi.

M. le premier président a dit, qu'il croyoit que dans toutes les jurisdictions, la condamnation aux galeres perpétuelles étoit considérée comme une moindre peine que la question.

M. Talon a dit, que cela dépendoit de la prononciation; & que la question, *manentibus indiciis*, ou bien, *& si nihil fateatur*, étoit une peine plus forte que la simple condamnation aux galeres, & a ajouté, que tout ce qui avoit trait à la mort, étoit une grande peine; qu'aucuns ont estimé que *le plus amplement* étoit un avis plus rigoureux que celui des galeres.

M. le premier président a dit, qu'il y avoit une seconde observation à faire sur cet article, qui est, que le bannissement perpétuel y est mis comme une peine moindre que les galeres à tems. Cependant le bannissement perpétuel est une mort civile qui dépouille le condamné de la propriété de tous ses biens, au lieu que la condamnation aux galeres à tems les lui conserve.

M. Pussort a dit, que dans la spéculation, le bannissement perpétuel sembloit être une peine plus grande que les galeres à tems; mais que dans l'effet, si l'on en laissoit le choix aux accusés, il n'y en a pas un qui balançât dans le choix de ces deux peines.

M.

M. le premier président a dit, qu'il ne falloit pas examiner la qualité de la peine par la commodité ou incommodité des accusés, ni par le choix qu'ils en peuvent faire; mais par la nature de la condamnation, & par l'être civil dont la privation étoit la plus grande de toutes les peines, après la mort naturelle. Que celui qui avoit été condamné au bannissement perpétuel, étoit privé pour jamais de sa patrie, de ses parens, & de tous ses effets civils: au lieu que le condamné aux galeres à tems, rentroit dans tous ses droits, lorsqu'il avoit achevé son tems.

M. le chancelier a dit, qu'il étoit contre l'honnêteté publique, qu'un homme condamné aux galeres, pût exercer aucun office après son tems fini; & qu'encore que cela fût de droit, néanmoins il étoit bon de faire mention de cette incapacité dans l'article.

☞ *Sur les deux observations faites par M. le premier président, l'on a changé l'ordre des peines établi dans cet article. Ainsi* la question avec la réserve des preuves, *a été mise avant* les galeres perpétuelles; *& l'on a mis* le bannissement perpétuel *avant* les galeres à tems.

A l'égard de la proposition faite par M. le chancelier, elle n'a pas été suivie, comme étant une chose de droit. Le présent article a été rédigé de cette maniere:

ARTICLE XIII. Après la peine de la mort naturelle, la plus rigoureuse est celle de la question avec la réserve des preuves en leur entier, des galeres perpétuelles, du bannissement perpétuel, de la question sans réserve des preuves, des galeres à tems, du fouet, de l'amende honorable, & du bannissement à tems.

ARTICLE XIV.

Par qui les jugemens seront signés.

Tous jugemens, soit qu'ils soient rendus à la charge de l'appel, ou en dernier ressort, seront signés par tous les juges qui y auront assisté, à peine d'interdiction, des dommages & intérêts des parties, & de cinq cens livres d'amende: n'entendons néanmoins rien innover à l'usage de nos cours, dont les arrêts seront signés par le rapporteur & le président.

Après la lecture de l'Article XIV:

M. le premier président a dit, que cet article étoit bon, mais que néanmoins il contenoit trop de peines.

☞ *Nonobstant cette réflexion, le présent article a passé sans changement.*

ARTICLE XV.

Ils seront exécutés sans pareatis.

TOUS jugemens en matiere criminelle, qui gissent en exécution, seront exécutés en tous lieux, sans permission ni *pareatis*.

Lecture faite de cet Article :

M. le premier président a dit, que l'on avoit examiné dans le titre *des décrets*, si l'on devoit prendre un *pareatis* pour exécuter un décret ; & que l'on avoit cru nécessaire d'élire domicile ; parce que si celui qui est arrêté a quelque demande à faire, il ne saura à qui s'adresser. Qu'il en étoit de même à l'égard de l'exécution d'un jugement de condamnation.

M. Pussort a dit, qu'il y avoit grande différence entre l'exécution d'un décret, par laquelle on peut faire insulte à un homme, & l'exécution d'une condamnation qui n'emporte point de conséquence, & pour laquelle il ne faut point d'élection de domicile.

M. le premier président a demandé, si un condamné se sauve des prisons & est pris hors du détroit du siege, où s'en fera l'exécution ? & a dit qu'il sembloit nécessaire de le renvoyer devant le juge du lieu du délit.

M. Talon a dit, qu'il n'y avoit pas d'inconvénient d'élire domicile, pourvu que cette élection n'attribuât point de jurisdiction au juge dans le ressort duquel elle est faite ; mais qu'elle est absolument nécessaire, parce que les saisies de meubles sont exécutions dans la matiere criminelle, comme dans la civile, qu'il peut y avoir des tiers-opposans qui ne sauront pardevant qui se pourvoir, si l'on ne fait élection de domicile : qu'un bourgeois de Paris n'ira pas chercher à Toulouse le domicile de celui qui aura fait saisir son bien, pour en avoir main-levée ; cependant l'article s'appliquera à ces sortes d'exécutions, comme celles des jugemens de condamnations à peine afflictive.

M. Pussort a dit, que l'article ne pouvoit pas s'entendre des saisies, dont les formalités sont réglées par le titre *des saisies & exécutions*, qui veut que l'on élise domicile, parce que c'est une exécution civile, quoiqu'elle soit émanée d'une condamnation criminelle ; mais que si cela formoit quelque doute, l'on pouvoit ajouter dans l'article ces termes : *en ce qui regarde la peine.*

☞ *Sur l'addition proposée par M. Pussort, cet article a été arrêté de cette maniere :*

ARTICLE XV. Tous jugemens en matiere criminelle qui gissent en exécution, seront exécutés pour ce qui regarde la peine, en tous lieux, sans permission ni *pareatis*.

ARTICLE XVI.

Exécutoire pour les frais du procès.

LES juges pourront décerner exécutoire contre la partie civile, s'il y en a, pour les frais néceſſaires à l'inſtruction du procès, & l'exécution des jugemens, ſans pouvoir néanmoins comprendre leurs épices, droits & vacations, ni les droits & ſalaires des greffiers.

Après la lecture de l'Article XVI :

M. le premier préſident a dit, que cet article ſeroit facile à éluder, parce que les juges diront toujours que l'exécutoire ne comprend point leurs épices ; qu'il eſt néanmoins difficile d'empêcher ce déſordre par quelqu'autre diſpoſition que celle qui eſt dans cet article.

☞ *Le préſent article eſt dans l'ordonnance.*

ARTICLE XVII.

Contre qui il ſera décerné.

S'IL n'y a point de partie civile, ou qu'elle ne puiſſe ſatisfaire aux exécutoires, les juges en décerneront d'autres contre les receveurs de notre domaine, où il ne ſera point engagé, qui les acquitteront du fonds par nous deſtiné à cet effet. Si notre domaine eſt engagé, les engagiſtes, leurs receveurs & fermiers ſeront contraints au paiement, même au-deſſus du fonds deſtiné pour les frais de juſtice : & dans la juſtice des ſeigneurs, eux, leurs receveurs & fermiers, ſeront pareillement contraints, & les exécutoires exécutés par proviſion, nonobſtant l'appel, contre les receveurs ou engagiſtes de nos domaines, & les ſeigneurs ; ſauf leur recours contre la partie civile, s'il y en a.

Lecture ayant été faite :

M. le premier préſident a dit, que bien ſouvent, lorſqu'il n'y a point de partie civile, les affaires demeureront faute de fonds.

M. Puſſort a dit, que l'on y avoit pourvu par un article, qui veut que les receveurs du domaine paient les ſommes néceſſaires pour les frais, ſauf à les mettre en dépenſe dans le compte de l'année ſuivante.

M. le premier préſident a dit, que l'on pourroit répéter la même choſe dans cet article.

M. Puffort a dit, que l'article précédent ne regardoit que l'exécution des condamnations, & que l'autre a pourvu aux frais de l'instruction qui sont plus considérables; mais que néanmoins on peut étendre la disposition de cet article à celui-ci.

M. le premier président a dit, que cette disposition sera d'un grand bien pour la justice.

☞ *Le présent article est aussi le XVII dans l'ordonnance, sans aucun changement.*

ARTICLE XVIII.

Injonction d'exécuter les deux articles précédens.

ENJOIGNONS aux premiers juges d'observer le contenu ès deux précédens articles, à peine de cent cinquante livres d'amende, à laquelle, en cas de contravention, ils seront condamnés par les juges supérieurs, sans pouvoir être remise ni modérée; & voulons que les mêmes exécutoires soient aussi par eux délivrés.

Lecture faite de cet Article, il a été trouvé bon.

ARTICLE XIX.

Défenses de transiger sur les crimes capitaux.

DÉFENDONS à toutes personnes de transiger sur des crimes qui peuvent être punis de peine afflictive ou infamante; à peine de conviction de l'accusé & de cinq cens livres d'amende, & de pareille amende contre l'accusateur.

ARTICLE XX.

Injonction de les poursuivre.

ENJOIGNONS à nos procureurs, & à ceux des justices seigneuriales, d'en poursuivre la vengeance, nonobstant toutes transactions & cessions de droit. Voulons que sans y avoir égard, les exécutoires leur soient délivrés contre la partie civile pour les frais nécessaires à l'instruction du procès, & à l'exécution du jugement.

ARTICLE XXI.

Permis de transiger sur les autres crimes.

PERMETTONS de transiger sur tous autres crimes ; & en ce cas défendons à nos procureurs, & à ceux des seigneurs, d'en faire aucune poursuite ; & à tous juges d'en prendre connoissance, à peine de cinq cens livres d'amende, dépens, dommages & intérêts des parties, & d'être pris à partie en leur propre & privé nom.

Après la lecture de ces trois Articles :

M. le premier président a dit, que le XIX étoit nouveau & devoit être joint au XX.

Qu'à l'égard du premier, sa disposition pouvoit être facilement éludée par une cession de droit faite à une personne dont l'accusé disposera. Qu'il est rude de faire défense à une partie de s'accommoder de ses droits ; qu'il ne peut poursuivre que par action civile, n'en ayant aucune pour la peine criminelle, ni pour la vengeance publique, dont la poursuite réside en la personne de M. le procureur général & de ses substituts. Qu'ainsi cet intérêt civil étant en la disposition seule de l'accusateur, il en peut transiger comme de sa chose. Il est vrai que dans le droit, les accusateurs étoient obligés de poursuivre la vengeance des crimes : la loi leur défendoit de transiger avec les accusés ; mais c'est parce qu'il n'y avoit point de partie publique.

D'ailleurs les parties ignoreront, ou feront semblant d'ignorer, que le crime aille à une peine afflictive : ce sera un procès qu'il faudra régler.

A l'égard de l'article XXI, il porte de même son inconvénient, en ce que les parties prétendront toujours, lorsqu'elles voudront transiger, que la peine n'ira qu'à une peine légere ; ainsi, sous ce prétexte, les procureurs du roi auront les mains liées, & beaucoup de crimes demeureront impunis.

M. le chancelier a dit, que soit au conseil, soit au sceau, il ne faisoit aucune considération sur les accommodemens des parties.

M. Pussort a dit, qu'il seroit à souhaiter que les parties civiles animassent toujours les procès criminels, parce que ce sont les véritables offensés ; elles y apportent plus de chaleur, & soutiennent davantage la preuve. Mais que comme assez souvent la longueur des procès, les frais excessifs, & les fatigues les consument, il ne seroit pas juste, après un épuisement entier de leurs biens, de leur retrancher la liberté de s'accommoder. Qu'ainsi le premier article pouvoit être réformé en ces termes : *enjoignons à nos procureurs, & à ceux des seigneurs de poursuivre les crimes capitaux, nonobstant les transactions qui seront faites par les parties.* Et en cas que l'on juge que ces termes de *crimes capitaux* n'expliquent pas suffisamment, l'on pourroit mettre : *grands crimes.*

Et quant à l'article XXI, il ne regarde que les procureurs des moindres sieges, qui par leur intérêt particulier peuvent fomenter les procès, & faire plaider les parties dans les affaires légeres, nonobstant les accommodemens qu'ils font entr'eux.

M. le chancelier a dit, qu'il falloit laisser la liberté aux procureurs généraux & à leurs substituts d'entreprendre ou d'abandonner la poursuite des procès criminels, & qu'ils sont obligés de faire leur devoir.

M. Talon a dit, que la cession des droits produit le même effet que les transactions, & est autorisée par l'usage.

Il est vrai qu'à Rome il étoit défendu aux parties de transiger, à peine contre l'accusateur d'être déclaré calomniateur, & de conviction contre l'accusé. Il en est autrement parmi nous, où la partie civile n'ayant droit de poursuivre que des condamnations d'intérêts civils, il est le maître de traiter de ses droits en tout état de cause, parce que l'intérêt public subsiste toujours en la personne de la partie publique.

Cependant, par un droit nouveau, on veut faire différence des crimes, & distinguer les grandes accusations d'avec les affaires légeres. Il faudra en venir à un détail qu'il n'est pas facile de mettre dans une ordonnance. Il est permis de transiger du crime de faux, parce qu'il semble tenir beaucoup du civil, auquel il est ordinairement incident ; cependant il peut emporter peine afflictive ou infamante, ainsi il ne faudra pas en général leur défendre de transiger.

Le plus grand abus à cet égard se commet dans les petites justices, où les seigneurs obligent leurs procureurs de poursuivre les moindres accusations par le seul intérêt de l'amende qui leur en revient. Il est juste d'enjoindre aux parties publiques de faire la poursuite des grands crimes, & de les empêcher de relever les accusations de peu de conséquence, & pour matiere légere ; & ce que l'on pourroit faire à cet effet, seroit d'insérer dans l'article, que *nonobstant la transaction, les procureurs du roi, & ceux des seigneurs, seront tenus de poursuivre les prévenus de crimes capitaux, & auxquels il écherra peine afflictive*, & de leur défendre de poursuivre les autres.

M. Pussort a dit, que ce ne sera qu'une exhortation ; & que néanmoins ne se pouvant mieux faire, il falloit réduire les trois articles en un.

☞ *Sur les observations faites par M. le premier président, & par l'avocat général, l'on a changé la disposition de l'article XIX ; néanmoins cet article & les deux articles suivans ont été joints, & ils composent ensemble l'article XIX de ce titre dans l'ordonnance, en ces termes :*

ARTICLE XIX. Enjoignons à nos procureurs, & à ceux des seigneurs, de poursuivre incessamment ceux qui seront prévenus de crimes capitaux, ou auxquels il écherra peine afflictive, nonobstant toutes transactions & cessions de droits faites par les parties. Et à l'égard de tous les autres, seront les transactions exécutées sans que nos procureurs ou ceux des seigneurs puissent en faire aucune poursuite.

ARTICLE XXII.

Des dépens en matiere criminelle.

VOULONS que ce qui a été ordonné pour les dépens, en matiere civile, soit exécuté en matiere criminelle.

Lecture faite de l'Article XXII:

M. le premier président a dit, que l'expérience faisoit voir dans la matiere civile, combien il est difficile d'exécuter cet article. Qu'il y a des cas dans lesquels il est impossible de condamner aux dépens. Une femme demanderesse en séparation, & qui perd sa cause, ne sera pas condamnée aux dépens; parce qu'ils ne pourront être pris que sur la communauté, dont le mari est le maître. Qu'il y a d'autres rencontres en matiere criminelle qui feront encore plus de peine. Une femme qui poursuit la vengeance de la mort de son mari, & qui, après beaucoup de poursuites & de frais, n'en a pu avoir la preuve entiere contre les accusés, ne méritera pas d'être condamnée aux dépens; autrement la juste appréhension d'une condamnation de dépens la pourroit rendre plus retenue, & la preuve des crimes seroit plus difficile.

M. Pussort a dit, qu'on s'étoit bien trouvé jusqu'ici de la disposition qui oblige de condamner nécessairement aux dépens. Que s'il arrivoit quelque léger inconvénient, on en retiroit d'ailleurs de très-grands avantages. Un frere de mauvaise humeur dans une famille, la trouble; un grand seigneur abuse de son autorité contre ses voisins. Avant l'ordonnance il n'y avoit point de dépens à leur égard ; la crainte d'y être condamnés les retient à présent. Ainsi l'appréhension des dépens prévient plus de mauvais procès, qu'aucun article de l'ordonnance. La condition d'une veuve qui poursuit la vengeance de la mort de son mari est favorable; mais l'innocence l'est encore plus, & il n'y a rien de si sensible que de se voir poursuivi criminellement, lorsqu'on ne se sent pas coupable; & quelque absolution qu'il survienne, un accusé souffre toujours quelque diminution dans sa réputation, qui seroit encore plus grande si on lui ôtoit les dépens.

Ce n'est pas qu'il n'y ait des rencontres où ils peuvent être raisonnablement compensés, & qu'il n'y ait des cas particuliers où cet article peut recevoir de la modification : & c'est pour cela que le roi a donné ordre à messieurs les secretaires d'état, d'écrire dans les provinces à messieurs les premiers présidens & procureurs généraux d'envoyer leurs mémoires, non-seulement sur cet article, mais encore sur les autres, dans l'exécution desquels il se peut rencontrer de la difficulté, afin d'y pourvoir par une seule & même déclaration.

☞ *Le présent article a passé dans l'ordonnance, où il est le XX.*

ARTICLE XXIII.

Exécution des jugemens.

Les jugemens seront exécutés le même jour qu'ils auront été prononcés.

Lecture faite :

M. le premier président a dit, que l'article est de l'ordre, mais qu'il y a souvent des cas où il est nécessaire de différer. Que l'on en a un exemple dans l'affaire de *Lamiere :* & que si la loi est une fois écrite, on sera obligé de l'exécuter au pied de la lettre.

M. Pussort a dit, qu'il est bon de prescrire les choses qui sont de l'ordre. Qu'à l'égard de l'affaire de *Lamiere*, ce fut contre les regles qu'on différa l'exécution de son jugement ; & qu'encore que ce délai ait produit un grand bien, il ne doit pas être tiré à conséquence. D'ailleurs l'article ne regarde pas les juges supérieurs.

M. le premier président a dit, que l'article ne regle pas dans quel tems le jugement doit être prononcé.

M. Pussort a dit, que cela doit dépendre de l'arbitrage des juges.

☞ *Cet article est le XXI de ce titre dans l'ordonnance.*

ARTICLE XXIV.

Des condamnés à l'amende honorable qui refusent d'obéir.

Si les condamnés à l'amende honorable refusent d'obéir à la justice, les juges seront tenus de leur en faire trois injonctions après lesquelles pourront les condamner en plus grande peine.

ARTICLE XXV.

Des femmes enceintes condamnées.

Si quelque femme, devant ou après avoir été condamnée à mort, paroît ou déclare être enceinte, les juges ordonneront qu'elle sera visitée par matrones, qui seront nommées d'office, & qui feront leur rapport dans les formes prescrites au titre *des experts*, par notre ordonnance du mois d'avril 1667 ; & si elle se trouve enceinte, l'exécution sera différée jusqu'après son accouchement.

ARTICLE

ARTICLE XXVI.

Sacrement de confeſſion ſera offert.

LE ſacrement de confeſſion ſera offert aux condamnés à mort, & ils ſeront aſſiſtés d'un eccléſiaſtique juſqu'au lieu du ſupplice.

Lecture faite de ces trois Articles :

☞ *Ils ont été trouvés bons, & ils ſont les XXII, XXIII & XXIV dans l'ordonnance.*

TITRE XXVII.

Ce titre eſt le XXVI de l'ordonnance.

Des Appellations.

ARTICLE I.

Où reſſortiſſent les appellations.

TOUTES appellations de ſentences préparatoires, interlocutoires & définitives, de quelque qualité qu'elles ſoient, ſeront directement portées en nos cours, chacune à ſon égard, dans les accuſations pour crimes qui meritent peine afflictive ; & pour les autres crimes, à nos cours ou à nos baillis & ſénéchaux, au choix & option des accuſés.

Lecture faite de l'Article I :

M. le premier préſident a dit, que cet article étoit conforme au 163 de l'ordonnance de 1539 ; mais que depuis il y a eu une déclaration du 21 novembre 1541, par laquelle, ſur les remontrances qui furent faites par M. le procureur général Brulart, de la part du parlement, la diſpoſition de l'article a été reſtreinte aux appellations des condamnations à peine afflictive, qu'on a voulu être portées *rectà* au parlement. Et à l'égard des cas où il n'y a point de peine afflictive, il eſt dit que les parties ſe pourvoiront pardevant les juges ordinaires du reſſort. Qu'il y a des édits & réglemens portés au grand-conſeil, qui ont laiſſé aux parties la liberté du choix.

M. Pussort a dit, qu'il n'y a point de disposition plus incertaine dans toute l'ordonnance, que celle de l'article dont il s'agit; car d'un côté l'on pouvoit dire contre la disposition, que le XXII article de l'édit de Crémieu laisse la liberté aux parties de se pourvoir par appel aux baillis & sénéchaux, ou au parlement, soit que l'appel soit d'une sentence portant peine afflictive, ou non. Depuis le roi François I fit un édit à Angoulême en 1541 pour l'interprétation de l'article 163 de l'ordonnance de 1539, par lequel il déclara que son intention étoit, que les appellations seulement de peine afflictive, d'amende honorable, bannissement & service public, fussent relevées sans moyen au parlement: & à l'égard des autres, aux juges royaux ressortissans nuement au parlement. Cet édit fut registré au parlement en 1542 avec une modification portant qu'il seroit à l'option des pauvres prisonniers, appellans de l'emprisonnement & longue détention de leur pesonne, ou du refus ou déni de droit, d'appeller nuement au parlement.

Cette attribution de ressort leur a été confirmée par l'édit de 1551, par la déclaration de Compiegne en 1553 qui, en interprétant l'édit de 1551, porte que toutes les appellations des sieges royaux, à la réserve de ceux qui vont à peine afflictive, ressortiront pardevant les lieutenans criminels. Par l'édit de Henri II, en 1554, registré au parlement en la même année, qui veut que les lieutenans criminels, outre la connoissance des causes d'appel ressortissant en leur siege, connoissent des causes d'appel criminelles qui viendront des sieges particuliers, dont le jugement n'excedera vingt-cinq livres envers le roi, & autant envers la partie. Et enfin par la déclaration de 1620, registrée au grand-conseil, qui ordonne que les lieutenans criminels des présidiaux jouiront du ressort qui leur est attribué, nonobstant tous empêchemens.

On ajoute que c'est l'usage de tous les parlemens, & principalement de ceux de Paris, Toulouse & Bordeaux; ensorte que si on ôte aux lieutenans criminels toutes les appellations, ils ne seroient plus juges du ressort: les prévôts & les moindres juges des seigneurs leur seront égaux, & l'on mettra une extrême différence entre les lieutenans civils & eux; encore que quand on a partagé leurs fonctions, on n'y ait fait aucune différence, & que l'on ait mis d'un côté tout ce qui regarde le civil, & tout le criminel de l'autre.

L'on dit de plus, que le public se trouve notablement intéressé à maintenir la jurisdiction des lieutenans criminels, par la nécessité d'empêcher que l'on ne vienne à des extrêmités du ressort d'un parlement, pour la poursuite d'une appellation en une affaire légere, & qui pourroit être promptement terminée par le lieutenant criminel: au lieu qu'il faudra des années entieres dans les parlemens, à cause du grand nombre & de l'importance des affaires qui y sont portées: d'autant plus que les lieutenans criminels veillent à la conduite des juges des seigneurs, qui sont dans leur ressort. Ils empêchent les vexations qu'ils peuvent faire, & les rendent plus retenus, aussi-bien que les seigneurs qui les protegent.

On peut dire au contraire pour la disposition de l'article, qu'elle est conforme à celle du 163 article de l'ordonnance de 1539; qu'il est vrai qu'il a été réformé par la déclaration de 1541, mais que ce n'a été qu'en partie, & après deux années d'exécution. Que la possession des lieutenans criminels est incertaine, & il est demeuré en la liberté des parties de relever leur appel pardevant eux, ou au parlement, conformément à l'article XXII de l'édit de Crémieu. Mais que l'on devoit espérer que le public profitera davantage en lui sauvant ce degré de jurisdiction, qu'en le conservant. Car si les parties s'opiniâtrent dans la poursuite d'un procès, elles ne s'arrêteront pas à la sentence du lieutenant criminel, non plus qu'à celle du premier juge: & en ce cas, l'article sauvera bien du tems & des frais aux parties; & si elles ont plus de facilité, elles acquiesceront au jugement du premier juge, sans passer plus avant: d'autant plus que par l'article VI du titre *des sentences & jugemens*, il est porté que les condamnations pécuniaires seront exécutées par provision, jusqu'aux sommes qui y sont portées.

Qu'il n'y avoit pas d'apparence de la liberté du choix aux parties; parce que cela ne peut produire que de la confusion; en ce que l'une se pourroit pourvoir au lieutenant criminel, & l'autre au parlement. Que ces dernieres considérations, pour ôter la multiplicité des degrés, l'avoient emporté sur les raisons contraires, & avoient servi de fondement à l'article.

M. Talon a dit, que l'article seroit très-bon, s'il ne réformoit que les appellations des jugemens définitifs, & encore de ceux qui vont à peine afflictive; mais qu'il comprend même les jugemens qui se rendent dans l'instruction, & pour affaires légeres. Que cependant il seroit à souhaiter que l'on laissât aux parties la liberté de se pourvoir pardevant les lieutenans criminels, lorsqu'il s'agit d'instruction, comme pour l'appellation d'une permission d'informer. Qu'un premier juge voulant favoriser un accusateur, qui sera une personne puissante, décrétera prise de corps contre l'accusé qui demeurera long-tems dans les prisons: & souvent son procès lui pourra être fait par le premier juge avant qu'il ait eu le tems d'obtenir un arrêt d'élargissement; & que le parlement ne desiroit d'étendre son pouvoir & sa jurisdiction, qu'autant qu'il étoit nécessaire au bien de la justice.

M. Pussort a dit, qu'il n'y avoit point de distinction à faire entre les jugemens d'instruction & définitifs, par les raisons qu'il a marquées. Cela seroit bon, si l'on attribuoit aux lieutenans criminels le pouvoir de faire l'instruction en dernier ressort; mais que tant que les parties pourront appeller, elles ne s'en tiendront jamais à un second jugement, non plus dans les sentences d'injonction, que dans les définitives.

☞ *L'on n'a fait aucun changement à cet article, qui est aussi le I dans l'ordonnance.*

ARTICLE II.

Où sera porté l'appel des instructions.

LES appellations de permission d'informer des décrets & de toutes autres instructions seront portées à l'audience de la tournelle de nos cours de parlement, & à l'audience de nos autres cours.

Cet Article a été trouvé bon.

☞ *Dans la révision des articles, on a retranché ces mots:* de la tournelle, & de parlement; *& voici de quelle maniere cet article a été arrêté:*

ARTICLE II. Les appellations de permission d'informer, des décrets, & de toutes autres instructions, seront portées à l'audience de nos cours & juges.

ARTICLE III.

Cet appel ne sera suspensif.

AUCUNE appellation ne pourra empêcher ou retarder l'exécution des décrets, l'instruction & le jugement.

Cet Article a été trouvé bon.

ARTICLE IV.

Défenses aux cours de surseoir l'instruction.

DÉFENDONS à nos cours de donner aucunes défenses ou surséance de continuer l'instruction des procès criminels, sans voir les charges & informations, & sans conclusions de nos procureurs généraux, dont il sera fait mention dans les arrêts. Déclarons nulles toutes celles qui pourront être données: voulons que sans y avoir égard, ni qu'il soit besoin de demander main-levée, l'instruction soit continuée, & les parties qui les auront obtenues, & leurs procureurs condamnés chacun en cent livres d'amende applicable moitié à la partie, & moitié aux pauvres, qui ne pourront être remises ni modérées.

Lecture faite de cet Article:

M. le premier président a dit, qu'on accordoit facilement des défenses contre un ajournement personnel, sans voir les informations, & que cela terminoit beaucoup de petites affaires, dont on ne parloit plus après que la premiere chaleur est arrêtée par des défenses.

M. Pussort a dit, que souvent les lieutenans criminels ne décernent que des ajournemens personnels, pour engager une partie puissante à se présenter; & ainsi il est dangereux de donner des défenses sans voir les informations.

M. le premier président a dit, que l'article causera bien des frais & des vexations. Que l'accusé qui obtient des défenses au parlement contre un ajournement personnel, satisfait en quelque façon à ce décret, parce qu'il fait toujours sa comparution au greffe du parlement; & ainsi il se représente à justice, quoique ce ne soit pas devant le juge qui a décerné l'ajournement personnel. Qu'avant d'avoir obtenu un arrêt, portant que les charges seront apportées, les parties seront consumées en frais, & le procès même sera fait par récolement & confrontation.

M. Pussort a dit, que souvent les lieutenans criminels les plus versés dans leurs charges, n'entendent d'abord que les témoins qui chargent le moins l'accusé, pour ôter aux parties (qui trouvent moyen d'avoir communication de tout) la connoissance des plus fortes charges; qu'ils entendent ensuite les autres témoins.

M. Talon a dit, que les défenses s'accordent, non-seulement sur le vu des informations, mais encore sur l'interrogatoire de l'accusé, & quelquefois sur la plainte de l'accusé.

M. Pussort a dit, que ces sortes de surséances ne sont pas de fort grande utilité, & que néanmoins il proposera au roi la difficulté.

☞ *Ensuite de l'observation faite par M. le premier président sur cet article, on y a inséré cette clause:* si ce n'est qu'il n'y ait un ajournement personnel, *avant ces mots :* déclarons nulles toutes celles, &c. *On n'y a pas fait d'autre changement.*

ARTICLE V.

Quand les procès criminels pourront être évoqués.

LES procès criminels pendans pardevant les juges des lieux, ne pourront être évoqués par nos cours, si ce n'est qu'elles connoissent, après avoir vu les charges, que la matiere est légere & ne mérite une plus ample instruction: auquel cas pourront les évoquer, à la charge de les juger sur le champ à l'audience, & faire mention par l'arrêt des charges & informations, le tout à peine de nullité.

Lecture faite de l'Article V :

M. le premier président a dit, que l'article étoit contraire à un réglement qui avoit été fait à la grand'chambre pour la tournelle, sur ce qui y fut représenté que le grand nombre de causes dont le rôle étoit chargé, ne permettoit pas qu'on les pût expédier toutes; qu'ainsi l'on étoit obligé d'appointer celles qui restoient; & que comme il ne s'agissoit que de matiere légere, l'on évoquoit le principal; & sur le vu des pieces, l'on tiroit les parties d'affaire, comme on l'auroit pu faire à l'audience. Qu'à présent que les audiences sont plus chargées d'affaires qu'elles ne l'étoient ci-devant, il sembloit qu'il y avoit encore plus de nécessité de le faire.

M. Talon a dit, que pour la plus grande expédition & soulagement des parties, on auroit été obligé de continuer de prendre des appointemens sur le rôle de la tournelle criminelle.

M. Pussort a dit, que le roi avoit défendu ces sortes d'appointemens dans la matiere civile, parce qu'il avoit cru que la justice se rendoit mieux à l'audience que sur le vu des pieces, particuliérement dans les affaires légeres, & que cela regardoit beaucoup plus les parlemens des provinces, que celui de Paris. Qu'il avoit cru jusqu'à présent que toutes les causes du rôle de la tournelle se terminoient à l'audience; mais si cela ne se peut, il faudra que le roi y pourvoie.

M. le président le Coigneux a dit, qu'il restoit plus de causes à juger après le tems du rôle fini, qu'il n'y en avoit eu de jugées. Que la premiere heure de l'audience se consumoit à terminer les appointemens & les causes d'instruction; qu'ensuite on jugeoit les autres affaires. Que les grandes causes, comme les appellations comme d'abus & les requêtes civiles, emportoient beaucoup de tems, & ne s'appointoient jamais; mais on les remettoit à un autre rôle.

M. Pussort a dit, que l'on pouvoit donner des audiences extraordinaires de relevée.

M. Talon a dit, que l'on donnoit autant d'audiences que l'on en pouvoit tenir. Qu'on ne pouvoit pas en matiere criminelle juger sur le champ toutes les causes qui étoient évoquées: que souvent même l'on évoquoit les procès, & pour certaines considérations, l'on ordonnoit qu'ils seroient faits au parlement à mêmes frais qu'on l'auroit pu faire sur les lieux.

M. le premier président a dit, qu'il étoit difficile de juger toutes les causes à l'audience: qu'à peine les audiences pourroient fournir aux seules requêtes civiles, quand on n'y plaideroit point d'autres causes. Qu'il savoit, qu'en un seul jour, on avoit scellé plus de quatre-vingt requêtes civiles au petit sceau, & que ce nombre ne peut être expédié en plusieurs années, dans toutes les audiences qui sont destinées pour ces sortes de causes.

M. Pussort a dit, qu'à l'avenir il y aura peu de requêtes civiles, par la difficulté qu'il y a de les obtenir; & que même dans les compagnies sémestres, où elles étoient fréquentes, il s'en trouve très-peu.

M. Talon a dit, qu'on entérinoit beaucoup plus de requêtes civiles depuis l'ordonnance de 1667, qu'auparavant; parce que le moindre défaut de la forme donne ouverture à présent, au lieu que ci-devant il falloit que le fond & la forme concourussent ensemble, pour en ordonner l'entérinement.

☞ *Nonobstant ces observations, on n'a fait aucun changement en cet article.*

ARTICLE VI.

Quand l'accusé & son procès seront envoyés aux cours.

Si la sentence rendue par le juge des lieux porte condamnation de peine corporelle, des galeres, de bannissement à perpétuité ou à tems, ou amende honorable, soit qu'il y en ait appel ou non, l'accusé & son procès seront envoyés ensemble, & sûrement, en nos cours. Défendons aux greffiers de les envoyer séparément, à peine d'interdiction, & de cinq cens livres d'amende.

Lecture faite de l'Article :

M. le premier président a dit, qu'on a coutume d'ordonner les chemins pour prison à celui qui est appellant de bannissement à tems.

M. Pussort a dit, qu'on peut ôter le mot, *à tems*.

☞ *On a fait le retranchement proposé par M. Pussort, sans aucun autre changement.*

ARTICLE VII.

Extension de l'article précédent.

S'il y a plusieurs accusés d'un même crime, ils seront envoyés en nos cours, encore qu'il n'y en ait eu qu'un qui ait été jugé.

Après la lecture faite de cet Article :

M. Talon a dit, que l'usage de toutes les jurisdictions est, que quand il y a deux accusés d'un même crime, dont l'un est condamné, & l'autre absous, on les amene tous deux, parce qu'il les faut confronter l'un à l'autre.

M. Pussort a dit, que puisque c'est l'usage, il le faut proposer au roi.

☞ *L'on n'a fait aucun changement dans cet article ; mais sur l'observation de M. le premier président, on a dressé un article nouveau, qui est le VIII dans l'ordonnance. Il est conçu en ces termes :*

ARTICLE VIII. Le même sera pratiqué, si l'un a été condamné, & l'autre absous.

ARTICLE VIII.

Ce qui sera fait après l'arrivée de l'accusé & du procès.

INCONTINENT après l'arrivée de l'accusé & du procès aux geoles des prisons, le greffier de la geole, ou le geolier, sera tenu de remettre le procès au greffier de nos cours, qui en avertira le président pour le distribuer.

Lecture faite de cet Article :

☞ *Il a été trouvé bon, & il est le IX dans l'ordonnance.*

ARTICLE IX.

A qui les procès seront remis.

LES substituts de nos procureurs généraux ne prendront au greffe aucune information ni procès : voulons qu'ils soient mis entre les mains de nos procureurs généraux, pour y prendre des conclusions, s'il y écheoit, ou de nos avocats généraux, si l'affaire est portée à l'audience.

Lecture faite de cet Article :

M. le premier président a dit, que les substituts sont établis par l'édit de création de 1586 registré au parlement, pour prendre les informations & pour en faire leur rapport à M. le procureur général, qui autrefois les distribuoit. Qu'il y a inconvénient de part & d'autre ; & comme cela regarde la charge de M. le procureur général, il pourra mieux que personne expliquer ce qui en est.

M. le procureur général a dit, qu'il voudroit pouvoir satisfaire à tout, mais que le grand nombre d'affaires l'oblige à se faire soulager par ses substituts. Que c'est un abus que les substituts se chargent des procès sans son ordre : c'est à quoi l'article remédie ; mais qu'il semble le charger de voir toutes les informations, ce qui n'est pas possible. Qu'il seroit peut-être plus à propos qu'il pût les distribuer sur une requête, à tel de ses substituts qu'il jugeroit à propos, lorsqu'elles seront portées au greffe.

M. Pussort a dit, que l'intention du roi n'a pas été d'obliger M. le procureur général de voir toutes les informations, mais seulement d'empêcher, en s'en chargeant au greffe, pour les distribuer à ses substituts, que les parties n'en chargeassent celui qu'elles voudroient.

M. le procureur général a repris, que cela seroit bon, mais qu'il en demeureroit toujours chargé au greffe, quoiqu'elles fussent passées en d'autres mains que les siennes.

M.

M. le président le Coigneux a dit, que l'usage de la tournelle étoit, qu'après que le président avoit fait la distribution aux conseillers, ils choisissoient tel substitut qu'ils vouloient, pour leur remettre les informations; mais qu'il y avoit un bien plus grand abus, qui étoit que la partie faisant prendre les informations par tel substitut que bon lui sembloit, elle avoit aisément communication du secret du procès.

M. le chancelier a dit, que l'on pouvoit mettre dans l'article, *qu'aucun substitut ne se chargera d'une information, si elle ne lui est distribuée par M. le procureur général.*

M. le premier président a dit, que les informations venoient par deux voies au parquet: l'une quand les substituts les prennent au greffe avant la distribution, pour voir s'il y a appel *à minimâ*, à interjetter, ou quelqu'autre procédure à faire; & l'autre, après qu'elles ont été distribuées aux conseillers, qui les leur mettent entre les mains. Mais que cela se fait par le commerce & l'entremise des clercs, qui en font de grands abus: que c'est ce que l'article a voulu réformer.

M. Pussort a dit, que M. le procureur général se chargera des informations au greffe, & qu'il en fera la distribution à ses substituts, qui s'en chargeront sur son registre.

☞ *La premiere partie de cet article a été mise à la fin. Outre ce changement, l'on a ajouté au commencement, que* les informations & procès seront distribués par les procureurs généraux à leurs substituts. *Cet article est le X dans l'ordonnance, de cette maniere.*

ARTICLE X. Les informations & procès criminels seront distribués par nos procureurs généraux à leurs substituts, pour, sur leur rapport, y prendre des conclusions, s'il y écheoit; ou mis ès mains de nos avocats généraux, si l'affaire est portée à l'audience, sans que les substituts puissent les prendre au greffe, avant qu'ils leur aient été distribués.

ARTICLE X.

Ce qui sera fait, si la sentence n'ordonne pas de peine afflictive.

SI la sentence dont est appel n'ordonne pas de peine afflictive, bannissement ou amende honorable, & qu'il n'y en ait appel interjetté par nos procureurs, ou ceux des justices seigneuriales, le procès sera envoyé au greffe de nos cours, par le greffier du premier juge, trois jours après le commandement qui lui en sera fait, s'il est demeurant dans le lieu de l'établissement de nos cours; dans la huitaine, s'il est hors du lieu, ou dans la distance de dix lieues; & s'il est plus éloigné, le délai sera augmenté d'un jour pour dix lieues, à peine d'interdiction contre le greffier, & de cinq cens livres d'amende; & les délais & procédures prescrites par notre ordonnance du mois d'avril 1667, seront observées pour les présentations.

Lecture faite de l'Article :

M. le premier président a dit, qu'il faut ajouter : *mais seulement par les parties civiles.*

M. Pussort a dit, que l'observation étoit bonne.

☞ *L'addition proposée par M. le premier président a été faite après ces mots :* ou ceux des justices seigneuriales. *C'est le seul changement qui ait été fait dans cet article, qui est le XI dans l'ordonnance.*

ARTICLE XI.

Comment ils seront distribués.

Si les procès de la qualité mentionnée en l'article précédent sont introduits en nos cours de parlement, ils seront distribués ainsi que les procès civils.

ARTICLE XII.

Ce qui sera fait, si les procureurs du roi, ou des seigneurs, sont appellans.

Si nos procureurs des lieux, ou des justices seigneuriales, sont appellans, les accusés, s'ils sont prisonniers, & leurs procès seront envoyés en nos cours; & s'ils ont été élargis depuis la prononciation de la sentence, & avant l'appel, ils seront tenus de se rendre en état lors du jugement du procès en nos cours, ainsi qu'il sera par elles ordonné.

ARTICLE XIII.

Exécutoires pour la conduite des prisonniers.

Les exécutoires seront délivrés par nos cours à ceux qui auront conduit les prisonniers, ou porté le procès.

ARTICLE XIV.

Comme ils ſeront interrogés.

LES accuſés ſeront interrogés en nos cours ſur la ſellette, ou derriere le bureau, lors du jugement du procès.

ARTICLE XV.

L'exécution ſera renvoyée ſur les lieux.

SI les arrêts rendus ſur l'appel d'une ſentence portent condamdation de peine afflictive, les condamnés ſeront renvoyés ſur les lieux ſous bonne & ſûre garde, aux frais de ceux qui en ſeront tenus, pour y être les arrêts exécutés ; s'il n'eſt autrement ordonné par nos cours, pour des conſidérations particulieres.

Lecture faite de ces cinq Articles :

☞ *Ils ont été trouvés bons, & l'on n'y a fait aucun changement. Ils ſont les XII, XIII, XIV, XV & XVI de ce titre dans l'ordonnance.*

TITRE XXVIII.

Ce titre eſt le XXVII de l'ordonnance.

Des procédures à l'effet de purger la mémoire d'un défunt.

ARTICLE I.

Quelles perſonnes ſont reçues à purger la mémoire d'un condamné.

LA veuve, les enfans & les parens d'un condamné par ſentence de contumace, qui ſera décédé avant les cinq ans, à compter du jour de ſon exécution, pourront appeller de la ſentence ; & ſi la condamnation de contumace eſt par arrêt ou jugement en dernier reſſort, ils ſe pourvoiront pardevant les mêmes cours ou juges qui l'auront rendu.

Après la lecture de l'Article I:

M. le premier préſident a dit, qu'il y avoit trois états à conſidérer pour purger la mémoire d'un défunt: le premier, ſi l'accuſé décede avant le jugement de contumace; l'autre, ſi le condamné décede pendant le cours des cinq années; & le troiſieme, s'il décede après les cinq années. Que l'article ne parle que du ſecond état, qui eſt du décès après la condamnation, & avant les cinq ans, mais qu'il ne regle pas de quelle ſorte ſe fera l'inſtruction en ce cas-là: ſi l'on convertira l'information en enquête, & ſi l'on permettra l'enquête reſpective; car comme les crimes s'éteignent par la mort, c'eſt une inſtruction toute nouvelle à faire, & ces choſes méritent bien d'être expliquées.

M. Puſſort a dit, que le crime étant éteint par la mort de l'accuſé, & ſa mémoire n'étant point bleſſée par aucune condamnation, ces queſtions n'étoient plus de la matiere criminelle; & que ne reſtant aux héritiers qu'une action en dommages & intérêts, c'eſt à eux de l'intenter & de l'inſtruire par les voies qu'ils aviſeront, & qu'il dépendra de l'arbitrage du juge d'admettre la preuve de part & d'autre, & de leur permettre à cet effet l'enquête reſpective.

M. le premier préſident a répliqué, que l'article s'entend d'un accuſé qui eſt mort après la condamnation, & devant les cinq années de la contumace; mais qu'il croit qu'en ce cas auſſi, le juge doit permettre aux parties une enquête reſpective.

☞ *Cet article a paſſé ſans aucun changement.*

ARTICLE II.

Comment elles ſeront reçues à la purger après les cinq ans.

AUCUN ne ſera reçu à purger la mémoire d'un défunt, après les cinq années de la contumace expirées, ſans obtenir nos lettres en notre grande chancellerie.

ARTICLE III.

Ce qui ſera fait en vertu des lettres.

NOS procureurs & les parties civiles, s'il y en a, ſeront aſſignés en vertu des lettres dont leur ſera baillé copie, & ſera procédé dans les délais preſcrits pour les affaires civiles.

ARTICLE IV.

Frais de justice & amende.

AVANT de faire aucune procédure, les frais de justice seront acquittés, & l'amende consignée.

ARTICLE V.

Sur quelles pieces le jugement sera rendu.

LE jugement des instances à l'effet de purger la mémoire d'un défunt, sera rendu sur les charges, informations, procédures & pieces sur lesquelles la condamnation par contumace sera intervenue.

Ces Articles ont été trouvés bons, & l'on n'y a fait aucun changement.

ARTICLE VI.

Des pieces qui seront produites de nouveau.

POURRONT les parties respectivement produire de nouveau telles pieces que bon leur semblera, & les attacher à une requête qui sera signifiée à la partie, & copie baillée de la requête & pieces.

ARTICLE VII.

Comment il y sera répondu.

LES parties y répondront par autre requête qui sera pareillement signifiée, & copie baillée de la requête & des pieces qui y seront attachées, dans les délais ordonnés pour la matiere civile, si ce n'est qu'ils soient prorogés par les juges.

Sur ces deux Articles :

M. le premier président a dit, que ces requêtes produiront le même effet que les appointemens; mais que cela a été dit ailleurs, & qu'il sembloit que l'on avoit omis dans l'article, de faire mention de l'abrogation de l'appointement.

M. Pussort a dit, qu'on pouvoit l'y ajouter.

☞ *Sur cette proposition l'on a ajouté, à la fin de l'article VI*, sans qu'il puisse être pris aucun appointement.

Ce titre est le XXVIII de l'ordonnance.

TITRE XXIX.

Des faits justificatifs.

ARTICLE I.

Quand on peut être reçu en faits justificatifs.

DÉFENDONS à tous juges, même à nos cours, d'ordonner la preuve d'aucuns faits justificatifs, ni d'entendre aucuns témoins pour y parvenir, qu'après la visite du procès.

ARTICLE II.

Quels faits seront reçus en preuve.

L'ACCUSÉ ne sera point reçu à faire preuve d'autres faits justificatifs, que de ceux qui auront été choisis par les juges, du nombre de ceux que l'accusé aura articulés dans les interrogatoires & confrontations.

ARTICLE III.

Ils seront insérés dans le jugement.

LES faits seront insérés dans les mêmes jugemens qui en ordonneront la preuve.

ARTICLE IV.

Prononciation du jugement, & nomination des témoins.

LE jugement qui ordonnera la preuve des faits justificatifs, sera prononcé incessamment à l'accusé par le juge, & au plus tard dans les vingt-quatre heures ; & sera interpellé de nommer les témoins par lesquels il entend les justifier : ce qu'il sera tenu de faire sur le champ ; autrement il n'y sera plus reçu.

ARTICLE V.

L'accusé ne sera élargi pendant l'instruction.

Après que l'accusé aura nommé une fois les témoins, il ne pourra plus en nommer d'autres, & ne sera point élargi pendant l'instruction de la preuve des faits justificatifs.

ARTICLE VI.

Comment les témoins seront assignés & ouïs.

Les témoins seront assignés à la requête de nos procureurs ou de ceux des seigneurs, & ouïs d'office par le juge.

ARTICLE VII.

Par qui les frais de la preuve seront avancés.

L'accusé sera tenu de consigner au greffe la somme qui sera ordonnée par le juge, pour fournir aux frais de la preuve des faits justificatifs, s'il peut le faire : autrement les frais seront avancés par la partie civile, s'il y en a ; sinon par nous, ou par les engagistes de nos domaines, ou par les seigneurs hauts-justiciers, chacun à son égard.

ARTICLE VIII.

A qui l'enquête sera communiquée.

L'enquête étant achevée, elle sera communiquée à nos procureurs, ou à ceux des seigneurs, pour donner leurs conclusions, & à la partie civile, s'il y en a ; & sera jointe au procès.

ARTICLE IX.

Requêtes & pieces pourront être données sur l'enquête.

Les parties pourront donner leurs requêtes, auxquelles elles ajouteront telles pieces qu'elles aviseront sur le fait de l'enquête ;

lesquelles requêtes & pieces seront signifiées respectivement, & copies baillées, sans que pour raison de ce, il soit besoin de prendre aucun réglement, ni de faire une plus ample instruction.

ARTICLE X.

Extension de ce qui est ordonné pour les présidiaux.

TOUT ce qui est prescrit par notre présente ordonnance, pour les présidiaux, sera observé dans les principaux bailliages & sénéchaussées des provinces où il n'y a point de présidial.

Lecture faite de tous ces Articles:

Ce titre a été trouvé bon, à la réserve du dernier article, par lequel on attribuoit aux baillis de Bourgogne & de Provence, un pouvoir entiérement contraire à leur institution, & que l'observation en avoit été faite dans l'une des conférences précédentes.

☞ *Le dernier article de ce titre a été supprimé.*

FIN.

www.ingramcontent.com/pod-product-compliance
Lightning Source LLC
LaVergne TN
LVHW020957300926
849160LV00007B/177
* 9 7 8 2 0 1 3 7 4 4 3 6 2 *